LINUX
Wegweiser zur Installation & Konfiguration

LINUX

Wegweiser zur Installation & Konfiguration

3. Auflage

Matt Welsh, Matthias Kalle Dalheimer & Lar Kaufman

Deutsche Übersetzung von
Matthias Kalle Dalheimer &
Jörg Redmer

O'REILLY®

Beijing · Cambridge · Farnham · Köln · Paris · Sebastopol · Taipei · Tokyo

Kommentare und Fragen können Sie gerne an uns richten:
O'Reilly Verlag
Balthasarstr. 81
50670 Köln
Tel.: 0221/9731600
Fax: 0221/9731608
E-Mail: kommentar@oreilly.de

1. Auflage 2000

Die Originalausgabe erschien 1999 unter dem Titel
Running Linux, 3rd edition im Verlag O'Reilly & Associates, Inc.

Die Deutsche Bibliothek - CIP - Einheitsaufnahme

Ein Titeldatensatz für diese Publikation ist
bei der Deutschen Bibliothek erhältlich.

Übersetzung und deutsche Bearbeitung: Matthias Kalle Dalheimer, Hagfors in Schweden
Lektorat: Ariane Hesse, Köln
Korrektorat: Oliver Mosler
Satz: Stefan Göbel, reemers publishing services gmbh, Krefeld
Umschlaggestaltung: Edie Freedman, Risa Graziano & Hanna Dyer, Boston
Produktion: Geesche Kieckbusch, Köln
Belichtung, Druck und buchbinderische Verarbeitung: Druckerei Kösel, Kempten

ISBN 3-89721-133-5

Dieses Buch ist auf 100% chlorfrei gebleichtem Papier gedruckt

Inhaltsverzeichnis

KAPITEL 3

KAPITEL 4

KAPITEL 5

VORWORT

Dies ist ein Buch über Linux, eine freie Implementierung von Unix für die Architekturen Intel 386 (oder neuer), Alpha, SPARC, PowerPC, Motorola 680x0 (m68k) und andere PC- und Server-Architekturen. In diesem Buch wollen wir Ihnen zeigen, wie Sie Ihre Arbeitsweise mit Computern völlig verändern können, indem Sie die Welt eines mächtigen und freien Betriebssystems entdecken, das sich gegen die traditionelle PC-Mentalität richtet. Das Einrichten und Benutzen eines Linux-Systems kann herausfordernd und lohnend sein und sehr viel Spaß machen. Wir sind der Meinung, daß Linux einen großen Teil des Spaßes und der Begeisterung in die Computerei zurückbringt. Wir laden Sie ein, in die Welt von Linux einzutauchen, Spaß zu haben und die ersten in Ihrem Freundeskreis zu sein, die wissen, was es heißt, Taktraten einzustellen und die Kernel-Datei mit *rdev* zu bearbeiten.

Dieses Buch richtet sich an Abenteurer und unternehmungslustige Menschen. Linux selbst ist eine Art Rebellion gegen die Welt der kommerziellen Betriebssysteme, und viele der Linux-Benutzer gehören zu den Leuten, die immer auf der neuesten technologischen Welle mitschwimmen. Natürlich können auch Gelegenheitsanwender ohne größere Schwierigkeiten ein Linux-System einrichten und benutzen (oder gleich Hunderte davon!), aber der Zweck dieses Buches ist es, tiefer in die Materie einzudringen und Sie vollständig mit der »Mentalität von Linux« vertraut zu machen. Anstatt die schwierigeren Details einfach zu übergehen, erklären wir die Konzepte, wie das System tatsächlich funktioniert, so daß Sie Probleme selbst lösen können. Durch die zusammengetragenen Fachkenntnisse mehrerer Linux-Experten hoffen wir, Ihnen genug Selbstvertrauen mitgeben zu können, sich eines Tages selbst als Linux-Guru zu bezeichnen.

Dies ist die dritte Auflage von *Linux – Wegweiser zur Installation und Konfiguration*. Wir haben die Informationen über die Installation und Konfiguration vollständig auf die neuesten Linux-Distributionen hin (darunter Red Hat, SuSE und Debian) aktualisiert und auch viele neue Anwendungspakete aufgenommen. Der Kern des Buches hat sich aber nicht geändert, und das ist Absicht: Wir haben uns in den ersten beiden Auflagen bemüht, den Inhalt so beständig wie möglich zu machen, auch wenn sich Linux selbst in ständiger Weiterentwicklung befindet. Diese Philosophie hat bemerkenswert gut funktioniert und wurde für diese neue, aktualisierte Auflage beibehalten. Wir sind der Meinung, daß Ihnen dieses Buch lange Zeit von Nutzen sein wird.

Dieses Buch konzentriert sich auf die Linux-Version für die Architekturen Intel 386/486, Pentium, Pentium Pro und Pentium II/III. Wir haben aber auch Anhänge zur Installation und grundlegenden Konfiguration mehrerer anderer Architekturen, darunter Alpha, SPARC, m68k und PowerPC, aufgenommen. Abgesehen von den Installationsprozeduren, trifft der Rest dieses Buches, in dem es um das System selbst geht, auf jede Linux-Version zu.

Kalle Dalheimer ist für die dritte Auflage zu Matt Welsh und Lar Kaufman als weiterer Autor hinzugestoßen. Kalle ist seit einiger Zeit in der Linux-Gemeinde aktiv und hat eine zentrale Rolle bei der Entwicklung von KDE (einer beliebten Desktop-Umgebung für Linux). Kalle hat fast alle neuen Abschnitte in dieser Auflage geschrieben, und seine besondere Fachkenntnis hat den technischen Aspekten dieses Buches eine neue Perspektive gegeben.

Im Vorwort zur ersten Auflage hatten wir geschrieben, daß »Linux das Potential hat, die Welt der PC-Betriebssysteme völlig zu verändern«. Wenn wir zurückblicken, können wir feststellen, daß das bereits passiert ist. Linux hat sich mit einer gewaltigen Stoßkraft in das Zentrum der EDV katapultiert: Es wird in allen wichtigen Medien behandelt, hat zur Verbreitung der sogenannten »Open Source-Revolution« beigetragen und gilt vielerorts als der ernstzunehmendste Konkurrent von Microsoft auf dem Betriebssystemmarkt. Die meisten Schätzungen gehen heutzutage von mehr als 10 Millionen Linux-Anwendern weltweit aus. Linux ist inzwischen soweit gereift, daß die meisten Benutzer nicht mehr viel über ihr System wissen müssen, sie können einfach die Software installieren und verwenden. Vielleicht finden Sie daher einige der detaillierten Hinweise in diesem Buch überflüssig; sehen Sie diese dann einfach als historisch interessant an.

Es war unsere Absicht, Linux mit diesem Buch zu einer echten Alternative für die vielen PC-Anwender zu machen, die sich durch die Einschränkungen kommerzieller Betriebssysteme behindert fühlen. Wegen der kooperativen Natur des Systems erscheinen manche Aspekte von Linux vielleicht verwirrend oder weit hergeholt. Wir haben uns in diesem Buch bemüht, auf der Basis unserer Korrespondenz mit Tausenden von Linux-Anwendern auf der ganzen Welt (und viel zuviel Zeit, die wir mit unseren eigenen Linux-Systemen verbracht haben) soviel Weisheit wie möglich anzusammeln. Linux kann Ihre Einstellung zur EDV wirklich verändern – und dieses Buch zeigt Ihnen, wie.

Die Welt hat sich seit der letzten Auflage von *Linux - Wegweiser zur Installation & Konfiguration* drastisch verändert. Die meisten Änderungen betrafen aber mehr das Image als die eigentliche Substanz. Der SPIEGEL und der Stern sind begeistert über das Wachstum von Linux, große Computerfirmen wie IBM, Hewlett-Packard, Oracle und Compaq unterstützen Linux auf verschiedene Weise, und das »Open

Source«-Modell (das ursprünglich »Freie Software« genannt wurde), für das Linux beispielhaft ist, ist in aller Munde.

Auch Linux selbst ist verbessert worden, genauso wie die Programme, die Sie unter Linux laufen lassen. Linux kann jetzt für gewaltige, unternehmenskritische Server mit vielen Prozessoren, Clustern und RAID-Festplatten-Arrays verwendet werden. Weil dies ein Buch für Anfänger ist, werden wir darauf aber nicht eingehen, sondern uns statt dessen auf die elementareren Aspekte des Systems konzentrieren. Allerdings behandeln wir schon einige Server-Themen (insbesondere die Einrichtung von Samba und von Webservern).

Eine sehr wichtige neue Entwicklung, die in dieser dritten Auflage behandelt wird, ist KDE. KDE (und GNOME, ein ähnliches Projekt) hat der Linux-Oberfläche ein neues, modernes Aussehen (Look-and-Feel) gegeben und das System damit endgültig zu einer idealen Wahl für Büro- und Privatanwender gemacht.

Außer den neuen Abschnitten über KDE und Samba finden Sie in dieser Auflage Einführungen in PPP und das Entwickeln von Java™-Programmen unter Linux. Natürlich sind auch alle anderen Themenbereiche aktualisiert worden.

Warum die Leute Linux mögen

Warum, um alles in der Welt, sollten Sie mit Linux arbeiten? Eine gute Frage. Was Sie derzeit installiert haben, läuft doch – nicht wahr? Windows 98 ist ein gutes Betriebssystem, hat aber eine Menge Einschränkungen. Es ist für Privatanwender mit geringen Ansprüchen ausgelegt und hat daher weder die Performanz noch die Flexibilität, die viele Leute von einem PC-Betriebssystem erwarten. Hier sind einige Gründe, warum die Leute zu Linux wechseln:

Es ist kostenlos.
: Das heißt, daß Linux ein Unix-Betriebssystem ist, das problemlos weitergegeben werden kann. Sie können Linux kostenlos von jemandem beziehen, der es schon hat, Sie können es aus dem World Wide Web herunterladen, oder Sie können es zu vertretbaren Preisen auf CD-ROM von einem Händler beziehen, der die Software zu einem Paket zusammengestellt hat (wahrscheinlich mit einigen Extras) und der eventuell auch Support leistet.

Es ist beliebt.
: Linux läuft auf den preiswerten Rechnern mit Pentium-, Pentium Pro-, Pentium II-, AMD- und Cyrix-CPUs und sogar auf älteren 386/486-Rechnern. Linux läuft aber auch auf größeren Workstations mit SPARC- oder Alpha-Architektur, auf PowerPCs und 68k-basierten Macs. Linux unterstützt eine Vielzahl von Grafikkarten, Soundkarten, CD-ROM-Laufwerken und Festplatten, Druckern, Scannern und anderen Geräten.

: Linux hat eine gewaltige Präsenz im World Wide Web; viele Webseiten bringen Informationen und Erläuterungen über das System. Eine stetig steigende Zahl von kommerziellen Softwareherstellern entwickelt Linux-Applikationen, darunter Corel WordPerfect, StarOffice von Star Division und eine Reihe von Datenbankprodukten von den ganz großen Firmen wie Oracle, Informix und IBM.

Es ist mächtig.
Sie werden erfreut feststellen, wie schnell das System ist – auch wenn viele Prozesse laufen und viele Fenster geöffnet sind. Linux nutzt die Hardware in optimaler Weise aus. Viele kommerzielle Betriebssysteme (auch Windows 98) machen dagegen kaum Gebrauch von den Multitasking-Fähigkeiten der 80x86-Prozessoren. Linux wurde für diese CPUs entwickelt und nutzt alle ihre Fähigkeiten. Ein Linux-System mit einem ausreichend schnellen Prozessor und genug RAM kann ebensogut wie – wenn nicht sogar besser als – eine teure Workstation unter Unix arbeiten, die 20 000 DM oder mehr kostet.

Es ist von hoher Qualität und arbeitet mit hochwertigen Anwendungen zusammen.
Linux wird sozusagen in der Öffentlichkeit von Hunderten von Programmierern und Benutzern entwikkelt, aber es behält die ursprüngliche Vision und Ausrichtung seines Schöpfers bei: Linus Torvalds. Linux hat profitiert von der Arbeit von Universitäten, Firmen und Einzelpersonen in Form von hochwertigen Compilern, Editoren, Utilities und Skripten, die in den letzten 25 Jahren entstanden sind. Anders als bei anderen neuen Betriebssystemen steht unter Linux schon jetzt eine gewaltige Anzahl von frei verfügbaren Anwendungen für Sie bereit, von wichtigen wissenschaftlichen Programmen über Multimedia-Werkzeuge bis hin zu Spielen.

Es ist ein komplettes Unix.
Linux ist ein echtes Multiuser- und Multitasking-Betriebssystem, das auf manchen Systemen sogar mehrere Prozessoren unterstützt. Es benutzt das X Window System als graphische Benutzerschnittstelle (GUI, Graphical User Interface) und enthält mehrere einfach zu bedienende, konfigurierbare Fenstermanager. Ebenso verfügt Linux über volle Netzwerkunterstützung (unter anderem TCP/IP, SLIP, PPP, UUCP usw.).

Es ist in hohem Maße kompatibel zu Windows 95/98, Windows NT und MS-DOS.
Sie können Linux neben anderen Festplattenpartitionen installieren, die Windows 98 oder andere Betriebssysteme enthalten. Linux kann direkt auf Windows-Dateien auf Disketten oder Festplatten zugreifen. Derzeit werden Emulatoren für MS-DOS und Windows entwickelt, so daß Sie in Zukunft Ihre bevorzugten kommerziellen Anwendungen von Linux aus starten können. Linux läuft nicht unter DOS, Windows oder einem anderen Betriebssystem – es arbeitet völlig unabhängig von diesen –, aber es bietet die Möglichkeit, mit den verschiedenen Systemen zusammenzuarbeiten.

Es ist klein.
Ein Basisbetriebssystem benötigt zwei Megabytes an Arbeitsspeicher, und ein sorgfältig konfiguriertes System mit GUI und Fenstermanager kommt mit acht Megabytes aus. Eine gute Basiskonfiguration belegt 40 MB auf der Festplatte.

(Falls das nach sehr viel aussieht: Das hängt damit zusammen, daß Linux jede Menge Utilities enthält.) Linux ist sogar darauf optimiert worden, auf eingebetteten Systemen mit wenig Speicher (wie sie in Netzwerk-Routern und Robotern verwendet werden) und in tragbaren PDAs wie dem Palm III verwendet zu werden!

Es ist groß.
: Einige der umfangreicheren Distributionen belegen mehr als 1 GB an unkomprimiertem Festplattenspeicher allein für die ausführbaren Dateien. (Alle Programme für Linux sind im Quellcode erhältlich, und es gibt fertig konfigurierte Installationen auf CD-ROM von verschiedenen Distributoren.) Die Zahl der hilfreichen Utilities und Anwendungen, die für Linux portiert wurden, nimmt ständig zu. Wahrscheinlich könnte man auch mehrere Gigabytes damit füllen – selbst ohne Grafik- und Audiodateien. Linux ist sogar dazu verwendet worden, einige der größten Supercomputer der Welt zu bauen, indem Dutzende von PCs, die unter Linux laufen, miteinander vernetzt und als ein großer Computer verwendet worden sind.

Die meisten Linux-Benutzer haben ein System, das etwa 300 MB auf der Festplatte belegt. Darin enthalten sind das Grundsystem sowie solche Nettigkeiten wie das X Window System, Programme für die Textverarbeitung und Werkzeuge für die Programmentwicklung wie Compiler und Libraries. Allerdings steht dem anspruchsvollen Benutzer noch viel mehr zur Verfügung.

Es wird unterstützt.
: Den umfangreichsten Support finden Sie auf den vielen Webseiten zu Linux (neben den Tausenden von Teilnehmern in den Linux-Newsgruppen), aber Sie können auch Support-Verträge mit unabhängigen Firmen abschließen oder eine unterstützte Linux-Version von einem Distributor beziehen.

Es ist dokumentiert.
: Für den Anfang können Sie dieses Buch benutzen (eine hervorragende Idee!), das auch in Französisch, Englisch, Japanisch und Chinesisch erhältlich ist. Die Entwickler von Linux haben schon früh das Linux Documentation Project (LDP) ins Leben gerufen, das eine Vielzahl von Online-Dokumenten über das System verwaltet. Die vielen Bücher, FAQs und »How-To«-Dokumente aus dem LDP begleiten Sie durch so ziemlich jede Aufgabe, die unter Linux anfällt. Wenn Sie erst einmal die wenigen Installationshürden am Anfang genommen haben, ist Linux mehr oder weniger wie jedes andere Unix-System, so daß auch die vielen allgemeinen Bücher zur Verwendung und Administration von Unix hilfreich sein können. Und schließlich gibt es die Verlage, die Hunderte von Büchern über Linux herausgebracht haben – sowohl für Anfänger als auch für Fortgeschrittene –, die in die meisten wichtigen Sprachen dieser Welt übersetzt worden sind.

Wie dieses Buch aufgebaut ist

Jedes Kapitel dieses Buches enthält eine Fülle von Informationen. Sie werden so viel Material vorfinden, daß man damit leicht mehrere Bücher füllen könnte. Allerdings werden wir uns auf diejenigen Dinge konzentrieren, die Sie unbedingt wissen müssen.

Kapitel 1, *Einführung in Linux,* bringt viele verschiedene Aspekte zusammen. Es erklärt, wie Linux entstand und was es von anderen Unix-Versionen sowie von anderen Betriebssystemen für PCs unterscheidet.

Kapitel 2, *Die Installation von Linux vorbereiten,* beschreibt die Vorbereitungen, die Sie treffen müssen, bevor Sie mit der Installation beginnen können. Dazu gehört zum Beispiel die Partitionierung Ihrer Festplatte (falls Sie auch andere Betriebssysteme neben Linux verwenden wollen).

Kapitel 3, *Installation und erste Konfigurationsarbeiten,* ist eine ausführliche Anleitung, wie Sie Linux auf Ihrem Rechner installieren und konfigurieren.

Kapitel 4, *Grundlegende Unix-Befehle und -Konzepte,* bietet eine Einführung in Unix aus der Sicht eines Systemverwalters für diejenigen, die dafür Bedarf haben. Das Kapitel soll Ihnen die Werkzeuge vorstellen, die Sie brauchen, um die Beispiele in diesem Buch nachzuvollziehen. Wir besprechen grundlegende Befehle und geben Tips für Systemverwalter, außerdem werden einige Konzepte vorgestellt, die Sie kennen sollten.

Kapitel 5, *Grundlagen der Systemverwaltung,* Kapitel 6, *Verwalten von Dateisystemen, Swap-Bereichen und Geräten,* Kapitel 7, *Software und den Kernel aktualisieren,* und Kapitel 8, *Andere Administrationsaufgaben,* behandeln die Administration und Pflege des Systems. Dies sind vielleicht die wichtigsten Kapitel dieses Buches; wir besprechen die Verwaltung von Benutzer-Accounts, Backups, Software-Updates, das Erzeugen eines neuen Kernels und andere Dinge.

Kapitel 9, *Editoren, Textwerkzeuge, Grafiken und Drucken,* führt Sie in die beliebtesten und verbreitetsten Textwerkzeuge und Editoren unter Linux – *vi* und Emacs – ein, erklärt, wie Sie Dokumente ausdrucken können und wie Sie verschiedene Grafikprogramme verwenden.

Kapitel 10, *Das X Window System installieren,* beschreibt das X Window System, eine mächtige graphische Benutzeroberfläche für Linux- und Unix-Systeme. Wir zeigen Ihnen, wie Sie die Software installieren und so konfigurieren, daß Sie die größtmögliche Leistung aus Ihrer Hardware herausholen können.

Kapitel 11, *Die X Arbeitsoberfläche anpassen,* beschreibt, wie man eine eigene Oberfläche unter dem X Window System einrichtet, und behandelt dabei eine Vielzahl von Einstellungsmöglichkeiten, den Desktop KDE und einige wichtige X-Programme.

Kapitel 12, *Kompatibilität mit Windows und Samba,* stellt verschiedene Werkzeuge zur Integration von DOS- und Windows-Systemen vor, insbesondere den Samba-Server, der Linux für Windows-Anwender verfügbar macht.

Kapitel 13, *Programmiersprachen,* und Kapitel 14, *Werkzeuge für Programmierer,* sind für Programmierer gedacht. Wir stellen Compiler, Interpreter, Debugger und viele andere Werkzeuge für die Softwareentwicklung unter Linux vor.

Kapitel 15, *TCP/IP und PPP,* beschreibt, wie Sie Ihrem System die unerläßliche Kommunikation mit den Rechnern dieser Welt beibringen. Sie erfahren, wie Sie Ihr System in ein Local Area Network (LAN) einbinden oder wie Sie via PPP mit einem Internet-Provider kommunizieren können.

Kapitel 16, *Das World Wide Web und E-Mail,* geht über die grundlegende Netzwerkkonfiguration hinaus und zeigt Ihnen, wie Sie E-Mail und UUCP konfigurieren und die E-Mail-Programme Elm und Netscape Messenger und sogar Ihren eigenen WWW-Server einrichten können.

Anhang A, *Linux-Informationsquellen,* nennt Ihnen weitere nützliche Dokumentation zu Linux sowie andere Stellen, von denen Sie Hilfe erhalten können.

Anhang B, *Das GNOME-Projekt,* enthält Informationen über das GNOME-Projekt.

Anhang C, *Linux auf Digital/Compaq Alpha-Systemen installieren,* zeigt Ihnen, wie Sie Linux auf dem allerersten unterstützten Nicht-Intel-System installieren, den Digital Alpha-Rechnern mit 64-Bit-Architektur.

Anhang D, *LinuxPPC: Linux auf PowerPC-Computern installieren,* zeigt Ihnen, wie Sie Linux auf der beliebten PowerPC-Plattform installieren.

Anhang E, *Linux/m68k auf Motorola 68000-Rechnern installieren,* zeigt Ihnen, wie Sie Linux auf Systemen mit Motorola 680x0 (m68k)-Prozessoren installieren können, wie etwa auf Amigas, Ataris und einigen Apple Macintosh-Modellen.

Anhang F, *Linux auf Sun SPARC-Rechnern installieren,* zeigt Ihnen, wie Sie Linux auf den leistungsstarken Sun SPARC-Systemen installieren können.

Anhang G, *Boot-Optionen von LILO,* führt die Boot-Optionen von LILO auf.

Anhang H, *Zmodem-Dateiübertragung,* beschreibt Werkzeuge zur Telekommunikation über Modems.

Das *Literaturverzeichnis* listet eine Anzahl von Büchern, HOWTO-Dateien und RFCs (Request For Comments) auf, die für Benutzer und Verwalter von Linux-Systemen von Interesse sind.

Typographische Konventionen

Es folgt eine Liste der typographischen Konventionen in diesem Buch:

Fettdruck	wird für die Namen von Rechnern, für die Benutzernamen und -IDs sowie gelegentlich zur Hervorhebung von Text benutzt.
Kursiv	benutzen wir für Datei- und Verzeichnisnamen, für Befehlszeilenoptionen, E-Mail-Adressen und Pfadnamen sowie zur Hervorhebung von neuen Begriffen.
`Nichtproportionalschrift (Typewriter)`	wird in Beispielen benutzt, um den Inhalt von Dateien oder die Ausgabe von Befehlen darzustellen; außerdem für Umgebungsvariablen und Schlüsselwörter, die in den Programmcode eingebettet sind, sowie für Emacs-Befehle.
`Nichtproportionalschrift kursiv`	benutzen wir für Optionen, Schlüsselwörter und solche Textstellen, die der Benutzer durch seine eigenen Texte ersetzen muß.
`Nichtproportionalschrift fett`	wird in Beispielen für Befehle und solche Textstellen gebraucht, die der Benutzer in genau dieser Form eingeben sollte.
KAPITÄLCHEN	weisen auf Schaltflächen und Menüeinträge hin

Die Bombe am linken Rand steht für: ACHTUNG! Hier könnte Ihnen ein Fehler unterlaufen, der Ihr System durcheinanderbringt oder der nur schwer zu beheben ist.

[0] Biblio
Kapitel 0
manpage(1)

Das Buch-Icon verweist auf einen anderen Teil dieses Buches oder auf eine andere Informationsquelle. Der Verweis unter dem Buch kann eine Nummer und ein Schlüsselwort für ein Buch, einen HOWTO-Artikel oder ein RFC sein, die in der Bibliographie aufgeführt sind, ein Verweis auf ein anderes Kapitel oder einen Anhang des Buches oder ein Verweis auf eine Manpage eines bestimmten Programms.

Danksagungen

Dieses Buch ist das Ergebnis einer Gemeinschaftsarbeit, die von vielen Leuten geleistet wurde; es ist unmöglich, sie hier alle aufzuführen. Zunächst möchten wir Andy Oram danken, der in hervorragender Weise beim Lektorieren, Schreiben und Vorantreiben geholfen hat, damit dieses Buch entstehen konnte. Abgesehen davon, daß Andy das Buch redigiert hat, stammen auch die Einführung in Unix und Material zum X Window System von ihm. Es war Andy, der uns überhaupt auf die Idee brachte, für O'Reilly zu schreiben, und er bewies die Geduld eines Heiligen, wenn er auf weitere Teile unserer Arbeit wartete.

Diejenigen unter den Lesern, die schon mit Linux vertraut sind, werden vielleicht bemerken, daß Teile dieses Buches, wie zum Beispiel die Einleitung und das Installationskapitel, bereits als Teil von *Linux Installation and Getting Started* veröffentlicht worden sind – ein Buch, das im Internet frei erhältlich ist. Der O'Reilly Verlag hat uns erlaubt, jene Teile (die ursprünglich für dieses Buch geschrieben wurden) für die I&GS freizugeben, so daß die Linux-Benutzer im Internet davon profitieren und wir von diesen Lesern allgemeines Feedback sowie Korrekturen bekommen können. Unser Dank geht an alle, die jene Teile mit bearbeitet haben.

Wir möchten außerdem folgenden Leuten für ihre Arbeit am Linux-Betriebssystem danken (ohne sie gäbe es nichts, über das sich ein Buch schreiben ließe): Linus Torvalds, Richard Stallman, Donald Becker, Alan Cox, Remy Card, Eric Raymond, Ted T'so, H. J. Lu, Miguel de Icaza, Ross Biro, Drew Eckhardt, Ed Carp, Eric Youngdale, Fred van Kempen, Steven Tweedie, Patrick Volkerding, Dirk Hohndel und Matthias Ettrich sowie all den anderen Hackern – von den Kernel-Spezialisten bis zu den niedrigen Rängen der Dokumentationsschreiber; es sind zu viele, um sie hier alle zu nennen.

Unser besonderer Dank gilt folgenden Leuten für ihre Beiträge zum Linux Documentation Project, für ihre Hinweise zu diesem Buch und für ihre allgemeine Freundlichkeit: Phil Hughes, Melinda McBride, Bill Hahn, Dan Irving, Michael Johnston, Joel Goldberger, Michael K. Johnson, Adam Richter, Roman Yanovsky, Jon Magid, Erik Troan, Lars Wirzenius, Olaf Kirch, Greg Hankins, Alan Sondheim, Jon David, Anna Clark, Adam Goodman, Lee Gomes, Rob Walker, Rob Malda, Jeff Bates und Volker Lendecke. Besonderer Dank geht an Shawn Wallace und Umberto Crenca für die Erlaubnis, ihr prächtiges Bildschirmfoto vom Gimp in Aktion in Kapitel 9, *Editoren, Textwerkzeuge, Grafiken und Drucken,* verwenden zu dürfen.

Für die dritte Auflage danken wir Phil Highes, Robert J. Chassell, Tony Cappellini, Craig Small, Nat Makarevitch, Chris Davis, Chuck Toporek, Frederic HongFeng und David Pranata für ihre umfangreichen Kommentare und Richtigstellungen. Besonders beeindruckend war der Einsatz eines ganzen Teams von Debian-Entwicklern und -Benutzern, den Ossama Othman und Julian T. J. Midgley organisiert haben. Julian hat ein CVS-Repository für Kommentare eingerichtet, und das Buch wurde gemeinsam von ihm, Chris Lawrence, Robert J. Chassell, Kirk Hilliard und Stephen Zander korrekturgelesen.

Wie Sie aus den ersten Seiten der Anhänge ersehen können, hatten wir umfangreiche Hilfe von Portierern und Entwicklern, um die Unterstützung und Installation von Linux auf Nicht-Intel-Systemen zu dokumentieren. Barrett G. Lyon und Richard Payne (Alpha), Jason Haas (LinuxPPC), Chris Lawrence (Linux/m68k) und David S. Miller (SPARC) haben einen großen Teil ihrer Freizeit dafür geopfert, die Anhänge zu schreiben. Kostas Gewrgiou, Jambi Ganbar, Sanjeev Gupta, Roman

Hodek, Geert Uytterhoeven, Jes Sorensen, Hubert Figuiere und Christopher F. Miller haben die Anhänge für die diversen Systeme korrekturgelesen und Korrekturen vorgeschlagen.

Wenn Sie Fragen, Kommentare oder Korrekturen zu diesem Buch haben, können Sie sich an die Autoren wenden. Matt Welsh erreichen Sie unter *mdw@cs.berkeley.edu*, Lar Kaufman unter *lark@conserve.org* und Matthias Kalle Dalheimer unter *kalle@ dalheimer.de*.

KAPITEL 1

EINFÜHRUNG IN LINUX

Dies ist ein Buch über Linux, ein frei erhältliches Unix für PCs, das Multitasking, das X Window System, TCP/IP-Netzwerke und vieles mehr unterstützt. Halten Sie sich fest, und lesen Sie weiter – auf den folgenden Seiten werden wir das System geradezu quälend detailliert beschreiben.

Linux hat in der Welt der EDV mehr Begeisterung hervorgerufen als irgendeine andere Entwicklung der letzten paar Jahre. Seine überraschend schnelle Verbreitung und die Loyalität, die ihm entgegengebracht werden, erinnern an die Do-it-yourself-Computerei, die so charakteristisch war für die Weiterentwicklung der Computertechnologie in früheren Zeiten. Ironischerweise beruht der Erfolg von Linux darauf, daß es einem der ältesten noch gebräuchlichen Betriebssysteme zu neuem Schwung verholfen hat: Unix. Linux stellt sowohl eine neue als auch eine alte Technologie dar.

Genau betrachtet, bildet Linux nur den Kern des Betriebssystems, der die grundlegenden Funktionen für die Prozeßsteuerung, den virtuellen Speicher, die Dateiverwaltung und die Ein-/Ausgabeoperationen bereitstellt. Mit anderen Worten: Linux selbst stellt die unterste Ebene des Betriebssystems dar.

Trotzdem bezeichnen die meisten Leute mit dem Begriff »Linux« das komplette System – den Kernel zusammen mit den vielen Anwendungen, die unter ihm laufen: eine vollständige Entwicklungs- und Arbeitsumgebung mit Compilern, Editoren, graphischen Benutzerschnittstellen, Textverarbeitung, Spielen usw.

Dieses Buch wird Sie durch die abwechslungsreiche und vielseitige Welt von Linux begleiten. Linux hat sich zum Betriebssystem für das Geschäftsleben, den Unterricht und den privaten Bereich entwickelt, und dieses Buch wird Ihnen helfen, den größtmöglichen Nutzen daraus zu ziehen.

Linux kann jeden PC in eine Workstation verwandeln. Es stellt Ihnen die umfangreichen Möglichkeiten von Unix zur Verfügung. Unternehmen installieren Linux auf ihren vernetzten Rechnern, um mit diesem Betriebssystem ihre finanziellen Transaktionen zu erledigen, Krankenhäuser zu verwalten, um mit verteilten Anwendungen zu arbeiten, um ihre Datenfernübertragung zu steuern usw. Weltweit wird Linux an Universitäten für Kurse zur Programmierung und zum Design von Betriebssystemen eingesetzt. Selbstverständlich wird Linux auch im privaten Bereich genutzt: zur Programmentwicklung, bei der Erstellung von Schriftstücken oder ganz allgemein für die Beschäftigung mit der EDV.

Neben der Verwendung als Workstation und für den Privatgebrauch (viele Leute benutzen Linux auch gern auf ihren Laptops) wird Linux auch als Betriebssystem auf großen Servern verwendet. Mehr und mehr Leute entdecken, daß Linux mächtig, stabil und flexibel genug ist, um die größten Festplatten-Arrays und Multiprozessorsysteme anzusteuern – wobei die Anwendungen von WWW-Servern bis zu Unternehmensdatenbanken reichen. Wissenschaftler verbinden Linux-Rechner zu gewaltigen »Clustern«, um die rechenaufwendigsten Probleme aus der Physik und den Ingenieurswissenschaften zu lösen. Mit der neuesten Version von Samba kann Linux sogar als Datei- und Drucker-Server für Windows-Rechner dienen – und es arbeitet sogar schneller als Windows NT!

Linux unterscheidet sich von anderen Betriebssystemen dadurch, daß es eine *freie* Implementierung von Unix ist. Linux wurde und wird weiterhin von einer Gruppe von Freiwilligen entwickelt, die hauptsächlich im Internet Programmcode austauschen, Fehler anmerken und Probleme beheben – das alles geschieht in einer quasi grenzenlosen Welt. Jeder kann bei der Entwicklung von Linux mitmachen; alles, was Sie brauchen, ist Interesse an der Entstehung eines freien Unix und etwas Programmiererfahrung. Dieses Buch soll Sie auf Ihrem Weg dorthin begleiten.

Wir setzen in diesem Buch voraus, daß Sie mit einem PC, auf dem zum Beispiel Windows 95 oder eine andere Unix-Version läuft, hinreichend vertraut sind und daß Sie bereit sind, ein bißchen zu experimentieren und zu hacken, um das System in Betrieb zu nehmen. Es ist inzwischen erstaunlich einfach geworden, Linux zu installieren und zu konfigurieren, aber weil es so mächtig ist, sind einige Dinge komplexer als in der Windows-Welt. Wir hoffen aber, daß Sie mit diesem Buch als Wegweiser feststellen werden, wie einfach es ist, ein eigenes Linux-System zu installieren und zu betreiben – und wieviel Spaß man dabei haben kann.

Über dieses Buch

Dieses Buch bietet Ihnen einen Überblick und eine grundlegende Einführung in das Linux-System. Es ist unsere Absicht, genug allgemeine und interessante Informationen zu einer Reihe von Themen anzubieten, um sowohl Unix-Neulinge als auch Unix-Könner zufriedenzustellen. Das Buch sollte genug Informationen enthalten, um fast jedem die Installation und gewinnbringende Nutzung eines Linux-Systems zu ermöglichen. Statt viele der flüchtigen technischen Details zu behandeln, die sich erfahrungsgemäß mit der schnellen Weiterentwicklung wieder ändern, werden wir Ihnen genug Hintergrundwissen vermitteln, damit Sie selbständig weiterforschen können.

Das Buch ist für Leute geschrieben, die die Mächtigkeit von Linux wirklich ausschöpfen wollen. Anstatt all die trickreichen Details nur anzudeuten, wollen wir Ihnen genug Hintergrundwissen vermitteln, damit Sie wirklich verstehen, wie die einzelnen Teile des Systems funktionieren, so daß Sie das System dann selbst anpassen und konfigurieren und eigenständig nach Fehlern suchen können.

Linux ist nicht schwierig zu installieren und zu benutzen. Aber, wie bei allen Implementierungen von Unix, gehört manchmal etwas Schwarze Magie dazu, alles korrekt zum Laufen zu bringen. Wir hoffen, daß dieses Buch Sie in den Linux-Panoramabus einsteigen läßt und daß es Ihnen aufzeigt, wie toll dieses Betriebssystem sein kann.

In diesem Buch werden wir folgende Themen besprechen:

- Was ist Linux? Der Aufbau und die Philosophie dieses einzigartigen Betriebssystems und was es für Sie tun kann.
- Details dazu, was Sie brauchen, um mit Linux zu arbeiten, einschließlich einiger Vorschläge zur Hardware, um ein komplettes System aufzubauen.
- Wo Sie Linux beziehen können, und wie Sie es installieren. Wir behandeln die Distributionen von Red Hat, SuSE und Debian hier ausführlicher als andere, aber mit dem hier behandelten Hintergrundwissen sollten Sie in der Lage sein, mit jeder Distribution klarzukommen.
- Für Unix-Neulinge gibt es eine Einführung in Unix und einen Überblick über die wichtigsten Befehle und Konzepte.
- Die Hege und Pflege Ihres Linux-Systems, einschließlich der Systemverwaltung und -pflege, dem Einspielen von Updates und wie Sie Dinge korrigieren, die nicht wie gewünscht funktionieren.
- Wie Sie das System optimal nutzen, indem Sie »Power Tools« wie TEX, Emacs, KDE usw. einsetzen.
- Die Programmierung unter Linux. Dazu gehören neben den Standards zur Programmentwicklung, wie C, C++, Java, Perl und Shell-Skripten, auch eher esoterische Sprachen wie zum Beispiel Tcl/Tk.
- Wie Sie Linux für die Datenfernübertragung (DFÜ) und in Netzwerken einsetzen. Dazu gehören unter anderem TCP/IP und das Point-to-Point-Protocol (PPP) wie auch ISDN- und Modem-Konfiguration. Wir zeigen Ihnen auch, wie Sie Linux für E-Mail und News konfigurieren und wie Sie Ihren eigenen Server mit Linux im World Wide Web einrichten.

Es gibt etwa eine Million Dinge, die man mit Linux machen kann und die wir Ihnen gern zeigen würden. Unglücklicherweise würde das Buch dann die Größe eines *Brockhaus*-Bandes einnehmen und wäre für jeden (einschließlich der armen Autoren) nicht mehr zu handhaben. Statt dessen haben wir versucht, die wichtigsten und interessantesten Aspekte des Systems zu beschreiben und Ihnen zu zeigen, wie Sie selbst mehr herausfinden können.

Kapitel 4
Kapitel 5

Obwohl ein Großteil des Materials in diesem Buch nicht übermäßig technisch angelegt ist, kann es von Vorteil sein, wenn Sie bereits Erfahrungen mit einem anderen Unix-System gemacht haben. Für diejenigen unter den Lesern, bei denen das nicht der Fall ist, haben wir eine kurze Einführung in Kapitel 4, *Grundlegende UNIX-Befehle und -Konzepte,* eingefügt. Kapitel 5, *Grundlagen der Systemverwaltung,* ist ein komplettes Kapitel zum Thema Systemverwaltung, das auch erfahrenen Benutzern von Unix dabei helfen sollte, ein Linux-System zu betreiben.

Anhang A

Wenn Unix für Sie ein vollkommen unbeschriebenes Blatt ist, werden Sie wahrscheinlich eine ausführlichere Einführung in die Grundlagen von Unix zur Hand nehmen wollen. Wir halten uns nicht so lange mit den Grundlagen auf, sondern beeilen uns lieber, die interessanten Seiten des Systems vorzustellen. Obwohl dieses Buch Ihnen also den Start erleichtern wird, werden viele Leser weitergehende Informationen zum Betrieb eines Unix-Systems benötigen. Schlagen Sie weitere Informationsquellen in Anhang A, *Linux-Informationsquellen,* nach.

Linux - eine kurze Geschichte

Unix ist wegen der weitgefächerten Unterstützung und seiner enormen Verbreitung weltweit eines der beliebtesten Betriebssysteme. Es wurde ursprünglich Mitte der 70er Jahre als Multitasking-Betriebssystem für Minicomputer und Großrechner entwickelt. Seitdem ist es zu einem der am häufigsten eingesetzten Betriebssysteme überhaupt geworden – trotz seiner manchmal verwirrenden Bedienung und der fehlenden Standardisierung.

Und was ist der wahre Grund für die Popularität von Unix? Viele Hacker betrachten Unix einfach als »The Real Thing« – das »Einzig Wahre Betriebssystem«. Daraus ergab sich die Entwicklung von Linux durch eine wachsende Schar von Unix-Hackern, die sich die Hände an ihrem eigenen Betriebssystem schmutzig machen wollten.

Es gibt Versionen von Unix für viele Rechnertypen – das reicht vom PC bis zu Supercomputern wie dem Cray Y-MP. Die meisten Versionen von Unix für PCs sind ziemlich teuer und unhandlich. Zum Zeitpunkt des Schreibens kostete eine Einzellizenz von AT&Ts System V für den 386er mehr als 2 000 DM.

Linux ist eine frei erhältliche Version von Unix, die 1991 von Linus Torvalds als Student an der Universität von Helsinki entwickelt wurde. Linus arbeitet heute für die Transmeta Corporation, eine Firmen-Neugründung im kalifornischen Santa Clara, und pflegt den *Kernel*, also die niedrigste Kernkomponente des Systems, weiterhin.

Linus gab die erste Version von Linux über das Internet zur freien Verwendung frei und rief damit unbeabsichtigt das größte Phänomen aller Zeiten in der Softwareentwicklung ins Leben. Heute wird Linux von einer Gruppe von mehreren tausend Entwicklern (wenn nicht noch mehr) weiterentwickelt und gepflegt, die über das Internet lose miteinander verbunden sind. Firmen sind gegründet worden, die Support für Linux anbieten, Linux in leicht zu installierende Distributionen packen und

Arbeitsplatzrechner mit vorinstalliertem Linux liefern. Im März 1999 fand die erste Linux-World-Expo-Messe im kalifornischen San José statt, die mehr als 12 000 Leute besucht haben sollen. Die meisten Schätzungen gehen von mehr als zehn Millionen Linux-Anwendern weltweit aus (und wir nehmen an, daß diese Zahl eher gering geschätzt sein wird, wenn Sie dies lesen).

Linux wurde ursprünglich als ein Hobbyprojekt von Linus entwickelt, der ein einfaches Unix schreiben wollte, das auf 386er PCs laufen sollte. Es wurde von Minix inspiriert, einem kleinen Unix-System von Andy Tanenbaum, und die ersten Beiträge zu Linux tauchten in der Usenet-Newsgruppe *comp.os.minix* auf. In diesen Beiträgen ging es meistens um die Entwicklung eines kleinen, akademischen Unix-Systems für Benutzer, die mit Minix nicht mehr zufrieden waren.

Die ersten Arbeiten an Linux befaßten sich in der Hauptsache mit den Task-Switching-Möglichkeiten im Protected Mode der 80386er CPU und waren vollständig in Assembler geschrieben.

Linus sagt dazu:

> Danach ging es zügig voran: immer noch schwierig zu programmieren, aber ich hatte schon Gerätetreiber, und das Debuggen war einfacher. Zu dieser Zeit begann ich, mit C zu arbeiten, und damit ging alles schneller. Etwa gleichzeitig wurde es mir auch mit der größenwahnsinnigen Idee ernst, »ein besseres Minix als Minix« zu schaffen. Ich hoffte, daß ich eines Tages in der Lage sein würde, *gcc* unter Linux zu kompilieren …
>
> Ich brauchte zwei Monate für ein Basissystem, aber danach nur etwas länger für einen Festplattentreiber (voller Fehler, aber zufälligerweise funktionierte er auf meinem Rechner) und ein kleines Dateisystem. Etwa zu der Zeit stellte ich die Version 0.01 zur Verfügung [Ende August 1991]: Sie war nicht schön, sie hatte keinen Treiber für Diskettenlaufwerke, und sie konnte kaum etwas Sinnvolles tun. Ich glaube nicht, daß irgend jemand diese Version jemals kompiliert hat. Aber ich hatte Feuer gefangen und wollte nicht aufhören, bevor ich Minix rausschmeißen konnte.

Die Version 0.01 von Linux wurde niemals öffentlich angekündigt. Der Code war noch nicht einmal ausführbar, er enthielt nur die allernotwendigsten Bestandteile des Kernels und setzte voraus, daß zum Kompilieren und Testen ein Minix-System vorhanden war.

Am 5. Oktober 1991 kündigte Linus die erste »offizielle« Version von Linux an: die Version 0.02. Zu diesem Zeitpunkt war er in der Lage, mit *bash* (GNUs Bourne Again Shell) und *gcc* zu arbeiten, aber viel mehr war noch nicht lauffähig. Allerdings handelte es sich immer noch um ein System für Hacker. Höchste Priorität hatte die Entwicklung des Kernels – keines der Themen Benutzer-Support, Dokumentation, Distribution usw. war auch nur angedacht worden. Heutzutage sieht die Situation grundlegend anders aus: Die großen Dinge in der Linux-Welt geschehen heute im Bereich der graphischen Benutzeroberflächen, der einfach zu installierenden Distributionen und »richtigen« Anwendungen wie Grafikpaketen und Office-Suiten.

Linus schrieb dazu in *comp.os.minix*:

> Sehnt Ihr Euch nach den schönen Zeiten von Minix-1.1 zurück, als Männer noch Männer waren und ihre eigenen Gerätetreiber schrieben? Fehlt Euch ein Projekt, und verlangt es Euch danach, Eure Zähne an einem Betriebssystem zu wetzen, das Ihr nach Euren Vorstellungen modifizieren könnt? Seid Ihr frustriert, wenn unter Minix alles funktioniert? Keine durchwachten Nächte mehr, um ein nettes Programm zum Laufen zu bringen? Dann könnte diese Mail genau für Euch bestimmt sein.
>
> Wie ich vor einem Monat bereits erwähnte, arbeite ich an einer freien Version eines Minix-ähnlichen Systems für AT-386er. Das System ist so weit gediehen, daß man damit arbeiten kann (oder auch nicht, je nachdem, was Ihr haben wollt), und ich bin bereit, den Quellcode zwecks weiterer Verbreitung zur Verfügung zu stellen. Es handelt sich erst um die Version 0.02..., aber ich habe bereits *bash*, *gcc*, GNU *make*, GNU *sed*, *compress* usw. zum Laufen gebracht.

Nach der Version 0.03 setzte Linus die Versionsnummer auf 0.10, da mehr Leute am System mitarbeiteten. Nach einigen weiteren Änderungen erhöhte Linus die Versionsnummer auf 0.95, um anzudeuten, daß das System bald reif für eine »offizielle« Freigabe sein würde. (Im allgemeinen wird Software erst dann mit der Versionsnummer 1.0 bedacht, wenn sie theoretisch komplett oder fehlerfrei ist.) Das war im März 1992. Noch einmal anderthalb Jahre später, Ende Dezember 1993, trug der Linux-Kernel die Versionsnummer 0.99pl14 – und näherte sich asymptotisch der 1. 0 an. Version 1.0 erschien im März 1994. Derzeit (September 1999) ist die aktuelle Kernel-Version 2.2.10, während schon die Kernel-Versionen der 2.3-Serie entwikkelt werden (wir kommen auf die Konventionen der Versionsnumerierung später noch zurück).

Kapitel 13

Linux hätte nicht ohne die GNU-Tools der Free Software Foundation entstehen können. Es war deren Compiler *gcc*, der Linus' Code Leben einhauchte (wir werden diesen Compiler in Kapitel 13, *Programmiersprachen,* besprechen). Die GNU-Tools sind von Anfang an in die Entwicklung von Linux eingebunden gewesen. Deswegen verlangt die Free Software Foundation, daß Linux als GNU/Linux bezeichnet wird, was sich aber nicht durchsetzen konnte.

Berkeley-Unix (BSD) spielt ebenfalls eine wichtige Rolle für Linux: nicht so sehr bei seiner Entstehung, sondern indem es die Tools bereitstellt, die Linux so beliebt machen. Die meisten der Utilities, die mit Linux ausgeliefert werden, sind von BSD portiert worden. Besonders wichtig sind dabei die Netzwerkdämonen und -Utilities. Der Netzwerkcode im Kernel von Linux wurde von Grund auf neu geschrieben (sogar zwei- oder dreimal), aber die Dämonen und Utilities gehen auf BSD zurück.

Heute ist Linux ein komplettes Unix, das in der Lage ist, mit dem X Window System, TCP/IP, Emacs, Mail- und News-Software (und was Ihnen sonst noch einfällt) zu laufen. Fast alle wichtigen freien Softwarepakete sind nach Linux portiert worden, und auch eine ganze Reihe kommerzieller Software ist auf dem Markt erschienen. Heutzutage entwickeln viele Firmen sogar zuerst für Linux und portieren dann später auf andere Betriebssysteme. Linux unterstützt heute viel mehr Hardware als frühe Versionen des Kernels. Viele Leute haben Benchmarks auf 486er Linux-Systemen durchgeführt und festgestellt, daß Linux vergleichbar ist mit mittleren Workstations von Sun Microsystems und Compaq; bei vielen Benchmarks schlägt Linux Windows 95/98 und Windows NT locker. Wer hätte je gedacht, daß dieses »kleine« Unix einmal so groß werden würde, daß es gegen die gesamte Welt des Personal Computing bestehen könnte?

Wer arbeitet unter Linux?

Anwendungsprogrammierer, Systemadministratoren, Netzwerk-Provider, Kernel-Hacker, Multimedia-Autoren – das sind einige der Leute, die der Meinung sind, daß Linux seinen eigenen Charme entwickelt.

Unix-Programmierer benutzen immer häufiger Linux, weil es eine kostengünstige Lösung darstellt – sie erhalten eine komplette Programmierumgebung, die auf einem billigen PC läuft, für ein paar Mark –, außerdem ist Linux eine hervorragende Basis, um portable Programme zu schreiben. Es ist ein modernes Betriebssystem, das dem POSIX-Standard entspricht und einige Ähnlichkeit mit System V aufweist. Das hat zur Folge, daß Programme, die unter Linux laufen, in der Regel auch auf anderen aktuellen Systemen laufen. Linux ist selbst auf einem bescheiden ausgestatteten PC schneller als manche Unix-Workstation.

Seine Netzwerkfähigkeiten gehören zu den Stärken von Linux. Sie wurden voller Begeisterung von Leuten eingebracht, die kleine Netzwerke auf Gemeindeebene (Free-Nets) betrieben oder die Non-Profit-Organisationen und lose Gemeinschaften von Benutzern mittels UUCP verbinden wollten. Linux gibt einen guten Netzwerkknoten für solche Netze ab. Da Linux auch das Network File System (NFS) und NIS (Network Information Service) unterstützt, können Sie problemlos einen PC in ein Firmen- oder Universitätsnetz mit anderen Unix-Rechnern einbinden. Die gemeinsame Nutzung von Dateien (file sharing), der Fernzugang (remote login) und die Nutzung von Applikationen auf anderen Rechnern lassen sich auf einfache Weise realisieren. Außerdem unterstützt Linux das Softwarepaket Samba, mit dem ein Linux-Rechner als Datei- und Druck-Server für Windows-Rechner agieren kann – und viele Leute stellen fest, daß es dabei schneller (und auf jeden Fall billiger) ist als Windows NT.

Kernel-Hacker gehörten zu den ersten, die Linux ihre Aufmerksamkeit schenkten – in der Tat waren sie es, die Linus Torvalds halfen, Linux zu kreieren –, und sie stellen immer noch einen großen Teil der Anhänger. Wenn Sie Lust haben, mit Puffergrößen und der Anzahl von Tabelleneinträgen zu experimentieren, um Ihre Anwendungen etwas schneller zu machen, haben Sie mit Linux genau die richtige Wahl getroffen. Außerdem wird man Ihnen im Internet gerne weiterhelfen, wenn die Dinge anfangen schiefzulaufen.

Zum Abschluß sei noch angemerkt, daß Linux sich zu einem aufregenden Forum für Multimedia entwickelt. Das liegt daran, daß es zu einer enormen Anzahl von Hardwareerweiterungen, wie den meisten Grafik- und Soundkarten, kompatibel ist. Verschiedene Programmierumgebungen, wie das 3D-Toolkit MESA (eine freie OpenGL-Implementierung), sind auf Linux portiert worden. GIMP (ein freier Clone von Adobe Photoshop) wurde ursprünglich unter Linux entwickelt und wird für viele Grafiker zum Bildbearbeitungsprogramm ihrer Wahl. Beispielsweise wurden zur Generierung einiger der Trickeffekte im Film »Titanic« Linux-Rechner (mit Alpha-Prozessoren) eingesetzt.

Wir wollen Ihnen ein paar Beispiele aus der »wirklichen Welt« geben, wie Linux tatsächlich in der EDV eingesetzt wird. Linux-Systeme sind bereits auf hoher See im Nordpazifik unterwegs gewesen und haben dabei die Telekommunikation und Datenanalyse für ein ozeanographisches Forschungsschiff gehandhabt. Linux-Systeme werden auf Forschungsstationen in der Antarktis eingesetzt. Ein vielleicht etwas alltäglicheres Beispiel stellen mehrere Krankenhäuser dar, die Linux einsetzen, um die Patientendaten zu verwalten. Es hat zu diesem Buch eine Besprechung von jemandem gegeben, der Linux innerhalb des U.S. Marine Corps benutzt. Linux hat sich als ebenso zuverlässig und nützlich erwiesen wie andere Unix-Implementierungen.

Linux breitet sich also in vielen Richtungen aus. Sogar unbedarfte Benutzer können damit zurechtkommen, wenn sie die Anwenderunterstützung nutzen, die an Universitäten und in Firmen heutzutage in der Regel verfügbar ist. Die Konfiguration und Pflege erfordern einen gewissen Aufwand; andererseits ist Linux preiswert, umfangreich und bietet denjenigen das gewisse Extra an Kontrolle über ihr System, die das wünschen.

Eigenschaften des Systems

Linux unterstützt die meisten der Merkmale, die andere Implementierungen von Unix bieten, und darüber hinaus ein paar, die Sie woanders nicht finden werden. In diesem Abschnitt stellen wir Ihnen kurz einige der Eigenschaften des Kernels vor.

Die Versionsnummern von Linux

Die Art und Weise, wie den verschiedenen Bestandteilen der Software Versionsnummern zugewiesen werden, kann für Linux-Neulinge verwirrend sein. Wenn Sie mit Linux anfangen, werden Sie wahrscheinlich eine CD-ROM-Distribution wie »Red Hat Version 5.2« oder »SuSE Version 6.2« in der Hand halten. Es ist wichtig zu verstehen, daß sich diese Versionsnummern nur auf die jeweilige Distribution beziehen (Distributionen sind gepackte Versionen von Linux, die zusammen mit Unmengen von freien Anwendungen normalerweise auf CD-ROM verkauft werden). Deswegen hat die von Red Hat, SuSE oder Debian vergebene Versionsnummer nicht unbedingt etwas mit den Versionsnummern der Software in der Distribution zu tun. Nur weil ein Distributor eine höhere Versionsnummer als ein anderer verwendet, heißt das noch lange nicht, daß die Software auch aktueller ist.

Der Linux-Kernel hat genau wie jede Applikation, Komponente, Bibliothek oder jedes Softwarepaket in einer Linux-Distribution eine *eigene* Versionsnummer. Beispielsweise verwenden Sie möglicherweise die Version 2.7.2.3 des *gcc* und die Version 3.3.1 des Fenstersystems XFree86. Sie können sich sicherlich denken, daß die Software um so neuer ist, je höher die Versionsnummer ist. Durch die Installation einer Distribution (wie Red Hat oder SuSE) müssen Sie sich darüber aber keine Gedanken machen, da die Distributionen normalerweise die neuesten Versionen jedes Pakets enthalten.

Der Linux-Kernel hat ein eigenes, merkwürdiges Numerierungssystem, mit dem Sie sich vertraut machen sollten. Wie bereits erwähnt, ist der Kernel der Kern des Betriebssystems, der für die Verwaltung aller Hardware, wie Festplatten, Netzwerkkarten, Speicher usw., in Ihrem Rechner zuständig ist. Im Gegensatz zu Windows-Systemen gibt es im Linux-Kernel keine Bibliotheken oder Fenstersysteme auf Applikationsebene. In gewissem Sinne werden Sie es als Benutzer nie direkt mit dem Kernel zu tun haben, sondern immer über eine Benutzerschnittstelle wie die Shell oder ein GUI (dazu später mehr).

Viele Leute denken jedoch, daß die Versionsnummer des Linux-Kernels die des »gesamten Systems« ist, was ein wenig irreführend ist. Jemand sagt vielleicht: »Ich verwende den Kernel 2.3.32«, aber das hat nicht viel zu sagen, wenn alles andere in seinem System hoffnungslos veraltet ist.

Das Versionssystem des Linux-Kernels sieht folgendermaßen aus. Zu jedem gegebenen Zeitpunkt gibt es *zwei* »neueste« Versionen des Kernels (die also aus dem Internet heruntergeladen werden können), die stabile und die Entwicklungsversion. Die stabile Version ist für die Mehrzahl der Linux-Anwender gedacht, die nicht an den allerneuesten experimentellen Features herumhacken wollen, sondern ein stabiles, funktionierendes System benötigen, das sich nicht jeden Tag verändert. Die Entwicklungsversion ändert sich dagegen ständig, weil neue Features eingebaut und von den Entwicklern über das Internet getestet werden. Änderungen an der stabilen Version betreffen hauptsächlich Bugfixes, also das Beseitigen von Fehlern, und Sicherheitslücken, während Änderungen an der Entwicklungsversion alles betreffen können – von grundlegenden neuen Subsystemen im Kernel bis zu kleinen Änderungen an einem Gerätetreiber zur Verbesserung der Geschwindigkeit. Die Linux-Entwickler garantieren nicht, daß die Entwicklungsversion bei jedem funktioniert, pflegen aber die stabile Version mit der Absicht, für jeden eine lauffähige Version zu haben.

Die stabilen Versionen haben eine gerade Unterversionsnummer (wie etwa 2.2), während die Entwicklungsversionen eine ungerade Unterversionsnummer (wie 2.3) haben. Beachten Sie, daß die Unterversionsnummer des aktuellen Entwicklungs-Kernels immer um genau eins größer ist als die des aktuellen stabilen Kernels. Wenn der stabile Kernel allerdings bei Version 2.4 angekommen ist, werden die Entwicklungs-Kernel bei 2.5 sein. (Es sei denn, Linus entscheidet sich, Version 2.4 in Version 3.0 umzubenennen, in welchem Falle die Entwicklungs-Kernel natürlich mit 3.1 beginnende Nummern bekommen.)

Jede dieser Kernel-Versionen hat noch eine dritte »Patch-Versionsnummer«, wie etwa 2.2.19 oder 2.3.85. Der sogenannte Patch-Level gibt eine bestimmte Unterversion der Kernel-Version an; höhere Nummern bezeichnen neuere Versionen. Derzeit ist der stabile Kernel bei 2.2.10 und der Entwicklungs-Kernel bei 2.3.11.

Was Linux alles kann

Linux ist ein komplettes Multitasking/Multiuser-Betriebssystem (wie alle anderen Unix-Versionen auch). Das bedeutet, daß viele Benutzer gleichzeitig auf einem Rechner arbeiten können, wobei viele Programme gleichzeitig ausgeführt werden. Darüber hinaus unterstützt Linux Multiprozessorsysteme (wie zum Beispiel Hauptplatinen mit zwei Pentium Pro-Prozessoren) mit bis zu 16 Prozessoren, eine großartige Sache für Hochleistungs-Server und wissenschaftliche Anwendungen.

Das Linux-System ist auf Quellcode-Ebene in vielen Punkten kompatibel zu einigen Unix-Standards (soweit man bei Unix von Standards sprechen kann), darunter Merkmale von IEEE POSIX.1, System V und BSD. Linux wurde unter Berücksichtigung der Portabilität von Quellcode entwickelt. Daraus ergibt sich, daß Sie wahrscheinlich auf einige Eigenschaften stoßen werden, die verschiedenen Implementierungen gemein sind. Ein großer Teil der freien Unix-Software aus dem Internet und aus anderen Quellen läßt sich unter Linux so kompilieren, wie sie bei Ihnen eintrifft.

Wenn Sie über ein wenig Unix-Hintergrundwissen verfügen, interessieren Sie vielleicht andere interne Eigenschaften von Linux wie Job-Kontrolle nach dem POSIX-Standard (wird zum Beispiel von den Shells *csh* und *bash* benutzt), Pseudo-Terminals (*pty*-Devices) und die Unterstützung von länderspezifischen oder anwenderdefinierten Tastaturbelegungen, die mit Hilfe von dynamisch ladbaren Tastaturtreibern realisiert werden. Linux unterstützt außerdem virtuelle Konsolen, die das Umschalten von der Systemkonsole zu mehreren Login-Sitzungen ermöglichen. Den Benutzern des Programms *screen* wird die Linux-Implementierung der virtuellen Konsolen bekannt vorkommen.

Linux kann problemlos auf einem System koexistieren, auf dem ein anderes Betriebssystem, wie Windows 95/98, Windows NT, OS/2 oder andere Unix-Versionen, installiert ist. Der Boot-Loader von Linux (LILO) läßt Sie beim Booten ein Betriebssystem wählen, Linux ist aber auch kompatibel mit anderen Boot-Loadern wie dem von Windows NT.

Linux läuft auf einer Vielzahl von CPU-Architekturen, darunter Intel x86 (386, 486, Pentium, Pentium Pro, Pentium II/III), SPARC, Alpha, PowerPC, MIPS und m68k. Portierungen auf andere Systeme sind bereits in Arbeit, und es wird erwartet, daß Linux auch problemlos auf den Intel-Prozessoren der nächsten Generation namens »Merced« laufen wird. Es wird sogar daran gearbeitet, Linux auf eingebettete Prozessoren, wie etwa die in 3Coms Palm-Pilot-PDAs, zu portieren.

Kapitel 3
Kapitel 5

Linux unterstützt mehrere Dateisysteme zum Abspeichern von Daten. Einige davon, etwa das Second Extended-Dateisystem *(ext2fs)*, sind speziell für Linux entwickelt worden. Andere, etwa die Dateisysteme Minix-1 und Xenix, werden ebenfalls unterstützt. Auch das DOS-Dateisystem ist implementiert worden, so daß Sie Windows- oder DOS-Dateien direkt von der Festplatte oder Diskette lesen können. Auch das Dateisystem nach ISO 9660, das alle Standardformate für CD-ROMs liest, wird unterstützt, genauso wie die Dateisysteme von Windows NT, Apple, Atari, Amiga und OS/2. Wir werden in Kapitel 3, *Installation und erste Konfigurationsarbeiten,* und Kapitel 5, *Grundlagen der Systemverwaltung,* genauer auf Dateisysteme eingehen.

Kapitel 15

Netzwerkunterstützung ist eine der großen Stärken von Linux, sowohl hinsichtlich Performanz als auch hinsichtlich Funktionalität. Linux enthält alles, was Sie für die Einbindung in TCP/IP-Netzwerke brauchen. Dazu gehören Treiber für viele bekannte Ethernet-Karten, SLIP (Serial Line Internet Protocol, das Ihnen über eine serielle Schnittstelle den Zugriff auf ein TCP/IP-Netz ermöglicht), Parallel Line Internet Protocol (PLIP), Point-to-Point Protocol (PPP), NFS (Network File System) usw. Sämtliche TCP/IP-Clients und -Dienste werden unterstützt, darunter FTP, Telnet, NNTP und SMTP. Der Linux-Kernel enthält eine vollständige Implementierung von Netzwerk-Firewalls, mit der Sie jeden Linux-Rechner als Firewall (die Netzwerkpakete kontrolliert, um beispielsweise unerlaubten Zugriff auf einen Webserver zu verhindern) konfigurieren können. Linux ist hinsichtlich der Performanz seiner Netzwerkimplementierung anderen Betriebssystemen überlegen. In Kapitel 15, *TCP/IP und PPP,* gehen wir genauer auf Linux und Netzwerke ein.

Der Kernel

Der *Kernel* ist das Herz des Betriebssystems – er enthält den Programmcode, der die Schnittstelle zwischen Anwenderprogrammen und der Hardware kontrolliert. Außerdem sorgt der Kernel für die Verwaltung der Prozesse, um das Multitasking zu ermöglichen, und kontrolliert einige andere Aspekte des Systems. Der Kernel ist kein einzelner Prozeß, der auf dem System läuft – statt dessen können Sie sich den Kernel als einen Satz von Routinen vorstellen, die ständig im Speicher gehalten werden und auf die jeder Prozeß zugreifen kann. Kernel-Routinen können auf verschiedene Weise aufgerufen werden. Eine direkte Methode, den Kernel zu benutzen, besteht darin, daß ein Prozeß einen Systemaufruf (system call) ausführt; das ist eine Funktion, die den Kernel veranlaßt, für den Prozeß etwas Programmcode auszuführen. Beispielsweise würde der Systemaufruf *read* Daten von einem Dateideskriptor lesen. Für den Programmierer sieht das aus wie eine weitere C-Funktion, aber in Wirklichkeit ist der Code für *read* im Kernel enthalten.

Kernel-Code wird auch in anderen Situationen ausgeführt. Wenn zum Beispiel ein Hardware-Interrupt erfolgt, ist es ebenfalls der Kernel, der mit einer Interrupt-Behandlungsroutine darauf reagiert. Wenn ein Prozeß an eine Stelle gelangt, an der er auf Ergebnisse warten muß, greift der Kernel ein und läßt diesen Prozeß ruhen, um einem anderen Prozeß mehr CPU-Zeit zu gewähren. In ähnlicher Weise teilt der Kernel jeweils einem Prozeß Priorität zu, indem er den Clock-Interrupt (und andere Mittel) benutzt, um von einem Prozeß zum anderen zu wechseln. Das ist im wesentlichen die Art und Weise, wie Multitasking erreicht wird.

Der Linux-Kernel wird auch als *monolithischer* Kernel bezeichnet, weil alle Gerätetreiber in ihm enthalten sind. Einige Betriebssysteme benutzen eine *Mikrokernel*-Architektur, bei der Gerätetreiber und andere Komponenten (wie Dateisysteme oder Code zur Speicherverwaltung) *kein* Bestandteil des Kernels sind, sondern ähnlich wie normale Applikationen behandelt werden. Beide Entwürfe haben ihre Vor- und Nachteile – die monolithische Architektur ist unter Unix-Implementierungen weit verbreitet und wird in klassischen Kernel-Designs wie System V oder BSD benutzt. Linux unterstützt ladbare Gerätetreiber (die durch Befehle des Benutzers in den Speicher geladen und von dort wieder entladen werden können). Im Abschnitt »Ladbare Gerätetreiber« in Kapitel 7, *Software und den Kernel aktualisieren,* erfahren Sie mehr zu diesem Thema.

Kapitel 7

Der Kernel ist in der Lage, auf vielen Architekturen FPU-Befehle zu emulieren, so daß auch Systeme ohne mathematischen Koprozessor Programme ausführen können.

Der Linux-Kernel auf Intel-Systemen ist so gestaltet, daß er die speziellen Möglichkeiten des Protected Mode der 80x86er Prozessoren (ab 80386) von Intel nutzen kann. Insbesondere benutzt Linux die auf Deskriptoren beruhende Speicherverwaltung des Protected Mode und viele der anderen fortschrittlichen Merkmale dieser CPUs. Jeder, der sich mit der Programmierung des 80386er Protected Mode auskennt, weiß, daß dieser Prozessor für ein Multitasking-Betriebssystem wie Unix (das eigentlich von Multics inspiriert wurde) entworfen wurde. Linux macht sich diese Funktionalität zunutze.

Der Linux-Kernel unterstützt das Demand-Paged-Loading von Programmcode. Das bedeutet, daß nur diejenigen Teile eines Programms von der Festplatte in den Speicher geladen werden, die gerade abgearbeitet werden. Wenn mehrere Teile eines Programms gleichzeitig laufen, wird nur eine einzige Kopie des Programmcodes im Speicher gehalten.

Um den verfügbaren Speicher zu vergrößern, benutzt Linux außerdem das Disk-Paging; das heißt, daß bis zu 16*128 Megabytes an *Swap-Space*[1] auf der Festplatte angelegt werden können. Wenn das System mehr physikalischen Speicher braucht, wird es inaktive Speicherseiten auf die Festplatte auslagern. Auf diese Weise können Sie größere Anwendungen laufen lassen, und es können mehr Benutzer gleichzeitig arbeiten. Allerdings kann der Swap-Space nicht physikalisches RAM ersetzen – er arbeitet aufgrund der Plattenzugriffszeiten viel langsamer.

---

1 Swap-Space ist eigentlich ein unpassender Name: Es werden nicht ganze Prozesse ausgelagert, sondern einzelne Speicherseiten. Natürlich werden oft doch ganze Prozesse ausgelagert, aber das muß nicht immer so sein.

Der Kernel benutzt für Anwendungsprogramme und Platten-Cache einen gemeinsamen Speicher-Pool. Auf diese Weise kann der gesamte freie Speicher als Cache genutzt werden, und die Größe des Cache wird reduziert, wenn große Anwendungen laufen.

Ausführbare Programme benutzen dynamisch gebundene Shared Libraries (gemeinsam genutzte Bibliotheken); das heißt, daß sie Programmcode in einer einzigen Library-Datei auf der Festplatte gemeinsam benutzen. Dies ähnelt dem Shared-Library-Mechanismus von SunOS. Dadurch können ausführbare Programme mit deutlich weniger Platz auf der Festplatte auskommen; insbesondere solche Programme, die auf viele Bibliotheksfunktionen zugreifen. Außerdem befindet sich immer nur eine Kopie des Bibliothekscodes zur Zeit im Speicher, was den gesamten Speicherverbrauch herabsetzt. Es gibt auch statisch gebundene Bibliotheken für diejenigen, die Objektcode debuggen wollen oder die den »kompletten« Programmcode erhalten möchten, ohne auf Shared Libraries angewiesen zu sein. Die Shared Libraries von Linux werden bei der Programmausführung dynamisch dazugebunden; das gibt Programmierern die Möglichkeit, Teile der Libraries durch ihren eigenen Code zu ersetzen.

Kapitel 14

Um das Debugging zu vereinfachen, erzeugt der Linux-Kernel Core Dumps (Speicherauszüge) zur Analyse nach Programmabstürzen. Mit Hilfe eines Core Dumps und einer ausführbaren Datei, die mit Debugging-Unterstützung gebunden wurde, können Sie feststellen, was ein Programm abstürzen ließ. Im Abschnitt »Eine Core-Datei analysieren« in Kapitel 14, *Werkzeuge für Programmierer,* werden wir das besprechen.

Eigenschaften der Software

In diesem Abschnitt werden wir Ihnen viele der Anwendungsprogramme vorstellen, die es für Linux gibt, und wir werden eine Reihe von Aufgabenstellungen besprechen, die oft mit dem Computer gelöst werden. Schließlich ist der wichtigste Teil des Systems die Spannweite an Programmen, die es dafür gibt. Noch beeindruckender ist, daß der größte Teil dieser Software frei erhältlich ist.

Grundlegende Befehle und Utilities

Nahezu jedes einzelne Utility (Hilfsprogramm), das Sie auf anderen Implementierungen von Unix vorfinden, ist auch nach Linux portiert worden. Dazu gehören grundlegende Befehle wie *ls*, *awk*, *tr*, *sed*, *bc*, *more* usw. Es gibt Linux-Portierungen von den meisten populären Paketen wie Perl, Python, dem Java Development Kit und weiteren. Was auch immer Ihnen einfällt – Linux hat es. Sie können deshalb davon ausgehen, daß Ihre gewohnte Unix-Arbeitsumgebung auch unter Linux existiert. Alle Standardbefehle und -Utilities sind vorhanden. (Linux-Anfänger sollten Kapitel 4, *Grundlegende Unix-Befehle und -Konzepte,* lesen; dort werden die Unix-Grundbefehle vorgestellt.)

Kapitel 4

Viele Texteditoren stehen zur Verfügung, darunter *vi* (einschließlich moderner Varianten wie *vim*), *ex*, *pico* und *jove*. Ebenso gibt es GNU Emacs und Varianten davon, wie XEmacs (der Erweiterungen für das X Window System enthält) und *joe*. Egal, mit welchem Texteditor Sie normalerweise arbeiten, mit größter Wahrscheinlichkeit ist er auch nach Linux portiert worden.

Die Wahl eines Texteditors ist eine interessante Angelegenheit. Viele Unix-Benutzer arbeiten immer noch mit »einfachen« Editoren wie *vi* (auch dieses Buch wurde mit *vi* und Emacs unter Linux geschrieben). Allerdings unterliegt *vi* aufgrund seines Alters einigen Beschränkungen, und modernere (und komplexere) Editoren wie etwa Emacs gewinnen an Popularität. Emacs enthält eine komplette, auf LISP basierende Makrosprache sowie einen LISP-Interpreter, hat eine umfangreiche Befehlssyntax und beinhaltet auch einige Spiele. Für Emacs gibt es Makros, die das Lesen von Mail und News ermöglichen, Verzeichnisbäume bearbeiten und sogar eine mit künstlicher Intelligenz ausgestattete Psychotherapie-Sitzung abhalten (ein Muß für den gestreßten Linux-Hacker). In Kapitel 9, *Editoren, Textwerkzeuge, Grafiken und Drucken,* finden Sie eine komplette Einführung in *vi* und eine ausführliche Beschreibung von Emacs.

Kapitel 9

Ein interessantes Detail ist, daß die meisten Linux-Utilities aus der GNU-Softwareschmiede stammen. Diese GNU-Utilities enthalten weitergehende Merkmale, die in den Standardversionen für BSD und AT&T nicht enthalten sind. Zum Beispiel kennt die GNU-Version des Editors *vi*, *elvis*, eine strukturierte Makrosprache, die sich vom AT&T-Original unterscheidet. Trotzdem hat man sich bemüht, die GNU-Utilities kompatibel zu ihren Vettern unter BSD und System V zu halten. Viele Leute betrachten die GNU-Versionen dieser Programme als die besseren. Ein Beispiel dafür sind die Kompressionsprogramme *gzip* und *bzip2*, die bessere Kompressionsraten erreichen als das ursprüngliche *compress*.

Für viele Benutzer ist die *Shell* (Bedienoberfläche) das wichtigste Utility. Die Shell ist ein Programm, das die Befehle des Benutzers interpretiert und ausführt. Viele Shells bieten außerdem Extras wie *Job-Kontrolle* (damit kann der Benutzer mehrere Prozesse gleichzeitig starten – man muß dabei nicht unbedingt an Orwell denken), die Umleitung von Ein- und Ausgaben oder eine Kommandosprache zum Schreiben von *Shell-Skripten*. Ein Shell-Skript ist eine Datei, die ein Programm in der Kommandosprache der Shell enthält – das entspricht einer »Batch-Datei« unter DOS.

Es gibt viele Typen von Shells für Linux. Der wichtigste Unterschied zwischen den Shells besteht in der Kommandosprache. So benutzt zum Beispiel die C-Shell (*csh*) eine Sprache, die der Programmiersprache C ähnlich ist. Die klassische Bourne-Shell benutzt eine andere Kommandosprache. Die Wahl einer Shell hängt oft von der Kommandosprache ab, die die Shell zur Verfügung stellt. Die Shell, für die Sie sich entscheiden, bestimmt in gewissem Grade, wie Ihre Arbeitsumgebung unter Linux aussieht.

Ganz gleich, mit welcher Shell Sie normalerweise arbeiten – ziemlich sicher gibt es eine Version davon für Linux. Die am häufigsten benutzte Shell ist die Bourne Again Shell (*bash*) von GNU. Dies ist eine Variante der Bourne-Shell mit weitergehenden Möglichkeiten wie Job-Kontrolle, einer History-Funktion für Befehlseingaben, automatischer Komplettierung von Befehlen und Dateinamen, einer Art Emacs-Interface, um die Befehlszeile zu editieren, sowie mächtigen Erweiterungen zur Kommandosprache der Standard-Bourne-Shell. Eine andere beliebte Shell ist *tcsh*, eine Version der C-Shell mit erweiterten Möglichkeiten, ähnlich denen der *bash*. Weitere Shells sind die Korn-Shell (*ksh*), *ash* von BSD, *zsh*, eine kleine Bourne-ähnliche Shell, und *rc*, die Shell des Plan-9-Betriebssystems.

Was ist also das Wichtige an diesen grundlegenden Utilities? Linux bietet Ihnen einzigartige Möglichkeiten, ein spezielles System ganz nach Ihren Wünschen zu konfigurieren. Wenn Sie zum Beispiel der einzige Benutzer Ihres Systems sind und Sie am liebsten mit dem Editor *vi* und der Shell *bash* arbeiten, brauchen Sie die anderen Editoren und Shells nicht zu installieren. Dieser »Do it yourself«-Geist ist unter Linux-Hackern und -Benutzern weit verbreitet.

Textverarbeitung

Fast jeder Computerbenutzer braucht irgendein Textverarbeitungssystem. (Wie viele Computerfreaks kennen Sie, die noch mit Papier und Stift schreiben? Nicht sehr viele, darauf können wir wetten.) In der Welt der PCs herrscht eine andere Art der Textverarbeitung vor als unter Unix (im Englischen als *word processing* bezeichnet). Dabei werden Texte editiert und formatiert (oft in einer »What-You-See-Is-What-You-Get«-(WYSIWYG-)Darstellung) und komplett mit Abbildungen, Tabellen und anderen Extras fertiggestellt.

Unter Unix findet eine andere Art von Textverarbeitung statt (im Englischen als *text processing* bezeichnet), die sich erheblich vom klassischen *Word Processing* unterscheidet. Bei der Textformatierung erstellt der Autor den Text in einer Formatierungssprache (»typesetting language«), die das Aussehen des Textes beschreibt. Statt den Text in einem speziellen Textverarbeitungsprogramm einzugeben, kann der ursprüngliche Text hierbei mit einem beliebigen Texteditor, wie zum Beispiel *vi* oder Emacs, bearbeitet werden. Sobald der Text (inklusive der Formatierungsanweisungen) fertiggestellt ist, wird er mit einem besonderen Programm (Textformatierer) bearbeitet, das den Quelltext für die Druckausgabe formatiert. Das entspricht etwa der Programmierung in Sprachen wie C; der Text wird sozusagen in seine endgültige Form »kompiliert«.

Unter Linux stehen viele Textformatierungssysteme zur Verfügung. Eines ist *groff*, die GNU-Version des klassischen Textformatierers *troff*, der ursprünglich von den Bell Laboratories entwickelt wurde und noch immer auf vielen Unix-Systemen auf der ganzen Welt in Gebrauch ist. Ein anderer moderner Textformatierer ist TEX, der von dem bekannten Informatiker Donald Knuth entwickelt wurde. Auch Dialekte von TEX, etwa LATEX, sind vorhanden.

Textformatierer wie TEX und *groff* unterscheiden sich hauptsächlich in der Syntax ihrer Formatierungssprachen. Die Wahl eines Formatierungssystems hängt auch davon ab, ob die verfügbaren Utilities Ihren Anforderungen gerecht werden; auch persönliche Vorlieben spielen eine Rolle.

Beispielsweise betrachten einige Leute den Textformatierer *groff* als etwas obskur, und sie arbeiten deshalb lieber mit TEX, dessen Quelltexte einfacher zu lesen sind. Allerdings ist *groff* in der Lage, reine ASCII-Texte zu produzieren, die auf dem Bildschirm angezeigt werden können. TEX eignet sich eher dazu, Ausgaben für Drucker zu erzeugen. Aber es gibt auch verschiedene Programme, die TEX-formatierte Dokumente in ASCII-Texte umwandeln oder das TEX-Format beispielsweise in das *groff*-Format wandeln.

Ein anderer Textformatierer ist Texinfo, eine Erweiterung zu TEX, der von der Free Software Foundation für die Softwaredokumentation benutzt wird. Texinfo ist in der Lage, aus einer einzigen Quelldatei entweder ein druckbares Dokument oder ein Hypertext-»Info«-Dokument zu erstellen, das online gelesen werden kann. Info-Dateien sind die wichtigste Art der Dokumentation von GNU-Software wie etwa Emacs.

Textformatierer werden in der EDV-Welt häufig zum Erstellen von schriftlichen Unterlagen, Doktorarbeiten, Zeitschriftenartikeln und Büchern benutzt (auch dieses Buch wurde mit LATEX geschrieben, mit einem selbstgebauten SGML-System verarbeitet und mit *groff* gedruckt). Die Möglichkeit, den ursprünglichen Text inklusive der Formatierungsanweisungen im Klartext zu bearbeiten, bietet eine Chance, den Textformatierer selbst zu erweitern. Da die Quelltexte nicht in irgendeinem obskuren Format gespeichert werden, das nur von einer bestimmten Textverarbeitung gelesen werden kann, haben Programmierer die Möglichkeit, Parser und Übersetzungsprogramme für die Formatierungssprache zu schreiben und damit das System zu erweitern.

Wie sieht so eine Formatierungssprache aus? Im allgemeinen bestehen die Quelltexte einer solchen Sprache aus dem eigentlichen Text, in den »Kontrollcodes« eingebettet sind, die eine bestimmte Formatierung bewirken – etwa einen anderen Font wählen, den Seitenrand einstellen, eine Liste anlegen usw.

Die bekannteste Textformatierungssprache ist HTML, die jetzt mit XML einen jüngeren Bruder bekommen hat. HTML selbst ist ein Abkömmling von SGML, der Sprache, in der dieses Buch geschrieben wurde. Die speziellen Tags, die für dieses Buch verwendet wurden (wie <PARA> und <TITLE>), stammen aus Docbook, einer Art Industriestandard für Tags in technischen Dokumentationen, der auch in der offiziellen Linux-Dokumentation (die später in diesem Kapitel noch besprochen wird) verwendet wird. Hier folgt ein typischer Abschnitt aus Docbook:

```
<sect2><title>Grundlegende Befehle und Utilities</title>

<para>

Nahezu jedes einzelne Utility (Hilfsprogramm), das Sie auf anderen Implementie-
rungen von Unix vorfinden, ist auch nach Linux portiert worden. Dazu gehören
grundlegende Befehle wie <command>ls</command>, <command>awk</command>,
<command>tr</command>, <command>sed</command>, <command>bc</command>,
<command>more</command> usw. Es gibt Linux-Portierungen von den meisten populä-
ren Paketen wie Perl, Python, dem Java Development Kit und weiteren. Was auch
immer Ihnen einfällt – Linux hat es. Sie können deshalb davon ausgehen, daß
Ihre gewohnte Unix-Arbeitsumgebung auch unter Linux existiert. Alle Standardbe-
fehle und -Utilities sind vorhanden. (Linux-Anfänger sollten <xref linkend="X-
100-3-chap-basic"> lesen; dort werden die Unix-Grundbefehle vorgestellt.)

</para>
```

Auf den ersten Blick mag so eine Sprache obskur wirken, aber eigentlich ist das ganz einfach zu lernen. Die Verwendung eines solchen Systems erzwingt die Einhaltung typographischer Standards. Beispielsweise werden alle Aufzählungslisten in einem Dokument immer gleich aussehen; es sei denn, der Autor verändert die Definition der »Umgebung« für Aufzählungslisten.

Das Hauptziel solcher Formatierungssprachen besteht darin, es dem Autor zu ermöglichen, sich auf das Schreiben des eigentlichen Textes zu konzentrieren und sich nicht um Schriftsatzkonventionen kümmern zu müssen. Wenn das gerade gezeigte Beispiel gedruckt wird, werden die Befehle in den `<command>`-Tags in dem Font, der Farbe oder sonstigen Konvention, die der Verleger gewählt hat, gedruckt; außerdem kann leicht ein Index mit allen Befehlen erzeugt werden. Außerdem werden an der Stelle, an der der merkwürdig aussehende `<xref>`-Tag steht, automatisch die richtige Kapitelnummer und der richtige Kapiteltitel eingefügt, selbst wenn die Autoren nach dem Schreiben dieses Absatzes noch die Kapitel umstellen.

Es gibt zwar WYSIWYG-Editoren für HTML (und sogar einige wenige für SGML), aber es erfordert andererseits nur wenig Übung, die Tags von Hand einzusetzen. Werkzeuge können dann Ausgaben in Standardformaten wie PostScript oder PDF erzeugen und diese auf dem Bildschirm des Autors darstellen oder an einen Drukker schicken. Zu den in Kapitel 9, *Editoren, Textwerkzeuge, Grafiken und Drukken,* beschriebenen Formatierungssystemen gehören LaTeX, sein naher Verwandter Texinfo und *troff*.

Textverarbeitungen nach dem WYSIWYG-Prinzip sind aus vielen Gründen beliebt; sie bieten eine mächtige (und manchmal komplexe) visuelle Schnittstelle zum Editieren von Dokumenten. Andererseits ist diese Schnittstelle von vornherein auf diejenigen Aspekte des Textlayouts beschränkt, die dem Benutzer angeboten werden. Deshalb bieten viele WYSIWYG-Textverarbeitungen eine spezielle »Formatierungssprache« für die Erstellung komplizierter Ausdrücke an; etwa einen Formeleditor für mathematische Formeln. Der Einsatz eines Formeleditors entspricht der Benutzung eines Textformatierers, allerdings in sehr einfacher Form.

Der feine Unterschied bei der Benutzung von Textformatierern ist, daß Sie genau bestimmen können, was Sie brauchen. Diese Systeme erlauben Ihnen außerdem, die Quelltexte mit beliebigen Editoren zu bearbeiten, und die Quelltexte lassen sich leicht in andere Formate wandeln. Der Nachteil bei dieser Flexibilität und Mächtigkeit ist, daß keine WYSIWYG-Schnittstelle vorhanden ist.

Viele Benutzer von WYSIWYG-Textverarbeitungen sind es gewohnt, bereits beim Editieren den fertig formatierten Text zu sehen. Andererseits muß man sich bei der Arbeit mit einem Textformatierer im allgemeinen keine Gedanken darüber machen, wie der formatierte Text aussehen wird. Der Schreiber lernt, aus den Formatierungsanweisungen im Quelltext zu erkennen, wie der fertige Text aussehen wird.

Es gibt Programme, die es vor dem Ausdruck ermöglichen, das formatierte Dokument auf einem Grafikbildschirm zu betrachten. Das Programm *xdvi* beispielsweise zeigt eine »geräteunabhängige« Datei an, die mit TeX unter dem X Window System erstellt wurde. Andere Anwendungen wie *xfig* bieten eine graphische WYSIWYG-Schnittstelle zum Zeichnen von Abbildungen und Diagrammen, die anschließend in das Format eines Textformatierers gewandelt und dann in Ihre Dokumente eingefügt werden können.

Es gibt viele andere Utilities für die Textbearbeitung. Das mächtige METAFONT-System, mit dem Fonts für TeX erstellt werden, gehört zur Linux-Portierung von TeX. Andere Programme sind zum Beispiel *ispell*, eine interaktive Rechtschreibprüfung, *makeindex*, mit dem Indizes zu LaTeX-Dokumenten erstellt werden, sowie viele Makropakete, die auf *groff* und TeX basieren und mit denen verschiedene Arten von Dokumenten und mathematischen Texten formatiert werden. Außerdem gibt es Konvertierungsprogramme für die Umwandlung von TeX- und *groff*-Quellen in viele andere Formate.

Kapitel 9

In Kapitel 9, *Editoren, Textwerkzeuge, Grafiken und Drucken,* besprechen wir LaTeX, *groff* und andere Programme zur Textformatierung im Detail.

Kommerzielle Applikationen

Kommerzielle Softwarehersteller sind mehr und mehr daran interessiert, ihre Software auf Linux zu portieren. Dazu gehören Office-Suiten, Textverarbeitungen, Hilfsprogramme zur Netzwerkadministration und ausgewachsene Datenbanken. In den ersten beiden Auflagen dieses Buches konnten wir nicht viel über verfügbare kommerzielle Applikationen schreiben, aber dies ändert sich in Windeseile – ja sogar so schnell, daß wahrscheinlich eine Unmenge weiterer kommerzieller Applikationen auf Linux portiert worden ist, wenn Sie dies lesen.

Star Division (*http://www.stardivision.de*) hat die Office-Suite Star Office 5.0 für Linux veröffentlicht, die es auch für Windows 98, Windows NT und andere Unix-Systeme gibt. Diese Suite ist im großen und ganzen ein Microsoft Office-Clone und enthält eine Textverarbeitung, eine Tabellenkalkulation, einen HTML-Editor, ein

Präsentationsprogramm und andere Programme. Sie kann diverse Dateiformate lesen (darunter die von Microsoft Office) und steht für den nichtkommerziellen Einsatz zum freien Download bereit.

Corel hat WordPerfect 8 auf Linux portiert, das eine Textverarbeitung, eine Tabellenkalkulation, ein Präsentationsprogramm, einen persönlichen Informationsmanager und andere Applikationen enthält. Für den privaten Gebrauch ist dieses Programm gratis, für alle anderen Einsatzzwecke kann eine Einzellizenz für etwa 150 DM direkt von Corel und möglicherweise etwas billiger von anderen Distributoren bezogen werden.

Firmen wie Oracle, IBM, Informix, Sybase und Interbase haben kommerzielle Datenbanken veröffentlicht, die auf Linux portiert worden sind. Von IBMs DB2-Datenbank-Server kann eine Beta-Version der Linux-Version gratis von IBMs Webserver (*http://www.ibm.com*) heruntergeladen werden. Diese Beta-Version unterstützt kein Clustering und andere fortgeschrittene Merkmale der anderen DB2-Versionen, unterstützt aber Multiprozessormaschinen. IBM hat auch angekündigt, das beliebte AFS-Netzwerkdateisystem auf Linux portieren zu wollen.

Von Caldera stammt NetWare for Linux 1.0, mit dem Linux-Server Datei-, Druck- und Verzeichnisdienste in NetWare-Umgebungen bereitstellen und Daten mit Novell-NetWare-basierten Servern teilen können. Es ist kompatibel mit NetWare 4.10b und NetWare-Clients für Windows 3.1/95/98, DOS, Linux, Macintosh und UnixWare.

Programmiersprachen und -Utilities

Linux stellt eine komplette Unix-typische Programmierumgebung bereit, die alle Standardbibliotheken, Programmierwerkzeuge, Compiler und Debugger enthält, die Sie auch auf anderen Unix-Systemen vorfinden. In der Welt der Softwareentwicklung für Unix geschieht die Anwendungs- und Systemprogrammierung normalerweise mit C oder C++. Der Standard-Compiler für C und C++ unter Linux ist der *gcc* von GNU; das ist ein ausgereifter, moderner Compiler mit vielen Optionen. *gcc* kann C++-Programme (einschließlich der AT&T-3.0-Optionen) ebenso kompilieren wie Objective-C, einen anderen objektorientierten Dialekt von C.

Java, noch ein Neuling in der Szene der Programmiersprachen, wird unter Linux voll unterstützt. Die Version 1.2 des Java Development Kit von Sun (auch »Java 2« genannt) ist auf Linux portiert worden und funktioniert vollständig. Java ist eine objektorientierte Programmiersprache und Laufzeitumgebung, die einen großen Bereich von Applikationen – wie Applets in Webseiten, internetbasierte Distributionssysteme, Datenbankanbindungen und vieles andere mehr – unterstützt. In Java geschriebene Programme können auf jedem System (unabhängig von der CPU-Architektur und dem Betriebssystem) laufen, auf dem es eine Java Virtual Machine gibt. Die Möglichkeiten, die sich durch Java ergeben, haben in der Presse für große Aufregung gesorgt.

Neben C, C++ und Java sind viele andere Compiler- und Interpreter-Sprachen nach Linux portiert worden, zum Beispiel Smalltalk, FORTRAN, Pascal, LISP, Scheme und Ada. Außerdem gibt es mehrere Assembler, mit denen sich Maschinencode schreiben läßt, sowie die Favoriten aller Unix-Hacker: Perl (die Skriptsprache, die alle anderen Skriptsprachen überflüssig macht), Tcl/Tk (ein Shell-ähnliches System zur Verarbeitung von Befehlen, das auch die Entwicklung von einfachen Anwendungen für das X Window System unterstützt) und Python (die erste von Grund auf objektorientierte Skriptsprache).

Der ausgereifte Debugger *gdb* ist nach Linux portiert worden. Sie haben damit die Möglichkeit, ein Programm schrittweise auszuführen, um Fehler zu finden oder die Ursache eines Absturzes mit Hilfe eines Core Dumps zu untersuchen. *gprof*, ein Profiling-Utility, erstellt Statistiken zum Zeitverhalten Ihres Programms und zeigt damit auf, wo Ihr Programm während der Ausführung wieviel Zeit verbringt. Der Texteditor Emacs bietet eine interaktive Arbeitsumgebung zum Editieren und Kompilieren verschiedener Programmiersprachen. Andere auf Linux portierte Werkzeuge sind GNU *make* und *imake*, mit denen Sie die Kompilierung großer Anwendungen steuern, sowie RCS, ein System zur Versionskontrolle.

Linux eignet sich hervorragend zur Entwicklung von Unix-Anwendungen. Es bietet eine moderne Programmierumgebung mit allen erdenklichen Extras. Professionelle Unix-Programmierer und Systemverwalter können Linux benutzen, um Software zu Hause zu entwikkeln, die dann auf Unix-Rechner am Arbeitsplatz übertragen wird.[2] So können Sie nicht nur eine Menge Zeit und Geld sparen, sondern auch bequem in den eigenen vier Wänden arbeiten. Informatikstudenten können mit Linux die Programmierung unter Unix lernen und andere Aspekte des Systems, etwa die Kernel-Architektur, erforschen.

Unter Linux haben Sie nicht nur Zugang zu sämtlichen Bibliotheken und Utilities, sondern Sie haben auch den kompletten Kernel und den Quellcode der Bibliotheken im Zugriff.

Kapitel 13
Kapitel 14

Kapitel 13 und 14 beschäftigen sich mit den Programmiersprachen und -werkzeugen, die unter Linux zur Verfügung stehen.

Das X Window System

Das X Window System ist die graphische Standardschnittstelle auf Unix-Rechnern. Es ist eine umfangreiche Bedienoberfläche, unter der viele Anwendungen laufen können. Bei der Arbeit mit X kann der Benutzer mehrere Terminalfenster gleichzeitig auf dem Bildschirm haben, von denen jedes eine andere Login-Sitzung darstellt. In der Regel wird die X-Schnittstelle mit der Maus bedient.

2 Die Autoren verwenden ihre Linux-Systeme, um X-Anwendungen zu Hause zu entwickeln und zu testen. Diese Anwendungen können dann unmittelbar auf anderen Workstations übersetzt werden.

Eine der ganz großen Stärken des X Window Systems liegt darin, Aussehen und Bedienung nahezu perfekt den Benutzervorlieben anpassen zu können. Es ist möglich, die Umgebungen von Windows 95/98, dem Macintosh und NeXTStep unter X zu emulieren, aber auch völlig neue Desktop-Konfigurationen zu erschaffen (viele Linux-Benutzer ziehen es vor, etwas Eigenes zu gestalten).

Viele X-spezifische Anwendungen sind bereits geschrieben worden, darunter Spiele, Grafik-Utilities, Programme zur Erstellung von Texten usw. Mit Linux und X wird Ihr System zu einer echten Workstation. Wenn Sie Ihren Rechner dann noch mit TCP/IP vernetzen, können Sie sogar X-Anwendungen auf Ihrem Bildschirm darstellen, die auf einem anderen Rechner ablaufen – genau wie auch andere Systeme unter X das tun können.

Das X Window System wurde ursprünglich am MIT (Massachusetts Institute of Technology) entwickelt und wird ohne Einschränkungen weitergegeben. Allerdings haben einige kommerzielle Hersteller firmeneigene Erweiterungen zur Originalsoftware auf den Markt gebracht. Die Version von X, die in Linux enthalten ist, ist unter dem Namen XFree86 bekannt und ist eine Portierung von X11R6, die unter anderem für 80386er Unix-Systeme wie Linux frei weitergegeben werden darf. XFree86 unterstützt eine ganze Reihe von Videohardware, darunter VGA, Super VGA und eine Reihe beschleunigter Grafikkarten. Linux enthält die komplette X-Software mit dem X-Server selbst, vielen Anwendungen und Utilities, den Programmbibliotheken sowie der Dokumentation.

Zu den Standardanwendungen für X gehören *xterm* (ein Terminalemulator, der für die meisten textbasierten Anwendungen innerhalb eines X-Fensters benutzt wird), *xdm* (der X-Session-Manager, der Logins handhabt), *xclock* (zeigt eine Uhr an), *xman* (ein Programm zum Lesen der Manpages unter X) und andere. Es gibt zu viele X-Anwendungen für Linux, um sie hier alle aufzuzählen, aber die Basisdistribution von XFree86 enthält alle »Standard«-Programme aus der originalen Distribution des MIT. Daneben sind viele andere X-Anwendungen separat erhältlich, und theoretisch sollte sich jedes für das X Window System geschriebene Programm ohne Probleme auch unter Linux kompilieren lassen.

Das Look-and-Feel von X wird weitgehend vom *Window-Manager* bestimmt. Dieses nette Programm erledigt die Anordnung der Fenster und ermöglicht es, sie in ihrer Größe anzupassen, sie als Icon darzustellen, sie zu verschieben sowie das Aussehen der Fensterrahmen zu bestimmen usw. Die Standarddistribution von XFree86 enthält *twm*, den klassischen Fenstermanager des MIT, obwohl es auch leistungsfähigere Manager (etwa den Open Look Virtual Window Manager *olvwm*) gibt. Ein Fenstermanager ist unter Linux-Benutzern besonders beliebt: *fvwm2*. Das ist ein kleiner Manager, der weniger als die Hälfte des Speichers beansprucht, den *twm* braucht. *fvwm2* zeigt die Fenster dreidimensional an und stellt einen virtuellen Desktop bereit – wenn der Benutzer die Maus zum Rand des Bildschirms bewegt, verschiebt sich die Anzeige so, als ob die Arbeitsfläche in Wirklichkeit viel größer sei. *fvwm2* ist in hohem Maße konfigurierbar, und alle Funktionen sind sowohl über die Tastatur als auch per Maus erreichbar. Viele Linux-Distributionen benutzen *fvwm2* als Standard-Fenstermanager.

XFree86 enthält Programmbibliotheken und Include-Dateien für die ausgefuchsten Programmierer, die X-Anwendungen entwickeln möchten. Verschiedene Widget-Sets, wie zum Beispiel Athena, Open Look und Xaw3D, werden unterstützt. Sämtliche Standard-Fonts, Bitmaps, Manpages und jede Menge Dokumentation werden mitgeliefert. Auch PEX (eine Programmierschnittstelle für 3-D-Grafik) wird unterstützt, desgleichen Mesa, eine freie Implementierung des 3-D-Standards OpenGL.

Kapitel 10
Kapitel 11

In Kapitel 10, *Das X Window System installieren,* und Kapitel 11, *Die X Arbeitsoberfläche anpassen,* werden wir besprechen, wie Sie das X Window System auf Ihrem Linux-System installieren und benutzen.

KDE und GNOME

KDE und GNOME sind zwei neue und bemerkenswerte Projekte, die in der Linux-Welt für viel Aufregung gesorgt haben. Beide Systeme haben die Absicht, eine vollständige, integrierte graphische Desktop-Umgebung bereitzustellen, die auf dem X Window System aufsetzt. Durch die Entwicklung einer leistungsfähigen Sammlung von Entwicklungswerkzeugen, Bibliotheken und Anwendungen, die in die Desktop-Umgebung integriert sind, wollen KDE und GNOME die nächste Ära der Linux-Desktops einläuten. Beide Systeme stellen eine reichhaltige graphische Benutzeroberfläche, Hilfsprogramme und Applikationen bereit, die mit den Features von Systemen wie dem Windows 98-Desktop mithalten oder diese sogar übertreffen können. KDE verfügt darüber hinaus über einen sehr leistungsfähigen, eigenen Window-Manager.

Mit KDE und GNOME können sich auch Gelegenheitsanwender gleich bei Linux wie zu Hause fühlen. Die meisten Distributionen konfigurieren bei der Installation automatisch eine dieser beiden Desktop-Umgebungen (üblicherweise KDE), wodurch es nicht mehr zwingend notwendig ist, überhaupt mit der Kommandozeile in Berührung zu kommen.

Zwar zielen sowohl KDE als auch GNOME darauf ab, Unix benutzerfreundlicher zu machen, aber die Schwerpunkte sind doch verschieden. Die Hauptziele von KDE sind einfache Benutzbarkeit, Stabilität und (optionale) Kompatibilität der Benutzeroberfläche mit anderen Umgebungen (wie etwa Windows 95). GNOMEs wichtigste Ziele sind dagegen gutes Aussehen und maximale Konfigurierbarkeit.

Die Vernetzung

Linux ist eines der leistungsfähigsten und robustesten Netzwerksysteme überhaupt – da ist es kein Wunder, daß immer mehr Leute feststellen, daß Linux eine exzellente Wahl für einen Server ist. Linux unterstützt die beiden wichtigsten Netzwerkprotokolle für Unix-Systeme: TCP/IP und UUCP. TCP/IP (Transmission Control Protocol/Internet Protocol, für die Fans von Akronymen) umfaßt eine Reihe von Vereinbarungen, die es Systemen überall auf der Welt ermöglichen, in einem einzigen Netzwerk namens Internet miteinander zu kommunizieren. Wenn Sie Linux, TCP/IP und einen Anschluß an dieses Netzwerk haben, können Sie mit Benutzern und Rechnern per elektronischer Post, Usenet-News, mittels Datenfernübertragung per FTP und auf andere Art und Weise kommunizieren.

Die meisten TCP/IP-Netze benutzen Ethernet als physikalisches Transportmedium. Linux unterstützt viele weitverbreitete Ethernet-Karten und -Interfaces für PCs und Laptops. Außerdem unterstützt Linux Fast Ethernet, Gigabit Ethernet, ATM, ISDN, drahtlose LAN-Adapter, Token Ring, Packet Radio und eine Reihe von besonders leistungsfähigen Netzwerkschnittstellen.

Weil aber nicht jedermann einen Ethernet-Anschluß zu Hause hat, unterstützt Linux auch SLIP und PPP, die einen Anschluß an das Internet via Modem ermöglichen. Um SLIP oder PPP zu benutzen, brauchen Sie Zugang zu einem Einwahl-Server, also einem Rechner, der eine direkte Verbindung zum Netz hat und der das Einwählen per Modem gestattet. Viele Unternehmen und Universitäten bieten solche Server an. Wenn zu Ihrem Linux-System eine direkte Ethernet-Verbindung und ein Modem gehören, können Sie es sogar als Einwahl-Server für andere Rechner konfigurieren.

Linux unterstützt eine große Anzahl von Webbrowsern (darunter Netscape Navigator und dessen freie Variante Mozilla sowie den textbasierten Browser Lynx). Mit einem Webbrowser und einem mit dem Internet verbundenen Linux-Rechner können Sie im Web surfen, E-Mail lesen und schreiben, chatten, News lesen und viele andere webbasierte Dienste nutzen.

Linux unterstützt darüber hinaus auch eine Reihe von Webservern (einschließlich des beliebten und freien Servers Apache). Es wird sogar angenommen, daß die Kombination Linux/Apache die am weitesten verbreitete Webserver-Plattform ist. Die Einrichtung und Verwendung von Apache ist einfach; wir zeigen Ihnen in Kapitel 16, *Das World Wide Web und E-Mail,* wie das geht.

Kapitel 16

Samba ist eine Software, mit der Linux-Rechner Datei- und Druckdienste für Windows-Rechner leisten können. NFS ermöglicht Ihrem System die gemeinsame Nutzung von Dateien mit anderen Rechnern in einem Netzwerk. FTP (File Transfer Protocol) ermöglicht den Austausch von Dateien mit einem anderen Rechner im Netz.

Es gibt eine ganze Reihe von Mail-Programmen und News-Readern für Linux. Dazu gehören Elm, Pine, *rn*, *nn* und *tin*. Egal, welche Programme Sie bevorzugen: Sie können Ihr Linux-System so konfigurieren, daß es weltweit elektronische Post und News versendet und empfängt.

Weitere Netzwerkfunktionalitäten sind unter anderem NNTP-basierte elektronische Nachrichtensysteme wie C News und INN, die Mail Transfer Agents *sendmail*, *exim* und *smail*; *telnet*, *rlogin*, *ssh* und *rsh*, mit denen Sie sich auf anderen Rechnern im Netzwerk einloggen und dort Befehle ausführen können, sowie *finger*, womit Sie Informationen über andere Internetbenutzer abfragen können. Es gibt massenweise TCP/IP-basierte Anwendungen und Protokolle.

Wenn Sie bereits auf anderen Unix-Systemen Erfahrungen mit TCP/IP-Anwendungen gemacht haben, werden Sie schnell mit Linux vertraut sein. Linux enthält ein Standard-Interface für die Programmierung von Sockets, so daß beinahe jedes Programm, das mit TCP/IP arbeitet, nach Linux portiert werden kann. Der X-Server von Linux unterstützt ebenfalls TCP/IP, so daß es möglich ist, Anwendungen auf Ihrem System darzustellen, die auf einem anderen System ablaufen. Die Administration der Netzwerkdienste von Linux wird all jenen, die Erfahrungen mit anderen Unix-Systemen haben, vertraut sein, denn die Werkzeuge zur Konfiguration und zur Überwachung ähneln denen aus der BSD-Umgebung.

Kapitel 15

In Kapitel 15, *TCP/IP und PPP*, werden wir die Konfiguration von TCP/IP, einschließlich SLIP, für Linux besprechen. Dort wird auch die Konfiguration von Mail-Software, Webbrowsern und Webservern behandelt.

UUCP (Unix to Unix Copy) ist eine etwas ältere Methode der Dateiübertragung. UUCP-Rechner sind untereinander per Modem und Telefonleitung verbunden, aber UUCP kann Daten auch über ein TCP/IP-Netz transportieren. Falls Sie keinen Zugang zu einem TCP/IP-Netz oder einem SLIP/PPP-Server finden, können Sie Ihr System so konfigurieren, daß es Dateien und elektronische Post via UUCP versendet und empfängt.

Telekommunikation und BBS-Software

Telekommunikationssoftware unter Linux ist der von Windows oder anderen Betriebssystemen sehr ähnlich. Jedem, der schon einmal ein Telekommunikationsprogramm benutzt hat, wird das entsprechende Programm unter Linux vertraut vorkommen. Wenn Sie ein Modem haben, sind Sie auch in der Lage, mit anderen Rechnern zu kommunizieren, indem Sie eines der Datenübertragungspakete für Linux einsetzen. Viele Leute benutzen Datenübertragungssoftware für den Zugriff auf Bulletin Board Systems (BBSs) und kommerzielle Dienste. Andere Leute setzen ihr Modem ein, um sich mit einem Rechner am Arbeitsplatz oder der Ausbildungsstätte zu verbinden. Mit einem Modem und Ihrem Linux-System können Sie sogar Faxe verschicken.

Anhang H

Eines der am weitesten verbreiteten DFÜ-Programme für Linux ist Seyon, eine X-Anwendung mit einer konfigurierbaren, ergonomisch gestalteten Bedienoberfläche und mit eingebauter Unterstützung für verschiedene Datenübertragungsprotokolle wie Kermit, ZModem usw. Andere Programme für die Datenfernübertragung sind C-Kermit, *pcomm* und *minicom*. Diese ähneln Datenübertragungsprogrammen, die man auf anderen Betriebssystemen findet, und sind sehr einfach zu benutzen. Zmodem für Linux wird in Anhang H, *Zmodem-Dateiübertragung*, besprochen.

Falls Sie keinen Zugang zu einem PPP-Server haben (siehe auch den vorherigen Abschnitt), können Sie *term* benutzen, um Ihre serielle Verbindung zu multiplexen. *term* läßt Sie über die Modemverbindung mehrfache Login-Sitzungen auf einem fremden Rechner öffnen. *term* ermöglicht außerdem über eine serielle Leitung das Umlenken von Verbindungen mit einem X-Client an Ihren lokalen X-Server, so daß Sie fremde X-Anwendungen auf Ihrem Linux-System darstellen können. Ein anderes Softwarepaket, KA9Q, implementiert ein ähnliches, SLIP-artiges Interface.

Falls Sie keinen Zugang zu einem TCP/IP-Netz oder einem UUCP-Rechner haben, können Sie unter Linux auch mit BBS-Netzen kommunizieren, wie etwa dem Fidonet, um elektronische Post und News über die Telefonleitung auszutauschen.

Die Zusammenarbeit mit Windows und MS-DOS

Es existieren verschiedene Utilities für den Zugriff auf die Welt von Windows 95, Windows 98 und MS-DOS. Die bekannteste Anwendung ist ein Projekt namens Wine – ein Windows-Emulator für das X Window System unter Linux. Das Ziel dieses Projekts, das sich noch in der Entwicklung befindet, ist es, Microsoft Windows-Applikationen direkt unter Linux ablaufen lassen zu können, wie es auch mit dem proprietären Windows-Emulator WABI von Sun Microsystems möglich ist. Wine befindet sich in ständiger Weiterentwicklung und kann bereits eine Vielzahl von Windows-Programmen ausführen, darunter viele Desktop-Applikationen und mehrere Spiele. Unter *http://www.winehq.com* können Sie die Fortschritte in der Entwicklung des Projekts verfolgen.

Linux stellt eine nahtlose Schnittstelle für die Übertragung von Dateien zwischen Linux und Windows zur Verfügung. Sie können eine Windows-Partition oder -Diskette unter Linux in Ihren Dateibaum einhängen und auf die Windows-Dateien wie auf alle anderen zugreifen. Außerdem gibt es das Paket *mtools*, das direkten Zugriff auf MS-DOS-formatierte Disketten ermöglicht, und das Paket *htools*, das das Äquivalent für Macintosh-Disketten ist.

Eine weitere Anwendung ist der MS-DOS-Emulator von Linux, der das Starten von DOS-Anwendungen aus Linux heraus ermöglicht. Obwohl Linux und DOS völlig verschiedene Betriebssysteme sind, gestattet es der Protected Mode der x86-CPUs bestimmten Tasks, sich wie Programme im 8086-Emulationsmodus zu verhalten, wie es auch DOS-Anwendungen tun.

Der MS-DOS-Emulator befindet sich noch in der Entwicklung, aber viele bekannte Anwendungen laufen bereits unter ihm. Es ist verständlich, daß solche DOS-Programme, die irgendwelche bizarren und esoterischen Möglichkeiten des Systems nutzen, wahrscheinlich keine Unterstützung finden werden, weil es sich nur um einen Emulator handelt. Sie würden zum Beispiel nicht erwarten, daß Programme, die die Möglichkeiten des Protected Mode nutzen (wie Microsoft Windows), im x86 Enhanced Mode laufen.

Zu den Anwendungen, die erfolgreich unter dem MS-DOS-Emulator von Linux laufen, gehören 4DOS (ein Befehls-Interpreter), Foxpro 2.0, Harvard Graphics, MathCad, Turbo Assembler, Turbo C/C++, Turbo Pascal, Microsoft Windows 3.0 (im *real*-Modus) und WordPerfect 5.1. Standard-DOS-Befehle und -Utilities (wie PKZIP usw.) arbeiten ebenfalls unter dem Emulator.

Der MS-DOS-Emulator ist hauptsächlich als eine spezielle Lösung für die gedacht, die MS-DOS nur für wenige Anwendungen brauchen, aber alles andere unter Linux erledigen. Der Emulator soll keine vollständige Implementierung von MS-DOS sein. Selbstverständlich können Sie MS-DOS und Linux auf demselben System installieren, wenn Sie mit dem Emulator nicht zufrieden sind (aber nicht zur gleichen Zeit benutzen). Mit dem Boot-Loader LILO können Sie beim Booten angeben, welches Betriebssystem hochgefahren werden soll. Linux kann auch mit anderen Betriebssystemen wie zum Beispiel OS/2 koexistieren.

Kapitel 12

Wir zeigen Ihnen im Abschnitt »DOS-Emulatoren: dos und xdos« in Kapitel 12, *Kompatibilität mit Windows und Samba*, wie man den MS-DOS-Emulator benutzt, zusammen mit anderen Methoden, Linux und Windows zusammenzubringen.

Andere Anwendungen

Eine riesige Zahl von verschiedenen Anwendungen ist unter Linux verfügbar, wie man es von einem solchen zusammengewürfelten Betriebssystem erwarten würde. Linux wird im Augenblick überwiegend als Unix-System im privaten Bereich eingesetzt, aber das ändert sich schnell. Es erscheinen mehr geschäftliche und wissenschaftliche Anwendungen, und kommerzielle Anbieter fangen an, den Bestand an Software zu erweitern.

Zu den wissenschaftlichen Anwendungen gehören FELT (ein Programm zur Analyse finiter Elemente), *gnuplot* (ein Programm zum Plotten und zur Analyse von Daten), Octave (ein Paket für symbolische Mathematik, das MATLAB ähnlich ist), *xspread* (eine Tabellenkalkulation), *xfractint* (ein Programm zur Erzeugung von Fraktalen unter X), *xlispstat* (ein Statistikpaket) und einige andere. Weitere verfügbare Anwendungen sind Spice (für den Entwurf und die Entflechtung von Leiterplatten) und Khoros (ein Bildbearbeitungssystem).

Natürlich gibt es noch viel mehr solcher Anwendungen, die bereits nach Linux portiert worden sind oder aber portiert werden können. Egal, auf welchem Gebiet Sie arbeiten – es sollte kein Problem sein, Unix-Anwendungen nach Linux zu portieren. Linux stellt dafür eine komplette Unix-Programmierumgebung bereit, die als Basis für jegliche wissenschaftliche Anwendung ausreichen sollte.

Wie zu jedem Betriebssystem gehören auch zu Linux einige Spiele. Darunter sind klassische, textbasierte Abenteuerspiele wie Nethack und Moria; MUDs (MultiUser Dungeons, in denen viele Benutzer gemeinsam in ein textbasiertes Abenteuer verstrickt sind) wie DikuMUD und TinyMUD; eine Reihe von Spielen für das X Window System wie *xtetris*, *netrek* und *Xboard* (das X-Frontend von *gnuchess*). Das Interesse an graphisch aufwendigen Spielen unter Linux steigt, und iD Software hat Quake, Quake II, Quake III und Doom auf Linux portiert. Eine Reihe von anderen Herstellern von PC-Spielen stellt ebenfalls Linux-Versionen bereit, und viele von ihnen geben sogar zu, daß sie ihre Software fast ausschließlich unter Linux entwikkeln.

Für Audiophile bietet Linux Unterstützung einiger Soundkarten und damit zusammenhängender Software, zum Beispiel CDplayer (ein Programm, das Sie ein CD-ROM-Laufwerk wie einen herkömmlichen CD-Spieler bedienen läßt – hätten Sie's gedacht?), Sequenzer und Editoren für MIDI (mit denen Sie Musik komponieren können, die anschließend von Synthesizern oder anderen MIDI-Geräten abgespielt wird) sowie Editoren für digitalisierten Sound.

Sie können die gesuchte Anwendung nicht finden? Freshmeat, im WWW zu finden unter *http://www.freshmeat.net*, ist ein beliebtes Verzeichnis freier Software, die fast ausnahmslos unter Linux läuft. Dieses Verzeichnis ist zwar bei weitem nicht vollständig, enthält aber trotzdem sehr viel Software. Schauen Sie sich das allein schon deswegen an, um zu sehen, wieviel Code schon für Linux geschrieben worden ist.

Wenn Sie absolut nicht das finden, was Sie brauchen, können Sie immer noch versuchen, die Anwendung von einer anderen Plattform nach Linux zu portieren. Oder Sie können, wenn alle Stricke reißen, das Programm selbst schreiben. Das ist der Geist der Freien Software: Wenn Sie wollen, daß etwas richtig gemacht wird, machen Sie es doch selbst!

Zum Copyright von Linux

Linux unterliegt der sogenannten GNU *General Public License* (GPL). Die GPL, manchmal auch als »copyleft« bezeichnet, wurde für das GNU-Projekt der Free Software Foundation entwikkelt. Sie enthält eine Reihe von Klauseln, die die Weitergabe und Änderung von »freier Software« regeln. »Frei« bezieht sich in diesem Zusammenhang auf die Freiheit der Weitergabe, nicht allein auf frei im Sinne von »kostenlos«. Die GPL ist schon immer Mißverständnissen ausgesetzt gewesen, und wir hoffen, daß diese Zusammenfassung dazu beitragen kann, den Umfang und die Ziele der GPL sowie ihre Auswirkungen auf Linux verständlich zu machen. Sie finden den vollständigen Text der GPL unter *http://www.gnu.org/copyleft/gpl.html.*

Ursprünglich hatte Linus Torvalds sein Linux einer Regelung unterstellt, die restriktiver war als die GPL. Diese Regelung besagte, daß die Software ohne Einschränkungen weitergegeben und geändert werden konnte, aber daß kein Geld für die Weitergabe oder Benutzung verlangt werden durfte. Die GPL dagegen erlaubt, daß freie Software verkauft und damit Geld verdient wird, legt aber fest, daß die Rechte des Käufers auf Weitergabe der Software in keiner Weise eingeschränkt werden dürfen.

Zunächst sollte klargestellt werden, daß »freie Software«, die der GPL unterliegt, nicht im Besitz der allgemeinen Öffentlichkeit ist (Public Domain). Public-Domain-Software ist Software, die keinem Copyright unterliegt und die im Wortsinne der Öffentlichkeit gehört. Auf solche Software aber, die der GPL unterliegt, haben der Autor oder die Autoren das Copyright. Das bedeutet, daß diese Software durch die international gültigen Copyright-Gesetze geschützt ist und daß der Urheber der Software juristisch benannt ist. Die Tatsache, daß die Software frei weitergegeben werden darf, bedeutet also nicht, daß es sich um Public-Domain-Software handelt.

Software unter der GPL ist auch keine »Shareware«. Im allgemeinen hat der Autor von »Shareware« die Besitz- und Copyright-Rechte an der Software und erwartet, daß der Benutzer für die Benutzung bezahlt. Dagegen darf solche Software, die der GPL unterliegt, kostenlos weitergegeben und benutzt werden.

Die GPL erlaubt auch die Änderung von freier Software und die Weitergabe der neuen Version. Allerdings müssen alle Programme, die auf GPL-Software beruhen, wiederum der GPL unterstellt werden. Mit anderen Worten: Es ist nicht erlaubt, daß eine Firma Linux verändert und die entstandene Version unter restriktiven Bedingungen verkauft. Wenn irgendeine Software auf Linux beruht, muß auch diese Software der GPL unterstellt werden.

Privatpersonen und Firmen dürfen GPL-Software gegen Bezahlung weitergeben und damit auch Geld verdienen. Allerdings muß der Verkäufer von GPL-Software dem Käufer die gleichen Rechte zugestehen; das heißt, wenn Sie irgendwo GPL-Software gekauft haben, dürfen Sie diese kostenlos weitergeben oder auch verkaufen.

Das klingt im ersten Augenblick vielleicht widersprüchlich. Warum sollte jemand Software verkaufen, wenn laut GPL jedermann diese Software auch kostenlos beziehen kann? Wenn beispielsweise eine Firma beschließt, daß sie eine große Menge an Software zusammenstellen und auf einer CD-ROM vertreiben möchte, würde diese Firma versuchen, die Kosten für die Produktion und den Vertrieb der CD-ROM wieder hereinzuholen. Die Firma könnte auch versuchen, aus dem Verkauf der Software Gewinn zu erzielen. Unter der GPL ist das erlaubt.

Firmen, die freie Software verkaufen, müssen bestimmte Regeln beachten, die in der GPL festgeschrieben sind. Zunächst dürfen sie die Rechte der Käufer nicht beschränken. Das bedeutet, daß Sie eine gekaufte CD-ROM mit GPL-Software kostenlos kopieren und weitergeben, sie aber auch verkaufen dürfen. Zweitens muß der Verkäufer deutlich darauf hinweisen, daß es sich tatsächlich um GPL-Software handelt. Drittens muß der Verkäufer, ohne das extra zu berechnen, den kompletten Quellcode der Software mitliefern oder den Kunden darauf hinweisen, wo er sich die Software herunterladen kann. Das ermöglicht es jedem Käufer von GPL-Software, diese zu verändern.

Es ist eine sehr gute Sache, wenn Firmen freie Software verkaufen dürfen. Nicht jedermann hat Zugang zum Internet, um Software wie Linux kostenlos herunterzuladen. Die GPL erlaubt es Firmen, die Software an Leute zu verkaufen, die keinen kostenlosen Zugriff darauf haben. So gibt es zum Beispiel viele Firmen, die Linux auf Diskette, Magnetband oder CD-ROM im Versandhandel vertreiben und die damit Gewinne erzielen. Die Entwickler von Linux werden wahrscheinlich von diesen Gewinnen nie etwas abbekommen; das ist eine stillschweigende Vereinbarung zwischen den Entwicklern und Distributoren, wenn Software der GPL unterstellt wird. Mit anderen Worten: Linus wußte, daß Firmen vielleicht einmal Linux verkaufen wollten und daß er vielleicht nie an den Erträgen aus diesen Verkäufen beteiligt sein würde.

In der Welt der freien Software ist Geld nicht das beherrschende Thema. Das Ziel ist immer die Entwicklung und Verbreitung von guter Software sowie die Möglichkeit zu schaffen, daß jedermann Zugang dazu haben kann. Im nächsten Abschnitt werden wir besprechen, inwiefern das auf Linux zutrifft.

Open Source und die Philosophie von Linux

Wenn neue Benutzer Linux kennenlernen, haben sie oft falsche Vorstellungen und Erwartungen. Linux ist ein einzigartiges Betriebssystem, und es ist wichtig, daß Sie seine Philosophie und sein Design verstehen, damit Sie damit effektiv arbeiten können. Im Mittelpunkt der Philosophie von Linux steht ein Konzept, das heutzutage Open Source Software genannt wird.

Open Source ist ein Begriff für Software, deren Quellcode, also die interne Funktionsbeschreibung, für jeden zum freien Herunterladen, Verändern und Weiterverteilen bereitsteht. Software, die von der im letzten Abschnitt beschriebenen GNU GPL lizensiert wird, fällt in diese Kategorie, und natürlich auch eine Reihe anderer Software, die ähnliche, wenn auch nicht identische Lizenzen verwendet. Beispielsweise kann auch Software, die frei verändert werden darf, aber nicht die strengen Anforderungen an die Weitergabe hat wie die GPL, als Open Source Software angesehen werden.

Das sogenannte »Open Source-Entwicklungsmodell« ist ein Phänomen, das von der Free Software Foundation begonnen wurde und mit Linux populär wurde. Es handelt sich dabei um eine völlig andersartige Weise, Software zu produzieren, bei der jeder Aspekt der Entwicklung, der Fehlersuche, des Testens und Untersuchens jedem Interessierten offensteht. Anstatt sich auf ein einzelnes Unternehmen für die Entwicklung und Verwaltung einer Software zu verlassen, kann sich der Code bei Open Source frei und offen in einer Gemeinschaft von Entwicklern und Anwendern weiterentwickeln, die *gute Software schaffen* wollen und denen es nicht nur um den Profit geht.

O'Reilly & Associates hat ein Buch namens *Open Sources* veröffentlicht, das eine gute Einführung in dieses Entwicklungsmodell darstellt. Es handelt sich dabei um eine Sammlung von Essays über den Open Source-Prozeß, die von führenden Entwicklern (darunter Linus Torvalds und Richard Stallman) geschrieben und von Chris DiBona, Sam Ockman und Mark Stone herausgegeben wurden.

Open Source hat sich in der letzten Zeit starker Beachtung durch die Medien erfreut, und manche nennen dieses Phänomen die »nächste Welle« in der Softwareentwicklung, die die alten Verfahren hinwegfegen wird. Ob das wirklich passiert, bleibt abzuwarten, aber es hat schon einige ermutigende Ereignisse gegeben, die das nicht so ganz unwahrscheinlich machen. Beispielsweise hat die Netscape Corporation den Code für ihren Webbrowser für ein Open Source-Projekt namens Mozilla freigegeben, und auch Firmen wie Sun Microsystems, IBM und Apple haben Pläne angekündigt, bestimmte Produkte als Open Source zu veröffentlichen – in der Hoffnung, daß diese Produkte in einem von der Gemeinde vorangetriebenen Prozeß wachsen und gedeihen.

In kommerziellen Unix-Softwarehäusern unterliegt die gesamte Entwicklung eines Systems einer rigorosen Politik, die Qualitätskontrollen, Quellcode- und Versionskontrollen, Dokumentation und das Aufspüren und Beheben von Fehlern umfaßt. Die Entwickler dürfen nicht nach Lust und Laune Programmteile hinzufügen oder wichtige Passagen des Codes ändern. Alle Änderungen erfolgen als Reaktion auf einen Fehlerbericht und werden in einem System zur Überwachung des Quellcodes erfaßt, damit sie gegebenenfalls rückgängig gemacht werden können. Jeder Entwickler bekommt einen Teil oder Teile des Quellcodes zugewiesen, und nur dieser Entwickler darf diese Teile des Codes ändern.

Intern führt die Qualitätssicherung strenge Testverfahren mit jeder neuen Version des Betriebssystems durch (sogenannte »Regressionstests«) und meldet die gefundenen Fehler. Es liegt in der Verantwortung der Entwickler, die beobachteten Fehler zu beheben. Ein kompliziertes System statistischer Analysen wird eingesetzt, um sicherzustellen, daß ein bestimmter Prozentsatz der Fehler vor der Freigabe der nächsten Version behoben wird und daß das Betriebssystem insgesamt bestimmte Kriterien für eine neue Version erfüllt.

Insgesamt ist es ein sehr kompliziertes Verfahren, das die kommerziellen Unix-Entwickler anwenden, um ihren Code zu pflegen und zu verbessern – und das mit Recht. Die Firma braucht quantitative Sicherheit, daß die nächste Version des Betriebssystems freigegeben werden kann; daher die statistischen Analysen der Systemleistungen. Es ist eine große Aufgabe, ein kommerzielles Unix-Betriebssystem zu entwickeln; oft groß genug, um Hunderte (wenn nicht Tausende) von Programmierern, Testern, Dokumentaristen sowie Personal für die Verwaltung zu beschäftigen. Natürlich sind keine zwei kommerziellen Unix-Hersteller gleich, aber Sie haben einen allgemeinen Eindruck bekommen.

Bei Linux können Sie alles über organisierte Entwicklung, Systeme zur Quellcodeüberwachung, strukturierte Fehlerberichte und statistische Analysen vergessen. Linux ist ein Betriebssystem für Hacker[3] – und wird es wahrscheinlich immer bleiben.

3 Mit »Hacker« meinen wir einen Programmierer, der wie im Fieberwahn sein Ziel verfolgt; jemanden, der Spaß daran hat, Computer zu erforschen und ganz allgemein interessante Dinge mit ihnen anzustellen. Das deckt sich nicht mit dem allgemeinen Verständnis von »Hackern« als Leute, die mit Hilfe des Computers Schaden anrichten.

Linux entstand in erster Linie im Internet als eine gemeinsame Anstrengung von Freiwilligen aus der ganzen Welt. Es gibt keine einzelne Instanz, die für die Entwicklung des Systems verantwortlich ist. Im wesentlichen kommunizieren die »Linuxer« über verschiedene Mailing-Listen und Webseiten miteinander. Dabei haben sich einige Konventionen herausgebildet: Zum Beispiel sollte jeder, der seinen Code in den »offiziellen« Kernel aufgenommen haben möchte, ihn an Linus Torvalds mailen. Linus wird den Code testen und in den Kernel einbinden (solange der Code keinen Schaden anrichtet und nicht gegen die Linux-Philosophie verstößt, ist es sehr wahrscheinlich, daß er aufgenommen wird).

Das System selbst ist so entworfen worden, daß Ergänzungen und neue Features jederzeit eingebunden werden können. Obwohl in der letzten Zeit die Zahl der Ergänzungen und kritischen Änderungen abgenommen hat, kann man sagen, daß etwa alle paar Wochen eine neue Version des Kernels freigegeben wird (manchmal auch häufiger). Das ist natürlich nur über den Daumen gepeilt; tatsächlich hängt das davon ab, wie viele Fehler behoben werden mußten, wieviel Feedback von den Benutzern kam, die Vorabversionen des Codes testen, und davon, wieviel Schlaf Linus diese Woche bekommen hat.

Geben Sie sich damit zufrieden, daß noch nicht jeder Fehler behoben ist und daß nicht alle Probleme zwischen zwei Versionen gelöst werden. Solange das System keine kritischen oder immer wieder auftauchenden Fehler zeigt, wird es als »stabil« betrachtet; außerdem gibt es ja neue Versionen. Die treibende Kraft hinter der Entwicklung von Linux ist nicht das Bemühen, perfekten und fehlerfreien Code zu produzieren; die treibende Kraft ist der Gedanke, ein freies Unix zu entwickeln. Linux ist ein System für Entwickler – mehr als für sonst jemanden.

Anhang A

Jeder, der neue Features oder Anwendungen in das System einbinden möchte, wird die Programme zunächst als »Alpha«-Code verbreiten – das ist eine Version zum Testen für jene mutigen und unerschrockenen Benutzer, die den ersten Code von Fehlern befreien möchten. Weil die Linuxer sich meist im Internet treffen, wird die Alpha-Software in der Regel auf einen oder mehrere der Linux-Webserver geladen (siehe Anhang A, *Informationsquellen zu Linux*), und es wird eine Nachricht an eine der Linux-Newsgruppen im Usenet geschickt, die erklärt, wie der Code bezogen und getestet werden kann. Benutzer, die die Alpha-Software herunterladen und testen, können dann ihre Ergebnisse, Korrekturen und Fragen an den Autor mailen.

Nachdem anfängliche Probleme im Alpha-Code behoben wurden, bekommt das Programm den »Beta«-Status, der als stabil, aber noch nicht komplett angesehen wird (das heißt, das Programm funktioniert, aber es sind möglicherweise noch nicht alle Features vorhanden). Ansonsten geht das Programm sofort in den »endgültigen« Status über, in dem die Software als komplett und fehlerfrei betrachtet wird. Wenn Code für den Kernel einmal komplett ist, kann der Entwickler Linus bitten, ihn in den Standard-Kernel aufzunehmen oder ihn als Option zum Kernel anzubieten.

Denken Sie daran, daß dies Konventionen sind, keine Regeln. Einige Leute vertrauen so sehr auf ihre Software, daß sie keine Alpha- oder Testversionen herausgeben. Jeder Entwickler muß selbst entscheiden, wie er dies handhaben möchte.

Und was ist mit den Regressionstests und dem rigorosen Qualitätssicherungsprozeß? Dieser wurde durch das Konzept »veröffentliche früh und veröffentliche oft« (*»release early and release often«*) ersetzt. Die Anwender sind die Beta-Tester, weil sie die Software in einer Vielzahl von Umgebungen und anspruchsvollen realen Anwendungen ausprobieren, die kaum eine Qualitätssicherungsgruppe in einer Softwarefirma so bieten kann. Eines der herausragendsten Merkmale dieses Entwicklungs- und Freigabemodells besteht darin, daß Fehler (und Sicherheitslöcher) oftmals innerhalb von *Stunden* gefunden, gemeldet und behoben werden – und nicht in Tagen oder Wochen.

Vielleicht wundern Sie sich, daß eine solche unstrukturierte Arbeitsweise von Freiwilligen, die programmieren und debuggen, überhaupt Ergebnisse vorweisen konnte. Es hat sich aber gezeigt, daß daraus eines der effizientesten und engagiertesten Projekte geworden ist, die je gestartet wurden. Der komplette Linux-Kernel wurde *von Grund auf neu* geschrieben, ohne auf irgendeinen herstellereigenen Code zurückzugreifen. Freiwillige haben enorm viel Arbeit in die Portierung aller möglichen freien Software nach Linux gesteckt. Programmbibliotheken wurden geschrieben und portiert, Dateisysteme entwickelt, und für viele weitverbreitete Geräte wurden Treiber geschrieben.

Die Linux-Software wird im allgemeinen in Form von Distributionen ausgeliefert. Eine Distribution ist ein Set von vorbereiteter Software, die zusammen ein komplettes System bildet. Es würde den meisten Benutzern sehr schwerfallen, ein System von Grund auf einzurichten, indem sie mit dem Kernel beginnen, die Hilfsprogramme hinzufügen und dann die benötigte Software von Hand installieren. Statt dessen gibt es eine Reihe von Distributionen, die alles enthalten, was Sie für die Installation und den Betrieb eines kompletten Systems brauchen. Dabei gibt es keine Standarddistribution, sondern viele verschiedene, die alle ihre Stärken und Schwächen haben. In diesem Buch beschreiben wir, wie die Distributionen von Red Hat, SuSE und Debian installiert werden, aber Sie sollten hier auch genug lernen, um mit jeder anderen Distribution klarzukommen.

Obwohl die Linux-Software komplett ist, werden Sie doch gewisse Unix-Kenntnisse benötigen, um ein komplettes System zu installieren und zu betreiben. Keine der Linux-Distributionen ist völlig ohne Fehler, deshalb werden Sie nach der Installation kleinere Probleme von Hand lösen müssen.

Hinweise für Unix-Neulinge

Installation und Betrieb eines Linux-Systems erfordern nicht besonders viel an Unix-Kenntnissen. In der Tat haben viele Unix-Neulinge mit Erfolg ein Linux-System installiert. Es lohnt sich, diesen Vorgang kennenzulernen, aber es kann auch zu einer frustrierenden Erfahrung werden. Wenn Sie Glück haben, werden Sie auch ohne Unix-Wissen Ihr Linux-System installieren und damit arbeiten können. Sobald Sie allerdings die komplexeren Aufgaben beim Betrieb eines Linux-Systems angehen möchten – die Installation neuer Software, Neukompilierung des Kernels und ähnliches –, werden Sie auf jeden Fall einige Unix-Kenntnisse brauchen. (Beachten Sie aber auch, daß viele Linux-Distributionen genauso einfach zu installieren und konfigurieren sind wie Windows 98, und eindeutig einfacher als Windows NT.)

Kapitel 4
Kapitel 5

Glücklicherweise werden Sie bei der Arbeit mit Linux die notwendigen Unix-Kenntnisse erlangen, um solche Aufgaben zu bewältigen. Dieses Buch enthält einiges an Informationen, die Ihnen den Start erleichtern werden. Kapitel 4, *Grundlegende Unix-Befehle und -Konzepte,* vermittelt Unix-Grundlagen, und Kapitel 5, *Grundlagen der Systemverwaltung,* behandelt die Systemverwaltung unter Linux. Vielleicht möchten Sie diese Kapitel lesen, bevor Sie mit der Installation beginnen – die Informationen in diesen Abschnitten werden sich als nützlich erweisen, falls Sie auf Schwierigkeiten stoßen.

Niemand sollte erwarten, daß er oder sie über Nacht vom Unix-Neuling zu einem Unix-Systemverwalter wird. Keine Implementierung von Unix läuft ohne Probleme und ohne Wartung. Sie müssen auf die Wegstrecke vorbereitet sein, die vor Ihnen liegt. Falls Unix für Sie neu ist, könnten Sie sonst vom System ziemlich frustriert werden.

Hinweise für Unix-Gurus

Auch Leute mit jahrelanger Erfahrung in der Programmierung und Systemverwaltung unter Unix brauchen eventuell Hilfe, wenn sie Linux installieren wollen. Es gibt Aspekte des Systems, mit denen sich auch Unix-Freaks beschäftigen müssen, bevor sie richtig loslegen können. Linux ist nämlich kein kommerzielles Unix-System. Es versucht nicht, dieselben Standards einzuhalten, die Sie vielleicht von anderen Unix-Systemen her kennen, aber in gewissem Sinne *definiert* Linux die Unix-Welt *neu,* indem es ein besseres Preis-Leistungs-Verhältnis als die anderen Unix-Varianten bietet. Um es genauer zu sagen: Ein stabiles System ist ein wichtiger Gesichtspunkt bei der Entwicklung von Linux, aber es ist nicht der *einzige* Gesichtspunkt.

Wichtiger ist, vielleicht, die Funktionalität. In vielen Fällen wird neuer Code in den Kernel aufgenommen, obwohl er noch mit Fehlern behaftet ist und noch nicht alle Funktionen enthält. Man geht davon aus, daß es wichtiger ist, Programmcode zum Testen durch die Benutzer freizugeben, als mit der Freigabe zu warten, bis der Code »komplett« ist. In fast allen Open Source-Projekten gibt es eine Alpha-Version, bevor die Tests abgeschlossen sind. Dadurch hat die Open Source-Gemeinde insgesamt die Möglichkeit, mit dem Code zu arbeiten, ihn zu testen und weiterzuentwickeln, während diejenigen, denen der Alpha-Code schon »gut genug« ist, ihn bereits einsetzen können. Kommerzielle Unix-Hersteller geben ihre Software nur sehr selten (wenn überhaupt je) auf diese Art und Weise frei.

Falls Sie schon jahrelang ein Unix-Systemverwalter gewesen sind und alle kommerziellen Implementierungen von Unix kennengelernt haben, müssen Sie sich an Linux vielleicht erst gewöhnen. Etwa alle paar Monate erscheint ein neuer Kernel. Ständig wird neue Software freigegeben. Ihr System kann heute auf dem neuesten Stand sein, und schon morgen wird man es als veraltet betrachten.

Wie soll man angesichts dieser Dynamik in der Linux-Welt nicht den Anschluß verlieren? Meistens genügt es, wenn man Updates in kleinen Schritten vornimmt, indem man nur diejenigen Teile des Systems erneuert, die ein Update haben *müssen*. Wenn Sie beispielsweise nie mit Emacs arbeiten, gibt es kaum einen Grund, jede neue Version von Emacs auf Ihrem System zu installieren. Selbst wenn Sie ein passionierter Benutzer von Emacs sind, gibt es in der Regel keinen Grund für ein Update – es sei denn, Sie vermissen bestimmte Möglichkeiten, die in einer neuen Version enthalten sind. Es gibt kaum einen Grund, immer die neueste Version einer Software zu installieren.

Wir hoffen, daß Linux Ihre Erwartungen an ein »selbstgestricktes« Unix-System erfüllen oder sogar übertreffen kann. In seinem Herzen trägt Linux den Geist freier Software, den Geist von ständiger Entwicklung und stetem Wachstum. Linux-Benutzer legen mehr Wert auf Erweiterung als auf Stabilität, und das ist für viele Leute, insbesondere wenn sie aus der Welt des kommerziellen Unix stammen, schwer verständlich. Sie dürfen nicht erwarten, daß Linux perfekt ist; nichts in der Welt der freien Software ist das (in den anderen Welten allerdings auch nicht). Trotzdem glauben wir, daß Linux ebenso vollständig und nützlich ist wie jede andere Implementierung von Unix.

Unterschiede zwischen Linux und anderen Betriebssystemen

Es ist wichtig, die Unterschiede zwischen Linux und anderen Betriebssystemen, wie Windows 95/98, Windows NT, OS/2 und anderen Unix-Implementierungen für den PC, zu verstehen. Zunächst sollte klargestellt werden, daß Linux problemlos mit anderen Betriebssystemen auf einem Rechner koexistieren kann – Sie können also Windows NT und OS/2 ohne Schwierigkeiten zusammen mit Linux auf einem Rechner installieren. Sie werden noch sehen, daß es sogar Möglichkeiten gibt, über Betriebssystemgrenzen hinweg zu arbeiten.

Warum Linux?

Warum sollte man Linux statt eines kommerziellen Betriebssystems benutzen? Wir könnten tausend Gründe nennen. Einer der wichtigsten ist allerdings, daß Linux als Unix für den PC hervorragend geeignet ist. Warum wollen Sie zu Hause mit Windows arbeiten, wenn Sie Software für Unix entwickeln? Unter Linux können Sie Unix-Software (einschließlich Datenbanken und X-Anwendungen) auf Ihrem PC entwickeln und testen. Falls Sie studieren, sind die Chancen groß, daß an Ihrer Universität Unix eingesetzt wird. Mit Linux können Sie Ihr eigenes Unix-System einrichten und es an Ihre Bedürfnisse anpassen. Installation und Betrieb von Linux sind außerdem ganz hervorragend dazu geeignet, Unix zu lernen, falls Sie keinen Zugang zu anderen Unix-Rechnern haben.

Lassen Sie uns andere Dinge nicht aus den Augen verlieren. Linux eignet sich nicht nur für private Unix-Systeme. Es ist robust und umfangreich genug, um auch große Aufgaben und verteilte Anwendungen zu bewältigen. Viele Firmen sind dabei, Linux statt einer anderen Unix-Umgebung auf ihren Workstations einzusetzen. Linux hat ein ausgezeichnetes Preis-Leistungs-Verhältnis, ist eines der stabilsten und mächtigsten Betriebssysteme überhaupt und als Open Source-System vollständig anpaßbar für Ihre Zwecke. Universitäten benutzen Linux als ideales Lehrmittel für Seminare zum Entwurf von Betriebssystemen. Große Softwarehäuser fangen an, sich die Möglichkeiten zunutze zu machen, die ein freies Betriebssystem bieten kann.

Linux versus Windows 95 und 98

Es ist nicht unüblich, sowohl Linux als auch Windows 95/98 auf einem Rechner zu installieren. Viele Linux-Benutzer verlassen sich für Anwendungen wie Textverarbeitung und Office-Programme auf Windows. Obwohl Linux auch Programme für die Textverarbeitung enthält (zum Beispiel TEX) und immer mehr kommerzielle Software für Linux zur Verfügung steht, kann sich jemand aus verschiedenen Gründen dafür entscheiden, sowohl mit Windows als auch mit Linux zu arbeiten. Falls Sie Ihre Dissertation mit Microsoft Windows geschrieben haben, läßt sich der Text vielleicht nicht ohne Probleme in das TEX- oder ein anderes Format konvertieren (allerdings kann das mit StarOffice eventuell gelingen). Es gibt viele kommerzielle Anwendungen für Windows, die es für Linux nicht gibt, und es spricht nichts dagegen, beide Betriebssysteme zu benutzen.

Sie wissen vielleicht, daß Windows 95 und 98 die Funktionalität der x86er CPUs nicht voll ausnutzt. Linux dagegen läuft komplett im Protected Mode des Prozessors und nutzt alle seine Möglichkeiten aus, auch mehrere Prozessoren.

Wir könnten die Vor- und Nachteile von Windows und Linux noch seitenlang diskutieren. Wir wollen es aber dabei belassen festzustellen, daß Linux und Windows völlig verschiedene Dinge sind. Windows ist billig (verglichen mit anderen kommerziellen Betriebssystemen) und hat in der PC-Welt große Verbreitung gefunden. Kein anderes Betriebssystem für PCs ist so populär geworden wie Windows – in erster Linie liegt das daran, daß die Kosten eines dieser anderen Betriebssysteme den finanziellen Rahmen der meisten PC-Benutzer sprengen. Nur wenige von ihnen können sich vorstellen, zweitausend Mark oder mehr alleine für das Betriebssystem zu bezahlen. Linux dagegen ist frei (und kostenlos), und Sie haben jetzt endlich die Wahl zwischen Betriebssystemen.

Sie sollten sich selbst ein Urteil über Linux und Windows bilden und dabei Ihre Erwartungen und Anforderungen berücksichtigen. Linux ist nicht für jedermann. Aber wenn Sie schon immer einmal ein komplettes Unix-System zu Hause installieren wollten, ohne die hohen Kosten anderer Unix-Implementierungen für den PC, könnte Linux genau das sein, was Sie gesucht haben.

Es gibt Hilfsprogramme für den Zugriff auf Windows von Linux aus. So ist es zum Beispiel ganz einfach, Windows-Dateien unter Linux zu bearbeiten. Die Arbeit am Emulator Wine, mit dem Windows-Anwendungen unter Linux ausgeführt werden können, schreitet flott voran.

Linux versus Windows NT

Eine Reihe von fortschrittlichen Betriebssystemen ist dabei, in der Welt der PCs an Bedeutung zu gewinnen. Windows NT wird für Server sehr beliebt.

Windows NT ist ein vollwertiges Betriebssystem – wie Linux auch –, das Mehrprozessorrechner, verschiedene CPU-Architekturen, virtuellen Speicher, Netzwerke, Systemsicherheit und so weiter unterstützt. Der wesentliche Unterschied zwischen Linux und den anderen ist die Tatsache, daß Linux eine Version von Unix ist und ihm damit die ganze Welt der Unix-Software offensteht.

Es gibt viele Unix-Varianten von vielen Herstellern. In der Unix-Gemeinde gibt es großen Druck, Unix in Form offener Systeme zu standardisieren, aber keine einzelne Firma hat die Kontrolle über diesen Prozeß. Daher kann jeder Hersteller (und, wie sich herausgestellt hat, auch jeder Hacker) diese Standards in einer Unix-Implementierung verwenden.

Windows NT ist ein herstellereigenes System. Die Schnittstellen und der Entwurf werden von einer einzelnen Firma, Microsoft, kontrolliert, und nur diese Firma darf diesen Entwurf verwirklichen. In einem gewissen Sinne ist diese Vorgehensweise von Vorteil: Sie erzwingt einen Standard für die Programmierung und die Benutzerschnittstelle – anders, als das sogar unter den Befürwortern von offenen Systemen der Fall ist. NT bleibt immer NT, egal, wo Sie es sehen.

Es ist wahrscheinlich, daß Linux und Windows NT die Schlacht um die Marktanteile im Server-Markt weitgehend unter sich ausmachen werden. Hinter Windows NT steht Microsofts geballte Marketing-Kraft, hinter Linux Tausende von Entwicklern, die das System im Rahmen des Open Source-Modells voranbringen. Benchmark-Tests der beiden Systeme haben gezeigt, daß beide ihre Stärken und Schwächen haben, allerdings hat Linux in einer ganzen Reihe von Bereichen die Nase vorn, beispielsweise bei der Netzwerkperformanz. Außerdem ist Linux sehr viel kleiner als Windows NT, hat ein deutlich besseres Preis-Leistungs-Verhältnis und ist allgemein stabiler. (Während Windows NT dafür bekannt ist, regelmäßig abzustürzen, laufen Linux-Rechner üblicherweise monatelang problemlos durch.) Es mag erstaunlich sein, daß das »kleine« Linux eine ernsthafte Konkurrenz für Microsoft ist, aber wenn Sie sich anschauen, wie effektiv der Open Source-Entwicklungsprozeß ist, dann überrascht einen das gar nicht mehr so.

Andere Implementierungen von Unix

Es gibt verschiedene andere Implementierungen von Unix für die x86er Prozessoren. Die Architektur der x86er ist für Unix gut geeignet, und eine Reihe von Herstellern hat sich das zunutze gemacht, darunter Sun (mit Solaris x86), SCO und BSDI.

Andere Implementierungen von Unix für PCs ähneln Linux, was den Umfang angeht. Sie werden feststellen, daß beinahe alle kommerziellen Versionen von Unix ungefähr dieselbe Software, Programmierumgebung und dieselben Vernetzungsmöglichkeiten bieten. Trotzdem gibt es einige wesentliche Unterschiede zwischen Linux und kommerziellen Unix-Versionen. Das liegt vor allem an den Wurzeln von Linux als »persönliches« Unix-System und nicht als eines, das auf großen Servern läuft (auch wenn sich Linux in beiden Umgebungen zu Hause fühlt).

Zunächst einmal unterstützt Linux viel mehr Hardware als die kommerziellen Implementierungen, einfach deswegen, weil unter Linux die Nachfrage nach Unterstützung für diverse merkwürdige Soundkarten, Grafikkarten, Netzwerkkarten und SCSI-Controller größer ist. Außerdem kann im Open Source-Modell jeder mit genug Zeit und Interesse einen Treiber für eine bestimmte Hardware schreiben. Im nächsten Abschnitt gehen wir auf die Hardwareanforderungen von Linux ein.

Für viele Benutzer ist der Preis das gewichtigste Argument. Die Linux-Software ist kostenlos, sofern Sie Zugang zum Internet haben (oder einem anderen Computernetzwerk) und Linux herunterladen können. Falls Sie keinen Zugang zu einem solchen Netzwerk haben, müssen Sie Linux wahrscheinlich als CD-ROM-Version bestellen; solche Pakete enthalten normalerweise auch Dokumentation und Support. Natürlich können Sie Linux auch von einem Freund kopieren, der die Software bereits hat, oder Sie kaufen mit jemandem zusammen eine Version. Auch wenn Sie Linux auf einer großen Anzahl von Rechnern installieren möchten, brauchen Sie nur ein Exemplar zu kaufen – Linux wird nicht als »Einzelplatzlizenz« verkauft.

Selbstverständlich haben auch kommerzielle Unix-Implementierungen ihre Berechtigung: Neben der Software selbst bezahlt man in der Regel auch für die Dokumentation, den Support und die zugesicherte Qualität. In großen Institutionen sind das sehr wichtige Gesichtspunkte, aber die Benutzer von PCs legen vielleicht weniger Wert darauf. Eine Reihe von Firmen, darunter Red Hat, SuSE und LinuxCare, bieten inzwischen kommerziellen Linux-Support an, Caldera, ein anderer Linux-Distributor, sogar rund um die Uhr. Auf jeden Fall ist man in vielen Firmen und Universitäten der Meinung, daß Linux in einem Rechenzentrum mit billigen PCs vorteilhafter ist als eine kommerzielle Version von Unix in einem Rechenzentrum voller Workstations. Linux bietet die Leistungen einer Workstation auf PC-Hardware zu einem Bruchteil der Kosten.

Es gibt andere freie oder billige Implementierungen von Unix für den x86. Eine der bekanntesten ist FreeBSD, eine Implementierung und Portierung von BSD-Unix für die x86er. FreeBSD ist in vielerlei Hinsicht vergleichbar mit Linux, aber welches Betriebssystem man für das »bessere« hält, hängt von den persönlichen Ansprüchen und Erwartungen ab. Die einzige wirklich große Unterscheidung, die wir machen können, liegt darin, daß Linux in der Öffentlichkeit entwickelt wird (woran jeder Freiwillige teilhaben kann), während FreeBSD von einer geschlossenen Gruppe von Programmierern entwickelt wird, die das System pflegen. Das hat zur Folge, daß zwischen den beiden Projekten große Unterschiede in Philosophie und Entwurf bestehen. Die beiden Projekte verfolgen völlig andere Ziele: Mit Linux möchte man ein komplettes Unix-System von Grund auf entwickeln (und dabei noch eine Menge Spaß haben). Das Ziel von FreeBSD ist zumindest teilweise die Portierung des existierenden BSD-Codes auf den x86er.

NetBSD ist eine weitere Portierung der BSD-NET/2-Distribution auf eine Reihe von Rechnern, einschließlich des x86er. NetBSD weist eine etwas offenere Struktur in seiner Entwicklung auf und ist in vieler Hinsicht vergleichbar mit FreeBSD. OpenBSD ist eine weitere BSD-Version.

Ein anderes bemerkenswertes Projekt ist HURD von der Free Software Foundation, die eine freie Version von Unix für viele Rechnerplattformen entwickeln und verbreiten möchte. Nehmen Sie mit der Free Software Foundation Kontakt auf, um mehr über dieses Projekt zu erfahren. Zur Zeit des Schreibens befindet sich HURD noch in einem frühen Entwicklungsstadium, und mit der Verfügbarkeit von Linux ist das Interesse daran etwas zurückgegangen.

Es gibt weitere kostengünstige Versionen von Unix, wie zum Beispiel Minix (eine akademische, aber nützliche Unix-Version, auf der Linux anfänglich basierte). Einige dieser Implementierungen sind von eher akademischem Interesse, aber die meisten sind vollwertige Systeme für die tägliche Arbeit. Viele private Unix-Benutzer entscheiden sich trotzdem für Linux.

Hardwareanforderungen

Sie sollten mittlerweile davon überzeugt sein, wie großartig Linux ist und was es alles für Sie leisten kann. Bevor Sie allerdings mit der Installation der Software loslegen, sollten Sie sich über die Hardwareanforderungen und die Beschränkungen von Linux klarwerden.

Denken Sie daran, daß Linux von seinen Benutzern entwickelt wurde. Das bedeutet, daß nur die Hardware unterstützt wird, die den Entwicklern und Benutzern tatsächlich zur Verfügung steht. Es zeigt sich allerdings, daß ein Großteil der weitverbreiteten Hardware und Peripherie für die 80x86er-Systeme unterstützt wird (Linux unterstützt sogar mehr Hardware als einige der kommerziellen Implementierungen von Unix). Einige eher obskure und esoterische Geräte werden allerdings noch nicht unterstützt, desgleichen solche Geräte, deren Hersteller die Spezifikationen nicht oder nur unter unannehmbaren Bedingungen verfügbar machen. Im Laufe der Zeit wird immer mehr Hardware eingebunden. Wenn Ihre Lieblingsperipherie hier also noch nicht aufgeführt ist, stehen die Chancen doch gut, daß sie demnächst unterstützt wird.

Ein anderes Problem mit dem Hardware-Support unter Linux ist, daß viele Firmen bei den Hardwareschnittstellen ihre eigenen Standards pflegen. Eine Auswirkung davon ist, daß freiwillige Linux-Entwickler einfach keine Treiber für solche Geräte schreiben können (wenn sie könnten, würden diese Treiber der Firma gehören, der auch die Schnittstelle gehört, und das wiederum erlaubt die GPL nicht). Die Firmen, die ihre eigenen Schnittstellen bauen, schreiben auch eigene Treiber, zum Beispiel für Microsoft Windows – der Benutzer (das sind Sie) braucht nichts über die Schnittstelle zu wissen. Unglücklicherweise führt das dazu, daß Linux-Entwickler für solche Geräte keine Treiber schreiben können.

Es gibt kaum einen Ausweg aus dieser Situation. In einigen Fällen haben Programmierer versucht, Treiber zu »hacken«, indem sie von bestimmten Annahmen über das Interface ausgingen. In anderen Fällen arbeiten Entwickler mit der betreffenden Firma zusammen und versuchen, Informationen zum Interface zu bekommen – mit wechselndem Erfolg.

Linux enthält eine Reihe von Laptop-spezifischen Features, darunter PCMCIA-Unterstützung (auch »PC Card« genannt) und APM. Das PCMCIA-Tools-Paket für Linux enthält Treiber für viele PCMCIA-Geräte, darunter Modems, Ethernet-Karten und SCSI-Controller. Lesen Sie das PCMCIA-HOWTO-Dokument, wenn Sie mehr wissen wollen.

Mit APM kann der Kernel den Ladezustand der Batterie im Laptop überwachen und bestimmte Aktionen (wie beispielsweise ein automatisches Herunterfahren) veranlassen, wenn die Batterieleistung ihrem Ende zugeht. Außerdem kann die CPU damit in einen stromsparenden Modus wechseln, wenn der Rechner gerade nicht benutzt wird. Das kann man leicht als eine Kernel-Option konfigurieren. Es gibt verschiedene Werkzeuge, die mit der APM-Unterstützung zusammenarbeiten, darunter *apm* (zeigt den Ladezustand der Batterie an) und *apmd* (protokolliert den Ladezustand und kann die genannten Aktionen auslösen). Diese sollten bei den meisten Linux-Distributionen dabei sein.

[77] Hardware HOWTO

In den folgenden Abschnitten werden wir versuchen, die Hardwareanforderungen für Linux zusammenzufassen. Das »Linux Hardware HOWTO« (der Abschnitt »Quellen für Informationen zu Linux« später in diesem Kapitel enthält Informationen zu HOWTOs) enthält eine vollständigere Aufstellung der von Linux unterstützten Hardware.

HINWEIS Ein großer Teil der Hardwareunterstützung für Linux befindet sich noch in der Entwicklung. Die verschiedenen Distributionen können diese experimentellen Möglichkeiten unterstützen oder auch nicht. In diesem Abschnitt führen wir in erster Linie Hardware auf, die bereits seit einiger Zeit unterstützt wird und von der man weiß, daß sie stabil ist. Wenn Sie Zweifel haben, sollten Sie die Dokumentation zu Ihrer Linux-Distribution lesen (der Abschnitt »Linux-Distributionen« in Kapitel 2, *Die Installation von Linux vorbereiten,* enthält weitere Informationen über Linux-Distributionen).

Kapitel 2

Beachten Sie auch, daß einige Hardwarelieferanten automatisch die neueste Version einer Systemkomponente (wie beispielsweise einer Netzwerkkarte) mitliefern, unabhängig davon, was Sie eigentlich bestellt haben. Wenn Sie sich unsicher sind, kontrollieren Sie immer, welche Hardware Sie genau haben.

Anforderungen an Hauptplatine und CPU

Linux unterstützt derzeit Systeme mit 80386er, 80486er, Pentium-, PentiumPro-, Pentium II- und Pentium III-CPU von Intel. Dazu gehören alle Varianten dieser CPU-Typen, wie zum Beispiel 386SX, 486SX und 486DX2. Auch alle »Clones«, die nicht von Intel stammen, wie etwa AMD- und Cyrix-Prozessoren, arbeiten mit Linux zusammen.

Anhang E

Linux ist auf eine Reihe von Nicht-Intel-Architekturen portiert worden. Dazu gehören Alpha AXP, MIPS, PowerPC, SPARC und Motorola 68K. Während wir dies schreiben, sind einige Portierungen bereits weiter als andere. Red Hat liefert sowohl SPARC- als auch Alpha-Versionen seiner Distribution, SuSE ebenfalls eine Alpha-Version, und von Debian gibt es sogar eine Motorola 68K-Distribution (siehe Anhang E, *Linux/m68k auf Motorola 68000-Rechnern installieren*). Wir konzentrieren uns in diesem Buch auf Linux für Intel-Systeme, aber einmal abgesehen von den Hardwareanforderungen und der grundlegenden Installation, trifft der überwiegende Teil dieses Buches genauso auf Linux für andere Architekturen zu.

Wenn Sie einen älteren 80386 oder 80486SX haben, möchten Sie vielleicht einen mathematischen Koprozessor einsetzen, obwohl der nicht erforderlich ist (der Linux-Kernel kann eine FPU emulieren). Alle Standard-FPUs, wie IIT, Cyrix FasMath und die Koprozessoren von Intel, werden unterstützt.

Die Hauptplatine muß mit einer der Busarchitekturen ISA, EISA, PCI oder MicroChannel (MCA) ausgestattet sein. Hierdurch entscheidet sich, wie das System mit der Peripherie und anderen Komponenten auf dem Hauptbus kommuniziert.

Systeme mit Local-Bus-Architektur (für schnellere Grafik und Festplattenzugriffe) werden ebenfalls unterstützt. Wir empfehlen, einen Standard-Local-Bus, wie zum Beispiel den VESA Local Bus (VLB), auszuwählen.

Speicherbedarf

Linux geht im Vergleich zu anderen fortschrittlichen Betriebssystemen sehr genügsam mit Arbeitsspeicher um. Als absolutes Minimum sollten Sie 8 MB RAM haben, besser sind allerdings 16 MB. Je mehr Arbeitsspeicher Sie haben, desto schneller wird das System sein.

Linux kann die vollen 32 Bit der 80x86er-Adressierung verarbeiten – mit anderen Worten: Es wird automatisch den gesamten Arbeitsspeicher nutzen.

Linux wird problemlos mit nur 8 MB RAM laufen – einschließlich der schicken Extras wie dem X Window System, Emacs usw. Allerdings ist mehr Arbeitsspeicher fast so wichtig wie eine schnellere CPU. 16 MB sind mehr als genug für ein privates System; wenn Sie allerdings viele Benutzer auf dem Rechner arbeiten lassen, brauchen Sie eventuell 32 MB oder mehr. Linux kommt natürlich auch mit sehr viel Speicher klar, bis zu einem GB und mehr.

Die meisten Linux-Benutzer richten einen Teil ihrer Festplatte als Swap-Partition (Auslagerungsdatei) ein, die als virtuelles RAM genutzt wird. Selbst wenn Sie einen großen physikalischen Arbeitsspeicher in Ihrem Rechner haben, wollen Sie vielleicht doch eine Swap-Partition benutzen. Obwohl diese den physikalischen Speicher nicht ersetzen kann, lassen sich mit ihr größere Anwendungen starten, indem Teile des inaktiven Codes auf die Festplatte ausgelagert werden. Es hängt von einer Reihe von Faktoren ab, wieviel Platz Sie der Swap-Partition zuweisen sollten. Im Abschnitt »Die Installation von Linux vorbereiten« in Kapitel 2, *Die Installation von Linux vorbereiten,* werden wir darauf zurückkommen.

Kapitel 2

Anforderungen an den Festplatten-Controller

Sie müssen keine Festplatte haben, um mit Linux zu arbeiten; ein Minimalsystem kann komplett von einer Diskette aus laufen. Allerdings wird Linux normalerweise immer in Rechnern mit Festplatten verwendet. Linux sollte alle MFM-, RLL- und IDE-Controller unterstützen. Einige, aber nicht alle ESDI-Controller werden unterstützt – nämlich diejenigen, die ST506-Hardware emulieren.

Allgemein gilt für Nicht-SCSI-Controller für Festplatten und Diskettenlaufwerke: Wenn Sie die Laufwerke von MS-DOS oder einem anderen Betriebssystem aus ansprechen können, sollte das auch unter Linux funktionieren.

Linux unterstützt auch eine Reihe von SCSI-Laufwerk-Controllern, obwohl die SCSI-Unterstützung wegen der vielen Standards für Controller eingeschränkt ist. Zu den unterstützten SCSI-Controllern gehören: AHA2940, AHA3940, AHA1542B, AHA1542C, AHA1742A (BIOS-Version 1.34), AHA1522, AHA1740, AHA1740 (SCSI-2-Controller, BIOS 1.34 im Enhanced Mode) und AHA2940 von Adaptec, 1680, TMC-850 und TMC-950 von Future Domain, ST-02 von Seagate, UltraStor SCSI sowie WD7000FASST von Western Digital. Clones dieser Karten sollten ebenfalls funktionieren. Diese Liste soll nur als Beispiel dienen, es gibt einfach zu viele unterstützte SCSI-Controller.

Anforderungen an die Festplattenkapazität

Natürlich brauchen Sie eine gewisse Menge freier Plattenkapazität, wenn Sie Linux installieren möchten. Linux unterstützt mehrere Festplatten in einem System; Sie können gegebenenfalls auch über mehrere Festplatten hinweg für Linux Platz schaffen.

Die Menge an Festplattenspeicher, die Sie brauchen werden, ist in hohem Maße abhängig von Ihren Bedürfnissen und der Software, die Sie installieren möchten. Im Vergleich zu anderen Unix-Implementierungen kommt Linux mit wenig Platz aus; Sie könnten auf etwa 10 bis 20 MB an Festplattenspeicher ein komplettes System installieren. Wenn Sie aber Reserven für Erweiterungen vorhalten wollen oder für größere Pakete wie das X Window System, werden Sie mehr Festplattenkapazität brauchen. Falls mehrere Benutzer auf dem System arbeiten sollen, werden Sie für deren Daten Speicherplatz vorsehen müssen.

Kapitel 6

Sie werden wahrscheinlich auch eine Swap-Partition anlegen wollen, die als virtuelles RAM genutzt wird. Wir werden die Details der Installation und Nutzung einer Swap-Partition im Abschnitt »Swap-Space benutzen« in Kapitel 6, *Verwalten von Dateisystemen, Swap-Bereichen und Geräten,* besprechen.

Jede Distribution von Linux enthält in der Regel Hinweise dazu, wie Sie die Größe des benötigten Speicherplatzes, abhängig von der zu installierenden Software, bestimmen können. Ein Minimalsystem läßt sich auf weniger als 20 MB einrichten, ein komplettes System mit allen Extras braucht vielleicht 300 MB oder weniger. Für ein sehr großes System, auf dem viele Benutzer arbeiten und das vielleicht einmal erweitert werden soll, benötigen Sie etwa 1 GB. Diese Werte sollen allerdings nur als grobe Anhaltspunkte dienen. Sie müssen anhand Ihrer eigenen Bedürfnisse und Pläne den speziellen Speicherbedarf Ihres Systems ermitteln.

Anforderungen an Monitor und Grafikkarte

Linux unterstützt alle Standardkarten und Monitore für Herkules, CGA, EGA, VGA und SVGA sowie IBM-Monochrom im Textmodus. Allgemein gilt: Wenn die Kombination aus Grafikkarte und Monitor unter einem anderen Betriebssystem wie Windows funktioniert, sollte es auch unter Linux keine Probleme geben. Original-CGA-Karten von IBM erzeugen unter Linux »Schnee«, was nicht sehr angenehm ist. (Wenn Sie noch so eine Karte haben, sollten Sie ohnehin erwägen, diese einem Museum zur Verfügung zu stellen.)

Kapitel 10

Graphische Benutzeroberflächen wie das X Window System stellen höhere Anforderungen an die Grafikhardware. Statt diese Anforderungen hier aufzuführen, verweisen wir auf den Abschnitt »Hardwareanforderungen« in Kapitel 10, *Das X Window System installieren.* Kurz gesagt: Sie brauchen eine der dort erwähnten Grafikkarten, um auf Ihrem Rechner mit dem X Window System zu arbeiten. Die gute Nachricht ist aber, daß so ziemlich alle Grafikkarten (einschließlich der ganz teuren) unterstützt werden.

Andere Hardware

In den vorherigen Abschnitten haben wir beschrieben, welche Hardware Sie für Linux haben müssen. Aber die meisten Benutzer haben noch »optionale« Hardware, wie Streamer- und CD-ROM-Laufwerke oder Soundkarten, installiert. Wenn Sie wissen möchten, ob solche Hardware von Linux unterstützt wird, lesen Sie im folgenden weiter.

Mäuse und andere Eingabegeräte

In der Regel werden Sie die Maus nur unter einer graphischen Bedienoberfläche wie dem X Window System brauchen. Es gibt aber auch mehrere Linux-Anwendungen ohne graphische Oberfläche, die von der Maus Gebrauch machen.

Linux unterstützt alle seriellen Standardmäuse, darunter Logitech, die MM-Serie, Microsoft (mit zwei Tasten) und Mouse Systems (mit drei Tasten). Außerdem unterstützt Linux die Busmäuse von Microsoft, Logitech und ATIXL sowie das Maus-Interface von PS/2.

Alle anderen Eingabegeräte (zum Beispiel Trackballs), die eine der oben angeführten Mäuse emulieren, sollten ebenfalls funktionieren.

CD-ROM und DVD-ROM

Viele CD-ROM-Laufwerke benutzen heutzutage den quasiuniversellen CD-ROM-Standard von IDE/ATAPI, der von Linux voll unterstützt wird. Eine ganze Reihe von CD-ROM-Laufwerken verwendet dagegen auch die SCSI-Schnittstelle, und wenn Sie einen von Linux unterstützten SCSI-Adapter haben, sollte auch Ihr CD-ROM-Laufwerk funktionieren.

Linux unterstützt das Standarddateisystem ISO-9660 für CD-ROMs, inklusive der Microsoft-Erweiterungen für lange Dateinamen.

Neben CD-ROM-Laufwerken unterstützt Linux auch eine Reihe von CD-R- und CD-RW-Laufwerken, mit denen Sie eigene CD-ROMs brennen können.

Die Version 2.2 des Linux-Kernels unterstützt verschiedene DVD-ROM-Laufwerke, allerdings gibt es noch keine Dateisysteme, mit denen direkt auf den Inhalt einer DVD zugegriffen werden kann. Das sollte sich aber bald ändern.

Bandlaufwerke

Es gibt verschiedene Typen von Bandlaufwerken auf dem Markt. Die meisten benutzen die SCSI-Schnittstelle, und diese sollten alle unter Linux funktionieren. QIC-02 und sogenannte »Floppy-Streamer« (die an den Floppy-Controller angeschlossen werden) werden ebenfalls gut unterstützt, genau wie die verschiedenen zu entfernenden Speichermedien wie DAT und ZIP-Laufwerke von Iomega.

Drucker

Linux unterstützt praktisch alle Drucker mit paralleler Schnittstelle. Wenn Sie Ihren Drucker von Windows oder einem anderen Betriebssystem aus über die parallele

Schnittstelle ansprechen können, sollten Sie auch von Linux aus Zugriff auf den Drucker haben. Die Druckersoftware für Linux besteht aus den Unix-Standardbefehlen *lp* und *lpr*. Falls Sie über ein Netzwerk verfügen, können Sie mit diesen Befehlen auch an andere Rechner angeschlossene Drucker ansprechen.

Modems

Wie bei den Druckern gilt auch hier: Linux unterstützt alle Modems an der seriellen Schnittstelle – sowohl interne als auch externe. Wenn Sie unter einem anderen Betriebssystem auf demselben Rechner mit Ihrem Modem arbeiten können, sollte das auch unter Linux problemlos möglich sein. Linux unterstützt allerdings keine sogenannten »Winmodems«, eine ziemlich kranke Erfindung, bei der das Betriebssystem viele der Aufgaben des Modems übernehmen muß. Außerdem werden einige interne PCI-Modems nicht unterstützt.

Ethernet-, Fast Ethernet- und Gigabit Ethernet-Karten

Linux unterstützt so ziemlich jede für PCs verfügbare Ethernet- und Fast Ethernet-Karte, und an denen, die noch nicht unterstützt werden, wird mit großer Wahrscheinlichkeit bereits gearbeitet. Die Kernel-Version 2.2 enthält außerdem Treiber für eine Reihe von Hochgeschwindigkeits-Netzwerkkarten wie Packet Engines G-NIC, Alteon AceNIC und die 3C985-PCI-Gigabit-Ethernet-Karten von 3Com. Eine Reihe von Token Ring- und ATM-Karten werden ebenfalls unterstützt, außerdem einige System Area Networks wie Myrinet von Myricom.

Informationsquellen zu Linux

Sie haben sicherlich schon erraten, daß es neben diesem Buch viele andere Quellen mit Informationen zu Linux gibt.

Online-Dokumente

Wenn Sie Zugang zum Internet haben, können Sie viele Linux-Dokumente per anonymem FTP aus elektronischen Archiven in der ganzen Welt beziehen. Falls Sie keinen direkten Anschluß an das Internet besitzen, haben Sie trotzdem eine Chance, diese Dokumente zu erhalten. Viele Linux-Distributionen auf CD-ROM enthalten alle Dokumente, die wir in diesem Buch erwähnen. Auch in anderen Netzen, etwa dem Fidonet und bei CompuServe, können Sie Linux-Dokumentation finden.

Anhang A

Es gibt eine große Anzahl von Web- und FTP-Servern, auf denen Sie Linux-Software und verwandte Dokumente finden. Anhang A, *Informationsquellen zu Linux*, enthält eine Aufstellung von Linux-Dokumenten im Internet.

Zu den online verfügbaren Dokumenten gehören die Linux-FAQ, eine Sammlung von häufig gestellten Fragen über Linux, die HOWTO-Dokumente, die alle einen bestimmten Aspekt des Systems beschreiben – darunter die Installation, das Drucksystem und Ethernet –, und die Linux META-FAQ, eine Liste mit anderen Informationsquellen.

Die meisten dieser Dokumente werden auch regelmäßig in eine oder mehrere der Linux-Newsgruppen im Usenet gestellt, lesen Sie dazu den Abschnitt »Usenet-Newsgruppen« weiter hinten in diesem Kapitel.

Webbenutzern steht die Homepage des Linux Documentation Project unter der Adresse *http://www.linuxdoc.org* zur Verfügung. Hier finden Sie viele HOWTOs und andere Dokumente, wie auch Verweise auf andere Seiten, die für Linux-Anwender interessant sind, und natürlich nicht zuletzt die Handbücher des Linux Documentation Project (siehe nächster Abschnitt).

Bücher und andere Veröffentlichungen

Das Literaturverzeichnis am Ende dieses Buches führt Sie zu einer Unmenge an Quellen, die Ihnen bei der Nutzung Ihres Systems behilflich sein werden. Es gibt im Moment eine Reihe von Büchern über Linux. Die meiste Beachtung haben die Bücher des Linux Documentation Project gefunden; das ist ein Projekt, das es sich zum Ziel gesetzt hat, im Internet einen Original-Satz von »Manuals« (Handbücher) für Linux zu schreiben und zu verteilen. Diese Handbücher entsprechen der Dokumentation, die mit kommerziellen Versionen von Linux ausgeliefert wird; sie beschreiben alles – von der Installation und der Pflege eines Linux-Systems über die Vernetzung bis zur Weiterentwicklung des Kernels usw.

Literatur-
verzeichnis

Die Handbücher des Linux Documentation Project (LDP) sind per anonymem FTP im Internet erhältlich und können außerdem bei verschiedenen Anbietern per Post bestellt werden. Anhang A, *Informationsquellen zu Linux,* listet alle Handbücher auf, die bereits erschienen sind, und erklärt im Detail, wie man sie beziehen kann. Der O'Reilly Verlag hat den *Linux Network Administrator's Guide* veröffentlicht.

Neben der wachsenden Anzahl von Linux-Büchern gibt es noch eine große Zahl von Büchern zu Unix allgemein, die auf jeden Fall auch auf Linux anwendbar sind – zumindest was die Anwendung und Programmierung des Systems angeht, unterscheidet sich Linux in den meisten Punkten nicht sehr von anderen Unix-Implementierungen. Das vorliegende Buch ist sogar dafür gedacht, durch das eine oder andere der vielen Unix-Bücher ergänzt zu werden; wir nennen Ihnen hier die wichtigsten Linux-spezifischen Details und hoffen, daß Sie sich für weiterführende Informationen an andere Quellen wenden.

Mit einigen guten Unix-Büchern und dem Buch, das Sie gerade in Händen halten, sollten Sie so ziemlich jedes Problem angehen können. Das Literaturverzeichnis nennt eine Anzahl sehr empfehlenswerter Unix-Bücher, sowohl für Unix-Neulinge als auch für alte Hasen.

Es gibt mindestens drei monatlich erscheinende Linux-Zeitschriften: das deutsche *Linux-Magazin* und die englischen Magazine *Linux Journal* und *Linux Magazine*. Diese sind eine hervorragende Möglichkeit, um bei den vielen Neuigkeiten in der Linux-Gemeinde auf dem laufenden zu bleiben.

Usenet-Newsgruppen

Das Usenet ist ein weltweites elektronisches Forum für Neuigkeiten und Diskussionen mit einer großen Zahl sogenannter »Newsgruppen« – das sind Diskussionsforen zu einem bestimmten Thema. Ein Großteil der Entwicklung von Linux fand im Internet und im Usenet statt, und es überrascht deshalb nicht, daß es eine Reihe von Newsgruppen für Diskussionen rund um Linux gibt.

Mailing-Listen im Internet

Wenn Sie Zugang zu E-Mail im Internet haben, können Sie auch ohne einen direkten Usenet-Zugang an einigen Mailing-Listen teilnehmen. Falls Sie nicht direkt an das Internet angeschlossen sind, haben Sie die Möglichkeit, sich in eine dieser Mailing-Listen eintragen zu lassen, sofern Sie E-Mail mit dem Internet austauschen können. (So haben zum Beispiel UUCP, Fidonet, CompuServe und andere Netze auch Zugang zu Internet-Mail.)

Es gibt viel zu viele Internet-Newsgruppen, als daß man diese hier aufführen könnte. Die, die sich direkt mit Linux beschäftigen, sind in der *comp.os.linux*-Hierarchie zu finden, aber es gibt auch andere zu verwandten Themen, wie beispielsweise *comp.windows.x*.

Wo Sie Hilfe finden

Während Ihrer Abenteuer in Linux-Land werden Sie zweifellos einmal irgendeine Form von Hilfe benötigen. Selbst die ausgefuchstesten der Unix-Füchse stolpern gelegentlich in eine Falle oder über eine Besonderheit von Linux, und es ist wichtig, daß Sie wissen, wo Sie Hilfe finden, wenn Sie sie brauchen.

In der Linux-Welt erhalten Sie Hilfe in erster Linie über die Mailing-Listen und Usenet-Newsgruppen des Internet. Falls Sie keinen Zugang zu diesen Quellen haben, besteht die Chance, daß Sie vergleichbare Diskussionsforen bei anderen Online-Diensten wie lokalen BBSs, CompuServe oder ähnlichen finden.

Einige Unternehmen bieten gegen Entgelt Unterstützung bei Problemen mit Linux an. Sie bezahlen dabei eine pauschale Gebühr und dürfen anschließend bei Problemen mit Linux die Techniker telefonisch um Hilfe bitten. Wenn Sie allerdings Zugang zum Usenet und zu E-Mail haben, werden Sie vielleicht feststellen, daß die kostenlose Unterstützung dort genauso gut ist.

Wenn Sie die folgenden Ratschläge beachten, werden Sie positivere Erfahrungen mit Linux machen, und Sie werden bei der Suche nach Hilfe mehr Erfolg haben:

Lesen Sie zunächst in der verfügbaren Dokumentation nach!

Anhang A

Wenn Sie auf ein Problem stoßen, sollten Sie zuerst die verschiedenen Informationsquellen konsultieren, die wir im vorherigen Abschnitt und in Anhang A, *Informationsquellen zu Linux,* vorgestellt haben. Diese Dokumente wurden unter großem Aufwand für Leute wie Sie geschrieben. Auch Bücher über Unix im allgemeinen sind auf Linux anwendbar, und Sie sollten diese Bücher nutzen. Mit großer Wahrscheinlichkeit finden Sie die Lösung Ihres Problems irgendwo in dieser Dokumentation – auch wenn das unwahrscheinlich klingt.

Falls Sie Zugriff auf das WWW, die Usenet-News oder Linux-bezogene Mailing-Listen haben, sollten Sie diese Informationen auch tatsächlich lesen, bevor Sie um Hilfe bitten. Oft ist die Lösung eines häufig auftretenden Problems in der Dokumentation nicht ganz einfach zu finden und verbirgt sich statt dessen in den Newsgruppen und Mailing-Listen zu Linux. Wenn Sie in diesen Gruppen nur um Hilfe bitten, ohne sie tatsächlich zu lesen, machen Sie sich unbeliebt.

Wenn Sie nicht das finden können, wonach Sie suchen, dann können die Suchmaschinen im WWW und DejaNews (*http://www.dejanews.com*) eine große Hilfe sein.

Lernen Sie das »Do it yourself«-Prinzip schätzen.

In den meisten Fällen empfiehlt es sich, daß Sie zunächst soweit wie möglich auf eigene Faust recherchieren und so versuchen, ein Problem zu lösen, bevor Sie fremde Hilfe suchen. Denken Sie daran, daß Linux viel mit Hacken und selbständiger Problemlösung zu tun hat. Es ist kein kommerzielles Betriebssystem und möchte auch keines sein. Das Hacken wird Sie nicht umbringen; andererseits werden Sie eine Menge über das System lernen können, wenn Sie versuchen, ein Problem selbständig zu ergründen und es zu beheben – vielleicht lernen Sie dabei so viel, daß Sie sich eines Tages als Linux-Guru bezeichnen können. Lernen Sie zu schätzen, welche Chancen das Hacken Ihnen bietet und wie Sie Probleme selbst beheben. Sie können ein komplettes, an Ihre Bedürfnisse angepaßtes Linux-System nicht ohne ein gewisses Maß an Handarbeit betreiben.

Bewahren Sie die Ruhe.

Es ist extrem wichtig, daß Sie sich auf keinen Fall vom System frustrieren lassen. Sie erreichen nichts, wenn Sie bei einem Wutanfall nach der Axt greifen oder, schlimmer noch, einem starken Elektromagneten. Die Autoren haben festgestellt, daß ein großer Punching-Ball oder ein anderes lebloses Objekt ganz hervorragend dazu geeignet ist, gelegentliche Streßattacken abzureagieren. Wenn Linux weiter erwachsen wird und die Distributionen noch zuverlässiger werden, wird dieses Problem sich hoffentlich von selbst erledigen. Allerdings können sogar kommerzielle Unix-Implementierungen manchmal ihre Eigenarten haben. Wenn gar nichts weiterhilft, sollten Sie sich zurücklehnen, einige Male tief durchatmen und erst dann weiter am Problem arbeiten, wenn Sie sich entspannt haben. Ihr Verstand wird klarer sein, und Ihr System wird es Ihnen danken.

Bitten Sie nicht zu früh um Hilfe.
Viele Leute begehen den Fehler, daß sie zu schnell Mails mit der Bitte um Hilfe losschicken. Wenn Sie mit einem Problem konfrontiert werden, sollten Sie nicht – wir wiederholen, *nicht* – zum nächsten Terminal eilen und eine Nachricht an eine der Linux-Newsgruppen im Usenet schicken. Oft werden Sie die Lösung fünf Minuten später selbst finden und sich dann in der unangenehmen Situation wiederfinden, Ihre geistige Gesundheit in der Öffentlichkeit verteidigen zu müssen. Bevor Sie irgend etwas an irgendeine der Mailing-Listen oder Newsgruppen schicken, sollten Sie sich vergewissern, worin genau das Problem besteht, und sollten versuchen, es selbst zu beheben. Ihr System rührt sich nicht, wenn Sie es einschalten? Vielleicht ist der Stecker nicht eingesteckt!

Wenn Sie um Hilfe bitten, tun Sie es richtig.
Falls alle Stricke reißen, entschließen Sie sich vielleicht, eine Nachricht mit der Bitte um Hilfe an eines der elektronischen Linux-Foren zu schicken, etwa die Usenet-Newsgruppen oder die Mailing-Listen. Wenn Sie eine Mail auf den Weg bringen, sollten Sie daran denken, daß Sie keinen Anspruch auf Hilfe haben. Das Netzwerk ist nicht Ihre persönliche Beratungsstelle. Es ist deshalb wichtig, daß Sie so höflich, knapp und informativ wie möglich bleiben.

Und wie erreichen Sie das? Als erstes sollten Sie möglichst viel (relevante) Informationen über Ihr System und das Problem angeben. Die einfache Nachricht: »Meine E-Mail scheint nicht zu funktionieren« wird Sie wahrscheinlich nicht weiterbringen, sofern Sie nicht außerdem mitteilen, welchen Rechner Sie benutzen, welche Software installiert ist, was Sie bisher versucht haben und was dabei herausgekommen ist. Wenn Sie technische Informationen mitliefern, ist es in der Regel eine gute Idee, die Version(en) der Software anzugeben (zum Beispiel die Version des Linux-Kernels) und dazu einen kurzen Überblick über die eingesetzte Hardware. Aber übertreiben Sie nicht – Hersteller und Typ Ihres Monitors sind wahrscheinlich irrelevant, wenn Sie versuchen, ein Netzwerk zu konfigurieren.

Zweitens sollten Sie daran denken, wenigstens irgendeinen Versuch – egal, wie zaghaft – zu machen, das Problem selbst zu lösen, bevor Sie sich damit ins Netz begeben. Falls Sie beispielsweise noch nie versucht haben, E-Mail zu konfigurieren, und dann damit anfangen, daß Sie zunächst einmal die Mitstreiter im Netz danach befragen, wie Sie vorgehen sollen, dann machen Sie einen großen Fehler. Es gibt eine ganze Reihe von Unterlagen (siehe den Abschnitt »Quellen für Informationen zu Linux« in diesem Kapitel) dazu, wie einige der häufig auftretenden Aufgaben unter Linux erledigt werden. Die Idee ist, daß Sie zunächst soweit wie irgend möglich selbst am Problem arbeiten und erst *dann* um Hilfe bitten, wenn Sie wirklich nicht weiterkommen.

Denken Sie auch daran, daß die Leute, die Ihre Nachricht lesen, so hilfsbereit sie auch sein mögen, gelegentlich frustiert sind, wenn sie dasselbe Problem immer und immer wieder geschildert bekommen. Lesen Sie auf jeden Fall die HOWTOs, FAQs, Newsgruppen und Mailing-Listen zu Linux, bevor Sie Ihr Problem im Netz schildern. Oft ist es so, daß die Lösung zu Ihrem Problem bereits einige Male besprochen wurde und Sie nur die aktuellen Nachrichten lesen müßten, um auf die Lösung zu stoßen.

Und schließlich: Versuchen Sie, so höflich wie möglich zu sein, wenn Sie sich an elektronische Newsgruppen und Mailing-Listen wenden. Es ist viel effektiver und lohnender, höflich, direkt und informativ zu sein – Sie werden auf größere Hilfsbereitschaft stoßen, wenn Sie zurückhaltend sind. Natürlich haben sich gegenseitige Beschimpfungen (flame wars) in vielen Foren der elektronischen Kommunikation zu einer eigenständigen Kunstform entwickelt, aber Sie sollten damit nicht Ihre Zeit und die anderer Leute verschwenden. Das Netzwerk bietet hervorragende Möglichkeiten, Hilfe für Ihre Linux-Probleme zu finden – aber es ist wichtig zu wissen, wie Sie das Netzwerk *effektiv* nutzen.

KAPITEL 2

DIE INSTALLATION VON LINUX VORBEREITEN

Dieses Kapitel beschreibt den ersten Schritt zur Installation von Linux. Wir beschreiben, wie Sie die Linux-Software in Form einer fertig zusammengestellten Distribution besorgen und wie Sie die Installation vorbereiten. Wir beschreiben auch, wie Sie Ihre Festplatte so partitionieren können, daß Linux mit anderen Betriebssystemen, wie zum Beispiel Windows oder OS/2, koexistieren kann.

Wir haben bereits erwähnt, daß es nicht eine einzelne »offizielle« Distribution der Linux-Software gibt. Statt dessen liegen viele Distributionen vor, von denen jede einem bestimmten Zweck dient und bestimmte Ziele verfolgt. Diese Distributionen können Sie per anonymem FTP aus dem Internet beziehen, aus BBS-Systemen auf der ganzen Welt sowie im Versand- oder Buchhandel auf Diskette, Magnetband oder CD-ROM.

Linux-Distributionen

Weil Linux freie Software ist, gibt es keine einzelne Organisation oder Instanz, die für die Freigabe und Verteilung der Software zuständig ist. Deshalb steht es jedermann frei, Linux-Software zusammenzustellen und zu verteilen, solange die Einschränkungen durch die GPL beachtet werden. Als Folge davon gibt es viele Distributionen, die Sie sich per anonymem FTP und im Versand- oder Buchhandel besorgen können.

Sie stehen jetzt vor der Aufgabe, sich für eine bestimmte Distribution zu entscheiden, die Ihren Ansprüchen genügt. Nicht alle Distributionen sind gleich. Viele enthalten all die Software, die Sie zum Betrieb eines kompletten Systems brauchen – und ein paar Extras mehr. Andere Distributionen sind »kleine« Distributionen für Benutzer ohne allzu viel Speicherplatz. Einige Distributionen enthalten nur die absolut notwendige Linux-Software, und Sie müssen sich selbst darum kümmern, größere Softwarepakete wie das X Window System zu installieren. (In Kapitel 5, *Grundlagen der Systemverwaltung,* zeigen wir Ihnen, wie Sie dabei vorgehen.)

Kapitel 5

Das »Linux Distribution HOWTO« enthält eine Liste der Distributionen, die im Internet und im Versandhandel erhältlich sind.

Wie sollen Sie sich für eine bestimmte Distribution entscheiden? Wenn Sie Zugang zu den USENET-News oder einem anderen Online-System haben, könnten Sie dort nach den persönlichen Einschätzungen von Leuten fragen, die Linux installiert haben. Besser noch wäre es, wenn Sie persönlich einen Linux-Benutzer um Rat bitten könnten. Tatsächlich ist es so, daß die meisten der bekannten Linux-Distributionen in etwa die gleiche Software enthalten, so daß Sie willkürlich eine Distribution wählen können.

Linux per Post bestellen

Wenn Sie keinen Internet- oder Mailbox-Zugang haben, können Sie viele Linux-Distributionen auf Disketten, Magnetbändern oder CD-ROM per Post bestellen oder einfach im Laden kaufen. Viele Distributoren akzeptieren Kreditkarten und auch internationale Bestellungen, so daß Sie auf diesem Wege an Linux herankommen sollten – wo auch immer Sie leben.

Linux ist Freie Software, aber die GPL erlaubt den Distributoren, eine Gebühr dafür zu verlangen. Das Bestellen von Linux per Post kann Sie also je nach Distribution zwischen 15 DM und 300 DM kosten. Wenn Sie aber Leute kennen, die bereits eine Linux-Version gekauft oder heruntergeladen haben, dann ist es Ihnen freigestellt, sich diese auszuleihen und damit Linux zu installieren. Die Linux-Distributoren dürfen die Lizensierung und Weitergabe der Software in keinster Weise einschränken. Wenn Sie beispielsweise vorhaben, ein ganzes Labor von Rechnern mit Linux zu bestücken, dann müssen Sie dafür nur eine einzige Kopie einer Distribution erwerben, die Sie dann auf allen Rechnern installieren dürfen. Es gibt aber eine Ausnahme von dieser Regel: Um sich mit ihrer Distribution von den anderen zu unterscheiden, fügen einige Hersteller kommerzielle Pakete hinzu, die Sie eventuell nicht auf anderen Rechnern installieren dürfen. Wenn das der Fall ist, dann sollte das auf der Verpackung ausdrücklich angegeben sein.

Viele Linux-Benutzergruppen haben eigene Distributionen; informieren Sie sich, ob es eine in Ihrer Nähe gibt. Für besondere Plattformen wie Alpha kann eine Usergroup sogar der ideale Ort sein, um Linux zu bekommen.

Linux aus dem Internet

Wenn Sie Zugang zum Internet haben, ist der einfachste Weg, Linux zu besorgen, der über anonymes FTP.[1] Einer der wichtigsten Server ist *metalab.unc.edu*, und die verschiedenen Linux-Distributionen befinden sich im Verzeichnis */pub/Linux/distributions*.

---

1 Falls Sie keinen direkten Internetanschluß haben, können Sie Linux per *FTPMail* beziehen – vorausgesetzt, Sie können E-Mail mit dem Internet austauschen.

Viele Distributionen werden per anonymem FTP als ein Satz von Disketten-Images verteilt. Das bedeutet, daß die Distribution aus einer Reihe von Dateien besteht, und jede Datei enthält das binäre Abbild (image) einer Diskette. Um eine Image-Datei auf eine Diskette zu kopieren, können Sie unter MS-DOS das Programm *RAWRITE.EXE* benutzen. Dieses Programm kopiert den Inhalt einer Datei blockweise auf eine Diskette, ohne sich um die Formatierung der Diskette zu kümmern. *RAWRITE.EXE* finden Sie auf den verschiedenen Linux-FTP-Servern, unter anderem auch auf *ftp://metalab.unc.edu* im Verzeichnis */pub/Linux/system/Install/rawwrite*.

Denken Sie daran, daß dies eine sehr aufwendige Methode der Linux-Installation ist: Die Distribution kann ohne weiteres mehr als 50 Disketten umfassen.

In vielen Fällen werden Sie also so vorgehen, daß Sie die Disketten-Images auf Ihren Rechner übertragen und anschließend mit *RAWRITE.EXE* aus allen Images einen Diskettensatz erstellen. Sie booten von der sogenannten »Boot-Diskette«, und schon können Sie loslegen. Die Software wird in der Regel direkt von den Disketten installiert, aber einige Distributionen erlauben auch die Installation aus einer DOS-Partition Ihrer Festplatte heraus. Andere Distributionen erlauben außerdem die Installation über ein TCP/IP-Netzwerk. Die Dokumentation zu jeder Distribution sollte beschreiben, welche Methoden der Installation verfügbar sind.

Andere Linux-Distributionen werden von einem Satz DOS-formatierter Disketten installiert. Die Slackware-Distribution zum Beispiel benötigt *RAWRITE.EXE* nur für die Boot- und Root-Disketten. Der restliche Inhalt der Distribution wird auf DOS-formatierte Disketten kopiert. Das System installiert die Software direkt von den DOS-Disketten. Das erspart Ihnen das wiederholte Kopieren mit *RAWRITE.EXE*, aber Sie müssen Zugang zu einem DOS-System haben, um die Disketten zu erstellen.

Wenn Sie Zugang zu einer Unix-Workstation mit einem Diskettenlaufwerk haben, können Sie auch den Befehl *dd* verwenden, um das Datei-Image direkt auf die Diskette zu kopieren. Ein Befehl wie `dd of=/dev/fd0 if=foo bs=18k` schreibt den Inhalt der Datei *foo* direkt und uninterpretiert auf das Diskettenlaufwerk einer Sun-Workstation. Sprechen Sie mit Ihren lokalen Unix-Gurus, wenn Sie nähere Informationen über die Diskettenlaufwerke des Systems und die Verwendung von *dd* benötigen.

Jede Linux-Distribution, die Sie per anonymem FTP beziehen können, sollte eine *README*-Datei enthalten, in der das Herunterladen und die Vorbereitung der Disketten zur Installation beschrieben wird. Lesen Sie alle verfügbaren Dokumente, die zu Ihrer Distribution gehören.

Zum Übertragen der Linux-Software sollten Sie auf jeden Fall den *binären* Modus einstellen; die meisten FTP-Clients erledigen das mit dem Befehl *binary*.

Linux aus anderen Online-Quellen

Wenn Sie Zugang zu einem Bulletin Board System (BBS) haben, gibt es eventuell die Möglichkeit, die Linux-Software von dort herunterzuladen. Allerdings werden Sie in diesen Netzwerken nicht alle der vorhandenen Distributionen vorfinden, weil einige – insbesondere die diversen CD-ROM-Distributionen – nur über den Versandhandel erhältlich sind.

Die Installation von Linux vorbereiten

Nachdem Sie sich eine Linux-Distribution besorgt haben, können Sie Ihr System für die Installation vorbereiten. Das erfordert einige Planung, insbesondere wenn Sie bereits mit anderen Betriebssystemen arbeiten. In den folgenden Abschnitten werden wir beschreiben, wie Sie die Linux-Installation vorbereiten.

Überblick über die Installation

Obwohl alle Versionen von Linux anders sind, verläuft die Installation im allgemeinen nach diesem Schema:

1. *Die Festplatte neu partitionieren.* Wenn Sie bereits andere Betriebssysteme installiert haben, werden Sie die Festplatten neu partitionieren müssen, um Platz für Linux zu schaffen. Wir besprechen das im Abschnitt »Neupartitionierung der Festplatte(n)« weiter unten. In manchen Distributionen ist dieser Schritt in den Installationsvorgang integriert. Lesen Sie die Dokumentation zu Ihrer Distribution, um zu sehen, ob das bei Ihnen der Fall ist. Es schadet aber trotzdem nichts, den hier angegebenen Schritten zu folgen und die Festplatte schon im vornherein zu partitionieren.
2. *Booten mit dem Linux-Installationsmedium.* Jede Distribution von Linux enthält irgendeine Art von Installationsmedium – in der Regel eine »Boot-Diskette« oder eine bootbare CD-ROM –, das Sie zur Installation der Software benutzen. Nach dem Booten mit diesem Medium befinden Sie sich entweder in einem Installationsprogramm, das Sie Schritt für Schritt durch die Linux-Installation führt, oder Sie erhalten Gelegenheit, die Software von Hand zu installieren.
3. *Linux-Partitionen einrichten.* Nachdem Sie neu partitioniert haben, um für Linux Platz zu schaffen, richten Sie an diesem freien Platz die Linux-Partitionen ein. Dazu benutzen Sie das Linux-Programm *fdisk*, das wir im Abschnitt »Linux-Partitionen anlegen« in Kapitel 3, *Installation und erste Konfigurationsarbeiten,* besprechen, oder ein anderes, distributionsspezifisches Programm wie etwa *Disk Druid*, das mit Red Hat Linux mitgeliefert wird.

Kapitel 3

4. *Dateisysteme und Swap-Space einrichten.* Anschließend werden Sie in den neu eingerichteten Linux-Partitionen ein oder mehrere *Dateisysteme* erzeugen,

in denen Dateien gespeichert werden. Falls Sie vorhaben, Swap-Space für die Auslagerung von laufenden Programmen zu benutzen, werden Sie zusätzlich in einer der Linux-Partitionen den Swap-Space einrichten. Wir beschreiben das in den Abschnitten »Den Swap-Bereich anlegen« und »Die Dateisysteme anlegen« in Kapitel 3.

5. *Die Software in den neuen Dateisystemen installieren.* Zum Schluß werden Sie die Linux-Software in den gerade erzeugten Dateisystemen installieren. Danach können Sie loslegen – wenn alles geklappt hat. Wir besprechen die Installation von Software im Abschnitt »Die Linux-Software installieren« in Kapitel 3. Im Abschnitt »Wenn Probleme auftauchen«, auch in Kapitel 3, zeigen wir, was Sie tun können, wenn Probleme entstehen.

Wer zwischen den einzelnen Betriebssystemen hin- und herschalten möchte, fragt sich sicherlich manchmal, welches er zuerst installieren soll: Linux oder das andere System? Wir können bestätigen, daß manche Leute Schwierigkeiten gehabt haben, Windows 95 nach Linux zu installieren. Windows 95 tendiert dazu, bei der Installation existierende Boot-Informationen zu löschen, so daß es sicherer ist, anhand der Informationen in diesem Kapitel zuerst Windows und danach Linux zu installieren.

Wie wissen nicht, ob sich Windows 98 genauso ritterlich verhält wie Windows 95. Windows NT scheint etwas toleranter gegenüber existierenden Boot-Informationen zu sein.

Viele Distributionen von Linux bieten ein Programm, das Sie Schritt für Schritt durch die Installation führt und einen oder mehrere der oben angeführten Schritte für Sie erledigen kann. Denken Sie beim Lesen dieses Kapitels immer daran, daß das Installationsprogramm einige dieser notwendigen Schritte eventuell für Sie erledigen kann.

Ein wichtiger Hinweis: Wenn Sie die Installation von Linux vorbereiten, sollten Sie sich auf jeden Fall während des gesamten Vorgangs *Notizen machen*. Schreiben Sie alles auf, was Sie tun und was Sie eingeben, und notieren Sie alles, was Ihnen merkwürdig vorkommt. Die Absicht dahinter ist ganz einfach: Falls (oder wenn!) Sie Probleme bekommen, möchten Sie in der Lage sein, Ihre Schritte nachzuvollziehen, um herauszufinden, wo Probleme auftauchten. Es ist nicht schwierig, Linux zu installieren, aber es gilt, sich viele Details zu merken. Wenn Sie alle diese Details schriftlich festhalten, können Sie nach einem Fehlschlag andere Methoden ausprobieren. Ihre Notizen können auch dann hilfreich sein, wenn Sie andere Leute um Hilfe bitten; zum Beispiel wenn Sie eine Nachricht an eine der Linux-Gruppen im USENET schicken. Vielleicht wollen Sie eines Tages diese Notizen sogar Ihren Enkelkindern zeigen.[2]

2 Der Autor gibt verschämt zu, daß er einige Monate lang eine Kladde mit all seinen Linux-Erlebnissen führte. Heute dient die Kladde als Staubfänger in seinem Bücherregal.

Konzepte für die Partitionierung

Im allgemeinen sind Festplatten in *Partitionen* eingeteilt, wobei für jedes Betriebssystem eine oder mehrere Partitionen reserviert sind. Sie könnten also auf einer Festplatte mehrere Partitionen einrichten, von denen eine zum Beispiel Windows enthält, eine weitere OS/2 und zwei weitere Linux.

Wenn Sie bereits andere Software auf Ihrem System installiert haben, müssen Sie die Größe der Partitionen eventuell anpassen, um für Linux Platz zu schaffen. Anschließend richten Sie an diesem freien Platz auf der Festplatte eine oder mehrere Linux-Partitionen für die Linux-Software und den Swap-Space ein. Wir wollen diesen Vorgang als *Neupartitionierung* bezeichnen.

Viele DOS-Systeme nutzen eine einzelne Partition, die die ganze Festplatte belegt. Unter DOS heißt diese Partition `C:`. Wenn Sie mehr als eine Partition eingerichtet haben, benennt DOS diese mit `D:`, `E:` usw. In gewisser Weise verhält sich jede Partition wie eine einzelne Festplatte.

Im ersten Sektor einer Festplatte befinden sich der *Master-Boot-Record* und die *Partitionstabelle*. Der Boot-Record wird (wie der Name andeutet) beim Booten des Systems benutzt. Die Partitionstabelle enthält Informationen über Lage und Größe der Partitionen.

Man unterscheidet drei Arten von Partitionen: *primäre*, *erweiterte* und *logische*. Hiervon werden die primären Partitionen am häufigsten benutzt. Allerdings lassen sich wegen der beschränkten Größe der Partitionstabelle auf einer Platte nur vier primäre Partitionen einrichten. Das liegt am schlechten Design von MS-DOS, selbst andere Betriebssysteme aus der gleichen Ära haben diese Einschränkung nicht.

Eine Möglichkeit, diese Beschränkung auf vier Partitionen zu umgehen, ist die Benutzung einer erweiterten Partition. Diese Partition enthält selbst keine Daten; statt dessen dient sie als eine Art »Container« für logische Partitionen. Sie könnten also eine erweiterte Partition einrichten, die die ganze Festplatte belegt, und innerhalb dieser Partition viele logische Partitionen anlegen. Allerdings dürfen Sie nur eine erweiterte Partition pro Festplatte einrichten.

Die Partitionierung unter Linux

Kapitel 3

Bevor wir darauf eingehen, wie Sie Ihre Festplatten neu partitionieren, müssen Sie sich darüber klarwerden, wieviel Speicherplatz Sie Linux zuweisen möchten. Wir werden in Kapitel 3, im Abschnitt »Linux-Partitionen anlegen«, besprechen, wie dieser Speicherplatz aufgeteilt wird.

Auf Unix-Rechnern werden Dateien in *Dateisystemen* (filesystems) gespeichert. Ein Dateisystem ist ein Abschnitt einer Festplatte (oder eines anderen Mediums, etwa einer CD-ROM oder Diskette), der für das Abspeichern von Dateien formatiert wurde. Jedes Dateisystem ist einem bestimmten Zweig des Verzeichnisbaums zugeordnet, so gibt es zum Beispiel auf vielen Rechnern ein Dateisystem für alle Dateien im Verzeichnis */usr*, ein anderes für */tmp* usw. Das Dateisystem *root* ist das primäre (übergeordnete) Dateisystem und entspricht der Wurzel des Verzeichnisbaums, /.

Unter Linux belegt jedes Dateisystem eine eigene Partition auf der Festplatte. Wenn Sie zum Beispiel ein Dateisystem für / und ein anderes für */usr* einrichten, brauchen Sie zwei Partitionen, um diese beiden Dateisysteme aufzunehmen.

Bevor Sie Linux installieren, müssen Sie die Dateisysteme vorbereiten, die die Linux-Software aufnehmen sollen. Sie brauchen mindestens ein Dateisystem (Root), und damit eine Partition, für Linux. Viele Linux-Benutzer ziehen es vor, alle ihre Dateien im Dateisystem Root abzulegen, weil der Umgang damit in den meisten Fällen einfacher ist als der mit mehreren Dateisystemen und Partitionen.

Kapitel 6

Sie können aber auch mehrere Dateisysteme für Linux einrichten, wenn Sie möchten – vielleicht legen Sie zum Beispiel getrennte Dateisysteme für */usr* und */home* an. Die Leser mit Erfahrung in der Systemverwaltung unter Unix werden wissen, wie man mehrere Dateisysteme sinnvoll einsetzt. Im Abschnitt »Dateisysteme erzeugen« in Kapitel 6, *Verwalten von Dateisystemen, Swap-Bereichen und Geräten,* besprechen wir den Einsatz mehrerer Partitionen und Dateisysteme.

Warum sollte man mehr als ein Dateisystem benutzen? Der am häufigsten genannte Grund ist die Datensicherheit. Falls aus irgendeinem Grund einmal eines Ihrer Dateisysteme beschädigt wird, werden die anderen (in der Regel) davon nicht berührt. Wenn Sie andererseits alle Ihre Dateien unter dem Dateisystem Root speichern, und dieses Dateisystem wird beschädigt, verlieren Sie eventuell alle Daten auf einen Streich. Das passiert allerdings nur selten; wenn Sie regelmäßig Backups Ihrer Daten anfertigen, sind Sie auf der sicheren Seite.[3]

Auf der anderen Seite können Sie bei Verwendung mehrerer Dateisysteme Ihr System leicht aktualisieren, ohne Ihre wertvollen Daten zu gefährden. Vielleicht haben Sie eine Partition für die Home-Verzeichnisse der Benutzer, und wenn Sie das System aktualisieren, dann lassen Sie diese Partition einfach in Frieden, löschen alle anderen und installieren Linux ganz neu. Natürlich haben heutzutage alle Distributionen ziemlich ausgefeilte Aktualisierungsprozeduren, aber manchmal wollen Sie vielleicht doch ganz von vorn anfangen.

Ein anderer Grund für die Einrichtung mehrerer Dateisysteme ist die Aufteilung des Speicherplatzes auf mehrere Festplatten. Wenn Sie zum Beispiel auf einer Platte 100 MB frei haben und auf einer anderen 2 GB, ist es vielleicht sinnvoll, ein Root-Dateisystem von 100 MB auf der ersten Platte und ein Dateisystem */usr* von 2 GB auf der zweiten Platte einzurichten. Zur Zeit ist es nicht möglich, ein Dateisystem über mehrere Laufwerke hinweg anzulegen. Wenn Ihr freier Speicherplatz sich auf mehrere Festplatten verteilt, werden Sie auch mehrere Dateisysteme einrichten müssen, um den gesamten Speicherplatz nutzen zu können.

3 Der Autor benutzt ein einzelnes Dateisystem mit 200 Megabytes für alle seine Linux-Dateien, ohne daß (bisher) Probleme aufgetreten sind.

Zusammengefaßt: Linux benötigt mindestens eine Partition – die für das Dateisystem Root. Wenn Sie mehrere Dateisysteme einrichten möchten, brauchen Sie eine eigene Partition für jedes zusätzliche Dateisystem. Einige Distributionen von Linux legen die Partitionen und Dateisysteme automatisch an, so daß Sie sich darum nicht zu kümmern brauchen.

Ein weiterer Punkt, den es bei der Planung der Partitionierung zu berücksichtigen gilt, ist der Swap-Space (Auslagerungsdatei). Sie haben zwei Möglichkeiten: Die erste besteht darin, eine *Swap-Datei* anzulegen, die in einem Ihrer Linux-Dateisysteme existiert. Sie legen die Swap-Datei nach der Installation der Software an, um sie als virtuelles RAM zu nutzen. Die zweite Möglichkeit ist die Einrichtung einer *Swap-Partition*. Das ist eine einzelne Partition, die nur als Swap-Space genutzt wird. Die meisten Leute benutzen eine Swap-Partition statt einer Swap-Datei.

Eine einzelne Swap-Datei oder -Partition kann bis zu 128 Megabytes groß sein (oder noch größer mit den neueren Kernel-Versionen).[4] Wenn Sie mehr als 128 MB an Swap-Bereich einrichten wollen (was nur unter sehr extremen Bedingungen notwendig ist), können Sie mehrere Dateien oder Partitionen anlegen – insgesamt bis zu 16. Falls Sie beispielsweise 256 MB an Swap-Bereich brauchen, können Sie zwei Partitionen mit je 128 MB einrichten.

Kapitel 3
Kapitel 6

Das Anlegen einer Swap-Partition wird im Abschnitt »Den Swap-Bereich anlegen« in Kapitel 3 besprochen, die Einrichtung einer Swap-Datei im Abschnitt »Swap-Space benutzen« in Kapitel 6.

Sie werden in den meisten Fällen mindestens zwei Partitionen für Linux einrichten: eine für das Root-Dateisystem und eine als Swap-Partition. Natürlich gibt es viele Variationen hierzu, aber dies ist das Minimum. Sie müssen unter Linux keinen Swap-Bereich einrichten, aber wenn Sie über weniger als 32 Megabytes an physikalisch vorhandenem RAM verfügen, raten wir dringend dazu.

Sie müssen sich natürlich darüber klarwerden, wieviel *Platz* diese Partitionen belegen werden. Die Größe Ihres Linux-Dateisystems (inklusive Software) hängt davon ab, wieviel Software Sie installieren und welche Linux-Distribution Sie benutzen. Normalerweise finden Sie in der Dokumentation zu Ihrem Linux ungefähre Angaben dazu. Ein kleines Linux-System kann auf 40 Megabytes oder weniger untergebracht werden, ein größeres System kann irgendwo zwischen 100 und 300 MB und darüber liegen. Denken Sie daran, daß Sie außer dem Platz für die Software selbst auch noch Platz für die Benutzerverzeichnisse, für zukünftige Erweiterungen usw. brauchen.

Wenn Sie mehrere Partitionen verwenden, dann sollten Sie eine ziemlich kleine Partition für das Root-Verzeichnis vorsehen. 32 MB sollten ausreichen, aber sehen Sie mindestens 30-50 MB mehr vor, wenn Sie */var* auf der gleichen Partition haben, wie das bei den meisten Leuten der Fall ist. Auf der anderen Seite sollte die */usr*-Partition eher groß sein.

---

4 Dieser Wert trifft auf Intel-Rechner zu. Auf anderen Architekturen wie beispielsweise Alpha kann er noch größer sein.

Die Größe der Swap-Partition (falls Sie eine einrichten) hängt davon ab, wieviel virtuelles RAM Sie benötigen. Eine Faustregel besagt, daß die Swap-Partition doppelt so groß sein sollte wie das physikalisch vorhandene RAM. Wenn Sie also 4 Megabytes RAM haben, sollte die Swap-Partition 8 MB groß sein. Natürlich ist das nur eine grobe Annäherung – tatsächlich hängt die Größe des benötigten Swap-Bereichs davon ab, welche Software Sie installieren möchten. Falls Sie schon eine Menge physikalisches RAM haben (zum Beispiel 64 MB oder mehr), möchten Sie eventuell überhaupt keinen Swap-Bereich anlegen.

Aufgrund von Beschränkungen im BIOS ist es in der Regel nicht möglich, von Partitionen zu booten, die Zylinder oberhalb von 1023 benutzen. Wenn Sie also den Platzbedarf für Linux auf Ihrer Festplatte festlegen, denken Sie daran, daß Sie das Root-Dateisystem nicht in einer Partition anlegen, die den Bereich >1023 Zylinder belegt. Linux kann trotzdem Partitionen mit Zylindern oberhalb von 1023 *benutzen*, aber es kann passieren, daß Linux nicht von einer solchen Partition *bootet*. Vielleicht halten Sie diesen Rat für voreilig, aber es ist wichtig, das zu berücksichtigen, wenn Sie die Aufteilung Ihrer Festplatte(n) planen. Außerdem haben heutzutage viele Leute Festplatten mit mehr als 1023 Zylindern.

Wenn Sie unbedingt eine Partition mit Zylindernummern oberhalb von 1023 für Ihr Root-Dateisystem benutzen möchten, haben Sie immer noch die Möglichkeit, Linux von einer Diskette zu booten. Dagegen spricht weiter nichts, es dauert nur ein paar Sekunden länger als das Booten von der Festplatte. Auf jeden Fall steht Ihnen damit immer eine weitere Option offen.

Neupartitionierung der Festplatte(n)

In diesem Abschnitt beschreiben wir, wie Sie existierende Partitionen neu einrichten, um für Linux Platz zu schaffen. Wenn Sie Linux auf einer »sauberen« Festplatte installieren, können Sie diesen Abschnitt überspringen und bei »Die Linux-Software installieren« in Kapitel 3 weiterlesen.

Die übliche Methode, eine existierende Partition in der Größe zu verändern, ist sie zu löschen (wobei alle Daten in dieser Partition gelöscht werden) und sie neu anzulegen. Bevor Sie Ihre Festplatten neu partitionieren, sollten Sie ein *Backup* (Datensicherung) machen. Wenn Sie die neue Partition eingerichtet haben, können Sie die alte Software mit dem Backup wieder einspielen. Für MS-DOS gibt es mehrere Programme, die Partitionsgrößen verändern können, ohne daß dabei Daten verlorengehen. Eines dieser Programme ist FIPS, das von vielen Linux-FTP-Servern angeboten wird.

Denken Sie auch daran, daß in den kleiner gewordenen Partitionen vielleicht nicht mehr die gesamte ursprünglich vorhandene Software Platz findet. In diesem Fall müssen Sie so viel der nicht benötigten Software löschen, daß der Rest in den kleineren Partitionen untergebracht werden kann.

Das Programm, mit dem Sie Ihre Festplatte neu partitionieren, heißt *fdisk*. Jedes Betriebssystem hat seine eigene Version davon; unter DOS etwa wird es mit dem Befehl *fdisk* aufgerufen. Lesen Sie in der Dokumentation Ihres jetzigen Betriebssystems nach, wie Festplatten neu partitioniert werden. Wir wollen hier zeigen, wie Sie Festplatten unter DOS mittels *fdisk* neu einrichten, aber diese Anleitung sollte sich ohne Probleme auf andere Betriebssysteme übertragen lassen.

Das Programm *fdisk* ist (unter jedem Betriebssystem) dafür zuständig, die Partitionstabelle einer Festplatte zu lesen und sie zu manipulieren, um Partitionen hinzuzufügen oder zu löschen. Einige Versionen von *fdisk* leisten mehr als das, indem sie zum Beispiel am Anfang einer neuen Partition bestimmte Informationen ablegen, damit diese Partition von einem bestimmten Betriebssystem benutzt werden kann. Aus diesem Grunde sollten Sie in der Regel Partitionen für ein Betriebssystem nur mit der Version von *fdisk* für dieses Betriebssystem anlegen. Sie können mit dem *fdisk* von Linux keine DOS-Partitionen einrichten – DOS kann solche Partitionen nicht korrekt verwalten (wenn Sie genau wissen, was Sie tun, dann ist es durchaus möglich, DOS-Partitionen von Linux aus einzurichten, aber wir würden Ihnen nicht dazu raten). In ähnlicher Weise kann es sein, daß das *fdisk* von DOS nicht mit Linux-Partitionen umgehen kann. Solange Sie für jedes Ihrer Betriebssysteme eine Version von *fdisk* haben, sollten keine Probleme auftauchen. (Nicht alle Betriebssysteme kennen dieses Programm als *fdisk* – einige nennen es »disk manager« oder »volume manager«.)

Kapitel 3

Im Abschnitt »Linux-Partitionen anlegen« in Kapitel 3 werden wir beschreiben, wie Sie neue Linux-Partitionen anlegen, aber im Augenblick wollen wir uns mit dem Ändern der bestehenden Partitionen beschäftigen.

Bitte lesen Sie die Dokumentation zu Ihrem jetzigen Betriebssystem, bevor Sie die Festplatte neu partitionieren. Dieser Abschnitt soll einen allgemeinen Überblick über den Vorgang geben; es gibt dabei viele Feinheiten, auf die wir hier nicht eingehen. Wenn Sie die Neupartitionierung nicht korrekt durchführen, kann es sein, daß alle Ihre Daten verlorengehen.

Nehmen wir an, daß Sie eine einzelne Festplatte in Ihrem System haben, die zur Zeit ganz von DOS belegt wird. Dann enthält Ihre Platte eine einzige DOS-Partition mit der Bezeichnung `C:`. Weil diese Methode der Neupartitionierung die Daten in dieser Partition zerstören wird, müssen Sie eine bootfähige DOS-»Systemdiskette« erstellen, die alles enthält, was Sie nach der Neupartitionierung zum Aufruf von FDISK und zum Wiedereinspielen der Software aus dem Backup brauchen.

In vielen Fällen können Sie hierfür die DOS-Installationsdisketten benutzen. Wenn Sie doch Ihre eigene Systemdiskette erstellen müssen, formatieren Sie eine Diskette mit dem Befehl:

```
FORMAT /s A:
```

Kopieren Sie alle notwendigen DOS-Utilities auf diese Diskette (in der Regel den größten Teil der Software im Verzeichnis *\DOS* Ihrer Festplatte) sowie die Programme *FORMAT.COM* und *FDISK.EXE*. Sie sollten nun in der Lage sein, mit dieser Diskette zu booten und mit dem Befehl

```
FDISK C:
```

das Programm FDISK zu starten.

Die Benutzung von FDISK sollte selbsterklärend sein, aber lesen Sie Details in der DOS-Dokumentation nach. Wenn Sie FDISK starten, sollten Sie sich zuerst die bestehende Partitionierung anzeigen lassen und diese Information *aufschreiben*. Es ist wichtig, daß Sie den Originalzustand wiederherstellen können, falls Sie die Linux-Installation abbrechen möchten.

Um eine bestehende Partition zu löschen, wählen Sie die FDISK-Option »`Delete an MS-DOS Partition or Logical DOS Drive`«. Geben Sie an, ob Sie eine primäre, erweiterte oder logische Partition löschen wollen, und anschließend die Partitionsnummer. Bestätigen Sie alle Warnungen. Uff !

Zum Einrichten einer neuen (kleineren) Partition für DOS wählen Sie die FDISK-Option »`Create an MS-DOS Partition or Logical DOS Drive`«. Geben Sie den Partitionstyp (primary, extended oder logical) und die Größe der neuen Partition an (in Megabytes). FDISK sollte dann die Partition anlegen, und Sie können anschließend loslegen.

Nachdem Sie mit FDISK fertig sind, sollten Sie das Programm verlassen und alle neu angelegten Partitionen formatieren. Wenn Sie zum Beispiel die erste DOS-Partition der Festplatte (`C:`) in ihrer Größe verändert haben, sollten Sie den Befehl

```
FORMAT /s C:
```

eingeben. Sie können danach die Originalsoftware aus dem Backup wieder einspielen.

KAPITEL 3

Installation und erste Konfigurationsarbeiten

An dieser Stelle sollten Sie eine Linux-Distribution besitzen und Festplattenplatz für Linux bereitgestellt haben. Wir geben Ihnen in diesem Kapitel einen allgemeinen Überblick über den Installationsvorgang. Jede Distribution hat ihre eigenen Installationsanweisungen, aber mit den hier vorgestellten Konzepten im Kopf sollten Sie in der Lage sein, mit jeder Installation zurechtzukommen. Anhang A, *Informationsquellen zu Linux,* enthält viele Informationsquellen mit Installationsanleitungen und anderen Hilfestellungen, wenn Sie überhaupt nicht weiterkommen.

Anhang A

Die einzelnen Linux-Distributionen legen Konfigurationsdateien an unterschiedlichen Stellen ab, was es etwas schwierig machen kann, die Administration von Linux zu beschreiben. Beispielsweise kann es ein und dieselbe Datei auf Red Hat-, SuSE- und Debian-Systemen geben, aber auf einer Distribution ist die Datei vielleicht in */etc* zu finden, auf einer anderen dagegen in *sbin*. Die einzelnen Hersteller versuchen so langsam, dies anhand eines Standards namens »Filesystem Hierarchy Standard« zu vereinheitlichen, aber wir haben uns für dieses Buch entschlossen, einfach das Spiel mitzuspielen, und nennen Ihnen jeweils die Position der einzelnen Dateien auf den Distributionen, die uns zur Verfügung standen.

Die Linux-Software installieren

Nachdem Sie die bestehenden Partitionen angepaßt haben, um für Linux Platz zu schaffen, können Sie die Software installieren. Es folgt eine kurze Zusammenfassung des Vorgangs:

1. Booten Sie mit Ihrem Linux-Installationsmedium.
2. Legen Sie mit *fdisk* unter Linux die Linux-Partitionen an.
3. Rufen Sie *mke2fs* und *mkswap* auf, um die Linux-Dateisysteme und den Swap-Bereich anzulegen.

4. Installieren Sie die Linux-Software und konfigurieren Sie sie.
5. Installieren Sie abschließend den Boot-Loader LILO, oder legen Sie eine Boot-Diskette an, mit der Sie Ihr System starten können.

Wir haben bereits darauf hingewiesen, daß eventuell mehrere dieser Schritte automatisch von der Installationsroutine erledigt werden können – das hängt von der Distribution ab, die Sie benutzen. In den Unterlagen zu Ihrer Linux-Distribution erhalten Sie genaue Auskünfte.

Linux booten

Der erste Schritt ist das Booten mit dem Linux-Installationsmedium. In den meisten Fällen ist das eine Boot-Diskette, die ein kleines Linux-System enthält, oder eine bootbare CD-ROM. Nach dem Booten wird Ihnen ein Installationsmenü präsentiert, das die Schritte zur Installation der Software vorgibt. Andere Distributionen geben nach dem Booten eine Login-Aufforderung aus. In diesem Fall können Sie sich normalerweise als **root** oder **install** einloggen, um dann mit der Installation zu beginnen.

Die Dokumentation zu Ihrer speziellen Distribution wird Ihnen zeigen, was Sie tun müssen, um Linux vom Installationsmedium aus zu starten.

Die meisten Linux-Distributionen benutzen eine Boot-Diskette, die es ermöglicht, hinter dem Boot-Prompt noch Parameter für die Hardware zu setzen, damit bestimmte Hardwarekomponenten vom System erkannt werden. Wenn zum Beispiel Ihr SCSI-Controller beim Booten von der Diskette nicht erkannt wird, müssen Sie noch einmal booten und dabei am Boot-Prompt solche Hardwareparameter wie die I/O-Adresse und den IRQ angeben. Da PS/1-, ThinkPad- und ValuePoint-Systeme von IBM keine Laufwerksparameter im CMOS speichern, müssen Sie diese beim Booten angeben.

Der Boot-Prompt wird nach dem Booten von der Diskette oder der CD-ROM oft automatisch angezeigt. Das gilt zum Beispiel für die Red Hat-Distribution. Andere Distributionen erwarten, daß Sie die SHIFT- oder STRG-Taste drücken, während von der Diskette oder der CD-ROM gebootet wird. Nach dem erfolgreichen Booten sollten Sie den Prompt

```
boot:
```

und möglicherweise auch noch andere Meldungen sehen. Was Sie hier sehen, ist der Boot-Prompt von LILO (dem LInux LOader), einem Programm, das verwendet wird, um das Betriebssystem Linux zu starten und Parameter für die Hardwareerkennung beim Booten anzugeben. Nachdem Sie Linux installiert haben, sollten Sie LILO auf Ihrer Festplatte installieren, denn damit können Sie beim Hochfahren des Systems zwischen Linux und anderen Betriebssystemen (wie MS-DOS) auswählen.

An dieser Stelle haben Sie mehrere Auswahlmöglichkeiten. Sie können die ENTER-Taste drücken, um Linux einfach ohne spezielle Parameter zu booten. (Sie sollten dies als erstes probieren; wenn die Installation zu funktionieren scheint, sind Sie schon im grünen Bereich.) Oder Sie warten einfach, bis die Installation weitergeht. Heutige Distributionen warten nicht beliebig lange am Boot-Prompt, sondern fahren nach einer gewissen Zeit mit der Installation fort, wenn Sie nichts eingegeben haben. Ansonsten müssen Sie eventuell Parameter für die Hardwareerkennung an dieser Stelle eingeben, damit das System die auf Ihrem Rechner vorhandene Hardware korrekt erkennt.

Wenn Sie das Booten ohne spezielle Parameter ausprobieren wollen, drücken Sie am Boot-Prompt einfach ENTER. Lesen Sie die Meldungen, während das System hochfährt. Falls Sie einen SCSI-Controller haben, sollten Sie eine Liste der vorgefundenen SCSI-Geräte sehen. Wenn Sie die Meldung

```
SCSI: 0 hosts
```

lesen, wurde Ihr SCSI-Controller nicht gefunden, und Sie werden die Hardware-Erkennungsroutine benutzen müssen, die wir später beschreiben.

Die meisten neuen Distributionen verwenden eine andere Variante der Hardwareauswahl. Sie haben nur einen minimalen Kernel auf der Boot-Diskette und laden dann sogenannte *Kernel-Module* nach, entweder von einer zweiten Diskette oder einer CD-ROM. In diesem Fall landen Sie wahrscheinlich in einem Menü, aus dem Sie zusätzliche Module auswählen können. Auch das ist weitgehend automatisiert: Sie bitten das Installationsprogramm einfach, nach SCSI-Adaptern zu suchen, und warten, ob Ihrer gefunden wird. Das gleiche gilt für Netzwerkkarten und andere Geräte, die für die Installation benötigt werden. Geräte, die für die Installation nicht benötigt werden (wie etwa Soundkarten), werden wahrscheinlich nicht an dieser Stelle der Installation erkannt. Voraussichtlich bekommen Sie später die Möglichkeit, diese zu konfigurieren.

Wenn die automatische Hardwareerkennung bei Ihnen nicht funktioniert (was normalerweise nur dann der Fall ist, wenn Sie sehr alte, sehr neue oder sehr ungewöhnliche Hardware haben), müssen Sie Linux ein wenig auf die Sprünge helfen, indem Sie die Erkennung der Hardware erzwingen.

Um das zu tun, müssen Sie am Boot-Prompt die entsprechenden Parameter eingeben. Benutzen Sie dazu folgende Syntax:

```
linux parameter...
```

Es gibt sehr viele von diesen Parametern, von denen wir unten einige aufführen. Wir erwarten nicht, daß Sie verstehen, was all diese Parameter bedeuten und wozu sie gut sind. Sie sollten aber in der Lage sein, herauszufinden, welche dieser Parameter für Ihr System nötig sein könnten. Wenn Sie beispielsweise einen AHA152x-basierten SCSI-Controller haben und wissen, daß Sie diesen unter MS-DOS auf eine bestimmte I/O-Adresse und einen bestimmten IRQ einstellen müssen, können Sie die hier angegebene, entsprechende Option (aha152x=) verwenden. Tatsächlich sind viele dieser Boot-Optionen bei der ersten Installation unnötig. Wir geben an dieser Stelle eine umfangreiche Liste von Boot-Optionen an, da Sie möglicherweise später die eine oder andere davon benötigen könnten.

Und noch ein Ratschlag: Schreiben Sie sich die Boot-Optionen auf, die Sie verwendet haben, um das System zum Laufen zu bringen. Nachdem Sie Linux installiert haben, benötigen Sie genau die gleichen Boot-Optionen, damit Ihre Hardware erkannt wird – und zwar jedesmal, wenn Sie das System starten wollen. Wenn Sie das Ladeprogramm LILO verwenden, können Sie es so konfigurieren, daß bestimmte Boot-Optionen automatisch verwendet werden, damit Sie sie nicht jedesmal eingeben müssen.

`no387`
: Schaltet den Mathematischen Koprozessor 80387 ab, um im Protected Mode einige fehlerhafte Koprozessoren zu umgehen.

`no-hlt`
: Schaltet die Verwendung der HLT-Anweisung ab. Diese wird verwendet, um die CPU in einen stromsparenden Zustand zu versetzen, wenn das System gerade nicht gebraucht wird. Einige der früheren 486DX-100-Chips haben mit dieser Anweisung Probleme.

`root=`*`device`*
: Gibt das Gerät an, das beim Booten des Systems als root-Dateisystem verwendet werden soll. Bei der initialen Installation ist das nicht nötig, aber später können Sie diese Installation verwenden, um das Default-Dateisystem zu überschreiben.

`ro`
: Mountet das root-Dateisystem als nur-lesbar (read-only); wird für Systemwartung verwendet.

`lock`
: Speichert die Boot-Parameter für die Zukunft, so daß Sie diese nicht bei jedem Booten eingeben müssen.

`rw`
: Mountet das root-Dateisystem als lesbar und schreibbar (read-write); wird für Systemwartung verwendet.

`debug`
: Veranlaßt den Kernel, viele Debugging-Meldungen auf der Konsole auszugeben, während das System läuft.

`ramdisk=`*`kilobytes`*
: Teilt dem System mit, daß die angegebene Speichermenge (in Kilobyte) für eine RAM-Disk reserviert werden soll. Dies wird oft von Installations-Boot-Disketten benutzt, die ein ganzes Dateisystem in den Speicher laden. Bei der initialen In-

stallation benötigen Sie diese Option nicht, aber wenn Sie später mit Ramdisks experimentieren wollen, ist dies die Option, die Sie brauchen werden.

`mem=`*`groesse`*
: Das BIOS der meisten PCs meldet nicht mehr als 64 MB installiertes RAM. Linux verwendet diese Information, um die Menge installierten Speichers zu bestimmen. Wenn Sie mehr als 64 MB und einen älteren Kernel haben, müssen Sie diesen Parameter verwenden, damit der Rest des Speichers benutzt werden kann. Der Größenparameter ist eine Zahl, an die entweder `k` oder `M` angehängt wird. Beispielsweise würde `mem=96M` angeben, daß 96 MB RAM installiert sind. Beachten Sie bitte, daß schlimme Dinge passieren können, wenn Sie mehr Speicher angeben, als tatsächlich vorhanden ist.

`hd=`*`cylinders,heads,sectors`*
: Gibt die Festplattengeometrie für IDE- und Standard-ST-506-Festplatten an (nicht für SCSI-Festplatten!). Wird für Systeme wie IBM PS/1, ValuePoint oder ThinkPad benötigt. Wenn Ihre Festplatte zum Beispiel 683 Zylinder, 16 Köpfe und 32 Sektoren pro Spur hat, verwenden Sie:

```
hd=683,16,32
```

Diese Option kann auch als `hda=`, `hdb=`, `hdc=` oder `hdd=` verwendet werden, um die Geometrie einer bestimmten Partition anzugeben. Beachten Sie, daß die Verwendung der Option `hd=` nötig sein kann, wenn Sie eine große IDE-Platte mit mehr als 1024 Zylindern verwenden. Wenn Linux Probleme hat, die Geometrie Ihrer Festplatte zu erkennen (das merken Sie spätestens, wenn Sie versuchen, die Platte zu partitionieren), versuchen Sie es mit dieser Option.

`max_scsi_luns=`*`num`*
: Wenn *`num`* 1 ist, sucht das System nicht nach SCSI-Geräten mit einer Logical Unit Number (LUN) größer null. Dieser Parameter ist bei einigen schlecht entworfenen SCSI-Geräten nötig, die den Rechner zum Stillstand bringen, wenn versucht wird, sie auf anderen LUNs als null anzusprechen. Beachten Sie, daß dies nichts mit der SCSI-Geräte-ID zu tun hat. Mit Hilfe von LUNs kann ein einzelnes SCSI-Gerät (zum Beispiel ein CD-ROM-Wechsler) mehrere »Untergeräte« haben.

`aha152x=`*`iobase,irq,scsi-id,reconnect,parity`*
: Gibt die Parameter für die SCSI-Controller AHA151x, AHA152x, AIC6260, AIC6230 von Adaptec sowie für SB16-Controller an. *`iobase`* muß hexadezimal angegeben werden, zum Beispiel `0x340`. Alle Argumente außer *`iobase`* sind optional.

`aha1542=`*`iobase`*
: Gibt die I/O-Adresse in hexadezimaler Darstellung für die SCSI-Controller AHA154x von Adaptec an.

`aic7xxx=`*`extended,no-reset`*
: Gibt die Parameter für die SCSI-Controller AHA274x, 284x und AIC7xxx von Adaptec an. Wenn der Wert für *`extended`* nicht null ist, wird die erweiterte Über-

setzung für große Festplatten eingeschaltet. Wenn *no-reset* nicht null ist, setzt der Treiber den SCSI-Bus bei der Konfiguration des Controllers während des Systemstarts nicht zurück.

`buslogic=`*`iobase`*
: Gibt die I/O-Adresse in hexadezimaler Darstellung für SCSI-Controller von Buslogic an.

`tmc8xx=`*`mem-base,irq`*
: Gibt die I/O-Adresse für den in den Speicher eingeblendeten (memory mapped) I/O-Bereich in hexadezimaler Darstellung und den IRQ für die SCSI-Controller TMC-8xx und TMC-950 von Future Domain an.

`pas16=`*`iobase,irq`*
: Gibt die I/O-Adresse in hexadezimaler Darstellung für SCSI-Controller von Pro Audio Spectrum an.

`st0x=`*`mem-base,irq`*
: Gibt die I/O-Adresse für den in den Speicher eingeblendeten I/O-Bereich in hexadezimaler Darstellung und den IRQ für die SCSI-Controller ST-0x von Seagate an.

`t128=`*`mem-base,irq`*
: Gibt die I/O-Adresse für den in den Speicher eingeblendeten I/O-Bereich in hexadezimaler Darstellung und den IRQ für die SCSI-Controller T128 von Trantor an.

`aztcd=`*`iobase`*
: Gibt die I/O-Adresse in hexadezimaler Darstellung für Aztech-SCSI-Controller an.

`cdu31a=`*`iobase,irq,pas`*
: Gibt die I/O-Adresse in hexadezimaler Darstellung und den IRQ für die CD-ROM-Adapter CDU-31A und CDU-33A von Sony an. Diese werden auf Sony-Karten und einigen Soundkarten von Pro Audio Spectrum verwendet. Die Parameter *irq* und *pas* sind optional. Wenn *irq* null ist, werden Interrupts nicht unterstützt (ist bei einigen Karten der Fall). Der einzige zulässige Wert für die Option *pas* ist `PAS`; er gibt an, daß eine »Pro Audio Spectrum«-Karte verwendet wird.

`soncd535=`*`iobase,irq`*
: Gibt die I/O-Adresse in hexadezimaler Darstellung und den IRQ (optional) für Sony-CDU-535-Adapter an.

`gscd=`*`iobase`*
: Gibt die I/O-Adresse in hexadezimaler Darstellung für Goldstar-CD-ROM-Controller an.

`mcd=`*`iobase,irq`*

Gibt die I/O-Adresse in hexadezimaler Darstellung und den IRQ für Standard-CD-ROM-Controller von Mitsumi an.

`optcd=`*`iobase`*

Gibt die I/O-Adresse in hexadezimaler Darstellung für CD-ROM-Controller von Optics Storage Interface an.

`cm206=`*`iobase,irq`*

Gibt die I/O-Adresse in hexadezimaler Darstellung und den IRQ für Philips-CM206-CD-ROM-Controller an.

`sjcd=`*`iobase,irq,dma`*

Gibt die I/O-Adresse in hexadezimaler Darstellung, den IRQ und den DMA-Kanal für Sanyo-CD-ROM-Controller an. Die Parameter *`irq`* und *`dma`* sind optional.

`sbpcd=`*`iobase,type`*

Gibt die I/O-Adresse in hexadezimaler Darstellung für CD-ROM-Controller von Soundblaster Pro (und kompatible) an. Der Parameter *`type`* muß `SoundBlaster`, `LaserMate` oder `SPEA` sein, je nachdem, welche Karte Sie haben. Beachten Sie, daß dies nur die Parameter für die CD-ROM-Schnittstelle sind, nicht für die Sound-Hardware auf derselben Karte.

`ether=`*`irq,iobase,parameters...`*

Gibt die I/O-Adresse und den IRQ für Ethernet-Karten an. Wenn Sie Probleme mit der Erkennung Ihrer Ethernet-Karte haben und sie bei der Installation benutzen wollen (um zum Beispiel via FTP oder NFS zu installieren), schlagen Sie im »Linux Ethernet HOWTO« nach, das die einzelnen Boot-Optionen für Ethernet-Karten sehr viel detaillierter beschreibt. Es sind zu viele, um sie hier alle anzugeben.

`floppy=thinkpad`

Teilt dem Diskettentreiber mit, daß Sie ein ThinkPad haben. Dies ist für den Diskettenzugriff auf ThinkPad-Rechnern notwendig.

`floppy=0,thinkpad`

Teilt dem Diskettentreiber mit, daß Sie kein ThinkPad haben, falls er verwirrt ist.

`bmouse=`*`irq`*

Gibt den IRQ für den Busmaus[1]-Controller an.

`msmouse=`*`irq`*

Gibt den IRQ für den Microsoft-Busmaus-Controller an.

1 Eine Busmaus ist eine Maus, die an den Systembus statt an eine serielle Schnittstelle oder eine PS/2-Schnittstelle angeschlossen ist.

Eine ganze Reihe von anderen Optionen steht ebenfalls zur Verfügung, aber die obigen sollten normalerweise ausreichen. (Wir haben beispielsweise die vielen Parameter für Soundkartentreiber weggelassen und empfehlen Ihnen dringend, die entsprechenden HOWTO-Dokumente zu lesen, wenn Sie sich in einer lebensbedrohlichen Situation mit Ihrer Soundkarte befinden.)

Bei all diesen Parametern müssen Sie *linux*, gefolgt von den gewünschten Parametern, eingeben.

[78] SCSI HOWTO
[80] CD-ROM HOWTO

Wenn Sie Fragen zu diesen Boot-Optionen haben, lesen Sie das »Linux Boot-Prompt HOWTO«, das »Linux SCSI HOWTO« und das »Linux CD-ROM HOWTO«. Diese drei Dokumente sollten auf jedem Linux-FTP-Server (wie auch auf den meisten Linux-CD-ROMs) vorhanden sein. Sie beschreiben die Boot-Argumente von LILO noch detaillierter.

Laufwerke und Partitionen unter Linux

Manche Distributionen erwarten, daß Sie die Linux-Partitionen mittels *fdisk* von Hand anlegen. Andere erledigen das automatisch für Sie. Auf jeden Fall sollten Sie die folgenden Informationen über die Linux-Partitionen und -Gerätenamen kennen. (Die folgenden Informationen treffen nur auf Intel- und Alpha-Systeme zu; andere Systeme wie PowerPC, SPARC und m68k haben keine logischen und erweiterten Partitionen.)

Laufwerke und Partitionen unter Linux tragen Namen, die sich von denen unter anderen Betriebssystemen unterscheiden. Unter DOS werden Diskettenlaufwerke mit A: und B: bezeichnet, Festplatten mit C:, D: usw. Unter Linux sieht die Vergabe von Gerätenamen völlig anders aus.

Die *Gerätetreiber*, die im Verzeichnis */dev* stehen, werden für die Kommunikation mit den Geräten (den Festplatten, der Maus usw.) in Ihrem System gebraucht. Wenn Sie zum Beispiel eine Maus benutzen, sprechen Sie diese Maus unter dem Gerätenamen */dev/mouse* an. Diskettenlaufwerke, Festplatten und die einzelnen Partitionen haben alle ihre eigenen Namen. Machen Sie sich im Moment keine weiteren Gedanken darüber; wichtig ist nur, daß Sie verstehen, wie die einzelnen Geräte benannt sind, damit Sie damit arbeiten können. Der Abschnitt »Die Gerätedateien« in Kapitel 6, *Verwalten von Dateisystemen, Swap-Bereichen und Geräten*, enthält mehr Informationen über Geräte.

Kapitel 6

Tabelle 3-1 zeigt die Namen der verschiedenen Gerätetreiber, wobei durch Verwenden höherer Ziffern auch noch weitere Geräte möglich sind. Die Tabelle enthält jeweils einen oder zwei Namen als Beispiele.

Tabelle 3-1: Partitionsnamen unter Linux

Gerät	Name
Erstes Diskettenlaufwerk (A:)	*/dev/fd0*
Zweites Diskettenlaufwerk (B:)	*/dev/fd1*
Erste Festplatte (ganze Platte)	*/dev/hda*
Erste Festplatte, primäre Partition 1	*/dev/hda1*
Erste Festplatte, primäre Partition 2	*/dev/hda2*
Erste Festplatte, primäre Partition 3	*/dev/hda3*
Erste Festplatte, primäre Partition 4	*/dev/hda4*
Erste Festplatte, logische Partition 1	*/dev/hda5*
Erste Festplatte, logische Partition 2	*/dev/hda6*
⋮	
Zweite Festplatte (ganze Platte)	*/dev/hdb*
Zweite Festplatte, primäre Partition 1	*/dev/hdb1*
⋮	
Erste SCSI-Festplatte (ganze Platte)	*/dev/sda*
Erste SCSI-Festplatte, primäre Partition 1	*/dev/sda1*
⋮	
Zweite SCSI-Festplatte (ganze Platte)	*/dev/sdb*
Zweite SCSI-Festplatte, primäre Partition 1	*/dev/sdb1*
⋮	
Erstes SCSI-CD-ROM-Laufwerk	*/dev/scd0*
Zweites SCSI-CD-ROM-Laufwerk	*/dev/scd1*
Erstes generisches SCSI-Gerät (wie Scanner, CDR-Brenner usw.). Beachten Sie, daß neuere Systeme Zahlen statt Buchstaben verwenden (also */dev/sg0* anstelle von */dev/sga*).	*/dev/sga*
Zweites generisches SCSI-Gerät	*/dev/sgb*
⋮	

Hier noch ein paar Anmerkungen zu dieser Tabelle. */dev/fd0* entspricht dem ersten Diskettenlaufwerk (`A:` unter DOS) und */dev/fd1* dem zweiten Diskettenlaufwerk (`B:`).

SCSI-Festplatten werden anders bezeichnet als andere Geräte. Alle IDE-, MFM- und RLL-Festplatten werden unter den Gerätenamen */dev/hda*, */dev/hdb* usw. angesprochen. Die einzelnen Partitionen auf der Platte */dev/hda* heißen */dev/hda1*, */dev/hda2* usw. SCSI-Platten dagegen werden als */dev/sda* und */dev/sdb* usw. angesprochen, und die Partitionen heißen */dev/sda1* und */dev/sda2*.

Natürlich haben die meisten Systeme keine vier primären Partitionen. Trotzdem sind die Gerätenamen von */dev/hda1* bis */dev/hda4* für diese Partitionen reserviert. Logische Partitionen können nicht unter diesen Namen angesprochen werden.

Wir wollen dazu ein Beispiel geben. Nehmen wir an, daß Sie eine einzelne IDE-Festplatte mit drei primären Partitionen haben. Die ersten beiden sind MS-DOS zugeordnet, die dritte ist eine erweiterte Partition, die zwei logische Linux-Partitionen enthält. Die Gerätenamen sind in der folgenden Tabelle aufgelistet.

Gerät	Name
Erste MS-DOS-Partition (C:)	*/dev/hda1*
Zweite MS-DOS-Partition (D:)	*/dev/hda2*
Erweiterte Partition	*/dev/hda3*
Erste logische Linux-Partition	*/dev/hda5*
Zweite logische Linux-Partition	*/dev/hda6*

Beachten Sie, daß */dev/hda4* ausgelassen wurde; es entspricht der vierten primären Partition, die es in diesem Beispiel nicht gibt. Logische Partitionen werden ab */dev/hda5* durchgehend numeriert.

Linux-Partitionen anlegen

Jetzt ist alles soweit vorbereitet, daß Sie mit dem Befehl *fdisk* die Linux-Partitionen anlegen können. Im allgemeinen werden Sie mindestens zwei Partitionen einrichten; eine für die Linux-Software selbst und eine für den Swap-Bereich.

Wir beschreiben hier die grundlegende Verwendung von *fdisk* im Textmodus, die mit allen Distributionen möglich sein sollte. Viele Distributionen stellen heutzutage eine benutzerfreundliche Oberfläche für *fdisk* bereit. Diese sind zwar normalerweise nicht so flexibel wie *fdisk*, helfen Ihnen aber dabei, die richtige Auswahl zu treffen. Aber egal welches Werkzeug Sie verwenden, dieser Abschnitt ist hilfreich, um die zugrundeliegenden Konzepte zu verstehen. Die Werkzeuge machen alle mehr oder weniger das gleiche, manche sehen nur besser aus als andere. Außerdem können Sie die hier vermittelten Informationen auch dazu verwenden, um Probleme zu beheben und Dinge zu kontrollieren, von denen Sie vermuten, daß das graphische Programm sie nicht richtig hinbekommen hat.

Starten Sie nach dem Booten mit dem Installationsmedium *fdisk*, indem Sie

```
fdisk Laufwerk
```

eingeben, wobei `Laufwerk` der Gerätename des Laufwerks ist, auf dem Sie die neuen Partitionen anlegen möchten (siehe auch Tabelle 3-1). Wenn Sie zum Beispiel *fdisk* auf die erste SCSI-Festplatte in Ihrem System anwenden wollen, geben Sie

```
# fdisk /dev/sda
```

ein. Wenn Sie kein Laufwerk benennen, wird */dev/hda* (die erste IDE-Platte) als Voreinstellung genommen.

Wenn Sie auf mehr als einem Laufwerk Linux-Partitionen einrichten, rufen Sie *fdisk* für jedes Laufwerk einmal auf.

```
# fdisk /dev/hda

Command (m for help):
```

Hier wartet *fdisk* auf die Eingabe eines Befehls; mit `m` erhalten Sie eine Liste der Optionen:

```
Kommando (m für Hilfe): m
Kommando  Bedeutung
   a   (De)Aktivieren des bootbar-Flags
   b   »bsd disklabel« bearbeiten
   c   (De)Aktivieren des DOS-Kompatibilitäts-Flags
   d   Eine Partition löschen
   l   Die bekannten Dateisystemtypen anzeigen
   m   Dieses Menü anzeigen
   n   Eine neue Partition anlegen
   o   Eine neue, leere DOS-Partitionstabelle anlegen
   p   Die Partitionstabelle anzeigen
   q   Ende ohne Speichern der Änderungen
   s   Einen neuen, leeren »Sun disklabel« anlegen
   t   Den Dateisystemtyp einer Partition ändern
   u   Die Einheit für die Anzeige/Eingabe ändern
   v   Die Partitionstabelle überprüfen
   w   Die Tabelle auf die Festplatte schreiben und das Programm beenden
   x   Zusätzliche Funktionen (nur für Experten)

Kommando (m für Hilfe)
```

Mit dem Befehl `n` legen Sie eine neue Partition an. Die meisten der anderen Optionen werden Sie kaum brauchen. Zum Beenden von fdisk geben Sie `q` ein, wenn Sie Änderungen nicht abspeichern wollen, und `w`, wenn Sie die geänderte Partitionstabelle auf die Festplatte schreiben möchten. Es lohnt sich, das hier noch einmal zu wiederholen: Solange Sie fdisk mit `q` beenden, ohne zu schreiben, können Sie so viel herumprobieren, wie Sie wollen, ohne daß Sie Ihre Daten riskieren. Erst wenn Sie `w` eingeben, können Sie ein Desaster unter Ihren Daten verursachen, wenn irgend etwas schiefläuft.

Als erstes sollten Sie sich die bestehende Partitionstabelle anzeigen lassen und die Angaben zwecks späteren Nachschlagens notieren. Geben Sie dazu den Befehl `p` ein. Es lohnt sich, diese Informationen nach jeder Änderung, die Sie an der Partitionstabelle vorgenommen haben, aufzuschreiben. Wenn Ihre Partitionstabelle aus irgendeinem Grund beschädigt wird, können Sie nicht mehr länger auf die Daten Ihrer Festplatte zugreifen, selbst wenn diese noch da sind. Aber mit Ihren Notizen können Sie eventuell die Partitionstabelle restaurieren und in vielen Fällen Ihre Daten durch erneutes Ausführen von fdisk zurückbekommen, indem Sie die Partitionen löschen und mit den zuvor aufgeschriebenen Parametern wieder erzeugen. Vergessen Sie nicht, die restaurierte Partitionstabelle abzuspeichern, wenn Sie fertig sind.

Ein Beispiel für die Ausgabe einer Partitionstabelle:

```
Command (m for help): p

Festplatte /dev/hda: 16 Köpfe, 38 Sektoren, 683 Zylinder
Einheiten = Zylinder mit 608 * 512 Bytes
   Gerät boot  Anfang   Start     Ende  Blöcke    Id  Dateisystemtyp
/dev/hda1   *       1       1     203   61693     6  DOS 16-bit >=32M

Command (m for help):
```

In diesem Beispiel existiert eine einzelne DOS-Partition auf */dev/hda1*, die 61 693 Blöcke groß ist.[2] Diese Partition startet mit Zylinder 1 und reicht bis zum Zylinder 203. Insgesamt hat die Platte 683 Zylinder; es bleiben für Linux-Partitionen also 480 Zylinder übrig.

Zum Anlegen einer neuen Partition geben Sie den Befehl `n` ein. In diesem Beispiel werden wir zwei primäre Partitionen für Linux einrichten: */dev/hda2* und */dev/hda3*.

```
Command (m for help): n
Command action
   e   extended
   p   primary partition (1-4)
   p
```

An dieser Stelle fragt *fdisk* nach dem Typ der neuen Partition: erweitert (extended) oder primär (primary). In unserem Beispiel wollen wir nur primäre Partitionen anlegen, deshalb geben wir `p` ein.

```
Partition number (1-4):
```

fdisk wird dann abfragen, welche Partition angelegt werden soll. Da die Nummer 1 bereits vergeben ist, wird unsere erste Linux-Partition die Nummer 2 haben:

```
Partition number (1-4): 2
First cylinder (204-683):
```

2 Ein Block ist unter Linux 1024 Bytes groß.

Geben Sie dann die Nummer des ersten Zylinders in dieser Partition ein. Die Zylinder 204 bis 683 sind noch nicht belegt, also wählen wir den ersten freien Zylinder (204):

```
First cylinder (204-683): 204
Last cylinder or +size or +sizeM or +sizeK (204-683):
```

fdisk fragt dann nach der Größe der anzulegenden Partition. Wir können entweder die Nummer des letzten Zylinders angeben oder die Größe in Bytes, Kilobytes oder Megabytes definieren. Weil unsere Partition 80 MB groß sein soll, geben wir `+80M` ein. Bei dieser Art der Größenangabe rechnet *fdisk* die Größe der Partition auf die nächstgelegene Zylinderzahl um.

```
Last cylinder or +size or +sizeM or +sizeK (204-683):+80M

Warning: Linux cannot currently use 33090 sectors of this partition
```

Wenn Sie diese Warnung sehen, können Sie das einfach ignorieren. *fdisk* gibt diese Meldung aus, weil es ein älteres Programm ist und aus einer Zeit stammt, als Linux-Partitionen nicht größer als 64 MB sein durften.

Jetzt sind wir soweit, daß wir unsere zweite Linux-Partition anlegen können. Zu Demonstrationszwecken soll sie 10 MB groß werden:

```
Command (m for help): n
Command action
   e   extended
   p   primary partition (1-4)
p
Partition number (1-4): 3
First cylinder (474-683): 474
Last cylinder or +size or +sizeM or +sizeK (474-683): +10M
```

Zum Abschluß lassen wir noch einmal die Partitionstabelle anzeigen. Schreiben Sie wieder sämtliche Angaben auf – insbesondere die Blockgrößen der neuen Partitionen. Sie werden diese Informationen später noch brauchen, wenn die Dateisysteme angelegt werden. Achten Sie auch darauf, daß sich die Partitionen nicht überlappen.

```
Command (m for help): p

Festplatte /dev/hda: 16 Köpfe, 38 Sektoren, 683 Zylinder
Einheiten = Zylinder mit 608 * 512 Bytes
   Gerät boot  Anfang    Start     Ende  Blöcke    Id  Dateisystemtyp
/dev/hda1   *       1        1      203   61693     6  DOS 16-bit >=32M
/dev/hda2         204      204      473   82080    83  Linux native
/dev/hda3         474      474      507   10336    83  Linux native
```

Wie Sie sehen, ist */dev/hda2* jetzt eine Partition mit 82 080 Blöcken (was ungefähr 80 MB entspricht), und */dev/hda3* ist 10 336 Blöcke groß (etwa 10 MB).

Beachten Sie, daß viele Distributionen erwarten, daß Sie mit dem Befehl `t` von *fdisk* noch den Partitionstyp der Swap-Partition auf »Linux swap« setzen; in der Regel ist das der Typ 82. Mit dem Befehl `l` erhalten Sie eine Liste der bekannten Partitionstypen, und mit `t` können Sie der Swap-Partition die Nummer zuordnen, die für »Linux swap« steht.

Dieser Schritt ermöglicht es der Installationssoftware, anhand der Typangabe die Swap-Partition zu finden. Falls die Software die Swap-Partition nicht erkennt, sollten Sie vielleicht *fdisk* noch einmal aufrufen und die betreffende Partition mit dem Befehl `t` bearbeiten.

In diesem Beispiel bleiben die Zylinder 508 bis 683 ungenutzt. Es kann sinnvoll sein, auf der Festplatte Platz zu lassen, auf dem später weitere Partitionen angelegt werden können.

Zum Abschluß schreiben wir mit dem Befehl `w` den aktuellen Zustand auf die Festplatte und verlassen *fdisk*:

```
Command (m for help): w
#
```

Die Änderungen, die Sie mit *fdisk* vornehmen, werden erst dann wirksam, wenn sie mit dem Befehl `w` geschrieben werden. Das gibt Ihnen die Möglichkeit, verschiedene Konfigurationen auszuprobieren und das Ergebnis zu speichern, wenn Sie damit fertig sind. Falls Sie *fdisk* verlassen möchten, ohne die Änderungen zu speichern, können Sie das jederzeit mit dem Befehl `q` tun. Denken Sie daran, daß Sie mit dem Programm *fdisk* von Linux nur Linux-Partitionen bearbeiten sollten.

Es kann passieren, daß sich Linux aus einer Partition auf Zylindern oberhalb von 1023 nicht booten läßt. Versuchen Sie deshalb, Ihre Root-Partition für Linux unterhalb von Zylinder 1024 einzurichten. Das ist fast immer möglich (beispielsweise durch Anlegen einer kleinen Root-Partition im Bereich unterhalb von Zylinder 1024). Falls Sie das aus irgendeinem Grund nicht können oder nicht wollen, können Sie Linux immer noch von einer Diskette booten.

Einige Linux-Distributionen erwarten, daß Sie nach Änderungen mit *fdisk* das System erneut booten. Damit sollen die Änderungen wirksam werden, bevor Sie die Software installieren. Neuere Versionen von *fdisk* bringen die Partitionstabelle im Kernel automatisch auf den aktuellen Stand, so daß hier nicht erneut gebootet werden muß. Um ganz sicherzugehen, sollten Sie nach der Arbeit mit *fdisk* noch einmal vom Installationsmedium booten, bevor Sie weitermachen.

Den Swap-Bereich anlegen

Kapitel 6

Wenn Sie eine Swap-Partition als virtuelles RAM benutzen wollen, können Sie diese jetzt anlegen.[3] Im Abschnitt »Swap-Space benutzen« in Kapitel 6 besprechen wir die Vorbereitung einer Swap-Datei für den Fall, daß Sie keine Swap-Partition einrichten möchten.

Viele Distributionen erwarten, daß Sie einen Swap-Bereich anlegen und aktivieren, bevor Sie die Software installieren. Wenn Sie nur wenig physikalisches RAM haben, kann es passieren, daß die Installation ohne aktiven Swap-Bereich nicht gelingt.

Der Befehl für die Einrichtung einer Swap-Partition ist *mkswap* und hat das Format:

```
mkswap -c Partition Größe
```

wobei `Partition` der Name der Swap-Partition ist und `Größe` die Größe der Partition in Blökken angibt.[4] Wenn Sie zum Beispiel */dev/hda3* als Swap-Partition mit der Größe 10 336 Blöcke aktivieren wollen, geben Sie ein:

```
# mkswap -c /dev/hda3 10336
```

Die Option *-c* weist *mkswap* an, die Partition nach defekten Blöcken zu durchsuchen, wenn der Swap-Bereich eingerichtet wird. Defekte Blöcke sind Bereiche auf dem magnetischen Medium, die die Daten nicht korrekt speichern können. Das passiert mit heutigen Festplatten nur sehr, sehr selten, aber wenn das der Fall ist und Sie das nicht bemerken, dann können Sie unendlich viele Schwierigkeiten damit haben. Verwenden Sie daher immer die Option *-c*, um *mkswap* nach defekten Blöcken suchen zu lassen. Diese werden dann automatisch nicht verwendet.

Wenn Sie mehrere Swap-Partitionen anlegen wollen, müssen Sie für jede Partition den entsprechenden *mkswap*-Befehl ausführen.

Nach dem Formatieren des Swap-Bereichs müssen Sie ihn noch einbinden. Normalerweise erledigt das System diesen Schritt beim Booten. Da Sie aber noch keine Linux-Software installiert haben, müssen Sie den Swap-Bereich von Hand aktivieren.

Der Befehl zum Aktivieren des Swap-Bereichs lautet *swapon* und hat das Format:

```
swapon Partition
```

In unserem Beispiel geben wir also nach dem obigen *mkswap*-Befehl

```
# swapon /dev/hda3
```

ein, um den Swap-Bereich auf */dev/hda3* zu aktivieren.

---

3 Es gibt auch Linux-Distributionen, die das automatisch erledigen oder einen Menüpunkt dafür anbieten.

4 Dies ist die Größe, die mit der Option `p` von *fdisk* angezeigt wird. Ein Block ist unter Linux 1024 Bytes groß.

Die Dateisysteme anlegen

Kapitel 2

Bevor Sie Ihre Linux-Partitionen zum Abspeichern von Dateien benutzen können, müssen Sie Dateisysteme in den Partitionen erzeugen. Das Anlegen eines Dateisystems entspricht der Formatierung einer Partition unter DOS und anderen Betriebssystemen. Wir haben im Abschnitt »Die Installation von Linux vorbereiten« in Kapitel 2 die Dateisysteme bereits kurz besprochen.

Linux kennt verschiedene Typen von Dateisystemen. Jeder Typ hat ein eigenes Format und bestimmte Eigenschaften (etwa die Länge der Dateinamen, maximale Anzahl an Dateien usw.). Linux unterstützt außerdem die Dateisysteme von einigen anderen Betriebssystemen wie zum Beispiel MS-DOS.

Kapitel 6

Das am häufigsten benutzte Dateisystem ist das *Second Extended Filesystem* oder *ext2fs*. Das *ext2fs* ist eines der effizientesten und flexibelsten Dateisysteme; es erlaubt Dateinamen bis zu 256 Zeichen Länge und Dateisysteme bis zu vier Terabytes Größe. Im Abschnitt »Mit Dateisystemen arbeiten« in Kapitel 6 werden wir die verschiedenen Dateisysteme für Linux vorstellen. Für den Anfang empfehlen wir, das *ext2fs* zu benutzen.

Mit dem Befehl

```
mke2fs -c Partition Größe
```

legen Sie ein *ext2fs*-Dateisystem an. Dabei gibt `Partition` den Namen der Partition an, und `Größe` ist die Größe der Partition in Blöcken. Wenn Sie zum Beispiel ein Dateisystem mit 82 080 Blöcken auf */dev/hda2* erzeugen möchten, geben Sie ein:

```
# mke2fs -c /dev/hda2 82080
```

Wenn Sie mit mehreren Linux-Dateisystemen arbeiten, müssen Sie den entsprechenden *mke2fs*-Befehl für jedes Dateisystem aufrufen.

Falls Sie bis hierher auf irgendein Problem gestoßen sind, lesen Sie den Abschnitt »Wenn Probleme auftauchen« am Ende dieses Kapitels.

Die Software installieren

Schließlich ist es soweit: Sie können die Software auf Ihrem System installieren. Jede Distribution geht dabei anders vor. In vielen Fällen ist ein eigenständiges Programm enthalten, das Sie Schritt für Schritt durch die Installation führt. Bei anderen Distributionen müssen Sie Ihre Dateisysteme in einem bestimmten Unterverzeichnis *mounten* (aufsetzen, zum Beispiel unter */mnt*) und dann die Software von Hand dorthin kopieren. Bei Distributionen auf CD-ROM wird Ihnen eventuell angeboten, einen Teil der Software auf der Festplatte zu installieren und den größeren Teil auf der CD-ROM zu lassen. Man nennt so etwas ein »Live-Dateisystem«. Das ist praktisch, um Linux auszuprobieren, bevor Sie sich endgültig festlegen und alles auf Ihrer Festplatte installieren.

Manche Distributionen bieten mehrere Methoden der Installation an. So kann es zum Beispiel sein, daß Sie die Software direkt aus einer DOS-Partition auf Ihrer Festplatte heraus installieren können statt von Disketten. Eventuell können Sie auch per FTP oder NFS über ein TCP/IP-Netzwerk installieren. Lesen Sie die Details in der Dokumentation zu Ihrer Distribution nach.

Bei der Slackware-Distribution beispielsweise gehen Sie folgendermaßen vor:

1. Partitionen anlegen mit *fdisk*.
2. Gegebenenfalls mit *mkswap* und *swapon* den Swap-Bereich einrichten (falls Sie 16 MB RAM oder weniger haben).
3. Das Programm *setup* aufrufen. *setup* führt Sie durch ein selbsterklärendes Menüsystem zur Installation der Software.

Die Methoden zur Installation der Software sind sehr unterschiedlich.

Möglicherweise sind Sie zunächst einmal überwältigt von der schieren Menge an Softwarepaketen, unter denen Sie auswählen können. Moderne Linux-Distributionen enthalten gut und gern tausend und mehr Pakete, die über mehrere CD-ROMs verteilt sind. Es gibt im großen und ganzen drei Methoden zur Auswahl der Softwarepakete:

Auswahl nach Aufgaben
: Dies ist für Anfänger die einfachste Methode. Sie müssen nicht darüber nachdenken, ob Sie ein bestimmtes Paket nun benötigen oder nicht, sondern legen einfach fest, ob Ihr Linux-Rechner eine Workstation, ein Entwicklungsrechner oder ein Netzwerk-Router sein soll, und das Installationsprogramm wählt für Sie die passenden Pakete aus. In allen Fällen können Sie diese Auswahl hinterher noch von Hand anpassen oder später noch einmal zum Installationsprogramm zurückkehren.

Auswahl individueller Pakete nach Serien
: Bei diesem Auswahlmechanismus sind alle Pakete in Serien wie »Netzwerk«, »Entwicklung« oder »Grafik« zusammengefaßt. Hier müssen Sie mehr Entscheidungen treffen als bei der Auswahl nach Aufgaben, weil Sie selbst entscheiden müssen, was Sie brauchen und was nicht, aber Sie können einfach eine ganze Serie überspringen, wenn Sie sich sicher sind, aus dieser nichts zu benötigen.

Auswahl alphabetisch sortierter, individueller Pakete
: Diese Methode ist nur dann nützlich, wenn Sie schon wissen, welche Pakete Sie installieren wollen – ansonsten werden Sie den Wald vor lauter Bäumen nicht sehen.

Wenn Sie eine Installationsmethode gewählt haben, schließt das die anderen nicht aus. Bei den meisten Distributionen können Sie aus mindestens zwei der genannten Auswahlmechanismen wählen.

Trotzdem kann es noch schwierig sein, sich zu entscheiden, welche Pakete man installieren soll. Gute Distributionen zeigen zu jedem Paket eine kleine Beschreibung auf dem Bildschirm, so daß es leichter für Sie wird, die richtigen auszuwählen, aber wenn Sie sich immer noch unsicher sind, dann lautet unser Ratschlag: Lassen Sie es weg! Sie können fehlende Pakete später immer noch nachinstallieren.

Moderne Distributionen haben ein sehr praktisches Feature, das sogenannte *Überprüfen von Abhängigkeiten*. Manche Pakete funktionieren nur, wenn andere Pakete ebenfalls installiert sind (beispielsweise könnte ein Grafikbetrachter spezielle Grafikbibliotheken benötigen, um Dateien zu importieren). Durch die Überprüfung der Abhängigkeiten kann das Installationsprogramm Sie darüber informieren und automatisch benötigte Pakete zusätzlich auswählen. Wenn Sie nicht ganz genau wissen, was Sie tun, sollten Sie solche zusätzlichen Installationsvorschläge immer akzeptieren, weil sonst das eine oder andere Paket hinterher möglicherweise nicht funktioniert.

Es gibt auch noch andere Hilfen, mit denen Installationsprogramme Ihnen die Auswahl leichter machen können und Ihnen helfen, Fehler zu vermeiden. Beispielsweise verweigern manche Installationsprogramme die Installation, wenn Sie ein Paket abgewählt haben, das absolut notwendig ist, damit ein minimales System booten kann (das könnte beispielsweise die grundlegende Verzeichnisstruktur sein). Das Installationsprogramm könnte auch nach gegenseitigen Ausschlüssen suchen, wenn ein Paket oder ein anderes, aber nicht beide installiert sein dürfen.

Manche Distributionen wie SuSE enthalten ein dickes Buch, das neben anderen Dingen alle Pakete mit kurzen Beschreibungen aufführt. Es kann sich lohnen, diese Beschreibungen wenigstens zu überfliegen, damit Sie sehen, was Sie erwartet, weil Sie sonst überrascht sein könnten, wenn Sie mit der Paketauswahl anfangen und gerade den fünfundzwanzigsten Texteditor angeboten bekommen.

Eine Boot-Diskette erzeugen oder LILO installieren

Jede Distribution bietet eine Methode an, nach der Installation der Software das neue Linux-System zu booten. Oft wird während der Installation angeboten, eine Boot-Diskette zu erzeugen. Diese enthält einen Linux-Kernel, mit dem Sie Ihr neu eingerichtetes Root-Dateisystem benutzen können. Um Linux zu starten, müssen Sie von dieser Diskette booten. Anschließend wird die Kontrolle über das System an die Festplatte abgegeben. Bei anderen Distributionen dient die Installationsdiskette gleichzeitig als Boot-Diskette.

Viele Distributionen bieten an, LILO auf Ihrer Festplatte zu installieren. LILO ist ein Programm, das sich im Master-Boot-Record (MBR) Ihrer Platte befindet. Dieses Programm ist in der Lage, verschiedene Betriebssysteme zu booten, darunter auch DOS und Linux. Sie können während des Boot-Vorgangs wählen, welches Betriebssystem booten soll.

Damit LILO erfolgreich installiert werden kann, muß es eine ganze Menge über die Konfiguration Ihrer Festplatte wissen – unter anderem auch, welche Partition welches Betriebssystem enthält, wie die Betriebssysteme gebootet werden usw. Viele Distributionen versuchen bei der Installation von LILO zu »erraten«, welche Parameter für Ihre Konfiguration gelten. Obwohl das nicht sehr häufig vorkommt, ist es doch möglich, daß die von einigen Distributionen durchgeführte automatische Installation von LILO nicht gelingt und daß Ihr MBR dabei durcheinandergerät (wahrscheinlich werden die eigentlichen Daten auf Ihrer Festplatte davon nicht berührt). Insbesondere wenn Sie den Boot-Manager von OS/2 benutzen, sollten Sie LILO nicht automatisch installieren lassen – es gibt besondere Anweisungen für das Zusammenspiel von LILO und dem Boot-Manager von OS/2, die wir in Kapitel 5, *Grundlagen der Systemverwaltung,* näher betrachten.

Kapitel 5

In vielen Fällen ist es das sicherste, zunächst von einer Diskette zu booten, bis Sie dazu kommen, LILO von Hand zu konfigurieren. Wenn Sie ganz besonders großes Vertrauen in Ihre Distribution haben, können Sie LILO natürlich auch automatisch installieren lassen.

Im Abschnitt »LILO benutzen« in Kapitel 5, *Grundlagen der Systemverwaltung,* werden wir im Detail beschreiben, wie Sie LILO für Ihr spezielles System installieren und konfigurieren.

Falls alles geklappt hat, ist es jetzt an der Zeit zu gratulieren! Sie haben soeben Linux auf Ihrem Rechner installiert. Holen Sie sich einen Tee oder sonst etwas – Sie haben es sich verdient.

Für den Fall, daß es doch Probleme gegeben hat, zeigt der Abschnitt »Wenn Probleme auftauchen« weiter unten in diesem Kapitel die häufigsten Fallstricke bei der Installation von Linux und wie Sie darüber hinwegkommen.

Weitere Schritte bei der Installation

Einige Distributionen von Linux enthalten zusätzliche Installationsschritte, mit denen Sie verschiedene Softwarepakete, wie die TCP/IP-Vernetzung, das X Window System usw., konfigurieren können. Falls Ihnen während der Installation solche Optionen angeboten werden, sollten Sie vielleicht jetzt die entsprechenden Kapitel weiter hinten in diesem Buch lesen, damit Sie wissen, wie diese Software konfiguriert wird. Ansonsten sollten Sie die Installation von zusätzlicher Software verschieben, bis Sie genau wissen, wie die Software konfiguriert werden muß.

Die Entscheidung liegt bei Ihnen: Falls alles andere nicht mehr hilft, lassen Sie sich mittreiben und warten ab, was passiert. Mit größter Wahrscheinlichkeit können Sie alles, was Sie jetzt verkehrt machen, später wieder rückgängig machen. (Klopfen Sie auf Holz!)

Nach der Installation

Nachdem die Installation der Linux-Software abgeschlossen ist, sollten Sie in der Lage sein, das System neu zu booten, als **root** einzuloggen und mit der Erkundung Ihres Systems zu beginnen. (Jede Distribution geht hier anders vor – lesen Sie die Hinweise zu Ihrer Distribution.)

Bevor Sie sich allerdings auf unbekanntes Terrain vorwagen, gibt es noch ein paar Dinge, die sich am besten zu diesem Zeitpunkt erledigen lassen und die Ihnen später einigen Ärger ersparen können. Manche dieser Aufgaben sind mit der richtigen Hardware und Linux-Distribution trivial, andere erfordern vielleicht ein wenig Forschungsarbeit von Ihnen. Vielleicht möchten Sie solche Aufgaben lieber auf später verschieben.

Einen Benutzer-Account anlegen

Bevor Sie Ihr System benutzen, müssen Sie einen Benutzer-Account für sich anlegen. Wenn Sie vorhaben, andere Benutzer auf Ihrem System arbeiten zu lassen, müssen Sie auch für diese Benutzer Accounts anlegen. Auf jeden Fall brauchen Sie einen Account, bevor Sie loslegen.

Warum eigentlich? Jedes Linux-System enthält mehrere vorkonfigurierte Accounts wie zum Beispiel **root**. Der **root**-Account ist allerdings nur für die Systemverwaltung vorgesehen. Als **root** haben Sie einige Privilegien sowie Zugriff auf alle Dateien im System.

Aber die Arbeit als **root** kann gefährlich sein – insbesondere, wenn Sie Linux-Neuling sind. Weil **root** absolut keinen Einschränkungen unterliegt, ist es schnell passiert, daß Sie sich bei einem Befehl vertippen und aus Versehen Dateien löschen, das Dateisystem beschädigen usw. Sie sollten sich nur dann als **root** einloggen, wenn Sie mit der Systemverwaltung zu tun haben, etwa um Konfigurationsdateien anzupassen, neue Software zu installieren usw. Lesen Sie Details im Abschnitt »Die Systemverwaltung« in Kapitel 5 nach.

Kapitel 5

Für den normalen Betrieb sollten Sie einen üblichen Benutzer-Account einrichten. Unix-Systeme haben Sicherheitsmaßnahmen eingebaut, die verhindern, daß ein Benutzer die Dateien eines anderen Benutzers löscht, wichtige Teile des Systems wie Konfigurationsdateien zerstört usw. Als normaler Benutzer schützen Sie sich damit vor Ihren eigenen Fehlern. Dies gilt besonders dann, wenn Sie nicht über Erfahrungen als Verwalter eines Unix-Systems verfügen.

Viele Linux-Distributionen stellen Hilfsprogramme zum Erzeugen neuer Accounts bereit. Diese Programme heißen in der Regel *useradd* oder *adduser*. Wenn Sie als **root** eines dieser Programme aufrufen, sollten Sie eine Übersicht über die möglichen Befehle erhalten. Das Anlegen eines neuen Accounts sollte dann keine Probleme mehr bereiten.

Die meisten modernen Distributionen enthalten ein Programm, das für verschiedene Aufgaben der Systemverwaltung eingesetzt wird, darunter auch das Erzeugen eines neuen Benutzer-Accounts.

Andere Distributionen wie SuSE Linux und Caldera Open Linux integrieren Systeminstallation und Systemadministration in einem Werkzeug: *yast* auf SuSE Linux und *lisa* auf Caldera Open Linux.

Falls Sie keine andere Möglichkeit haben, können Sie einen Account auch von Hand anlegen. In der Regel müssen Sie dazu nur:

1. die Datei */etc/passwd* editieren, um den neuen Benutzer einzutragen.
2. gegebenenfalls die Datei */etc/shadow* editieren, um dem neuen Benutzer »Shadow Password«-Attribute zuzuweisen.
3. das Home-Verzeichnis des neuen Benutzers erzeugen.
4. vorbereitete Konfigurationsdateien (wie zum Beispiel *.bashrc*) in das Home-Verzeichnis des neuen Benutzers kopieren. Diese sind auf manchen Systemen im Verzeichnis */etc/skel* zu finden.

Kapitel 5

Wir wollen hier nicht zu sehr ins Detail gehen – jedes Buch über die Administration von Unix-Systemen beschreibt, wie neue Benutzer-Accounts eingerichtet werden (siehe auch die Bibliographie). Im Abschnitt »Die Verwaltung der Benutzer-Accounts« in Kapitel 5 gehen wir auch auf die Einbindung neuer Benutzer ein. Mit etwas Glück finden Sie ein Programm vor, das diesen Schritt für Sie erledigt.

Denken Sie daran, daß Sie mit dem Befehl *passwd* das Paßwort für den neuen Account eingeben oder ändern können. Wenn Sie zum Beispiel das Paßwort für den Benutzer **duck** ändern möchten, geben Sie ein:

```
# passwd duck
```

Damit werden Sie aufgefordert, ein Paßwort für **duck** anzulegen oder ein bereits vorhandenes zu ändern. Wenn Sie *passwd* als **root** aufrufen, werden Sie nicht nach dem alten Paßwort gefragt. Auf diese Weise können Sie ein neues Paßwort vergeben, wenn Sie das alte vergessen haben – solange Sie sich als **root** einloggen können.

Die Online-Hilfe

Die Online-Hilfe von Linux steht in Form von Manual-Pages (Handbuchseiten) – kurz »Manpages« – bereit. Im gesamten Buch werden wir Sie immer wieder auf die Manpages zu bestimmten Befehlen hinweisen, wo Sie dann weitere Informationen finden. Die Manpages beschreiben System- und Anwendungsprogramme im Detail. Es ist wichtig, daß Sie von Anfang an lernen, wie Sie mit dieser Online-Hilfe umgehen – für den Fall, daß Sie einmal in eine Sackgasse geraten.

Sie erhalten die Online-Hilfe zu einem bestimmten Befehl, indem Sie den Befehl *man* aufrufen. Wenn Sie zum Beispiel Informationen zu *passwd* brauchen, geben Sie ein:

```
$ man passwd
```

Damit rufen Sie die Handbuchseite zu *passwd* auf.

In der Regel werden die Manpages als optionales Paket angeboten, so daß sie in Ihrer Distribution nur dann zur Verfügung stehen, wenn Sie sich für deren Installation entschieden haben. Wir raten Ihnen dringend, die Manpages zu installieren, ansonsten werden Sie sich oft verloren vorkommen.

Es kann auch vorkommen, daß auf Ihrem System einige Seiten fehlen oder nicht vollständig sind. Das hängt davon ab, wie umfangreich Ihre Distribution ist und wie aktuell die Manpages sind.

Kapitel 4

Die Manpages von Linux beschreiben unter anderem Systemaufrufe, Bibliotheksfunktionen, das Format der Konfigurationsdateien sowie Kernel-Interna. Im Abschnitt »Manual-Pages« in Kapitel 4, *Grundlegende Unix-Befehle und -Konzepte,* werden wir die Benutzung der Manpages genauer beschreiben.

Neben den traditionellen Manpages gibt es auch die sogenannten Info-Seiten. Diese können entweder mit dem Texteditor Emacs, dem Befehl *info* oder einem der vielen graphischen Leseprogramme gelesen werden.

Viele Distributionen stellen auch Dokumentation im HTML-Format bereit. Diese können Sie mit jedem Webbrowser wie dem Netscape Navigator, aber auch mit dem Texteditor Emacs lesen.

Und schließlich gibt es die Dokumentationsdateien in reinem Text. Diese können Sie mit einem beliebigen Texteditor oder einfach mit dem Befehl *more* lesen.

Wenn Sie zu einem Befehl keine Dokumentation finden können, dann können Sie es auch mit den Optionen *-h* oder -- versuchen. Die meisten Befehle geben dann einen kurzen Überblick über ihre Verwendung aus.

Die Datei /etc/fstab editieren

Damit beim Booten des Systems alle Linux-Dateisysteme zur Verfügung stehen, müssen Sie eventuell die Datei */etc/fstab* editieren, in der Ihre Dateisysteme beschrieben werden. Viele Distributionen legen */etc/fstab* während der Installation automatisch an, so daß Sie vielleicht gar nicht eingreifen müssen. Wenn Sie allerdings mit zusätzlichen Dateisystemen arbeiten, die während der Installation noch nicht gebraucht wurden, müssen Sie diese eventuell von Hand in */etc/fstab* eintragen. Auch Swap-Bereiche sollten in dieser Datei eingetragen sein.

Um mit einem Dateisystem zu arbeiten, müssen Sie es zunächst auf Ihrem System *mounten* (aufsetzen, einhängen). Das Mounten stellt die Verbindung zwischen diesem Dateisystem und einem bestimmten Verzeichnis her. Das Root-Dateisystem ist zum Beispiel auf / aufgesetzt, das Dateisystem */usr* auf */usr* usw. (Falls Sie kein eigenes Dateisystem für */usr* angelegt haben, werden alle */usr*-Dateien im Root-Dateisystem abgelegt.)

Kapitel 6

Wir wollen Sie hier nicht mit technischen Details erschlagen, aber es ist wichtig, daß Sie verstehen, wie Sie die Dateisysteme vorbereiten, bevor Sie mit der Erkundung des Systems beginnen. Genaueres hierzu finden Sie im Abschnitt »Dateisysteme aufsetzen« in Kapitel 6 oder in jedem Buch über die Systemverwaltung unter Unix.

Das Dateisystem Root wird beim Booten von Linux automatisch auf / aufgesetzt. Die anderen Dateisysteme müssen Sie allerdings einzeln aufsetzen. In der Regel geschieht das durch den Befehl

```
# mount -av
```

in einer der Startdateien in */etc/rc.d* oder wo auch immer Ihre Distribution ihre Konfigurationsdateien ablegt. Damit weisen Sie den Befehl *mount* an, alle Dateisysteme aufzusetzen, die in der Datei */etc/fstab* aufgeführt sind. Deshalb müssen alle Dateisysteme, die Sie beim Booten automatisch aufsetzen wollen, in */etc/fstab* stehen. (Natürlich können Sie die Dateisysteme jederzeit von Hand einhängen, indem Sie nach dem Booten den Befehl *mount* eingeben, aber das wäre unnötige Arbeit.)

Es folgt ein Beispiel für eine */etc/fstab*-Datei. In diesem Beispiel befindet sich das Root-Dateisystem auf */dev/hda1*, das Dateisystem */home* auf */dev/hdb2*, und die Swap-Partition liegt auf */dev/hdb1*.

```
# /etc/fstab
# device       directory    type   options
#
/dev/hda1      /            ext2   defaults
/dev/hdb2      /home        ext2   defaults
/dev/hdb1      none         swap   sw
/proc          /proc        proc   defaults
```

Die Zeilen, die mit »#« beginnen, sind Kommentare. Beachten Sie den zusätzlichen Eintrag für */proc*. Dies ist ein »virtuelles Dateisystem«, das von Befehlen wie *ps* benutzt wird, um Informationen über Systemprozesse zu erhalten.

Wie Sie sehen, ist */etc/fstab* aus einzelnen Zeilen aufgebaut. Das erste Feld jeder Zeile enthält den Gerätenamen einer Partition (zum Beispiel */dev/hda1*). Das zweite Feld gibt den *Mount-Point* (Aufsetzpunkt) an – also das Verzeichnis, das mit diesem Dateisystem verbunden ist. Das dritte Feld bezeichnet den Typ des Dateisystems. Die *ext2fs*-Dateisysteme von Linux sollten hier `ext2` eingetragen haben. Für Swap-Partitionen sollte `swap` eingetragen werden. Das vierte Feld enthält die Mount-Optionen. Hier sollte für Dateisysteme `defaults` und für Swap-Partitionen `sw` eingetragen werden.

Mit diesem Beispiel an der Hand sollten Sie in der Lage sein, weitere Einträge für andere Dateisysteme zu ergänzen, die noch nicht in */etc/fstab* stehen.

Kapitel 9

Wie werden Einträge in */etc/fstab* vorgenommen? Die einfachste Methode besteht darin, die Datei als **root** mit einem Editor wie *vi* oder Emacs zu bearbeiten. Wir wollen hier nicht auf die Arbeit mit Texteditoren eingehen – sowohl *vi* als auch Emacs werden am Anfang von Kapitel 9, *Editoren, Textwerkzeuge, Grafiken und Drucken,* beschrieben.

Nach dem Editieren der Datei müssen Sie noch den Befehl

```
# /bin/mount -a
```

eingeben oder das System erneut booten, damit die Änderungen wirksam werden.

Falls Sie an dieser Stelle auf Probleme stoßen, besteht kein Grund zur Panik. Unix-Neulinge sollten in der Literatur zu grundlegenden Aspekten von Unix und zur Systemadministration nachlesen. Für den Rest des Buches werden wir voraussetzen, daß Sie mit diesen Unix-Grundlagen vertraut sind – sagen Sie also nicht, wir hätten Sie nicht gewarnt!

Das System herunterfahren

Kapitel 5

Sie sollten Ihr Linux-System niemals ausschalten oder neu booten, indem Sie die Reset-Taste drücken. Sie sollten auch nicht einfach die Stromzufuhr unterbrechen. Wie die meisten Unix-Systeme benutzt auch Linux einen Cache für Schreibzugriffe auf die Festplatte. Wenn Sie also das System unerwarteterweise neu booten, ohne es vorher »sauber« herunterzufahren, könnten Daten verlorengehen, die noch nicht auf die Festplatte geschrieben wurden. Der »Klammergriff« STRG-ALT-ENTF jedoch ist üblicherweise sicher, der Kernel fängt diese Tastenkombination ab und leitet das saubere Herunterfahren des Systems ein (wie im Abschnitt »Systemstart und -initialisierung« in Kapitel 5 beschrieben). Es kann sein, daß Ihr System so konfiguriert ist, daß STRG-ALT-ENTF dem Systemadministrator vorbehalten ist, damit normale Benutzer nicht den Netzwerk-Server herunterfahren können, von dem die ganze Abteilung abhängt. Um anderen Benutzern das Herunterfahren des Rechners zu erlauben, können Sie eine Datei namens */etc/shutdown.allow* anlegen, in der die Namen aller Benutzer aufgeführt sein müssen, die den Rechner herunterfahren dürfen.

Die einfachste Methode, das System herunterzufahren, ist der Befehl *shutdown*. Wenn Sie zum Beispiel das System verlassen und sofort neu booten wollen, geben Sie als **root** folgendes ein:

```
# shutdown -r now
```

Damit erreichen Sie, daß das System sauber wieder gestartet wird. Die Manpage zu *shutdown* beschreibt weitere Argumente für die Befehlszeile. Anstelle von `now` können Sie auch einen Zeitpunkt angeben, zu dem das System heruntergefahren werden soll. Auf den meisten Distributionen steht auch *halt* zur Verfügung, das *shutdown now* entspricht. Außerdem gibt es auf manchen Distributionen *poweroff*, das den Computer herunterfährt und auch wirklich ausschaltet. Ob das funktioniert, hängt von der Hardware ab (die APM unterstützen muß), nicht von Linux.

Wenn Probleme auftauchen

Fast jeder gerät ins Stolpern oder tappt in eine Falle, wenn er oder sie Linux zum erstenmal installieren möchte. Meistens entstehen Probleme aus einem Mißverständnis heraus. Manchmal kann es aber auch etwas Ernsteres sein – eine Kleinigkeit, die die Entwickler übersehen haben, oder ein echter Bug.

In diesem Abschnitt beschreiben wir einige der häufigsten Probleme bei der Installation und wie sie gelöst werden. Für den Fall, daß Ihre Installation anscheinend erfolgreich verlief, Sie aber unerwartete Fehlermeldungen bekommen haben, gehen wir hier auch auf diese Meldungen ein.

Probleme beim Booten des Installationsmediums

Beim ersten Versuch, vom Installationsmedium zu booten, kann eine Reihe von Problemen auftauchen; diese haben wir hier aufgeführt. Beachten Sie, daß es hier *nicht* um Probleme beim Booten Ihres gerade frisch installierten Linux-Systems geht. Lesen Sie mehr zu diesem Thema im Abschnitt »Probleme nach der Installation von Linux«.

Disketten- oder Medienfehler beim Booten

Der häufigste Grund für diese Art von Problem ist eine beschädigte Boot-Diskette. Entweder ist die Diskette physikalisch beschädigt, dann sollten Sie eine neue Boot-Diskette auf einer nagelneuen Diskette erstellen. Oder es befinden sich unbrauchbare Daten auf der Diskette, dann sollten Sie sich vergewissern, daß das Herunterladen der Daten und die Übertragung auf die Diskette korrekt vorgenommen wurden. In vielen Fällen werden Sie mit einer neu erstellten Boot-Diskette das Problem lösen. Führen Sie dieselben Schritte noch einmal durch, und versuchen Sie es noch einmal.

Wenn Sie Ihre Boot-Diskette von einem Händler erhalten haben, verzichten Sie auf das Herunterladen und Erstellen einer neuen Diskette; wenden Sie sich statt dessen mit der Bitte um eine neue Boot-Diskette an Ihren Händler – allerdings erst dann, wenn Sie sicher sind, daß das Problem tatsächlich von der Boot-Diskette herrührt.

System »hängt« während oder nach dem Booten

Nach dem Booten vom Installationsmedium werden Sie eine Reihe von Meldungen sehen, die vom Kernel selbst erzeugt werden. Sie erfahren, welche Geräte der Kernel vorgefunden und konfiguriert hat. Anschließend erhalten Sie in der Regel einen Login-Prompt, von dem aus Sie mit der Installation fortfahren können (einige Distributionen starten statt dessen automatisch irgendein Installationsprogramm). Es kann an mehreren Stellen so aussehen, als ob das System »hängt«. Seien Sie geduldig – Software von Disketten zu laden braucht seine Zeit. In vielen Fällen hat sich das System gar nicht aufgehängt, sondern braucht nur etwas länger. Erst nachdem Sie mehrere Minuten lang keine Laufwerk- und Systemaktivitäten festgestellt haben, können Sie davon ausgehen, daß das System hängt.

Die richtige Boot-Reihenfolge lautet:

1. Nach dem Booten vom LILO-Prompt aus muß das System den Kernel von der Diskette laden. Dies kann einige Sekunden dauern. Solange die Anzeige am Diskettenlaufwerk noch leuchtet, wissen Sie, daß alles in Ordnung ist.
2. Während der Kernel bootet, muß geprüft werden, ob SCSI-Geräte vorhanden sind. Wenn Sie keine SCSI-Geräte angeschlossen haben, wird das System bis zu 15 Sekunden lang »hängen«, während der SCSI-Test stattfindet. Das passiert in der Regel, nachdem die Zeile

   ```
   lp_init: lp1 exists (0), using polling driver
   ```

   auf dem Bildschirm erscheint.
3. Nachdem der Kernel gebootet hat, wird die Kontrolle an die Startdateien auf der Diskette übergeben. Zum Schluß erhalten Sie den Login-Prompt oder landen direkt in einem Installationsprogramm. Wenn Sie einen Prompt wie

   ```
   Linux login:
   ```

   sehen, können Sie sich (meist als **root** oder **install**) einloggen – das hängt von Ihrer Distribution ab. Nachdem Sie den Benutzernamen eingegeben haben, kann es 20 Sekunden oder länger dauern, bis das Installationsprogramm oder die Shell von der Diskette geladen ist. Auch hier sollte die LED am Floppylaufwerk wieder leuchten. Gehen Sie nicht davon aus, daß das System hängt.

Jeder der hier erwähnten Punkte kann eine Verzögerung verursachen, so daß Sie vielleicht denken, daß sich das System »aufgehängt« hat. Natürlich ist es auch möglich, daß das System sich während des Bootens tatsächlich »aufhängt«; das kann aus mehreren Gründen geschehen. Zunächst einmal haben Sie möglicherweise nicht genug freies RAM, um vom Installationsmedium zu booten. (Lesen Sie im folgenden Abschnitt nach, wie Sie die RAM-Disk ausschalten, um mehr freien Speicher zu gewinnen.)

Kapitel 1

Inkompatibilitäten zwischen Teilen der Hardware verursachen viele »Hänger«. Im Abschnitt »Hardwareanforderungen« in Kapitel 1, *Einführung in Linux,* finden Sie einen Überblick über die von Linux unterstützte Hardware. Selbst wenn Ihre Hardware unterstützt wird, kann es passieren, daß Sie Probleme mit inkompatiblen Hardwarekonfigurationen bekommen, die das System zum Stillstand bringen. Lesen Sie im Abschnitt »Hardwareprobleme« weiter unten eine nähere Erläuterung zu Inkompatibilitäten zwischen Hardwarekomponenten.

System meldet Out-of-memory-Error beim Booten oder Installieren

Bei diesem Punkt geht es um die Menge an RAM, die Sie zur Verfügung haben. Auf Rechnern mit 4 MB an RAM oder weniger könnten Sie beim Booten des Installationsmediums oder beim Installieren der Software Probleme bekommen. Das liegt daran, daß viele Distributionen eine »RAM-Disk« benutzen – das ist ein Dateisystem, das direkt im RAM angelegt und während der Arbeit mit dem Installationsmedium genutzt wird. Beispielsweise kann das komplette Abbild der Boot-Diskette in die RAM-Disk geladen werden, was eventuell mehr als ein MB an RAM belegt.

Die Lösung dieses Problems besteht darin, die RAM-Disk zum Booten des Installationsmediums auszuschalten. Jede Distribution geht dabei anders vor. Die SLS-Distribution zum Beispiel erwartet die Eingabe `floppy` am LILO-Prompt, wenn die Diskette *a1* gebootet werden soll. Lesen Sie die Details in Ihrer Dokumentation nach.

Vielleicht bekommen Sie beim Booten oder Installieren auch gar keine »Out of memory«-Meldung zu sehen, sondern das System bleibt einfach stehen oder bootet nicht. Falls Ihr Rechner sich aufhängt und keine der bereits erwähnten Ursachen in Frage kommt, sollten Sie die RAM-Disk ausschalten.

Denken Sie daran, daß Linux für sich selbst mindestens 4 MB RAM beansprucht; fast alle aktuellen Distributionen brauchen 8 MB oder mehr.

Das System meldet beim Booten »Permission denied« oder »File not found«

Dies ist ein Hinweis darauf, daß das Boot-Medium für den Installationsvorgang defekt ist. Wenn Sie versuchen, vom Installationsmedium zu booten (und wenn Sie sicher sind, alles richtig zu machen), sollten Sie keine solchen Fehlermeldungen erhalten. Nehmen Sie mit dem Händler Ihrer Linux-Software Kontakt auf, und schildern Sie das Problem. Lassen Sie sich gegebenenfalls ein neues Exemplar des Boot-Mediums geben. Wenn Sie die Boot-Diskette selbst heruntergeladen haben, sollten Sie eine neue Boot-Diskette erstellen und testen, ob damit Ihr Problem gelöst ist.

Das System meldet beim Booten »VFS: Unable to mount root«

Diese Fehlermeldung besagt, daß das Root-Dateisystem (auf dem Boot-Medium selbst) nicht gefunden wurde. Dies weist darauf hin, daß entweder das Boot-Medium defekt ist oder Sie das System nicht korrekt booten.

Viele Distributionen auf CD-ROM erwarten zum Beispiel, daß sich während des Bootens eine CD-ROM im Laufwerk befindet. Stellen Sie auch sicher, daß das Laufwerk eingeschaltet ist, und achten Sie darauf, ob es anläuft. Es kann auch vorkommen, daß Ihr System das CD-ROM-Laufwerk während des Boot-Vorgangs nicht findet; mehr dazu finden Sie im Abschnitt »Hardwareprobleme«.

Wenn Sie sicher sind, daß Sie das System korrekt booten, kann es sein, daß das Boot-Medium tatsächlich defekt ist. Das ist allerdings sehr selten, und Sie sollten zuerst andere Ursachen ausschließen, bevor Sie versuchen, von einer anderen Diskette oder einem anderen Magnetband zu booten.

Hardwareprobleme

Die am häufigsten auftretenden Probleme bei der Installation oder beim Betrieb von Linux entstehen aus Hardwarekomponenten, die miteinander nicht kompatibel sind. Selbst wenn alle Komponenten von Linux unterstützt werden, kann eine Fehlkonfiguration oder ein Hardwarekonflikt manchmal seltsame Folgen haben – vielleicht werden Ihre Geräte beim Booten nicht gefunden, oder das System hängt.

Es ist wichtig, daß Sie solche Hardwareprobleme eingrenzen, wenn Sie darin die Ursache von Schwierigkeiten vermuten. In den folgenden Abschnitten werden wir einige häufig auftretende Probleme und ihre Behebung beschreiben.

Hardwareprobleme eingrenzen

Wenn Sie mit einem Problem zu tun haben, das Sie auf die Hardware zurückführen, sollten Sie als erstes versuchen, das Problem einzugrenzen. Das bedeutet, daß Sie alle in Frage kommenden Variablen ausschließen und (meistens) das System Schritt für Schritt zerlegen, bis Sie die problematische Hardwarekomponente identifiziert haben.

Das ist nicht so schlimm, wie es vielleicht klingt. Sie müssen (nach dem Ausschalten des Rechners) sämtliche nicht unbedingt benötigte Hardware aus Ihrem System entfernen und dann entscheiden, welche Komponente die Probleme verursacht – eventuell können Sie dazu alle Geräte, eines nach dem anderen, wieder in das System einbinden. Sie sollten also alles außer den Controllern für Laufwerke und Grafik sowie dem Keyboard entfernen. Selbst so unschuldig aussehende Teile wie ein Maus-Controller können Ihren Seelenfrieden in ungeahnter Weise beeinträchtigen, solange Sie sich nicht dazu durchringen, ihn als nicht unbedingt notwendig zu betrachten.

Lassen Sie uns zum Beispiel annehmen, daß sich das System während des Bootens beim Testen des Ethernet-Adapters aufhängt. Sie könnten daraus folgern, daß die Ethernet-Karte in Ihrem Rechner das Problem verursacht. Der schnelle und einfache Weg, diese Annahme zu überprüfen, besteht darin, die Ethernet-Karte zu entfernen und das System erneut zu booten. Falls dann alles klappt, wissen Sie, daß entweder dieser Ethernet-Adapter von Linux nicht unterstützt wird (lesen Sie den Abschnitt »Hardwareanforderungen« in Kapitel 1 mit einer Liste der kompatiblen Adapter) oder daß es einen Adressen- oder IRQ-Konflikt mit der Karte gibt. Außerdem gibt es einige technisch minderwertige Netzwerkkarten (meistens NE2000-Clones), die das ganze System aufhängen können, wenn versucht wird, diese automatisch zu erkennen. Wenn das bei Ihnen der Fall ist, dann fahren Sie am besten, wenn Sie die Netzwerkkarte während der Installation aus dem System entfernen und später wieder einsetzen, oder aber Sie übergeben beim Booten die passenden Kernel-Parameter, so daß das automatische Erkennen der Netzwerkkarte vermieden wird. Am besten ist es aber, Sie schmeißen diese Netzwerkkarte weg und kaufen eine andere von einem Hersteller, der seine Hardware sorgfältiger entwirft.

Kapitel 1

»Adreß- oder IRQ-Konflikt?« Was soll das bedeuten? Alle Geräte in Ihrem Rechner benutzen einen IRQ (Interrupt Request), um dem System mitzuteilen, daß auf ihre Anforderung hin etwas geschehen soll. Sie können sich einen IRQ als eine Schnur vorstellen, an der das Gerät zieht, wenn das System eine offene Anforderung bedienen muß. Wenn mehr als ein Gerät an derselben Schnur zieht, weiß der Kernel nicht, welche Anforderung er bedienen soll. Die Folge ist sofortiges Chaos.

Sie sollten deshalb sicherstellen, daß alle installierten Geräte ihren eigenen IRQ zugewiesen bekommen. Meist kann der IRQ mit einigen Jumpern (Steckbrücken) auf der Karte eingestellt werden; lesen Sie die Dokumentation zum betreffenden Gerät. Einige Geräte brauchen überhaupt keinen IRQ, aber wir schlagen vor, daß Sie trotzdem einen einstellen, falls das möglich ist (die SCSI-Controller ST01 und ST02 sind gute Beispiele hierfür).

In einigen Fällen ist der Kernel, der auf Ihrem Installationsmedium enthalten ist, so konfiguriert, daß er für bestimmte Geräte bestimmte IRQs benutzt. So ist es zum Beispiel im Kernel einiger Distributionen voreingestellt, daß der IRQ 5 für den SCSI-Controller TMC-950, den CD-ROM-Controller von Mitsumi und den Busmaus-Treiber benutzt wird. Wenn Sie zwei oder mehr dieser Geräte benutzen wollen, werden Sie zuerst Linux installieren müssen, solange nur eines dieser Geräte aktiviert ist. Anschließend müssen Sie den Kernel neu kompilieren, um für eines der Geräte einen anderen IRQ einzustellen. (Im Abschnitt »Einen neuen Kernel erstellen« in Kapitel 7, *Software und den Kernel aktualisieren,* erfahren Sie mehr über das Kompilieren des Kernels.)

Kapitel 7

Andere Stellen, an denen Hardwarekonflikte entstehen können, sind die »Direct Memory Access«-(DMA-)Kanäle, I/O-Adressen und gemeinsam genutzter Speicher (Shared Memory). Diese Begriffe beschreiben Mechanismen, mit denen das System auf die Hardware zugreift. Einige Ethernet-Karten zum Beispiel kommunizieren sowohl mittels Shared-Memory als auch über einen IRQ mit dem System. Falls die Adresse oder der IRQ mit einer anderen Hardwarekomponente in Konflikt geraten, könnte sich das System merkwürdig verhalten. In der Regel lassen sich die DMA-Kanäle und I/O- sowie Shared-Memory-Adressen mit Hilfe von Jumpern einstellen. (Unglücklicherweise gibt es auch Geräte, die das nicht erlauben.)

Die Dokumentation zu Ihren Hardwarekomponenten sollte beschreiben, welche IRQs, DMA-Kanäle, I/O- oder Shared-Memory-Adressen die Geräte benutzen und wie sie konfiguriert werden. Auch hier ist die einfachste Methode, Konflikte zu vermeiden, das vorläufige Entfernen der kritischen Komponenten, bis Sie Zeit finden, die Ursache des Problems aufzuspüren.

Tabelle 3-2 zeigt eine Liste der IRQs und DMA-Kanäle, die von einigen »Standard«-Geräten benutzt werden, die auf den meisten Rechnern zu finden sind. Fast alle Systeme verfügen über eine oder mehrere dieser Komponenten, Sie sollten deshalb den IRQ oder DMA-Kanal für weitere Geräte nicht auf diese Werte einstellen.

Tabelle 3-2: Übliche voreingestellte Werte

Gerät	I/O-Adresse	IRQ	DMA
ttyS0 (*COM1*)	3f8	4	n/a
ttyS1 (*COM2*)	2f8	3	n/a
ttyS2 (*COM3*)	3e8	4	n/a
ttyS3 (*COM4*)	2e8	3	n/a
lp0 (*LPT1*)	378 – 37f	7	n/a
lp1 (*LPT2*)	278 – 27f	5	n/a
fd0, *fd1* (Diskettenlaufwerke 1 und 2)	3f0 – 3f7	6	2
fd2, *fd3* (Diskettenlaufwerke 3 und 4)	370 – 377	10	3

Probleme beim Erkennen von Festplatten und Controllern

Wenn Linux bootet, sollten Sie eine Reihe von Meldungen wie diese sehen:

```
Console: colour EGA+ 80x25, 8 virtual consoles
Serial driver version 3.96 with no serial options enabled
tty00 at 0x03f8 (irq = 4) is a 16450
tty03 at 0x02e8 (irq = 3) is a 16550A
lp_init: lp1 exists (0), using polling driver
...
```

Zu diesem Zeitpunkt stellt der Kernel fest, welche Hardwarekomponenten in Ihrem System vorhanden sind. Dabei sollten Sie auch die folgende Zeile sehen:

```
Partition check:
```

gefolgt von einer Liste der erkannten Partitionen, zum Beispiel:

```
Partition check:
  hda: hda1 hda2
  hdb: hdb1 hdb2 hdb3
```

Falls Ihre Festplatten oder Partitionen aus irgendeinem Grund nicht erkannt werden, haben Sie keine Möglichkeit, darauf zuzugreifen.

Mehrere Ursachen kommen hierfür in Frage:

Festplatte oder Controller wird nicht unterstützt
: Falls Sie einen Festplatten-Controller benutzen (IDE, SCSI oder sonstige), der von Linux nicht unterstützt wird, kann der Kernel Ihre Partitionen beim Booten nicht erkennen.

Festplatte oder Controller nicht richtig konfiguriert
: Auch wenn Ihr Controller von Linux unterstützt wird, kann es sein, daß er nicht korrekt konfiguriert ist. (Dieses Problem zeigt sich insbesondere bei SCSI-Controllern; die meisten Nicht-SCSI-Controller sollten ohne weitere Konfiguration funktionieren.)

Lesen Sie in der Dokumentation zu Ihrer Festplatte und/oder Ihrem Controller nach, wie solche Probleme zu lösen sind. Bei vielen Festplatten werden Sie einen Jumper setzen müssen, wenn die Platte als »Slave« angesprochen werden soll (zum Beispiel als zweite Festplatte). Der Härtetest für solche Fälle ist immer das Booten von DOS oder einem anderen Betriebssystem, von dem Sie wissen, daß es mit Ihrer Festplatte und Ihrem Controller zusammenarbeitet. Wenn Sie von einem anderen Betriebssystem aus Zugriff auf Platte und Controller haben, dann liegt das Problem nicht in der Konfiguration der Hardware.

Lesen Sie den Abschnitt »Hardwareprobleme eingrenzen« weiter oben mit Informationen zur Lösung von Konflikten zwischen Geräten sowie den Abschnitt »Probleme mit SCSI-Controllern und -Geräten« weiter unten zur Konfiguration von SCSI-Geräten.

Controller richtig konfiguriert, aber nicht gefunden

Einige SCSI-Controller ohne eigenes BIOS erwarten, daß der Benutzer beim Booten Informationen über den Controller von Hand eingibt. Im Abschnitt »Probleme mit SCSI-Controllern und -Geräten« weiter unten beschreiben wir, wie Sie für solche Controller die Erkennung erzwingen können.

Festplattengeometrie nicht erkannt

Manche Systeme, wie zum Beispiel die PS/ValuePoint-Rechner von IBM, speichern die Angaben zur Festplattengeometrie nicht im CMOS-Speicher, wo Linux sie erwartet. Bestimmte SCSI-Controller brauchen manchmal ausdrückliche Angaben dazu, wo die Informationen zur Festplattengeometrie stehen, damit Linux die Aufteilung Ihrer Festplatte erkennen kann.

Die meisten Distributionen bieten beim Booten die Möglichkeit, Angaben zur Festplattengeometrie zu machen. Im allgemeinen können Sie während des Bootens vom Installationsmedium am LILO-Prompt die Werte in dieser Form eingeben:

```
boot: linux hd=zylinder,köpfe,sektoren
```

wobei `zylinder`, `köpfe` und `sektoren` die Anzahl der Zylinder, Köpfe und Sektoren Ihrer Festplatte angibt.

Nachdem Sie die Linux-Software installiert haben, können Sie LILO installieren, so daß sich das System anschließend von der Festplatte booten läßt. Dabei können Sie die Festplattengeometrie innerhalb der LILO-Installation angeben, so daß Sie danach diese Angaben nicht mehr bei jedem Booten machen müssen. Lesen Sie den Abschnitt »LILO benutzen« in Kapitel 5 zu weiteren Details zu LILO.

Kapitel 5

Probleme mit SCSI-Controllern und -Geräten

Wir besprechen hier einige der häufigsten Probleme mit SCSI-Controllern und -Geräten wie CD-ROM-Laufwerken, Festplatten und Bandlaufwerken. Falls Linux Ihre Laufwerke oder Controller nicht erkennt, sollten Sie weiterlesen. Lassen Sie uns aber hier noch einmal betonen, daß die meisten Distributionen einen modularisierten Kernel verwenden und es deswegen eventuell notwendig ist, am Anfang des Installationsvorgangs ein Modul zu laden, das Ihre Hardware unterstützt. Möglicherweise macht Ihre Distribution das auch automatisch.

[78] SCSI HOWTO

Das SCSI-HOWTO von Linux enthält viele weitere Tips zu SCSI-Geräten. Es kann zuweilen besonders schwierig sein, SCSI zu konfigurieren.

Billige Kabel zu verwenden kann ein Sparen am falschen Ende sein, insbesondere, wenn Sie Wide-SCSI verwenden. Billige Kabel sind eine der Hauptquellen für alle möglichen Probleme und können die Ursache für viele verschiedene Fehlersituationen sein – und eine Menge Kopfschmerzen. Wenn Sie SCSI verwenden, dann benutzen Sie auch anständige Kabel!

Die folgende Liste nennt häufig auftretende Probleme und mögliche Lösungen:

Ein SCSI-Gerät wird unter allen IDs gefunden
: Das passiert, wenn dem Gerät vom System dieselbe Adresse wie dem Controller zugewiesen wird. Ändern Sie die Jumper-Einstellungen so ab, daß Gerät und Controller verschiedene Adressen benutzen.

Linux meldet Fehler, obwohl die Geräte bekanntermaßen fehlerfrei sind
: Dies kann durch fehlerhafte Kabel oder falsche Terminierung hervorgerufen werden. Falls Ihr SCSI-Bus nicht an beiden Enden korrekt terminiert ist, bekommen Sie beim Zugriff auf SCSI-Geräte eventuell Fehlermeldungen. Überprüfen Sie im Zweifelsfall immer die Kabel. Außer abgerutschten Kabeln sind auch Kabel schlechter Qualität eine häufige Ursache für diesen Fehler.

SCSI-Geräte melden Timeout-Fehler
: Dies wird in der Regel durch Konflikte zwischen IRQs, DMA- oder Geräteadressen verursacht. Stellen Sie auch sicher, daß auf dem Controller die richtigen Interrupts eingestellt sind.

SCSI-Controller mit eigenem BIOS werden nicht gefunden
: Die Erkennung von Controllern mit eigenem BIOS wird nicht gelingen, wenn das BIOS ausgeschaltet ist oder der Kernel die »Signatur« Ihres Controllers nicht erkennt. Im SCSI-HOWTO von Linux finden Sie mehr zu diesem Thema.

Controller mit Memory-Mapped I/O funktionieren nicht
: Das passiert, wenn die in den Speicher eingeblendeten I/O-Ports fälschlich »gecachet« werden. Markieren Sie den Adreßbereich des Controllers in den erweiterten CMOS-Einstellungen als »non-cacheable«, oder schalten Sie den Cache insgesamt aus.

Beim Partitionieren erhalten Sie die Warnung: »cylinders > 1024«, oder Sie können nicht von einer Partition booten, die Zylinder oberhalb von 1023 benutzt
: Das BIOS kann nur bis zu 1024 Zylinder verwalten, und Partitionen, die teilweise oberhalb dieser Grenze liegen, kann das BIOS nicht erreichen. Für Linux ist das nur beim Booten von Bedeutung, nach dem Booten sollten Sie auf einer

solchen Partition arbeiten können. Sie haben die Möglichkeit, Linux von einer Boot-Diskette zu starten oder von einer Partition mit Zylindern unterhalb von 1024 zu booten. Lesen Sie den Abschnitt »Eine Boot-Diskette erzeugen oder LILO installieren« weiter vorn in diesem Kapitel für weitere Informationen.

CD-ROM-Laufwerke oder andere Laufwerke für austauschbare Medien werden beim Booten nicht erkannt

Versuchen Sie, mit einer CD-ROM (oder einem anderen Medium) im Laufwerk zu booten. Manche Laufwerke brauchen ein eingelegtes Medium.

Falls Ihr SCSI-Controller nicht erkannt wird, müssen Sie eventuell beim Booten die Erkennung erzwingen. Dies ist besonders wichtig für SCSI-Controller ohne BIOS. Die meisten Distributionen ermöglichen beim Booten vom Installationsmedium die manuelle Eingabe von IRQ und Speicheradresse des Controllers. Wenn Sie zum Beispiel einen TMC-8xx-Controller benutzen, können Sie versuchen, am LILO-Prompt folgendes einzugeben:

```
boot: linux tmx8xx=Interrupt,Memory-Adresse
```

Dabei ist `Interrupt` der IRQ des Controllers und `Memory-Adresse` die Adresse des gemeinsam benutzten Speicherbereichs. Es hängt von Ihrer Linux-Distribution ab, ob dieser Schritt möglich ist oder nicht. Lesen Sie in Ihrer Dokumentation nach.

Probleme beim Installieren der Software

Eigentlich sollte die Installation der Linux-Software problemlos vonstatten gehen – wenn Sie Glück haben. Mögliche Probleme ergeben sich aus defekten Installationsmedien oder zu wenig Speicherplatz in Ihrem Linux-Dateisystem. Es folgt eine Liste der häufigsten Probleme dieser Art.

Das System meldet »Read error, file not found« oder andere Fehler, während Sie die Software installieren möchten

Dies ist ein Hinweis auf ein defektes Installationsmedium. Falls Sie von Disketten installieren, denken Sie daran, daß Disketten ziemlich anfällig sind. Benutzen Sie nur fabrikneue und neu formatierte Disketten. Viele Linux-Distributionen erlauben die Installation der Software von einer bestehenden Windows-Partition aus. Dies könnte schneller und zuverlässiger sein als eine Installation von Disketten.

Wenn Sie von einer CD-ROM aus installieren, sollten Sie darauf achten, daß diese weder Kratzer noch Staub oder sonstige Beschädigungen aufweist.

Die Ursache des Problems kann auch ein falsches Format des Mediums sein. Die meisten Linux-Distributionen verlangen zum Beispiel Disketten, die unter DOS mit 1,44 MB formatiert wurden. (Die Boot-Diskette bildet eine Ausnahme, sie ist in den meisten Fällen nicht im DOS-Format.) Wenn Sie gar nicht weiterkommen, sollten Sie sich einen neuen Satz Disketten besorgen bzw. erstellen (mit anderen Disketten), falls Sie die Software selbst heruntergeladen haben.

Das System meldet Fehler wie »tar: read error« oder »gzip: not in gzip format«
Dieses Problem entsteht in der Regel durch unbrauchbare Dateien auf dem Installationsmedium. Mit anderen Worten: Auch wenn die Diskette selbst keinen Defekt aufweist, können die Daten auf ihr in irgendeiner Form zerstört sein. Vielleicht haben Sie beim Übertragen der Software mit FTP den Text- und nicht den Binärmodus eingestellt, dann kann die Installationssoftware diese Dateien nicht lesen. Zum Übertragen im Binärmodus geben Sie einfach den Befehl *binary* ein, bevor Sie eine Datei herunterladen.

Das System meldet Fehler wie »device full« während der Installation
Dies ist ein deutlicher Hinweis darauf, daß Ihnen während der Installation der Speicherplatz ausgegangen ist. Nicht alle Linux-Distributionen sind in der Lage, bei einem neuen Installationsversuch an dieser Stelle fortzufahren. Sie können nicht erwarten, daß das System nach einer Unterbrechung bei der Installation korrekt funktioniert.

Meist besteht die Lösung des Problems darin, daß die Dateisysteme (mit dem Befehl *mke2fs*) neu angelegt werden. Dabei wird die teilweise installierte Software gelöscht. Anschließend können Sie erneut versuchen, die Software zu installieren, und bei dieser Gelegenheit weniger Programme einbinden. In anderen Fällen müssen Sie eventuell ganz von vorne anfangen und die Größen der Partitionen und Dateisysteme neu festlegen.

Das System meldet Fehler wie »read_intr: 0x10« während des Zugriffs auf die Festplatte
Dies deutet in der Regel auf fehlerhafte Blöcke auf Ihrer Festplatte hin. Falls Sie diese Meldung allerdings während der Ausführung von *mkswap* oder *mke2fs* erhalten, kann es sein, daß Ihr System Probleme mit dem Festplattenzugriff hat. Das kann an der Hardware liegen (siehe den Abschnitt »Hardwareprobleme« weiter vorn in diesem Kapitel), oder es liegt an einer ungenügend definierten Plattengeometrie. Wenn Sie die Option

```
hd=Zylinder,Köpfe,Sektoren
```

beim Booten benutzt haben, um die Geometrie der Platte ermitteln zu lassen, und Sie haben hier falsche Werte angegeben, dann könnte diese Meldung erscheinen. Auch falsche Angaben zur Plattengeometrie im CMOS-Speicher können diese Meldung auslösen.

Das System meldet Fehler wie »file not found« oder »permission denied«
Dieses Problem kann entstehen, wenn nicht alle notwendigen Dateien auf dem Installationsmedium vorhanden sind (siehe auch den nächsten Abschnitt) oder wenn die Installationssoftware Probleme mit den Zugriffsrechten hat. Es ist zum Beispiel bekannt, daß einige Distributionen Fehler in der Installationssoftware selbst hatten. Solche Fehler treten nur selten auf und werden meist sehr schnell behoben. Falls Sie den Verdacht haben, daß Ihre Distribution Fehler enthält, und wenn Sie sicher sind, daß Sie selbst keinen Fehler gemacht haben, sollten Sie mit dem Hersteller Ihrer Distribution Kontakt aufnehmen und diesen Fehler melden.

Falls beim Installieren von Linux andere merkwürdige Fehler auftreten (insbesondere, wenn Sie die Software per Modem auf Ihren Rechner heruntergeladen haben), sollten Sie sich vergewissern, daß Sie tatsächlich alle benötigten Dateien übertragen haben.

Manche Leute benutzen zum Beispiel den Befehl

```
mget *.*
```

wenn sie die Linux-Software per FTP herunterladen. Damit übertragen sie aber nur solche Dateien, die einen ».« (Punkt) in ihrem Namen enthalten. Alle eventuell vorhandenen Dateien ohne ».« werden nicht übertragen. Der korrekte Befehl in diesem Fall lautet also:

```
mget *
```

Der beste Rat für den Fall, daß etwas nicht klappt, lautet: Vollziehen Sie alle Schritte noch einmal nach. Sie glauben wahrscheinlich, daß Sie alles korrekt erledigt haben, und haben doch ein kleines, aber wichtiges Detail übersehen. In vielen Fällen werden Sie das Problem lösen, indem Sie die Software einfach noch einmal auf Ihren Rechner herunterladen oder sie neu installieren. Rennen Sie nicht länger als unbedingt notwendig mit dem Kopf gegen die Wand!

Falls Linux während der Installation unerwarteterweise hängenbleibt, kann es sich auch um ein Hardwareproblem handeln. Lesen Sie den Abschnitt »Hardwareprobleme« zu diesem Thema.

Probleme nach der Installation von Linux

Sie haben also den Nachmittag damit verbracht, Linux zu installieren. Um Platz zu schaffen, haben Sie Ihre Windows- und OS/2-Partitionen gelöscht, und unter Tränen haben Sie SimCity 2000 und Railroad Tycoon II von der Festplatte entfernt. Dann booten Sie Ihr System, aber nichts passiert. Oder, schlimmer noch, es passiert *etwas*, aber nicht das, was passieren sollte. Was nun?

Im Abschnitt »Probleme beim Booten des Installationsmediums« weiter vorn in diesem Kapitel haben wir einige der häufigsten Probleme beim Booten vom Linux-Installationsmedium besprochen; viele dieser Probleme können auch an dieser Stelle auftreten. Außerdem könnten Sie ein Opfer folgender unglücklicher Vorfälle geworden sein:

Probleme beim Booten von Diskette

Wenn Sie Linux von einer Diskette booten wollen, kann es notwendig sein, daß Sie beim Booten angeben, wo sich die Root-Partition von Linux befindet. Dies gilt insbesondere, wenn Sie von einer Original-Installationsdiskette booten und nicht von einer Diskette, die während der Installation erstellt wurde.

Drücken Sie während des Bootens von Diskette die SHIFT-, ALT- oder STRG-Taste. Damit erhalten Sie wahrscheinlich ein Boot-Menü. Drücken Sie anschließend Tab, und Sie sehen eine Liste der verfügbaren Optionen. Bei vielen Distributionen können Sie in diesem Boot-Menü zum Beispiel

```
boot: linux root=Partition
```

eingeben, um von Diskette zu booten, wobei *Partition* der Name der Root-Partition von Linux ist, etwa */dev/hda2*. SuSE Linux hat ziemlich am Anfang des Installationsprogramms einen Menüpunkt, mit dem Sie Ihr frisch installiertes Linux-System von der Installations-Boot-Diskette booten können. Lesen Sie Details hierzu in den Unterlagen zu Ihrer Distribution nach.

Probleme beim Booten von Festplatte

Wenn Sie sich entschieden haben, LILO zu installieren, statt eine Boot-Diskette anzulegen, sollten Sie Linux von der Festplatte booten können. Die automatische Installation von LILO ist allerdings nicht in allen Distributionen perfekt. Es kann vorkommen, daß LILO von falschen Annahmen über Ihr Festplattenlayout ausgeht, und das kann zur Folge haben, daß Sie LILO noch einmal installieren müssen, um Fehler zu beheben. Die Installation von LILO wird im Abschnitt »LILO benutzen« in Kapitel 5 besprochen.

Kapitel 5

Einige typische Probleme:

Das System meldet »Drive not bootable – Please insert system disk«

Sie werden diese Meldung erhalten, wenn der Master-Boot-Record der Festplatte in irgendeiner Weise beschädigt ist. In den meisten Fällen ist das nicht weiter schlimm, und der restliche Inhalt Ihrer Festplatte ist immer noch in Ordnung. Es gibt mehrere Lösungen zu diesem Problem:

- Eventuell haben Sie bei der Benutzung von *fdisk* die als »aktiv« markierte Partition gelöscht. DOS und andere Betriebssysteme versuchen immer, von der »aktiven« Partition zu booten (Linux selbst kümmert sich nicht darum, ob eine Partition »aktiv« ist oder nicht, die von einigen Distributionen wie Debian installierten Master-Boot-Records aber schon). Versuchen Sie, DOS von einer Diskette zu booten und dann mittels FDISK die DOS-Partition als aktiv zu markieren; damit sollte das Problem behoben sein.

  Ein anderer Befehl, den Sie probieren können (bei MS-DOS 5.0 oder höher), ist:

  ```
  FDISK /MBR
  ```

  Dieser Befehl versucht, den Master-Boot-Record der Festplatte so anzulegen, daß DOS gebootet werden kann, und überschreibt dabei LILO. Falls DOS auf Ihrer Festplatte nicht mehr vorhanden ist, müssen Sie Linux von einer Diskette starten und LILO anschließend installieren.

- Wenn Sie eine DOS-Partition mit der Linux-Version von *fdisk* erstellt haben (oder umgekehrt), kann es sein, daß Sie diese Fehlermeldung erhalten. Sie sollten DOS-Partitionen nur mit der DOS-Version von FDISK anlegen (dasselbe gilt auch für andere Betriebssysteme). Die beste Lösung in diesem Fall ist es, von vorne anzufangen und die Festplatte korrekt zu partitionieren, oder aber Sie löschen die fragliche Partition und legen sie mit der richtigen Version von *fdisk* neu an.
- Es kann sein, daß die Installation mit Hilfe von LILO nicht geklappt hat. In diesem Fall sollten Sie entweder von Ihrer Linux-Boot-Diskette booten (falls vorhanden) oder das originale Installationsmedium benutzen. Auf jeden Fall sollten Sie dabei eine Möglichkeit erhalten, die Linux-Root-Partition, von der gebootet werden soll, von Hand einzugeben. Halten Sie beim Booten die SHIFT-, ALT- oder STRG-Taste gedrückt, und drücken Sie im Boot-Menü TAB, um eine Liste der Optionen zu erhalten.

Beim Booten von der Festplatte startet DOS (oder ein anderes Betriebssystem) statt Linux

Stellen Sie zunächst sicher, daß Sie bei der Installation der Software tatsächlich auch LILO installiert haben. Falls das nicht geschehen ist, wird das System immer noch DOS (oder ein anderes Betriebssystem) starten, wenn Sie von der Festplatte booten. Um Linux von der Festplatte zu starten, müssen Sie LILO installiert haben (siehe auch den Abschnitt »LILO benutzen« in Kapitel 5).

Kapitel 5

Wenn Sie allerdings LILO tatsächlich installiert haben, und es wird trotzdem ein anderes Betriebssystem als Linux gebootet, dann haben Sie LILO so konfiguriert, daß dieses andere Betriebssystem die Voreinstellung ist. Halten Sie während des Bootens die SHIFT-, ALT- oder STRG-Taste gedrückt, und drücken Sie am Boot-Prompt auf TAB. Damit sollten Sie eine Liste der Betriebssysteme erhalten, die gebootet werden können. Wählen Sie die entsprechende Option (in der Regel einfach `linux`), um Linux zu starten.

Falls Sie Linux als das Betriebssystem angeben wollen, das standardmäßig gebootet wird, müssen Sie LILO neu installieren.

Es ist auch möglich, daß Sie zwar versucht haben, LILO zu installieren, daß das aber aus irgendeinem Grunde nicht geklappt hat. Lesen Sie den vorhergehenden Abschnitt über die Installation.

Probleme beim Einloggen

Nachdem Sie Linux gebootet haben, sollten Sie etwa folgenden Login-Prompt sehen:

```
Linux login:
```

An dieser Stelle erfahren Sie entweder aus den Unterlagen zu Ihrer Distribution oder vom System selbst, was Sie tun müssen. Bei vielen Distributionen loggen Sie sich einfach als **root** ein – ohne Paßwort. Andere mögliche Benutzernamen sind **guest** und **test**.

Die meisten Linux-Distributionen fragen Sie nach einem initialen Paßwort für **root**. Hoffentlich erinnern Sie sich daran, was Sie während der Installation eingegeben haben, jetzt brauchen Sie es. Wenn Sie Ihre Distribution während der Installation nicht nach einem **root**-Paßwort gefragt hat, dann können Sie es mit einem leeren Paßwort probieren.

Die meisten gerade installierten Linux-Systeme erfordern kein Paßwort für das erste Einloggen. Falls Sie doch aufgefordert werden, ein Paßwort einzugeben, kann das ein Problem werden. Probieren Sie zunächst den Benutzernamen als Paßwort, das heißt, wenn Sie als **root** eingeloggt haben, benutzen Sie auch »`root`« als Paßwort.

Wenn Sie sich absolut nicht einloggen können, lesen Sie noch einmal in der Dokumentation nach; vielleicht sind Benutzername und Paßwort dort irgendwo vergraben. Es kann auch sein, daß Name und Paßwort während der Installation bekanntgegeben wurden oder mit der Login-Aufforderung angezeigt werden.

Eine mögliche Ursache für dieses Paßwortproblem ist eine fehlerhafte Installation der Login- und Startdateien von Linux. Falls dies der Fall ist, werden Sie die Linux-Software (oder Teile davon) neu installieren müssen, oder Sie booten von Ihrem Installationsmedium und versuchen, das Problem von Hand zu beheben.

Probleme bei der Benutzung des Systems

Nachdem Sie eingeloggt sind, sollten Sie einen Shell-Prompt (etwa # oder $) sehen. Anschließend können Sie endlich Ihr System erkunden. Die nächste Aufgabe besteht darin, die Arbeitsschritte aus Kapitel 4, *Grundlegende Unix-Befehle und -Konzepte*, durchzuführen. Allerdings gibt es noch ein paar Startprobleme, die gelegentlich auftauchen.

Kapitel 4

Das häufigste Konfigurationsproblem am Anfang sind Dateien oder Verzeichnisse mit falsch gesetzten Zugriffsrechten. Das kann nach dem Einloggen die Fehlermeldung

```
Shell-init: permission denied
```

auslösen (eigentlich können Sie immer, wenn die Meldung `permission denied` erscheint, ziemlich sicher sein, daß ein Problem mit den Zugriffsrechten besteht).

In vielen Fällen bedarf es nur einer Änderung mittels *chmod*, um die Zugriffsrechte auf die entsprechenden Dateien oder Verzeichnisse anzupassen. So benutzten einige Distributionen von Linux zum Beispiel eine Zeitlang den (falschen) Dateimodus 0644 für das Root-Verzeichnis (/). Die Abhilfe bestand darin, als **root** den Befehl

```
# chmod 755 /
```

einzugeben. (Dateizugriffsrechte werden im Abschnitt »Eigner und Gruppen« in Kapitel 4 besprochen.) Allerdings mußte man, um diesen Befehl ausführen zu kön-

Kapitel 4

nen, zunächst vom Installationsmedium booten und das Linux-Root-Dateisystem von Hand aufsetzen – für die meisten Anfänger eine schwierige Aufgabe.

Wenn Sie anfangen, mit dem System zu arbeiten, werden Sie auf Fälle stoßen, in denen Zugriffsrechte auf Dateien und Verzeichnisse nicht korrekt gesetzt sind oder in denen die Software nicht wie vorgesehen funktioniert. Willkommen bei Linux! Obwohl die meisten Distributionen ziemlich problemlos zu handhaben sind, können Sie nicht davon ausgehen, daß Sie eine perfekte Distribution vorfinden. Wir wollen an dieser Stelle nicht alle erdenklichen Schwierigkeiten besprechen. Statt dessen werden wir Ihnen im gesamten Buch helfen, viele solcher Konfigurationsprobleme zu lösen, indem wir Ihnen zeigen, wie Sie diese Probleme aufspüren und selbst beheben können. In Kapitel 1 haben wir diese Philosophie hinter Linux im Detail besprochen, und in Kapitel 5 geben wir Hinweise zur Behebung einiger typischer Konfigurationsprobleme.

Kapitel 1
Kapitel 5

KAPITEL 4

Grundlegende Unix-Befehle und -Konzepte

Falls Sie von MS-DOS oder einem anderen Nicht-Unix-Betriebssystem auf Linux umgestiegen sind, steht Ihnen einiger Lernaufwand bevor – wir wollen in diesem Punkt aufrichtig sein. Unix ist eine Welt für sich.

In diesem Kapitel werden wir die notwendigen Grundlagen von Unix für diejenigen Leser und Leserinnen vorstellen, die noch nie mit diesem Betriebssystem in Berührung gekommen sind. Falls Sie von DOS, Windows oder einem anderen System herkommen, sind die Informationen in diesem Kapitel absolut lebenswichtig für Sie. Anders als andere Betriebssysteme ist Unix in keiner Weise intuitiv zu bedienen. Viele der Befehle haben scheinbar merkwürdige Namen und eine ungewöhnliche Syntax; der Grund dafür liegt oft viele Jahre zurück in den frühen Tagen des Systems verborgen. Obwohl einige Befehle den entsprechenden DOS-Befehlen ähneln, gibt es doch wichtige Unterschiede.

Es gibt Dutzende von Büchern zu den Grundlagen von Unix. In der Abteilung für EDV-Literatur eines beliebigen Buchladens finden Sie sicherlich mindestens drei oder vier Werke zu diesem Thema. (Wir haben in der Bibliographie ein paar davon aufgeführt, die uns gefallen.) Allerdings behandeln die meisten dieser Bücher Unix aus der Sicht eines Benutzers, der vor einem Terminal oder einer Workstation sitzt, das/die an einen Großrechner (Mainframe) angeschlossen ist – nicht aber aus der Sicht desjenigen, der sein eigenes Unix-System auf einem PC installiert hat.

Außerdem halten sich viele dieser Bücher mit den eher banalen Aspekten von Unix auf – langweilige Befehle für die Textmanipulation wie *awk*, *tr* und *sed*, von denen Sie die meisten niemals brauchen werden, solange Sie nicht ausgefuchste Unix-Tricksereien betreiben wollen. Viele Bücher behandeln sogar noch den uralten Zeileneditor *ed*, der längst von *vi* und Emacs abgelöst wurde. Obwohl viele der Bücher, die es heute zu Unix gibt, einiges an nützlicher Information enthalten, findet sich in vielen auch seitenweise Füllmaterial, das Sie zu diesem Zeitpunkt kaum interessieren wird.

Statt uns in das enge Netz der Textbearbeitung, der Shell-Syntax und anderer Themen zu verstricken, wollen wir in diesem Kapitel versuchen, Ihnen die grundlegenden Befehle vorzustellen, die Sie als Nicht-Unixer brauchen, um schnell mit Ihrem System arbeiten zu können. Dieses Kapitel ist bei weitem nicht komplett; eine gründliche Einführung für Anfänger würde ein ganzes Buch umfassen. Wir hoffen, daß wir Ihnen in diesem Kapitel das Rüstzeug für Ihre Abenteuer mit Linux vermitteln können und daß Sie bei Bedarf eines der oben erwähnten Werke anschaffen. Wir werden Ihnen alles vermitteln, was Sie brauchen, um Ihr Terminal zu benutzen und Ihre Jobs zu kontrollieren sowie andere wichtige Befehle auszuführen.

Kapitel 5

Kapitel 5, *Grundlagen der Systemverwaltung*, enthält Materialien zur Systemadministration und -pflege. Dies ist für jeden, der sein eigenes System unterhält, das bei weitem wichtigste Kapitel. Auch wenn Sie noch nie mit Unix zu tun hatten, sollten Sie mit Kapitel 5 zurechtkommen, nachdem Sie diese Einführung durchgearbeitet haben.

Kapitel 9

Ein wichtiges Thema, das wir in diesem Kapitel nicht behandeln, ist das Editieren von Dateien. Dies gehört unter allen Betriebssystemen zu den ersten Dingen, die Sie lernen müssen. Die beiden populärsten Editoren für Linux, *vi* und Emacs, besprechen wir am Anfang von Kapitel 9, *Editoren, Textwerkzeuge, Grafiken und Drucken*.

Das Einloggen

Lassen Sie uns annehmen, daß die Installation völlig ohne Probleme verlief und Sie jetzt folgenden Prompt auf Ihrem Bildschirm sehen:

```
Linux login:
```

Viele Linux-Benutzer haben nicht so viel Glück; sie müssen zunächst einige Einstellungen vornehmen, wenn das System gerade erst installiert wurde oder sich im Einzelbenutzer-Modus (single-user mode) befindet. Im Augenblick wollen wir uns allerdings mit dem Einloggen in ein funktionierendes Linux-System befassen.

Das Einloggen sorgt natürlich dafür, daß die Benutzer voneinander unterschieden werden. Es läßt mehrere Leute gleichzeitig auf einem System arbeiten und stellt sicher, daß nur Sie Zugang zu Ihren Dateien haben.

Vielleicht haben Sie Linux bei sich zu Hause installiert und denken jetzt: »Was soll's, außer mir arbeitet niemand auf diesem System, also brauche ich mich auch nicht einzuloggen«. Das Einloggen unter einem persönlichen Account (Zugangsberechtigung) bietet aber auch ein gewisses Maß an Schutz – unter Ihrem Account haben Sie keine Möglichkeit, wichtige Systemdateien zu zerstören oder zu entfernen. Solche heiklen Dinge werden unter dem Account des Systemverwalters erledigt (den wir im nächsten Kapitel besprechen).

Wenn Ihr Computer mit dem Internet verbunden ist, auch wenn dies nur temporär durch Einwahl über ein Modem oder eine ISDN-Karte geschieht, sollten Sie auf jeden Fall nicht-triviale Paßwörter für jeden Account verwenden. Benutzen Sie in Ihren Paßwörtern auch Sonderzeichen und Zeichenketten, die nicht in irgendwelchen tatsächlich existierenden Wörtern oder Namen vorkommen.

Bei der Installation von Linux wurden Sie wahrscheinlich aufgefordert, einen persönlichen Login-Account für sich einzurichten. Wenn Sie einen solchen Account haben, geben Sie am Prompt `Linux login:` den gewählten Namen ein. Falls Sie noch keinen Account angelegt haben, geben Sie **`root`** ein, weil dieser Account auf jeden Fall existiert. Einige Distributionen benutzen eventuell auch eine Zugangsberechtigung unter dem Namen **install** oder sonst einen Namen für die ersten Gehversuche im neuen System.

Nachdem Sie Ihren Account eingegeben haben, sehen Sie:

```
Password:
```

Sie müssen dann das gültige Paßwort eingeben. Das Terminal wird dieses Paßwort nicht auf dem Bildschirm anzeigen, damit niemand in Ihrer Nähe es mitlesen kann. Wenn Sie diesen Prompt nicht erhalten, sollten Sie die Paßwortabfrage einrichten, um sich gegen die flinken Finger anderer Leute zu schützen. Wir kommen weiter unten noch darauf zurück.

Übrigens müssen sowohl der Login-Name als auch das Paßwort in der richtigen Groß-/Kleinschreibung eingegeben werden. Achten Sie auf die CAPS-LOCK- oder Feststell-Taste, denn die Eingabe von `ROOT` statt `root` bringt Sie nicht weiter.

Nach dem erfolgreichen Einloggen werden Sie einen Prompt sehen. Wenn Sie als **root** eingeloggt haben, kann das ein # sein. Für andere Benutzer wird in der Regel ein Dollar-Zeichen angezeigt. Der Prompt kann außerdem den Namen enthalten, den Sie Ihrem System zugeordnet haben, oder auch das Verzeichnis, in dem Sie sich gerade befinden. Ganz egal, was hier angezeigt wird – Sie können jetzt Befehle eingeben. Man sagt, daß Sie sich auf der »Shell-Ebene« befinden, und der Prompt, den Sie sehen, ist der »Shell-Prompt«. Der Name stammt von dem Programm, das zu diesem Zeitpunkt läuft und Ihre Eingaben verarbeitet und das Shell genannt wird. Im Moment brauchen wir uns um die Shell nicht zu kümmern, aber später in diesem Kapitel werden wir feststellen, daß die Shell eine Reihe nützlicher Dinge für uns tun kann.

Wenn wir in diesem Kapitel Befehle vorstellen, werden wir den Prompt einfach als `$` darstellen. Wenn Sie also folgendes sehen:

```
$ pwd
```

bedeutet das, daß die Shell `$` anzeigt und daß Sie `pwd` eingeben müssen.

Ein Paßwort festlegen

Falls Sie noch kein Paßwort festgelegt haben, empfehlen wir Ihnen, das jetzt zu tun. Geben Sie dazu einfach den Befehl *passwd* ein. Das Programm wird Sie nach dem Paßwort fragen, das Sie verwenden wollen, und Sie dann auffordern, das Paßwort noch einmal einzugeben, um sicherzustellen, daß Sie sich nicht vertippt haben.

Es gibt Richtlinien, die sicherstellen sollen, daß Paßwörter nicht ohne weiteres von anderen Leuten erraten werden können. Einige Systeme prüfen die Paßwörter und lehnen sie ab, wenn nicht gewisse minimale Anforderungen erfüllt sind. So wird zum Beispiel oft verlangt, daß ein Paßwort aus mindestens sechs Zeichen besteht. Außerdem sollten Groß- und Kleinbuchstaben gemischt werden, oder es sollten außer Buchstaben und Ziffern noch andere Zeichen enthalten sein.

Um das Paßwort zu ändern, geben Sie einfach den Befehl *passwd* noch einmal ein. Das Programm fragt Sie nach Ihrem alten Paßwort (um sicherzustellen, daß Sie es wirklich sind) und läßt Sie dann das Paßwort ändern.

Virtuelle Konsolen

Als Multitasking-System bietet Linux eine Reihe von interessanten Möglichkeiten, mehrere Dinge gleichzeitig zu tun. Sie können mit einer langwierigen Softwareinstallation beginnen und währenddessen E-Mail lesen oder ein Programm kompilieren. Das sollte Linux für DOS-Benutzer sehr attraktiv machen (obwohl das neueste Windows von Microsoft auch endlich Multitasking bietet).

Die meisten Linux-Benutzer werden das X Window System einsetzen, wenn sie Multiprocessing nutzen wollen. Aber auch ohne die Installation von X können Sie mit Hilfe von virtuellen Konsolen einen ähnlichen Effekt erzielen. Diese Eigenschaft gibt es auch in einigen anderen Unix-Versionen, sie ist aber nicht allgemein verfügbar.

Halten Sie die linke ALT-Taste gedrückt, und drücken Sie dazu eine der Funktionstasten F1 bis F8, wenn Sie die virtuellen Konsolen ausprobieren möchten. Mit jeder Funktionstaste schalten Sie auf einen anderen Bildschirm mit einem neuen Login-Prompt um. Sie können so tun, als seien Sie mehrere Personen, und können so auf verschiedenen virtuellen Konsolen einloggen. Außerdem haben Sie die Möglichkeit, zwischen den Konsolen hin- und herzuschalten, um mehrere Dinge gleichzeitig zu erledigen. Sie können sogar auf jeder virtuellen Konsole eine X-Sitzung starten. Das X Window System läuft von Haus aus auf der virtuellen Konsole 7. Wenn Sie also X gestartet haben und dann auf eine virtuelle Konsole gewechselt sind, kommen Sie durch Drücken von ALT+F7 zu X zurück. Wenn die Kombination aus ALT- und Funktionstaste ein X-Menü oder eine andere Funktion auslöst, dann verwenden Sie statt dessen STRG+ALT+Funktionstaste.

In früheren Linux-Versionen (bis zum Kernel 1.1.54) war die Anzahl der virtuellen Konsolen begrenzt, konnte aber durch Ändern, Neukompilieren und Neuinstallieren des Kernels geändert werden. Der Default war damals 8. Heutzutage erzeugt Linux die virtuellen Konsolen bei Bedarf. Das heißt aber nicht, daß Sie einfach auf die virtuelle Konsole Nr. 13 schalten und sich da anmelden können. Das Anmelden ist nur auf virtuellen Konsolen möglich, auf denen ein getty-Prozeß läuft (siehe nächstes Kapitel).

Häufig benutzte Befehle

Ein typisches Unix-System kennt so viele Befehle, daß man mit einer Beschreibung derselben mehrere hundert Seiten füllen kann. Außerdem haben Sie noch die Möglichkeit, eigene Befehle zu definieren. Wir wollen hier nur die Befehle vorstellen, mit denen Sie sich durch das System bewegen können, um es zu erkunden.

Verzeichnisse

Wie MS-DOS und praktisch jedes andere moderne Betriebssystem auch, organisiert Unix Dateien in einer hierarchischen Verzeichnisstruktur. Unix gibt dabei nicht vor, wo Dateien stehen müssen, aber im Laufe der Jahre haben sich bestimmte Konventionen herausgebildet. Sie werden zum Beispiel unter Linux ein Verzeichnis namens */home* vorfinden, in dem die Dateien der Benutzer gespeichert sind. Jeder Benutzer hat ein Unterverzeichnis unter */home*. Wenn Ihr Login-Name also **mdw** ist, stehen Ihre persönlichen Dateien im Verzeichnis */home/mdw*. Dies wird Ihr Home-Verzeichnis genannt. Selbstverständlich können Sie in Ihrem Home-Verzeichnis weitere Unterverzeichnisse anlegen.

Wie Sie sehen, werden die Bestandteile eines Verzeichnisses durch Schrägstriche (Slashes) getrennt. Diese durch Schrägstriche getrennte Liste wird oft als *Pfadname* bezeichnet.

In welchem Verzeichnis befindet sich aber */home*? Natürlich im Verzeichnis */*. Dies wird das Root-Verzeichnis genannt – wir haben es bei der Einrichtung der Dateisysteme bereits erwähnt.

Beim Einloggen bringt das System Sie in Ihr Home-Verzeichnis. Um das zu prüfen, geben Sie den Befehl »print working directory« (oder *pwd*) ein:

```
$ pwd
/home/mdw
```

Das System bestätigt, daß Sie sich in */home/mdw* befinden.

Sie werden nicht lange Spaß daran haben, sich nur in einem Verzeichnis aufzuhalten. Versuchen Sie jetzt, mit dem Befehl *cd* in ein anderes Verzeichnis zu wechseln:

```
$ cd /usr/bin
$ pwd
/usr/bin
$ cd
```

Wo sind wir jetzt? Der Befehl *cd* ohne Argumente bringt uns in unser Home-Verzeichnis zurück. Übrigens wird das Home-Verzeichnis oft als Tilde (~) dargestellt. Die Angabe *~/programs* bedeutet also, daß *programs* sich direkt unterhalb Ihres Home-Verzeichnisses befindet.

Wenn wir schon einmal dabei sind, könnten wir auch gleich ein Verzeichnis namens *~/programs* anlegen. Geben Sie in Ihrem Home-Verzeichnis entweder

```
$ mkdir programs
```

ein oder den kompletten Pfadnamen:

```
$ mkdir /home/mdw/programs
```

Wechseln Sie jetzt in das neue Verzeichnis:

```
$ cd programs
$ pwd
/home/mdw/programs
```

Mit der Zeichenfolge .. wird das »unmittelbar übergeordnete Verzeichnis« angesprochen. Sie können also in Ihr Home-Verzeichnis zurückgelangen, indem Sie folgendes eingeben:

```
$ cd ..
```

Das Gegenstück zum Befehl *mkdir* ist *rmdir*, mit dem Sie Verzeichnisse entfernen:

```
$ rmdir programs
```

Kapitel 9

In ähnlicher Weise werden mit dem Befehl *rm* Dateien gelöscht. Wir wollen das hier nicht demonstrieren, weil wir noch nicht einmal gezeigt haben, wie man Dateien erzeugt. Im allgemeinen werden Sie dafür einen der Editoren *vi* oder Emacs benutzen (siehe Kapitel 9), aber auch einige der Befehle, die wir später in diesem Kapitel besprechen, erzeugen Dateien. Mit der *r*-Option löscht *rm* ein ganzes Verzeichnis und alles, was es enthält (mit Vorsicht zu genießen!).

Dateien auflisten

Mit *ls* erfahren Sie, was sich in einem Verzeichnis befindet. Ohne Argument wird der Inhalt des aktuellen Verzeichnisses ausgegeben. Durch die Angabe eines Arguments sehen Sie den Inhalt eines anderen Verzeichnisses:

```
$ ls /home
```

Einige Systeme benutzen einen schicken *ls*-Befehl, der besondere Dateien – etwa Verzeichnisse und ausführbare Dateien – in Fettdruck oder sogar in verschiedenen Farben anzeigt. Wenn Sie die voreingestellten Farben ändern möchten, editieren Sie die Datei */etc/DIR_COLORS*, oder erzeugen Sie eine Kopie davon unter dem Namen *.dir_colors* in Ihrem Home-Verzeichnis, und editieren Sie diese.

Wie die meisten Unix-Befehle kann auch *ls* durch Optionen erweitert werden, die mit einem Bindestrich (-) eingeleitet werden. Achten Sie darauf, daß Sie vor dem Bindestrich eine Leerstelle lassen. Eine nützliche Option zu *ls* ist *-a* für »alles« – damit erfahren Sie Dinge, die Sie in Ihrem Home-Verzeichnis nie vermutet hätten:

```
$ cd
$ ls -a
.                      .bashrc              .fvwm2rc
..                     .emacs               .xinitrc
.bash_history          .exrc
```

Ein einzelner Punkt steht für das aktuelle Verzeichnis und zwei Punkte für das direkt darüberliegende. Aber wozu braucht man die anderen Dateien, deren Name mit einem Punkt beginnt? Es handelt sich um versteckte Dateien. Der Punkt am Anfang des Dateinamens bewirkt, daß diese Dateien mit dem einfachen Befehl *ls* nicht angezeigt werden können. Viele Programme benutzen versteckte Dateien für die Konfiguration durch den Benutzer – also Voreinstellungen, die Sie vielleicht einmal ändern möchten. Sie können zum Beispiel in der Datei *.Xdefaults* Befehle eintragen, die das Verhalten von Programmen unter dem X Window System beeinflussen. Sie werden diese Dateien die meiste Zeit nicht benötigen, Sie werden sie aber benutzen, wenn Sie Ihr System konfigurieren. Wir wollen weiter unten einige dieser Dateien vorstellen.

Eine andere nützliche Option zu *ls* ist *-l* für »lang«. Damit erhalten Sie zusätzliche Informationen über die Dateien. Abbildung 4-1 zeigt eine typische Ausgabe dieses Befehls und die Bedeutung der einzelnen Felder.

Wir werden die Felder Permissions, Owner und Group (Zugriffsrechte, Eigner und Gruppe) später in diesem Kapitel, im Abschnitt »Die Dateiberechtigungen«, besprechen. Der Befehl *ls* zeigt auch die Größe der Dateien sowie das Datum der letzten Änderung an.

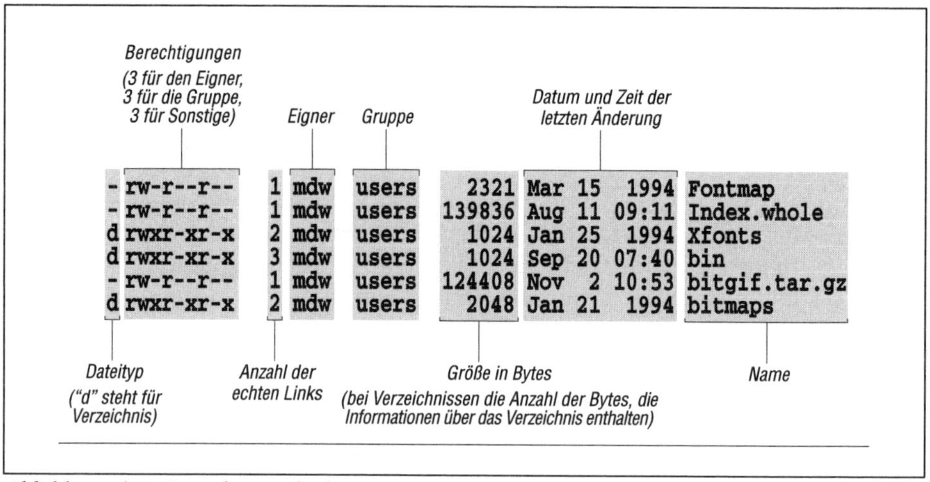

Abbildung 4-1: Ausgabe von ls -l

Dateien anzeigen mit more oder less

Eine Möglichkeit, eine Datei anzuzeigen, ist das Starten eines Editors:

```
$ emacs .bashrc
```

Wenn Sie allerdings nur kurz in die Datei hineinschauen wollen, ohne den Inhalt zu ändern, sind andere Befehle geeigneter. Der einfachste davon hat den merkwürdigen Namen *cat* (der Name kommt von *concatenate* (aneinanderhängen), weil man damit auch mehrere Dateien aneinanderhängen kann):

```
$ cat .bashrc
```

Weil eine lange Datei so schnell über den Bildschirm wandert, daß ein Mitlesen nicht möglich ist, benutzen die meisten Leute statt dessen den Befehl *more*:

```
$ more .bashrc
```

Damit bekommen Sie jeweils eine Bildschirmseite voll Text angezeigt und müssen dann die Leertaste drücken, um die Anzeige fortzusetzen. *more* kennt eine ganze Reihe von mächtigen Optionen. So können Sie zum Beispiel in der Datei nach einem String suchen. Geben Sie dazu einen Schrägstrich (/) ein, dann den Suchstring, und drücken Sie abschließend die Eingabetaste.

Eine beliebte Variante von *more* ist der Befehl *less*. Er hat noch weitaus mächtigere Optionen, beispielsweise können Sie damit eine bestimmte Stelle in einer Datei markieren und später dorthin zurückspringen.

Symbolische Verknüpfungen

Manchmal empfiehlt es sich, eine Datei an einer bestimmten Stelle zu speichern, aber so zu tun, als sei es eine andere Datei. Dies wird meistens von Systemverwaltern angewendet, nicht von Benutzern. Eventuell möchten Sie mehrere Versionen eines Programms zur Verfügung haben, die dann *prog.0.9*, *prog.1.1* usw. heißen. Die gerade benutzte Version des Programms soll immer *prog* heißen. Vielleicht haben Sie eine Datei auch in einer bestimmten Partition abgelegt, weil dort gerade Platz war, aber das Programm, das diese Datei benutzt, verlangt, daß sich die Datei an einer anderen Stelle befindet, weil der Pfadname fest im Programm steht.

Unix benutzt *Links* (Verknüpfungen, Verweise), um solche Situationen zu handhaben. In diesem Abschnitt werden wir die *symbolic links* (symbolische Verknüpfungen) vorstellen, die auch die am häufigsten benutzten und flexibelsten Links sind. Ein Symbolic Link ist so etwas wie eine Attrappe einer Datei, die nichts weiter tut, als auf eine andere Datei zu verweisen. Wenn Sie einen Symbolic Link zum Editieren, Lesen oder Ausführen aufrufen, wird das Betriebsystem dem Verweis folgen und Ihnen die tatsächlich existierende Datei präsentieren. Symbolische Verknüpfungen ähneln den Verknüpfungen von Windows 95/98, sind aber viel mächtiger.

Wir wollen das am Beispiel der Datei *prog* darstellen. Wenn Sie eine symbolische Verknüpfung *prog* mit der eigentlichen Datei namens *prog.1.1* herstellen wollen, geben Sie folgendes ein:

```
$ ln -s prog.1.1 prog
```

Sie haben damit eine Datei mit dem Namen *prog* angelegt, die aber nur eine Attrappe (ein Verweis) ist – wenn Sie *prog* aufrufen, starten Sie in Wirklichkeit *prog.1.1*. Lassen Sie uns nachsehen, was *ls -l* uns zu dieser Datei mitteilt:

```
$ ls -l prog
lrwxrwxrwx   2 mdw     users          8 Nov 17 14:35 prog -> prog.1.1
```

Das l am Anfang der Zeile zeigt an, daß *prog* ein Link ist, und der kleine Pfeil (->) verweist auf die eigentliche Datei.

Symbolische Links sind sehr einfach zu verstehen, wenn man sich einmal an die Vorstellung gewöhnt hat, daß eine Datei auf eine andere verweist. Bei der Installation von Software werden Ihnen ständig Links begegnen.

Shells

Wir haben bereits erwähnt, daß beim Einloggen eine Shell für Sie geöffnet wird (oder die graphische Oberfläche gestartet wird, wenn das System so konfiguriert ist). Das gleiche geschieht, wenn Sie mit *xterm* ein Fenster unter X aufmachen. Die Shell interpretiert Ihre Befehle und führt sie aus. Wir wollen uns zunächst ein wenig mit den verschiedenen Shells befassen, weil sie auch Einfluß auf einige Punkte haben, die wir weiter unten im Text besprechen.

Falls Sie es verwirrend finden, daß es unter Unix so viele verschiedene Shells gibt, betrachten Sie das einfach als ein Zeichen der Evolution. Glauben Sie uns: Sie wären bestimmt nicht glücklich, wenn Sie mit der ersten für Unix entwickelten Shell, der Bourne-Shell, arbeiten müßten. Obwohl das zu ihrer Zeit (Mitte der 70er Jahre) eine tolle Benutzerschnittstelle war, fehlten ihr doch einige nützliche Anwendungen für die interaktive Arbeit – unter anderem die Dinge, auf die wir in diesem Abschnitt noch eingehen. Deshalb sind im Laufe der Zeit andere Shells entwickelt worden, und das gibt Ihnen die Gelegenheit, die Shell auszuwählen, die Ihrer Arbeitsweise am besten entspricht.

Für Linux gibt es unter anderem folgende Shells:

bash
: Bourne-Again-Shell. Unter Linux die am häufigsten benutzte und mächtigste Shell. Sie entspricht dem POSIX-Standard, ist zur Bourne-Shell kompatibel und wird vom GNU-Projekt der Free Software Foundation entwickelt und vertrieben. Sie ermöglicht das Editieren der Befehlszeile sowie History-Substitution.

csh
: C-Shell. Wurde in Berkeley entwickelt. Sie ist bei der interaktiven Arbeit weitgehend kompatibel zur Bourne-Shell, bietet aber eine andere Schnittstelle bei der Shell-Programmierung. Das Editieren der Befehlszeile ist nicht möglich, aber es gibt einen ausgefeilten Ersatz namens History-Substitution dafür.

ksh
: Korn-Shell. Ist vielleicht die beliebteste Unix-Shell überhaupt und war die erste, die die Bourne-Shell um einige Merkmale moderner Benutzerschnittstellen erweiterte (einige davon wurden von der C-Shell übernommen). Sie ist kompatibel zur Bourne-Shell und bietet Editiermöglichkeiten in der Befehlszeile.

sh
: Bourne-Shell. Das Original. Sie kennt kein Editieren der Befehlszeile.

tcsh
: Erweiterte C-Shell mit der Möglichkeit, die Befehlszeile zu editieren.

zsh
: Z-Shell. Die neueste der Shells. Kompatibel zur Bourne-Shell. Das Editieren der Befehlszeile ist möglich.

Geben Sie folgenden Befehl ein, wenn Sie herausfinden möchten, mit welcher Shell Sie arbeiten. Sie erhalten den vollen Pfadnamen zu Ihrer Shell. Vergessen Sie nicht, das Dollar-Zeichen mit einzugeben:

```
$ echo $SHELL
```

Die Wahrscheinlichkeit ist groß, daß Sie mit *bash* arbeiten, der Bourne-Again-Shell. Falls Sie sich in einer anderen Shell wiederfinden, ist dies vielleicht eine gute Gelegenheit, auf *bash* umzusteigen. Die *bash* ist äußerst umfangreich, folgt dem POSIX-

Standard, wird gut unterstützt und ist unter Linux sehr beliebt. Mit dem Befehl *chsh* können Sie eine andere Shell auswählen:

```
$ chsh
Enter Password: Geben Sie hier aus Sicherheitsgründen Ihr Paßwort ein
Changing the login shell for kalle.
Enter the new value, or press return for the default

        Login Shell [/bin/sh]:/bin/bash
```

Bevor ein Benutzer eine bestimmte Shell auswählen kann, muß diese installiert und vom Systemadministrator durch Eintragen in */etc/shells* freigegeben worden sein.

Die Unterschiede zwischen den Shells lassen sich aus verschiedenen Blickwinkeln betrachten.

Einerseits kann man Bourne-Shell-kompatible von C-Shell-kompatiblen Schnittstellen unterscheiden. Dieser Gesichtspunkt ist interessant, wenn es um die Programmierung der Shell geht (das Schreiben von Shell-Skripten). Die Bourne- und die C-Shell benutzen unterschiedliche Konstrukte für die Shell-Programmierung. Unter den meisten Leuten gilt die Bourne-Shell als die bessere Alternative, und es gibt viele Unix-Utilities, die nur unter der Bourne-Shell laufen.

Andererseits kann man Shells auch danach einteilen, ob sie das Editieren der Kommandozeile erlauben oder nicht (alle neueren Shells bieten diese Möglichkeit). Sowohl der *sh* als auch der *csh* fehlt diese nützliche Erweiterung.

Wenn Sie diese beiden Kriterien – Kompatibilität mit der Bourne-Shell und das Editieren der Befehlszeile – miteinander kombinieren, bleiben die Shells *bash*, *ksh* und *zsh* als sinnvolle Alternativen übrig. Sie sollten verschiedene Shells ausprobieren, bevor Sie sich endgültig entscheiden. Es kann von Vorteil sein, mehr als eine Shell zu kennen, wenn Sie einmal vor einem System sitzen, auf dem nicht alle Shells vorhanden sind.

Nützliche Tastenkombinationen

Wenn Sie einen Befehl eingeben, sollte das Betätigen der BACKSPACE-Taste das letzte Zeichen wieder löschen. Mit STRG-U wird die ganze Zeile gelöscht.[1]

Falls Sie einen Befehl abgeschickt haben und er bereits ausgeführt wird, sollte STRG-C diesen Befehl ganz abbrechen, während STRG-Z ihn anhält. (Wenn Sie mit der Abarbeitung des Befehls nach einem STRG-Z fortfahren wollen, geben Sie *fg* für »foreground« (Vordergrund) ein.)

---

1 STRG-U bedeutet: Halten Sie die STRG-Taste gedrückt, und drücken Sie gleichzeitig u.

Falls irgendeine dieser Tastenkombinationen nicht funktioniert, ist Ihr Terminal nicht richtig konfiguriert. Mit dem Befehl *stty* läßt sich das beheben. Geben Sie dazu ein:

```
stty funktion taste
```

wobei `funktion` das bezeichnet, was Sie tun möchten, während `taste` die Taste (oder Tastenkombination) ist, die Sie dazu drücken müssen. Definieren Sie eine STRG-Tastenkombination, indem Sie der Taste einen Zirkumflex (^) voranstellen.

Hier zeigen wir Beispiele für die Funktionen, die wir weiter oben schon erwähnt haben:

```
$ stty erase ^H
$ stty kill ^U
$ stty intr ^C
$ stty susp ^Z
```

Die erste Tastenkombination, `^H`, steht für den ASCII-Code, der von der BACKSPACE-Taste erzeugt wird.

Mit *stty -a* können Sie übrigens eine Liste der Einstellungen für Ihr Terminal auf den Bildschirm holen. Das heißt allerdings nicht, daß Sie diese Liste auch verstehen werden! *stty* ist ein sehr komplexer Befehl mit vielen Anwendungsmöglichkeiten, von denen einige profunde Kenntnisse zum Thema Terminals erfordern.

Shortcuts für schnelle Tipper

Falls Sie die in dieser Einführung beschriebenen Schritte am Terminal direkt ausprobiert haben, haben Sie es vielleicht schon satt, immer wieder dieselben Eingaben zu machen. Besonders ärgerlich kann das werden, wenn man sich vertippt hat und noch einmal anfangen muß. Dies ist die Stelle, an der die Shell Ihnen das Leben wesentlich erleichtern kann. Unix ist dadurch noch nicht so einfach zu bedienen wie eine mausgesteuerte Bedienoberfläche, aber auf diese Art können Sie Ihre Befehle sehr schnell eingeben.

In diesem Abschnitt besprechen wir das Editieren der Befehlszeile. Diese Tips gelten für *bash*, *ksh*, *tcsh* und *zsh*. Die Idee hinter der editierbaren Befehlszeile ist ein Speicher, der zum Beispiel die letzten 50 Befehlszeilen enthält, die Sie eingegeben haben. Diesen Speicher können Sie editieren wie ein Textdokument. Sobald Sie RETURN drücken, wird die aktuelle Befehlszeile ausgeführt.

Die Komplettierung von Namen und Befehlen

Lassen Sie uns zuerst einen einfachen Trick ausprobieren, der Ihnen viel Zeit ersparen kann. Geben Sie folgendes ein, ohne RETURN zu drücken:

```
$ cd /usr/inc
```

Drücken Sie jetzt die TAB-Taste. Die Shell wird `lude` ergänzen und den vollen Pfadnamen */usr/include* anzeigen. Wenn Sie dann RETURN drücken, wird der Befehl ausgeführt.

Die Komplettierung erfolgt nach dem »Minimalprinzip«: Sie müssen nur so viele Zeichen eingeben, bis der Name von allen anderen Namen im betreffenden Verzeichnis eindeutig unterschieden werden kann. Die Shell sucht und komplettiert dann den Namen – einschließlich des folgenden Schrägstrichs, wenn es sich um einen Verzeichnisnamen handelt.

Sie können die Komplettierung auch auf Befehle anwenden. Wenn Sie zum Beispiel eingeben:

```
$ ema
```

und dann die TAB-Taste drücken, wird die Shell das `cs` hinzufügen, und Sie erhalten `emacs` (solange kein anderer Befehl in Ihrem Pfad mit `ema` beginnt).

Was passiert, wenn es mehr als eine Datei gibt, deren Name auf Ihre Eingabe paßt? Wenn Dateinamen mit denselben Buchstaben beginnen, ergänzt die Shell Ihre Eingabe bis zu der Stelle, an der die Namen sich unterscheiden. Für die meisten Shells ist die Hilfestellung damit erledigt. *bash* kennt allerdings eine nette Erweiterung hierzu: Wenn Sie die TAB-Taste zweimal drücken, werden alle Möglichkeiten der Komplettierung angezeigt. Wenn Sie zum Beispiel eingeben:

```
$ cd /usr/l
```

und dann zweimal TAB drücken, erhalten Sie so etwas wie:

```
lib        local
```

Das Arbeiten mit dem Befehlsspeicher

Durch Drücken der Pfeil-hoch-Taste holen Sie den zuletzt getippten Befehl noch einmal auf den Bildschirm. Der Pfeil nach oben läßt Sie rückwärts durch die bereits eingegebenen Befehle blättern, mit dem Pfeil nach unten blättern Sie vorwärts. Wenn Sie auf der aktuellen Zeile etwas ändern wollen, bewegen Sie sich dazu mit den Tasten Pfeil-rechts und Pfeil-links an die betreffende Stelle.

Dazu ein Beispiel – nehmen wir an, Sie wollten

```
$ mroe .bashrc
```

ausführen. Sie haben dabei `mroe` statt `more` getippt. Holen Sie mit dem Pfeil nach oben den Befehl noch einmal auf den Bildschirm. Drücken Sie dann die Pfeil-links-Taste, bis der Cursor auf dem `o` in `mroe` steht. Sie könnten jetzt das `o` und das `r` löschen und dann korrekt eingeben, aber es gibt eine noch einfachere Lösung: Drükken Sie STRG-T. Damit tauschen Sie die Position der beiden Buchstaben und können anschließend mit RETURN den Befehl ausführen lassen.

Es gibt viele weitere Möglichkeiten, die Befehlszeile zu editieren, aber schon mit den hier gezeigten einfachen Tricks können Sie recht weit kommen. Wenn Sie mit dem Editor Emacs arbeiten, werden Sie feststellen, daß viele Emacs-Befehle auch in der Shell funktionieren. Falls Sie ein Fan von *vi* sind, können Sie Ihre Shell so einrichten, daß sie mit *vi*-Befehlen statt der Emacs-Befehle arbeitet. Geben Sie dazu in der *bash*, *ksh* oder *zsh* folgendes ein:

```
$ export VISUAL=vi
```

In der *tcsh* geben Sie ein:

```
$ setenv VISUAL vi
```

Automatische Erweiterung von Dateinamen

Eine andere Möglichkeit der Zeitersparnis liegt in der Benutzung von speziellen Zeichen, um Dateinamen abzukürzen (Wildcards). Sie können mit Hilfe dieser Zeichen mehrere Dateien gleichzeitig ansprechen.

MS-DOS bietet ein paar einfache Möglichkeiten dieser Art: Sie können das Fragezeichen als Platzhalter für ein »beliebiges Zeichen« einsetzen, und ein Stern steht für eine »Zeichenkette«. Unix kennt solche Wildcards ebenfalls, ist aber in deren Anwendung wesentlich flexibler.

Nehmen wir an, in einem Verzeichnis stehen folgende Dateien mit C-Quellcode:

```
$ ls
inv1jig.c   inv2jig.c   inv3jig.c   invinitjig.c   invpar.c
```

Um nur die Dateien aufzulisten, deren Namen Ziffern enthalten, könnten Sie eingeben:

```
$ ls inv?jig.c
inv1jig.c   inv2jig.c   inv3jig.c
```

Die Shell sucht nach Dateinamen, in denen ein Zeichen das Fragezeichen ersetzt. Deshalb werden *inv1jig.c*, *inv2jig.c* und *inv3jig.c* aufgelistet, jedoch nicht *invinitjig.c*, weil dieser Name zu viele Zeichen enthält.

Falls Sie die zweite Datei nicht gebrauchen können, benutzen Sie eckige Klammern, um nur die für Sie interessanten Dateien aufzulisten:

```
$ ls inv[13]jig.c
inv1jig.c   inv3jig.c
```

Falls eines der Zeichen innerhalb der eckigen Klammern auf einen Dateinamen paßt, wird dieser angezeigt. Sie können auch einen Zeichenbereich definieren:

```
$ ls inv[1-3]jig.c
inv1jig.c   inv2jig.c   inv3jig.c
```

Diesmal werden wieder alle drei Dateien aufgelistet. Der Bindestrich bedeutet: »Suche nach Treffern für alle Zeichen zwischen 1 und 3 einschließlich«. Sie können beliebige Ziffern mit der Angabe `0-9` ansprechen und alle Buchstaben mit der Angabe `[a-zA-Z]`. In diesem Fall müssen Sie zwei Bereiche definieren, weil die Shell die Groß- und Kleinschreibung berücksichtigt. Die Sortierreihenfolge, die bei diesen Definitionen benutzt wird, ist übrigens diejenige des ASCII-Zeichensatzes.

Nehmen wir an, daß Sie nun auch die *init*-Datei auflisten wollen. Dazu können Sie den Stern einsetzen, weil er eine beliebige Anzahl von Zeichen zwischen dem `inv` und dem `jig` ersetzt:

```
$ ls inv*jig.c
inv1jig.c   inv2jig.c   inv3jig.c   invinitjig.c
```

Der Stern steht tatsächlich für »kein oder mehrere Zeichen«, so daß auch eine Datei mit dem Namen *invjig.c* angezeigt worden wäre, hätte sie existiert.

Anders als MS-DOS erlauben die Unix-Shells eine beliebige Kombination aus normalen Zeichen und Zeichen mit besonderer Bedeutung. Sie können zum Beispiel alle Quelldateien (*.c*) und Objektdateien (*.o*) auflisten, deren Name eine Ziffer enthält. Das folgende Suchmuster kombiniert alle Möglichkeiten der Namenserweiterung, die wir hier vorgestellt haben:

```
$ ls *[0-9]*.[co]
```

Die Erweiterung von Dateinamen kann in Shell-Skripten sehr nützlich sein, wenn Sie nicht genau wissen, mit wie vielen Dateien Sie es zu tun haben. Vielleicht haben Sie zum Beispiel eine Reihe von Logdateien namens *log001*, *log002* usw. zu bearbeiten. Egal wie viele dieser Dateien es gibt – mit dem Suchstring *log** erfassen Sie sie alle.

Eine Warnung zum Abschluß: Die Erweiterung von Dateinamen ist nicht dasselbe wie reguläre Ausdrücke (regular expressions), die von vielen Utilities benutzt werden, um Gruppen von Dateien zu bezeichnen. Die Besprechung von regulären Ausdrücken würde den Rahmen dieses Buches sprengen, aber jedes Buch über Unix-Utilities geht auch auf dieses Thema ein. Kapitel 13, *Programmiersprachen,* gibt Ihnen aber immerhin einen kleinen Vorgeschmack.

Kapitel 13

Das Speichern von Befehlsausgaben

Systemverwalter (und auch andere Menschen) sehen eine ganze Reihe von wichtigen Systemmeldungen über den Bildschirm huschen. Oft ist es wichtig, daß man diese Nachrichten aufbewahrt, um sie später in Ruhe auswerten zu können oder um sie an jemanden zu schicken, der mit ihrer Hilfe herausfindet, was schiefgelaufen ist. In diesem Abschnitt wollen wir Ihnen deshalb etwas zum Thema Umleitung (redirection) erzählen, einer weiteren äußerst nützlichen Eigenschaft von Unix-Shells. Falls Sie aus der DOS-Welt kommen, haben Sie wahrscheinlich bereits eine ähnliche, wenn auch eingeschränkte Art der Umleitung kennengelernt.

Wenn Sie ein Größer-als-Zeichen (>) und einen Dateinamen hinter einem beliebigen Befehl angeben, bewirken Sie damit, daß die Ausgaben des Befehls in diese Datei geschrieben werden. Wenn Sie zum Beispiel die Ausgabe von *ls* abspeichern wollen, geben Sie ein:

```
$ ls /usr/bin > ~/Binaries
```

Die Liste der Dateien in */usr/bin* wird damit in einer Datei namens *Binaries* in Ihrem Home-Verzeichnis abgelegt. Falls es dort schon eine Datei *Binaries* gibt, wird das > die alte Datei löschen und die Ausgabe des Befehls *ls* unter diesem Namen speichern. Das Überschreiben einer Datei passiert recht häufig. Wenn Sie mit einer der Shells *csh* oder *tcsh* arbeiten, können Sie sich folgendermaßen gegen unbeabsichtigtes Überschreiben schützen:

```
$ set noclobber
```

In der *bash* erzielen Sie denselben Effekt mit:

```
$ noclobber=1
```
Es muß keine 1 sein, ein beliebiges Zeichen reicht.

Eine andere (und vielleicht nützlichere) Methode, das Überschreiben zu verhindern, ist das Anhängen der neuen Ausgabe an eine bestehende Datei. Nehmen wir an, daß Sie eine Auflistung von */usr/bin* bereits gespeichert haben und daß Sie jetzt den Inhalt von */bin* an diese Datei anhängen möchten. Mit zwei Größer-als-Zeichen können Sie die neue Auflistung an die bestehende Datei *Binaries* anhängen:

```
$ ls /bin >> ~/Binaries
```

Die Umleitung von Befehlsausgaben ist sehr nützlich, wenn Sie ein Utility wiederholt starten und die Ausgaben zwecks Fehlersuche abspeichern.

Die meisten Unix-Programme erzeugen zwei Ausgaben (output streams) – die eine bezeichnet man als Standardausgabe (standard output), die andere als Standardfehlerausgabe (standard error). Die C-Programmierer unter den Lesern werden dies wiedererkennen: Die Standardfehlerausgabe ist die Datei *stderr*, in die Sie Systemmeldungen schreiben lassen.

Das >-Zeichen lenkt nicht die Standardfehlerausgabe um – Sie benutzen es, um die regulären Ausgaben zu speichern, ohne die Datei mit Fehlermeldungen zu überladen. Was aber passiert, wenn Sie gerade die Fehlermeldungen aufheben wollen? Während der Fehlersuche kommt das häufig vor.

Die Lösung ist ein Größer-als-Zeichen, gefolgt von einem Kaufmanns-Und (&). (Diese Konstruktion funktioniert in allen Shells außer der originalen Bourne-Shell.) Damit lenken Sie sowohl die Standardausgabe als auch die Standardfehlerausgabe um. Ein Beispiel:

```
$ gcc invinitjig.c >& error-msg
```

Dieser Befehl speichert alle Nachrichten des Compilers *gcc* in der Datei *error-msg*. (Selbstverständlich wird der Objektcode nicht dort abgelegt, sondern, wie immer, in *invinitjig.o*.) In der Bourne-Shell und in *bash* können Sie das gleiche so formulieren:

```
$ gcc invinitjig.c &> error-msg
```

Lassen Sie uns jetzt alle Register ziehen: Wir nehmen an, daß Sie die Fehlermeldungen, aber nicht die normalen Ausgaben speichern wollen – also die Standardfehlerausgabe ohne die Standardausgabe. In der Bourne-Shell und dazu kompatiblen Shells erledigen Sie das mit:

```
$ gcc invinitjig.c 2> error-msg
```

Die Shell ordnet selbständig die 1 der Standardausgabe und die 2 der Standardfehlerausgabe zu. Deshalb speichern Sie mit diesem Befehl nur die Fehlermeldungen.

Zum Schluß wollen wir annehmen, daß Sie die Standardausgabe nicht brauchen – Sie wollen Ihren Bildschirm sauber halten. Die Lösung ist eine Umleitung in eine spezielle Datei namens */dev/null*. (Vielleicht haben Sie schon einmal jemanden sagen hören: »Richten Sie ihre Kritik an /dev/null.« Jetzt wissen Sie also, woher dieser Spruch kommt.) Das Verzeichnis */dev* ist der Platz, an dem Unix-Systeme besondere Dateien ablegen, die den Zugriff auf Terminals, Bandlaufwerke und andere Geräte regeln. Die Datei */dev/null* ist allerdings einzigartig – alles, was Sie dorthin schicken, verschwindet in einem schwarzen Loch. Der folgende Befehl zum Beispiel speichert die Standardfehlerausgabe und läßt die Standardausgabe verschwinden:

```
$ gcc invinitjig.c 2>error-msg >/dev/null
```

Damit sollten Sie in der Lage sein, genau die Ausgaben zu erzeugen, die Sie sehen möchten.

Falls Sie sich schon gefragt haben, ob auch das Kleiner-Zeichen (<) in der Shell eine Bedeutung hat – die Antwort lautet: ja. Damit erreichen Sie, daß Befehle ihre Eingaben aus einer Datei lesen. Da die meisten Befehle sowieso die Möglichkeit bieten, auf der Befehlszeile Eingabedateien zu definieren, wird diese »Eingabeumleitung« selten genutzt.

Manchmal möchte man erreichen, daß ein Hilfsprogramm die Ausgaben eines anderen Programms benutzt. Ein Beispiel: Mit dem Befehl *sort* können Sie die Ausgaben eines anderen Befehls in eine sinnvolle Reihenfolge bringen. Es wäre ziemlich umständlich, wenn Sie die Ausgaben eines Befehls zunächst in eine Datei umlenken und anschließend diese Datei mit *sort* bearbeiten würden, etwa so:

```
$ du > du_output
$ sort -n du_output
```

Unix bietet allerdings eine viel schnellere und effizientere Methode, dies zu bewerkstelligen, nämlich die *Pipe*. Geben Sie zwischen den beiden Befehlen einfach einen senkrechten Strich ein:

```
$ du | sort -n
```

Die Shell schickt alle Ausgaben des Programms *du* weiter an das Programm *sort*.

In obigem Beispiel steht *du* für »disk usage« (Plattenbelegung) und gibt an, wie viele Blöcke jede einzelne Datei im aktuellen Verzeichnis belegt. In der Regel erfolgt die Ausgabe in eher zufälliger Reihenfolge:

```
$ du
10      ./zoneinfo/Australia
13      ./zoneinfo/US
9       ./zoneinfo/Canada
4       ./zoneinfo/Mexico
5       ./zoneinfo/Brazil
3       ./zoneinfo/Chile
20      ./zoneinfo/SystemV
118     ./zoneinfo
298     ./ghostscript/doc
183     ./ghostscript/examples
3289    ./ghostscript/fonts
          .
          .
          .
```

Wir haben deshalb beschlossen, die Ausgabe durch *sort* mit den Optionen *-n* und *-r* bearbeiten zu lassen. Dabei sorgt *-n* dafür, daß »numerisch sortiert« wird statt der üblichen ASCII-Sortierung. *-r* bewirkt, daß die »Sortierreihenfolge umgekehrt« wird, so daß die größten Zahlen zuerst erscheinen. Die Ausgabe läßt schnell erkennen, welche Dateien und Verzeichnisse den meisten Speicherplatz beanspruchen:

```
$ du | sort -rn
34368   .
16005   ./emacs
16003   ./emacs/20.4
13326   ./emacs/20.4/lisp
4039    ./ghostscript
```

```
3289      ./ghostscript/fonts
              .
              .
              .
```

Weil so viele Dateien vorhanden sind, sollten wir noch eine zweite Pipe einsetzen, um die Ausgabe durch den Befehl *more* zu leiten (eine der häufigsten Anwendungen für Pipes):

```
$ du | sort -rn | more
34368     .
16005     ./emacs
16003     ./emacs/20.4
13326     ./emacs/20.4/lisp
4039      ./ghostscript
3289      ./ghostscript/fonts
              .
              .
              .
```

Was ist ein Befehl?

Wir haben bereits erwähnt, daß Unix eine enorme Anzahl an Befehlen kennt und daß Sie neue Befehle hinzufügen können. Dies unterscheidet Unix erheblich von anderen Betriebssystemen, die nur einen begrenzten Befehlssatz haben. Was sind also Unix-Befehle, und wie werden sie gespeichert? Unter Unix ist ein Befehl einfach eine Datei. Der Befehl *ls* zum Beispiel ist eine binäre Datei im Verzeichnis *bin*. Statt *ls* einzugeben, könnten Sie also auch den kompletten Pfadnamen eingeben (auch *absoluter Pfadname* genannt):

```
$ /bin/ls
```

Das verleiht Unix Flexibilität und macht es zu einem mächtigen Betriebssystem. Ein Systemverwalter, der ein neues Utility bereitstellen möchte, kann dieses einfach in einem der Verzeichnisse installieren, in denen Befehle stehen. Es lassen sich auch verschiedene Versionen eines Befehls installieren – etwa eine neue Version zu Testzwecken in einem bestimmten Verzeichnis, während die alte Version an einer anderen Stelle verbleibt. Die Benutzer können dann selbst entscheiden, mit welcher Version sie arbeiten möchten.

Hier ergibt sich häufig ein Problem: Manchmal geben Sie einen bekannten Befehl ein, aber das System antwortet mit einer Meldung wie »Not found«. Das Problem könnte darin liegen, daß der Befehl in einem Verzeichnis steht, das von der Shell nicht durchsucht wird. Man nennt die Liste aller Verzeichnisse, in denen die Shell nach Befehlen sucht, den Pfad (path). Mit folgendem Befehl können Sie Ihren Pfad anzeigen lassen (denken Sie an das Dollar-Zeichen!):

```
$ echo $PATH
/usr/local/bin:/usr/bin:/usr/X11R6/bin:/bin:/usr/lib/java/bin:\
/usr/games:/usr/bin/TeX:.
```

Hier müssen Sie genau hinsehen. Die Anzeige stellt eine Reihe von Pfadnamen dar, die durch Doppelpunkte getrennt sind. Der erste Pfadname in diesem Fall ist */usr/local/bin*, der zweite */usr/bin* usw. Wenn zwei Versionen eines Befehls vorhanden sind, die in */usr/local/bin* und */usr/bin* stehen, wird der Befehl in */usr/local/bin* ausgeführt. Der letzte Pfadname in diesem Beispiel ist einfach ein Punkt; dieser bezeichnet das aktuelle Verzeichnis. Anders als DOS durchsucht Unix nicht automatisch das aktuelle Verzeichnis, sondern Sie müssen es ausdrücklich dazu anweisen – so wie wir es hier gezeigt haben. Manche Leute halten das aus Gründen der Systemsicherheit für eine schlechte Idee. (Ein Eindringling, der in Ihren Account vordringt, könnte ein bösartiges Programm in eines Ihrer Arbeitsverzeichnisse kopieren.) Das betrifft aber hauptsächlich den Systemverwalter; normale Benutzer müssen sich wenig Sorgen darum machen.

Wenn ein Befehl nicht gefunden wird, müssen Sie herausfinden, wo im System er sich befindet, damit Sie das betreffende Verzeichnis in Ihren Pfad einfügen können. Die Manpage sollte Ihnen sagen, wo der Befehl steht. Nehmen wir an, daß er sich im Verzeichnis */usr/sbin* befindet, wo auch andere Befehle für die Systemverwaltung installiert sind. Ihnen ist klar, daß Sie Zugang zu den Befehlen für die Systemverwaltung brauchen, deshalb geben Sie folgendes ein (beachten Sie, daß das erste `PATH` ohne, das zweite dagegen mit einem Dollar-Zeichen geschrieben wird):

```
$ export PATH=$PATH:/usr/sbin
```

Dieser Befehl fügt */usr/sbin* zum Suchpfad hinzu, und zwar als das Verzeichnis, das als letztes durchsucht wird. Der Befehl heißt soviel wie: »Definiere meinen Pfad als den alten Pfad plus */usr/sbin*.«

Der eben vorgestellte Befehl funktioniert übrigens nicht in allen Shells. Die meisten Linux-Benutzer, die mit einer Bourne-kompatiblen Shell wie *bash* arbeiten, sollten keine Probleme damit haben. Wenn Sie allerdings *csh* oder *tcsh* benutzen, müssen Sie statt dessen diesen Befehl eingeben:

```
set path = ( $PATH /usr/sbin )
```

Abschließend wollen wir noch auf ein paar Befehle hinweisen, die nicht als eigenständige Programmdateien existieren. *cd* ist einer davon. Die meisten dieser Befehle wirken sich auf die Shell selbst aus und müssen deshalb von der Shell verstanden und ausgeführt werden. Weil sie ein Teil der Shell sind, nennt man sie »interne Befehle« (built-in commands).

Einen Befehl im Hintergrund ausführen

Als es das X Window System noch nicht gab, das das gleichzeitige Starten mehrerer Programme vereinfacht, haben Benutzer die Multitasking-Fähigkeiten von Unix genutzt, indem sie einfach ein Kaufmanns-Und (&) an das Ende eines Befehls anhängten.

```
$ gcc invinitjig.c &
[1] 21457
```

Das Kaufmanns-Und verlagert den Befehl in den Hintergrund. Das bedeutet, daß der Shell-Prompt wieder auf dem Bildschirm erscheint, so daß Sie andere Befehle ausführen lassen können, während mit *gcc* Ihr Programm kompiliert wird. Die `[1]` ist die Jobnummer, die diesem Befehl zugeordnet wurde. Die `21457` ist die Prozeß-ID, auf die wir weiter unten noch eingehen werden. Die Jobnummern für Hintergrundjobs werden der Reihe nach vergeben und sind deshalb einfacher zu behalten als die Prozeß-IDs.

Selbstverständlich fordert das Multitasking seinen Preis in Form von Systemressourcen. Je mehr Befehle Sie im Hintergrund abarbeiten lassen, desto langsamer wird das System durch die gleichzeitige Ausführung der Tasks.

Sie sollten keinen Job in den Hintergrund verlagern, der Eingaben von seiten des Benutzers verlangt. Der Versuch resultiert in einer Fehlermeldung wie:

```
Stopped (tty input)
```

Dieses Problem können Sie lösen, indem Sie den Job mit dem Befehl *fg* wieder in den Vordergrund holen. Bei mehreren Hintergrund-Tasks wählen Sie anhand der Jobnummer oder der Prozeß-ID den richtigen Job aus. Für unseren langlebigen *gcc*-Job können wir folgende Befehle absetzen:

```
$ fg %1
$ fg 21457
```

Vergessen Sie das Prozentzeichen vor der Jobnummer nicht; dadurch unterscheiden sich Jobnummern von Prozeß-IDs.

Mit dem Befehl *kill* lassen sich Hintergrundjobs entfernen:

```
$ kill %1
```

Manpages

Die wichtigste Information überhaupt ist die, wie Sie selbst etwas herausfinden können. Wir wollen dieses Konzept beibehalten und stellen Ihnen deshalb jetzt die Online-Hilfe vor, die mit Unix-Systemen ausgeliefert wird. Man nennt sie Manual-Pages (Handbuchseiten) oder kurz Manpages.

Eigentlich sind die Manpages noch nicht das Gelbe vom Ei. Das liegt daran, daß sie kurz gehalten sind und eine ganze Menge Unix-Wissen voraussetzen. Jede Manpage behandelt einen bestimmten Befehl, sagt aber nur selten etwas darüber aus, warum Sie gerade diesen Befehl benutzen sollten. Trotzdem sind die Manpages wichtig. Die Befehle auf verschiedenen Unix-Systemen können leicht unterschiedlich sein, und dann sind die Manpages die zuverlässigste Informationsquelle zu dem, was auf Ihrem System passiert. Man muß dem Linux Documentation Project großes Lob aussprechen für die unglaublich vielen Stunden, die man dort auf die Erstellung der Manpages verwendet hat. Informationen zu einem bestimmten Befehl erhalten Sie zum Beispiel mit:

```
$ man ls
```

Die Manpages sind in verschiedene Abschnitte (sections) eingeteilt – abhängig von ihrem Einsatzzweck. Die Benutzerbefehle finden sich im Abschnitt 1, die Systemaufrufe von Unix sind im Abschnitt 2 dokumentiert usw. Die Abschnitte 1, 4 (Dateiformate) und 8 (Systemverwaltung) werden Sie am meisten interessieren. Wenn Sie die Manpages online lesen, spielen die Abschnitte keine Rolle, sie können aber als Option bei der Suche nach einem Befehl mit angegeben werden:

```
$ man 1 ls
```

Wenn Sie allerdings einmal ein gedrucktes Handbuch in die Hand nehmen, werden Sie feststellen, daß es nach diesem Schema in Abschnitte eingeteilt ist. Manche Einträge tauchen unter demselben Namen in verschiedenen Abschnitten auf. (So ist zum Beispiel *chmod* sowohl ein Befehl als auch ein Systemaufruf.) Deshalb werden Sie gelegentlich den Namen einer Manpage zusammen mit der Nummer des entsprechenden Abschnitts in Klammern dahinter sehen, etwa *ls(1)*.

Es gibt allerdings eine Situation, in der Sie die Abschnittsnummer auch auf der Kommandozeile benötigen, nämlich wenn es mehrere Manpages für das gleiche Schlüsselwort gibt (beispielsweise für einen Befehl und eine Systemfunktion gleichen Namens). Wenn Sie zum Beispiel eine Bibliotheksfunktion nachschlagen wollen, der Befehl *man* Ihnen aber Informationen zum Befehl liefert, dann können Sie mit der Abschnittsnummer sagen, was Sie genau sehen möchten.

Sehen Sie sich den Anfang der Manpage an. Die erste Überschrift lautet `NAME`. Darunter steht eine einzeilige Beschreibung. Diese Beschreibungen sind eine wertvolle Hilfe, wenn Sie nicht genau wissen, wonach Sie suchen. Finden Sie einen Begriff, der mit Ihrem Thema zusammenhängt, und geben Sie diesen Begriff zusammen mit dem Befehl *apropos* ein.

```
$ apropos edit
```

Mit diesem Befehl erhalten Sie eine Liste der Manpages, die mit Ihrem Suchbegriff zusammenhängen. Der Algorithmus ist einfach: *apropos* zeigt alle `NAME`-Zeilen an, in denen Ihr Suchbegriff vorkommt.

Kapitel 11

Eine Anwendung für das X Window System, *xman*, hilft ebenfalls beim Lesen der Manpages. Wir beschreiben *xman* im Abschnitt »xman: Per Mausklick zu den Manpages« in Kapitel 11, *Die X Arbeitsoberfläche anpassen*.

Auch Manpages werden, genau wie Befehle, manchmal an merkwürdigen Stellen installiert. Es kann zum Beispiel sein, daß Sie einige spezielle Programme im Verzeichnis */usr/local* installiert haben und die Manpages dazu in */usr/local/man*. Der Befehl *man* wird nicht automatisch in */usr/local/man* suchen, so daß Sie statt einer Manpage nur die Meldung »No manual entry« erhalten. Korrigieren Sie das, indem Sie alle Verzeichnisse, in denen Manpages stehen, in der Variable `MANPATH` angeben. Ein Beispiel:

```
$ export MANPATH=/usr/man:/usr/local/man
```

Die Syntax ist dieselbe wie bei `PATH`, das wir weiter oben in diesem Kapitel besprochen haben. Die einzelnen Verzeichnisse werden durch Doppelpunkte getrennt. Falls Sie mit *csh* oder *tcsh* arbeiten, müssen Sie eingeben:

```
$ setenv MANPATH /usr/man:/usr/local/man
```

Haben Sie bereits einige Manpages gelesen und sind immer noch verwirrt? Die Manpages sind nicht als Einführung in ein neues Thema gedacht. Besorgen Sie sich deshalb ein gutes Buch für Unix-Anfänger, und benutzen Sie die Manpages wieder, wenn Sie sich mit dem System vertraut gemacht haben. Sie werden dann auf diese Online-Hilfe nicht mehr verzichten wollen.

Manpages sind nicht die einzige Informationsquelle. Programme aus dem GNU-Projekt kommen oft mit Info-Seiten, die mit dem Programm *info* angezeigt werden können. Um beispielsweise die Info-Seiten zum Befehl *find* anzuzeigen, würden Sie folgenden Befehl verwenden:

```
$ info find
```

Das Programm *info* ist ziemlich kryptisch und hat eine Vielzahl von Optionen. Um es zu erlernen, geben Sie am besten im Programm STRG-H ein und lesen den Hilfetext. Glücklicherweise gibt es auch Programme, die einfacher zu bedienen sind, darunter *tkinfo* und *kdehelp*. Diese verwenden das X Window System für ihre graphische Oberfläche. Außerdem können Sie Info-Seiten mit dem Programm Emacs (siehe »Der Editor Emacs« in Kapitel 9, *Editoren, Textwerkzeuge, Grafiken und Drucken*) oder dem in manchen Linux-Distributionen zur Verfügung stehenden Programm *pinfo*, das mehr wie der Webbrowser Lynx funktioniert, lesen.

Kapitel 16

In jüngerer Zeit wird mehr und mehr Dokumentation in Form von HTML-Seiten zur Verfügung gestellt. Diese können Sie mit jedem Webbrowser lesen (siehe Kapitel 16, *Das World Wide Web und E-Mail*). Im Netscape Navigator wählen Sie beispielsweise »Open Page...« aus dem Menü »Datei« , worauf ein ganz gewöhnlicher Dateiauswahldialog geöffnet wird, in dem Sie die gewünschte Datei auswählen können.

Dateiberechtigungen

Eigner- und Zugriffsrechte sind zentrale Punkte der Systemsicherheit. Es ist wichtig, daß Sie diese Berechtigungen richtig vergeben – auch wenn Sie der einzige Benutzer sind –, weil andernfalls merkwürdige Dinge geschehen können. Mit den Dateien, die Benutzer erzeugen und ständig bearbeiten, gibt es in der Regel keine Probleme (trotzdem kann es nicht schaden, wenn Sie die dahinterstehenden Konzepte kennen). Für den Systemverwalter ist die Lage komplizierter. Wenn Sie nur einmal falsche Eigner- oder Zugriffsrechte vergeben, kann das zur Folge haben, daß Sie beispielsweise Ihre E-Mail nicht mehr lesen können. Im allgemeinen deutet die Meldung

```
Permission denied
```

darauf hin, daß jemand Eigner- und Zugriffsberechtigungen restriktiver als von Ihnen gewünscht vergeben hat.

Die Bedeutung der Eigner- und Zugriffsrechte

Zugriffsrechte geben an, in welcher Weise jemand eine Datei benutzen kann. Unix kennt drei Stufen der Berechtigung:

- *Read* permission (Leseberechtigung) heißt, daß Sie den Inhalt einer Datei ansehen dürfen.
- *Write* permission (Schreibberechtigung) heißt, daß Sie eine Datei ändern und löschen dürfen.
- *Execute* permission (Ausführberechtigung) heißt, daß Sie eine Datei als Programm ausführen dürfen.

Sobald eine Datei erstellt wird, vergibt das System einige Standardberechtigungen, die in den meisten Fällen genügen. So wird zum Beispiel meist die Schreibberechtigung für alle anderen Benutzer gelöscht, so daß Sie die Datei zwar schreiben und lesen können, andere jedoch sie nur lesen können. Falls Sie einen Grund sehen, besonders vorsichtig zu sein, können Sie das System so einrichten, daß andere Leute überhaupt keine Zugriffsrechte bekommen.

Einige Utilities vergeben Berechtigungen, die von den Voreinstellungen abweichen. Wenn zum Beispiel der Compiler ein ausführbares Programm erzeugt, weist er ihm automatisch die Ausführberechtigung zu. Wenn Sie eine Datei aus dem RCS (Revision Control System) herausnehmen, ohne sie vorher gesperrt zu haben, erhalten Sie nur die Leseberechtigung (weil Sie die Datei nicht ändern sollen). Wenn Sie die Datei aber zunächst sperren, erhalten Sie das Lese- und Schreibrecht (weil Sie die Datei ändern und wieder einfügen sollen). Wir werden das RCS im Abschnitt »Tools für die Versionskontrolle« in Kapitel 14, *Werkzeuge für Programmierer,* besprechen.

Kapitel 14

Es gibt allerdings auch Fälle, in denen die voreingestellten Berechtigungen nicht funktionieren. Wenn Sie zum Beispiel ein Shell-Skript oder ein Perl-Programm schreiben, müssen Sie selbst dafür sorgen, daß das Skript oder Programm ausführbar gemacht wird. Wir werden Ihnen weiter unten in diesem Abschnitt zeigen, wie das geschieht, nachdem wir die grundlegenden Konzepte behandelt haben.

Für Verzeichnisse haben die Zugriffsrechte eine andere Bedeutung:

- Leseberechtigung heißt, daß Sie den Inhalt des Verzeichnisses auflisten dürfen.
- Schreibberechtigung heißt, daß Sie in diesem Verzeichnis Dateien hinzufügen und löschen dürfen.
- Ausführberechtigung heißt, daß Sie Zugriff auf die Dateien haben, solange Sie den Dateinamen kennen.

Machen Sie sich über den Unterschied zwischen Lese- und Ausführberechtigung bei Verzeichnissen keine Gedanken – im Grunde genommen sind die beiden identisch. Vergeben Sie entweder beide Berechtigungen oder keine.

Kapitel 7

Beachten Sie, daß Benutzer mit Schreibberechtigung für ein Verzeichnis Dateien hinzufügen und auch Dateien löschen dürfen – mit der Vergabe der Schreibberechtigung eröffnen Sie dem Benutzer beide Möglichkeiten. Trotzdem gibt es eine Methode, verschiedenen Benutzern den Zugriff auf ein gemeinsames Verzeichnis zu gestatten, ohne daß jeder des anderen Dateien löschen kann. Lesen Sie dazu den Abschnitt »Software und den Kernel aktualisieren« im gleichnamigen Kapitel.

Auf einem Unix-System gibt es weit mehr Dateitypen als die einfachen Dateien und Verzeichnisse, die wir bisher besprochen haben. Das sind zum Beispiel Gerätedateien (device files), Sockets, symbolische Links usw. Jeder Dateityp hat seine eigenen Regeln in bezug auf die Zugriffsrechte, aber es ist nicht notwendig, daß Sie alle Details zu jedem Dateityp kennen.

Eigner und Gruppen

Wem werden eigentlich diese Berechtigungen zugestanden? Damit verschiedene Benutzer auf einem System arbeiten können, unterscheidet Unix bei den Berechtigungen drei Benutzergruppen: Eigner, Gruppe und Sonstige. Die Benutzergruppe »Sonstige« umfaßt alle Benutzer, die Zugang zum System haben, aber nicht Eigner oder Mitglied der Gruppe sind.

Die Idee hinter der Einrichtung einer Gruppe ist, daß man zum Beispiel einem Team von Programmierern den Zugang zu einer Datei gewährt. So könnte eine Programmiererin sich selbst die Schreibberechtigung für ihren Quellcode erteilen, während die Mitglieder ihres Teams mittels Gruppenberechtigung den lesenden Zugriff bekommen. Die Benutzergruppe »Sonstige« bekommt vielleicht gar keine Zugriffsrechte. (Glauben Sie wirklich, daß Ihre Programme *so* gut sind?)

Zu jeder Datei gehören ein Eigner und eine Gruppe. Eigner ist in der Regel der Benutzer, der die Datei angelegt hat. Jeder Benutzer gehört standardmäßig zu einer Gruppe, und diese Gruppe wird jeder Datei zugeordnet, die dieser Benutzer erstellt. Sie können beliebig viele Gruppen einrichten, und jeder Benutzer kann mehreren Gruppen angehören. Indem Sie die Gruppe ändern, die einer Datei zugeordnet ist, können Sie einer beliebig zusammengesetzten Gruppe von Benutzern Zugriff auf die Datei gewähren. Wir werden im Abschnitt »Die Datei group« in Kapitel 5, *Grundlagen der Systemverwaltung*, genauer auf Gruppen eingehen.

Kapitel 5

Damit haben wir alle Elemente für unsere Sicherheitsvorkehrungen zusammen: drei Arten der Berechtigung (lesen, schreiben, ausführen) und drei Grade bei den Benutzern (Eigner, Gruppe, Sonstige). Lassen Sie uns einen Blick auf die Berechtigungen für einige typische Dateien werfen.

Abbildung 4-2 zeigt ein typisches ausführbares Programm. Wir haben *ls* mit der Option *-l* eingegeben, um diese Anzeige zu erzeugen.

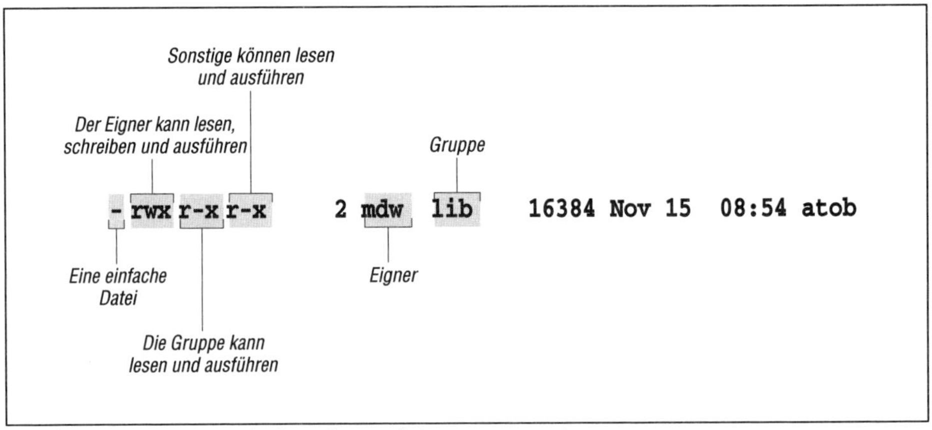

Abbildung 4-2: Eignerschaft und Berechtigungen anzeigen

Zwei nützliche Informationen fallen sofort auf: Der Eigner der Datei ist der Autor dieses Buches und Ihr zuverlässiger Begleiter, **mdw**, und die Gruppe ist **lib** (vielleicht ein Team von Programmierern, das Libraries erstellt). Die wirklich wichtigen Informationen über die Berechtigungen sind allerdings in der Buchstabenfolge links in der Anzeige versteckt.

Das erste Zeichen ist ein Bindestrich und zeigt eine normale Datei an. Die nächsten drei Stellen beziehen sich auf den Eigner – wie man erwarten konnte, hat **mdw** alle drei Berechtigungen. Die folgenden drei Stellen beziehen sich auf die Mitglieder der Gruppe – sie können die Datei lesen (nicht besonders hilfreich bei einer Binärdatei) und ausführen, aber sie haben keinen schreibenden Zugriff, weil das Feld, das ein **w** enthalten sollte, statt dessen einen Bindestrich aufweist. Die letzten drei Stellen zeigen die Berechtigungen für »Sonstige« – in diesem Fall haben »Sonstige« dieselben Berechtigungen wie die Mitglieder der Gruppe.

Als nächstes Beispiel wollen wir uns eine Datei ansehen, die gesperrt und dann aus dem RCS herausgenommen wurde:

```
-rw-r--r--   2 mdw      lib          878 Aug  7 19:28 tools.tex
```

Der einzige Unterschied zu Abbildung 4-2 ist, daß die Stellen mit `x` durch Bindestriche ersetzt wurden. Niemand braucht eine Ausführberechtigung, weil diese Datei nicht ausgeführt werden kann; sie enthält nur Text.

Als weiteres Beispiel zeigen wir noch ein typisches Verzeichnis:

```
drwxr-xr-x   2 mdw      lib          512 Jul 17 18:23 perl
```

An der Stelle ganz links zeigt jetzt ein `d` an, daß es sich um ein Verzeichnis handelt. Die Ausführberechtigungen sind wieder da, so daß alle Benutzer sich den Inhalt des Verzeichnisses anzeigen lassen können.

Dateien können noch andere, obskure Zustände annehmen, die wir hier nicht besprechen wollen. Lesen Sie die grausigen Details in der Manpage zu *ls* nach. Für uns wird es jetzt Zeit, die Eigner- und Zugriffsrechte zu ändern.

Eigner, Gruppe und Berechtigungen ändern

Wir haben bereits darauf hingewiesen, daß Sie in der Regel mit den Sicherheitsvorkehrungen auskommen, die das System bietet. Allerdings gibt es auch Ausnahmen, insbesondere für Systemverwalter. Ein einfaches Beispiel: Nehmen wir an, daß Sie für einen neuen Benutzer unterhalb von */home* ein Verzeichnis anlegen. Sie müssen diese Aufgabe als **root** erledigen, aber später den Benutzer zum Eigner des Verzeichnisses machen. Wenn Sie das nicht tun, wird der Benutzer nicht in diesem Verzeichnis arbeiten können! (Glücklicherweise sorgt der Befehl *adduser*, den wir im Abschnitt »Die Accounts einrichten« in Kapitel 5 besprechen, automatisch für die richtige Eignerschaft.)

Kapitel 5

In ähnlicher Weise haben bestimmte Utilities wie UUCP und News ihre eigenen Benutzer. Niemand wird jemals als **UUCP** oder **News** einloggen, aber diese Benutzer und Gruppen müssen auf dem System vorhanden sein, damit die Utilities sicher funktionieren. Im allgemeinen besteht der letzte Schritt bei der Installation darin, daß man Eigner, Gruppe und Berechtigungen so anpaßt, wie es die Dokumentation vorgibt.

Mit dem Befehl *chown* ändern Sie die Eignerschaft einer Datei und mit *chgrp* die Gruppe. Unter Linux kann *chown* nur von **root** verwendet werden, um die Eigentümerschaft einer Datei zu ändern, aber jeder Benutzer kann seine Gruppe in eine andere Gruppe ändern, zu der er gehört. Nachdem Sie also zum Beispiel die Software *sampsoft* installiert haben, können Sie mit folgenden Befehlen sowohl den Eigner als auch die Gruppe auf **bin** ändern:

```
# chown bin sampsoft
# chgrp bin sampsoft
```

Das geht auch in einem Schritt, wenn die Punkt-Notation verwendet wird:

```
# chgrp bin.bin sampsoft
```

Die Syntax für die Änderung der Berechtigungen ist komplizierter. Man nennt die Berechtigungen auch den »Modus« einer Datei, und diesen ändern Sie mit dem Befehl *chmod*. Lassen Sie uns diesen Befehl anhand eines einfachen Beispiels erkunden – nehmen wir an, daß Sie in Perl oder Tcl ein nettes kleines Programm namens *header* geschrieben haben, das Sie anschließend ausführen wollen.

```
$ chmod +x header
```

Das Pluszeichen bedeutet: »Füge eine Berechtigung hinzu«, und das `x` zeigt an, welche Berechtigung gemeint ist.

Wenn Sie jemandem die Ausführberechtigung entziehen möchten, setzen Sie statt des Plus- ein Minuszeichen ein.

```
$ chmod -x header
```

Der eben gezeigte Befehl vergibt die Berechtigung auf allen Ebenen – an den Eigner, die Gruppe und Sonstige. Lassen Sie uns annehmen, daß Sie insgeheim ein Sammler von Software sind, der seine Programme für sich behalten möchte. (Nein, das wäre zu hart. Wir wollen statt dessen annehmen, daß Ihr Skript noch nicht einwandfrei funktioniert und daß Sie andere Leute vor Schaden bewahren möchten, bis das Skript fehlerfrei ist.) Mit folgendem Befehl können Sie die Ausführberechtigung nur für sich selbst vergeben:

```
$ chmod u+x header
```

Alle Angaben vor dem Pluszeichen bezeichnen die Benutzerebene, auf der Sie Berechtigungen vergeben, die Angaben hinter dem Pluszeichen geben die Art der Berechtigung an. Mit `g` vergeben Sie Rechte an die Gruppe und mit `o` an Sonstige. Wenn Sie die Ausführberechtigung an sich selbst und die Gruppe erteilen wollen, geben Sie ein:

```
$ chmod ug+x header
```

Sie können auch mehrere Berechtigungen gleichzeitig erteilen:

```
$ chmod ug+rwx header
```

Es gibt noch die eine oder andere Abkürzung, die Sie in der Manpage zu *chmod* nachlesen können, falls Sie jemanden beeindrucken möchten, der Ihnen über die Schulter sieht. Allerdings bleibt die Funktionalität des Befehls auf das beschränkt, was wir hier vorgestellt haben.

Obwohl die Syntax zur Angabe des Dateimodus schon ziemlich obskur ist, gibt es noch eine andere, kompliziertere Syntax. Aus verschiedenen Gründen müssen wir sie hier trotzdem beschreiben. Erstens gibt es Situationen, in denen die gerade vorgestellte Syntax, genannt *symbolischer Modus*, nicht ausreicht. Zweitens benutzen die Leute oft die andere Syntax, genannt *absoluter Modus*, in ihrer Dokumentation. Außerdem könnte es ja passieren, daß Sie die absolute Schreibweise einfach bequemer finden.

Um den absoluten Modus zu verstehen, müssen Sie sich auf die Bitebene und die oktale Schreibweise einlassen. Aber keine Bange – so schwierig wird das nicht. Der typische Modus wird durch drei Zeichen dargestellt, die den drei Benutzerebenen entsprechen (Eigner, Gruppe und Sonstige). Diese Ebenen sind in Abbildung 4-3 dargestellt. Innerhalb jeder Ebene bezeichnen drei Bits die Berechtigung zum Lesen, Schreiben und Ausführen.

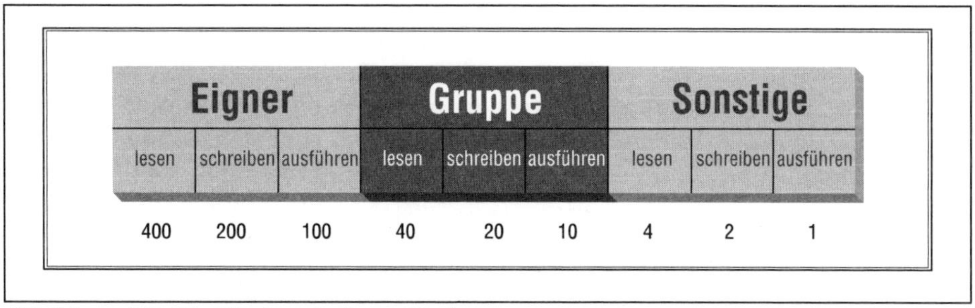

Abbildung 4-3: Die Bits im absoluten Modus

Nehmen wir an, daß Sie sich selbst die Leseberechtigung und niemandem sonst irgendwelche Rechte erteilen wollen. Sie möchten also nur das Bit ansprechen, das mit der Nummer 400 bezeichnet ist. Der *chmod*-Befehl würde dann so aussehen:

```
$ chmod 400 header
```

Um jedermann die Leseberechtigung zu geben, wählen Sie das entsprechende Bit für alle Benutzerebenen: 400 für den Eigner, 40 für die Gruppe und 4 für Sonstige. Der Befehl lautet dann:

```
$ chmod 444 header
```

Das entspricht dem Modus `+r` – abgesehen davon, daß Sie mit diesem Befehl gleichzeitig alle Berechtigungen zum Schreiben und Ausführen aufheben. (Um es genau zu sagen: Es entspricht dem Modus `=r`, den wir weiter oben nicht erwähnt haben. Das Gleichheitszeichen bedeutet: »Vergib diese Berechtigung, und hebe alle anderen Rechte auf.«)

Wenn Sie allen Benutzern die Lese- und Ausführberechtigung zuweisen wollen, müssen Sie die Lese- und Ausführbits addieren. Ein Beispiel: 400 plus 100 ist 500. Der komplette Befehl lautet also:

```
$ chmod 555 header
```

und das entspricht dem Modus `=rx`. Wenn jemand vollen Zugriff erhalten soll, steht an der entsprechenden Stelle eine 7 – nämlich 4 + 2 + 1.

Einen Trick wollen wir Ihnen noch verraten, nämlich wie Sie den Modus voreinstellen können, der jeder Datei zugeordnet wird, die Sie erzeugen (mit einem Texteditor, der Umleitung > usw.). Führen Sie dazu entweder den Befehl *umask* aus, oder fügen Sie ihn in die Startdatei Ihrer Shell ein. Diese Datei heißt wahrscheinlich *.bashrc*, *.cshrc* oder so ähnlich – je nachdem, mit welcher Shell Sie arbeiten. (Wir werden die Startdateien im nächsten Abschnitt besprechen.)

Der Befehl *umask* bekommt einen Parameter mit auf den Weg, so wie *chmod* den absoluten Modus mitbekommt. Allerdings ist die Bedeutung der Bits gerade umgekehrt. Sie müssen für Eigner, Gruppe und Sonstige festlegen, welche Berechtigungen Sie vergeben wollen, und dann jede einzelne Ziffer von 7 subtrahieren. Das Ergebnis ist eine dreistellige Maske.

Nehmen wir an, daß Sie sich selbst alle Rechte zugestehen wollen (7), die Gruppe soll Lese- und Ausführberechtigung haben (5), und Sonstige erhalten gar keinen Zugriff (0). Ziehen Sie diese Werte von 7 ab, und Sie erhalten 0 für sich selbst, 2 für die Gruppe und 7 für Sonstige. Der Befehl in Ihrer Startdatei muß also lauten:

```
umask 027
```

Eine merkwürdige Vorgehensweise, aber sie funktioniert. Der Befehl *chmod* berücksichtigt die Maske, wenn er Ihren Modus interpretiert. Ein Beispiel: Wenn Sie für eine Datei bei der Erzeugung die Ausführberechtigung vergeben, wird *chmod* Ihnen und der Gruppe die Ausführberechtigung zuteilen, aber alle anderen werden davon ausgeschlossen, weil die Maske für diese Benutzer keine Ausführberechtigung angibt.

Die Startdateien

Die Konfigurationsmöglichkeiten verleihen Unix eine enorme Flexibilität. Sie haben ihren Ursprung wahrscheinlich in zwei Charakterzügen, die bei Hackern häufig anzutreffen sind: Sie wollen ihre Arbeitsumgebung völlig unter Kontrolle haben, und sie sind bestrebt, die Arbeit mit einem Minimum an Tastatureingaben und sonstigen Handbewegungen zu erledigen. Deshalb enthalten alle wichtigen Utilities unter Unix – Editoren, Mailer, Debugger, Clients für das X Window System – Dateien, mit deren Hilfe Sie jegliche Voreinstellung für die Programme in einer atemberaubenden Vielfalt an Methoden umgehen können. Viele dieser Dateien haben Namen, die auf *rc* enden, was für *resource configuration* steht.

Startdateien stehen in der Regel in Ihrem Home-Verzeichnis. An der ersten Stelle des Namens steht ein Punkt, deshalb werden diese Dateien mit *ls* normalerweise nicht angezeigt. Keine dieser Dateien ist unbedingt erforderlich; die betreffenden Programme sind clever genug, die Voreinstellungen zu benutzen, falls keine Konfigurationsdatei existiert. Die meisten Leute sind allerdings froh, daß es Startdateien gibt. Hier ist eine Liste häufig benutzter Dateien:

.bashrc

Für die Shell *bash*. Es handelt sich um ein Shell-Skript, was bedeutet, daß Befehle und andere Programmkonstrukte enthalten sein können. Die folgende, sehr kurze Startdatei könnte von einem Werkzeug, das Ihren Account eingerichtet hat, in Ihr Home-Verzeichnis gestellt worden sein:

```
PS1='\u$'           # Die Eingabeaufforderung enthält den Anmeldenamen
                    # des Benutzers.

HISTSIZE=50         # Abspeichern der 50 zuletzt eingegebenen Befehle.

# Die Verzeichnisse, in denen nach Befehlen gesucht werden soll.
PATH=/usr/local/bin:/usr/bin:/bin:/usr/bin/X11

# Um zu verhindern, daß der Benutzer sich aus Versehen ausloggt,
# wird STRG-D als Auslogmethode abgeschaltet.
IGNOREEOF=1

stty erase "^H"      # Sicherstellen, daß die BACKSPACE-Taste wirklich löscht.
```

.bash_profile

Ebenfalls für die Shell *bash*. Noch ein Shell-Skript. Der Unterschied zwischen dieser Datei und *.bashrc* ist, daß *.bash_profile* nur beim Einloggen abläuft. Diese Datei wurde ursprünglich eingerichtet, um interaktive Shells von solchen zu trennen, die zum Beispiel von *cron* (das wir in Kapitel 8, *Andere Administrationsaufgaben*, besprechen) im Hintergrund abgearbeitet werden. Auf modernen Computern mit dem X Window System hat diese Datei nur eine untergeordnete Bedeutung. Das liegt daran, daß beim Öffnen eines neuen *xterm*-Fensters nur die *.bashrc* aufgerufen wird. Wenn Sie ein Fenster mit dem Befehl *xterm -ls* öffnen, wird auch *.bash_profile* gestartet.

Kapitel 8

.cshrc

Für die C-Shell und *tcsh*. Auch dies ist ein Shell-Skript, das Konstrukte aus der C-Shell benutzt.

.login

Für die C-Shell und *tcsh*. Auch dies ist ein Shell-Skript mit Konstrukten aus der C-Shell. Ähnlich wie *.bash_profile* aus der Shell *bash* läuft auch dieses Skript nur beim Einloggen. Hier sind einige Befehle, die Sie vielleicht in Ihrer *.cshrc* oder *.login* vorfinden:

```
set prompt='%'          # Ein einfaches % als Eingabeaufforderung.

set history=50          # Abspeichern der 50 zuletzt eingegebenen Befehle.

# Die Verzeichnisse, in denen nach Befehlen gesucht werden soll.
set path=(/usr/local/bin /usr/bin /bin /usr/bin/X11)
```

```
# Um zu verhindern, daß der Benutzer sich aus Versehen ausloggt,
# wird STRG-D als Auslogmethode abgeschaltet.
set ignoreeof

stty erase "^H"       # Sicherstellen, daß die BACKSPACE-Taste wirklich löscht.
```

.emacs
: Für den Editor Emacs. Besteht aus LISP-Funktionen. Lesen Sie hierzu auch den Abschnitt »Emacs anpassen« in Kapitel 9.

Kapitel 9

.exrc
: Für den Editor *vi* (auch unter dem Namen *ex* bekannt). Jede Zeile besteht aus einem Befehl für den Editor. Lesen Sie auch »vi erweitern« in Kapitel 9.

.fvwm2rc
: Für den Fenstermanager *fvwm2*. Besteht aus speziellen Befehlen, die von *fvwm2* interpretiert werden. Im Abschnitt »fvwm2 konfigurieren« in Kapitel 10 finden Sie eine Beispieldatei.

Kapitel 10

.twmrc
: Für den Fenstermanager *twm*. Besteht aus speziellen Befehlen, die *twm* interpretiert.

.newsrc
: Für Newsprogramme. Enthält eine Liste aller Newsgruppen, die auf diesem Rechner gelesen werden können.

.Xdefaults
: Für Programme, die das X Window System benutzen. Jede Zeile bezeichnet eine Art von Ressource (in der Regel der Name eines Programms und Optionen für dieses Programm) und den Wert, den diese Ressource annehmen kann. Diese Datei wird in »Die Ressource-Datenbank von X« in Kapitel 10 beschrieben.

.xinitrc
: Für das X Window System. Besteht aus Shell-Befehlen, die immer dann aufgerufen werden, wenn Sie eine X-Sitzung starten. Im Abschnitt »X konfigurieren« in Kapitel 10 finden Sie weitere Details zur Arbeit mit dieser Datei.

Wichtige Verzeichnisse

Sie haben bereits das Verzeichnis */home* kennengelernt, in dem die Dateien der Benutzer stehen. Für Sie als Systemverwalter und Programmierer sind einige weitere Verzeichnisse sehr wichtig. Wir nennen hier einige davon und beschreiben, was sie enthalten.

/bin
: Die wichtigsten Unix-Befehle wie zum Beispiel *ls*.

/usr/bin
: Weitere Befehle. Die Unterscheidung zwischen */bin* und */usr/bin* ist nicht genau definiert. Dies war auf alten Unix-Systemen mit geringer Plattenkapazität eine bequeme Möglichkeit, die Befehle aufzuteilen.

/usr/sbin
: Befehle, die der Superuser für die Systemverwaltung braucht.

/boot
: Hier werden auf manchen Systemen der Kernel und andere Dateien gespeichert, die beim Booten benutzt werden.

/etc
: Dateien, die von Teilsystemen wie Netzwerken, NFS und Mail benutzt werden. Hier stehen Listen aller Netzdienste, der aufzusetzenden Festplatten usw.

/var
: Informationen zur Systemverwaltung wie zum Beispiel die Logdateien, die von verschiedenen Utilities benutzt werden.

/var/spool
: Zwischenspeicher zum Beispiel für Dateien, die ausgedruckt oder von UUCP verschickt werden sollen usw.

/usr/lib
: Standard-Libraries wie *libc.a*. Wenn Sie ein Programm linken, sucht der »Linker« immer in diesem Verzeichnis nach den Libraries, die in der Option *-l* angegeben sind.

/usr/lib/X11
: Die Dateien für das X Window System. Enthält die Libraries für X-Clients sowie Fonts, Beispieldateien und andere wichtige Teile des X Window System. Dieses Verzeichnis ist normalerweise ein symbolischer Link auf */usr/X11R6/lib/X11*.

/usr/include
: Das Standardverzeichnis für die Include-Dateien, die in C-Programmen benutzt werden, etwa <*stdio.h*>.

/usr/src
: Hier stehen die Quelltexte für Programme, die auf dem System erstellt werden.

/etc/skel
: Beispiele für Startdateien, die Sie in die Home-Verzeichnisse der neuen Benutzer kopieren können.

/usr/local
: Programme und Daten, die der Systemadministrator lokal zum System hinzugefügt hat.

Einige Programme zu Ihrem Nutzen

Wir haben diesen Abschnitt aufgenommen, weil Sie sich dafür interessieren sollten, was hinter Ihrem Rücken auf dem System passiert.

Viele der Aktivitäten, die ein moderner Computer ausführt, sind so komplex, daß die Arbeit mit einer Datei oder anderen statischen Ressourcen nicht mehr erledigt werden kann. Die Programme müssen mit anderen Prozessen zusammenarbeiten.

Ein Beispiel ist FTP, das Sie vielleicht benutzt haben, um Linux-Software oder -Dokumentation auf Ihren Rechner herunterzuladen. Wenn Sie mit FTP ein anderes System ansprechen, muß auf dem anderen Rechner ein Programm laufen, das Ihren Verbindungswunsch akzeptiert und Ihre Befehle entgegennimmt. Zu diesem Zweck läuft auf der Gegenseite ein Programm namens *ftpd*. Das *d* im Namen steht für *daemon* (Dämon). Ein Dämon ist unter Unix die witzige Bezeichnung für einen Server, der die ganze Zeit über im Hintergrund läuft. Die meisten Dämonen dienen der Verwaltung von Netzwerken.

Sicherlich haben Sie das Schlagwort *Client/Server* schon bis zum Erbrechen gehört, aber hier erleben Sie dieses Konzept bei der Arbeit – unter Unix gibt es das schon seit Jahren.

Die Dämonen werden beim Booten des Systems gestartet. In den Dateien mit den Namen */etc/inittab* und */etc/inetd.conf* sowie in distributionsspezifischen Konfigurationsdateien können Sie nachsehen, wie das geschieht. Wir wollen hier nicht auf das Format dieser Dateien eingehen, deshalb nur so viel: Jede Zeile in diesen Dateien bezieht sich auf ein Programm, das beim Systemstart aufgerufen wird. Die distributionsspezifischen Dateien finden Sie entweder durch Nachschlagen in der mitgelieferten Dokumentation oder durch Suchen nach häufiger auftretenden Pfadnamen in */etc/inittab*. Daran können Sie normalerweise den Verzeichnisbaum erkennen, in dem Ihre Distribution ihre Systemstartdateien ablegt.

Ein Beispiel: In */etc/inittab* werden Sie eine oder mehrere Zeilen mit dem String `getty` oder `agetty` finden. Dieses Programm wartet auf Benutzer, die an einem Terminal einloggen wollen. Es ist das Programm, das den »`login:`«-Prompt anzeigt, den wir am Anfang dieses Kapitels erwähnt haben.

Die Datei */etc/inetd.conf* zeigt eine kompliziertere Methode, Programme zu starten. Dahinter steckt die Idee, daß ein Dutzend oder mehr Dämonen im Leerlauf (während sie auf Anforderungen warten) eine Menge der wertvollen Systemressourcen verschwenden würden. Statt dessen startet das System einen Dämon namens *inetd*. *inetd* sucht nach Verbindungen von Clients anderer Rechner und startet die entsprechenden Dämonen, sobald die ankommende Verbindung hergestellt ist. Bei einer FTP-Verbindung beispielsweise startet *inetd* den FTP-Dämon (*ftpd*). Auf diese Weise laufen auf dem System nur die Netzdämonen, die wirklich gerade gebraucht werden. In diesem Sinne ist *inetd* sozusagen die Verteilerstelle.

Im nächsten Abschnitt werden wir zeigen, wie Sie feststellen können, welche Dämonen auf Ihrem System laufen. Es gibt einen Dämon für jeden Dienst, den Ihr System anderen Systemen im Netz zur Verfügung stellt – *fingerd* bearbeitet *finger*-Anfragen, *rwhod* kümmert sich um *rwho*-Anfragen usw. Einige wenige Dämonen handhaben Anforderungen, die nicht aus dem Netzwerk stammen, wie zum Beispiel *kerneld*, der sich um das automatische Laden von Modulen in den Kernel kümmert.

Prozesse

Unix basiert auf dem Konzept von Prozessen. Das Verständnis dieses Konzeptes wird Ihnen als Benutzer bei Ihren Login-Sitzungen helfen. Für den Systemverwalter ist dieses Konzept noch viel wichtiger.

Ein Prozeß ist ein unabhängig laufendes Programm, das seine eigenen Ressourcen verwaltet. Ein Beispiel: Wir haben in einem Abschnitt weiter oben gezeigt, wie Sie die Ausgaben eines Programms in eine Datei umleiten können, während die Shell weiterhin Meldungen auf Ihren Bildschirm bringt. Die Shell und das andere Programm können Ausgaben zu verschiedenen Zielen lenken, weil es eigenständige Prozesse sind.

Unter Unix werden die »endlichen« Systemressourcen, etwa der Arbeitsspeicher und die Festplatten, von einem wahrhaft allmächtigen Programm verwaltet – dem Kernel. Alles andere erledigen Prozesse.

Vor dem Einloggen wird Ihr Terminal von einem *getty*-Prozeß überwacht. Nach dem Einloggen stirbt dieser Prozeß (der Kernel startet einen neuen *getty*, wenn Sie sich ausloggen), und Ihr Terminal wird von der Shell gesteuert, einem weiteren Prozeß. Mit jedem Befehl, den Sie eingeben, startet die Shell wiederum einen neuen Prozeß. Diesen Vorgang nennt man *forking* (etwa: Verzweigung), weil aus einem Prozeß zwei entstehen.

Wenn Sie mit dem X Window System arbeiten, öffnet jeder Prozeß ein oder mehrere Fenster. Das Fenster, in dem Sie Ihre Befehle eingeben, wird also von einem *xterm*-Prozeß verwaltet. Dieser Prozeß zweigt in eine Shell ab, die in diesem Fenster läuft. Diese Shell wiederum zweigt für jeden Ihrer Befehle weitere Prozesse ab.

Mit dem Befehl *ps* lassen sich die Prozesse anzeigen, die derzeit aktiv sind. Abbildung 4-4 zeigt eine typische Ausgabe dieses Befehls sowie die Bedeutung der einzelnen Felder. Sie werden überrascht sein, wie viele Prozesse laufen; insbesondere, wenn Sie unter X arbeiten. Einer der Prozesse ist natürlich der Befehl *ps* selbst, der aber sofort nach der Anzeige der Daten stirbt.

Das erste Feld in der Ausgabe von *ps* zeigt die eindeutige ID-Nummer des Prozesses an. Falls ein Prozeß einmal aus der Rolle fällt und sich mit STRG-C oder anderen Mitteln nicht mehr abbrechen läßt, können Sie ihn von einer anderen Konsole aus oder in einem anderen X-Fenster mit diesem Befehl loswerden:

```
$ kill prozeß-id
```

```
$   ps
     PID      TTY      STAT      TIME      COMMAND
    1663      pp3      S         0:01      -bash
    1672      pp3      T         0:07      emacs
    1676      pp3      R         0:00      ps
```

PID - *Prozeß-ID (beim Beenden eines Prozesses benutzt)*
TTY - *Terminal für diesen Prozeß*
TIME - *bisher verbrauchte CPU-Zeit*
STAT - *Status*
COMMAND - *Ausgeführter Befehl*

Abbildung 4-4: Ausgabe des Befehls ps

Das Feld `TTY` zeigt, auf welchem Terminal der Prozeß läuft, wenn überhaupt. (Alles, was in einer Shell gestartet wird, läuft natürlich auf einem Terminal, aber die Dämonen im Hintergrund benutzen kein Terminal.)

Das Feld `STAT` zeigt den Status des Prozesses an. Die Shell ist derzeit angehalten (suspended), deshalb steht hier ein `S`. Die laufende Emacs-Sitzung wurde mit STRG-Z unterbrochen (temporary suspension) – das `T` im Feld `STAT` zeigt dies an. Der letzte Prozeß in der Liste ist *ps*, das diese Anzeige erzeugt hat. Sein Status ist natürlich `R` (running), weil dieser Prozeß gerade arbeitet.

Das Feld `TIME` zeigt die CPU-Zeit an, die die Prozesse bereits verbraucht haben. Da sowohl *bash* als auch Emacs interaktiv arbeiten, beanspruchen sie die CPU nur in geringem Maße.

Sie müssen sich nicht auf die Anzeige der eigenen Prozesse beschränken. Lassen Sie uns mit der Option *a* einen Blick auf alle Prozesse werfen und mit der Option *x* auch die Prozesse ohne Terminal anzeigen (etwa die Dämonen, die beim Booten gestartet werden):

```
$ ps ax | more
```

Jetzt sehen Sie auch die Dämonen, die wir im vorhergehenden Abschnitt erwähnt haben. Und hier, mit diesem atemberaubenden Ausblick auf ein komplettes Unix-System bei der Arbeit, wollen wir dieses Kapitel beenden (die Zeilen enden bei Spalte 76; wenn Sie die Ausgabe in ihrer vollen Pracht sehen möchten, können Sie die Option *-w* des Befehls *ps* verwenden).

```
at       724  0.0  0.2   824   348  ? S   Mar 18   0:00 /usr/sbin/
bin      703  0.0  0.2   832   316  ? S   Mar 18   0:00 /usr/sbin/
kalle    181  0.0  0.6  1512   856  1 S   Mar 18   0:00 -bash
kalle    230  0.0  0.4  1396   596  1 S   Mar 18   0:00 sh /usr/X1
kalle    231  0.0  0.1   808   256  1 S   Mar 18   0:00 tee /home/
kalle    234  0.0  0.4  1952   624  1 S   Mar 18   0:00 xinit /hom
kalle    238  0.0  0.4  1396   616  1 S   Mar 18   0:00 sh /home/k
```

```
kalle      242  0.0  3.8  6744  4876   1 S   Mar 18   0:43 kwm
kalle      246  0.0  3.3  6552  4272   1 S   Mar 18   4:48 /usr/local
kalle      255  0.0  0.0     0     0   1 Z   Mar 18   0:00 kaudioserv
kalle      256  0.0  3.0  6208  3844   1 S   Mar 18   0:02 kwmsound
kalle      257  0.0  5.1  8892  6596   1 S   Mar 18   0:11 kfm
kalle      258  0.0  3.3  6292  4320   1 S   Mar 18   0:02 krootwm
kalle      259  0.0  4.6  7848  5988   1 S   Mar 18   0:37 kpanel
kalle      260  0.0  3.6  6764  4688   1 S   Mar 18   0:06 kbgndwm
kalle      273  0.0  3.6  6732  4668   1 S   Mar 18   0:08 kvt -resto
kalle      274  0.0  3.6  6732  4668   1 S   Mar 18   0:11 kvt -resto
kalle      276  0.0  0.6  1536   892  p0 S   Mar 18   0:00 bash
kalle      277  0.0  0.6  1512   864  p1 S   Mar 18   0:00 bash
kalle    11752  0.1  9.8 14056 12604   1 S   Mar 20   3:35 xemacs
kalle    18738  0.2 16.4 26164 21088   1 S    01:14   1:03 netscape
kalle    18739  0.0  2.6 14816  3392   1 S    01:14   0:00 (dns helpe
kalle    29744  0.0  0.3   904   428  p0 R    09:24   0:00 ps -auxw
root         1  0.0  0.2   820   292  ?  S   Mar 18   0:06 init [2]
root         2  0.0  0.0     0     0  ?  SW  Mar 18   0:00 kflushd
root         3  0.0  0.0     0     0  ?  SW< Mar 18   0:00 kswapd
root         8  0.0  0.2   804   264  ?  S   Mar 18   0:02 update (bd
root        55  0.0  0.2   816   328  ?  S   Mar 18   0:00 /sbin/kern
root        78  0.0  0.0     0     0  ?  Z   Mar 18   0:00 request-ro
root        96  0.0  0.3   832   408  ?  S   Mar 18   0:00 /usr/sbin/
root        98  0.0  0.3   932   448  ?  S   Mar 18   0:00 /usr/sbin/
root       167  0.0  0.2   824   288  ?  S   Mar 18   0:00 /usr/bin/g
root       182  0.0  0.6  1508   856   2 S   Mar 18   0:00 -bash
root       183  0.0  0.2   808   288   3 S   Mar 18   0:00 /sbin/ming
root       184  0.0  0.2   808   284   4 S   Mar 18   0:00 /sbin/ming
root       185  0.0  0.2   808   284   5 S   Mar 18   0:00 /sbin/ming
root       186  0.0  0.2   808   284   6 S   Mar 18   0:00 /sbin/ming
root       235  0.3 11.8 25292 15196  ?  S   Mar 18  19:19 /usr/X11R6
root       682  0.0  0.4  1076   556  ?  S   Mar 18   0:00 /usr/sbin/
root       684  0.0  0.3   948   484  ?  S   Mar 18   0:00 /usr/sbin/
root       707  0.0  0.3   860   440  ?  S   Mar 18   0:00 /usr/sbin/
root       709  0.0  0.3   896   452  ?  S   Mar 18   0:00 /usr/sbin/
root       712  0.0  0.5  1212   668  ?  S   Mar 18   0:00 /usr/sbin/
root       727  0.0  0.2   840   356  ?  S   Mar 18   0:00 /usr/sbin/
root       733  0.0  0.2   820   304  ?  S   Mar 18   0:00 /usr/sbin/
root       737  0.0  0.2   836   316  ?  S   Mar 18   0:00 /usr/sbin/
root       745  0.0  0.5  1204   708  ?  S   Mar 18   0:00 sendmail:
root       752  0.0  0.4  1772   592  ?  S   Mar 18   0:00 /opt/appli
wwwrun     718  0.0  0.5  1212   668  ?  S   Mar 18   0:00 /usr/sbin/
wwwrun     719  0.0  0.5  1212   652  ?  S   Mar 18   0:00 /usr/sbin/
wwwrun     720  0.0  0.5  1212   644  ?  S   Mar 18   0:00 /usr/sbin/
wwwrun     721  0.0  0.5  1212   644  ?  S   Mar 18   0:00 /usr/sbin/
wwwrun     722  0.0  0.5  1212   644  ?  S   Mar 18   0:00 /usr/sbin/
```

KAPITEL 5

GRUNDLAGEN DER SYSTEMVERWALTUNG

Wenn Sie auf Ihrem eigenen Linux-System arbeiten, müssen Sie sich so bald wie möglich mit den Fallstricken der Systemverwaltung vertraut machen. Sie werden das System nicht allzu lange lauffähig halten können, ohne gewisse Aufgaben wie die Systempflege, Softwareupdates oder andere Arbeiten durchzuführen.

Das Betreiben eines Linux-Systems ähnelt in gewisser Weise der Beschäftigung mit einem Motorrad.[1]

Viele Motorradfans legen Wert darauf, ihre Maschine selbst zu warten – regelmäßiges Abschmieren, verschlissene Teile ersetzen usw. Mit Linux haben Sie Gelegenheit, diese Art von »eigenhändiger Wartungsarbeit« an einem komplexen Betriebssystem zu erleben.

Ein ambitionierter Systemverwalter kann beliebig viel Zeit damit verbringen, auf seinem System noch die letzten Ressourcen zu mobilisieren. Im Grunde genommen fallen Aufgaben der Systemverwaltung aber nur dann an, wenn eine größere Änderung eintritt – eine neue Festplatte wird integriert, ein neuer Benutzer bekommt eine Zugangsberechtigung, oder ein Stromausfall läßt das System abstürzen. All diese Situationen werden wir in den folgenden vier Kapiteln besprechen.

Linux zeigt sich erstaunlich zugänglich – in jeder Hinsicht. Das reicht von einfachen Aufgaben, wie einem Update der Shared Libraries, bis zu eher seltenen Dingen, wie dem Herumspielen mit dem Kernel. Der Quellcode von Linux ist frei verfügbar, und der Kern der Linux-Entwickler und -Benutzer war schon immer eine Gruppe von Leuten mit Hackermentalität; deshalb ist die Verwaltung eines Systems nicht nur eine Aufgabe für den Alltag, sondern auch eine großartige Gelegenheit, etwas zu lernen. Glauben Sie uns: Nichts ist schöner, als Freunden zu erzählen, wie Sie in weniger als einer halben Stunde ein Update von X11R6.1 auf X11R6.3

1 Auf jeden Fall sieht einer der Autoren starke Ähnlichkeiten zwischen der Verwaltung eines Linux-Systems und Richard Pirsigs *Zen und die Kunst, ein Motorrad zu warten*. Hat Linux die Buddha-Natur?

vorgenommen haben, während Sie gleichzeitig einen neuen Kernel mit Unterstützung für das ISO-9660-Dateisystem kompiliert haben. (Vielleicht wissen Ihre Freunde gar nicht, wovon Sie eigentlich reden; in dem Fall sollten Sie ihnen ein Exemplar dieses Buches geben.)

In den nächsten Kapiteln wollen wir Ihr Linux-System mit den Augen eines Mechanikers erforschen – wir zeigen Ihnen sozusagen, was sich unter der Motorhaube verbirgt – und Ihnen erklären, was Sie zur Pflege Ihres Systems tun müssen. Wir zeigen Ihnen, wie Sie neue Softwareversionen einspielen und die Benutzer verwalten, erklären Dateisysteme und andere Ressourcen, zeigen, wie Sie Backups erstellen und was Sie in Notfällen tun müssen. Für den Fall, daß Sie noch nie mit einem Unix-System gearbeitet haben, nehmen wir Sie mit auf eine Testfahrt und weisen Sie in die Grundlagen der Systemverwaltung und -benutzung ein.

Sobald Sie einmal die richtigen Einträge in den Startdateien vorgenommen haben, wird Ihr Linux-System weitgehend selbständig laufen. Solange Sie mit der Konfiguration des Systems und der installierten Software zufrieden sind, ist der Aufwand zur Pflege des Systems gering. Trotzdem möchten wir die Benutzer von Linux ermutigen, mit dem System zu experimentieren und es nach eigenen Vorstellungen zu konfigurieren. Linux ist nicht in Stein gemeißelt, und wenn etwas nicht nach Ihren Wünschen funktioniert, sollten Sie in der Lage sein, es zu ändern. Für den Fall, daß Sie zum Beispiel lieber blinkenden, grünen Text auf einem blauen Hintergrund lesen als das übliche weiß auf schwarz, zeigen wir Ihnen, wie Sie das konfigurieren können. (Aber nur, wenn Sie versprechen, niemandem zu verraten, wer Ihnen das gezeigt hat.)

Wir wollen an dieser Stelle darauf hinweisen, daß viele Linux-Systeme schicke Tools enthalten, die einige Aufgaben der Systemverwaltung vereinfachen. Zu diesen Werkzeugen gehören YaST auf SuSE-Systemen, LISA auf Caldera-Systemen und *control-panel* oder *linuxconf* auf Red Hat-Systemen. Diese Werkzeuge erledigen alles – von der Benutzerverwaltung über das Anlegen von Dateisystemen bis zum Abwasch. Diese Utilities können Ihnen das Leben leicht machen oder auch schwer – je nachdem, aus welcher Warte man das betrachtet. Wir wollen Ihnen in diesem Kapitel die »Eingeweide« der Systemverwaltung zeigen und die Tools vorführen, die zu jedem Linux-System gehören (ja, zu fast jedem Unix-System). Folgende Tools bilden die Grundlage für die Werkzeugkiste eines Systemverwalters: der sprichwörtliche Hammer, der Schraubenzieher und die Ratsche, mit denen Sie Ihre Arbeit zuverlässig erledigen. Natürlich können Sie auch mit der 40-PS-Kreissäge arbeiten – aber es ist immer von Vorteil, wenn man sich mit den Handwerkzeugen behelfen kann, falls der Strom einmal ausfällt. Empfehlenswerte Bücher für die weitergehende Lektüre zum Thema Systemverwaltung sind unter anderem das
[64] [65] *Unix System Administration Handbook* sowie *Unix-System-Administration.*

Die Systemverwaltung

Die Verwaltung eines jeden Unix-Systems erfordert ein gewisses Maß an Verantwortungsgefühl und Sorgfalt. Dies gilt auch für Linux-Systeme – selbst wenn Sie der einzige Benutzer sind.

Viele Aufgaben der Systemverwaltung werden erledigt, nachdem man sich als **root** eingeloggt hat. Dieser Account (Zugangsberechtigung) hat auf Unix-Systemen spezielle Rechte – insbesondere haben die üblichen Dateiberechtigungen und andere Sicherheitsvorkehrungen für **root** einfach keine Bedeutung. Das heißt, daß Sie als **root** jede Datei im System verändern können – unabhängig davon, wer der Eigner ist. Während normale Benutzer keinen Schaden anrichten können (zum Beispiel durch Zerstörung von Dateisystemen oder Manipulationen an den Dateien anderer Benutzer), kennt **root** keine solchen Einschränkungen.

Warum enthält Unix überhaupt Vorkehrungen für die Sicherheit des Systems? Der wichtigste Grund ist der, daß Benutzer die Möglichkeit haben sollen zu entscheiden, welcher Zugriff auf ihre eigenen Dateien bestehen soll. Durch das Setzen der Berechtigungsbits (mit dem Befehl *chmod*) können Benutzer festlegen, daß bestimmte Dateien von bestimmten anderen (oder auch gar keinen) Benutzern gelesen, geschrieben oder ausgeführt werden dürfen. Das sichert den Schutz und die Integrität der Daten – Sie wären sicherlich nicht damit einverstanden, daß andere Benutzer Ihre private Mailbox lesen oder hinter Ihrem Rücken den Quellcode eines wichtigen Programms verändern.

Die Sicherheitsmechanismen unter Unix verhindern auch, daß Benutzer das System beschädigen. Der Zugriff auf viele der Gerätedateien (device files), die den Hardwarekomponenten wie etwa den Festplatten entsprechen, wird vom System eingeschränkt. (Diese Peripheriegeräte werden via */dev* angesprochen – mehr dazu im Abschnitt »Die Gerätedateien« in Kapitel 6, *Verwalten von Dateisystemen, Swap-Bereichen und Geräten*.) Wenn normale Benutzer direkt auf die Festplatten zugreifen könnten, bestünde die Gefahr, daß alle möglichen Arten von Schäden angerichtet würden – etwa indem der komplette Inhalt einer Festplatte überschrieben wird. Statt dessen zwingt das System normale Benutzer, die Laufwerke über das Dateisystem anzusprechen – auf diese Weise sorgen die Berechtigungsbits, die wir weiter oben beschrieben haben, für den Schutz der Daten.

Kapitel 6

Es ist wichtig festzuhalten, daß nicht alle Arten von »Schäden« absichtlich hervorgerufen werden. Die Sicherheitsvorkehrungen dienen in erster Linie dazu, die Benutzer vor unbeabsichtigten Fehlern und Mißverständnissen zu bewahren; ihr Zweck ist es nicht, auf einem System einen Überwachungsstaat zu etablieren. Tatsächlich wird die Sicherheit auf vielen Unix-Systemen eher nachlässig gehandhabt – die Systemsicherheit unter Unix ist so ausgelegt, daß Daten zum Beispiel von Benutzergruppen, die zusammen an einem Projekt arbeiten, gemeinsam genutzt werden können. Die Benutzer können auf dem System zu Gruppen zusammengefaßt werden, und die Zugriffsrechte werden dann für die gesamte Gruppe vergeben. So könnte zum Beispiel ein Team von Programmentwicklern schreibenden und lesenden Zugriff auf eine Reihe von Dateien bekommen, während andere Benutzer diese Dateien nicht verändern können. Für Ihre persönlichen Dateien legen Sie selbst fest, wie öffentlich oder privat der Zugriff geregelt sein soll.

Die Sicherheitsmechanismen unter Unix verhindern auch, daß normale Benutzer bestimmte Aktionen durchführen können, etwa den Aufruf bestimmter Systemroutinen (system calls) aus einem Programm heraus. Es gibt zum Beispiel einen Systemaufruf, der das System zum Stillstand bringt und der von solchen Programmen wie *shutdown* ausgeführt wird, wenn das System neu gebootet werden soll (mehr dazu später in diesem Kapitel). Wenn normale Benutzer die Möglichkeit hätten, in ihren Programmen diese Routine aufzurufen, könnten sie aus Versehen (oder mit Absicht) das System jederzeit anhalten.

Sie werden die Sicherheitsmechanismen von Unix oft umgehen müssen, um das System zu pflegen oder Updates einzuspielen. Dafür ist der **root**-Account gedacht. Ein kundiger Systemverwalter kann seine Arbeit erledigen, ohne sich um die üblichen Zugriffsrechte und andere Einschränkungen zu kümmern, weil diese unter dem Account **root** keine Rolle spielen. Die übliche Methode, als **root** einzuloggen, ist der Befehl *su*. Mittels *su* können Sie die Identität eines anderen Benutzers annehmen – etwa so:

```
su andy
```

Danach fordert das System Sie auf, das Paßwort für **andy** einzugeben, und mit dem korrekten Paßwort erlangen Sie die Benutzer-ID von **andy**. Der Systemverwalter wird von Zeit zu Zeit die Identität eines normalen Benutzers annehmen wollen, um ein Problem mit den Dateien dieses Benutzers oder ähnliches zu beheben. Wenn Sie *su* ohne einen Namen als Argument aufrufen, erwartet das System das **root**-Paßwort, um Ihre Identität als **root** zu verifizieren. Sobald Sie die Arbeit unter dem Account **root** beendet haben, können Sie wie üblich ausloggen und erlangen Ihre eigene sterbliche Identität wieder.

Warum sollte man nicht einfach am normalen Login-Prompt als **root** einloggen? Wir werden noch sehen, daß das in einigen Fällen durchaus in Ordnung ist, aber meistens ist es besser, den Befehl *su* zu benutzen, nachdem Sie unter Ihrem eigenen Namen eingeloggt haben. Auf einem System mit vielen Benutzern erzeugt die Eingabe von *su* einen Eintrag wie

```
Nov  1 19:28:50 loomer su: mdw on /dev/ttyp1
```

in den Logdateien, wie etwa in */var/adm/messages* (wir kommen später noch auf diese Logdateien zurück). Dieser Eintrag besagt, daß der Benutzer **mdw** erfolgreich einen *su*-Befehl als **root** abgesetzt hat. Wenn Sie dagegen direkt als **root** einloggen, wird kein solcher Eintrag in den Logdateien erzeugt; es ließe sich also nicht nachvollziehen, welcher Benutzer mit dem Root-Account herumgespielt hat. Auf einem System mit mehreren Verwaltern ist es oft wichtig herauszufinden, wer wann den Befehl *su* eingegeben hat.

Man kann den Root-Account als eine Art Zauberstab betrachten – ein ebenso nützliches wie potentiell gefährliches Werkzeug. Wenn Sie mit diesem Zauberstab in der Hand die magischen Formeln anwenden, können Sie damit unendlich viel Schaden auf Ihrem System anrichten. Ein Beispiel: Die acht Zeichen *rm -rf /* löschen jede einzelne Datei auf Ihrem System, wenn sie als **root** ausgeführt werden. Scheint Ihnen das zu weit hergeholt? Das ist es nicht. Vielleicht wollen Sie ein altes Verzeichnis namens */usr/src/oldp* löschen, geben aus Versehen eine Leerstelle nach dem ersten Schrägstrich ein und erhalten damit:

```
rm -rf / usr/src/oldp
```

Ein anderer häufiger Fehler besteht darin, daß die Argumente zum Beispiel beim Befehl *dd* durcheinandergeraten. Mit diesem Befehl werden oft größere Datenblöcke von einer Stelle zu einer anderen kopiert. Nehmen wir an, Sie wollen die ersten 1024 Bytes der Gerätedatei */dev/hda* (hier steht der Boot-Record und die Partitionstabelle dieser Festplatte) mit dem Befehl

```
dd if=/dev/hda of=/tmp/stuff bs=1k count=1
```

nach */tmp/stuff* kopieren. Wenn Sie in diesem Befehl nur `if` und `of` vertauschen, passiert etwas ganz anderes: Der Inhalt von */tmp/stuff* wird an den Anfang von */dev/hda* geschrieben. Falls */tmp/stuff* Datenmüll oder inkorrekte Daten enthält, haben Sie soeben Ihre Partitionstabelle und eventuell einen Superblock des Dateisystems zerstört. Willkommen in der wunderbaren Welt der Systemverwaltung!

Was wir sagen wollen, ist folgendes: Bevor Sie als **root** einen Befehl ausführen, sollten Sie sich erst einmal in Zurückhaltung üben. Starren Sie zunächst eine Minute lang auf den Befehl, vergewissern Sie sich, daß es ein sinnvoller Befehl ist, und drücken Sie erst dann ENTER. Falls Sie sich bei den Argumenten oder der Syntax nicht völlig sicher sind, sollten Sie zuerst in den Manpages nachlesen oder den Befehl in einer sicheren Umgebung ausprobieren, bevor Sie ihn abschicken. Sonst werden Sie solche Lektionen auf die harte Tour lernen – Fehler, die Sie als **root** begehen, können fatale Auswirkungen haben.

Auf vielen Systemen unterscheiden sich die Prompts für Root und die übrigen Benutzer – der klassische Root-Prompt enthält ein Doppelkreuz (#), während die Prompts für die anderen Benutzer entweder ein $ oder ein % enthalten. (Es liegt natürlich bei Ihnen, ob Sie dieser Konvention folgen wollen oder nicht, aber auf vielen Unix-Systemen wird dies so gehandhabt.) Obwohl der Prompt Sie daran erinnern soll, daß Sie gerade den Zauberstab schwingen, ist es nicht ungewöhnlich, daß Benutzer dies vergessen oder auch versehentlich einen Befehl im falschen Fenster oder auf der falschen Konsole ausführen lassen.

Wie alle mächtigen Werkzeuge kann auch der **Root**-Account mißbraucht werden. Es ist für Sie als Systemverwalter wichtig, daß Sie das **Root**-Paßwort geheimhalten. Wenn Sie es überhaupt jemals bekanntgeben, dann nur an solche Benutzer, denen Sie vertrauen (oder die für ihre Handlungen verantwortlich gemacht werden können). Wenn Sie der einzige Benutzer Ihres Systems sind, trifft dies natürlich nicht zu – es sei denn, Ihr System ist in ein Netzwerk eingebunden oder kann über eine Wählleitung erreicht werden.

Der größte Vorteil einer alleinigen Nutzung des **Root**-Accounts liegt aber nicht so sehr darin, daß die Möglichkeiten des Mißbrauchs minimiert werden, obwohl das sicherlich eine Folge davon ist. Wichtiger noch ist die Tatsache, daß Sie als einziger Nutzer des **Root**-Accounts die gesamte Systemkonfiguration kennen. Wenn außer Ihnen jemand die Möglichkeit hätte, zum Beispiel wichtige Systemdateien zu verändern (was wir in diesem Kapitel noch besprechen werden), dann könnte hinter Ihrem Rücken die Konfiguration des Systems geändert werden. Sie wären dann nicht mehr auf dem aktuellen Wissensstand, was die Arbeitsweise des Systems angeht. Wenn es nur einen Systemverwalter gibt, der für die Konfiguration des Systems verantwortlich ist, hat man immer die Gewähr, daß eine Person wirklich weiß, was auf dem System vor sich geht.

Außerdem wird – wenn auch andere Benutzer das **Root**-Paßwort kennen - die Wahrscheinlichkeit größer, daß irgendwann jemand unter dem **Root**-Account einen Fehler macht. Auch wenn Sie allen Leuten vertrauen können, die das **Root**-Paßwort benutzen, kann doch jedem einmal ein Fehler unterlaufen. Wenn Sie der alleinige Systemverwalter sind, brauchen Sie nur sich selbst die Schuld zu geben, wenn Ihnen als **root** der unvermeidbare menschliche Fehler passiert.

Nachdem wir das gesagt haben, wollen wir uns mit der eigentlichen Systemverwaltung unter Linux beschäftigen. Legen Sie Ihren Sicherheitsgurt an.

Das System booten

Es gibt verschiedene Möglichkeiten, Linux auf Ihrem System zu booten. Die gebräuchlichsten sind das Booten von der Festplatte und mittels einer Boot-Diskette. Oft hat die Installationsprozedur bereits eine oder beide dieser Möglichkeiten für Sie konfiguriert. Auf jeden Fall ist es wichtig, daß Sie verstehen, wie Sie den Boot-Vorgang selbst konfigurieren können.

Von einer Diskette booten

Im allgemeinen enthält eine Boot-Diskette für Linux einfach eine Kopie des Kernels (kernel image), die beim Booten des Systems in den Arbeitsspeicher geladen wird.[2]

Kapitel 7

Meistens ist die Kopie des Kernels komprimiert, wobei dieselben Algorithmen benutzt werden, mit denen auch das Komprimierungsprogramm *gzip* arbeitet (mehr dazu im Abschnitt »Den Kernel kompilieren« in Kapitel 7, *Software und den Kernel aktualisieren*). Dadurch ist es möglich, den Kernel, der mehr als ein Megabyte groß sein kann, auf wenige Hundert Kilobytes zu reduzieren. Ein Teil des Kernel-Codes wird nicht komprimiert – dieser Teil enthält die Routinen, die zum Entkomprimieren

2 Unter Linux kann eine Boot-Diskette auch einen LILO-Boot-Record enthalten, der dann das System von der Festplatte startet. Wir werden im nächsten Abschnitt darauf eingehen, wenn wir LILO besprechen.

und Laden der Kernel-Kopie in den Speicher benötigt werden. Der Kernel bereitet sich also beim Booten selbst vor, indem er sich in den Arbeitsspeicher entpackt.

In der Kopie des Kernels ist eine Reihe von Parametern enthalten, unter anderem der Gerätename, der beim Booten des Kernels als Root-Dateisystem benutzt werden soll. Ein anderer Parameter bezeichnet den Textmodus für die Systemkonsole. Alle diese Angaben können mit dem Befehl *rdev* geändert werden, den wir später in diesem Kapitel besprechen werden.

Kapitel 6

Nach dem Booten des Kernels versucht dieser, auf dem Gerätenamen, der in der Kernel-Kopie als Root fest codiert ist, ein Dateisystem aufzusetzen. Dieses Dateisystem wird das Root-Dateisystem sein, das heißt das Dateisystem auf /. Im Abschnitt »Mit Dateisystemen arbeiten« in Kapitel 6 gehen wir genauer auf Dateisysteme ein. Im Augenblick genügt es zu wissen, daß das Kernel-Image den Gerätenamen für das Root-Dateisystem enthalten muß. Falls der Kernel auf diesen Namen kein Dateisystem aufsetzen kann, wird er aufgeben und eine »kernel panic«-Meldung anzeigen. (Eine Kernel-Panik ist ein nicht behebbarer Fehler, der vom Kernel selbst gemeldet wird. Eine Panik wird immer dann auftreten, wenn der Kernel endgültig durcheinandergeraten ist und nicht weiterarbeiten kann. Falls der Kernel zum Beispiel einen Fehler enthält, könnte eine Panik entstehen, wenn er versucht, auf nicht vorhandenen Speicher zuzugreifen. Wir werden im Abschnitt »Die Rettung in der Not« in Kapitel 8, *Andere Administrationsaufgaben,* noch genauer auf die Kernel-Panik eingehen.)

Kapitel 8

Der Root-Gerätename in der Kernel-Kopie ist der Name Ihres Root-Dateisystems auf der Festplatte. Das bedeutet, daß der Kernel beim Booten eine Partition der Festplatte als Root-Dateisystem aufsetzt und die Kontrolle dann auf die Festplatte übergeht. Sobald der Kernel in den Speicher geladen wurde, bleibt er dort stehen – die Boot-Diskette wird dann nicht mehr benötigt (bis zum nächsten Boot-Vorgang).

Viele Linux-Distributionen legen bei der Installation des Systems eine solche Boot-Diskette an. Die Boot-Diskette bietet eine einfache Methode, Linux zu booten, wenn Sie nicht von der Festplatte booten möchten. (So sind zum Beispiel die Boot-Manager von OS/2 und Windows NT nicht ganz problemlos so einzurichten, daß sie Linux starten. Im nächsten Abschnitt erfahren Sie mehr darüber.) Sobald der Kernel von der Diskette gebootet hat, können Sie das Diskettenlaufwerk für andere Zwecke benutzen.

Mit einer Kopie des Kernels können Sie Ihre eigene Boot-Diskette erstellen. Auf vielen Linux-Systemen wird der Kernel in einer Datei namens */boot/vmlinuz* abgelegt.[3]

3 Woher stammt der merkwürdige Name? Auf vielen Unix-Systemen liegt der Kernel in der Datei */vmunix*, wobei *vm* für *virtual memory* steht. Natürlich muß Linux wieder anders sein, deshalb nennt man seine Kernel-Kopien *vmlinux* und speichert sie im Verzeichnis */boot*, um sie aus dem Root-Verzeichnis herauszuhalten. Der Name *vmlinuz* wurde gewählt, um komprimierte Kernel-Kopien von den unkomprimierten zu unterscheiden. Eigentlich spielen Name und Speicherort des Kernels absolut keine Rolle, solange Sie entweder eine Boot-Diskette mit Kernel benutzen oder aber LILO mitteilen, wo er ein Kernel-Image findet.

Dies ist allerdings keine allgemeingültige Regel; andere Linux-Systeme speichern den Kernel in */vmlinuz* oder */vmlinux*, wieder andere zum Beispiel in */Image*. (Falls Sie mehrere Kernel-Kopien haben, können Sie mittels LILO bestimmen, welcher Kernel gebootet werden soll. Lesen Sie dazu den nächsten Abschnitt.) Beachten Sie auch, daß neu installierte Linux-Systeme eventuell keine Kopie des Kernels auf die Festplatte geschrieben haben, wenn eine Boot-Diskette erstellt wurde. Sie können aber auf jeden Fall Ihren eigenen Kernel erstellen. Das ist immer eine gute Idee – dabei können Sie den Kernel so »anpassen«, daß nur die Treiber für die tatsächlich vorhandene Hardware eingebunden werden. Lesen Sie hierzu den Abschnitt »Den Kernel kompilieren« in Kapitel 7.

Kapitel 7

Los geht's. Nehmen wir an, daß eine Kopie des Kernels in der Datei */boot/vmlinuz* steht. Der erste Schritt zur Erstellung einer Boot-Diskette ist, mittels *rdev* als Root-Gerätenamen den Namen Ihres Linux-Root-Dateisystems anzugeben. (Falls Sie den Kernel selbst erstellt haben, sollte dies schon geschehen sein, aber es kann nicht schaden, wenn Sie das mit *rdev* überprüfen.) Wir haben das Anlegen des Root-Dateisystems in den Abschnitten »Laufwerke und Partitionen unter Linux« und »Linux-Partitionen anlegen« in Kapitel 3, *Installation und erste Konfigurationsarbeiten,* beschrieben.

Kapitel 3

Geben Sie als **root** den Befehl *rdev -h* ein, und Sie bekommen eine Online-Hilfe angezeigt. Sie werden feststellen, daß es eine ganze Reihe von Optionen gibt, mit denen Sie die Gerätedateien für Root (dabei sind wir gerade) und Swap, die Größe der RAM-Disk usw. bestimmen können. Meistens brauchen Sie sich an dieser Stelle mit den anderen Optionen nicht zu befassen.

Wenn Sie den Befehl *rdev /boot/vmlinuz* eingeben, wird das Root-Verzeichnis angezeigt, das im Kernel */boot/vmlinuz* einprogrammiert ist:

```
courgette:/# rdev /boot/vmlinuz
Root device /dev/hda1
```

Falls dies nicht korrekt ist und sich das Root-Dateisystem von Linux in Wirklichkeit auf */dev/hda3* befindet, sollten Sie das mit

```
courgette:/# rdev /boot/vmlinuz /dev/hda3
courgette:/#
```

ändern. *rdev* gehört zu den eher schweigsamen Befehlen – bei der Festlegung des Root-Verzeichnisses wird keinerlei Meldung ausgegeben. Führen Sie deshalb *rdev /boot/vmlinuz* noch einmal aus, um den letzten Schritt zu überprüfen. Alternativ zur Verwendung von *rdev* können Sie das Root-Dateisystem auch mit LILO bestimmen, wie im nächsten Abschnitt beschrieben. Die Eintragung in der LILO-Konfigurationsdatei hat Vorrang vor dem Eintrag im Kernel.

Jetzt sind Sie soweit, daß Sie die Boot-Diskette erstellen können. Nehmen Sie dazu am besten eine neue, formatierte Diskette; sie kann unter DOS oder mit *fdformat* unter Linux formatiert worden sein. Mit *fdformat* werden auch die Informationen

Kapitel 6

zu Spuren und Sektoren auf der Diskette abgelegt, so daß das System die Kapazität der Diskette selbst erkennt.[4] (Im Abschnitt »Mit Dateisystemen arbeiten« in Kapitel 6 finden Sie mehr Informationen zum Gebrauch von Disketten.)

Mit dem Befehl *dd* können Sie das Kernel-Image auf eine Diskette kopieren, um eine Boot-Diskette zu erstellen:

```
courgette:/# dd if=/boot/vmlinuz of=/dev/fd0 bs=8192
```

Falls es Sie interessiert: Sie finden eine ausführliche Beschreibung von *dd* in seiner Manpage. Hier nur soviel: Sie kopieren damit die Eingabedatei (Option *if*) namens */boot/vmlinuz* in die Ausgabedatei (Option *of*) */dev/fd0*, das heißt das erste Diskettenlaufwerk. Die Blockgröße ist 8192 Bytes. Natürlich ließe sich das auch mit dem Prolo-Befehl *cp* erledigen, aber wir Unix-Systemverwalter benutzen lieber kryptische Befehle, auch um relativ einfache Dinge durchzuführen. Das ist der Unterschied zwischen uns und Normalsterblichen!

Kapitel 8

Damit sollte Ihre Boot-Diskette fertig sein. Fahren Sie das System herunter (mit *shutdown*; lesen Sie dazu den Abschnitt »Das System herunterfahren«), und booten Sie mit dieser Diskette. Wenn alles klappt, wird Ihr Linux-System starten wie immer. Vielleicht ist es eine gute Idee, eine zweite Boot-Diskette als Reserve anzulegen. Im Abschnitt »Die Rettung in der Not« in Kapitel 8 beschreiben wir, wie Sie sich mit Hilfe einer Boot-Diskette aus einem Systemabsturz retten können.

LILO benutzen

LILO ist ein Boot-Manager, der beliebige Betriebssysteme einschließlich Linux booten kann, die auf Ihrem System installiert sind. Es gibt Dutzende von Möglichkeiten, LILO zu konfigurieren. Wir wollen hier die beiden am häufigsten eingesetzten Methoden beschreiben – die Installation von LILO im Master-Boot-Record Ihrer Festplatte sowie LILO als sekundärer Boot-Loader nur für Linux.

LILO ist die übliche Methode, Linux von der Festplatte zu booten. (Mit »Booten von der Festplatte« meinen wir, daß der Kernel von vornherein auf der Festplatte steht und keine Boot-Diskette benötigt wird. Erinnern Sie sich aber daran, daß auch beim Booten von einer Diskette die Kontrolle an die Festplatte abgegeben wird, sobald der Kernel in den Speicher geladen wurde.) Wenn LILO im Master-Boot-Record (MBR) Ihrer Festplatte steht, ist er der erste Programmcode, der beim Laden der Festplatte ausgeführt wird. LILO ist in der Lage, anschließend andere Betriebssysteme zu booten – etwa Linux oder DOS. Dabei können Sie während des Boot-Vorgangs entscheiden, welches Betriebssystem geladen werden soll.

Allerdings benutzen sowohl OS/2 als auch Windows NT ihren eigenen Boot-Manager, der den MBR belegt. Wenn Sie mit einem dieser Systeme arbeiten, werden Sie LILO als »sekundären« Boot-Loader speziell für Linux installieren müssen, falls Linux von der Festplatte gestartet werden soll. In diesem Fall wird LILO nur im

4 In der Debian-Distribution gibt es kein *fdformat*, verwenden Sie statt dessen das Programm mit der aussagekräftigen Bezeichnung *superformat*.

Boot-Record der Root-Partition von Linux installiert, und die Boot-Manager von OS/2 oder Windows NT rufen LILO auf, wenn Sie Linux booten möchten.

Wir werden allerdings noch feststellen, daß die Boot-Manager von OS/2 und Windows NT sich irgendwie unkooperativ verhalten, wenn sie LILO aufrufen sollen. Dies wäre deshalb eine ungünstige Systemkonfiguration. Wenn Sie unbedingt einen dieser beiden Boot-Manager benutzen müssen, könnte es einfacher sein, Linux von einer Diskette zu starten. Lesen Sie weiter.

Die Verwendung von LILO mit Windows 95/98 ist dagegen ziemlich einfach. Sie können LILO zum Booten von Windows 95/98 genauso konfigurieren wie zum Booten von MS-DOS (siehe nächster Abschnitt). Wenn Sie aber Windows 95/98 installieren, nachdem Sie LILO installiert haben, müssen Sie LILO neu installieren (weil das Installationsprogramm von Windows 95/98 freundlicherweise den MBR Ihrer ersten Festplatte überschreibt). Stellen Sie nur sicher, daß Sie über eine Linux-Boot-Diskette verfügen, damit Sie Linux booten und LILO neu installieren können.

Bevor wir weitermachen, sollten wir noch darauf hinweisen, daß einige Linux-Distributionen beim Einspielen der Software auch LILO installieren und konfigurieren. Manchmal ist es allerdings günstiger, LILO selbst zu konfigurieren, damit wirklich alles korrekt eingerichtet wird.

Die Datei /etc/lilo.conf

Der erste Schritt zur Einrichtung von LILO ist das Erstellen der Konfigurationsdatei, die sich in der Regel in */etc/lilo.conf* befindet. (Auf manchen Systemen auch in */boot/lilo.conf* oder */etc/lilo/config*.)

Wir werden uns eine *lilo.conf*-Datei Zeile für Zeile ansehen. Sie können diese Datei als Grundlage für Ihre eigene *lilo.conf* benutzen und sie an Ihr System anpassen.

Im ersten Teil der Datei werden einige grundlegende Parameter gesetzt.

```
boot = /dev/hda
compact
install = /boot/boot.b
map = /boot/map
```

Die `boot`-Zeile gibt den Gerätenamen an, in dessen Boot-Record LILO sich selbst installieren soll. In diesem Beispiel wollen wir LILO im Master-Boot-Record von */dev/hda* einrichten, der ersten Nicht-SCSI-Festplatte. Falls Sie von einer SCSI-Platte booten, geben Sie statt dessen einen Gerätenamen wie etwa */dev/sda* an. Wenn Sie den Namen einer Partition (zum Beispiel */dev/hda2*) statt den Namen einer Festplatte angeben, wird LILO als sekundärer Boot-Loader in der angegebenen Partition installiert. (Debian-Benutzer sollten das immer so machen.) Wir werden das etwas später noch genauer besprechen.

Die Zeile `compact` läßt LILO einige Optimierungen durchführen. Geben Sie diese Zeile immer an, es sei denn, Sie wollen ernsthaft mit der Konfiguration von LILO experimentieren.[5] Ebenso sollten Sie auf jeden Fall die `install`- und `map`-Zeilen angeben. `install` bezeichnet die Datei, die den Boot-Sektor enthält, der im MBR benutzt werden soll. `map` gibt die »Map-Datei« an, die LILO bei der Installation erstellt. Diese Dateien sollten im Verzeichnis */boot* stehen, obwohl sie auf einigen Systemen auch unter */etc/lilo* zu finden sind. Die Datei */boot/map* wird erst bei der Installation von LILO angelegt.

Anschließend fügen wir für jedes Betriebssystem, das LILO booten soll, noch eine »Strophe« in */etc/lilo.conf* ein. Eine Linux-Strophe könnte zum Beispiel so aussehen:

```
# Strophe für Linux mit Root-Partition auf /dev/hda2.
   image = /boot/vmlinuz    # Lage des Kernels
   label = linux            # Name des Betriebssystems (für LILO-Boot-Menü)
   root = /dev/hda2         # Lage der Root-Partition
   vga = ask                # VGA-Textmodus beim Booten abfragen
```

Die `image`-Zeile gibt den Namen der Kernel-Kopie an. Untergeordnete Felder sind zum Beispiel `label`, das diese Strophe mit einem Namen versieht, der auch im Boot-Menü von LILO erscheint (mehr dazu weiter unten). `root` benennt die Root-Partition von Linux, und `vga` bezeichnet den zu wählenden Textmodus für die Systemkonsole.

Gültige Einträge in der `vga`-Zeile sind `normal` (für normale 80x25-Bildschirme), `extended` (für erweiterte Textmodi wie 132x44 oder 132x60), `ask` (bewirkt, daß der Textmodus beim Booten abgefragt wird) oder ein Integerwert (1, 2 usw.). Dieser Wert entspricht der Nummer des Modus, den Sie bei der Option `ask` auswählen. Es hängt von Ihrer Grafikkarte ab, welche Textmodi vorhanden sind. Mit `vga = ask` erhalten Sie eine Liste der Optionen.

Falls Sie mehrere Linux-Kernel haben, die Sie booten möchten – zum Beispiel zum Debuggen des Kernels –, können Sie für jeden Kernel eine `image`-Strophe einfügen. Nur der Unterpunkt `label` muß vorhanden sein. Wenn Sie **root** oder `vga` nicht angeben, werden die Voreinstellungen benutzt, die mittels *rdev* in der Kernel-Kopie selbst abgelegt wurden. Falls Sie **root** oder `vga` angeben, haben diese Angaben Vorrang vor denen, die Sie eventuell mit *rdev* eingestellt haben. Wenn Sie Linux unter Benutzung von LILO starten, besteht deshalb keine Notwendigkeit mehr, *rdev* zu benutzen – die LILO-Konfiguration setzt diese Parameter für Sie.

Eine Strophe für das Booten von MS-DOS oder Windows 95/98 würde so aussehen:

```
# Strophe für MS-DOS/Win 95/98-Partition auf /dev/hda1.
   other = /dev/hda1     # Lage der Partition
   table = /dev/hda      # Lage der Partitionstabelle für /dev/hda2
   label = msdos         # Name des Betriebssystems (für das Boot-Menü)
```

5 In manchen Fällen benötigen Sie die Option `linear`, die sich nicht mit `compact` verträgt. In diesen Fällen sollten Sie die LILO-Dokumentation lesen.

Mit einer ähnlichen Strophe können Sie auch OS/2 von LILO aus booten (die `label`-Zeile muß natürlich anders lauten).

Wenn Sie eine DOS- oder Windows 95-Partition booten wollen, die auf der zweiten Festplatte steht, sollten Sie die Zeile

```
loader = /boot/any_d.b
```

im Punkt `other` der DOS-Strophe einfügen. Für OS/2-Partitionen auf der zweiten Festplatte geben Sie ein:

```
loader = /boot/os2_d.b
```

Es gibt viele weitere Optionen zur Konfiguration von LILO. Die LILO-Distribution selbst (gibt es bei den meisten Linux-FTP-Servern und -Distributionen) enthält eine ausführliche Beschreibung aller Optionen. Die hier besprochenen Hinweise sollten allerdings für die meisten Systeme ausreichen.

Nachdem Sie Ihre */etc/lilo.conf* erstellt haben, können Sie als **root** folgenden Befehl ausführen lassen:

```
/sbin/lilo
```

Danach sollte etwa folgende Information angezeigt werden:

```
courgette:/# /sbin/lilo
Added linux
Added msdos
courgette:/#
```

Mit dem Schalter *-v* gibt *lilo* weitere Informationen aus, die hilfreich sind, wenn etwas nicht funktioniert hat. Die Option *-C* erlaubt die Benutzung einer anderen Konfigurationsdatei als */etc/lilo.conf*.

Nach diesem Schritt sind Sie soweit, daß Sie das System herunterfahren können (lesen Sie gegebenenfalls den Abschnitt »Das System herunterfahren« zu diesem Thema), um es anschließend neu zu starten und weiter zu erforschen. Per Voreinstellung werden die Befehle in der Strophe zum ersten Betriebssystem in */etc/lilo.conf* ausgeführt. Wenn Sie einen anderen Kernel oder ein anderes Betriebssystem aus */etc/lilo.conf* auswählen möchten, halten Sie die SHIFT-, ALT- oder STRG-Taste gedrückt oder betätigen Sie einmal die Feststelltaste, während das System bootet. Das sollte den LILO-Boot-Prompt auf den Bildschirm bringen:

```
boot:
```

An dieser Stelle erhalten Sie durch Drücken von TAB eine Liste der vorhandenen Boot-Optionen:

```
boot: tab-taste
linux msdos
```

Dies sind die Namen, die in den `label`-Zeilen in */etc/lilo.conf* angegeben wurden. Geben Sie den Namen des entsprechenden Betriebssystems ein, und es wird starten. In unserem Beispiel würde nach der Eingabe von `msdos` von */dev/hda1* aus MS-DOS gebootet – wie wir es in der Datei *lilo.conf* vorgesehen haben.

LILO als sekundärer Boot-Loader

Wenn Sie den Boot-Manager von OS/2 oder NT benutzen, die Debian-Distribution verwenden oder nicht möchten, daß LILO den Master-Boot-Record Ihrer Festplatte belegt, können Sie LILO als sekundären Boot-Loader konfigurieren, der nur im Boot-Record Ihrer Linux-Partition steht.

Dazu ändern Sie einfach die Zeile `boot = ...` in */etc/lilo.conf* so, daß sie den Namen der Root-Partition von Linux enthält. Ein Beispiel:

```
boot = /dev/hda2
```

installiert LILO im Boot-Record von */dev/hda2*, so daß nur Linux gebootet wird. Dies funktioniert nur für primäre Partitionen (also nicht für erweiterte oder logische Partitionen). Auf Debian-Systemen kann der Boot-Loader das Betriebssystem allerdings von einer erweiterten (aber nicht von einer logischen) Partition booten. Damit Linux auf diesem Wege gebootet werden kann, sollte seine Root-Partition in der Partitionstabelle als »active« markiert werden. Das können Sie mit *fdisk* unter Linux oder DOS erledigen. Beim Booten des Systems wird das BIOS den Boot-Record der ersten »aktiven« Partition lesen und Linux starten.

Wenn Sie den Boot-Manager von OS/2 oder Windows NT benutzen, sollten Sie LILO auf diese Weise installieren. Teilen Sie dann dem Boot-Manager mit, daß er ein weiteres Betriebssystem aus dieser Partition der Festplatte heraus booten kann. Es hängt vom betreffenden Boot-Manager ab, wie Sie ihm das mitteilen. Lesen Sie die Details dazu in der Dokumentation nach.

Obwohl LILO mit dem Boot-Manager von OS/2 zusammenarbeitet, ist es manchmal schwierig, alles korrekt einzurichten. Das Problem liegt darin, daß der Boot-Manager von OS/2 die Partitionen nicht erkennt, die Sie mit *fdisk* von Linux angelegt haben. Der Ausweg aus dieser Situation ist das Einrichten der Linux-Partitionen mit *fdisk* von OS/2 mit anschließender Formatierung zum Beispiel als Partition mit dem Typ DOS-FAT. OS/2 wird diese Partitionen erkennen, und Sie können anschließend mit *fdisk* von Linux die Partitionstypen `Linux native` und `Linux swap` einstellen, wie wir das im Abschnitt »Linux-Partitionen anlegen« in Kapitel 3 beschrieben haben. Anschließend können Sie Linux in diesen Partitionen installieren und dabei LILO im Boot-Record der Root-Partition von Linux unterbringen – dann wird (hoffentlich) alles funktionieren.

Kapitel 3

Warum erzählen wir Ihnen das jetzt? Weil der Boot-Manager von OS/2 nicht korrekt funktioniert, wenn es um das Booten von ihm unbekannten Betriebssystemen geht. Statt des OS/2-Boot-Managers können Sie aber auch LILO im MBR Ihrer Festplatte installieren und auf diesem Wege OS/2 booten. Fügen Sie dazu für OS/2 eine weitere `other...`-Strophe in der Datei */etc/lilo.conf* ein, wie Sie es auch für MS-DOS getan haben. Eine andere Möglichkeit besteht darin, Linux einfach von einer Diskette zu starten – oder, noch besser, auf OS/2 ganz zu verzichten. Aber wir wollen nicht vom Thema abkommen.

Die Boot-Optionen festlegen

Die Wahrscheinlichkeit ist groß, daß Sie bei der Linux-Installation von einer Diskette oder CD-ROM gebootet haben und dann den inzwischen bekannten Boot-Prompt von LILO sahen. An diesem Prompt können Sie eine Reihe von Boot-Optionen eingeben, zum Beispiel:

```
hd=zylinder,köpfe,sektoren
```

Kapitel 3

Damit geben Sie dem System die Geometrie der Festplatte bekannt. Es kann sein, daß Sie bei jedem Booten diese Parameter angeben müssen, damit Ihre Hardware korrekt erkannt wird, wie wir das im Abschnitt »Linux booten« in Kapitel 3 beschrieben haben. Wenn Sie LILO benutzen, um Linux von der Festplatte zu booten, können Sie diese Parameter auch in */etc/lilo.conf* spezifizieren, statt sie immer wieder am Boot-Prompt einzugeben. Fügen Sie dazu in *lilo.conf* im Linux-Abschnitt eine Zeile wie

```
append = "hd=683,16,38"
```

ein. Damit bewirken Sie, daß sich das System gerade so verhält, als ob Sie `hd=683,16,38` am LILO-Boot-Prompt eingegeben hätten. Sie können in einer `append`-Zeile mehrere Boot-Optionen angeben, etwa so:

```
append = "hd=683,16,38 hd=64,32,202"
```

In diesem Beispiel haben wir die Geometrien für die erste bzw. zweite Festplatte bekanntgegeben.

Beachten Sie, daß Sie solche Boot-Optionen nur dann angeben müssen, wenn der Kernel Ihre Hardware beim Booten nicht korrekt erkennt. Sie werden aufgrund der Erfahrungen bei der Installation von Linux bereits wissen, ob dies notwendig ist. Im allgemeinen gilt, daß eine `append`-Zeile in *lilo.conf* nur dann nötig ist, wenn Sie auch beim Booten vom Linux-Installationsmedium bereits solche Angaben machen mußten.

Es gibt noch einige weitere Boot-Optionen. Die meisten werden zur Erkennung von Hardware benötigt, was wir bereits in Kapitel 2 besprochen haben. Vielleicht finden Sie aber auch einige der folgenden Optionen ganz nützlich:

`single`

Kapitel 8

Das System startet im Single-User-Modus (Ein-Benutzer-Modus); die Systemkonfiguration wird übersprungen, und es wird eine Root-Shell auf der Konsole gestartet. Weitere Hinweise hierzu finden Sie im Abschnitt »Die Rettung in der Not« in Kapitel 8.

`root=`*`partition`*
: Setzt die angegebene Partition als Linux-Root-Dateisystem auf. Diese Option hat Vorrang vor den Einträgen in */etc/lilo.conf*.

Kapitel 6

`ro` Setzt das Root-Dateisystem als read-only (nur lesbar) auf. Dies geschieht in der Regel vor der Ausführung von *fsck*; lesen Sie dazu den Abschnitt »Dateisysteme prüfen und reparieren« in Kapitel 6.

`ramdisk=`*`größe`*
: Gibt die Größe der RAM-Disk in Bytes an. Hat Vorrang vor Einträgen in */etc/lilo. conf*. Die meisten Benutzer brauchen sich über die Benutzung der RAM-Disk keine Gedanken zu machen, da sie in erster Linie bei der Installation benötigt wird.

`vga=`*`modus`*
: Bestimmt den VGA-Modus. Dies hat Vorrang vor Einträgen in */etc/lilo.conf*. Gültige Modi sind `normal`, `extended`, `ask` oder ein Integerwert. Diese Werte entsprechen den `vga =` -Werten, die in *lilo.conf* eingetragen werden; lesen Sie den Abschnitt »Die Datei /etc/lilo.conf«.

`mem=`*`groesse`*
: Teilt dem Kernel mit, wieviel RAM Sie haben. Wenn Sie 64 MB oder weniger haben, kann der Kernel diese Information aus dem BIOS bekommen, aber wenn Sie einen älteren Kernel verwenden und mehr Speicher haben, müssen Sie dem Kernel die genaue Menge mitteilen, ansonsten verwendet er nur die ersten 64 MB. Wenn Sie beispielsweise 128 MB haben, geben Sie `mem=128m` an. Glücklicherweise ist das bei neueren Kerneln nicht mehr notwendig.

Diese Optionen können alle sowohl am LILO-Boot-Prompt von Hand eingegeben als auch mit der Option `append` in */etc/lilo.conf* eingetragen werden.

LILO wird mit vollständiger Dokumentation ausgeliefert, in der alle Optionen beschrieben sind. Auf vielen Linux-Systemen findet sich diese Dokumentation in */usr/src/lilo* (auf Debian-Systemen in */usr/doc/lilo/Manual.txt.gz*). Falls Sie überhaupt keine Beschreibung auftreiben können, sollten Sie sich die LILO-Distribution von einem der Linux-Server holen oder Ihren Händler bitten, den Quellcode und die Dokumentation von LILO zu besorgen. Zur Dokumentation gehören ein Handbuch, in dem die Konzepte rund um LILO im Detail beschrieben werden, sowie eine README-Datei mit Ausschnitten aus diesem Handbuch in Form von ASCII-Text.

LILO entfernen

Wenn Sie LILO im Master-Boot-Record installiert haben, führt der schnellste Weg zum Entfernen über den Befehl FDISK von DOS. Mit

```
FDISK /MBR
```

starten Sie FDISK und überschreiben den MBR mit einem gültigen DOS-Boot-Record.

LILO speichert Sicherungskopien Ihres Original-Boot-Records in den Dateien */boot/boot.0300* (bei IDE-Laufwerken) und */boot/boot.0800* (bei SCSI-Laufwerken). Diese Dateien enthalten den MBR im Zustand vor der Installation von LILO. Mit *dd* können Sie den Boot-Record auf der Festplatte durch diese Kopie ersetzen. Der Befehl

```
dd if=/boot/boot.0300 of=/dev/hda bs=446 count=1
```

kopiert die ersten 446 Bytes der Datei */boot/boot.0300* nach */dev/hda*. Obwohl die Dateien 512 Bytes lang sind, sollten nur die ersten 446 Bytes auf den MBR zurückkopiert werden.

Seien Sie sehr vorsichtig, wenn Sie diesen Befehl ausführen lassen! Dies ist eine der Stellen, an denen das gedankenlose Eingeben von Befehlen aus einem Buch wirklich Schaden anrichten kann, wenn Sie nicht wissen, was Sie eigentlich tun. Wenden Sie diese Methode nur als letzten Ausweg an – und nur, wenn Sie sicher sind, daß */boot/boot.0300* oder */boot/boot.0800* genau den Boot-Record enthält, den Sie brauchen. Viele Linux-Distributionen enthalten unbrauchbare Versionen dieser Dateien; vielleicht ist es besser, sie vor der Installation von LILO zu löschen.

In der Dokumentation zu LILO finden Sie weitere Hinweise zum Entfernen und Debuggen Ihrer LILO-Konfiguration.

Systemstart und -initialisierung

In diesem Abschnitt werden wir besprechen, was genau beim Booten des Systems passiert. Zur Durchführung einiger Systemkonfigurationen ist das Verständnis dieser Vorgänge und der beteiligten Dateien unerläßlich.

Boot-Meldungen des Kernels

Der erste Schritt ist das Booten des Kernels. Wie wir im vorhergehenden Abschnitt gezeigt haben, kann dies von einer Diskette oder von der Festplatte geschehen. Während der Kernel in den Arbeitsspeicher geladen wird, erscheinen auf der Systemkonsole Meldungen, die aber normalerweise auch in den Protokolldateien des Systems gespeichert werden. Als Superuser können Sie immer in der Datei */var/log/messages* nachsehen (diese Datei enthält auch Meldungen, die der Kernel während der Laufzeit des Systems ausgibt). Der Befehl *dmesg* gibt die Meldungen aus dem Ring-Buffer des Kernels aus; direkt nach dem Booten sind das natürlich die Boot-Meldungen, die etwa so aussehen können (auf Ihrem System kann es auch andere Meldungen geben, auch in einer anderen Reihenfolge):

```
Console: 16 point font, 480 scans
Console: colour VGA+ 80x30, 1 virtual console (max 63)
pcibios_init : BIOS32 Service Directory structure at 0x000fb1d0
pcibios_init : BIOS32 Service Directory entry at 0xfb5a0
```

```
pcibios_init : PCI BIOS revision 2.00 entry at 0xfb5d0
Probing PCI hardware.
Calibrating delay loop.. ok - 36.04 BogoMIPS
Memory: 14984k/16384k available (552k kernel code, 384k reserved,\
464k data)
Swansea University Computer Society NET3.035 for Linux 2.0
NET3: Unix domain sockets 0.13 for Linux NET3.035.
Swansea University Computer Society TCP/IP for NET3.034
IP Protocols: ICMP, UDP, TCP
VFS: Diskquotas version dquot_5.6.0 initialized
Checking 386/387 coupling... Ok, fpu using exception 16 error\
reporting.
Checking 'hlt' instruction... Ok.
Intel Pentium with F0 0F bug - workaround enabled.
alias mapping IDT readonly ...  ... done
Linux version 2.0.35 (root@rabbit) (gcc version egcs-2.90.29\
980515 (egcs-1.0.3 release)) #3 Fri Nov 13 15:07:45 CET 1998
Starting kswapd v 1.4.2.2
Serial driver version 4.13 with no serial options enabled
tty00 at 0x03f8 (irq = 4) is a 16550A
tty01 at 0x02f8 (irq = 3) is a 16550A
APM BIOS not found.
Real Time Clock Driver v1.09
Configuring Adaptec (SCSI-ID 7) at IO:330, IRQ 11, DMA priority 5
scsi0 : Adaptec 1542
scsi : 1 host.
  Vendor: IBM       Model: DORS-32160       Rev: WA0A
  Type:   Direct-Access                     ANSI SCSI revision: 02
Detected scsi disk sda at scsi0, channel 0, id 0, lun 0
  Vendor: SANYO     Model: CRD-254S         Rev: 1.05
  Type:   CD-ROM                            ANSI SCSI revision: 02
Detected scsi CD-ROM sr0 at scsi0, channel 0, id 4, lun 0
scsi : detected 1 SCSI cdrom 1 SCSI disk total.
SCSI device sda: hdwr sector= 512 bytes. Sectors= 4226725 [2063 MB]\
[2.1 GB]
Partition check:
 sda: sda1 sda2 sda3
VFS: Mounted root (ext2 filesystem) readonly.
Adding Swap: 130748k swap-space (priority -1)
lp1 at 0x0378, (polling)
3c59x.c:v0.99E 5/12/98 Donald Becker http://cesdis.gsfc.nasa.gov/\
linux/drivers/vortex.html
eth0: 3Com 3c905B Cyclone 100baseTx at 0x6000, 00:10:4b:45:1d:53,\
IRQ 12
  8K byte-wide RAM 5:3 Rx:Tx split, 10baseT interface.
  Enabling bus-master transmits and whole-frame receives.
ISDN subsystem Rev: 1.44/1.41/1.47/1.28/none loaded
```

```
HiSax: Driver for Siemens chip set ISDN cards
HiSax: Version 2.1
HiSax: Revisions 1.15/1.10/1.10/1.30/1.8
HiSax: Total 1 card defined
HiSax: Card 1 Protocol EDSS1 Id=teles (0)
HiSax: Teles IO driver Rev. 1.11
HiSax: Teles 16.3 config irq:5 isac:980  cfg:d80
HiSax: hscx A:180  hscx B:580
Teles3: HSCX version A: V2.1  B: V2.1
Teles3: ISAC 2086/2186 V1.1
HiSax: DSS1 Rev. 1.16
HiSax: 2 channels added
HiSax: module installed
inserting floppy driver for 2.0.35
Floppy drive(s): fd0 is 1.44M
FDC 0 is an 8272A
```

Es ist der Kernel selbst, der diese Meldungen ausgibt, wenn die Gerätetreiber initialisiert werden. Welche Meldungen ausgegeben werden, hängt davon ab, welche Treiber in Ihren Kernel kompiliert sind und welche Hardware in Ihr System eingebunden ist. Im folgenden beschreiben wir, was die einzelnen Meldungen bedeuten.

Zuerst meldet der Kernel, welchen Konsolenzeichensatz er gewählt und welchen Konsolentyp er erkannt hat. Das betrifft übrigens nur den vom Kernel verwendeten Textmodus und nicht die Fähigkeiten Ihrer Grafikkarte. (Was den Konsolentreiber angeht, wird eine SVGA-Karte als `VGA+` gemeldet.)

Als nächstes sammelt der Kernel Informationen über den PCI-Bus und meldet, welche PCI-Karten er im System gefunden hat.

Die nächste Meldung zeigt die Berechnung der »BogoMips« für Ihren Prozessor. Es handelt sich um eine absolut falsche Berechnung (bogus = Schwindel – daher der Name), die zur optimalen Gestaltung der Warteschleifen in einigen Gerätetreibern benutzt wird. Der Kernel gibt außerdem Informationen zum Arbeitsspeicher aus:

```
Memory: 14984k/16384k available (552k kernel code, 384k reserved, 464k data)
```

In diesem Beispiel stehen dem System 14 984 Kilobytes an RAM zur Verfügung. Demnach belegt der Kernel selbst 1 500 Kilobytes.

Anschließend wird das Netzwerk-Subsystem im Kernel initialisiert und der Prozessortyp abgefragt. Sie sehen an der Meldung:

```
Intel Pentium with F0 0F bug - workaround enabled.
```

daß der Kernel schlau genug ist, den berühmten Pentium-Fehler zu entdecken und zu umgehen. Die Zeile

```
Linux version 2.0.35 (root@rabbit) (gcc version egcs-2.90.29 980515\
(egcs-1.0.3 release)) #3 Fri Nov 13 15:07:45 CET 1998
```

teilt Ihnen die Versionsnummer des Kernels mit und wer diesen auf welchem Rechner kompiliert hat. (In diesem Fall war das der Benutzer **root** auf dem Rechner mit dem Namen **rabbit** mit dem Compiler **egcs 1.0.3**.) Daraufhin wird der serielle Treiber initialisiert, was für jede erkannte serielle Schnittstelle eine Meldung ausgibt. Die Zeile

```
tty00 at 0x3f8 (irq = 4) is a 16550A
```

besagt, daß die erste serielle Schnittstelle (*/dev/tty00* oder COM1) an der Adresse 0x3f8 und dem IRQ 4 entdeckt wurde und dafür die Funktionen für den UART 16550A verwendet werden. Als nächstes kommt die Konfiguration und Überprüfung des SCSI-Controllers. Der Kernel gibt Informationen über alle gefundenen SCSI-Geräte aus. Die Zeile

```
Adding Swap: 130748k swap space (priority -1)
```

sagt Ihnen, wieviel Swap-Space der Kernel gefunden hat. Zu den weiteren Aktionen bei einem typischen Boot-Vorgang gehören das Finden und Konfigurieren einer parallelen Schnittstelle (`lp1`), das Finden und Konfigurieren einer Netzwerkkarte und schließlich das Einrichten des ISDN-Subsystems. Als letztes wird das Auffinden eines Diskettenlaufwerks gemeldet. Je nach Hardware werden noch andere Meldungen ausgegeben.

init, inittab und rc-Dateien

Nach der Initialisierung der Gerätetreiber führt der Kernel das Programm *init* aus, das in einem der Verzeichnisse */etc*, */bin* oder */sbin* steht (auf den meisten Systemen in */sbin/init*). *init* ist ein Programm mit mehreren Aufgaben, das neue Prozesse erzeugt und bestimmte Programme nach deren Terminierung wieder startet. So läuft zum Beispiel auf jeder virtuellen Konsole ein *getty*-Prozeß, der von *init* gestartet wird. Wenn Sie an einer der virtuellen Konsolen eine Login-Sitzung beenden, terminiert der *getty*-Prozeß, und *init* startet einen neuen, damit Sie wieder einloggen können.

init ruft außerdem beim Booten des Systems eine Reihe von Programmen und Skripten auf. Die Datei */etc/inittab* kontrolliert sämtliche Aktionen von *init*. Jede Zeile dieser Datei hat das Format:

```
code:runlevel:aktion:befehl
```

`code` ist eine eindeutige Zeichenfolge aus ein oder zwei Zeichen, die jeden Eintrag in dieser Datei identifiziert. Einige dieser Einträge müssen einen bestimmten Code haben, damit sie korrekt funktionieren; mehr dazu erfahren Sie weiter unten.

`runlevel` ist eine Liste der »Runlevels«, auf denen der betreffende Eintrag ausgeführt werden soll. Ein Runlevel ist eine Ziffer oder ein Buchstabe zur Bezeichnung des aktuellen Systemzustands bei der Ausführung von *init*. Ein Beispiel: Wenn der Runlevel des Systems auf 3 geändert wird, werden diejenigen Einträge in */etc/inittab* ausgeführt, die im Feld Runlevel eine 3 stehen haben. Die Runlevels bieten eine

einfache Methode, die Einträge in */etc/inittab* gruppenweise zusammenzufassen. Sie könnten zum Beispiel festlegen, daß Runlevel 1 nur das notwendige Minimum an Skripten ausführt, Runlevel 2 alles aus Runlevel 1 und zusätzlich die Netzwerkkonfiguration durchführt, während Runlevel 3 alles aus Runlevel 1 und 2 sowie den Wählzugang zum System konfiguriert usw.

In der Regel brauchen Sie sich mit den Runlevels nicht weiter zu befassen. Das System begibt sich beim Booten auf den (in */etc/inittab*, darauf kommen wir noch) voreingestellten Runlevel. Bei den meisten Systemen ist das Runlevel 2 oder 3. Nachdem wir das normale Booten besprochen haben, zeigen wir Ihnen, wie Sie in einen anderen Runlevel kommen, den Sie manchmal benötigen – Runlevel 1 oder den Single-User-Modus.

Lassen Sie uns einen Blick auf die Beispieldatei */etc/inittab* werfen:

```
# Voreinstellung für Runlevel ist 3
id:3:initdefault:

# Beim Booten des Systems /etc/rc.d/rc.sysinit aufrufen
si:S:sysinit:/etc/rc.d/rc.sysinit

# /etc/rc.d/rc mit dem Runlevel als Argument ausführen
10:0:wait:/etc/rc.d/rc 0
11:1:wait:/etc/rc.d/rc 1
12:1:wait:/etc/rc.d/rc 2
13:3:wait:/etc/rc.d/rc 3
14:4:wait:/etc/rc.d/rc 4
15:5:wait:/etc/rc.d/rc 5
16:6:wait:/etc/rc.d/rc 6

# Wird beim 'Affengriff' STRG-ALT-ENTF ausgeführt
ca::ctrlaltdel:/sbin/shutdown -t3 -rf now

# agetty auf virtuellen Konsolen 1 bis 6 starten
c1:12345:respawn:/sbin/agetty 38400 tty1
c2:12345:respawn:/sbin/agetty 38400 tty2
c3:45:respawn:/sbin/agetty 38400 tty3
c4:45:respawn:/sbin/agetty 38400 tty4
c5:45:respawn:/sbin/agetty 38400 tty5
c6:45:respawn:/sbin/agetty 38400 tty6
```

Die einzelnen Felder sind durch Doppelpunkte voneinander getrennt. Das letzte Feld ist am leichtesten zu erkennen: Es handelt sich um den Befehl, den *init* beim entsprechenden Runlevel ausführt. Das erste Feld ist ein beliebiger Bezeichner (was Sie hier verwenden, ist egal, solange der Bezeichner eindeutig ist), das zweite gibt an, in welchen Runleveln der Befehl ausgeführt wird. Das dritte Feld teilt *init* mit, was genau mit diesem Befehl gemacht werden soll; beispielsweise ob dieser einmalig ausgeführt oder immer wieder neu gestartet werden soll, wenn der Befehl beendet wird.

Der tatsächliche Inhalt von */etc/inittab* hängt von Ihrem System und der Linux-Distribution ab, die Sie installiert haben.

In unserer Beispieldatei wird als erstes die Voreinstellung für den Runlevel auf 3 gesetzt. Das Feld Aktion für diesen Eintrag enthält `initdefault`, was zur Folge hat, daß der angegebene Runlevel zur Voreinstellung wird. Dies ist der Runlevel, der üblicherweise beim Booten des Systems benutzt wird. Sie können diese Voreinstellung überschreiben, indem Sie *init* mit dem gewünschten Runlevel von Hand aufrufen (zum Beispiel, wenn Sie Ihre Konfiguration debuggen). Beispielsweise beendet der folgende Befehl alle laufenden Prozesse und wechselt in den Runlevel 5 – warnen Sie alle Benutzer auf dem System, bevor Sie das tun:

```
tigger# init 5
```

LILO kann auch im Single-User-Modus booten (Runlevel 1) – lesen Sie dazu den Abschnitt »Die Boot-Optionen festlegen« weiter vorn in diesem Kapitel.

Kapitel 6

Der nächste Eintrag weist *init* an, beim Systemstart das Skript */etc/rc.d/rc.sysinit* auszuführen. (Das Feld Aktion enthält `sysinit`, was besagt, daß dieser Eintrag ausgeführt werden soll, wenn *init* beim Systemstart aufgerufen wird.) Diese Datei ist einfach ein Shell-Skript, das Befehle zur grundlegenden Systemkonfiguration enthält. Dazu gehören zum Beispiel das Anlegen der Swap-Partition, die Überprüfung und das Aufsetzen der Dateisysteme sowie die Synchronisation der Systemuhr mit der CMOS-Uhr. Sie können sich diese Datei auf Ihrem System ansehen; wir werden später in diesem Kapitel noch auf die darin enthaltenen Befehle eingehen. Lesen Sie auch die Abschnitte »Mit Dateisystemen arbeiten« und »Swap-Space benutzen« in Kapitel 6. In anderen Distributionen kann sich diese Datei auch an einer anderen Stelle befinden, beispielsweise in */sbin/init.d/boot* auf SuSE-Systemen.

Wie Sie sehen, wird danach das Skript */etc/rc.d/rc* ausgeführt, wenn einer der Runlevel 0 bis 6 erreicht wird, wobei der jeweilige Runlevel als Argument übergeben wird. *rc* ist ein allgemeines Startup-Skript, das die anderen Skripten, die zum jeweiligen Runlevel gehören, ausführt. Das Feld Aktion enthält bei diesem Eintrag `wait`, womit erreicht wird, daß *init* den betreffenden Befehl ausführt und erst nach der Beendigung dieses Befehls irgendeine andere Aktion startet.

rc-Dateien

Kapitel 4

Linux verwendet eine alte Unix-Konvention und legt Startbefehle in Dateien mit *rc* im Namen ab. Diese Befehle erledigen alles, was notwendig ist, um ein funktionierendes System zu bekommen. Dazu gehört beispielsweise das Starten der in Kapitel 4 erwähnten Server und Dämonen. Dank dieser Befehle wird das System vollständig mit Protokollfähigkeiten, Mail- und Webserver oder was auch immer Sie gerade installiert haben gestartet. Wie im vorigen Abschnitt erwähnt, werden diese Dateien aus */etc/inittab* heraus gestartet. Es handelt sich bei diesen Befehlen um ganz normale Shell-Befehle, und Sie können einfach in einige *rc*-Dateien hineinschauen, um zu sehen, was diese so tun.

In diesem Abschnitt beschreiben wir die Struktur der *rc*-Dateien, damit Sie wissen, wo alles anfängt, und in den seltenen Fällen, in denen das System nicht so will wie Sie, Server von Hand starten und anhalten können. Wir verwenden Red Hat als Beispiel, aber wenn Sie einmal das Prinzip verstanden haben, dann sollten Sie sich auf jedem System zurechtfinden können.

Auf Red Hat-Systemen ist die grundlegende *rc*-Datei */etc/rc.d/rc*. Der Pfad ist auf anderen Systemen etwas anders (beispielsweise */etc/init.d/rc* auf Debian-Systemen), aber die Inhalte sind sehr ähnlich. Im vorigen Abschnitt konnten Sie sehen, wie */etc/inittab* das Skript in verschiedenen Situationen mit einer Zahl zwischen 0 und 6 als Argument aufruft. Diese Zahlen entsprechen den Runleveln, und jede führt dazu, daß die *rc*-Dateien einen anderen Satz von Skripten aufrufen. Als nächstes müssen wir also die zu einem Runlevel passenden Skripten finden.

Auf Red Hat-Systemen sind die Skripten für die einzelnen Runlevel im Verzeichnis */etc/rc.d/rcN* abgelegt, wobei *N* für den zu startenden Runlevel steht. Für den Runlevel 3 werden also die Skripten in */etc/rc.d/rc3* verwendet. Auch hier kann es bei anderen Distributionen wieder anders aussehen, bei Debian heißt das Verzeichnis beispielsweise */etc/rcN.d*.

Wenn Sie in eines dieser Verzeichnisse hineinschauen, werden Sie eine Reihe von Dateinamen der Form *Snnxxxx* und *Knnxxxx* sehen, wobei *nn* eine Zahl zwischen 00 und 99 und *xxxx* der Name eines Systemdienstes ist. Skripten, deren Namen mit S anfangen, werden beim Starten der Systemdienste und solche, die mit K anfangen, beim Anhalten (kill) verwendet.

Die Nummern *nn* dienen dazu, eine Ausführungsreihenfolge der Skripten festzulegen – Skripten mit niedrigeren Nummern werden vor solchen mit höheren Nummern ausgeführt. Der Name *xxx* dient lediglich dazu, zu identifizieren, zu welchem Systemdienst das Skript gehört. Diese Benennungskonvention sieht vielleicht etwas merkwürdig aus, aber sie erleichtert das Hinzufügen oder Entfernen von Skripten zu/aus diesen Dateien, wobei die korrekte Ausführungsreihenfolge erhalten bleibt. Zum Anpassen von Startskripten können Sie der Einfachheit halber auch einen graphischen Runlevel-Editor, wie etwa *ksysv* aus dem KDE-Projekt (siehe Kapitel 11, *Die X Arbeitsoberfläche anpassen*), verwenden.

Kapitel 11

Beispielsweise könnte das Skript zur Initialisierung des Netzwerks *S10network* heißen, während das Skript zum Anhalten des Logging-Dämons vielleicht *K70syslog* heißt. Wenn diese Dateien in den richtigen */etc/rc.d/rcN.d*-Verzeichnissen abgelegt werden, führt */etc/rc.d/rc* sie in numerischer Reihenfolge beim Starten oder Herunterfahren des Systems aus. Wenn der Default-Runlevel Ihres Systems 3 ist, können Sie in */etc/rc.d/rc3.d* nachsehen, welche Skripten beim Hochfahren des Systems normalerweise ausgeführt werden.

Weil die gleichen Services in verschiedenen Runleveln gestartet oder angehalten werden, verwenden viele Distributionen symbolische Links, anstatt das gleiche Skript an mehreren Stellen zu wiederholen. Jede S- oder K-Datei ist damit ein symbolischer Link, der in ein zentrales Verzeichnis verweist, das Start- und Stop-Skripten enthält. Unter Red Hat ist das das Verzeichnis */etc/rc.d/init.d*, unter SuSE */bin/init.d* und unter Debian */etc/init.d*. Auf Debian-Distributionen enthält dieses Verzeichnis ein Skript namens *skeleton*, das Sie anpassen können, um zusätzliche Dämonen, die Sie vielleicht selbst geschrieben haben, zu starten oder anzuhalten.

Es ist nützlich zu wissen, wo sich ein Start- oder Stop-Skript befindet, wenn Sie nicht gleich das ganze System neu starten und in einen anderen Runlevel versetzen wollen, aber einen bestimmten Dienst starten oder anhalten müssen. Suchen Sie im *init.d*-Verzeichnis nach einem Skript mit dem passenden Namen, und führen Sie es aus, wobei Sie als Parameter entweder `start` oder `stop` übergeben. Wenn Sie auf einem SuSE-System beispielsweise den Webserver Apache starten wollen, Ihr System sich aber in einem Runlevel befindet, in dem Apache normalerweise nicht läuft, dann geben Sie folgendes ein:

```
tigger# /sbin/init.d/apache start
```

Ein weiteres interessantes Systemkonfigurationsskript ist */etc/rc.d/rc.local*, das ausgeführt wird, nachdem die anderen Systeminitialisierungsskripten gelaufen sind. (Wie kann das erreicht werden? Normalerweise wird ein symbolischer Link auf *rc.local* in jedem der */etc/rc.d/rcN.d*-Verzeichnisse mit dem Namen *S99local* angelegt. Da 99 der höchstmögliche numerische Wert ist, den ein S-Skript haben kann, wird es als letztes ausgeführt. Voilà!) Sie können *rc.local* editieren, um jeden merkwürdigen oder ungewöhnlichen Systembefehl zur Startzeit ausführen zu lassen. Auch wenn Sie sich nicht sicher sind, wann ein solcher Befehl ausgeführt werden sollte, ist *rc.local* die richtige Stelle. Auf Debian-Systemen gibt es diese Datei nicht, aber niemand kann Sie daran hindern, selbst eine solche anzulegen und sie von *rc* aus aufzurufen, wenn Sie das so gewohnt sind.

Der nächste Eintrag mit dem Code `ca` wird ausgeführt, wenn an der Konsole die Tastenkombination STRG-ALT-ENTF (auch bekannt als »Affengriff«) gedrückt wird. Diese Tastenkombination erzeugt einen Interrupt, der normalerweise das System neu starten würde. Unter Linux wird dieser Interrupt abgefangen und an *init* weitergeleitet, das dann den Eintrag mit dem Aktionsfeld `ctrlaltdel` ausführt. Der Befehl, der hier ausgeführt wird – nämlich `/sbin/shutdown -t3 -rf now` –, wird das System »sicher« herunterfahren und neu starten. (Lesen Sie auch »Das System herunterfahren« weiter hinten in diesem Kapitel.) Auf diese Weise bewahren wir das System vor einem unerwarteten Neustart infolge der Tastenkombination STRG-ALT-ENTF.

Am Ende enthält die Datei *inittab* eine Reihe von Einträgen, die */sbin/agetty* für die ersten sechs virtuellen Konsolen ausführen. *agetty* ist eine von mehreren *getty*-Versionen, die es für Linux gibt. Diese Programme ermöglichen das Anmelden an einem Terminal, ohne sie wäre das Terminal quasi tot und würde nicht auf Tastatur- oder Mauseingaben des Benutzers reagieren. Die verschiedenen *getty*-Befehle öffnen ein Terminal-Gerät (wie eine virtuelle Konsole oder eine serielle Leitung), legen verschiedene Parameter für den Terminal-Treiber fest und rufen dann */bin/login* auf, um auf dem Terminal eine Login-Sitzung zu starten. Deshalb muß auf einer virtuellen Konsole, auf der Sie Logins zulassen wollen, *getty* oder *agetty* laufen. *agetty* ist die Version, die auf einer ganzen Reihe von Linux-Systemen benutzt wird, während andere mit *getty* arbeiten, das eine etwas andere Syntax hat. In den Manpages finden Sie Details zu *getty* und *agetty* auf Ihrem System.

agetty akzeptiert zwei Parameter: eine Baud-Rate und einen Gerätenamen. Die Schnittstellen für die virtuellen Konsolen unter Linux heißen */dev/tty1*, */dev/tty2* usw. *agetty* sucht die Gerätenamen unterhalb von */dev*. Die Baud-Rate sollte für virtuelle Konsolen immer auf 38 400 gesetzt werden.

Beachten Sie, daß im Feld `Aktion` der *agetty*-Einträge ein `respawn` (etwa: Neustart) steht. Dies veranlaßt *init*, den Befehl in diesem Eintrag immer wieder neu aufzurufen, wenn der *agetty*-Prozeß terminiert – was bei jedem Ausloggen eines Benutzers der Fall ist.

Inzwischen sollte *init* eine bekannte Größe darstellen, aber die diversen Dateien und Befehle in */etc/rc.d*, die die eigentliche Arbeit erledigen, bleiben rätselhaft. Wir können auf diese Dateien nicht näher eingehen, ohne mehr Hintergrundwissen zu anderen Aufgaben der Systemverwaltung zu liefern, zum Beispiel zur Handhabung von Dateisystemen. Wir führen Sie in den nächsten Kapiteln durch diese Aufgaben, so daß am Ende alles klar sein sollte.

Der Single-User-Modus

Die meiste Zeit über werden Sie das System im Multi-User-Modus betreiben, damit mehrere Benutzer sich einloggen können. Es gibt aber auch einen besonderen Zustand namens Single-User-Modus, in dem Unix zwar läuft, aber keinen Login-Prompt anbietet. Wenn Sie sich im Single-User-Modus befinden, arbeiten Sie eigentlich als Superuser (**root**). Es kann passieren, daß Sie während der Installation in diesen Modus wechseln müssen, falls etwas schiefgeht. Bestimmte Aufgaben der Systemverwaltung, etwa die Überprüfung von defekten Dateisystemen, erfordern diesen Modus. (Dies ist nicht witzig. Sie sollten versuchen, Ihre Dateisysteme nicht durcheinanderzubringen. Fahren Sie das System deshalb immer mit dem Befehl *shutdown* herunter, bevor Sie die Stromversorgung unterbrechen. Wir beschreiben das im Abschnitt »Das System herunterfahren«.)

Kapitel 8

Im Single-User-Modus können Sie mit dem System nicht viel anstellen; es wird nur minimal konfiguriert, die Dateisysteme sind nicht aufgesetzt usw. Dieser Zustand ist notwendig, um das System nach bestimmten Problemen zu reanimieren. Sie finden Details hierzu im Abschnitt »Die Rettung in der Not« in Kapitel 8.

Beachten Sie, daß Unix auch im Single-User-Modus ein Multiprocessing-Betriebssystem bleibt. Sie können mehrere Programme gleichzeitig ablaufen lassen. Server können im Hintergrund laufen, so daß spezielle Dienste wie das Netzwerk arbeitsfähig bleiben. Auch wenn Ihr System normalerweise mehr als ein Terminal unterstützt, bleibt im Single-User-Modus nur die Systemkonsole benutzbar, und auch das X Window System kann nicht gestartet werden.

Das System herunterfahren

Glücklicherweise ist das Herunterfahren eines Linux-Systems wesentlich einfacher als das Booten. Trotzdem gehört mehr dazu, als einfach den RESET-Schalter zu drücken. Wie alle Unix-Systeme puffert auch Linux schreibende und lesende Zugriffe auf die Festplatte im Arbeitsspeicher. Das bedeutet, daß erst dann auf die Festplatte geschrieben wird, wenn es absolut notwendig ist, und daß wiederholtes Lesen eines Blocks auf der Festplatte direkt aus dem RAM bedient wird. Dies steigert den Datendurchsatz ganz erheblich, weil Festplatten im Vergleich zur CPU extrem langsam sind.

Das Problem liegt darin, daß bei einer plötzlichen Unterbrechung der Stromversorgung oder einem unerwarteten Neustart des Systems der Inhalt der Puffer im Speicher nicht mehr auf die Festplatte geschrieben würde. Datenverlust oder -zerstörung könnte die Folge sein. */sbin/update* ist ein Programm, das auf den meisten Systemen von */etc/rc.d/rc.sysim* aus aufgerufen wird. Es synchronisiert (das heißt schreibt) den Inhalt der Plattenpuffer alle 5 Sekunden, um zu verhindern, daß bei einem Systemabsturz ernsthafter Schaden entsteht. Trotzdem muß das System auf »sichere« Art und Weise heruntergefahren werden, bevor es neu gestartet wird. Damit stellen Sie nicht nur sicher, daß die Puffer ordnungsgemäß geleert werden, sondern auch, daß alle laufenden Prozesse »sauber« terminieren.

shutdown ist der allgemeingültige Befehl für alle Fälle, mit dem das System angehalten oder neu gebootet wird. Geben Sie als **root** folgendes ein:

```
/sbin/shutdown -r +10
```

um das System in zehn Minuten erneut zu booten. Mit dem Schalter *-r* bestimmen Sie, daß das System nach dem Anhalten wieder hochgefahren wird, und `+10` gibt die Zeit bis zum Booten vor (zehn Minuten). Das System wird an alle aktiven Terminals eine Warnung ausgeben, in der die Zeit bis zum Herunterfahren des Systems heruntergezählt wird. Sie können Ihren eigenen Warnhinweis anzeigen lassen, indem Sie folgendes eingeben:

```
/sbin/shutdown -r +10 "System bootet, um neuen Kernel zu testen"
```

Die Zeit für den Systemhalt kann auch absolut angegeben werden:

```
/sbin/shutdown -r 13:00
```

läßt das System um 13.00 Uhr neu booten. Mit

```
/sbin/shutdown -r now
```

bewirken Sie, daß der Neustart des Systems sofort (nach dem sicheren Anhalten des Systems) erfolgt.

Mit dem Schalter *-h* anstelle von *-r* erreichen Sie, daß das System nach dem Anhalten nicht wieder bootet – danach können Sie die Stromversorgung unterbrechen, ohne einen Datenverlust befürchten zu müssen. Wenn Sie weder *-h* noch *-r* angeben, wird das System in den Single-User-Modus geschaltet.

Wir haben im vorhergehenden Abschnitt gesehen, daß Sie die Tastenfolge STRG-ALT-ENTF von *init* abfangen lassen können, um danach *shutdown* ausführen zu lassen. Falls Sie es gewohnt sind, Ihr System auf diese Art neu zu starten, ist es vielleicht eine gute Idee sicherzustellen, daß Ihre */etc/inittab* einen Eintrag für `ctrlaltdel` enthält. Denken Sie daran, daß Sie Ihr Linux-System niemals mit dem Ein-/Ausschalter oder dem RESET-Schalter an der Frontseite Ihres Rechners neu booten sollten. Solange sich das System nicht endgültig aufhängt (was selten passiert), sollten Sie auf jeden Fall *shutdown* benutzen. Eine der herausragenden Eigenschaften von Multiprocessing-Systemen ist es, daß Sie beim Absturz eines Programms fast immer auf eine andere virtuelle Konsole oder in ein anderes Fenster wechseln können, um die Situation von dort aus zu bereinigen.

shutdown(8)

shutdown kennt noch eine Reihe weiterer Optionen. Mit dem Schalter *-c* unterbrechen Sie einen bereits ausgelösten Systemstop. (Natürlich können Sie den Prozeß auch von Hand mit *kill* abbrechen, aber *shutdown -c* ist vielleicht einfacher.) Der Schalter *-k* gibt die Warnung aus, ohne das System tatsächlich anzuhalten. Wenn Sie an den grausigen Details zu *shutdown* interessiert sind, sollten Sie die Manpage lesen.

Das /proc-Dateisystem

Es war immer eines der hervorstechendsten Merkmale von Unix-Systemen, daß verschiedene Bestandteile einheitlich dargestellt werden. Wie Sie im nächsten Kapitel lernen werden, wird Hardware unter Linux in Form von besonderen Dateien repräsentiert. Es gibt aber ein Dateisystem namens */proc*-Dateisystem, das noch einen Schritt weiter geht: Es vereinheitlicht Dateien und Prozesse.

Aus der Sicht des Benutzers oder des Systemverwalters sieht das */proc*-Dateisystem wie jedes andere Dateisystem aus – Sie können sich mit *cd* darin bewegen, Verzeichnisinhalte mit *ls* anzeigen lassen und den Inhalt von Dateien mit *cat* betrachten. Allerdings belegt keine dieser Dateien auch nur den geringsten Platz auf Ihrer Festplatte. Der Kernel fängt Zugriffe auf das */proc*-Dateisystem ab und erzeugt die Verzeichnis- und Dateiinhalte bei Bedarf. Wenn Sie also im */proc*-Dateisystem einen Verzeichnisinhalt auflisten oder einen Dateiinhalt anzeigen lassen, dann erzeugt der Kernel den Inhalt, den Sie sehen möchten, dynamisch.

Um das etwas konkreter zu machen, schauen wir uns jetzt einige Beispiele an. Das folgende Beispiel zeigt die Dateien im Top-Level-Verzeichnis des */proc*-Dateisystems:

```
tigger # ls /proc
1       184     25472   8       8525        kmsg
130     185     25475   82      8526        ksyms
134     186     25497   8484    8593        loadavg
136     187     25498   8485    963         locks
139     2       25499   8488    965         meminfo
143     24924   25500   8489    9654        modules
144     25441   25515   8492    968         mounts
145     25442   25549   8496    97          net
146     25445   25550   8507    99          pci
147     25446   26019   8508    cmdline     scsi
148     25449   26662   8510    cpuinfo     self
151     25451   26663   8511    devices     stat
163     25462   270     8512    dma         sys
168     25463   3       8520    filesystems uptime
172     25464   4484    8522    interrupts  version
180     25465   4639    8523    ioports
182     25466   55      8524    kcore
```

Die konkreten Zahlen werden auf Ihrem System anders aussehen, aber der generelle Aufbau ist der gleiche. All diese Zahlen sind Verzeichnisse, die jeweils einen der gerade im System laufenden Prozesse repräsentieren. Schauen wir uns beispielsweise die Informationen zum Prozeß mit der Nummer 172 an:

```
tigger # ls /proc/172
cmdline  environ  fd    mem   stat   status
cwd      exe      maps  root  statm
```

Sie sehen eine Reihe von Dateien, die alle Informationen über diesen Prozeß enthalten. Beispielsweise enthält die Datei *cmdline* die Kommandozeile, mit der dieser Prozeß gestartet wurde. *status* enthält Informationen über den internen Status des Prozesses, und *cwd* verweist auf das aktuelle Arbeitsverzeichnis dieses Prozesses.

Wahrscheinlich finden Sie die Informationen über die Hardware noch interessanter als die Informationen über die Prozesse. Alle Informationen, die der Kernel über Ihre Hardware gesammelt hat, befinden sich im */proc*-Dateisystem, auch wenn es schwierig sein kann, die spezifische Information zu finden, die Sie suchen.

Sehen wir uns zunächst den Speicher Ihres Rechners an. Dieser wird durch die Datei */proc/meminfo* repräsentiert:

```
tigger # cat /proc/meminfo
        total:    used:    free:  shared: buffers:  cached:
Mem:  130957312 128684032  2273280 37888000  3198976 20615168
Swap: 133885952 64434176 69451776
MemTotal:    127888 kB
MemFree:       2220 kB
```

```
MemShared:     37000 kB
Buffers:        3124 kB
Cached:        20132 kB
SwapTotal:    130748 kB
SwapFree:      67824 kB
```

Wenn Sie jetzt den Befehl *free* ausprobieren, werden Sie feststellen, daß dieser genau die gleichen Informationen liefert, nur etwas anders formatiert. *free* macht nichts weiter, als */proc/meminfo* zu lesen und die Ausgabe etwas umzusortieren.

Die meisten Werkzeuge auf Ihrem Rechner, die Informationen über die Hardware ausgeben, machen das so. Das */proc*-Dateisystem ist eine portable und einfache Möglichkeit, an diese Informationen heranzukommen. Das ist besonders nützlich, wenn Sie neue Hardware in Ihren Rechner einbauen wollen. Beispielsweise benötigen die meisten Einsteckkarten mehrere I/O-Adressen, um mit der CPU und dem Betriebssystem kommunizieren zu können. Wenn Sie zwei Karten mit der gleichen I/O-Adresse konfiguriert haben, lauert das Verderben schon hinter der nächsten Ecke. Sie können das vermeiden, indem Sie überprüfen, welche Adressen der Kernel schon als belegt ermittelt hat:

```
tigger # more /proc/ioports
0000-001f : dma1
0020-003f : pic1
0040-005f : timer
0060-006f : keyboard
0080-009f : dma page reg
00a0-00bf : pic2
00c0-00df : dma2
00f0-00ff : npu
01f0-01f7 : ide0
0220-022f : soundblaster
02e8-02ef : serial(auto)
0388-038b : OPL3/OPL2
03c0-03df : vga+
03f0-03f5 : floppy
03f6-03f6 : ide0
03f7-03f7 : floppy DIR
03f8-03ff : serial(auto)
0530-0533 : WSS config
0534-0537 : MSS audio codec
e000-e0be : aic7xxx
e400-e41f : eth0
```

Jetzt können Sie nach freien I/O-Adressen Ausschau halten. Natürlich kann der Kernel nur die I/O-Adressen von Karten anzeigen, die er erkannt hat, aber in einem korrekt konfigurierten System sollte das bei allen Karten der Fall sein.

Sie können das */proc*-Dateisystem auch noch zur Ermittlung weiterer Informationen, die Sie zum Konfigurieren neuer Hardware benötigen, verwenden: */proc/interrupts* zeigt die belegten Interrupt-Leitungen an und */proc/dma* die belegten DMA-Kanäle (Direct Memory Access).

Die Verwaltung der Benutzer-Accounts

Selbst wenn Sie das einzige menschliche Wesen sind, das Ihr Linux-System benutzt, ist es wichtig zu verstehen, wie Benutzer-Accounts (Zugangsberechtigungen) verwaltet werden. Dies gilt erst recht dann, wenn mehr als ein Benutzer auf dem System arbeitet.

Kapitel 4

Die Accounts auf Unix-Systemen erfüllen eine ganze Reihe von Aufgaben. An erster Stelle steht die Möglichkeit für das System, verschiedene Benutzer voneinander zu unterscheiden, um die Identifikation der Benutzer und die Systemsicherheit zu gewährleisten. Jeder Benutzer bekommt einen eigenen Account mit seinem eigenen Benutzernamen und Paßwort. Wie wir bereits im Abschnitt »Die Dateiberechtigungen« in Kapitel 4, *Grundlegende Unix-Befehle und -Konzepte,* besprochen haben, erhalten Benutzer die Möglichkeit, für ihre Dateien die Zugriffsrechte zu bestimmen und damit anderen Benutzern den Zugang zu gestatten oder zu verwehren. Jede Datei im System »gehört« einem bestimmten Benutzer, der die Zugriffsrechte für diese Datei verwaltet. Die Benutzer-Accounts dienen dazu, den Zugriff auf das System zu autorisieren – nur wer einen Account hat, bekommt Zugang zum Rechner. Außerdem dienen die Accounts der Identifikation der Benutzer, um zum Beispiel Benutzeraktionen in den Logdateien zu identifizieren, E-Mail-Nachrichten mit dem Namen des Absenders zu versehen usw.

Außer den persönlichen Accounts gibt es noch Benutzer auf dem System, die für administrative Funktionen zuständig sind. Wir haben bereits gesagt, daß der Account **root** nur vom Systemverwalter bei der Pflege des Systems benutzt werden sollte, aber nicht als persönlicher Account. Die administrativen Accounts erreicht man mit dem Befehl *su*, mit dem man anderen Account anspricht, nachdem man sich unter dem persönlichen Account eingeloggt hat.

Andere Accounts auf dem System sind gar nicht mit irgendeinem Benutzer verbunden. Solche Accounts dienen in der Regel den Dämonen, die unter einer bestimmten Benutzer-ID auf Dateien zugreifen müssen, ohne dazu den Account **root** oder einen der persönlichen Accounts zu benutzen. Ein Beispiel: Wenn Sie Ihr System so einrichten, daß Sie News-Artikel von einem anderen Rechner empfangen können, muß der News-Dämon die Artikel in einem Spool-Verzeichnis ablegen, auf das alle Benutzer lesenden, aber nur ein Benutzer (der News-Dämon) schreibenden Zugriff hat. Kein menschlicher Benutzer ist mit dem **news**-Account verbunden – es handelt sich um einen »imaginären« Benutzer nur für den News-Dämon.

Eines der Berechtigungsbits, die für ausführbare Dateien gesetzt werden können, ist das Bit *setuid*. Dieses Bit bewirkt, daß das Programm mit den Rechten des Dateieigners ausgeführt wird. Ein Beispiel: Wenn der Benutzer **news** Eigner des News-Dämons ist, und das Setuid-Bit ist für die ausführbare Datei gesetzt, wird der News-Dämon so ausgeführt, als ob er von **news** aufgerufen worden wäre. **news** hätte also Schreibrechte im News-Spool-Verzeichnis, und alle anderen Benutzer könnten lesend auf die dort gespeicherten Artikel zugreifen. Dies ist eine Sicherheitsmaßnahme. News-Programme können den Benutzern gerade das richtige Ausmaß an Zugang zum Spool-Verzeichnis für die News gewähren, aber niemand kann dort »einfach so« herumspielen.

Als Systemverwalter ist es Ihre Aufgabe, die Accounts für alle Benutzer (real und imaginär) auf Ihrem System anzulegen und zu verwalten. Dies ist zwar in den meisten Fällen eine problemlose, einfach zu erledigende Angelegenheit, aber es ist wichtig, daß Sie die Zusammenhänge verstehen.

Die Datei passwd

Jeder Account auf dem System hat einen Eintrag in der Datei */etc/passwd*. Diese Datei enthält für jeden Benutzer eine Zeile, in der Attribute wie Benutzername, richtiger Name usw. festgehalten werden.

Die Einträge in dieser Datei haben das Format:

```
benutzername:paßwort:uid:gid:gecos:homeverz:shell
```

`benutzername`
: Der `Benutzername` ist ein eindeutiger String, der den Account bezeichnet. Bei persönlichen Accounts ist dies der Name, unter dem der Benutzer einloggt. Auf den meisten Systemen ist die Länge auf acht Zeichen beschränkt, also zum Beispiel **larry** oder **kirsten**.

`paßwort`
: Das `Paßwort` ist eine verschlüsselte Version des Benutzerpaßworts. Dieses Feld wird geschrieben, indem mit dem Programm *passwd* das Paßwort eines Benutzers gesetzt wird. Dabei wird ein Verschlüsselungsalgorithmus benutzt, der nur in einer Richtung arbeitet und schwierig (aber nicht unmöglich) zu knacken ist. Dieses Feld wird nicht von Hand geschrieben; *passwd* erledigt das für Sie. Beachten Sie aber, daß ein * (Stern) als erstes Zeichen im Paßwortfeld diesen Account »sperrt« – das System wird unter diesem Benutzernamen keinen Login zulassen. Lesen Sie auch den Abschnitt »Die Accounts einrichten«.

`uid`
: `uid` ist die Benutzer-ID, eine eindeutige Integerzahl, mit der das System diesen Account identifiziert. Das System benutzt das uid-Feld intern bei der Verwaltung der Prozesse und Dateiberechtigungen – mit einem Integerwert geht das einfacher und schneller als mit einem String. Sowohl `uid` als auch `benutzername` be-

zeichnen also einen bestimmten Account; für das System ist UID wichtiger, für den Benutzer ist es bequemer, mit dem Feld *benutzername* zu arbeiten.

gid
: *gid* ist die Gruppen-ID, eine Integerzahl, die die voreingestellte Gruppe des Benutzers bezeichnet. Diese Gruppen-IDs sind in der Datei */etc/group* aufgeführt. Lesen Sie den Abschnitt »Die Datei group« weiter unten.

gecos
: Das Feld *gecos* enthält diverse Informationen über den Benutzer, etwa seinen richtigen Namen und optionale »lokale Informationen« wie die Büroadresse oder Telefonnummer. Diese Informationen werden von Programmen wie *mail* und *finger* benutzt, um den Benutzer zu identifizieren; wir gehen weiter unten genauer darauf ein. Übrigens ist *gecos* ein traditioneller Name, der aus den 70ern stammt; er steht für *General Electric Comprehensive Operating System*. gecos hat nichts mit Unix zu tun, abgesehen davon, daß man dieses Feld in */etc/passwd* eingefügt hat, um die Kompatibilität mit einigen Unix-Diensten zu erhalten.

homeverz
: *homeverz* bezeichnet das Home-Verzeichnis des Benutzers, das für seinen persönlichen Gebrauch bestimmt ist; mehr dazu erfahren Sie weiter unten. Wenn ein Benutzer einloggt, benutzt seine Shell *homeverz* als das aktuelle Verzeichnis.

Shell
: Die *Shell* gibt an, welches Programm gestartet werden soll, wenn ein Benutzer einloggt; in den meisten Fällen ist das der komplette Pfadname der Shell, etwa */bin/bash* oder */bin/tcsh*.

Einige der hier gezeigten Felder sind optional; absolut notwendig sind nur die Felder *benutzername*, *uid*, *gid* und *homeverz*. Für die meisten Benutzer-Accounts werden alle diese Felder ausgefüllt sein, aber »imaginäre« und Verwaltungs-Accounts benutzen eventuell nur einen Teil der Felder.

Hier zeigen wir zwei Beispieleinträge, wie sie in */etc/passwd* stehen könnten:

```
root:ZxPsI9ZjiVd9Y:0:0:The root of all evil:/root:/bin/bash
aclark:BjDf5hBysDsii:104:50:Anna Clark:/home/aclark:/bin/bash
```

Der erste Eintrag ist der für den Account **root**. Beachten Sie, daß die uid von **root** null ist. Genau das ist es, was **root** zu **root** macht – das System weiß, daß die uid null etwas »Besonderes« ist und daß die üblichen Sicherheitsmaßnahmen nicht angewendet werden. Die gid von **root** ist ebenfalls null, was sich als Konvention eingebürgert hat. Viele der Dateien im System gehören **root** und der Gruppe **root**, die als uid und gid eine Null haben. Mehr zum Thema Gruppen erfahren Sie später.

Auf vielen Systemen benutzt **root** das Home-Verzeichnis */root* oder einfach */*. Dies spielt in der Regel keine Rolle, weil Sie **root** meistens mit *su* von Ihrem persönlichen Account aus benutzen. Meistens wird für den **root**-Account eine Version der Bourne-Shell eingetragen (in diesem Fall */bin/bash*), aber natürlich können Sie auch eine C-Shell benutzen. (Wir besprechen Shells im Abschnitt »Shells« in Kapitel 4.) Seien Sie aber vorsichtig – Bourne- und C-Shell haben eine unterschiedliche Syntax, und wenn Sie als **root** zwischen den beiden wechseln, kann das verwirrend sein und zu Fehlern führen.

Kapitel 4

Der zweite Eintrag ist der eines menschlichen Wesens mit dem Benutzernamen **aclark**. Die UID ist in diesem Fall 104. Das UID-Feld kann, technisch gesehen, jegliche eindeutige Integerzahl enthalten. Auf vielen Systemen werden die Benutzer-Accounts üblicherweise ab 100 durchnumeriert, und die administrativen Accounts haben Nummern kleiner als 100. Die GID ist 50, was nichts weiter bedeutet, als daß **aclark** der Gruppe angehört, die in der Datei */etc/group* die Nummer 50 hat. Bleiben Sie dran – im Abschnitt »Die Datei group« später in diesem Kapitel werden wir Gruppen besprechen.

Die Home-Verzeichnisse stehen oft in */home* und werden mit dem Benutzernamen des Eigners benannt. In der Regel ist das eine ganz nützliche Übereinkunft, die dazu beiträgt, daß das Home-Verzeichnis eines bestimmten Benutzers leicht zu finden ist. Theoretisch kann ein Home-Verzeichnis aber an beliebiger Stelle im System stehen. Sie sollten sich allerdings an die Anordnung der Verzeichnisse halten, die Sie auf Ihrem System vorfinden.

Beachten Sie, daß Sie als Systemverwalter die Datei */etc/passwd* nur selten direkt editieren müssen. Es gibt eine Reihe von Programmen, die Ihnen bei der Einrichtung und Pflege der Benutzer-Accounts helfen. Lesen Sie dazu den Abschnitt »Die Accounts einrichten« weiter unten.

Shadow-Paßwörter

Es ist ein gewisses Sicherheitsrisiko, die Paßwortdatei lesbar zu lassen. Jeder, der Zugang zum System hat, kann die verschlüsselten Paßwörter in */etc/passwd* lesen. Es gibt spezielle Entschlüsselungsprogramme, die eine riesige Menge möglicher Paßwörter ausprobieren und vergleichen, ob die verschlüsselte Version gleich einem Paßwort in der Datei ist.

Um dieses mögliche Sicherheitsrisiko zu vermeiden, sind *Shadow-Paßwörter* erfunden worden. Wenn diese verwendet werden, enthalten die Paßwort-Felder in */etc/passwd* nur einen * oder ein `x`, was nie die verschlüsselte Version eines Paßwortes sein kann. Statt dessen wird eine zweite Datei namens */etc/shadow* verwendet. Diese Datei enthält Einträge, die denen in */etc/passwd* sehr ähnlich sehen, aber das wirkliche verschlüsselte Paßwort enthalten. */etc/passwd* ist nur für **root** lesbar, so daß einfache Benutzer keinen Zugriff auf die verschlüsselten Paßwörter haben.

Die anderen Felder in */etc/shadow*, außer dem Benutzernamen und dem Paßwort, gibt es auch, aber sie enthalten normalerweise irgendwelchen Müll oder sind leer.

Beachten Sie, daß Sie spezielle Versionen der Programme, die auf Benutzerinformationen zugreifen oder diese verändern – wie *passwd* oder *login* –, brauchen, um Shadow-Paßwörter verwenden zu können. Heutzutage richten die meisten Distributionen gleich bei der Installation Shadow-Paßwörter ein, so daß dies kein Problem für Sie sein sollte.

Es gibt zwei Werkzeuge, um »normale« Benutzereinträge in »Shadow-Einträge« und zurück zu konvertieren. *pwconv* nimmt sich die Datei */etc/passwd* vor, sucht nach Einträgen, die es in */etc/shadow* noch nicht gibt, erzeugt Shadow-Einträge für diese und fügt sie den bereits in */etc/shadow* vorhandenen hinzu.

Benutzer der Debian-Distribution sollten statt dessen »shadowconfig on« verwenden, um sicherzustellen, daß auf ihrem System Shadow-Paßwörter verwendet werden.

pwunconv wird selten verwendet, weil es die Sicherheit herabsetzt, anstatt sie zu erhöhen. Es funktioniert wie *pwconv*, erzeugt aber herkömmliche */etc/passwd*-Einträge aus */etc/shadow*-Einträgen.

PAM und andere Methoden der Authentifizierung

Sie denken vielleicht, daß Sie mit zwei Verfahren zur Benutzerauthentifizierung, */etc/passwd* und */etc/shadow*, bereits genug Auswahl haben, aber wir sind noch lange nicht am Ende. Es gibt eine Reihe weiterer Authentifizierungsmethoden mit merkwürdigen Namen wie Kerberos-Authentifizierung (benannt nach dem Hund aus der griechischen Mythologie, der den Eingang zum Hades bewacht). Wir sind zwar der Meinung, daß Shadow-Paßwörter für die meisten Anwendungsfälle sicher genug sind, aber es kommt ganz darauf an, wieviel Sicherheit Sie benötigen und wie paranoid Sie sein wollen.

Das Problem bei all diesen Authentifizierungsmethoden liegt darin, daß Sie nicht einfach von einer zur anderen wechseln können, weil Sie immer einen neuen Satz von Programmen wie *login* und *passwd* benötigen, die zu diesen Methoden gehören. Um dieses Problem zu umgehen, ist das System der *Pluggable Authentification Methods (PAM)* erfunden worden. Wenn Sie einmal einen Satz PAM-Werkzeuge haben, können Sie die Authentifizierungsmethode Ihres Systems durch Umkonfigurieren von PAM ändern. Die Programme holen sich dann automatisch den zur jeweiligen Authentifizierungsmethode notwendigen Code aus dynamischen Bibliotheken.

Das Einrichten und Benutzen von PAM würde den Rahmen dieses Buches sprengen, aber Sie bekommen alle Informationen, die Sie benötigen, unter *http://www.de.kernel.org/pub/linux/libs/pam/*.

Die Datei group

Die Gruppen bieten eine einfache Methode, Benutzer-Accounts logisch zusammenzufassen, und machen es möglich, daß Benutzer innerhalb ihrer Gruppe(n) Dateien gemeinsam benutzen. Jeder Datei auf dem System ist sowohl ein Eigner als auch eine Gruppe zugeordnet. Mit *ls -l* können Sie Eigner und Gruppe einer Datei anzeigen lassen:

```
rutabaga% ls -l boiler.tex
-rwxrw-r--   1 mdw      megabozo    10316 Oct  6 20:19 boiler.tex
rutabaga%
```

Diese Datei gehört dem Benutzer **mdw** und der Gruppe **megabozo**. Die Dateiberechtigungen zeigen, daß **mdw** das Lese- und Schreibrecht auf dieser Datei hat und sie ausführen kann, daß die Mitglieder der Gruppe **megabozo** lesenden und schreibenden Zugriff haben und daß alle anderen Benutzer nur lesend auf diese Datei zugreifen können.

Dies muß nicht bedeuten, daß **mdw** Mitglied der Gruppe **megabozo** ist – es bedeutet lediglich, daß jeder, der zur Gruppe **megabozo** gehört, die Berechtigungen auf dieser Datei bekommt, die von den Berechtigungsbits dargestellt werden. **mdw** könnte Mitglied dieser Gruppe sein – oder auch nicht.

Auf diese Art und Weise lassen sich Dateien von Benutzergruppen gemeinsam nutzen, während sich die Berechtigungen für den Eigner der Datei, für die Gruppe, der die Datei gehört, sowie für alle anderen Benutzer getrennt definieren lassen. Eine Einführung in das Thema Berechtigungen finden Sie im Abschnitt »Die Dateiberechtigungen« von Kapitel 4.

Kapitel 4

Jeder Benutzer gehört mindestens einer Gruppe an, die im Feld `gid` der Datei */etc/passwd* benannt ist. Allerdings kann ein Benutzer auch mehreren Gruppen angehören. Die Datei */etc/group* enthält für jede Gruppe auf dem System einen einzeiligen Eintrag, ähnlich dem in */etc/passwd*. */etc/group* hat folgendes Format:

```
gruppenname:paßwort:gid:mitglieder
```

Der `gruppenname` ist ein String; dieser Name wird auch von Befehlen wie *ls -l* angezeigt.

Das `paßwort` ist ein optionales Paßwort für diese Gruppe. Damit können auch Benutzer, die nicht Mitglied der Gruppe sind, mit dem Befehl *newgrp* auf die Dateien dieser Gruppe zugreifen. Lesen Sie weiter, wir kommen gleich darauf zurück.

`gid` ist die Gruppen-ID, mit der das System diese Gruppe bezeichnet. Dies entspricht der Nummer im Feld `gid` der Datei */etc/passwd*, die die voreingestellte Gruppenzugehörigkeit eines Benutzers angibt.

Das Feld `mitglieder` ist eine durch Kommata getrennte Liste mit Benutzernamen (ohne Leerzeichen dazwischen). Die Liste enthält alle Benutzer, die zu dieser

Gruppe gehören, aber im Feld `gid` der Datei */etc/passwd* eine andere Nummer haben. Das bedeutet, daß in dieser Liste diejenigen Benutzer nicht enthalten sind, für die diese Gruppen-ID in */etc/passwd* die »Voreinstellung« ist – hier stehen nur die zusätzlichen Mitglieder der Gruppe.

/etc/group könnte beispielsweise so aussehen:

```
root:*:0:
bin:*:1:root,daemon
users:*:50:
bozo:*:51:linus,mdw
megabozo:*:52:kibo
```

Die Einträge für die Gruppen **root** und **bin** sind Einträge für administrative Gruppen, ähnlich den »imaginären« Accounts auf dem System. Gruppen wie **root** und **bin** sind die Eigner vieler Dateien auf dem System. Die anderen Gruppen enthalten Benutzer-Accounts. Ähnlich wie Benutzer-IDs werden auch die Gruppen-IDs oft von 50 oder 100 an hochgezählt.

Das Feld `paßwort` der Datei *group* ist eine echte Kuriosität. Es wird nicht sehr häufig benutzt, aber zusammen mit dem Programm *newgrp* können auch solche Benutzer, die nicht Mitglied einer bestimmten Gruppe sind, die ID dieser Gruppe annehmen, sofern sie das Paßwort kennen. Mit dem Befehl

```
rutabaga% newgrp bozo
Password: paßwort der gruppe bozo
rutabaga%
```

starten Sie eine neue Shell mit der Gruppen-ID von **bozo**. Falls das Feld `paßwort` leer oder das erste Zeichen ein Sternchen ist, erhalten Sie die Fehlermeldung `permission denied`, wenn Sie versuchen, mittels *newgrp* Zugang zu dieser Gruppe zu finden.

Allerdings wird das Paßwortfeld in der Datei *group* nur selten benutzt und eigentlich auch gar nicht benötigt. (Viele Systeme kennen gar keinen Befehl, mit dem sich ein Gruppenpaßwort setzen ließe. Als Ausweg könnte man mit *passwd* ein Paßwort für einen fiktiven Benutzer mit dem gleichen Namen wie die Gruppe in */etc/passwd* erzeugen und dieses verschlüsselte Paßwort dann nach */etc/group* kopieren.) Statt dessen können Sie einen Benutzer aber auch als Mitglied mehrerer Gruppen eintragen, indem Sie einfach seinen Namen in das Feld `mitglieder` dieser Gruppen einfügen. In diesem Beispiel sind die Benutzer **linus** und **mdw** Mitglieder der Gruppe **bozo** sowie aller Gruppen, denen sie in der Datei */etc/passwd* zugeordnet sind. Damit **linus** außerdem Mitglied der Gruppe **megabozo** wird, würden wir die letzte Zeile des Beispiels folgendermaßen abändern:

```
megabozo:*:52:kibo,linus
```

Mit dem Befehl *groups* erfahren Sie, welchen Gruppen Sie angehören:

```
rutabaga% groups
users bozo
```

Wenn Sie mit *groups* eine Liste von Benutzernamen angeben, bekommen Sie alle Gruppen angezeigt, zu denen die Benutzer in dieser Liste gehören.

Beim Einloggen wird Ihnen automatisch die Gruppen-ID aus */etc/passwd* zugeordnet, dazu alle eventuell vorhandenen Gruppen-IDs, denen Sie in */etc/group* zugeordnet sind. Das bedeutet, daß Sie die »Gruppenberechtigung« für alle Dateien auf dem System haben, deren Gruppen-ID in Ihrer Liste enthalten ist. In diesem Fall erhalten Sie die Berechtigungen, die von den Gruppenbits vorgegeben sind (mit dem Befehl *chmod g+...*). (Falls Sie nicht der Eigner sind; in dem Fall gelten die Bits, die die Berechtigungen des Eigners angeben.)

Da Sie jetzt mit den Feinheiten der Gruppen vertraut sind, stellt sich die Frage, wie Sie die Gruppen anlegen sollten. Dies ist eine Frage des persönlichen Stils und hängt davon ab, wie das System genutzt werden soll. Für Systeme mit einem oder nur wenigen Benutzern empfiehlt sich eine einzelne Gruppe (zum Beispiel mit dem Namen **users**), zu der alle persönlichen Accounts gehören. Wahrscheinlich ist es am besten, die Systemgruppen – diejenigen, die nach der Installation in */etc/group* enthalten sind – so zu belassen. Es ist möglich, daß verschiedene Dämonen und Programme darauf zugreifen.

Mit vielen Benutzern auf einem System gibt es verschiedene Methoden, die Gruppen einzuteilen. Eine Lehranstalt könnte zum Beispiel getrennte Gruppen für Studenten, Assistenten und Lehrkörper einrichten. Ein Softwarehaus könnte eine Gruppe für jedes Entwicklerteam anlegen. Auf anderen Systemen wird jedem Benutzer eine eigene Gruppe zugeordnet, die den Benutzernamen als Gruppennamen bekommt. Das hält sozusagen jede Taube in ihrem eigenen Schlag und ermöglicht es den Benutzern, bestimmten anderen Gruppen den Zugriff auf die eigenen Dateien zu gewähren. Allerdings erfordert es meistens den Eingriff des Systemverwalters, wenn ein Benutzer Mitglied einer weiteren Gruppe werden soll (indem */etc/group* editiert wird; auf Debian-Systemen gibt es dafür den Befehl *gpasswd*). Die Entscheidung liegt ganz bei Ihnen.

Es gibt noch eine Situation, in der Gruppen oft verwendet werden: spezielle Hardwaregruppen. Nehmen wir an, daß Sie einen Scanner haben, auf den Sie über */dev/scanner* zugreifen. Wenn Sie nicht wollen, daß jeder diesen Scanner benutzen kann, könnten Sie eine besondere Gruppe namens **scanner** einrichten, */dev/scanner* dieser Gruppe zuweisen und die Gerätedatei für die Gruppe lesbar und für alle anderen nicht-lesbar machen. Jeder, der den Scanner benutzen darf, wird dann der Gruppe hinzugefügt.

Die Accounts einrichten

Das Einrichten eines Benutzer-Accounts erfolgt in mehreren Schritten:[6] Es muß ein Eintrag in */etc/passwd* erfolgen, das Home-Verzeichnis muß angelegt und die Konfigurationsdateien (zum Beispiel *.bashrc*) müssen darin eingerichtet werden. Glücklicherweise brauchen Sie diese Schritte nicht von Hand vorzunehmen; fast alle Linux-Systeme enthalten ein Programm namens *adduser* für diesen Zweck.

Beim Aufruf von *adduser* als **root** sollte folgendes passieren. Geben Sie einfach am Prompt die jeweils gewünschte Information ein – an vielen Stellen werden sinnvolle Vorgaben gemacht, die Sie mit ENTER übernehmen können.

```
Adding a new user. The username should not exceed 8 characters
in length, or you may run into problems later.

Enter login name for new account (^C to quit): norbert

Editing information for new user [norbert]

Full Name: Norbert Ebersol
GID [100]: 117

Checking for an available UID after 500
First unused uid is 501
UID [501]: (Enter)
Home Directory [/home/norbert]: (Enter)
Shell [/bin/bash]: (Enter)
Password [norbert]: (Norberts Paßwort)

Information for new user [norbert]:
Home directory: [/home/norbert] Shell: [/bin/bash]
Password: [(Norberts Paßwort)] uid: [501] gid: [51]

Is this correct? [y/N]: y

Adding login [norbert] and making directory [/home/norbert]
Adding the files from the /etc/skel directory:
./.emacs -> /home/norbert/./.emacs
./.kermrc -> /home/norbert/./.kermrc
./.bashrc -> /home/norbert/./.bashrc
```

6 Beachten Sie, daß manche Linux-Systeme wie Red Hat oder SuSE andere Werkzeuge zum Anlegen und Löschen von Accounts verwenden. Wenn die einzugebenden Befehle in diesem Abschnitt bei Ihnen nicht funktionieren, lesen Sie in der Dokumentation zu Ihrer Distribution nach. (Bei Red Hat werden Accounts mit dem *control-panel*-Werkzeug verwaltet, bei SuSE mit *YaST*. Debian enthält ein nichtinteraktives *adduser*-Programm, das die Benutzer anhand der Konfigurationsdatei */etc/adduser.conf* einrichtet.) Außerdem gibt es graphische Benutzerverwaltungsprogramme wie etwa *kuser* aus dem KDE-Projekt (siehe Kapitel 11, *Die X Arbeitsoberfläche anpassen*).

Hierbei sollte es keine Überraschungen geben. Machen Sie die nötigen Angaben, oder bestätigen Sie die Vorgaben. Wie Sie sehen, hat *adduser* als Gruppe den Wert 100 voreingestellt und sucht die erste freie Benutzer-ID oberhalb von 500 (500 ist das Minimum bei SuSE und Red Hat, Debian verwendet 1000). Es sollte keine Probleme geben, wenn Sie diese Vorgaben übernehmen. In diesem Beispiel haben wir die Gruppen-ID auf 117 gesetzt und als Benutzer-ID die 501 bestätigt.

Nachdem der Account angelegt ist, werden die Dateien aus */etc/skel* in das Home-Verzeichnis des Benutzers kopiert. In */etc/skel* stehen die »Rumpf«-Dateien (»skeleton« files) für einen neuen Account; dies sind Konfigurationsdateien (etwa *.emacs* und *.bashrc*) mit Voreinstellungen für die neuen Benutzer. Sie können hier weitere Dateien unterbringen, die alle neuen Benutzer erhalten sollen.

Nach diesem Schritt ist der neue Account arbeitsfähig – **norbert** kann sich mit dem Paßwort einloggen, das mittels *adduser* gesetzt wurde. Neue Benutzer sollten nach dem ersten Einloggen auf jeden Fall mit *passwd* ihr Paßwort ändern, um die Sicherheit ihres Accounts zu bewahren.

root kann das Paßwort für alle Benutzer des Systems ändern. Ein Beispiel:

```
passwd norbert
```

fragt nach einem neuen Paßwort für **norbert**, ohne daß das alte Paßwort angegeben werden muß. Allerdings brauchen Sie dazu das Root-Paßwort. Falls Sie dieses einmal vergessen haben, bleibt Ihnen noch die Möglichkeit, Linux im Single-User-Modus mit einer Root-Shell oder von einer »Rettungsdiskette« zu booten. Anschließend können Sie das Paßwortfeld des **root**-Eintrags in */etc/passwd* löschen. Lesen Sie hierzu den Abschnitt »Die Rettung in der Not« in Kapitel 8.

Kapitel 8

Einige Linux-Systeme enthalten das befehlszeilenorientierte Programm *useradd* statt des interaktiven *adduser*. *useradd* erwartet alle nötigen Angaben als Argumente auf der Befehlszeile. Falls Sie *adduser* auf Ihrem System nicht finden und mit *useradd* Probleme haben, sollten Sie die Manpages lesen.

Accounts löschen und stillegen

Das Löschen eines Benutzer-Accounts ist viel einfacher als das Einrichten; dabei findet das bekannte Konzept der Entropie Anwendung. Um einen Account zu löschen, müssen Sie den Eintrag des Benutzers aus */etc/passwd* entfernen, alle Verweise auf diesen Benutzer in */etc/group* löschen und das Home-Verzeichnis sowie alle Dateien entfernen, die der Benutzer erstellt hat oder deren Eigner er ist. Wenn der Benutzer zum Beispiel eine Mailbox für eingehende Nachrichten in */var/spool/mail* hat, muß auch diese entfernt werden.

Der Befehl *userdel* (das Yin zum Yang *useradd*) löscht einen Account und das dazugehörige Home-Verzeichnis. Ein Beispiel:

```
userdel -r norbert
```

entfernt den oben angelegten Account für **norbert**. Die Option *-r* sorgt zwar dafür, daß das Home-Verzeichnis entfernt wird, aber andere Dateien des Benutzers – etwa die Mailbox, *crontab*-Dateien usw. – müssen von Hand gelöscht werden. In der Regel sind solche Dateien so klein, daß man sie auch stehenlassen könnte. Am Ende dieses Kapitels werden Sie erfahren haben, wo sich solche Dateien befinden, wenn es sie gibt. Eine schnelle Methode, die Dateien eines bestimmten Benutzers zu finden, ist der Befehl:

```
find / -user benutzername -ls
```

Damit erhalten Sie eine Auflistung wie mit *ls -l*, die alle Dateien von *benutzername* anzeigt. Natürlich muß dazu der Account für *benutzername* noch in */etc/passwd* eingetragen sein. Falls Sie den Account schon gelöscht haben, können Sie statt dessen das Argument *-uid num* benutzen, wobei *num* der numerische Wert der Benutzer-ID des soeben verschiedenen Benutzers ist.

Es ist noch viel einfacher, einen Account aus irgendeinem Grunde vorübergehend (oder auch dauerhaft) stillzulegen. Sie können dazu entweder den Eintrag des Benutzers in */etc/passwd* löschen (und seine Dateien sowie das Home-Verzeichnis stehenlassen) oder einen Stern als erstes Zeichen in das Paßwortfeld des entsprechenden Eintrags in */etc/passwd* schreiben:

```
aclark:*BjDf5hBysDsii:104:50:Anna Clark:/home/aclark:/bin/bash
```

Damit sind keine Logins unter dieser Zugangsberechtigung mehr möglich.

Accounts ändern

Eine Änderung der Benutzer-Accounts und -gruppen geschieht in der Regel durch das Editieren der Dateien */etc/passwd* und */etc/group*. Viele Systeme enthalten auch Befehle wie *usermod* und *groupmod* für denselben Zweck, aber oft ist es einfacher, die Dateien von Hand zu bearbeiten.

Die Änderung eines Paßwortes geschieht am besten mit dem Befehl *passwd*, der das Paßwort erfragt, es verschlüsselt und das verschlüsselte Ergebnis in der Datei */etc/passwd* ablegt.

Wenn Sie die Benutzer-ID eines bestehenden Accounts ändern möchten, können Sie natürlich das UID-Feld in */etc/passwd* direkt editieren. Allerdings sollten Sie gleichzeitig mit *chown* die Dateiberechtigungen der Dateien dieses Benutzers auf die neue UID übertragen. Ein Beispiel:

```
chown -R aclark /home/aclark
```

vergibt die Eignerrechte an allen Dateien in dem Home-Verzeichnis, das von **aclark** benutzt wurde, wieder an **aclark**, nachdem Sie die UID für diesen Account geändert haben. Wenn *ls -l* eine numerische Benutzer-ID statt eines Namens ausgibt, weist dies darauf hin, daß mit der UID dieser Dateien kein Benutzername verbunden ist. Mit *chown* können Sie das ändern.

KAPITEL 6

VERWALTEN VON DATEISYSTEMEN, SWAP-BEREICHEN UND GERÄTEN

Sie haben wahrscheinlich Dateisysteme und einen Swap-Bereich angelegt, als Sie Linux installiert haben (die meisten Distributionen helfen Ihnen dabei). Hier kommt Ihre Chance, diese Ressourcen genauer einzustellen. Meistens werden Sie solche Dinge kurz nach der Installation machen, das heißt, bevor Sie anfangen, nette Sachen auf Ihren Festplatten zu installieren. Aber von Zeit zu Zeit werden Sie auch ein fertiges System verändern wollen, zum Beispiel um ein neues Gerät einzufügen oder vielleicht den Swap-Bereich zu vergrößern, wenn Sie Ihren Hauptspeicher vergrößern.

Mit Dateisystemen arbeiten

Auf Unix-Systemen ist ein Dateisystem ein Gerät (device), das für die Aufnahme von Dateien formatiert wurde (zum Beispiel Festplatten, Disketten oder CD-ROMs). Dateisysteme finden Sie auf diesen Geräten ebenso wie auf anderen, die willkürlichen Zugriff (random access) erlauben. (Die wichtigste Ausnahme sind Streamer, auf die nur sequentiell zugegriffen werden kann und die deshalb per se kein Dateisystem enthalten können.)

Das genaue Format und die Methode der Speicherung von Dateien sind nicht wichtig. Das System stellt ein gemeinsames Interface für alle Dateisystemtypen bereit, mit denen es arbeiten kann. Unter Linux gehören das Second Extended Filesystem (oder *ext2fs*) dazu, unter dem Sie wahrscheinlich Ihre Linux-Dateien ablegen; das MS-DOS-Dateisystem, mit dessen Hilfe Sie auf Dateien in DOS-Partitionen und auf DOS-formatierten Disketten zugreifen; außerdem verschiedene andere wie zum Beispiel das ISO-9660-Dateisystem für CD-ROMs.

Jeder dieser Dateisystemtypen benutzt ein anderes Format für die Speicherung von Daten. Wenn Sie allerdings unter Linux auf ein beliebiges Dateisystem zugreifen, wird das System Ihnen die Daten in der vertrauten Umgebung von Verzeichnishierarchien, zusammen mit den Angaben zu Eigner und Gruppe, den Berechtigungsbits sowie allen anderen bekannten Merkmalen, präsentieren.

Tatsächlich werden die Informationen zu Eignerschaft, Berechtigungen usw. nur von den Dateisystemen verwaltet, die für die Speicherung von Linux-Dateien vorgesehen sind. Bei solchen Dateisystemen, die diese Informationen nicht speichern, »erfinden« die Treiber, mit denen auf die Dateisysteme zugegriffen wird, diese Informationen. Das MS-DOS-Dateisystem zum Beispiel kennt das Konzept der Eignerschaft gar nicht; deshalb werden alle Dateien so dargestellt, als ob sie **root** gehörten. Auf diese Weise gleichen sich die Dateisysteme oberhalb einer bestimmten Ebene, und jeder Datei werden gewisse Attribute zugeordnet. Ob das darunterliegende Dateisystem diese Attribute nutzt oder nicht, ist eine ganz andere Frage.

Als Systemverwalter müssen Sie wissen, wie Dateisysteme erzeugt werden, falls Sie Linux-Dateien auf Disketten speichern oder zusätzliche Dateisysteme auf der Festplatte einrichten wollen. Sie werden auch verschiedene Tools kennenlernen müssen, mit denen Dateisysteme im Fall von Datenverlusten geprüft und repariert werden. Außerdem müssen Sie wissen, mit welchen Befehlen und Dateien auf Dateisysteme von Diskette oder CD-ROM zugegriffen wird.

Die Dateisystemtypen

In Tabelle 6-1 finden Sie alle Dateisystemtypen aufgelistet, die vom Linux-Kernel in der Version 2.2.2 unterstützt werden. Es werden ständig neue Typen hinzugefügt, und für mehrere hier nicht aufgeführte Dateisysteme gibt es experimentelle Treiber. Im Verzeichnis */usr/src/linux/fs* können Sie nachsehen, welche Typen von Dateisystemen Ihr Kernel unterstützt. Beim Kompilieren des Kernels können Sie bestimmen, welche Dateisysteme unterstützt werden sollen. Lesen Sie dazu den Abschnitt »Den Kernel kompilieren« in Kapitel 7, *Software und den Kernel aktualisieren*.

Kapitel 7

Tabelle 6-1: Die Dateisystemtypen unter Linux

Dateisystem	Typname	Beschreibung
Second Extended-Dateisystem	*ext2*	Das Standarddateisystem von Linux
Minix-Dateisystem	*minix*	Original-Minix-Dateisystem; selten benutzt
ROM-Dateisystem	*romfs*	Ein winziges, nur-lesbares Dateisystem, wird hauptsächlich für RAM-Disks verwendet.
Network File System (NFS)	*NFS*	Für den Zugriff auf Dateien im Netzwerk
UMSDOS-Dateisystem	*umsdos*	Wird benutzt, um Linux in einer MS-DOS-Partition zu installieren
DOS-Fat-Dateisystem	*msdos*	Für den Zugriff auf MS-DOS-Dateien
VFAT-Dateisystem	*vfat*	Für den Zugriff auf Windows 95/98-Dateien
NT-Dateisystem	*ntfs*	Für den Zugriff auf NT-Dateien

Tabelle 6-1: Die Dateisystemtypen unter Linux (Fortsetzung)

Dateisystem	Typname	Beschreibung
HPFS-Dateisystem	*hpfs*	OS/2-Dateisystem
/proc-Dateisystem	*proc*	Liefert Zugriffsinformationen für *ps*
ISO-9660-Dateisystem	*iso9660*	Von den meisten CD-ROMs benutzt
Joliet-Dateisystem	*iso9660*	Eine Erweiterung von ISO 9660, die Unicode-Dateien versteht
Xenix-Dateisystem	*xenix*	Für den Zugriff auf Xenix-Dateien
System V-Dateisystem	*sysv*	Für den Zugriff auf Dateien von System V-Systemen
Coherent-Dateisystem	*coherent*	Für den Zugriff auf Coherent-Dateien
UFS-Dateisystem	*ufs*	Für den Zugriff auf UFS-Dateisysteme, wie sie beispielsweise auf SunOS oder BSD zu finden sind
ADFS-Dateisystem	*adfs*	Für den Zugriff auf Acorn-Partitionen
AFFS-Dateisystem	*affs*	Für den Zugriff auf Standard-Amiga-Dateisystempartitionen
Apple Mac-Dateisystem	*hfs*	Für den Zugriff auf Apple Macintosh-Dateien
QNX4-Dateisystem	*qnx4*	Für den Zugriff auf QNX4-Partitionen
Novell-Dateisystem	*ncpfs*	Greift auf Dateien von einem Novell-Server zu
SMB-Dateisystem	*smbfs*	Greift auf Dateien eines Windows für Workgroups-, Windows 95- oder Windows NT-Servers zu

Jeder Dateisystemtyp hat individuelle Eigenschaften und Beschränkungen; MS-DOS zum Beispiel erlaubt nur achtstellige Dateinamen mit einer dreistelligen Erweiterung. Sie sollten dieses Dateisystem nur für den Zugriff auf bereits existierende DOS-Partitionen oder -Disketten benutzen. Sie werden für den größten Teil der Arbeit unter Linux das Second Extended-Dateisystem benutzen, das in erster Linie für Linux entwickelt wurde. Es erlaubt Dateinamen bis zu einer Länge von 256 Stellen, Dateisysteme bis zu vier Terabytes Größe und bietet einen Haufen anderer Vorteile. Frühere Linux-Systeme benutzten die inzwischen verdrängten Dateisysteme Extended (nicht mehr unterstützt) und Minix. (Ursprünglich wurde Minix aus mehreren Gründen benutzt. Einerseits wurde Linux am Anfang unter Minix kompiliert. Andererseits kannte sich Linus mit Minix ziemlich gut aus, und es war einfach, Minix in die frühen Original-Kernels einzubinden.) Das Xia-Dateisystem wird nicht mehr unterstützt.

Das ROM-Dateisystem werden Sie nur sehr selten benötigen. Es ist sehr klein, unterstützt keine Schreibvorgänge und ist vor allem zur Verwendung in RAM-Disks bei der Systemkonfiguration, beim Booten oder sogar in EPROMS gedacht.

Das Dateisystem UMSDOS wird für die Installation eines Linux-Systems in einem Verzeichnis innerhalb einer bestehenden DOS-Partition benutzt. Auf diese Weise können Linux-Neulinge mit Linux experimentieren, ohne die Festplatte neu zu partitionieren. Das MS-DOS-Dateisystem dagegen wird für den direkten Zugriff auf DOS-Dateien benutzt. Auf Dateien auf Partitionen, die mit Windows 95 oder Windows 98 angelegt wurden, kann mit dem VFAT-Dateisystem zugegriffen werden, während das NTFS-Dateisystem den Zugriff auf Windows NT-Dateien ermöglicht. Das Dateisystem HPFS dient dem Zugriff auf das OS/2-Dateisystem.

Mit der CVF-FAT-Erweiterung zum DOS-FAT-Dateisystem ist es möglich, auf Partitionen zuzugreifen, die mit DoubleSpace/DriveSpace von Microsoft oder mit Stakker von Stac komprimiert worden sind. Lesen Sie dazu die Datei *Documentation/filesystems/fat_cvf.txt* in den Kernel-Quellen.

Kapitel 5

/proc ist ein virtuelles Dateisystem, das heißt, daß ihm kein Speicherplatz zugeordnet ist. Näheres hierzu finden Sie in Kapitel 5, *Grundlagen der Systemverwaltung*.[1]

Das ISO-9660-Dateisystem (früher als High Sierra Filesystem bekannt und auf anderen Unix-Systemen mit *hsfs* abgekürzt) wird von den meisten CD-ROMs benutzt. Ähnlich wie unter DOS sind auch hier die Länge der Dateinamen und die Menge der Informationen, die zu jeder Datei gespeichert werden, beschränkt. Die meisten CD-ROMs kennen allerdings die Rock-Ridge-Erweiterungen zum ISO-9660-Standard, so daß der Kernel-Treiber den Dateien lange Namen, Eignerschaft und Berechtigungen zuordnen kann. Als Folge bekommen Sie beim Zugriff auf eine ISO-9660-CD-ROM unter DOS nur Dateinamen im 8.3-Format, während Sie unter Linux die »echten«, kompletten Namen erhalten.

Außerdem unterstützt Linux jetzt auch die Microsoft-Joliet-Erweiterungen von ISO 9660, die mit langen Dateinamen mit Unicode-Zeichen umgehen können. Das wird zur Zeit noch nicht besonders viel verwendet, kann aber in Zukunft wertvoll sein, weil Unicode ein international akzeptierter Standard für die Codierung von Zeichensystemen ist.

Weiter kennt Linux vier Dateisysteme, die in anderen Unix-Systemen für PCs verwendet werden: UFS, Xenix, System V und Coherent. (Die drei letzteren werden in Wirklichkeit von demselben Kernel-Treiber mit jeweils leicht geänderten Parametern bedient.) Falls Sie auf Dateisysteme stoßen, die in einem dieser Formate erzeugt wurden, können Sie auf die Dateien darin auch unter Linux zugreifen.

---

1 Beachten Sie, daß das */proc*-Dateisystem unter Linux nicht dasselbe Format hat wie ein */proc*-Dateisystem unter SVR4 (etwa Solaris 2.x). Unter SVR4 hat jeder aktive Prozeß einen eigenen »Datei«-Eintrag in */proc*, der mit bestimmten *ioctl()*-Aufrufen geöffnet und bearbeitet werden kann, um Prozeßinformationen zu erhalten. Linux dagegen stellt die Informationen in */proc* über *read()*- und *write()*-Anforderungen bereit.

Schließlich gibt es einen Haufen von Dateisystemen für den Zugriff auf Daten auf Partitionen, die von anderen Dateisystemen als den DOS- und Unix-Familien angelegt worden sind. Diese unterstützen das Acorn Disk Filing System (ADFS), die AmigaOS-Dateisysteme (allerdings werden Disketten nur auf Amigas unterstützt), das HFS des Apple Macintosh und das QNX4-Dateisystem. Die meisten dieser spezialisierten Dateisysteme sind nur auf bestimmten Hardwarearchitekturen nützlich. Beispielsweise werden Sie in einem Intel-Rechner sicherlich keine Festplatten haben, die mit einem Amiga-Dateisystem formatiert sind. Wenn Sie einen dieser Treiber benötigen, lesen Sie bitte die zugehörigen Informationen; manche von ihnen befinden sich noch in einem experimentellen Zustand.

Dateisysteme aufsetzen

Damit Sie unter Linux auf ein beliebiges Dateisystem zugreifen können, müssen Sie es auf ein bestimmtes Verzeichnis aufsetzen (mounten). Dies läßt die Dateien in diesem Dateisystem so erscheinen, als ob sie in diesem Verzeichnis stünden, so daß Sie darauf zugreifen können.

Dies wird mit dem Befehl *mount* erledigt und muß in der Regel als **root** ausgeführt werden. (Wir werden noch sehen, daß normale Benutzer *mount* ausführen können, wenn der betreffende Gerätename in der Datei */etc/fstab* aufgelistet ist.) Der Befehl hat folgendes Format:

```
mount -t typ gerät mount-point
```

Der *typ* ist der Name des Dateisystems, wie er in Tabelle 6-1 erscheint; das *gerät* ist das physikalische Gerät, auf dem das Dateisystem existiert (der Gerätename in */dev*); und der *mount-point* (Aufsetzpunkt) ist das Verzeichnis, auf das dieses Dateisystem aufgesetzt wird. Sie müssen das Verzeichnis vor dem Aufruf von *mount* anlegen.

Wenn Sie zum Beispiel ein Second Extended-Dateisystem auf */dev/hda2* haben, das Sie auf das Verzeichnis */mnt* aufsetzen möchten, geben Sie folgenden Befehl ein:

```
mount -t ext2 /dev/hda2 /mnt
```

Wenn alles klappt, sollten Sie auf das Dateisystem unter */mnt* zugreifen können. Entsprechend mounten wir mit folgendem Befehl ein Dateisystem, das sich auf einer Diskette befindet, die unter Windows formatiert wurde und daher ein DOS-Dateisystem hat:

```
mount -t msdos /dev/fd0 /mnt
```

Anschließend können Sie unter */mnt* auf Dateien zugreifen, die auf einer DOS-formatierten Diskette stehen.

Der Befehl *mount* kennt viele Optionen, die Sie mit dem Schalter *-o* spezifizieren können. Ein Beispiel: Die Dateisysteme MS-DOS und ISO9660 unterstützen die »automatische Konvertierung« von Textdateien im DOS-Format (in denen am Ende jeder Zeile CR-LF steht) in das Unix-Format (bei dem am Zeilenende nur ein LF steht). Mit dem Befehl:

```
mount -o conv=auto -t msdos /dev/fd0 /mnt
```

schalten Sie diese Konvertierung bei solchen Dateien ein, deren Suffix nicht auf eine Binärdatei hinweist (wie *.exe*, *.bin* usw.).

Eine häufig benutzte Option beim Aufsetzen ist *-o ro* (oder, mit demselben Effekt, *-r*), mit der Sie Dateisysteme im Lesemodus (read-only) aufsetzen. Alle schreibenden Zugriffe auf ein solches Dateisystem haben die Fehlermeldung »permission denied« zur Folge. Medien, die nicht beschrieben werden können (etwa CD-ROMs), müssen »read-only« aufgesetzt werden. Wenn Sie versuchen, eine CD-ROM ohne die Option *-r* zu mounten, erhalten Sie die nervige Fehlermeldung:

```
mount: block device /dev/cdrom is write-protected, mounting read-only
```

Geben Sie in diesem Fall statt dessen ein:

```
mount -t iso9660 -r /dev/cdrom /mnt
```

Dies gilt auch, wenn Sie versuchen, eine schreibgeschützte Diskette zu mounten.

In der Manpage zu *mount* finden Sie alle Optionen für das Aufsetzen von Dateisystemen. Sie werden nicht alle davon sofort benutzen, aber eines Tages müssen Sie vielleicht doch auf einige davon zurückgreifen.

Das Gegenteil zum Aufsetzen eines Dateisystems ist natürlich das Absetzen (unmounting). Das Absetzen bewirkt zweierlei: Der Inhalt des Dateisystems wird aus den Systempuffern aktualisiert, und auf das Dateisystem kann nicht mehr über seinen Aufsetzpunkt zugegriffen werden. Anschließend können Sie auf diesen Mount-Point ein anderes Dateisystem aufsetzen.

Das Absetzen geschieht mit dem Befehl *umount* (beachten Sie, daß das »n« in der Vorsilbe von »unmount« fehlt). Ein Beispiel:

```
umount /dev/fd0
```

setzt das Dateisystem auf */dev/fd0* ab. Mit einem Befehl wie

```
umount /mnt
```

setzen Sie ein beliebiges, auf ein bestimmtes Verzeichnis aufgesetztes Dateisystem ab.

Es ist wichtig, daß Sie Wechselmedien wie Disketten und CD-ROMs nicht aus dem Laufwerk entfernen oder gegen andere austauschen, solange sie aufgesetzt sind. Das hätte zur Folge, daß die Systeminformationen über das Gerät nicht mehr mit dem übereinstimmen, was tatsächlich vorhanden ist; dies kann unendlich viele Probleme bereiten. Wenn Sie eine Diskette oder CD-ROM wechseln wollen, sollten Sie das alte Medium erst absetzen, bevor Sie das neue Medium aufsetzen.

Ebenso wie bei Festplatten wird auch das Lesen und Schreiben von/auf Diskettendateisysteme(n) im Arbeitsspeicher gepuffert. Das bedeutet, daß das Laufwerk beim Lesen und Schreiben nicht sofort aktiv wird. Das System arbeitet die Ein-/Ausgabe von/auf Disketten asynchron ab und führt Lese- und Schreibvorgänge nur durch, wenn es wirklich notwendig ist. Wenn Sie also eine kleine Datei auf die Diskette kopieren, und die Kontrolleuchte am Laufwerk blinkt nicht sofort auf, brauchen Sie nicht in Panik auszubrechen – die Daten werden schließlich doch noch geschrieben. Mit dem Befehl *sync* zwingen Sie das System, alle Puffer für das Dateisystem zu leeren, das heißt, daß alle Daten in den Puffern physikalisch auf die Diskette geschrieben werden. Dasselbe geschieht beim Absetzen eines Dateisystems.

Wenn Sie gewöhnlichen Sterblichen erlauben wollen, bestimmte Geräte auf- und abzusetzen, gibt es zwei Möglichkeiten. Die erste davon ist, für ein solches Gerät die Option `user` in */etc/fstab* einzutragen (wir gehen später in diesem Abschnitt darauf ein). Danach sind alle Benutzer in der Lage, *mount* und *umount* für dieses Gerät aufzurufen. Die andere Möglichkeit ist die Benutzung eines Programms, das unter Linux das Auf- und Absetzen übernimmt. Diese Programme werden mit setuid **root** ausgeführt und erlauben normalen Benutzern das Aufsetzen bestimmter Geräte. Im allgemeinen werden Sie nicht zulassen, daß Benutzer eine Festplattenpartition auf- und absetzen, aber die Benutzung eines CD-ROM- oder Diskettenlaufwerks könnte erlaubt sein.

Es gibt eine ganze Reihe von Fehlern, die beim Mounten von Dateisystemen auftreten können. Unglücklicherweise gibt *mount* auf verschiedene Probleme dieselbe Fehlermeldung aus:

```
mount: wrong fs type, /dev/cdrom already mounted, /mnt busy, or other error
```

`wrong fs type` ist einfach zu verstehen: Es bedeutet, daß Sie dem Befehl *mount* den verkehrten Typ übergeben haben. Wenn Sie keinen Typ angeben, versucht *mount*, den richtigen Typ anhand des Superblocks zu erraten (das funktioniert nur mit den Dateisystemen *minix*, *ext*, *ext2*, *xia* und *iso9660*). Wenn das nicht funktioniert, probiert *mount* alle im Kernel enthaltenen Treiber aus (die in */proc/filesystems* aufgeführt sind). Hat auch das nicht funktioniert, dann erklärt sich *mount* für gescheitert. *`device`* `already mounted` bedeutet, daß das Gerät schon auf einem anderen Verzeichnis aufgesetzt ist. Der *mount*-Befehl ohne Argumente sagt Ihnen, welche Geräte wo aufgesetzt sind:

```
rutabaga# mount
/dev/hda2 on / type ext2 (rw)
/dev/hda3 on /msdos type msdos (rw)
/dev/cdrom on /cdrom type iso9660 (ro)
/proc on /proc type proc (rw,none)
```

Wir sehen zwei Festplattenpartitionen, eine vom Typ *ext2*, die andere vom Typ *msdos*; ein CD-ROM-Laufwerk, das auf */cdrom* aufgesetzt ist; und schließlich das

Dateisystem */proc*. Das letzte Feld in jeder Zeile (zum Beispiel (`rw`)) zeigt die Optionen, unter denen das Dateisystem aufgesetzt ist. Mehr dazu in Kürze. Beachten Sie, daß das CD-ROM-Laufwerk auf */cdrom* aufsetzt. Wenn Sie häufig mit CD-ROMs arbeiten, ist es eine gute Idee, ein Verzeichnis */cdrom* anzulegen, um dieses Gerät dort zu mounten. */mnt* wird im allgemeinen benutzt, um dort Dateisysteme wie etwa Disketten vorübergehend aufzusetzen.

Die Fehlermeldung `mount-point busy` ist schwer nachzuvollziehen. Grundsätzlich deutet sie auf irgendeine Art von Aktivität unterhalb des Mount-Point hin, die verhindert, daß Sie dort ein Dateisystem aufsetzen. Meistens ist das eine offene Datei unterhalb dieses Verzeichnisses oder ein Prozeß, der sein aktuelles Arbeitsverzeichnis unterhalb des Aufsetzpunktes hat. Stellen Sie beim Aufruf von *mount* sicher, daß sich Ihre Root-Shell nicht innerhalb von `mount-point` befindet; gehen Sie dazu mit *cd /* in die oberste Verzeichnisebene. Es könnte auch sein, daß bereits ein anderes Dateisystem auf demselben Mount-Point aufsetzt; mit *mount* ohne Argumente können Sie dies feststellen.

Die Meldung `other error` ist natürlich nicht sehr hilfreich. Es gibt verschiedene Fälle, in denen *mount* mißlingen könnte. Falls das betreffende Dateisystem irgendwelche Daten- oder Datenträgerfehler enthält, wird *mount* eventuell melden, daß es den Superblock des Dateisystems nicht lesen kann. Unter Unix-artigen Betriebssystemen enthält der Superblock den Teil des Dateisystems, der Informationen zu einzelnen Dateien und die Attribute des Dateisystems insgesamt enthält. Wenn Sie versuchen, ein CD-ROM- oder Diskettenlaufwerk aufzusetzen, ohne daß eine CD-ROM oder Diskette vorhanden ist, erhalten Sie eine Meldung wie diese:

```
mount: /dev/cdrom is not a valid block device
```

Disketten sind besonders anfällig für physikalische Schäden (mehr als Sie vielleicht glauben). CD-ROMs leiden unter Staub, Kratzern, Fingerabdrücken und werden auch nicht gerne verkehrt herum eingelegt. (Wenn Sie versuchen, Ihre Garth Brooks-CD als ISO9660-Format zu mounten, werden Sie wahrscheinlich ähnliche Probleme bekommen.)

Vergewissern Sie sich auch, daß der Aufsetzpunkt, den Sie benutzen möchten (etwa */mnt*), tatsächlich existiert. Falls das nicht der Fall ist, können Sie ihn mit dem Befehl *mkdir* anlegen.

Falls beim Aufsetzen oder beim Zugriff auf ein Dateisystem Probleme auftauchen, kann es sein, daß Daten beschädigt sind. Unter Linux gibt es verschiedene Tools zum Reparieren bestimmter Dateisystemtypen. Im Abschnitt »Dateisysteme prüfen und reparieren« weiter hinten in diesem Kapitel finden Sie mehr zu diesem Thema.

Beim Booten setzt das System automatisch mehrere Dateisysteme auf. Dies wird von der Datei */etc/fstab* gesteuert, die einen Eintrag für jedes Dateisystem enthält, das beim Booten aufgesetzt werden soll. Die Zeilen haben das Format:

```
gerät mount-point typ optionen
```

Dabei haben `gerät`, `mount-point` und `typ` dieselbe Bedeutung wie im Befehl *mount*; `optionen` ist eine durch Kommata getrennte Liste der Optionen, die Sie bei *mount* mit dem Schalter *-o* angeben würden.

So könnte eine Datei */etc/fstab* aussehen:

```
# device        directory    type       options
/dev/hda2       /            ext2       defaults
/dev/hda3       /msdos       msdos      defaults
/dev/cdrom      /cdrom       iso9660    ro
/proc           /proc        proc       none
/dev/hda1       none         swap       sw
```

Die letzte Zeile in dieser Datei bezeichnet eine Swap-Partition. Im Abschnitt »Swap-Space benutzen« weiter unten in diesem Kapitel gehen wir genauer darauf ein.

mount(8)

Die Manpage zu *mount* enthält die möglichen Werte für `optionen`. Wenn Sie mehr als eine Option angeben wollen, führen Sie sie durch Kommata getrennt, aber ohne Leerstellen dazwischen auf:

```
/dev/cdrom      /cdrom          iso9660   ro,user
```

Die Option `user` läßt auch andere Benutzer als **root** Dateisysteme aufsetzen. Wenn diese Option eingetragen ist, kann ein Benutzer zum Beispiel mit

```
mount /cdrom
```

ein CD-ROM-Laufwerk aufsetzen. Beachten Sie, daß Sie immer nur ein Gerät oder einen Mount-Point (aber nicht beide) an *mount* übergeben. Der Befehl wird den Aufsetzpunkt oder das Gerät in */etc/fstab* nachschlagen und das Gerät mit den dort eingetragenen Parametern aufsetzen. Auf diese Weise lassen sich Geräte, die in */etc/fstab* eingetragen sind, ganz einfach mounten.

Sie sollten für die meisten Dateisysteme die Option `defaults` (Standardwerte) benutzen; damit schalten Sie eine Reihe weiterer Optionen ein, wie zum Beispiel `rw` (Schreib- und Lesezugriff), `async` (asynchrones Leeren der E/A-Puffer) usw. Solange Sie keinen besonderen Grund haben, diese Parameter zu ändern, sollten Sie `defaults` für fast alle Dateisysteme und `ro` ausschließlich für Geräte mit Lesezugriff (wie CD-ROMs) verwenden. Eine weitere möglicherweise nützliche Option ist `umask`, mit der Sie die Default-Maske für die Zugriffsrechte setzen können, was insbesondere bei fremden Dateisystemen interessant sein kann.

Mit dem Befehl *mount -a* werden alle Dateisysteme aufgesetzt, die in */etc/fstab* eingetragen sind. Der Befehl wird beim Booten von einem der Skripten in */etc/rc.d* (oder wo auch immer Ihre Distribution ihre Konfigurationsdateien unterbringt) ausgeführt, in der Regel *rc.sysinit*. Auf diese Weise werden alle in */etc/fstab* aufgeführten Dateisysteme beim Systemstart aktiviert; alle Partitionen Ihrer Festplatte, das CD-ROM-Laufwerk usw. werden aufgesetzt.

Hierzu gibt es eine Ausnahme: das Dateisystem **root**. Dieses Dateisystem, das in der Regel auf / aufgesetzt wird, enthält meistens sowohl die Datei */etc/fstab* als auch die Skripten in */etc/rc.d*. Damit der Kernel darauf zugreifen kann, muß er beim Booten das Root-Dateisystem selbst aufsetzen. Das Gerät, das das Root-Dateisystem enthält, ist direkt in den Kernel einkompiliert und kann mit dem Befehl *rdev* geändert werden (lesen Sie hierzu »Von einer Diskette booten« in Kapitel 5, *Grundlagen der Systemverwaltung*). Während des Bootens versucht der Kernel, dieses Gerät als Root-Dateisystem aufzusetzen, und probiert dazu nacheinander verschiedene Dateisystemtypen aus (zuerst Minix, dann Extended usw.). Wenn Sie beim Booten eine Fehlermeldung wie

Kapitel 5

```
VFS: Unable to mount root fs
```

erhalten, kann das eine der folgenden Ursachen haben:

- In den Kernel ist ein falscher Gerätename für Root eingetragen.
- In den Kernel ist keine Unterstützung für den Dateisystemtyp von Root einkompiliert. (Weitere Details finden Sie im Abschnitt »Den Kernel kompilieren« in Kapitel 7, *Software und den Kernel aktualisieren*. Dies spielt in der Regel nur dann eine Rolle, wenn Sie Ihren eigenen Kernel kompilieren.)
- Das Root-Dateisystem ist in irgendeiner Weise defekt.

Kapitel 7

Für jeden dieser Fälle gilt, daß der Kernel nicht weiterarbeiten kann und in »Panik« ausbricht. Lesen Sie im Abschnitt »Die Rettung in der Not« in Kapitel 8, *Andere Administrationsaufgaben,* nach, was Sie tun können. Falls ein beschädigtes Dateisystem die Ursache ist, läßt sich das in der Regel beheben. Lesen Sie dazu »Dateisysteme prüfen und reparieren«.

Kapitel 8

Ein Dateisystem muß nicht in */etc/fstab* eingetragen sein, damit es aufgesetzt werden kann, aber für das »automatische« Aufsetzen durch *mount -a* sowie die Benutzung der Option `user` ist dies Voraussetzung.

Automatisches Mounten von Geräten

Wenn Sie auf viele verschiedene Dateisysteme (und insbesondere solche im Netzwerk) zugreifen müssen, dann ist vielleicht eine noch relativ neue Funktion des Linux-Kernels interessant für Sie: der *automounter*. Dabei handelt es sich um eine Kombination aus Kernel-Code, einem Dämon und einigen Konfigurationsdateien, die automatisch bemerkt, wenn jemand auf ein Dateisystem zugreifen will, und dieses dann transparent lädt. Wenn das Dateisystem einige Zeit nicht benutzt wurde, dann hängt es der Automounter automatisch aus, um Ressourcen wie Speicher und Netzwerkkapazität zu sparen.

Wenn Sie den Automounter verwenden wollen, müssen Sie dieses Feature zunächst beim Kompilieren des Kernels einschalten (siehe »Einen neuen Kernel erstellen«). Außerdem benötigen Sie die NFS-Option.

Kapitel 7

Als nächstes müssen Sie den *automount*-Dämon starten. Weil dieses Feature ziemlich neu ist, ist es auf Ihrer Distribution vielleicht noch nicht enthalten. Suchen Sie nach dem Verzeichnis */usr/lib/autofs*; wenn dieses noch nicht vorhanden ist, müssen Sie sich das Paket *autofs* von einem Linux-Server Ihrer Wahl besorgen und entsprechend den Installationsanweisungen installieren.

Sie können Dateisysteme an beliebigen Stellen automatisch mounten, aber der Einfachheit halber gehen wir hier davon aus, daß Sie alle Dateisysteme unterhalb eines einzigen Verzeichnisses mounten wollen, das wir hier */automount* nennen. Wenn Sie die Einhängpunkte (automount points) für das automatische Mounten über Ihr Dateisystem verteilen wollen, dann müssen Sie mehrere *automount*-Dämonen verwenden.

Wenn Sie das *autofs*-Paket selbst kompiliert haben, sollten Sie damit anfangen, die Beispiel-Konfigurationsdateien zu kopieren, die Sie im *sample*-Verzeichnis finden. Diese können Sie dann Ihren Bedürfnissen anpassen. Dazu kopieren Sie die Dateien *sample/auto.master* und *sample/auto.misc* in das Verzeichnis */etc* und die Datei *sample/rc.autofs* unter dem Namen *autofs* dahin, wo Ihre Distribution die Boot-Skripten unterbringt. Wir gehen hier von */sbin/init.d* aus.

Die erste Konfigurationsdatei, die Sie editieren müssen, ist */etc/auto.master*. Sie enthält alle Verzeichnisse (die sogenannten *Mount-Punkte*), unter denen der Automounter Partitionen aufsetzen soll. Weil wir uns entschieden haben, für dieses Beispiel nur ein Verzeichnis zu verwenden, müssen wir hier auch nur einen Eintrag vornehmen. Die Datei könnte folgendermaßen aussehen:

```
/automount /etc/auto.misc
```

Diese Datei besteht aus Zeilen mit je zwei Einträgen, die durch Leerraum (whitespace) voneinander getrennt sind. Der erste Eintrag gibt den Mount-Punkt an, der zweite die sogenannte *Map-Datei*, die wiederum angibt, wie und wo die Geräte und Partitionen automatisch zu mounten sind. Sie brauchen für jeden Mount-Punkt eine solche Map-Datei.

In unserem Fall sieht */etc/auto.misc* folgendermaßen aus:

```
cd       -fstype=iso9660,ro    :/dev/scd0
floppy   -fstype=auto          :/dev/fd0
```

Auch diese Datei besteht aus einzeiligen Einträgen, die jeweils ein Gerät oder eine aufzusetzende Partition angeben. Die Zeilen bestehen aus zwei notwendigen und einem optionalen Feld, die durch Leerraum voneinander getrennt werden. Der erste Wert muß angegeben werden und bezeichnet das Verzeichnis, auf das das Gerät oder die Partition dieses Eintrags gemountet werden soll. Dieser Wert wird an den Mount-Punkt angehängt, so daß die CD-ROM automatisch nach */automount/cd* gemountet wird.

Der zweite Wert ist optional und gibt die für die *mount*-Operation zu verwendenden Schalter an. Diese entsprechen den Optionen des *mount*-Befehls, mit der Ausnahme, daß der Typ mit der Option *-fstype=* anstelle von *-T* angegeben wird.

Der dritte Wert schließlich gibt die zu mountende Partition oder das zu mountende Gerät an. Wir haben hier das erste SCSI-CD-ROM-Laufwerk und das erste Diskettenlaufwerk angegeben. Der Doppelpunkt vor dem Eintrag muß da stehen; er trennt den Host-Teil vom Gerät/Verzeichnis-Teil, ganz so wie bei *mount*. Weil sich diese beiden Geräte auf dem lokalen Rechner befinden, steht links von den Doppelpunkten nichts. Wenn wir beispielsweise das Verzeichnis *sources* vom NFS-Server Sourcemaster automatisch mounten wollten, würden wir folgendes angeben:

```
sources      -fstype=nfs,soft     sourcemaster:/sources
```

Nachdem Sie die Konfigurationsdateien für Ihr System angepaßt haben, können Sie den Automount-Dämon mit folgendem Befehl starten (ersetzen Sie den Pfad gegebenenfalls durch einen für Ihr System passenden):

```
tigger# /sbin/init.d/autofs start
```

Weil dieser Befehl ziemlich schweigsam ist, sollten Sie kontrollieren, ob der Automounter auch wirklich gestartet worden ist. Das geht beispielsweise mit folgendem Befehl:

```
tigger# /sbin/init.d/autofs status
```

Aber es ist schwierig, anhand der Ausgaben zu sehen, ob der Automounter wirklich läuft. Besser ist es daher zu überprüfen, ob der *automount*-Prozeß existiert:

```
tigger# ps aux | grep automount
```

Wenn dieser Befehl den Automount-Prozeß anzeigt, dann sollte alles in Ordnung sein. Wenn das nicht der Fall ist, müssen Sie Ihre Konfigurationsdateien noch einmal überprüfen. Es kann natürlich auch sein, daß die notwendige Kernel-Unterstützung nicht vorhanden ist: Entweder ist die Automount-Unterstützung nicht im Kernel, oder Sie haben sie als Modul kompiliert, dieses aber nicht installiert. Wenn das das Problem ist, dann können Sie es mit

```
tigger# modprobe autofs
```

lösen.

Wenn der Automounter zu Ihrer Zufriedenheit funktioniert, können Sie den *modprobe*-Aufruf und den *autofs*-Aufruf in einer der Boot-Konfigurationsdateien Ihres Systems, wie etwa */etc/rc.local*, */sbin/init.d/boot.local* oder was auch immer Ihre Distribution verwendet, setzen.

Wenn alles funktioniert, müssen Sie jetzt nur noch auf eines der Verzeichnisse unterhalb des Mount-Punktes zugreifen, woraufhin der Automounter das entsprechende Gerät automatisch für Sie mounten wird. Wenn Sie beispielsweise

```
tigger$ ls /automount/cd
```

eingeben, dann wird der Automounter automatisch die CD-ROM mounten, damit *ls* deren Inhalt anzeigen kann. Der einzige Unterschied zwischen normalem und automatischem Mounten besteht in einer geringen Verzögerung, bis die Ausgabe kommt (beim automatischen Mounten).

Um Ressourcen einzusparen, hängt der Automounter die Partition oder das Gerät aus, wenn es eine gewisse Zeit keinen Zugriff gegeben hat (der Default sind fünf Minuten).

autofs (5) automount (8)

Der Automounter verfügt über einige fortgeschrittene Optionen; beispielsweise muß die Map-Tabelle nicht in Form einer Datei vorliegen, sondern kann auch aus einer Systemdatenbank ausgelesen werden. Sie können den Automounter sogar ein Programm ausführen lassen, aus dessen Ausgabe dann die Map-Tabelle bestimmt wird. Alle weiteren Details finden Sie in den Manpages zu *autofs* und *automount*.

Dateisysteme erzeugen

Mit dem Befehl *mkfs* erzeugen Sie ein Dateisystem. Das Anlegen eines Dateisystems entspricht dem »Formatieren« einer Partition oder Diskette als Vorbereitung für das Speichern von Daten.

Zu jedem Dateisystemtyp gehört ein eigener *mkfs*-Befehl – für MS-DOS ist das zum Beispiel *mkfs.msdos*, ein Second Extended-Dateisystem wird mit *mkfs.ext2* erzeugt usw. Das Programm *mkfs* selbst ist ein Frontend (Hilfsprogramm), das beliebige Dateisysteme erzeugen kann, indem es die passende Version von *mkfs* aufruft.[2]

Bei der Installation Ihres Linux-Systems haben Sie eventuell mit einem Befehl wie *mke2fs* ein Dateisystem von Hand erzeugt. (Falls nicht, hat die Installationssoftware das für Sie erledigt.) Tatsächlich ist *mke2fs* dasselbe wie *mkfs.ext2*. Die Programme sind identisch (und auf vielen Systemen ist das eine nur ein Link auf das andere), aber man benutzt die Version *mkfs*.*dateisystemtyp*, damit es für *mkfs* einfacher wird, das entsprechende Programm für jedes Dateisystem auszuführen. Wenn Sie das Frontend *mkfs* nicht auf Ihrem System haben, können Sie auch *mke2fs* oder *mkfs.ext2* direkt aufrufen.

Wir gehen davon aus, daß Sie das Frontend *mkfs* benutzen; dann erzeugen Sie mit folgendem Befehl ein Dateisystem:

```
mkfs -t typ gerätedatei blöcke
```

Dabei ist *typ* der zu erzeugende Dateisystemtyp, wie er in Tabelle 6-1 erscheint, *gerätedatei* gibt an, wo das Dateisystem erzeugt werden soll (zum Beispiel */dev/fd0* für eine Diskette), und *blöcke* geben die Größe des Dateisystems in Blöcken zu 1024 Bytes an.

2 In frühen Versionen von Linux wurde mit *mkfs* ein Minix-Dateisystem erzeugt. In neueren Versionen ist *mkfs* ein Frontend zur Erzeugung beliebiger Dateisysteme, und Minix-Dateisysteme werden mit *mkfs.minix* erzeugt.

Wenn Sie zum Beispiel ein *ext2*-Dateisystem auf einer Diskette anlegen möchten, geben Sie ein:

```
mkfs -t ext2 /dev/fd0 1440
```

Hier werden 1 440 Blöcke angegeben, womit eine 3,5-Zoll-HD-Diskette mit 1,44 Megabytes bezeichnet wird. Wenn Sie statt dessen *-t msdos* eingeben würden, könnten Sie eine DOS-formatierte Diskette erzeugen.

Anschließend können wir die Diskette mounten, wie wir das im vorhergehenden Abschnitt beschrieben haben, Dateien dorthin kopieren usw. Vergessen Sie nicht, die Diskette wieder abzusetzen, bevor Sie sie aus dem Laufwerk entfernen.

Mit dem Erzeugen eines Dateisystems werden alle Daten auf dem betreffenden physikalischen Datenträger (Diskette, Festplattenpartition usw.) gelöscht. *mkfs* wird normalerweise vor dem Anlegen eines Dateisystems keine Warnung ausgeben – überlegen Sie deshalb genau, was Sie tun wollen.

Kapitel 3

Auf dieselbe Weise erzeugen Sie auch ein Dateisystem auf einer Festplattenpartition, nur geben Sie dabei den Namen der Partition (etwa */dev/hda2*) als Gerätedatei an. Versuchen Sie niemals, auf einem Gerätenamen wie */dev/hda* ein Dateisystem zu erzeugen. Dies gilt für die gesamte Festplatte, nicht nur eine einzelne Partition. Mit dem Befehl *fdisk* können Sie Partitionen einrichten, wie wir das im Abschnitt »Linux-Partitionen anlegen« in Kapitel 3, *Installation und erste Konfigurationsarbeiten,* beschrieben haben.

Sie sollten beim Erzeugen von Dateisystemen auf Festplattenpartitionen ganz besonders vorsichtig sein. Vergewissern Sie sich, daß die Werte für Gerätedatei und Blöcke korrekt sind. Wenn Sie eine falsche Gerätedatei angeben, kann es passieren, daß Sie Daten in bestehenden Dateisystemen zerstören. Wenn Sie einen falschen Wert für die Blöcke angeben, überschreiben Sie eventuell Daten in anderen Partitionen. Geben Sie für die Blöcke genau den Wert ein, den *fdisk* von Linux meldet.

Wenn Sie Dateisysteme auf Disketten erzeugen möchten, ist es meistens eine gute Idee, zunächst eine Low-Level-Formatierung vorzunehmen. Damit werden die Sektor- und Spurinformationen auf die Diskette geschrieben, so daß bei der Benutzung der Gerätenamen */dev/fd0* und */dev/fd1* die Diskettenkapazität automatisch erkannt wird. Der FORMAT-Befehl unter DOS ist eine Möglichkeit der Low-Level-Formatierung; eine andere Möglichkeit ist das Programm *fdformat* unter Linux.[3] Wenn Sie zum Beispiel die Diskette im ersten Diskettenlaufwerk formatieren möchten, geben Sie ein:

```
rutabaga# fdformat /dev/fd0
Double-sided, 80 tracks, 18 sec/track. Total capacity 1440 kB.
Formatting ... done
Verifying ... done
```

Mit der Option *-n* zu *fdformat* überspringen Sie die Verifizierung.

3 Debian-Benutzer sollten statt dessen *superformat* verwenden.

Alle Versionen von *mkfs* für die einzelnen Dateisystemtypen unterstützen verschiedene nützliche Optionen. Fast alle Versionen kennen die Option *-c*, mit der beim Erzeugen des Dateisystems eine Überprüfung des physikalischen Mediums auf beschädigte Blöcke eingeschaltet wird. Wenn beschädigte Blöcke gefunden werden, werden diese markiert und bei Schreibvorgängen in diesem Dateisystem ausgespart. Wenn Sie solche spezifischen Optionen benutzen möchten, sollten Sie sie hinter der Option *-t typ* von *mkfs* angeben, etwa so:

```
mkfs -t typ -c gerätedatei blöcke
```

Sehen Sie in der Manpage der betreffenden Version von *mkfs* nach, welche speziellen Optionen unterstützt werden. (Für das Second Extended-Dateisystem lesen Sie also in der Manpage zu *mke2fs* nach.)

Eventuell haben Sie nicht alle speziellen Versionen von *mkfs* installiert. Falls nicht, kann *mkfs* nicht ausgeführt werden, wenn Sie versuchen, ein Dateisystem eines Typs zu erzeugen, für den Sie kein *mkfs.typ* installiert haben. Irgendwo gibt es für fast alle Dateisystemtypen, die von Linux unterstützt werden, auch ein entsprechendes *mkfs.typ*.

Falls Sie beim Aufruf von *mkfs* auf Probleme stoßen, kann es sein, daß Linux physikalisch nicht auf das Gerät zugreifen kann. Wenn es sich um eine Diskette handelt, ist es vielleicht nur ein defektes Exemplar. Bei einer Festplatte könnte es sich um einen ernsteren Fehler handeln – eventuell kann der Gerätetreiber für die Festplatte im Kernel nicht auf dieselbe zugreifen. Dabei kann ein Hardwarefehler vorliegen, oder die Plattengeometrie ist einfach falsch spezifiziert worden. Lesen Sie die Manpages der verschiedenen Versionen von *mkfs* sowie die Abschnitte in Kapitel 3 zum Thema: Probleme bei der Installation. Das dort Gesagte gilt auch hier.[4]

Kapitel 3

Dateisysteme prüfen und reparieren

Von Zeit zu Zeit werden Sie die Linux-Dateisysteme auf ihre Konsistenz untersuchen und gegebenenfalls reparieren müssen, wenn dabei Fehler oder verlorene Daten festgestellt werden. Solche Fehler entstehen in der Regel bei einem Systemcrash oder durch Stromausfall, wenn der Kernel keine Gelegenheit mehr hat, den Inhalt der Schreibpuffer auf die Festplatte zu bringen. Meist sind solche Fehler relativ unbedeutend. Wenn das System allerdings beim Schreiben einer großen Datei unterbrochen wird, könnte diese Datei verlorengehen, wobei die Blöcke, die zu dieser Datei gehören, als »belegt« (in use) markiert werden, obwohl es dafür keinen Dateieintrag gibt. Solche Fehler können auch entstehen, wenn versehentlich Daten

4 Die Prozedur zum Erzeugen eines ISO9660-Dateisystems für eine CD-ROM ist komplizierter als das einfache Formatieren eines Dateisystems und Kopieren von Dateien. Das CD-Writing-HOWTO versorgt Sie mit den genauen Einzelheiten.

direkt auf die Festplatte (etwa */dev/hda*) oder eine der Partitionen geschrieben werden.

Das Programm *fsck* dient der Untersuchung von Dateisystemen und gegebenenfalls der Beseitigung von Fehlern. Wie *mkfs* ist auch *fsck* ein Frontend für dateisystemspezifische Versionen von *fsck.typ*, wie etwa *fsck.ext2* für das Second Extended-Dateisystem. (Ähnlich wie bei *mkfs.ext2* ist auch *fsck.ext2* ein symbolischer Link auf *e2fsck*. Sie könnten eines der Programme auch direkt aufrufen, falls das Frontend *fsck* nicht installiert ist.)

Die Anwendung von *fsck* ist recht einfach; der Befehl hat das Format:

```
fsck -t typ gerätedatei
```

wobei *typ* den Typ des zu reparierenden Dateisystems bezeichnet, wie er in Tabelle 6-1 erscheint, und *gerätedatei* das Gerät (Partition oder Diskette), auf dem sich das Dateisystem befindet.

Wenn wir beispielsweise das *ext2*-Dateisystem auf */dev/hda2* überprüfen wollen, geben wir ein:

```
rutabaga# fsck -t ext2 /dev/hda2
Parallelizing fsck version 1.06 (7-Oct-96)
e2fsck 1.06, 7-Oct-96 for EXT2 FS 0.5b, 95/08/09
/dev/hda2 is mounted.  Do you really want to continue (y/n)? yes

/dev/hda2 was not cleanly unmounted, check forced.
Pass 1: Checking inodes, blocks, and sizes
Pass 2: Checking directory structure
Pass 3: Checking directory connectivity
Pass 4: Check reference counts.
Pass 5: Checking group summary information.

Free blocks count wrong for group 3 (3331, counted=3396).  FIXED
Free blocks count wrong for group 4 (1983, counted=2597).  FIXED
Free blocks count wrong (29643, counted=30341).  FIXED
Inode bitmap differences: -8280.  FIXED
Free inodes count wrong for group #4 (1405, counted=1406).  FIXED
Free inodes count wrong (34522, counted=34523).  FIXED

/dev/hda2: ***** FILE SYSTEM WAS MODIFIED *****
/dev/hda2: ***** REBOOT LINUX *****
/dev/hda2: 13285/47808 files, 160875/191216 blocks
```

Beachten Sie zunächst, daß die Prüfung eines aufgesetzten Dateisystems ausdrücklich bestätigt werden muß. Falls während der Ausführung von *fsck* in einem aufgesetzten Dateisystem Fehler gefunden und korrigiert werden, müssen Sie das System neu booten. Das liegt daran, daß die Änderungen, die *fsck* durchführt, eventuell nicht an das System zurückgemeldet werden, um dem System den aktuellen Aufbau des Dateisystems mitzuteilen. Im allgemeinen ist es keine gute Idee, aufgesetzte Dateisysteme zu prüfen.

Wie Sie sehen, wurden in unserem Beispiel mehrere Probleme entdeckt und korrigiert. Da dieses Dateisystem aufgesetzt war, werden wir aufgefordert, den Rechner neu zu booten.

Wie können Sie aber Dateisysteme prüfen, ohne sie zu mounten? Außer dem Root-Dateisystem können Sie alle Dateisysteme vor dem Aufruf von *fsck* einfach absetzen (umount). Das Root-Dateisystem läßt sich allerdings nicht absetzen, während das System läuft. Eine Möglichkeit, dieses Dateisystem im abgesetzten Zustand zu prüfen, besteht darin, eine Kombination aus Boot- und Root-Diskette einzusetzen – zum Beispiel die Installationsdisketten aus Ihrer Linux-Distribution. Auf diese Weise ist ein Root-Dateisystem auf der Diskette enthalten, während das Root-Dateisystem auf der Festplatte für die Überprüfung abgesetzt bleibt. In »Die Rettung in der Not« in Kapitel 8 finden Sie weitere Details hierzu.

Kapitel 8

Eine andere Möglichkeit besteht darin, das Root-Dateisystem im Zustand read-only zu mounten. Dazu benutzen Sie am LILO-Boot-Prompt die Option `ro` (siehe auch den Abschnitt »Die Boot-Optionen festlegen« in Kapitel 5). Allerdings kann es sein, daß andere Teile Ihrer Systemkonfiguration (zum Beispiel die Programme, die beim Booten von */etc/init* aus aufgerufen werden) auch schreibenden Zugriff auf das Root-Dateisystem haben müssen. Mit der Option `ro` könnten solche Programme nicht ausgeführt werden. Damit Sie das System mit der `ro`-Option für das Root-Dateisystem booten können, könnten Sie auch im Single-User-Modus booten (mit der Option `single`). Damit verhindern Sie jegliche weitere Konfiguration des Systems während des Bootens – Sie können dann das Root-Dateisystem überprüfen und anschließend das System ganz normal booten.

Kapitel 5

Damit das Root-Dateisystem als read-only aufgesetzt wird, können Sie entweder die Boot-Option `ro` benutzen oder mit dem Befehl *rdev* das Read-only-Flag direkt im Kernel setzen.

Viele Linux-Systeme prüfen die Dateisysteme selbständig beim Booten. Dazu wird in der Regel *fsck* von */etc/rc.d/rc.sysinit* aus aufgerufen. Wenn dies geschieht, wird Linux das Root-Dateisystem zunächst als read-only mounten, es mit *fsck* prüfen und dann mit

```
mount -w -o remount /
```

wieder aufsetzen. Die Option *-o remount* bewirkt, daß das betreffende Dateisystem mit den neuen Parametern erneut aufgesetzt wird (remount); in diesem Fall wird durch die Option *-w* (entspricht *-o rw*) das Dateisystem als read-write aufgesetzt. Das Ergebnis dieser Operation ist ein Root-Dateisystem mit Lese- und Schreibzugriff.

Wenn *fsck* während des Bootens aufgerufen wird, prüft es alle Dateisysteme außer Root, bevor diese aufgesetzt werden. Sobald *fsck* beendet ist, werden mit *mount* die anderen Dateisysteme aufgesetzt. In den Dateien unter */etc/rc.d*, insbesondere *rc.sysinit* (sofern vorhanden), können Sie sehen, wie das geschieht. Wenn Sie diesen Schritt auf Ihrem System unterbinden wollen, sollten Sie in den entsprechenden Dateien in */etc/rc.d* die Zeilen auskommentieren, in denen *fsck* aufgerufen wird.

Es gibt mehrere Optionen, die Sie mit dem dateisystemspezifischen *fsck* angeben können. Die meisten Typen kennen die Option *-a*, die automatisch alle Aufforderungen bestätigt, die von *fsck.typ* eventuell ausgegeben werden, die Option *-c*, die die Suche nach defekten Blöcken einschaltet (wie bei *mkfs*), und die Option *-v*, die während der Überprüfung ausführliche Meldungen ausgibt. Sie sollten diese Optionen hinter dem Argument *-ttyp* angeben, etwa so:

```
fsck -t typ -v gerätedatei
```

um *fsck* mit ausführlichen Meldungen aufzurufen.

In den Manpages zu *fsck* und *e2fsck* finden Sie weitere Details.

Es gibt nicht für alle Dateisystemtypen, die von Linux unterstützt werden, eine *fsck*-Version. Wenn Sie MS-DOS-Dateisysteme prüfen und reparieren wollen, sollten Sie dazu eines der DOS-Programme, wie zum Beispiel die Norton Utilities, verwenden. Auf jeden Fall sollte Ihr System Versionen von *fsck* für die Dateisysteme Second Extended, Minix und Xia enthalten.

Kapitel 8

Im Abschnitt »Die Rettung in der Not« in Kapitel 8 werden wir noch einmal auf die Themen »Prüfung eines Dateisystems« und »Dateien wiederherstellen« eingehen. *fsck* kann auf keinen Fall alle Fehler in Ihren Dateisystemen finden und beheben, aber es sollte mit den häufigsten Problemen zurechtkommen. Es gibt zur Zeit keine einfache Methode, eine wichtige Datei wiederherzustellen, die Sie gelöscht haben – *fsck* ist dazu nicht geeignet. Es wird gerade an einem »undelete«-Utility für das Second Extended-Dateisystem gearbeitet. Sichern Sie also Ihr System, oder benutzen Sie *rm -i*, damit Linux vor dem Löschen noch einmal nachfragt.

Swap-Space benutzen

Swap-Space (Auslagerungsspeicher) ist die Bezeichnung für Speicherplatz, der auf der Festplatte eingerichtet wird, um scheinbar den verfügbaren Arbeitsspeicher des Systems zu vergrößern. Unter Linux wird der Swap-Space benutzt, um das *Paging* zu ermöglichen. Paging bedeutet, daß Memory-Pages (Speicherseiten; eine Seite hat auf Intel-Systemen in der Regel 4096 Bytes, auf anderen Architekturen kann das anders sein) auf die Festplatte ausgelagert werden, wenn der physikalisch vorhandene Speicher knapp wird. Bei Bedarf werden die ausgelagerten Speicherseiten wieder in den physikalischen Arbeitsspeicher zurückgeladen. Der ganze Vorgang ist eine ziemlich komplizierte Angelegenheit, aber für bestimmte Zwecke ist das Paging optimiert worden. Das Subsystem, das unter Linux den virtuellen Speicher verwaltet, macht es möglich, daß mehrere aktive Programme die Memory-Pages gemeinsam nutzen. Wenn Sie zum Beispiel mehrere Kopien von Emacs gleichzeitig aufgerufen haben, steht trotzdem nur eine Kopie davon im Arbeitsspeicher. Außerdem besteht auf Textseiten (Seiten mit Programmcode, nicht Daten) normalerweise nur Lesezugriff, so daß diese Seiten beim Auslagern nicht auf die Festplatte geschrieben werden. Solche Seiten werden statt dessen sofort aus dem Hauptspeicher entfernt und bei Bedarf aus der ursprünglichen ausführbaren Datei erneut gelesen.

Natürlich kann Swap-Space einen Mangel an physikalischem RAM nicht vollständig ausgleichen. Der Zugriff auf eine Festplatte ist um ein Mehrfaches langsamer als der RAM-Zugriff. Die Auslagerungsdatei wird deshalb in erster Linie dafür benutzt, mehrere Programme gleichzeitig laufen zu lassen, die nicht zusammen im physikalischen RAM untergebracht werden könnten. Wenn Sie schnell zwischen diesen Programmen hin- und herwechseln, werden Sie feststellen, daß es beim Auslagern und Zurücklesen von Speicherseiten zu Verzögerungen kommt.

Auf jeden Fall unterstützt Linux zwei Arten von Swap-Space: in Form einer eigenen Partition oder als eine Datei innerhalb der existierenden Dateisysteme. Sie können bis zu 16 Swap-Bereiche einrichten, wobei jeder Bereich bis zu 128 Megabytes groß sein darf (auch diese Werte können auf Nicht-Intel-Systemen anders sein). Den Mathe-Genies da draußen dürfte jetzt klar sein, daß somit bis zu zwei Gigabytes an Swap-Space möglich sind. (Wenn jemand schon einmal versucht hat, soviel Swap-Space zu benutzen, würden wir gerne davon erfahren – egal, ob Sie ein Mathe-Genie sind oder nicht.)

Die Benutzung einer Swap-Partition kann die Leistung des Systems verbessern, weil die Blöcke auf der Festplatte garantiert hintereinander stehen. Bei einer Swap-Datei dagegen kann es sein, daß die Blöcke über das ganze Dateisystem verteilt sind, was zu ernsten Leistungseinbußen führen kann. Viele Leute benutzen eine Datei, wenn sie nur vorübergehend mehr Swap-Space brauchen – etwa weil das System ins Schwitzen gerät, wenn physikalisches RAM und Swap-Space knapp werden. Swap-Dateien sind eine geeignete Methode, bei Bedarf den vorhandenen Swap-Bereich zu vergrößern.

Kapitel 3

Fast alle Linux-Systeme benutzen die eine oder andere Art von Swap-Space, meistens eine einzelne Swap-Partition. In Kapitel 3 haben wir gezeigt, wie Sie während der Installation eine Swap-Partition einrichten können. In diesem Abschnitt wollen wir beschreiben, wie Sie Swap-Dateien und -Partitionen hinzufügen und löschen. Falls Sie bereits einen Swap-Bereich angelegt haben und damit zufrieden sind, ist dieser Abschnitt für Sie wahrscheinlich weniger interessant.

Wieviel Swap-Space haben Sie angelegt? Der Befehl *free* gibt Ihnen Auskunft über den Systemspeicher:

```
rutabaga% free
             total       used       free     shared    buffers     cached
Mem:        127888     126744       1144      27640       1884      51988
-/+ buffers:            72872      55016
Swap:       130748      23916     106832
```

Alle diese Werte geben die Anzahl von 1024-Byte-Blöcken an. Wir sehen ein System mit 127 888 Blöcken an physikalischem RAM (etwa 127 MB), von denen derzeit 126 744 Blöcke belegt sind (etwa 126 MB). Dieses System hat in Wirklichkeit mehr physikalisches RAM, als in der Spalte »total« angezeigt wird. Dieser Wert enthält nicht den Speicher, den der Kernel für verschiedene eigene Zwecke benutzt.

Die Spalte »shared« zeigt an, wieviel physikalischer Speicher von den vorhandenen Prozessen gemeinsam genutzt wird. Wir sehen, daß dies etwa 27 Megabytes sind, was eine sehr gute Ausnutzung des Speichers anzeigt. Die Spalte »buffers« zeigt, wieviel Speicher der Kernel als Cache nutzt. Dieser Cache (wir sind im vorigen Abschnitt bereits kurz darauf eingegangen) wird benutzt, um Zugriffe auf die Festplatte zu beschleunigen, indem Schreib- und Leseanforderungen direkt aus dem Speicher bedient werden. Die Größe des Cache ändert sich je nach Benutzung des Speichers durch das System; der Cache wird bei Bedarf von Anwendungsprogrammen angefordert. Das bedeutet, daß nicht die gesamten 126 MB des benutzten Systemspeichers (wenn auch das meiste) von Anwendungen belegt werden.

Weil der Speicher, der für Buffer und den Cache verwendet wird, leicht wieder den Applikationen zur Verfügung gestellt werden kann, ist die zweite Zeile (-/+ buffers/cache) ein Hinweis darauf, wieviel Speicher von den Applikationen tatsächlich verwendet wird (die Spalte »used«) oder diesen zur Verfügung steht (die Spalte »free«). Die Summe des Speichers, die von den Buffern und dem Cache in der ersten Zeile als belegt gemeldet wird, wird vom gesamten benutzten Speicher abgezogen und zum gesamten freien Speicher hinzugezählt, was die beiden Werte in der zweiten Zeile ergibt.

Unter den Werten für physikalisches RAM wird die gesamte Größe des Swap-Bereichs angezeigt, in diesem Fall 130 748 Blöcke (etwa 128 Megabytes). In diesem Beispiel wird nur sehr wenig Swap-Space benutzt – es ist reichlich physikalisches RAM vorhanden. Wenn weitere Anwendungen gestartet würden, käme zuerst ein Teil des Cache-Bereichs zum Einsatz. Im allgemeinen wird der Swap-Space als letzte Instanz aktiviert, wenn das System keine andere Möglichkeit mehr hat, sich physikalischen Speicher anzueignen.

Beachten Sie, daß die Menge an Swap-Space, die *free* meldet, etwas kleiner ist als die Größe der Swap-Partitionen und -Dateien insgesamt. Das liegt daran, daß einige Blöcke in jedem Swap-Bereich benutzt werden, um die Lage der einzelnen Speicherseiten zu vermerken. Diese Informationen sollten recht wenig Platz belegen; nicht mehr als einige Kilobytes pro Swap-Bereich.

Wenn Sie vorhaben, einen Swap-Bereich anzulegen, können Sie mit dem Befehl *df* nachsehen, wieviel Platz in den verschiedenen Dateisystemen noch vorhanden ist. *df* zeigt eine Liste der Dateisysteme samt ihrer Größe und prozentualen Belegung an.

Swap-Space einrichten

Kapitel 3

Der erste Schritt zur Erweiterung des Swap-Bereichs ist das Anlegen einer Datei oder Partition, die den Swap-Bereich aufnimmt. Wenn Sie eine zusätzliche Swap-Partition einrichten möchten, können Sie das mit *fdisk* erledigen, wie wir das im Abschnitt »Linux-Partitionen anlegen« in Kapitel 3 beschrieben haben.

Zum Anlegen einer Swap-Datei müssen Sie eine Datei öffnen und so viele Bytes hineinschreiben, wie die Swap-Datei groß sein soll. Eine einfache Methode hierfür ist der Befehl *dd*. Wenn Sie zum Beispiel eine acht Megabytes große Swap-Datei anlegen möchten, geben Sie ein:

```
dd if=/dev/zero of=/swap bs=1024 count=8192
```

Damit werden 8192 Datenblöcke von */dev/zero* in die Datei */swap* geschrieben. (*/dev/zero* ist ein spezieller Gerätename, der bei Lesezugriffen immer Nullbytes liefert; es ist so etwas wie die Umkehrung von */dev/null*.) Nach dem Anlegen der Datei sollten Sie mit *sync* vorsichtshalber die Dateisysteme wieder synchronisieren.

Kapitel 3

Sobald eine Swap-Datei oder -Partition eingerichtet ist, können Sie mit dem Befehl *mkswap* diesen Bereich »formatieren«. Wie wir bereits im Abschnitt »Den Swap-Bereich anlegen« in Kapitel 3 beschrieben haben, hat der Befehl *mkswap* folgendes Format:

```
mkswap -c gerätename größe
```

Dabei ist *gerätename* der Name der Swap-Partition oder -Datei, und *größe* ist die Größe des Swap-Bereichs in Blöcken. Normalerweise müssen Sie das nicht angeben, da *mkswap* die Partitionsgröße selbständig herausfinden kann. Der Schalter *-c* ist optional und bewirkt, daß der Swap-Bereich bei der Formatierung auf fehlerhafte Blöcke untersucht wird.

Für die im vorigen Beispiel eingerichtete Swap-Datei würden Sie also

```
mkswap -c /swap 8192
```

eingeben. Wenn es sich dagegen um eine Swap-Partition handelt, würden Sie statt dessen den Namen der Partition angeben (zum Beispiel */dev/hda3*) und die Größe, ebenfalls in Blöcken.

Nach dem Einrichten einer Swap-Datei mit *mkswap* sollten Sie immer *sync* aufrufen, damit die Formatierungsinformationen auf jeden Fall physikalisch in die neue Swap-Datei geschrieben werden. Nach dem Formatieren einer Swap-Partition ist der Aufruf von *sync* nicht notwendig.

Den Swap-Space initialisieren

Damit Sie den neuen Swap-Bereich auch benutzen können, müssen Sie ihn noch mit dem Befehl *swapon* initialisieren. Nach dem Einrichten der oben gezeigten Swap-Datei und dem Aufruf von *mkswap* und *sync* würden wir mit

```
swapon /swap
```

die neue Swap-Datei der Gesamtgröße an Swap-Bereich hinzufügen; mit dem Befehl *free* läßt sich das überprüfen. Eine neue Swap-Partition können Sie mit

```
swapon /dev/hda3
```

initialisieren, wenn die neue Swap-Partition auf */dev/hda3* liegt.

Wenn Sie eine Swap-Datei (im Gegensatz zu einer Swap-Partition) benutzen, müssen Sie vorher die Zugriffsrechte ändern:

```
chmod 0600 /swap
```

Ähnlich wie Dateisysteme werden auch Swap-Bereiche beim Booten initialisiert, und zwar mit dem Befehl *swapon -a* in einer der Startdateien (in der Regel */etc/rc.d/rc.sysinit*). Dieser Befehl liest die Datei */etc/fstab*, die, wie Sie sich vielleicht aus dem Abschnitt »Dateisysteme aufsetzen« noch erinnern, Informationen zu den Dateisystemen und Swap-Bereichen enthält. Alle Einträge in */etc/fstab* mit dem Wert `sw` im Optionenfeld werden mit *swapon -a* initialisiert.

Wenn */etc/fstab* also folgende Einträge enthält:

```
# device      directory     type   options
/dev/hda3     none          swap   sw
/swap         none          swap   sw
```

dann werden die beiden Swap-Bereiche */dev/hda3* und */swap* beim Booten initialisiert. Für jeden neu angelegten Swap-Bereich sollten Sie in */etc/fstab* einen Eintrag hinzufügen.

Swap-Space entfernen

Wie so oft ist auch hier das Entfernen einfacher als das Hinzufügen. Wenn Sie einen Swap-Bereich entfernen möchten, geben Sie einfach ein:

```
swapoff gerätename
```

Dabei gibt `gerätename` den Namen der zu entfernenden Swap-Partition oder -Datei an. Wenn Sie zum Beispiel */dev/hda3* nicht mehr als Swap-Bereich nutzen möchten, geben Sie ein:

```
swapoff /dev/hda3
```

Wenn Sie eine Swap-Datei löschen möchten, entfernen Sie die Datei einfach mit dem Befehl *rm*, und zwar nachdem Sie *swapoff* aufgerufen haben. Löschen Sie niemals eine Swap-Datei, ohne sie vorher zu deaktivieren; das kann schlimme Folgen haben.

Sobald Sie eine Swap-Partition mit *swapoff* deaktiviert haben, können Sie diese Partition nach Belieben weiterbenutzen – sie zum Beispiel mit *fdisk* entfernen oder was auch immer.

Sie sollten auch einen eventuell vorhandenen Eintrag in */etc/fstab* für diesen Swap-Bereich entfernen, weil Sie sonst beim nächsten Booten Fehlermeldungen erhalten, wenn der Swap-Bereich nicht gefunden wird.

Die Gerätedateien

Gerätedateien (device files) ermöglichen Anwendungsprogrammen unter Benutzung des Kernels den Zugriff auf die Hardwarekomponenten (devices) des Systems. Es handelt sich nicht um »Dateien« im eigentlichen Sinn, aber aus der Sicht eines Programms erscheinen sie wie Dateien – Sie können aus diesen Dateien lesen, dorthin schreiben, sie mit *mmap()* benutzen usw. Wenn Sie auf eine solche Geräte-»Datei« zugreifen, erkennt der Kernel die Eingabe/Ausgabe-Anforderung und reicht sie an einen Gerätetreiber weiter, der die entsprechende Operation ausführt; etwa Daten aus einer seriellen Schnittstelle lesen oder Daten an eine Soundkarte schicken.

Kapitel 7

Gerätedateien (obwohl der Name ungenau ist, wollen wir ihn weiter benutzen) bieten eine bequeme Methode des Zugriffs auf die Systemressourcen, ohne daß der Anwendungsprogrammierer wissen muß, wie das angesprochene Gerät funktioniert. Unter Linux sind die Gerätetreiber selbst ein Teil des Kernels – wie in den meisten Unix-Systemen. Im Abschnitt »Den Kernel kompilieren« in Kapitel 7 zeigen wir, wie Sie Ihren eigenen Kernel kompilieren können, der nur Treiber für die im System vorhandene Hardware enthält.

Gerätedateien finden sich auf fast allen Unix-artigen Systemen im Verzeichnis */dev*. Zu jedem Gerät im System gehört ein entsprechender Eintrag in */dev*. So entspricht zum Beispiel */dev/ttyS0* der ersten seriellen Schnittstelle (unter DOS als COM1 bekannt); */dev/hda2* entspricht der zweiten Partition auf der ersten IDE-Festplatte. Tatsächlich finden Sie in */dev* Einträge für viele Geräte, die in Ihrem System gar nicht vorhanden sind. Die Gerätedateien werden in der Regel bei der Installation des Systems angelegt und sollen alle möglicherweise vorhandenen Geräte erfassen. Sie stimmen nicht unbedingt mit der vorhandenen Hardware Ihres Systems überein.

Es gibt eine Reihe von »Pseudo-Devices« in */dev*, die keinem tatsächlich vorhandenen Gerät zugeordnet sind. Zum Beispiel dient */dev/null* als Datensenke – alle schreibenden Zugriffe auf */dev/null* sind erfolgreich, aber die geschriebenen Daten werden ignoriert. In ähnlicher Weise können Sie */dev/zero* benutzen, um zum Beispiel eine Swap-Datei zu erzeugen; alle Leseanforderungen an */dev/zero* liefern einfach eine Folge von Nullbytes zurück.

Wenn Sie mit *ls -l* die Gerätedateien in */dev* auflisten, werden Sie etwa folgendes sehen:

```
brw-rw----   1 root     disk       3,   0 May 19  1994 /dev/hda
```

Wir zeigen den Eintrag für */dev/hda*, der der ersten IDE-Festplatte entspricht. Beachten Sie zunächst, daß der erste Buchstabe im Berechtigungsfeld ein `b` ist – es handelt sich also um ein Block-Device (blockorientiertes Gerät). Erinnern Sie sich noch einmal daran, daß normale Dateien an dieser Stelle einen – haben, Verzeichnisse ein `d` usw. Gerätedateien werden entweder mit einem `b` für Block-Device oder einem `c` für Character-Device (zeichenorientiertes Gerät) bezeichnet. Ein Block-Device ist in der Regel ein Peripheriegerät wie zum Beispiel eine Festplatte – Daten werden blockweise auf das Gerät geschrieben und von dort gelesen (wobei das Gerät festlegt, wie groß ein Block ist – das muß nicht mit den 1024 Bytes übereinstimmen, die wir unter Linux normalerweise als »Block« bezeichnen). Auf blockorientierte Geräte kann willkürlich zugegriffen werden. Im Gegensatz dazu werden zeichenorientierte Geräte normalerweise sequentiell gelesen und geschrieben, und die Ein-/Ausgabe kann byteweise erfolgen. Ein Beispiel für ein zeichenorientiertes Gerät ist die serielle Schnittstelle.

Beachten Sie auch, daß das Feld für die Dateigröße in dieser Auflistung jetzt zwei durch ein Komma getrennte Zahlen enthält. Der erste Wert ist die *Major Device Number*, der zweite die *Minor Device Number*. Wenn ein Programm auf eine Gerätedatei zugreift, wird dem Kernel die Eingabe/Ausgabe-Anforderung in Form der beiden Gerätenummern für dieses Gerät übergeben. Die Major Number bezeichnet im allgemeinen einen bestimmten Treiber im Kernel, und die Minor Number steht für das Gerät, auf das der Treiber tatsächlich zugreifen soll. So haben beispielsweise alle Gerätedateien für die seriellen Schnittstellen dieselbe Major Number, aber unterschiedliche Minor Numbers. Der Kernel benutzt die Major Number, um eine Eingabe/Ausgabe-Anforderung an den zuständigen Treiber zu übergeben, und der Treiber benutzt die Minor Number, um herauszufinden, welches Gerät er ansprechen soll. In manchen Fällen kann die Minor Number auch dazu verwendet werden, bestimmte Funktionen eines Gerätes anzusprechen.

Die Vergabe von Namen für die Dateien in */dev* ist, gelinde gesagt, ein einziges Chaos. Für den Kernel selbst spielen die Namen, die in */dev* auftauchen, keine Rolle (der Kernel benutzt nur die Major und Minor Numbers). Deshalb haben die Vertreiber von Distributionen, Anwendungsprogrammierer und Treiber-Schreiber vollkommen freie Hand bei der Auswahl von Namen für die Gerätedateien. Oft ist es vielleicht so, daß der Programmierer eines Gerätetreibers einen Namen vorschlägt, der aber später geändert wird, weil noch andere, ähnliche Treiber untergebracht werden müssen. Bei fortschreitender Entwicklung des Systems kann das zu Verwirrung und Diskrepanzen führen – hoffentlich haben Sie nicht mit solchen Problemen zu kämpfen.

Kapitel 7

Die Gerätedateien in Ihrer Distribution sollten auf jeden Fall zu Ihrer Kernel-Version und den Gerätetreibern in dieser Distribution passen. Wenn Sie einen neuen Kernel einspielen oder weitere Treiber hinzufügen (siehe auch den Abschnitt »Einen neuen Kernel erstellen« in Kapitel 7), müssen Sie eventuell mit dem Befehl *mknod* eine neue Gerätedatei erzeugen. Der Befehl hat folgendes Format:

```
mknod -m berechtigungen name typ major minor
```

wobei

- `name` der komplette Pfadname der zu erzeugenden Gerätedatei ist, zum Beispiel */dev/rft0*.
- `typ` entweder `c` für Character-Device oder `b` für Block-Device ist.
- `major` die Major Number des Gerätes ist.
- `minor` die Minor Number des Gerätes ist.
- `-m berechtigungen` ein optionales Argument ist, mit dem die Berechtigungen für das neue Gerät auf `berechtigungen` gesetzt werden.

Nehmen wir an, daß Sie einen neuen Gerätetreiber in den Kernel einbinden wollen, und die Dokumentation besagt, daß Sie ein Block-Device mit dem Namen */dev/bogus*, der Major Number 42 und der Minor Number 0 erzeugen müssen. Geben Sie dazu folgenden Befehl ein:

```
mknod /dev/bogus b 42 0
```

Mit dem in vielen Distributionen enthaltenen Shell-Skript */dev/MAKEDEV* ist das Anlegen von Gerätedateien noch einfacher – Sie geben nur an, was Sie für ein Gerät wollen, und *MAKEDEV* findet die Major und Minor Numbers für Sie heraus.

Wenn Sie das Argument *-m* `berechtigungen` nicht angeben, erhält das neue Gerät dieselben Berechtigungen wie eine neu erstellte Datei, modifiziert durch die aktuelle *umask* – in der Regel ergibt das 0644. Wenn die Berechtigungen statt dessen auf 0666 gesetzt werden sollen, geben wir folgendes ein:

```
mknod -m 666 /dev/bogus b 42 0
```

Sie können die Berechtigungen für eine Gerätedatei auch nach dem Erzeugen mit *chmod* vergeben.

Kapitel 4

Warum sind die Berechtigungen für Geräte so wichtig? Wie bei allen anderen Dateien bestimmen die Berechtigungsbits auch für Gerätedateien, wer in welcher Weise direkt auf ein Gerät zugreifen darf. Wir haben weiter oben gesehen, daß die Gerätedatei für */dev/hda* die Berechtigungsbits 0660 hat – das bedeutet, daß nur der Eigner und die Mitglieder der Gruppe (in diesem Fall **disk**) direkt von diesem Gerät lesen und dorthin schreiben dürfen. (Wir besprechen die Berechtigungen im Abschnitt »Die Dateiberechtigungen« in Kapitel 4.)

Im allgemeinen sollten Sie keinem Benutzer den direkten Schreib- und Lesezugriff auf bestimmte Gerätedateien zugestehen – insbesondere nicht auf die Gerätedateien, über die auf Festplatten und Partitionen zugegriffen wird. Wenn Sie das dennoch tun, könnte jedermann zum Beispiel eine Partition mit *mkfs* bearbeiten und alle Daten im System vernichten.

Für Laufwerke und Partitionen braucht man die Schreibberechtigung, um Daten auf diese Weise zu zerstören, aber auch die Leseberechtigung stellt eine Bedrohung der Systemsicherheit dar. Wenn ein Benutzer nämlich die Leseberechtigung für eine Gerätedatei erhält, über die auf eine Festplattenpartition zugegriffen wird, hat er damit die Möglichkeit, die Dateien anderer Benutzer zu lesen. Ähnlich verhält es sich mit der Gerätedatei */dev/mem*, die für den physikalischen Speicher des Systems steht (wird in der Regel nur für extreme Debugging-Operationen benutzt). Ein begabter Benutzer mit Leseberechtigung könnte hiermit die Paßwörter anderer Benutzer einschließlich **root** ausspähen, wenn sie beim Login eingegeben werden.

Stellen Sie sicher, daß die Berechtigungen für alle Geräte, die Sie nachträglich dem System hinzufügen, mit der Art und Weise übereinstimmen, in der die Geräte von den Benutzern angesprochen werden können und sollen. In der Regel ist es in Ordnung, wenn Normalsterbliche auf serielle Schnittstellen, Soundkarten und virtuelle Konsolen zugreifen können, aber die meisten anderen Geräte im System sollten nur von **root** benutzt werden (und den Programmen, die mit Root-Berechtigung laufen).

Einige der Dateien in */dev* sind in Wirklichkeit symbolische Links (wie üblich mit *ln -s* angelegt) auf eine andere Gerätedatei. Solche Links vereinfachen den Zugriff auf bestimmte Geräte, indem sie einen verständlicheren Namen benutzen. Wenn Sie zum Beispiel eine serielle Maus benutzen, kann über eine der Gerätedateien */dev/ttyS0*, */dev/ttyS1*, */dev/ttyS2* oder */dev/ttyS3* darauf zugegriffen werden – das hängt davon ab, an welche serielle Schnittstelle die Maus angeschlossen ist. Viele Leute erzeugen einen Link namens */dev/mouse* auf das entsprechende serielle Gerät:

```
ln -s /dev/ttyS2 /dev/mouse
```

Auf diese Weise können wir für den Zugriff auf die Maus */dev/mouse* benutzen, statt uns zu merken, an welche Schnittstelle die Maus angeschlossen ist. Dieser Konvention folgen auch Geräte wie */dev/cdrom* und */dev/modem*. Diese Dateien sind in der Regel Links auf eine andere Gerätedatei in */dev*, die das eigentliche CD-ROM-Laufwerk oder Modem darstellt.

Eine Gerätedatei können Sie ganz einfach mit

```
rm /dev/bogus
```

entfernen. Mit dem Entfernen einer Gerätedatei wird nicht gleichzeitig der entsprechende Gerätetreiber aus dem Speicher oder dem Kernel entfernt. Sie entfernen lediglich die Möglichkeit, einen bestimmten Treiber anzusprechen. Ebenso bedeutet das Hinzufügen einer Gerätedatei noch nicht, daß Sie einen neuen Treiber in das System eingebunden haben – tatsächlich könnten Sie sogar Gerätedateien für Treiber erzeugen, die gar nicht existieren. Die Gerätedateien sind lediglich der »Haken«, mit dem Sie sich in einen bestimmten Gerätetreiber einklinken, sofern dieser im Kernel existiert.

KAPITEL 7

SOFTWARE UND DEN KERNEL AKTUALISIEREN

In diesem Kapitel zeigen wir Ihnen, wie Sie die Software auf Ihrem System aktualisieren und einen neuen Betriebssystem-Kernel erzeugen und installieren. Obwohl die meisten Linux-Distributionen über ein halbwegs automatisches Verfahren zum Installieren, Entfernen und Aktualisieren bestimmter Softwarepakete auf Ihrem Rechner verfügen, ist es oft notwendig, die Software von Hand zu installieren. Der Kernel ist das eigentliche Betriebssystem. Er besteht aus einer Menge von Routinen und Dateien, die vom Rechner während des Boot-Vorgangs geladen werden und alles kontrollieren, was im Rechner abläuft: den Zugriff der Software auf die Hardware, das Zuteilen des Prozessors an die Benutzerprozesse, die Speicherverwaltung und vieles mehr. Es ist oft vorteilhaft, sich einen eigenen Kernel zu bauen, weil Sie so genau die Funktionen, die Sie benötigen, einbauen können.

Das Installieren und Aktualisieren freier Software ist oft komplizierter als die Installation kommerzieller Produkte. Selbst wenn Sie auf vorkompilierte Binärpakete zurückgreifen können, müssen Sie diese möglicherweise entkomprimieren und aus einer Archivdatei entpacken. Vielleicht müssen Sie auch symbolische Links anlegen oder Umgebungsvariablen setzen, damit die Programme ihre Ressourcen finden können. In anderen Fällen müssen Sie selbst die Software aus den Quellen kompilieren.

Eine andere Aufgabe, die unter Linux häufig zu erledigen ist, ist das Kompilieren eines neuen Kernels. Dies ist aus mehreren Gründen wichtig. So kann es sein, daß Sie Ihren Kernel aktualisieren müssen, weil Sie neue Funktionalitäten oder Hardwareunterstützung benötigen. Außerdem können Sie beim Konfigurieren des neuen Kernels selbst auswählen, welche Funktionen Sie in Ihrem neuen Kernel haben wollen und welche nicht.

Warum ist es so wichtig, Funktionen im Kernel auswählen zu können? Der gesamte Kernel-Code und die Daten sind im Speicher »festgesetzt«; das bedeutet, sie können nicht auf die Festplatte ausgelagert werden. Wenn Sie beispielsweise eine Kernel-Datei verwenden, die Treiber für Hardware enthält, die Sie gar nicht haben oder zumindest nicht verwenden, kann der Speicher, den diese Treiber benötigen, nicht für andere Benutzerapplikationen verwendet werden. Durch Anpassen des Kernels können Sie ihn so weit verkleinern, daß er nur das enthält, was Sie wirklich benötigen.

Utilities zur Archivierung und Komprimierung

Es gibt auf Unix-Systemen Dutzende von Utilities für die Archivierung und Komprimierung von Dateien in unterschiedlichen Formen und Ausprägungen. Einige davon (etwa *tar* und *compress*) stammen aus der Unix-Urzeit; andere (etwa *gzip*) sind relativ neu. Die wichtigsten Ziele dieser Hilfsprogramme sind die Archivierung (das heißt, daß viele Dateien zwecks einfacherer Übertragung und Backups zu einer Datei zusammengefaßt werden) und die Komprimierung (um den Speicherplatz zu reduzieren, den eine Datei oder eine Gruppe von Dateien belegt).

In diesem Abschnitt wollen wir die Dateiformate und Utilities besprechen, denen Sie mit großer Wahrscheinlichkeit begegnen werden. Fast eine allgemeingültige Vereinbarung in der Unix-Welt ist zum Beispiel die Übertragung von Dateien oder Software in Form eines *tar*-Archivs, das anschließend mit *compress* oder *gzip* komprimiert wird. Damit Sie solche Dateien erstellen oder entpacken können, müssen Sie die notwendigen Programme kennen. Diese Tools werden meistens bei der Installation neuer Software und beim Erstellen von Backups eingesetzt – und dies sind auch die Themen der nächsten beiden Abschnitte in diesem Kapitel.

gzip und bzip2 benutzen

gzip ist ein schnelles und effektives Komprimierungsprogramm aus dem GNU-Projekt. Seine grundlegende Funktion besteht darin, daß es eine Datei komprimiert, die gepackte Version als *dateiname.gz* abspeichert und die ungepackte Originaldatei löscht. Die Originaldatei wird erst entfernt, wenn *gzip* erfolgreich beendet wurde; es ist kaum möglich, auf diese Weise eine Datei versehentlich zu löschen. Da es sich um GNU-Software handelt, kennt *gzip* natürlich mehr Optionen, als Sie sich vorstellen können, und seine Arbeitsweise kann mit Optionen auf der Befehlszeile auf vielfache Art beeinflußt werden.

Lassen Sie uns mit einer großen Datei namens *hase.txt* beginnen:

```
rutabaga% ls -l hase.txt
-rw-r--r--   1 mdw      hack       312996 Nov 17 21:44 hase.txt
```

Um diese Datei mit *gzip* zu komprimieren, geben wir nur ein:

```
gzip hase.txt
```

Damit ersetzen wir *hase.txt* durch die gepackte Datei *hase.txt.gz* und erhalten:

```
rutabaga% gzip hase.txt
rutabaga% ls -l hase.txt.gz
-rw-r--r--   1 mdw      hack        103441 Nov 17 21:44 hase.txt.gz
```

Beachten Sie, daß *hase.txt* nach der Beendigung von *gzip* entfernt wird.

Sie haben die Möglichkeit, *gzip* eine Liste von Dateinamen zu übergeben; es wird jede einzelne Datei komprimieren und mit der Erweiterung *.gz* abspeichern. (Anders als das Programm *zip* unter Unix und DOS erstellt *gzip* per Voreinstellung kein *.gz*-Archiv aus den Einzeldateien. Dafür gibt es den Befehl *tar*; lesen Sie den nächsten Abschnitt.)

Es hängt von Format und Inhalt einer Datei ab, wie gut sie sich komprimieren läßt. Viele Grafikdateien (wie GIF und JPEG) sind bereits stark komprimiert, so daß *gzip* hier nicht mehr viel ausrichten kann. Zu den Dateien, die mit gutem Erfolg verdichtet werden können, gehören einfache Textdateien und binäre Daten wie ausführbare Programme und Libraries. Mit *gzip -l* erhalten Sie Informationen zu den Dateien, die mit *gzip* gepackt wurden. Ein Beispiel:

```
rutabaga% gzip -l hase.txt.gz
compressed  uncompr. ratio uncompressed_name
   103115    312996  67.0% hase.txt
```

Wenn wir aus einer gepackten Datei das Original wiederherstellen wollen, benutzen wir *gunzip*:

```
gunzip hase.txt.gz
```

Anschließend haben wir:

```
rutabaga% gunzip hase.txt.gz
rutabaga% ls -l hase.txt
-rw-r--r--   1 mdw      hack        312996 Nov 17 21:44 hase.txt
```

Dies entspricht genau der Originaldatei. Beachten Sie, daß nach dem erfolgreichen Entpacken mit *gunzip* die komprimierte Version gelöscht wird.

gzip speichert den Namen der ungepackten Originaldatei in der gepackten Version der Datei. Das hat zur Folge, daß der Name der Originaldatei auch dann wiederhergestellt werden kann, wenn der Name der gepackten Datei (einschließlich *.gz*-Erweiterung) für ein bestimmtes Dateisystem zu lang ist (etwa auf einem DOS-System mit 8.3-Dateinamen) und deshalb abgeschnitten wurde. Wenn Sie eine Datei entpacken und den Originalnamen wiederherstellen möchten, geben Sie die Option *-N* mit dem Befehl *gunzip* ein. Um den Wert dieser Option schätzen zu lernen, sehen Sie sich die folgende Befehlsfolge an:

```
rutabaga% gzip hase.txt
rutabaga% mv hase.txt.gz wolf.txt.gz
```

Wenn wir jetzt *gunzip wolf.txt.gz* ausführen würden, hätte die entpackte Datei den Namen *wolf.txt*, analog zum Namen der neuen (gepackten) Datei. Mit der Option *-N* aber erhalten wir:

```
rutabaga% gunzip -N wolf.txt.gz
rutabaga% ls -l hase.txt
-rw-r--r--   1 mdw      hack        312996 Nov 17 21:44 hase.txt
```

Mit *gzip* und *gunzip* lassen sich auch Daten der Standardeingabe und -ausgabe packen und entpacken. Wenn *gzip* ohne einen Dateinamen aufgerufen wird, versucht es, die Daten zu komprimieren, die es von der Standardeingabe liest. In ähnlicher Weise schreibt *gunzip* mit der Option *-c* entpackte Daten auf die Standardausgabe. So könnten Sie zum Beispiel eine Pipe benutzen, um die Ausgabe eines Befehls in einem Schritt zwecks Komprimierung und Speicherung in einer Datei an *gzip* zu leiten:

```
rutabaga% ls -laR $HOME | gzip > dateiliste.gz
```

Damit erzeugen Sie eine rekursive Liste des Inhalts Ihres Home-Verzeichnisses und speichern sie in der gepackten Datei *dateiliste.gz*. Mit dem Befehl

```
rutabaga% gunzip -c dateiliste.gz | more
```

lassen Sie *dateiliste.gz* entpacken und lenken das Ergebnis zur Ausgabe auf dem Bildschirm in einer Pipe an den Befehl *more*. Bei der Benutzung von *gunzip -c* bleibt die Datei auf der Festplatte komprimiert.

Der Befehl *zcat* ist identisch mit *gunzip -c* – Sie können sich das als eine Version von *cat* für gepackte Dateien vorstellen. Unter Linux gibt es sogar eine Version des Seitenbetrachters *less* für komprimierte Dateien: *zless*.

Beim Komprimieren von Dateien haben Sie die Möglichkeit, eine der Optionen *-1*, *-2* ... bis *-9* zu benutzen, um Geschwindigkeit und Grad der Komprimierung zu bestimmen. Dabei bezeichnet *-1* (oder *--fast*) die schnellste Methode, die auch die am wenigsten verdichteten Dateien erzeugt, während *-9* (oder *--best*) die langsamste Methode ist, aber das kompakteste Ergebnis liefert. Wenn Sie keine Option angeben, wird mit der Voreinstellung *-6* komprimiert. Keine dieser Optionen wirkt sich in irgendeiner Weise auf *gunzip* aus; *gunzip* kann die Datei unabhängig vom Grad der Komprimierung wieder entpacken.

gzip ist in der Unix-Welt relativ neu. Die Programme, mit denen unter Unix am häufigsten (de)komprimiert wird, sind *compress* und *uncompress*, die noch aus der Unix-Originalversion aus Berkeley stammen. *compress* und *uncompress* sind *gzip* und *gunzip* sehr ähnlich. *compress* legt gepackte Dateien als *dateiname.Z* statt *dateiname.gz* ab und benutzt einen etwas weniger effektiven Kompressionsalgorithmus.

Allerdings geht der Trend unter den Anhängern der freien Software in Richtung *gzip*, und das aus mehreren Gründen. Zunächst einmal arbeitet *gzip* effektiver.

Außerdem ist ein Patentstreit aufgekommen über den Kompressionsalgorithmus, den *compress* benutzt – das könnte dazu führen, daß Drittanbieter den *compress*-Algorithmus nicht mehr anwenden. Deshalb propagiert die Free Software Foundation die Benutzung von *gzip* und ist damit zumindest in der Linux-Gemeinde auf offene Ohren gestoßen. *gzip* ist auf viele Plattformen portiert worden, und weitere werden folgen. Glücklicherweise kann *gunzip* auch die Dateien mit dem Suffix *.Z* entpacken, die mit *compress* erzeugt wurden.

Es gibt noch ein weiteres Komprimierungs-/Dekomprimierungsprogramm, das versucht, *gzip* den Führungsanspruch streitig zu machen. Dieser Neuankömmling heißt *bzip2* und komprimiert noch besser als *gzip* (etwa 10-20% besser), braucht dafür aber auch länger. Mit *bzip2* komprimierte Dateien können nicht mit *gunzip* dekomprimiert werden und umgekehrt, und weil Sie noch nicht erwarten können, daß jeder das Programm *bunzip2* installiert hat, sollten Sie sich im Moment vielleicht noch auf *gzip* beschränken, wenn Sie das gepackte Programm weitergeben wollen. Es lohnt sich aber, *bzip2* zu installieren, weil auf immer mehr FTP-Servern die Pakete in diesem Format abgelegt werden, um Plattenplatz und Bandbreite einzusparen. Sie erkennen *bzip2*-Dateien an der charakteristischen *.bz2*-Endung.

bzip2(1)

Die Kommandozeilenoptionen von *bzip2* sind zwar nicht ganz die gleichen wie bei *gzip*, die oben beschriebenen funktionieren aber auch alle mit *bzip2*. Nähere Informationen finden Sie auf der Manpage von *bzip2*.

Wir empfehlen, daß Sie *gzip/gunzip* oder *bzip2/bunzip2* für die (De)Komprimierung benutzen. Wenn Sie einmal auf eine Datei mit dem Suffix *.Z* stoßen, handelt es sich wahrscheinlich um eine *compress*-Datei, die Sie mit *gunzip* wieder entpakken können.

Frühe Versionen von *gzip* haben Dateien mit dem Suffix *.z* (kleines z) statt *.gz* erzeugt. Um Verwechslungen mit *.Z* zu vermeiden, hat man dies geändert. Auf jeden Fall ist *gunzip* abwärtskompatibel zu einer Reihe von Dateisuffixen und Dateitypen.

Die Benutzung von tar

tar ist ein Archivierungswerkzeug für verschiedene Anwendungszwecke, mit dem sich viele Dateien zu einer einzigen Archivdatei zusammenfassen lassen. Dabei werden solche Informationen wie Zugriffsrechte und Dateieignerschaft erhalten. Der Name *tar* ist die Abkürzung für *tape archive*, weil dieses Programm ursprünglich für das Erzeugen von Backups auf Datenbändern benutzt wurde. Wir werden allerdings sehen, daß der Gebrauch von *tar* absolut nicht auf das Erstellen von Backups beschränkt ist.

Der Befehl *tar* hat das Format:

```
tar FunktionOptionen Dateien...
```

Dabei ist *Funktion* ein einzelner Buchstabe, der den auszuführenden Arbeitsschritt bezeichnet, *Optionen* ist eine Liste der (einbuchstabigen) Optionen zu diesem Arbeitsschritt, und *Dateien* ist die Liste der zu bearbeitenden Dateien. (Beachten Sie, daß *Funktion* nicht durch eine Leerstelle von *Optionen* getrennt wird.)

Funktion kann folgende Werte annehmen:

c
: um ein neues Archiv zu erstellen

x
: um Dateien aus einem Archiv zu extrahieren

t
: um den Inhalt eines Archivs anzuzeigen

r
: um Dateien an das Ende eines Archivs anzuhängen

u
: um Dateien in ein Archiv aufzunehmen, die jünger sind als die bereits vorhandenen Dateien

d
: um die Dateien eines Archivs mit denen im Dateisystem zu vergleichen

Die meisten dieser Funktionen werden Sie nur selten benötigen; die am häufigsten gebrauchten sind c, x und t.

Die gebräuchlichsten *Optionen* sind:

v
: um beim Erstellen oder Entpacken von Archiven die betroffenen Dateien anzuzeigen. Sie sollten diese Option immer verwenden, um zu sehen, was eigentlich passiert (es sei denn, Sie schreiben Shell-Skripten).

k
: um bestehende Dateien beim Entpacken nicht durch die Dateien aus dem Archiv zu überschreiben

f dateiname
: um *dateiname* als die zu lesende/schreibende *tar*-Datei zu bestimmen

z
: gibt an, daß die Daten mit *gzip* komprimiert werden sollen oder daß es sich bei der *tar*-Datei um mit *gzip* komprimierte Daten handelt

Es gibt noch andere Optionen, die wir später in diesem Abschnitt besprechen werden.

Obwohl die Syntax von *tar* auf den ersten Blick vielleicht verwirrend erscheint, ist sie eigentlich ganz einfach. Nehmen wir an, daß wir ein Verzeichnis namens *mt* mit folgenden Dateien haben:

```
rutabaga% ls -l mt
total 37
  -rw-r--r--   1 root     root          24 Sep 21  1993 Makefile
  -rw-r--r--   1 root     root         847 Sep 21  1993 README
  -rwxr-xr-x   1 root     root        9220 Nov 16 19:03 mt
  -rw-r--r--   1 root     root        2775 Aug  7  1993 mt.1
  -rw-r--r--   1 root     root        6421 Aug  7  1993 mt.c
  -rw-r--r--   1 root     root        3948 Nov 16 19:02 mt.o
  -rw-r--r--   1 root     root       11204 Sep  5  1993 st_info.txt
```

Wir wollen jetzt den Inhalt dieses Verzeichnisses in ein *tar*-Archiv packen. Dazu geben wir ein:

```
tar cf mt.tar mt
```

Das erste Argument zu *tar* ist die `Funktion` (in diesem Fall c (create) zum Erstellen). Dahinter stehen die `Optionen`. Wir haben als Option *f mt.tar* angegeben, um das resultierende *tar*-Archiv *mt.tar* zu nennen. Das letzte Argument ist die Liste der Dateien, die archiviert werden sollen; in diesem Fall haben wir den Namen des Verzeichnisses angegeben. Damit erreichen wir, daß *tar* alle Dateien in diesem Verzeichnis zu einem Archiv zusammenfaßt.

Beachten Sie, daß das erste Argument zu *tar* einer der Funktionsbuchstaben – gefolgt von einer Liste der Optionen – sein muß. Aus diesem Grunde braucht vor den Optionen kein Bindestrich (-) zu stehen, wie es bei vielen anderen Unix-Befehlen der Fall ist. Sie können bei *tar* einen Bindestrich einsetzen, etwa so:

```
tar -cf mt.tar mt
```

aber das ist wirklich nicht notwendig. In einigen Versionen von *tar* muß der erste Buchstabe eine `Funktion` bezeichnen, zum Beispiel `c`, `t` oder `x`. In anderen Versionen spielt die Reihenfolge der Buchstaben keine Rolle. Schließlich gibt es auch noch sogenannte »Lang-Optionen«. Näheres hierzu sagt Ihnen die Manpage von *tar*.

Oft ist es eine gute Idee, die Option `v` zu benutzen; damit lassen Sie jede archivierte Datei anzeigen:

```
rutabaga% tar cvf mt.tar mt
mt/
mt/st_info.txt
mt/README
mt/mt.1
mt/Makefile
mt/mt.c
mt/mt.o
mt/mt
```

Wenn Sie `v` mehrmals angeben, erhalten Sie noch ausführlichere Informationen:

```
rutabaga% tar cvvf mt.tar mt
drwxr-xr-x root/root         0 Nov 16 19:03 1994 mt/
-rw-r--r-- root/root     11204 Sep  5 13:10 1993 mt/st_info.txt
-rw-r--r-- root/root       847 Sep 21 16:37 1993 mt/README
-rw-r--r-- root/root      2775 Aug  7 09:50 1993 mt/mt.1
-rw-r--r-- root/root        24 Sep 21 16:03 1993 mt/Makefile
-rw-r--r-- root/root      6421 Aug  7 09:50 1993 mt/mt.c
-rw-r--r-- root/root      3948 Nov 16 19:02 1994 mt/mt.o
-rwxr-xr-x root/root      9220 Nov 16 19:03 1994 mt/mt
```

Dies ist sehr nützlich, wenn man sich vergewissern möchte, daß *tar* korrekt arbeitet.

Einige Versionen von *tar* erwarten, daß `f` als letzte der Optionen angegeben wird. Das rührt daher, daß *tar* hinter der Option `f` einen Dateinamen erwartet – nämlich den Namen der *tar*-Datei, die geschrieben oder aus der gelesen werden soll. Falls Sie keinen Dateinamen angeben, nimmt *tar* aus historischen Gründen an, daß es das erste Bandlaufwerk (das heißt */dev/rmt0*) benutzen soll. Im Abschnitt »Backups erstellen« in Kapitel 8, *Andere Administrationsaufgaben,* werden wir besprechen, wie *tar* zum Erstellen von Backups auf Bandlaufwerken benutzt wird.

Kapitel 8

Jetzt sind wir soweit, daß wir die Datei *mt.tar* an andere Leute weitergeben können, damit diese sie auf ihrem System wieder entpacken. Dazu würden sie den Befehl:

```
tar xvf mt.tar
```

eingeben. Damit wird das Unterverzeichnis *mt* angelegt, und alle ursprünglichen Dateien werden in dieses Unterverzeichnis geschrieben. Die Dateien gehören dabei dem Benutzer, der den *tar*-Befehl ausführt, es sei denn, man ist **root**, in welchem Fall der originale Benutzer beibehalten wird. Die Option `x` steht für »extract« (extrahieren). Wir haben wieder die Option *v* benutzt, um alle Dateien während des Extrahierens anzeigen zu lassen. Das erzeugt die folgende Bildschirmausgabe:

```
courgette% tar xvf mt.tar
mt/
mt/st_info.txt
mt/README
mt/mt.1
mt/Makefile
mt/mt.c
mt/mt.o
mt/mt
```

Wie wir sehen, speichert *tar* den Pfadnamen jeder Datei relativ zu dem Verzeichnis, in dem die *tar*-Datei ursprünglich erstellt wurde. Beim Erstellen des Archivs haben wir mit dem Befehl *tar cf mt.tar mt* nur *mt* als Eingabedatei angegeben, also den Namen des Verzeichnisses, in dem die einzelnen Dateien stehen. Deshalb schreibt *tar* dieses Verzeichnis selbst sowie alle Dateien unterhalb dieses Verzeichnisses in die *tar*-Datei. Beim Entpacken der *tar*-Datei wird das Verzeichnis *mt* angelegt, und die einzelnen Dateien werden dorthin geschrieben – das sind die Schritte beim Erstellen des Archivs in umgekehrter Reihenfolge.

Per Voreinstellung werden alle *tar*-Dateien relativ zu dem Verzeichnis entpackt, in dem Sie *tar* aufrufen. Wenn Sie zum Beispiel den Inhalt des Verzeichnisses */bin* mit dem Befehl

```
tar cvf bin.tar /bin
```

archivieren wollten, würde *tar* die Warnung

```
tar: Removing leading / from absolute path names in the archive.
```

ausgeben. Das bedeutet, daß die Dateien innerhalb des Archivs im Unterverzeichnis *bin* abgelegt werden. Wenn diese *tar*-Datei dann entpackt wird, wird zunächst das Verzeichnis *bin* angelegt, und zwar unterhalb des Arbeitsverzeichnisses von *tar* – nicht aber als */bin* auf dem Zielsystem. Dies ist sehr wichtig, denn es soll schlimme Fehler beim Entpacken von *tar*-Dateien vermeiden. Anderenfalls würde das Entpacken einer *tar*-Datei, die als */bin* archiviert wurde, in Ihrem Verzeichnis */bin* Chaos stiften. Wenn Sie den Inhalt einer solchen *tar*-Datei wirklich nach */bin* entpacken wollten, würden Sie vom Root-Verzeichnis / aus entpacken. Mit der Option *P* können Sie beim Archivieren dieses Verhalten umgehen, aber wir möchten nicht empfehlen, das zu tun.

Eine andere Möglichkeit, die *tar*-Datei *mt.tar* zu erstellen, wäre, zunächst mit *cd* in das Verzeichnis *mt* zu wechseln und dann folgendes einzugeben:

```
tar cvf mt.tar *
```

Auf diese Weise würde das Unterverzeichnis *mt* nicht in der *tar*-Datei gespeichert werden; beim Entpacken würden die einzelnen Dateien direkt in Ihrem aktuellen Verzeichnis landen. Es gehört zu den Feinheiten der Etikette bei der Arbeit mit *tar*, daß man Dateien immer so archiviert, daß in der *tar*-Datei ein Unterverzeichnis enthalten ist – wie wir das in unserem ersten Beispiel mit *tar cvf mt.tar mt* gezeigt haben. Aufgrund dessen wird beim Entpacken des Archivs das Unterverzeichnis angelegt, und die Dateien werden dorthin geschrieben. Auf diese Weise können Sie sicherstellen, daß die Dateien nicht direkt in Ihrem aktuellen Verzeichnis stehen – sie verschwinden im Unterverzeichnis und können keine Verwirrung stiften. Diese Arbeitsweise erspart es außerdem der Person, die das Entpacken vornimmt, ein Verzeichnis anlegen zu müssen, um das Archiv dort zu entpacken (wenn ein eigenes Verzeichnis gewünscht wird). Selbstverständlich wird es jede Menge Situationen geben, in denen Sie kein eigenes Verzeichnis anlegen wollen – soviel zum Thema *tar*-Etikette.

Beim Erstellen von Archiven können Sie natürlich eine Liste der Dateien oder Verzeichnisse an *tar* übergeben, die archiviert werden sollen. In unserem ersten Beispiel haben wir *tar* nur das eine Verzeichnis *mt* angegeben, aber im vorherigen Abschnitt haben wir den * als Wildcard benutzt, den die Shell zur Liste aller Dateien im aktuellen Verzeichnis expandiert.

Vor dem Entpacken eines Archivs empfiehlt es sich, anhand des Inhaltsverzeichnisses festzustellen, wie das Archiv gepackt wurde. Auf diese Weise können Sie feststellen, ob Sie selbst ein Unterverzeichnis anlegen müssen, in dem Sie das Archiv dann entpacken. Mit dem Befehl

```
tar tvf tar-datei
```

erhalten Sie das Inhaltsverzeichnis der genannten *tar*-Datei. Beachten Sie, daß Sie mit der Funktion `t` nur ein `v` angeben müssen, um die ausführliche Liste zu erhalten:

```
courgette% tar tvf mt.tar
drwxr-xr-x root/root         0 Nov 16 19:03 1994 mt/
-rw-r--r-- root/root     11204 Sep  5 13:10 1993 mt/st_info.txt
-rw-r--r-- root/root       847 Sep 21 16:37 1993 mt/README
-rw-r--r-- root/root      2775 Aug  7 09:50 1993 mt/mt.1
-rw-r--r-- root/root        24 Sep 21 16:03 1993 mt/Makefile
-rw-r--r-- root/root      6421 Aug  7 09:50 1993 mt/mt.c
-rw-r--r-- root/root      3948 Nov 16 19:02 1994 mt/mt.o
-rwxr-xr-x root/root      9220 Nov 16 19:03 1994 mt/mt
```

An dieser Stelle wird nichts entpackt – wir betrachten lediglich das Inhaltsverzeichnis des Archivs. An den Dateinamen können wir ablesen, daß dieses Archiv alle Dateien im Unterverzeichnis *mt* enthält. Beim Entpacken dieser *tar*-Datei wird also das Verzeichnis *mt* angelegt, und alle Dateien werden dorthin geschrieben.

Es ist auch möglich, einzelne Dateien aus einem *tar*-Archiv zu extrahieren. Dazu geben Sie ein:

```
tar xvf tar-datei datei(en)
```

wobei *datei(en)* die Liste der zu extrahierenden Dateien ist. Wir haben bereits gezeigt, daß ohne die Angabe von *datei(en)* das ganze Archiv entpackt wird.

Damit Sie einzelne Dateien extrahieren können, müssen Sie den kompletten Pfadnamen angeben, wie er in der *tar*-Datei steht. Wenn wir uns zum Beispiel nur die Datei *mt.c* aus dem oben angeführten Archiv vornehmen wollten, würden wir eingeben:

```
tar xvf mt.tar mt/mt.c
```

Als Ergebnis würde das Unterverzeichnis *mt* erstellt und die Datei *mt.c* dorthin geschrieben werden.

tar kennt noch viel mehr Optionen, als wir hier erwähnt haben. Bisher haben wir die Möglichkeiten besprochen, die Sie wohl am häufigsten gebrauchen werden, aber insbesondere das *tar* von GNU verfügt über Erweiterungen, die es zu einem idealen Werkzeug zur Erstellung von Backups und dergleichen machen. In den Manpages zu *tar* sowie im folgenden Abschnitt finden Sie weitere Informationen hierzu.

tar mit gzip benutzen

tar komprimiert die Dateien, die es in seinen Archiven ablegt, in keiner Weise. Wenn Sie ein Archiv aus drei Dateien zu 200 KB erstellen, ist das Ergebnis ein Archiv von ungefähr 600 KB. Es ist gängige Praxis, *tar*-Archive mit *gzip* (oder dem älteren *compress*) zu komprimieren. Mit folgenden Befehlen könnten Sie eine »*gzip*te« *tar*-Datei erstellen:

```
tar cvf tar-datei dateien...
gzip -9 tar-datei
```

Allerdings ist das mühselig und erfordert, daß Sie genug Speicherplatz haben, um die unkomprimierte *tar*-Datei zu speichern, bevor Sie mit *gzip* gepackt wird.

tar bietet eine interessante Möglichkeit, ein Archiv auf die Standardausgabe zu schreiben. Wenn Sie - als zu lesende oder zu schreibende *tar*-Datei angeben, wird *tar* die Standardeingabe oder -ausgabe benutzen. Dies können wir bei der Erstellung eines gepackten Archivs trickreich ausnutzen. Wir können zum Beispiel eine »*gzip*-te« *tar*-Datei erstellen, indem wir

```
tar cvf - dateien... | gzip -9 > tar-datei.tar.gz
```

eingeben. Dabei erstellt *tar* zunächst ein Archiv aus den benannten `dateien` und schreibt es auf die Standardausgabe; danach liest *gzip* die Standardeingabe, komprimiert sie und schreibt das Ergebnis auf seine eigene Standardausgabe; schließlich lenken wir die komprimierte *tar*-Datei in `tar-datei`*.tar.gz*.

Wir können mit

```
gunzip -9c tar-datei.tar.gz | tar xvf -
```

eine solche *tar*-Datei entpacken. Dabei dekomprimiert *gunzip* zunächst das genannte Archiv und schreibt das Ergebnis auf die Standardausgabe. Diese wird dann von *tar* als Standardeingabe gelesen und entpackt. Unix macht Spaß – finden Sie nicht?

Natürlich sind solche Befehlsfolgen immer sehr mühsam einzugeben. Glücklicherweise kennt die GNU-Version von *tar* die Option *z*, mit der automatisch »*gzip*-te« Archive erstellt oder entpackt werden. (Wir haben die Besprechung dieser Option bis jetzt zurückgestellt, damit Sie ihre Vorteile wirklich zu schätzen lernen.) Wir könnten zum Beispiel mit den Befehlen

```
tar cvzf tar-datei.tar.gz dateien...
```

und

```
tar xvzf tar-datei.tar.gz
```

»*gzip*-te« *tar*-Dateien erstellen und entpacken. Achten Sie darauf, daß Sie solche Dateien mit dem Suffix *.tar.gz* (oder dem auch häufig verwendeten *.tgz*, das auch auf Systemen mit eingeschränkten Dateinamensfähigkeiten funktioniert) benennen, damit ihr Format offensichtlich wird. Die Option *z* kann auch zusammen mit anderen Funktionen eingesetzt werden, wie etwa mit `t`.

Nur die GNU-Version von *tar* unterstützt die Option *z*. Wenn Sie das *tar* eines anderen Unix-Systems benutzen, müssen Sie eventuell eine der längeren Befehlsfolgen eingeben, um dieselbe Aufgabe zu bewältigen. Fast alle Linux-Systeme benutzen das GNU-*tar*.

Wenn Sie *tar* zusammen mit *bzip2* verwenden wollen, müssen Sie *tar* mitteilen, welches Komprimierungsprogramm Sie verwenden wollen:

```
tar cvf tar-datei.tar.bz2 --use-compress-program=bzip2 dateien...
```

oder kürzer:

```
tar cvf tar-datei.tar.bz2 --use=bzip2 dateien...
```

oder noch kürzer:

```
tar cvIf tar-datei.tar.bz2 dateien...
```

Letzteres funktioniert nur mit neueren *tar*-Versionen, die die Option *I* bereits kennen.

Mit dem hier Gesagten im Hinterkopf könnten Sie kurze Shell-Skripten oder Aliase schreiben, die Standard-*tar*-Dateien für Sie erstellen und entpacken. Unter *bash* könnten Sie folgende Funktionen in Ihre *.bashrc* einfügen:

```
tarc () { tar czvf $1.tar.gz $1 }
tarx () { tar xzvf $1 }
tart () { tar tzvf $1 }
```

Mit Hilfe dieser Funktionen würden Sie

```
tarc verzeichnis
```

eingeben, um ein einzelnes Verzeichnis in ein komprimiertes Archiv zu verwandeln. Die Archivdatei bekäme den Namen `verzeichnis`*.tar.gz*. (Achten Sie darauf, daß der Verzeichnisname nicht mit einem Schrägstrich endet; in dem Fall würde das Archiv als *.tar.gz* unterhalb des angegebenen Verzeichnisses erstellt.) Um den Inhalt einer komprimierten *tar*-Datei anzuzeigen, geben Sie ein:

```
tart datei.tar.gz
```

Wenn Sie ein solches Archiv entpacken möchten, geben Sie ein:

```
tarx datei.tar.gz
```

tar-Tricks

Wir haben bereits gesagt, daß *tar* die Eignerschaft und Zugriffsrechte der Dateien eines Archivs, ebenso wie die Verzeichnisstruktur und alle Links erhält. Deshalb ist es hervorragend geeignet, einen kompletten Verzeichnisbaum von einer Stelle im System zu einer anderen zu kopieren oder umzustellen (das funktioniert sogar zwischen verschiedenen Systemen). Mit der Option -, die wir oben beschrieben haben, können Sie eine *tar*-Datei auf die Standardausgabe schreiben, von wo aus sie dann als Standardeingabe an anderer Stelle im System wieder gelesen und entpackt werden kann.

Nehmen wir an, daß ein Verzeichnis existiert, das die beiden Unterverzeichnisse *from-zeugs* und *to-zeugs* enthält. Unter *from-zeugs* befindet sich ein kompletter Verzeichnisbaum mit symbolischen Links usw. – es wäre schwierig, so etwas mit einem rekursiven *cp* wiederherzustellen. Um den kompletten Verzeichnisbaum unterhalb von *from-zeugs* nach *to-zeugs* zu bewegen, könnten wir eingeben:

```
cd from-zeugs
tar cf - . | (cd ../to-zeugs; tar xvf -)
```

Einfach und elegant, nicht wahr? Wir haben uns in das Verzeichnis *from-zeugs* begeben, eine *tar*-Datei dieses Verzeichnisses erzeugt und sie auf die Standardausgabe geschrieben. Dieses Archiv wurde von einer Sub-Shell eingelesen (das sind die Befehle zwischen den runden Klammern); die Sub-Shell springt mit *cd* in das Zielverzeichnis *../to-zeugs* (also relativ zu *from-zeugs*) und führt dann *tar xvf* aus, indem die Standardeingabe gelesen wird. Bei diesem ganzen Vorgang wird keine *tar*-Datei auf die Festplatte geschrieben; die Daten werden lediglich durch eine Pipe von einem *tar*-Prozeß zu einem anderen geschickt. Mit der Option *v* beim zweiten *tar*-Prozeß haben wir jede Datei anzeigen lassen, die entpackt wird. Auf diese Weise konnten wir verfolgen, daß der Befehl ordnungsgemäß funktioniert.

tar (1)

Tatsächlich können Sie mit diesem Trick Verzeichnisbäume sogar (über das Netzwerk) von einem Rechner auf einen anderen bewegen. Fügen Sie dazu einfach den passenden *rsh*-Befehl innerhalb der Sub-Shell rechts vom Pipe-Symbol ein. Die Remote-Shell würde dann *tar* ausführen, indem sie das Archiv von der Standardeingabe liest. (GNU-*tar* bietet sogar Möglichkeiten, automatisch *tar*-Dateien von anderen Rechnern über das Netzwerk zu lesen und dorthin zu schreiben. Details hierzu finden Sie in der Manpage zu *tar*.)

Neue Software einspielen

Linux ist ein Ziel, das sich sehr schnell bewegt. Aufgrund der kooperativen Entstehungsweise dieses Projekts erscheint ständig neue Software, und Programme werden immer wieder durch neuere Versionen ersetzt. Dies gilt insbesondere für den Linux-Kernel, an dem viele Gruppen von Programmierern mitarbeiten. Es ist durchaus nicht ungewöhnlich, daß in der Entwicklungsphase jede Nacht ein neuer Kernel-Patch erscheint. Obwohl andere Teile des Systems nicht ganz so dynamisch sind, gilt das eben Gesagte im Prinzip auch hier.

Wie kann man sicher sein, daß man immer die aktuelle Version der Systemsoftware benutzt? Die einfache Antwort lautet: gar nicht. Sicherlich gibt es Leute dort draußen, für die es wichtig ist, daß sie zum Beispiel einmal täglich die neueste Version eines Kernel-Patches einspielen, aber für die meisten von uns besteht kein Grund, das System so oft auf den aktuellen Stand zu bringen. In diesem Abschnitt wollen wir die Frage behandeln, warum und wann man »updaten« sollte, und wir werden Ihnen zeigen, wie Sie wichtige Teile des Systems auf dem aktuellen Stand halten.

Wann sollte man ein Update vornehmen? Allgemein gesagt, sollten Sie nur dann »updaten«, wenn Sie erwiesenermaßen einen *Bedarf* dafür festgestellt haben. Wenn Sie zum Beispiel von der neuen Version eines Programms hören, in der gravierende Fehler beseitigt sind (das heißt Fehler, die Auswirkungen auf Ihre Arbeit mit diesem Programm haben), könnte das ein Grund sein, die neue Version zu besorgen. Wenn die aktuelle Version eines Programms Bestandteile enthält, die für Sie von Nutzen sein könnten, oder wenn sie wesentlich schneller läuft als Ihre jetzige Version, ist es ebenso angebracht, auf die neue Version umzusteigen. Wenn Ihr Rechner auf irgendeine Art mit dem Internet verbunden ist, sind auch kürzlich behobene Sicherheitslöcher ein guter Grund für ein Update. Dagegen ist es wahrscheinlich keine allzu gute Idee, ein Update vorzunehmen, nur um die neueste Version eines bestimmten Programms zu haben.

Ein Update kann eine schmerzvolle Angelegenheit werden. Das gilt zum Beispiel dann, wenn Sie neben dem Update des Programms auch die neueste Version des Compilers, der Libraries und noch andere Software benötigen. In dem Fall müssen Sie weitere Teile des Systems erneuern, bevor Sie die neue Programmversion installieren können, was eventuell erhebliche Zeit in Anspruch nimmt. Andererseits kann man dies auch als ein Argument dafür betrachten, daß die Software auf dem neuesten Stand gehalten werden sollte – wenn Compiler und Libraries aktuell sind, wird es kein Problem sein, das betreffende Programm auf den aktuellen Stand zu bringen.

Kapitel 1

Wie erfährt man von neuen Versionen der Linux-Software? Die beste Methode ist das Lesen der Usenet-Newsgruppe *comp.os.linux.announce* (lesen Sie hierzu auch den Abschnitt »Usenet-Newsgruppen« in Kapitel 1, *Einführung in Linux*), in der Ankündigungen neuer Softwareversionen und andere wichtige Informationen veröffentlicht werden. Wenn Sie Zugang zum Internet haben, können Sie sich die Software per FTP besorgen und auf Ihrem System installieren. Eine weitere gute Quelle neuer Linux-Software ist *http://www.freshmeat.net*.

Ohne einen Zugang zum Usenet oder Internet bleiben Sie am besten auf dem aktuellen Stand der Dinge, indem Sie ein CD-ROM-Abonnement bestellen. Auf diese Weise bekommen Sie etwa alle zwei Monate eine aktuelle Kopie der verschiedenen Linux-FTP-Server auf CD-ROM. Diesen Service bieten einige Linux-Händler an. Ein solches Abonnement ist selbst dann eine gute Idee, wenn Sie über einen Zugang zum Internet verfügen.

Damit sind wir bei einem anderen Thema – welches ist die beste Update-Methode? Manche Leute sind der Meinung, daß es einfacher ist, das System komplett neu zu installieren, wenn eine neue Version ihrer Lieblingsdistribution erscheint (zum Beispiel Slackware). Dann muß man sich keine Gedanken darüber machen, ob die verschiedenen Versionen der Software miteinander funktionieren. Dies mag für Leute ohne Zugang zum Internet richtig sein – wenn Sie nur alle zwei Monate eine neue CD-ROM beziehen, kann ein großer Teil der Software bereits wieder veraltet sein.

Wir sind allerdings der Meinung, daß eine komplette Neuinstallation keine sinnvolle Art des Updates ist. Die meisten der aktuellen Linux-Distributionen sind nicht für diese Methode der Systemaktualisierung gedacht, und die Neuinstallation kann eine sehr komplizierte oder zeitaufwendige Angelegenheit sein. Außerdem verlieren Sie bei dieser Art des Updates in der Regel alle Änderungen und Anpassungen, die Sie am System bereits vorgenommen haben. Bedenken Sie auch, daß Sie die Home-Verzeichnisse der Benutzer sowie andere wichtige Dateien sichern müssen, die sonst während der Neuinstallation verlorengehen würden. Viele Neulinge entscheiden sich für diese Methode des Updates, weil es die einfachste ist. Tatsächlich ändert sich aber von einer Version zur nächsten nicht viel, so daß eine komplette Neuinstallation nicht notwendig ist und vermieden werden kann, wenn man sich ein gewisses Know-how zum Thema Update aneignet.

Wir wollen Ihnen in diesem Abschnitt zeigen, wie Sie verschiedene Teile Ihres Systems einzeln aktualisieren können. Wir werden besprechen, wie die Systembibliotheken und Compiler auf den neuesten Stand gebracht werden, und wir wollen auf eine angemessene Methode für die Installation neuer Software eingehen. Im folgenden Abschnitt werden wir besprechen, wie Sie einen neuen Kernel erzeugen können.

Die Bibliotheken aktualisieren

Die meisten der Programme auf einem Linux-System sind so kompiliert, daß sie Shared Libraries benutzen. Diese Bibliotheken enthalten nützliche Funktionen, die in vielen Programmen benötigt werden. Statt in jedem Programm, das solche Funktionen aufruft, eine Kopie davon zu speichern, stehen diese Funktionen in Systembibliotheken, auf die alle Programme zur Laufzeit zugreifen können. Das bedeutet, daß bei der Abarbeitung eines Programms zunächst der Programmcode selbst gelesen wird und dann die entsprechenden Routinen aus den Shared Libraries. Dadurch läßt sich eine Menge Speicherplatz sparen, weil nur eine Kopie der Library-Routinen auf der Festplatte gespeichert werden muß.

Manchmal ist es notwendig, Programme mit ihrer eigenen Kopie der Library-Routinen zu kompilieren, statt die Routinen aus den Shared Libraries zu benutzen (zum Beispiel beim Debuggen eines Programms). Man sagt dann, daß solche Programme *statisch gelinkt* sind, während Programme, die die Shared Libraries benutzen, *dynamisch gelinkt* sind.

Dynamisch gebundene Programme sind also darauf angewiesen, daß die Shared Libraries sich auf der Festplatte befinden. Shared Libraries sind so geschrieben, daß die Programme, die diese Bibliotheken benutzen, in der Regel nicht auf eine bestimmte Library-Version angewiesen sind. Das bedeutet, daß Sie Ihre Libraries aktualisieren können, und die Programme, die auf diese Libraries zugreifen, werden dann automatisch die neuen Routinen benutzen. (Es gibt eine Ausnahme: Wenn eine Bibliothek grundlegend verändert wird, arbeiten die alten Programme nicht mit der neuen Version zusammen. Sie erkennen das daran, daß sich die Versionsnummer vor dem Punkt geändert hat – mehr dazu erfahren Sie weiter unten. In einem solchen Fall müssen Sie die alten und die neuen Bibliotheken auf der Festplatte behalten. Alte Programme werden auf die alten Routinen zugreifen, neue Programme benutzen die neuen Routinen.)

Wenn Sie ein Programm mit Shared Libraries kompilieren, wird dem ausführbaren Programm Code hinzugefügt, der beim Start des Programms den dynamischen Linker *ld.so* aufruft. *ld.so* sucht die benötigten Shared Libraries und lädt die Routinen in den Arbeitsspeicher. Dynamisch gebundene Programme enthalten auch sogenannte »Stub«-Routinen, die im ausführbaren Programm als Platzhalter für die eigentlichen Routinen aus den Shared Libraries dienen. *ld.so* ersetzt bei der Ausführung des Programms diese Stubs (etwa: Stummel) durch den Library-Code.

Mit dem Befehl *ldd* können Sie die Shared Libraries anzeigen lassen, die ein bestimmtes Programm benötigt. Ein Beispiel:

```
rutabaga% ldd /usr/bin/X11/xterm
        libXaw.so.6 => /usr/X11R6/lib/libXaw.so.6.0
        libXt.so.6 => /usr/X11R6/lib/libXt.so.6.0
        libX11.so.6 => /usr/X11R6/lib/libX11.so.6.0
        libc.so.5 => /lib/libc.so.5.0.9
```

Wie Sie sehen, greift das Programm *xterm* auf die vier Shared Libraries *libXaw*, *libXt*, *libX11* und *libc* zu. (Die ersten drei gehören zum X Window System, die letzte ist die Standardbibliothek für C.) Es werden auch die Versionsnummern der Bibliotheken angezeigt, für die dieses Programm kompiliert wurde (also die Version der benutzten Stub-Routinen), sowie die Namen der Dateien, die die Shared Libraries enthalten. Das sind diejenigen Dateien, die *ld.so* beim Programmstart finden wird.

Damit ein Programm eine Shared Library benutzen kann, muß die Version der Stub-Routine (in der ausführbaren Datei) zur Version der Shared Library kompatibel sein. Die Versionen werden als kompatibel betrachtet, wenn die »große« Versionsnummer (Major Number) übereinstimmt. Die große Versionsnummer ist der Teil vor dem ersten Punkt in der Versionsangabe; in 6.0 ist die große Nummer also 6. Wenn ein Programm mit der Version 6.0 der Stub-Routinen kompiliert wurde, kann das ausführbare Programm die Shared Libraries der Versionen 6.1, 6.2 usw. benutzen. Im Abschnitt »Mehr Spaß mit Libraries« in Kapitel 13 beschreiben wir, wie Sie in Ihren eigenen Programmen Shared Libraries benutzen können.

Kapitel 13

Die Datei */etc/ld.so.conf* enthält eine Liste der Verzeichnisse, die *ld.so* nach Shared Libraries durchsuchen wird. Hier ein Beispiel für eine solche Datei:

```
/usr/lib
/usr/local/lib
/usr/X11R6/lib
```

ld.so sucht immer in */lib* und */usr/lib* – egal, was in *ld.so.conf* steht. In der Regel gibt es keinen Grund, diese Datei zu verändern, und mit der Umgebungsvariable `LD_LIBRARY_PATH` können Sie diesem Suchpfad weitere Verzeichnisse hinzufügen (wenn Sie zum Beispiel Ihre eigenen Shared Libraries benutzen, die nicht systemweit in Gebrauch sein sollten). Wenn Sie doch weitere Einträge in */etc/ld.so.conf* machen oder zusätzliche Bibliotheken installieren oder aktualisieren, sollten Sie auf jeden Fall den Befehl *ldconfig* eingeben, der den Shared-Library-Cache aus dem Inhalt von *ld.so* neu erstellt. Dieser Cache wird von *ld.so* benutzt, um zur Laufzeit die Bibliotheken schnell finden zu können, ohne tatsächlich die Verzeichnisse zu durchsuchen. In den Manpages zu *ld.so* und *ldconfig* finden Sie weitere Details hierzu.

Nachdem Sie jetzt erfahren haben, wie Shared Libraries funktionieren, wollen wir sie nun auf den neuesten Stand bringen. Die beiden Bibliotheken, die am häufigsten aktualisiert werden, sind *libc* (die Standard-C-Bibliothek) und *libm* (die Mathematik-Bibliothek). Zu jeder Shared Library gehören zwei Dateien:

`bibliothek`*.a*
: Dies ist die statische Version der Bibliothek. Wenn ein Programm statisch gebunden wird, werden Routinen aus dieser Datei direkt in das ausführbare Programm kopiert, so daß das Programm seine eigene Kopie der Library-Routinen enthält.

`bibliothek`*.so.*`version`
: Dies ist das Abbild (Image) der Shared Library. Wenn ein Programm dynamisch gebunden wird, wird für jede Routine der Bibliothek, auf die das Programm zugreift, ein Stub aus dieser Datei in das ausführbare Programm kopiert, damit *ld.so* die Shared Library zur Laufzeit lokalisieren kann. Bei der Ausführung des Programms kopiert *ld.so* die Bibliotheks-Routinen aus dieser Datei in den Arbeitsspeicher, wo sie vom Programm benutzt werden können. Für dynamisch gebundene Programme wird die Datei `bibliothek`*.a* der Bibliothek nicht benutzt.

Die Bibliothek *libc* besteht aus den Dateien *libc.a* und *libc.so.5.2.18*. Die Dateien mit der Endung *.a* stehen normalerweise in */usr/lib*, die mit *.so* in */lib*. Wenn Sie ein Programm kompilieren, wird entweder die *.a*- oder die *.so*-Datei dazugebunden, und der Compiler sucht danach in */lib* und */usr/lib*. Wenn Sie eigene Bibliotheken benutzen, können diese Dateien an beliebiger Stelle stehen. Mit der Option *-L* bestimmen Sie, wo der Linker danach suchen soll. Im Abschnitt »Mehr Spaß mit Libraries« in Kapitel 13 finden Sie Details hierzu.

Kapitel 13

Die meisten der Abbilder der Shared Libraries, auf die das gesamte System zugreift, nämlich `bibliothek`*.so.*`version`, stehen in */lib*. Die Images der Shared Libraries können in einem beliebigen Verzeichnis stehen, das *ld.so* zur Laufzeit durchsucht – dazu gehören */lib*, */usr/lib* und die Dateien, die in *ld.so.conf* aufgeführt sind. In der Manpage zu *ld.so* finden Sie Details hierzu.

Wenn Sie einen Blick in */lib* werfen, werden Sie etwa folgendes sehen:

```
lrwxrwxrwx  1 root    root      14 Oct 23 13:25 libc.so.5 -> libc.so.5.2.18
-rwxr-xr-x  1 root    root  623620 Oct 23 13:24 libc.so.5.2.18
lrwxrwxrwx  1 root    root      15 Oct 17 22:17 libvga.so.1 -> libvga.so.1.2.10
-rwxr-xr-x  1 root    root  128004 Oct 17 22:17 libvga.so.1.2.10
```

In diesem Fall werden die »Shared Library«-Images für zwei Bibliotheken angezeigt – *libc* und *libvga*. Beachten Sie, daß für jede Bibliothek ein symbolischer Link namens *bibliothek.so.major* angelegt wurde, wobei *major* die große Versionsnummer der Bibliothek ist. Die kleine Nummer (Minor Number) wird ausgelassen, weil *ld.so* nur anhand der großen Nummer nach Bibliotheken sucht. Wenn *ld.so* ein Programm vorfindet, das mit den Stubs der Version 5.2.18 von *libc* kompiliert wurde, durchsucht es seinen Suchpfad nach der Datei *libc.so.5*. In diesem Fall ist */lib/libc.so.5* ein symbolischer Link auf */lib/libc.so.5.2.18* – die Library-Version, die wir tatsächlich installiert haben.

Wenn Sie eine Bibliothek aktualisieren, müssen Sie die Dateien auf *.a* und *.so.version* dieser Bibliothek ersetzen. Bei den ersten ist das kein Problem: Kopieren Sie einfach die neuen Versionen darüber. Beim Image der Shared Library, *.so.version*, müssen Sie allerdings etwas vorsichtiger sein. Das liegt daran, daß die meisten der Programme auf dem System diesen Code benutzen, so daß man sie nicht einfach löschen oder umbenennen darf. Anders gesagt: Der symbolische Link *bibliothek.so.major* muß immer auf ein gültiges Library-Image verweisen. Zu diesem Zweck kopieren Sie zunächst die neue Image-Datei nach */lib* und ändern dann in einem Schritt mit *ln -sf* den symbolischen Link so, daß er auf die neue Datei verweist. Wir werden das weiter unten vorführen.

Nehmen wir an, daß Sie von der Version 5.2.18 der *libc* auf die Version 5.4.47 »updaten« möchten. Sie sollten die Dateien *libc.a* und *libc.so.5.4.47* auf Ihrem System haben. Überschreiben Sie zuerst die alte statische Bibliothek, indem Sie die neue *.a*-Datei an die entsprechende Stelle kopieren:

```
rutabaga# cp libc.a /usr/lib
```

Kopieren Sie dann die neue Image-Datei nach */lib* (oder dahin, wo das neue Library-Image stehen soll):

```
rutabaga# cp libc.so.5.4.47 /lib
```

Mit dem Befehl *ls -l /lib/libc** sollten Sie jetzt etwa folgendes angezeigt bekommen:

```
lrwxrwxrwx  1 root    root        14 Oct 23 13:25 libc.so.5 -> libc.so.5.2.18
-rwxr-xr-x  1 root    root    623620 Oct 23 13:24 libc.so.5.2.18
-rwxr-xr-x  1 root    root    720310 Nov 16 11:02 libc.so.5.4.47
```

Damit der symbolische Link auf die neue Bibliothek verweist, geben Sie ein:

```
rutabaga# ln -sf /lib/libc.so.5.4.47 /lib/libc.so.5
```

Damit erhalten Sie:

```
lrwxrwxrwx  1 root  root      14 Oct 23 13:25 libc.so.5 -> /lib/libc.so.5.4.47
-rwxr-xr-x  1 root  root  623620 Oct 23 13:24 libc.so.5.2.18
-rwxr-xr-x  1 root  root  720310 Nov 16 11:02 libc.so.5.4.47
```

Jetzt können Sie ohne Bedenken die alte Image-Datei, *libc.so.5.2.18*, löschen. Der symbolische Link muß mit *ln -sf* in einem Schritt ersetzt werden – insbesondere, wenn Sie Libraries wie zum Beispiel *libc* aktualisieren. Wenn Sie versuchen, zuerst den alten Link zu entfernen, und dann mit *ln -s* den neuen hinzufügen möchten, ist es sehr wahrscheinlich, daß *ln* nicht mehr ausgeführt werden kann. Das liegt daran, daß der symbolische Link bereits verschwunden ist und *ld.so* die Bibliothek *libc* nicht mehr finden kann. Sobald diese Bibliothek nicht mehr gefunden wird, müssen Sie damit rechnen, daß die meisten Programme auf Ihrem System nicht mehr ausgeführt werden können. Seien Sie also beim Aktualisieren von »Shared Library«-Images sehr vorsichtig.

Es ist sicherlich keine schlechte Idee, *ldconfig* jedesmal aufzurufen, nachdem Sie Libraries aktualisiert oder hinzugefügt haben, damit der Library-Cache, den *ld.so* benutzt, neu geschrieben wird. Es kann passieren, daß *ld.so* eine neue Library erst erkennt, nachdem Sie *ldconfig* aufgerufen haben.

Die Linux-Gemeinde macht gerade den Schritt von der alten Version 5 der *libc* zur sogenannten *glibc2*, auch *libc6* genannt. Im Prinzip unterscheidet sich das nicht von irgendeinem anderen inkompatiblen Bibliotheks-Update, aber in der Praxis bringt das alle möglichen Schwierigkeiten mit sich, weil das inkompatible Austauschen der C-Bibliothek jedes, aber auch jedes Programm im System betrifft. Die neue *glibc2* hat zwar mehrere Vorteile – unter anderem ist sie Thread-sicher, was es sehr viel einfacher macht, Programme zu schreiben, die mehrere Dinge zur gleichen Zeit machen –, aber viele Leute halten sie noch für instabil. Außerdem können Sie Programme, die für die eine Version kompiliert worden sind, nicht mit der anderen Bibliotheksversion ausführen. Wenn Sie ein Programm benutzen wollen, zu dem Sie keinen Quellcode haben, müssen Sie die C-Bibliothek installieren, die dieses Programm benötigt. Glücklicherweise ist es möglich, beide Versionen auf einem Rechner zu installieren, wenn das auch mit einigen Schwierigkeiten verbunden ist. Diejenigen Distributionen, die bereits auf *glibc2* umgestellt haben, stellen normalerweise ein installierbares Paket namens »libc5-Kompatibilität« (oder so ähnlich) bereit. Installieren Sie dieses, wenn Sie Programme ausführen wollen, die mit der alten C-Bibliothek kompiliert worden sind.

Eine Frage bleibt noch zu beantworten: Wo bekommen Sie neue Versionen der Bibliotheken? Einige der grundlegenden System-Libraries (*libc*, *libm* usw.) können Sie aus dem Verzeichnis */pub/Linux/GCC* auf *ftp://metalab.unc.edu* auf Ihren Rechner herunterladen. Dieses Verzeichnis enthält die Linux-Version des Compilers *gcc*, Libraries, Include-Dateien sowie andere Utilities. Zu jeder Datei sollte eine *README*- oder *Release*-Datei gehören, die eine Installationsanweisung enthält. Andere Bibliotheken werden an anderen Orten gepflegt und archiviert. Auf jeden Fall sollte jede Library, die Sie installieren, aus den *.a*- und *.so.version*-Dateien bestehen. Außerdem gehört ein Satz Include-Dateien für den Compiler dazu.

Den Compiler aktualisieren

Bei einem weiteren Bestandteil Ihres Systems ist es sehr wichtig, daß Sie auf dem aktuellen Stand bleiben: dem C-Compiler mit den zugehörigen Utilities. Dazu gehören *gcc* (der GNU-Compiler selbst für C und C++), der Linker, der Assembler, der C-Präprozessor sowie verschiedene Include-Dateien und Libraries für den Compiler. Diese sind alle in der *gcc*-Distribution für Linux enthalten. Normalerweise wird eine neue Version des *gcc* zusammen mit den neuen Versionen von *libc* und den Include-Dateien veröffentlicht, die alle aufeinander angewiesen sind.

Sie finden die aktuelle Version von *gcc* für Linux auf verschiedenen FTP-Servern – unter anderem auch in */pub/Linux/GCC* auf *ftp://metalab.unc.edu*. Aus den dazugehörigen Textdateien (Release Notes) erfahren Sie, wie Sie vorgehen müssen. In der Regel wird eine neue Version des Compilers eingespielt, indem man als **root** einige *tar*-Dateien entpackt und eventuell ein paar andere Dateien löscht. Falls Sie keinen Zugang zum Internet haben, können Sie sich den neuesten Compiler als Kopie in Form einer CD-ROM besorgen, wie wir das weiter oben beschrieben haben.

Mit dem Befehl

```
gcc -v
```

können Sie feststellen, welche Version von *gcc* Sie installiert haben. Die Anzeige sollte etwa so aussehen:

```
Reading specs from /usr/lib/gcc-lib/i486-linux/2.8.1/specs
gcc version 2.8.1
```

Beachten Sie, daß *gcc* selbst nur ein Steuerprogramm für den Compiler und die anderen Programmierwerkzeuge unter

```
/usr/lib/gcc-lib/machine/version
```

Kapitel 13

ist. *gcc* (normalerweise in */usr/bin*) kann mit Hilfe der Option *-V* für viele Versionen des eigentlichen Compilers benutzt werden. Im Abschnitt »Eigenschaften des Compilers gcc« in Kapitel 13 gehen wir im Detail auf die Arbeit mit *gcc* ein.

Wenn Sie Software in C++ schreiben, dann kann es sich lohnen, *egcs* zu installieren, eine neue Version des *gcc*, die sehr viel robuster ist als der *gcc* selbst und viele der neuen Sprachelemente von C++ unterstützt. Unglücklicherweise verwenden *egcs*, ältere Versionen des *gcc* (bis Version 2.7.2) und neuere Versionen des *gcc* (ab Version 2.8.0) alle verschiedene, inkompatible Objektformate, so daß Sie alle Ihre C++-Bibliotheken und -Programme neu kompilieren müssen, wenn Sie von einem Compiler auf einen anderen umsteigen. Die Free Software Foundation hat vor kurzem angekündigt, daß *egcs* ihr Default-Compiler wird (und damit den *gcc* ersetzt), so daß diese Probleme bald der Vergangenheit angehören werden.

Andere Software aktualisieren

Natürlich werden Sie gelegentlich auch andere Teile Ihres Systems auf den neuesten Stand bringen müssen. Wir haben bereits erwähnt, daß die einfachste und beste Vorgehensweise die ist, daß Sie nur dann »updaten«, wenn es wirklich notwendig ist. Warum sollten Sie beispielsweise immer die neueste Version von Emacs auf Ihrem System haben, wenn Sie das Programm gar nicht benutzen? Eigentlich besteht auch kein Grund, bei regelmäßig benutzten Anwendungen immer auf dem aktuellen Stand zu bleiben – wenn Sie mit Ihrer Version zufrieden sind, besteht kaum Veranlassung zum Update.

Wenn Sie andere Anwendungsprogramme aktualisieren möchten, müssen Sie die neueste Version der Software besorgen. In der Regel sind das mit *gzip* oder *compress* gepackte Dateien. Solche Programmpakete werden in verschiedenen Formaten verteilt; dazu gehören *binäre Distributionen*, bei denen der Binärcode und dazugehörige Dateien so archiviert sind, daß sie auf Ihrem System sofort entpackt werden können. Ein anderes Format enthält *Quellcode* (oder Teile des Quellcodes), so daß Sie einige Befehle ausführen müssen, um die Programme zu kompilieren und auf Ihrem System zu installieren.

Die Shared Libraries machen es sehr einfach, Software in Form von Binärdateien zu verteilen. Solange Sie eine Version der Libraries haben, die zu den Stubs in der Software kompatibel ist, werden Sie keine Probleme haben. Allerdings ist es oft einfacher (und vorteilhafter), ein Programm in Form von Quellcode zu verteilen. Das bietet Ihnen einerseits die Möglichkeit, den Code anzuschauen und weiterzuentwickeln; andererseits haben Sie dann die Gelegenheit, das Programm speziell für Ihr System und mit eigenen Libraries zu kompilieren. Viele Programme erlauben bei der Kompilierung die Angabe gewisser Optionen, etwa das selektive Einbinden bestimmter Programmteile in das fertige Programm. Diese Art der Anpassung ist nicht möglich, wenn Sie fertig kompilierten Binärcode erhalten.

Auch die Systemsicherheit kommt ins Spiel, wenn binäre Dateien ohne Quellcode installiert werden. Obwohl man auf Unix-Systemen kaum von Computerviren gehört hat,[1] ist es nicht so schwierig, ein »Trojanisches Pferd« zu entwickeln – ein Programm, das anscheinend eine nützliche Funktion ausführt, in Wirklichkeit aber Schaden im System verursacht. So könnte jemand zum Beispiel ein Programm schreiben, das als »Zugabe« alle Dateien im Home-Verzeichnis desjenigen löscht, der das Programm aufruft. Weil ein solches Programm mit den Berechtigungen des Benutzers ausgeführt wird, hat es auch die Möglichkeit, auf diese Art Schaden anzurichten. (Selbstverständlich verhindern die Sicherheitsmechanismen von Unix, daß auch an den Dateien weiterer Benutzer oder an wichtigen Systemdateien, die **root** gehören, Schaden entstehen kann.)

---

1 Ein »Virus« im klassischen Sinn ist ein Programm, das sich an einen »Wirt« anhängt und dann aktiv wird, wenn das Wirtsprogramm aufgerufen wird. Auf Unix-Systemen braucht man in der Regel Root-Berechtigungen, um wirklich Schaden anzurichten. Wenn ein Programmierer aber weiß, wie er sich diese Berechtigungen verschaffen kann, wird er sich kaum noch mit einem Virus abgeben.

Obwohl das Installieren von Quellcode so etwas nicht unbedingt verhindern kann (lesen Sie die Quelldateien aller Programme, die Sie für Ihr System kompilieren?), haben Sie auf jeden Fall die Möglichkeit nachzuschauen, was das Programm tatsächlich tut. Ein Programmierer müßte sich einige Mühe geben, um ein solches Trojanisches Pferd zu verstecken – wenn Sie aber völlig unbedarft binären Code installieren, setzen Sie sich selbst der Gefahr aus.

Auf jeden Fall ist der Umgang mit Quellcode und binären Dateien recht einfach. Wenn das Programmpaket als *tar*-Datei verteilt wird, finden Sie zunächst mit *tar t* heraus, wie die Dateien archiviert wurden. Falls es sich um Binärdateien handelt, können Sie die Dateien wahrscheinlich von / oder */usr* aus sofort entpacken. Zuvor sollten Sie alle alten Versionen des Programms sowie die dazugehörigen Dateien löschen (alle die, die nicht von der neuen *tar*-Datei überschrieben werden). Wenn die alte ausführbare Datei in Ihrem Suchpfad vor der neuen Version steht, werden Sie weiterhin mit dem alten Programm arbeiten, solange Sie dieses nicht entfernt haben.

Viele Distributionen verwenden ein besonderes Paketierungssystem, mit dem das Installieren und Deinstallieren von Software viel einfacher wird. Es gibt mehrere Paketierungssysteme, aber die meisten Distributionen, darunter Red Hat, SuSE und Caldera, verwenden das RPM-System, das wir im nächsten Abschnitt behandeln werden. Die Debian-Distribution verwendet ein eigenes System namens *.deb*, das hier nicht behandelt wird.

Der Umgang mit Quellcode ist nicht ganz so einfach. Als erstes müssen Sie die Quelldateien in einem eigenen Verzeichnis entpacken. Auf den meisten Systemen ist das */usr/src*. Normalerweise brauchen Sie keine **root**-Berechtigung, um ein Softwarepaket zu kompilieren (aber Sie werden in der Regel als **root** das fertig kompilierte Programm installieren!). Deshalb ist es vielleicht eine gute Idee, mit dem Befehl

```
chmod 1777 /usr/src
```

das Verzeichnis */usr/src* für alle Benutzer schreibbar zu machen. Danach steht es jedem Benutzer frei, Unterverzeichnisse zu */usr/src* anzulegen, um dort Dateien zu installieren. Die 1 an der ersten Stelle der Modusbits ist das »Sticky«-Bit; dieses verhindert, daß Benutzer sich gegenseitig die Unterverzeichnisse löschen.

Sie können dann ein Unterverzeichnis in */usr/src* anlegen und die *tar*-Datei dort entpacken, oder Sie entpacken direkt von */usr/src* aus, wenn das Archiv bereits ein Unterverzeichnis enthält.

Sobald die Quelldateien entpackt sind, sollten Sie als nächstes die *README*-Dateien und Installationshinweise lesen, die zu den Quellen gehören. Fast alle Pakete werden mit solcher Dokumentation verteilt. Grundsätzlich gehen Sie zum Kompilieren der meisten Programme wie folgt vor:

1. Schauen Sie sich das *Makefile* an. Diese Datei enthält Anweisungen für *make*, das die Arbeit des Compilers während der Kompilierung steuert. Bei vielen Anwendungen werden Sie im *Makefile* kleinere Anpassungen an Ihr System vornehmen müssen; das sollte leicht herauszufinden sein. In den Installationshinweisen werden Sie erfahren, ob dies notwendig ist. Falls Sie weitere Hilfestellung zum *Makefile* brauchen, lesen Sie den Abschnitt »Was make macht« in Kapitel 13. Wenn es im Paket kein *Makefile* gibt, müssen Sie dieses möglicherweise erst erzeugen lassen; unter Punkt 3 steht, wie das funktioniert.

   Kapitel 13

2. Editieren Sie gegebenenfalls weitere Dateien, die zum Programm gehören. Einige Anwendungen erwarten, daß Sie eine Datei namens *config.h* anpassen; auch dies sollte in den Installationshinweisen erwähnt werden.

3. Rufen Sie gegebenenfalls ein Konfigurationsskript auf. Ein solches Skript stellt fest, wie Ihre Systemumgebung zusammengesetzt ist – dies wird bei komplexeren Anwendungen nötig sein. Sie werden selbst herausfinden, wann Sie diesen Schritt durchführen müssen.

   Um etwas konkreter zu werden: Wenn die Quellen kein *Makefile* im Top-Level-Verzeichnis enthalten, statt dessen aber eine Datei namens *Makefile.in* und eine Datei namens *configure*, dann ist das Paket mit dem Autoconf-System zusammengestellt worden. In diesem (immer gängigeren) Fall führen Sie das Konfigurationsskript folgendermaßen aus:

   ```
   ./configure
   ```

   Das ./ am Anfang sollte verwendet werden, damit das lokale *configure*-Skript ausgeführt wird und nicht etwa eines, das sich zufällig im Pfad befindet. Bei manchen Paketen können Sie Optionen an *configure* übergeben, die bestimmte Funktionen des Pakets ein- oder ausschalten. Wenn das *configure*-Skript einmal ausgeführt worden ist, können Sie mit dem nächsten Schritt weitermachen.

4. Rufen Sie *make* auf. In der Regel werden daraufhin die notwendigen Schritte zur Kompilierung ausgeführt, wie sie im *Makefile* definiert sind. Oft müssen Sie *make* noch ein »Ziel« (target) mitgeben, etwa *make all* oder *make install*. Dies sind zwei häufig verwendete Ziele. *make all* wird meistens nicht benötigt, kann aber eingesetzt werden, um alle Ziele einzuschließen, die im *Makefile* aufgeführt sind (zum Beispiel, um alle Programme in einem Paket zu kompilieren, wenn per Voreinstellung nur eines kompiliert wird). Mit *make install* werden nach der Kompilierung sowohl der ausführbare Code als auch alle dazugehörigen Dateien auf dem System installiert. Aus diesem Grunde wird *make install* normalerweise als **root** aufgerufen.

Es kann passieren, daß Sie bei der Kompilierung oder Installation neuer Software in Ihrem System auf Schwierigkeiten stoßen. Dies gilt insbesondere dann, wenn das betreffende Programm unter Linux noch nicht getestet wurde oder wenn es von anderen Programmen abhängt, die Sie nicht installiert haben. In Kapitel 13 besprechen wir den Compiler, *make* und dazugehörige Tools im Detail.

Kapitel 13

Die meisten Softwarepakete enthalten neben den Quelltexten und ausführbarem Code auch Manpages und andere Dateien. Das Installationsskript (falls vorhanden) wird diese Dateien an einer geeigneten Stelle abspeichern. Die Manpages haben Namen wie *foobar.1* oder *foobar.man*. Diese Dateien sind (meistens) *nroff*-Quelltexte und werden von *man* in ein lesbares Format gebracht. Wenn der Quelltext einer Manpage eine Ziffer als Suffix aufweist, etwa *.1*, sollten Sie diese Datei in das Verzeichnis */usr/man/man1* kopieren, wobei die 1 mit der Ziffer im Suffix übereinstimmt. (Diese Ziffer entspricht der Nummer des »Abschnitts« (section), in den diese Manpage gehört; für die meisten Anwenderprogramme ist das die 1.) Bei Dateien mit dem Suffix *.man* wird es in der Regel ausreichen, wenn Sie die Datei nach */usr/man/man1* kopieren und dabei die Erweiterung *.man* in *.1* umbenennen.

RPM verwenden

RPM, der Red Hat Package Manager, ist ein Werkzeug, das die Installation von Binärprogrammen automatisiert und sich merkt, welche Dateien benötigt wurden, so daß Sie sicher sind, daß die Software korrekt ausgeführt werden kann. Trotz des Namens ist RPM nicht Red Hat-spezifisch, sondern wird heutzutage von vielen anderen Distributionen verwendet, darunter auch SuSE und Caldera. Die Verwendung von RPM macht die Installation und Deinstallation von Software sehr viel einfacher.

Die grundlegende Idee von RPM besteht in einer Datenbank von Paketen und den Dateien, die zu Paketen gehören. Wenn Sie ein neues Paket installieren, werden die Informationen über dieses Paket in der Datenbank gespeichert. Wenn Sie dann das Paket deinstallieren wollen, überprüft RPM für jede Datei im Paket, ob noch andere Pakete installiert sind, die diese Datei ebenfalls benötigen. Wenn das der Fall ist, wird die betreffende Datei nicht gelöscht.

Außerdem verwaltet RPM Abhängigkeiten. Jedes Paket kann von einem oder mehreren anderen abhängig sein. Wenn Sie ein Paket installieren, überprüft RPM, ob die Pakete, von denen das neue Paket abhängig ist, bereits installiert sind. Wenn das nicht der Fall ist, gibt RPM Ihnen Bescheid und verweigert die Installation des neuen Pakets.

Die Abhängigkeiten werden auch beim Deinstallieren von Paketen verwendet. Wenn Sie ein Paket deinstallieren wollen, von dem andere Pakete abhängen, teilt RPM Ihnen das mit und verweigert die Deinstallation.

Diese deutlich erhöhte Bequemlichkeit gibt es aber nicht umsonst: Zunächst einmal ist es für den oder die Entwickler deutlich schwieriger, ein RPM-Paket zu bauen, als einfach alles in einem *tar*-Archiv zusammenzupacken. Zweitens ist es auch nicht möglich, nur eine Datei aus dem RPM-Paket zu installieren; Sie müssen entweder das gesamte Paket oder gar nichts installieren.

Wenn Ihr System schon RPM verwendet, ist die Installation von RPM-Paketen sehr einfach. Nehmen wir an, daß Sie ein RPM-Paket namens *SuperFrob-4.i386.rpm* haben (RPM-Pakete haben immer die Endung *.rpm*; das *i386* zeigt an, daß es sich um ein Binärpaket für Intel-Prozessoren handelt). Sie können dieses Paket dann mit

```
tigger # rpm -i SuperFrob-4.i386.rpm
```

installieren. Anstelle von *-i* können Sie auch den langen Optionsnamen verwenden:

```
tigger # rpm --install SuperFrob-4.i386.rpm
```

Wenn alles funktioniert hat, erfolgt keine Ausgabe. Sie können RPM aber veranlassen, etwas geschwätziger zu sein, indem Sie

```
tigger # rpm -ivh SuperFrob-4.i386.rpm
```

verwenden. Dadurch wird der Name des Pakets und eine Reihe von Doppelkreuzen ausgegeben, so daß Sie verfolgen können, wie die Installation voranschreitet.

Wenn das Paket, das Sie installieren wollen, ein anderes, noch nicht installiertes Paket benötigt, bekommen Sie etwa folgende Meldung:

```
tigger # rpm -i SuperFrob-4.i386.rpm
failed dependencies:
        frobnik-2 is needed by SuperFrob-4
```

Wenn Sie diese Meldung sehen, müssen Sie zuerst das Paket *frobnik-2* suchen und dieses installieren. Natürlich kann auch dieses Paket wieder von anderen abhängen.

Wenn Sie ein Paket aktualisieren wollen, können Sie die Option *-U* beziehungsweise *--update* verwenden (das ist im Prinzip die Option *-i* mit einigen zusätzlichen Optionen):

```
tigger # rpm -U SuperFrob-5.i386.rpm
```

Das Deinstallieren eines Pakets geschieht mit der Option *-e* beziehungsweise mit *--erase*. In diesem Fall müssen Sie nicht die Paketdatei (die Sie vielleicht schon gar nicht mehr haben), sondern den Paketnamen und die Versionsnummer angeben:

```
tigger # rpm -e SuperFrob-5
```

Neben den bisher beschriebenen Optionen, die immer den Systemzustand verändern, gibt es noch die Option *-q*, mit der Sie diverse Informationen über den Inhalt der RPM-Datenbank und über Paketdateien abrufen können. Hier sind einige nützliche Dinge, die Sie mit *-q* machen können:

- Die Versionsnummer eines installierten Pakets ermitteln:

```
tigger # rpm -q SuperFrob
SuperFrob-5
```

- Alle installierten Pakete auflisten:

```
tigger # rpm -qa
SuperFrob-5
OmniFrob-3
...
libc-5.4.47-1
```

- Herausfinden, zu welchem Paket eine Datei gehört:

```
tigger # rpm -qf /usr/bin/dothefrob
SuperFrob-5
tigger # rpm -qf /home/kalle/.xinitrc
file /home/kalle/.xinitrc is not owned by any package
```

- Informationen über das angegebene Paket anzeigen:

```
tigger # rpm -qi rpm
Name        : rpm                   Distribution: SuSE Linux 5.2 (i386)
Version     : 2.4.12                Vendor: SuSE GmbH, Fuerth, Germany
Release     : 3                     Build Date: Tue Mar 10 01:35:47 1998
Install date: Fri Sep 25 18:43:41 1998 Build Host: Pascal.fs100.suse.d
Group       :                       Source RPM: rpm-2.4.12-3.src.rpm
Size        : 1163708
Packager    : feedback@suse.de
Summary     : rpm - Red Hat Package Manager
Description :
rpm (Red Hat Package Manager) is the main tool for managing software packages of
the SuSE Linux distribution. rpm can be used to install and remove software pak-
kages; with rpm it's easy to update packages. rpm keeps track of all these mani-
pulations in a central database. This way it is possible to get an overview of
all installed packages; rpm also supports database queries.
```

- Die Dateien anzeigen, die für die angegebene Paketdatei installiert werden:

```
tigger # rpm -qpl SuperFrob-5.i386.rpm
/usr/bin/dothefrob
/usr/bin/frobhelper
/usr/doc/SuperFrob/Installation
/usr/doc/SuperFrob/README
/usr/man/man1/dothefrob.1
```

rpm(8)

Was Sie hier gesehen haben, sind die grundlegenden Arbeitsmodi von *rpm*, die von einer großen Zahl zusätzlicher Optionen ergänzt werden. Diese können Sie in der Manpage des Befehls *rpm* nachlesen.

Wenn Sie ein RPM-Paket installieren wollen, aber ein System wie Slackware oder Debian haben, das nicht auf RPM basiert, wird es ein bißchen schwieriger.

Sie können entweder das weitgehend selbsterklärende Hilfsprogramm *alien* verwenden, das zwischen den verschiedenen Paketformaten konvertieren kann und mit den meisten Distributionen mitgeliefert wird, oder Sie können die RPM-Datenbank selbst aufbauen.

In letzterem Fall benötigen Sie zunächst das Programm *rpm* selbst. Sie können es von *http://www.rpm.org* herunterladen. Folgen Sie den Installationsanweisungen, um es zu kompilieren und zu installieren. Wenn Sie auf Ihrem System den C-Compiler *gcc* installiert haben, sollte das kein Problem sein.

Als nächstes müssen Sie die RPM-Datenbank initialisieren. Distributionen, die RPM verwenden, machen das automatisch, bei allen anderen müssen Sie den Befehl

```
tigger # rpm --initdb
```

eingeben. Dieser Befehl erzeugt eine Reihe von Dateien im Verzeichnis */var/lib/rpm*. Das Verzeichnis */var/lib* sollte bereits existieren, falls nicht, erzeugen Sie es mit *mkdir*.

Jetzt können Sie RPM-Pakete ganz normal installieren, aber da Sie die grundlegenden Teile des Systems nicht mit RPM installiert haben, werden Sie Fehlermeldungen wie die folgende bekommen:

```
tigger # rpm -i SuperFrob-4.i386.rpm
failed dependencies:
  libm.so.5 is needed by SuperFrob-4
  libdl.so.1 is needed by SuperFrob-4
  libc.so.5 is needed by SuperFrob-4
```

Diese Dateien sind ja nicht in der RPM-Datenbank eingetragen. Natürlich müssen Sie diese Dateien schon auf Ihrem System haben, ansonsten würde kaum ein Programm funktionieren. Damit RPM mitspielt, müssen Sie dem Programm mitteilen, die Abhängigkeiten nicht zu beachten. Dies geschieht mit der Kommandozeilenoption *--nodeps*:

```
tigger # rpm -i --nodeps SuperFrob-4.i386.rpm
```

Jetzt installiert RPM dieses Paket, ohne sich weiter zu beschweren.

Mit den hier gegebenen Informationen sollten Sie in der Lage sein, ein RPM-basiertes System zu verwalten. Wenn Sie mehr wissen wollen, lesen Sie die Manpage zu *rpm* oder sehen Sie unter *http://www.rpm.org* nach.

Einen neuen Kernel erstellen

Das Neukompilieren des Kernels scheint des Hackers Steckenpferd zu sein, aber es ist eine wichtige Aufgabe für jeden Systemverwalter. Zunächst einmal werden Sie wahrscheinlich einen neuen Kernel für Ihr System erstellen, um nicht benötigte Treiber zu entfernen. Dadurch verringern Sie den Speicherbedarf für den Kernel selbst – wir haben schon im Abschnitt »Swap-Space benutzen« in Kapitel 6, *Verwalten von Dateisystemen, Swap-Bereichen und Geräten,* darauf hingewiesen, daß der Kernel ständig im Arbeitsspeicher residiert und daß der vom Kernel belegte Speicher bei Bedarf nicht mehr von anderen Programmen benutzt werden kann.

Kapitel 6

Gelegentlich werden Sie eine neue Version des Kernels einspielen müssen. Auch für den Kernel gilt, ebenso wie für andere Teile Ihres Systems, daß Sie sicherlich auf dem aktuellen Stand bleiben wollen, wenn wichtige Fehler behoben oder neue Bestandteile in den Kernel integriert werden. Die Leute, die aktiv an der Entwicklung des Kernels teilhaben, werden ihren Kernel für den Fall aktualisieren müssen, daß es Änderungen an dem Code gegeben hat, an dem sie arbeiten. Manchmal wird ein neuer Kernel benötigt, damit eine neue Version des Compilers oder der Libraries benutzt werden kann. Einige Anwendungen (etwa das X Window System) laufen erst ab einer bestimmten Kernel-Version.

Der Befehl *uname -a* zeigt Ihnen an, mit welcher Version des Kernels Sie arbeiten. Die Ausgabe sollte etwa so aussehen:

```
rutabaga% uname -a
Linux tigger 2.0.35 #4 Wed Sep 30 12:44:16 EST 1998 i586
```

uname(1)

In diesem Fall handelt es sich um einen Rechner mit der Version 2.0.35 des Kernels, der zuletzt am 30. September kompiliert wurde. Es werden noch weitere Informationen angezeigt, zum Beispiel der Name des Rechners, wie oft dieser Kernel kompiliert wurde (viermal) sowie die Angabe, daß es sich um einen Pentium- oder einen äquivalenten Prozessor (wie an `i586` zu sehen ist) handelt. In der Manpage zu *uname* erfahren Sie mehr hierzu.

Der Linux-Kernel ist ein Ungeheuer mit vielen Fangarmen. Etliche Gruppen von Leuten arbeiten an verschiedenen Teilen des Kernels, und Teile des Codes wirken wie ein Flickenteppich aus den unterschiedlichsten Ideen. Insgesamt gesehen ist der Kernel-Code trotzdem brauchbar und einheitlich, und wer Lust hat, sein Innenleben zu erkunden, wird dabei kaum auf Probleme stoßen. Allerdings werden aufgrund der intensiven Entwicklungsarbeiten neue Versionen in rascher Folge freigegeben – manchmal täglich. Der Hauptgrund dafür ist, daß fast alle Gerätetreiber im Kernel-Code enthalten sind; mit jeder Aktualisierung eines Treibers wird also auch eine neue Kernel-Version fällig. Mit der Einführung von ladbaren Gerätetreibern sind die Entwickler allerdings in der Lage, die Treiber unabhängig vom eigentlichen Kernel herauszugeben, wodurch auch die Notwendigkeit für solche schnellen Versionswechsel entfällt.

Derzeit pflegt Linus Torvalds die »offizielle« Version des Kernels. Obwohl die General Public License es jedermann freistellt, den Kernel zu ändern und unter demselben Copyright wieder zu veröffentlichen, ist es doch sehr hilfreich, daß Linus einen »offiziellen« Kernel pflegt. Dadurch ist sichergestellt, daß die Versionsnummern einheitlich bleiben und daß alle dasselbe meinen, wenn von Kernel-Revisionen die Rede ist. Wer einen Fehler beheben oder neuen Code einfügen möchte, muß das Ganze nur an Linus schicken, der solche Änderungen meistens aufnimmt, solange andere Teile des Systems nicht beeinträchtigt werden.

Die Versionsnummern des Kernels sind folgendermaßen aufgebaut:

```
Major.Minor.Patch-Level
```

`Major` ist die Major Number (etwa: Haupt-Versionsnummer), die sich nur selten ändert. `Minor` ist die Minor Number (etwa: Neben-Versionsnummer), die die »Entwicklungslinie« der aktuellen Kernel-Version angibt, und `Patch-Level` ist die Nummer des Patches (etwa: Ausbesserung) am aktuellen Kernel. Beispiele für Versionsnummern sind 2.0.36 (Patch-Level 36 der Kernel-Version 2.0) und 2.1.52 (Patch-Level 52 der Kernel-Version 2.1).

Es hat sich eingebürgert, »stabile« Versionen mit geraden Nummern zu bezeichnen (2.0, 2.2 usw.). Die Patches zu diesen Versionen enthalten nur Korrekturen (bug fixes), aber keinen neuen Code. Die Versionen mit ungeraden Nummern (2.1, 2.3 usw.) sind »Entwickler«-Versionen (development releases), deren Patches sowohl Korrekturen (bug fixes) enthalten als auch neuen Code, den die Entwickler beigesteuert haben. Wenn ein Entwickler-Kernel so weit gereift ist, daß er für den allgemeinen Einsatz stabil genug läuft, wird er umbenannt und erhält die nächsthöhere (gerade) Minor Number; danach beginnt der Entwicklungskreislauf von vorne.

Ein Beispiel: Nehmen wir an, daß derzeit an den Kernel-Versionen 2.0 (der aktuellen stabilen Version) und 2.1 (der aktuellen Hacker-Version) gearbeitet wird. Die Patches zur Version 2.0 enthalten Bug-Fixes – damit sollen nur Fehler im bestehenden Code behoben werden. Die Patches zur Version 2.1 enthalten dagegen sowohl Korrekturen als auch neuen Programmcode – neue Gerätetreiber, neue Funktionen usw. Wenn die Kernel-Version 2.1 stabil genug erscheint, wird sie in 2.2 umbenannt, und eine Kopie davon wird zur Version 2.3. Anschließend werden die Versionen 2.2 und 2.3 weiterentwickelt; 2.2 ist dann der neue »stabile« Kernel, während 2.3 der Entwickler-Kernel für Erweiterungen des Codes ist. Während dieses Buch geschrieben wurde, ist genau dies inzwischen eingetreten; die aktuelle stabile Kernel-Reihe ist also 2.2, die aktuelle Entwickler-Reihe 2.3. Wenn Sie dies lesen, kann aber durchaus bereits ein weiterer Sprung vollzogen worden sein.

Diese Konvention der Versionsnumerierung gilt nur für die von Linus freigegebenen offiziellen Kernel-Versionen nach Version 1.0. Vor der Version 1.0 (das ist nun schon Geschichte) gab es nur einen aktuellen Kernel, der ständig »gepatcht« wurde. In der Entwicklergemeinde hat man festgestellt, daß der Entwickler-Kernel für experimentierfreudige Benutzer geeignet ist, während der stabile Kernel für die Benutzer gedacht ist, die ein zuverlässiges System brauchen. Auf diese Weise erleiden die Benutzer des stabilen Kernels keinen Schaden, wenn der Entwickler-Kernel durch neuen Code einmal unbrauchbar wird. Im allgemeinen sollten Sie den Entwickler-Kernel nur dann benutzen, wenn Sie Wert darauf legen, stets die neuesten Möglichkeiten des Kernels zu nutzen, und bereit sind, Probleme mit Ihrem System zu akzeptieren. Die Benutzung des Entwickler-Kernels geschieht auf eigene Gefahr.

Wenn Sie sich dafür interessieren, wie sich die Kernelversionen entwickelt haben, können Sie das auf *http://ps.cus.mist.ac.uk/~rhw/kernel.versions.html* nachlesen.

Der Kernel-Quellcode Ihres Systems steht in /usr/src/linux (es sei denn, Sie verwenden Debian, dann stehen die Kernel-Quelle in */usr/src/kernel-source-*`versionsnummer`). Wenn Sie den Kernel mit den vorhandenen Quelltexten neu kompilieren möchten, brauchen Sie keine Dateien zu besorgen oder Patches einzuspielen. Wenn Sie auf eine neue Version des Kernels umsteigen möchten, sollten Sie der Anleitung im folgenden Abschnitt folgen.

Kernel-Quelltexte besorgen

Der offizielle Kernel wird als mit *gzip* komprimierte *tar*-Datei herausgegeben, die sowohl die Quelltexte als auch eine Reihe von Patches enthält – einen Patch pro Patch-Level. Die *tar*-Datei enthält die Quellen der »ungepatchten« Version; es existiert zum Beispiel eine *tar*-Datei mit den Quellen zur Kernel-Version 2.1 ohne Patches. Jeder Patch-Level wird in Form einer Datei veröffentlicht, die mit dem Befehl *patch* eingespielt wird (die Datei selbst wird mit dem Befehl *diff* erstellt). Im Abschnitt »Dateien patchen« in Kapitel 14 beschreiben wir die Benutzung von *patch* im Detail.

Kapitel 14

Nehmen wir an, Sie möchten auf die Kernel-Version 2.1, Patch-Level 35, »updaten«. Sie brauchen dazu die Quellen zu Version 2.1 (die Datei könnte den Namen *v2.1.0.tar.gz* haben) sowie die Dateien mit den Patch-Levels 1 bis 35. Diese Dateien heißen *patch1*, *patch2* usw. (Sie brauchen alle Patch-Levels bis zu der Version, auf die Sie »updaten« wollen. Meistens sind diese Dateien ziemlich klein und in gepackter Form auf den Archiv-Servern vorhanden.) Sie finden alle diese Dateien im Verzeichnis *kernel* der Linux-FTP-Server; auf *ftp://ftp.kernel.org* zum Beispiel heißt das Verzeichnis mit den Kernel-Quellen der Version 2.2 und den Patches dazu */pub/Linux/kernel/v2.2*. Sie finden die Kernel-Quellen hier als *tar*-Archive, sowohl mit *gzip* als auch mit *bzip2* komprimiert.

Wenn Sie schon bei einem Patch-Level des Kernels angekommen sind (also zum Beispiel 2.1, Patch-Level 30) und auf einen Kernel umsteigen wollen, können Sie einfach die Patches von der Version, die Sie haben, zur Version, die Sie haben wollen, einspielen. Wenn Sie also beispielsweise von 2.1, Patch-Level 30, auf 2.1, Patch-Level 35, aktualisieren wollen, brauchen Sie die Patch-Dateien von 2.1.31 bis einschließlich 2.1.35.

Die Quelltexte entpacken

Als erstes müssen Sie die *tar*-Datei mit den Quelltexten von */usr/src* aus entpacken. Geben Sie dazu folgende Befehle ein:

```
rutabaga# cd /usr/src
rutabaga# mv linux linux.old
rutabaga# tar xzf v1.1.0.tar.gz
```

Damit sichern Sie die alten Kernel-Quellverzeichnisse nach */usr/src/linux.old* und legen */usr/src/linux* an, in dem die neuen Quellen stehen. Beachten Sie, daß die *tar*-Datei mit den Quelltexten das Unterverzeichnis *linux* bereits enthält.

Sie sollten die Quelltexte des aktuellen Kernels im Verzeichnis */usr/src/linux* stehenlassen. Dies hängt damit zusammen, daß es zwei symbolische Links gibt – */usr/include/linux* und */usr/include/asm* –, die auf den Verzeichnisbaum des aktuellen Kernels verweisen, um beim Kompilieren von Programmen bestimmte Header-Dateien bereitzustellen. (Sie sollten die Kernel-Quellen immer im Zugriff haben, damit Programme, die diese Include-Dateien benutzen, kompiliert werden können.) Falls Sie mehrere Kernel-Verzeichnisbäume im System behalten wollen, müssen Sie sicherstellen, daß */usr/src/linux* auf den jeweils aktuellen verweist.

Die Patches einspielen

Wenn Sie irgendwelche Patches einspielen möchten, benutzen Sie dazu das Programm *patch*. Nehmen wir an, daß Sie die gepackten Dateien *patch1.gz* bis *patch35.gz* vorliegen haben. Diese Patches sollten von */usr/src* aus eingespielt werden. Das heißt nicht, daß die Dateien selbst dort stehen sollen, sondern daß Sie *patch* von */usr/src* aus aufrufen sollten. Für jede der Dateien können Sie folgenden Aufruf von */usr/src* aus starten:

```
gunzip -c patchdatei | patch -p0
```

Die Option *-p0* weist *patch* an, von den Dateinamen innerhalb der Patch-Dateien keine Namensteile zu entfernen.

Die Patches müssen einer nach dem anderen in numerischer Reihenfolge eingespielt werden. Dies ist sehr wichtig. Bedenken Sie, daß die Benutzung einer Wildcard wie *patch** nicht funktioniert – das liegt daran, daß der * die ASCII-Sortierung benutzt und nicht die numerische Reihenfolge einhält. (Sie würden sonst nach *patch1* die Dateien *patch10* und *patch11* statt *patch2* und *patch3* eingespielt bekommen.) Es ist wirklich das beste, diesen Befehl für jede der Patch-Dateien einzeln von Hand aufzurufen. Auf diese Weise stellen Sie sicher, daß die Dinge in der richtigen Reihenfolge ablaufen.

Mit dieser Vorgehensweise sollten beim Patchen Ihrer Quellen keine Probleme auftreten, solange Sie die Patches nicht in der verkehrten Reihenfolge einspielen oder einen Patch mehrmals anwenden. Lesen Sie die Manpage zu *patch*, falls Sie doch Schwierigkeiten haben. Wenn Sie gar nicht weiterkommen, sollten Sie das neue Kernel-Verzeichnis löschen und mit der Original-*tar*-Datei von vorne anfangen.

Mit den Befehlen

```
find /usr/src/linux -follow -name "*.rej" -print
find /usr/src/linux -follow -name "*#" -print
```

können Sie überprüfen, ob die Patches korrekt eingespielt wurden. Damit erhalten Sie eine Liste aller Dateien, die »zurückgewiesenen« Code aus dem Patch-Vorgang enthalten. Wenn solche Dateien existieren, befinden sich darin Teile der Patch-Dateien, die aus irgendeinem Grund nicht eingespielt werden konnten. Sehen Sie sich diese Dateien an; wenn das nicht weiterhilft, fangen Sie noch einmal von vorne an. Sie können nicht davon ausgehen, daß Ihr Kernel kompiliert wird und korrekt funktioniert, solange das Patchen nicht ohne Zurückweisungen beendet wurde.

Den Kernel kompilieren

Sie können einen neuen Kernel unabhängig davon erstellen, ob Sie die Kernel-Quellen aktualisiert haben oder nicht. Der wichtigste Grund für die Neukompilierung ist entweder ein Update oder der Wunsch, den vorhandenen Kernel zu verkleinern, indem nicht benötigte Treiber entfernt werden.

Sechs Schritte führen Sie zu einem neuen Kernel, und diese sollten ohne größere Schwierigkeiten durchführbar sein (all diese Schritte werden auf den nächsten Seiten detaillierter beschrieben):

1. Rufen Sie *make config* auf, und beantworten Sie eine Reihe von Fragen nach den benötigten Treibern. Sie können auch eine der komfortableren Varianten *make menuconfig* oder (nur wenn Sie das X Window System installiert haben) *make xconfig* verwenden.
2. Rufen Sie *make dep* auf, um Abhängigkeiten der Quelldateien festzustellen und in die verschiedenen Makefiles einzutragen.
3. Wenn Sie vorher schon von diesem Verzeichnisbaum aus einen Kernel erstellt haben, rufen Sie *make clean* auf, damit alte Objektdateien entfernt werden und eine komplette Neukompilierung stattfindet.
4. Starten Sie die Kompilierung des Kernels mit *make zImage*.
5. Gehen Sie einen Kaffee trinken (oder zwei; das hängt von der Geschwindigkeit Ihres Rechners und dem verfügbaren Arbeitsspeicher ab).
6. Installieren Sie die neue Kopie des Kernels entweder auf einer Diskette oder mittels LILO.

Alle diese Befehle werden von */usr/src/linux* aus aufgerufen – außer Schritt 5, den Sie an beliebiger Stelle durchführen können.

Zu den Kernel-Quelltexten gehört eine *README*-Datei, die auf Ihrem System unter */usr/src/linux/README* stehen sollte. Lesen Sie diese Datei. Sie finden dort aktuelle Hinweise zur Kompilierung des Kernels, die aktueller sein könnten als die Hinweise in diesem Buch. Befolgen Sie die Anweisungen in *README*, und nehmen Sie die Erläuterungen in diesem Buch zu Hilfe.

Der erste Schritt ist der Aufruf von *make config*. Damit wird ein Skript gestartet, das Ihnen eine Reihe von Ja/Nein-Fragen nach den benötigten Treibern stellt. Zu jeder Frage gibt es eine voreingestellte Antwort, aber seien Sie vorsichtig – diese Voreinstellungen entsprechen nicht unbedingt dem, was Sie wollen. Wenn es mehrere Möglichkeiten gibt, wird der Default als Großbuchstabe wie in `[Y/n]` angezeigt. Ihre Antworten zu jeder der Fragen sind beim nächsten Erzeugen eines Kernels aus diesem Quellenbaum der Default.

Beantworten Sie einfach die Fragen, indem Sie entweder mit ENTER die Vorgabe bestätigen oder y bzw. n (und dann ENTER) eingeben. Nicht alle Fragen akzeptieren eine Ja/Nein-Antwort; eventuell müssen Sie eine Zahl oder einen anderen Wert eingeben. Eine Reihe von Konfigurationsfragen erlauben auch die Antwort m neben y und n. Mit dieser Option wird die entsprechende Kernel-Funktion als ladbares Kernel-Modul kompiliert, anstatt direkt in das Kernel-Image gelinkt zu werden. Ladbare Module, die im folgenden Abschnitt »Ladbare Gerätetreiber« besprochen werden, ermöglichen es, Teile des Kernels (wie zum Beispiel Gerätetreiber) nach Bedarf im laufenden System zu laden und zu entladen. Wenn Sie sich bei einer Option nicht sicher sind, dann geben Sie ? ein; für die meisten Optionen bekommen Sie dann einen Informationstext zu sehen.

Eine Alternative zur Verwendung von *make config* ist *make xconfig*. Damit wird ein »X Window«-basiertes Kernel-Konfigurationsprogramm kompiliert und ausgeführt. Damit dies funktioniert, muß bei Ihnen das X Window System laufen, die dazugehörigen X11- und Tcl/Tk-Bibliotheken müssen vorhanden sein usw. Anstatt eine Reihe von Fragen zu stellen, können Sie mit diesem Utility Checkboxen verwenden, um die Kernel-Optionen auszuwählen, die Sie einschalten möchten. Das System merkt sich Ihre Konfigurationsoptionen jedes Mal, wenn Sie das Programm laufen lassen, so daß Sie nicht erneut alle Optionen eingeben müssen, wenn Sie nur einige Funktionen hinzufügen oder entfernen wollen.

Außerdem gibt es noch *make menuconfig*, das die textbasierte *curses*-Bibliothek verwendet und damit eine ähnliche dialogbasierte Kernel-Konfiguration ermöglicht, auch wenn Sie X nicht installiert haben. *make menuconfig* und *make xconfig* sind sehr viel komfortabler als *make config*, insbesondere da Sie zu einer Option zurückgehen und diese nachträglich ändern können, bis Sie Ihre Konfiguration abgespeichert haben.

Der folgende Auszug ist ein Teil einer Sitzung mit *make config*. Wenn Sie *make menuconfig* oder *make xconfig* verwenden, werden Sie den gleichen Optionen begegnen, die lediglich benutzerfreundlicher präsentiert werden.

```
*
* Code maturity level options
*
```

```
Prompt for development and/or incomplete code/drivers\
(CONFIG_EXPERIMENTAL) [N/y/?]
*
* Processor type and features
*
Processor family (386, 486/Cx486, 586/K5/5x86/6x86, Pentium/K6/TSC,\
Ppro/&x86MX) [PPro/6x86MX]
  defined CONFIG_M686
Math emulation (CONFIG_MATH_EMULATION) [N/y/?]
MTRR (Memory Type Range Register) support (CONFIG_MTRR) [N/y/?]
Symmetric multi-processing support (CONFIG_SMP) [Y/n/?]
*
* Loadable module support
*
Enable loadable module support (CONFIG_MODULES) [Y/n/?]
Set version information on all symbols for modules\
(CONFIG_MODVERSIONS) [N/y/?]
Kernel module loader (CONFIG_KMOD) [N/y/?]
*
* General setup
*
Networking support (CONFIG_NET) [Y/n]
    ... usw. ...
The linux kernel is now hopefully configured for your setup.
Check the top-level Makefile for additional configuration,
and do a 'make dep ; make clean' if you want to be sure all
the files are correctly re-made
```

Wenn Sie sich mit der Hardware Ihres Systems auskennen, sollten die Fragen leicht zu beantworten sein. Die folgenden Fragen stammen aus der Kernel-Konfiguration der Version 2.2. Wenn Sie andere Patches eingespielt haben oder eine neuere Version des Kernels benutzen, kann es sein, daß weitere Fragen erscheinen. Beachten Sie, daß wir in der folgenden Liste nicht alle Konfigurationsoptionen zeigen; es gibt davon einfach zu viele, und die meisten sind selbsterklärend. Wir haben diejenigen herausgegriffen, bei denen Erklärungsbedarf besteht. Denken Sie daran, daß der Default oft die beste Antwort ist, wenn Sie sich nicht sicher sind, oder probieren Sie es mit ?.

Es sollte hier noch angemerkt werden, daß nicht alle Gerätetreiber in den Kernel gelinkt werden. Einige sind nur als ladbare Module verfügbar und werden getrennt vom Kernel verteilt. (Wie bereits erwähnt, können manche Treiber sowohl in den Kernel gelinkt als auch als Module übersetzt werden.) Ein bekannter Kernel-Treiber, der nur als Modul verfügbar ist, ist der »Floppy-Streamer«-Treiber für QIC-117-Bandlaufwerke, die am Floppy-Controller angeschlossen werden.

Wenn Sie in der von *make config* präsentierten Liste keinen Treiber für Ihr Lieblingsgerät finden, ist es möglich, daß der Treiber als Modul oder getrennter Kernel-

Patch verfügbar ist. Durchsuchen Sie die FTP-Server und die Archiv-CD-ROMs, wenn Sie nicht finden, was Sie suchen. Im Abschnitt »Ladbare Gerätetreiber« später in diesem Kapitel gehen wir detailliert auf Kernel-Module ein.

`Prompt for development and/or incomplete code/drivers`
: Antworten Sie mit Ja (y), wenn Sie neue Funktionen ausprobieren wollen, die von den Entwicklern noch nicht für stabil genug gehalten werden. Verwenden Sie diese Option nicht, wenn Sie nicht beim Testen neuer Funktionen mithelfen wollen.

`Processor family(386, 486/Cx486, 586/K5x86/6x86, Pentium/K6/TSC, PPro/6x86MX)`
: Hier geben Sie an, welchen CPU-Typ Sie haben. Der Kernel wird dann mit speziellen Optimierungen für diesen Prozessortyp kompiliert. Beachten Sie, daß der Kernel eventuell nicht funktioniert, wenn Sie hier einen höheren Prozessortyp angeben, als Sie eigentlich haben. Der Pentium II MMX ist übrigens eine 686-CPU, keine 586-CPU.

`Math emulation`
: Antworten Sie mit Ja (y), wenn Sie keinen mathematischen Koprozessor in Ihrem Rechner haben. Dies ist notwendig, damit der Kernel einen Koprozessor emulieren kann.

`MTRR (Memory Type Range Register) support`
: Hiermit wird ein spezielles Feature eingeschaltet, das es nur auf Pentium II- und Pentium Pro-Systemen gibt. Wenn Sie keine dieser CPUs haben, dann brauchen Sie diese Option nicht (aber es schadet auch nicht, wenn Sie sie einschalten, es vergrößert nur den Kernel).

`Symmetric multi-processing support`
: Hiermit wird die Kernel-Unterstützung für Systeme mit mehr als einer CPU eingeschaltet. Wenn Sie einen solchen Rechner haben, dann sagen Sie hier Ja (y), ansonsten Nein (n).

`Enable loadable module support`
: Schaltet die Unterstützung für dynamisch ladbare Module ein. Sagen Sie hier auf jeden Fall Ja (y).

`Set version information on all symbols for modules`
: Mit dieser Option ist es möglich, ein Modul, das für eine Kernel-Version kompiliert worden ist, mit einer anderen zu verwenden. Das bringt aber eine Reihe von Problemen mit sich, sagen Sie hier deswegen Nein (n), wenn Sie nicht genau wissen, was Sie tun.

`Kernel module loader`
: Wenn Sie diese Option aktivieren, können Sie mit Hilfe des weiter unten beschriebenen Programms *kerneld* dynamische Module bei Bedarf automatisch laden und entladen.

`Networking support`
: Antworten Sie mit Ja (y), wenn Sie irgendeine Form von Netzwerkunterstützung im Kernel haben wollen (einschließlich TCP/IP, SLIP, PPP, NFS usw.).

`PCI support`
: Schalten Sie diese Option ein, wenn Ihre Hauptplatine einen PCI-Bus verwendet und Sie PCI-Karten in Ihrem Rechner installiert haben. Zur Erkennung und Aktivierung der PCI-Geräte wird das PCI-BIOS verwendet; eine Kernel-Unterstützung dafür ist für die Verwendung jedes PCI-Gerätes in Ihrem System notwendig.

`System V IPC`
: Mit einem Ja auf diese Frage binden Sie die Unterstützung für die IPC-Funktionen (Inter-Process Communication) von System V ein. Dazu gehören zum Beispiel *msgrcv* und *msgsnd*. Einige Programme, die von System V portiert wurden, brauchen die IPC; Sie können mit Ja antworten – es sei denn, Sie haben eine starke Aversion gegen IPC.

`Sysctl support`
: Diese Option weist den Kernel an, das dynamische Ändern von Kernel-Parametern zu ermöglichen, ohne erneut zu booten. Sie sollten diese Option aktivieren, sofern Sie nicht sehr wenig Speicher haben, weil sie den Kernel 8 KB größer macht.

`Kernel support for ELF binaries`
: Wenn Sie diese Option einschalten, können Sie Linux-Binärdateien im »Executable and Linking Format« (ELF) ausführen. ELF ist das Standardformat für ausführbare Dateien, Objektdateien und Systembibliotheken. Solche Standards sind für das Betriebssystem notwendig, um mit Werkzeugen wie Compilern und Linkern zu kooperieren. Die meisten aktuellen Linux-Systeme speichern ihre Binärdateien im ELF-Format, so daß Sie hier mit Ja (y) antworten sollten. Sehr alte Linux-Systeme verwenden das *a.out*-Format für Binärdateien.

`Parallel port support`
: Schalten Sie diese Option ein, wenn Sie eine parallele Schnittstelle in Ihrem System haben und von Linux darauf zugreifen wollen. Linux kann die parallele Schnittstelle nicht nur für Drucker, sondern auch für PLIP (ein Netzwerkprotokoll für parallele Leitungen), ZIP-Laufwerke, Scanner und andere Geräte verwenden. In den meisten Fällen brauchen Sie noch einen weiteren Treiber.

`Plug and Play support`
: Aktivieren Sie diese Option, wenn Sie eine ISA-Plug-and-Play-Karte in Ihrem System haben. Das betrifft keine PCI-Karten, die von Haus aus Plug-and-Play unterstützen.

`Normal floppy disk support`
: Antworten Sie hier mit Ja (y), es sei denn, Sie wollen keine Unterstützung für Diskettenlaufwerke (das kann auf Rechnern, auf denen Disketten-Unterstützung nicht notwendig ist, ein bißchen Speicher sparen).

`Enhanced IDE/MFM/RLL disk/cdrom/tape/floppy support`
: Antworten Sie hier mit Ja (y), es sei denn, Sie benötigen keine Unterstützung für MFM/RLL/IDE-Festplattenlaufwerke. Wenn Sie mit Ja geantwortet haben, werden Sie nach den Gerätetypen (Festplatten, CD-ROM-Laufwerke, Bandlaufwerke und Diskettenlaufwerke) gefragt, die über den IDE-Treiber angesprochen werden sollen. Wenn Sie keine IDE-Festplatten (nur SCSI) haben, ist es sicherer, diese Option abzuschalten.

`XT harddisk support`
: Antworten Sie hier nur mit Ja, wenn Sie einen älteren XT-Festplatten-Controller haben (und ihn auch mit Ihrem Linux-System verwenden wollen).

`Parallel port IDE device support`
: Diese Option schaltet die Unterstützung für IDE-Geräte ein, die an die parallele Schnittstelle angeschlossen werden. Dazu gehören beispielsweise portable CD-ROM-Laufwerke.

`Networking options`
: Wenn Sie Netzwerkunterstützung (siehe oben) gewählt haben, wird Ihnen hier eine Reihe von Fragen über die gewünschten Netzwerkoptionen gestellt. Wenn Sie keine speziellen Bedürfnisse haben (in diesem Fall werden Sie ohnehin wissen, wie Sie die Fragen zu beantworten haben), verwenden Sie die Default-Antworten. Eine Reihe von Fragen sind etwas esoterisch (zum Beispiel `IP: Disable Path MTU Discovery`), und die Defaults sollten in fast allen Fällen verwendet werden.

`SCSI support`
: Wenn Sie irgendeinen SCSI-Controller in Ihrem System haben, antworten Sie mit Ja. Sie werden eine Reihe von Fragen zu den SCSI-Geräten in Ihrem System gestellt bekommen; klären Sie vorab, welche Hardware Sie installiert haben. All diese Fragen drehen sich um bestimmte SCSI-Controller-Chips und -Platinen. Wenn Sie sich nicht sicher sind, was für eine Art von SCSI-Controller Sie haben, lesen Sie in der Hardwaredokumentation nach oder befragen Sie die »Linux HOWTO«-Dokumente.

  Sie werden auch gefragt, ob Sie Unterstützung für SCSI-Festplatten, -Bandlaufwerke, -CD-ROMs und andere Geräte haben wollen; geben Sie hier die richtigen Optionen für Ihre Hardware an.

  Ohne SCSI-Hardware sollten Sie mit Nein antworten; dadurch wird der kompilierte Kernel erheblich kleiner.

`Network device support`
: Hier kommt eine Reihe von Fragen über spezielle von Linux unterstützte Netzwerkkarten. Wenn Sie eine Ethernet-Karte (oder eine andere Netzwerkkarte) haben, schalten Sie die Optionen für Ihre Hardware ein. Wie bei den SCSI-Geräten sollten Sie Ihre Hardwaredokumentation oder die »Linux HOWTO«-Dokumente (wie zum Beispiel das Ethernet-HOWTO) lesen, um herauszufinden, welcher Treiber zu Ihrer Netzwerkkarte paßt.

`Amateur Radio support`
: Diese Option schaltet die grundlegende Unterstützung für Netzwerkverbindungen über öffentliche Funkfrequenzen wie etwa CB ein. Wenn Sie die entsprechende Ausrüstung haben, dann aktivieren Sie diese Option und lesen Sie die AX25- und HAM-HOWTOs.

`ISDN subsystem`
: Wenn Sie ISDN-Hardware in Ihrem System haben, dann aktivieren Sie diese Option und wählen den passenden Hardwaretreiber für Ihre Hardware aus. In den meisten Fällen sollten Sie dann auch `Support synchronous PPP` auswählen. (Siehe hierzu auch »PPP über ISDN-Leitungen« in Kapitel 15.)

`Old CD-ROM drivers`
: Hier folgt eine Reihe von Fragen zu den speziellen CD-ROM-Laufwerken, die der Kernel unterstützt. Dazu gehören zum Beispiel das Sony-CDU31A/33A, Mitsumi, CD-ROM-Laufwerke von SoundBlaster Pro usw. Wenn Sie einen SCSI- oder IDE-CD-ROM-Controller haben (und die Unterstützung für diesen eingeschaltet ist), müssen Sie keine dieser Optionen aktivieren. Einige CD-ROM-Laufwerke haben eigene Schnittstellenkarten, für die mit diesen Optionen die Treiber aktiviert werden.

`Character devices`
: Linux unterstützt eine Reihe von speziellen »Zeichen«-Geräten wie serielle und parallele Schnittstellen-Controller, QIC-02-Bandlaufwerke sowie Mäuse mit proprietären Schnittstellen (also keine Mäuse, die an die serielle Schnittstelle angeschlossen werden, wie etwa die Microsoft Serial Mouse). In diesem Abschnitt finden Sie auch die Unterstützung für Joysticks und die »Video for Linux«-Treiber, die Video- und Framegrabber-Hardware unterstützen. Aktivieren Sie die für Ihre Hardware passenden Optionen.

`Filesystems`
: Es folgt eine Reihe von Fragen zu den Dateisystemen, die der Kernel unterstützt. Im Abschnitt »Mit Dateisystemen arbeiten« werden wir auf die Dateisysteme eingehen, die Linux unterstützen kann. Hier können Sie bestimmen, für welche Dateisysteme Sie die Unterstützung einbinden möchten. Die meisten Systeme sollten die Dateisysteme Second Extended und */proc* unterstützen. Wenn Sie direkt von Linux aus auf Ihre DOS-Daten zugreifen wollen, sollten Sie die Unterstützung für das DOS-Dateisystem einbinden. Für den Zugriff auf CD-ROM-Daten brauchen Sie das ISO-9660-Dateisystem (das die meisten CD-ROMs benutzen).

`Console drivers`
: Stellen Sie sicher, daß Sie hier zumindest `VGA text console` angewählt haben, ansonsten können Sie Ihr Linux-System nicht von der Konsole aus benutzen.

`Sound card support`

Wenn Sie auf diese Frage mit Ja antworten, werden Ihnen mehrere Fragen zu Ihrer Soundkarte gestellt; zu den Treibern, die Sie installieren möchten, sowie zum IRQ und zur Adresse Ihrer Soundkarte.

`Kernel hacking`

Dieser Abschnitt enthält Optionen, die nur dann nützlich sind, wenn Sie vorhaben, selbst am Linux-Kernel zu arbeiten. Wenn Sie das nicht vorhaben, sagen Sie hier Nein (n).

Kapitel 5

Nachdem Sie *make config* (oder eines der anderen Programme) beendet haben, werden Sie aufgefordert, das »Top-Level-Makefile«, also */usr/src/linux/Makefile*, zu editieren. In den meisten Fällen wird das gar nicht notwendig sein. Wenn Sie vorhaben, Compiler-Optionen für den Kernel oder die Voreinstellungen für das Root-Verzeichnis oder den Videomodus zu ändern, können Sie das Makefile entsprechend anpassen. Im Abschnitt »Von einer Diskette booten« in Kapitel 5, *Grundlagen der Systemverwaltung,* haben wir gezeigt, wie Sie die Einstellungen für das Root-Verzeichnis und den Videomodus problemlos auch mit *rdev* in einer fertig kompilierten Kopie des Kernels vornehmen können.

Der nächste Schritt ist der Aufruf von *make dep*. Damit wird eine Reihe von Befehlen aufgerufen, die den Verzeichnisbaum durchsuchen und Abhängigkeiten der Quelldateien feststellen. Gleichzeitig werden zusätzliche Informationen in die verschiedenen Makefiles eingetragen. (Falls Sie wirklich wissen möchten, was hier passiert: Die Makefiles werden um Regeln ergänzt, die dafür sorgen, daß Programmcode neu kompiliert wird, wenn beispielsweise eine Header-Datei geändert wurde, die in einer Quelldatei eingebunden war.) Dieser Schritt sollte nicht länger als etwa fünf bis zehn Minuten dauern.

Wenn Sie eine komplette Neukompilierung des Kernels erzwingen möchten, sollten Sie an dieser Stelle *make clean* aufrufen. Damit werden alle Objektdateien aus diesem Verzeichnisbaum entfernt, die bei einer früheren Kompilierung erzeugt wurden. Wenn Sie von diesem Verzeichnisbaum aus noch nie einen Kernel erstellt haben, können Sie sich diesen Schritt wohl ersparen (obwohl damit kein Schaden angerichtet wird). Falls Sie den Kernel nur an wenigen Stellen geändert haben, sollten Sie diesen Schritt vielleicht auslassen, damit nur die geänderten Dateien neu kompiliert werden. Auf jeden Fall stellen Sie mit dem Aufruf von *make clean* einfach sicher, daß der ganze Kernel »von Grund auf« neu kompiliert wird. Falls Sie irgendwelche Zweifel haben, geben Sie diesen Befehl ein, um sicherzugehen.

Jetzt sind Sie soweit, daß Sie den Kernel kompilieren können. Rufen Sie dazu *make zImage* auf. Es empfiehlt sich, den Kernel zu erstellen, wenn die Systemlast nur gering ist, so daß der größte Teil des Arbeitsspeichers für die Kompilierung genutzt wird. Falls weitere Benutzer auf dem System arbeiten oder Sie eine große Anwendung (wie das X Window System oder einen anderen Compiler-Lauf) starten, kann die Kernel-

Kompilierung bis zum Kriechgang abgebremst werden. Das Zauberwort hier heißt Arbeitsspeicher. Eine langsame CPU kann die Kompilierung ebenso schnell erledigen wie eine schnellere CPU, wenn sie nur genug RAM zur Verfügung hat.

Die Zeit für die Kernel-Kompilierung kann irgendwo zwischen einigen Minuten und einigen Stunden betragen – das hängt von Ihrer Hardware ab. Der Kernel umfaßt eine ganze Menge Code – mehr als zehn MB –, seien Sie also nicht überrascht. Langsamere Systeme mit vier MB an RAM (oder weniger) müssen mehrere Stunden für die komplette Kompilierung ansetzen; schnellere Rechner mit mehr Speicher können nach weniger als einer Viertelstunde fertig sein. Hier zeigen sich die Unterschiede zwischen den Systemen.

Wenn während der Kompilierung Fehler oder Warnungen auftreten, können Sie nicht davon ausgehen, daß der kompilierte Kernel korrekt funktioniert. In den meisten Fällen wird die Kompilierung beim Auftreten eines Fehlers abgebrochen. Fehler können nach verkehrt eingespielten Patches, bei Problemen mit *make config* und *make dep* oder aufgrund von echten Fehlern im Code auftreten. In den »sicheren« Versionen des Kernels treten Programmierfehler nur äußerst selten auf, während die Entwickler-Kernel und neue Treiber im Teststadium durchaus fehlerhaft sein können. Im Zweifelsfall sollten Sie den Kernel-Verzeichnisbaum komplett löschen und noch einmal von vorne beginnen.

Nach der Kompilierung finden Sie die Datei *zImage* im Verzeichnis */usr/src/linux/arch/i386/boot*. Diese Kopie des Kernels wird so benannt, weil sie ein ausführbares Abbild des Kernels ist, das intern mit *gzip* komprimiert wurde. Beim Booten wird der Kernel sich selbst in den Arbeitsspeicher entpacken – versuchen Sie nicht, *gzip* oder *gunzip* von Hand anzuwenden! Auf diese Weise belegt der Kernel erheblich weniger Speicherplatz, und Kopien davon passen auf eine Diskette.

Wenn Sie zu viele Funktionen ausgewählt haben, kann es passieren, daß Sie nach dem Kompilieren die Meldung `kernel too big` bekommen. Das passiert nur selten, weil Sie normalerweise auf einem Rechner nur sehr wenig Hardwaretreiber benötigen, aber es kann passieren. In diesem Fall haben Sie zwei Möglichkeiten: Kompilieren Sie einen Teil der Kernel-Funktionen als Module (siehe den nächsten Abschnitt »Ladbare Gerätetreiber«), oder Sie verwenden *make bzImage* anstelle von *make zImage*. Damit wird ein Kernel erzeugt, der sich selbst in den hohen Speicherbereich lädt, aber nur mit nicht ganz so alten Intel-Rechnern funktioniert. Machen Sie sich keine Sorgen, wenn das Kompilieren des Kernels vorher sehr lange gedauert hat. Die meiste Zeit wurde mit dem Erzeugen von Objektdateien verbracht, die sich immer noch auf Ihrem System befinden und weiterverwendet werden können. *make bzImage* wird also die meisten dieser Objektdateien wieder benutzen und daher sehr viel schneller ablaufen.

Kapitel 5

Anschließend sollten Sie mit dem neuen Kernel *rdev* aufrufen, um sicherzustellen, daß die Einstellungen für das Root-Dateisystem, den Videomodus und andere Parameter korrekt sind. Wir haben dies im Abschnitt »Von einer Diskette booten« in Kapitel 5 beschrieben.

Wenn der neue Kernel erstellt ist, können Sie ihn zum Booten vorbereiten. Dazu müssen Sie entweder das Kernel-Abbild auf eine Boot-Diskette kopieren oder LILO so einrichten, daß der Kernel von der Festplatte bootet. Im Abschnitt »Das System booten« in Kapitel 5 besprechen wir diese Themen. Machen Sie den Kernel mit einer dieser beiden Methoden bootfähig, wenn Sie damit arbeiten wollen, und starten Sie das System neu.

Ladbare Gerätetreiber

Es hat sich eingebürgert, Gerätetreiber direkt in den Kernel einzubinden, und mehrere Gründe sprechen dafür. Erstens benötigen fast alle Treiber den speziellen Zugriff auf die Hardware, der ihnen als Bestandteil des Kernel-Codes zur Verfügung steht. Dieser Zugriff auf die Hardware ist mit einem Anwenderprogramm nicht ohne weiteres zu realisieren. Außerdem lassen sich Gerätetreiber als Teil des Kernels viel einfacher implementieren – solche Treiber haben vollen Zugriff auf die Datenstrukturen und die anderen Routinen des Kernels, die sie jederzeit aufrufen können.

Allerdings gibt es mehrere Probleme mit einem derart zusammengesetzten Kernel, der alle Treiber enthält. Zunächst muß der Systemverwalter einen neuen Kernel erstellen, um bestimmte Gerätetreiber einzubinden oder zu entfernen – wir haben dies im vorherigen Abschnitt besprochen. Außerdem verführt diese Vorgehensweise die Programmierer von Treibern zu nachlässiger Arbeit; nichts kann einen Programmierer davon abhalten, Code zu schreiben, der nicht streng modular aufgebaut ist – zum Beispiel Code, der direkt auf Daten zugreift, die zu anderen Teilen des Kernels gehören. Dieses Problem wird durch die kooperative Arbeitsweise, in der der Linux-Kernel entsteht, noch verstärkt, und nicht alle Teile des Codes sind so modular angelegt, wie sie sein sollten. Dies kann die Pflege und das Debuggen des Codes erschweren.

Um sich von dieser Vorgehensweise zu befreien, unterstützt der Linux-Kernel ladbare Gerätetreiber – das sind Treiber, die zur Laufzeit mit bestimmten Befehlen in den Speicher geladen oder von dort entfernt werden. Solche Treiber sind immer noch ein Teil des Kernels, aber sie werden getrennt kompiliert und erst durch das Laden aktiviert. *Ladbare Gerätetreiber* (oder *Module*) werden im allgemeinen mittels einiger Befehle in den *rc*-Skripten, die beim Booten aufgerufen werden, in den Speicher geladen.

Module bieten eine sauber definierte Schnittstelle für das Schreiben von Treibern. Sie müssen bis zu einem gewissen Grad modular sein und bestimmte Programmierkonventionen einhalten. (Beachten Sie aber, daß ein Programmierer diese Konventionen trotzdem mißachten und nichtmodularen Code schreiben kann. Nach dem Laden kann so ein Modul denselben Schaden anrichten, als ob es direkt in den Kernel eingebunden wäre.) Die Verwendung von Modulen vereinfacht das Debuggen von Treibern – Sie können ein Modul einfach entladen, es neu kompilieren und wieder laden, ohne daß das System neu gestartet oder der Kernel komplett neu kompiliert werden muß. Module können außer für Gerätetreiber auch für andere Teile des Kernels benutzt werden, etwa die verschiedenen Dateisysteme.

SUnter Linux sind die meisten Gerätetreiber und ein großer Teil sonstiger Kernel-Funktionalität in Form von Modulen implementiert. Einer der bekanntesten ist der »Floppy-Streamer«-Treiber *ftape* für Bandlaufwerke, die direkt an den Floppy-Controller angeschlossen werden, wie zum Beispiel die Modelle Memory Jumbo 120 und 250 von Colorado. Wenn Sie diesen Treiber in Ihrem System einsetzen möchten, müssen Sie wissen, wie Module kompiliert, geladen und wieder entladen werden. Es hindert Sie zwar niemand daran, dieses Modul statisch in Ihren Kernel zu kompilieren, aber da man sein Bandlaufwerk nur selten benötigt (normalerweise nicht öfter als einmal täglich), sollte dieser Treiber keinen wertvollen Speicher belegen, wenn er nicht gebraucht wird. Lesen Sie zu diesem Thema auch das Ftape-HOWTO von Linux.

[96] Ftape HOWTO

Sie brauchen zunächst das Paket *modules*, in dem die Befehle zum Laden und Entladen von Modulen enthalten sind. Auf den FTP-Servern ist das meistens die Datei *modules.tar.gz* in dem Verzeichnis, in dem auch die Kernel-Quellen stehen. Dieses Paket enthält die Befehle *insmod*, *modprobe*, *rmmod* und *lsmod*. In den meisten Linux-Distributionen sind diese Befehle bereits vorhanden (in */sbin*); falls sie bei Ihnen schon installiert sind, brauchen Sie das *modules*-Paket wahrscheinlich nicht mehr. Trotzdem kann es nicht schaden, dieses Paket zu besorgen und die Befehle neu zu kompilieren, damit Sie auf jeden Fall die aktuelle Version haben.

Zum Kompilieren dieser Befehle entpacken Sie zunächst *modules.tar.gz* (zum Beispiel in einem Unterverzeichnis zu */usr/src*). Befolgen Sie die mitgelieferten Installationshinweise; in der Regel brauchen Sie nur als **root** zuerst *make* und dann *make install* aufzurufen. Die drei Befehle werden dann in */sbin* aufrufbereit installiert.

Ein Modul ist nichts weiter als eine einzelne Objektdatei, die den kompletten Treibercode enthält. Das Modul *ftape* könnte also *ftape.o* heißen. Auf vielen Systemen stehen die Module im Verzeichnis */lib/modules/`kernelversion`*, in dem Sie verschiedene Verzeichnisse mit den einzelnen Modultypen finden. Beispielsweise stehen die Module für einen 2.2.2-Kernel unter */lib/modules/2.2.2*. Es ist nicht unwahrscheinlich, daß es bereits eine Reihe von Modulen auf Ihrem System gibt; sehen Sie also einmal im entsprechenden Verzeichnis nach.

Module können entweder aus den Kernel-Quellen kommen oder extern sein. Ersteres ist der Fall bei Gerätetreibern, Dateisystemen und anderen Funktionalitäten, die häufig benötigt und als Bestandteil der offiziellen Kernel-Quellen gepflegt werden. Die Verwendung dieser Module ist sehr einfach; geben Sie einfach während der Ausführung von *make config*, *make menuconfig* oder *make xconfig* ein `m` ein, um ein bestimmtes Feature als Modul zu bauen. Machen Sie das bei allen gewünschten Modulen so. Führen Sie dann nach dem *make zImage*-Schritt die Befehle *make modules* und *make modules_install* aus. Dadurch werden die Module kompiliert und in */lib/modules/*`kernelversion` installiert. Aus weiter unten beschriebenen Gründen sollten Sie danach den Befehl *depmod -a* ausführen, um die Modulabhängigkeiten zu aktualisieren.

Neue Module, die noch kein Bestandteil der offiziellen Kernel-Quellen oder einfach zu esoterisch sind, um in den Kernel-Quellen zu landen (wie beispielsweise ein Gerätetreiber für selbstgebaute Hardware, die nicht einfach so zu kaufen ist), können als freistehende, externe Module verfügbar sein. Entpacken Sie die Archivdatei dieses Moduls, kompilieren Sie es anhand der hoffentlich enthaltenen Anweisungen, und kopieren Sie das resultierende Modul in das passende Unterverzeichnis von */lib/modules/*`kernelversion`. Bei einigen Modulen gibt es vielleicht auch ein Installationsskript, oder Sie können *make install* verwenden, um den letzten Schritt auszuführen.

Sobald Sie ein fertig kompiliertes Modul haben (entweder aus den Kernel-Quellen oder extern), laden Sie es mit dem Befehl

```
insmod Modul
```

wobei `Modul` der Name der Objektdatei des Moduls ist. Ein Beispiel:

```
insmod /lib/modules/2.2.2/char/ftape.o
```

installiert den Treiber *ftape*, wenn dieser in der Datei *ftape.o* enthalten ist.

Wenn ein Modul installiert wird, gibt es wahrscheinlich auf der Konsole (und in die Logdateien) einige Informationen aus, die anzeigen, daß das Modul initialisiert ist. Der Treiber *ftape* könnte etwa folgendes ausgeben:

```
ftape v1.14 29/10/94 (c) 1993, 1994 Bas Laarhoven (bas@vimec.nl)
  QIC-117 driver for QIC-40 and QIC-80 tape drives
[000] kernel-interface.c (init_module) - installing QIC-117 ftape driver....
[001] kernel-interface.c (init_module) - 3 tape_buffers @ 001B8000.
[002]  calibr.c (time_inb) - inb() duration: 1436 nsec.
[003]  calibr.c (calibrate) - TC for `udelay()' = 2944 nsec (at 2049 counts).
[004]  calibr.c (calibrate) - TC for `fdc_wait()' = 2857 nsec (at 2049 counts).
```

Der genaue Text der Meldung hängt natürlich vom Modul ab. Es sollte immer eine ausführliche Dokumentation dazugehören, in der beschrieben wird, was das Modul tut und wie Sie es im Problemfall debuggen müssen.

Es kann sein, daß *insmod* Ihnen mitteilt, daß es das Modul nicht in den Kernel laden kann, weil »Symbole fehlen«. Das bedeutet, daß das Modul, das Sie laden wollen, Funktionen aus einem anderen Teil des Kernels benötigt, der weder in den Kernel kompiliert worden ist, noch in einem bereits geladenen Modul enthalten ist. Sie könnten jetzt versuchen herauszufinden, welches Modul diese Funktionen enthält, dieses Modul zuerst mit *insmod* laden und dann das eigentliche Modul noch einmal zu laden versuchen. Damit kommen Sie am Ende zum Ziel, aber das kann reichlich mühsam sein, und wir würden nicht mit Linux arbeiten, wenn es nicht einen einfacheren Weg gäbe.

Zunächst benötigen Sie eine Moduldatenbank in der Datei Namens */lib/modules/*`kernelversion`*/modules.dep*. Diese können Sie mit dem Befehl

```
depmod -a
```

erzeugen. Dabei werden alle vorhandenen Module daraufhin überprüft, ob sie irgendwelche anderen Module benötigen. Wenn diese Datenbank einmal vorhanden ist, können Sie einfach den Befehl *insmod* durch den Befehl *modprobe* ersetzen, der die Moduldatenbank abfragt und alle eventuell notwendigen Module zuerst lädt, bevor er das angeforderte Modul selbst lädt. Beispielsweise enthält unsere Datei *modules.dep* neben anderen die folgende Zeile:

```
/lib/modules/2.0.35/misc/hisax.o:     /lib/modules/2.0.35/misc/isdn.o
```

Das bedeutet, daß zum Laden des Moduls *hisax* (ein Gerätetreiber für eine Reihe von ISDN-Karten) zunächst das Modul *isdn* geladen sein muß. Wenn wir jetzt das Modul *hisax* mit *modprobe* laden, dann erkennt *modprobe* diese Abhängigkeit und lädt das *isdn*-Modul (dieses Beispiel ist etwas vereinfacht, da das Modul *hisax* noch weitere Parameter benötigt).

Manche Module benötigen sogenannte Modulparameter. Beispielsweise kann es sein, daß einem Gerätetreiber eine IRQ-Leitung zugewiesen werden muß. Diese Parameter können Sie in der Form `parametername=parameterwert` zuweisen, sowohl bei *insmod* als auch bei *modprobe*. Im folgenden Beispiel werden mehrere Parameter an das Modul *hisax* übergeben:

```
tigger # modprobe hisax type=3 protocol=2 io=0x280 irq=10
```

Die Dokumentation zu den einzelnen Modulen sollte angeben, welche Parameter das Modul kennt.

Eine Warnung zur Verwendung von Modulen, wenn Sie die Debian-Distribution benutzen: Debian verwendet eine Datei */etc/modules*, die die Module angibt, die bereits beim Booten geladen werden sollen. Wenn ein Modul, das Sie gar nicht haben wollen, immer wieder auftaucht, dann sehen Sie nach, ob es vielleicht hier steht.

Mit *lsmod* können Sie die geladenen Treiber auflisten:

```
rutabaga%     lsmod
Module:       #pages:     Used by
ftape         40
```

Auch der Speicherplatzbedarf des Moduls wird angezeigt; unter Linux ist eine Speicherseite (page) vier KB groß. Der Treiber *ftape* belegt also 160 KB. Wenn andere Module von diesem abhängig sind, dann stehen diese in der dritten Spalte.

Mit dem Befehl *rmmod* läßt sich ein Modul wieder entladen:

```
rmmod ftape
```

rmmod bekommt als Argument den Namen des Treibers mit, wie er in der *lsmod*-Liste erscheint.

Sobald die Module zu Ihrer Zufriedenheit funktionieren, können Sie den entsprechenden *insmod*-Befehl in eines der *rc*-Skripten einfügen, die beim Booten ausgeführt werden. Eventuell ist in einem der Skripten auch schon eine Stelle vorgegeben, an der *insmod*-Befehle plaziert werden können – das hängt von Ihrer Distribution ab.

Zur Zeit müssen Sie ein Modul jedesmal neu kompilieren, wenn Sie eine neue Kernel-Version oder einen höheren Patch-Level einspielen. (Wenn Sie den Kernel lediglich in derselben Version neu kompilieren, brauchen Sie das Modul nicht gleichzeitig zu aktualisieren.) Man macht das, um sicherzustellen, daß ein Modul zu der neuen Kernel-Version kompatibel bleibt. Wenn Sie versuchen, ein Modul mit einer Kernel-Version zu laden, für die es nicht kompiliert wurde, erhalten Sie eine Fehlermeldung von *insmod*, und das Modul wird nicht geladen. Bei der Neukompilierung eines Moduls müssen Sie mit dem Kernel arbeiten, unter dem das Modul benutzt werden soll. Aktualisieren Sie deshalb bei einem Update des Systems zuerst den Kernel, und starten Sie das System neu, bevor Sie die Module neu kompilieren und laden.

Module automatisch laden

Ein besonders praktisches Feature ist der sogenannte Kernel-Dämon *kerneld*. Mit Hilfe des Kernel-Dämons kann der Kernel fehlende Gerätetreiber oder andere Module automatisch und ohne Zutun des Benutzers laden und – wenn sie nicht mehr gebraucht werden – nach einer gewissen Zeitspanne (60 Sekunden) auch wieder automatisch entladen.

Voraussetzung für die Verwendung des Kernel-Dämons ist die Aktivierung zweier Optionen während des *make config*-Laufs der Kernel-Konfiguration. Sie benötigen sowohl die »System V«-Interprozeßkommunikation wie auch die Unterstützung für den *kerneld* selbst. Außerdem muß der *kerneld* während des Systemstarts aus einer der *rc*-Dateien gestartet werden. Neuere Distributionen sollten das automatisch einstellen.

Module, die andere Module benötigen, müssen korrekt mit ihren Abhängigkeiten in der Datei */lib/modules/*`kernelversion`*/modules.dep* eingetragen werden. Außerdem muß es für die Major und Minor Numbers Aliasnamen in */etc/conf.modules* geben. Lesen Sie hierzu die Dokumentation aus dem *modules*-Paket.

Wenn ein Modul nicht von Hand, sondern durch den *kerneld* geladen wurde, erscheint es bei der Auflistung mit *lsmod* mit dem Zusatz `(autoclean)`. Das bedeutet, daß der *kerneld* das Modul wieder entfernen wird, wenn es länger als eine Minute nicht gebraucht wurde.

Noch ein letztes Wort zu *kerneld*: In den neuesten Kerneln wird *kerneld* nicht mehr benötigt, weil es jetzt ein neues Kernel-Feature namens *kmod* gibt, das dieselben Aufgaben übernimmt (indem es einen separaten Kernel-Thread startet, der die Module bei Bedarf lädt). Es schadet aber nicht, *kerneld* weiterhin aktiviert zu haben.

KAPITEL 8

ANDERE ADMINISTRATIONS-AUFGABEN

Nachdem Sie die letzten drei Kapitel gelesen haben, haben Sie alle Kenntnisse, die Sie benötigen, um mit Ihrem System zu arbeiten. Aber ignorieren Sie dieses Kapitel hier nicht zu lange. Einige der hier beschriebenen Tätigkeiten, wie das Anlegen von Backup-Bändern, sollten Sie zu einer Gewohnheit machen. Sie werden es möglicherweise auch nützlich finden, auf Dateien und Programme von MS-DOS und Windows zuzugreifen. Schließlich helfen wir Ihnen dabei, mit Ereignissen umzugehen, die Ihnen hoffentlich nie passieren, manchmal aber doch auftreten – Systemabstürze und Datenkorruption.

Backups erstellen

Das Anlegen von Sicherungskopien (Backup) Ihres Systems ist sehr wichtig, um sich gegen Zerstörung oder Verlust von Daten abzusichern, falls Probleme mit der Hardware auftauchen oder Sie einmal versehentlich wichtige Dateien unwiderruflich löschen. Während Sie sich mit Ihrem Linux-System vertraut machen, werden Sie wahrscheinlich eine ganze Reihe von Anpassungen vornehmen, die sich nicht einfach durch eine Neuinstallation von Ihrem Installationsmedium rückgängig machen lassen. Wenn Sie allerdings die Linux-Originaldisketten oder -CD-ROMs zur Hand haben, brauchen Sie eventuell nicht das ganze System zu sichern. Das Originalmedium stellt bereits ein hervorragendes System-Backup dar.

Unter Linux, wie auch unter anderen Unix-Systemen, können Ihnen bei der Arbeit als **root** Fehler unterlaufen, die es unmöglich machen, das System zu starten oder sich einzuloggen. Viele Neulinge reagieren darauf, indem sie das System von einem Backup restaurieren oder es sogar komplett neu installieren. Das ist aber nur selten notwendig – wenn überhaupt. Im Abschnitt »Die Rettung in der Not« werden wir besprechen, was in solchen Fällen zu tun ist.

Kapitel 6

Wenn Sie Daten verloren haben, ist es manchmal möglich, mit Hilfe der Tools zur Pflege des Dateisystems, die wir im Abschnitt »Dateisysteme prüfen und reparieren« in Kapitel 6, *Verwalten von Dateisystemen, Swap-Bereichen und Geräten,* beschreiben, diese Daten zu restaurieren. Anders als in manchen anderen Betriebssystemen lassen sich im allgemeinen Dateien, die mit *rm* gelöscht oder durch ein achtloses *cp* oder *mv* überschrieben wurden, aber nicht mit einem »undelete« wiederherstellen. (So zerstört zum Beispiel das Kopieren einer Datei auf eine bereits existierende Datei die Zieldatei.) In solchen extremen Fällen sind Datensicherungen der Schlüssel zur Lösung Ihrer Probleme.

Backups werden in der Regel auf Bänder oder Disketten geschrieben. Keines der Medien ist hundertprozentig zuverlässig, aber langfristig gesehen sind Bänder viel besser als Disketten. Es gibt viele Tools, die Sie bei der Erstellung von Backups unterstützen. Im einfachsten Fall benutzen Sie eine Kombination aus *gzip* und *tar*, um Daten von der Festplatte auf Diskette oder Band zu sichern. Für Datensicherungen, die nur gelegentlich erfolgen (zum Beispiel einmal im Monat), ist dies die beste Methode.

Wenn auf Ihrem System mehrere Benutzer arbeiten oder wenn Sie die Konfiguration des Systems häufig ändern, ist es vielleicht sinnvoller, die Datensicherung inkrementell vorzunehmen. Nach diesem Schema würden Sie etwa einmal im Monat eine »volle Datensicherung« vornehmen. Zusätzlich könnten Sie einmal pro Woche alle die Dateien sichern, die während der vorangegangenen Woche geändert wurden. Außerdem würden Sie jede Nacht die Dateien sichern, die in den letzten 24 Stunden geändert wurden. Es gibt verschiedene Tools, die Sie bei der Datensicherung nach einem solchen Schema unterstützen.

Die Idee hinter der inkrementellen Datensicherung ist, daß es viel effizienter ist, Backups in kleinen Schritten vorzunehmen – Sie brauchen weniger Disketten oder Bänder, und die wöchentlichen und täglichen Backups sind schneller und einfacher durchzuführen. Mit dieser Methode haben Sie immer eine Datensicherung, die höchstens einen Tag alt ist. Sollten Sie, sagen wir versehentlich, einmal Ihr ganzes System löschen, müßten Sie das System folgendermaßen wiederherstellen:

1. Spielen Sie die letzte monatliche Datensicherung wieder ein. Wenn Sie Ihr System zum Beispiel am 17. Juli auf Nulldiät gesetzt haben, würden Sie also das Backup vom 1. Juli einspielen. Ihr System befindet sich dann in dem Zustand, den es zur Zeit der Datensicherung am 1. Juli hatte.
2. Spielen Sie alle wöchentlichen Backups des Monats wieder ein. In unserem Beispiel würden wir die gesicherten Daten vom 7. und 14. Juli wieder einspielen. Mit dem Einspielen der wöchentlichen Backups stellen Sie alle Daten wieder her, die in der entsprechenden Woche geändert wurden.
3. Spielen Sie dann die täglichen Backups der letzten Woche ein, das heißt seit der letzten wöchentlichen Datensicherung. In unserem Fall würden wir die Tagessicherungen vom 15. und 16. Juli einspielen. Das System befindet sich dann in dem Zustand, den es zur Zeit der Tagessicherung am 16. Juli hatte, und Sie haben insgesamt nur die Arbeit eines Tages verloren.

Je nach Größe Ihres Systems kann die volle monatliche Datensicherung durchaus 2 Gigabytes oder mehr an Speicherplatz beanspruchen – bei der Kapazität heutiger Speichermedien brauchen Sie oft nicht mehr als ein Magnetband, aber eine ganze Reihe von ZIP-Disketten. Die wöchentlichen und täglichen Backups werden allerdings erheblich weniger Platz beanspruchen. Vielleicht ist es sinnvoll, auf Ihrem System die wöchentliche Datensicherung auf Sonntagnacht zu verlegen und am Wochenende auf die Tagessicherungen zu verzichten.

Ein wichtiges Kriterium bei Backups ist, daß sie die Möglichkeit bieten sollten, einzelne Dateien wiederherzustellen. Wenn Sie also versehentlich eine Datei oder eine Gruppe von Dateien gelöscht haben, können Sie einfach die betroffenen Dateien zurückspielen, statt das ganze System wiederherzustellen. Je nachdem, wie Sie Ihre Backups vornehmen, kann das allerdings sehr einfach oder unendlich schwierig sein.

In diesem Abschnitt werden wir besprechen, wie Sie *tar*, *gzip* und einige verwandte Tools für die Datensicherung auf Diskette und Magnetband einsetzen können. Nebenbei gehen wir auf die Benutzung von Disketten- und Bandlaufwerken ein. Mit diesen Tools können Sie Ihre Backups mehr oder weniger »von Hand« erledigen – Sie können diesen Vorgang aber auch mit Hilfe von Shell-Skripten automatisieren oder Ihre Backups über Nacht von *cron* ausführen lassen. Sie müssen nur noch dafür sorgen, daß die Magnetbänder gewechselt werden. Es gibt Softwarepakete, die eine komfortable Menüoberfläche für das Sichern Ihrer Daten, das Zurückspielen bestimmter Dateien usw. bereitstellen. Viele dieser Programmpakete sind in Wirklichkeit schöne Bedienoberflächen, hinter denen *tar* und *gzip* versteckt werden. Sie müssen entscheiden, welche Art der Datensicherung für Sie geeignet erscheint.

Einfache Backups

Die einfachste Methode des Backups besteht darin, mit *tar* alle Dateien im System oder die Dateien in bestimmten Verzeichnissen zu archivieren. Bevor Sie damit anfangen, sollten Sie aber überlegen, welche Dateien gesichert werden müssen. Brauchen Sie wirklich ein Backup aller Dateien im System? Das ist nur äußerst selten der Fall, insbesondere, wenn Sie noch die Installationsdisketten oder -CD-ROMs zur Verfügung haben. Wenn Sie im System wichtige Änderungen vorgenommen haben, aber alles andere noch dem Zustand auf dem Installationsmedium entspricht, reicht es vielleicht aus, nur die geänderten Dateien zu sichern. Im Laufe der Zeit wird es allerdings schwieriger, solche Änderungen nachzuvollziehen.

Meistens werden Sie Änderungen in den Konfigurationsdateien in */etc* vornehmen. Es gibt noch andere Konfigurationsdateien, und es kann nicht schaden, wenn Sie außerdem solche Verzeichnisse wie */usr/lib*, */usr/X11R6/lib/X11* (hier stehen die Konfigurationsdateien für XFree86, wie wir im Abschnitt »XFree86 installieren« in Kapitel 10, *Das X Window System installieren,* noch sehen werden) usw. sichern.

Kapitel 10

Sie sollten außerdem den Kernel-Quellcode sichern (falls Sie den Kernel geändert oder Ihren eigenen Kernel erzeugt haben); diese Dateien finden Sie in */usr/src/linux*.

Während Ihrer Abenteuer mit Linux sollten Sie vielleicht notieren, welche Einstellungen des Systems Sie verändert haben, so daß Sie die entsprechenden Dateien sichern können. Wenn Sie wirklich vorsichtig sein wollen, können Sie natürlich auch das komplette System sichern – das wird Ihnen nicht wehtun, aber vielleicht Ihrem Geldbeutel.

Kapitel 16

Selbstverständlich sollten Sie auch die Home-Verzeichnisse aller Benutzer sichern; diese befinden sich in der Regel in */home*. Falls Ihr System dafür konfiguriert ist, E-Mail zu empfangen (siehe auch den Abschnitt »Der Mail-Transport-Agent smail« in Kapitel 16, *Das World Wide Web und E-Mail*), sollten Sie eventuell auch die Dateien mit der eingegangenen E-Mail der Benutzer sichern. Viele Leute bewahren alte und »wichtige« E-Mail im Spool-Verzeichnis für eingehende E-Mail auf, und es kann schnell einmal passieren, daß eine dieser Dateien durch ein fehlerhaftes Mail-Programm oder einen anderen Fehler zerstört wird. Diese Dateien stehen in der Regel in */var/spool/mail*.

Das Backup auf Magnetband

Kapitel 7

Sobald Sie wissen, welche Dateien oder Verzeichnisse gesichert werden sollen, können Sie loslegen. Im Abschnitt »Die Benutzung von tar« in Kapitel 7, *Software und den Kernel aktualisieren*, haben wir bereits gesehen, wie man *tar* einsetzt, um Daten zu sichern. Mit dem Befehl

```
tar cvf /dev/rft0 /usr/src /etc /home
```

sichern Sie alle Dateien aus */usr/src*, */etc* und */home* nach */dev/rft0*. */dev/rft0* ist der erste »Floppy-Streamer«, das heißt das erste Bandlaufwerk, das an einem Floppy-Controller hängt. Viele weitverbreitete Streamer für den PC benutzen diese Schnittstelle. Wenn Sie einen SCSI-Streamer benutzen, lauten die Gerätenamen */dev/st0*, */dev/st1* usw., abhängig von der Nummer des Laufwerks. Streamer-Laufwerke, die andere Schnittstellen benutzen, haben eigene Gerätenamen. Sie erfahren diese Namen, indem Sie im Kernel die Dokumentation zu dem entsprechenden Gerätetreiber anschauen.

Mit dem Befehl

```
tar xvf /dev/rft0
```

können Sie das Archiv dann vom Band zurücklesen. Die Vorgehensweise entspricht genau der bei der Arbeit mit einer *tar*-Datei auf der Festplatte, wie wir das im Abschnitt »Utilities zur Archivierung und Komprimierung« in Kapitel 7 besprochen haben.

Wenn Sie einen Streamer benutzen, wird das Magnetband als Datenstrom (stream) betrachtet, der nur in einer Richtung gelesen oder geschrieben werden kann. Sobald *tar* beendet ist, wird die Verbindung zum Streamer unterbrochen, und das

Magnetband wird zurückgespult. Auf Magnetbändern werden keine Dateisysteme angelegt, Sie können einen Streamer nicht aufsetzen, und Sie können auf die Daten nicht in Form einzelner Dateien zugreifen. Statt dessen wird der Streamer selbst wie eine einzige »Datei« behandelt, wenn Archive erstellt oder entpackt werden.

Stellen Sie sicher, daß Sie nur mit formatierten Magnetbändern arbeiten. Dabei werden die BOT-Markierung (Beginning-Of-Tape) und Informationen über fehlerhafte Blöcke auf das Band geschrieben. Zum Zeitpunkt des Schreibens gibt es unter Linux kein Tool zum Formatieren von QIC-80-Bändern (die mit Floppy-Streamern benutzt werden). Sie müssen Ihre Bänder also unter DOS formatieren oder vorformatierte Bänder benutzen.

Es würde eine Menge Bandkapazität verschwenden, immer nur eine *tar*-Datei pro Band zu speichern, wenn die Datei nur einen Bruchteil der Kapazität belegt. Damit mehr als eine Datei auf ein Band geschrieben werden kann, müssen Sie zunächst dafür sorgen, daß das Band nicht nach jeder Benutzung zurückgespult wird. Außerdem brauchen Sie eine Methode, das Band auf die nächste »Dateimarkierung« (file marker) zu positionieren – dies gilt sowohl beim Erstellen als auch für das Entpacken von *tar*-Dateien.

Sie erreichen das, indem Sie die Gerätetreiber ohne automatisches Zurückspulen benutzen. Für Floppy-Streamer sind das */dev/nrft0*, */dev/nrft1* usw., für SCSI-Streamer */dev/nrst0*, */dev/nrst1* usw. Wenn Sie beim Lesen und Schreiben diese Treiber benutzen, wird das Magnetband nach der Beendigung von *tar* nicht zurückgespult. Sie können anschließend mit *tar* das nächste Archiv auf das Band schreiben. Die beiden Dateien auf dem Band haben absolut nichts miteinander zu tun. Wenn Sie später einmal die erste Datei überschreiben, kann es natürlich passieren, daß Sie auch die zweite Datei zerstören oder daß zwischen den beiden Dateien eine unerwünschte Lücke bleibt (diese Lücke könnte als Datenmüll interpretiert werden). Im allgemeinen sollten Sie nie versuchen, eine einzelne Datei auf einem Band zu ersetzen, das mehrere Dateien enthält.

Wenn Sie die Treiber ohne automatisches Zurückspulen benutzen, können Sie so lange Dateien auf das Band schreiben, wie noch Platz ist. Zum Zurückspulen benutzen Sie den Befehl *mt*. Das ist ein Befehl, der für Streamer eine ganze Reihe von Funktionen ausführt.

Ein Beispiel:

```
mt /dev/nrft0 rewind
```

spult das Magnetband im ersten Floppy-Streamer zurück. (In diesem Fall hätten Sie auch den entsprechenden Treiber mit Zurückspulen benutzen können; dabei geschieht das Zurückspulen allerdings nur als ein Nebeneffekt nach dem Unterbrechen der Verbindung zum Streamer.)

Mit dem Befehl

```
mt /dev/nrft0 reten
```

läßt sich das Band wieder straffen, indem es bis zum Ende durchläuft und dann zurückgespult wird.

Wenn Sie eine Datei von einem Band mit mehreren Dateien lesen wollen, müssen Sie mit *tar* die Treiber ohne Zurückspulen benutzen und dann mit *mt* das Band auf die entsprechende Datei positionieren.

Mit folgendem Befehl spulen Sie das Band zur nächsten Datei vor:

```
mt /dev/nrft0 fsf 1
```

Damit überspringen Sie eine Datei auf dem Band. Wenn Sie zwei Dateien überspringen möchten, geben Sie ein:

```
mt /dev/nrft0 fsf 2
```

mt (1)

Benutzen Sie mit *mt* auf jeden Fall die Treiber ohne Zurückspulen. Beachten Sie auch, daß Sie mit diesem Befehl nicht die »zweite Datei« auf dem Band ansprechen, sondern daß Sie von der derzeitigen Position aus zwei Dateien überspringen. Wenn Sie nicht sicher sind, an welcher Stelle des Bandes Sie sich gerade befinden, spulen Sie mit *mt* einfach an den Anfang zurück. Sie können auch zurückspringen; lesen Sie die Optionen in der Manpage von *mt* nach.

Sie müssen *mt* immer dann benutzen, wenn Sie von einem Band mit mehreren Dateien lesen wollen. Zweimal *tar* direkt hintereinander, um zwei aufeinanderfolgende Dateien zu lesen, wird in der Regel nicht funktionieren. Das liegt daran, daß *tar* die »Dateimarkierung« zwischen den Dateien nicht erkennt. Nach der Beendigung des ersten *tar* steht das Band auf dem Anfang der Dateimarkierung; wenn Sie dann sofort das zweite *tar* ausführen, erhalten Sie eine Fehlermeldung, weil *tar* versucht, die Dateimarkierung zu lesen. Positionieren Sie nach dem Lesen der ersten Datei einfach das Band mit

```
mt device fsf 1
```

auf die nächste Datei.

Das Backup auf Diskette

Genau so, wie wir es im letzten Abschnitt bereits gezeigt haben, erstellen Sie mit dem Befehl

```
tar cvf /dev/fd0 /usr/src /etc /home
```

ein Backup von */usr/src*, */etc* und */home* auf */dev/fd0*, dem ersten Diskettenlaufwerk. Mit

```
tar xvf /dev/fd0
```

können Sie das Backup zurücklesen.

Da Disketten über eine ziemlich begrenzte Speicherkapazität verfügen, bietet das GNU-*tar* die Möglichkeit, ein Archiv zu erstellen, das sich über mehrere Disketten erstreckt (»multi-volume« archive). (Diese Möglichkeit kann auch für Magnetbänder genutzt werden, ist aber für Disketten viel nützlicher.) Wenn Sie diese Möglichkeit nutzen, wird *tar* Sie auffordern, die nächste Diskette einzulegen, sobald die vorherige zu Ende gelesen oder geschrieben wurde. Geben Sie dazu die Option `M` von *tar* ein, etwa so:

```
tar cvMf /dev/fd0 /usr/src /etc /home
```

Sorgen Sie für eine deutliche Kennzeichnung der Disketten, und bringen Sie sie beim Entpacken des Archivs nicht durcheinander.

Ein Nachteil dieser Arbeitsweise ist, daß die automatische Komprimierung mit der Option *z* von *gzip* nicht funktioniert (siehe auch den vorherigen Abschnitt). Allerdings gibt es mehrere Gründe, mit *tar* erstellte Backups nicht zu komprimieren – wir besprechen das weiter unten. Auf jeden Fall können Sie Backups über mehrere Disketten erstellen, indem Sie *tar* und *gzip* zusammen mit einem Programm einsetzen, das Daten auf eine Reihe von zusammengehörigen Disketten (oder Bändern) schreiben oder von dort lesen kann. Dabei werden die einzelnen Disketten/Bänder der Reihe nach angefordert. Eines dieser Programme ist *backflops*, das Sie in einigen Linux-Distributionen und in FTP-Archiven finden. Eine Do-it-yourself-Methode, ein Archiv auf mehrere Disketten zu verteilen, ist das Erstellen des Archivs als Datei auf der Festplatte; anschließend können Sie mit *dd* oder einem ähnlichen Befehl Teile dieser Datei auf die einzelnen Disketten schreiben. Wenn Sie mutig genug sind, diesen Weg zu wählen, werden Sie auch selbst herausfinden, wie Sie vorgehen müssen.

gzip oder nicht gzip?

Es gibt gute Argumente sowohl für als auch gegen die Komprimierung von *tar*-Archiven bei der Erstellung von Backups. Das eigentliche Problem liegt darin, daß weder *tar* noch *gzip* besonders fehlertolerant arbeiten – trotz aller Vorteile. Zwar läßt sich die Zahl der Backup-Medien, die für die Speicherung eines Archivs benötigt werden, durch die Komprimierung mittels *gzip* wesentlich verringern; andererseits besteht die Gefahr, daß beim Schreiben von komprimierten *tar*-Dateien auf Disketten oder Bänder die Daten völlig unbrauchbar werden, wenn auch nur ein Datenblock des Archivs zerstört ist – etwa durch einen Fehler im Speichermedium (nicht unüblich bei Disketten und Magnetbändern). Der Erfolg der meisten Komprimierungsalgorithmen (einschließlich *gzip*) ist davon abhängig, daß die Daten über viele Bytes hinweg kohärent sind. Wenn innerhalb eines komprimierten Archivs zerstörte Daten auftauchen, ist *gunzip* eventuell überhaupt nicht mehr in der Lage, die Datei zu entpacken, wodurch sie für *tar* nicht mehr zu verarbeiten wäre.

Dieser Fall ist viel schlimmer als bei einer unkomprimierten *tar*-Datei auf dem Band. Zwar bietet *tar* keinen großen Schutz gegen die Zerstörung von Daten innerhalb eines Archivs; trotzdem ist es aber in der Regel möglich, bei nur kleinen Fehlern in einem Archiv den größten Teil der Daten ohne großen Aufwand zu retten – auf jeden Fall die Dateien bis zu der Stelle, an der ein Fehler auftritt. Natürlich ist das nicht die optimale Lösung, aber immer noch besser als ein Verlust des kompletten Backups.

Eine bessere Lösung wäre es, ein anderes Archivierungsprogramm als *tar* für die Erstellung von Backups zu benutzen. Verschiedene Möglichkeiten bieten sich an. *cpio* ist ein Archivierer, der die Dateien ähnlich wie *tar* behandelt. Da *cpio* aber eine einfachere Methode der Datenspeicherung benutzt, kann es zerstörte Daten in einem Archiv sicher wiederherstellen. (Allerdings kann auch *cpio* keine Fehler in gzip-ten Dateien sauber restaurieren.)

Die beste Lösung ist wahrscheinlich die Benutzung eines Tools wie *afio*. *afio* unterstützt Bakkups über mehrere Disketten/Bänder und arbeitet in gewissen Punkten ähnlich wie *cpio*. Allerdings komprimiert *afio* zusätzlich und ist zuverlässiger, weil jede Datei einzeln gepackt wird. Das bedeutet, daß bei der Zerstörung von Daten in einem Archiv nur einzelne Dateien betroffen sind, nicht aber das komplette Backup.

Diese Tools sollten entweder in Ihrer Distribution enthalten oder in einem der Linux-Archive im Internet zu finden sein. Es gibt weitere Archivierungsprogramme für Linux, die alle mehr oder weniger beliebt und brauchbar sind. Wenn Sie sich ernsthaft mit Backups beschäftigen wollen, sollten Sie sich diese Tools ansehen.[1] Zu den frei verfügbaren Programmen gehören *taper* und *tob*, zu den kommerziellen *ARKEIA* und *Perfect Backup*.

Inkrementelle Backups

Inkrementelle Backups, wie wir sie weiter oben beschrieben haben, sind eine gute Methode, Ihre Datensicherungen auf dem aktuellen Stand zu halten. Sie könnten zum Beispiel jede Nacht die Dateien sichern, die in den letzten 24 Stunden verändert wurden, einmal in der Woche alle Dateien, die im Laufe der Woche geändert wurden, und einmal im Monat das gesamte System.

Inkrementelle Backups lassen sich mit den bereits erwähnten Tools erstellen: *tar*, *gzip*, *cpio* usw. Der erste Schritt zu einem inkrementellen Backup ist es, eine Liste der Dateien anzufertigen, die seit einem bestimmten Zeitpunkt geändert wurden. Mit dem Befehl *find* läßt sich das leicht bewerkstelligen.[2] Wenn Sie ein spezielles Backup-Programm verwenden, dann müssen Sie das sicherlich nicht machen, sondern irgendwo eine Option anwählen, daß Sie ein inkrementelles Backup durchführen wollen.

---

1 Natürlich wurde dieser Abschnitt erst geschrieben, nachdem der Autor nach vier Jahren Arbeit mit Linux endlich sein erstes System-Backup erstellte!

2 Falls Sie mit *find* noch nicht vertraut sind, sollten Sie das so bald wie möglich werden. Mit *find* können Sie auf einfache Weise solche Dinge erledigen wie die Suche über viele Verzeichnisse hinweg nach Dateien mit bestimmten Namen, Berechtigungen oder Zeiten der letzten Änderung. *find* kann sogar mit jeder gefundenen Datei ein Programm ausführen. Kurz und gut: *find* ist Ihr Freund, und alle guten Systemverwalter wissen genau, wie sie damit umzugehen haben.

Eine Liste aller Dateien, die in den letzten 24 Stunden geändert wurden, erhalten Sie zum Beispiel mit:

```
find / -mtime -1 \! -type d -print > /tmp/filelist.daily
```

Das erste Argument für *find* ist das Verzeichnis, in dem es beginnen soll – in diesem Fall */*, das Root-Verzeichnis. Die Option *-mtime 1* weist *find* an, alle Dateien zu finden, die in den letzten 24 Stunden geändert wurden.

Die Option *\! -type d* ist kompliziert (und optional), vermeidet aber einigen unnötigen Kram in der Ausgabe. Sie veranlaßt *find*, Verzeichnisse aus dieser Liste auszuschließen. Das ! ist der Negationsoperator (und bedeutet hier »Schließe die Dateien des Typs d aus«), aber wir müssen einen Backslash davorschreiben, weil sonst die Shell das ! als besonderes Zeichen interpretieren würde.

Die Option *-print* schreibt die gefundenen Dateinamen auf die Standardausgabe. Wir haben die Standardausgabe in eine Datei umgelenkt, damit wir später darauf zurückgreifen können. Mit einem ähnlichen Befehl, nämlich

```
find / -mtime -7 -print > /tmp/filelist.weekly
```

finden Sie alle Dateien, die während der letzten Woche geändert wurden.

find (1)

Beachten Sie, daß bei einem solchen Aufruf von *find* alle aufgesetzten Dateisysteme durchsucht werden. Wenn Sie zum Beispiel ein CD-ROM-Laufwerk eingebunden haben, wird *find* auch die CD-ROM durchsuchen (die Sie wahrscheinlich nicht sichern möchten). Mit der Option *-prune* lassen sich bestimmte Verzeichnisse vom Suchvorgang quer durch das komplette System ausschließen. Außerdem könnten Sie *find* mehrmals aufrufen und dabei als erstes Argument etwas anderes als */* angeben. Lesen Sie die Details in der Manpage zu *find* nach.

Jetzt haben Sie also eine Liste der zu sichernden Dateien vorliegen. Solange wir mit *tar* gearbeitet haben, wurden die zu archivierenden Dateien in der Befehlszeile übergeben. Diese Liste könnte aber für eine einzige Befehlszeile (in der Regel auf ca. 2048 Zeichen beschränkt) viel zu lang werden- außerdem haben wir die Liste in einer Datei vorliegen.

Mit der Option *-T* können wir *tar* anweisen, die Liste der zu sichernden Dateien aus einer Datei zu lesen. Um mit dieser Option arbeiten zu können, müssen wir allerdings eine andere *tar*-Syntax benutzen, in der alle Optionen mit einem eigenen Bindestrich angegeben werden. Ein Beispiel: Wenn Sie die Dateien, die in */tmp/filelist.daily* aufgelistet sind, auf */dev/rft0* sichern wollen, geben Sie ein:

```
tar -cv -T /tmp/filelist.daily -f /dev/rft0
```

Sie sind jetzt in der Lage, ein kurzes Shell-Skript zu schreiben, das selbständig die Liste der zu sichernden Dateien erzeugt und das Backup unter Benutzung von *tar* erstellt. Mittels *cron* können Sie dafür sorgen, daß dieses Skript jede Nacht zu einer bestimmten Zeit ausgeführt wird; Sie müssen nur noch sicherstellen, daß ein Magnetband im Laufwerk steckt. Mit ähnlichen Skripten können Sie auch die wöchentlichen und monatlichen Backups durchführen lassen. Wir besprechen *cron* im nächsten Abschnitt.

Jobs ausführen mit cron

Computer wurden in erster Linie entwickelt, um Routineaufgaben automatisch zu erledigen. Wenn Sie täglich morgens um eins Ihre Festplatte sichern müssen, besteht kein Grund, dies jedesmal von Hand zu erledigen – erst recht nicht, wenn Sie dafür aus dem Bett kriechen müßten. Es sollte möglich sein, den Computer einmal anzuweisen, den Job zu erledigen, und ihm die Angelegenheit dann zu überlassen. Auf Unix-Systemen übernimmt *cron* diese Art der Automatisierung für Sie. Kurz gesagt, benutzen Sie *cron*, indem Sie den Befehl *crontab* aufrufen und Zeilen in einem bestimmten Format eingeben, das von *cron* erkannt wird. Jede Zeile enthält einen auszuführenden Befehl sowie die Uhrzeit der Ausführung.

Hinter Ihrem Rücken speichert *crontab* die Befehle in einer Datei im Verzeichnis */var/spool/cron/crontabs*, die Ihren Benutzernamen trägt. (Die *crontab*-Datei für den Benutzer **mdw** würde also */var/spool/cron/crontabs/mdw* heißen.) Ein Dämon namens *crond* liest diese Datei regelmäßig und führt zu den richtigen Zeiten die Befehle aus. Eine der *rc*-Dateien Ihres Systems startet beim Booten den *crond*. Es gibt eigentlich keinen Befehl namens *cron*, sondern nur das Programm *crontab* und den Dämon *crond*.

Auf einigen Systemen kann *cron* nur von **root** benutzt werden. Wir wollen uns einen nützlichen Befehl ansehen, den Sie als **root** vielleicht ausführen möchten, und dabei zeigen, wie Sie daraus einen Eintrag für *crontab* machen. Nehmen wir an, daß Sie einmal täglich alte Dateien aus dem Verzeichnis */tmp* löschen wollen, das als temporärer Speicherplatz für Dateien dient, die von allen möglichen Programmen erzeugt werden.

Die meisten Systeme leeren */tmp* beim Booten, aber wenn Ihr System für längere Zeit ununterbrochen läuft, ist es vielleicht sinnvoll, mittels *cron* die alten Dateien im Auge zu behalten (zum Beispiel Dateien, auf die drei Tage lang nicht zugegriffen wurde). Der Befehl, den Sie dazu aufrufen, ist:

```
ls -l dateiname
```

Woher wissen Sie aber, welchen *dateinamen* Sie angeben sollen? Sie müssen den Befehl innerhalb eines Suchbefehls (*find*) aufrufen, der alle Dateien in einem Verzeichnis auflistet und mit diesen Dateien die gewünschte Operation durchführt.

Wir sind dem Befehl *find* bereits im Abschnitt »Inkrementelle Backups« begegnet. In diesem Beispiel geben wir */tmp* als das zu durchsuchende Verzeichnis an und benutzen die Option *-atime*, um alle Dateien zu finden, auf die zuletzt vor mehr als drei Tagen zugegriffen wurde. Mit der Option *-exec* bewirken wir, daß der folgende Befehl mit allen gefundenen Dateien ausgeführt wird:

```
find /tmp \! -type d -atime +3 -exec ls -l {} \;
```

Wir haben bereits gesehen, daß der eigentliche Befehl, den *find* für uns ausführen soll, *ls -l* ist. (Viele Leute benutzen einen ähnlichen Eintrag in *crontab*, der die Dateien entfernt, aber das ist schwierig zu bewerkstelligen, ohne ein Sicherheitsloch zu produzieren.) Die geschweiften Klammern `{}` bedeuten: »Führe den Befehl mit jeder Datei aus, die der Suchlauf findet.« Der String `\;` zeigt *find*, daß hier die Option *-exec* beendet ist.

Jetzt haben wir also den Befehl, der alte Dateien in */tmp* anzeigt. Wir müssen aber noch festlegen, wie oft das geschehen soll. *crontab* benutzt dazu folgende sechs Felder:

```
Minute   Stunde   Tag   Monat   Wochentag   Befehl
```

Und so füllen Sie die Felder aus:

1. Minute (geben Sie einen Wert zwischen 0 und 59 an)
2. Stunde (geben Sie einen Wert zwischen 0 und 23 an)
3. Tag des Monats (geben Sie einen Wert zwischen 1 und 31 an)
4. Monat (geben Sie einen Wert zwischen 1 und 12 oder einen Namen wie `jan`, `feb` usw. an)
5. Wochentag (geben Sie einen Wert zwischen 0 und 6 an, wobei 0 der Sonntag ist, oder einen Namen wie `mon`, `tue` usw.)
6. Befehl (kann aus mehreren Wörtern bestehen)

Abbildung 8-1 zeigt einen *cron*-Eintrag, in dem alle Felder ausgefüllt sind. Der Befehl ist ein Shell-Skript, das unter der Bourne-Shell *sh* aufgerufen wird. Allerdings ist dies kein allzu realistischer Eintrag – das Skript wird nur ausgeführt, wenn alle Bedingungen in den ersten fünf Feldern erfüllt sind. Es würde also nur an einem Sonntag aufgerufen, der auf den 15. im Januar oder Juli fällt – das kommt wohl nicht sehr oft vor! Dies ist also kein besonders praktisches Beispiel.

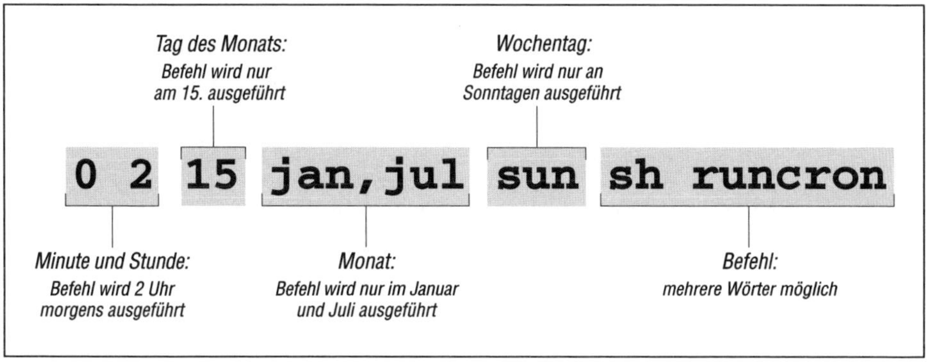

Abbildung 8-1: Beispieleintrag in crontab

Wenn Sie einen Befehl jeden Tag um ein Uhr morgens aufrufen wollen, geben Sie 0 Minuten und die Stunde 1 an. Die anderen drei Felder sollten nur einen Stern enthalten, was dann bedeutet: »jeden Tag und jeden Monat zur angegebenen Zeit«. Die vollständige Zeile in *crontab* sieht dann so aus:

```
0 1 * * * find /tmp -atime 3 -exec ls -l {} \;
```

Da es eine ganze Menge netter Dinge gibt, die Sie mit den Zeitfeldern anstellen können, wollen wir noch ein bißchen mehr mit diesem Befehl herumspielen. Nehmen wir an, daß der Befehl nur am ersten Tag eines jeden Monats ausgeführt werden soll. Sie würden dann die ersten beiden Felder beibehalten, aber in das dritte Feld eine 1 schreiben:

```
0 1 1 * * find /tmp -atime 3 -exec ls -l {} \;
```

Wenn Sie's einmal in der Woche am Montag tun wollen, schreiben Sie wieder einen Stern in das dritte Feld und geben im fünften Feld entweder eine 1 oder `mon` ein:

```
0 1 * * mon find /tmp -atime 3 -exec ls -l {} \;
```

Wir können die Sache noch anspruchsvoller gestalten, weil in jedem Feld mehrere Zeiten stehen können. Ein Komma an dieser Stelle bedeutet: »Führe den Befehl am 1. und 15. jeden Monats aus.«

```
0 1 1,15 * * find /tmp -atime 3 -exec ls -l {} \;
```

Während ein Bindestrich besagt: »Führe den Befehl jeden Tag vom 1. bis zum 15. einschließlich aus.«

```
0 1 1-15 * * find /tmp -atime 3 -exec ls -l {} \;
```

Und ein Schrägstrich mit einer 5 bedeutet: »Führe den Befehl an jedem 5. Tag aus«, also am 1., 6., 11. usw.

```
0 1 */5 * * find /tmp -atime 3 -exec ls -l {} \;
```

Jetzt sind wir soweit, daß wir tatsächlich einen Eintrag in *crontab* machen können. Loggen Sie sich als **root** ein (weil dies eine typische Aufgabe für **root** ist), und rufen Sie den Befehl *crontab* mit der Option *-e* auf; *-e* steht für »editieren«:

```
rutabaga# crontab -e
```

Per Voreinstellung wird mit diesem Befehl der Editor *vi* aufgerufen. Wenn Sie statt dessen lieber Emacs benutzen möchten, können Sie das vor der Anpassung von *crontab* einstellen. Bei einer Bourne-kompatiblen Shell geben Sie dazu ein:

```
rutabaga# export VISUAL=emacs
```

Für die C-Shell lautet der entsprechende Befehl:

```
rutabaga# setenv VISUAL emacs
```

Die Umgebungsvariable `EDITOR` kann in einigen Versionen von *crontab* statt der Variable `VISUAL` benutzt werden. Geben Sie zunächst eine oder zwei Kommentarzeilen ein, die mit einem Doppelkreuz (#) beginnen, und dann den *crontab*-Eintrag:

```
# List files on /tmp that are 3 or more days old.  Runs at 1:00 AM
# each morning.
0 1 * * * find /tmp -atime 3 -exec ls -l {} \;
```

Beim Verlassen von *vi* werden die Befehle gespeichert. Mit folgendem Befehl lassen Sie sich Ihre *crontab*-Einträge anzeigen:

```
rutabaga# crontab -l
```

Bei der Benutzung von *cron* sollten Sie auch überlegen, was mit den Meldungen geschieht, die von den Befehlen erzeugt werden. *cron* hebt alle Meldungen aus der Standardausgabe und der Standardfehlerausgabe auf und verschickt sie als Mail an den Benutzer. Im obigen Beispiel geht die Mail an **root**, aber Sie sollten das automatisch an sich selbst als Systemverwalter umlenken lassen. Tragen Sie auf jeden Fall diese Zeile in */usr/lib/aliases* ein (*/etc/aliases* auf Debian-Systemen):

```
root: ihr-account-name
```

Wir zeigen Ihnen gleich, was Sie machen müssen, wenn Sie die Ausgaben lieber in einer Datei als in Form einer Mail haben möchten.

Wir zeigen Ihnen ein weiteres Beispiel für einen Befehl, der häufig in *crontab*-Dateien steht, um ein Verzeichnis auf ein Magnetband zu sichern. Wir gehen davon aus, daß jemand ein Magnetband eingelegt hat, bevor der Befehl ausgeführt wird. Zunächst sorgt der Befehl *mt* dafür, daß das Band im Gerät */dev/rft0* an den Anfang zurückgespult wird. Anschließend überträgt ein *tar*-Befehl alle Dateien aus dem Verzeichnis */src* auf das Band. Die Befehle werden durch ein Semikolon getrennt, wie es die Shell-Syntax verlangt.

```
# back up the /src directory once every two months.
0 2 1 */2 * mt -f /dev/rft0 rewind; tar cf /dev/rft0 /src
```

Die ersten beiden Felder bewirken, daß der Befehl um zwei Uhr morgens aufgerufen wird; das dritte Feld bestimmt den ersten Tag des Monats. Das vierte Feld legt jeden zweiten Monat fest. Dasselbe Ergebnis würden wir mit folgendem Befehl erzielen, der vielleicht einfacher zu lesen ist:

```
0 2 1 jan,mar,may,jul,sep,nov * mt -f /dev/rft0 rewind; \
          tar cf /dev/rft0 /src
```

Im Abschnitt »Backups erstellen« erklären wir, wie Backups regelmäßig durchgeführt werden können.

Das folgende Beispiel ruft *mailq* jeden zweiten Tag auf, um zu testen, ob in der Mail-Warteschlange irgendwelche Nachrichten hängengeblieben sind, und verschickt das Ergebnis des Tests als Mail an den Mail-Verwalter. Falls Nachrichten in der Warteschlange zurückgeblieben sind, enthält die Benachrichtigung Details zu Adressierungs- und Zustellproblemen, ansonsten ist die Benachrichtigung leer:

```
0 6 */2 * * mailq -v | \
          mail -s "Tested Mail Queue for Stuck Email" postmaster
```

Wahrscheinlich möchten Sie nicht jeden Tag eine Nachricht erhalten, solange alles problemlos läuft. In den Beispielen, die wir bisher gezeigt haben, erzeugen die Befehle nur dann Meldungen, wenn Fehler auftreten. Vielleicht möchten Sie es aber auch zur Regel machen, die Standardausgabe nach */dev/null* umzulenken oder sie folgendermaßen in eine Datei zu schreiben (beachten Sie die zwei >-Zeichen, damit der alte Inhalt nicht überschrieben wird):

```
0 1 * * * find /tmp -atime 3 -exec ls -l {} \; >> /home/mdw/log
```

Mit diesem Eintrag lenken wir die Standardausgabe um, aber die Standardfehlerausgabe kann als Mail verschickt werden. Dies kann ganz praktisch sein, weil wir eine Nachricht erhalten, wenn etwas schiefgeht. Wenn Sie sicherstellen möchten, daß Sie auf keinen Fall Mail erhalten, lenken Sie sowohl die Standardausgabe als auch die Standardfehlerausgabe um:

```
0 1 * * * find /tmp -atime 3 -exec ls -l {} \; >> /home/mdw/log 2>&1
```

Falls Sie die Meldungen in eine Logdatei schreiben, sehen Sie sich mit einer ständig größer werdenden Datei konfrontiert. Eventuell sollten Sie einen weiteren *cron*-Eintrag erzeugen, der diese Datei beispielsweise einmal pro Woche löscht.

In den Einträgen für *crontab* lassen sich nur die Befehle der Bourne-Shell benutzen. Sie können also nicht auf die komfortablen Erweiterungen zurückgreifen, die *bash* und andere moderne Shells bieten – etwa Aliasnamen oder die Abkürzung ~ für das Home-Verzeichnis. Allerdings können Sie `$HOME` benutzen – *cron* kennt die Umgebungsvariablen `$USER`, `$HOME` und `$SHELL`. Alle Befehle benutzen Ihr Home-Verzeichnis als das aktuelle Verzeichnis.

Einige Leute ziehen es vor, in *crontab*-Einträgen immer die absoluten Pfadnamen der Befehle anzugeben, wie zum Beispiel */usr/bin/find* und */bin/rm*. Damit stellen sie sicher, daß immer der richtige Befehl gefunden wird, statt sich darauf zu verlassen, daß die Variable `PATH` richtig gesetzt ist.

Wenn ein Befehl so lang und kompliziert wird, daß er nicht mehr in eine Zeile paßt, sollten Sie ein Shell-Skript schreiben und dieses von *cron* aufrufen lassen. Sorgen Sie dafür, daß das Skript ausführbar ist (mit *chmod +x*), oder starten Sie für den Aufruf eine Shell:

```
0 1 * * * sh runcron
```

Als Systemverwalter werden Sie häufig *crontab*-Dateien für fiktive Benutzer wie **news** oder **uucp** anlegen. Es wäre unnötig und potentiell gefährlich, alle Utilities als **root** ausführen zu lassen, deshalb gibt es diese speziellen Benutzer.

Die Wahl des Benutzers hat auch Einfluß auf die Dateieignerschaft: Eine *crontab*-Datei für **news** sollte Dateien ausführen, die **news** gehören usw. Sie sollten ganz allgemein sicherstellen, daß die Utilities dem Benutzer gehören, in dessen Namen Sie die *crontab*-Datei erstellen.

Als **root** können Sie die *crontab*-Dateien anderer Benutzer mit

```
tigger# crontab -u benutzername -e
```

editieren.

Bedenken Sie auch, wer die entstehenden Dateien mit den Systemmeldungen nutzen soll. Wenn ein *cron*-Eintrag, der unter **news** aufgerufen wird, eine Datei erzeugt, werden Sie eventuell Schwierigkeiten haben, diese Datei später unter einer anderen Benutzerkennung zu lesen. Eventuell müssen Sie in Ihrem *cron*-Skript *chown* oder *chmod* benutzen, um die Datei hinterher auswerten zu können. Im Abschnitt »Die Dateiberechtigungen« in Kapitel 4, *Grundlegende Unix-Befehle und -Konzepte,* besprechen wir diese Befehle.

Kapitel 4

Da Sie sich nicht als **news** einloggen können, müssen Sie die *crontab*-Datei von **news** als **root** mit dem Befehl

```
rutabaga# crontab -e -u news
```

editieren.

Die Logdateien des Systems verwalten

Das Utility *syslogd* schreibt verschiedene Systemaktivitäten mit, so zum Beispiel die Debugging-Meldungen von *sendmail* und Warnungen des Kernels. *syslogd* läuft als Dämon und wird in der Regel beim Booten aus einer der *rc*-Dateien gestartet.

Die Datei */etc/syslog.conf* wird benutzt, um festzulegen, wo *syslogd* Informationen ablegt. Diese Datei könnte folgendermaßen aussehen:

```
*.info;*.notice     /var/log/messages
mail.debug          /var/log/maillog
*.warn              /var/log/syslog
kern.emerg          /dev/console
```

Das erste Feld jeder Zeile bestimmt, welche Meldungen protokolliert werden sollen, und das zweite Feld gibt an, wohin die Meldungen geschrieben werden. Das erste Feld hat das Format:

```
Ursprung.Level [;Ursprung.Level... ]
```

Dabei bezeichnet der `Ursprung` das Systemprogramm oder die Komponente des Systems, die die Meldung verursacht, und der `Level` gibt an, wie schwerwiegend die Meldung ist.

Der `Ursprung` kann zum Beispiel `mail` sein (für den Mail-Dämon), `kern` (für den Kernel), `user` (für Benutzerprogramme) oder `auth` (für Programme, die den Zugang zum System kontrollieren, wie etwa *login* oder *su*). Ein Stern in diesem Feld steht für Meldungen aus allen Quellen.

Als `Level` können Sie folgendes angeben (mit zunehmender Wichtigkeit): `debug`, `info`, `notice`, `warning`, `err`, `crit`, `alert` oder `emerg`.

In der oben gezeigten Datei */etc/syslog.conf* sehen wir, daß alle Meldungen der Grade `info` und `notice` in die Datei */var/adm/messages* geschrieben werden, debug-Meldungen (und Meldungen höherer Stufe) des Mail-Dämons gehen nach */var/adm/maillog*, und alle Meldungen der Stufe `warn` werden in */var/adm/syslog* protokolliert. Außerdem werden die `emerg`-Warnungen des Kernels an die Konsole geschickt (das ist die gerade aktive virtuelle Konsole oder ein *xterm*-Fenster, das mit der Option *-C* gestartet wurde).

Die von *syslogd* protokollierten Meldungen enthalten in der Regel das Datum, einen Hinweis auf den Prozeß oder die Komponente, die die Meldung verursacht hat, sowie die Meldung selbst – alles in einer Zeile. Eine Nachricht des Kernels, die auf Probleme mit Daten in einem *ext2fs*-Dateisystem hinweist, könnte so in der Logdatei erscheinen:

```
Dec  1 21:03:35 loomer kernel: EXT2-fs error (device 3/2):
  ext2_check_blocks_bit map: Wrong free blocks count in super block,
  stored = 27202, counted = 27853
```

Ein erfolgreich ausgeführtes *su* könnte folgendermaßen registriert werden:

```
Dec 11 15:31:51 loomer su: mdw on /dev/ttyp3
```

Die Logdateien sind äußerst wichtig beim Aufspüren von Problemen im System. Eine zu groß gewordene Logdatei können Sie mit *rm* entfernen; sie wird beim nächsten Neustart von *syslogd* erneut angelegt.

Wahrscheinlich enthält Ihr System bereits einen *syslogd* und die Datei */etc/syslog.conf* in einer brauchbaren Konfiguration. Trotzdem ist es wichtig, daß Sie wissen, wo Ihre Logdateien stehen und welche Programme damit verbunden sind. Falls Sie weitere Meldungen protokollieren lassen möchten (zum Beispiel Debugging-Nachrichten des Kernels, die sehr umfangreich sein können), sollten Sie die Datei *syslog.conf* editieren und dann den *syslogd* anweisen, seine Konfigurationsdatei erneut zu lesen. Geben Sie dazu ein:

```
kill -HUP `cat /var/run/syslog.pid`
```

Beachten Sie die rückwärts geneigten Anführungszeichen (Backquotes), mit denen die Prozeß-ID von *syslogd* aus */var/run/syslog.pid* extrahiert wird.

Eventuell sind auf Ihrem System weitere Logdateien vorhanden. Darunter könnten folgende sein:

/var/log/wtmp

Diese Datei enthält binäre Daten, in denen die Login-Zeiten und -Dauer aller Systembenutzer registriert sind. Der Befehl *last* erstellt daraus eine Liste der Logins. Diese Liste könnte zum Beispiel so aussehen:

```
mdw     tty3            Sun Dec 11 15:25   still logged in
mdw     tty3            Sun Dec 11 15:24 - 15:25  (00:00)
mdw     tty1            Sun Dec 11 11:46   still logged in
reboot  ~               Sun Dec 11 06:46
```

In der Datei */var/adm/wtmp* wird auch vermerkt, wann das System neu gestartet wurde.

/var/run/utmp

Dies ist eine weitere binäre Datei, die Informationen zu den derzeit eingeloggten Benutzern enthält. Die Befehle *who*, *w* und *finger* erstellen daraus Login-Informationen. Der Befehl *w* könnte zum Beispiel folgendes ausgeben:

```
  3:58pm  up  4:12,  5 users,  load average: 0.01, 0.02, 0.00
User    tty       login@  idle   JCPU   PCPU  what
mdw     ttyp3   11:46am    14                 -
mdw     ttyp2   11:46am            1          w
mdw     ttyp4   11:46am                       kermit
mdw     ttyp0   11:46am    14                 bash
```

w (1)

Wir sehen die Login-Zeiten aller Benutzer (in diesem Fall ein Benutzer, der mehrfach eingeloggt ist) sowie den gerade ausgeführten Befehl. In der Manpage zu *w* finden Sie eine Beschreibung aller Felder.

/var/log/lastlog

Diese Datei hat eine ähnliche Funktion wie *wtmp*, wird aber von anderen Programmen benutzt (zum Beispiel *finger*, um festzustellen, wann ein Benutzer zuletzt eingeloggt war).

Beachten Sie, daß die Dateien *wtmp* und *utmp* auf verschiedenen Systemen unterschiedliche Formate haben können. Manche Programme sind so kompiliert, daß sie das eine Format erwarten, und andere so, daß sie das andere Format erwarten. Deshalb kann es passieren, daß die Befehle, die auf diese Dateien zugreifen, verwirrende oder falsche Informationen ausgeben – dies gilt besonders dann, wenn die Dateien von einem Programm geschrieben werden, das ein falsches Format benutzt.

Logdateien können ziemlich groß werden, und wenn Sie nicht gerade gewaltige Mengen Plattenplatz zur Verfügung haben, dann müssen Sie etwas dagegen tun, daß die Logdateien Ihre Partitionen zu schnell füllen. Natürlich können Sie die Logdateien von Zeit zu Zeit löschen, aber das wollen Sie vielleicht nicht, weil diese ja schließlich auch Informationen enthalten, die in Problemfällen nützlich werden können.

Eine Möglichkeit, dieses Problem zu beheben, besteht darin, die Logdateien von Zeit zu Zeit in eine andere Datei zu kopieren und diese dann zu komprimieren. Die Logdatei selbst beginnt dann wieder bei 0. Hier ist ein kurzes Shell-Skript, das genau das für die Logdatei */var/log/messages* tut:

```
mv /var/log/messages /var/log/messages-backup
cp /dev/null /var/log/messages

CURDATE=`date +"%m%d%y"`

mv /var/log/messages-backup /var/log/messages-$CURDATE
gzip /var/log/messages-$CURDATE
```

Zunächst geben wir der Logdatei einen anderen Namen und setzen die Ursprungsdatei auf 0 Bytes zurück, indem wir von */dev/null* dahin kopieren. Das machen wir, damit das Logging weitergehen kann, während die nächsten Schritte durchgeführt werden. Wir berechnen einen Datumsstring, der das aktuelle Datum enthält und als Suffix für den Dateinamen verwendet wird, benennen die Backup-Datei um und komprimieren sie schließlich mit *gzip*.

Sie können dieses kleine Skript von *cron* aus ausführen, aber so, wie es hier steht, sollte es nicht mehr als einmal täglich ausgeführt werden, da sonst die komprimierte Kopie wieder überschrieben wird, denn der Dateiname enthält nur das Datum, nicht aber die Uhrzeit. Wenn Sie dieses Skript in kürzeren Intervallen benutzen wollen, müssen Sie zusätzliche Nummern verwenden, um zwischen den einzelnen Kopien zu unterscheiden.

An diesem Skript könnten noch einige Verbesserungen vorgenommen werden. Beispielsweise könnte man zunächst die Größe der Logdatei überprüfen und sie nur dann kopieren und komprimieren, wenn diese Größe eine vorbestimmte Grenze überschreitet.

Auch wenn das schon eine Verbesserung ist, wird die Partition mit den Logdateien irgendwann voll sein. Sie können dieses Problem lösen, indem Sie nur eine bestimmte Zahl von komprimierten Logdateien (zum Beispiel 10) behalten. Wenn diese Zahl erreicht ist, löschen Sie die älteste und überschreiben sie mit der nächsten zu kopierenden Logdatei. Dieses Verfahren wird auch Logrotation genannt. In manchen Distributionen gibt es Skripten wie *savelog* oder *logrotate*, um diesen Vorgang zu automatisieren.

Zum Abschluß dieses Abschnitts sollte noch gesagt werden, daß die meisten neueren Distributionen wie SuSE, Debian und Red Hat bereits mitgelieferte *cron*-Skripten enthalten, die Ihre Logdateien verwalten und sehr viel raffinierter sind als das kleine hier vorgestellte.

Verwalten der Druckerdienste

Linux hat – verglichen mit den Drucksystemen, die die meisten PCs verwenden – ein ziemlich kompliziertes Drucksystem. Es ermöglicht es, daß mehrere Benutzer gleichzeitig Dokumente aus einer oder mehreren Applikationen an einen Drucker senden können, ohne warten zu müssen, bis die Verarbeitung des vorhergehenden Dokuments abgeschlossen ist. Das Drucksystem verarbeitet die Dateien so, daß sie auf verschiedenen Druckern, die auf verschiedene Art und Weise an den Rechner angeschlossen sind, immer korrekt ausgedruckt werden. Wenn Sie in einem Netzwerk drucken, können die Dateien auf einem Rechner erzeugt und auf einem Drucker, der an einen anderen Rechner angeschlossen ist, ausgedruckt werden.

Dieser ganze Vorgang passiert ohne viel Aufsehen, wenn Sie den »Drucken«-Knopf in einer Applikation drücken oder einen Befehl wie *lpr* verwenden, um ein Dokument zu drucken. Dieses Dokument wird jedoch nicht direkt an den Drucker geschickt, sondern zunächst in einem speziellen Verzeichnis abgelegt, welches das Spool-Verzeichnis des Druckers genannt wird. »Spool« bedeutet dabei, daß die Dokumente eines nach dem anderen aus dem Verzeichnis entnommen werden, wenn der Drucker gerade wieder frei ist. Jeder Drucker hat sein eigenes Spool-Verzeichnis.

Wenn Linux gestartet wird, lädt es einen Druckerdämon (einen unabhängig ablaufenden Prozeß) namens *lpd*. Dieser Prozeß überprüft regelmäßig jedes Spool-Verzeichnis, ob Dateien vorliegen, die gedruckt werden sollen. Wenn der Prozeß eine Datei findet, dupliziert er sich. Der neue *lpd* übernimmt die Kontrolle des Drucker-Spoolers, in dem die Datei stand, und reiht sie in die Druckerwarteschlange ein. Er schickt die Datei aber erst an den Drucker, wenn die letzte fertig gedruckt ist. Der Haupt-*lpd* startet einen *lpd* für jedes Spool-Verzeichnis auf dem System, wenn eine Datei dorthin gestellt wird, so daß es genauso viele *lpd*-Dämonen wie aktive Spool-Verzeichnisse zuzüglich des Haupt-*lpd*s geben kann. Jeder untergeordnete *lpd* existiert so lange, bis sein Spool-Verzeichnis leer ist.

Während der Installation von Linux auf Ihrem System wurde der Drucker-Port Ihres Systems mit einer im */dev*-Verzeichnis stehenden Gerätedatei assoziiert. Der nächste Schritt besteht darin, diesen Gerätenamen mit den bequemen Druckernamen zu verbinden, die Sie in Druckbefehlen verwenden. Dies ist die Aufgabe der Druckerbeschreibungsdatei */etc/printcap*.

Eine andere Schlüsselaufgabe bei der Druckerverwaltung besteht darin, sicherzustellen, daß die benötigten Filter für *lpd* bereitstehen, wenn Dokumente zum Drukken formatiert werden müssen. Diese Filter werden ebenfalls in der Datei */etc/printcap* angegeben. Wir werden noch einiges über sie in diesem Abschnitt zu sagen haben.

Es gibt einige Pakete zur Druckerunterstützung für Linux. Die meisten Distributionen verwenden ein von BSD abgeleitetes Paket, das den *lpd*-Dämon enthält. Diese Pakete beinhalten auch eine Reihe von Hilfsprogrammen und Manpage-Dokumenten, um das traditionelle Unix-Druckverfahren auch unter Linux zu unterstützen. Das BSD-Drucksystem hat nicht so viele administrative Werkzeuge oder Kontrollprogramme für die Benutzer wie zum Beispiel das Druckverwaltungssystem aus System V Unix (das den *lpsched*-Dämon verwendet), sondern jeder Benutzer kontrolliert die Druckdateien, die er oder sie zum Drucker schickt. Dieser Abschnitt dieses Kapitels beschreibt die Installation und Konfiguration des BSD-Druckpakets. (Die verschiedenen Werkzeuge zum Drucken werden im Abschnitt »Drucken« in Kapitel 9, *Editoren, Textwerkzeuge, Grafiken und Drucken,* beschrieben.)

Kapitel 9

Einige Linux-Distributionen enthalten ein Druckerverwaltungswerkzeug, das die Druckerinstallation und -verwaltung mit Hilfe einer graphischen Schnittstelle vereinfacht. Solche Werkzeuge werden vom Hersteller, der sie vertreibt, dokumentiert, und wenn Sie diese benutzen möchten, dann tun Sie das gern. Sie funktionieren durch Verwendung derselben Werkzeuge und Dateien, die wir hier beschreiben, bieten aber eine weniger genaue Kontrolle. Sie können Ihnen zu Beginn viele Schwierigkeiten ersparen, machen aber nicht immer alles richtig. Wenn Sie eine Installation, die mit diesen Werkzeugen gemacht wurde, korrigieren oder optimieren wollen, sollten Sie auch die in diesem Abschnitt beschriebenen Vorgänge durcharbeiten.

Die Druckerhardware

Bevor Sie das Drucksystem einrichten, sollten Sie sicherstellen, daß die Drucker online sind. Wenn Sie auch andere Betriebssysteme wie OS/2, Coherent oder DOS verwenden, können Sie die Hardware dort testen, um sicherzustellen, daß sie angeschlossen ist und korrekt funktioniert, bevor Sie Linux starten. Diese Kontrolle eliminiert unmittelbar eine der Hauptquellen von Sorgen und Am-Kopf-Kratzen. Entsprechend sollte das System im Netzwerk eingebunden sein und alle Protokolle funktionieren, bevor Sie das Drucken im Netzwerk einrichten.

Sie installieren die Druckdienste als Benutzer **root**, das heißt mit Superuser-Privilegien. Der Superuser ist außer dem *lpd*-Druckerdämon der einzige Benutzer, der direkt auf den Drucker schreiben kann, indem er Ausgaben auf die zugehörige Gerätedatei macht. Andere Benutzer können keine Ausgaben direkt an den Drucker schicken, sondern müssen die Druckwerkzeuge verwenden.

Bevor Sie richtig anfangen, können Sie Ihre Superuser-Rechte mißbrauchen, um zu überprüfen, ob die Gerätedateien auf Ihrem Rechner auch wirklich mit den eigentlichen Geräten verbunden sind. Schicken Sie einfach eine kurze ASCII-Datei per Ausgabeumleitung an den Drucker. Wenn Sie zum Beispiel einen Drucker an der ersten parallelen Schnittstelle haben, ist sein Gerätename vermutlich entweder */dev/lp0* oder */dev/lp1*, je nach Ihrer Installation. Der folgende Befehl sendet den Inhalt einer Testdatei, */etc/lptest*, an den Drucker und überprüft so, ob dieser korrekt installiert ist. (Wenn Sie einen der früheren PostScript-Drucker haben, müssen Sie statt dessen möglicherweise eine kleine PostScript-Testdatei schicken, um zu verhindern, daß der Drucker verwirrt wird.)

```
lptest > /dev/lp1
```

Das Hilfsprogramm *lptest* wurde entwickelt, um bequem überprüfen zu können, ob ein ASCII-Drucker oder ein Terminal korrekt arbeitet. Es sendet eine vorbereitete Datei aus 96 ASCII-Zeichen, die ein »schräges« Muster bilden, aus. Die Standardausgabe von *lptest* unter Linux sind 16.000 Zeichen, die in Zeilen mit je 79 Zeichen angeordnet sind. Dies ist genug, um mehr als eine Druckseite zu erzeugen. Wenn Sie *lptest* ohne Argumente aufrufen, gibt es seine Standardausgabe auf dem Bildschirm aus, so daß Sie sehen können, was an den Drukker geschickt werden soll. Der Befehl *lptest* erlaubt es Ihnen, die Breite der Ausgabe und die auszugebenden Spalten zu begrenzen. Um beispielsweise eine 35 Zeichen breite Ausgabe von sechs Zeilen zu bekommen, würden Sie folgendes eingeben:

```
lptest 35 6
```

Die Ausgabe sollte ziemlich genau so aussehen:

```
!"#$%&'()*+,-./0123456789:;<=>?@ABC
"#$%&'()*+,-./0123456789:;<=>?@ABCD
#$%&'()*+,-./0123456789:;<=>?@ABCDE
$%&'()*+,-./0123456789:;<=>?@ABCDEF
%&'()*+,-./0123456789:;<=>?@ABCDEFG
&'()*+,-./0123456789:;<=>?@ABCDEFGH
```

Diese Ausgabe ist kurz genug, daß Sie beim Test des Druckers nicht zu viel Papier verbrauchen, und lang genug, um viele offensichtliche Druckprobleme feststellen zu können.

Natürlich können Sie auch den Befehl *cat* verwenden, um eine Datei an den Drukker zu schicken. Um eine PostScript-Testdatei an einen PostScript-Drucker zu schicken, geben Sie zum Beispiel ein:

```
cat testdatei.ps > /dev/lp1
```

Wenn Sie einen seriellen Drucker haben, versuchen Sie, die Ausgabe auf die serielle Schnittstelle umzuleiten, mit der der Drucker verbunden ist. Für die erste serielle Schnittstelle (COM1: in DOS) verwenden Sie:

```
lptest > /dev/ttys0
```

oder:

```
lptest > /dev/ttyS0
```

Stellen Sie sicher, daß Sie die richtige serielle Schnittstelle verwenden: Versuchen Sie nicht, die Ausgabe etwa an eine serielle Maus zu schicken. Wenn Ihr serieller Drucker an der zweiten seriellen Schnittstelle angeschlossen ist, wird er als */dev/ttyS1* oder */dev/ttys1* angesprochen.

Wenn Sie einen Seitendrucker haben, der Teilseiten zwischenspeichert, müssen Sie möglicherweise den Drucker offline schalten und den Seitenvorschub-Knopf drükken, damit die letzte Teilseite gedruckt wird. Vergessen Sie nicht, den Drucker hinterher wieder online zu schalten. (Wenn Sie einen solchen Drucker haben, der Teilseiten zwischenspeichert, ist es hilfreich, wenn Sie Linux ein Seitenvorschubzeichen an den Drucker schicken lassen. Dies kann entweder durch einen entsprechenden Eintrag in der Datei */etc/printcap* geschehen oder dadurch, daß ein Filter das Zeichen an die zu druckende Datei anhängt. Wir werden diese Möglichkeiten später besprechen.)

Wenn Ihr kleiner Test in leiterartigem Text resultierte (also Text, der etwa so aussieht wie in dem folgenden Beispiel), der dann von der Seite verschwindet, hat der Drucker kein Zeilenende-Zeichen (CR) am Ende jeder Zeile eingefügt.

```
!"#$%&'()*+,-./0123456789:;<=>?@ABC
                                    "#$%&'()*+,-./0123456789:;<=>?@ABCD
                                                                        #$
```

Möglicherweise wissen Sie bereits, was hier passiert ist. Textdateien verwenden ein Newline-Zeichen (auch als Linefeed bekannt, ASCII) am Ende jeder Zeile. MS-DOS verwendet sowohl Newline- als auch Zeilenende-Zeichen. Ihr Drucker war also auf DOS-artige Zeilenenden eingestellt, die sowohl Newline- als auch Zeilenende-Zeichen am Ende jeder Zeile haben. Um eine Unix-Textdatei ausdrucken zu können, können Sie entweder einen Druckerfilter installieren, der für die richtige Umsetzung sorgt, oder den Drucker so einstellen, daß er bei Auftreten eines Newline-Zeichens »anständig« an den Zeilenanfang zurückkehrt. Oft muß dazu nur ein DIP-Schalter umgestellt werden. Schlagen Sie dazu in Ihrem Druckerhandbuch nach. (Und seien Sie vorsichtig mit der Veränderung von Druckereinstellungen, wenn Sie mehrere Betriebssysteme verwenden.)

Die leiterartigen Texte sind überhaupt kein Problem, wenn Sie einen Drucker haben, der eine Seitenbeschreibungssprache wie PostScript (die allgemein verwendete Seitenbeschreibungssprache von Adobe) verwendet, und wenn Sie reine Textdateien immer vor dem Ausdruck in diese Sprache übersetzen. Solche Filtervorgänge werden später in diesem Kapitel beschrieben.

Ressourcen sammeln

O.K., Sie haben Ihren Drucker aufgebaut und angeschlossen. Jetzt sollten Sie Ausdrucke aller Ihnen zur Verfügung stehenden Informationen zum Thema anfertigen (zumindest aber die Manpages der hier beschriebenen Hilfsprogramme und Dateien zum Drucken und das Printing-HOWTO). Außerdem ist es nützlich, die technischen Daten des Druckers parat zu haben. Diese werden oft nicht mehr mit dem Drucker mitgeliefert, können aber normalerweise von einem vom Druckerhersteller betriebenen FTP-Server oder aus einer Mailbox heruntergeladen werden. Während Sie solche Informationen herunterladen, schauen Sie sich ein wenig um, ob Sie Dokumentationen (wie Beschreibungen der Druckerfehlermeldungen und ihrer Bedeutungen) finden, die bei der Verwaltung und Fehlersuche nützlich sein könnten. Die meisten Druckerhersteller bieten auch ein technisches Handbuch für den Drucker zum Kauf an. Dies kann dasselbe sein wie das normale Handbuch, muß aber nicht.

Beispielsweise finden Sie auf dem FTP-Server von Hewlett-Packard, unter *ftp://boi.external.hp.com*, technische Datenblätter, Produktspezifikationen, Informationen zur Schnittstellenkonfiguration, PostScript-, PCL- und HP-GL-Testdateien, um Ihren Drucker (und die Filter) zu testen, Beschreibungen der Kontrollsequenzen, die Sie an den Drucker schicken können, um sein Verhalten zu beeinflussen, und Dokumente, die erklären, wie Sie *lpd*-basierte Druckdienste mit HPs JetAdmin-Paket (und damit auch mit Netware-vernetzten Druckern) integrieren.

Bevor wir jetzt mit der Installation beginnen, atmen Sie tief durch und seien Sie geduldig. Die Konfiguration von Druckdiensten ist eine Fähigkeit, die man nicht an einem Tag erlernt. Wenn Sie halbwegs standardisierte Geräte haben und erfolgreich eines dieser neuen Drucker-Management-Programme verwenden können, um schnell und effizient Druckdienste installieren und konfigurieren zu können, dann freuen Sie sich! Sie können dann immer noch die Installation optimieren, indem Sie die Verfahren benutzen, die wir hier im folgenden beschreiben. Außerdem können Sie vielleicht Filter und Hilfsprogramme einsetzen, die speziell dafür geschrieben worden sind, alle Features Ihres Druckers zu unterstützen. Wenn Sie sich entschlossen haben, eine erfolgreiche Druckerinstallation umzukonfigurieren, stellen Sie sicher, daß Sie sich alle Änderungen notieren, so daß Sie wieder zurückkönnen, wenn die Änderungen nicht das bewirken, was Sie erwartet haben.

Auswählen der Druckersoftware

Um von Linux aus drucken zu können, müssen Sie das BSD-Drucksystem installieren. Dieses stellt zwar die Werkzeuge zur Verfügung, unterstützt aber keine modernen Drucker, weil es entwickelt worden ist, um die Zeilendrucker und Geräte zu unterstützen, die man in den Computerräumen der sechziger und siebziger Jahre üblicherweise vorgefunden hat. Um auch moderne Drucker zu unterstützen, gibt es mächtige Ergänzungspakete, die alle Features bereitstellen, die Benutzer heute erwarten. (Der FTP-Server *ftp://metalab.unc.edu* und seine Spiegel enthalten die Pakete, die wir hier erwähnen.)

Kapitel 9

In diesem Abschnitt beschreiben wir die wichtigsten Pakete, um moderne Druckdienste zu unterstützen. Wir gehen davon aus, daß auf Ihrem Rechner mindestens der Textformatierer *groff*, das Seitenformatierungspaket Ghostscript und das Filterpaket *GNU Enscript* vorhanden sind, deren Verwendung in Kapitel 9 beschrieben wird. Die meisten Linux-Distributionen enthalten diese bereits, zusätzlich zu diversen anderen Formatierungs- und Druckwerkzeugen. Wenn Ihre Distribution diese Programme nicht enthält, können Sie sie von den üblichen Linux-FTP-Sites herunterladen oder von der CD einer anderen Distribution nehmen.

Es macht einen Unterschied, von wo Sie Ihre Formatierungs- und Filterpakete beziehen. Wenn Sie beispielsweise Ghostscript aus einer europäischen Distribution nehmen, ist das Format vermutlich auf DIN-A4-Papier anstelle des in den USA üblichen 8,5x11-Inch-Papierformats eingestellt. Auf jeden Fall kann der Default aber einfach durch eine *lpr*-Option, die an den Filter weitergegeben wird, überschrieben werden. Alternativ dazu können Sie die Programme auch selbst aus den Quellen kompilieren.

Der Trend in der Druckertechnologie geht von zeichenorientierten Ausgaben weg und zu Seitenbeschreibungssprachen (Page Description Language, PDL) hin, die fortgeschrittene Kontrolle über Grafiken und Zeichensätze ermöglichen. Die beliebteste PDL ist auf jeden Fall PostScript, die im Unix- und Internetbereich allgemein akzeptiert worden ist. Dies liegt zu einem großen Teil an der Existenz von Ghostscript, einer PostScript-Implementierung von Aladdin Enterprises. Ghostscript wird unter anderem unter der GNU General Public License und durch die Free Software Foundation vertrieben, zusammen mit einer großen Zeichensatz-Bibliothek, die mit beiden Versionen und auch mit anderen PostScript-Interpretern verwendet werden kann.

Ghostscript implementiert fast alle Anweisungen der Sprache PostScript und unterstützt Dateibetrachtungsprogramme wie Ghostview, mit denen PostScript-Dokumente in X-Fenstern angezeigt werden können. Außerdem sind exzellente Filter verfügbar, die PostScript-Ausgaben in andere Druckersprachen wie Hewlett-Packards PCL und in Rastergrafiken, die auf vielen Tintenstrahl-, Nadel- und Laserdrukkern druckbar sind, konvertieren. Ghostscript ist ein unverzichtbares Werkzeug, wenn Sie irgend etwas außer einfachen Zeichenausgaben drucken wollen, und kommt mit einer Reihe von Werkzeugen zur Konvertierung von Grafikformaten sowie Filtern. Ja, Ghostscript kann sogar PDF-Dateien erzeugen, also Dateien, die der Adobe Portable Document Specification gehorchen.

Ghostscript allein könnte jedoch möglicherweise nicht ausreichend sein, denn es bietet nicht genug Kontrollmöglichkeiten zum Umschalten zwischen PostScript- und Textmodi. Obwohl Ghostscript einen Filter bereitstellt, der diese Fähigkeit hat (und vieles mehr), erfüllt der Filter *nenscript* die Ansprüche von Einfachheit, Flexibilität und Zuverlässigkeit für die meisten Systeme doch mehr. Daher besprechen wir hier *nenscript*.

Eine typische Linux-Installation zum Formatieren und Drucken verwendet vielleicht vorrangig *groff* zum Formatieren und zur Erzeugung von PostScript-Ausgaben, die dann von Ghostscript zum Drucken oder Anzeigen aufbereitet werden. Oft gibt es daneben auch andere Drucksysteme, die installiert werden, um den Vorlieben bestimmter Benutzer entgegenzukommen, oder die es ermöglichen, Dateien zu formatieren, die in verschiedenen Formaten vorliegen.

Überprüfen der Druckwerkzeuge

Vermutlich ist es sinnvoll für Sie, wenn Sie auch das Formatierungspaket TeX installieren. Selbst wenn Sie nicht die vollständige TeX-Distribution installieren wollen, sollten Sie wenigstens das Hilfsprogramm *xdvi* installieren, um TeX-Ausgaben und Texinfo-Dateien in einem X-Fenster ansehen zu können. Andere Filter können

DVI-Dateien in PostScript (*dvips*) oder PCL (*dvilj*) konvertieren, wenn Sie Ghostscript nicht mögen oder die eingebauten Drukkerzeichensätze verwenden wollen, um eine effiziente Datenübertragung und einen schnellen Ausdruck zu erreichen.

Auch das Lout-Paket sollten Sie in Erwägung ziehen, wenn es um ein effizientes und kompaktes Paket zum Formatieren von Dokumenten zur PostScript-Ausgabe geht. Es unterstützt Level 2 PostScript und die Adobe Document Structuring Conventions, verbraucht vergleichsweise wenig Speicher und wird mit einer Dokumentation geliefert, die gut genug ist, um die Verwendung des Pakets schnell zu erlernen. Lout erzeugt keine Zwischenausgabe, sondern wandelt markierte Eingaben direkt in PostScript um.

Um Grafik- und X-Programme zu unterstützen, sollten Sie auch noch andere Werkzeuge installieren, von denen einige vermutlich auch in Ihrer Distribution enthalten sind. Eine Sammlung der aktuellen Versionen der beliebtesten Pakete zur Druckunterstützung für Linux finden Sie im Linux-Archiv auf *ftp://metalab.unc.edu* im Verzeichnis */pub/Linux/system/printing*. Die Pakete *netpbm* und *pbmplus* unterstützen eine große Anzahl an Grafikformatkonvertierungen. (Solche Formate müssen nach PostScript konvertiert werden, bevor Sie sie ausdrucken können.) Das Ghostview-Paket enthält Programme, um PostScript-Dateien unter X ansehen zu können, und bietet auch PostScript- und PDF-Unterstützung für andere Programme wie zum Beispiel Webbrowser.

Kapitel 9

Das ImageMagick-Paket, beschrieben im Abschnitt »ImageMagick« in Kapitel 9, verdient es, gesondert erwähnt zu werden. Mit diesem Paket können Sie eine große Anzahl an Grafikformaten in einem X-Fenster anzeigen. (Zum Anzeigen von PostScript-Grafiken werden Ghostview und Ghostscript verwendet.) Die meisten Grafikdateien, die Sie ausdrucken können, können Sie auch mit ImageMagick betrachten.

Ein sogenanntes »magisches« Filterpaket kann Ihnen auch viele Probleme bei der Konfiguration und Unterstützung verschiedener Dokumentenausgabeformate ersparen. Wir besprechen hier (kurz) das magische Filterpaket APSfilter, aber vielleicht wollen Sie statt dessen lieber das Magic-Filter-Paket verwenden. Sie finden beide auf *ftp://metalab.unc.edu*. Mehr über magische Filter finden Sie im Abschnitt »Magische Filter: APSfilter und Alternativen« weiter hinten in diesem Kapitel.

Wenn Sie auch Faxgeräte verwenden wollen, kann das Hilfsprogramm *tiffg3* mit Ghostscript verwendet werden, um Gruppe-3-Faxdateien auszugeben. Um ein Klasse-1- oder Klasse-2-Faxmodem an Ihrem Linux-Rechner anzusteuern, können Sie das mgetty+sendfax-Paket verwenden, das in vielen Distributionen enthalten ist, oder das noch mächtigere, aber auch komplexere Paket Hylafax installieren und konfigurieren.

Es gibt einige zusätzliche Werkzeuge, um doppelseitiges Drucken auf Laserdrukkern zu ermöglichen, sowie Pakete, die PostScript in weniger verbreitete Druckersteuerungssprachen, wie sie beispielsweise von Canon- und IBM-Proprinter-Geräten verwendet werden, konfigurieren. Weiterhin gibt es ein Paket, mit dem auf

Laserdruckern und Bitmap-Geräten in Chinesisch ausgedruckt werden kann. Die meisten dieser Pakete betreffen die Verwaltung der Druckdienste nicht direkt, weswegen wir sie hier nicht besonders detailliert besprechen, aber wenn Sie sie verwenden wollen, dann wäre jetzt ein guter Zeitpunkt, sie zu installieren.

Im Interesse Ihrer Benutzer sollten Sie alle Manpages zu den installierten Paketen ebenfalls an den richtigen Stellen installieren. Starten Sie danach */sbin/makewhatis* (*/usr/bin/mandb* auf Debian-Systemen), um die Indexdatei der Manpages, die bei der Informationssuche hilft, neu aufzubauen. Einige Pakete wie Ghostscript enthalten auch noch zusätzliche Dokumentation, die Sie ausdrucken oder auf dem Rechner zum Nachschlagen bereithalten können. (Diese Dokumente sind in Linux-Distributionen oft nicht enthalten, aber Sie können sie per FTP von den Servern beziehen, wo diese Pakete entwickelt und gewartet werden. Die GNU-Archive erreichen Sie beispielsweise per anonymem FTP unter *ftp://GNU.ai.mit.edu*.)

Die Auswahl und Anwendung von Filtern wird weiter unten im Abschnitt »Druckfilter« beschrieben.

Einrichten der Datei printcap

Das wichtigste bei der Druckerkonfiguration ist das Erzeugen korrekter Einträge in der Druckerbeschreibungsdatei */etc/printcap*. Ein einfacher Printcap-Eintrag für einen »HP Laserjet 4MP«-Laserdrucker, der an der ersten (bidirektionalen) parallelen Schnittstelle auf einem PC mit ISA-Bus angeschlossen ist, könnte etwa so aussehen:[3]

```
ljet|lp|ps|Postscript|600dpi 20MB memory|local|LPT1:\
        :lp=dev/lp0:rw:\
        :sd=/var/spool/lpd/ljet4:mx#0:mc#0:pl#72:pw#85:\
        :lf=/var/log/lpd-errs:if=/usr/local/cap/ljet4:
```

Erschrecken Sie nicht! Wenn Sie die folgenden Abschnitte gelesen haben, werden Sie Printcap-Dateien mit Leichtigkeit lesen können.

Die Datei */etc/printcap* sollte jeden Drucker und jede Druckerschnittstelle oder Adresse – seriell, parallel, SCSI, USB oder vernetzt – enthalten, die in Ihrem System verwendet wird. Aktualisieren Sie die Datei nach jeder Hardwareänderung. Und denken Sie wie immer daran, daß manche Hardwareumbauten nur bei abgeschaltetem Strom vorgenommen werden sollten.

3 In diesem Kapitel verwenden wir ljet4 in mehreren Beispielen. Sie sollten sich aber darüber im klaren sein, daß es den »HP Laserjet 4«-Drucker in verschiedenen Versionen gibt. Einige davon verstehen nur PCL5, andere auch PostScript. Wenn Sie sich dessen nicht bewußt sind, können Sie sehr frustrierende Erlebnisse haben, wenn Sie etwa versuchen, einen Druckerfilter zu debuggen, der beispielsweise PostScript erwartet, Ghostscript aber PCL5 ausgibt.

Regeln zum Schreiben von Printcap-Dateien

Die Regeln zum Schreiben von Printcap-Dateien sind kurz zusammengefaßt:

- Kommentarzeilen beginnen mit einem Doppelkreuz (#).
- Jede »Zeile« einer Printcap-Datei definiert einen Drucker. Eine Zeile, die mit einem Backslash endet, wird in der nächsten Zeile fortgesetzt. Achten Sie genau darauf, daß dem Backslash kein Leer- oder Tabulatorzeichen folgt. Fortsetzungszeilen werden aus Lesbarkeitsgründen traditionell eingerückt. Mehrere Druckerdefinitionen können denselben physikalisch vorhandenen Drucker benutzen, wobei die gleichen oder verschiedene Filter angewendet werden.
- Felder in einer Zeile werden durch Doppelpunkte (:) getrennt und können leer sein. Ein Printcap-Zeileneintrag kann jedoch nicht leer sein.
- Traditionellerweise hat das erste Feld eines Eintrags keinen Doppelpunkt am Anfang.
- Das erste Feld eines Eintrags enthält Namen für den Drucker, die voneinander durch einen senkrechten Strich (|) getrennt sind. Im obigen Beispiel ist der folgende Teil das Namensfeld:

  ```
  ljet4|lp|ps|PostScript|end of hall|local|COM1
  ```

  Die Benennung von Druckern wird detailliert im nächsten Abschnitt besprochen. Sie sollten ein Unterverzeichnis von */var/spool/lpd* mit demselben Namen wie die erste Printer-ID im Printcap-Eintrag anlegen. Der tatsächlich verwendete Name ergibt sich aber aus dem Wert der Variable `sd` im Printcap-Eintrag. Wenn die Variable `sd` nicht auf das tatsächlich vorhandene Drucker-Spool-Verzeichnis zeigt, verschwinden alle an diese Drukkerdefinition geschickten Dateien auf Nimmerwiedersehen.

- Es muß wenigstens einen Standarddruckereintrag in der Printcap-Datei geben. Wenn ein Drucker lp heißt, wird dieser Drucker als Standardsystemdrucker verwendet. Verwechseln Sie den Standarddruckernamen lp aber nicht mit der Variable für lokale Drucker, `lp`, die als nächstes beschrieben wird. Wir empfehlen Ihnen, **lp** als Alias (einer der Namen nach den |-Zeichen) statt als primären Druckernamen (der erste in der Liste) zu verwenden, so daß der Standarddrukker ohne Probleme geändert werden kann.
- In jedem Eintrag für einen lokalen Drucker muß die Variable `lp` gesetzt sein. Im obigen Beispiel wurde diese Forderung durch folgenden Abschnitt des Printcap-Eintrags erfüllt:

  ```
  lp=dev/lp0
  ```

- Aus Ordnungsgründen und manchmal auch aus praktischen Gesichtspunkten empfehlen manche Systemverwalter, daß die Einträge der Printcap-Datei in alphabetischer Reihenfolge stehen.

Druckernamen

Die meisten Druckereinträge beginnen traditionellerweise mit einem kurzen Drukkernameneintrag im ersten Feld, gefolgt von mindestens einem längeren Druckernamen und einem längeren beschreibenden Eintrag als letzten Namen des Feldes. Sowohl ljet als auch Postscript sind also Namen des Druckers mit folgendem Eintrag:

```
ljet|lp|ps|Postscript|600 dpi 20MB memory|local|LPT1:
```

Dokumente können an jeden Drucker, der in einer Namenszeile in */etc/printcap* auftaucht, geschickt werden.

Vorschläge zur Namensgebung der Drucker sind der Hersteller (HP, Epson), der Typ des Druckers (ps, pcl) oder einer seiner speziellen Modi. Der »Deskjet 540«-Drucker sollte beispielsweise zwei Definitionen in der Printcap-Datei haben, eine zum schwarzweißen Drukken und eine für Farbdruck. Die zu verwendenden Filter werden vermutlich die für den Deskjet 500 bzw. 550C sein. Um die Administration zu vereinfachen, können Sie Druckernamen verwenden, die den Namen von Filtern oder Filterparametern für ein bestimmtes Gerät entsprechen. Wenn Sie also einen LaserJet 4 haben und nur den ljet4-Filter dafür verwenden wollen, ist **ljet4** ein naheliegender Name für den Drucker. Analog könnte ein Nadeldrucker **72dpi** genannt werden, wenn er über seinen Eintrag für niedrige Auflösung angesprochen wird, und **144dpi**, wenn der Eintrag für höhere Auflösung verwendet wird.

Wenn Sie ein Druckerverwaltungsprogramm verwenden, das zu Ihrer Distribution gehört, müssen Sie eventuell einigen willkürlichen Regeln beim Erstellen der Printcap-Einträge folgen, um zu vermeiden, daß die Werkzeuge versagen. Beispielsweise muß bei Red Hats Drukkerverwaltungsprogramm der Name **hp** immer der erste Name des ersten aktiven Druckereintrags der Printcap-Datei bleiben. Das bedeutet für Sie, daß, wenn Sie den Standarddrucker ändern müssen, Sie den neuen Standarddrucker an die Spitze der Liste stellen müssen und dann den **hp**-Druckernamen vom alten Standarddrucker entfernen und dem neuen voranstellen. Um Verwirrung bei der Verwendung der Spool-Verzeichnisse zu vermeiden, sollten Sie das Verzeichnis */var/spool/lpd/lp* beibehalten und ein neues Verzeichnis mit dem Namen anlegen, unter dem Sie den Drucker tatsächlich ansprechen wollen. Wenn Sie also Ihre Dateien an einen Drucker namens **moa** schicken wollen, müssen Sie ein Verzeichnis namens */var/spool/lpd/moa* mit den richtigen Zugriffsrechten anlegen und angeben, daß dieses Verzeichnis als Spool-Verzeichnis für diesen Drucker fungieren soll. Die Einrichtung von Drukkerverzeichnissen wird im nächsten Abschnitt beschrieben.

Weitere Printcap-Variablen

Die Printcap-Datei enthält eine Reihe von Variablen, denen Sie Werte zuweisen können. Manche sind ziemlich allgemein und andere spezifisch für eine bestimmte Implementierung des jeweiligen *lpd*. Die meisten Variablen geben Seitenparameter, Dateien, Verzeichnisse, Filter, Einstellungen für Kommunikationskanäle und Befehle zur Fernsteuerung an. Wann immer Sie eine Printcap-Datei für ein neues System anlegen, lesen Sie die Printcap-Manpage, um sicherzugehen, daß Sie die richtigen Variablennamen verwenden. In einer Printcap-Datei gesetzte Variablen, die nicht bekannt sind, werden zur weiteren Verarbeitung an den Filter weitergereicht.

Die Printcap-Variablen, die wir hier beschreiben, sind in etwa in der Reihenfolge ihrer Wichtigkeit sortiert. Einige Variablen haben Boolesche Werte und gelten als gesetzt, wenn sie vorhanden sind. Andere werden mit dem Zuweisungsoperator (=) oder dem Operator für numerische Werte (#) und einem Wert gesetzt; in diesen Fällen steht die Variable links vom Operator und die Zeichenkette oder Zahl dahinter. Beispiele für die Verwendung der Variablen, die in der folgenden Liste beschrieben werden, finden Sie in der anschließenden ausgedachten */etc/printcap*-Musterdatei. Die Printcap-Manpage enthält eine vollständigere Aufstellung der von *lpd* erkannten Variablen.

`sd` Gibt das von diesem Drucker verwendete Spool-Verzeichnis an. Spool-Verzeichnisse sollten alle im selben Verzeichnisbaum (auf einer schnellen Festplatte) liegen. Dieser Verzeichnisbaum ist normalerweise */var/spool*. Auch für Drucker auf anderen Rechnern werden Spool-Verzeichnisse definiert. Jede Spool-Datei sollte einen der diesem Drucker zugewiesenen Namen tragen.

`lp` Weist einen lokalen Drucker zu, der normalerweise über eine parallele, serielle oder SCSI-Schnittstelle angeschlossen ist. Der Variablen `lp` muß eine Gerätedatei im */dev*-Verzeichnis zugewiesen werden, die wiederum ein Link auf das physikalische Gerät sein darf. Die Variable `lp` muß vorhanden sein, wenn es sich um einen lokalen Drucker handelt. Sie sollte nicht vorhanden sein, wenn die Variable `rp` vorhanden ist (das heißt, der Drucker-Spooler befindet sich auf einem anderen Rechner).[4] Wenn `lp` an ein serielles Gerät zugewiesen wird, muß mit `br` die Baudrate gesetzt werden.

`lf` Gibt die Logdatei an, um Fehlermeldungen abzuspeichern. Alle Drucker sollten diese Variable setzen und normalerweise dieselbe Logdatei verwenden. Fehlermeldungen enthalten den Namen des Druckers und können auf Probleme mit der Druckumgebung des Benutzers, der Rechnerkonfiguration, den verwendeten Kommunikationskanälen oder manchmal auch mit der Druckerhardware selbst hinweisen.

`rw` Diese Variable sollte angegeben werden, wenn der Drucker in der Lage ist, über eine bestimmte Gerätedatei Daten an den Rechner zurückzuschicken. Die Variable `rw` teilt *lpd* mit, daß das Gerät zum Lesen und Schreiben geöffnet werden sollte. Das kann besonders für serielle und SCSI-PostScript-Drucker nützlich

4 Ein besonderer Fall tritt auf, wenn der anzusprechende Drucker ein echter Netzwerkdrucker ist, das heißt, wenn er eine eigene IP-Adresse hat. In diesem Fall wird der Variablen`lp` der Name einer Dummy-Datei zugewiesen, die verwendet wird, um eine temporäre Sperre zu setzen, wenn der Drucker gerade benutzt wird. Die Dokumentation des Netzwerkdruckers sollte das Vorgehen zum Einrichten und Verwalten der Druckdienste, die ihn ansprechen sollen, erläutern.

sein, die oft ziemlich hilfreiche Fehlermeldungen an *lpd* zurückschicken, der diese in der Fehler-Logdatei abspeichert.

`mx` Gibt die maximale Größe eines Druckauftrags im Spool-Verzeichnis an. 0 (der Default `mx#0`) bezeichnet keine Beschränkung; jeder andere Wert setzt die Beschränkung in logischen Blöcken. Normalerweise ist es nicht sinnvoll, die Jobgröße zu beschränken, aber Sie könnten beispielsweise einen Wert verwenden, der geringfügig kleiner ist als der zu erwartende minimal verfügbare Speicherplatz auf der Festplatte.

`if` Gibt den zu verwendenden Eingabefilter an. Wenn Sie keinen Eingabe-(`if`-) oder Ausgabe-(`of`-)Filter angeben, verwendet das System den Default-Filter */usr/sbin/lpf*. Für manche DOS-artigen Zeichendrucker ist das ausreichend. Einige nützliche Filter kommen mit den Formatierungsprogrammen. Außerdem gibt es einige flexible »magische Filter«, die (üblicherweise korrekt) anhand der Eingabedatei erkennen, welcher Filter angewendet werden muß. Siehe dazu den folgenden Abschnitt »Druckfilter«.

`of` Gibt den zu verwendenden Ausgabefilter an. Wenn der Variablen `of` ein Wert zugewiesen wird, der Variablen `if` aber nicht, wird der Filter einmal verwendet, sobald das Gerät geöffnet wird. Alle Aufträge in der Warteschlange werden dann abgeschickt, ohne den Filter noch einmal anzuwenden, bis die Warteschlange leer ist (und *lpd* die Sperrdatei aus dem Spool-Verzeichnis entfernt). Dies macht normalerweise keinen Sinn, kann aber verwendet werden, wenn zum Beispiel Faxe an ein Faxmodem, das an einer Wählverbindung hängt, gesendet werden sollen.

Wenn sowohl die Variable `if` als auch die Variable `of` vorhanden ist, verarbeitet der `if`-Filter die Datei ganz normal, der mit `of` angegebene Filter gibt aber eine Trennseite aus, bevor der Eingabefilter angewendet wird. Die effiziente Verwendung von Eingabe- und Ausgabefiltern in derselben Warteschlange ist eine notorisch schwierige Angelegenheit.

`br` Gibt die Datenübertragungsrate (Baudrate) der seriellen Schnittstelle an. Dieser Wert muß angegeben werden, wenn der Drucker über eine serielle Schnittstelle angesprochen wird. Ein Doppelkreuz steht vor dem numerischen Wert, der die Datenübertragungsrate in Bits per Sekunde angibt (was in Wirklichkeit nicht der Baudrate entspricht, die die tatsächliche Übertragungsrate im Gegensatz zur maximalen angibt). Die angegebene Übertragungsrate sollte keine Hardwarebeschränkungen überschreiten. Wenn beispielsweise Ihre serielle Schnittstelle 57,6 Kbps verträgt, der Drucker aber nur 28,8 Kbps, dann sollte die angegebene Übertragungsrate 28,8 Kbps nicht überschreiten (also vielleicht `br#19200`). Die unterstützten Übertragungsraten sind die üblichen Vielfachen der seriellen Kommunikation: 300, 600, 1200, 2400, 4800, 9600 usw. Wenn die Variable `br` gesetzt wird, können eine Reihe weiterer Variablen gesetzt werden, die Einfluß auf die Datenübertragung haben, aber die meisten sind in einer typischen Linux-Installation nicht sinnvoll. Das Standardverhalten sollte für Ihre Druckbedürfnisse ausreichend sein, aber wenn Sie über eine serielle Schnittstelle drukken wollen, sollten Sie trotzdem die Einträge zu den Variablen `fc`, `fs`, `xc` und `xs` in der Printcap-Manpage lesen.

`pl` Gibt die Seitenlänge von Zeichengeräten (und Druckern, die über einen Zeichenmodus verfügen) in Zeilen bei Verwendung des Standardzeichensatzes an. Beispielsweise bezeichnet `pl#70` eine DIN-A4-Seite bei 6 Zeilen pro Inch. Damit ist noch Platz zum Abreißen der Seite, und einige Beschränkungen anderer Geräte, wie beispielsweise Tintenstrahldrucker, die nicht bis ganz an die Kante herandrucken können, werden auch noch berücksichtigt. Wird normalerweise zusammen mit der Variablen `pw` verwendet.

`pw` Gibt die Breite der Seite in Zeichen des Standardzeichensatzes für Zeichengeräte an. Wird wie die Variable `pl` gesetzt, beispielsweise bedeutet `pw#85` 10 Zeichen pro Zoll bei einer bedruckbaren Seitenbreite von 8,5 Zoll.

`px` Gibt die Anzahl der auf der X-Achse zu verwendenden Pixel bei Bitmap-Grafiken an.

`py` Gibt die Anzahl der auf der Y-Achse zu verwendenden Pixel bei Bitmap-Grafiken an.

`sh` Unterdrückt das Drucken von Kopf- oder Trennseiten. Sollte in den meisten Fällen gesetzt sein.

`rp` Gibt den Namen des zu verwendenden entfernten Druckers an. Diese Variable darf nicht gesetzt werden, wenn die Variable `lp` für denselben Drucker gesetzt ist. Die Druckeransteuerung wird vom Rechner vorgenommen, der in der immer mit `rp` zusammen anzugebenden Variable `rm` angegeben wird. Normalerweise müssen in diesem Fall nur die Spool- und Fehlerlog-Variablen gesetzt werden.

`rm` Gibt den entfernten Rechner an, der den entfernten Drucker ansteuert. Die `rm` zugewiesene Host-ID sollte im Netzwerk bekannt sein (also zum Beispiel in */etc/hosts* oder NIS verzeichnet sein).

`rs` Beschränkt den Zugriff auf lokale Drucker auf solche Benutzer, die einen Account auf dem System haben.

`rg` Gibt eine eingeschränkte Gruppe an, die den Drucker benutzen darf. Um den Drucker beispielsweise für den Superuser zu reservieren, können Sie `rg=root` eingeben.

`sf` Unterdrückt das Senden eines Seitenvorschubs an den Drucker am Ende des Druckauftrags.

`ff` Weist das Zeichen oder die Zeichenkette zum Seitenvorschub für dieses Gerät zu. Der Default ist STRG-L (entspricht `ff='\f'`), was für die meisten Geräte korrekt ist.

`fo` Sendet vor jeder Datei einen Seitenvorschub an das Gerät.

mc Gibt die maximale Anzahl an druckbaren Kopien an. Die Werte sind dieselben wie für die Variable mx; normalerweise sollten beliebig viele Kopien (mc#0) erlaubt sein, was auch der Default ist.

sc Unterdrücken von Kopien (entspricht mc#1).

Beispiel 8-1 enthält eine Printcap-Datei, die viele der oben besprochenen Variablen vorführt.

Beispiel 8-1: Beispiel für eine /etc/printcap-Datei

```
# und tschuess, liebe Ausdrucke
hp|west|spigot|berkeley|TI MicroLaser Turbo:\
        :mx#0:rp=lp:\
        :lp=:sd=/var/spool/lpd:rm=spigot.berk.ora.com:\
        :lf=/var/log/lpd-errs:
# ab in den Druckerraum
kiwi|810|rint|Big Apple|Apple 810 via EtherTalk:\
        :lp=/var/spool/lpd/kiwi:sh:\
        :sd=/var/spool/lpd/kiwi:pl#72:pw#85:mx#0:\
        :lf=/var/log/lpd-errs:if=/usr/local/cap/kiwi:
# ueber die geschuetzte serielle Verbindung
samoa|S|PostScript|secure|QMS 1725 by serial adapter:\
        :lp=dev/tty01:br#38400:rw:xc#0:xs#0400040:sh:\
        :sd=/var/spool/lpd/samoa:pl#72:pw#85:mx#0:mc#0:\
        :lf=/var/log/lpd-errs:if=/usr/local/cap/samoa:
# ueber das Subnetz im Druckerraum
moa|ps|QMS 1725 via Ethernet:\
        :lp=/var/spool/lpd/moa/moa:rm=agapornis:rp=samoa:\
        :sd=/var/spool/lpd/moa:mx#0:sh:\
        :lf=/var/log/lpd-errs:if=/usr/local/cap/samoa:
```

Ghostscript konfigurieren

Ghostscript ist in den Standard-Linux-Paketen enthalten; es ist ein unverzichtbares Hilfsprogramm in einer X-Umgebung und auch dann nützlich, wenn Sie X nicht verwenden. Ghostscript kann Grafiken auf einem Standard-VGA-Bildschirm ausgeben, selbst wenn kein Window Manager läuft, und auch PostScript-formatierte Dateien verarbeiten und erzeugen, ohne daß ein graphischer Bildschirm vorhanden ist. Sie können herausfinden, für welche Geräte und Formate Ghostscript auf Ihrem System konfiguriert worden ist, indem Sie es im interaktiven Modus starten. Geben Sie dazu ein:

```
$ gs
```

Ghostscript wird im interaktiven Modus gestartet und wartet auf Ihre Anweisungen:

```
GS>
```

Sie können jetzt nach den Gerätenamen fragen, für die Ghostscript konfiguriert ist, und Ghostscript wird diese ausgeben:

```
GS> devicenames ==
[/pkm /sj48 /la75plus /t4693d2 /pjxl300 /cdj500 /mgr8 /tifflzw /ppm
/okiibm /la70 /iwlo /ljet3d /pjxl /cdjcolor /mgrgray8 /tiffg32d /pnm
/oce9050 /declj250 /bjc600 /ljet2p /st800 /stcolor /png256 /mgrgray2
/tiffcrle /pgnm /m8510 /lbp8 /bj200 /pdfwrite /pjetxl /eps9high
/pnggray /bitcmyk /faxg32d /pgm /jetp3852 /epson /lp2563 /paintjet
/appledmp /x11cmyk /pcx24b /bit /dfaxlow /pbm /cp50 /tek4696 /lj4dith
/djet500c /x11 /pcx16 /tiff24nc /pkmraw /ccr /ln03 /t4693d4 /deskjet
/cdj550 /pcxmono /tiffpack /ppmraw /r4081 /la75 /nullpage /ljet4 /iwlq
/cdjmono /mgr4 /tiffg4 /pnmraw /oki182 /la50 /iwhi /ljet3 /cdj850
/cdeskjet /png16m /mgrgray4 /tiffg3 /pgnmraw /necp6 /lips3 /epsonc
/laserjet /x11mono /png16 /mgrmono /faxg4 /pgmraw /imagen /bjc800
/bj10e /pj /eps9mid /x11alpha /pngmono /bitrgb /faxg3 /pbmraw /ibmpro
/ap3250 /ljetplus /dnj650c /pcx256 /psmono /dfaxhigh /xes /lj250
/t4693d8 /djet500 /miff24 /pcxgray /tiff12nc]
GS> quit
$
```

Wenn Sie kein X verwenden und Ghostscript beim Aufruf nicht initialisiert werden kann und sich beschwert, daß es kein X-Display öffnen kann, dann ist das erste Gerät, für das Ghostscript konfiguriert ist, das »X Window System«-Gerät. Ghostscript verwendet das erste Gerät als Standardgerät. Sie können dieses Problem umgehen, indem Sie ein anderes Gerät angeben, für das Ghostscript konfiguriert worden ist, zum Beispiel `gs -sDEVICE=epson`. Sie können sich gegen dieses Problem für die Zukunft absichern, indem Sie die globale Umgebungsvariable GS_DEVICE auf den Namen eines anderen Geräts setzen, das auf Ihrem System von Ghostscript geöffnet werden kann.

Wenn Sie so ein ungewöhnliches Ausgabegerät haben, daß die Standardinstallation von Ghostscript es nicht unterstützt, müssen Sie entweder Ghostscript neu übersetzen, um dieses Gerät zu unterstützen, oder die Ausgabe von Ghostscript durch einen Filter schicken, der sie in eine Form konvertiert, die von Ihrem Ausgabegerät verstanden werden kann. Ghostscript wird mit Makefiles geliefert und ist einfach zu übersetzen, wenn Sie sich an die Ghostscript-Dokumentation halten, die mit der Distribution geliefert wird.

Je mehr graphische Werkzeuge, X Window Manager, Spiele und Anwendungen Sie benutzen, um so wahrscheinlicher ist es, daß Sie Ghostscript neu installieren müssen, um es Ihren Anforderungen anzupassen. Lesen Sie die Ghostscript-Dokumentation, bevor Sie das Makefile ausführen, das im Paket enthalten ist. (Die Neuinstallation von Ghostscript erfordert es, daß Sie *gcc* installiert haben.)

Sie können die Umgebungsvariable GSDIR setzen, um den Pfad der ausführbaren Datei von *ghostscript* anzugeben, sowie die Variable GS_LIB, falls Sie Ghostscript-

Hilfsprogramme kompilieren müssen, um sie Ihrer Installation hinzuzufügen. Zum Beispiel:

```
export GSDIR=/usr/bin
export GS_LIB=/usr/lib/ghostscript:/usr/local/lib/fonts:/usr/X11R6/fonts
```

Setzen Sie die Variable GS_LIB_DEFAULTS, bevor Sie Ghostscript neu kompilieren; siehe dazu die *gs*-Manpage.

Das Ghostscript-Paket enthält auch einige PostScript-Programme, die nützliche Funktionen zur Druckerunterstützung enthalten, darunter auch einige fortgeschrittene Druckverfahren, die wir hier nicht besprechen. Die Datei *gs_init.ps* beeinflußt speziell das generelle Verhalten von Ghostscript. Zusätzliche Skripten (Filter, Shell-Skripten usw.) finden Sie in */usr/lib/ghostscript* oder */usr/local/lib/ghostscript*. Nützlich für Sie könnten zum Beispiel die Programme *ps2epsi.ps*, das PostScript in Encapsulated PostScript konvertiert, und *ps2ascii.ps*, das PostScript-Dateien in reine Textdateien konvertiert, sein.

Druckfilter

Wie wir bereits erwähnt haben, wird jedes Dokument durch einen Filter geschleust, bevor es zum Drucker kommt. Dafür sorgt die Variable `if` in der Printcap-Datei. Druckfilter bekommen Sie aus Ihrer Linux-Distribution, vom Hersteller des Druckers, aus dem Internet, oder Sie schreiben selbst einen neuen oder setzen vorhandene Filter und Shell-Utilities zusammen.

Ein Eingabefilter kann auch dazu verwendet werden, um den Zugang zum Drucker auf bestimmte Benutzer oder Benutzergruppen oder auch auf alle Benutzer mit einem Account auf einem bestimmten Rechner zu beschränken. Typische mit `if` verwendete Filter sind ausführbare Shell-Skripten, die die Textdatei verarbeiten; aber es kann jedes Programm verwendet werden, das einen Eingabedatenstrom entgegennimmt und für die Ausgabe auf dem Drukker aufbereitet.

Es wird in kommerziellen Linux-Distributionen immer populärer, einen Filter interaktiv zusammenzubauen. Während diese Filter meistens noch verbesserungsfähig sind, können sie doch als Ausgangspunkt nützlich sein. Die Red Hat-Distribution hat beispielsweise das folgende Shell-Skript (namens */var/spool/lpd/ljet4/filter*)[5] auf einem unserer Rechner anhand von Informationen, die im Druckermanager eingegeben wurden, sowie anhand von Defaults angelegt. Die Datei */etc/printcap* wurde dahingehend verändert, diesen Filter zu verwenden, der sich als völlig ausreichend für unser System herausstellte:

5 Es ist für Druckerverwaltungsprogramme, die Sie beim Einrichten des Drucksystems verwenden, eine bequeme Sache, den Filter im Spool-Verzeichnis des Druckers unterzubringen. Vielleicht wollen Sie aber lieber all Ihre Druckfilter und Grafikkonverter nach alter Unix-Tradition im selben Verzeichnis aufbewahren, zum Beispiel in */usr/sbin* oder */var/spool/lpd/filters*. Natürlich muß in jedem Fall jeder Filter einen eindeutigen Namen tragen.

```
#!/bin/sh

DEVICE=ljet4
RESOLUTION=600x600
PAPERSIZE=letter
SENDEOF=

nenscript -TUS -ZB -p- |
if [ "$DEVICE" = "PostScript" ]; then
  cat -
else
  gs -q -sDEVICE=$DEVICE \
        -r$RESOLUTION \
        -sPAPERSIZE=$PAPERSIZE \
        -dNOPAUSE \
        -dSAFER \
        -sOutputFile=- -
fi

if [ "$SENDEOF" != "" ]; then
  printf ""
fi

exit 0
```

An diesem Filter ist nichts besonders Exotisches. Zunächst werden einige Variablen gesetzt, die später als Argumente für den Ghostscript-Befehl dienen. Das Skript läßt die Ausgabe durch *nenscript* laufen und leitet die PostScript-Dateien an Ghostscript weiter. Der Seitenausgabe wird durch Setzen der Variable SENDEOF am Anfang der Datei Rechnung getragen. Beispielsweise würde

```
SENDEOF='\f'
```

am Ende der Datei einen Seitenvorschub an den Drucker schicken.

[91] Printing HOWTO

Vielleicht wollen Sie das Skript verändern und einen speziell für den LaserJet 4 entworfenen Filter verwenden, wie etwa das ljet4-Filterpaket, und auch das Drucken von TeX-DVI-Dateien vorsehen, indem diese durch *dvips* laufen und dann an Ghostscript weitergegeben werden. Eine grundlegende Besprechung, wie man einen Filter anlegt, finden Sie im »Linux Printing HOWTO«.

Wenn Sie einen Zeichendrucker verwenden, der ein Zeilenende-Zeichen am Ende der Zeile erwartet, wird der sich mit Linux nicht so gern anfreunden wollen, denn Linux folgt der Unix-Tradition, indem es Zeilen mit einem Zeilenvorschub (LF) und nicht mit einem Zeilenende-Zeichen beendet. Um auch auf diesen Druckern einen korrekten Zeilenwechsel zu erreichen, muß der Filter das Zeilenende-Zeichen einfügen. Das kann entweder durch Codieren dieser Fähigkeit im Filter oder durch

Verwendung eines Filters, der bereits die Fähigkeit hat, ein Zeichen einzusetzen, geschehen.

Einige Druckerhersteller stellen Filter und Utilities für ihre Drucker bereit; insbesondere dann, wenn die üblichen Lösungen nicht ausreichen, um die Fähigkeiten des Druckers auszunutzen. Beispielsweise stellt Hewlett-Packard das JetAdmin-Paket mit Filtern zur Verfügung, um seine in einem TCP/IP-Netzwerk adressierbaren LaserJet-Drucker zu unterstützen.

Der Standardfilter, der mit dem BSD-Druckerverwaltungspaket geliefert wird, ist */usr/sbin/lpf*. Dieser Filter ist nicht dokumentiert und sollte am besten ignoriert werden, es sei denn, Sie wollen sich die Quellen holen und das Programm in Einzelschritten durchlaufen, um seine Fähigkeiten kennenzulernen. (Die vollständigen BSD-Quellen dafür finden Sie im Paket lpr-secure im *Printing*-Verzeichnis unter *ftp://metalab.unc.edu*.)

Die meisten Druckfilter-Bedürfnisse, die Sie haben, wurden bereits vor langer Zeit bedacht; es gibt viele Filter, um Ihre Bedürfnisse zu erfüllen. Wenn Sie

```
apropos filter
```

eingeben, werden Sie wahrscheinlich eine ganze Reihe von Filtern sehen, die auf Ihrem Rechner installiert sind.

Das Ändern von Filtern ist einfach. Sie müssen nur die Eingabefilter-Spezifikation (`if`) in der Datei */etc/printcap* ändern, um den Filter anzugeben, den Sie haben wollen, und dann *lpd* beenden und neu starten, was Sie mit dem *lpc*-Utility machen können. Geben Sie (als **root**) ein:

```
lpc restart all
```

Das *lpc*-Utility teilt Ihnen alle *lpd*-Prozesse, die es beendet, mit und startet dann *lpd* erneut. Wenn Dateien im Drucker-Spooler auf ihren Ausdruck gewartet haben, wird *lpc* auch mitteilen, daß es einen *lpd*-Dämon für diesen Drucker gestartet hat. Das Utility *lpc* zur Druckerkontrolle beschreiben wir später in diesem Kapitel im Abschnitt »Kontrollieren der Druckerdienste mit lpc«.

Lesen Sie die Manpage eines Filters genau, und probieren Sie einige Testdateien aus, bevor Sie einen neuen, merkwürdigen Druckfilter verwenden. Es ist uns oft passiert, daß Filter sich nicht so »wie in der Manpage angekündigt« verhalten. Oft ist die Dokumentation veraltet, oder der Filter wurde mit anderen Konfigurationsparametern kompiliert als denjenigen, von denen die Dokumentation ausgegangen ist. Das Testen all der Funktionen, die Sie von dem Filter erwarten, bevor Sie ihn endgültig installieren, ist unumgänglich. Zwei gute Filterpakete, *nenscript* und APSfilter, werden im nächsten Abschnitt besprochen.

Der Filter nenscript

Der *nenscript*-Filter ist ein typischer, moderner Filter für Linux. Wenn er in Ihrer Distribution enthalten ist, sollten Sie ihn unter */usr/bin/nenscript* finden. Ansonsten wird er in */usr/local/bin* installiert. *nenscript* beeinflußt Kopf- und Fußzeilen, rotierenden Text usw. und produziert (durch Aufrufen von Ghostscript) aus reinem ASCII-Text PostScript-Code, der den Adobe Document Structuring Conventions gehorcht. Er schickt die Ausgabe an den Drucker, der in der Umgebungsvariable NENSCRIPT des Benutzers steht, wenn diese gesetzt ist, ansonsten an den Drucker in der Umgebungsvariable PRINTER. Wenn keine der beiden Variablen gesetzt ist, verwendet *nenscript* den Standarddrucker, den *lpr* verwenden möchte.

Wenn *nenscript* mit der Option *-Z* aufgerufen wird, leitet er PostScript-Dateien weiter, ohne sie zu verändern. *nenscript* untersucht die Eingabedatei und unterdrückt die Formatierung, wenn die ersten beiden Zeichen `%!` sind. Wenn natürlich die ersten beiden Zeichen etwas anderes als `%!` sind, zum Beispiel weil ein Seitenvorschub als erstes Zeichen in der Datei steht, dann wird die Datei nicht als PostScript erkannt, selbst wenn es sich um gültiges PostScript handelt. Das kann leicht passieren, wenn andere Filter die Datei bearbeiten, bevor sie bei *nenscript* ankommt. Natürlich kann eine Datei auch `%!` als erste Zeichen haben und trotzdem kein PostScript (oder nicht standardgemäßes PostScript) sein und deswegen nicht korrekt ausgedruckt werden, wenn sie an einen PostScript-Drucker geht. Es gibt intelligentere Filter für diese Überprüfungen, darunter Magic-Filter und APSfilter, aber *nenscript* entspricht vielleicht exakt Ihren Ansprüchen, insbesondere wenn Sie nur auf einen PostScript-Drucker drucken.

Wenn Sie den *nenscript*-Filter für einen PostScript-Drucker auf Ihrem System verwenden, können Sie die *-Z*-Option per Default für alle User-Shells in der Umgebungsvariablen NENSCRIPT verwenden, damit PostScript-Dateien durchgereicht werden.

Es gibt noch andere, vergleichbare Filter. Der *nenscript*-Filter emuliert den traditionellen Unix-Enscript-Filter. Ein Shell-Skript, das im *nenscript*-Paket mitgeliefert wird, ruft *nenscript* so auf, daß der Filter sich verhält, als wäre er ein (ähnlicher) traditioneller Unix-Filter namens *pstext*.

Alles, was Sie machen müssen, um *nenscript* als Filter zum Drucken Ihrer Dateien zu verwenden, ist sicherzustellen, daß *nenscript* im Suchpfad installiert ist und daß die Drucker, für die *nenscript* als Filter fungieren soll, so eingestellt werden, daß der *nenscript*-Filter aufgerufen wird. Der Printcap-Eintrag kann direkt auf den *nenscript*-Filter zeigen, wenn Sie die systemweiten Defaults für die Optionen mit der Umgebungsvariable NENSCRIPT einstellen, oder Sie können einen einfachen Filter erstellen, der *nenscript* aufruft – ungefähr so wie in der Beispieldatei weiter oben. Überprüfen Sie die Besitzer und Zugriffsrechte der Verzeichnisse und Dateien, nachdem Sie die Printcap-Datei geändert und die Filter eingerichtet haben.

Magische Filter: APSfilter und Alternativen

Die wandlungsfähigsten Filter sind die sogenannten »magischen« Filter. Ein magischer Filter untersucht die Eingabedateien, die ihm übergeben werden, und filtert die Ausgabe anhand dessen, was er über das Format der Datei herausgefunden hat. Wenn er beispielsweise eine DVI-Datei sieht, die an einen PostScript-Drucker geschickt wird, wird er einen anderen Filter (zum Beispiel *dvips*) anwenden, um die Datei zum Drucken in das PostScript-Format zu konvertieren. Das ist sehr praktisch, aber ab und zu kann sich der Filter auch irren. Wenn das passiert, kann der Benutzer die Datei erneut abschicken und dabei Kommandozeilenoptionen angeben, die die vorzunehmende Filterung explizit anfordern; oder er kann auch die Datei selbst vorbereiten, indem er sie durch die erforderlichen Filter schickt, bevor sie zum Drucken an *lpr* übergeben wird. Es gibt einige gute magische Filterpakete, darunter APSfilter (den wir hier zur näheren Erläuterung ausgewählt haben), Magic-Filter und den *gslp.ps*-Filter, der mit vollständigen Ghostscript-Paketen geliefert wird.

Leider liefern einige Linux-Distributionen die zusätzlichen Utilities oder Dokumentationen von Ghostscript nicht mit, aber Sie können sich jederzeit eine vollständige Ghostscript-Distribution per FTP aus dem GNU-Archiv (*ftp://ftp.gnu.org*) oder einem seiner Spiegel holen. Sie bekommen das APSfilter-Paket vom FTP-Server *ftp://metalab.unc.edu* aus dem Verzeichnis */pub/Linux/system/printing*. Der primäre FTP-Server für das Magic-Filter-Paket ist das Linux-Archiv unter *ftp://tsx-11.mit.edu*. Der Ghostscript-Filter *gslp.ps* ist in PostScript geschrieben und kann deswegen nur mit Ghostscript (oder Adobe PostScript) verwendet werden.

Das APSfilter-Paket für Linux ist eine Portierung des für FreeBSD entwickelten Pakets. Aus diesem Grund gilt es, einige Vorüberlegungen zu machen, damit bei der Installation des APSfilter-Pakets alles ordentlich konfiguriert wird. Auf einem Linux-Rechner ist es wohl am besten, das APSfilter-Paket in */usr/lib/apsfilter* zu installieren. Das Paket kommt von *ftp://metalab.unc.edu* als gzipte, getarte Datei. Um das Paket auszupacken, stellen Sie es in das Verzeichnis */usr/lib/apsfilter* und geben

```
gunzip apsfilter*gz
```

ein. Daraus resultiert zunächst eine *tar*-Datei. Zum Zeitpunkt des Schreibens installiert sich diese *tar*-Datei nicht richtig, wenn einfach nur *tar* im *apsfilter*-Verzeichnis aufgerufen wird. Geben Sie statt dessen im *apsfilter*-Verzeichnis

```
tar -vxf apsfilter*.tar -C /usr/lib
```

ein. Jetzt entpackt sich das APSfilter-Paket in Unterverzeichnisse im *apsfilter*-Verzeichnis.

Wechseln Sie jetzt in das Verzeichnis *apsfilter*. Bevor Sie den Befehl *SETUP* aufrufen, müssen Sie noch sicherstellen, daß alle Filter, die APSfilter verwenden soll, installiert und konfiguriert sind. In der Datei */usr/lib/apsfilter/FAQ* können Sie einiges über wichtige und nützliche Pakete lesen.

Bevor Sie die Installation starten, lesen Sie die Datei *INSTALL*, um vor Überraschungen sicher zu sein. Starten Sie dann *./SETUP*. Das Programm überprüft die Anwesenheit und Lage von graphischen Utilities und anderen Filtern, die APSfilter verwendet, um Dateien in eine auf Ihrem Drucker ausdruckbare Form zu bringen.

Das *SETUP*-Skript macht Meldung über den Installationserfolg oder -mißerfolg. Wenn Sie mehr als einen Drucker oder mehr als einen Modus für einen einzelnen Drucker installieren wollen, können Sie das Programm auch noch einmal starten. Wenn Sie beispielsweise einen »Deskjet 540«-Drucker installieren, wollen Sie vermutlich die dj500-Definition für die schwarze und die dj550c-Definition für die farbige Tintenpatrone verwenden. APSfilter verwendet sehr lange Verzeichnisnamen für seine Spool-Verzeichnisse, ob es Ihnen gefällt oder nicht. Wenn Sie Ihnen nicht gefallen, können Sie die Namen der Spool-Verzeichnisse natürlich ändern und die dazugehörigen Verzeichnisfelder im zugehörigen Eintrag in */etc/printcap* anpassen. Kürzen Sie aber nicht den Namen des verwendeten Filters; der Pfad muß bleiben. Wir empfehlen Ihnen nicht, die Dinge schöner machen zu wollen, bevor Sie nicht sicher sind, daß sie funktionieren.

Bevor Sie Ihre neue Einstellung ausprobieren können, müssen Sie noch den Drukkerdämon neu starten:

```
/usr/sbin/lpc restart all
```

APSfilter macht systemweite Variableneinstellungen für die Druckerdefinitionen in der Datei */etc/apsfilterrc*. Es kann interessant sein, diese Datei einmal zu lesen. Häufig auftretende Probleme beim Drucken sind die üblichen Probleme mit Dateibesitz und Zugriffsrechten; vergessen Sie also nicht, das immer zu überprüfen. Lesen Sie dann die Dateien *FAQ* und *TROUBLESHOOTING* im Verzeichnis */usr/lib/apsfilter*.

Wenn Ihre APSfilter-Installation nicht funktioniert, können Sie immer noch zur alten Konfiguration zurückkehren, indem Sie die von APSfilter gesicherte Datei */etc/printcap.orig* wieder in */etc/printcap* umbenennen.

APSfilter benennt seine Drucker sequentiell, beginnend mit `lp1`. Lassen Sie sich nicht verwirren, das hat nichts mit dem tatsächlichen physikalischen Gerät zu tun, das dem Drucker zugewiesen ist. Auch hier können Sie die Namen verändern.

APSfilter ermöglicht es, einige Beschränkungen aufzulockern, so daß sich einzelne Benutzer eine eigene Datei *.apsfilterrc* in ihren Home-Verzeichnissen anlegen können. Per Default ist das aber nicht erlaubt, was etwas mehr Sicherheit bedeutet.

Die neueste Version von Magic-Filter (zum jetzigen Zeitpunkt ist das Version 1.2) läßt sich bemerkenswert einfach installieren und ist eine gute Alternative zu APSfilter. Es gibt allerdings keinerlei Hilfe bei der Installation. Obwohl es eine nützliche

Manpage gibt, gibt es nicht sehr viel Informationen, die Ihnen bei der Installation helfen könnten, die für die meisten Drucker notwendigen Änderungen vorzunehmen. Aber insbesondere, wenn Sie einen vielseitig verwendbaren Drucker haben, der mehrere Sprachen versteht (PostScript, PCL5, Text usw.), kann es lohnend sein, sich die Mühe mit der Installation zu machen.

Elemente des BSD-Drucksystems: Dateien, Verzeichnisse und Utilities

Das Druckerverwaltungssystem erwartet von Ihnen, daß Sie Verzeichnisse anlegen, die den Druckernamen in der Printcap-Datei entsprechen, um die Dateien zum Drucken abzulegen. Außerdem müssen Sie andere Dateien anlegen, um den Druckvorgang selbst zu kontrollieren. Sie müssen die Verzeichnisse und Dateien mit den richtigen Besitzern und Zugriffsrechten anlegen, und auch die Drucker-Utilities müssen die richtigen Zugriffsrechte haben.

Druckerverzeichnisse einrichten

Sie haben von Ihrer Installation ein Standard-Spool-Verzeichnis. Idealerweise liegt dieses Verzeichnis auf einer Festplatte mit niedrigen Zugriffszeiten. Das allgemeine Spool-Verzeichnis (*/var/spool*) wird normalerweise für Mail, News und UUCP-Verbindungen genauso wie für die Druckdateien verwendet. Wir empfehlen Ihnen, dies beizubehalten; es ist unter Linux der Standard. Einige Utilities oder Filter, die Sie sich besorgen, erwarten möglicherweise, daß */usr/spool/lpd* der Pfad für den Drucker-Spooler ist. Falls dies der Fall ist, müssen Sie das ändern. Natürlich können Sie ein Verzeichnis */usr/spool* anlegen und einen Link auf */var/spool* setzen, aber das ist nur dann sinnvoll, wenn */usr* und */var* auf derselben Festplatte (bzw. auf derselben Partition) liegen.

Sie müssen Ihre eigenen Drucker-Spooler-Verzeichnisse anlegen. Das Verzeichnis */var/spool/lpd* ist der Standardpfad für jedes Unterverzeichnis eines Druckers. Jeder Name eines Drucker-Unterverzeichnisses muß der Druckername im ersten Feld im zugehörigen */etc/printcap*-Eintrag sein. Beispielsweise ist */var/spool/lpd/moa* der richtige Verzeichnisname für einen Drucker, bei dem `moa` im Namensfeld des Printcap-Eintrags steht. Ebenso muß der Eintrag in */etc/printcap* eine `sd`-Variable haben, die auf das Spool-Verzeichnis zeigt (zum Beispiel `sd=/var/spool/lpd /moa`).

Sie sollten `lp` nicht als Name eines Spool-Verzeichnisses verwenden, es sei denn, Sie wollen nie mehr als einen Drucker in Ihrem System oder Netzwerk haben, denn `lp` ist der Standarddrucker. (Wenn Ihr Standarddrucker irgendwo anders im Netz steht, werden die Dateien trotzdem zunächst nach */var/spool/lpd/lp* geschrieben, bevor *lpd* sie an den Druckerdämon auf dem entfernten Rechner weiterreicht.) Möglicherweise haben Sie ein Druckerverwaltungsprogramm, das ein Spool-Verzeichnis namens `lp` automatisch anlegt, aber Sie können ja immer noch die Printcap-Datei editieren, um einen anderen Verzeichnisnamen zu wählen.

Der Name des Spool-Verzeichnisses sollte der erste Name sein, der im zugehörigen Eintrag in */etc/printcap* aufgeführt wird, damit es leichter ist, den Drucker zu identifizieren. Der Printcap-Eintrag wird dann mit den Namen verknüpft, mit denen die Utilities *lpq* und *lpc* über den Zustand der Druckerwarteschlange berichten.

Zugriffsrechte für Dateien, Verzeichnisse und Utilities

Das häufigste Problem beim Einrichten von Druckdiensten liegt in den Zugriffsrechten von Dateien und Verzeichnissen. Tabelle 8-1 gibt die wichtigen Dateien, Verzeichnisse und Utilities an, die zur BSD-Druckerverwaltung unter Linux gehören. Die Installationsorte können – abhängig von Ihrer Distribution – etwas anders sein. Die in der folgenden Tabelle angegebenen Zugriffsrechte sind Empfehlungen für die Dateien und Verzeichnisse des Drucksystems. (Zusätzliche Filter und nicht standardmäßige Spool-Pfade können in */etc/printcap* angegeben werden.) Andere Zugriffsrechte funktionieren möglicherweise auch, aber wenn Sie Probleme mit den Zugriffsrechten haben, können Sie hier nachschlagen. Ein Stern in der ersten Spalte von Tabelle 8-1 gibt an, daß es viele Dateien mit den Namen der einzelnen Drucker geben kann.

Tabelle 8-1: BSD-Dateien, -Verzeichnisse und -Utilities

Verzeichnis oder Datei	Zugriffsrechte	Eigentümer/ Gruppe	Beschreibung
/dev/ttys1	`crwsr-----`	root/lp	Typische Gerätedatei für serielle Drucker
/dev/lp1	`crws------`	root/lp	Typische Gerätedatei für parallele (nicht bidirektionale) Drukker
/usr/bin/lpc	`-rwsrwsr-x`	root/lp	Verwaltet die Spooler-Dienste
/usr/bin/lpr	`-rwsrwsr-x`	root/lp	Nimmt die zu druckende Datei entgegen, fügt Verarbeitungsdaten hinzu und stellt beide in den Spooler
/usr/bin/lpq	`-rwsrwsr-x`	root/lp	Zeigt die »gespoolten« Dateien mit Daten über den Benutzer und die Warteschlange an
/usr/bin/lprm	`-rwsrwsr--`	root/lp	Entfernt Druckjobs aus dem Spooler
/usr/bin/tunelp	`-rwsr-sr--`	root/lp	Testet Druckerdienste, um sie zu verbessern
/usr/bin/lptest	`-rwxr-xr-x`	root/root	Gibt eine ASCII-Datei aus, um den Drucker und das Display zu testen

Tabelle 8-1: BSD-Dateien, -Verzeichnisse und -Utilities (Fortsetzung)

Verzeichnis oder Datei	Zugriffsrechte	Eigentümer/ Gruppe	Beschreibung
usr/sbin/lpd	`-rwsr-s---`	**root/lp**	Der Dämon, der die Druckverwaltung unter Verwendung der Printcap-Daten und von *lpr* übergebenen Daten abwickelt
/usr/sbin/lpf	`-rwxr-xr-x`	**root/lp**	Primitive BSD-Textfilter
/usr/sbin/pac	`-rwxr--r--`	**root/root**	BSD-Utility, das über die Drukkerbenutzung, nach Benutzern sortiert, Auskunft gibt
/var/spool/	`drwxr-sr-x`	**root/daemon**	Grundlegender Speicherort für temporäre Dateien
/var/spool/lpd	`-rws--s--x`	**root/lp**	Standardpfad für das Drucker-Spooler-System
*/var/spool/lpd/**	`drwxr-sr-x`	**root/lp**	Spool-Unterverzeichnisse für jeden definierten Drucker
/var/spool/lpd//filter*	`-rwxr-xr-x`	**root/lp**	Filter, die vom Red Hat-Drukkerverwaltungswerkzeug für jedes Spool-Verzeichnis angelegt werden
/var/spool/lpd/lpd.lock	`-rw-rw----`	**root/lp**	Lock-Datei für die *lpd*-Warteschlange
/var/spool/lpd//.seq*	`-rw-rw----`	**lp/lp**	Folgendatei, die *lpd* verwendet, um die »gespoolten« Dateien zu ordnen
/var/spool/lpd//lock*	`-rw-------`	**root/lp**	*lpd* schreibt Lock-Dateien, um zu verhindern, daß die nächste Datei geschickt wird, bevor der Drukker wieder bereit ist
/var/spool/lpd//status*	`-rw-------`	**lp/lp**	Hier speichert *lpd* den neuesten Statusbericht der Drucker ab
/var/log/lp-acct	`-rw-------`	**root/root**	Buchführungsdatei, aus der *pac* seine Daten bezieht*
/var/log/lpd-errs	`-rw-rw-r-`	**root/lp**	BSD-Standard-Logdatei für *lpd*-Fehler

* Diese Datei bleibt leer, bis die Buchführung auf Linux portiert worden ist oder Ghostscript so konfiguriert wird, daß es seine begrenzten Meldungen dort ablegt, und die Datei schreibbar für alle gemacht wird.

Die gewöhnlichen Druckerverwaltungs-Utilities unter Linux legen die Druckdatei mit dem Besitzer **root** und der Gruppe **lp** an. BSD-Distributionen verwenden traditionell auch den Besitzer **root**, aber die Gruppe **daemon**. Sie können beide Gruppen verwenden, aber wenn Sie **daemon** und **lp** mit verschiedenen Utilities und Dateien mischen, bekommen Sie Probleme. Seien Sie insbesondere vorsichtig, wenn Sie Utilities aus anderen Paketen hinzufügen.

Angenommen, Sie müssen (als **root**) das Drucker-Spooler-Verzeichnis */var/spool /lpd* anlegen. Sie führen den Befehl

```
mkdir /var/spool/lpd
```

aus. Wenn */var/spool* die üblichen Zugriffsrechte hatte, hat das neue *lpd*-Verzeichnis die Zugriffsrechte `drwxrwxr-x`, was zuviel ist.

Wenn Sie den Befehl

```
chmod 755 /var/spool/lpd
```

eingeben, werden die Zugriffsrechte auf `drwxr-xr-x` geändert. Das ist schon fast perfekt, aber nur fast. Sie müssen das setuid-Bit setzen, so daß **lp** per setuid zu **root** werden kann:

```
chmod +s /var/spool/lpd
```

Jetzt sind die Zugriffsrechte `drwsr-sr-x`, und so soll es auch sein. Die Gruppe sollte aber **lp** und nicht **root** sein, also müssen Sie auch das noch beheben:

```
chgrp lp /var/spool/lpd
```

Legen Sie die Spool-Verzeichnisse für jeden Drucker als Unterverzeichnisse von */var/spool/lpd* auf die gleiche Weise an, und legen Sie dann mit *touch* eine *.seq*-Datei in jedem Drucker-Verzeichnis an:

```
touch .seq
```

Ausprobieren des Druckerdämons

Der Dämon *lpd* liest die Datei */etc/printcap* ein und schickt dann Dateien an Drukker, indem er sie an die Gerätedatei im */dev*-Verzeichnis weiterleitet. Die meisten Drucker an Linux-Rechnern sind entweder seriell (üblicherweise mit den Namen */dev/ttys0*, */dev/ttys1* usw.) oder parallel (*/dev/lp0*, */dev/lp1* oder */dev/lp2*, abhängig von den physikalischen Adressen, die die Schnittstellen benutzen). Die Schnittstellenzuweisungen werden im Abschnitt »Problemsuche im Drucksystem« beschrieben. Ein häufiger Fehler beim Konfigurieren der Druckerdienste besteht darin, die falsche Schnittstelle zu nehmen.

Sie können ein virtuelles Gerät, zum Beispiel */dev/fax*, mit einem tatsächlichen Gerät durch Anlegen eines symbolischen Links verknüpfen, also zum Beispiel:

```
ln -s /dev/ttys1 /dev/fax
```

Damit können die Benutzer Skripten und Filter einrichten, die */dev/fax* benutzen. Sie können einfach das physikalische Gerät (zum Beispiel ein Faxmodem) umbauen, indem Sie */dev/fax* entfernen und neu mit einem Link auf das neue Gerät anlegen.

Der BSD-Druckerdämon ist dafür bekannt, einfach wegzusterben oder die Arbeit völlig einzustellen. Der Fairneß halber muß gesagt werden, daß das heute seltener vorkommt als noch vor ein paar Jahren, aber es kommt noch vor. Wenn das passiert, beenden Sie einfach den alten Dämon und starten Sie einen neuen. Wenn *lpd* aber nicht zuverlässig genug ist, muß das ja einen Grund haben. Es könnte mit der Umgebung des Benutzers etwas nicht in Ordnung sein, die bei *lpd* angegebenen Kommandozeilenoptionen waren vielleicht falsch, oder ein fehlerhafter Filter sendet einem Drucker Konfigurationsdaten, die dieser nicht mag. Sie können jedoch ruhigen Gewissens davon ausgehen, eine »ziemlich gute« Druckerinstallation zu haben. Wenn Sie trotzdem Probleme haben, lesen Sie den Abschnitt »Problemsuche im Drucksystem«.

O.K., lassen Sie uns überprüfen, ob Sie ein funktionierendes Druckersystem haben. Nachdem Sie alle diese Veränderungen vorgenommen haben, können Sie sicher sein, daß *lpd* nicht mehr weiß, was los ist. Starten Sie also den Befehl *ps*, um die Prozeß-ID des *lpd*-Prozesses herauszufinden. Geben Sie dann

```
kill -9 Prozess-ID
```

ein, um den angegebenen Prozeß zu beenden.[6] Jetzt sollte bei Ihnen kein Druckerdämon laufen. Geben Sie einfach */usr/sbin/lpd* ein, um den Druckerdämon zu starten.

Während Sie jetzt den LEDs an der Frontblende Ihres Druckers zuschauen (wenn da überhaupt welche sind), schicken Sie eine Datei (immer noch als **root**) an den Drucker:

```
lptest | lpr
```

Die von *lptest* gesendete ASCII-Datei sollte jetzt auf Ihrem Standarddrucker ausgedruckt werden, so wie es in Ihrer */etc/printcap*-Datei angegeben ist. Wenn das nicht passiert, haben Sie ein Konfigurationsproblem, das nichts mit Zugriffsrechten zu tun hat.

Hat der Drucker irgendeine Aktivität gezeigt? Hat Ihr Standarddrucker ein Spool-Verzeichnis? Hat dieses Verzeichnis eine *.seq*-Datei? Überprüfen Sie die Datei */var/log/lpd-errs*, und sehen Sie nach, ob da irgend etwas Hilfreiches steht. Verwenden Sie den Befehl *lpc*, um einen Bericht über den Zustand des Druckerdämons und des Spoolers zu bekommen.

6 Es ist vielleicht einfacher, den Befehl *lpc* dazu zu verwenden. Wenn Ihr Root-Desktop zudem ein Druckerverwaltungswerkzeug hat, können Sie wahrscheinlich einfach auf den*lpd*-Knopf drücken, um den Druckerdämon zu beenden und neu zu starten.

Wenn alles andere gut aussieht, stellen Sie sicher, daß der Drucker auch die Schnittstelle verwendet, unter der Sie ihn erwartet haben. Das machen Sie, indem Sie eine Datei direkt an die Schnittstelle schicken, also zum Beispiel:

```
# lptest > /dev/lp1
```

Oder, um einen seriellen Drucker zu testen:

```
# lptest > /dev/ttys1
```

Und so weiter. Wenn nichts davon funktioniert, überprüfen Sie erneut Ihre */etc/printcap*-Datei. Ist der Eintrag korrekt aufgebaut? Stehen keine Leerzeichen oder Tabulatoren hinter dem Fortsetzungszeichen (\)? Ist die Druckerwarteschlange korrekt angegeben? Taucht der Name `lp` irgendwo als einer der Druckernamen im Namensfeld auf? Ist der erste Name im Namensfeld derselbe Name wie der des Spool-Verzeichnisses?

Lassen Sie uns jetzt aber annehmen, daß Sie diesen ersten kleinen Test ohne Blessuren überstanden und einen wunderschönen Ausdruck im Ausgabefach Ihres Druckers haben. Als nächstes kommt die richtige Herausforderung. Können Sie auch als normaler Benutzer drucken? Loggen Sie sich ein (oder verwenden Sie *su*), um ein normaler Benutzer zu werden. Versuchen Sie jetzt dasselbe Experiment noch einmal. Wenn es wieder funktioniert: Herzlichen Glückwunsch, Sie haben jetzt einen Drucker! Wenn nicht, haben Sie immerhin ein Problem, und zwar vermutlich eines, das mit der Zugehörigkeit oder den Zugriffsrechten eines Verzeichnisses oder einer Datei zu tun hat. Sie wissen, was Sie jetzt tun müssen. Lesen Sie in den Manpages von *chgrp*, *chmod* und *chown* nach, und gehen Sie die Liste der Dateien und Verzeichnisse durch, um Ihr Problem zu finden und zu beheben. Machen Sie das so lange, bis auch Otto Normalbenutzer drucken kann.

Kontrollieren der Druckerdienste mit lpc

Das Utility *lpc* dient dazu, Druckerwarteschlangen zu verwalten. Es verlangt für die meisten Funktionen root-Rechte. *lpc* berichtet über alle Druckerwarteschlangen und die zugehörigen *lpd*-Dämonen. Sie können auch Berichte über einen bestimmten Drucker oder Benutzer anfordern. Um einen Bericht über alle Drucker und Benutzer abzufragen, geben Sie ein:

```
$ lpc status
ibis:
        queuing is enabled
        printing is enabled
        no entries
        no daemon present
crow:
        queuing is enabled
        printing is enabled
```

```
        1 entry in spool area
        crow is ready and printing
ada:
        queuing is disabled
        printing is disabled
        no entries
        no daemon present
```

Das Einreihen von Dateien in die Warteschlange kann mit *lpc enable* erlaubt und mit *lpc disable* verboten werden. Der Befehl *lpc disable* setzt dazu die Ausführungsberechtigung für Gruppen der Lock-Datei im Spool-Verzeichnis des Druckers um.

Das Drucken kann mit *lpc start* gestartet und mit *lpc stop* angehalten werden. Druckjobs, die in der Warteschlange stehen, wenn ein Drucker angehalten wird, bleiben dort, bis der Drucker wieder freigegeben wird. Der Befehl *lpc stop* schreibt eine Lock-Datei in das Spool-Verzeichnis des Druckers und beendet den Druckerdämon für diese Warteschlange, erlaubt aber das ordnungsgemäße Beenden des aktuellen Druckjobs. Der Befehl *lpc abort* funktioniert wie *stop*, bricht aber jeden Druckjob sofort ab. (Weil der Job nicht beendet wurde, bleibt er erhalten und wird von neuem gestartet, wenn der Drucker wieder freigegeben wird.)

Der Befehl *lpc down* ist eine Kombination aus *disable* und *stop*, der Befehl *lpc up* das Gegenteil davon.

Sie können die Ausgabe auch auf einen Drucker begrenzen:

```
$ lpc status crow:
crow:
        queuing is enabled
        printing is enabled
        1 entry in spool area
        crow is ready and printing
```

Die Möglichkeit, sich Zustandsberichte ausgeben zu lassen, ist für jeden nützlich; *lpc* erlaubt daher allen Benutzern die Verwendung dieses Befehls. Die richtige Arbeit für *lpc* gibt es erst bei Druckerproblemen. Manchmal stirbt ein Druckerdämon, und die Druckjobs sammeln sich an. Manchmal ist bei einem Drucker das Papier oder die Tinte alle, oder der Drucker ist ganz kaputt. Jobs im Spooler müssen angehalten oder in einen anderen Spooler verschoben werden, wo sie ausgedruckt werden können. Manchmal hat auch jemand einen besonders dringenden Druckauftrag, der an die Spitze der Warteschlange verschoben werden muß.

Der Befehl *lpc* ist ein klassischer Unix-Befehl, verschlossen und streng. Wenn Sie einfach nur *lpc* eingeben, bekommen Sie lediglich einen Prompt:

```
lpc>
```

Der Befehl ist interaktiv und wartet auf Ihre Anweisungen. Sie können durch Eingabe von `help` oder eines Fragezeichens Hilfe bekommen. *lpc* antwortet und erzeugt einen neuen Prompt. Durch Eingabe eines Fragezeichens bekommen Sie:

```
# lpc
lpc> ?
Commands may be abbreviated.  Commands are:
abort   enable  disable help    restart status  topq    ?
clean   exit    down    quit    start   stop    up
lpc>
```

Sie können noch weitere Hilfe bekommen, indem Sie nach Hilfe für einen bestimmten Befehl fragen. Um beispielsweise mehr über das Neustarten einer blokkierten Warteschlange zu erfahren, geben Sie ein:

```
lpc> help restart
restart         kill (if possible) and restart a spooling daemon
lpc>
```

Die Hilfemeldungen von *lpc* bringen aber keine Informationen über die weiteren Argumente, die Sie bei manchen Teilbefehlen eingeben können. Hier hilft die Manpage weiter. Die meisten Befehle akzeptieren die Eingabe von *all* oder den Namen eines Drucker-Spoolers als zusätzliches Argument.

Der Befehl *lpc topq* erwartet als erstes Argument den Namen eines Drucker-Spoolers und Druckjobnummern oder Benutzer-IDs als folgende Argumente. Die Argumente werden verwendet, um die Druckerwarteschlange umzustellen. Um beispielsweise den Job 237 an die Spitze der **ada**-Warteschlange zu stellen, gefolgt von allen Jobs des Benutzers **bckeller**, geben Sie ein:

```
lpc> topq ada 237 bckeller
```

Der *lpd*-Dämon wird den Job 237 starten, sobald der aktuelle Job beendet ist, und alle Jobs, die **bckeller** gehören, nach vorn in die Warteschlange stellen. Wenn Sie sehr ungeduldig sind, könnten Sie auch die Befehle *abort* und *clean* verwenden, um den aktuellen Druckjob zu löschen und dann mit *topq* den Job an die Spitze zu stellen, den Sie dort haben wollen, bevor Sie mit *restart* einen neuen *lpd* erzeugen und die Warteschlange wieder neu starten.

Wenn Sie den Befehl *stop* verwenden, um einen (oder alle) Drucker-Spooler anzuhalten, können Sie eine Nachricht an alle Benutzer im System schicken. Ein Beispiel:

```
lpc> stop ada "Drucker Ada abgeschaltet, um Toner-Kartusche auszuwechseln."
```

Wenn Sie größere Umbauvorhaben an den Drucker-Spoolern vornehmen wollen, Warteschlangen anhalten und Dateien durch die Gegend bewegen müssen, ist es sinnvoll, den Befehl *cleanup* zu verwenden. Das minimiert das Risiko, daß irgendeine verwaiste Datei den *lpd*-Dämon zum Absturz bringt.

```
lpc> clean
```

Lassen Sie sich dann einen neuen Zustandsbericht ausgeben, und starten Sie alle angehaltenen Drucker-Spooler neu, bevor Sie das Programm verlassen. Es gibt einen Unterschied zwischen dem Abbrechen und dem Anhalten eines Prozesses sowie dem Abschalten einer Warteschlange. Wenn Sie eine Warteschlange abschalten (zum Beispiel mit *lpc down ada*), können Sie *lpd* nicht mehr veranlassen, diesen Spooler zu bedienen, bis Sie mit *lpc up ada* alles wieder angeschaltet haben. Entsprechend müssen Sie eine Warteschlange nach dem Anhalten weiterlaufen lassen oder neu starten.

Verfolgen Sie die Geschehnisse weiter, wenn Sie Drucker-Spooler-Probleme mit *lpc* beseitigen. Zusätzliche Zustandsberichte werden Ihnen Auskunft geben, ob die Probleme wirklich gelöst worden sind.

Sie sollten mit der Beschäftigung mit *lpc* nicht warten, bis die Katastrophe da ist, denn der Durchlauf eines Druckjobs durch einen Linux-Spooler kann sehr schnell gehen, insbesondere dann, wenn der Drucker viel Speicher hat, um die an ihn geschickten Jobs abzuspeichern. Lesen Sie die Manpage genau durch, und arbeiten Sie mit *lpc* so weit, daß Sie mit den Möglichkeiten vertraut sind, die *lpc* Ihnen zur Kontrolle der Drucker-Spooler und von *lpd*-Dämonen bietet.

Sie können Teilbefehle abkürzen, sofern die Abkürzungen noch eindeutig sind. Im unten gezeigten Beispiel steht `h` für *help*:

```
lpc> h topq
```

Um den *lpc*-Befehl zu verlassen, geben Sie

```
lpc> quit
```

oder

```
lpc> exit
```

ein.

Optimierung der Druckerdienste

Um die Performanz zu verbessern, können Sie zunächst versuchen, die physikalischen Einstellungen zu optimieren. Sie sollten versuchen, die maximalen Datenflußraten zu Ihren Druckern herauszubekommen. Aber geben Sie keine höhere Datenflußrate als von Ihrem Drucker unterstützt an, es sei denn, der Drucker ist in der Lage, Signale zur Flußkontrolle an den Druckerdämon zu schicken. Sie müssen also über eine bidirektionale Datenübertragung verfügen (und der Drucker muß die notwendigen Signale zurückschicken) oder sich auf eine Übertragungsgeschwindigkeit beschränken, bei der keine Daten auf dem Weg zum Drucker verlorengehen. Sie müssen mit diesen Einstellungen vermutlich etwas experimentieren, um bei begrenzter Bandbreite die bestmögliche Performanz herauszuquetschen.

Alte serielle und parallele Schnittstellenkarten für PCs verfügen nicht über den Durchsatz wie neuere Karten. Neuere serielle Karten haben schnellere I/O-Prozessoren. Neuere parallele Schnittstellen sind üblicherweise schneller und erfüllen den EPP-Standard für bidirektionale Kommunikation, wodurch *lpd* den Datenfluß besser kontrollieren kann. Eine deutliche Performanzverbesserung ist vielleicht nur ein paar Mark entfernt.

Wenn Ihr Drucker einfach nur langsam ist und keine Druckjobs zwischenpuffern kann, gewinnen Sie natürlich nicht besonders viel, indem Sie die Übertragungsrate erhöhen, aber es kann immer noch ein Gewinn sein, die Interrupt-gesteuerte Flußkontrolle anstelle des Schnittstellen-Pollings zu verwenden, wenn die Hardware das zuläßt.

Sie können eine Reihe von Drucker-Optimierungen mit dem *tunelp*-Utility vornehmen. Lesen Sie sich die Manpage sorgfältig durch, bevor Sie irgendwelche Versuche in dieser Richtung machen. Wenn ein Tuning-Versuch scheitert, müssen Sie eventuell den Drucker aus- und wieder einschalten, um ihn in den Ausgangszustand zu bringen. Vergessen Sie auch nicht, mit *lpc* den *lpd*-Dämon nach jeder Änderung der Konfiguration neu zu starten. Machen Sie eine Sicherungskopie Ihrer funktionierenden Einstellungen, bevor Sie mit *tunelp* herumexperimentieren.

Ein sehr guter Start mit *tunelp* ist es einzustellen, daß ein Ausdruck bei einem Druckerfehler abgebrochen wird und Sie darüber eine Meldung erhalten. (Der Default ist, den Ausdruck nicht abzubrechen.) Mit dieser Einstellung können Sie Ihre Testphase verkürzen. Um diese Einstellung zu erhalten, geben Sie als **root** ein:

```
tunelp -aon
```

Wenn Sie einen Drucker verwenden, der an der parallelen Schnittstelle angeschlossen ist, und diese Schnittstelle auch Interrupt-gesteuertes Drucken zuläßt, können Sie *tunelp* verwenden, um den Zugriff auf den Drucker zu beschleunigen:

```
tunelp /dev/lp1 -i7
```

Dieses Beispiel schaltet die von Interrupt 7 kontrollierte Schnittstelle auf Interrupt-gesteuertes Drucken um. Wenn der nächste Druckversuch nach dieser Umstellung scheitert, sollten Sie die Schnittstelle zurücksetzen und zum nicht-Interrupt-gesteuerten Polling zurückkehren:

```
tunelp /dev/lp1 -r -i0
```

Wenn Sie den Interrupt eines Gerätes nicht kennen, können Sie diesen mit *tunelp -q* abfragen, worauf die IRQ-Einstellung angezeigt wird.

Sie können den Ausdruck möglicherweise etwas beschleunigen, indem Sie die Wartezeit reduzieren, die der Treiber wartet, wenn er ein Zeichen eine bestimmte Anzahl von Malen vergeblich zum Drucker schicken wollte. Ein schneller Laserdrucker beispielsweise kommt vermutlich mit sehr kurzen Pausen aus und benötigt nicht so viele Übertragungsversuche. Um ein Zeichen zehnmal vor der Pause auszugeben zu versuchen (Standardeinstellung sind 250 Versuche) und die Pause auf eine Hundertstelsekunde zu reduzieren, geben Sie ein:

```
tunelp /dev/lp1 -c10 -t1
```

Das *-t* erwartet einen numerischen Wert, der als Hundertstelsekunden interpretiert wird. Die standardmäßig eingestellte Pause ist eine Zehntelsekunde lang.

Beachten Sie, daß die Übertragungsrate, die sich möglicherweise für normale Textdateien als optimal herausgestellt hat, für Grafikdateien, die üblicherweise langsamer verarbeitet werden, weniger effizient sein kann.

Wenn Sie mit dem Optimieren Ihres Drucksystems fertig sind, wollen Sie vermutlich den Abbruch-Schalter wieder zurücksetzen, damit in Zukunft Ausdrucke bei Druckerfehlern nicht mehr abgebrochen werden:

```
tunelp -aoff
```

Das Utility *tunelp* wird immer noch weiterentwickelt. Lesen Sie die Manpage, um sich über die Fähigkeiten Ihrer Version zu informieren.

Problemsuche im Drucksystem

Wenn Sie ein Druckerproblem haben, lassen Sie sich zunächst von *lpc* einen Zustandsbericht geben. Die Druckerdämonen sollten lebendig und gesund sein; es sollten auch keine Fehler angezeigt werden. Sie können auch den Inhalt von */var/spool/lpd/*`druckername`*/status* zu Rate ziehen und nachsehen, ob hier ein Fehler vom Drucker gemeldet wurde. Überprüfen Sie */var/log/lpd-errs*, ob hier von *lpd* Fehler gemeldet wurden. Wenn Sie Ghostscript verwenden und die Berichtsfunktionen eingeschaltet haben, können Sie */sbin/pac* auf die Logdatei von Ghostscript anwenden, um einen Bericht zu erhalten, aus dem mögliche – von Ghostscript erzeugte – Fehlermeldungen hervorgehen. (Solange unter Linux noch keine System-Buchführung zur Verfügung steht, können Sie auch genausogut */var/log/lp-acct* für diese Berichte verwenden. Sie müssen die Datei dazu schreibbar für alle machen.)

Werfen Sie einen zweiten Blick auf den Zustandsbericht von *lpc*. Gelangen die Dateien überhaupt in den Drucker-Spooler? Kommen sie von dort wieder heraus? Sind die notwendigen Dateien für *lpd* vorhanden (*.seq*, *lock* usw.)? Wenn *lpc status* einen Drucker namens »`:`« meldet, ist mindestens eine fehlerhafte Zeile in */etc/printcap*; das letzte Zeichen einer fortgesetzten Zeile muß der Backslash sein, nicht ein Leer- oder Tabulatorzeichen.

Manchmal ist */etc/printcap* falsch eingestellt, so daß *lpd* die Datei falsch weiterleitet. Um das auszuprobieren, bereiten Sie eine Datei zum Drucken vor, aber speichern Sie sie, statt sie in den Drucker-Spooler zu stellen. Sehen Sie sich die Datei an. Ist sie so, wie Sie es erwarten? Machen Sie einige Überprüfungen:

- Wenn Sie als **root** eine Datei direkt an das Gerät schicken (zum Beispiel mit `cat dateiname.ps > /dev/lp1`), wird sie dann ausgedruckt? Falls das der Fall ist, liegt das Problem in der Konfiguration der Software, nicht bei der Hardware.
- Können Sie Ihre PostScript-Datei mit Ghostview ansehen? Falls ja, dann wissen Sie, daß das Dateiformat korrekt ist, der Drucker oder Filter sie aber nicht korrekt interpretiert.

Wenn Sie eine Textdatei ausprobieren, versuchen Sie, die Datei auf dem Bildschirm auszugeben und sie durch ein Utility wie *less* zu schicken, und untersuchen Sie das Ergebnis. Auch ein selbstgebauter Filter kann Fehler verursachen.

Manchmal ist es schwierig, den Ursprung eines Druckproblems herauszufinden. Probleme mit der Druckerkonfiguration können zum Beispiel durch überschriebene Defaults versteckt oder auch erst hervorgerufen werden. Vielleicht müssen Sie sich zunächst einmal die Druckgewohnheiten eines bestimmten Benutzers ansehen und sich von dort vorarbeiten. Benutzer können in ihren Startdateien Umgebungsvariablen setzen, die ihren Standarddrucker und das Verhalten von Formatierungsprogrammen und Filtern einstellen. Die Default-Werte des Systems werden oft durch Umgebungsvariablen überschrieben, diese dann wiederum durch Kommandozeilenargumente von *lpr* oder einem anderen Utility.

Wenn ein Druckjob nicht normal beendet wird, kann es notwendig sein, die Lock-Datei für den Spooler (*/var/spool/lpd/*`druckername`*/lock*) zu löschen, bevor *lpd* eine andere Datei aus dem Spooler an den Drucker schickt. Der *lpd*-Dämon legt die Lock-Datei an und löscht sie nach vollendetem Druckauftrag wieder. Sie können mit *lpc* den Druckerdämon anhalten und das Spool-Verzeichnis aufrufen, bevor Sie von neuem anfangen.

Einige Probleme resultieren auch aus der Datenübertragung. Ein Drucker kann Zeichen verlieren oder nicht gegen den angebotenen Datenstrom ankommen, insbesondere dann, wenn er alt und langsam oder das Kabel ungewöhnlich lang ist. Ein mögliches Symptom dafür ist das korrekte Ausdrucken von einfachem Text, aber das Anhalten und Ausgeben von Müll, wenn eine Grafik gedruckt werden soll. Wenn Sie ein solches Problem im Verdacht haben, sollten Sie die Pause, bevor Daten erneut gesendet werden, vergrößern und die Warteschleife verlangsamen. Dies können Sie bequem mit dem Utility *tunelp* einstellen:

```
tunelp -t200 -w5
```

Mit diesem Befehl teilen Sie *lpd* mit, daß er zwischen den Versuchen zwei Sekunden warten soll. Mit der Option *-w* wird die Anzahl der Schleifen zwischen den Strobe-Signalen eingestellt. Normalerweise ist *-w* auf 0 eingestellt. Weitere Informationen zu *tunelp* finden Sie im Abschnitt »Verwaltung und Pflege der Druckerdienste«.

Wenn es so aussieht, als würde nie ein *lpd* auf Ihrem System laufen, wird er vielleicht beim Hochfahren des Systems nicht gestartet. Wenn das der Fall ist, dann fügen Sie eine Zeile */etc/lpd* an das Ende der Datei */etc/rc.d/c.local* an. Die meisten Linux-Installationen starten *lpd* heutzutage im Rahmen der Default-Installation.

Manche Probleme treten erst dann auf, wenn Sie ein anderes Paket verwenden wollen, das durch Zugriffe auf das gleiche Gerät Konflikte verursacht. Beispielsweise versucht UUCP eine serielle Schnittstelle über den Gerätetreiber für */dev/ttyS** anzusprechen. UUCP ist aber ein Dämon mit größeren Privilegien als **lp**, so daß er das Gerät (fehlerhafterweise) auf einer Zugriffsstufe belassen kann, auf der *lpd* nicht darauf zugreifen kann.

Die Linux-Distribution des BSD-Druckpakets wird normalerweise in der Gruppe **lp** installiert. Bei traditionellen BSD-Druckerverwaltungsinstallationen gehört *lpd* **daemon** und ist Mitglied der Gruppe **daemon**. (Es gibt keine spezielle **lp**-Gruppe zum Drucken.) Wenn Sie den Verdacht haben, daß hier ein subtiles Problem mit dem Zugriff auf Geräte durch verschiedene Prozesse vorliegt, können Sie die Gruppenzugehörigkeit auf **daemon** ändern, natürlich genauso wie die Verzeichnis- und Dateizugriffsrechte. Damit wäre die ursprüngliche BSD-Konfiguration wiederhergestellt. Eine bessere Lösung wäre es aber, die problematischen Geräte zu identifizieren und den Besitzer auf **lp** zu ändern, da UUCP auch auf Geräte, die **lp** gehören, zugreifen kann. Vergessen Sie aber nicht, daß eine serielle Schnittstelle über verschiedene virtuelle Geräte mit dem tatsächlichen Gerät verbunden sein kann; Sie müssen den Eigentümer der tatsächlichen Schnittstelle korrekt setzen.

Ab und zu glaubt ein Benutzer, daß sein Druckjob an den »falschen« Drucker geht. Das deutet normalerweise auf ein Problem mit den Umgebungsvariablen hin. Überprüfen Sie Ihre Datei */etc/printcap* erneut, aber auch die Umgebungsvariablen des Benutzers. Zum Beispiel kann der Benutzer die GS_DEVICE-Umgebungsvariable gesetzt haben, die Ghostscript als Standarddrucker verwendet. Wenn die Verarbeitung durch Ghostscript vor der Verarbeitung durch *nenscript* stattfindet, kann die Druckerzuweisung von Ghostscript auf *nenscript* gesetzt sein, womit die Umgebungsvariablen NENSCRIPT und PRINTER überschrieben werden. So etwas kann auch merkwürdige Ergebnisse verursachen, wenn einer der überschriebenen Parameter die anderen gesetzt läßt, so daß beispielsweise ein Filter ein bestimmtes Seitenlayout für einen Drucker vornimmt, der Ausdruck aber auf einen anderen Drukker geht.

Ältere PostScript-Drucker ignorieren teilweise ganz einfach normale ASCII-Dateien. Wenn ein Benutzer sich über verschwindende Ausgaben beklagt, kann es sein, daß die Datei nicht durch *nenscript* läuft, um in PostScript eingekapselt zu werden. Selten kann es auch vorkommen, daß *nenscript* zu dem Schluß kommt, daß es sich bereits um PostScript handelt, und deswegen keine Änderungen vornimmt.

Ein Drucker, der mehrere Sprachen spricht und weiß, wann er zwischen den Modi (zum Beispiel zwischen PCL und normalem Text) umschalten muß, wirft möglicherweise die Seite trotzdem nicht aus, wenn eine Datei desselben Typs unmittelbar nach der vorhergehenden in die Warteschlange gestellt wird. Wenn dies passiert, können Sie erzwingen, daß der Filter einen Seitenvorschub schickt, bevor eine Datei des gleichen Typs kommt (siehe dazu den Beispielfilter im Abschnitt »Druckfilter« weiter vorn), mit dem Risiko, manchmal leere Seiten auszudrucken.

Die Adressierung paralleler Drucker kann verwirrend sein. Auf einem System mit einem XT-Bus wird die erste parallele Schnittstelle als */dev/lp0* an der Adresse `0x3bc` angesprochen. Auf einem gewöhnlichen ISA-Rechner ist die erste parallele Schnittstelle */dev/lp1* an der Adresse `0x378`, was wiederum auf XT-Rechnern die zweite parallele Schnittstelle ist (und das Gerät */dev/lp1*). Die übliche zweite serielle Schnittstelle auf ISA-Systemen ist – wie erwartet – */dev/lp2* an der Adresse `0x278`. Es gibt jedoch einige ungewöhnliche Kombinationen wie beispielsweise Systeme mit drei parallelen Schnittstellen (wenn diese korrekt installiert sind, werden die Schnittstellen als */dev/lp0*, */dev/lp1* und */dev/lp2* angesprochen). Auch die IRQ-Zuweisungen können ungewöhnlich sein und Probleme mit sich bringen, wenn Sie Interrupt-gesteuertes Drucken einstellen wollen.

Wenn sonst gar nichts hilft, überprüfen Sie noch einmal die initiale Installation, überprüfen Sie, ob die Hardware auch wirklich korrekt angeschlossen ist, überprüfen Sie die Hardware – wenn möglich – von einem anderen Betriebssystem aus, überprüfen Sie die Geräte als Benutzer **root** usw.

Die Terminal-Einstellungen

setterm ist ein Programm, mit dem verschiedene Eigenschaften des Terminals eingestellt werden (zum Beispiel für jede virtuelle Konsole). Dazu gehören die Wiederholungsrate der Tastatur, die Schrittweite der Tabulatortaste, die Farben usw.

Die meisten Leute stellen mit diesem Befehl für jedes virtuelle Terminal andere Farben ein. Auf diese Weise läßt sich anhand der Farbe feststellen, auf welche Konsole man gerade blickt.

Wenn Sie zum Beispiel das gerade aktive Terminal auf weißen Text vor blauem Hintergrund einstellen möchten, geben Sie ein:

```
$ setterm -foreground white -background blue
```

Verschiedene Programme und Aktionen haben zur Folge, daß die Terminal-Eigenschaften auf ihre ursprünglichen Werte zurückgesetzt werden. Mit dem Befehl

```
$ setterm -store
```

können Sie die aktuellen Einstellungen dauerhaft sichern.

setterm (1)

setterm bietet eine ganze Reihe von Optionen (von denen Sie die meisten wahrscheinlich niemals benutzen werden). Lesen Sie die Manpage zu *setterm*, oder geben Sie *setterm -help* ein, wenn Sie mehr erfahren möchten.

Die Rettung in der Not

Es ist gar nicht schwierig, als **root** unversehens einen Fehler zu machen, der auf Ihrem System zu einem ernsten Problem werden kann – etwa in der Form, daß Sie sich nicht mehr einloggen können oder daß wichtige Dateien verlorengehen. Dies gilt insbesondere für Neulinge auf dem Gebiet der Systemverwaltung, die gerade anfangen, ihr System zu erkunden. Fast alle neuen Systemverwalter lernen ihre Lektionen »auf die harte Tour«, indem sie gezwungen sind, sich aus einer wirklichen Notlage zu befreien. In diesem Abschnitt geben wir Ihnen einige Tips, was Sie tun können, wenn das Unvermeidliche eintritt.

Sie sollten sich immer der Möglichkeiten bewußt sein, mit vorbeugenden Maßnahmen die Auswirkungen solcher Notlagen zu mindern. Erstellen Sie zum Beispiel Backups aller wichtigen Systemdateien – wenn nicht sogar des ganzen Systems. Falls Sie eine Distribution auf CD-ROM benutzen, haben Sie bereits ein erstklassiges Backup der meisten Dateien (solange Sie noch in der Lage sind, auf die CD-ROM zuzugreifen, wenn es einmal eng wird – mehr dazu weiter unten). Datensicherungen sind unentbehrlich, wenn es darum geht, bestimmte Probleme zu lösen; lassen Sie nicht zu, daß die wochenlange Arbeit zur Konfiguration Ihres Systems vergeblich war.

Sorgen Sie auch dafür, daß Sie Ihre Systemkonfiguration schriftlich festhalten – zum Beispiel die Einträge in der Partitionstabelle, die Größe der Partitionen und ihren Typ, die Dateisysteme. Falls Sie irgendwann die Partitionstabelle zerstören, läßt sich der Schaden vielleicht einfach dadurch beheben, daß Sie *fdisk* noch einmal aufrufen; aber das funktioniert natürlich nur, wenn Sie noch wissen, wie die Partitionstabelle vorher ausgesehen hat. (Eine wahre Geschichte: Dem Schreiber passierte das einmal, als er mit einer leeren Diskette bootete und *nicht* wußte, wie die Partitionstabelle ausgesehen hatte. Muß ich erwähnen, daß ich eine ganze Weile raten mußte, bevor ich die Partitionstabelle wieder in den alten Zustand versetzt hatte?)

Natürlich brauchen Sie im Notfall eine Möglichkeit, das System zu booten und auf Ihre Dateien zuzugreifen oder eine Datensicherung zurückzuspielen. Am besten benutzen Sie dafür eine »Rettungsdiskette« oder »Root-Diskette«. Eine solche Diskette enthält ein kleines Root-Dateisystem sowie die Mindestausstattung, um ein Linux-System komplett von der Diskette aus zu betreiben – also die unbedingt notwendigen Befehle und Systemdateien zusammen mit einigen Tools, die bei der Behebung von Problemen nützlich sind. Sie können solch eine Rettungsdiskette benutzen, indem Sie zunächst einen Kernel von einer anderen Diskette booten (wie wir das im Abschnitt »Von einer Diskette booten« in Kapitel 5, *Grundlagen der Systemverwaltung,* besprochen haben) und dann dem Kernel mitteilen, daß er die Rettungsdiskette als Root-Dateisystem benutzen soll.

Kapitel 5

Die meisten Linux-Distributionen enthalten ein solches Gespann aus Boot- und Root-Diskette als Original-Installationsdisketten. Darauf befindet sich in der Regel ein kleines Linux-System, das komplett von der Diskette aus laufen kann und mit dem sowohl Software installiert als auch die grundlegende Systemverwaltung erledigt werden kann. Einige Systeme enthalten den Kernel und das Root-Dateisystem auf einer einzigen Diskette, aber dabei bleibt auf dieser Rettungsdiskette nur noch sehr wenig Platz für andere Dateien. Wie nützlich solche Disketten im Notfall als Werkzeug tatsächlich sind, hängt auch davon ab, ob sie die notwendigen Tools zur Behebung des Problems enthalten oder nicht (etwa *fsck*, *fdisk*, einen kleinen Editor wie *vi* usw.). Manche Distributionen haben eine dermaßen aufwendige Installationsroutine, daß auf den Disketten nur wenig Raum für irgend etwas anderes bleibt.

Auf jeden Fall können Sie eine solche Root-Diskette selbst erstellen. Damit Sie das von Grund auf tun können, brauchen Sie genaue Kenntnisse dessen, was zum Booten und bei der Benutzung des Systems notwendig ist. Sie müssen ganz genau wissen, wo Sie sich beschränken müssen und was ausgelassen werden kann. So könnten Sie zum Beispiel die Startprogramme *init*, *getty* und *login* weglassen, wenn Sie wissen, wie Sie das System so einrichten, daß der Kernel auf einer Konsole eine Shell startet, statt die übliche Boot-Prozedur zu durchlaufen. (Eine Möglichkeit wäre es, */etc/init* als symbolischen Link auf */sbin/bash* einzurichten, und zwar im Dateisystem auf der Rettungsdiskette.)

Kapitel 6

Wir können hier nicht auf alle Details eingehen, aber der erste Schritt zur Erstellung einer Rettungsdiskette besteht darin, daß Sie mit *mkfs* auf einer Diskette ein Dateisystem einrichten (siehe auch den Abschnitt »Dateisysteme erzeugen« in Kapitel 6). Anschließend »mounten« Sie die Diskette und kopieren die benötigten Dateien dorthin; darunter die relevanten Dateien in */dev* (die meisten davon können Sie aus dem Verzeichnis */dev* im Root-Dateisystem der Festplatte übernehmen). Sie brauchen außerdem eine Boot-Diskette, die nur einen Kernel enthält. In diesem Kernel sollte Root mittels *rdev* auf */dev/fd0* gesetzt sein (das wird im Abschnitt »Von einer Diskette booten« in Kapitel 5 beschrieben). Sie müssen außerdem entscheiden, ob Sie das Root-Dateisystem von der Diskette in eine RAM-Disk laden wollen (auch dies können Sie mittels *rdev* einstellen). Wenn Sie mehr als vier MB an RAM haben, ist das sicherlich eine gute Idee, weil Sie damit das Diskettenlaufwerk freimachen, um darin zum Beispiel eine andere Diskette mit weiteren Tools unterzubringen. Falls Sie zwei Diskettenlaufwerke haben, ist dies auch ohne die RAM-Disk möglich. Wenn Sie sich mit dem Zusammenstellen einer Notfalldiskette überfordert fühlen, können Sie auch eines der dafür verfügbaren Skripten ausprobieren. Aber was auch immer Sie tun, probieren Sie Ihre Notfalldiskette aus, *bevor* die Katastrophe eintritt!

Auf jeden Fall sollten Sie mit den Installationsdisketten beginnen. Wenn diese Disketten nicht alle Tools enthalten, die Sie brauchen, richten Sie auf einer weiteren Diskette ein Dateisystem ein und kopieren Sie die fehlenden Programme dorthin. Wenn Sie dann das Root-Dateisystem von der Diskette in eine RAM-Disk laden oder ein zweites Diskettenlaufwerk benutzen, können Sie diese andere Diskette mounten, um auf die benötigten Tools zuzugreifen.

Welche Tools brauchen Sie? In den folgenden Abschnitten werden wir einige häufige Notfälle sowie Möglichkeiten der Schadensbehebung besprechen – das soll Ihnen als Anhaltspunkt dafür dienen, welche Programme Sie in verschiedenen Situationen benötigen.

Dateisysteme reparieren

Kapitel 6

Wir haben bereits im Abschnitt »Dateisysteme prüfen und reparieren« in Kapitel 6 besprochen, daß mit *fsck* verschiedene Schäden an Dateisystemen behoben werden können. Da die meisten dieser Beschädigungen relativ klein sind, lassen sie sich beheben, indem Sie das System auf die übliche Weise starten und dann *fsck* von der Festplatte aus aufrufen. Allerdings ist es in der Regel besser, das Root-Dateisystem zu prüfen und zu reparieren, während es nicht aufgesetzt ist. In diesem Fall ist es einfacher, *fsck* von der Rettungsdiskette aus aufzurufen.

Es spielt keine Rolle, ob Sie *fsck* von der Festplatte oder einer Diskette aus starten; die Syntax entspricht auf jeden Fall der, die wir weiter oben in diesem Kapitel beschrieben haben. Denken Sie aber daran, daß *fsck* meistens ein Frontend für Programme wie *fsck.ext2* ist. Auf manchen Systemen müssen Sie (für das »Second Extended«-Dateisystem) auch *e2fsck* aufrufen.

Ein Dateisystem kann so beschädigt werden, daß es sich nicht mehr aufsetzen läßt. Das passiert in der Regel dann, wenn der *Superblock* des Dateisystems beschädigt wird, in dem Informationen zum Dateisystem als Ganzes gespeichert sind. Wenn der Superblock zerstört ist, kann das System überhaupt nicht mehr auf das Dateisystem zugreifen, und jeder Mount-Versuch wird scheitern (wahrscheinlich mit einer Fehlermeldung wie: »Can't read superblock«).

Wegen der herausragenden Bedeutung des Superblocks legt das System innerhalb des Dateisystems in bestimmten Intervallen Sicherungskopien von ihm an. Dateisysteme vom Typ Second Extended sind in »Blockgruppen« zusammengefaßt, wobei die voreingestellte Größe einer Gruppe 8192 Blöcke ist. Deshalb finden Sie die Sicherungskopien des Superblocks an den Block-Offsets 8193, 16385 (also 8192 x 2 + 1), 24577 usw. Wenn Sie das *ext2*-Dateisystem benutzen, sollten Sie mit dem Befehl

```
dumpe2fs Gerät | more
```

bestätigen, daß das Dateisystem Gruppen zu 8192 Blöcken benutzt. (Dies funktioniert natürlich nur, wenn der Master-Superblock unbeschädigt ist.) Dieser Befehl zeigt eine ganze Menge an Informationen über das Dateisystem an, und Sie sollten etwa folgendes sehen:

```
Blocks per group:          8192
```

Falls ein anderer Offset angezeigt wird, können Sie daraus, wie weiter oben gezeigt, die Lage der Superblockkopien errechnen.

Wenn Sie ein Dateisystem aufgrund von Problemen mit dem Superblock nicht aufsetzen können, ist die Wahrscheinlichkeit groß, daß auch *fsck* oder *e2fsck* nicht funktionieren. Sie können *e2fsck* anweisen, eine der Kopien des Superblocks für die Reparatur zu benutzen, indem Sie eingeben:

```
e2fsck -f -b Offset Gerät
```

Dabei ist `Offset` der Block-Offset für eine der Kopien des Superblocks; meistens ist das 8193. Mit dem Schalter *-f* erzwingen Sie die Prüfung des Dateisystems; wenn Sie Kopien des Superblocks benutzen, könnte das Dateisystem »sauber« erscheinen, so daß keine Prüfung stattfindet. Mit dem Schalter *-f* findet die Prüfung auf jeden Fall statt. Wenn Sie zum Beispiel das Dateisystem auf */dev/hda2* reparieren möchten, dessen Superblock beschädigt ist, geben Sie ein:

```
e2fsck -f -b 8193 /dev/hda2
```

Die Kopien des Superblocks können den Tag retten! Sie können die hier gezeigten Befehle von einer Rettungsdiskette aus aufrufen und sind anschließend hoffentlich wieder in der Lage, Ihre Dateisysteme aufzusetzen.

Auf beschädigte Dateien zugreifen

Kapitel 6

Wenn Sie von einer Rettungsdiskette booten, müssen Sie vielleicht auf Dateien zugreifen, die in einem Dateisystem auf der Festplatte stehen. Benutzen Sie dazu einfach den Befehl *mount*, wie wir das im Abschnitt »Dateisysteme aufsetzen« in Kapitel 6 beschrieben haben, und setzen Sie die Festplattendateisysteme zum Beispiel auf das Verzeichnis */mnt* auf. (Dieses Verzeichnis muß im Root-Dateisystem auf der Rettungsdiskette vorhanden sein.) Mit dem Befehl

```
mount -t ext2 /dev/hda2 /mnt
```

schaffen Sie die Möglichkeit, im Verzeichnis */mnt* auf die Dateien zuzugreifen, die im »Second Extended«-Dateisystem auf */dev/hda2* stehen. Sie können direkt auf die Dateien zugreifen und sogar Programme ausführen, die in den Dateisystemen der Festplatte vorhanden sind. Wenn Sie zum Beispiel den Editor *vi* auf der Festplatte aufrufen wollen, der normalerweise in */usr/bin/vi* steht, geben Sie ein:

```
/mnt/usr/bin/vi dateiname
```

Sie können sogar Unterverzeichnisse von */mnt* in den Suchpfad aufnehmen, um dies weiter zu vereinfachen.

Setzen Sie auf jeden Fall die Festplattendateisysteme wieder ab, bevor Sie das System erneut booten. Falls Ihre Rettungsdisketten das System nicht ordungsgemäß herunterfahren können, sollten Sie die Dateisysteme mit *umount* von Hand absetzen.

Ein Problem, das sich auf diese Weise leicht beheben läßt, ist ein vergessenes **root**-Paßwort oder eine zerstörte */etc/passwd*-Datei. In beiden Fällen können Sie sich eventuell nicht mehr in das System einloggen oder sich mittels *su* zu **root** machen. Um dieses Problem zu beheben, booten Sie mit den Rettungsdisketten, mounten Sie das Root-Dateisystem unter */mnt*, und editieren Sie dann */mnt/etc/passwd*. (Vielleicht ist es eine gute Idee, irgendwo eine Sicherungskopie dieser Datei aufzuheben, für den Fall, daß sie einmal versehentlich gelöscht wird.) Wenn Sie zum Beispiel das alte **root**-Paßwort löschen wollen, ändern Sie den **root**-Eintrag auf:

```
root::0:0:Die Wurzel allen Uebels:/:/bin/bash
```

Damit gibt es kein Paßwort mehr für **root**. Sie können das System von der Festplatte neu booten und mit dem Befehl *passwd* ein neues Paßwort setzen.

Ein anderes häufiges Problem sind falsche Links auf die Shared Libraries des Systems. Die Abbilder der Shared Libraries in */lib* werden meist über symbolische Links wie */lib/libc.so.5* angesprochen, die auf die eigentliche Bibliothek */lib/libc.so.`version`* verweisen. Falls dieser Link entfernt wird oder einen falschen Verweis enthält, werden viele Befehle auf dem System nicht funktionieren. Sie können dieses Problem beheben, indem Sie die Festplattendateisysteme mounten und die Libraries zum Beispiel mit folgendem Befehl erneut linken:

```
cd /mnt/lib; ln -sf libc.so.5.4.47 libc.so.5
```

Damit bewirken Sie, daß *libc.so.5* auf *libc.so.5.4.47* verweist. Denken Sie daran, daß symbolische Links den Pfad benutzen, der auf der Befehlszeile mit *ln* übergeben wird. Aus diesem Grund würde der Befehl

```
ln -sf /mnt/lib/libc.so.5.4.47 /mnt/lib/libc.so.5
```

nicht das bewirken, was Sie erreichen möchten; *libc.so.5* würde auf */mnt/lib/libc.so.5.4.47* verweisen. Wenn Sie anschließend von der Festplatte booten, kann auf */mnt/lib* nicht zugegriffen werden, und die Bibliothek wird nicht gefunden. Der erste Befehl funktioniert, weil der symbolische Link auf eine Datei im selben Verzeichnis zeigt.

Dateien aus einem Backup einspielen

Wenn Sie wichtige Systemdateien gelöscht haben, kann es notwendig sein, Backup-Dateien einzuspielen, nachdem Sie von einer Rettungsdiskette gebootet haben. Deshalb ist es wichtig, daß Sie auf der Rettungsdiskette die notwendigen Tools zum Einspielen von Backups vorfinden – dazu gehören Programme wie *tar* und *gzip* sowie die Treiber für Ihr Backup-Medium. Wenn Sie Ihre Datensicherungen zum Beispiel auf einem Floppy-Streamer erstellen, sollten auf jeden Fall *ftape* und der Befehl *insmod* auf der Rettungsdiskette enthalten sein. Im Abschnitt »Ladbare Gerätetreiber« in Kapitel 7 finden Sie mehr zu diesem Thema.

Kapitel 7

Zum Einspielen von Backups in Ihre Festplattendateisysteme müssen Sie nur diese Dateisysteme mounten (wie wir das oben beschrieben haben) und die Inhalte der Archive in diese Dateisysteme entpacken (zum Beispiel, indem Sie die entsprechenden Befehle *tar* und *gzip* ausführen; siehe auch den Abschnitt »Backups erstellen« weiter vorn in diesem Kapitel). Denken Sie daran, daß beim Einspielen eines Backups bereits vorhandene Systemdateien überschrieben werden. Vergewissern Sie sich, daß Sie korrekt vorgehen und die Situation nicht noch verschlimmern. Die meisten Archivierungsprogramme erlauben es, einzelne Dateien aus einem Archiv zu extrahieren.

Für den Fall, daß Sie Ihre Original-CD-ROM als Backup-Medium benutzen möchten, müssen Sie natürlich dafür sorgen, daß der Kernel auf Ihren Rettungsdisketten die Treiber für den Zugriff auf das CD-ROM-Laufwerk enthält. Dann können Sie die CD-

ROM mounten (denken Sie an die Flags *-r -t iso9660* für den Befehl *mount*) und Dateien von dort kopieren.

Die Dateisysteme auf Ihren Rettungsdisketten sollten auch wichtige Systemdateien enthalten. Falls Sie solche Dateien in Ihrem System gelöscht haben, können Sie die verlorengegangenen Daten ohne Probleme von der Rettungsdiskette wieder auf die Festplatte kopieren.

KAPITEL 9

Editoren, Textwerkzeuge, Grafiken und Drucken

In diesem Kapitel werden wir eine Reihe von weitverbreiteten Anwendungen für Linux vorstellen. Wir beginnen mit der Bearbeitung von Texten, die zu fast jeder Nutzung des Systems gehört. (Sie brauchen einen Editor, wenn Sie eine Datei von nichttrivialer Größe erstellen – sei es ein zu kompilierendes Programm, eine Konfigurationsdatei für das System oder eine E-Mail-Nachricht an einen Freund.) Anhand eines Beispiels besprechen wir mehrere Textformatierer, mit denen Sie attraktive Dokumente erstellen können.

Dateien editieren mit vi

In diesem Abschnitt werden wir die Textbearbeitung mit *vi* (ausgesprochen »wie-ei«) besprechen. *vi* war der erste vollwertige Editor für Unix-Systeme, der den ganzen Bildschirm nutzte. Er ist einfach, klein und pfiffig. Für Systemverwalter ist es fast ein Muß, den *vi* kennenzulernen – oft werden Sie in Notfällen keinen großen Editor wie Emacs zur Verfügung haben (zum Beispiel, wenn Sie Linux von einer Rettungsdiskette booten).

vi folgt derselben Philosophie wie viele andere Unix-Anwendungen auch – nämlich, daß jedes Programm eine bestimmte, überschaubare Funktion erfüllen und daß es mit anderen Programmen zusammenarbeiten soll. So verfügt *vi* zum Beispiel nicht über eine eigene Rechtschreibprüfung oder eine Funktion zum Formatieren von Absätzen, aber diese Aufgaben werden von anderen Programmen erledigt, die sich mühelos aus dem *vi* heraus aufrufen lassen. Der *vi* selbst ist also in gewisser Weise eingeschränkt, aber er kann mit anderen Anwendungen so zusammenarbeiten, daß Ihnen praktisch alle gewünschten Funktionen zur Verfügung stehen.

Wahrscheinlich kommt Ihnen *vi* zunächst ziemlich komplex und unhandlich vor. Trotzdem sind seine einbuchstabigen Befehle sehr schnell und mächtig, sobald Sie sie einmal gelernt haben. Im Anschluß an den *vi* werden wir Emacs beschreiben, einen wesentlich flexibleren Editor (oder eigentlich schon eine integrierte Arbeitsumgebung), der einfacher zu erlernen ist. Denken Sie aber stets daran, daß Sie vielleicht einmal auf Ihre *vi*-Kenntnisse angewiesen sind, wenn Emacs nicht zur Verfügung steht. Wir empfehlen deshalb, daß Sie auf jeden Fall einige *vi*-Grundlagen lernen, auch wenn Ihnen das seltsam erscheint. Es sollte hier auch nicht unerwähnt bleiben, daß es inzwischen eine Reihe von *vi*-Clones gibt, die sehr viel einfacher als der originale *vi* zu benutzen sind. Dazu gehören *vim* (»*vi* improved«) und *nvi* (» new *vi*«). Es ist nicht unwahrscheinlich, daß Ihre Distribution so eingerichtet ist, daß Sie beim Starten von *vi* in Wirklichkeit einen von diesen Editoren starten. Wir halten uns hier aber an die grundlegenden Dinge, so daß Sie die hier gegebenen Informationen unabhängig von der verwendeten *vi*-Version anwenden können. Informationen zu den neueren Versionen finden Sie in *Textbearbeitung mit dem vi-Editor* von Linda Lamb und Arnold Robbins.

[19] vi

vi aufrufen

Lassen Sie uns *vi* starten und eine Datei editieren. Die Syntax ist:

```
vi Dateiname
```

Mit

```
eggplant$ vi test
```

editieren Sie die Datei *test*. Der Bildschirm sollte etwa so aussehen:

```
_
~
~
~
~
~
"test" [New file]
```

Die Spalte mit den ~-Zeichen weist darauf hin, daß Sie sich am Ende der Datei befinden.

Text einfügen und sich im Text bewegen

Während Sie mit *vi* arbeiten, befinden Sie sich immer in einem von drei Modi. Diese Modi sind der *Befehlsmodus* (command mode), der *Editiermodus* (edit mode) und der *Ex-Modus* (extended mode; erweiterter Modus).

Nach dem Start von *vi* befinden Sie sich im Befehlsmodus. Dieser Modus dient der Eingabe von (meist einbuchstabigen) Befehlen, mit denen Texte bearbeitet werden (wir kommen gleich darauf zurück). Der Text selbst wird im Editiermodus eingegeben. Drücken Sie `i`, wenn Sie mit der Eingabe des Textes beginnen möchten (mit `i` gelangen Sie in den Editiermodus).

```
Ganz Gallien ist in drei Teile aufgeteilt_
~
~
~
~
~
```

Sie können so viele Textzeilen eingeben, wie Sie möchten (mit einem RETURN am Ende jeder Zeile), und mit der BACKSPACE-Taste Tippfehler korrigieren. Drücken Sie die ESCAPE-Taste, wenn Sie aus dem Editiermodus in den Befehlsmodus zurückkehren wollen.

Im Befehlsmodus können Sie entweder die Pfeiltasten oder die Tasten `h`, `j`, `k` und `l` benutzen, um den Cursor im Text nach links, unten, oben bzw. rechts zu bewegen.

Außer dem Befehl `i` gibt es mehrere andere Möglichkeiten, Text einzufügen. Der Befehl `a` (für »append«: anhängen) fügt Text hinter der aktuellen Cursor-Position ein. Ein Beispiel: Benutzen Sie den Pfeil-nach-links, um den Cursor zwischen `drei` und `Teile` zu bewegen:

```
Ganz Gallien ist in drei_Teile aufgeteilt.
~
~
~
~
~
```

Drücken Sie jetzt `i`, geben Sie `zehn` ein, und kehren Sie dann mit der ESCAPE-Taste in den Befehlsmodus zurück:

```
Ganz Gallien ist in dreizehn Teile aufgeteilt.
~
~
~
~
~
```

Wenn Sie unter der aktuellen Zeile eine Leerzeile einfügen und dort Text eingeben möchten, benutzen Sie den Befehl o. Drücken Sie o, und geben Sie eine oder zwei Textzeilen ein:

```
Ganz Gallien ist in dreizehn Teile aufgeteilt.
Diese sind bekannt für Baguette und Wein.
~
~
~
~
```

Denken Sie daran, daß Sie sich zu jeder Zeit entweder im Befehlsmodus (wo Befehle wie `i`, `a` und `o` wirksam sind) oder im Editiermodus befinden (wo Sie Text eingeben und anschließend mit ESCAPE wieder in den Befehlsmodus wechseln). Falls Sie einmal nicht sicher sind, in welchem Modus Sie sich befinden, drücken Sie einfach die ESCAPE-Taste. Sie verlassen damit den Editiermodus, falls Sie vorher dort waren, und bewirken gar nichts außer einem Piepen, falls Sie bereits im Befehlsmodus sind.

Text löschen und Änderungen rückgängig machen

Im Befehlsmodus löscht der Befehl `x` das Zeichen unter dem Cursor. Wenn Sie `x` fünfmal drücken, erhalten Sie folgendes:

```
Ganz Gallien ist in dreizehn Teile aufgeteilt.
Diese sind bekannt für Baguette und_
~
~
~
~
```

Drücken Sie jetzt `a`, geben Sie neuen Text ein, und schließen Sie mit ESCAPE ab:

```
Ganz Gallien ist in dreizehn Teile aufgeteilt.
Diese sind bekannt für Baguette und anishaltigen Schnaps.
~
~
~
~
```

Sie können mit dem Befehl *dd* ganze Zeilen löschen (also `d` zweimal direkt hintereinander). Wenn Ihr Cursor in der zweiten Zeile steht, erhalten Sie mit *dd* folgendes:

```
Ganz Gallien ist in dreizehn Teile aufgeteilt.
~
~
~
~
~
```

Gelöschter Text kann mit dem Befehl *p* wieder eingefügt werden (für »put«; etwa: einfügen). Wenn Sie jetzt `p` drücken, wird die gelöschte Zeile wieder in den Textpuffer eingefügt, und zwar hinter der aktuellen Zeile. Mit einem `P` (großes P) wird die gelöschte Zeile statt dessen vor der aktuellen Zeile eingefügt. Per Voreinstellung benutzen *p* und *P* zum Einfügen den »undo buffer« (Puffer, um Befehle rückgängig zu machen). Wir werden später noch sehen, daß Sie zum Löschen und Wiedereinfügen auch andere Puffer benutzen können.

Der Befehl `u` macht die letzte Änderung rückgängig (in diesem Fall bewirkt ein `u` nach einem `dd` dasselbe wie ein `p`). Wenn Sie nach dem Befehl *i* eine größere Menge Text eingegeben haben, wird der gesamte neue Text wieder gelöscht, wenn Sie gleich nach der Texteingabe in den Befehlsmodus gehen und `u` drücken.

Mit dem Befehl `dw` löschen Sie das Wort, das sich unter dem Cursor befindet. Stellen Sie den Cursor auf das Wort `anishaltigen`, und drücken Sie `dw`:

```
Ganz Gallien ist in dreizehn Teile aufgeteilt.
Diese sind bekannt für Baguette und Schnaps.
~
~
~
~
```

Text bearbeiten

Sie können mit dem Befehl `R` den Text ab der Cursor-Position überschreiben. Stellen Sie den Cursor auf den ersten Buchstaben in `Baguette`, drücken Sie `R`, und geben Sie ein:

```
Ganz Gallien ist in dreizehn Teile aufgeteilt.
Diese sind bekannt für Käse und Knoblauch.
~
~
~
~
```

Der Befehl `r` ersetzt ein einzelnes Zeichen unter dem Cursor. Dabei landen Sie nicht automatisch im Editiermodus, so daß Sie anschließend auch nicht mit ESC in den Befehlsmodus zurückkehren müssen.

Der Befehl ~ schaltet für das Zeichen unter dem Cursor zwischen Groß- und Kleinschreibung um. Wenn Sie den Cursor auf das a in `Ganz` stellen und einige Male ~ drücken, erhalten Sie folgendes:

```
GANZ GALLIEN IST IN DREIZEHN TEILE AUFGETEILT.
Diese sind bekannt für Käse und Knoblauch.
~
~
~
~
```

Ein anderer nützlicher Befehl ist `cw`, mit dem Sie einfach ein neues Wort eingeben können, und nach dem Drücken von ESCAPE wird alles, was möglicherweise noch vom alten Wort übrig ist, durch das neue ersetzt.

Den Cursor durch den Text bewegen

Sie wissen bereits, wie Sie sich mit den Cursor-Tasten im Text umherbewegen. Außerdem können Sie mit dem Befehl `w` an den Anfang des nächsten Wortes springen; mit `b` gelangen Sie zum Anfang des Wortes, auf dem der Cursor steht. Der Befehl `0` (eine Null) bringt den Cursor an den Anfang der aktuellen Zeile, und mit `$` bewegen Sie den Cursor an das Zeilenende.

Wenn Sie große Dateien bearbeiten, werden Sie auch bildschirmweise vorwärts oder rückwärts durch den Text blättern wollen. Drücken Sie dazu STRG-F (vorwärts) und STRG-B (rückwärts).

Geben Sie `G` ein, um den Cursor an das Ende der Datei zu bringen. Sie können auch zu einer beliebigen Zeile springen: Der Befehl `10G` würde den Cursor in der zehnten Zeile des Textes plazieren. Benutzen Sie `1G`, um an den Anfang der Datei zu springen.

Wenn Sie einen `/`, gefolgt von einem Suchmuster und RETURN, eingeben, springt der Cursor vorwärts bis zum ersten Auftauchen dieses Musters im Text. Gehen Sie in unserem Beispiel mit dem Cursor in die erste Textzeile, und geben Sie `/Käs` und RETURN ein; der Cursor springt auf den Anfang von `Käse`. Mit einem `?` statt des `/` wird die Datei rückwärts durchsucht.

ed(1)

Das Suchmuster hinter den Befehlen `/` und `?` ist in Wirklichkeit ein regulärer Ausdruck (regular expression). Reguläre Ausdrücke bieten umfangreiche Möglichkeiten, die Muster für das Suchen-und-Ersetzen zu definieren, und viele Unix-Utilities nutzen diese Ausdrücke. (Die Manpage zu *ed* beschreibt reguläre Ausdrücke im

Detail.) Mit Hilfe eines regulären Ausdrucks könnten Sie zum Beispiel nach dem nächsten Großbuchstaben suchen, indem Sie folgendes eingeben:

```
/[A-Z]
```

Wenn es also nicht eine bestimmte Zeichenfolge ist, die Sie finden möchten, können Sie mit regulären Ausdrücken genau das definieren, wonach Sie suchen.

Sie können Befehle zur Bewegung des Cursors mit anderen Befehlen, etwa zum Löschen, zusammen aufrufen. Mit `d$` zum Beispiel löschen Sie alles ab der Cursor-Position bis zum Ende der Zeile; mit `dG` wird alles vom Cursor bis zum Ende der Datei gelöscht.

Dateien speichern und vi verlassen

Die meisten der Befehle, die mit der Handhabung von Dateien zu tun haben, werden aus dem Ex-Modus (erweiterter Modus) des *vi* heraus aufgerufen. Sie gelangen in den erweiterten Modus, indem Sie im Befehlsmodus einen : eingeben. Dabei springt der Cursor in die letzte Bildschirmzeile, wo Sie weitere Befehle eingeben können.

Wenn Sie zum Beispiel die editierte Datei abspeichern möchten, geben Sie `:w` ein. Der Doppelpunkt bringt Sie in den Ex-Modus, und das `w` mit anschließendem RETURN schreibt die Datei. Mit `:wq` speichern Sie die Datei und verlassen zusätzlich *vi*. (Der Befehl `ZZ` – im Befehlsmodus, ohne den »`:`« – hat denselben Effekt wie `:wq`.)

Wenn Sie *vi* verlassen möchten, ohne Änderungen zu speichern, geben Sie `:q!` ein. Mit `:q` allein können Sie *vi* nur beenden, wenn alle Änderungen zuvor gespeichert worden sind. Das `!` in `:q!` bedeutet, daß Sie *vi* beenden möchten und daß es Ihnen damit ernst ist.

Eine andere Datei editieren

Wenn Sie eine andere Datei bearbeiten möchten, geben Sie den Befehl `:e` ein. Ein Beispiel: Falls Sie nicht mehr die Datei *test*, sondern statt dessen *foo* editieren möchten, geben Sie ein:

```
GANZ GALLIEN IST IN DREIZEHN TEILE AUFGETEILT.
Diese sind bekannt für Käse und Knoblauch.
~
~
~
~
:e foo_
```

Falls Sie `:e` aufrufen, ohne die Datei vorher zu schreiben, erhalten Sie die Fehlermeldung:

```
No write since last change (:edit! overrides)
```

An dieser Stelle können Sie entweder mit `:w` die erste Datei abspeichern und dann `:e` aufrufen, oder Sie geben statt dessen `:e! foo` ein, um *vi* mitzuteilen, daß er die zweite Datei öffnen soll, ohne daß Änderungen an der ersten Datei geschrieben werden.

Andere Dateien einfügen

Mit dem Befehl `:r` lesen Sie den Inhalt einer anderen Datei in den Textpuffer von *vi* ein. Der Befehl

```
:r foo.txt
```

würde den Inhalt der Datei *foo.txt* nach der aktuellen Zeile einfügen.

Shell-Befehle aufrufen

Der Befehl `:!` ermöglicht den Aufruf eines Shell-Befehls, der aus *vi* heraus ausgeführt wird. Mit dem Befehl

```
:! ls -F
```

zum Beispiel rufen Sie den Befehl *ls* auf und bekommen dessen Ausgabe auf dem Bildschirm angezeigt.

Der Befehl `:r!` funktioniert ähnlich wie `:!`, aber die Standardausgabe des Befehls wird in den Textpuffer eingefügt. Mit dem Befehl

```
:r! ls -F
```

erhalten Sie:

```
GANZ GALLIEN IST IN DREIZEHN TEILE AUFGETEILT.
Diese sind bekannt für Käse und Knoblauch.
briefe/
diverse/
artikel/
~
```

Falls Sie allerdings mehrere Shell-Befehle aufrufen möchten, ist es oft einfacher, den Unterbrechungscode (normalerweise STRG-Z) zu benutzen. Voraussetzung dafür ist, daß Sie mit einer Shell wie *tcsh* oder *bash* arbeiten, die Jobkontrolle unterstützt.

Globales Suchen und Ersetzen

vi bietet weitaus mehr Möglichkeiten, als wir hier beschreiben können. Viele davon entstehen aus einer Kombination der einfachen Befehle, die wir bereits vorgestellt haben. Wir wollen hier noch einen oder zwei weitere Tricks zeigen, die die meisten Benutzer von *vi* gebrauchen können.

Mit dem Befehl

```
:[x,y]s/Muster/Ersetzung/Schalter
```

sucht *vi* im Textpuffer zwischen den Zeilen *x* und *y* nach allen Vorkommen von *Muster*, um sie durch den String *Ersetzung* zu ersetzen. *Muster* ist ein regulärer Ausdruck; *Ersetzung* ist eine exakte Zeichenfolge, die aber bestimmte Sonderzeichen enthalten kann, die sich auf Teile von *Muster* beziehen. Der folgende Befehl ersetzt in den Zeilen 1 bis einschließlich 10 das erste Vorkommen von `wischel` durch `wuschel`:

```
:1,10s/wischel/wuschel/
```

Statt die Zeilen anzugeben, können Sie auch mit `%` die ganze Datei spezifizieren. Es gibt weitere Sonderzeichen, die Sie statt *x* und *y* benutzen können. Mit `$` bezeichnen Sie die letzte Zeile der Datei. Wenn Sie entweder *x* oder *y* auslassen, wird dafür die aktuelle Zeile angenommen.

Zu den Flags, die Sie benutzen können, gehören `g`, mit dem Sie alle Vorkommen von *Muster* in einer Zeile ersetzen, sowie `c`, mit dem Sie jede einzelne Ersetzung bestätigen müssen. In den meisten Fällen werden Sie wahrscheinlich das `g`-Flag benutzen – es sei denn, Sie möchten in jeder Zeile nur das erste vorkommende *Muster* ersetzen.

Sie haben auch die Möglichkeit, *Markierungen* (marks) zu setzen. Markierungen sind einbuchstabige Namen, die innerhalb einer Datei an einer bestimmten Cursor-Position vergeben werden. Sie setzen eine solche Markierung, indem Sie den Cursor an die betreffende Stelle bewegen und dann zum Beispiel `ma` eingeben. (Die Markierungen können mit den Buchstaben a–z oder A–Z benannt werden.) Sie bewegen den Cursor direkt auf die Markierung `a`, indem Sie `` `a `` eingeben (rückwärts geneigtes Anführungszeichen). Mit dem einfachen Anführungszeichen vorwärts (wie in `'a`) bewegen Sie den Cursor an den Anfang der Zeile, in der die Markierung `a` steht.

Mit Hilfe der Markierungen können Sie sich Cursor-Positionen »merken«, um ganze Textbereiche zu bezeichnen. Ein Beispiel: Wenn Sie in einem Textblock suchen und ersetzen wollen, bewegen Sie zunächst den Cursor an den Blockanfang, setzen dort eine Markierung, bewegen dann den Cursor zum Blockende und geben folgenden Befehl ein:

```
:`a,.s/wischel/wuschel/
```

Dabei steht `` `a`` für die Zeile, die die Markierung a enthält, und . bezeichnet die aktuelle Zeile.

Text verschieben und Register verwenden

Eine Möglichkeit, Text zu kopieren und zu verschieben, haben wir bereits weiter oben beschrieben: Löschen Sie den Text (mit den Befehlen d oder dd), und fügen Sie ihn mit dem Befehl P wieder ein. Nehmen wir an, daß Sie ab der Zeile, in der der Cursor steht, zehn Zeilen löschen möchten, um diesen Textblock an anderer Stelle einzufügen. Geben Sie dazu den Befehl 10dd ein (um zehn Zeilen zu löschen), bewegen Sie den Cursor an die neue Textposition, und geben Sie p ein. Eine andere Möglichkeit ist folgende: Sie geben 10dd und, an derselben Cursor-Position, P ein, um den Text zu löschen und sofort wieder zu restaurieren. Anschließend können Sie diesen Text auch an anderen Stellen einfügen, indem Sie wiederholt den Cursor an die jeweilige Zielposition bewegen und dort p eingeben.

Ähnlich wie dd funktioniert der Befehl yy, mit dem Sie Text kopieren, ohne ihn zu löschen. Auch mit yy kopierte Texte werden mit p wieder eingefügt. Die Befehle zum Löschen und Kopieren können nicht nur auf Zeilen angewendet werden. Erinnern Sie sich daran, daß der Befehl d die Löschungen mittels eines Cursor-Befehls vornimmt; zum Beispiel löscht d$ den Text von der Cursor-Position bis zum Ende der Zeile. In ähnlicher Weise liest y$ den Text vom Cursor bis zum Zeilenende in den Kopierpuffer ein.

Nehmen wir an, daß Sie einen ganzen Textbereich kopieren (oder löschen) möchten. Auch dafür können Sie Markierungen benutzen. Bewegen Sie den Cursor an den Anfang des zu kopierenden Textbereichs, und setzen Sie dort eine Markierung, etwa mit ma. Bewegen Sie dann den Cursor an das Ende des Textes, und geben Sie dort den Befehl y`a ein. Damit lesen Sie den Text von der Cursor-Position bis zur Markierung a in den Kopierpuffer ein. (Erinnern Sie sich daran, daß der Befehl `` `a`` den Cursor zur Markierung a bewegt.) Wenn Sie statt y den Befehl d eingeben, wird der Textblock vom Cursor bis zur Markierung gelöscht.

Die einfachste Methode, innerhalb von *vi* Textblöcke auszuschneiden, zu kopieren und wieder einzufügen, ist die Benutzung von Registern. Ein Register ist einfach ein temporärer, mit einem Namen versehener Speicher für Texte, die Sie hin- und herkopieren, ausschneiden, wieder einfügen möchten usw.

Die Register erhalten einbuchstabige Namen; alle Zeichen von a–z oder A–Z sind möglich. Mit dem Befehl " (doppelte Anführungszeichen) sprechen Sie ein Register an; dahinter steht der Name des Registers, wie in "a, mit dem das Register a bezeichnet wird. Die Groß- und Kleinbuchstaben beziehen sich jeweils auf das gleiche Register, bei Verwendung des Kleinbuchstabens wird der vorherige Registerinhalt überschrieben, bei Verwendung des Großbuchstabens an diesen angehängt.

Wenn wir den Cursor in unserem Beispiel in die erste Zeile bewegen:

```
GANZ GALLIEN IST IN DREIZEHN TEILE AUFGETEILT.
Diese sind bekannt für Käse und Knoblauch.
~
~
~
~
```

und dann den Befehl `"ayy` eingeben, wird die aktuelle Zeile in das Register `a` eingelesen. Wir können den Cursor anschließend in die zweite Zeile bewegen und dort `"ap` eingeben, um den Text aus dem Register `a` hinter der aktuellen Zeile einzufügen:

```
GANZ GALLIEN IST IN DREIZEHN TEILE AUFGETEILT.
Diese sind bekannt für Käse und Knoblauch.
GANZ GALLIEN IST IN DREIZEHN TEILE AUFGETEILT.
~
~
~
```

Auf ähnliche Weise wird mit dem Befehl `"ay`a` der Text von der Cursor-Position bis zur Markierung `a` in das Register `a` eingelesen. Beachten Sie, daß Markierungs- und Registernamen nicht identisch sind!

Mit Hilfe der Register können Sie Text auch zwischen Dateien hin- und herbewegen. Kopieren Sie den Text einfach in ein Register, öffnen Sie mit `:e` eine neue Datei zum Editieren, und fügen Sie dort den Text aus dem Register ein.

vi erweitern

vi kann auf vielfache Weise erweitert werden. Die meisten der Befehle, die wir besprochen haben, lassen sich auf beliebige Textbereiche anwenden. Wir haben bereits gezeigt, daß Befehle wie `d` und `y` den Text von der Cursor-Position aus mittels eines Befehls zur Cursor-Bewegung wie `$` oder `G` bearbeiten. (`dG` zum Beispiel löscht den Text vom Cursor bis zum Dateiende.) Viele andere Befehle benutzen zur Bearbeitung von Texten die Cursor-Befehle auf ähnliche Weise. Mit Hilfe der Markierungen können Sie beliebige Ausschnitte aus dem Text bearbeiten.

Wir haben bereits erwähnt, daß *vi* nur ein Texteditor ist; er verfügt nicht über solche Extras wie eine Rechtschreibprüfung, Hilfen bei der Kompilierung von Programmen und ähnliche Möglichkeiten. Allerdings kann *vi* andere Programme aufrufen, und mit Hilfe dieser Funktion sind Sie in der Lage, ihn zu erweitern. Der Befehl

```
:x,y!Befehl
```

ruft den angegebenen *`Befehl`* auf und führt ihn mit dem Text aus den Zeilen *x* bis *y* als Standardeingabe aus; diese Zeilen werden durch die Standardausgabe des Befehls ersetzt. Wie beim Befehl `s` (Suchen und Ersetzen) können Sie auch hier andere Bereiche wie etwa `%` (die ganze Datei) und `$` (die letzte Zeile) statt der Zeilennummern angeben.

Ein Beispiel: Nehmen wir an, daß Sie alle Zeilen eines bestimmten Textbereichs als Zitat kennzeichnen möchten, indem Sie ein Größer-Zeichen (>) vor alle Zeilen schreiben. Eine Möglichkeit besteht darin, ein kleines Shell- oder Perl-Skript zu schreiben, das die Zeilen einliest und mit vorangestelltem > wieder ausgibt (siehe auch Kapitel 13, *Programmiersprachen,*). (Sie könnten aber auch einen *sed*-Befehl eingeben; hier gibt es einige Möglichkeiten.) Sie können dann von *vi* aus Textzeilen durch diesen Filter schicken, der die Zeilen innerhalb von *vi* durch den zitierten Text ersetzt. Wenn Sie das Skript zum Beispiel *quote* genannt haben, geben Sie einfach folgenden Befehl ein:

Kapitel 13

```
:`a,.!quote
```

Damit wird der Textblock zwischen der Cursor-Position und der Markierung `a` als Zitat gekennzeichnet.

Machen Sie sich mit den verschiedenen erweiterten Befehlen (Ex-Befehlen) vertraut. Mit `:set` können Sie einige Optionen einstellen; mit `:set ai` zum Beispiel schalten Sie die automatische Einrückung von Text ein. (Mit `:set noai` schalten Sie diese Option wieder aus.)

Sie haben die Möglichkeit, Ex-Befehle (wie `:set`) beim Start von *vi* ausführen zu lassen, indem Sie diese Befehle in die Datei *.exrc* in Ihrem Home-Verzeichnis schreiben. (Mit der Umgebungsvariable `EXINIT` läßt sich der Name dieser Datei ändern.) Sie könnten in Ihre *.exrc*-Datei zum Beispiel

```
set ai
```

einfügen, um die automatische Einrückung einzuschalten. In dieser Datei können Sie den `:` vor Befehlen auch weglassen.

Es gibt eine ganze Reihe guter Lehrbücher und Nachschlagewerke zu *vi* – sowohl online als auch in Form von Büchern. Der Titel *Textbearbeitung mit dem vi-Editor* von Linda Lamb ist eine Fundgrube für weitere Informationen. Wenn Sie Zugang zum Internet haben, können Sie in den Archiven der Newsgruppe *comp.editors* eine Reihe von Lern- und Referenzdokumenten zu *vi* finden; außerdem gibt es dort einige interessante Tips und Tricks zu *vi*. Der Heimatrechner dieses Archivs ist *ftp://alf.uib.no:/pub/vi*; er wird sowohl auf *cs.uwp.edu* als auch auf anderen Rechnern gespiegelt.

[19]

Der Editor Emacs

Texteditoren gehören zu den wichtigsten Anwendungen in der Unix-Welt. Sie werden so oft benutzt, daß einige Leute mehr Zeit mit einem Editor als sonstwo in ihrem System verbringen. Das gilt auch für Linux.

Die Entscheidung für einen Editor kann eine Glaubensfrage sein. Es gibt viele Editoren, aber die Benutzer von Unix teilen sich in zwei große Gruppen auf: die Emacs-Fraktion und die Anhänger von *vi*. Wegen der wenig intuitiven Bedienung ziehen viele Benutzer (Anfänger wie alte Hasen) den Emacs dem *vi* vor. Trotzdem kommen *vi*-Veteranen (und diejenigen, die im Zwei-Finger-Suchsystem tippen) damit viel besser zurecht als mit einem komplexen Editor wie Emacs.

Wenn *vi* im Spektrum der Texteditoren das eine Ende markiert, so bildet Emacs den Gegenpol am anderen Ende. Beide folgen unterschiedlichen Philosophien und haben andere Arbeitsweisen. Emacs ist zu einem gewissen Teil das geistige Kind von Richard Stallman, dem Gründer der Free Software Foundation und Autor eines großen Teils der GNU-Software.

Emacs ist eine sehr umfangreiche Anwendung, die mehr Möglichkeiten bietet als jedes bekannte Unix-Programm. (Manche Leute würden sogar so weit gehen und Emacs nicht als Editor, sondern als integrierte Arbeitsumgebung bezeichnen.) Emacs enthält einen eigenen LISP-Interpreter, mit dessen Hilfe Sie Erweiterungen und Makros für den Editor schreiben können. (Viele der Emacs-Funktionen sind in Emacs LISP geschrieben.) Emacs enthält außerdem Erweiterungen für so verschiedene Dinge wie das Kompilieren und Debuggen von Programmen, die Handhabung von E-Mail sowie die Unterstützung des X Window System usw. Zu Emacs gehören außerdem ein Lernprogramm sowie die Dokumentation. *Learning GNU*
[18] *Emacs* ist eine beliebte Einführung in diesen Editor.

Die meisten Linux-Distributionen enthalten zwei Emacs-Varianten. GNU Emacs ist die ursprüngliche Version, die zwar noch weiterentwickelt wird, aber offensichtlich in einem langsameren Tempo. XEmacs ist größer, geringfügig langsamer, aber sehr viel benutzerfreundlicher und besser in das X Window System integriert (auch wenn Sie XEmacs trotz seines Namens auch von der Kommandozeile aus verwenden können). Wenn Sie nicht gerade knapp mit Speicherplatz sind und einen hinreichend schnellen Computer haben, würden wir Ihnen zu XEmacs raten. Wir werden hier aber nicht auf die Unterschiede eingehen. Das im folgenden Beschriebene trifft auf beide Versionen zu.

Legen Sie los

GNU Emacs wird einfach mit

```
$ emacs optionen
```

und XEmacs entsprechend mit

```
$ xemacs optionen
```

aufgerufen. Normalerweise brauchen Sie keine Optionen. Sie können Dateinamen auf der Kommandozeile angeben, aber es ist normalerweise einfacher, diese nach dem Starten des Programms einzulesen.

In der Sprache der Emacs-Welt steht `C-x` für STRG-X und `M-p` für ALT-P. Wie Sie sich sicherlich denken können, steht `C-M-p` für STRG-ALT-P.

Folgen Sie jetzt diesen Konventionen, und drücken Sie `C-x`, gefolgt von `C-f`, um eine Datei einzulesen oder eine neue zu erzeugen. Diese Tastenkombination bringt am unteren Bildschirmrand eine Eingabeaufforderung, in der Ihr aktuelles Arbeitsverzeichnis angezeigt wird. Sie können jetzt einen Puffer erzeugen, der das enthält, was später der Inhalt der neuen Datei wird. Nennen wir die Datei *wischel.txt*. Sie sehen jetzt etwa folgendes:

```
█



-----Emacs: wischel.txt (Fundamental)----All-------------------
```

Die Statuszeile am unteren Bildschirmrand zeigt sowohl den Dateinamen als auch den Typ des Puffers an, in dem Sie sich befinden (in diesem Fall Fundamental). Emacs kennt viele verschiedene Editiermodi – Fundamental ist die Voreinstellung für einfache Textdateien, aber es gibt auch einen Modus für das Editieren von C- und TeX-Quellcode, einen für die Arbeit mit Verzeichnissen usw. Wir werden bald sehen, daß jeder Modus seine eigenen Funktionstasten und Befehle hat. Emacs bestimmt den Arbeitsmodus anhand der Suffixe zu den Dateinamen.

Rechts vom Puffertyp sehen Sie das Wort `All` – das bedeutet, daß Sie gerade die komplette (leere) Datei im Blick haben. Normalerweise sehen Sie an dieser Stelle einen Prozentwert, der Ihnen anzeigt, an welcher Stelle in der Datei Sie sich befinden.

Kapitel 11

Wenn Sie Emacs unter dem X Window System benutzen, wird für den Editor ein neues Fenster geöffnet, das oben eine Menüzeile enthält, dazu Laufleisten und andere Extras. Im Abschnitt »Emacs« in Kapitel 11 besprechen wir die Besonderheiten von Emacs unter X.

Einfache Editierbefehle

Wenn es um grundlegende Editieraufgaben geht, ist Emacs viel einfacher zu handhaben als *vi*. Mit den Pfeiltasten sollten Sie sich durch den Text bewegen können; falls nicht (weil Emacs nicht an Ihr Terminal angepaßt ist), benutzen Sie die Tastenkombinationen `C-p` (Zeile hoch), `C-n` (Zeile runter), `C-f` (Zeichen vorwärts) und `C-b` (Zeichen zurück).

Falls Sie sich nicht an die ALT-Taste gewöhnen können, drücken Sie zunächst ESC und dann `p`. Das einmalige Drücken von ESC hat dieselbe Funktion wie eine festgehaltene ALT-Taste.

Schon an dieser Stelle müssen wir einen ersten Exkurs von unserer Emacs-Tour machen. Buchstäblich jeder Befehl und jede Taste innerhalb von Emacs kann verändert werden. Das heißt, daß in der »Standard«-Konfiguration von Emacs die Tastenkombination `C-p` die Funktion *previous-line* (Zeile hoch) aufruft, die den Cursor (in Emacs auch »Point« genannt) um eine Zeile nach oben bewegt. Es ist allerdings kein Problem, andere Tastenkombinationen mit solchen Funktionen zu verknüpfen; Sie können auch neue Funktionen schreiben und diesen dann Tasten zuordnen usw. Wenn wir nicht ausdrücklich auf etwas anderes hinweisen, funktionieren die hier vorgestellten Tastenkombinationen in der Standardkonfiguration von Emacs. Weiter unten werden wir Ihnen zeigen, wie Sie die Tastenbelegung für Ihre Zwecke anpassen.

Zurück zur Textbearbeitung: Mit den Pfeiltasten oder den Tastenkombinationen, die wir oben bereits erwähnt haben, bewegen Sie den Cursor im aktuellen Textpuffer. Geben Sie einfach Text ein; er erscheint an der Cursor-Position. Mit den Tasten BACKSPACE oder ENTF sollten Sie den Text unter dem Cursor löschen können. Für den Fall, daß das nicht funktioniert, zeigen wir Ihnen im Abschnitt »Emacs anpassen«, wie Sie dieses Problem beheben. Tippen Sie also einfach los:

```
Im Frühtau zu Berge wir ziehen, fallera!
█



--**-Emacs: wischel.txt (Fundamental)----All--------------------------
```

Mit den Tastenkombinationen C-a und C-e bewegen Sie den Cursor an den Anfang beziehungsweise das Ende der aktuellen Zeile. C-v blättert eine Seite vor, M-v eine Seite zurück. Es gibt noch viel mehr Befehle für grundlegende Editieraufgaben, aber wir werden es der Online-Hilfe von Emacs überlassen, Sie darüber aufzuklären.

Wenn Sie Emacs verlassen wollen, geben Sie `C-x C-c` ein. Dies ist der erste erweiterte Befehl, den wir vorstellen; viele Emacs-Befehle erfordern mehr als eine Tastenkombination. `C-x` allein ist nur ein »Präfix« für andere Tasten. In diesem Fall verlassen Sie mit `C-x`, gefolgt von `C-c`, den Emacs, nachdem Sie zuvor noch gefragt werden, ob Sie wirklich aufhören möchten, ohne Änderungen abzuspeichern.

Mit `C-x C-s` speichern Sie die aktuelle Datei, und mit `C-x C-f` »finden« Sie eine andere Datei zum Editieren. Wenn Sie `C-x C-f` eingeben, werden Sie etwa folgenden Prompt sehen:

```
Find file: /home/loomer/mdw/
```

mit dem das aktuelle Verzeichnis angezeigt wird. Dahinter können Sie den Namen der zu öffnenden Datei eingeben. Wenn Sie an dieser Stelle die Tabulatortaste drücken, werden Dateinamen in ähnlicher Weise komplettiert, wie Sie das von *bash* und *tcsh* kennen. Wenn Sie zum Beispiel eingeben:

```
Find file: /home/loomer/mdw/.bash
```

und dann die Tabulatortaste drücken, wird ein weiterer Textpuffer geöffnet, der alle Möglichkeiten der Komplettierung enthält – etwa so:

```
Possible completions are:
.bash_profile                     .bashrc


--**-Emacs: *Completions* (Fundamental)----All--------------------------
```

Nachdem Sie den Dateinamen komplettiert haben, wird der `*Completions*`-Puffer verschwinden, und die gerade ausgewählte Datei ist zum Editieren geöffnet. Dies ist ein Beispiel dafür, wie Emacs temporäre Puffer benutzt, um Informationen auszugeben.

Emacs läßt Sie mit mehreren Textpuffern arbeiten; jeder Puffer kann eine andere von Ihnen bearbeitete Datei enthalten. Jedesmal, wenn Sie mit `C-x C-f` eine neue Datei öffnen, wird sie zum Editieren in einen neuen Puffer geladen, ohne daß die bereits vorhandenen Puffer gelöscht werden.

Mit dem Befehl `C-x b` wechseln Sie in einen anderen Textpuffer. Dabei werden Sie nach dem Namen des gewünschten Puffers gefragt (meist ist das der Name der Datei in diesem Puffer). Mit `C-x b` erhalten Sie einen Prompt wie diesen:

```
Switch to buffer: (default wischel.txt)
```

Der Puffer, in dem Sie zuletzt gearbeitet haben, wird als Voreinstellung angezeigt. Mit ENTER wechseln Sie in diesen Puffer, sonst geben Sie den Namen eines anderen Puffers ein. Mit `C-x C-b` erhalten Sie eine Liste der Puffer (die wiederum in einem Puffer enthalten ist); das sieht etwa so aus:

```
MR Buffer         Size  Mode         File
-- ------         ----  ----         ----
.  wischel.txt     44   Fundamental /home/loomer/mdw/wischel.txt
   .bashrc        1763  Fundamental /home/loomer/mdw/.bashrc
   *scratch*       0    Lisp Interaction
*  *Buffer List*  265   Buffer Menu
```

Mit dem Erscheinen des Puffermenüs teilt sich der Emacs-Bildschirm in zwei »Fenster«, zwischen denen Sie mit `C-x o` hin- und herschalten. Es ist auch möglich, mehr als zwei Fenster gleichzeitig zu öffnen. Wenn Sie nur noch ein Fenster sehen möchten, wechseln Sie dorthin und geben `C-x 1` ein. Damit verschwinden alle anderen

Fenster, aber mit dem Befehl `C-x b`, den wir gerade beschrieben haben, können Sie wieder zu diesen Fenstern zurückkehren. Mit `C-x k` entfernen Sie einen Puffer aus dem Arbeitsspeicher von Emacs.

Das Lernprogramm und die Online-Hilfe

[17] Schon jetzt erscheint Emacs ziemlich kompliziert; das liegt einfach daran, daß es ein dermaßen flexibles System ist. Bevor wir Emacs weiter erkunden, wollen wir seine Online-Hilfe und das Lernprogramm vorstellen. Diese Dokumente sind auch in Buchform erhältlich.

Mit dem Befehl `C-h` erhalten Sie in der letzten Bildschirmzeile eine Liste der Hilfe-Optionen. Wenn Sie `C-h` noch einmal drücken, erscheint eine genauere Übersicht über die vorhandenen Hilfe-Texte. Mit `C-h`, gefolgt von einem `t`, landen Sie im Emacs-Lernprogramm (tutorial). Dieses ist weitgehend selbsterklärend, und ein interaktives Lernprogramm sollte Ihnen mehr Stoff vermitteln, als wir hier möglicherweise behandeln können.

Nachdem Sie das Lernprogramm von Emacs durchlaufen haben, sollten Sie sich mit seinem Info-System vertraut machen, in dem der Rest der Emacs-Dokumentation enthalten ist. Mit `C-h` und `i` gelangen Sie in das Info-System. Eine beliebige Info-Seite könnte etwa folgendermaßen aussehen:

```
File: intercal.info,  Node: Top,  Next: Instructions,  Up: (dir)

   Diese Datei dokumentiert den Intercal-Interpreter für Linux.

   * Menü:

   * Anweisungen::          Wie Sie diese Dokumentation lesen sollten.
   * Übersicht::            Vorläufige Informationen.
   * Beispiele::            Beispielprogramme zu Intercal und Fehler.
   * Index::                Index der behandelten Konzepte.
```

Wie Sie sehen, erscheint der Info-Text zusammen mit einem Menü, das auf eine Reihe von »Knoten« (nodes) verweist. Wenn Sie an dieser Stelle m und den Namen eines Knotens eingeben, wird der entsprechende Info-Text auf dem Bildschirm ausgegeben. Sie können alle Knoten der Reihe nach lesen, indem Sie mit der Leertaste zum jeweils nächsten Knoten springen (die Statuszeile am oberen Bildschirmrand weist darauf hin). In diesem Beispiel ist der nächste Knoten Anweisungen, der erste Knoten des Menüs.

Jeder Knoten hat außerdem eine Verbindung zum übergeordneten Knoten (parent node) `Up`, der in diesem Fall `(dir)` ist; `(dir)` steht für das Verzeichnis mit den Info-Seiten. Mit `u` gelangen Sie zum Parent-Node. Zusätzlich besteht von jedem Knoten aus eine Verbindung zum vorherigen Knoten (falls vorhanden; in diesem Beispiel nicht). Mit p kehren Sie zum vorherigen Knoten zurück. Wenn Sie l drücken, gelangen Sie noch einmal zu dem Knoten, den Sie zuletzt besucht hatten.

Wenn Sie innerhalb von Info ein ? eingeben, sehen Sie eine Liste der Befehle; und mit h erhalten Sie eine kurze Einführung in das System. Da Sie Info aus Emacs heraus gestartet haben, können Sie hier auch Emacs-Befehle benutzen (zum Beispiel mit C-x b in einen anderen Puffer wechseln).

Wenn Sie jetzt denken, daß das Info-System umständlich und veraltet ist, dann denken Sie daran, daß es entworfen wurde, um auf allen Arten von Systemen zu funktionieren, darunter auch solchen, die keine mächtigen Grafikfunktionalitäten oder Verarbeitungskapazitäten haben.

Es gibt weitere Formen der Online-Hilfe in Emacs. Mit C-h C-h erhalten Sie eine Liste der Hilfe-Optionen. Eine davon ist C-h k. Sie haben danach die Möglichkeit, eine Taste zu drücken, und sehen dann, welche Funktion mit dieser Taste verknüpft ist.

Text löschen, kopieren und verschieben

Es gibt mehrere Methoden, in Emacs Textblöcke zu verschieben und zu kopieren. Emacs benutzt dazu die *Markierung* (mark); das ist einfach eine »erinnerte« Cursor-Position, die mit verschiedenen Befehlen gesetzt werden kann. Der Textblock zwischen der aktuellen Position des Cursors (*point*) und der Markierung wird die *Region* genannt.

Die Markierung können Sie mit C-@ setzen (oder, auf den meisten Systemen, mit C-Space). Wenn Sie den Cursor auf eine bestimmte Stelle bewegen und dort C-@ drükken, haben Sie die Markierung an diese Stelle gesetzt. Wenn Sie anschließend den Cursor auf eine andere Position bewegen, ist der Bereich zwischen der aktuellen Position und der Markierung als die Region definiert.

Viele Emacs-Befehle beziehen sich auf die Region. Die wichtigsten dieser Befehle sind diejenigen zum Löschen und Wiedereinfügen von Text. Mit C-w löschen Sie die aktuelle Region und lesen sie gleichzeitig in den *Kill-Ring* ein. Der Kill-Ring besteht aus den Textblöcken, die bereits gelöscht wurden. Sie können anschließend mit C-y den gelöschten Text an anderer Stelle wieder einfügen. Mit Hilfe des Kill-Rings haben Sie die Möglichkeit, nicht nur den zuletzt gelöschten Textblock wieder einzufügen, sondern Sie können auch auf ältere Löschungen zurückgreifen.

Ein Beispiel: Geben Sie folgenden Text in einen Emacs-Puffer ein:

```
Im Frühtau zu Berge wir ziehen, fallera!
Diese Zeile wollen wir verschieben.
Fischers Fritz fischt frische Fische.
█


--**-Emacs: wischel.txt (Fundamental)----All-----------------
```

Gehen Sie mit dem Cursor jetzt an den Anfang der zweiten Zeile (»Diese Zeile ...«), und setzen Sie dort mit C-@ die Markierung. Gehen Sie an das Ende der Zeile (mit C-e), und löschen Sie dann mit C-w die Region. Der Textpuffer sollte jetzt etwa so aussehen:

```
Im Frühtau zu Berge wir ziehen, fallera!
█
Fischers Fritz fischt frische Fische.


--**-Emacs: wischel.txt (Fundamental)----All-----------------
```

Bewegen Sie den Cursor dann an das Ende des Textpuffers, um den gerade gelöschten Text dort mit C-y wieder einzufügen. Die Zeile sollte an der neuen Position erscheinen:

```
Im Frühtau zu Berge wir ziehen, fallera!

Fischers Fritz fischt frische Fische.
Diese Zeile wollen wir verschieben.█


--**-Emacs: wischel.txt (Fundamental)----All-----------------
```

Wenn Sie C-y wiederholt drücken, wird der Text mehrere Male eingefügt.

Auf ähnliche Weise können Sie Texte vervielfältigen. Wenn Sie M-w statt C-w benutzen, lesen Sie die Region in den Kill-Ring ein, ohne sie aus dem Text zu löschen. (Erinnern Sie sich, daß M- entweder die gedrückte und gehaltene ALT-Taste oder die einmal gedrückte ESCAPE-Taste bezeichnet.)

Auch Text, der mit anderen Löschbefehlen wie etwa C-k entfernt wurde, steht im Kill-Ring. Das bedeutet, daß Sie nicht unbedingt die Markierung setzen und C-w benutzen müssen, um einen Textblock zu verschieben. Sie können dafür jeden beliebigen Löschbefehl einsetzen.

Wenn Sie vorher gelöschte Textblöcke (die im Kill-Ring gespeichert sind) wieder einfügen möchten, benutzen Sie dazu den Befehl M-y, nachdem Sie Text mit C-y ausgeschnitten haben. Mit M-y ersetzen Sie den ausgeschnittenen Text durch den vorherigen Textblock aus dem Kill-Ring. Wenn Sie M-y wiederholt drücken, bewegen Sie sich schrittweise durch den Inhalt des Kill-Rings. Dies ist eine äußerst nützliche Einrichtung, wenn Sie mehrere Textblöcke verschieben oder kopieren möchten.

Emacs kennt auch einen *Register*-Mechanismus, ähnlich dem in *vi*. Unter anderem kann dieses Feature dazu verwendet werden, Text abzuspeichern, den Sie später wieder einfügen wollen. Ein Register hat einen einbuchstabigen Namen, wir nehmen hier `a` als Beispiel.

1. Am Anfang des abzuspeichernden Textes setzen Sie mit `C-Space` (oder, wenn das nicht funktioniert, mit `C-@`) die Markierung.
2. Bewegen Sie den Cursor an das Ende der abzuspeichernden Region.
3. Drücken Sie `C-x x`, gefolgt vom Registernamen (in diesem Fall `a`).
4. Wenn Sie diesen Text an anderer Stelle wieder einfügen wollen, drücken Sie `C-x g`, gefolgt vom Registernamen `a`.

Suchen und Ersetzen

Die übliche Methode, in Emacs nach einer Zeichenkette zu suchen, ist der Befehl `C-s`. Damit starten Sie eine sogenannte inkrementelle Suche. Geben Sie nach `C-s` die Zeichen des Suchbegriffs ein. Mit jedem Zeichen, das Sie eingeben, sucht Emacs vorwärts nach einem Vorkommen des Suchstrings, den Sie bisher eingegeben haben. Wenn Sie sich vertippen, können Sie den Suchbegriff mit der ENTF-Taste korrigieren und die korrekten Zeichen eingeben. Falls der Suchbegriff nicht gefunden wird, meldet Emacs das mit einem Piepton. Wenn der Suchbegriff einmal gefunden wurde, Sie aber nach weiteren Vorkommen suchen möchten, drücken Sie wieder `C-s`.

Auf diese Weise können Sie mit `C-r` auch rückwärts suchen. Emacs kennt noch verschiedene andere Arten der Suche, darunter auch die Suche mit regulären Ausdrücken, die Sie mit `M-C-s` starten. Damit können Sie nach Suchbegriffen wie `jo.*n` suchen, mit dem solche Namen wie Joachim, Jonathan und Johann gefunden werden. (Per Voreinstellung beachtet Emacs bei der Suche die Groß- und Kleinschreibung nicht.)

Wenn Sie eine Zeichenkette ersetzen möchten, geben Sie `M-%` ein. Sie werden zuerst nach dem String gefragt, der ersetzt werden soll, dann nach dem Ersatz dafür. Emacs zeigt alle Stellen an, an denen der gesuchte String vorkommt, und fragt, ob Sie ihn an dieser Stelle ersetzen möchten. Mit der SPACE-Taste führen Sie die Ersetzung durch, mit ENTF überspringen Sie diese Stelle, und mit einem Punkt beenden Sie die Suche.

Wenn Sie sicher sind, daß Sie ab der Cursor-Position alle Vorkommen einer Zeichenkette ersetzen möchten, ohne daß Sie den Einzelfall bestätigen müssen, dann geben Sie `M-x replace-string` *`string`* ein. (Die Tastenkombination `M-x` läßt Sie den Namen einer Emacs-Funktion angeben und die Funktion ausführen, ohne daß sie an eine Taste gebunden ist. Viele Emacs-Funktionen sind nur über `M-x` zu erreichen – es sei denn, Sie binden die Funktion selbst an eine Taste.) Sie können einen regulären Ausdruck ersetzen, indem Sie `M-x` eingeben.

Makros

Der Name Emacs kommt zum Teil von »Makros«. Tatsächlich sind Makros ein einfaches, aber mächtiges Feature, das Emacs so angenehm zu benutzen macht. Wenn Sie etwas öfter und wiederholt machen werden, drücken Sie einfach `C-x (`, führen die Operation einmal aus und drücken `C-x )`. Alle Tastendrücke, die Sie zwischen den beiden `C-x`-Befehlen mit der öffnenden und schließenden Klammer eingeben, werden aufgezeichnet. Sie können diese Befehle immer wieder ausführen, indem Sie `C-x e` eingeben.

Hier ein triviales Beispiel, das Sie mit jeder Textdatei ausprobieren können: Es läßt das erste Wort jeder Zeile mit einem Großbuchstaben beginnen.

1. Drücken Sie `C-x (`, um mit der Makro-Aufzeichnung zu beginnen.
2. Drücken Sie `C-a`, um den Cursor an den Anfang der aktuellen Zeile zu bringen. Es ist wichtig, daß Sie wissen, wo Sie sich befinden, wenn ein Makro ausgeführt wird. Durch Eingabe von `C-a` gehen Sie sicher, daß das Makro den Cursor immer an den Anfang der Zeile setzt, bevor die Großschreibung durchgeführt wird.
3. Drücken Sie `M-c`, um den ersten Buchstaben des ersten Wortes zu einem Großbuchstaben zu machen.
4. Drücken Sie wieder `C-a`, um an den Zeilenanfang zurückzukehren, sowie `C-n` oder den Pfeil-nach-unten, um an den Anfang der nächsten Zeile zu gelangen. Damit ist sichergestellt, daß das Makro nächstes Mal auch wieder an der richtigen Stelle beginnt.
5. Drücken Sie `C-x )`, um die Makro-Aufzeichnung zu beenden.
6. Drücken Sie `C-x e` mehrfach nacheinander, um die folgenden Zeilen mit einem Großbuchstaben beginnen zu lassen. Mit `C-u` können Sie ein sogenanntes Präfix eingeben, das bestimmt, wie oft der folgende Befehl ausgeführt werden soll. Wenn Sie an das Ende des Dokuments kommen, während das Makro noch ausgeführt wird, passiert nichts Schlimmes. Emacs gibt nur einen Signalton aus und bricht die Makro-Ausführung ab.

Befehle aufrufen und Programmieren in Emacs

Emacs bietet Schnittstellen zu vielen Programmen, die Sie innerhalb eines Emacs-Puffers ausführen können. So gibt es zum Beispiel einen Modus für die Bearbeitung von elektronischer Post, einen für das Lesen von Usenet-News sowie Modi zum Kompilieren von Programmen und für die Kommunikation mit der Shell. Wir wollen in diesem Abschnitt einige dieser Möglichkeiten vorstellen.

Wenn Sie von Emacs aus E-Mail verschicken möchten, geben Sie `C-x m` ein. Sie öffnen damit einen Puffer, in dem Sie eine E-Mail schreiben und verschicken können:

```
To:
Subject:
--text follows this line--
█



-----Emacs: *mail* (Mail)----All------------------------
```

Geben Sie einfach Ihre Nachricht in diesen Puffer ein, und drücken Sie anschließend `C-c C-s`, um sie zu verschicken. Sie können auch Text aus anderen Puffern einfügen, die Mail-Schnittstelle mit eigenen Emacs-LISP-Funktionen erweitern usw.

RMAIL ist die Emacs-Schnittstelle zum Lesen von E-Mail. Viele Benutzer arbeiten lieber mit RMAIL als mit anderen Programmen, weil sie Emacs sowohl zum Verschicken als auch zum Lesen von E-Mail benutzen können. Starten Sie RMAIL mit dem Befehl `M-x rmail`.

Wenn Sie RMAIL aufrufen, wird Emacs die Nachrichten in Ihrer Eingangs-Mailbox in ein spezielles Format wandeln, mit dessen Hilfe es die Mail-Nachrichten verwaltet. Vorhandene Nachrichten werden in die Datei *RMAIL* in Ihrem Home-Verzeichnis kopiert. Seien Sie also vorsichtig! Eingehende Nachrichten werden in das RMAIL-Format konvertiert, und wenn Sie diese Konvertierung rückgängig machen möchten (falls Sie Ihre E-Mail nicht mit RMAIL lesen wollen), müssen Sie die Funktion `M-x unrmail` aufrufen.

Wenn Sie RMAIL aufrufen, wird ein Puffer geöffnet, der die erste Nachricht aus Ihrer Eingangs-Mailbox enthält. Mit den Tasten `n` und `p` zeigen Sie die nächste und die vorherige Nachricht an. (Wie in allen Emacs-Modi erhalten Sie auch hier mit `C-h m` eine Übersicht über die gültigen Tastenkombinationen.) Während Sie eine Nachricht lesen, leiten Sie mit `r` eine Antwort darauf ein. Dazu wird ein Mail-Puffer geöffnet (wie bereits beschrieben), in dem die Kopfzeilen bereits teilweise ausgefüllt sind. Im Mail-Puffer können Sie mit `C-c C-y` die Originalnachricht einlesen.

In RMAIL erhalten Sie mit `h` eine Liste der Nachrichten in Ihrer Mailbox, etwa so:

```
 11  17-Feb             johnsonm@sunsite  Re: Which release?

 12  25-Feb                        schar  Treffen der Bildverarbeitungsgruppe
 13  26-Feb             okir@monad.swb.de  Re: Leerzeichen in .ms?
 14  26-Feb       wirzeniu@cc.helsinki.fi  Re: LDP
--%%-Emacs: RMAIL-summary     (RMAIL Summary)----50%----------------------
```

In diesem Übersichtsmodus stehen Ihnen verschiedene `M-x`-Befehle, zum Beispiel zum Sortieren der Liste usw., zur Verfügung. Sie können außerdem RMAIL-Befehle wie `n`, `p` und `r` benutzen.

Ähnlich wie RMAIL funktioniert auch GNUS, der Emacs-News-Reader, den Sie mit dem Befehl `M-x gnus` aufrufen. Nach dem Start (und einiger Arbeit an Ihrer *.newsrc*-Datei) sehen Sie eine Liste der Newsgruppen und die Anzahl der ungelesenen Artikel in jeder Gruppe:

```
       10: comp.os.linux.development
        0: cucs.system
       32: alt.fan.warlord
      195: alt.folklore.urban
--- GNUS: List of Newsgroups       (Newsgroup {cloyd.cs})--6%----------------
```

Mit den Pfeiltasten wählen Sie aus, welche Newsgruppe Sie lesen möchten. Mit der SPACE-Taste lesen Sie den ersten Artikel dieser Gruppe. Dazu werden zwei Textfenster geöffnet – das eine zeigt eine Liste der Artikel, das andere den aktuellen Artikel. Mit `n` und `p` bewegen Sie sich zum nächsten oder vorherigen Artikel, mit `f` und `F` starten Sie einen Folgeartikel (follow-up; entweder mit oder ohne den Ursprungsartikel), und mit `r` und `R` antworten Sie per E-Mail auf einen Artikel. Es gibt noch viele andere GNUS-Befehle; lassen Sie sich die Liste mit `C-h m` anzeigen. Wenn Sie schon mit einem anderen News-Reader, wie zum Beispiel *rn*, gearbeitet haben, wird Ihnen GNUS irgendwie bekannt vorkommen.

Emacs bietet eine Reihe von Modi für die Bearbeitung bestimmter Dateitypen. So gibt es zum Beispiel einen C-Modus zum Editieren von C-Quellcode und einen TeX-Modus zum Editieren von (Überraschung!) TeX-Quellen. Jeder dieser Modi verfügt über einige Besonderheiten, die das Bearbeiten des entsprechenden Dateityps wesentlich vereinfachen.

Ein Beispiel: Im C-Modus können Sie `M-x compile` eingeben, um (per Voreinstellung) den Befehl *make –k* im aktuellen Verzeichnis auszuführen und Fehlermeldungen in einen anderen Textpuffer zu leiten. Im Kompilierungspuffer könnte beispielsweise stehen:

```
cd /home/loomer/mdw/pgmseq/
make -k
gcc -O -O2 -I. -I../include -c stream_load.c -o stream_load.o
stream_load.c:217: syntax error before `struct'
stream_load.c:217: parse error before `struct'
```

Sie können den Cursor in eine Zeile bewegen, die eine Fehlermeldung enthält, dann `C-c C-c` drücken und finden sich anschließend im entsprechenden Quelltextpuffer in der Zeile wieder, in der dieser Fehler auftrat. (Sollte noch kein Puffer für den Quelltext existieren, so wird er an dieser Stelle geöffnet.) Ab sofort können Sie Ihre Programme komplett innerhalb von Emacs editieren und kompilieren.

Kapitel 14

Emacs enthält außerdem eine vollständige Schnittstelle zum Debugger *gdb*, den wir im Abschnitt »Emacs und gdb« in Kapitel 14 beschreiben.

Normalerweise wird Emacs anhand des Dateinamensuffixes den passenden Modus für einen Textpuffer auswählen. Wenn Sie zum Beispiel eine Datei mit dem Namenssuffix *.c* editieren, öffnet Emacs diesen Puffer automatisch im C-Modus.

Der Shell-Modus ist eine der beliebtesten Erweiterungen zu Emacs. Im Shell-Modus können Sie von einem Emacs-Puffer aus auf der Shell-Ebene arbeiten, indem Sie `M-x shell` eingeben. Sie haben dann die Möglichkeit, mit den normalen Emacs-Befehlen die Shell-Befehlszeilen zu editieren und die Command History (bereits eingegebene Befehlszeilen können wieder aufgerufen und editiert werden) zu (be)nutzen. Sie können von Emacs aus mit `M-!` auch einzelne Shell-Befehle ausführen lassen. Wenn Sie statt dessen `M-|` eingeben, wird der Inhalt der aktuellen Region in einer Pipe als Standardeingabe an den aufgerufenen Befehl geleitet. Dies ist eine nützliche Schnittstelle für den Aufruf von Unterprogrammen aus Emacs heraus.

Emacs anpassen

Die Online-Dokumentation von Emacs sollte ausreichen, um Sie auf die richtige Spur zu bringen, wenn Sie mehr über das System erfahren und sich noch besser damit vertraut machen möchten. Manchmal ist es allerdings schwierig, die wirklich hilfreichen Hinweise zu finden, die Ihnen weiterhelfen. Wir wollen hier kurz auf einige der Anpassungsmöglichkeiten eingehen, die von vielen Emacs-Benutzern zur Vereinfachung der Arbeit eingesetzt werden.

Ihre persönliche Datei mit Emacs-Anpassungen ist *.emacs*, die in Ihrem Home-Verzeichnis stehen sollte. Diese Datei sollte Programmcode enthalten, der in Emacs LISP geschrieben ist und Funktionen aufruft oder definiert, die Ihre Emacs-Arbeitsumgebung bestimmen. (Falls Sie noch nie in LISP programmiert haben, brauchen Sie sich keine Sorgen zu machen – die meisten Anpassungen sind mit LISP ziemlich einfach.)

Zu den Dingen, die von Benutzern am häufigsten geändert werden, gehören die Tastenbelegungen. Wenn Sie zum Beispiel in Emacs Ihre E-Mail lesen möchten, können Sie die Tastenkombination `C-c r` mit der Funktion `rmail` belegen. Fügen Sie dazu folgendes in Ihre *.emacs*-Datei ein:

```
; Schneller Zugriff auf das Mail-Leseprogramm
(global-set-key "\C-cr" 'rmail)
```

Kommentarzeilen beginnen in Emacs LISP mit einem Semikolon. Der Befehl in diesem Beispiel ruft die Funktion `global-set-key` auf. Ab sofort brauchen Sie nicht immer wieder die lange Zeichenfolge `M-x rmail` einzugeben, wenn Sie die kurze Nachricht »Mail« in der Statuszeile sehen. Drücken Sie statt dessen einfach die Tastenkombination `C-c r`. Diese Abkürzung funktioniert überall in Emacs – unabhängig vom aktuellen Modus –, weil es ein »globaler« Befehl ist.

Eine nützliche Anpassung besteht darin, den Textmodus zum Default-Modus zu machen und den Minor-Modus »auto-fill« einzuschalten (mit dem Textzeilen automatisch umbrochen werden, wenn sie zu lang werden):

```
; Textmodus mit auto-fill zum Default machen
(setq default-major-mode 'text-mode)
(add-hook 'text-mode-hook 'turn-on-auto-fill)
```

Nicht alle Tastenbelegungen sollen global wirksam sein. Wenn Sie im TEX-Modus, C-Modus oder einem anderen der Emacs-Modi arbeiten, werden Sie auf praktische Dinge stoßen, die nur in einem Modus wirksam sein sollen. Für einen solchen Fall definieren wir hier eine einfache LISP-Funktion, die einige Zeichen in C-Quellcode einfügt, und belegen dann eine Taste mit dieser Funktion:

```
(defun start-if-block()
  (interactive)
  (insert "if () {\n}\n")
  (backward-char 6)
)
```

Am Anfang der Funktion steht die Anweisung »interactive«, damit wir diese Funktion aufrufen können (sonst würde sie nur intern von anderen Funktionen benutzt werden). Dann verwenden wir die Funktion *insert*, um folgende Zeichen in unseren C-Puffer einzufügen:

```
if () {
}
```

In Emacs dürfen Strings die aus C bekannten Escape-Zeichenfolgen enthalten. Wir haben in unserem Beispiel `\n` für »Newline« (neue Zeile) benutzt.

Damit haben wir uns eine Vorlage für einen `if`-Block geschaffen. Um die Sache abzurunden, bewegt unsere Funktion den Cursor auch noch um sechs Stellen zurück und plaziert ihn damit zwischen die runden Klammern, so daß wir sofort mit der Eingabe eines Ausdrucks beginnen können.

Unser Ziel war es, die Eingabe dieser Zeichenfolge möglichst einfach zu gestalten – lassen Sie uns also eine Tastenfolge mit dieser Funktion belegen:

```
(define-key c-mode-map "\C-ci" 'start-if-block)
```

Die Anweisung *define-key* verknüpft eine Tastenkombination mit einer Funktion. Mit `c-mode-map` zeigen Sie an, daß diese Tastenkombination nur im C-Modus wirksam sein soll. Es gibt außerdem noch `tex-mode-map` für den TEX-Modus, `lisp-mode-map`, das Sie kennen sollten, wenn Sie vorhaben, mit Ihrer *.emacs*-Datei herumzuexperimentieren, usw.

Falls Sie daran interessiert sind, eigene Emacs-LISP-Funktionen zu schreiben, lesen Sie die Info-Seiten zu *elisp*, die in Ihrem System vorhanden sein sollten.

Wir kommen zu einer sehr wichtigen Anpassung, die Sie vielleicht auch durchführen müssen. Auf vielen Terminals sendet die BACKSPACE-Taste den Code `C-h`, was Emacs als Hilfe-Taste interpretiert. Um dieses Problem zu beheben, sollten Sie die interne Tabelle mit den Emacs-Tastencodes folgendermaßen ändern:

```
(keyboard-translate ?\C-h ?\C-?)
```

Ziemlich kryptisch, das Ganze. `\C-h` läßt sich noch als die Steuerungstaste zusammen mit `h` erkennen, was zufälligerweise denselben ASCII-Code (8) erzeugt wie die BACKSPACE-Taste. `\C-?` steht für die DELETE-Taste (ASCII-Code 127). Verwechseln Sie dieses Fragezeichen nicht mit den Fragezeichen vor den Backslashes. `?\C-h` bedeutet: der ASCII-Code, der `\C-h` entspricht. Sie könnten genausogut auch die 8 direkt angeben.

Jetzt wirken also BACKSPACE und `C-h` als Löschtaste. Sie haben damit allerdings Ihre Hilfe-Taste aufgegeben. Eine weitere sinnvolle Anpassung wäre es also, eine andere Tastenkombination mit `C-h` zu belegen. Wir wollen dafür `C-\` verwenden, da diese Kombination selten für etwas anderes gebraucht wird. Wenn Sie den Backslash als Taste angeben wollen, müssen Sie ihn doppelt eingeben:

```
(keyboard-translate ?\C-\\ ?\C-h)
```

xmodmap(1)

Im X Window System gibt es die Möglichkeit, mit dem Befehl *xmodmap* den Code zu ändern, der von der BACKSPACE-Taste erzeugt wird. Wir wollen es aber Ihnen überlassen, herauszufinden, wie das funktioniert. Es ist keine hundertprozentig portable Lösung (wir könnten also nicht garantieren, daß es bei Ihnen funktioniert), und das Ganze könnte Ihnen zu weitschweifig vorkommen. Außerdem ändern Sie damit auch die Arbeitsweise der BACKSPACE-Taste in *xterm* und überall sonst.

Vielleicht möchten Sie weitere Tastenbelegungen ändern. Sie könnten zum Beispiel für das bildschirmweise Vor- und Zurückblättern die Tastenkombinationen `C-f` und `C-b` benutzen wollen (wie in *vi*). Dann sollte in Ihrer Datei *.emacs* folgendes stehen:

```
(global-set-key "\C-f" 'scroll-up)
(global-set-key "\C-b" 'scroll-down)
```

Auch hier müssen wir eine Warnung aussprechen: Achten Sie darauf, daß Sie keine Tastenbelegungen ändern, die schon anderweitig benutzt werden. (Eine Möglichkeit, das herauszufinden, ist der Test mit `C-h k`, um festzustellen, was eine Tastenkombination im aktuellen Modus bewirkt. Denken Sie auch daran, daß eine Tastenkombination bereits in anderen Modi vergeben sein kann.) Die Gefahr, daß Sie den Zugriff auf einige Funktionen verlieren, ist besonders groß, wenn Sie *Präfixtasten* wie `C-x` und `C-c` neu belegen, mit denen Befehle eingeleitet werden.

Sie können eigene Präfixtasten definieren, wenn Sie Ihren aktuellen Modus tatsächlich mit einer Menge neuer Funktionen ausstatten wollen. Gehen Sie etwa so vor:

```
(global-unset-key "\C-d")
(global-set-key "\C-d\C-f" 'meine-funktion)
```

Zuerst müssen wir die Tastenkombination `C-d` freigeben (mit der das Zeichen unter dem Cursor gelöscht wird), damit wir sie als Präfix für andere Tasten benutzen können. Anschließend rufen Sie mit `C-d C-f` die Funktion *meine-Funktion* auf.

Eventuell möchten Sie zum Editieren von »besonderen« Dateien einen anderen Modus als `Fundamental` oder `Text` benutzen. Mit dem Indented-Text-Modus zum Beispiel rücken Sie jede Textzeile relativ zur vorherigen Zeile ein (wie mit der Funktion `:set ai` in *vi*). Schalten Sie diesen Modus mit

```
; Default-Modus zum Editieren von Text
(setq default-major-mode 'indented-text-mode)
```

ein. Sie sollten auch die RETURN-Taste neu belegen, so daß die nächste Zeile eingerückt wird:

```
(define-key indented-text-mode-map "\C-m" 'newline-and-indent)
```

Emacs kennt auch »Minor«-Modi – das sind Modi, die Sie zusammen mit den Major-Modi benutzen können. Der Modus `Overwrite` zum Beispiel ist ein Minor-Modus mit der Wirkung, daß neuer Text im Puffer nicht eingefügt wird, sondern den vorhandenen Text überschreibt. Wenn Sie die Tastenkombination `C-r` benutzen möchten, um den `Overwrite`-Modus ein- und auszuschalten, können Sie das mit folgendem Befehl einrichten:

```
; Überschreibmodus ein- und ausschalten
 s(global-set-key "\C-r" 'overwrite-mode)
```

Ein weiterer Minor-Modus ist `Autofill`, der die Zeilen während der Eingabe automatisch umbricht. Statt am Ende jeder Zeile RETURN zu drücken, tippen Sie einfach weiter, und Emacs erledigt den Zeilenumbruch für Sie. Schalten Sie den `Autofill`-Modus folgendermaßen ein:

```
(setq text-mode-hook 'turn-on-auto-fill)
(setq fill-column 72)
```

Damit schalten Sie den `Autofill`-Modus immer dann ein, wenn Sie in den `Text`-Modus wechseln (dafür sorgt die Funktion *text-mode-hook*). Außerdem bestimmen Sie, daß die Zeilen nach 72 Zeichen umbrochen werden sollen.

Texte und Dokumente erstellen

Im ersten Kapitel sind wir kurz auf die verschiedenen Textbearbeitungssysteme unter Linux eingegangen und haben die Unterschiede zu den Textverarbeitungen herausgestellt, mit denen Sie vielleicht schon vertraut sind. Die meisten Textverarbeitungen bringen den Text in einer WYSIWYG-Darstellung auf den Bildschirm (What You See Is What You Get; der Text erscheint am Bildschirm so, wie er später ausgedruckt wird). Textformatierer dagegen lassen den Benutzer den Quelltext mit einem Texteditor eingeben; dieser Quelltext kann mit beliebigen Editoren bearbeitet werden. (Emacs bietet verschiedene Modi für die Bearbeitung von Texten aus diversen Textformatierern.) Nach der Eingabe des Quelltextes wird dieser vom Textformatierer in das endgültige Druck- oder Anzeigeformat gewandelt. Schließlich verarbeiten Sie diese Ausgabe und leiten sie in eine weitere Datei oder ein Betrachterprogramm zur Anzeige um; oder Sie reichen das Ergebnis an den Drucker zum Ausdruck auf einem lokalen oder entfernten Drucker weiter.

In diesem Abschnitt wollen wir zunächst drei der populärsten Textformatierer für Linux besprechen: TEX, *groff* und Texinfo. Am Ende gehen wir noch auf die Möglichkeiten ein, die Sie haben, wenn Sie lieber eine WYSIMWYG-Textverarbeitung (What You See Is Maybe What You Get), wie sie unter Windows und auf dem Macintosh üblich ist, benutzen möchten.

TEX und LATEX

TEX ist ein vollwertiger Textformatierer für alle Arten von Schriftstücken, Artikeln und Büchern – insbesondere solche Bücher, die eine Menge Mathematik enthalten. Es handelt sich um eine Sprache für die Bearbeitung von Texten, die auf einer sehr niedrigen Ebene der Textgestaltung operiert, weil sie dem Rechner beschreibt, wie das Textlayout auf einer Seite aussehen soll, wie der Zeilendurchschuß sein soll usw. TEX beschäftigt sich nicht direkt mit den Gestaltungselementen auf den höheren Ebenen wie zum Beispiel Kapitel, Abschnitte, Fußnoten usw. (die Elemente, an denen Sie als Autor am meisten interessiert sind). Aus diesem Grund bezeichnet man TEX als funktionale Sprache der Textbearbeitung (und meint damit die physikalische Gestaltung des Textes auf der Seite). Im Gegensatz dazu stehen die logischen Textbearbeitungssprachen, die Gestaltungselemente wie Kapitel und Abschnitte handhaben. TEX wurde von Donald E. Knuth entworfen, einem der weltweit führenden Experten in der Programmierung. Eines der Ziele, die Knuth mit der Entwicklung von TEX verfolgte, war ein Satzsystem, das flexibel genug sein sollte, die mathematischen Inhalte in seiner Serie von Informatikbüchern zu formatieren. Für Knuth führte das zu acht Jahren Arbeit an TEX – die meisten Leute sind sich einig, daß sich das Warten gelohnt hat.

Natürlich können Sie TEX problemlos erweitern, und Sie können TEX-Makros schreiben, die es dem Autor ermöglichen, sich in erster Linie mit dem logischen statt dem physikalischen Format eines Textes zu befassen. Tatsächlich gibt es eine Reihe solcher Makropakete – das bekannteste davon ist LATEX, ein Paket mit Erweiterungen zu TEX von Leslie Lamport. LATEX-Befehle kümmern sich hauptsächlich um die logische Struktur eines Textes; weil LATEX aber lediglich ein Makropaket zu TEX ist, können Sie auch die einfachen TEX-Befehle benutzen. LATEX vereinfacht die Arbeit mit TEX ganz erheblich, indem es die meisten Funktionen der unteren Ebenen vor dem Schreiber verbirgt.

Wenn Sie mit TeX gut strukturierte Schriftstücke erstellen möchten, sollten Sie entweder ein fertiges Makropaket wie LaTeX benutzen oder eigene Makros entwikkeln (oder Sie wählen eine Kombination aus beiden). In *The TeXbook* beschreibt Knuth die Makros, die er bei der Produktion des Buches benutzte. Natürlich sind Makros für die Formatierung von Kapiteln, Absätzen usw. enthalten – diese Makros ähneln den entsprechenden LaTeX-Makros. Wir werden uns in diesem Abschnitt auf die Benutzung von LaTeX konzentrieren, das viele Typen von Schriftgut unterstützt: technische Artikel, Handbücher, andere Bücher, Briefe usw. Genau wie das einfache TeX ist auch LaTeX erweiterbar.

Aller Anfang ist schwer

Falls Sie noch nie mit einem Textformatierungssystem gearbeitet haben, sollten Sie sich mit einer Reihe von neuen Konzepten vertraut machen. Wir haben bereits erwähnt, daß Textformatierer von einem Quelltext ausgehen, den Sie mit einem einfachen Editor wie zum Beispiel Emacs eingeben. Der Quelltext wird in einer Formatierungssprache geschrieben, die sowohl den reinen Text als auch die Befehle enthält, die den Textformatierer anweisen, wie der Text formatiert werden soll. Im ersten Kapitel haben wir an einem einfachen Beispiel gezeigt, wie die Formatierungssprache LaTeX aussieht und welche formatierte Ausgabe sie erzeugt.

Lassen Sie uns jetzt ganz einfach ohne großes Getue in die Materie eintauchen und einen kleinen Text schreiben und formatieren – vom Anfang bis zum Ende. Als Beispiel benutzen wir LaTeX und erstellen damit einen kurzen Geschäftsbrief. Geben Sie mit Ihrem Lieblingseditor folgenden Text ein (ohne die Zeilennummern), und nennen Sie die Datei *brief.tex*:

```
\documentclass{dinbrief}
\usepackage{german}
\address{Fred Fr"ohn\\Donald-Knuth-Weg 2e\\31415 Latexhausen}
\signature{F. Fr"ohn}

\begin{document}
\begin{letter}{O'Reilly Verlag \\
               Balthasarstra"se 81 \\
               50670 K"oln}

\opening{Sehr geehrter Herr O'Reilly,}

Ich m"ochte einen Kommentar zum \LATEX\-Beispiel abgeben, das Sie
in Kapitel~9 von \emph{Linux - Wegweiser zur Installation und
Konfiguration} vorstellen. Obwohl ich Ihre Bem"uhungen anerkenne,
mu"s ich doch sagen, da"s dieses Beispiel nicht ganz das erf"ullt,
was ich von der Besprechung eines Textformatierungssystems erwarten
w"urde. Ich m"ochte Ihnen raten, das Beispiel in einer zuk"unftigen
Version durch ein instruktiveres zu ersetzen.

```

```
21 \closing{Mit freundlichen Gr"u"sen,}
22
23 \end{letter}
24 \end{document}
```

Dies ist das vollständige LaTeX-Dokument zu dem Geschäftsbrief, den wir verschikken möchten. Wie Sie sehen, besteht es aus dem eigentlichen Text sowie einer Reihe von eingestreuten Anweisungen (mit Backslashes und geschweiften Klammern). Lassen Sie uns das Ganze einmal genau betrachten.

In Zeile 1 steht die Anweisung `documentclass`, womit die Klasse dieses Schriftstücks bestimmt wird (in diesem Fall ein Brief). Anweisungen in LaTeX beginnen mit einem Backslash; dahinter steht die Anweisung selbst (hier `documentclass`). Hinter dem Namen der Anweisung stehen eventuell vorhandene Argumente in geschweiften Klammern. LaTeX kennt andere Dokumentenklassen wie zum Beispiel `article`, `report` und `book`, und Sie können selbst weitere Typen definieren. Mit der Angabe der Dokumentklasse werden globale Makros für die Benutzung in diesem Schriftstück definiert; in diesem Beispiel etwa die Anweisungen `address` und `signature` in den Zeilen 3 und 4. Sie haben vielleicht schon erraten, daß mit `address` und `signature` Ihre eigene Adresse und Unterschrift innerhalb des Briefes definiert werden. Die doppelten Backslashes (`\\`) in der `address`-Anweisung erzeugen die Zeilenumbrüche im fertig formatierten Schriftstück.

Hier noch ein Hinweis darauf, wie LaTeX seine Eingabedaten verarbeitet: Wie bei den meisten Textformatierern werden auch hier Leerzeichen, Zeilenumbrüche und ähnliche Zeichen in der Eingabedatei bei der Wandlung in die Ausgabedatei nicht wörtlich interpretiert. Sie können die Zeilen deshalb umbrechen, wo Sie wollen – beim Formatieren der Abschnitte wird LaTeX die Zeilen wieder zusammenfügen. Natürlich gibt es Ausnahmen hierzu: Leerzeilen in der Eingabedatei leiten einen neuen Abschnitt ein, und mit bestimmten Befehlen können Sie LaTeX zwingen, den Quelltext wortwörtlich zu interpretieren.

Die Anweisung `\begin{document}` in Zeile 6 bezeichnet den Anfang des eigentlichen Textes. Alles, was zwischen `\begin{document}` und `\end{document}` in Zeile 24 erscheint, wird als zu formatierender Text behandelt; alles vor `\begin{document}` gehört zur *Präambel* und definiert noch vor dem eigentlichen Text einige Parameter für die Formatierung.

In den Zeilen 7 bis 9 wird mit `\begin{letter}` der Brief eingeleitet. Diese Anweisung wird benötigt, weil innerhalb eines einzelnen Dokuments mehrere Briefe stehen können und jeder Brief mit einem `\begin{letter}` eingeleitet wird. Die Anweisung nimmt als Argument die Adresse des Empfängers auf; wie bei der Anweisung `address` bezeichnen doppelte Backslashes auch hier einen Zeilenumbruch innerhalb der Adresse.

In Zeile 11 beginnt mit der Anweisung `opening` der Brief, und die Zeilen 12 bis 20 enthalten den Text. So einfach dieser auch aussehen mag, sind doch einige Tricks darin enthalten. In Zeile 13 erzeugt die Anweisung `LATEX` das LaTeX-Logo. Sie werden bemerkt haben, daß sowohl vor als auch hinter der Anweisung `LATEX` ein Backslash steht; der angehängte Backslash erzeugt eine Leerstelle hinter dem Wort »LaTeX«. Das ist an dieser Stelle notwendig, weil TeX Leerzeichen hinter den Anweisungen ignoriert. (Ohne den angehängten Backslash würde »LaTeX macht Spaß« als »LaTeXmacht Spaß« erscheinen.)

Zeile 14 enthält zwei bemerkenswerte Besonderheiten. Zunächst steht eine Tilde (~) zwischen `Kapitel` und `9`. Damit wird eine Leerstelle zwischen den beiden Begriffen erzeugt und gleichzeitig verhindert, daß in der Ausgabedatei an dieser Stelle ein Zeilenumbruch erfolgt (also daß »Kapitel« am Ende einer Zeile und »9« am Anfang der nächsten Zeile steht). Sie brauchen die Tilde nur dort einzufügen, wo zwei Begriffe auf jeden Fall in derselben Zeile erscheinen sollen, wie etwa in `Kapitel~9` und `Herr~Schmidt`. (Wir hätten die Tilde auch in den Anweisungen `\begin{letter}` und `\opening` benutzen können, obwohl TeX innerhalb der Adresse oder Anrede wahrscheinlich keinen Zeilenumbruch einfügen würde.)

Die zweite Besonderheit in Zeile 14 ist das `\emph`, mit dem in der Ausgabedatei *kursiv* gesetzt wird. LaTeX unterstützt weitere Schriftauszeichnungen wie **fett** (`\textbf`) und `gesperrt` (`\texttt`).

In Zeile 21 wird mit `\closing` der Brieftext beendet. Gleichzeitig hat dies den Effekt, daß in der Ausgabedatei die in Zeile 4 angegebene Unterschrift eingefügt wird. Die Zeilen 23 und 24 schließen mit `\end{letter}` diesen Brief und mit `\end{document}` das ganze Dokument ab und bilden somit die Gegenstücke zu den Zeilen 6 und 7.

Sie werden bemerkt haben, daß keine der Anweisungen im LaTeX-Quelltext mit der Festlegung von Seitenrändern, Zeilenabständen oder anderen funktionalen Aspekten der Textformatierung zu tun hat. Diese Dinge werden von den LaTeX-Makros erledigt, die auf der TeX-Umgebung aufsetzen. LaTeX enthält sinnvolle Voreinstellungen für solche Parameter. Falls Sie irgendwelche dieser Einstellungen ändern möchten, können Sie dazu andere Befehle aus LaTeX benutzen (oder die darunterliegenden TeX-Befehle).

Wir erwarten nicht, daß Sie anhand dieses einfachen Beispiels alle Feinheiten von LaTeX verstehen, aber Sie sollten einen Eindruck davon erhalten haben, wie ein echtes LaTeX-Dokument aussieht. Lassen Sie uns im nächsten Schritt dieses Dokument zum Ausdrucken vorbereiten.

Formatieren und Drucken

Ob Sie es glauben oder nicht: Der Befehl, mit dem LaTeX-Quellen in ein druckbares Format gebracht werden, lautet *latex*. Nachdem Sie das oben gezeigte Dokument editiert und als *brief.tex* gespeichert haben, sollten Sie folgenden Befehl eingeben:

```
eggplant$ latex brief
This is TeX, Version 3.14159 (C version 6.1)
(brief.tex
```

```
LaTeX2e <1996/12/01>
Babel <v3.6h> and hyphenation patterns for american, german, swedish, loaded.
(/usr/lib/teTeX/texmf/tex/latex/dinbrief/dinbrief.cls

Document Class/Style 'dinbrief' - (Preliminary) Version 1.66
University of Karlsruhe - 1996/10/29 20:50:05

*** dinbrief: Running in LaTeX 2e mode!
*** dinbrief: NFSS 2!
Document Class: dinbrief 1995/07/01 LaTeX2e class
) (/usr/lib/teTeX/texmf/tex/generic/misc/german.sty
Package `german', Version 2.5c of 96/05/01.)
No file brief.aux.
[1] )
(see the transcript file for additional information)
Output written on brief.dvi (1 page, 1360 bytes).
Transcript written on brief.log.
eggplant$
```

Der Befehl *latex* erwartet für seine Quelldateien die Endung *.tex*. In diesem Beispiel hat LaTeX die Quelldatei *brief.tex* verarbeitet und das Ergebnis in *brief.dvi* gespeichert. Es handelt sich hierbei um eine geräteunabhängige Datei, die auf einer Reihe von Druckern ausgegeben werden kann. Wir werden gleich sehen, daß es einige Tools gibt, die *.dvi*-Dateien in PostScript-, HP-LaserJet- und andere Formate konvertieren.

Statt den Brief sofort auszudrucken, möchten Sie ihn vielleicht zunächst einmal am Bildschirm betrachten, um sicherzustellen, daß alles in Ordnung ist. Unter dem X Window System können Sie *.dvi*-Dateien mit dem Befehl *xdvi* am Bildschirm darstellen. Und wie wird der Brief nun gedruckt? Als erstes müssen Sie die *.dvi*-Datei in ein Format überführen, das Ihr Drucker versteht. DVI-Treiber gibt es für viele verschiedene Drucker. Fast alle diese Programme haben einen Namen, der mit den Buchstaben *dvi* beginnt, etwa *dvips*, *dvilj* usw. Falls Ihr System den benötigten Treiber nicht enthält und Sie Zugang zum Internet haben, können Sie ihn aus einem der TeX-Archive besorgen. Lesen Sie die Details in den FAQs zu *comp.text.tex* nach.

Falls Sie das Glück haben, über einen Drucker zu verfügen, der PostScript beherrscht, können Sie mit dem Befehl

```
eggplant$ dvips -o brief.ps brief.dvi
```

eine Datei im PostScript-Format erzeugen. Mit *lpr* können Sie die Datei dann ausdrucken. Wenn dies in einem Schritt erfolgen soll, geben Sie ein:

```
eggplant$ dvips brief.dvi | lpr
```

Der Befehl *dvilj* druckt *.dvi*-Dateien auf einem HP-LaserJet aus, und mit *eps* erzeugen Sie einen Ausdruck auf Epson-kompatiblen Druckern.

Wenn Sie absolut keinen DVI-Treiber für Ihren Drucker finden können, haben Sie noch die Möglichkeit, mittels Ghostscript aus der PostScript-Datei (die Sie mit *dvips* erstellt haben) eine Datei zu erzeugen, die Ihr Drucker handhaben kann. Obwohl einige der Ghostscript-Fonts nicht besonders gut sind, können Sie damit die Adobe-Fonts benutzen (die Sie sich für MS-DOS besorgen und dann von Linux aus unter Ghostscript einsetzen). Ghostscript bietet außerdem einen SVGA-Treiber, mit dem Sie die Datei ohne das X Window System benutzen können. Falls es Ihnen auf irgendeine Weise gelingt, den Beispielbrief zu formatieren und auszudrucken, sollte das Ergebnis etwa so aussehen wie in Abbildung 9-1.

Fred Fröhn
Donald-Knuth-Weg 2e
31415 Latexhausen

O'Reilly Verlag
Balthasarstraße 81
50670 Köln

10. September 1997

Sehr geehrter Herr O'Reilly,

Ich möchte einen Kommentar zum Beispiel zu LaTeX abgeben, das Sie in Kapitel 9 von *Linux - Wegweiser zur Installation und Konfiguration* vorstellen. Obwohl ich Ihre Bemühungen anerkenne, muß ich doch sagen, daß dieses Beispiel nicht ganz das erfüllt, was ich von der Besprechung eines Textformatierungssystems erwarten würde. Ich möchte Ihnen raten, das Beispiel in einer zukünftigen Version durch ein instruktiveres zu ersetzen.

Mit freundlichen Grüßen,

F. Fröhn

Abbildung 9-1: Beispielausgabe einer LaTeX-Datei

Literaturhinweise

[22] [23] Wenn Sie den Eindruck haben, daß LaTeX für die Bearbeitung Ihrer Dokumente geeignet ist, und wenn Sie zumindest dieses einfache Beispiel formatieren und drukken konnten, dann sollten Sie einen Blick in Leslie Lamports LaTeX *User's Guide and Reference Manual* werfen. Sie finden darin alles, was Sie über die Formatierung von Briefen, Artikeln, Büchern und anderen Schriftstücken mittels LaTeX wissen müssen. Wenn Sie hacken möchten oder sich einfach für die grundlegende Arbeitsweise von TeX interessieren (was ausgesprochen hilfreich sein kann), dann ist Donald Knuths *The TeXbook* das Werk Ihrer Wahl.

Die Usenet-Gruppe, die sich mit diesen Textformatierern beschäftigt, ist *comp.text.tex*. Allerdings wird vorausgesetzt, daß Sie in irgendeiner Form bereits Zugriff auf

TEX- und LATEX-Dokumentation haben, zum Beispiel auf die weiter oben erwähnten Handbücher.

groff

Parallel zu TEX entwickelten sich unabhängig *troff* und später *nroff*. Es handelt sich dabei um Textformatierer, die in den Bell Laboratories für das ursprüngliche Unix entwickelt wurden (zeitweise wurde die Entwicklung von Unix sogar vorangetrieben, um einen solchen Textformatierer einsetzen zu können). Die erste Version dieses Systems hieß *roff* (von »runoff«; etwa: Entscheidungslauf), und später kamen *troff* und *nroff* dazu, mit denen Ausdrucke für den jeweils gerade benutzten Drukker erzeugt wurden (*nroff* wurde für Drucker mit fester Zeichenbreite wie Nadeldrucker, *troff* für Ausgabegeräte mit Proportionalschrift – zunächst Schriftsatzmaschinen – geschrieben). Spätere Versionen von *troff* und *nroff* wurden zum Standardtextformatierer auf allen Unix-Systemen. *groff* ist die GNU-Version von *nroff* und *troff*, die auf Linux-Systemen eingesetzt wird. *groff* enthält einige Erweiterungen sowie Treiber für eine Reihe von Druckern.

Mit *groff* lassen sich Schriftstücke, Artikel und Bücher auf ähnliche Weise wie mit TEX erstellen. Allerdings hat *groff* (wie auch das originale *nroff*) eine Fähigkeit mitbekommen, die in TEX und seinen Varianten fehlt: die Fähigkeit, reine ASCII-Ausgaben zu erzeugen. Während TEX sehr gut zur Erzeugung formatierter Dokumente geeignet ist, lassen sich mit *groff* Ausgaben im ASCII-Format erzeugen, die auf dem Bildschirm angezeigt (oder als unformatierter Text selbst auf dem einfachsten Drucker ausgegeben) werden können. Falls Sie Texte erstellen wollen, die sowohl am Bildschirm als auch in gedruckter Form gelesen werden, ist *groff* vielleicht das geeignete Werkzeug für Sie (auch wenn es Alternativen gibt, von denen Texinfo, das wir weiter unten besprechen, nur eine ist).

groff bietet darüber hinaus den Vorteil, daß es wesentlich kleiner ist als TEX; es benötigt weniger Programme und andere Dateien als selbst die kleinste TEX-Distribution.

Eine besondere Anwendung findet *groff* bei der Formatierung der Manpages von Unix. Wenn Sie unter Unix programmieren, werden Sie schließlich irgendeine Form von Dokumentation erstellen müssen. In diesem Abschnitt wollen wir Sie in die Benutzung von *groff* einführen, indem wir eine kleine Manpage erstellen.

Wie TEX benutzt auch *groff* eine spezielle Textformatierungssprache, um zu beschreiben, wie ein Text verarbeitet werden soll. Diese Sprache ist noch etwas kryptischer als TEX, nimmt aber weniger Platz in Anspruch. Zu *groff* gehören außerdem mehrere Makropakete, die zusätzlich zum eigentlichen Formatierer *groff* eingesetzt werden. Diese Makropakete sind für bestimmte Dokumenttypen maßgeschneidert. So sind zum Beispiel die `mgs`-Makros ideal für Zeitungsartikel und andere kurze Texte, während die `man`-Makros zur Erstellung von Manpages benutzt werden.

Eine Manpage erstellen

Das Erstellen einer Manpage mit *groff* ist ziemlich einfach. Damit Ihre Manpage so aussieht wie andere auch, müssen Sie im Quelltext einige Konventionen befolgen, die wir weiter unten vorstellen. Wir wollen in diesem Beispiel eine Manpage für den fiktiven Befehl *kaffee* erstellen, mit dem Sie Ihre Kaffeemaschine über das Netzwerk auf verschiedene Weise beeinflussen können.

Geben Sie mit Ihrem Texteditor folgenden Quelltext ein, und speichern Sie das Ergebnis als *kaffee.man*:

```
.TH KAFFEE 1 "9. September 97"
.SH NAME
kaffee \- Netzwerk-Kaffeemaschine steuern
.SH SYNOPSIS
\fBkaffee\fP [ -h | -b ] [ -t \fItyp\fP ] \fImenge\fP
.SH BESCHREIBUNG
\fIkaffee\fP schickt eine Anforderung an die Netzwerk-Kaffeemaschine
\fB/dev/kf0\fR. Der obligatorische Parameter \fImenge\fP gibt die
verlangte Menge an Kaffee an. Auf Standard-Kaffeemaschinen koennen
Werte zwischen 0 und 15 gewaehlt werden.
.SS Optionen
.TP
\fB-h\fP
Heissen Kaffee kochen. Der Default ist kalter Kaffee.
.TP
\fB-b\fP
Kaffee verbrennen. Besonders nuetzlich, wenn Sie \fIkaffee\fP fuer
Ihren Chef ausfuehren.
.TP
\fB-t \fItyp\fR
Den gewuenschten Kaffeetyp angeben. Erlaubte Werte fuer \fItyp\fP
sind \fBnormal\fP, \fBschonend\fP und \fBentkoffeiniert\fP.
.SH DATEIEN
.TP
\fI/dev/kf0\fR
Die Geraetedatei fuer die Netzwerk-Kaffeemaschine
.SH "SIEHE AUCH"
milch(5), zucker(5)
.SH FEHLER
Benutzereingriff erforderlich, wenn das Kaffeemehl alle ist.
```

Lassen Sie sich von den mysteriösen Einträgen in dieser Quelldatei nicht abschrecken. Sie kommen schon wesentlich weiter, wenn Sie wissen, daß mit den Zeichenfolgen `\fB`, `\fI` und `\fR` die Schriftattribute fett (bold), kursiv (italic) bzw. roman (mit Serifen) eingeschaltet werden. Mit `\fP` kehren Sie zu der Schriftart zurück, die vor der jetzt gültigen eingeschaltet war.

Weitere *groff*-Anweisungen stehen in Zeilen, die mit einem Punkt beginnen (`.`). In Zeile 1 sehen wir, wie mit der Anweisung `.TH` der Titel dieser Manpage als `KAFFEE` definiert und als Manual-Section die `1` angegeben wird. (Der Abschnitt 1 enthält Benutzerbefehle, Abschnitt 2 Systemaufrufe usw.) Mit der Anweisung `.TH` wird außerdem das Datum der letzten Bearbeitung dieser Manpage angegeben.

Die Anweisung `.SH` in Zeile 2 leitet einen Abschnitt namens `NAME` ein. Fast alle Unix-Manpages enthalten die Abschnitte `NAME`, `SYNOPSIS`, `BESCHREIBUNG`, `DATEIEN`, `SIEHE AUCH`, `ANMERKUNGEN`, `AUTOR` und `FEHLER` (bzw. deren englische Pendants `NAME`, `SYNOPSIS`, `DESCRIPTION`, `FILES`, `SEE ALSO`, `NOTES`, `AUTHOR` und `BUGS`) in dieser Reihenfolge; weitere Abschnitte werden bei Bedarf eingefügt. Es handelt sich hierbei lediglich um eine Konvention bei der Erstellung von Manpages, deren Einhaltung von der Software in keiner Weise verlangt wird.

Zeile 3 enthält den Namen des Befehls und eine kurze Beschreibung hinter dem Bindestrich (`\-`). Sie sollten dieses Format für den Abschnitt NAME beibehalten, damit Ihre Manpage in die *whatis*-Datenbank aufgenommen werden kann, auf die die Befehle *man -k* und *apropos* zugreifen.

In den Zeilen 4 und 5 geben wir die Syntax des Befehls *kaffee* in Kurzform an. Beachten Sie, daß die Parameter für die Befehlszeile kursiv gesetzt werden (`\fI`...`\fP`) und daß optionale Argumente in eckigen Klammern stehen.

Die Zeilen 6 bis 10 enthalten eine kurze Beschreibung des Befehls. Dabei werden Befehle, Dateinamen und Optionen in der Regel kursiv gesetzt. In Zeile 11 wird mit der Anweisung `.SS` ein Unterabschnitt namens `Optionen` eingeleitet. Die Zeilen 12 bis 22 enthalten eine Liste der Optionen, die in Form einer Liste dargestellt werden. Jeder Punkt dieser Liste wird mit der Anweisung `.TP` eingeleitet. Die Zeile nach der `.TP`-Zeile enthält das »Etikett« dieser Listenzeile, dahinter folgt der Text zu diesem Punkt. Ein Beispiel: Der Quelltext in den Zeilen 12-14

```
.TP
\fB-h\fP
Heissen Kaffee kochen. Der Default ist kalter Kaffee.
```

wird in der Ausgabe folgendermaßen erscheinen:

```
-h      Heissen Kaffee kochen. Der Default ist kalter Kaffee.
```

Auf diese Weise sollten Sie alle Optionen für die Befehlszeile Ihres Programms beschreiben.

Die Zeilen 23 bis 26 enthalten den Abschnitt `DATEIEN` der Manpage, in dem alle Dateien beschrieben werden, die ein/der Befehl zu seiner Ausführung benötigt. Auch hierfür wird mit der Anweisung `.TP` eine Liste angelegt.

In den Zeilen 27 und 28 steht der Abschnitt `SIEHE AUCH`, der Querverweise auf andere relevante Manpages enthält. Beachten Sie, daß in Zeile 27 die Zeichenfolge `"SIEHE AUCH"` hinter der Anweisung `.SH` in Anführungszeichen steht; das ist notwendig, weil `.SH` die Zeichen bis zur ersten Leerstelle als Titel des Abschnitts benutzt. Deshalb müssen alle Titel, die aus mehr als einem Wort bestehen, in Anführungszeichen stehen, damit sie als ein Argument behandelt werden. Die Zeilen 29 und 30 schließlich enthalten den Abschnitt `FEHLER`.

Eine Manpage formatieren und installieren

Wenn Sie diese Manpage formatieren und auf dem Bildschirm anzeigen wollen, geben Sie folgenden Befehl ein:

```
eggplant$ groff -Tascii -man kaffee.man | more
```

Die Option *-Tascii* weist *groff* an, eine Ausgabe im ASCII-Format zu erzeugen; die Option *-man* läßt *groff* die speziellen Makros für Manpages benutzen. Wenn alles geklappt hat, sollte die Manpage in dieser Form angezeigt werden:

```
KAFFEE(1)                                            KAFFEE(1)


NAME
       kaffee - Netzwerk-Kaffeemaschine steuern

SYNOPSIS
       kaffee [ -h | -b ] [ -t typ ] menge

BESCHREIBUNG
       kaffee  schickt eine Anforderung an die Netzwerk-Kaffeema-
       schine /dev/kf0. Der obligatorische  Parameter  menge  gibt
       die  verlangte  Menge  an  Kaffee  an.  Auf  Standard-Kaf-
       feemaschinen koennen Werte zwischen 0 und 15 gewaehlt wer-
       den.

   Optionen
       -h     Heissen  Kaffee kochen. Der Default ist kalter Kaf-
              fee.

       -b     Kaffee verbrennen. Besonders  nuetzlich,  wenn  Sie
              kaffee fuer Ihren Chef ausfuehren.

       -t typ Den  gewuenschten Kaffeetyp angeben. Erlaubte Werte
              fuer typ sind  normal,  schonend  und  entkoffei-
              niert.

DATEIEN
       /dev/kf0
              Die Geraetedatei fuer die Netzwerk-Kaffeemaschine

SIEHE AUCH
       milch(5), zucker(5)
```

```
FEHLER
       Benutzereingriff  erforderlich,  wenn  das Kaffeemehl alle
       ist.
```

Wie wir bereits erwähnt haben, kann *groff* auch andere Ausgabeformate erzeugen. Mit der Option *-Tps* statt *-Tascii* erhalten Sie die Ausgabe im PostScript-Format, die Sie in einer Datei speichern und dann mit Ghostview anzeigen oder auf einem PostScript-Drucker ausgeben können. Die Option *-Tdvi* erzeugt eine Ausgabe im geräteunabhängigen *.dvi*-Format, ähnlich wie TeX.

Wenn andere Benutzer die Möglichkeit haben sollen, Ihre Manpage zu lesen, müssen Sie den *groff*-Quelltext in einem Verzeichnis ablegen, das im `MANPATH` des Benutzers enthalten ist. Üblicherweise stehen Manpages unter */usr/man*. Quelltexte für Manpages aus dem Abschnitt 1 sollten deshalb in */usr/man/man1* stehen. Mit dem Befehl

```
eggplant$ cp kaffee.man /usr/man/man1/kaffee.1
```

installieren Sie diese Manpage in */usr/man*, so daß alle Benutzer Zugriff darauf haben (beachten Sie das Dateinamensuffix *.1* statt *.man*). Wenn anschließend *man kaffee* aufgerufen wird, wird die Manpage automatisch neu formatiert, und der lesbare Text wird in */usr/man/cat1/kaffee.1.gz* gespeichert.

Kapitel 4

Falls Sie die Quelltexte zu Manpages nicht direkt nach */usr/man* kopieren können, haben Sie noch die Möglichkeit, einen eigenen Verzeichnisbaum für Manpages anzulegen und diesen in Ihren `MANPATH` aufzunehmen. Lesen Sie den Abschnitt »Manpages« in Kapitel 4 zu diesem Thema.

Texinfo

Texinfo ist ein Textformatierungssystem, das innerhalb des GNU-Projekts benutzt wird, um sowohl die Online-Dokumentation in Form von Hypertextseiten als auch mittels TeX gedruckte Handbücher aus einer einzigen Quelle zu erstellen. Durch Mitliefern der Texinfo-Quellen kann sich der Benutzer die Dokumentation in Info-Dateien, HTML, DVI, PostScript, PDF oder einfachen Text konvertieren.

Texinfo wird durch seine eigenen Info-Seiten komplett dokumentiert, die Sie innerhalb von Emacs (mit dem Befehl `C-h i`) oder mit einem eigenständigen Info-Reader wie zum Beispiel *info* lesen können. Wenn in Ihrem System die GNU-Info-Seiten installiert sind, ist darin auch die komplette Dokumentation zu Texinfo enthalten. Auf dieselbe Weise, wie Sie mit *groff* eine Manpage erstellen, werden Sie mit Texinfo ein Info-Dokument schreiben.

Einen Texinfo-Quelltext schreiben

In diesem Abschnitt wollen wir einen einfachen Texinfo-Quelltext Schritt für Schritt präsentieren und dabei erklären, was jeder Bestandteil bewirkt.

Unsere Texinfo-Quelldatei soll *vakuum.texi* heißen. Wie üblich geben Sie den Quelltext mit einem einfachen Texteditor ein.

```
\input texinfo @c -*-texinfo-*-
@c %**start of header
@setfilename vakuum.info
@settitle Die leere Info-Datei
@setchapternewpage odd
@c %**end of header
```

Dies ist der Vorspann (header) der Texinfo-Quelldatei. Die erste Zeile enthält eine TEX-Anweisung, die die Texinfo-Makros einbindet, wenn Dokumentation in gedruckter Form erstellt werden soll. In Texinfo beginnen Anweisungen mit dem Zeichen `@`. Die Anweisung `@c` leitet einen Kommentar ein; in diesem Fall ist der Kommentar `-*-texinfo-*-` ein Hinweis für Emacs, daß es sich um eine Texinfo-Quelle handelt, damit Emacs den passenden Major-Modus einstellen kann. (Wir haben die Major-Modi weiter oben im Abschnitt »Emacs anpassen« besprochen.)

Die Kommentare `@c %**start of header` und `@c %**end of header` umschließen den Texinfo-Header. Sie werden gebraucht, wenn nur ein Teil der Texinfo-Datei formatiert werden soll. Die Anweisung `@setfilename` bestimmt den Namen der Info-Ausgabedatei, `@settitle` gibt dem Dokument einen Namen, und `@setchapternewpage odd` weist Texinfo an, jedes neue Kapitel auf einer ungeraden Seite anfangen zu lassen. Dies sind einfache Standardanweisungen, die in jeder Texinfo-Datei erscheinen sollten.

Der folgende Abschnitt der Quelldatei legt das Aussehen der Titelseite für die Formatierung durch TEX fest. Diese Anweisungen sollten selbsterklärend sein.

```
@titlepage
@title Vakuum
@subtitle Die leere Info-Datei
@author von Tab U. Larasa
@end titlepage
```

Wir kommen jetzt zum Hauptteil des Texinfo-Quelltextes. Die Info-Datei ist in Knoten (*nodes*) aufgeteilt, wobei jeder Knoten so etwas wie eine »Seite« des Dokuments darstellt. Jeder Knoten hat Verbindungen (engl.: links) zum vorhergehenden, zum nächsten sowie zum übergeordneten Knoten und kann mit anderen Knoten als Querverweis verbunden werden. Sie können sich die Knoten als Kapitel oder Abschnitte eines Schriftstücks vorstellen, wobei dem Ganzen ein Verzeichnis aller Knoten unterlegt ist. So enthält zum Beispiel das Menü eines Knotens auf Kapitelebene Verweise auf alle Abschnitte in diesem Kapitel. Die Knoten dieser Abschnitte verweisen alle auf den Knoten der Kapitelebene als übergeordneten Knoten. Außerdem verweist das Menü eines jeden Abschnitts auf den vorhergehenden und den folgenden Abschnitt, sofern diese existieren. Dies ist ziemlich kompliziert, aber es wird klarer werden, wenn Sie tatsächlich damit arbeiten.

Jeder Knoten bekommt einen kurzen Namen; derjenige auf der obersten Ebene heißt Top. Mit der Anweisung @node wird ein Knoten erzeugt; diese Anweisung bekommt als Argument den eigenen Namen sowie die Namen des vorhergehenden, des folgenden und des übergeordneten Knotens mit. Wir haben weiter oben bereits darauf hingewiesen, daß der vorhergehende und der folgende Knoten auf derselben Ebene angeordnet sein sollten. Der übergeordnete Knoten ist derjenige, der im Verzeichnisbaum über dem aktuellen Knoten steht. (Ein Beispiel: Der übergeordnete Knoten zum Abschnitt 2.1 eines Schriftstücks ist das Kapitel 2.) In Abbildung 9-2 zeigen wir eine beispielhafte Hierarchie von Knoten.

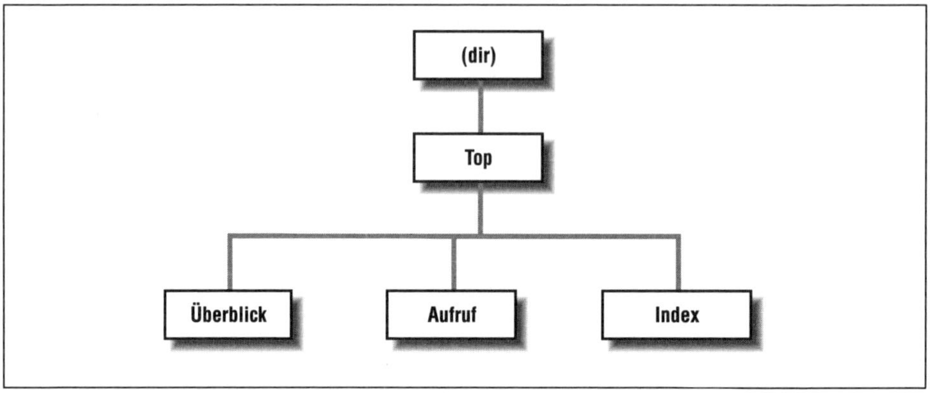

Abbildung 9-2: Knoten-Hierarchie in Texinfo

So sieht der Quelltext für den Knoten Top aus:

```
@c    Knoten, Naechster, Letzter, Hoch
@node Top   ,          ,        , (dir)

@ifinfo
Diese Info-Datei kommt einem Vakuum ziemlich nahe. Sie dokumentiert
ueberhaupt nichts.
@end ifinfo

@menu
* Ueberblick::          Ueberblick ueber das Vakuum
* Aufruf::              Wie man ein Vakuum benutzt
* Index::               Index der besprochenen Konzepte
@end menu
```

Wir haben der Anweisung @node einen Kommentar vorangestellt, um dort die Reihenfolge der Argumente für @node festzuhalten. In diesem Beispiel hat Top keinen vorhergehenden oder folgenden Knoten, deshalb bleiben diese Felder leer. Der übergeordnete Knoten zu Top ist (dir), womit dasjenige Verzeichnis im System benannt wird, in dem die Info-Seiten stehen. Wir gehen davon aus, daß Ihre Info-Datei in den Verzeichnisbaum der Info-Dateien des Systems eingebunden wird; deshalb sollte der Knoten `Top` auf das übergeordnete Info-Verzeichnis verweisen.

Der Anweisung `@node` folgt eine kurze Zusammenfassung des gesamten Schriftstücks, die von `@ifinfo...@end ifinfo` eingeschlossen wird. Diese Anweisungen werden benutzt, weil der eigentliche Text des Knotens `Top` nur in der Info-Datei erscheinen soll, nicht aber im gedruckten, mit TEX erzeugten Dokument.

Die Anweisungen `@menu...@end menu` bezeichnen das Menü dieses Knotens. Jeder Menüeintrag enthält den Namen eines Knotens sowie eine kurze Beschreibung desselben. In unserem Beispiel verweist das Menü auf die Knoten `Ueberblick`, `Aufruf` und `Index`, deren Quelltexte weiter unten in der Datei erscheinen. Diese drei Knoten entsprechen den drei »Kapiteln« unseres Schriftstücks.

Lassen Sie uns mit dem Knoten `Ueberblick` weitermachen, der dem ersten »Kapitel« entspricht:

```
@c    Knoten,     Naechster, Vorheriger, Hoch
@node Ueberblick, Aufruf,              , Top
@chapter Ueberblick ueber @code{vakuum}

@cindex Das Nichts
@cindex Ueberblick
@cindex Vakuumflaschen

Ein @code{Vakuum} ist ein Raum gaenzlich ohne Materie, also ohne Luft,
leere Bierdosen, kein Staub, kein gar nichts. Vakua findet man
gewöhnlich in den Weiten des Weltraums. Vakua werden in Vakuumflaschen
aufbewahrt. Lesen Sie @xref{Aufruf}, um zu sehen, wie man @code{vakuum}
startet.
```

Der Knoten, der auf `Ueberblick` folgt, ist `Aufruf`; dies ist der Knoten des zweiten »Kapitels« und damit auch der nächste Menüeintrag. Beachten Sie, daß Sie Ihren Texinfo-Dokumenten fast jede beliebige Struktur geben können. Allerdings ist es oft sinnvoll, eine Struktur zu finden, in der die Knoten den Kapiteln, Abschnitten, Unterabschnitten usw. entsprechen. Diese Entscheidung liegt ganz bei Ihnen.

Mit der Anweisung `@chapter` beginnen Sie ein Kapitel; dies wirkt sich nur aus, wenn Sie den Quelltext mit TEX formatieren. Auf ähnliche Weise werden mit den Anweisungen `@section` und `@subsection` (Sie haben richtig geraten!) die Abschnitte und Unterabschnitte des entstehenden TEX-Dokuments eingeleitet. Der Name des Kapitels (Abschnitts, Unterabschnitts) kann ruhig etwas ausführlicher sein als der kurze Name für den Knoten selbst.

Sie werden bemerkt haben, daß innerhalb des Kapitelnamens die Anweisung `@code...` benutzt wurde. Dies ist nur eine Möglichkeit, Text in irgendeiner Weise hervorzuheben. Sie sollten `@code` für Anweisungen und Programm-Quelltexte benutzen. Sie bewirken damit, daß der Text innerhalb von `@code...` im fertigen TEX-Dokument gesperrt gedruckt und in der Info-Datei in einfache Anführungsstriche (etwa `'so'`) gesetzt wird.

Anschließend haben wir dreimal die Anweisung `@cindex` benutzt, um die Einträge für den Index am Ende des Dokuments zu erzeugen. Danach erscheint der eigentliche Text dieses Knotens. Auch hier haben wir `@code` benutzt, um den Namen der »Anweisung« `vakuum` hervorzuheben.

Mit der Anweisung `@xref` erzeugen Sie einen Querverweis auf einen anderen Knoten; der Leser kann diesem Verweis im Info-Reader mit der Anweisung `f` folgen. Mit `@xref` können Sie auch Querverweise auf andere Texinfo-Dokumente erzeugen. Lesen Sie die Details hierzu in der Dokumentation zu Texinfo nach.

Der folgende Knoten heißt `Aufruf`:

```
@node Aufruf, Index, Ueberblick, Top
@chapter Starten von @code{vakuum}

@cindex Starten von @code{vakuum}
@code{vakuum} wird folgendermaßen aufgerufen:

@example
vakuum @var{optionen} @dots{}
@end example
```

In diesem Knoten haben wir `@example...@end example` benutzt, um ein Beispiel hervorzuheben. Innerhalb des Beispiels wird `@var` als Meta-Variable eingesetzt, also als Platzhalter für eine Zeichenfolge, die der Benutzer einzugeben hat (in diesem Fall die Optionen zur Anweisung *vakuum*). Mit `@dots{}` erzeugen Sie die drei Punkte. Dieses Beispiel wird im TeX-Dokument so erscheinen:

vakuum *optionen* …

und in der Info-Datei so:

```
vakuum OPTIONEN ...
```

Mit Anweisungen wie `@code` und `@var` erzeugen Sie Hervorhebungen, die in den TeX- und Info-Dokumenten auf verschiedene Arten dargestellt werden können.

Wir fahren mit dem Knoten `Aufruf` folgendermaßen fort:

```
@cindex Optionen
@cindex Argumente
Die folgenden Optionen werden unterstuetzt:

@cindex Hilfe aufrufen
@table @samp
@item -hilfe
Eine Uebersicht ueber die Optionen ausgeben.
```

```
@item -version
Versionsnummer von @code{vakuum} ausgeben.

@cindex Leere Vakua
@item -leer
Ein besonders leeres Vakuum erzeugen (Default).
@end table
```

Hiermit erzeugen wir eine Tabelle der Optionen, die *vakuum* anscheinend unterstützt. Die Anweisung `@table @samp` leitet eine zweispaltige Tabelle ein (die letztendlich mehr wie eine einfache Liste aussieht). Die einzelnen Tabelleneinträge werden mit der Anweisung `@samp` hervorgehoben. `@samp` funktioniert so ähnlich wie `@code` und `@var`, ist aber für feste Eingaben (wie zum Beispiel die Optionen auf der Befehlszeile) gedacht.

Ein normales Texinfo-Dokument würde außerdem Knoten für Beispiele, Hinweise zur Benachrichtigung im Fall von Fehlern sowie einige andere Punkte enthalten. Wir wollen uns kurz fassen und unser Beispiel deshalb mit dem letzten Knoten, `Index`, beenden. Es handelt sich dabei um einen Index der Konzepte, die in diesem Dokument vorgestellt werden; dieser Index wird mit der Anweisung `@printindex` automatisch erstellt.

```
@node Index, , Aufruf, Top
@unnumbered Index

@printindex cp
```

`@printindex cp` weist den Formatierer an, den Konzeptindex an dieser Stelle einzufügen. Es gibt andere Arten von Indizes, wie zum Beispiel den Funktionsindex, den Befehlsindex usw. Sie werden alle mit Varianten der Anweisungen `@cindex` und `@printindex` erstellt.

Die letzten drei Zeilen unseres Texinfo-Quelltextes lauten:

```
@shortcontents
@contents
@bye
```

Hier wird der Formatierer angewiesen, ein »zusammengefaßtes« Inhaltsverzeichnis zu erstellen (`@shortcontents`), dazu ein komplettes Inhaltsverzeichnis (`@contents`), und dann die Formatierung zu beenden (`@bye`). `@shortcontents` erstellt ein kurzes Inhaltsverzeichnis, das nur die Kapitel und Anhänge aufführt. Wahrscheinlich werden Sie nur für lange Schriftstücke die Anweisung `@shortcontents` zusätzlich zu `@contents` benutzen.

Texinfo formatieren

Wenn Sie aus der Texinfo-Quelle eine Info-Datei erstellen möchten, benutzen Sie dazu den Befehl *makeinfo*. (Dieser Befehl ist – wie die anderen Programme zur

Bearbeitung von Texinfo – ein Teil der Texinfo-Distribution, die manchmal zusammen mit Emacs ausgeliefert wird.) Mit dem Befehl

```
eggplant$ makeinfo vakuum.texi
```

erzeugen Sie aus *vakuum.texi* die Datei *vakuum.info*. *makeinfo* benutzt den Dateinamen für die Ausgabedatei, der durch `@setfilename` im Quelltext festgelegt wird; mit der Option *–o* können Sie einen anderen Namen vergeben.

Falls die entstehende Info-Datei sehr groß ist, wird *makeinfo* sie in eine Reihe von Dateien mit den Namen *vakuum.info-1*, *vakuum.info-2* usw. aufteilen. Dabei ist die Datei *vakuum.info* die »Haupt«-Datei, die auf die verschiedenen Teil-Dateien verweist. Solange alle *vakuum.info*-Dateien im selben Verzeichnis stehen, sollte der Info-Reader sie finden können.

Sie haben auch die Möglichkeit, mit den Emacs-Befehlen `M-x makeinfo-region` und `M-x makeinfo-buffer` die Info-Dateien aus dem Texinfo-Quelltext zu erstellen.

Anschließend können Sie aus Emacs heraus mit `C-h i` die Info-Datei lesen. Im Info-Modus von Emacs müssen Sie den Befehl `g` zusammen mit dem kompletten Pfad zu Ihren Info-Dateien angeben, zum Beispiel so:

```
Goto node: (/home/loomer/mdw/info/vakuum.info)Top
```

Das hängt damit zusammen, daß Emacs Info-Dateien in der Regel nur in seinem eigenen Info-Verzeichnis sucht (das könnte auf Ihrem System */usr/local/emacs/info* sein).

Eine andere Möglichkeit besteht darin, den von Emacs unabhängigen Info-Reader *info* zu benutzen. Mit dem Befehl

```
eggplant$ info -f vakuum.info
```

rufen Sie *info* auf, um Ihre neue Info-Datei zu lesen.

Falls alle Benutzer Ihres Systems Zugriff auf die neue Info-Seite haben sollen, müssen Sie noch in der Datei *dir* im *info*-Verzeichnis von Emacs einen Verweis auf die neue Seite eintragen. Die Texinfo-Dokumentation beschreibt diesen Schritt im Detail.

Um aus dem Quelltext ein gedrucktes Schriftstück zu erstellen, müssen Sie auf Ihrem System TEX installiert haben. Die Texinfo-Software enthält die Datei *texinfo.tex*, die alle Makros definiert, die Texinfo für die TEX-Formatierung benötigt. Falls alles korrekt installiert ist, sollte sich *texinfo.tex* im *inputs*-Verzeichnis von TEX befinden, wo TEX diese Datei finden kann. Falls das nicht der Fall ist, können Sie *texinfo.tex* in das Verzeichnis kopieren, in dem Ihre Texinfo-Dateien stehen.

Verarbeiten Sie zuerst die Texinfo-Datei mittels TEX:

```
eggplant$ tex vakuum.texi
```

Damit wird in diesem Verzeichnis eine ganze Reihe von Dateien erzeugt, von denen einige zu TeX gehören; andere werden zur Erstellung des Index benutzt. Der Befehl *texindex* (der im Texinfo-Paket enthalten ist) wird benutzt, um den Index so zu formatieren, daß TeX damit etwas anfangen kann. Als nächstes geben Sie deshalb den Befehl

```
eggplant$ texindex vakuum.??
```

ein. Der Platzhalter ?? sorgt dafür, daß *texindex* alle Dateien in diesem Verzeichnis bearbeitet, die ein Suffix, bestehend aus zwei Buchstaben, haben; dies sind genau die Dateien, die Texinfo erzeugt hat, um daraus den Index zu erstellen.

Zum Schluß müssen Sie noch die Texinfo-Datei mittels TeX neu formatieren; damit werden die Querverweise aufgelöst, und der Index wird erstellt:

```
eggplant$ tex vakuum.texi
```

Nach diesem Schritt sollten Sie eine Datei namens *vakuum.dvi* haben; eine geräteunabhängige Datei, die Sie entweder mit *xdvi* betrachten oder in ein druckbares Format konvertieren können. Im Abschnitt »TeX und LaTeX« weiter oben in diesem Kapitel zeigen wir, wie *.dvi*-Dateien gedruckt werden.

Wie üblich, gibt es auch über dieses System eine Menge mehr zu lernen. Texinfo selbst enthält einen kompletten Satz an Info-Seiten, die Sie sicherlich mit Ihrem Info-Reader lesen können. Nachdem Sie jetzt aber mit den Grundlagen vertraut sind, könnten Sie die Quelltexte der Texinfo-Dokumentation mit TeX selbst formatieren. Die *.texi*-Quelldateien der Dokumentation zu Texinfo sind in der Texinfo-Distribution enthalten.

Textverarbeitungen

Wenn Sie auf einer WYSIWYG-Textverarbeitung bestehen, können Sie inzwischen auf eine Reihe von Lösungen zurückgreifen. Es gehen sogar Gerüchte um, daß Microsoft an einer Portierung von Word für Windows auf Linux arbeitet, aber wieviel Wahrheit darin enthalten ist, bleibt abzuwarten. Man braucht Word aber auch nicht mehr, denn es gibt inzwischen eine ganze Reihe guter Textverarbeitungen für Linux.

Eine der erfolgreichsten und beliebtesten Textverarbeitungen überhaupt, Corel WordPerfect, ist portiert worden und vom derzeitigen Hersteller, Corel Inc., erhältlich (siehe Abbildung 9-3). Viele Leute haben WordPerfect lieben gelernt und werden sich sehr darüber freuen, daß ihre bevorzugte Textverarbeitung auch unter Linux zur Verfügung steht.

Eine andere Möglichkeit ist ApplixWare von Applix, Inc. Dabei (siehe Abbildung 9-4) handelt es sich um eine Office-Suite, die kommerziell vertrieben wird, unter Linux aber erschwinglich ist. Zu ApplixWare gehört nicht nur eine Textverarbeitung, sondern auch eine Tabellenkalkulation, ein Zeichenprogramm, ein E-Mail-

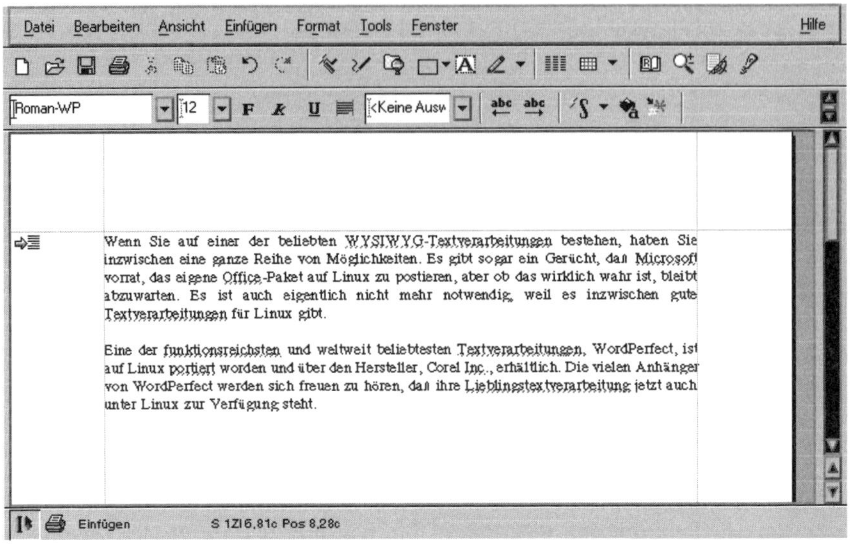

Abbildung 9-3: WordPerfect für Linux

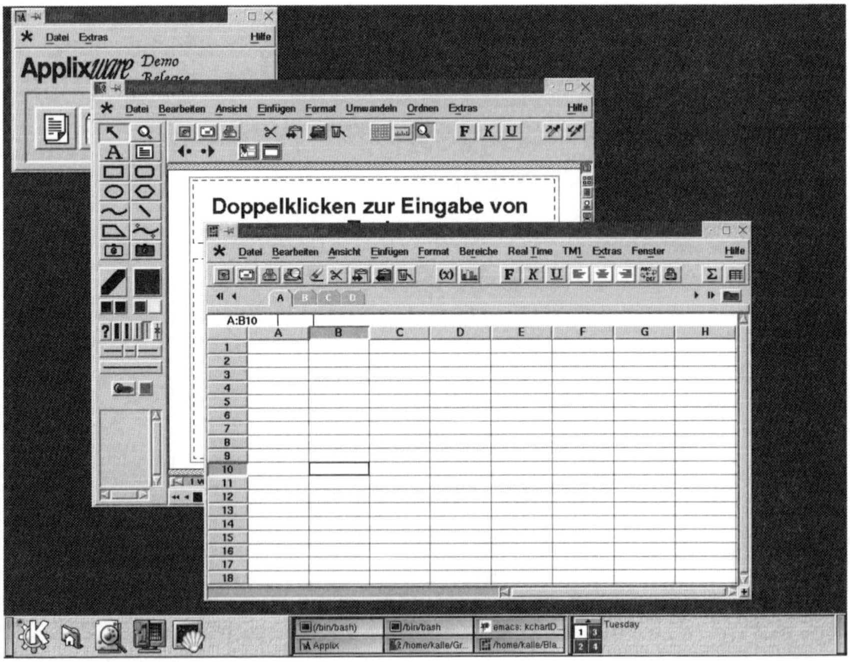

Abbildung 9-4: ApplixWare für Linux

Programm und einige kleinere Programme. In mancherlei Hinsicht verhält sich Applix anders als Textverarbeitungen wie Microsoft Word oder WordPerfect, aber wenn Sie sich erst einmal daran gewöhnt haben, kann ApplixWare recht nützlich sein. Besonders bemerkenswert sind die mitgelieferten Import- und Exportfilter für FrameMaker-Dokumente.

Die deutsche Softwarefirma Star Division, die kürzlich an Sun Microsystems verkauft wurde, stellt ihre Office-Suite StarOffice unentgeltlich zur privaten Nutzung auf allen unterstützten Plattformen (Linux, Solaris, Windows und OS/2) zur Verfügung. Wenn Sie sich nicht an der nervigen Registrierungsprozedur und der langen Wartezeit beim Herunterladen stören, können Sie StarOffice von der Website von Star Division unter *http://www.stardivision.com* bekommen. SuSE Linux und Caldera OpenLinux enthalten StarOffice bereits, so daß Sie sich das umfangreiche Herunterladen sparen können, wenn Sie bereits eine SuSE- oder Caldera-Distribution haben.

All diese Programme haben ein Feature gemeinsam, das viele als zentral für die Möglichkeit ansehen, Linux für normale Büroarbeiten einzusetzen: Sie können Microsoft Word-Dokumente recht gut importieren. Als Linux-Enthusiast beschließen Sie vielleicht für sich, daß Sie Dokumente in proprietären Formaten gar nicht erst entgegennehmen, aber manchmal kommen diese Dokumente vielleicht von Ihrem Chef, und Sie können sich nicht weigern, sie zu lesen, nur weil Sie Linux verwenden. In diesem Fall ist es gut zu wissen, daß es Linux-Lösungen gibt.

Das LyX-Paket (auch als KLyX mit einer moderneren Benutzeroberfläche erhältlich) ist eine Alternative. Es verfügt über eine ansprechende X-Benutzeroberfläche, die mit normalen Window Managern aus gewöhnlichen Linux-Distributionen zusammenarbeitet, und verwendet LaTeX und TeX zum Formatieren und Drucken. Wenn Sie mit den Einschränkungen in der Formatierung mit LaTeX leben können (das trifft auf die meisten von uns zu), könnte LyX/KLyX eine exzellente Lösung für Sie sein. LyX/KLyX kann aber nicht einige der mächtigeren Formatierungsfunktionen von TeX anzeigen. Wenn Sie also ein TeX-Profi sind, ist LyX/KLyX nicht das Richtige für Sie. LyX/KLyX ist nur in wenigen Linux-Distributionen enthalten; um es auszuprobieren, müssen Sie es sich also aus einem Linux-Archiv besorgen.

Grafiken

Viele Leute finden Computergrafiken faszinierend. Man kann mit Computern photorealistische Bilder surrealer Szenerien oder fraktal generierte Bilder von Bergketten mit Seen und Tälern erzeugen oder Bilder durch Verbiegen, Polieren, Altern oder andere Manipulationen verfremden.

Linux muß sich nicht verstecken, wenn es um Grafiken geht. Es hat etwa die gleichen Fähigkeiten wie andere Systeme, und in manchen Bereichen, wie etwa der Bearbeitung vieler Grafikdateien auf einmal, zeichnet sich Linux sogar besonders aus. Das in den nächsten beiden Kapiteln beschriebene X Window System bildet eine sehr gute Basis für Bitmap-Grafiken, während so langsam auch Hardwareunterstützung für 3-D-Grafiken nach dem OpenGL-Standard verfügbar wird.

Allerdings unterscheidet sich das Arbeiten mit Grafiken unter Linux oft von dem, was Sie von anderen Betriebssystemen vielleicht gewohnt sind; das aus Unix bekannte Modell kleiner, zusammenwirkender Werkzeuge findet auch hier seine Anwendung. Diese Philosophie läßt sich am besten anhand der Sammlung von Grafikmanipulationsprogrammen namens *ImageMagick* erläutern, die wir hier beschreiben werden. ImageMagick ist eine Sammlung von Werkzeugen, die auf Grafikdateien arbeiten und von der Kommandozeile oder aus Shell-Skripten aufgerufen werden. Stellen Sie sich vor, daß Sie zweitausend Dateien in einem Dateiformat vorliegen haben, die Sie auf 256 Farben reduzieren, schief stellen und in ein anderes Dateiformat konvertieren wollen. Unter Linux braucht man dafür nur ein paar Zeilen Code in einem Shell-Skript. Aber stellen Sie sich jetzt einmal vor, was man dafür unter Windows alles machen muß: Datei-Menü öffnen, auf Öffnen klikken, eine Datei auswählen, eine Operation auswählen, die Parameter für diese Operation in einem Dialog eingeben, O.K. klicken, Speichern aus dem Menü auswählen, einen Dateinamen auswählen und wieder O.K. klicken. Und das Ganze dann noch 1999mal wiederholen. Ob sich Ihr Orthopäde wohl über seinen neuen Wintergarten freuen wird?[1]

Grafiken können nicht nur gezeichnet, sondern auch programmiert werden. Es gibt Werkzeuge wie das Ray-Tracing-Programm POVRAY, das wir auch in diesem Kapitel vorstellen, bei dem Sie die zu erzeugende Grafik in Form einer Folge von Befehlen beschreiben. Oft handelt es sich dabei um eine ausgereifte Grafikprogrammiersprache. Das ist vielleicht schwieriger, als die gewünschte Grafik mit der Maus zu zeichnen, aber auch viel flexibler, wenn Sie einmal gelernt haben, wie man damit arbeitet.

Natürlich möchte nicht jeder nur von der Kommandozeile aus arbeiten. Computergrafik wird ja unter anderem gerade durch das unmittelbare Feedback von Grafikprogrammen attraktiv, und solche Programme gibt es natürlich auch unter Linux, auch wenn sich diese noch in der Minderheit befinden (und das vielleicht auch bleiben werden).

In diesem Abschnitt werden wir uns einige der Möglichkeiten ansehen, die Sie haben, wenn Sie auf Ihrem Linux-System mit Grafiken arbeiten wollen. Die meisten der hier beschriebenen Programme benötigen das X Window System, dessen Installation und Konfiguration Sie in einem späteren Kapitel lernen werden.

Wir behandeln hier die folgenden Programme:

ImageMagick
: Eine Reihe von Kommandozeilen-Werkzeugen zur Bildbearbeitung

---

1 Hätten Sie gedacht, daß Linux so einen Beitrag zur Kostendämpfung im Gesundheitswesen leistet? Oh, Sie sind Orthopäde? Tut uns leid.

GIMP
: Ein graphisches Bildbearbeitungsprogramm

POVRAY
: Ein bekanntes Ray-Tracing-Programm

Es gibt noch viele andere Grafikprogramme für Linux, darunter 3-D-Modellierungssoftware und Videoprogramme. Ein Durchsuchen der Linux-Archive wird eine Vielzahl guter Software zu Tage bringen.

ImageMagick

ImageMagick ist eine Sammlung von Programmen, die Grafikdateien von der Kommandozeile aus konvertieren und manipulieren. Es eignet sich auch sehr gut für Stapelkonvertierungen, also Konvertierungen von vielen Dateien auf einmal. Außerdem enthält ImageMagick PerlMagick, eine Bindung, mit der Sie die ImageMagick-Werkzeuge von der Programmiersprache Perl aus verwenden können. ImageMagick ist in den meisten Linux-Distributionen enthalten; wenn das bei Ihrer nicht der Fall ist, können Sie ImageMagick von *ftp://ftp.x.org/contrib/applications/ImageMagick* bekommen.

ImageMagick besteht aus einer Bibliothek und einer Reihe von Hilfsprogrammen:

display
: *display* ist ein graphisches Frontend zu den vielen Funktionen von ImageMagick. Es ist sehr nützlich, wenn Sie mit der Wirkung einer Funktion herumexperimentieren wollen, bevor Sie loslegen und Hunderte von Bildern auf einmal mit diesem Effekt bearbeiten. *display* kann viele verschiedene Grafikdateiformate laden und auf dem X Window System anzeigen. Sie können *display* starten und dabei einen oder mehrere Dateinamen auf der Kommandozeile übergeben, oder aber Sie laden eine Datei aus einem Menü. Wenn Sie *display* gestartet haben und kein Menü sehen, dann klicken Sie mit der linken Maustaste auf das angezeigte Bild. Abbildung 9-5 zeigt *display* in Aktion. *display* hat eine gewaltige Anzahl von Kommandozeilenschaltern; die Manpage liefert Ihnen alle Details.

display(1)

import
: *import* ist ein kleines Programm, mit dem entweder ein einzelnes Fenster oder der gesamte Bildschirminhalt in einer Datei eingefangen werden kann; Sie können damit also Bildschirmphotos machen. Um beispielsweise ein Bildschirmphoto des gesamten Bildschirms zu machen und als *myscreen.tiff* im Dateiformat XPM zu speichern, würden Sie folgendes verwenden:

```
tigger$ import -window root myscreen.xpm
```

Wenn Sie den ersten Signalton hören, beginnt das Photographieren des Bildschirms, und beim zweiten Signalton ist die Aktion abgeschlossen, und die Bilddaten werden in der genannten Datei gespeichert. Wenn Sie nur den Inhalt ei-

Abbildung 9-5: ImageMagick in Aktion

nes einzigen Fensters aufnehmen wollen, dann können Sie das am einfachsten machen, indem Sie *import* ohne die Option *-window* starten:

```
tigger$ import mywindow.xpm
```

Der Cursor wird dann zu einem Fadenkreuz. Klicken Sie damit auf ein Fenster, dessen Inhalt dann aufgenommen und in der angegebenen Datei gespeichert wird.

image(1)

Wie alle ImageMagick-Programme hat *import* eine Vielzahl von Kommandozeilenoptionen; lesen Sie daher die Manpage.

montage

montage(1)

montage ist ein sehr nützliches kleines Werkzeug mit einer Funktionalität, die man sonst nur selten findet. Es nimmt eine Anzahl von Bildern und setzt diese wie Kacheln zu einem großen Bild zusammen. Es gibt viele Optionen, wie die Bilder zusammengesetzt werden können.

Um alle JPEG-Bilder im aktuellen Verzeichnis zu einem großen Mosaik namens *all.jpg* zusammenzusetzen, verwenden Sie folgenden Befehl:

```
tigger$ montage *.jpg all.jpg
```

Per Voreinstellung steht unter jedem Einzelbild der Dateiname. Das können Sie mit

```
tigger$ montage +frame *.jpg all.jpg
```

unterdrücken.

convert

convert ist gewissermaßen das Herzstück von ImageMagick. Es kann eine bemerkenswerte Menge von Grafikformaten konvertieren. Nehmen wir beispielsweise an, daß Sie ein GUI-Programm von Windows nach Linux portieren wollen. Sie haben eine große Anzahl von Icons für die Werkzeugleisten im BMP-Format von Windows und wollen diese nach XPM konvertieren. Das könnte etwa folgendermaßen geschehen:

```
for i in *.bmp
do
convert $i xpm:'basename $i .bmp'.xpm
done
```

convert(1)

convert arbeitet sich munter durch all die Bilder und konvertiert sie. Wenn Sie dabei noch andere Manipulationen vornehmen wollen, dann geben Sie die dafür notwendigen Kommandozeilenschalter an; zum Beispiel entfernt `-despeckle` Flecken aus den Bildern.

mogrify

mogrify(1)

mogrify macht das gleiche wie *convert*, überschreibt aber die ursprünglichen Bilder und ist mehr zum Anwenden von Filterfunktionen als zum Konvertieren von Dateiformaten gedacht (auch wenn Sie mit der Option `-format` problemlos das Dateiformat ändern können).

identify

identify gibt Informationen über die auf der Kommandozeile übergebenen Bilder aus. Ein Beispiel:

```
tigger$ identify tux.gif
tux.gif 257x303+0+0 DirectClass 10968b GIF 1s
```

identify(1)

Sie erfahren hier unter anderem, daß *tux.gif* eine GIF-Datei ist, die 257 Pixel breit und 303 Pixel hoch ist. Wenn Ihnen diese Informationen noch nicht ausreichen, dann probieren Sie einmal die Kommandozeilenoption *-verbose*.

combine

combine(1)

Wie der Name schon nahelegt, kombiniert *combine* mehrere Bilder zu einem. Sie können beispielsweise farbseparierte Bilder wieder zusammenfügen oder ein Logo auf ein größeres Bild legen.

xtp

xtp(1)

Wie das Programm *ftp* lädt *xtp* Dateien von einem entfernten Rechner herunter oder auf diesen herauf. Im Gegensatz zu *ftp* sind dabei aber keine interaktiven Eingaben notwendig (das kann man mit *ftp* nur über die Konfigurationsdatei erreichen). *xtp* kann sehr gut mit den anderen Programmen von ImageMagick kombiniert werden, um automatisch Bilder auf entfernten Rechnern zu konvertieren.

Sie sehen schon, die Programme von ImageMagick bieten sehr nützliche und flexible Möglichkeiten, um Grafikdateien zu manipulieren. Es dauert aber ein Weilchen, bis man sich mit all den Kommandozeilenoptionen vertraut gemacht hat, um zu wissen, was es überhaupt alles gibt.

GIMP

GIMP (was ausgeschrieben entweder GNU Image Manipulation Program oder General Image Manipulation Program heißt und oft einen bestimmten Artikel vorangestellt bekommt) ist – wie das im letzten Abschnitt beschriebene Paket ImageMagick – ein Paket zur Bildbearbeitung. Aber während ImageMagicks Stärke die Stapelverarbeitung ist, macht GIMP alles über seine graphische Benutzerschnittstelle. GIMP wird oft als eines der beeindruckendsten und erfolgreichsten Produkte für Linux (und andere Unix-Versionen) bezeichnet. Leute, die beruflich mit Bildbearbeitungsprogrammen arbeiten, haben gesagt, daß GIMP möglicherweise hier und da etwas umständlich zu bedienen ist, funktional aber mit seinem großen kommerziellen Gegenspieler aus der Windows- und Macintosh-Welt, Adobe Photoshop, mithalten kann. Manche Leute nennen GIMP sogar »die freie Alternative zu Photoshop«.

Die Mächtigkeit von GIMP stammt von einer gewaltigen Anzahl von verfügbaren Plug-ins. Um einen neu geschriebenen Bildbearbeitungsfilter oder einen neuen Importfilter für ein Dateiformat verwenden zu können, müssen Sie diesen also nur installieren, GIMP neu starten und können loslegen.

Außerdem verwendet GIMP einen schlauen Mechanismus zur Aufteilung des Bildes, so daß Sie beliebig große Bilder damit laden können. GIMP hält nur den Teil im Speicher, der gerade verwendet wird oder sichtbar ist. Und als wenn das alles noch nicht genug wäre, hat GIMP auch noch eine eigene Skriptsprache namens *script-fu*.

GIMP wird mit den meisten heutzutage verfügbaren Linux-Distributionen mitgeliefert und unter X einfach durch Eingabe von *gimp* in einer Shell gestartet. Wenn GIMP in Ihrer Distribution nicht enthalten ist, können Sie das Programm von *www.gimp.org* bekommen. Wenn Sie vorhaben, intensiver mit GIMP zu arbeiten, sollten Sie dort ohnehin vorbeischauen, denn dort finden Sie auch die Dokumentation sowie Beispieldateien, die demonstrieren, was man mit GIMP alles machen kann. In Abbildung 9-6 sehen Sie ein Bildschirmphoto von GIMP mit der Werkzeugleiste, Dialogboxen und einem Arbeitsbereich.

POVRAY

Während ImageMagick und GIMP hauptsächlich zur Manipulation existierender Bilder gedacht sind, ist POVRAY (die ersten drei Buchstaben des Namens stehen für »Persistence of Vision«) ein Programm zum Erzeugen neuer Bilder. Es handelt sich dabei um einen sogenannten Ray-Tracer, ein Programm, das eine Szenerie aus

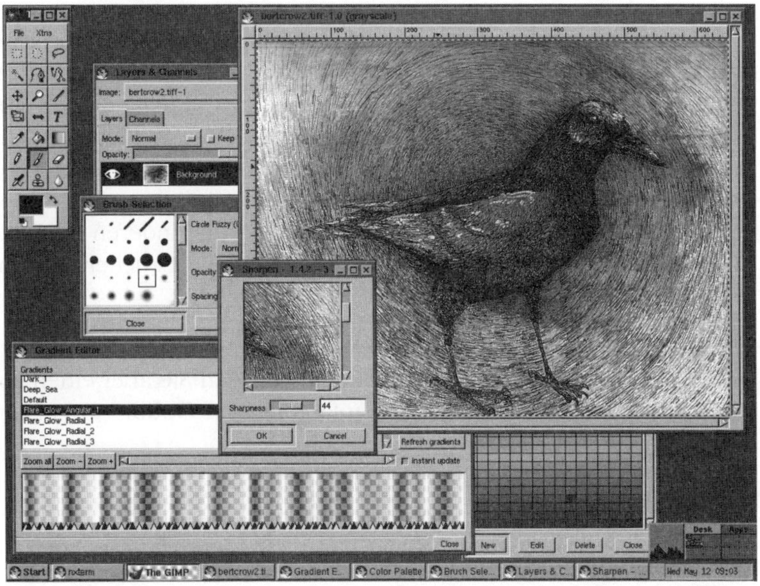

Abbildung 9-6: Gimp

einer Beschreibung über die Objekte in der Szenerie, deren physikalische und optische Eigenschaften, woher das Licht kommt und wo der Betrachter steht, generiert. Diese Beschreibung wird in einer eigenen Programmiersprache vorgenommen.

Anhand dieser kurzen Information sehen Sie sicherlich schon, daß POVRAY nichts ist, was man an einem Nachmittag lernt. Wenn Sie sich für dieses Programm interessieren, können Sie es von *http://www.povray.org* herunterladen. Diese Website ist auch die erste Adresse für alle weiteren Informationen, wie Beispieldateien, Dokumentation und so weiter. Wir können hier leider nicht einmal einen Crash-Kurs in POVRAY unterbringen, also versuchen wir's auch gar nicht erst.

Drucken

Mit dem Befehl *lpr* wird unter Linux ein Dokument ausgedruckt. Sie werden diesen Befehl nicht immer direkt aufrufen – möglicherweise drücken Sie einfach nur einen Print-Knopf auf einer bunten Benutzeroberfläche –, aber im Hintergrund wird das Drucken immer von *lpr* und den anderen Utilities zum Drucken, die wir hier beschreiben, abgewickelt.

Wenn Sie ein Programm-Listing ausdrucken wollen, geben Sie zum Beispiel ein:

```
lpr myprogram.c
```

Kapitel 8

Wie wir noch sehen werden, wird die Eingabe oft auch von einem anderen Befehl über eine Pipe an *lpr* geschickt. *lpr* startet den Druckvorgang, indem es die Druckdaten vorübergehend in einem Verzeichnis ablegt, das als Drucker-Spooler bezeichnet wird. Andere Komponenten des Drucksystems, deren Konfiguration wir Ihnen im Abschnitt »Verwalten der Druckerdienste« in Kapitel 8 gezeigt haben, entnehmen die Dateien in der richtigen Reihenfolge aus der Warteschlange (es können auch noch andere Dateien von Ihnen oder anderen Benutzern in der Druckerwarteschlange stehen), bereiten die Datei zum Drucken vor und leiten die Daten schließlich an den Drucker.

Es gibt mindestens einen Drucker-Spooler pro Drucker im System.[2] Per Default druckt *lpr* an einen Drucker namens `lp`. Wenn Sie aber einen anderen Drucker angeben wollen, können Sie das einfach mit der Option *-P* machen.

Wenn Sie zum Beispiel Ihr Dokument an den Drucker `nene` schicken wollen, geben Sie ein:

```
lpr -Pnene myprogram.c
```

Wenn Sie den Namen eines Druckers vergessen haben, können Sie die Namen der Spool-Verzeichnisse unterhalb von */var/spool/lpd* oder die Einträge in der Datei */etc/printcap* zu Rate ziehen, um alle bekannten Druckernamen zu bekommen.

Wenn Sie immer wieder den gleichen Drucker verwenden wollen, können Sie diesen auch mit der Umgebungsvariable PRINTER festlegen. Angenommen, Sie verwenden wie üblich die Shell *bash*, dann können Sie `nene` zu Ihrem persönlichen Standarddrucker machen, indem Sie diesen Befehl in Ihrer Datei *.bashrc* einfügen:

```
export PRINTER=nene
```

Die Option *–P* des *lpr*-Befehls hat Vorrang vor der Variable PRINTER.

Wenn Sie einmal herausgefunden haben, wie man eine Datei ausdruckt, könnte Ihr nächstes Problem sein, herauszufinden, was passiert, wenn die Datei nicht wie erwartet sofort ausgedruckt wird. Um den Status aller Dateien, die an Ihren Standarddrucker geschickt wurden (alles, was wir über die Umgebungsvariable PRINTER gesagt haben, gilt auch für alle nachfolgenden Befehle dieses Abschnitts), abzufragen, geben Sie ein:

```
$ lpq
nene is ready and printing
Rank   Owner     Job  Files                          Total Size
active lovelace  020  (standard input)             776708 bytes
1st    parcifal  024  (standard input)            2297842 bytes
1st    lark      023  (standard input)              10411 bytes
```

2 Ein Drucker, der mehrere Betriebsmodi, zum Beispiel zum Ausdrucken von Faxen und Briefen, hat, kann für jeden Modus einen eigenen Spooler haben.

Sie sehen, daß der Drucker in Betrieb ist, aber auch, daß umfangreiche Druckjobs vor Ihrem in der Schlange stehen (wenn Sie `lark` sind). Wenn Sie nicht warten wollen, können Sie den Druckjob auch wieder aus der Schlange entfernen. Dazu können Sie die Jobnummer verwenden, die *lpq* ausgegeben hat:

```
$ lprm 23
023 dequeued
023 dequeued
```

Die Druckdatei, die im Spooler als Job 023 steht, wird gemeinsam mit einer weiteren Datei, dic Druckanweisungen enthält, verworfen.

Sie können die Ausgabe von *lpq* eingrenzen, indem Sie nach einem bestimmten Druckjob über die Task-ID (selten verwendet), den Drucker oder die Benutzer-ID fragen. Um beispielsweise einen Bericht über die »gespoolten« Dateien für den Drucker `ada` zu bekommen, würden Sie folgendes eingeben:

```
$ lpq ada
ada is ready and printing
Rank   Owner    Job  Files                                 Total Size
active lovelace 788  standard input                        16713 bytes
1st    lark     796  standard input                        70750 bytes
```

Wenn Sie der Benutzer **root** sind, können Sie alle ausstehenden Druckjobs mit dem Befehl

```
lprm -
```

abbrechen. Wenn Sie nicht **root** sind, löscht dieser Befehl nur Ihre eigenen Druckjobs. Das gilt auch, wenn Sie einen Drucker angeben:

```
lprm ada
```

Wenn Sie Superuser (**root**) sind, wird die gesamte Warteschlange von `ada` geleert. Wenn Sie ein normaler Benutzer sind, werden nur Ihre eigenen Druckjobs aus dem angegebenen Spooler gelöscht. *lprm* gibt die jeweils gelöschten Jobs aus.

Der Superuser kann alle Druckjobs eines bestimmten Benutzers durch Eingabe von

```
lprm Benutzername
```

beenden.

Wenn Sie *lprm* ohne Argumente eingeben, löscht es alle Ihre aktiven Druckjobs. Das ist das gleiche wie:

```
lprm IhrBenutzername
```

Wenn Sie sehen wollen, ob ein Drucker online ist, können Sie den Befehl *lpc* verwenden:

```
/usr/sbin/lpc status ada
```

Kapitel 8

Schlagen Sie in Abschnitt »Kontrollieren der Druckerdienste mit lpc« in Kapitel 8 nach, wenn Sie mehr wissen wollen. Das Utility *lpc* wird üblicherweise in einem der Verzeichnisse */sbin* oder */usr/sbin* installiert.

Kommen wir nun zu einigen weiteren Beispielen, die häufige Druckaufgaben und oft benutzte Filter demonstrieren.

Um die Manpage von `printcap` auszudrucken, geben Sie ein:

```
man printcap | col -b | lpr
```

Der Befehl *man* sucht und formatiert die Manpage von `printcap` und gibt sie in einem erweiterten ASCII-Format aus, in dem Backspaces zum Durch- und Unterstreichen von Zeichen (anstelle von *Kursivschrift*) verwendet werden. Die Ausgabe wird durch *col* geschickt, ein Unix-Textfilter, bei dem *-b* angibt, daß die »BACKSPACE«-Anweisungen entfernt werden. Daraus resultiert eine einfache Ausgabe, bei der aber das Format erhalten bleibt. Die Ausgabe von *col* wird wiederum an *lpr* weitergeleitet. Dieser Befehl stellt den Text in das Spool-Verzeichnis.

Wenn Sie Unterstreichungen simulieren wollen, können Sie statt dessen auch einen Filter verwenden, der ursprünglich zur Ausgabe auf Textbildschirmen entworfen wurde:

```
man printcap | colcrt | lpr
```

Angenommen, Sie wollen eine Manpage mit allen Formatierungen ausdrucken, einschließlich Hervorhebungen und allem, was dazugehört. Dazu könnten Sie den folgenden Befehl benutzen:

```
groff -man -Tps /usr/man/man5/printcap.5 | lpr
```

Der Befehl *groff* wendet die *man*-Makros auf die angegebene Datei an und erzeugt eine PostScript-Ausgabe (was mit *-Tps* angegeben wurde). Diese wiederum wird an *lpr* weitergeleitet, der das Ergebnis in den Drucker-Spooler stellt. Schließlich wendet *lpd* die in */etc/printcap* angegebenen Verarbeitungen auf die Datei an.

Die meisten Linux-Installationen verwenden die BSD-artigen Druck-Utilities, die für die Berkeley Software Distribution von Unix entwickelt wurden. Wenn Sie Utilities wie *lp*, *lpstat*, *cancel* oder *lpadmin* vorfinden, verwendet Ihr Linux-Rechner ein »System V«-basiertes Drucksystem. In diesem Fall sollten Sie die Manpages und möglicherweise zusätzlich vorhandene Dokumentation lesen. Es gibt auch noch andere Drucksysteme, die auf Ihrem System installiert sein könnten, so zum Beispiel das PLP-Paket. Wir beschreiben hier aber nur die normalen BSD-basierten Druck-Utilities. Darüber hinaus beschreiben wir auch, wie Sie einige weitere, oft vorhandene Druck-Utilities verwenden, wie zum Beispiel Filter, die Dokumente so aufbereiten, daß Sie sie auf Ihrem Drucker ausdrucken können.

Das BSD-artige Drucksystem wird traditionell »lp« genannt, weil Zeilendrucker (*line printers*) zu der Zeit, als dieses Paket entwickelt wurde, der gängigste Druckertyp waren.[3] In der Linux-Gemeinde wird das BSD-Drucksystem häufiger als »das *lpr*-Paket« bezeichnet. Aber natürlich ist der Befehl *lpr* nur ein Werkzeug dieses Pakets.

Was passiert mit einer Datei, nachdem sie in die Druckerwarteschlange eingereiht worden ist?

Nur der Benutzer **root** kann direkt auf die Drucker, das heißt ohne den Umweg über das Drucksystem, zugreifen (was aber nebenbei bemerkt nicht besonders vernünftig ist). Linux gewährt normalen Benutzern nicht das Recht, die diversen physikalischen Geräte direkt anzusprechen, weil unangenehme Konflikte die Folge sein könnten und es ohnehin nicht besonders praktisch für die Benutzer ist. Statt dessen rufen die Utilities Systemprozesse im Hintergrund auf, die Ihren Druckjob zu den anderen stellen, die Druckdaten in Daten konvertieren, die ein bestimmter Drucker und ein bestimmtes Protokoll verstehen, die Druckauflösung einstellen, die Seiten formatieren, Kopf- und Trennseiten hinzufügen (oder auch nicht) und Seiten numerieren. Linux konfiguriert sich beim Booten selbst, was die physikalischen Geräte angeht. Das schließt auch die Initialisierung der Schnittstellen und Protokolle zum Drucken mit ein.

Das Drucksystem wird von *lpd*, dem »Line Printer Daemon«, gesteuert, der die notwendigen Rechte hat, um die Drucker in Ihrem Auftrag anzusteuern. Wenn das Drucksystem einmal installiert ist, wird *lpd* jedesmal beim Hochfahren von Linux gestartet. Die notwendigen Steuerungsinformationen, die *lpd* benötigt, um Ihre Dateien auszudrucken, stehen in der Datei */etc/printcap*.

Im folgenden beschreiben wir, was das Drucksystem eigentlich macht, wenn Sie einen Druckbefehl abschicken. *lpr* überprüft zunächst, ob bei Ihnen die Umgebungsvariable PRINTER gesetzt ist. Wenn dies der Fall ist, verwendet *lpr* die dort angegebenen Optionen als Anweisungen, wie es die empfangene Datei zu verarbeiten hat. Anschließend wendet *lpr* auf der Kommandozeile übergebene Parameter oder solche, die vom aufrufenden Programm gesetzt wurden, an. Schließlich schickt *lpr* die Datei in das Spool-Verzeichnis des angegebenen Druckers, zusammen mit einer anderen temporären Datei, die Anweisungen für *lpd* enthält. Anschließend informiert *lpr lpd*, daß es eine Druckdatei in den Spooler gestellt hat. Wenn *lpr* eine unbekannte Option vorfindet, leitet es die Option an die weiter unten besprochenen Druckfilter weiter.

Wenn *lpd* einen Druckjob im Drucker-Spooler vorfindet, liest er die Verarbeitungsanweisungen ein, die ihm mitteilen, ob und wie die Datei durch Filter geschickt

3 Lassen Sie sich nicht verwirren, wenn jemand diesen Ausdruck verwendet; der Ausdruck ist eigentlich falsch. Es gibt kein Utility namens *lp* im BSD-Drucksystem, aber durchaus eines im später entwickelten »System V«-Druckpaket. Trotzdem ist es möglich, daß Ihr BSD-Paket einen Befehl namens*lp* zum Drukken verwendet. Einige Systeme benutzen ein Shell-Skript (Filter) namens*lp*, um Optionen von *lp* in Optionen von *lpr* umzusetzen und diese an *lpr* weiterzureichen. Dies dient lediglich der Bequemlichkeit der Benutzer, die den »System V«-Befehl *lp* gewöhnt sind.

werden muß und an welches Gerät sie schließlich gehen soll, führt den Druckauftrag aus und löscht die Druck- und die Anweisungsdatei, wenn die gesamte verarbeitete Datei an den Drucker geschickt worden ist.

Alle Drucksysteme unter Unix schicken eine Datei durch mindestens einen Filter, um sie für die Ausgabe vorzubereiten. Dieser Filter verarbeitet die Datei unter Verwendung der üblichen Optionen, die die Druck-Utilities von Unix ihm schicken.

Die für das System passenden Filter werden vom Administrator eingerichtet und in der Printcap-Datei angegeben, um die üblichen Druckaufgaben zu erfüllen. Wenn Sie irgendwelche speziellen Verarbeitungen vornehmen wollen, geben Sie die entsprechenden Optionen bei den Druckbefehlen an. Ihre Anweisungen gelangen über den *lpr*-Befehl (von der Kommandozeile oder einem anderen Programm übergeben) in das Drucksystem. *lpr* speichert die Druckdatei im richtigen Spool-Verzeichnis ab und stellt eine Datei mit allen zugehörigen Verarbeitungsanweisungen in dasselbe Verzeichnis.

Wenn Ihre Datei mit dem Drucken an der Reihe ist, liest der *lpd*-Dämon alle speziellen Verarbeitungsanweisungen ein. Diese haben Vorrang vor eventuellen Default-Werten in der Datei */etc/printcap*. Wenn *lpd* eine Datei an den zum Drucker gehörigen Filter schickt, liefert er auch alle Optionen mit, die noch nicht ausgeführt worden sind. Der Filter verarbeitet diese Datei dann entsprechend der erhaltenen Anweisungen weiter oder ruft einen anderen Filter auf, um die Verarbeitungsschritte vorzunehmen, die er selbst nicht ausführen konnte. Das Endergebnis wird dann von *lpd* an den Drucker geschickt. Sie sehen, daß diese versteckten Filter die meiste Arbeit beim Druckvorgang übernehmen.

Wenn Sie besondere Anforderungen an den Druckvorgang haben, müssen Sie die Optionen kennen, die den Filtern mitgegeben werden müssen. Die Standardoptionen werden in der Manpage von *lpr* besprochen. Weitere Filteroptionen werden im verwendeten Filterpaket dokumentiert. Wir beschreiben weiter unten noch eine Reihe von Filtern, die auf Ihrem System möglicherweise vorhanden sind. Aber wir können hier unmöglich alle Filter und Filterpakete beschreiben, die für Linux verfügbar sind. Sie sollten die Manpages zu den auf Ihrem System vorhandenen Filtern lesen, um die gewünschte Ausgabe zu erhalten.

Eine korrekt konfigurierte Printcap-Datei verwendet den Namen des Druckers, um herauszufinden, welche Filterung angewendet werden muß. Wenn es zum Beispiel einen Drucker gibt, der automatisch HTML-Dokumente (aus dem World Wide Web) formatieren und ausdrucken kann, können Sie *lpr* möglicherweise mitteilen, daß der `html`-Drucker verwendet werden soll:

```
lpr -Phtml ~/homepage.html
```

Möglicherweise handelt es sich dabei um denselben Drucker, den Sie auch für PostScript-Dateien verwenden, aber durch die Angabe des Druckernamens `html` erreichen Sie, daß *lpd* einen anderen Printcap-Eintrag verwendet, der die Datei durch einen HTML-Filter schickt, der sie in ein Format aufbereitet, das der Drucker verstehen kann.

Weil der Systemadministrator die Kontrolle über den Inhalt von */etc/printcap* hat, können Sie diese Datei nicht einfach ändern, um einen Filter gegen einen anderen auszutauschen. Sie haben aber durch die Wahl von Kommandozeilenoptionen und Umgebungsvariablen einen gehörigen Einfluß auf Satzwerkzeuge, Filterparameter und Druckerauswahl. Wenn nötig, können Sie Ihre Dateien auch zunächst selbst vorfiltern, bevor Sie sie an das Drucksystem weiterreichen. Wenn Sie beispielsweise eine E-Mail mit einer angehängten Grafik bekommen, die Sie weder anzeigen noch ausdrucken können, können Sie die Datei immer noch abspeichern und dann eines der vielen für Linux vorhandenen Grafik-Utilities verwenden, um die Datei in eine ausdruckbare Form zu bringen, bevor Sie sie an *lpr* weiterreichen.

Von der »Intelligenz« des Filters hängt viel ab. Wenn eine Option durch *lpr* und die Filter hindurchgereicht, aber nie bearbeitet wird, landet sie möglicherweise am Drucker; entweder vor oder hinter der eigentlichen Druckdatei. Möglicherweise hat das keinen Einfluß. Manchmal wird ein Druckerbefehl absichtlich auf diese Weise an den Drucker geschickt. Üblicherweise führt eine solche Option aber zum Ausdruck weiterer Seiten, möglicherweise mit Zeichenmüll darauf. Normalerweise ist das aber harmlos. Wenn Sie so ein Verhalten beobachten, stellen Sie sicher, daß Sie das Problem nicht mit Ihren Umgebungsvariablen, falsch eingegebenen Befehlen oder nicht unterstützten Optionen verursachen. Wenn es nicht Ihr Fehler war, sollte der Systemadministrator das Problem zurückverfolgen, um Papier und Zeit zu sparen.

Manche Filter wenden die Umgebungsvariable PRINTER automatisch an, wenn sie gesetzt ist. Sie sollten wissen, daß die entsprechende Variable in einem »System V«-Drucksystem LPDEST heißt. Einige der Filter, die Sie installieren, erwarten oder akzeptieren möglicherweise auch diese Variable. Es kann auch sein, daß Sie in einem bunt gemischten Netzwerk arbeiten, in dem Sie auf einem System ein BSD- und auf einem anderen ein »System V«-Drucksystem vorfinden. Wenn Sie lieber auf Nummer Sicher gehen wollen, können Sie sowohl LPDEST als auch PRINTER in einer Ihrer Shell-Startdateien setzen.

Probleme bei der Benutzung eines Druckfilters können auch andere Benutzer in einem Mehrbenutzersystem betreffen. Melden Sie daher alle Schwierigkeiten an den Administrator des Drucksystems.

nenscript

Das Utility *nenscript* ist ein flexibler Filter, der gut aufbereitete Ausgaben für PostScript-Drucker, auch aus ASCII-Dateien, erzeugen kann. Es ist nicht eines der grundlegenden Linux-Utilities, aber trotzdem in vielen Linux-Distributionen enthalten. Außerdem kann es von den üblichen Linux-FTP-Servern bezogen werden. Obwohl Sie *nenscript* aufrufen können, um eine vorbereitete Datei an den Drucker zu schicken, wird es doch meistens in der */etc/printcap*-Datei als Durchgangsfilter verwendet, der Text von der Standardeingabe entgegennimmt und auf der Standardausgabe ausgibt.

Angenommen, Sie wollen ein C-Programm ausdrucken und wünschen sich eine Zeilennumerierung sowie einen Ausdruck auf grüngestreiftem Endlospapier (also nicht gerade so ein Format, wie Sie es sich für die Grafiken vorstellen, die Sie gerade aus dem Internet heruntergeladen haben und auf Ihrem PostScript-Drucker ausdrucken wollen). Das Programm muß verarbeitet werden und Zeilennummern vor jede Zeile gestellt bekommen. Die Lösung besteht in der Anwendung eines Filters wie *nenscript* (wenn es denn installiert ist). Nachdem *nenscript* mit seiner Verarbeitung fertig ist, schickt es die Datei zwecks Spoolen und Drucken auf dem guten, alten Endlospapier-Nadeldrucker (der hier `dino` heißen soll) an *lpr* weiter:

```
nenscript -B -L66 -N -Pdino myprogram.c
```

Der Filter *nenscript* numeriert jede Zeile der übergebenen Datei, wenn Sie die Option *-N* verwenden. Die Option *-B* unterdrückt die üblicherweise auf jeder Seite ausgegebene Kopfzeile, und die Option *-L66* formatiert die Datei für 66 Zeilen pro Seite. *nenscript* leitet nur die Option *-Pdino* an *lpr* weiter, der sie auswertet und die Ausgabe von *nenscript* in das Spool-Verzeichnis von `dino` zum Ausdruck weiterleitet.

Wenn *nenscript* von der Kommandozeile aus aufgerufen wird, gibt es seine Ausgabe automatisch an *lpr* weiter, wenn Sie nicht mit der Option *-p* angeben, daß Sie die Ausgabe lieber auf der Standardausgabe haben möchten. Sie müssen nicht explizit die Ausgabe von *nenscript* an *lpr* weiterleiten.[4]

Angenommen, Sie wollen heute viele Programm-Listings ausdrucken. Der Bequemlichkeit halber können Sie eine Umgebungsvariable für *nenscript* setzen, so daß Ihre Listings jedesmal wie gewünscht verarbeitet und gedruckt werden.

```
export NENSCRIPT=" -B -L66 -N -Pdino"
```

Jetzt brauchen Sie nur noch

```
nenscript myprogram.c
```

einzugeben, um Ihr Listing korrekt auszudrucken.

nenscript schickt seine Ausgabe an eine Datei, was oft nützlich ist, um PostScript-Dateien auf einem Linux-Rechner ohne PostScript-Drucker aufzubereiten. Um beispielsweise eine Textdatei so in PostScript zu konvertieren, daß sie in zwei Spalten

4 Es kann sein, daß *nenscript* auch der Filter ist, der in der Printcap-Datei für Ihren Drucker angegeben wurde. Es schadet einer Datei nicht, wenn sie mehrmals durch einen vernünftig programmierten Filter geleitet wird. Ein Filter leitet eine Verarbeitungsinformation nur dann weiter, wenn er sie nicht selbst erfüllen kann. Wenn ein Filter eine Anweisung ausführt, verwirft er sie anschließend. Sie müssen sich keine Sorgen machen, daß Ihr Ausdruck auf einmal zwei Spalten mit Zeilennummern hat.

und einem 6-Punkt-Courier-Zeichensatz auf DIN-A4-Seiten ausgedruckt wird, geben Sie ein:

```
nenscript -2 -fCourier6 -TA4 -pdocument.ps document.txt
```

Die Option *-2* überschreibt den Default, Dateien in einer Spalte auszugeben, und die Option *-fCourier6* überschreibt den Default, bei zweispaltiger Ausgabe in 7-Punkt-Courier-Schrift zu drucken. (Der Default für einspaltige Ausgabe ist Courier10; *nenscript* verwendet immer Courier, wenn es normalen Text in PostScript konvertiert.) Die Option *-TA4* gibt das Standard-A4-Papierformat an. Wenn *nenscript* mit der Variable US_VERSION kompiliert worden ist, ist das Default-Papierformat 8,5 mal 11 Inch (wenn Sie nicht die Umgebungsvariable US_VERSION verwenden, können Sie das mit *-TUS* angeben). Die Option *-p* gibt an, daß die Ausgabe in die Datei *document.ps* umgeleitet werden soll. Der Dateiname ohne Option schließlich gibt die Eingabedatei an. Wenn kein Dateiname angegeben worden wäre, hätte *nenscript* die Standardeingabe verwendet.

Ein weiteres Beispiel: Um die Manpage von *nenscript* zu formatieren und als reinen Text auf einem PostScript-Drucker zu drucken, geben Sie

```
man nenscript | col -b | nenscript
```

ein. Der Befehl *man* sucht die Manpage und formatiert sie für die Textausgabe. *col -b* löscht die BACKSPACE-Anweisungen aus der Datei, so daß nur einfacher Text übrigbleibt, der an *nenscript* weitergeleitet wird. *nenscript* wiederum wandelt den Text in PostScript und fügt dabei noch einige »Verschönerungen« ein, wie Kopfzeilen, Fußzeilen, Seitennumerierung usw. Schließlich wird diese Datei an *lpr* weitergeleitet, der sie in das Spool-Verzeichnis stellt. Die Datei gelangt noch ein weiteres Mal durch den in der Printcap-Datei angegebenen Filter, der einfach nur ein »Dummy«-Filter sein könnte, der die Datei lediglich durchreicht. Es kann aber auch sein, daß dieser Filter noch weitere Änderungen vornimmt, zum Beispiel könnte er einen Seitenvorschub an das Ende der Druckdatei anhängen.

Wenn Sie die Option *-Z* bei *nenscript* angeben, versucht *nenscript*, übergebene PostScript-Dateien zu erkennen und diese unverändert durchzureichen.

Wenn eine PostScript-Datei an *nenscript* übergeben wird und für eine normale Textdatei gehalten wird (zum Beispiel, weil *nenscript* nicht mit der Option *-Z* aufgerufen wurde), wird *nenscript* den PostScript-Code einkapseln und an den Drukker schicken. Das kann dazu führen, daß der PostScript-Code wortwörtlich ausgedruckt wird. Selbst eine kleine PostScript-Datei kann auf diese Weise sehr viel Papier verschwenden.

Angenommen, der *lpd*-Dämon wendet selbst schon *nenscript* auf die Dateien an, die er zum Drucker schickt. Die Datei sollte trotzdem korrekt verarbeitet werden, aber eine zusätzliche Filterung könnte im zweiten Durchlauf dazu führen, daß *nenscript* den PostScript-Code einkapselt. Es wäre sicherer, die Umgebungsvariable NENSCRIPT zu setzen. Wenn der *nenscript*-Filter aufgrund eines Eintrags in

/etc/printcap auf die Datei angewendet wird, verwendet er die Optionen, die Sie in Ihrer Umgebungsvariablen NENSCRIPT gesetzt haben. Diese Optionen werden aber durch Optionen, die *lpr* von der Kommandozeile oder einem anderen Programm übergeben bekommen hat, überschrieben.

Beachten Sie, daß Sie den Standarddrucker entweder in der Umgebungsvariable PRINTER oder als Argument *-P* in der Umgebungsvariable NENSCRIPT angeben können. Wenn Sie den zu verwendenden Drucker in NENSCRIPT angeben, wird dieser Drucker jedesmal verwendet, wenn *nenscript* eine Ihrer Dateien filtert. Wir empfehlen daher, daß Sie den Drucker in PRINTER statt in NENSCRIPT setzen, so daß Sie die Druckerspezifikation ändern können und die Datei trotzdem noch korrekt gefiltert wird.

KAPITEL 10

Das X Window System installieren

Wir wollen uns jetzt dem X Window System zuwenden – einem der mächtigsten und wichtigsten Softwarepakete für Linux. Falls Sie bereits mit X auf einem Unix-System vertraut sind, haben Sie Glück – X unter Linux unterscheidet sich kaum von X auf anderen Unix-Systemen. Falls Sie noch keine Gelegenheit hatten, X zu benutzen, fürchten Sie sich nicht: Die Rettung ist nahe. Das Schwierigste ist allerdings die Konfiguration, die sich von anderen X-Implementierungen deutlich unterscheidet. Wir werden daher besonders intensiv auf die Konfiguration von XFree86 eingehen.

Es ist schwierig, das X Window System in aller Kürze zu beschreiben. X ist eine vollständige graphische Benutzeroberfläche für Unix-Systeme. Es enthält eine riesige Anzahl an Optionen sowohl für den Programmierer als auch für den Benutzer. So gibt es zum Beispiel mehr als ein Dutzend *Fenster-Manager* (window managers) für X, von denen jeder einen anderen Ansatz zur Handhabung der Fenster bietet. Durch Veränderung der Konfigurationen des verwendeten Fenster-Managers können Sie die Plazierung der Fenster auf dem Bildschirm, die Farben und Umrandungen der Fenster und vieles andere mehr beeinflussen.

X wurde ursprünglich vom Projekt Athena am MIT und der Digital Equipment Corporation entwickelt. Die aktuelle Version ist Version 11, mit dem Revisions-Level 6. 3 (X11R6.3); diese Version wurde im Dezember 1996 herausgebracht. Seit der Freigabe der Version 11 ist X zum Standard bei graphischen Bedienoberflächen für Unix geworden. Die Entwicklung geht auch nach der Übergabe des Copyrights an The Open Group, einem Zusammenschluß von OSF und X/Open, die wiederum viele kleine und mehrere große Hard- und Softwarehersteller vertreten, weiter.

Aufgrund der freizügigen Lizenz kann das X Window System weiter sowohl kommerziell als auch als Freeware unter Linux verteilt werden. Unter Linux gibt es mehrere Implementierungen des X Window Systems. Die am weitesten verbreitete ist XFree86TM, die frei verfügbare Implementierung von X auf PC-Unix-Systemen. Diese unterstützt neben Intel auch Alpha AXP, MicroSPARC und PowerPC-Rechner. Weitere Architekturen werden folgen. XFree86 entstand aus X386-1.2, das Teil der offiziellen X11R5-Quellen war, dort aber nicht mehr weiter gepflegt wurde und daher sehr schnell veraltete. Die aktuellen Versionen von XFree86 haben mit diesem Urvater nur noch einen kleinen Kern gemeinsam, Unterstützung für unzählige neue Karten und Support für viele weitere Betriebssysteme (darunter auch Linux) wurden hinzugefügt, außerdem ist XFree86 auf dem neuesten Stand X11R6.3.

In diesem Abschnitt werden wir die Installation und Konfiguration von XFree86 auf Ihrem System besprechen, und im nächsten machen wir uns dann auf eine Entdekkungsreise durch die Benutzung von X.

Linux-Distributionen installieren X automatisch (wenn Sie das wollen). Wenn Sie Glück haben, brauchen Sie dieses Kapitel überhaupt nicht. Aber viele Anwender haben nicht so viel Glück: ihre Distribution erkennt die Grafikkarte oder den Monitor nicht, schreibt eine Datei an die falsche Stelle, so daß der X-Server nicht starten kann, oder hat ein anderes Problem. Einer der großen Vorteile dieses Buches besteht darin, daß wir Sie mit den Tiefen und Untiefen der X-Konfiguration vertraut machen, damit Sie X unabhängig davon zum Laufen bringen können, was Ihre Distribution macht. Sie müssen dieses Kapitel möglicherweise nicht lesen, aber wenn Sie es brauchen, werden Sie froh sein, daß es vorhanden ist.

Die Eigenschaften von X

X basiert auf dem Client/Server-Modell; dabei ist der *X Server* ein Programm, das auf Ihrem System läuft und alle Zugriffe auf die Grafikhardware abwickelt. Ein *X-Client* ist ein Anwendungsprogramm, das mit dem Server kommuniziert, indem es solche Anforderungen wie »Zeichne eine Linie« oder »Werte Tastatureingaben aus« an den Server weiterleitet. Der X-Server zeichnet dann die Linie auf den Bildschirm oder reicht Eingaben des Benutzers (per Tastatur, Maus oder sonstwie) an das Client-Programm weiter, um solche Anforderungen zu erfüllen. Beispiele für X-Anwendungen sind *xterm* (eine Terminal-Emulation innerhalb eines Fensters) und *xman* (ein X-basierter Reader für Manpages).

Der zentrale Vorteil von X ist die Tatsache, daß X ein netzwerkfähiges graphisches System ist. Das bedeutet: Die X-Clients können sowohl lokal (auf demselben Rechner wie der Server) als auch entfernt (auf einem Rechner irgendwo in einem TCP/IP-Netzwerk, auch irgendwo im Internet am anderen Ende der Welt) laufen. Der X-Server nimmt Anforderungen von Clients auf lokalen ebenso wie auf entfernten Netzwerk-Sockets entgegen. Offensichtlich verleiht dies dem X Window System enorme Flexibilität. Wenn Sie über eine Verbindung zu einem TCP/IP-Netzwerk verfügen, haben Sie die Möglichkeit, sich über das Netzwerk in ein anderes System einzuloggen, dort ein Anwendungsprogramm zu starten und die Ausgaben des Programms von Ihrem lokalen X-Server darstellen zu lassen.

Weitere Vorteile von X sind die Sicherheit (wenn der Benutzer dies wünscht), die modulare Trennung in Client, X Programmierbibliothek *Xlib*, Fenster-Manager und

Server und die Unterstützung vieler verschiedener Architekturen. Damit ist das X Window System technisch allen anderen Fenstersystemen weit überlegen.

Das X Window System unterscheidet zwischen Anwendungsverhalten und *Fenster-Management*. Clients, die unter X laufen, werden in einem oder mehreren *Fenstern* dargestellt. Es ist allerdings nicht der X-Server, der bestimmt, wie die Fenster verwaltet werden (wo sie erscheinen, wie ihre Größe verändert wird usw.) und wie sie aussehen (die Art der Rahmen). Statt dessen läuft neben den anderen X-Clients noch ein Client, der als *Window-Manager* bezeichnet wird; dieser Window-Manager übernimmt die Verwaltung der Fenster. Das Aussehen Ihrer X-Arbeitsumgebung hängt zum Teil davon ab, für welchen Fenster-Manager Sie sich entscheiden. Die meisten Window-Manager sind äußerst flexibel und konfigurierbar. Der Benutzer kann auf die Darstellung der Fensterdekoration, das Fokusverhalten, die Belegung der Maustasten über dem Bildschirmhintergrund und vieles andere mehr über die Konfigurationsdateien des Window-Managers Einfluß nehmen. Auf moderneren Systemen können Sie diese Einstellungen auch über eine graphische Benutzerschnittstelle vornehmen.

Zum Verständnis der Window-Manager ist es wichtig zu wissen, daß diese nicht die Darstellung des vom Client erzeugten Fensters beeinflussen; der Window-Manager übernimmt lediglich die Darstellung der Fensterdekoration, also des Rahmens und der Buttons, mit denen Sie Fenster schließen, verschieben, vergrößern und verkleinern können.

Auf einem X-Server kann nur ein Window-Manager zur selben Zeit arbeiten. Theoretisch wäre es sogar möglich, ganz ohne zu arbeiten. Das wäre aber sehr unbequem, denn Sie könnten dann weder Fenster auf dem Bildschirm verschieben, noch welche von außen schließen oder bestimmen, welches Fenster über den anderen liegen soll.

Hardwareanforderungen

Mit der XFree86-Version 3.3.3.1 vom Januar 1999 werden die in diesem Abschnitt genannten Grafik-Chipsätze unterstützt. Die Dokumentation zu Ihrer Grafikkarte sollte darauf hinweisen, welchen Chipsatz die Karte benutzt. Falls Sie demnächst eine neue Grafikkarte anschaffen oder auf ein neues System mit eingebauter Grafikkarte umsteigen wollen, sollten Sie sich vom Händler genau erklären lassen, um welches Fabrikat, welches Modell und welchen Chipsatz es sich handelt. Es kann sein, daß der Händler erst nachfragen muß, bevor er Ihre Fragen beantworten kann; die meisten Händler werden dies für Sie tun. Viele Händler werden Ihnen mitteilen, daß es sich um eine »Standard-SVGA-Karte« handelt, die in Ihrem System »funktionieren sollte«. Weisen Sie dann darauf hin, daß Ihre Software (erwähnen Sie Linux und XFree86!) nicht alle Grafik-Chipsätze unterstützt und daß Sie genaue Informationen brauchen.

Eine gute Informationsquelle, was die Unterstützung von Grafik-Chipsätzen angeht und welcher X-Server jeweils benötigt wird, ist *http://www.xfree86.org/cardlist.html*.

Sie können auch mit dem Programm *SuperProbe* aus der XFree86-Distribution feststellen, welchen Chipsatz Ihre Grafikkarte benutzt. Wir gehen später noch genauer darauf ein.

Die folgenden beschleunigten und nichtbeschleunigten SVGA-Chipsätze werden in der Regel unterstützt; eine Garantie gibt es dafür jedoch nicht:

- 3DLabs GLINT 500TX, GLINT MX, Permedia, Permedia 2, Permedia 2v
- 8514/A (und echte Clones)
- Alliance AP6422, AT24
- ATI 18800, 18800-1, 28800-2, 28800-4, 28800-5, 28800-6, 68800-3, 68800-6, 68800AX, 68800LX, 88800GX-C, 88800GX-D, 88800GX-E, 88800GX-F, 88800CX, 264CT, 264ET, 264VT, 264GT, 264VT-B, 264VT3, 264GT-B, 264GT3 (dazu gehören auch Mach8, Mach32, Mach64, 3D Rage, 3D Rage II und 3D Rage Pro)
- ARK Logic ARK1000PV, ARK2000PV, ARK1000VL, ARK2000MT
- Avance Logic ALG2101, ALG2228, ALG2301, ALG2302, ALG2308, ALF2401
- Chips and Technology 65520, 65525, 65530, 65535, 65540, 65545, 65546, 65548, 65550, 65554, 65555, 68554, 69000, 64200, 64300
- Cirrus Logic CLGD5420, CLGD5422, CLGD5424, CLGD5426, CLGD5428, CLGD5429, CLGD5430, CLGD5434, CLGD6205, CLGD6215, CLGD6225, CLGD6235, GLGD6410, CLGD6412, CLGD6420, CLGD6440, CLGD7541, CLGD7543, CLGD7548, CLGD7555
- Compaq AVGA
- Cyrix MediaGX, MediaGXm
- Digital Equipment Corporation TGA
- Epson SPC8110
- Genoa GVGA
- IBM XGA-2
- IIT AGX-014, AGX-015, AGX-016
- Matrox MGA2064W (Millenium), MGA1064SG (Mystique und Mystique 220), MGA2164W (Millenium II PCI und AGP), G100, G200
- MX MX68000, MX680010
- NCR 77C22, 77C22E, 77C22E+
- NeoMagic 2200, 2160, 2097, 2093, 2090, 2070
- Number Nine I128 (Reihe I, II und IV), Revolution 3D (T2R)
- NVidia/SGS Thomson NV1, STG2000, Riva 128, Riva TNT
- OAK OTI067, OTI077, OTI087

- RealTek RTG3106
- Rendition V1000, V2x00
- S3 86C911, 86C924, 86C801, 86C805, 86C805i, 86C928, 86C864, 86C964, 86C732, 86C764, 86C765, 86C767, 86C775, 86C785, 86C868, 86C968, 86C325, 86C357, 86C375, 86C385, 86C988, 86CM65, 86C260
- SiS 86C201, 86C202, 86C205, 86C215, 86C225, 5597, 5598, 6326
- Trident TVGA8800CS, TVGA8900B, TVGA8900C, TVGA8900CL, TVGA9000, TVGA9000i, TVGA9100B, TVGA9200CXR, Cyber9320, TVGA9400CXi, TVGA9420, TGUI9420DGi, TGUI9430DGi, TGUI9440AGi, TGUI9660XGi, TGUI9680, ProVidia 9682, ProVidia 9685, Cyber 9382, Cyber 9385, Cyber 9388, 3DImage975, 3DImage985, Cyber 9397, Cyber 9520
- Tseng ET3000, ET4000AX, ET4000/W32, ET4000/W32i, ET4000/W32p, ET6000, ET6100
- Video 7/Headland Technologies HT216-32
- Weitek P9000, P9100
- Western Digital WD90C00, WD90C10, WD90C11, WD90C24, WD90C30, WD90C31, WD90C33, WD90C24A
- Western Digital/Paradise PVGA1

Grafikkarten mit diesen Chipsätzen werden normalerweise für alle Bussysteme einschließlich PCI und AGP unterstützt.

Alle hier erwähnten Chipsätze werden mit 256 Farben, viele auch monochrom und mit 16 Farben unterstützt. Für manche gibt es auch Unterstützung mit höheren Farbtiefen.

Der Server für den Monochrom-Modus unterstützt außerdem generische VGA-Karten, wobei 64 KB Videospeicher in einer einzigen Bank verwendet werden, monochrome Hercules-Karten, die Karten Hyundai HGC1280, Sigma LaserView, Visa sowie monochrome Apollo-Karten. Außerdem sollte der VGA16-Server auf jeder SVGA-kompatiblen Karte laufen, nicht aber auf NV-1-Karten wie der Diamond Monster 3D.

Der VGA16-Server unterstützt Speicher-Banking bei ET4000-, Trident-, ATI-, NCR-, OAK- und Cirrus 6420-Chipsätzen, was virtuelle Bildschirmgrößen bis zu 1600x1200 Pixeln mit einem MB Videospeicher ermöglicht. Bei anderen Chipsätzen und X-Servern variiert die maximale Bildschirmgröße, aber mit den meisten modernen Chipsätzen sollten Sie mindestens 1024x768 bekommen können (das hängt auch vom verfügbaren Videospeicher und dem gewählten Farbmodus ab).

Diese Liste wird im Laufe der Zeit sicherlich erweitert werden. Die Release-Notes der jeweils aktuellen Version von XFree86 sollten eine komplette Liste der unterstützten Chipsätze enthalten. Bei Fragen sollten Sie zunächst diese Release Notes und die *README*-Dateien für Ihren Chipsatz lesen; das beantwortet meistens schon alle Fragen.

Neben diesen Chipsätzen gibt es in den 2.2er-Kerneln auch Unterstützung für Framebuffer-Geräte über den **FBDev**-Server; dieser Kernel verfügt über nichtbeschleunigte Unterstützung mehrerer Chipsätze, für die es noch keinen eigenen Server gibt. Einige wenige Hardware wird auch beschleunigt unterstützt. Wenn Ihre Grafikkarte von einem der »normalen« Server unterstützt wird, sollten Sie diesen verwenden und nicht den Framebuffer-Server.

Eines der Probleme, mit denen sich die Entwickler von XFree86 konfrontiert sehen, sind die unüblichen Mechanismen, die einige Hersteller von Grafikkarten einsetzen, um die Frequenzen (clock frequencies) festzulegen, mit denen die Karten betrieben werden. Manche dieser Hersteller geben entweder keine Unterlagen zur Programmierung der Karte heraus, oder sie verlangen von den Entwicklern eine Unterschrift unter einem Non-disclosure-Abkommen (etwa: Nicht-Veröffentlichung), bevor die Informationen freigegeben werden. Damit wäre offensichtlich die freie Verteilung von XFree86-Software nicht mehr möglich, worauf sich die Entwickler von XFree86 nicht einlassen wollen. Zum Glück nehmen diese Schwierigkeiten in letzter Zeit ab.

Wir empfehlen, für XFree86 unter Linux einen 486er-Rechner mit mindestens 16 MB RAM sowie eine Grafikkarte mit einem der weiter vorn erwähnten Chipsätze einzusetzen. Wenn Sie Wert auf wirklich schnelles Arbeiten legen, sollten Sie eine beschleunigte Karte, wie etwa eine mit S3-Chipsatz, benutzen. Prüfen Sie anhand der Dokumentation zu XFree86, ob Ihre spezielle Karte unterstützt wird, bevor Sie den Sprung wagen und teure Hardware anschaffen. In den Usenet-Gruppen *comp.windows.x.i386unix* und *comp.os.linux.misc* werden regelmäßig die Ergebnisse von Benchmarks mit verschiedenen Grafikkarten unter XFree86 veröffentlicht.

Eine kleine Randbemerkung: Das System eines der Autoren (Kalles) ist ein AMD K6-2 300 mit 128 MB RAM und einer PCI-Grafikkarte mit Permedia II-Chipsatz und 8 MB Videospeicher. Es ist in der Anzeigegeschwindigkeit bereits um einiges schneller als viele Workstations. XFree86 unter Linux zusammen mit einer beschleunigten SVGA-Karte bringt eine sehr viel bessere Performanz als viele kommerzielle Unix-Workstations (die oft nur einfache Framebuffer für die Grafik verwenden und beschleunigte Grafikkarten nur als teure Zusatzoption kennen).

Oft werden Benchmarks angegeben, die beweisen sollen, daß Linux und XFree86 schneller sind als viele kommerzielle Unix-Workstations. Dabei werden teilweise Werte von über 200 000 XStones (ein Meßwert für die Geschwindigkeit eines X-Servers) angegeben. Diese Vergleiche sind natürlich ziemlich wertlos, denn es gibt durchaus Unix-Workstations, die fünf Millionen XStones und mehr schaffen. Außerdem ist immer die Performanz bei den Anwendungen, die man benutzen möchte, maßgeblich. Man kann aber auf jeden Fall sagen, daß die Performanz von XFree86 unter Linux mit einer beschleunigten Grafikkarte für die überwiegende Zahl der Anwendungsfälle ausreicht.

Sie sollten Ihren Rechner mindestens mit 16 MB an physikalisch vorhandenem RAM und 32 MB virtuellem Speicher ausstatten. Denken Sie daran: Je mehr RAM vorhanden ist, desto weniger muß das System aufgrund knappen Speichers »swappen«. Weil das Auslagern und Zurückladen extrem langsam geschieht (Festplatten sind im Vergleich zum Speicher sehr langsam), brauchen Sie acht MB an RAM oder mehr, um mit XFree86 komfortabel arbeiten zu können. Die Leistung eines Systems mit nur acht MB RAM könnte gegenüber einem System mit sechzehn oder mehr MB an RAM wesentlich zurückfallen (bis auf ein Zehntel).

XFree86 installieren

Die binäre Distribution von XFree86 für Linux finden Sie auf einer Reihe von FTP-Rechnern. Auf *ftp://ftp.xfree86.org* steht sie im Verzeichnis */pub/Xfree86/3.3.3.1/binaries*. (Zum Zeitpunkt des Übersetzens ist 3.3.3.1 die aktuelle Version; neue Versionen werden immer wieder einmal freigegeben. An dieser Stelle finden Sie Versionen von Linux für diverse Architekturen.)

Es ist sehr wahrscheinlich, daß Sie als Teil Ihrer Linux-Distribution auch XFree86 erhalten haben; in diesem Fall brauchen Sie die Software nicht mehr auf Ihren Rechner herunterzuladen. Für den Fall, daß Sie XFree86 direkt auf Ihren Rechner übertragen möchten, listen wir in den folgenden Tabellen alle Dateien der XFree86-3.3.3.1-Distribution auf. Wenn Sie die Pakete aus Ihrer Distribution verwenden, bedenken Sie bitte, daß diese dort anders heißen können.

Sie brauchen einen der folgenden Server (nicht alle stehen für alle Plattformen zur Verfügung, es gibt sie aber alle zumindest für Intel-Systeme):

Datei	**Beschreibung**
X8514.tgz	Server für 8514-basierte Karten
XAGX.tgz	Server für AGX-basierte Karten
XMa32.tgz	Server für Mach32-basierte Karten
XMa64.tgz	Server für Mach64-basierte Karten
XMa8.tgz	Server für Mach8-basierte Karten
XMono.tgz	Server für monochrome Videomodi
XP9K.tgz	Server für P9000-basierte Karten
XS3.tgz	Server für S3-basierte Karten
XSVGA.tgz	Server für Super VGA-basierte Karten
XVG16.tgz	Server für VGA/EGA-basierte Karten (wird für XF86Setup benötigt)
XW32.tgz	Server für ET4000/W32-basierte Karten
X3DL.tgz	Server für Karten mit 3DLabs-Chipsätzen
XI128.tgz	Server für I128-basierte Karten

Sie brauchen folgende Dateien:

Datei	**Beschreibung**
Xbin.tgz	Die restlichen X11R6-Binärdateien
Xcfg.tgz	Konfigurationsdateien für *xdm* und *xinit*
Xdoc.tgz	Dokumentation
Xlib.tgz	Gemeinsam genutzte X-Bibliotheken und weitere benötigte Dateien
Xfnts.tgz	Grundlegende Fonts
Xman.tgz	Manpages
Xset.tgz	Konfigurationsprogramm XF86Setup
XVG16.tgz XF86Setup	VGA-Server; wird vom Konfigurationsprogramm *XF86Setup* benötigt
preinst.sh	Skript, das vor der Installation ausgeführt wird
postinst.sh	Skript, das nach der Installation ausgeführt wird
extract	Programm zum Entpacken

Diese Dateien sind optional:

Datei	**Beschreibung**
Xlkit.tgz	Server-Link-Kit für eigene Anpassungen
Xf100.tgz	Bildschirm-Fonts mit 100 DPI
Xfscl.tgz	Skalierbare Fonts (Speedo, Type1)
Xfcyr.tgz	Kyrillische Fonts
Xfnon.tgz	Andere Fonts (Chinesisch, Japanisch, Koreanisch und Hebräisch)
Xfsrv.tgz	Font-Server und Konfigurationsdateien
Xprog.tgz	X-Header-Dateien, -Konfigurationsdateien und -Bibliotheken, die zum Kompilieren benötigt werden
Xnest.tgz	Eingeschachtelter X-Server
Xvfb.tgz	X-Server, der einen virtuellen Framebuffer verwendet
Xprt.tgz	X-Print-Server
Xps.tgz	PostScript-Version der Dokumentation
Xhtml.tgz	HTML-Version der Dokumentation
Xjdoc.tgz	Japanische Version eines Teils der Dokumentation
Xjhtm.tgz	Japanische HTML-Version eines Teils der Dokumentation

Das XFree86-Verzeichnis sollte *README*-Dateien und Hinweise für die Installation der vorliegenden Version enthalten.

Übertragen Sie diese Dateien auf Ihren Rechner, und legen Sie sie in */var/tmp* ab (Sie können auch jedes andere Verzeichnis verwenden; ändern Sie dann einfach in den nachfolgenden Befehlen die Pfadangaben). Legen Sie dann (als **root**) das Verzeichnis */usr/X11R6* an. Kopieren Sie die drei Dateien *preinst.sh*, *postinst.sh* und *extract* nach */var/tmp*. Wechseln Sie nach */usr/X11R6*, und rufen Sie dort

```
# sh /var/tmp/preinst.sh
```

auf. Entpacken Sie anschließend die Pakete mit einem Befehl wie:

```
# /var/tmp/extract /var/tmp/X*.tgz
```

Schließlich führen Sie das nach der Installation auszuführende Skript aus:

```
# sh /var/tmp/postinst.sh
```

Nach dem Entpacken müssen Sie zunächst einen Link von der Datei */usr/X11R6/bin/X* auf den von Ihnen benutzten Server einrichten. Wenn Sie zum Beispiel den SVGA-Farb-Server benutzen möchten, legen Sie einen Link von */usr/bin/X11/X* auf */usr/X11R6/bin/XF86_SVGA*. Wenn Sie statt dessen den monochromen Server benutzen wollen, dann lenken Sie mit folgendem Befehl den Link auf die Datei *XF86_MONO* um:

```
# ln -sf /usr/X11R6/bin/XF86_MONO  /usr/X11R6/bin/X
```

Gehen Sie genauso vor, wenn Sie mit einem der anderen Server arbeiten möchten.

Wenn Sie nicht sicher sind, welchen Server Sie benutzen sollten, oder wenn Sie den Chipsatz Ihrer Grafikkarte nicht kennen, sollten Sie das Programm *SuperProbe* im Verzeichnis */usr/X11R6/bin* als **root** aufrufen (ist im oben erwähnten *X33bin*-Archiv enthalten). Dieses Programm wird versuchen, den Chipsatz Ihrer Grafikkarte und weitere Informationen zu erhalten; schreiben Sie sich die Antworten auf, damit Sie sie später einmal nachschlagen können. Beachten Sie aber auch, daß die Ausgabe von *SuperProbe* nicht immer ganz zuverlässig ist.

Sie müssen noch sicherstellen, daß */usr/X11R6/bin* in Ihrer PATH-Variable enthalten ist. Editieren Sie zu diesem Zweck entweder */etc/profile* oder */etc/csh.login* (je nachdem, mit welcher Shell Sie oder andere Benutzer des Systems arbeiten). Sie haben auch die Möglichkeit, das Verzeichnis einfach in Ihre persönliche PATH-Variable einzutragen, indem Sie */etc/.bashrc* bzw. */etc/.cshrc* entsprechend ergänzen.

Sie müssen außerdem dafür sorgen, daß der Runtime-Linker *ld.so* das Verzeichnis */usr/X11R6/lib* finden kann. Tragen Sie dazu folgende Zeile in der Datei */etc/ld.so.conf* ein, sofern sie noch nicht – wie in vielen Distributionen – enthalten ist:

```
/usr/X11R6/lib
```

Rufen Sie dann als **root** das Programm */sbin/ldconfig* auf.

XFree86 konfigurieren

In den meisten Fällen ist es nicht schwierig, XFree86 zu konfigurieren. Wenn Sie allerdings Hardware benutzen, für die gerade Treiber entwickelt werden, eine VLB-Hauptplatine oder ein fehlerhaftes BIOS haben, oder wenn Sie mit einer beschleunigten Grafikkarte die bestmögliche Geschwindigkeit und Auflösung erreichen möchten, kann die Konfiguration einige Zeit in Anspruch nehmen.

In diesem Abschnitt werden wir beschreiben, wie die Datei *XF86Config* aussehen soll, mit deren Hilfe der XFree86-Server konfiguriert wird. In vielen Fällen ist es sinnvoll, mit einer »Basiskonfiguration« für XFree86 zu starten, also eine niedrige Auflösung zu benutzen. Eine sinnvolle Einstellung ist 640x480, die von allen Grafikkarten und Monitoren unterstützt werden sollte. Sobald Sie XFree86 wenigstens mit minimaler Auflösung ans Laufen gebracht haben, können Sie damit beginnen, eine Konfiguration zu finden, die die Möglichkeiten Ihrer Grafikhardware ausnutzt. Die Idee dahinter ist, zunächst einmal XFree86 auf Ihrem System überhaupt zum Laufen zu bringen und sicherzustellen, daß alles funktioniert, bevor Sie sich an die manchmal etwas schwierige Aufgabe machen, die optimale XFree86-Konfiguration zu finden. Mit halbwegs aktueller Hardware sollten Sie auf jeden Fall auf 1024x768 Pixel kommen können.

Aber bevor Sie jetzt anfangen, selbst eine *XF86Config*-Datei zu schreiben, sollten Sie eines der verfügbaren Konfigurationsprogramme ausprobieren. In vielen Fällen können Sie sich damit den Aufwand, der auf den nächsten Seiten beschrieben wird, ersparen. Einige Programme, die Ihnen helfen können, sind:

XF86Setup
: Dieses graphische Konfigurationsprogramm kommt vom XFree86-Team selbst. Es startet einen VGA-X-Server mit 16 Farben (was auf so ziemlich jeder Grafikhardware laufen sollte) und ermöglicht Ihnen die Auswahl von Grafikkarte, Monitortyp, Maustyp und anderen Optionen. Am Ende versucht das Programm, einen so konfigurierten Server zu starten, und bietet Ihnen an – wenn Sie zufrieden sind –, eine Konfigurationsdatei für Sie zu schreiben. Dieses Programm ist für uns in vielen Fällen nützlich und verläßlich gewesen.

ConfigXF86
: Hierbei handelt es sich um ein textbasiertes Programm, das Ihnen eine Reihe von Fragen stellt und dann aus Ihren Antworten eine Konfigurationsdatei erstellt. Es ist längst nicht so komfortabel wie *XF86Setup* (und auch etwas veraltet), soll aber in manchen Fällen funktioniert haben, in denen *XF86Setup* versagt hat.

Distributionsabhängige Konfigurationswerkzeuge
: Manche Distributionen verfügen über eigene Konfigurationswerkzeuge. Beispielsweise gibt es auf SuSE Linux *SaX* und auf Red Hat *Xconfigurator*. Caldera OpenLinux konfiguriert Maus und Grafikkarte jetzt sogar automatisch während der Installation.

Wenn Sie mit einem dieser Werkzeuge Ihren X-Server konfigurieren können, dann sollten Sie das tun und sich viel Arbeit ersparen. Wenn aber alle diese Programme für Sie nicht funktionieren oder Sie Ihren X-Server wirklich bis auf das Letzte optimieren wollen, dann müssen Sie selbst wissen, wie die Datei *XF86Config* aufgebaut ist.

Bevor Sie jedoch damit anfangen, eine *XF86Config*-Datei selbst zu erstellen, probieren Sie zunächst das Programm *XF86Setup* aus. In vielen Fällen kommen Sie damit schon zu einer funktionierenden X-Konfiguration und müssen sich mit all den folgenden Details nur noch auseinandersetzen, wenn Sie Auflösung oder Geschwindigkeit optimieren wollen.

Außer den Informationen, die Sie hier vorfinden, sollten Sie noch folgendes lesen:

- Die Dokumentation zu XFree86 in */usr/X11R6/lib/X11/doc* (ist im Paket *Xdoc* enthalten). Lesen Sie insbesondere die Datei *README.Config*, die eine Anleitung zur Konfiguration von XFree86 enthält.
- Die *README*-Datei zu Ihrem Chipsatz im Verzeichnis */usr/X11R6/lib/X11/doc*, falls vorhanden. Diese Dateien haben Namen wie *README.Cirrus* oder *README.S3*.
- Die Manpage zu *XFree86*.
- Die Manpage zu *XF86Config*.
- Die Manpage zu dem Server, den Sie benutzen (etwa *XF86_SVGA* oder *XF86_S3*).

Die wichtigste Konfigurationsdatei, die Sie anlegen müssen, ist */usr/X11R6/lib/X11/XF86Config* (auf manchen Distributionen kann diese Datei auch in */etc/XF86Config* oder */etc/X11* liegen). Diese Datei enthält Informationen über Ihre Maus, Ihre Grafikkarte usw. Mit der XFree86-Distribution wird als Beispiel die Datei *XF86Config.eg* ausgeliefert. Wenn Sie diese Datei nach *XF86Config* kopieren und dann editieren, haben Sie einen geeigneten Ausgangspunkt gefunden.

Die Manpage zu *XF86Config* beschreibt das Format dieser Datei im Detail. Lesen Sie diese Manpage jetzt, falls Sie das noch nicht getan haben.

Wir werden Schritt für Schritt ein Beispiel für eine *XF86Config*-Datei vorstellen. Diese Datei sieht nicht unbedingt so aus wie das Beispiel in der XFree86-Distribution, aber der Aufbau ist derselbe.

Das Format der Datei *XF86Config* kann sich mit neuen Versionen von XFree86 ändern; wir beziehen uns auf die Version 3.3.3.1.

Auf keinen Fall sollten Sie unser Beispiel einfach für Ihr System übernehmen. Wenn Sie versuchen, eine Konfigurationsdatei zu benutzen, die nicht an Ihre Hardware angepaßt ist, könnte Ihr Monitor mit einer zu hohen Zeilenfrequenz betrieben werden. Es gibt Berichte über Monitore (insbesondere solche mit fester Zeilenfrequenz), die durch Benutzung einer ungeeigneten *XF86Config*-Datei beschädigt oder zerstört wurden. Was wir damit sagen wollen: Stellen Sie auf jeden Fall sicher, daß Ihre *XF86Config*-Datei an Ihre Hardware angepaßt wird, bevor Sie damit arbeiten.

Die einzelnen Abschnitte der Datei *XF86Config* sind von den beiden Zeilen `Section "`*`Abschnitt`*`"` und `EndSection` umschlossen. Der erste Abschnitt von *XF86Config* heißt `Files` und sieht etwa so aus:

```
Section "Files"
    RgbPath      "/usr/X11R6/lib/X11/rgb"
    FontPath     "/usr/X11R6/lib/X11/fonts/misc/"
    FontPath     "/usr/X11R6/lib/X11/fonts/100dpi/"
EndSection
```

Die Zeile `RgbPath` weist den Weg zur RGB-Datenbank für X11R6, und jede der `FontPath`-Zeilen verweist auf ein Verzeichnis, das X11-Fonts enthält. In der Regel werden Sie diese Zeilen nicht editieren müssen; achten Sie aber darauf, daß es zu jedem installierten Fonttyp einen `FontPath`-Eintrag gibt (das heißt zu jedem Verzeichnis in */usr/X11R6/lib/X11/fonts*). Wenn Sie an einen `FontPath` den String `:unscaled` anhängen, werden die Fonts aus diesem Verzeichnis nicht skaliert, was die häßliche Darstellung stark skalierter Fonts verhindert. Zusätzlich zu `FontPath` und `RgbPath` können Sie in diesem Abschnitt mit `ModulePath` einen Pfad zu dynamisch geladenen Modulen angeben. Diese werden derzeit hauptsächlich für spezielle Eingabegeräte verwendet, aber auch für PEX- und XIE-Erweiterungen.

Anschließend folgt der Abschnitt `Modules`. Hier können Sie nachladbare Module eintragen. Normalerweise brauchen Sie das nicht, wenn Sie aber spezielle Eingabegeräte wie etwa Joysticks haben, werden diese hier eingetragen.

Der nächste Abschnitt heißt `ServerFlags` und enthält einige globale Flags für den Server. Dieser Abschnitt ist meistens leer:

```
Section "ServerFlags"
# Uncomment this to cause a core dump at the spot where a signal is
# received.  This may leave the console in an unusable state, but may
# provide a better stack trace in the core dump to aid in debugging
#    NoTrapSignals
# Uncomment this to disable the <Crtl><Alt><BS> server abort sequence
#    DontZap
EndSection
```

In diesem Fall sind alle Zeilen dieses Abschnitts auskommentiert.

Der folgende Abschnitt heißt `Keyboard`:

```
Section "Keyboard"
    Protocol    "Standard"
    AutoRepeat  500 5
    ServerNumLock
EndSection
```

Es gibt einige weitere Optionen – sehen Sie sich die Datei *XF86Config* an, falls Sie vorhaben, die Belegung der Tastatur zu verändern. Die hier gezeigten Einstellungen sollten auf den meisten Systemen funktionieren, gelten allerdings für eine US-amerikanische Tastatur. Für eine deutsche Tastatur müssen Sie noch folgende Zeilen hinzufügen:

```
XkbRules        "xfree86"
XkbModel        "pc102"
XkbLayout       "de"
XkbVariants     ""
XkbOptions      ""
```

Es folgt der Abschnitt `Pointer`, in dem Mausparameter definiert werden:

```
Section "Pointer"

    Protocol    "MouseSystems"
    Device      "/dev/mouse"

# Baudrate and SampleRate are only for some Logitech mice
#    BaudRate   9600
#    SampleRate 150

# Emulate3Buttons is an option for 2-button Microsoft mice
#    Emulate3Buttons

# ChordMiddle is an option for some 3-button Logitech mice
#    ChordMiddle

EndSection
```

Hier müssen Sie sich nur mit `Protocol` und `Device` befassen. `Protocol` bezeichnet das Protokoll, das Ihre Maus benutzt (nicht den Hersteller oder das Modell). Gültige Einträge für `Protocol` (unter Linux – andere Betriebssysteme kennen andere Protokolle) sind:

- `BusMouse`
- `Logitech`
- `Microsoft`
- `MMSeries`
- `Mouseman`
- `MouseManPlusPS/2`
- `MouseSystems`
- `PS/2`
- `MMHitTab`

- `GlidePoint`
- `GlidePointPS/2`
- `IntelliMouse`
- `IMPS/2`
- `NetMousePS/2`
- `NetScrollPS/2`
- `SysMouse`
- `ThinkingMouse`
- `ThinkingMousePS/2`
- `Xqueue`

Für die Busmaus von Logitech sollten Sie `BusMouse` wählen. Beachten Sie, daß ältere Mäuse von Logitech das Protokoll `Logitech`, neuere Logitech-Mäuse dagegen eines der Protokolle `Microsoft` oder `Mouseman` benutzen. In diesem Fall stimmt das Protokoll nicht unbedingt mit dem Maustyp überein.

Wenn Sie eine moderne serielle Maus haben, können Sie es auch mit `Auto` probieren, dann versucht XFree86, selbst einen Maustreiber auszuwählen.

Man kann leicht überprüfen, ob man den richtigen Maustreiber ausgewählt hat, wenn X einmal gestartet ist. Wenn Sie Ihre Maus bewegen, sollte der Mauszeiger auf dem Bildschirm dieser Bewegung folgen. Wenn das der Fall ist, ist Ihre Einstellung mit großer Wahrscheinlichkeit korrekt. Wenn nicht, sollten Sie einen anderen Treiber ausprobieren und auch kontrollieren, ob die angegebene Gerätedatei richtig ist.

`Device` bezeichnet die Gerätedatei, über die die Maus angesprochen wird. Auf den meisten Linux-Systemen ist das */dev/mouse*. */dev/mouse* ist bei seriellen Mäusen in der Regel ein Link auf die entsprechende serielle Schnittstelle (etwa */dev/ttyS0* für die erste serielle Schnittstelle) und bei Busmäusen auf den entsprechenden Busmaustreiber. Stellen Sie auf jeden Fall sicher, daß die Gerätedatei, die hinter `Device` angegeben wird, tatsächlich existiert.

Der nächste Abschnitt heißt `Monitor`; hier werden die Eigenschaften Ihres Monitors beschrieben. Wie auch die Abschnitte `Device` und `Screen` aus der Datei *XF86Config* kann dieser Abschnitt mehrmals auftauchen. Das ist nützlich, wenn Sie an Ihrem Rechner mehr als einen Monitor betreiben oder wenn Sie für verschiedene Hardwarekonfigurationen dieselbe Datei *XF86Config* benutzen. Im allgemeinen werden Sie allerdings nur einen einzigen Monitor-Abschnitt benötigen:

```
Section "Monitor"

    Identifier  "CTX 5468 NI"

    # Diese Werte gelten nur für einen CTX 5468NI! Benutzen Sie sie
    # nicht für Ihren Monitor (es sei denn, Sie haben dieses Modell)!
```

```
    HorizSync    30-38,47-50
    VertRefresh  50-90

    # Modes: Name       dotclock  horiz                vert

    ModeLine "640x480"  25        640 664 760 800      480 491 493 525
    ModeLine "800x600"  36        800 824 896 1024     600 601 603 625
    ModeLine "1024x768" 65        1024 1088 1200 1328  768 783 789 818

EndSection
```

In der Zeile `Identifier` bekommt der Monitor-Eintrag einen frei wählbaren Namen. Dies kann eine beliebige Zeichenfolge sein; dieser Name wird später in der Datei *XF86Config* benutzt, um auf diesen Eintrag Bezug zu nehmen.

`HorizSync` bezeichnet die gültigen horizontalen Zeilenfrequenzen für Ihren Monitor (in kHz). Bei Multisync-Monitoren können Sie einen Frequenzbereich angeben (oder mehrere, durch Kommata getrennt) – den obigen `Monitor`-Abschnitt. Für Monitore mit fester Frequenz finden Sie hier eine Liste der möglichen Werte, zum Beispiel:

```
    HorizSync    31.5, 35.2, 37.9, 35.5, 48.95
```

Das Handbuch zu Ihrem Monitor sollte unter den technischen Spezifikationen auch diese Werte enthalten. Falls Sie diese Informationen nicht finden können, sollten Sie sie vom Hersteller oder vom Händler Ihres Monitors erfragen. Es gibt einige andere Quellen für solche Informationen; später finden Sie noch eine Liste.

Sie sollten mit diesen Einstellungen vorsichtig sein. Während die Einstellungen für `VertRefresh` und `HorizSync` (wird als nächstes beschrieben) dazu beitragen, daß Ihr Monitor nicht durch falsche Einstellungen zerstört wird, werden Sie nicht viel Vergnügen mit Ihrer X-Konfiguration haben, wenn Sie hier falsche Werte eintragen. Instabile Bilder, Flackern oder einfach ein verschneiter Bildschirm können das Resultat sein.

`VertRefresh` bezeichnet die gültigen vertikalen Bildwiederholfrequenzen Ihres Monitors (in Hz). Wie bei `HorizSync` können auch hier Bereiche oder eine Liste mit festen Werten angegeben werden; sehen Sie in Ihrem Monitorhandbuch nach.

Die Werte `HorizSync` und `VertRefresh` werden nur benutzt, um zu prüfen, ob die von Ihnen angegebenen Auflösungen für den Bildschirm innerhalb gültiger Bereiche liegen. Damit verringert sich die Wahrscheinlichkeit, daß Sie den Monitor beschädigen, wenn Sie versuchen, ihn mit einer ungeeigneten Frequenz zu betreiben.

Mit der Anweisung `ModeLine` spezifizieren Sie eine mögliche Auflösung für Ihren Monitor. `ModeLine` hat das Format:

```
ModeLine name Dot-Clock Horiz-Werte Vertik-Werte
```

Der `Name` ist eine beliebige Zeichenfolge; mit diesem Namen werden Sie die Auflösung weiter unten in der Datei bezeichnen. Die `Dot-Clock` ist die Pixelfrequenz (auch im Deutschen oft als *Dot-Clock* bezeichnet), die zu dieser Auflösung gehört. Die Dot-Clock wird immer in MHz angegeben und bezeichnet die Frequenz, mit der die Grafikkarte bei dieser Auflösung Pixel an den Monitor schicken muß. Die `Horiz-Werte` und `Vertik-Werte` bestehen jeweils aus vier Zahlen, die festlegen, wann die Strahlenkanone des Monitors eingeschaltet wird und wann die Signale zur horizontalen und vertikalen Synchronisation (Sync-Signale) erzeugt werden.

Wie bestimmen Sie für Ihren Monitor die Werte in der Zeile `ModeLine`? In der Datei *VideoModes.doc*, die mit XFree86 ausgeliefert wird, finden Sie eine detaillierte Beschreibung, wie Sie für alle Videomodi Ihres Bildschirms diese Werte ermitteln können. Zunächst einmal muß die `Dot-Clock` zu einem der Pixelfrequenzwerte passen, die Ihre Grafikkarte erzeugen kann. Weiter unten in der Datei *XF86Config* werden Sie diese Dot-Clock-Werte eintragen; Sie können nur solche Grafikmodi benutzen, deren Dot-Clock von Ihrer Grafikkarte unterstützt wird.

Eventuell finden Sie zu Ihrem Monitor passende Daten für die `ModeLine`-Zeilen in einer der beiden Dateien *modeDB.txt* und *Monitors*; beide Dateien stehen im Verzeichnis */usr/X11R6/lib/X11/doc*.

Sie sollten mit den `ModeLine`-Werten für den VESA-Standard beginnen, der von den meisten Monitoren unterstützt wird. In *modeDB.txt* finden Sie Werte für die Standard-VESA-Auflösungen; Sie werden dort Einträge wie den folgenden vorfinden:

```
# 640x480@60Hz Non-Interlaced mode
# Horizontal Sync = 31.5kHz
# Timing: H=(0.95us, 3.81us, 1.59us), V=(0.35ms, 0.064ms, 1.02ms)
#
# name         clock   horizontal timing     vertical timing      flags
 "640x480"      25.175  640  664  760  800    480  491  493  525
```

Dies sind die VESA-Standardwerte für die Auflösung 640x480. Die Dot-Clock ist 25 175 MHz, die auch von Ihrer Grafikkarte unterstützt werden muß, damit Sie in diesem Videomodus arbeiten können (mehr dazu später).

Wenn Sie diesen Modus benutzen möchten, müssen Sie die Zeile

```
ModeLine "640x480" 25.175  640 664 760 800  480 491 493 525
```

in *XF86Config* eintragen.

Beachten Sie, daß der `Name` in der `ModeLine`-Zeile (in diesem Beispiel `"640x480"`) frei wählbar ist – üblicherweise wird der Modus nach der Auflösung benannt, aber Sie können einen beliebigen, aussagekräftigen Namen wählen.

Der Server wird jede `ModeLine`-Zeile daraufhin überprüfen, ob die angegebenen Werte innerhalb der Werte liegen, die durch `Horiz-Werte` und `Vertik-Werte` vorgegeben sind. Falls das nicht der Fall ist, wird der Server beim Start von X eine Fehlermeldung ausgeben (mehr dazu später).

Für den Fall, daß Sie mit den Werten für den VESA-Standard nicht zurechtkommen (Sie werden das beim Ausprobieren feststellen, wenn das Bild instabil oder verschneit ist oder flackert), finden Sie in den Dateien *modeDB.txt* und *Monitors* die genauen Werte für eine ganze Reihe von Monitoren. Sie können Ihre Einträge in den `ModeLine`-Zeilen auch aus den Daten in diesen beiden Dateien erzeugen. Benutzen Sie nur die Werte, die sich genau auf Ihren Monitor beziehen. Beachten Sie, daß viele 14- und 15-Zoll-Monitore keine höheren Auflösungen und Auflösungen von 1024x768 oft nur bei einer niedrigen Pixelfrequenz (oder gar nicht) unterstützen. Das bedeutet: Falls Sie in diesen Dateien keine Modi mit höheren Auflösungen finden, kann es sein, daß Ihr Monitor solche Modi nicht unterstützt.

Wenn Sie für Ihren Monitor absolut keine passenden `ModeLine`-Werte finden können, haben Sie noch die Möglichkeit, aus den Unterlagen zu Ihrem Monitor diese Werte anhand der Beschreibung in *VideoModes.doc* zu ermitteln; diese Datei ist Bestandteil der XFree86-Distribution. Sie können mehr oder weniger Glück dabei haben, wenn Sie die Werte für `ModeLine` von Hand ermitteln, aber solange Sie keine fertigen Einträge vorfinden, sollten Sie auf jeden Fall einen Blick in diese Datei werfen. In *VideoModes.doc* finden Sie auch eine Beschreibung der `ModeLine`-Anweisung sowie weiterer Aspekte des XFree86-Servers in überwältigendem Detailreichtum.

Hier noch ein Hinweis: Wenn Sie `ModeLine`-Werte finden, die fast, aber nicht ganz passen, kommen Sie vielleicht ans Ziel, indem Sie diese Werte ein wenig anpassen. Falls zum Beispiel bei der Arbeit mit XFree86 der Bildschirminhalt leicht verschoben ist oder das Bild zu »rollen« scheint, können Sie mit Hilfe der Anleitung in der Datei *VideoModes.doc* versuchen, dies zu beheben. Überprüfen Sie auch einmal die Einstellungen am Monitor selbst! Häufig muß nach dem Start von XFree86 die horizontale oder vertikale Bildlage angepaßt werden, damit der Bildschirminhalt weiterhin in der richtigen Größe und Lage erscheint. Hierbei zeigt sich, welche Vorteile ein Monitor hat, dessen Bedienelemente an der Vorderseite angebracht sind. Alternativ können Sie die Einstellungen auch mit dem Programm *xvidtune* vornehmen. Lesen Sie dazu die zugehörige Manpage.

xvidtune(1)

Sie sollten Ihren Monitor niemals mit den Frequenz- oder `ModeLine`-Werten anderer Geräte betreiben. Es kann sein, daß Sie ihn beschädigen oder gar zerstören, wenn Sie versuchen, ihn mit einer ungeeigneten Frequenz laufen zu lassen.

Der nächste Abschnitt der Datei *XF86Config* heißt `Device`; hier werden Parameter für Ihre Grafikkarte gesetzt. Ein Beispiel:

```
Section "Device"
        Identifier "#9 GXE 64"

        # Nothing yet; we fill in these values later.

EndSection
```

Dieser Abschnitt gibt die Werte für eine bestimmte Grafikkarte an. Der `Identifier` ist eine beliebige Zeichenfolge zur Benennung der Karte; später werden Sie sich unter diesem Namen auf die Karte beziehen.

Wir werden außer dem Eintrag `Identifier` keinerlei Einträge im Abschnitt `Device` vornehmen, weil der X-Server die meisten Daten selbst ermitteln kann.

Jetzt müssen wir allerdings noch die Datei *XF86Config* komplettieren. Der nächste Abschnitt heißt `Screen`; hier wird die Kombination aus Monitor und Grafikkarte festgelegt, die für einen bestimmten Server benutzt werden soll.

```
Section "Screen"
    Driver     "Accel"
    Device     "#9 GXE 64"
    Monitor    "CTX 5468 NI"
    Subsection "Display"
        Depth      16
        Modes      "1024x768" "800x600" "640x480"
        ViewPort   0 0
        Virtual    1024 768

EndSection
```

Die Zeile `Driver` gibt an, welchen X-Server Sie benutzen werden. `Driver` kann folgende Werte annehmen:

`Accel`
: Für die Server *XF86_S3*, *XF86_S3V*, *XF86_Mach64*, *XF86_Mach32*, *XF86_Mach8*, *XF86_8514*, *XF86_P9000*, *XF86_AGX*, *XF86_I128*, *XF86_TGA* und *XF86_W32*

`SVGA`
: Für den Server *XF86_SVGA*

`VGA16`
: Für den Server *XF86_VGA16*

`VGA2`
: Für den Server *XF86_Mono*

`Mono`
: Für die monochromen Nicht-VGA-Treiber in den Servern *XF86_Mono* und *XF86_VGA16*

Achten Sie darauf, daß */usr/X11R6/bin/X* ein symbolischer Link auf Ihren Server ist; möglicherweise müssen Sie diesen Link noch selbst erzeugen, wenn Sie XFree86 zum erstenmal installieren. Das geschieht mit einem Befehl wie dem folgenden:

```
ln -s /usr/X11R6/bin/XF86_SVGA /usr/X11R6/bin/X
```

Natürlich müssen Sie den ersten Pfadnamen durch den eines anderen Server-Binärprogramms ersetzen, wenn Sie nicht den SVGA-Server verwenden.

Die Zeile `Device` enthält den `Identifier` aus dem Abschnitt `Device`. Weiter oben haben wir den `Device`-Abschnitt mit der Zeile

```
Identifier "#9 GXE 64"
```

erstellt. Deshalb wird `"#9 GXE 64"` hier in die `Device`-Zeile eingetragen.

In ähnlicher Weise enthält die Zeile `Monitor` den Namen des Monitor-Abschnitts, der mit diesem Server benutzt werden soll. In diesem Beispiel ist `"CTX 5468 NI"` der `Identifier` aus dem weiter oben erstellten Abschnitt `Monitor`.

Im Abschnitt »Display« werden einige Eigenschaften des XFree86-Servers für Ihre Kombination aus Monitor und Grafikkarte beschrieben. All diese Optionen werden in der Manpage von *XF86Config* im Detail beschrieben; die meisten davon sind quasi die Sahne im Kaffee und für das Funktionieren des Systems nicht unbedingt notwendig.

Folgende Optionen sollten Sie kennen:

`DefaultColorDepth`
: Gibt die zu verwendende Farbtiefe an, wenn der X-Server mehrere Farbtiefen unterstützt.

`Depth`
: Definiert die Anzahl der Farbebenen, also die Anzahl der Bits pro Pixel. Normalerweise wird `Depth` auf 8 gesetzt. Für den VGA16-Server würden Sie 4 verwenden, für den monochromen Server 1. Wenn Sie eine beschleunigte Grafikkarte oder eine der besseren SVGA-Karten – die genug Speicher haben, um mehr Bits pro Pixel zu unterstützen – besitzen, können Sie `Depth` auch auf 16, 24 oder 32 setzen. Wenn Sie mit größeren Tiefen als 8 Probleme haben, dann gehen Sie auf 8 zurück und untersuchen Sie das Problem später.

`Modes`
: Hier steht eine Liste der Modus-Namen, die wir im Abschnitt `Monitor` mit der Anweisung `ModeLine` definiert haben. Weiter oben haben wir die `ModeLines`-Zeilen `"1024x768"`, `"800x600"` und `"640x480"` eingetragen, deshalb enthält die Zeile `Modes` die Werte:

```
Modes    "1024x768" "800x600" "640x480"
```

Der erste hier eingetragene Modus wird von XFree86 als Voreinstellung benutzt. Nach dem Start von XFree86 können Sie mit den Tastenkombinationen STRG-ALT und + (Pluszeichen auf dem numerischen Tastenblock) bzw. STRG-ALT und – (Minuszeichen auf dem numerischen Tastenblock) zwischen den hier aufgeführten Modi hin- und herschalten.

Vielleicht ist es eine gute Idee, XFree86 zunächst mit einer niedrigen Auflösung zu konfigurieren, etwa 640x480 – diese Auflösung funktioniert auf den meisten Systemen. Wenn Sie dann eine funktionierende Konfiguration gefunden haben, können Sie *XF86Config* so anpassen, daß auch höhere Auflösungen unterstützt werden.

`Virtual`
: Hier wird die Größe der virtuellen Arbeitsfläche eingestellt. XFree86 ist in der Lage, den gesamten Speicher Ihrer Grafikkarte zu nutzen, um die Arbeitsfläche zu vergrößern. Wenn Sie bei der Arbeit dann den Cursor an den Rand des Bildschirms bewegen, wird die Anzeige gescrollt, so daß der Rest der Arbeitsfläche ins Blickfeld kommt. Das gibt Ihnen die Möglichkeit, `Virtual` auf den größten Wert einzustellen, den Ihre Grafikkarte unterstützt, auch wenn Sie nur mit einer niedrigen Auflösung von 800 x 600 arbeiten. Eine Grafikkarte mit einem MB Speicher unterstützt bei Farbtiefe 8 bis zu 1152 x 910 Pixel; eine Zwei-MB-Karte unterstützt 1280 x 1024 oder mehr Pixel bei Farbtiefe 8 oder 1152 x 910 Pixel bei Farbtiefe 16. Natürlich können Sie zu einem bestimmten Zeitpunkt nicht die komplette Arbeitsfläche einsehen, aber Sie können trotzdem auf der ganzen Fläche arbeiten.

Mit `Virtual` können Sie zwar den Speicher Ihrer Grafikkarte ausnutzen, aber die Möglichkeiten sind doch irgendwie eingeschränkt. Wenn Sie mit einer richtigen virtuellen Arbeitsfläche arbeiten möchten, sollten Sie statt dessen einen Fenster-Manager wie *kwm* oder *fvwm2* benutzen. Mit diesen steht Ihnen eine ziemlich große virtuelle Arbeitsfläche zur Verfügung (die beispielsweise durch versteckte Fenster realisiert wird, statt den kompletten Inhalt der Arbeitsfläche im Bildschirmspeicher zu halten). Im nächsten Kapitel finden Sie Details zu diesem Punkt; die meisten Linux-Systeme benutzen *kwm*, den Fenster-Manager aus dem K Desktop Environment, als Voreinstellung.

`ViewPort`
: Wenn Sie mit der Option `Virtual` arbeiten, die wir oben beschrieben haben, stellen Sie mit `ViewPort` ein, welche Koordinaten die linke obere Ecke der virtuellen Arbeitsfläche beim Start von XFree86 haben soll. Normalerweise wird `ViewPort 0 0` eingestellt – damit zeigt der Bildschirmausschnitt die obere linke Ecke der virtuellen Arbeitsfläche. Wenn Sie `ViewPort` nicht definieren, wird die Mitte der Arbeitsfläche angezeigt (was Sie vielleicht nicht haben wollen).

Es gibt viele weitere Optionen für diesen Abschnitt; in der Manpage zu *XF86Config* finden Sie eine vollständige Beschreibung. Allerdings brauchen Sie diese Optionen nicht, um XFree86 überhaupt zu starten.

Informationen zur Grafikkarte eintragen

Die Konfiguration Ihrer Grafikkarte ist jetzt fertig; der X-Server kann die fehlenden Informationen normalerweise selbst ergänzen.

Statt diese Informationen vom X-Server ermitteln zu lassen, können Sie die Werte für viele Grafikkarten auch in den Dateien *modeDB.txt*, *AccelCards* und *Devices* nachschlagen. Alle diese Dateien stehen in */usr/X11R6/lib/X11/doc*. Außerdem gibt es verschiedene *README*-Dateien für bestimmte Chipsätze. Sie können in allen diesen Dateien nachsehen, ob Sie dort Informationen zu Ihrer Grafikkarte finden, und diese Informationen (Dot-Clock-Werte, Chipsatz, Optionen) in *XF86Config* eintragen. Ein Problem dabei ist aber, daß Hersteller teilweise den gleichen Namen für eine Karte beibehalten, obwohl sie einen anderen Chipsatz verwenden. Dies sollten Sie im Hinterkopf behalten. Für den Fall, daß Sie irgendeine Information nicht finden können, zeigen wir Ihnen hier, wie der X-Server sie ermittelt.

In diesen Beispielen zeigen wir die Konfiguration für die Grafikkarte #9 GXE 64 mit dem S3-Chipsatz. Das ist zufälligerweise die Karte, die einer der Autoren benutzt, aber was wir hier besprechen, gilt auch für andere Karten.

Als erstes müssen Sie feststellen, welchen Chipsatz Ihre Grafikkarte benutzt. Sie erhalten diese Information, indem Sie *SuperProbe* aufrufen (steht in */usr/X11R6/bin*), aber Sie brauchen dazu den Namen des Chipsatzes, wie ihn der X-Server kennt.

Mit dem Befehl

```
# X -showconfig
```

erhalten Sie eine Liste aller Chipsätze, die Ihr X-Server kennt. (Auch die Manpages zu den X-Servern enthalten diese Namen.) Für den beschleunigten Server XF86_S3 erhalten wir die Ausgabe:

```
XFree86 Version 3.3.3.1 / X Window System
Release Date: March 2 1998
        If the server is older than 6-12 months, or if your card is newer
        than the above date, look for a newer version before reporting
        problems.  (see http://www.XFree86.Org/FAQ)
Operating System: Linux 2.0.33 i686 [ELF]
Configured drivers:
  S3: accelerated server for S3 graphics adaptors (Patch-Level 0)
      newmmio, mmio_928, s3_generic
```

Die gültigen Chipsatznamen für diesen Server sind also `newmmio`, `mmio_928` und `s3_generic`. In der Manpage zu XF86_S3 werden diese Chipsätze beschrieben, und Sie erfahren dort, welche Karten diese Chipsätze benutzen. Für die Grafikkarte #9 GXE 64 ist `mmio_928` korrekt.

Falls Sie nicht wissen, welchen Chipsatz Sie nehmen sollen, kann der X-Server das für Sie herausfinden. Geben Sie dazu

```
# X -probeonly > /tmp/x.out 2>&1
```

ein, wenn Sie mit der *bash* arbeiten. In der *csh* versuchen Sie es mit:

```
% X -probeonly >& /tmp/x.out
```

Sie sollten diesen Befehl ausführen, während das System nicht unter Last steht, also keine anderen Programme laufen. Dieser Befehl überprüft die Dot-Clocks Ihrer Grafikkarte (siehe unten), und diese Berechnungen können durch größere Systemlast ungenau werden.

Die Ausgabe des oben angeführten Befehls (in der Datei */tmp/x.out*) sollte etwa folgendes enthalten:

```
XFree86 Version 3.3.3.1 / X Window System
(protocol Version 11, revision 0, vendor release 6000)
Operating System: Linux

Configured drivers:
  S3: accelerated server for S3 graphics adaptors (Patch-Level 0)
      newmmio, mmio_928, s3_generic
           .
           .
           .
(--) S3: card type: 386/486 localbus
(--) S3: chipset:   864 rev. 0
(--) S3: chipset driver: mmio_928
```

Hier sehen wir, daß `newmmio`, `mmio_928` und `s3_generic` die drei gültigen Chipsätze für diesen Server (XF86_S3) sind. Der Server hat eine Karte gefunden, die `mmio_928` benutzt.

Fügen Sie im Abschnitt `Device` der Datei *XF86Config* eine `Chipset`-Zeile hinzu, die den Namen des oben bestimmten Chipsets wie im folgenden Beispiel enthält:

```
Section "Device"
      Ientifier "#9 GXE 64"
      Chipset "mmio_928
EndSection
```

Als nächstes können wir die Clock-Frequenzen ermitteln, die die Grafikkarte benutzt. Die Clock-Frequenz, oder Dot-Clock, gibt einfach die Geschwindigkeit an, mit der die Grafikkarte Pixel an den Monitor übertragen kann. Wir haben bereits gesehen, daß zu jeder Bildschirmauflösung eine bestimmte Dot-Clock gehört. Jetzt gilt es also festzustellen, welche Dot-Clocks die Grafikkarte bereitstellt. Sie sollten zuerst in den bereits erwähnten Dateien (*modeDB.txt* usw.) nachsehen, ob die Dot-Clocks Ihrer Grafikkarte dort aufgeführt sind. Die Dot-Clocks werden meist in

Form einer Liste mit acht oder sechzehn Werten (in MHz) angegeben. In *modeDB.txt* findet sich zum Beispiel folgender Eintrag für die Grafikkarte Cardinal ET4000:

```
# chip    RAM   virtual    clocks    default-mode  flags
 ET4000   1024  1024 768   25  28  38  36  40  45  32   0  "1024x768"
```

Die Dot-Clocks für diese Karte sind also 25, 28, 38, 36, 40, 45, 32 und 0 MHz.

Im Abschnitt `Devices` von *XF86Config* können Sie eine `Clocks`-Zeile mit den Dot-Clocks Ihrer Karte einfügen. Mit den eben gefundenen Werten würde diese Zeile so aussehen:

```
Clocks 25 28 38 36 40 45 32 0
```

Diese Zeile steht im Abschnitt `Devices` hinter `Chipset`. Die Reihenfolge der Werte ist äußerst wichtig! Stellen Sie diese Liste auf keinen Fall um.

Wenn Sie keine passenden Dot-Clocks für Ihre Karte finden können, lassen Sie den X-Server diese Werte ermitteln. Der oben angeführte Befehl *X -probeonly* sollte auch Zeilen ausgeben, die etwa so aussehen:

```
(--) S3: clocks:  25.18  28.32  38.02  36.15  40.33  45.32  32.00  00.00
```

Anschließend können wir eine `Clocks`-Zeile einfügen, die alle Werte in dieser Reihenfolge enthält. Falls nicht alle Werte in eine Zeile passen (manchmal gibt es mehr als acht davon), können Sie in *XF86Config* auch mehr als eine `Clocks`-Zeile einfügen. Achten Sie darauf, daß die Reihenfolge der Werte erhalten bleibt.

Beachten Sie, daß einige beschleunigte Grafikkarten einen programmierbaren Clock-Chip benutzen. (In der Manpage zu XF86_Accel finden Sie Details hierzu; dies betrifft unter anderem einige S3-, AGX- und XGA-2-Karten.) Dieser Chip macht es möglich, daß der X-Server die Karte anweist, welche Dot-Clocks sie benutzen soll. Wenn Sie eine solche Karte haben, werden Sie in den oben angeführten Dateien wahrscheinlich keine Liste mit Dot-Clocks finden. Eventuell zeigt *X -probeonly* auch eine Liste an, die nur einen oder zwei verschiedene Werte enthält, und die anderen Werte sind identisch oder gleich null.

Für Karten mit einem programmierbaren Clock-Chip tragen Sie in der Datei *XF86Config* die Zeile `ClockChip` statt `Clocks` ein. Die `ClockChip`-Zeile enthält den Namen des Clock-Chips auf der Grafikkarte. Aber in den meisten Fällen kann der X-Server Ihren Clock-Chip automatisch ermitteln und den korrekten Eintrag bestimmen.

Wenn Sie nicht soviel Glück haben, finden Sie diese Namen in den Manpages zu den einzelnen Servern. In der Datei *README.S3* zum Beispiel erfahren Sie, daß verschiedene S3-864-Grafikkarten den Clock-Chip ICD2061A benutzen; deshalb sollten wir in *XF86Config* die Zeile

```
ClockChip "icd2061a"
```

statt `Clocks` eintragen. Ebenso wie die `Clocks`-Zeile sollte auch diese Zeile im Abschnitt `Devices` hinter `Chipset` stehen.

Einige beschleunigte Karten erfordern außerdem einen Eintrag in der Datei *XF86Config*, der den benutzten RAMDAC-Typ bestimmt (der RAMDAC ist einer der Chips auf der Grafikkarte); dies geschieht in der Zeile `Ramdac`. In der Manpage zu XF86_Accel wird diese Option beschrieben. Bei fast allen Karten wird der X-Server in der Lage sein, den RAMDAC-Typ korrekt zu ermitteln.

Einige Typen von Grafikkarten erwarten im Abschnitt `Devices` der Datei *XF86-Config* Einträge für bestimmte Optionen. Sie finden eine Beschreibung dieser Optionen in der Manpage Ihres Servers und in verschiedenen Dateien (wie zum Beispiel *README.cirrus* oder *README.S3*). Diese Optionen werden in einer `Option`-Zeile aktiviert. Die Karte #9 GXE 64 beispielsweise erfordert die Option:

```
Option "number_nine"
```

In der Regel wird der X-Server auch ohne diese Optionen funktionieren, aber nur mit ihnen erbringt Ihre Grafikkarte die volle Leistung. Es gibt mehr solcher Optionen, als wir hier auflisten können. Diese Optionen beziehen sich meistens auf bestimmte Features wie unterschiedlich schnelle RAM-Bausteine oder das Ein- und Ausschalten von beschleunigten Funktionen usw. Falls Sie solche Optionen benutzen müssen – fürchten Sie sich nicht: In den Manpages zum X-Server und in verschiedenen Dateien im Verzeichnis */usr/X11R6/lib/X11/doc* finden Sie Details zu diesem Thema.

Wenn Sie fertig sind, sollten Sie einen `Devices`-Abschnitt erstellt haben, der in etwa so aussieht:

```
Section "Device"
        # Device section for the #9 GXE 64 only !
        Identifier "#9 GXE 64"
        Chipset "mmio_928"
        ClockChip "icd2061a"
        Option "number_nine"
EndSection
```

Dieser `Devices`-Eintrag gilt nur für eine bestimmte Grafikkarte, die #9 GXE 64 mit dem angegebenen Chipsatz (es gibt auch welche mit anderen Chipsätzen!). Wir zeigen diesen Abschnitt hier nur als ein Beispiel. Die meisten Grafikkarten brauchen keine `ClockChip`-Zeile.

Es gibt weitere Optionen, die im Abschnitt `Devices` stehen können. Schlagen Sie die Details in der Manpage zum X-Server nach; für die meisten Systeme sollte allerdings das ausreichen, was wir hier besprochen haben.

Die Arbeit unter XFree86

Sobald Ihre Datei *XF86Config* fertiggestellt ist, können Sie den X-Server starten und sich auf eine Spritztour begeben. Achten Sie darauf, daß */usr/X11R6/bin* in Ihrem Pfad eingetragen ist.

Mit folgendem Befehl starten Sie XFree86:

```
startx
```

`startx` ist ein Frontend zu *xinit* (das Sie vielleicht von anderen Unix-Systemen her gewohnt sind). Sie können *xinit* auch manuell starten und haben dann eine genauere Kontrolle über die zu startenden Programme, müssen aber andererseits auch alle benötigten Programme selbst starten.

Dieser Befehl ruft den X-Server auf und führt die Befehle aus, die in der Datei *.xinitrc* in Ihrem Home-Verzeichnis stehen. *.xinitrc* ist einfach ein Shell-Skript, das einige X-Clients aufruft. Falls diese Datei nicht existiert, wird per Voreinstellung die Systemdatei */usr/X11R6/lib/X11/xinit/xinitrc* benutzt.

Sie können das anfängliche Aussehen Ihres Bildschirms beim Starten des X Window Systems ändern, indem Sie die Datei *.xinitrc* in Ihrem Home-Verzeichnis ändern. Im nächsten Kapitel lernen Sie, was Sie dort hineinschreiben können.

[14] Für den Fall, daß Sie bisher noch nicht mit dem X Window System gearbeitet haben, möchten wir Ihnen dringend empfehlen, daß Sie sich ein Buch wie *The X Window System User's Guide* von Valerie Quercia und Tim O'Reilly besorgen.

Probleme mit XFree86

Oft stellt sich beim ersten Starten des X-Servers heraus, daß noch nicht alles richtig funktioniert. Fast immer liegt das Problem in der Datei *XF86Config*. Oft stimmen die Sync-Signale des Monitors nicht, oder die Dot-Clocks der Grafikkarte sind falsch angegeben. Wenn das Bild scheinbar rollt oder die Ränder unscharf sind, ist das ein klarer Hinweis auf verkehrtes Timing des Monitors oder falsche Dot-Clocks. Achten Sie auch darauf, daß der richtige Chipsatz für Ihre Grafikkarte spezifiziert ist; überprüfen Sie auch die anderen Optionen im Abschnitt `Device` der Datei *XF86Config*. Vergewissern Sie sich, daß Sie den richtigen X-Server benutzen und daß */usr/X11R6/bin/X* ein symbolischer Link auf diesen Server ist.

Wenn alle Stricke reißen, können Sie noch versuchen, X »nackt« zu starten; also mit einem Befehl wie:

```
X > /tmp/x.out 2>&1
```

Beenden Sie den X-Server dann (mit der Tastenkombination STRG-ALT-BACKSPACE), und sehen Sie sich den Inhalt von */tmp/x.out* an. Sie finden dort alle Warnungen und Fehlermeldungen des X-Servers, wie zum Beispiel eine Grafikkarte ohne eine Dot-Clock, die zu den möglichen Auflösungen des Monitors paßt. Diese Ausgabe kann zur Diagnose aller möglicher Probleme sehr nützlich sein. Lesen Sie sie sorgfältig durch, wenn Ihr X-Server gar nicht startet oder nur ein flackerndes, verschneites oder sonstwie nicht zufriedenstellendes Bild liefert. Selbst wenn alles zu Ihrer Zufriedenheit läuft, kann es interessant sein, in dieser Datei nachzulesen, was der X-Server über Ihre Hardware herausgefunden hat. Die Zeilen, die mit `(**)` anfangen, enthalten Daten, die Sie selbst in der Konfigurationsdatei angegeben haben, während Zeilen, die mit `(--)` beginnen, Daten enthalten, die der X-Server selbsttätig herausgefunden hat.

In der Datei *VideoModes.doc* aus der XFree86-Distribution finden Sie einige Hinweise dazu, wie Sie die Werte in Ihrer *XF86Config* verändern können.

Denken Sie auch daran, daß Sie mit den Tastenkombinationen STRG-ALT und der Plus- oder Minustaste aus dem Ziffernblock zwischen den Grafikmodi hin- und herschalten können, die in der `Modes`-Zeile im Abschnitt `Screen` der Datei *XF86-Config* eingetragen sind. Falls die höchste Auflösung irgendwie merkwürdig aussieht, schalten Sie auf eine niedrigere Auflösung um. Vielleicht erfahren Sie dabei wenigstens, daß diese Abschnitte Ihrer X-Konfiguration für die niedrigeren Auflösungen in Ordnung sind.

Überprüfen Sie auch die Einstellungen für die horizontale und vertikale Bildlage an Ihrem Monitor; oft müssen diese beim Start von X angepaßt werden. Wenn das Bild zum Beispiel leicht nach einer Seite verschoben ist, läßt sich das meist per Einstellung am Monitor beheben. Versuchen Sie dazu das Programm *xvidtune*.

Die Usenet-Newsgruppe *comp.windows.x.i386unix* widmet sich ganz der Diskussion rund um X-Server auf PC-Unix-Systemen. Vielleicht ist es eine gute Idee, in dieser Newsgruppe nach Beiträgen Ausschau zu halten, die sich auf Ihre Grafikkonfiguration beziehen – eventuell stellen Sie fest, daß jemand anderes dieselben Probleme hat wie Sie. Ansonsten wenden Sie sich an den Hersteller Ihrer Linux-Distribution oder (auf englisch!) direkt an die Entwickler von XFree86 unter *XFree86@XFree86.org*.

KAPITEL 11

DIE X ARBEITSOBERFLÄCHE ANPASSEN

Im letzten Kapitel haben Sie gelernt, wie das X Window System eingerichtet wird, so daß es Ihre Grafikkarte und Ihren Monitor erkennt. Das ist natürlich zwingend notwendig, aber nur die halbe Wahrheit. In diesem Kapitel werden Sie die andere Hälfte kennenlernen: das Anpassen Ihrer X-Umgebung. Im Gegensatz zur Konfiguration der Hardware, die man normalerweise auf einem Computer nur einmal macht, werden Sie Ihre Arbeitsumgebung vielleicht von Zeit zu Zeit ändern wollen, weil sich Ihre Arbeitsgewohnheiten ändern, weil neue und bessere Umgebungen zur Verfügung stehen oder einfach weil Ihnen die alte zu langweilig geworden ist. Manche dieser Umgebungen sind ziemlich umfassend. Beispielsweise können Sie damit ein Programm für alle Optionen starten, die Ihnen bei Tastendrücken oder Mausklicks zur Verfügung stehen sollen. Auch können Sie damit Datei-Icons auf ein Drucker-Icon ziehen, um einen Text auszudrucken, oder andere raffinierte Dinge tun.

Wir zeigen Ihnen zuerst die Grundlagen der X-Konfiguration, darunter auch, was beim Starten von X passiert, was X-Ressourcen sind und wie Sie diese verwenden können. Das ist eigentlich schon genug, um X für die eigenen Zwecke zu konfigurieren, aber wenn Sie nicht gerade völlig spartanisch sind, werden Sie größere Anforderungen an Ihre Arbeitsumgebung stellen. Wir werden Ihnen deswegen auch gleich am Anfang zeigen, wie Sie eine Arbeitsumgebung auf der Basis des Fenster-Managers *fvwm2* konfigurieren. Dieser war lange Zeit der bei den Linux-Benutzern beliebteste Fenster-Manager, und erst in jüngerer Zeit haben ihm andere Fenster-Manager und Desktop-Umgebungen den Rang abgelaufen.

Bis vor kurzem hatte X auf Unix-Systemen im allgemeinen und auf Linux-Systemen im besonderen das Problem, daß nichts integriert war. Man benutzte einen Fenster-Manager und eine Reihe von X-Anwendungen, aber alle sahen unterschiedlich aus, verhielten sich unterschiedlich und arbeiteten völlig unintegriert. Beispielsweise war Drag-and-Drop, was unter Windows oder auf dem Macintosh tägliches Brot ist, unter Linux fast gänzlich unbekannt, und wenn es das doch gab, dann war es sehr schwierig, zwei Anwendungen zu finden, die per Drag-and-Drop miteinander kommunizieren konnten.

Eine relativ neue Kategorie von Software, die sogenannten Desktop-Umgebungen, haben sich der Herausforderung gestellt, eine moderne, leistungsfähige graphische Benutzeroberfläche für Linux bereitzustellen, und versuchen, einen integrierten, konsistenten Desktop (»Schreibtisch«) zu schaffen, bei dem alle Applikationen gleich aussehen, sich gleich anfühlen, sich gleich verhalten und sogar in allen Applikationen die gleichen Menüs verwenden (soweit dies möglich ist).

Derzeit gibt es im wesentlichen zwei Desktop-Umgebungen für Linux, das »K Desktop Environment« und GNOME. KDE ist ein kleines bißchen reifer und sehr viel weiter, was Funktionalität und Stabilität angeht. Es zielt sowohl darauf ab, Umsteigern von anderen Umgebungen eine gewohnte Umgebung zu bieten, wie auch darauf, altgedienten Unix-Benutzern eine produktivere und angenehmere Arbeitsumgebung bereitzustellen. GNOME hat dagegen viel Aufwand in die Optik der Desktop-Umgebung (mit vielfarbigen Icons und ähnlichem) gesteckt, läßt aber Stabilität und Funktionalität vermissen. Daher behandeln wir hier KDE.

Die Distributionen von Red Hat, SuSE und Caldera enthalten alle sowohl KDE als auch GNOME, Debian enthält nur GNOME. Nähere Informationen zu GNOME können Sie unter *http://www.gnome.org* finden. Anhang B, *Das GNOME-Projekt,* enthält einen Nachdruck eines Artikels, der das Design von GNOME beschreibt.

Grundlagen der Anpassung von X

Bevor wir auf einige Anwendungsprogramme eingehen, die unter X laufen, sollten wir noch die Grundlagen zur Konfiguration von X besprechen. Es muß nicht sein, daß Sie sich mit der (oft unattraktiven) Standardkonfiguration vieler Systeme zufriedengeben.

xinit

Sie starten X mit dem Befehl *startx.* Dies ist ein Frontend für *xinit,* das Programm, das den X-Server (mit brauchbaren Einstellungen) und verschiedene X-Clients aufruft. *xinit* führt (via *startx*) das Shell-Skript *.xinitrc* aus Ihrem Home-Verzeichnis aus. Dieses Skript enthält einfach die Befehle, die Sie beim Start von X aufrufen möchten – zum Beispiel *xterm, xclock* usw. Wenn Sie keine Datei *.xinitrc* angelegt haben, wird statt dessen per Voreinstellung die Systemdatei */usr/lib/X11/xinit/xinitrc* benutzt.

Hier zeigen wir Ihnen ein Beispiel für eine *.xinitrc*-Datei und erklären, was darin passiert. Sie können dieses Beispiel als Ihre eigene *.xinitrc* übernehmen oder auch mit der Systemdatei *xinitrc* beginnen.

```
#!/bin/sh
# Beispielhaftes .xinitrc-Skript

# xterms starten
```

```
5  xterm -geometry 80x40+10+100 -fg black -bg white &
6  xterm -geometry -20+10 -fn 7x13bold -fg darkslategray -bg white &
7  xterm -geometry -20-30 -fn 7x13bold -fg black -bg white &
8
9  # Weitere nuetzliche X-Clients
10 oclock -geometry 70x70+5+5 &
11 xload -geometry 85x60+85+5 &
12 xbiff -geometry +200+5 &
13 xsetroot -solid darkslateblue &
14
15 # Den Window-Manager starten
16 exec fvwm2
```

Die Datei sollte weitgehend selbsterklärend sein, selbst wenn Sie noch keine Erfahrung mit X haben. Die erste Zeile kennzeichnet sie als Shell-Skript, die zweite ist einfach ein Kommentar. In den Zeilen 5 bis 7 werden drei *xterm*-Clients gestartet (erinnern Sie sich, daß *xterm* ein Client zur Terminal-Emulation ist). In den Zeilen 10 bis 13 werden weitere Clients aufgerufen, und in Zeile 16 erfolgt der Start von *fvwm*, dem Fenster-Manager.

Wenn Sie *startx* mit der hier gezeigten Datei *.xinitrc* aufrufen, erhalten Sie einen Bildschirm, der etwa so aussieht wie Abbildung 11-1[1].

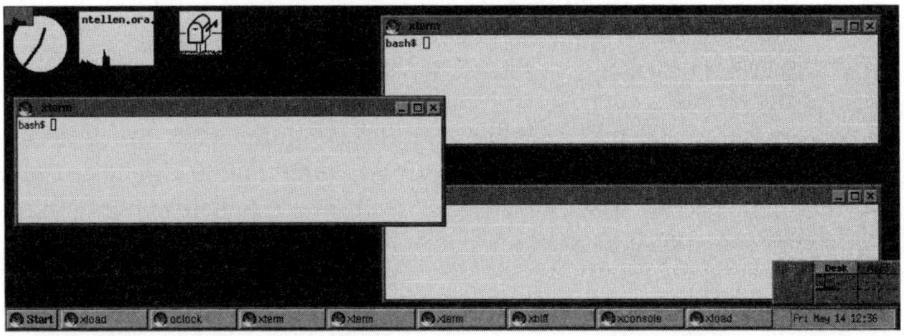

Abbildung 11-1: Der Bildschirm, den die Beispieldatei .xinitrc erzeugt

Wir wollen uns das genauer ansehen. In Zeile 5 wird *xterm* mit verschiedenen Optionen aufgerufen, nämlich *-geometry*, *-fg* und *-bg*. Die meisten X-Clients unterstützen neben einigen anderen auch diese »Standard«-Optionen.

Mit der Option *-geometry* haben Sie die Möglichkeit, Größe und Anordnung von Fenstern auf dem Bildschirm zu bestimmen. Die Anweisung hat folgendes Format:

```
xsizexysize+xoffset+yoffset
```

1 Na gut – ein Kunstwerk ist das nicht gerade, aber wir brauchten ein einfaches Beispiel, das auf den meisten Bildschirmen funktioniert!

Die Option *-geometry 80x40+10+100* bewirkt, daß ein Fenster mit einer Breite von 80 Zeichen und einer Höhe von 40 Zeichen an der Position (10,100) auf dem Bildschirm plaziert wird (wobei (0,0) der linken oberen Ecke entspricht). Beachten Sie, daß *xterm* die Fenstergröße in Zeichen mißt und nicht in Pixeln. Der Font, der hier benutzt wird, entscheidet über die tatsächliche Größe des Fensters.

Mit den Argumenten *-fg* und *-bg* bestimmen Sie die Vordergrund-(Text-) und Hintergrundfarbe des *xterm*-Fensters. Wir haben hier die eher langweilige Kombination schwarz und weiß gewählt, die sowohl auf Farb- als auch auf Schwarzweißmonitoren funktionieren sollte. Unter X werden die Farben in der Regel mit ihren Namen bezeichnet, aber Sie können auch Ihre eigenen RGB-Werte definieren. Eine Liste der Farbnamen (samt der dazugehörenden RGB-Werte) finden Sie in der Datei */usr/lib/X11/rgb.txt*. (Wenn Sie *xcolors* aufrufen, werden diese Farben mit ihren Namen angezeigt.)

In Zeile 6 wird ein weiteres *xterm* gestartet, allerdings mit anderen Argumenten:

```
xterm -geometry -20+10 -fn 7x13bold -fg darkslategray -bg white &
```

Als Fenstergeometrie wird hier nur `-20+10` angegeben. Ohne ausdrückliche Angabe der Größe wird *xterm* die voreingestellten Werte benutzen (meist `80x25`). Weiterhin fällt auf, daß der *`xoffset`* mit einem – statt einem + versehen ist. Das hat zur Folge, daß das Fenster 20 Pixel vom rechten Rand des Bildschirms entfernt plaziert wird. Ebenso wird die Geometrieangabe `-20-30` (wie in Zeile 7) das Fenster 20 Pixel vom rechten Rand und 30 Pixel vom unteren Rand des Bildschirms öffnen. Der Vorteil ist, daß die Anordnung der Fenster auf diese Weise in geringerem Maße von der speziellen Auflösung abhängig ist, die Sie benutzen.

Die Option *-fn* in den Zeilen 6 und 7 bestimmt, daß *xterm* den Font `7x13bold` benutzen soll. Wenn Sie *xlsfonts* aufrufen, erhalten Sie eine Liste der auf Ihrem System vorhandenen Fonts; der X-Client *xfontsel* ermöglicht die interaktive Auswahl eines Fonts – wir kommen später noch darauf zurück.

In Zeile 10 wird der Client *oclock* gestartet, der eine analoge Uhr anzeigt. Zeile 11 startet *xload*, eine graphische Anzeige der durchschnittlichen Systemauslastung (Anzahl der aktiven Prozesse), die sich im Laufe der Zeit ändert. In Zeile 12 rufen wir *xbiff* auf, das Ihnen anzeigt, ob E-Mail eingetroffen ist. In Zeile 13 lassen wir den langweiligen grauen Hintergrund verschwinden und stellen ein knalliges `darkslateblue` (dunkles Schieferblau) ein. (Keine Angst, es gibt noch viel mehr spaßige Sachen in X!)

Sie werden bemerkt haben, daß in den Zeilen 5 bis 13 die Clients im Hintergrund gestartet werden (das Kaufmanns-Und am Zeilenende sorgt dafür). Wenn Sie die Clients nicht im Hintergrund starten würden, würde *xinit* das erste *xterm* aufrufen, darauf warten, daß es beendet wird (in der Regel, nachdem Sie sich ausloggen), dann das nächste *xterm* aufrufen usw. Mit Hilfe des Kaufmanns-Und lassen Sie alle Clients gleichzeitig arbeiten.

Und was passiert in Zeile 16? Hier starten wir *fvwm* (Version 2), einen Fenster-Manager, der auf vielen Linux-Systemen benutzt wird. Wir haben bereits erwähnt, daß der Fenster-Manager das Aussehen der Fenster bestimmt, das Verschieben von Fenstern mit der Maus ermöglicht usw. Allerdings wird *fvwm* mit dem Befehl

```
exec fvwm2
```

gestartet. Das hat zur Folge, daß der Prozeß *fvwm2* den Prozeß *xinit* ersetzt. Auf diese Weise beendet sich der X-Server,[2] sobald Sie *fvwm* beenden. Dies ist einfacher als die Tastenkombination STRG-ALT-BACKSPACE.

Ganz allgemein sollten Sie alle X-Clients in *.xinitrc* mit einem Kaufmanns-Und am Zeilenende starten und den Fenster-Manager am Ende der Datei mit *exec* aufrufen. Es gibt natürlich noch andere Wege ans Ziel, aber viele Benutzer gehen genau so vor.

Wenn Sie die Manpages zu *xterm* und anderen X-Clients lesen, werden Sie weitere Optionen für die Befehlszeile finden, die wir hier nicht besprochen haben. Es gilt, was wir bereits gesagt haben: Fast alles unter X ist konfigurierbar. Der *fvwm* (Version 2) benutzt eine eigene Konfigurationsdatei, *.fvwm2rc*, die in der dazugehörigen Manpage beschrieben wird. (Falls Sie keine *.fvwm2rc*-Datei einrichten, wird statt dessen die Systemdatei */usr/lib/X11/fvwm2/system.fvwmrc* benutzt.) In den Manpages und in Büchern zum Thema X (wie zum Beispiel O'Reillys *X Window System User's Guide*) finden Sie weitere Hinweise zur Konfiguration der einzelnen
[14] Clients.

Die Ressourcen-Datenbank von X

Sie werden nicht allzu lange mit X arbeiten können, ohne auf die X-Ressourcen zu stoßen – Sie finden diesen Begriff in fast jeder Manpage. Mit den X-Ressourcen stehen Ihnen flexiblere und umfangreichere Möglichkeiten zur Konfiguration von X-Clients zur Verfügung, als solche Optionen wie *-geometry* und *-fg* auf der Befehlszeile bieten. Die X-Ressourcen machen es möglich, daß Sie für ganze Gruppen von Clients die Voreinstellungen bestimmen. Damit könnten Sie zum Beispiel den Font für alle Aufrufe von *xterm* auf `7x13bold` voreinstellen, anstatt das jedesmal in der Befehlszeile anzugeben.

In letzter Zeit sind X-Ressourcen bei X-Entwicklern etwas in Ungnade gefallen. Sie sind wirklich sehr flexibel, aber nicht besonders einfach zu benutzen und machen den Eindruck eines Relikts aus alten Zeiten. Eine ständig wachsende Anzahl von Programmen wird daher nicht über X-Ressourcen, sondern über bequeme Konfigurationsdialoge angepaßt. Es lohnt sich aber immer noch, sich mit X-Ressourcen auszukennen, denn sie werden Ihnen noch lange begegnen.

---

2 Wenn Sie schon mit *fvwm* herumexperimentiert haben, werden Sie feststellen, daß beim Betätigen der linken Maustaste, während der Cursor über dem Hintergrund steht, ein Menü aufklappt. Wenn Sie aus diesem Menü `Quit fvwm` auswählen, beendet sich *fvwm*.

Zwei Schritte sind erforderlich, um die X-Ressourcen zu benutzen. Zunächst müssen Sie eine Datei erstellen, die die Voreinstellungen für Ihre X-Ressourcen enthält. Diese Datei trägt in der Regel den Namen *.Xdefaults* und steht im Home-Verzeichnis. Außerdem müssen Sie noch mit dem Befehl *xrdb* die X-Ressourcen in den Server laden, damit sie benutzt werden können. Im allgemeinen wird *xrdb* in der Datei *.xinitrc* vor dem Start irgendwelcher Clients aufgerufen.

Wir werden anhand der Befehlszeilen-Optionen für die Clients aus der oben gezeigten *.xinitrc*-Datei in einem einfachen Beispiel die Benutzung der X-Ressourcen demonstrieren. Anschließend zeigen wir Ihnen, wie die Datei *.xinitrc* für die Arbeit mit den X-Ressourcen angepaßt werden muß.

Vorab noch ein paar Worte zur Arbeitsweise der Ressourcen. Jede X-Anwendung ist Teil einer bestimmten *Anwendungsklasse* (application class). So gehört zum Beispiel *xterm* zur Klasse `XTerm`. Sowohl *xclock* als auch *oclock* sind der Klasse `Clock` zugeordnet. Wenn Sie die Ressourcen für die Klasse `Clock` festlegen, wirkt sich das auf alle Applikationen aus, die zu dieser Klasse gehören – da *xclock* (eine quadratische Analoguhr) und *oclock* (eine runde Analoguhr) sich ähnlich sind, gehören sie derselben Klasse an und benutzen dieselben Ressourcen. Die meisten Anwendungen gehören als einziges Mitglied ihrer eigenen Klasse an – so ist zum Beispiel *xload* das einzige Mitglied der Klasse `XLoad`. Sollte allerdings eine andere Anwendung auftauchen, die Ähnlichkeiten mit *xload* hat, so könnte es sein, daß auch diese Anwendung ein Mitglied der Klasse `XLoad` wird. Indem die X-Clients einer Anwendungsklasse zugeordnet werden, lassen sich die Ressourcen für alle Mitglieder dieser Klasse festlegen. (In der Manpage zu jeder X-Anwendung erfahren Sie, zu welcher Klasse das Programm gehört.)

Die »Standard«-X-Clients benutzen solche Ressourcen wie `foreground`, `background`, `geometry` und `font`. Viele X-Clients kennen außerdem noch eigene Ressourcen – so benutzt zum Beispiel *xterm* die Ressource `logFile` – , so daß Sie eine Datei bestimmen können, in der die Terminal-Sitzung protokolliert wird. Auch die vorhandenen Ressourcen zu jedem X-Client werden in den entsprechenden Manpages aufgeführt.

Auch die Ressourcen selbst werden in eine Klassenhierarchie eingeordnet. So ist zum Beispiel die Ressource `background` ein Mitglied der Klasse `Background`. Die Ressourcen-Klassen machen es möglich, daß viele einzelne Ressourcen Mitglieder derselben Klasse sind, so daß die Ressourcen einer ganzen Klasse mit Werten versehen werden können. Ein Beispiel: Die Ressource `background` bestimmt in der Regel die Standardfarbe für den Bildschirmhintergrund. Wenn ein Anwendungsprogramm allerdings verschiedene Bildschirmseiten darstellt, ist es vielleicht wünschenswert, jeder Seite eine andere Hintergrundfarbe zuzuordnen. Sie könnten also die Ressourcen `background1`, `background2` usw. einführen – für jede Bildschirmseite eine; aber alle diese Ressourcen wären Mitglied der Ressourcen-Klasse `Background`. Wenn Sie den Wert für die Klasse `Background` bestimmen, legen Sie auch die Werte für alle Ressourcen in dieser Klasse fest.

Normalerweise brauchen Sie sich mit dem Unterschied zwischen den Ressourcen-Klassen und den Ressourcen innerhalb einer Klasse nicht zu befassen. Meistens ist es einfacher, die Werte der Ressourcen für eine ganze Klasse festzulegen (zum Beispiel `Background`), als die Werte einzelner Ressourcen in dieser Klasse.

Lassen Sie uns jetzt untersuchen, wie die Werte für Ressourcen in der Ressourcen-Datenbank festgelegt werden. Ein vollständiger Ressourcen-Eintrag hat das Format:[3]

```
(ApplikationsKlasse|applikationsName)*(RessourcenKlasse|ressourcenName) : Wert
```

Der senkrechte Strich bedeutet, daß Sie eine der Möglichkeiten wählen können. Nehmen wir an, daß Sie die Hintergrundfarbe eines *xterm*-Fensters einstellen möchten. Der ***komplette*** Ressourcen-Eintrag könnte so aussehen:

```
xterm*background: darkslategray
```

Damit bestimmen Sie allerdings nur eine bestimmte Hintergrund-Ressource (und nicht alle Ressourcen, die möglicherweise der Klasse `Background` angehören), und dies auch nur, wenn der Client *xterm* auch als *xterm* aufgerufen wird (mehr zu diesem Punkt später). Deshalb sollte man vielleicht besser diese Ressourcen-Klasse benutzen:

```
XTerm*Background: darkslategray
```

Dieser Eintrag bezieht sich auf alle *xterm*-Clients sowie alle Ressourcen der Klasse `Background`, die von *xterm* benutzt werden.

Lassen Sie uns jetzt die Optionen aus der oben gezeigten *.xinitrc*-Datei als Ressourcen formulieren. Legen Sie in Ihrem Home-Verzeichnis die Datei *.Xdefaults* an. Analog zu der Datei *.xinitrc* weiter oben sollten Sie hier eintragen:

```
Clock*Geometry:          70x70+5+5
XLoad*Geometry:          85x50+85+5
XBiff*Geometry:           +200+5

! Defaults for all xterm clients
XTerm*Foreground:        white
XTerm*Background:        black

! Specific xterms
xterm-1*Geometry:        80x40+10+110

xterm-2*Geometry:        -20+10
xterm-2*Font:            7x13bold
```

3 In Wirklichkeit haben die Ressourcen-Einträge eine viel komplexere Syntax, als wir hier zeigen, und die Regeln zur Verknüpfung von Ressourcen mit ihren Werten sind reichlich kompliziert. Um die Sache überschaubar zu halten, zeigen wir ein brauchbares Modell für die Ressourcen eines Anwendungsprogramms – und verweisen wißbegierige Leser auf ein gutes Buch zum Thema X.

```
14 xterm-2*Background:      darkslategray
15
16 xterm-3*Geometry:        80x25-20-30
17 xterm-3*Font:            7x13bold
```

In den Zeilen 1 bis 3 wird die Ressourcen-Klasse `Geometry` für die Anwendungs-Klassen `Clock`, `XLoad` und `XBiff` bestimmt. In den Zeilen 6 und 7 legen wir die Ressourcen-Klassen `Foreground` und `Background` für die ganze Klasse `XTerm` fest. Alle *xterm*-Clients werden diese Werte per Voreinstellung für `Foreground` und `Background` benutzen.

In den Zeilen 10 bis 17 bestimmen wir die Ressourcen für die einzelnen Aufrufe von *xterm*. (Dies ist notwendig, weil die *xterms* verschieden sind; sie haben zum Beispiel unterschiedliche Geometriewerte.) Wir haben die verschiedenen *xterm*-Clients in diesem Beispiel mit `xterm-1`, `xterm-2` und `xterm-3` bezeichnet. Wie Sie sehen, haben wir in den Zeilen 10, 12 und 16 jeweils die Geometriewerte definiert. Für `xterm-2` und `xterm-3` haben wir außerdem die Klasse `Font` bestimmt; für `xterm-2` bestimmen wir zusätzlich `darkslategray` als Wert für die Klasse `Background`.

Die Regeln für die Zuordnung von X-Ressourcen (*binding rules*) sind so gestaltet, daß bestimmte Zuordnungen den anderen übergeordnet sind. Für unser Beispiel bedeutet dies, daß die Festlegung einer Ressource für einen bestimmten Aufruf von *xterm* (wie `xterm-2*Background` in Zeile 14) Vorrang hat vor der Festlegung einer Ressource für die Klasse `XTerm` insgesamt (`XTerm*Background` in Zeile 7). Anders ausgedrückt: Die Zuordnungen für eine Anwendungs- oder Ressourcen-Klasse haben eine niedrigere Priorität als die Zuordnungen für eine bestimmte Instanz innerhalb dieser Klasse. Auf diese Weise haben Sie die Möglichkeit, Voreinstellungen für die ganze Klasse zu treffen, diese Standardwerte dann aber für bestimmte Instanzen der Klasse zu überschreiben.

Lassen Sie uns sehen, welche Änderungen wir in *.xinitrc* vornehmen müssen, um mit den gerade definierten X-Ressourcen arbeiten zu können. Als erstes müssen wir den Befehl *xrdb* einfügen, der die Anwendungs-Ressourcen in den Server lädt. Außerdem können wir die verschiedenen Optionen für die Befehlszeilen entfernen, weil diese durch die Ressourcen ersetzt werden. Also:

```
#!/bin/sh
# Beispielhaftes .xinitrc-Skript

# Ressourcen laden
xrdb -load $HOME/.Xdefaults

# xterms starten
xterm -name "xterm-1" &
xterm -name "xterm-2" &
xterm -name "xterm-3" &
```

```
# Weitere nuetzliche X-Clients
oclock &
xload &
xbiff &
xsetroot -solid darkslateblue &

# Den Window-Manager starten
exec fvwm2
```

Wie Sie sehen, können wir mit dem Argument *-name* hinter den drei Aufrufen von *xterm* bestimmen, unter welchem Namen *xterm* die X-Ressourcen suchen wird. Die meisten X-Clients kennen das Argument *-name* nicht; man benutzt dann den Namen, unter dem der Client gestartet wird. Für die zahlreichen Benutzer, die mehr als ein *xterm* auf einmal aufrufen, ist es allerdings von Vorteil, wenn sie beim Bestimmen der Ressourcen die *xterms* auseinanderhalten können.

Sie sollten jetzt in der Lage sein, Ihre X-Arbeitsumgebung bis zu einem gewissen Grade anzupassen. Selbstverständlich hängt die Fähigkeit, X zu konfigurieren, zum Teil auch davon ab, wie sehr Sie mit den vielen X-Anwendungen und dem Fenster-Manager (sowie seiner Konfiguration) vertraut sind. Im Rest dieses Abschnitts werden wir einige X-Anwendungen für Linux vorstellen und einen Fenster-Manager, den *fvwm*, im Detail besprechen.

Der Fenster-Manager fvwm

Der Fenster-Manager, für den Sie sich entscheiden, bestimmt in hohem Maße das »Look-and-Feel« Ihrer X-Umgebung. Viele Fenster-Manager bieten auch Menüs an, aus denen heraus Sie mit der Maus andere X-Anwendungen aufrufen können, sowie eine virtuelle Arbeitsfläche, die Ihre Arbeitsfläche insgesamt enorm vergrößern kann.

fvwm ist ein Fenster-Manager für eine virtuelle Arbeitsfläche (Desktop), der von vielen Linux-Benutzern eingesetzt wird. Er beruht zum Teil auf dem Code des *twm*, dem klassischen Fenster-Manager, der mit der X11-Distribution von MIT ausgeliefert wird. *fvwm* hat man allerdings so kompakt gestaltet, daß er nur etwa halb soviel Arbeitspeicher benötigt wie *twm* – ein großer Vorteil für Linux-Systeme mit acht MB physikalischem RAM oder weniger. *fvwm* kennt viele besondere Möglichkeiten, über die andere Fenster-Manager nicht verfügen; deshalb, und weil er speziell für Linux entwickelt wurde, wollen wir ihn hier besprechen.

fvwm2(1)

Anders als *twm* und einige andere Fenster-Manager wird *fvwm* ständig weiterentwickelt. Das hat zur Folge, daß ein paar der Punkte, die wir hier besprechen, in einer neueren Version der Software eventuell nicht mehr in derselben Form vorhanden sind. In der Manpage zu *fvwm* können Sie nachlesen, ob die hier besprochenen Features enthalten sind. Wir gehen in diesem Abschnitt auf die neuere Version, *fvwm2*, ein.

fvwm bietet unter anderem:

- Eine einfache virtuelle Arbeitsfläche, die auch einen *Pager* genannten Überblick über den gesamten Desktop bietet (quasi aus der Vogelperspektive). Wenn der Zeiger den Bildschirmrand erreicht, wird der Desktop automatisch weitergescrollt.
- Mausfunktionen, die auch über die Tastatur erreichbar sind (dies gilt für fast alle mit der Maus angestoßenen Arbeitsschritte). Das ist von Vorteil, wenn X auf einem Laptop ohne Maus oder Trackball benutzt wird oder wenn Sie Sehnenscheidenentzündungen oder ein anderes Problem haben, das Sie an der Benutzung der Maus hindert.
- Unterstützung von farbigen Icons (bei Benutzung der XPM-Libraries).
- Eine Programmierschnittstelle zum Einbinden von eigenen Erweiterungen in den *fvwm*. Eine solche Erweiterung, die mit der *fvwm*-Distribution ausgeliefert wird, besteht aus einer Reihe von Buttons, die immer im Hauptfenster Ihres Desktops sichtbar bleiben. Sie können jedem Button einen Befehl zuordnen und auf diese Weise per Mausklick Anwendungsprogramme starten.
- Frei konfigurierbare Menüs auf der Arbeitsfläche, die auf Mausklick erscheinen.
- Ein Motif-ähnliches dreidimensionales Aussehen der Fensterrahmen. *fvwm* enthält sogar Optionen, um ihn mit *mwm*, dem Window-Manager von Motif, kompatibel zu machen.

Zu den herausragenden Besonderheiten von *fvwm* gehört der *virtuelle Desktop*, der die Anordnung von Fenstern auf einer Fläche ermöglicht, die viel größer ist als die sichtbare Bildschirmfläche. Mit der Maus können Sie zwischen verschiedenen Bereichen des virtuellen Desktops hin- und herschalten (blättern). Wenn Sie den Cursor zum Beispiel an den rechten Rand des Bildschirms bewegen, wird die Arbeitsfläche um eine Bildschirmbreite nach links verschoben, so daß weitere Fenster im Blickfeld erscheinen. Auf diese Weise können Sie die Fenster auf einer Fläche anordnen, die größer ist als Ihr Bildschirm, wobei Sie immer einen Ausschnitt aus dem gesamten Desktop vor Augen haben.

Die Abbildung 11-1 im Abschnitt »xinit« zeigt ein Beispiel für eine Arbeitsfläche. Jedes Fenster hat einen dekorativen Rahmen mit konfigurierbaren Schaltflächen (Buttons) darin, der von *fvwm* erzeugt wird. Später in diesem Abschnitt werden wir zeigen, wie Sie die Rahmen nach Ihren Wünschen gestalten können.

Eines der Fenster verdeckt gerade den Pager, der den gesamten virtuellen Desktop aus der »Vogelperspektive« zeigt. Mit dem Pager können Sie außerdem Fenster auf der virtuellen Arbeitsfläche verschieben und auswählen, welcher Ausschnitt des Desktops gerade angezeigt werden soll.

fvwm konfigurieren

Wenn Sie den *fvwm* benutzen wollen, müssen Sie in Ihrem Home-Verzeichnis die Konfigurationsdatei *.fvwm2rc* anlegen. In diesem Abschnitt wollen wir einige der Features des *fvwm* beschreiben und zeigen, wie Sie diese von *.fvwm2rc* aus nutzen können.

Wir müssen darauf hinweisen, daß die verschiedenen Versionen von *fvwm* für einige der Optionen eine unterschiedliche Syntax benutzen; falls Sie auf Probleme stoßen, sollten Sie die Manpage lesen. Vielleicht fällt der Start leichter, wenn Sie die Systemdatei *.fvwm2rc* als Ausgangspunkt benutzen (steht in der Regel in */usr/lib/X11/fvwm2/system.fvwmrc*).

Die grundlegendsten Anpassungen für *fvwm* beziehen sich auf die Farben und Fonts der Fensterrahmen und Menüs. Sie könnten in Ihre Datei *.fvwm2rc* zum Beispiel folgendes eintragen:

```
# Farben einstellen
Style "*"    Color White/Midnightblue
HilightColor White Red
WindowFont   -adobe-helvetica-bold-r-normal-*-*-120-*
```

Die Wirkung einiger Befehle hängt davon ab, welches Fenster im Fokus ist, das heißt, welches Fenster gerade Eingaben entgegennimmt. (Meistens bewegen Sie einfach die Maus in ein Fenster, um es in den Fokus zu bringen.) Für die Fenster außerhalb des Fokus, für Menüs und den Pager werden die Farben benutzt, die mit `Style "*" Color` eingestellt werden; das Fenster im Fokus hat die Farben, die mit `HilightColor` eingestellt werden. Die Vordergrundfarbe wird in der Regel für den Text benutzt (also für Fensternamen usw.), die Hintergrundfarbe für den Fensterrahmen selbst. Seien Sie kreativ! `WindowFont` bezeichnet den Font in der Titelzeile der Fenster. Beachten Sie, daß keine dieser Optionen die Farben innerhalb der Fenster setzt; das ist Aufgabe der Applikationen (Clients). Die Optionen gelten nur für Fensterrahmen, Menüs und Icons, denn diese Elemente werden von *fvwm* verwaltet.

Mit dem Befehl

```
eggplant$ showrgb | more
```

erhalten Sie eine Liste der auf Ihrem System definierten Farben.

Die meisten *fvwm*-Benutzer arbeiten auch mit dem virtuellen Desktop. Um diese Arbeitsfläche zu konfigurieren, sollten Sie etwa folgende Zeilen in Ihre *.fvwm2rc* einfügen:

```
# Virtuellen Desktop konfigurieren
DeskTopSize 3x3
AddToFunc   InitFunction "I" Module FvwmPager 0 0
Style       "FvwmPager"      Sticky, NoTitle, WindowListSkip
```

```
*FvwmPagerGeometry          -10 -10
EdgeScroll  100 100
```

Damit legen wir fest, daß die virtuelle Arbeitsfläche (`DeskTopSize`) je drei Bildschirme hoch und breit sein soll. Mit der `AddToFunc`-Zeile wird beim Starten des *fvwm* auch der Pager gestartet. Die `Style`-Zeile legt fest, daß der Pager auf jedem virtuellen Desktop zu sehen ist (`Sticky`), daß er keine Titelzeile haben soll (`NoTitle`) und daß er nicht in der Fensterliste angezeigt werden soll (`WindowListSkip`). Außerdem wird der Pager in die linke obere Ecke des Bildschirms gestellt. Das Pager-Fenster gewährt uns den Blick auf den kompletten virtuellen Desktop; ein Mausklick im Pager-Fenster bringt den entsprechenden Ausschnitt der Arbeitsfläche auf den Bildschirm. In der Version 2 des *fvwm* ist der Pager nicht mehr fest in den Fenster-Manager eingebaut wie in der Version 1, sondern ist ein eigenes Modul. Daher wird der Pager auch nicht mehr mit *fvwm*-Optionen wie `Pager` wie in den früheren Versionen konfiguriert, sondern über die Einstellungen für das Modul `FvwmPager`. Ein Modul ist eine Erweiterung des Fenster-Managers, die nicht allein laufen kann. Einige häufig verwendete Module, wie eben der Pager, werden mit *fvwm2* ausgeliefert.

`EdgeScroll` gibt den Prozentsatz an, um den der Bildschirm scrollen soll, wenn der Cursor den Bildschirmrand erreicht. Die Angabe `EdgeScroll 100 100` bewirkt, daß der Cursor am Bildschirmrand die Arbeitsfläche um eine Bildschirmgröße weiterbewegt; das sieht dann so aus, als ob auf einen völlig anderen Bildschirm umgeschaltet würde. Auf diese Weise können Sie Ihre Fenster auf der gesamten virtuellen Arbeitsfläche anordnen und die Maus benutzen, um zwischen den Fenstern umzuschalten.

Mit der Anweisung `Style` können Sie eine ganze Reihe von Attributen für Ihre Fenster setzen. Wenn zum Beispiel *xbiff* immer die anderen Fenster auf dem Bildschirm überlagern soll, tragen Sie ein:

```
Style "XBiff" StaysOnTop
```

Danach hat kein anderes Fenster mehr die Chance, *xbiff* zu verdecken. Neben `StaysOnTop` kennt `Style` andere Optionen, darunter:

`NoTitle`
: `NoTitle`, das die Titelzeile des Fensters und den Fensternamen darin unterdrückt. Diese Option wird oft für kleine Fenster wie *xclock* und *xbiff* benutzt – insbesondere, wenn es wenig wahrscheinlich ist, daß die Fenster verschoben oder in der Größe verändert werden.

`NoBorder`
: `NoBorder`, das den Fensterrahmen unterdrückt.

`Sticky`
: `Sticky`, das ein Fenster immer an derselben Stelle auf dem Bildschirm erscheinen läßt, wenn Sie auf einen anderen Bereich der Arbeitsfläche wechseln.

`BoundaryWidth`

`BoundaryWidth`, das die Breite (in Pixel) der Fensterrahmen von *fvwm* bestimmt. Die Voreinstellung ist sechs Pixel, was einen ziemlich breiten Rahmen ergibt.

`Style` kann zum Beispiel die Namen der Fenster oder Anwendungsklassen als Argument mitbekommen. Ältere Versionen von *fvwm* kennen die Anweisung `Style` nicht. Statt dessen benutzen sie eine Reihe von Anweisungen wie `StaysOnTop`, `NoTitle` usw. Diese haben folgendes Format:

```
StaysOnTop XBiff
```

Etliche der Anweisungen in *.fvwm2rc* beziehen sich auf Icons. Wie bei anderen Fenster-Managern auch, können Sie unter *fvwm* ein Fenster zu einem Icon verkleinern, das ein kleines Sinnbild mit dem Namen des Fensters und eventuell dem Fenstertyp anzeigt. *fvwm* unterstützt sowohl schwarzweiße als auch farbige Icons. In einer Bitmap gibt es nur ein Bit pro dargestelltem Pixel, weswegen diese auf eine Vorder- und eine Hintergrundfarbe beschränkt sind (auch wenn Sie eine Mischung oder Grautöne durch das Abwechseln von Pixeln, dem sogenannten Dithering, erreichen können). In Pixmaps gibt es dagegen mehrere Bits pro Pixel, weswegen viele Farben möglich sind:

```
IconFont    -adobe-helvetica-medium-r-*-*-*-120-*
IconPath    /usr/include/X11/bitmaps/
PixmapPath  /usr/include/X11/pixmaps/

Style IconBox     700 0 1080 50
Style "*" Icon unknown.xpm
Style "XTerm" Icon xterm.xpm
Style "Netscape" Icon netscape.xpm
```

`IconFont` bezeichnet den Font, der für Icons benutzt wird. `IconPath` und `PixmapPath` enthalten durch Doppelpunkte getrennte Pfadnamen, unter denen Icons abgelegt sind. Dabei verweist `IconPath` auf Bitmaps (XBM), und `PixmapPath` zeigt auf farbige Pixmaps (XPM).

`Style IconBox` gibt einen Bereich an, in dem die Icons dargestellt werden sollen; Sie können bis zu vier `IconBoxes` definieren. In diesem Fall wollen Sie die Icons in einem unsichtbaren Bereich unterbringen, dessen obere linke Ecke die Koordinaten (700,0) und dessen untere rechte Ecke die Koordinaten (1080,50) hat.

Unter `Style IconBox` stehen verschiedene `Style`-Anweisungen, die Icons mit Fenstern verknüpfen. Für unser Beispiel wollen wir alle `XTerm`-Fenster die Datei *xterm.xpm* und *Netscape* die Datei *netscape.xpm* benutzen lassen. Der Name der Icon-Datei kann als kompletter Pfadname oder relativ zu `IconPath` oder `PixmapPath` angegeben werden. Mit dem Befehl

```
Style "*" Icon unknown.xpm
```

wird das Icon *unknown.xpm* als Standard-Icon gewählt.

Falls Ihr *fvwm* die Anweisung `Style` nicht unterstützt, benutzen Sie solche Anweisungen wie:

```
Icon "" unknown.xpm
Icon "XTerm" xterm.xpm
Icon "Netscape" netscape.xpm
```

Weitere Anpassungen

Die meisten Benutzer von *fvwm* haben mindestens die hier vorgestellten Optionen in ihrer Datei *.fvwm2rc. fvwm* hat aber darüber hinaus die Fähigkeit, die Menüs auf dem Desktop zu konfigurieren, Funktionen über die Schaltflächen in der Fenstertitelzeile aufzurufen usw. Wir werden in diesem Abschnitt einige dieser erweiterten Möglichkeiten vorstellen.

Wir wollen damit beginnen, daß wir die Popup-Menüs des *fvwm* konfigurieren, die nach einem Mausklick auf das Hauptfenster erscheinen. Aus diesen Menüs heraus können Sie Befehle ausführen, die Fenster verändern usw. Beachten Sie, daß manche Distributionen wie Debian und SuSE automatisch die Menüs Ihres Window-Managers aktualisieren können, wenn neue Pakete im System installiert werden.

```
AddToMenu xclients "Xclients" Title
+ "Netscape"    Exec netscape
+ "xterm"               Exec xterm
+ "emacs"               Exec emacs -w
+ ""                    Nop
+ "eggplant"    Exec xterm -e rlogin eggplant
+ "papaya"      Exec xterm -e rlogin papaya
+ ""                    Nop
+ "screensaver" Exec xscreensaver-command -activate
+ "xcalc"       Exec xcalc
+ "xman"        Exec xman
+ "xlock"       Exec xlock -mode roto
EndPopup
```

Ein Menü wird mit dem Befehl `AddToMenu` definiert. Es gibt keinen Befehl zum Beenden des Menüs; die Menüeinträge müssen nicht einmal direkt beieinanderstehen. Jedes Menü bekommt einen Namen, unter dem es später angesprochen wird (in diesem Beispiel `xclients`).

Das Format ist ziemlich leicht zu durchschauen. Der Titel wird bereits in der `AddToMenu`-Zeile gesetzt; `Nop` bewirkt eine Leerzeile zwischen Menüeinträgen. Die Funktion `Exec` führt einen Befehl aus, wenn dieser Menüpunkt gewählt wird. Die Argumente von `Exec` legen fest, welcher Befehl ausgeführt werden soll. Vor den Befehlen steht jeweils in doppelten Anführungszeichen ein String, der im Menü für den jeweiligen Punkt angezeigt wird.

Wir wollen ein zweites Menü namens `fvwm` erstellen, das die Funktionen zur Manipulation der *fvwm*-Fenster enthält.

```
AddtoMenu fvwm "Window Ops" Title
+ "Move Window"                    Move
+ "Resize Window"  Resize
+ "Raise Window"   Raise
+ "Lower Window"   Lower
+ "Iconify Window" Iconify
+ "Stick Window"   Stick
+ ""                               Nop
+ "Xclients"       Popup Xclients
+ ""                               Nop
+ "Destroy Window" Destroy
+ "Delete Window"  Delete
+ ""               Nop
+ "Load Xdefaults" Exec xrdb -load $HOME/.Xdefaults
+ "Restart Fvwm"   Restart fvwm2
+ "Start twm"      Restart twm
+ "Quit Fvwm"      Quit
EndPopup
```

Die internen Funktionen `Move`, `Resize`, `Lower` usw. werden in der Manpage zu *fvwm* beschrieben. Eine wichtige Funktion ist `Popup`, mit der ein vorab definiertes Popup-Menü als Untermenü des aktuellen Menüs geöffnet wird. Wir benutzen im Beispiel das oben definierte `xclients` als Untermenü.

Wir haben außerdem Befehle eingefügt, mit denen der *fvwm* erneut gestartet oder statt dessen ein anderer Fenster-Manager (*twm*) aufgerufen wird.

Unter dem *fvwm* haben Sie auch die Möglichkeit, die Funktion der Maustasten in Abhängigkeit vom Kontext zu ändern. Das übernimmt die Anweisung `Mouse`, die folgendes Format hat:

Mouse *Taste Kontext Sondertasten Funktion*

Die *Taste* steht für 1, 2, 3 oder 0 (0 hat die Bedeutung »beliebige Taste«). Der *Kontext* gibt an, für welchen Bereich diese Tastendefinition gelten soll, und kann folgende Werte annehmen:

- `R` für das Hauptfenster
- `W` für das Fenster einer Anwendung
- `S` für einen Fensterrahmen
- `F` für die Ecke eines Fensterrahmens
- `T` für die Titelzeile eines Fensters
- `I` für ein Icon-Fenster

- Eine Ziffer von 0 bis 9, die für eine bestimmte Schaltfläche in der Titelzeile des Rahmens steht (siehe unten)
- `A` für einen beliebigen Kontext (außer den Schaltflächen der Titelzeile)
- Eine beliebige Kombination aus diesen Werten

Der *`Kontext`* `TSIF` zum Beispiel steht für Titelzeilen, Rahmen, Rahmenecken sowie Icon-Fenster.

Die Ziffern 0 bis 9 im *`Kontext`* verknüpfen eine Funktion mit einer Schaltfläche (Button) in der Titelzeile des Fensters. Als Standard sind zwei Buttons vorhanden – je einer links und rechts in der Titelzeile. Wenn Sie weitere Funktionen auf Buttons legen, werden auch diese Schaltflächen sichtbar. Die Buttons links in der Titelzeile tragen ungerade Nummern (1, 3, 5, 7 und 9), die Buttons rechts haben gerade Nummern (2, 4, 6, 8, 0). Abbildung 11-2 zeigt ein Fenster, in dem alle Schaltflächen mit den entsprechenden Nummern sichtbar sind. Die meisten Buttons bleiben unsichtbar, solange keine Funktion mit ihnen verknüpft ist.

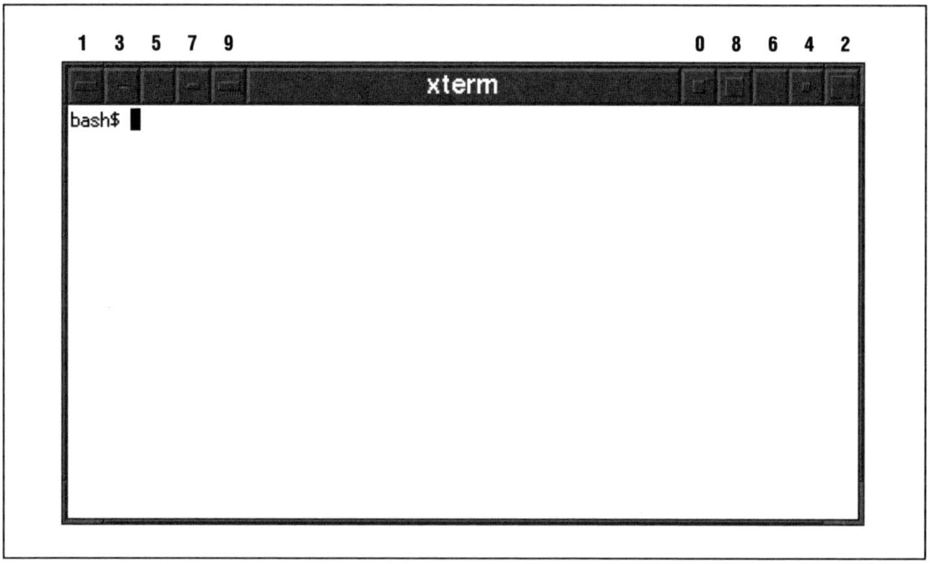

Abbildung 11-2: Buttons in der fvwm-Titelzeile

Die Sondertasten definieren einige Tastenkombinationen, die zusammen mit einem Mausklick benutzt werden. Gültige Werte für *`Sondertasten`* sind `C` für Control, `M` für Meta, `S` für SHIFT, `N` für »keine Taste« und `A` für »beliebige Taste«. Ein Beispiel: Wenn Sie `C` als *`Sondertaste`* definieren, müssen Sie die Taste STRG mit dem Klicken der Maustaste gedrückt halten.

Hier einige Beispiele für die Belegung von Maustasten:

```
#       Button     Context Modifi  Function
Mouse 1            R       N       PopUp "Fvwm"
Mouse 2            R       N       PopUp "Xclients"
Mouse 3            R       N       WindowList
```

Diese Zeilen verknüpfen die Maustasten mit den oben beschriebenen Popup-Menüs (`fvwm` bzw. `xclients`) oder mit dem Befehl `WindowList`, hinter dem sich ein Popup-Menü mit Einträgen für alle Fenster auf der Arbeitsfläche verbirgt.

```
# Window titlebar buttons
Mouse 1            1       N       Popup "Fvwm"
Mouse 1            3       N       Iconify
Mouse 1            4       N       Destroy
Mouse 1            2       N       Resize
```

Hier haben wir die Schaltflächen 1, 2, 3 und 4 in der Titelzeile (je zwei Buttons links und rechts) mit Funktionen belegt. Die Schaltfläche ganz links öffnet das *fvwm*-Menü, die Schaltfläche daneben verkleinert das Fenster zum Icon usw. In der Manpage zu *fvwm* finden Sie alle vorhandenen Funktionen, wie zum Beispiel `Resize`, `Move` und `RaiseLower`, beschrieben.

Mit der Anweisung `Key` können Sie auch die Tasten der Tastatur mit Funktionen belegen. Die Syntax ist ähnlich wie bei den Maustasten:

```
Key Taste Kontext Sondertaste Funktion
```

Kontext und *Sondertaste* haben dieselbe Bedeutung, wie oben beschrieben. Hier einige Beispiele:

```
Key Up             A       C       Scroll +0   -100
Key Down           A       C       Scroll +0   +100
Key Left           A       C       Scroll -100 0
Key Right          A       C       Scroll +100 +0
```

Diese Verknüpfungen bewirken, daß Sie sich mit STRG-*Pfeiltaste* auf dem Desktop um eine volle Seite in die angegebene Richtung bewegen. Sie können auf diese Weise beliebige Tasten mit *fvwm*-Funktionen belegen; die Funktionstasten zum Beispiel heißen `F1`, `F2` usw.

Lesen Sie auf jeden Fall die Manpage zu *fvwm2*. Die Syntax für die Konfiguration kann sich in neuen Versionen geringfügig ändern, und gelegentlich kommen neue Fähigkeiten hinzu.

Das K Desktop Environment

Das K Desktop Environment ist ein Open Source Software-Projekt, dessen Ziel es ist, einen konsistenten, benutzerfreundlichen Desktop für Unix- und damit auch Linux-Systeme zu schaffen. Seit der Gründung des Projekts im Oktober 1996 hat es atemberaubende Fortschritte gemacht. Das liegt nicht zuletzt an der Wahl des sehr guten GUI-Toolkits Qt, wie auch an der konsequenten Verwendung von C++ und dessen objektorientierten Features für die Implementierung

Es sollte hier noch erwähnt werden, daß KDE *kein* Fenster-Manager wie *fvwm* ist, sondern ein vollständiges Desktop-System, das mit jedem beliebigen Fenster-Manager verwendet werden kann. KDE enthält allerdings einen eigenen Fenster-Manager namens *kwm*, mit dem Sie die besten Ergebnisse erzielen werden und den wir deswegen hier behandeln.

Im Abschnitt über die Konfiguration des Fenster-Managers *fvwm* haben Sie gesehen, daß Sie zur Konfiguration von Linux-Desktops normalerweise die Syntax von Konfigurationsdateien erlernen und diese editieren müssen. Altgediente Linux-Hasen nehmen das als gegeben hin, aber neue Anwender fühlen sich davon oft abgeschreckt. Das KDE-Team hat es sich daher zum Ziel gesetzt, daß alles, was in KDE konfigurierbar ist (und das ist eigentlich so ziemlich alles), über graphische Dialoge eingestellt werden kann. Wenn Sie das gern möchten, können Sie immer noch Konfigurationsdateien editieren, aber Sie müssen das nicht mehr, und selbst die hartgesottensten Anwender werden gewöhnlich zugeben, daß es für simple Dinge wie das Ändern der Hintergrundfarbe einfacher ist, ein paar Buttons anzuklicken, als die Manpage zu lesen, die Syntax zur Festlegung der Hintergrundfarbe herauszufinden, die Konfigurationsdatei zu öffnen, zu editieren und den Fenster-Manager neu zu starten.

Neben der einfachen Konfiguration gibt es in KDE eine Reihe von Features, die man bisher unter Linux nicht kannte. Beispielsweise ist das Internet völlig in den Desktop integriert. Zu KDE gehört ein Dateimanager, der auch als Webbrowser fungiert, und das Browsen von Dateien auf einem FTP-Server funktioniert ganz genauso wie das Browsen Ihrer lokalen Festplatte. Sie können Icons, die Fundstellen im Internet repräsentieren, auf Ihren Desktop ziehen und so später einfach wiederfinden. Außerdem sind so ziemlich alle KDE-Applikationen dazu in der Lage, Dateien auf entfernten Servern zu öffnen und zu speichern.

Drag-and-Drop, allgegenwärtig unter Windows und auf dem Macintosh, ist auch ein zentraler Bestandteil von KDE. Um beispielsweise eine Datei im Texteditor zu öffnen, ziehen Sie einfach das Icon der Datei aus einem Fenster des Dateimanagers und lassen es auf das Editor-Fenster fallen. Das funktioniert unabhängig davon, wo die Datei liegt; wenn das auf einem entfernten Server ist, dann lädt KDE automatisch die Datei für Sie herunter, bevor sie im Texteditor (oder mit welcher Applikation Sie sie öffnen wollen) geöffnet wird.

Während Manpages gut dafür geeignet sind, Programmierern direkten Zugriff auf knapp gefaßte Informationen über die Systembibliotheken zu geben, sind sie nicht gerade gut für Endbenutzer-Dokumentation geeignet. KDE verwendet daher Standard-HTML-Dateien und enthält einen schnellen Hilfe-Betrachter. Dieser kann auch Manpage- und Info-Dateien anzeigen, so daß Sie sämtliche Informationen auf

Ihrem System von einer Applikation aus ansehen können. Außerdem unterstützen die meisten KDE-Applikationen kontextsensitive Hilfe.

Seit einigen Versionen unterstützt das X Window System ein Feature namens Session-Management. Dies ist eine Fähigkeit, die es Ihnen ermöglicht, Ihre X-Umgebung zu verlassen (beispielsweise weil Sie Ihren Computer ausschalten oder neu starten wollen), und wenn Sie dann zu X zurückkehren, werden alle Applikationen, die Sie geöffnet hatten, an der gleichen Position wieder geöffnet. Unglücklicherweise wird dieses sehr benutzerfreundliche Feature nur von wenigen X-Anwendungen unterstützt. KDE verwendet es aber in großem Umfang. KDE stellt einen Session-Manager bereit, der das Session-Management übernimmt, und alle KDE-Applikationen sind so geschrieben, daß sie davon Gebrauch machen.

Wir möchten hier noch einmal betonen, daß KDE nicht einfach ein weiterer Fenster-Manager ist. KDE enthält einen Fenster-Manager namens *kwm*, der auch sehr gut ist, aber das ist nur ein Teil von KDE. Andere sind der Dateimanager, der Webbrowser, das Panel, ein Pager, das Kontrollzentrum zur Konfiguration des Desktops und viele weitere Programme. Wenn Sie wollen, können Sie KDE auch mit anderen Fenster-Managern verwenden, aber Sie werden dann möglicherweise einige der systemintegrierenden Features verlieren.

Vielleicht denken Sie jetzt: »Das klingt ja alles ganz gut und schön, aber ich habe hier einige normale X-Applikationen, die ich gern benutzen möchte.« Es wird Sie in diesem Fall erfreuen zu hören, daß Sie das auch problemlos tun können. Ja genau, Sie können alle X-Applikationen auf einem KDE-Desktop laufen lassen, und KDE stellt sogar einige Funktionen bereit, um diese so weit wie möglich in den Desktop zu integrieren. Wenn Sie das wollen, können Sie KDE versuchen lassen, Ihre anderen X-Applikationen so umzukonfigurieren, daß sie die gleichen Farben wie der Rest des Desktops verwenden, so daß Sie insgesamt eine schöne, konsistente Umgebung bekommen. Natürlich werden Nicht-KDE-Anwendungen einige von KDEs fortgeschrittenen Features wie Drag-and-Drop oder Session-Management nicht unterstützen, aber Sie können diese Anwendungen, an die Sie sich gewöhnt haben, weiterhin verwenden, bis jemand vielleicht eine KDE-Applikation herausbringt, die das gleiche leistet (oder es sogar eine KDE-Version Ihres Lieblingsprogramms gibt).

Derzeit wird eine neue Version von KDE entwickelt, die voraussichtlich im Frühjahr 2000 erscheinen wird und eine vollständige Office-Suite namens KOffice (siehe *http://koffice.kde.org*) enthalten wird. KDE wird ständig weiterentwickelt, aber alle paar Monate gibt das KDE-Team eine sogenannte offizielle Version frei, die als sehr stabil und für Endanwender geeignet anzusehen ist. Diese werden im Quellcode und als Binärversionen in verschiedenen Paketformaten bereitgestellt, und oft gibt es auch spezielle Anpassungen für die gängigsten Linux-Distributionen. Wenn es Ihnen nichts ausmacht, an KDE herumzubasteln, und Sie bei dem einen oder anderen Fehler nicht gleich in Ohnmacht fallen, dann können Sie auch immer an vorderster Front mit dabei sein und sich tägliche Schnappschüsse der aktuellen KDE-Entwicklung herunterladen, aber das ist nichts für Ängstliche.

KDE installieren

Heutzutage werden die meisten Linux-Distributionen mit KDE ausgeliefert, aber wenn das bei Ihrer nicht der Fall ist oder Sie eine neuere Version von KDE verwenden wollen, dann können Sie diese aus dem Internet herunterladen. Unter *http://www.kde.org* finden Sie alles rund um KDE, darunter auch Dokumentation, Bildschirmfotos und Adressen zum Herunterladen. *ftp://ftp.kde.org* ist der FTP-Server des KDE-Projekts. Dieser Server ist allerdings oft überlastet, so daß es sich lohnen kann, einen Spiegel davon zu verwenden.

KDE besteht aus einer Reihe von Paketen. Dazu gehören:

kdesupport
: Dieses Paket enthält externe Bibliotheken, die kein Bestandteil von KDE selbst sind, aber von KDE verwendet werden. Es wird empfohlen, diese Bibliotheken zu installieren, um sicherzugehen, daß Sie die richtigen Versionen dieser Bibliotheken haben.

kdelibs
: Dieses Paket enthält die KDE-Bibliotheken. Sie enthalten den grundlegenden Applikationsrahmen, eine Reihe von GUI-Widgets, das Konfigurationssystem, das HTML-Anzeigesystem und viele andere Dinge. Ohne dieses Paket funktioniert in KDE gar nichts.

kdebase
: In diesem Paket finden Sie die grundlegenden KDE-Applikationen, die einen Desktop erst zu einem KDE-Desktop machen, darunter auch den Dateimanager/Webbrowser, den Fenster-Manager und das Panel. Dieses Paket brauchen Sie auf jeden Fall, wenn Sie KDE verwenden wollen.

kdegames
: Eine Reihe von Spielen, darunter Kartenspiele, Action-Spiele und Strategie-Spiele. Wahrscheinlich wird jeder dieses Paket installieren wollen, aber natürlich nur, um sich mit dem System besser vertraut zu machen.

kdegraphics
: Eine Reihe von Grafikprogrammen wie ein DVI-Betrachter, ein PostScript-Betrachter und ein Icon-Editor.

kdeutils
: Dieses Paket enthält einige Desktop-Anwendungen wie Texteditoren, einen Taschenrechner, Druckermanager und ein Adreßbuchverwaltungsprogramm.

kdemultimedia
: Wie der Name schon sagt, enthält dieses Paket Multimediaprogramme, darunter einen CD-Spieler, einen MIDI-Player und – wer hätte das gedacht – einen Karaoke-Player.

kdenetwork
: Hier finden Sie eine Reihe von Internetprogrammen, darunter einen E-Mail-Client, einen News-Client und einige Programme zur Netzwerkverwaltung.

kdeadmin
: Dieses Paket enthält einige Programme für Systemverwalter, darunter einen Benutzermanager, einen Runlevel-Editor und ein Backup-Programm.

korganizer
: Dieses Paket enthält nur eine Applikation: einen vollständigen »Personal Information Manager«, der auch Synchronisation mit Palm Pilots bietet.

Neben den hier erwähnten Paketen, die das KDE-Team offiziell bereitstellt, gibt es buchstäblich Hunderte von weiteren KDE-Programmen. Unter *http://www.kde.org/applications.html* finden Sie eine Liste von aktuellen Applikationen.

Wenn Sie einmal die zu installierenden Pakete ausgewählt haben, können Sie an die Installation gehen. Wie Sie das genau machen, hängt davon ab, welche Linux-Distribution Sie verwenden und ob Sie ein Binärpaket installieren oder KDE selbst aus dem Quellcode kompilieren wollen. Wenn Ihre Distribution KDE enthält, dann können Sie KDE auch während der Installation des Systems installieren.

Wenn die Software einmal auf Ihrer Festplatte installiert ist, sind nur noch einige wenige Schritte zu tun. Zunächst einmal müssen Sie sicherstellen, daß das Verzeichnis, das die KDE-Applikationen enthält, in Ihrer `PATH`-Umgebungsvariable steht. Per Voreinstellung werden ausführbare KDE-Programme in */opt/kde/bin* installiert, aber wenn Sie KDE in einem anderen Pfad installiert haben, dann müssen Sie den hier angeben. Mit dem Befehl

```
export PATH=/opt/kde/bin:$PATH
```

können Sie dieses Verzeichnis zu Ihrer `PATH`-Variable hinzufügen. Um dies dauerhaft zu machen, können Sie diese Zeile entweder zu Ihrer Konfigurationsdatei *.bashrc* in Ihrem Home-Verzeichnis oder zur systemweiten Konfigurationsdatei */etc/profile* hinzufügen.

Anschließend müssen Sie das gleiche mit dem Verzeichnis, das die KDE-Bibliotheken enthält (per Voreinstellung */opt/kde/lib*), und der Umgebungsvariable `LD_LIBRARY_PATH` machen:

```
export LD_LIBRARY_PATH=/opt/kde/lib:$LD_LIBRARY_PATH
```

Jetzt haben Sie es fast geschafft, aber Sie müssen immer noch X mitteilen, daß Sie den KDE-Desktop beim Start von X mit starten wollen. Dies geschieht in der Datei *.xinitrc* in Ihrem Home-Verzeichnis. Machen Sie zunächst eine Sicherungskopie von dieser Datei. Entfernen Sie dann sämtlichen Inhalt, und schreiben Sie statt dessen

```
startkde
```

hinein. *startkde* ist ein kleines Shell-Skript, das mit KDE geliefert wird und das einfach den KDE-Fenster-Manager *kwm* und eine Reihe von Applikationen startet.

KDE benutzen

Die Anwendung von KDE ist ziemlich einfach. Die meisten Dinge sind ziemlich intuitiv, so daß Sie oft einfach raten können, was Sie tun müssen. Wir werden Ihnen hier aber einige Tips geben, was Sie mit KDE tun können, um Sie zu weiteren Entdeckungstouren durch Ihren KDE-Desktop zu ermutigen.

Wenn Sie KDE zum erstenmal starten, sieht es wie in Abbildung 11-3 aus. Am unteren Rand des Bildschirms sehen Sie das sogenannte *Panel*. Dieses hat mehrere Aufgaben, unter anderem ermöglicht es den schnellen Zugriff auf die installierten Applikationen. Am oberen Rand sehen Sie die *Taskleiste*. Sie zeigt alle geöffneten Fenster und kann dazu verwendet werden, um schnell zu jedem beliebigen Fenster auf jedem beliebigen Arbeitsbereich zu gelangen. Außerdem öffnet KDE beim ersten Start ein Dateimanager-Fenster.

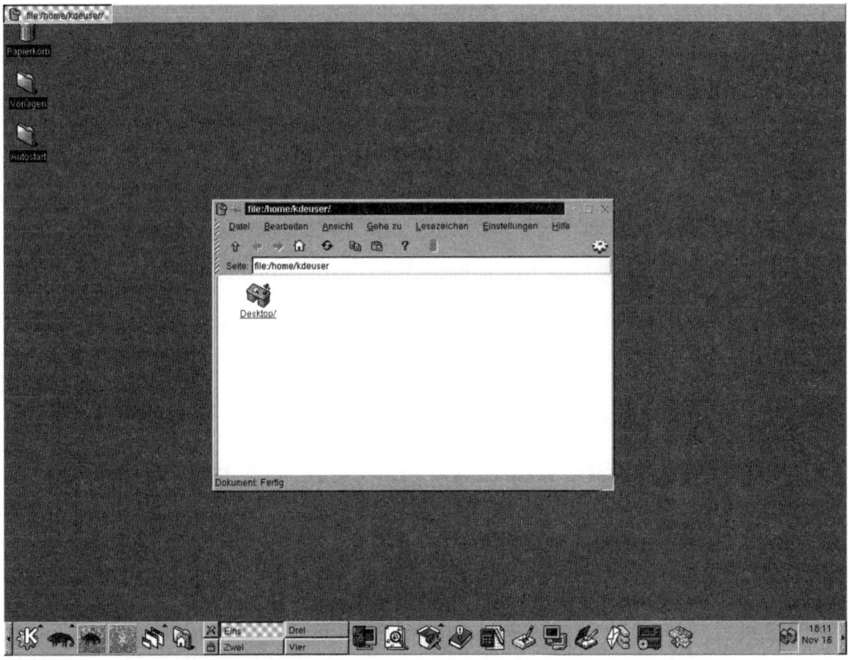

Abbildung 11-3: Der KDE-Desktop nach dem ersten Start

KDE stellt eine Reihe von Arbeitsbereichen bereit, auf die Sie über die Buttons in der Mitte des Panels zugreifen können. Per Voreinstellung sind diese mit Eins bis Vier beschriftet. Versuchen Sie einfach einmal, auf einen dieser Buttons zu klicken. Sie können sehen, daß das Fenster des Dateimanagers nur dann sichtbar ist, wenn Sie sich im Arbeitsbereich Eins befinden, während das Panel und die Taskleiste immer sichtbar sind. Gehen Sie jetzt in den Arbeitsbereich Zwei, und starten Sie einen Taschenrechner, indem Sie auf das Taschenrechner-Symbol im Panel klicken. Wenn der Taschenrechner erscheint, wechseln Sie erneut den Arbeitsbereich – der Taschenrechner ist nur dann zu sehen, wenn Sie sich im Arbeitsbereich Zwei befinden. Wenn Sie gerade in einem anderen Arbeitsbereich sind, dann klicken Sie auf den Eintrag für den Taschenrechner in der Taskleiste. Damit kommen Sie automatisch direkt auf den Arbeitsbereich zurück, auf dem sich der Taschenrechner befindet.

Probieren Sie jetzt ein anderes raffiniertes Feature aus: Klicken Sie auf den kleinen Button in der Titelleiste des Taschenrechner-Fensters, der wie eine Pinnwandnadel aussieht. Wechseln Sie jetzt wieder den Arbeitsbereich. Sie werden feststellen, daß das Taschenrechner-Fenster jetzt auf jedem Arbeitsbereich sichtbar ist – es ist quasi auf dem Hintergrund des Desktops »festgepint« worden.

Wenn Sie des Taschenrechner-Fensters auf jedem Arbeitsbereich müde geworden sind, klicken Sie einfach wieder auf die Nadel, und wenn Sie das Fenster ganz loswerden wollen, dann klicken Sie auf den Button mit dem kleinen x in der linken oberen Ecke des Fensters.

Es gibt vieles, was Sie mit Fenstern in KDE tun können, aber wir wollen uns jetzt erst einmal dem sogenannten *K-Menü* zuwenden. Sie öffnen es, indem Sie auf das Icon mit dem Zahnrad-K-Symbol ganz links im Panel klicken. Neben den Optionen zum Konfigurieren des K-Menüs und des Panels selbst finden Sie hier alle installierten KDE-Applikationen, fein säuberlich in Untermenüs sortiert. Um eine dieser Applikationen zu starten, wählen Sie einfach den entsprechenden Menüeintrag aus.

Wir haben Ihnen vorhin versprochen, daß Sie auch alte X-Anwendungen auf Ihrem KDE-Desktop ausführen können. Dies tun Sie, indem Sie entweder ein Terminal-Fenster öffnen und den Namen der Applikation auf der Kommandozeile eingeben oder indem Sie STRG-F2 drücken und dann den Namen der Applikation in dem kleinen Kommandozeilenfenster eingeben, das in der Bildschirmmitte erscheint. Sie können aber auch Nicht-KDE-Anwendungen in das K-Menü und das Panel integrieren, diese also von Icons repräsentieren lassen, die beim Anklicken die entsprechenden Programme starten, auch wenn das ein klein wenig mehr Arbeit ist.

Je nachdem, wie Sie KDE installiert haben, kann es sein, daß es bereits ein Untermenü NICHT-KDE-ANWENDUNGEN gibt, das eine Reihe von Nicht-KDE-Anwendungen enthält. Wenn das bei Ihnen nicht der Fall ist, dann führen Sie die Anwendung *Appfinder* aus, die Sie im Untermenü `System` finden. Hierbei handelt es sich um ein Werkzeug, das Ihr System nach einer Reihe von in einer Datenbank eingetragenen Anwendungen absucht und jede durch Erzeugung einer sogenannten *.kdelnk*-Datei in den Desktop integriert. Wenn das Programm, das Sie in KDE integrieren wollen, nicht in der Datenbank von *Appfinder* steht, dann müssen Sie so eine *.kdelnk*-Datei selbst erzeugen, aber wie immer in KDE gibt es Dialoge, die Ihnen dabei helfen und in die Sie nur alle notwendigen Informationen eintragen müssen. Näheres finden Sie in der KDE-Dokumentation unter *http://www.kde.org/documentation/index.html* oder in dem Buch *KDE – Anwendung & Programmierung*. [15]

Per Voreinstellung enthält das Panel eine Reihe von Icons, die die wichtigsten Programme starten, aber Sie können sehr leicht eigene hinzufügen. Dazu öffnen Sie wieder das K-Menü, öffnen aber diesmal zuerst das Untermenü `Panel` und dann das Untermenü `Anwendungen hinzufügen`. Es wird Sie vielleicht überraschen, daß dieses Untermenü fast wie eine Kopie des K-Menüs aussieht. Suchen Sie die Applikation, deren Icon Sie zum Panel hinzufügen wollen, und wählen Sie diese aus, als ob Sie sie starten wollten. KDE wird dann ein Icon für diese Applikation zum Panel hinzufügen. Sie können auch ganze Untermenüs zum Panel hinzufügen, indem Sie den jeweils ersten Eintrag eines Untermenüs im `Anwendungen hinzufügen`-Baum auswählen. Das Icon enthält dann einen kleinen schwarzen Pfeil, der anzeigt, daß beim Anklicken des Icons ein Menü geöffnet und nicht etwa eine Applikation gestartet wird.

Der Platz auf dem Panel ist natürlich begrenzt, weswegen Sie wahrscheinlich das eine oder andere Icon von Programmen, die Sie nicht so häufig verwenden, entfernen wollen. Klicken Sie dazu einfach mit der rechten Maustaste auf das Icon, und wählen Sie `Entfernen`. Ganz allgemein aktivieren Sie viele der Funktionalitäten von KDE durch Anklicken der rechten Maustaste.

Als nächstes zeigen wir Ihnen, wie Sie Ihren KDE-Desktop Ihrem Geschmack anpassen. Wie versprochen, werden wir dazu keine Konfigurationsdateien editieren.

Die Konfiguration geschieht im KDE-Kontrollzentrum, das Sie über das K-Menü starten können. Alle Konfigurationsoptionen sind auf verschiedenen Ebenen einsortiert. Wenn Sie das Kontrollzentrum starten, sehen Sie die Gruppen der obersten Ebene. Indem Sie auf die Pluszeichen klicken, können Sie eine Gruppe öffnen, um die Einträge in dieser Gruppe zu sehen.

Als Beispiel werden wir nun die Hintergrundfarbe verändern. Dazu öffnen Sie die Gruppe `Arbeitsfläche` und wählen `Hintergrund` aus. Nach einer kurzen Pause erscheint das Konfigurationsfenster zur Einstellung des Hintergrunds (siehe Abbildung 11-4).

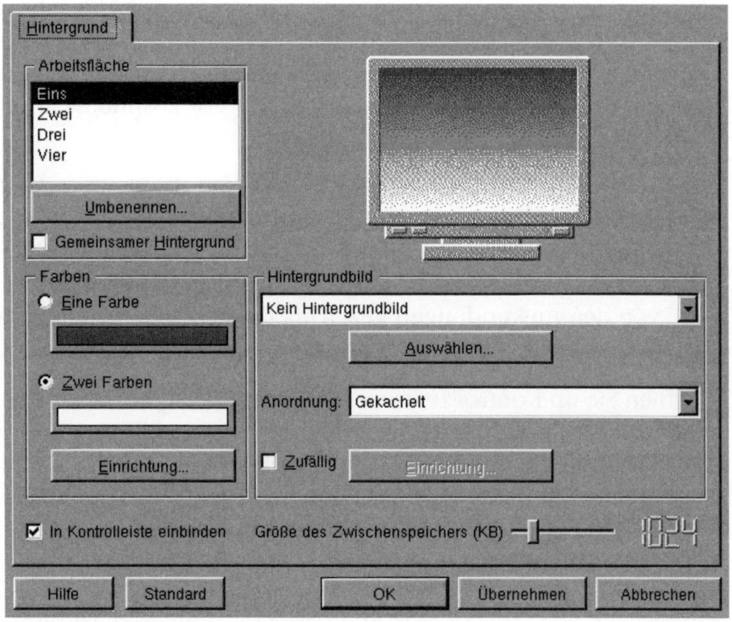

Abbildung 11-4: Konfigurieren des KDE-Hintergrunds

Per Voreinstellung hat der Hintergrund nur eine einzige Farbe. Wenn Sie damit zufrieden sind und nur diese eine Farbe ändern wollen, dann klicken Sie auf das Farbfeld unter dem Eine-Farbe-Button. Es öffnet sich ein Farbauswahldialog, in dem Sie eine Farbe ganz nach Ihrem Geschmack aussuchen können. Wenn Sie diesen schließen, wird die neue Farbe im Monitor in der rechten oberen Ecke des Konfigurationsfensters angezeigt. Wenn Sie KDE konfigurieren, werden Sie häufig solche Monitore sehen, die Ihnen anzeigen, wie sich Ihre Auswahl auswirken wird. Sie können sich aber auch ansehen, was wirklich passiert. Klicken Sie dazu auf den ANWENDEN-Button am unteren Rand des Konfigurationsfensters, und Ihre Änderung wirkt sich automatisch auf den gesamten Desktop aus. Es ist nicht nötig, den Desktop neu zu starten.

Wenn Sie eine einzige Farbe im Hintergrund langweilig finden, dann ist vielleicht ein Farbverlauf nach Ihrem Geschmack, bei dem eine Farbe langsam in eine andere übergeht. Wählen Sie in diesem Fall die Zwei-Farben-Schaltfläche, und wählen Sie eine zweite Farbe aus. KDE berechnet dann den Farbverlauf und zeigt ihn am Monitor an.

Sie haben auch die Möglichkeit, ein Hintergrundbild zu verwenden. Wenn Sie das wollen, dann gehen Sie zum Wallpaper-Bereich des Konfigurationsdialogs. Sie können entweder eines der Hintergrundbilder auswählen, die mit KDE geliefert werden (und zu denen einige sehr schicke gehören), indem Sie sich die Liste per drop-down anzeigen lassen, oder Sie können eine eigene Grafik auswählen.

Es gibt noch mehr Dinge, die man mit dem Hintergrund anstellen kann, aber wir wollen es vorerst dabei belassen und uns etwas anderes ansehen: das Konfigurieren von Stilen und Farben der Fenster.

Bei normalen Fenster-Managern können Sie die Farben der Fensterdekorationen konfigurieren, aber nicht die des Fensterinhalts. Bei KDE sieht die Sache anders aus. Weil KDE ein integrierter Desktop ist, wirken sich Farb- und andere Einstellungen sowohl auf die vom Fenster-Manager gezeichneten Dekorationen als auch auf die von den Anwendungen gezeichneten Fensterinhalte aus. Wir machen uns jetzt daran, das Aussehen des Desktops ein wenig zu verändern.

Öffnen Sie im Kontrollzentrum die Gruppe ARBEITSFLÄCHE, und wählen Sie FARBEN. Sie werden ein Vorschaufenster und eine Auswahlliste sehen, aus der Sie ein Farbschema auswählen können. Unter KDE werden keine einzelnen Farben, sondern sogenannte Farbschemata konfiguriert, denn es ist wenig sinnvoll, nur eine Farbe zu ändern. Alle Farben müssen zusammenpassen, um ein angenehmes und ansprechendes Äußeres zu erreichen.

Sie können bei KDE zwar eigene Farbschemata erzeugen, aber eigentlich ist das eine Aufgabe, für die man einige Kenntnisse über Farbpsychologie und das menschliche Wahrnehmungssystem benötigt, weswegen wir Ihnen raten möchten, eines der vordefinierten Farbschemata auszuwählen. Überprüfen Sie im Vorschau-Monitor, ob Ihnen gefällt, was Sie da sehen. Jetzt kommt der interessante Teil: Klikken Sie auf den ANWENDEN-Button, und beobachten Sie, wie alle laufenden Applikationen ein wenig aufflackern und plötzlich ihre Farbe ändern – ohne daß Sie sie hätten neu starten müssen. Für Windows-Benutzer ist das selbstverständlich, aber unter Unix gab es so etwas vor KDE noch nicht.

Das gleiche gilt auch für die anderen Einstellungen. Öffnen Sie beispielsweise die Gruppe ARBEITSFLÄCHE, und wählen Sie dort STIL aus. Hier können Sie den »Windows 95«-Stil auswählen, je nach KDE-Version möglicherweise auch andere Stile. Wenn dieser Stil ausgewählt ist, werden alle Oberflächenelemente entsprechend dem Windows-Standard gezeichnet. Ist er nicht ausgewählt, werden diese entsprechend dem unter Unix gebräuchlichen Motif-Standard gezeichnet. Sie können diese Einstellung ändern, indem Sie auf ANWENDEN klicken. Beobachten Sie, wie alle laufenden Applikationen ihren Stil ändern. Das gleiche gilt übrigens auch für die Fonts, die Sie mit der SCHRIFT-Seite ändern können.

Man kann in KDE noch viel mehr konfigurieren, aber wir können hier nicht alle Optionen besprechen, ansonsten wäre in diesem Buch nicht mehr viel Platz für andere Themen. Aber eine weitere Sache möchten wir Ihnen noch zeigen, die besonders für diejenigen interessant ist, deren Muttersprache nicht Englisch ist.

Gehen Sie auf die Seite SPRACHE der Gruppe ARBEITSFLÄCHE (siehe Abbildung 11-5). Hier können Sie die Sprache auswählen, in der Ihr KDE-Desktop und Ihre KDE-Applikationen laufen sollen. Derzeit können Sie aus mehr als dreißig Sprachen auswählen.

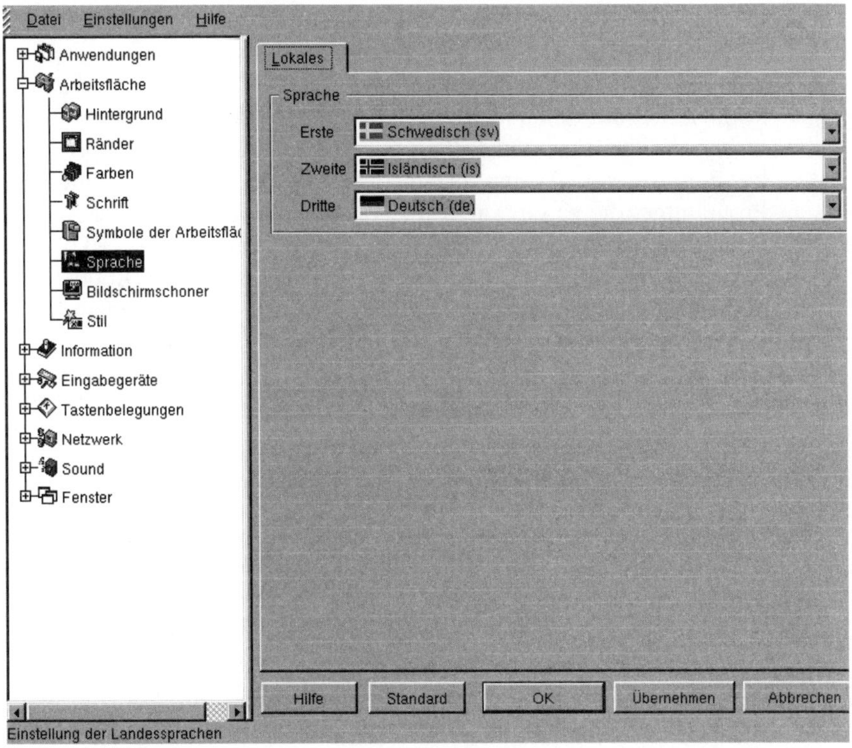

Abbildung 11-5: Konfigurieren der Sprache des KDE-Desktops

Sie wundern sich vielleicht, warum Sie mehr als eine Sprache auswählen können. Dies liegt daran, daß KDE-Programme von Freiwilligen übersetzt werden und nicht alle Applikationen gleichzeitig bearbeitet werden. Daher steht eine bestimmte Applikation möglicherweise nicht in der Sprache zur Verfügung, die Sie als Erstsprache gewählt haben. In diesem Fall wird für diese Applikation automatisch die Zweitsprache gewählt, und wenn es auch in dieser Sprache keine Übersetzung der Applikation gibt, dann wird die Drittsprache gewählt. Hilft auch das nichts, dann wird Englisch genommen, was es immer gibt.

Es gibt noch viel mehr über den KDE-Desktop zu sagen, aber wir lassen Sie jetzt mit Ihren Entdeckungen allein. Neben den offensichtlichen und intuitiven Features gibt es auch einige, die nicht so offensichtlich, aber gleichwohl sehr nützlich sind. Lesen Sie also auf jeden Fall in der Dokumentation nach, die Sie unter *http://www.kde.org/documentation/index.html* finden.

X-Anwendungen

Es gibt Tausende von Programmen, die unter X laufen. Die Spanne reicht von einfachen Hilfsprogrammen (wie den bereits besprochenen *xterm* und *xclock*) über Editoren und Programmierhilfen hin zu Spielen und Multimediaanwendungen. Wir können hier nur einen kleinen Ausschnitt aus der Masse der Software für X vorstellen. In diesem Abschnitt wollen wir die Anwendungen besprechen, mit denen jeder Benutzer von X vertraut sein sollte. Das sind nicht unbedingt die aufregendsten Programme, die es gibt, aber sie sollten doch ein Teil Ihrer Ausstattung sein. Beachten Sie darüber hinaus, daß Ihnen bei Verwendung von KDE Anwendungen zur Verfügung stehen, die das gleiche tun, wie die hier beschriebenen, aber besser in den Desktop integriert sind. Die hier beschriebenen allgemeinen Techniken gelten normalerweise auch für die KDE-Werkzeuge.

[14] In *The X Window System User's Guide* finden Sie eine umfassendere Beschreibung von X-Anwendungen.

xterm – Ihr Ausgangspunkt

Lassen Sie uns die Erforschung von X-Anwendungen mit *xterm* beginnen, dem Arbeitstier, mit dem Sie die meiste Zeit verbringen werden. Es handelt sich dabei einfach um ein Fenster, das eine Unix-Shell enthält, die einen Prompt anzeigt, Befehle entgegennimmt und wie ein Terminal scrollt.

HINWEIS Wenn Sie KDE verwenden, dann können Sie auch einen von KDEs zwei eigenen Terminal-Emulatoren, kvt und konsole, verwenden. Diese haben mehr oder weniger die gleichen Features wie xterm, können aber über eine benutzerfreundliche Oberfläche konfiguriert werden.

Vielleicht wundern Sie sich mit mir über die Vorstellung, einen hochauflösenden Farbmonitor anzuschaffen und mehrere Megabytes an Grafiksoftware zu installieren, um sich dann mit der Emulation eines alten VT100-Terminals konfrontiert zu sehen. Aber Linux ist eben kein Betriebssystem, das ausschließlich mit der Maus bedient wird. Obwohl es eine Menge an optisch ansprechenden graphischen Anwendungen gibt, werden Sie doch häufig mit Texten arbeiten wollen, und dafür bietet die Befehlszeile nach wie vor die umfangreichsten Werkzeuge.

Lassen Sie uns also einen Blick auf ein *xterm*-Fenster werfen. Abbildung 11-6 zeigt ein Fenster, in dem wir bereits ein paar Befehle eingegeben haben. Übrigens: Falls Sie den Abschnitt »Die X Arbeitsoberfläche anpassen« weiter vorn in diesem Kapitel gelesen haben, finden Sie vielleicht Spaß daran, sich einige der Dateien in */usr/lib/X11/app-defaults* anzusehen. Dort können Sie das Standardverhalten von X-Anwendungen betrachten, die noch nicht von einem Benutzer angepaßt wurden.

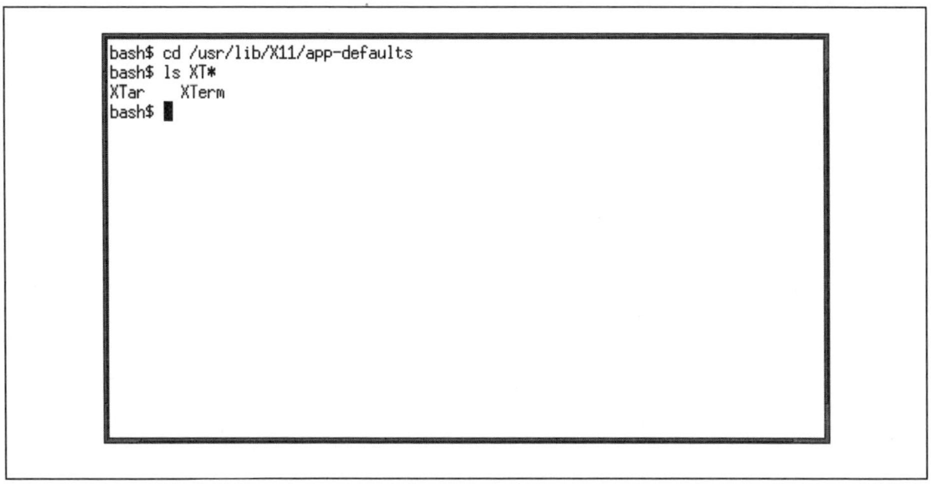

Abbildung 11-6: xterm-Fenster

xterm starten

Vielleicht sollten wir zuerst erklären, wie wir dieses Fenster aufgebaut haben. Mit der Anweisung

```
eggplant$ xterm -geometry 80x25-20-30 -fn 7x13bold -sb -name xterm-3
```

erzeugen Sie dieses Fenster. Die Optionen haben folgende Bedeutung:

-geometry 80x25-20-30
: Das Fenster ist 80 Zeichen breit, 25 Zeilen hoch und wird 20 Pixel vom linken Bildschirmrand sowie 30 Pixel vom unteren Rand entfernt plaziert.

-fn 7x13bold
: Text wird in einer mittleren Auflösung und fett dargestellt. (Es steht eine große Auswahl an Fonts zur Verfügung; im Abschnitt »Einen Font wählen« zeigen wir, wie Sie die Fonts anzeigen können.)

-sb
: Eine Bildlaufleiste (Scrollbar) wird angezeigt.

-name xterm-3
Der Text `xterm-3` erscheint in der Titelzeile des Fensters sowie auf dem Icon, wenn das Fenster zum Icon verkleinert wird.

Natürlich wollen wir uns nicht die Mühe machen, diesen langen Befehl jedesmal einzugeben, wenn wir ein *xterm* starten. Statt dessen haben wir folgende Optionen in unsere Datei *.Xdefaults* eingetragen (Sie können das im Abschnitt »Die X Arbeitsoberfläche anpassen« nachlesen):

```
! Defaults for all xterm clients
 XTerm*scrollBar:        true

! Specific xterms
 xterm-3*Geometry:       80x25-20-30

 xterm-3*Font:           7x13bold
```

Beim Einloggen wurde in unserer Datei *.xinitrc* folgender Befehl aufgerufen:

```
xterm -name "xterm-3" &
```

der dieses Fenster erzeugte. Wie Sie bereits im Abschnitt »Der Fenster-Manager fvwm« gesehen haben, ist es recht einfach, ein entsprechendes Menü zu erstellen und eine Maus- oder Funktionstaste mit dem Aufruf von *xterm* zu belegen.

Geben Sie `exit` ein oder drücken Sie STRG-D, um das Fenster zu schließen. Falls Ihnen dies zu gefährlich erscheint (weil Sie durch ein versehentliches STRG-D Ihr Fenster verlieren könnten), sollten Sie *xterm* mit der Option *-ls* starten (was für die Login-Shell steht). Anschließend können Sie das Fenster nur noch mit *logout* schließen. (Diese Option bewirkt auch noch andere Dinge: In der Shell *bash* wird die Datei *~/.bash_profile* ausgeführt, in der C-Shell die Datei *~/.login*.)

Ausschneiden und Einfügen der Selektion

Eigentlich bietet *xterm* einiges mehr als ein VT100-Terminal. Eines seiner Features sind seine umfangreichen Fähigkeiten, Texte auszuschneiden und wieder einzufügen (Cut-and-Paste).

Werfen Sie noch einmal einen Blick auf Abbildung 11-6. Nehmen wir an, daß wir nicht das Verzeichnis *app-defaults* meinten, sondern zu den Fonts in */usr/lib/X11/fonts* wechseln wollten. (Dies ist keine allzu interessante Anwendung; es soll nur ein Beispiel sein.)

Wir wollen zuerst den Teil des *cd*-Befehls markieren, der uns interessiert. Bewegen Sie den Cursor auf die Leerstelle links vom `c` in `cd`. Drücken Sie die linke Maustaste, und ziehen Sie den Cursor, bis der Schrägstrich hinter `X11` invers dargestellt wird. Abbildung 11-7 zeigt das Ergebnis.

Haben Sie zu viele oder nicht genug Zeichen markiert? Kein Problem – halten Sie die SHIFT-Taste gedrückt, und klicken Sie mit der linken Maustaste irgendwo in den markierten Text. Anschließend können Sie den markierten Bereich verkleinern oder vergrößern.

```
bash$ cd /usr/lib/X11/app-defaults
bash$ ls XT*
XTar    XTerm
bash$
```

Abbildung 11-7: Markierter Text in xterm

Drücken Sie die mittlere Maustaste, wenn Sie genau den gewünschten Bereich markiert haben. *xterm* fügt den ausgewählten Text in der aktuellen Befehlszeile ein. Das Ergebnis stellt Abbildung 11-8 dar.

```
bash$ cd /usr/lib/X11/app-defaults
bash$ ls XT*
XTar    XTerm
bash$ cd /usr/lib/X11/
```

Abbildung 11-8: xterm-Fenster nach dem Einfügen des Textes

Anschließend können Sie den Rest des Verzeichnisnamens *fonts* eingeben und mit RETURN den Befehl ausführen.

Sie können einen beliebig großen Bereich in dem Fenster markieren – sowohl Ein- als auch Ausgaben. Klicken Sie zweimal mit der linken Maustaste, wenn Sie ein ganzes Wort statt einzelner Zeichen markieren möchten. Mit dreifachem Klicken markieren Sie eine ganze Zeile. Auch das Markieren mehrerer Zeilen ist möglich. Dies ist bei der Eingabe von Befehlen nicht unbedingt hilfreich, aber immer dann, wenn Sie mit dem Editor *vi* arbeiten und längere Textpassagen zwischen den Fenstern hin- und herkopieren möchten.

Passen Sie bei langen, umbrochenen Zeilen auf; der markierte Bereich wird ein Newline-Zeichen enthalten, auch wenn Sie beim Tippen der Zeile kein RETURN eingegeben haben.

Scrollen

Nachdem Sie in Ihrer *xterm*-Sitzung einige Befehle eingegeben haben, werden die ersten Zeilen nach oben vom Bildschirm verschwinden. Für diesen Fall haben wir beim Aufruf von *xterm* die Bildlaufleiste (Scrollbar) eingerichtet. Die Benutzung der Laufleiste ist recht einfach (wie das bei allen mit der Maus bedienbaren Tools sein sollte), aber es gibt ein paar nette Tricks dabei. Die Techniken, die wir hier vorstellen, sollten übrigens in fast allen Anwendungen mit Scrollbars funktionieren. Eine X-Anwendung arbeitet immer so, wie der Programmierer das festgelegt hat, aber die meisten Entwickler halten sich an die Konventionen, die von *xterm* vorgegeben werden.

Lassen Sie uns zunächst das Fenster mit einer Menge Text füllen. Einer der folgenden Befehle sollte dazu ausreichen:

```
eggplant$ ls /bin
eggplant$ ls /usr/bin
eggplant$ cat ~/.*
```

Die Ausgabe des Befehls wird natürlich so schnell über den Bildschirm huschen, daß Sie nicht mitlesen können; wir können uns aber anschließend rückwärts durch den Text bewegen und ihn lesen. Beachten Sie die Laufleiste auf der linken Seite des Fensters – Sie sehen dort einen dunkel dargestellten »Zeiger« am unteren Ende. Seine Größe zeigt an, wieviel der Ausgabe Sie im Moment auf dem Bildschirm sehen. Die Position des Zeigers gibt Ihre Position innerhalb der Ausgabe an (in diesem Beispiel stehen Sie am Ende).

Bewegen Sie den Cursor auf das untere Ende der Laufleiste, und drücken Sie die rechte Maustaste. Damit blättern Sie um eine ganze Bildschirmseite zurück; der Text, der sich vorher am oberen Bildschirmrand befand, erscheint jetzt am unteren Rand. Wenn Sie in der Nähe des oberen Endes der Laufleiste klicken, bewegen Sie sich damit um einige Zeilen nach oben. Ein Klick auf die Mitte der Leiste blättert um eine halbe Bildschirmseite zurück. Beachten Sie, daß der Zeiger in der Laufleiste mit den Mausklicks seine Position ändert.

Wenn Sie wieder vorwärts blättern möchten, benutzen Sie die linke Maustaste. Auch hier gilt, daß ein Klick am oberen Ende der Laufleiste einige Zeilen weiterblättert, während ein Klick am unteren Ende Sie eine ganze Bildschirmseite weiterbringt.

Nachdem Sie eine größere Menge Text markiert haben, möchten Sie vielleicht schnell zum Anfang oder Ende des Textpuffers springen. Dazu können Sie die mittlere Maustaste einsetzen. Klicken Sie damit irgendwo auf die Laufleiste, und Sie werden im entsprechenden Bereich des markierten Textes landen. Ein Klick auf das obere Ende der Leiste bringt Sie also an den Anfang des Puffers, ein Klick auf das untere Ende läßt Sie zum Ende des Puffers springen. Sie haben außerdem die Möglichkeit, direkt auf die Bildlaufleiste zu klicken, die Taste gedrückt zu halten und den Zeiger in den gewünschten Bereich zu ziehen.

Kapitel 4

Falls Sie lieber mit der Tastatur arbeiten, müssen Sie zum Blättern nicht die Maus benutzen. Sie können auch die SHIFT-Taste festhalten und gleichzeitig mit der Bild-hoch-Taste zurück oder mit der Bild-runter-Taste vorwärts blättern. Diese Tastenkombinationen funktionieren übrigens auch auf einer virtuellen Konsole auf die gleiche Weise (siehe auch den Abschnitt »Virtuelle Konsolen« in Kapitel 4).

Sie werden feststellen, daß *xterm* per Voreinstellung nicht allzu viele Zeilen der Ausgabe puffert. Mit der Option *-sl* `anzahl` oder mit einem Eintrag wie

```
XTerm*saveLines:                  400
```

können Sie eine größere Anzahl an Zeilen zwischenspeichern lassen.

Einen Font wählen

Sie finden Ihre Fonts (Schrifttypen) häßlich oder zu klein? Es gibt genug andere zur Auswahl. In beinahe jeder X-Anwendung können Sie bestimmen, welcher Font für die Anzeige von verschiedenen Textarten (Menüs usw.) benutzt werden soll. Sie müssen nur wissen, wie die Fonts heißen und wie sie aussehen.

Mit einem Desktop haben Sie, wie oben beschrieben, eine einfache und intuitive Möglichkeit, einen Font auszuwählen. Wenn Sie aber keinen Desktop verwenden, können Sie zumindest mit den Hilfsprogrammen *xfontsel* und *xfd* Fonts einfach ansehen. Aber nachdem Sie einen Font gefunden haben, müssen Sie ihn in die Datei *.Xdefaults* kopieren oder das tun, was sonst notwendig ist, um eine bestimmte Anwendung zu konfigurieren.

Die Fonts im X Window System haben unglaublich lange Namen. Ein typisches Beispiel ist:

```
-misc-fixed-bold-r-normal--13-100-100-100-c-70-iso8859-1
```

Die Bindestriche teilen die Namen in Felder ein. Was uns im Augenblick interessiert, ist das Feld hinter dem elften Bindestrich, das in diesem Beispiel ein `c` enthält.

Für *xterm* und viele andere Anwendungen brauchen Sie eine *Sperrschrift*. Das bedeutet, daß alle Buchstaben gleich breit sind – im Gegensatz zur *Proportionalschrift*, bei der ein `m` breiter ist als ein `i`. Proportionalschriften eignen sich ganz hervorragend für die Darstellung der Ausgaben eines Textformatierers wie TeX, aber sie sehen absolut unmöglich aus, wenn sie in einem Programm benutzt werden, das nicht auf die Handhabung der verschiedenen Zeichenbreiten eingerichtet ist. Wenn im elften Feld eines Fontnamens ein `c` oder `m` steht, handelt es sich um eine Sperrschrift.

Auch andere Felder können Ihnen helfen, einen Font zu wählen. Im dritten Feld erfahren Sie die Strichstärke für diesen Font – entweder »medium« für normale Strichstärke oder »bold« für Fettdruck. Im siebten Feld, das in unserem Beispiel 13 enthält, erfahren Sie die Größe des Fonts (genauer gesagt, die Höhe des größten Zeichens in Pixel).

Wir wollen uns jetzt für einen Font entscheiden und prüfen, ob das System einen solchen zur Verfügung stellt. Starten Sie das Programm *xfontsel* von der Kommandozeile in einem Terminal-Fenster. Es lädt alle Fonts, die auf Ihrem System vorhanden sind, und läßt Sie auf einem Bildschirm einen auswählen. Sie können den Bereich der Fonts, der Sie interessiert, weiter einschränken, allerdings ist die Syntax dafür eher abschreckend, da für jedes Feld, das Sie nicht explizit angeben wollen, ein Sternchen angegeben werden muß:

```
eggplant$ xfontsel -pattern -*-*-bold-*-*-*-18-*-*-*-m-*-*
```

Ein typisches *xfontsel*-Fenster sieht aus wie in Abbildung 11-9.

Abbildung 11-9: Fonts mit xfontsel anzeigen

Jeder dieser Strings, wie `wght` und `slant`, repräsentiert einen Teil des Fontnamens. Der Fontname im obigen Beispiel hat die Stärke `bold` und die Neigung `r`, was für »roman«, also aufrecht, steht. Das elfte Feld ist `spc`, aber wir wollen `c` oder `m`. Bewegen Sie Ihre Maus also auf das `spc`-Feld, klicken Sie darauf, und wählen Sie aus dem aufklappenden Menü `c` oder `m`. Dann können Sie auch andere Felder ausprobieren (beispielsweise wählen Sie eine Größe aus dem ptSz-Menü) und einen zu Ihrer Spezifikation passenden Font auswählen.

Eine ältere Möglichkeit, die verfügbaren Fonts auszugeben, ist der Befehl *xlsfont*. So wie *ls* Dateien auflistet, listet *xlsfont* Fonts auf. Aber wenn Sie diesen Befehl ohne Argumente verwenden, werden Sie von der Flut der Ausgaben überwältigt werden. Es ist besser, wenn Sie sich Gedanken machen, was für Fonts Sie benötigen, und dann nur diese anzusehen.

Bei *xlsfonts* geben Sie einen Font mit der Option *-fn* an und verwenden ein Sternchen als Wildcard für eine beliebige Zeichenfolge. Wenn das dritte und das elfte Feld genau passen sollen und die anderen Felder egal sind, dann können Sie beispielsweise folgenden Befehl verwenden:

```
eggplant$ xlsfonts -fn -*-*-bold-*-*-*-*-*-*-*-m-*-*
```

Das erste und das zweite Feld kann einen beliebigen Wert enthalten, aber das dritte muß `bold` sein. Auch für das elfte Feld ist ein Wert angegeben, nämlich ein `m`. Wir bekommen eine Liste der fetten Sperrschriften. Wenn es keine passende gibt, bekommen Sie folgende Meldung:

```
xlsfonts: pattern "-*-*-bold-*-*-*-*-*-*-*-m-*-*" unmatched
```

Ersetzen Sie jetzt das `m` durch ein `c`, und sehen Sie sich die anderen Sperrschriften an.

In Wirklichkeit brauchen wir solche komplizierten Namen nicht. In den Beispielen weiter oben in diesem Kapitel haben wir den Kurznamen `7x13bold` benutzt. Solche Namen nennt man auch *Aliasnamen*; sie ersetzen die langen Namen. Wenn Sie eine kurze Liste der Sperrschriften unter Benutzung dieser Aliasnamen sehen möchten, geben Sie ein:

```
eggplant$ xlsfonts *x*
```

Wir haben bereits einigen Aufwand betrieben, nur um eine Liste mit Namen anzuzeigen. Aber wie sehen die Fonts eigentlich aus? Der Befehl *xfontsel* zeigt die Buchstaben und Ziffern eines Fonts. Wenn Sie jedes einzelne Zeichen des Fonts anzeigen möchten, sollten Sie den Befehl *xfd* benutzen (»X font display«). Sie erhalten ein Gitternetz mit einem Feld für jedes Zeichen:

```
eggplant$ xfd -fn -misc-fixed-bold-r-normal--13-100-100-100-c-70-iso8859-1
```

Sobald Sie einen Font gefunden haben, der Ihnen gefällt, halten Sie ihn fest, indem Sie ihn in Ihrer Datei *.Xdefaults* verewigen:

```
XTerm*Font:          7x13bold
```

Uhren

Glauben Sie wirklich, daß Ihr Bildschirm komplett ist, solange er nicht von einer Uhr geschmückt wird, auf der Sie ablesen können, wieviel Zeit Sie mit der Gestaltung des Bildschirms verschwendet haben? Sie können genau die Uhr anzeigen lassen, die Ihnen am besten gefällt: quadratisch oder rund, analog oder digital, groß oder klein. Selbstverständlich kann die Uhr Ihnen auch akustisch mitteilen, was die Stunde geschlagen hat.

In der *.xinit*-Datei weiter oben in diesem Kapitel steht eine Zeile, die *oclock* startet:

```
oclock -geometry 70x70+5+5 &
```

Abbildung 11-1 zeigt Ihnen, wie diese Uhr aussieht. Vielleicht ist Ihnen die quadratische Uhr lieber, die vom Programm *xclock* angezeigt wird:

```
xclock -geometry 150x150+5+5 &
```

Wenn es eine winzige Digitaluhr am unteren Bildschirmrand sein soll:

```
xclock -digital -geometry +10-10
```

oclock gibt sich farbenprächtiger, während *xclock* Ihnen bei anderen Gestaltungselementen mehr Freiheiten läßt; in den Manpages finden Sie Details hierzu. Wenn Sie jede halbe Stunde auch akustisch markiert haben möchten, rufen Sie *xclock* mit der Option *-chime* auf.

Emacs

Die Integration von X und Emacs wird immer ausgereifter. Dazu gehören Pulldown-Menüs, unterschiedliche Schrifttypen für die verschiedenen Bereiche Ihres Fensters sowie die vollständige Integration von »Cut-and-Paste«-Funktionen in die X-Umgebung.

HINWEIS Die meisten Distributionen enthalten heutzutage auch XEmacs, eine Version von Emacs, die noch besser in das X Window System integriert ist und ein schöneres und benutzerfreundlicheres Aussehen hat. Sie sollten XEmacs einmal probieren. Fast alles, was wir hier beschreiben, trifft auch auf XEmacs zu.

Lassen Sie uns als erstes ein paar schöne Farben für die verschiedenen Bereiche des Emacs-Fensters definieren. Versuchen Sie es damit:

```
eggplant$ emacs -bg ivory -fg slateblue -ms orangered -cr brown
```

Mit diesem Befehl setzen Sie die Farben für den Hintergrund, den Vordergrund, den Mauszeiger und den Cursor. Der Cursor ist das kleine Rechteck, das im Fenster erscheint; in Emacs wird der Cursor »Point« genannt – das ist die Stelle, an der Sie Text eingeben. Wir werden etwas später auf die Farben zurückkommen.

Nach dem Start von Emacs fallen zunächst die Menüleiste oben und die Bildlaufleiste rechts auf (siehe Abbildung 11-10).

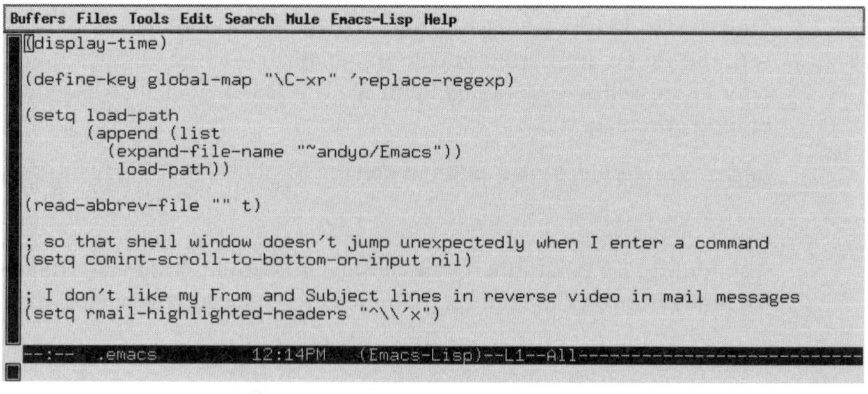

Abbildung 11-10: Emacs-Fenster

Die Laufleiste funktioniert genauso wie die Leiste unter *xterm*. In der Menüzeile sind einige der gängigen Funktionen enthalten. Einige Modi, etwa der C- und der TEX-Modus, benutzen eigene Pull-down-Menüs. Diese Menüs sind nirgendwo dokumentiert; Sie werden also durch Probieren herausfinden müssen, welche Emacs-Funktionen sich dahinter verbergen.

Wenn Sie einmal eine Funktion benutzen möchten, für die es keine einfache Tastenkombination gibt – oder wenn Sie die Kombination vergessen haben –, sind die Menüs ganz praktisch. Wenn Sie zum Beispiel nur selten eine Suche mit regulären Ausdrücken starten (ein mächtiges Werkzeug, das zu beherrschen sich lohnt), dann führt der einfachste Weg dahin über den Punkt REGEXP SEARCH im Menü EDIT.

Ein weiterer nützlicher Punkt ist CHOOSE NEXT PASTE aus dem Menü EDIT. Damit haben Sie Zugriff auf eine Funktion, die Sie nur auf diesem Weg erreichen: eine Liste der Textblöcke, die Sie kürzlich ausgeschnitten haben. Mit anderen Worten: Sie werfen einen Blick auf den Kill-Ring. Hier können Sie aussuchen, welchen Textblock Sie als nächstes einfügen möchten; mit dem nächsten `C-y` wird dieser Textblock in den aktuellen Text eingefügt.

Sie haben auch die Möglichkeit, die Laufleiste und das Menü zu verbergen; fügen Sie dazu folgende Zeilen LISP-Code in Ihre Datei *.emacs* ein:

```
(if (getenv "DISPLAY")
    (progn (menu-bar-mode -1)
           (scroll-bar-mode -1))
   )
```

Auch die Maus erwirbt unter X einige interessante Fähigkeiten. Mit ihrer Hilfe können Sie genauso Text ausschneiden und einfügen (Cut-and-Paste), wie Sie es von *xterm* her gewohnt sind. Das funktioniert sogar zwischen verschiedenen Fenstern – wenn Sie also die Ausgabe, die in einem *xterm*-Fenster angezeigt wird, in eine Datei übertragen möchten, schneiden Sie den Text in *xterm* aus und fügen ihn in den Emacs-Puffer ein. Alle Texte, die Sie nicht mit der Maus markiert haben (sondern zum Beispiel mit `C-w`), werden ebenso in die Mausauswahl aufgenommen wie die mit der Maus ausgeschnittenen Texte. Sie können also auch Text in Ihrem Emacs-Puffer markieren und in ein *xterm*-Fenster einfügen.

Die rechte Maustaste funktioniert auf etwas ungewöhnliche Weise. Wenn Sie mit der linken Taste einen Text markiert haben, wird dieser mit einem Klick auf die rechte Taste kopiert. Ein zweiter Klick mit der rechten Maustaste löscht den Text. Mit der mittleren Maustaste fügen Sie den gelöschten Text vor der aktuellen Position des Cursors wieder ein. Sie haben einen Fehler gemacht? Kein Problem: Mit dem Befehl `Undo` machen Sie ihn ebenso wieder rückgängig wie jede andere Emacs-Funktion auch. (Wählen Sie dazu `Undo` aus dem Menü EDIT, oder drücken Sie einfach `C-_`.)

Falls Sie die »Mauserei« über alles lieben, können Sie auch die Maustasten mit beliebigen Funktionen belegen – wie die Tasten auf der Tastatur auch. Probieren Sie folgenden Befehl in Ihrer Datei *.emacs* aus:

```
(define-key global-map [S-mouse-1] 'mail)
```

Wenn Sie anschließend die SHIFT-Taste festhalten und dazu die linke Maustaste drücken, öffnet sich ein Fenster, in dem Sie Ihre E-Mail schreiben können.

Wir empfehlen Ihnen, keine bestehenden Mausfunktionen umzudefinieren, aber zusammen mit den Tasten SHIFT, STRG und ALT bleiben noch genug Möglichkeiten offen. Sie können die Kürzel `S-`, `C-` und `M-` für eigene Definitionen in beliebigen Zusammensetzungen kombinieren:

```
(define-key global-map [S-C-mouse-1] 'mail)
```

Lassen Sie uns ein wenig mit Fenstern herumspielen. Emacs hat schon immer ein eigenes Fenster gehabt – lange bevor das X Window System entstand. Deshalb ist ein Fenster unter Emacs nicht dasselbe wie ein Fenster unter X. Was unter X als Fenster bezeichnet wird, heißt im Emacs-Umfeld *Rahmen* (frame).

Wie würde es Ihnen gefallen, in mehreren Fenstern gleichzeitig zu arbeiten? Drükken Sie dazu `C-x 5 2`, und ein weiteres Fenster öffnet sich. Der neue Rahmen stellt die aktuelle Editorsitzung noch einmal dar. Sie können in den beiden Rahmen verschiedene Puffer bearbeiten, aber alles, was Sie in einem Rahmen ändern, wirkt sich auch auf den entsprechenden Puffer im anderen Rahmen aus. Wenn Sie Emacs mit `C-x C-c` verlassen, werden beide Rahmen geschlossen. Wenn Sie nur einen Rahmen schließen möchten, sollten Sie `C-x 5 0` eingeben.

Zum Abschluß unserer Erkundung von Emacs unter dem X Window System wollen wir zeigen, welche fantastischen Dinge Sie mit Farben anstellen können. Sie können die Farben während einer Emacs-Sitzung ändern; das vereinfacht das Testen verschiedener Kombinationen. Drücken Sie `M-x`, und geben Sie dann `set-background-color` ein. Schicken Sie den Befehl mit RETURN ab. Am Prompt geben Sie dann `ivory` oder die von Ihnen bevorzugte Farbe ein. (Emacs benutzt die Schreibweise `M-x`, während wir in den anderen Teilen dieses Buches META-x oder ALT-x benutzen.)

Achten Sie darauf, daß die Farben für den Vorder- und Hintergrund so verschieden sind, daß Sie den Text noch lesen können! Neben `set-background-color` kennt Emacs noch `set-foreground-color`, `set-cursor-color` und `set-mouse-color`.

Dies kommt Ihnen vielleicht wie eine nette Spielerei vor, aber ihr wahres Gesicht zeigen die Farben dann, wenn Sie verschiedene Bereiche des Textpuffers in unterschiedlichen Farben darstellen lassen. Wenn Sie zum Beispiel in C oder LISP programmieren, können Sie für Strings, Kommentare, Funktionen und Schlüsselwörter unterschiedliche Farben vergeben.

Sie müssen vor den Farbmanipulationen noch den `font-lock`-Modus einstellen. Am einfachsten geht das mit folgenden Zeilen in Ihrer Startdatei *.emacs*:

```
(require 'font-lock)
(setq global-font-lock-mode t)
(setq font-lock-maximum-decoration t)
```

Diese ziemlich komplexen Befehle bewirken, daß die Major-Modi immer den Font-Lock-Modus einschalten, sobald ein Puffer in einem dieser Major-Modi geöffnet wird. Der Font-Lock-Modus wird also immer dann aktiviert, wenn Sie zum Beispiel eine Datei mit dem Suffix *.c* bearbeiten.

Als nächstes wollen wir uns die verschiedenen Schrifttypen unter Emacs ansehen. Drücken Sie `M-x`, und geben Sie den Befehl `list-faces-display` ein. Sie erhalten etwa folgende Liste:

```
               bold abcdefghijklmnopqrstuvwxyz ABCDEFGHIJKLMNOPQRSTUVWXYZ
        bold-italic abcdefghijklmnopqrstuvwxyz ABCDEFGHIJKLMNOPQRSTUVWXYZ
            default abcdefghijklmnopqrstuvwxyz ABCDEFGHIJKLMNOPQRSTUVWXYZ
          highlight abcdefghijklmnopqrstuvwxyz ABCDEFGHIJKLMNOPQRSTUVWXYZ
             italic abcdefghijklmnopqrstuvwxyz ABCDEFGHIJKLMNOPQRSTUVWXYZ
           modeline abcdefghijklmnopqrstuvwxyz ABCDEFGHIJKLMNOPQRSTUVWXYZ
             region abcdefghijklmnopqrstuvwxyz ABCDEFGHIJKLMNOPQRSTUVWXYZ
secondary-selection abcdefghijklmnopqrstuvwxyz ABCDEFGHIJKLMNOPQRSTUVWXYZ
          underline abcdefghijklmnopqrstuvwxyz ABCDEFGHIJKLMNOPQRSTUVWXYZ
```

Jetzt haben Sie die Möglichkeit, für jeden Schrifttyp interaktiv die Vorder- und Hintergrundfarbe zu bestimmen. Ein Beispiel:

1. Geben Sie `M-x set-face-background` ein.
2. Geben Sie am ersten Prompt `modeline` ein.
3. Geben Sie am zweiten Prompt `lemonchiffon` ein.

Sie werden die Veränderung sofort bemerken. Setzen Sie dann die Vordergrundfarbe des Textes:

1. Geben Sie `M-x set-face-foreground` ein.
2. Geben Sie am ersten Prompt `modeline` ein.
3. Geben Sie am zweiten Prompt `green` ein.

Damit ist der Kontrast allerdings für das bequeme Lesen nicht groß genug. Wiederholen Sie diesen Vorgang, und setzen Sie die Vordergrundfarbe auf `maroon`; das sieht besser aus.

Suchen Sie sich einen Puffer mit C- oder LISP-Code darin, und versuchen Sie, die anderen Schrifttypen mit neuen Farben zu versehen. Die Schrifttypen werden den Elementen des Programmcodes ziemlich willkürlich zugeordnet. Die Verwendung von Farben verleiht Ihrem Code neue Dimensionen. Im C- und C++-Modus erscheinen zum Beispiel:

- Kommentare und Präprozessor-Anweisungen *kursiv*.
- Strings und die Namen von Include-Dateien *unterstrichen*.
- Die Namen von Funktionen und Variablen *kursiv*/**fett**.

Es empfiehlt sich wahrscheinlich, die intensiveren Farben für kurze Texte zu reservieren, die nur selten vorkommen.

Wenn Sie eine Farbzusammenstellung gefunden haben, die Ihnen gefällt, sollten Sie diese mit Hilfe der entsprechenden LISP-Funktionen in Ihrer Datei *.emacs* speichern. Hier ein Beispiel:

```
(set-background-color "ivory")
(set-foreground-color "slateblue")
(set-cursor-color "brown")
(set-mouse-color "orangered")
(set-face-foreground 'bold "black")
(set-face-background 'bold "lightpink")
(set-face-foreground 'bold-italic "red")
(set-face-background 'bold-italic "wheat")
(set-face-foreground 'italic "darkolivegreen")
(set-face-background 'modeline "lemonchiffon")
(set-face-foreground 'modeline "maroon")
(set-face-foreground 'underline "violet")
```

Sie haben auch die Möglichkeit, die Farben in Ihrer Datei *.Xdefaults* einzustellen; da das aber mehr Aufwand erfordert, wollen wir hier nicht darauf eingehen.

Ghostview - PostScript anzeigen

Adobe PostScript, das sich zu einem Standard entwickelt hat, ist eines der beliebtesten Formate für den Austausch von Dokumenten in der Welt der EDV. Viele Akademiker verbreiten ihre Schriften im PostScript-Format. Das »Linux Documentation Project« bietet seine Handbuchseiten unter anderem auch in Form von PostScript-Dateien an. Das ist ganz praktisch für die Leute, die keine Zeit haben, LaTeX-Dokumente zu formatieren, oder die über ausreichende Netzwerkkapazitäten verfügen, um Dateien zu übertragen. Wenn Sie selbst Schriftstücke mit *groff* oder TeX erstellen, ist es sicherlich von Vorteil, wenn Sie diese zunächst am Bildschirm betrachten können, bevor Sie teure Ausdrucke auf Papier herstellen.

Ghostview, eine GNU-Anwendung, bietet eine angenehme Arbeitsumgebung zum Betrachten von PostScript auf dem X Window System. Ghostview ist sehr einfach zu handhaben. Rufen Sie es zusammen mit dem Namen der anzuzeigenden Datei auf:

```
eggplant$ ghostview article.ps
```

Das Ghostview-Fenster ist riesig; es kann ohne weiteres den größten Teil des Bildschirms einnehmen. Die erste Seite des Dokuments wird zusammen mit einer senkrechten Bildlaufleiste am rechten Rand und einer horizontalen Leiste am unteren Rand angezeigt. Die Menüs erscheinen auf der linken Seite des Fensters, und die Seitenzahlen stehen rechts daneben.

Wie bei den meisten X-Anwendungen können auch in Ghostview häufig benutzte Funktionen über die Menüs oder per Tastatur (Accelerator-Tasten) aufgerufen werden. Sie gelangen zum Beispiel auf die nächste Seite, indem Sie entweder das Menü PAGE öffnen und dort NEXT anklicken oder indem Sie einfach die SPACE-Taste drücken.

Sie gelangen auf die vorhergehende Seite, indem Sie PREVIOUS aus dem Menü PAGE wählen. Wenn Sie auf eine ganz bestimmte Seite wechseln möchten, bewegen Sie den Cursor auf die entsprechende Zahl in der Spalte mit den Seitenzahlen und drücken dann die mittlere Maustaste. Mit QUIT aus dem FILE-Menü verlassen Sie Ghostview – oder geben Sie einfach `q` ein.

Schriftstücke aus verschiedenen Ländern haben oft unterschiedliche Seitenlängen. Die Voreinstellung für Ghostview ist das amerikanische Format »letter«. (Sie können das in der PostScript-Datei ändern.) Sie haben auch die Möglichkeit, auf der Befehlszeile ein anderes Format einzustellen:

```
eggplant$ ghostview -a3 article.ps
```

oder in Ihrer *.Xdefaults*-Datei:

```
Ghostview*pageMedia:          A3
```

Schließlich können Sie zur Laufzeit noch ein anderes Seitenformat aus dem Menü MEDIA auswählen.

Ghostview ermöglicht es, die Seite in einem anderen Maßstab darzustellen, was zur Kontrolle von Details Ihrer Formatierungsarbeit sehr nützlich ist. (Ein Wort zur Warnung: Die Fonts auf dem Bildschirm sind nicht identisch mit den Druckerfonts; deshalb wird das Aussehen der Zeichen unter Ghostview nicht den gedruckten Zeichen entsprechen.) Wenn Sie einen Ausschnitt der Seite vergrößern möchten, können Sie den Cursor dorthin bewegen und eine beliebige Maustaste drücken. (Die rechte Maustaste liefert die stärkste, die linke Maustaste die geringste Vergrößerung.)

Sie können außerdem aus dem Menü MAGSTEP heraus den voreingestellten Maßstab zur Anzeige des kompletten Schriftstücks ändern. Je größer der Wert ist, den Sie einstellen, desto stärker wird der Text vergrößert. Negative Werte verkleinern das Dokument.

Zum Drucken einer Seite wählen Sie PRINT aus dem Menü FILE oder geben nur `p` ein. Sie haben dann noch Gelegenheit, den richtigen Drucker auszuwählen; Sie können die Vorgabe löschen und einen anderen Namen eintragen. Der vorgegebene Name stammt aus Ihrer Unix-Umgebung. Wenn Sie also einen Drucker namens **doorway** haben, sollte in Ihrer Startdatei etwa folgender Shell-Befehl stehen:

```
export PRINTER=doorway
```

Sie können auch mehrere Seiten auf einmal drucken. Einzelne Seiten wählen Sie mit einem Klick der mittleren Maustaste auf die entsprechenden Zahlen aus. Sie können zusammenhängende Seiten ausdrucken, indem Sie die erste Seite mit der linken und die letzte Seite mit der rechten Maustaste anklicken; nach der Eingabe von `p` werden alle diese Seiten gedruckt.

HINWEIS KDE enthält eine eigene Version von Ghostview, kghostview, bei der es sich eigentlich nur um eine Version von Ghostview mit einer benutzerfreundlicheren Schnittstelle und einem netteren Aussehen handelt. Sie können kghostview auch dann verwenden, wenn Sie KDE insgesamt nicht verwenden.

HINWEIS Eine andere Möglichkeit wäre der Einsatz von gv, das in letzter Zeit recht beliebt geworden ist.

---

xman: Per Mausklick zu den Manpages

Die Manpages, mit dem Befehl *man* angezeigt, verkörpern die höchste Autorität auf einem Unix-System. Andere Bücher können zwar die Funktionalität eines Befehls weitgehend erklären – und das oft in einer angenehmer zu lesenden Form –, aber nur in der Manpage finden Sie alle Details. Im Abschnitt »Manpages« in Kapitel 4 finden Sie alles Wichtige zu den Manpages.

Kapitel 4

Mit dem Befehl *xman* steht Ihnen eine einfache X-Schnittstelle zu den Manpages zur Verfügung. Wie es sich für ein Tool zur Anzeige von Hilfetexten gehört, enthält es auch eine ziemlich gute Beschreibung seiner selbst. Damit Sie diese Dokumentation bequem lesen können, sollten Sie das Programm mit einem großen Seitenformat starten:

```
eggplant$ xman -pagesize 650x600
```

Sie sehen als erstes einen kleinen Kasten mit drei Schaltflächen. Klicken Sie auf den Button MANUAL PAGE, um das Hauptfenster zu öffnen, in dem Sie den überwiegenden Teil der Arbeit erledigen werden.

Jetzt blicken Sie auf die Dokumentation zu *xman*. Lesen Sie hier bei einer anderen Gelegenheit weiter; im Augenblick sollten Sie das Menü OPTIONS öffnen und den Punkt SEARCH anklicken – oder drücken Sie STRG-S. (Sie können das Optionsmenü auch öffnen, indem Sie die STRG-Taste gedrückt halten und mit der linken Maustaste klicken.) Geben Sie in dem Kasten, der sich dann öffnet, einen Befehl oder eine Funktion ein, über den/die Sie mehr erfahren möchten; beenden Sie die Eingabe mit RETURN. Der Inhalt des Hauptfensters wird dann durch die entsprechende Manpage ersetzt.

Falls Sie nicht wissen, wonach Sie suchen müssen, können Sie auch das Menü SECTIONS öffnen oder die STRG-Taste zusammen mit der mittleren Maustaste drücken. Wählen Sie aus dem Menü, das dann erscheint, einen Abschnitt aus. Sie erhalten eine lange Liste mit Namen von Manpages. Sobald Sie einen der Namen mit der linken Maustaste anklicken, wird die Manpage auf dem Bildschirm dargestellt.

Kapitel 4

Eine andere bewährte Methode der Suche nach Informationen ist der Befehl *apropos* (den wir bereits im Abschnitt »Manpages« in Kapitel 4 besprochen haben). Drücken Sie wieder STRG-S, geben Sie dann einen Begriff zu dem Thema ein, das Sie interessiert, und klicken Sie dann auf die Schaltfläche APROPOS. Falls es Manpages gibt, die zu Ihrem Suchbegriff passen, werden die Namen zusammen mit einer kurzen Beschreibung angezeigt. Leider lassen sich die entsprechenden Manpages nicht mit einem Mausklick aufrufen; diese kleine Vereinfachung fehlt in *xman*. Sie müssen also STRG-S drücken und den Namen der gesuchten Manpage eingeben.

Das Blättern innerhalb einer Manpage ist einfach. Mit der SPACE-Taste oder `f` bewegen Sie sich um eine Seite weiter, mit `b` geht es eine Seite zurück. Sie können auch die Laufleiste benutzen, wie Sie es von *xterm* her gewohnt sind.

Jetzt haben Sie die Dokumentation im Griff! Klicken Sie auf die Schaltfläche HELP in dem kleinen Fenster, das beim Start von *xterm* erscheint. Zum Verlassen des Programms können Sie entweder STRG-Q drücken, auf den Button QUIT klicken oder den Punkt QUIT im Menü OPTIONS anklicken.

Wenn Sie *xman* noch als zu rudimentär und als nicht besonders große Verbesserung gegenüber *man* von der Kommandozeile empfinden, dann können Sie eine der fortgeschrittenen Alternativen ausprobieren. *tkman* hat eine sehr viel nettere Benutzeroberfläche und fortgeschrittene Navigationsmöglichkeiten. Das KDE-Hilfesystem namens *kdehelp* kann Manpages und Info-Seiten neben den eigenen HTML-Seiten anzeigen und faßt damit die drei unter Linux verwendeten Dokumentationsformate zusammen.

KAPITEL 12

Kompatibilität mit Windows und Samba

Linux ist ein ausgesprochen leistungsfähiges Betriebssystem, das MS-DOS/Windows normalerweise vollständig ersetzt. Allerdings können manche nie den Hals voll genug bekommen und wollen auch ihre anderen Betriebssysteme neben Linux weiterhin verwenden oder zumindest Dateien direkt mit diesen austauschen. Linux ermöglicht dies durch interne Erweiterungen, mit denen auf fremde Dateisysteme zugegriffen und Dateien darauf manipuliert werden können, durch Kompatibilitäts-Hilfsprogramme, mit denen MS-DOS gestartet werden kann, um DOS-Anwendungen auszuführen, oder mit einem Hilfsprogramm, mit dem Linux Xenix-Binärdateien ohne Rekompilieren ausführen kann. Aber das herausragendste Werkzeug im Bereich der Zusammenarbeit von Linux und Windows ist Samba, das wir hier so weit besprechen, daß Sie damit einen einfachen, aber funktionalen Server zum Laufen bringen können.

Samba ist das Paket, mit dem Sie von Windows aus auf Unix-Dateien und -Drucker zugreifen können, und es hat sich zu einem der bekanntesten Open Source-Programme überhaupt entwickelt. Man hat herausgefunden, daß Unix-Server mit Samba Windows-Rechner – abhängig von den Umständen – schneller bedienen können als Windows-Server selbst! Darüber hinaus hat sich Samba als sehr stabil und zuverlässig erwiesen.

Wir verwenden den Begriff Windows in diesem Kapitel etwas allgemeiner und bezeichnen damit alle DOS-basierten Betriebssysteme von Microsoft sowie dazu kompatible Betriebssysteme, wie beispielsweise MS-DOS, PC-DOS und DR-DOS/Novell DOS (alle mit oder ohne Windows 3.x), außerdem die verschiedenen Windows-Versionen selbst, unabhängig davon, ob sie auf einer separaten DOS-Installation aufsetzen (wie das ehrwürdige Windows 3.x) oder ob ein DOS-Kernel eingebaut ist (wie bei Windows 95 und Windows 98). Es sollte noch hinzugefügt werden, daß Windows NT/2000 eine völlig andere Sache ist und viele der hier beschriebenen Vorgehensweisen damit nicht oder anders funktionieren. Probieren Sie es im Zweifelsfall selbst aus.

Manche der hier beschriebenen Werkzeuge funktionieren sehr gut, während andere noch nicht für den Ernstfall einsatzbereit sind. Aber viele, die sonst keine Möglichkeit hätten, sich mit Linux auseinanderzusetzen, haben so die Gelegenheit, Linux auszuprobieren, ohne ihre verläßliche Arbeitsplattform aufzugeben oder einen zweiten Computer nur zum Herumspielen zu kaufen.

Sie sollten allerdings nicht jedes Kompatibilitätsversprechen begeistert und unkritisch aufnehmen. Nur weil etwas getan werden kann, heißt das noch lange nicht, daß das eine besonders schlaue Idee wäre. Ein praktisches Problem ist es beispielsweise, daß Sie den doppelten Festplattenplatz benötigen, wenn Sie zwei Betriebssysteme mit den dazugehörigen Dateien und Anwendungsprogrammen betreiben wollen, von den Konvertierungsprogrammen für Datei- und Grafikformate einmal ganz zu schweigen. Ihre Hardware, die für ein Betriebssystem optimiert wurde, ist vielleicht nicht für ein anderes optimiert, und Sie müssen sich überlegen, wie Sie Ihr Geld investieren wollen.

Wenn Sie ein Gerät haben, das Sie wegen seiner Windows-Unterstützung (wie beispielsweise ein USB-Gerät) gern benutzen wollen, für das es aber noch keine Linux-Treiber gibt, dann verzweifeln Sie nicht. Der Wunsch, alles zu besitzen, wird die Linux-Entwickler wahrscheinlich weiterhin vorantreiben, so daß wir durchaus mit Zuversicht erwarten können, daß es für jedes Gerät, das unter Windows unterstützt wird, auch irgendwann einen Linux-Treiber geben wird. Beispielsweise wird an USB-Geräten bereits gearbeitet; lesen Sie dazu *http://video.komm.hdk-berlin.de/~rasca/uusbd-utils/*.

Kapitel 5

Das erste, was Sie wahrscheinlich mit Linux und Windows machen wollen, ist beide auf Ihrem Computer zu installieren und beim Booten zu entscheiden, welches der beiden Systeme Sie starten wollen. Im Abschnitt »Das System booten« in Kapitel 5 können Sie nachlesen, was Sie tun müssen, um dies zu erreichen.

Als nächstes wollen Sie wahrscheinlich von Windows und Linux aus auf die gleichen Dateien zugreifen. Damit beschäftigen wir uns im nächsten Abschnitt. Sie werden dort auch lesen, daß das heutzutage in den meisten Fällen problemlos funktioniert, wenn Sie die notwendigen Tricks kennen.

Schließlich behandeln wir Werkzeuge, mit denen Sie (zumindest teilweise) einige Ihrer DOS- und Windows-Programme unter Linux ausführen können. An dieser Stelle verlassen wir die Schnellstraße und begeben uns auf holprige Nebenstraßen, die aber – wie so oft – den besten Ausblick bieten.

Dateien gemeinsam nutzen

Wenn Sie sowohl Windows als auch Linux auf Ihrem Computer installiert haben, dann wünschen Sie sich sicherlich oft, daß Sie von einem Betriebssystem auf die Dateien zugreifen können, die Sie unter dem anderen gespeichert haben. Es gibt (wenn überhaupt) nur wenige Möglichkeiten, um von Windows aus auf Dateien zuzugreifen, die unter Linux auf demselben Rechner gespeichert wurden, aber es ist erstaunlich einfach, von Linux aus an Ihre Windows-Dateien zu kommen. Linux kann Dateien auf dem traditionellen FAT-Dateisystem und dem neueren, mit Windows 95 eingeführten VFAT-Dateisystem, das lange Dateinamen unterstützt, lesen und schreiben. Es kann Dateien auf dem NTFS-Dateisystem von Windows NT lesen und wird diese irgendwann auch schreiben können.

Manchmal ist es einfacher, mittels Samba auf Ihre Dateien über das Netzwerk zuzugreifen. Wenn Sie Linux auf einem Rechner und eine Version von Windows mit eingebauter Netzwerkfunktionalität – wie Windows für Workgroups oder die neueren Windows-Versionen 95/98 oder NT – auf einem anderen Rechner verwenden, können Sie mit großer Wahrscheinlichkeit zwischen diesen beiden Rechnern Dateien austauschen.

Aber an die Daten heranzukommen ist nur der halbe Sieg. Sie müssen mit diesen auch etwas anfangen können. Es wird Sie vielleicht erstaunen, daß es schon mit dem allereinfachsten Dateiformat, reinem Text, Probleme gibt, von komplizierteren Dateiformaten wie die von Grafikprogrammen oder Textverarbeitungen einmal ganz abgesehen.

Mounten von DOS-, VFAT- und NTFS-Partitionen

Kapitel 6

Wenn Sie den Abschnitt »Dateisystem aufsetzen« in Kapitel 6 bereits gelesen haben, dann wissen Sie ja schon, daß Sie auf Dateien auf Ihrer lokalen Festplatte zugreifen, indem Sie diese in Ihre Verzeichnishierarchie »mounten« (einhängen). Um ein bestimmtes Dateisystem lesen und schreiben zu können, muß dieses im Linux-Kernel unterstützt werden.

Kapitel 7

Im Abschnitt »Einen neuen Kernel erstellen« in Kapitel 7 haben Sie gelernt, wie Sie einen eigenen Kernel kompilieren. Um auf DOS-Partitionen (von MS-DOS und Windows 3.x verwendet) und VFAT-Partitionen (von Windows 95 und Windows 98 verwendet) zugreifen zu können, müssen Sie den Punkt `DOS FAT fs support` im Abschnitt `filesystems` bei der Konfiguration Ihres Kernels anwählen. Nachdem Sie diese Option angewählt haben, können Sie `MSDOS fs support` und `VFAT (Windows-95) fs support` auswählen. Mit ersterem können Sie FAT- und mit letzterem VFAT-Partitionen mounten. Die VFAT-Unterstützung ist noch relativ neu; sie erschien erstmalig in der Kernel-Version 2.0.34, wurde aber erst in neueren Kernel-Versionen wirklich stabil.

Während Linux läuft, können Sie eine Windows-Partition wie jede andere Partition mounten. Wenn beispielsweise die dritte Partition auf Ihrer ersten SCSI-Festplatte Ihre Windows 98-Installation enthält, dann können Sie deren Dateien mit folgendem Befehl, der als **root** ausgeführt werden muß, verfügbar machen:

```
mount -t vfat /dev/sda3 /mnt/windows98
```

Die Option */dev/sda3* gibt die Festplatte an, die Windows 98 enthält, während die Option */mnt/windows98* irgendein beliebiges Verzeichnis sein kann, das Sie angelegt haben, um darüber auf Dateien zuzugreifen. Aber woher wissen Sie, daß Sie – in diesem Fall – */dev/sda3* benötigen? Wenn Sie sich mit den etwas gewöhnungsbedürftigen Namenskonventionen von Linux-Dateisystemen vertraut gemacht haben (die in wiedergegeben sind), dann wissen Sie, daß *sda3* die dritte Partition auf der ersten SCSI-Festplatte ist. Sie können sich das Leben allerdings einfacher machen, wenn Sie sich die Partitionen aufschreiben, während Sie sie mit *fdisk* erzeugen.

Natürlich können Sie auch andere Mount-Punkte als *//mnt/windows98* wählen. Wenn Sie eine FAT-Partition mounten wollen, dann machen Sie genau das gleiche, ersetzen aber im vorstehenden Befehl `vfat` durch `msdos`.

mount(8)

Sowohl die `vfat`- als auch die `msdos`-Dateisystemtreiber unterstützen eine Reihe von Optionen, die beim *mount*-Befehl mit der Option `-o` angegeben werden können, aber normalerweise benötigen Sie diese nicht. In der Manpage können Sie alle Optionen nachlesen. Es gibt allerdings zwei Optionen, die nützlich für Sie sein könnten: *check* und *conv*.

Die Option *check* bestimmt, ob der Kernel Dateinamen zulassen soll, die unter MS-DOS nicht zulässig sind, und was damit geschehen soll. Das gilt natürlich nur für das Erzeugen und Umbenennen von Dateien. Sie können für diese Option drei Werte angeben: Bei `relaxed` können Sie so ziemlich alles mit dem Dateinamen anstellen. Wenn dieser nicht in die 8.3-Konvention von MS-DOS-Dateien paßt, wird er entsprechend verkürzt. `normal`, der Default, kürzt die Dateinamen ebenfalls nach Bedarf ab, erlaubt aber keine Sonderzeichen wie * und ?, die in MS-DOS-Dateinamen nicht erlaubt sind. Und `strict` schließlich verbietet sowohl lange Dateinamen als auch Sonderzeichen. Um Linux hinsichtlich der Dateinamen auf der oben gemounteten Partition restriktiver zu machen, könnten Sie den *mount*-Befehl also folgendermaßen verwenden:

```
mount -o check=strict -t msdos /dev/sda5 /mnt/dos
```

Natürlich gelten die Einschränkungen der Dateinamenlänge nicht für `vfat`-Dateisysteme.

Die zweite möglicherweise nützliche Option, mit der viele Anwender aber vermutlich überfordert sind, ist *conv*. Windows- und Unix-Systeme haben verschiedene Konventionen, wie Zeilenenden in Textdateien markiert werden. Windows verwendet sowohl ein Zeilenende (CR) als auch einen Zeilenvorschub (LF), während Unix nur den Zeilenvorschub benutzt. Die Dateien werden dadurch auf dem jeweils anderen System zwar nicht vollständig unlesbar, aber das kann schon ein Ärgernis sein. Damit der Kernel die Textdateien automatisch konvertiert, müssen Sie dem *mount*-Befehl die Option *conv* übergeben. *conv* hat drei mögliche Werte: `binary` (der Default) führt überhaupt keine Konvertierungen durch, `text` konvertiert jede Datei, und `auto` versucht zu erraten, ob die jeweils verwendete Datei eine Text- oder eine Binärdatei ist. Dies geschieht durch Betrachten der Namenserweiterung. Wenn diese in der Liste der »bekannten Binärerweiterungen« enthalten ist, wird sie nicht konvertiert, ansonsten nimmt Linux die Konvertierung vor.

text sollte nie verwendet werden, weil Sie damit alle Binärdateien irreparabel beschädigen. Dazu gehören auch die Grafikdateien und Dateien von Textverarbeitungen, Tabellenkalkulationen und anderen Programmen. Auch `auto` kann gefährlich sein, denn der erweiterungsbasierte Erkennungsmechanismus ist nicht besonders schlau. Wir würden Ihnen also raten, diese Option nicht zu verwenden. Bleiben Sie bei *binary* (der Voreinstellung), und konvertieren Sie Ihre Dateien bei Bedarf.

Wenn Sie auf Dateien auf einer Windows NT-Partition mit einem NTFS-Dateisystem zugreifen wollen, dann brauchen Sie einen anderen Treiber. Aktivieren Sie bei der Kernel-Konfiguration die Option `NTFS filesystem support`. Damit können Sie NTFS-Partitionen durch Angabe des Dateisystemtyps `ntfs` mounten. Beachten Sie aber, daß der aktuelle NTFS-Treiber nur Lese-Unterstützung enthält. Es gibt eine Alpha-Version dieses Treibers, die auch das Schreiben unterstützt, und bei uns hat diese Version auch bestens funktioniert, aber *wir empfehlen Ihnen nicht, diese zu verwenden, ohne vorher eine Sicherheitskopie Ihrer NTFS-Partition anzulegen!*

Mit Samba von Windows-Systemen aus Verzeichnisse über Ihr Netzwerk mounten

Bisher haben wir darüber gesprochen, wie Sie an Windows-Partitionen auf dem gleichen Rechner herankommen. In diesem Abschnitt beschäftigen wir uns damit, wie Sie auf Partitionen (die in diesem Zusammenhang oft *Shares* genannt werden) zugreifen können, die auf anderen Servern liegen. In Windows-Versionen seit Windows für Workgroups können Sie anderen Computern Verzeichnisse und Drucker zur Verfügung stellen. Das dazu benutzte Protokoll heißt SMB (Server Message Block). Mit der SMB-Unterstützung von Linux können Sie auch von Linux aus auf diese Verzeichnisse zugreifen. Beachten Sie, daß die Windows-Rechner dazu so konfiguriert sein müssen, daß Sie anstelle von oder zusätzlich zum nativen Windows-Protokoll NETBEUI auch TCP/IP unterstützen, da die SMB-Unterstützung von Linux keine NETBEUI-Unterstützung beinhaltet. Natürlich muß Ihr Linux-Rechner auch ganz allgemein für TCP/IP eingerichtet sein; lesen Sie dazu Kapitel 15, *TCP/IP und PPP*. Wir nehmen hier an, daß zwischen Ihrem Linux-Rechner und Ihrem Windows-Rechner eine TCP/IP-Verbindung aufgebaut werden kann.

Kapitel 15

In diesem Abschnitt behandeln wir die gemeinsame Nutzung von Dateien in einer Richtung: wie Sie von Linux aus an die Dateien auf Windows-Systemen herankommen. Im nächsten Abschnitt kümmern wir uns dann um das Gegenstück und machen ausgewählte Dateien auf Ihrem Linux-System für Leute auf Windows-Rechnern verfügbar.

Um die SMB-Unterstützung zum Laufen zu bringen, müssen Sie die folgenden Schritte ausführen:

1. Kompilieren Sie die SMB-Unterstützung in Ihren Kernel.
2. Installieren Sie Samba (wie im nächsten Abschnitt beschrieben), und erzeugen Sie zumindest eine minimale Konfigurationsdatei.
3. Mounten Sie die Dienste mit dem *smbmount*-Befehl.

Betrachten wir diese Schritte einen nach dem anderen. Der erste ist einfach: Im Abschnitt `filesystems/Network File Systems` der Kernel-Konfiguration wählen Sie `SMB file system support (to mount WfW shares etc.)` aus. Kompilieren und installieren Sie den Kernel, und laden Sie das Modul. Wenn Sie vorhaben, Shares von einem Windows 95-Server zu mounten, sollten Sie auch `SMB Win95 bug work-around` auswählen, womit ein Fehler bei der Anzeige von Verzeichnissen auf einem Windows 95-Share umgangen wird. Sie brauchen diese Option nicht, wenn Sie nur auf Shares auf Windows 98- und Windows NT-Rechnern zugreifen wollen, und Sie sollten sie dann auch nicht verwenden, weil das Lesen von Verzeichnissen dadurch verlangsamt wird.

Als nächstes müssen Sie das Samba-Paket installieren. Dieses Paket ist eigentlich dafür gedacht, SMB-Shares bereitzustellen (und nicht darauf zuzugreifen), aber es enthält ein Hilfsprogramm und eine Konfigurationsdatei, die Sie brauchen. Wenn Sie dieses Paket nicht auf Ihrem Rechner haben (überprüfen Sie, ob die Datei *s/filename/smb.conf* existiert), dann lesen Sie im nächsten Abschnitt nach, wie Sie es bekommen können.

Sie werden im nächsten Abschnitt lernen, wie man die Konfigurationsdatei */etc/smb.conf* selbst schreibt, aber für unsere Zwecke genügt folgender Inhalt:

```
[global]
socket options = TCP_NODELAY
```

Es kann auch noch andere Konfigurationsparameter im Abschnitt `[global]` geben, und dieser Parameter muß nicht der erste sein. Wenn Sie bereits eine *smb.conf* haben, kann es auch noch andere Socket-Optionen geben. Lassen Sie sich davon nicht stören, und stellen Sie nur sicher, daß die Option `TCP_NODELAY` vorhanden ist, weil dadurch das Lesen von Verzeichnissen deutlich beschleunigt wird.

Schließlich müssen Sie noch die Partition (die in der Windows-Welt *Share* genannt wird) mounten. Im Gegensatz zu den im letzten Abschnitt beschriebenen Partitionstypen und ebenfalls im Gegensatz zum Network File System verwenden Sie dafür nicht den bekannten *mount*-Befehl, sondern einen besonderen Befehl aus dem Samba-Paket namens *smbmount*. Das liegt daran, daß SMB-Shares eine andere Adressierungsart verwenden. Entsprechend müssen Sie auch *smbumount* zum »Entmounten« eines SMB-Shares verwenden.

Wenn Sie Glück haben, ist die Anwendung von *smbmount* bei Ihnen ziemlich einfach. Das allgemeine Format lautet:

```
smbmount optionen dienstname mount_punkt
```

Dabei gibt *mount_punkt* wie bei *mount* ein Verzeichnis an. *dienstname* folgt mehr oder weniger den Namenskonventionen von Windows, ersetzt aber rückwärtsgeneigte Schrägstriche (backslashes) durch vorwärtsgeneigte (slashes). Wenn Sie beispielsweise einen SMB-Share von einem Computer namens **winloser**, der unter dem Namen *mydocs* auf das Verzeichnis */windocs* exportiert werden soll, mounten wollen, dann könnten Sie den folgenden Befehl verwenden:

```
tigger# smbmount //winloser/mydocs/ /windocs
```

Sie können auch ein Verzeichnis unterhalb der exportierten Wurzel angeben, wenn Sie nur einen Teil des Shares importieren wollen. Wenn wir beispielsweise nicht alles aus dem Verzeichnis *mydocs* aus dem vorangehenden Beispiel importieren wollen, sondern nur ein Unterverzeichnis namens *htmldocs*, dann könnten wir folgenden Befehl verwenden:

```
tigger# smbmount //winloser/mydocs/htmldocs /windocs
```

Wenn ein Paßwort notwendig ist, um auf den Share zuzugreifen, dann wird Sie *smbmount* danach fragen.

Wie schon gesagt, können die hier gezeigten Schritte schon alles sein, was Sie tun müssen. Wenn Sie aber Pech haben, kann es hier unangenehm werden. Wenn Sie nicht viel über die Netzwerkfunktionen von Windows-Computern wissen, dann sollten Sie vielleicht denjenigen um Hilfe fragen, der den Windows-Rechner eingerichtet hat, und auf diese Weise herausbekommen, wo die Dateien, auf die Sie zugreifen wollen, liegen.

Das größte Problem liegt darin begründet, daß Rechner im SMB-Protokoll zwei verschiedene Hostnamen haben können: den normalen Hostnamen und einen NetBIOS-Namen. Es ist ohnehin schon nicht besonders schlau, zwei Namen zu haben, aber wenn sich die beiden unterscheiden, dann können Sie auch nicht einfach einen SMB-Share mit den vorstehenden Befehlen mounten. Wenn Sie den NetBIOS-Namen kennen, können Sie ihn mit der Option *-s* angeben:

```
tigger#smbmount -s nbname //winloser/mydocs/ /windocs
```

Sie könnten auch versuchen, dem *smbmount*-Befehl die IP-Adresse des Rechners mitzuteilen, der den SMB-Share exportiert. Dies geschieht mit der Option `-I` (in Kapitel 15 erfahren Sie mehr über IP-Adressen). Wenn der Server die IP-Adresse 192. 168.0.5 hat, könnten Sie folgenden Befehl ausprobieren:

```
tigger# smbmount -I 192.168.0.5 //winloser/mydocs/ /windocs
```

smb-mount(8)

In der Manpage des Befehls *smbmount* finden Sie weitere Tricks, die Sie ausprobieren können.

Der Befehl *smbmount* macht es einem nicht gerade leichter, weil er Ihnen nicht wirklich sagt, wo eigentlich das Problem liegt. Mit dem Hilfsprogramm *smbclient*, das ebenfalls aus dem Samba-Paket stammt, können Sie Dateien von und auf einen SMB-Share kopieren und Verzeichnisinhalte anzeigen lassen. Der Befehl hat den smb-client(1)

Vorteil, etwas ausführlichere Fehlermeldungen auszugeben. Die Manpage liefert Ihnen weitere Details. Wenn Sie mit dem Befehl *smbclient*, aber nicht mit dem Befehl *smbmount* auf einen SMB-Share zugreifen können, dann ist es ziemlich wahrscheinlich, daß Sie keine SMB-Unterstützung im Kernel haben oder daß nicht auf den Mount-Punkt zugegriffen werden kann, das Problem also höchstwahrscheinlich nichts mit dem Netzwerk zu tun hat.

Mit Samba SMB-Shares zur Verfügung stellen

Wahrscheinlich wollen Sie nicht nur – wie im letzten Abschnitt beschrieben – von Linux aus auf Windows-Dateien, sondern auch von Windows aus auf Linux-Dateien zugreifen. Beispielsweise ist es ein sicherer und beliebter Netzwerkaufbau, die wichtigen Dateien der Benutzer in Unix-Heimatverzeichnissen zu lagern und auf ihren PCs bereitzustellen.

Noch eine Warnung, bevor Sie in die wundervolle Welt von Samba einsteigen: NetBIOS, das zugrundeliegende Protokoll von SMB, ist ziemlich komplex, und weil Samba all diese Komplexität berücksichtigen muß, stellt es eine gewaltige Menge von Konfigurationsoptionen bereit. Wenn Sie also ernsthaft vorhaben, eine Abteilung mit fünfzig Angestellten, die alle möglichen Windows-Varianten und möglicherweise sogar noch OS/2 benutzen, zu bedienen, dann sollten Sie die Samba-Dokumentation und vielleicht sogar ein gutes Buch über Samba gründlich lesen.

Ich kann Sie aber beruhigen: Bei den nicht so komplexen Fällen ist die Einrichtung von Samba erstaunlich einfach, sowohl was Datei- als auch was Drucker-Dienste angeht. Außerdem gibt es ein kleines Werkzeug, das Ihre Konfigurationsdatei auf Fehler überprüft.

Um Samba einzurichten, müssen Sie die folgenden Schritte ausführen:

1. Kompilieren und installieren Sie die Samba-Programme, wenn sie noch nicht auf Ihrem System vorhanden sind.
2. Schreiben Sie die Konfigurationsdatei *smb.conf*, und überprüfen Sie, ob diese korrekt ist.
3. Starten Sie die beiden Samba-Dämonen *smbd* und *nmbd*.

Wenn Sie Ihr System erfolgreich eingerichtet haben, erscheinen die ausgewählten Verzeichnisse in den Auswahllisten der Windows-Benutzer in Ihrem lokalen Netzwerk, die normalerweise durch Anklicken des Symbols NETZWERKUMGEBUNG unter Windows erreicht werden. Die Benutzer dieser Systeme können Ihren Sicherheitseinstellungen entsprechend Dateien genau wie auf ihrem lokalen System lesen und schreiben.

Samba installieren

Die meisten Linux-Distributionen enthalten heutzutage Samba, so daß Sie das Paket einfach durch Auswahl der entsprechenden Option bei der Installation von

Linux auswählen können. Wenn Ihre Distribution kein Samba enthält, können Sie Samba von *ftp://ftp.samba.org* bekommen. Installationsanweisungen liegen bei. Folgen Sie diesen, und bauen Sie das Paket. Im Zuge des Konfigurationsprozesses müssen Sie sich entscheiden, wo die Konfigurationsdatei *smb.conf* liegen soll. Wir gehen hier davon aus, daß Sie */etc/smb.conf* gewählt haben. Wenn Sie sich für einen anderen Ort entschieden haben, müssen Sie diesen im folgenden einsetzen.

Als nächstes müssen Sie eine *smb.conf*-Datei erzeugen, die für Ihr System geeignet ist. Es gibt graphische Konfigurationswerkzeuge für Samba wie das raffinierte, webbasierte SWAT (Samba Web Administration Tool), aber wie so oft ist es gut zu wissen, was unter der Oberfläche passiert, falls die graphischen Konfigurationswerkzeuge einen Fehler machen.

Samba enthält mehrere beispielhafte Konfigurationsdateien, die Sie verwenden und an Ihre Gegebenheiten anpassen können. Aber es ist auch nicht schwierig, eine von Grund auf selbst zu schreiben. In diesem Beispiel gehen wir davon aus, daß Sie Ihren unglücklichen Windows-Kollegen die Heimatverzeichnisse Ihres Rechners, Ihre Drucker und ein unter */cdrom* gemountetes CD-ROM-Laufwerk zur Verfügung stellen wollen – keine besonders ungewöhnliche Situation.

Das Format der Datei *smb.conf* entspricht den Konfigurationsdateien von Windows 3.x. Es gibt Einträge des Typs

```
schluessel = wert
```

die in Gruppen zusammengefaßt werden. Eine Gruppe wird durch eine Zeile wie die folgende eingeleitet:

```
[gruppenname]
```

Jedes Verzeichnis und jeder Drucker, den Sie zur Verfügung stellen, wird in Windows-Netzwerkterminologie als ein *Dienst* (service) bezeichnet. Sie können jeden einzelnen Dienst in einer eigenen Gruppe angeben, aber wir zeigen Ihnen auch, wie Sie die Konfigurationsdatei einfacher halten und viele Dienste mit nur ein paar Zeilen bereitstellen können. Eine besondere Gruppe namens `[global]` enthält Parameter, die auf alle Dienste zutreffen. Samba versteht zwar Hunderte von Parametern (Schlüsseln), aber es ist ziemlich wahrscheinlich, daß Sie davon nur einige wenige benötigen, weil die meisten sinnvolle Voreinstellungen haben. Wenn es Sie interessiert, welche Schlüssel es gibt, können Sie in der Manpage *smb.conf* nachlesen.

smb.conf(5)

Für den Anfang erzeugen wir nur eine minimale *smb.conf*, die folgendermaßen aussieht:

```
workgroup = Ihre Arbeitsgruppe

[homes]
guest ok = no
read only = no
```

Das schafft noch nicht viel, dient aber zwei Zwecken: Sie können Ihre Samba-Installation überprüfen und sich an ein Hilfsprogramm namens *testparm* gewöhnen, mit dem die Korrektheit Ihrer *smb.conf* überprüft werden kann.

Wir setzen hier voraus, daß Sie die Samba-Dämonen bereits – wie unten beschrieben – installiert haben. Wenn Ihre Distribution Samba enthält und Sie das Paket während der Installation angewählt haben, dann ist die Installation vielleicht auch schon für Sie erledigt worden.

Sie können jetzt Ihre Samba-Installation mit einem Befehl wie dem folgenden überprüfen (ersetzen Sie dabei `TIGGER` durch den Hostnamen Ihres Computers in Großbuchstaben):

```
tigger# nmblookup TIGGER
Added interface ip=192.168.0.3 bcast=192.168.0.255 nmask=255.255.255.0
Sending queries to 192.168.0.255
192.168.0.3 TIGGER
```

Sie sollten eine ähnliche Ausgabe bekommen. Wenn das nicht der Fall ist, sind hier einige Anregungen, was Sie überprüfen können:

- Überprüfen Sie, ob Samba Ihre Datei *smb.conf* finden kann. Wenn Sie Samba während der Installation Ihres Linux-Systems installiert haben, sollten Sie in der Dokumentation Ihrer Distribution nachlesen, wo das Samba-Paket nach der Konfigurationsdatei sucht. Eine häufig verwendete Stelle ist */etc/smb.conf*, aber andere sind ebenfalls möglich. Wenn Sie Samba selbst kompiliert haben, dann haben Sie möglicherweise während der Konfiguration angegeben, wo Samba nach *smb.conf* suchen soll, und erinnern sich hoffentlich noch daran, was genau Sie dort gewählt haben. Wenn Sie beim Bauen und Installieren von Samba keine Änderungen an den Dateien vorgenommen haben, wird die Konfigurationsdatei in */usr/local/samba/lib/smb.conf* gesucht.
- Überprüfen Sie, ob *smbd* und (was hier noch wichtiger ist) *nmbd* wirklich laufen.
- Samba konnte möglicherweise nicht automatisch herausfinden, welche Netzwerkschnittstelle es verwenden soll. Versuchen Sie, folgende Zeile zur Konfigurationsdatei *smb.conf* hinzuzufügen:

  ```
  interfaces = Ihre IP-Adresse
  ```

  Damit teilen Sie Samba explizit mit, welche Schnittstelle es verwenden soll.
- *nmbd* ist möglicherweise nicht dazu in der Lage, den NetBIOS-Namen (der defaultmäßig der Hostname in Großbuchstaben ist) herauszufinden. Sie können versuchen, Ihren *nmbd* anzuhalten und mit der Option `-n`, gefolgt vom NetBIOS-Namen, erneut zu starten.

Wenn der Befehl *nmblookup* erfolgreich ausgeführt werden konnte, können Sie sich auf Entdeckungsreise begeben, was Sie mit der oben angegebenen *smb.conf* bereits alles machen können. Die Konfigurationsdatei ist zwar nur kurz, reicht aber schon aus, um Samba die Heimatverzeichnisse bereitstellen zu lassen. Überprüfen Sie dies mit dem Befehl *smbclient*, der wie ein kleiner FTP-Client für SMB-Server ist. Versuchen Sie folgendes (ersetzen Sie dabei `TIGGER` durch Ihren Hostnamen in Großbuchstaben und `kalle` durch Ihren Benutzernamen):

```
tigger$ smbclient \\\\TIGGER\\kalle
Added interface ip=192.168.0.3 bcast=192.168.0.255 nmask=255.255.255.0
Server time is Thu Mar 11 23:49:53 1999
Timezone is UTC+1.0
Password:
Domain=[THE TIGERS] OS=[Unix] Server=[Samba 1.9.16p10]
smb: \>
```

Samba fragt Sie nach Ihrem Paßwort und meldet Sie dann bei Ihrem Heimatverzeichnis an. Da Sie wahrscheinlich den Befehl *smbclient* ohnehin von Ihrem Heimatverzeichnis aus ausgeführt haben, haben Sie damit noch nicht viel gewonnen, aber immerhin wissen Sie jetzt, daß Ihre Samba-Installation wirklich funktioniert und Sie diese jetzt optimieren können.

Das Programm *testparm* überprüft Ihre *smb.conf* auf Fehler und Ungereimtheiten. Die Ausgabe dieses Programms sollte ungefähr so aussehen:

```
tigger$ testparm
Load smb config files from /etc/smb.conf
Processing section "[homes]"
Loaded services file OK.
Press enter to see a dump of your service definitions
```

testparm sagt Ihnen, was es in der Konfigurationsdatei gerade liest und ob es in der Konfigurationsdatei Fehler gefunden hat. Wenn es nicht `Loaded services file OK.` meldet, wird es Ihnen sagen, wo die Fehler liegen, damit Sie diese beheben und einen neuen Versuch starten können.

Nachdem die Konfigurationsdatei erfolgreich gelesen wurde, bietet *testparm* Ihnen an, alle Dienste-Definitionen anzuzeigen. Dabei handelt es sich um eine lange Liste aller Dienste mit ihren jeweiligen Parametern, aber nicht nur die Parameter, die Sie angegeben haben, sondern auch die, für die es Default-Werte gibt. Weil die Ausgabe sehr, sehr lang sein kann, werden wir sie hier nicht wiedergeben. Sie kann aber nützlich sein, um zu kontrollieren, ob wirklich alle Parameter so sind, wie Sie das erwarten.

Samba konfigurieren

Nachdem Sie jetzt eine rudimentäre Samba-Installation haben, können wir uns eine etwas umfangreichere *smb.conf* ansehen:

```
[global]
   workgroup = The tigers
   guest account = nobody
```

```
   keep alive = 30
   printing = bsd
   printcap name = /etc/printcap
   load printers = yes
   print command = /usr/bin/lpr -r -P%p %s
   lpq command = /usr/bin/lpq -P%p
   lprm command = /usr/bin/lprm -P%p %j
   preserve case = yes
   short preserve case = yes
   case sensitive = no

[homes]
   comment = Home directory
   browseable = yes
   read only = no
   create mode = 0750

[usr]
   comment = /usr
   browseable = yes
   read only = no
   create mode = 0750
   directory = /usr

[cdrom]
   comment = Linux CD-ROM
   path = /cdrom
   read only = yes
   locking = no

[printers]
   comment = All Printers
   browseable = yes
   printable = yes
   public = no
   read only = yes
   create mode = 0700
   directory = /tmp
```

Wir werden hier nicht jede einzelne Zeile behandeln, aber doch all das besprechen, was für Sie wichtig zu wissen ist, wenn Sie Ihren eigenen Samba-Server einrichten wollen.

Zunächst müssen Sie wissen, daß drei Abschnitte eine besondere Bedeutung haben: `[global]`, `[homes]` und `[printers]`. Samba behandelt diese Abschnitte etwas anders als die anderen. Der Abschnitt `[global]` enthält Parameter, die für alle Dienste zutreffen. Beispielsweise gibt `workgroup` die Arbeitsgruppe an, in der sich der

Samba-Server befinden soll. Wenn Sie schon Erfahrungen mit Windows-Netzwerken haben, wissen Sie wahrscheinlich schon, daß dort alle Computer zu einer bestimmten Arbeitsgruppe gehören und nur auf Dienste von Computern der gleichen Arbeitsgruppe zugreifen können. Daher müssen Sie sicherstellen, daß Sie hier den gleichen Arbeitsgruppennamen wie auf Ihren Windows-Rechnern angeben.

`guest account` ist nur dann wichtig, wenn jemand Zugriff auf Ihr Netzwerk haben soll, der auf Ihrem System nicht als Benutzer eingetragen ist. Für solche Gäste wollen Sie möglicherweise ein besonderes Verzeichnis bereitstellen, ähnlich wie beim anonymen FTP-Zugang. In diesem Fall legt der hier angegebene Benutzername die Zugriffsrechte der Gäste fest. `keep alive` gibt das Intervall an, in dem der Server überprüft, ob ein verbundener Client noch da ist und antwortet. Dieser Wert kann zwischen 0 (keine Überprüfung) und 60 Sekunden liegen. Wenn Ihr Netzwerk zuverlässig genug ist, können Sie diesen Wert ruhig auf 0 setzen.

Wir überspringen jetzt erst einmal einige Parameter, die zu den Druckerdiensten gehören, und kommen später auf diese zurück. `preserve case`, `short preserve case` und `case sensitive` geben an, wie Samba mit der Tatsache umgehen soll, daß es bei Dateinamen auf Unix-Systemen auf die Groß-/Kleinschreibung ankommt, auf Windows-Systemen aber nicht. Die oben gezeigten Einstellungen haben sich als nützlich erwiesen, wenn Sie Dateien sowohl von Unix als auch von Windows aus lesen und schreiben wollen, weil sie die Groß-/Kleinschreibung beim Speichern beibehalten (defaultmäßig würde alles in Kleinbuchstaben gespeichert werden), beim Suchen aber die Groß-/Kleinschreibung ignorieren, wie es ja unter Windows üblich ist.

Die folgenden Abschnitte beschreiben die Dienste, die der Samba-Server seinen Clients bereitstellt. Wir fangen hier mit `[usr]` und `[cdrom]` an, da dies einfache Einträge sind, die sich jeweils auf einen Dienst beziehen. (`[homes]` und `[printers]` sind Sonderfälle, die jeweils eine Reihe von Diensten abdecken.)

Die Gruppe `[usr]` stellt Windows ein Verzeichnis zur Verfügung. In diesem Fall heißt das Verzeichnis */usr*, aber es dient nur der einfacheren Verwaltung, den Dienst genauso wie das Verzeichnis zu nennen. Weil der Dienst `usr` heißt, taucht er auch so in den Auswahllisten (Netzwerkumgebung) der Anwender auf. Sie könnten den Dienst auch `clinton` nennen, indem Sie ihn in der Gruppe `[clinton]` beschreiben, aber in diesem Fall würde der Dienst den Clients in der Netzwerkumgebung auch als `clinton` angekündigt werden.

Um sicherzugehen, daß der Share in der Auswahlliste sichtbar ist, haben wir den Wert des Parameters `browsable` auf `yes` gesetzt. Wenn wir das nicht getan hätten, könnten Sie immer noch auf den Dienst zugreifen, müßten aber wissen, wie er heißt, und könnten nicht über die Auswahlliste auf ihn zugreifen. `read only` gibt natürlich an, ob die Clients in den durch diesen Dienst bereitgestellten Verzeichnisbaum schreiben dürfen. Beachten Sie aber, daß – selbst wenn der Wert dieses Parameters `no` ist – die Anwender immer noch die normalen Unix-Zugriffsrechte benötigen, um irgend etwas aus diesem Dienst lesen oder schreiben zu können.

`create mode` gibt die Zugriffsrechte an, die Dateien bekommen sollen, die ein Client auf diesem Dienst angelegt hat. `directory` bezeichnet die Wurzel des Verzeichnisbaums, der durch diesen Dienst exportiert wird. Beachten Sie, daß es davon abhängt, was Sie dort abgelegt haben, ob es sinnvoll ist, `/usr` an Windows-Rechner zu exportieren. Wenn Sie dort nur Linux-Programme und deren Hilfsdateien haben, ergibt das natürlich wenig Sinn. Schließlich gibt `comment` einen String an, der im Eigenschaften-Dialog von Windows oder in der Detailansicht angezeigt wird.

Der Dienst `cdrom` stellt Windows-Clients das CD-ROM-Laufwerk von Linux zur Verfügung. Er hat im wesentlichen das gleiche Format wie `usr`, verwendet aber natürlich `read only = yes`, da man auf eine CD-ROM nicht schreiben kann. `locking = no` bedeutet, daß Samba keine Sperren verwendet, um zu verhindern, daß ein Anwender die Dateien eines anderen überschreibt. In diesem Fall ist das sinnvoll, da ja ohnehin niemand auf eine CD-ROM schreiben kann und die Sperren nur Zeit verschwenden würden.

Kommen wir jetzt zu den interessanteren Diensten. Der Abschnitt `[homes]` unterscheidet sich von den anderen, weil er keinen einzelnen Dienst, sondern eine Reihe möglicher Dienste beschreibt. Sie verwenden ihn, um jedem Benutzer ein eigenes Verzeichnis zur Verfügung zu stellen, auf das er über Ihr LAN zugreifen kann.

Jeder Benutzer, dem Sie ein Verzeichnis zur Verfügung stellen wollen, sollte einen Benutzerzugang (account) auf Ihrem System haben. Um sich die Verwaltung einfach zu machen, sollten Sie dem Benutzernamen und dem Heimatverzeichnis den gleichen Namen wie dem Benutzernamen im Windows-Netzwerk geben. Dann brauchen Sie nur noch einen korrekt konfigurierten `[homes]`-Abschnitt wie den oben gezeigten.

Immer wenn sich ein Benutzer eines Windows-Clients mit diesem Dienst verbinden will, überprüft Samba den Benutzernamen, fragt nach dem Paßwort (das dann in einem Windows-Dialog eingegeben wird) und stellt schließlich das Heimatverzeichnis des Anwenders bereit. Wenn eine Verbindung aufgebaut wird, erzeugt Samba also einen sogenannten *virtuellen Dienst* für das Heimatverzeichnis des jeweiligen Anwenders. Das ist sehr nützlich, denn Sie müssen Samba so nicht jeden Benutzer explizit nennen, den Sie neu zu Ihrem Unix-System hinzufügen. Wenn ein Benutzerzugang eingerichtet wurde und es für diesen ein Heimatverzeichnis gibt, dann kann der Benutzer auf dieses von Windows aus zugreifen.

Damit bleiben noch die Druckerdienste. Sie können jeden Drucker, der auf Ihrem Linux-Rechner konfiguriert ist, separat konfigurieren, aber im allgemeinen ist es sehr viel einfacher, den `[printers]`-Abschnitt zu verwenden. So wie `[homes]` eine Reihe von Dateizugriffsdiensten (nämlich jedes Heimatverzeichnis) bereitstellt, stellt `[printers]` eine Reihe von Druckerdiensten bereit, nämlich Zugang zu jedem Drucker, der in der Datei */etc/printcap* konfiguriert ist. Wie im Abschnitt »Verwalten der Druckerdienste« in Kapitel 8 bereits erklärt wurde, führt die Datei *printcap* alle Drucker in Ihrem System auf und erklärt, wie man darauf zugreifen kann.

Kapitel 8

Damit dieser Abschnitt auch tut, was er soll, müssen Sie im Abschnitt `[global]` den Wert `load printers = yes` angeben, wodurch Samba angewiesen wird, die Datei */etc/printcap* einzulesen, um herauszufinden, welche Drucker zur Verfügung stehen. Es gibt noch einige weitere für die Druckerdienste wichtige Parameter im globalen Abschnitt, darunter `printing`, der angibt, welche Art von Drucksystem Ihr Linux-Rechner verwendet (normalerweise `bsd`, der Default), sowie `printcap name`, durch den Samba mitgeteilt wird, wo sich Ihre *printcap*-Datei befindet. Unter Linux ist das fast immer */etc/printcap*, was auch der von Samba verwendeten Voreinstellung entspricht. Wenn Sie das alternative LPRng-Drucksystem verwenden, müssen Sie hier `lprng` angeben. Es gibt noch weitere Parameter und Werte, die unter Linux wahrscheinlich eher nicht gebraucht werden und die in der Manpage *smb.conf* aufgeführt sind.

smb.conf(5)

Weiterhin müssen Sie im Abschnitt `[global]` angeben, mit welchen Befehlen Samba Dateien an den Drucker schicken kann. Diese Befehle sind die gleichen, wie sie ein Benutzer auf der Kommandozeile eingeben würde, wobei mit einem Prozentzeichen beginnende Platzhalter (Makros) Dateinamen und andere veränderliche Parameter angeben. Die im obigen Beispiel gezeigten Werte sind für ein BSD-Drucksystem gedacht und funktionieren wahrscheinlich auch bei Ihnen. Sie verwenden eine Reihe von Makros, die Samba automatisch beim Einlesen der Konfigurationsdatei expandiert: `%p` gibt den Druckernamen an, `%s` den Namen der zu druckenden Datei und `%j` die Jobnummer des Druckjobs. Weitere Informationen zu Makros finden Sie in der Manpage *smb.conf*.

Die meisten Parameter im Abschnitt `[printers]` haben wir bereits behandelt, aber es gibt noch einen sehr wichtigen, über den wir noch nicht gesprochen haben: `printable = yes` teilt Samba mit, daß in diesem Abschnitt Druckdienste und keine Dateidienste beschrieben werden. Druckdienste sollten immer auf Nur-Lesen gesetzt sein, ansonsten könnten böswillige Anwender die Druckjobs anderer Anwender stören. Der Parameter `directory` gibt an, wo Samba die temporären Druckdateien ablegen soll.

Beachten Sie, daß die Einrichtung der Druckdienste auf Samba-Seite noch nicht genug ist, um von Windows aus drucken zu können. Sie müssen auch noch auf allen Windows-Clients einen Drucker konfigurieren und einen für den jeweiligen Drukker passenden Druckertreiber verwenden. Samba unterstützt die automatische Installation von Druckertreibern auf Windows 95- und Windows 98-Rechnern. Lesen Sie dazu die Manpage *smb.conf* (suchen Sie nach der Option `printer driver file`).

Immer wenn Sie Ihre Samba-Konfigurationsdatei geändert haben, sollten Sie deren Syntax mit *testparm* kontrollieren, um sicherzugehen, daß sich wenigstens keine Tipp- oder Syntaxfehler eingeschlichen haben. Es kann auch sinnvoll sein, sich die Werte anzusehen, die *testparm* für alle Parameter ausgibt. Es gibt auch ein kleines Programm namens *testprns*, das die Gültigkeit der Druckernamen überprüft, aber es ist nicht so nützlich wie *testparm*.

Normalerweise sollten die Samba-Dämonen *smbd* und *nmbd* die Konfigurationsdatei nach Änderungen automatisch einlesen, aber das funktioniert nicht immer wie gewünscht. Aber Sie können den Dämonen jederzeit ein HUP-Signal schicken, damit diese die Konfigurationsdatei neu einlesen:

```
tigger# killall -HUP smbd
tigger# killall -HUP nmbd
```

Wir haben hier nur eine kleine Anzahl der vielen, vielen Optionen, die Samba kennt, beschrieben, aber mit den hier gegebenen Informationen sollten Sie in der Lage sein, Datei- und Druckdienste für Windows-Clients in vielen Situationen einzurichten, und wenn Ihnen noch Details fehlen, können Sie diese ja immer noch in der Samba-Dokumentation nachlesen.

Samba starten

Je nach Distribution verfügen Sie möglicherweise bereits über ein Skript, um den Samba-Dienst zu starten. In diesem Fall ist es am besten, dieses Skript zu verwenden. Beispielsweise können Sie den Samba-Server auf Red Hat-Systemen (sofern Sie ihn überhaupt installiert haben) mit folgendem Befehl starten:

```
tigger# /etc/rc.d/smb start
```

und mit folgendem Befehl wieder beenden:

```
tigger# /etc/rc.d/smb stop
```

Auf SuSE-Systemen befindet sich dieses Skript per Voreinstellung in */sbin/init.d/smb* statt in */etc/rc.d/smb*, auf Debian-Systemen befindet es sich in */etc/init.d/samba*.

Wenn Sie Samba selbst installiert haben, haben Sie zwei Möglichkeiten. Sie können die Samba-Dämonen entweder von *inetd* automatisch starten lassen oder diese einfach selbst von der Kommandozeile starten.

nmbd(8)

Weil letztere Variante öfter verwendet wird und besser zum Testen geeignet ist, behandeln wir sie hier. Die Manpages von *smbd* und *nmbd* beschreiben, wie das Starten von *inetd* aus funktioniert.

Um Samba von der Kommandozeile aus zu starten, starten Sie einfach den Dämon durch Eingabe der folgenden Befehle (unter der Annahme, daß Sie die Samba-Dämonen in */usr/sbin* installiert haben):

```
tigger# /usr/sbin/nmbd
tigger# /usr/sbin/smbd
```

Wenn Sie sich einmal davon überzeugt haben, daß Ihr Samba-Server funktioniert, sollten Sie die Dämonen mit der Option *-D* starten, wodurch diese sich von der Shell, aus der sie gestartet wurden, abkoppeln, was die normale Vorgehensweise für Dämonen ist:

```
tigger# /usr/sbin/nmbd -D
tigger# /usr/sbin/smbd -D
```

Damit können Sie auch die Shell beenden, ohne die Dämonen abzuschießen.

Die Samba-Dämonen kennen eine Reihe von Optionen, aber Sie kommen wahrscheinlich ohne sie aus; bei Bedarf finden Sie alle Informationen in den Manpages. Wir haben hier nur oberflächlich angesprochen, was Samba alles tun kann, aber Sie sollten jetzt schon einen guten Eindruck davon bekommen haben, warum Samba – obwohl es nicht speziell für Linux entwickelt wurde – eines der Softwarepakete ist, die Linux berühmt gemacht haben.

Hilfsprogramme für den Zugriff auf DOS-Dateisysteme: MTools

Die meisten Linux-Anwender, die Linux-Programme auf Windows-Dateien verwenden wollen, können dies durch einfaches »Mounten« der Windows-Partitionen, wie im Abschnitt »Mounten von DOS-, VFAT- und NTFS-Partitionen« beschrieben, tun. Wenn das »Mounten« einmal korrekt eingerichtet ist, können Sie normale Shell-Befehle verwenden, um sich in den Verzeichnissen zu bewegen, und *vi*, Perl-Skripten und welche Programme auch immer Sie kennen und lieben ausführen.

Bevor Linux nichtnative Dateisysteme unterstützte, war eine Reihe von Programmen namens MTools ziemlich bedeutend. Es handelt sich dabei um eine Sammlung einfacher Befehle, mit denen man Windows-Verzeichnisse und -Dateien von Linux aus manipulieren kann. Inzwischen werden MTools hauptsächlich noch für den Zugriff auf Windows-formatierte Disketten verwendet, weil man damit eine Diskette nicht erst mounten muß, nur um eine Datei davon zu lesen. Die Verwendung Windows-formatierter Disketten kann eine nützliche und effiziente Möglichkeit sein, um kleinere Datenmengen von einem Windows-Rechner auf einen Linux-Rechner und wieder zurück zu bringen, wenn es keine Netzwerkverbindung zwischen den beiden gibt.

Hier kommt eine Zusammenfassung der MTools-Hilfsprogramme, die in den zur Distribution gehörenden Manpages näher beschrieben werden:

mattrib
: Ändert die Attribute einer Windows-Datei

mcd
: Wechselt in ein Windows-Verzeichnis

mcopy
: Kopiert Dateien von Linux nach Windows oder umgekehrt

mdel
: Löscht eine Windows-Datei

mdir
: Zeigt ein Windows-Verzeichnis an

mformat
: Erzeugt auf einer Diskette ein Windows-FAT-Dateisystem

mlabel
: Schreibt einen Windows-Einheitennamen auf eine Windows-Partition

mmd
: Erzeugt ein Windows-Verzeichnis

mrd
: Entfernt ein Windows-Verzeichnis

mread
: Liest eine Windows-Datei

mren
: Benennt eine Windows-Datei um

mtype
: Zeigt den Inhalt einer Windows-Datei an

mwrite
: Schreibt eine Linux-Datei nach Windows

Hilfsprogramme zur Dateikonvertierung

Wie bereits erwähnt, sind die unterschiedlichen Konventionen von Linux und Windows für Zeilenenden in Textdateien eines der größten Probleme bei der gemeinsamen Nutzung von Dateien. Glücklicherweise gibt es eine Reihe von Möglichkeiten, dieses Problem zu lösen:

- Wenn Sie auf Dateien auf einer gemounteten Partition auf dem gleichen Rechner zugreifen, können Sie den Kernel die Dateien – wie im Abschnitt »Mounten von DOS-, VFAT- und NTFS-Partitionen« weiter oben in diesem Kapitel beschrieben – automatisch konvertieren lassen. Benutzen Sie diese Möglichkeit nur mit äußerster Vorsicht!
- Fortgeschrittene Editoren wie Emacs können die Konvertierung automatisch entweder beim Laden oder beim Speichern vornehmen.
- Es gibt eine Reihe von kleineren Werkzeugen, die die Konvertierung einer Zeilenendekonvention in eine andere durchführen. Manche dieser Tools können auch andere Konvertierungen erledigen.

Wir betrachten zwei dieser kleinen Hilfsprogramme: *duconv* und *recode*.

duconv ist ein winziges Programm, das mit den meisten Distributionen mitgeliefert wird und die Zeilenenden wie auch einige der in europäischen Sprachen verwendeten Sonderzeichen von ihren DOS-Encodierungen in die Unix-Encodierung konvertiert. Letzeres ist übrigens nicht notwendig, wenn die Textdateien mit neueren Windows-Versionen (wie Windows 95 oder Windows 98) geschrieben wurden, da Windows die gleiche Encodierung für Sonderzeichen wie Unix verwendet, nämlich den internationalen Standard ISO-Latin-1, auch liebevoll ISO-8859-1 genannt.

Um eine Windows-Textdatei in eine Unix-Textdatei zu konvertieren, rufen Sie *duconv* folgendermaßen auf:

```
duconv -u dos textdatei unix textdatei
```

Für die andere Richtung (von Unix zu Windows) verwenden Sie die Option `-d`:

```
duconv -d unix textdatei dos textdatei
```

duconv ist ein nettes kleines Hilfsprogramm, aber wenn Sie etwas Ausgefeilteres benötigen, dann sollten Sie *recode* aus dem GNU-Projekt verwenden. Dieses Programm kann so ziemlich jeden Textdateistandard in so ziemlich jeden anderen Textdateistandard konvertieren. *recode* ist allerdings nicht so einfach zu verwenden wie *duconv*.

Normalerweise wird *recode* so verwendet, daß sowohl der alte als auch der neue Zeichensatz (Encodierungen von Textdateikonventionen) sowie die zu konvertierende Datei angegeben wird. *recode* überschreibt die alte Datei mit der konvertierten, die den gleichen Namen trägt. Um beispielsweise eine Textdatei von Windows nach Unix zu konvertieren, würden Sie folgenden Befehl verwenden:

```
recode ibmpc:latin1 textdatei
```

textdatei wird dann durch die konvertierte Version ersetzt. Sie können sich wahrscheinlich schon denken, daß Sie zum Zurückkonvertieren der gleichen Datei in Windows-Konventionen folgenden Befehl verwenden müssen:

```
recode latin1:ibmpc textdatei
```

Außer `ibmpc` (wie es unter Windows verwendet wird) und `latin1` (wie es unter Unix verwendet wird) gibt es noch viele andere Möglichkeiten, darunter `latex` für die LaTeX-Variante, diakritische Zeichen zu encodieren (siehe »TeX und LaTeX«), und `texte` für französische E-Mail-Nachrichten. Eine vollständige Liste bekommen Sie mit:

```
recode -l
```

Wenn es Ihnen nicht gefällt, daß *recode* immer Ihre alte Datei mit der neuen überschreibt, dann können Sie von der Tatsache Gebrauch machen, daß *recode* auch von der Standardeingabe lesen und auf die Standardausgabe schreiben kann. Um *dostextdatei* in *unixtextdatei* zu konvertieren, ohne *dostextdatei* zu löschen, könnten Sie folgendes machen:

```
recode ibmpc:latin1 < dostextdatei > unixtextdatei
```

Mit den beiden hier beschriebenen Werkzeugen können Sie mit Textdateien einigermaßen komfortabel umgehen, aber damit stehen wir noch ganz am Anfang. Es wird komplizierter, wenn es um Grafikdateien geht. Beispielsweise werden Pixelgrafiken unter Windows normalerweise als *bmp*-Dateien gespeichert, die unter Unix ziemlich ungewöhnlich sind. Glücklicherweise gibt es eine Reihe von Werkzeugen, die *bmp*-Dateien in Grafikdateiformate wie *xpm* konvertieren können, die unter Unix gängiger sind. Zu diesen gehört das Shareware-Bildbetrachtungs- und -verarbeitungsprogramm *xv*, das wahrscheinlich in Ihrer Distribution enthalten ist.

Noch komplizierter wird es, wenn es um proprietäre Dateiformate wie diejenigen geht, die Office-Programme üblicherweise abspeichern. Während die diversen Varianten des *doc*-Dateiformats der Textverarbeitung Word für Windows gewissermaßen eine Lingua franca für Textverarbeitungsdateien unter Windows geworden sind, war es bis vor kurzem kaum möglich, diese Dateien unter Linux zu lesen. Glücklicherweise sind in letzter Zeit eine Reihe von Softwarepaketen erschienen, die diese Dateien lesen (und manchmal sogar schreiben) können. Zu diesen gehört die Textverarbeitung WordPerfect, die Office-Suite StarOffice und die Office-Suite ApplixWare. Denken Sie aber daran, daß diese Konvertierungen nie perfekt sein werden; es ist sehr wahrscheinlich, daß Sie die Dateien von Hand nachbearbeiten müssen.

Im allgemeinen gilt, daß es um so wahrscheinlicher ist, ein Dateiformat auch unter Linux lesen oder sogar schreiben zu können, je gängiger das Dateiformat unter Windows ist. Dies könnte auch eine gute Gelegenheit sein, gleich zu offenen Dateiformaten wie RTF (Rich Text Format) oder XML (Extensible Markup Language) zu wechseln, wenn Sie auch unter Windows arbeiten. Im Zeitalter des Internet, in dem Informationen frei verbreitet werden können, sind proprietäre, nicht dokumentierte Dateiformate nur noch ein Anachronismus.

Programme gemeinsam nutzen

Die bekanntesten Nicht-Linux-Betriebssysteme, bei denen die Kompatibilität wichtig ist – in denen also Leute ihre Programme und Dateien auch unter Linux verwenden wollen –, sind Derivate von DOS: MS-DOS, PC-DOS, Novell DOS und Windows 3.1 und neuer. Sie können das MTools-Paket von Linux verwenden, um DOS-Dateisysteme zu durchsuchen, Dateien von DOS-Dateisystemen zu lesen und zu kopieren und darauf zu schreiben. Kompatibilität ist aber noch sehr viel mehr als nur das Verstehen von DOS-Dateisystemen.

Es gibt zwei Pakete, die dafür gedacht sind, Linux die gewünschte DOS-Kompatibilität beizubringen. Das eine ist Dosemu, das andere Wine. Wir besprechen hier beide, weil sie für die Linux-Gemeinde ziemlich wichtig sind.

Es sollte hier aber festgehalten werden, daß weder Dosemu noch Wine fertige Produkte sind. Beide Entwicklungsteams haben bewundernswerte Fortschritte gemacht, wenn man die Schwierigkeit der Aufgabe bedenkt, aber Sie sollten diese Pakete trotzdem nur dann verwenden, wenn Sie bereit sind, sich damit auseinanderzusetzen, Dinge etwas anders zu konfigurieren und vielleicht sogar Fehler zu finden und zu beheben. Wenn Sie lieber ein fertiges, kommerzielles Produkt verwenden möchten, dann können Sie WABI (Windows Application Binary Interface) von Caldera, Inc., kaufen, eine Portierung des gleichnamigen Produkts für Solaris, das zwar ziemlich stabil ist, aber nur Windows 3.1-Programme ausführen kann.

Noch eine weitere Anmerkung: Vor zwei Jahren hatten binäre Emulatoren wie Dosemu und Wine eine besonders hohe Bedeutung für die Linux-Gemeinde, weil es nicht sehr viel kommerzielle Software gab. Diese Situation hat sich aber inzwischen grundlegend verändert. Viele kommerzielle Softwarehersteller stellen ihre Produkte jetzt auch für Linux bereit, so daß Sie möglicherweise auch ohne Emulator das bekommen können, was Sie wollen. Denken Sie daran, daß Emulation immer auch Nachteile hat: Kein emuliertes Programm kann schneller oder stabiler sein als ein natives.

Wine bekam kürzlich neuen Aufschwung, da Corel ankündigte, seine Produkte wie CorelDRAW mittels Wine auf Linux zu portieren, also die weitere Entwicklung von Wine zu unterstützen. Dies ist eine bemerkenswerte Anerkennung der herausragenden Arbeit des Wine-Teams, aber es bleibt abzuwarten, ob diese Pläne erfolgreich durchgeführt werden können.

Die Entwicklungsteams, die an Dosemu und Wine arbeiten, würden sich freuen, wenn weitere Entwickler hinzustoßen und mithelfen, aber wenn Sie einfach nur die Programme benutzen wollen oder zwar Programmierer sind, aber keinen Internetzugang haben, um mit den anderen Entwicklern in Kontakt zu treten, dann sind diese Pakete möglicherweise nicht das richtige für Sie.

Es gibt auch Emulatoren für den Apple II und CP/M, Betriebssysteme und Rechner, die wie viele andere längst vergessen sind. Diese Emulatoren liefen ursprünglich auf anderen Betriebssystemen (wie MS-DOS) und sind inzwischen auf Linux portiert worden. Sie bekommen sie von den üblichen Linux-FTP-Servern, die Emulator-Software vorhalten, besonders *ftp://ftp.metalab.unc.edu* und dessen Spiegel im Pfad */pub/Linux/system/emulators*.

Eine Demo eines kommerziellen (aber preisgünstigen) Macintosh-Emulators namens Executor/Linux kann von *http://www.ardi.com* heruntergeladen werden. Es handelt sich dabei um die Linux-Version eines Pakets, das seit mehreren Jahren für NeXT und seit mehr als einem Jahr für DOS-Rechner angeboten wird. Es lohnt sich allein schon, wenn Sie nur Mac-Disketten und SCSI-Formate lesen und schreiben wollen, was auch mit der Demo-Version funktioniert. (Die Entwickler dieses Produkts haben angekündigt, daß sie den Quellcode ihres Mac-Datei-Browsers allgemein verfügbar machen wollen.)

Wenn Sie sich über die Entwicklung von Executor/Linux auf dem laufenden halten wollen, schicken Sie eine E-Mail an *majordomo@nacm.com* mit einem leeren `Subject:`-Feld und dem Text `subscribe executor`.

DOS-Emulatoren: Dosemu und xdos

Wir sollten zunächst einmal festhalten, daß die »DOS-Emulatoren« von Linux, Dosemu und *xdos*, keine echten Emulatoren sind. Man kann sie eher als virtuelle Maschinen ansehen, mit denen DOS und unter DOS laufende Applikationen im Real-Mode (dem virtuellen 8086-Modus) in einer »Kompatibilitätsbox-Umgebung« ausgeführt werden können, ähnlich der Funktionsweise von DOS auf einem Standard-Intel-80286 oder -80386. Weil der virtuelle 8086 dazu zwingend notwendig ist, können Dosemu und *xdos* nur auf Chipsätze portiert werden, die den Intel-Real-Mode implementieren. *xdos* ist lediglich eine Version von Dosemu, die sich bequem in einem X-Fenster ausführen läßt. Wir werden uns hier also hauptsächlich auf Dosemu konzentrieren.

Sie sollten 8 MB an RAM haben, um Dosemu verwenden zu können, außerdem ist es empfehlenswert, eine Swap-Partition von mindestens 12 MB einzurichten.

Dosemu emuliert das BIOS, den CMOS-Speicher, XMS- und EMS-Speicher, Festplatten, die Tastatur, serielle Geräte und Drucker sowie weitere notwendige Rechnerfunktionen, so daß DOS in dieser kontrollierten Umgebung arbeiten kann. Dosemu benötigt eine (lizensierte) Version von entweder OpenDOS (früher DR-DOS genannt) oder MS-DOS 6.22, aber andere Versionen könnten auch funktionieren. Weil OpenDOS frei verfügbar ist, wird es von den Dosemu-Entwicklern bevorzugt.

Dosemu versucht, DOS- und BIOS-Systemaufrufe abzufangen und in Linux auszuführen, ist dabei aber nicht immer erfolgreich. Die BIOS-Druckerdienste von DOS werden mit Unix-Datei-I/O emuliert, wobei die Ausgabe auf einen Drucker in eine dazugehörige Linux-Datei umgeleitet wird. Dosemu hat Schwierigkeiten mit der Unterstützung einiger Mäuse, insbesondere mit Busmäusen.

Wir raten Ihnen nicht, Dosemu zu verwenden, wenn Sie nicht bereit und in der Lage sind, zur weiteren Entwicklung des Pakets beizutragen, und wenn Sie keinen Internetzugang haben, um mit dem Entwicklungsteam in Kontakt zu treten. Allerdings scheint Dosemu inzwischen stabil und nützlich genug zu sein, um es als Paket zu diskutieren, dessen Installation Sie erwägen sollten. Denken Sie allerdings daran, daß die Dokumentation von Dosemu hinter der Entwicklung der Software zurückliegt. Wenn Sie nicht in die Entwicklung von Dosemu eingebunden sind, kann es schwierig sein, neue Features zu verwenden, aber diese sind möglicherweise ohnehin noch nicht besonders stabil.

Neuere Versionen von Dosemu enthalten einige Funktionen, die ursprünglich als Teil des DOS-Emulators für Mach der Carnegie-Mellon-Universität entwickelt worden sind, weswegen die Dosemu-Distributionen den wenig einschränkenden CMU-Copyright-Vermerk tragen. Dieser bittet Entwickler, die auf der Arbeit von CMU aufbauen und damit Software entwickeln wollen, eine Kopie ihrer Arbeit wieder der CMU zur Verfügung zu stellen und dieser zu gestatten, diese Arbeit zu verwenden und weiterzuverbreiten. (Der Copyright-Vermerk *verlangt*, daß dieser Vermerk in jeder Distribution, die ihre Software enthält, enthalten ist, ob der Code nun modifiziert worden ist oder nicht.) Sie sollten den Copyright-Vermerk der CMU beachten – wenn Sie also an der Entwicklung von Dosemu mitarbeiten wollen, dann lesen und halten Sie sich an ihn.

Das Dosemu-Paket enthält Skripten und Hilfsprogramme, mit denen das Paket installiert und verwaltet werden kann. Dosemu wird wöchentlich aktualisiert, und jede Distribution enthält eine Liste der Software, von der bekannt ist, daß sie mit der aktuellen Version des Pakets läuft (oder auch nicht).

Dosemu und xdos herunterladen

Der FTP-Server, der garantiert die neueste veröffentlichte Version von Dosemu enthält, ist *ftp://tsx-11.mit.edu*. Die Dateien stehen in dem Verzeichnis */pub/linux/ALPHA/dosemu*. (»ALPHA« steht dabei für den Status der Programme, nicht für die Rechnerarchitektur Alpha.) Die neueste Dokumentation ist ebenfalls enthalten.

Dosemu selbst unterstützt keine komprimierten Dateisysteme, aber Sie können einen speziellen Treiber in den Linux-Kernel einbinden, der komprimierte Dateisysteme mounten kann und dann auf diese gemounteten Dateisysteme von Dosemu aus zugreift.

Dosemu installieren und konfigurieren

Bevor Sie das Dosemu-Paket installieren, müssen Sie den Linux-Kernel zunächst mit IPC (System V InterProcess Communication) kompilieren. Wenn Sie das während der Installation von Linux nicht getan haben, dann müssen Sie es jetzt nachholen, bevor Sie Dosemu installieren können, denn dieser Emulator verwendet System V-Shared Memory. Wir empfehlen Ihnen dringend, eine aktuelle Version von Linux als Basis für Dosemu zu nehmen und Dosemu mit einer aktuellen Version des Compilers *gcc* und den dazugehörigen Bibliotheken zu verwenden. Linux 2.0.28/2.1.15 sowie neuere Versionen enthalten die notwendige Kernel-Unterstützung für Dosemu.

Sie müssen *gcc*, Version 2.7.2, und *libc*, Version 5.4.7, oder neuer für diese Version von Dosemu haben. Neuere Versionen von Dosemu benötigen möglicherweise auch neuere Versionen von Linux, *gcc* und den C-Bibliotheken.

Booten Sie Linux, und loggen Sie sich als **root** ein. Kopieren Sie das Dosemu-Paket in das Verzeichnis */root*, und entpacken Sie es. (Der Name des Dosemu-Pakets kann sich vom hier verwendeten unterscheiden; wir haben die Datei via DOS heruntergeladen und dann in das Linux-Dateisystem kopiert.)

```
# gunzip dosemu-0.98.4.tgz
# tar -xvf dosemu-0.98.4.tar
```

Die Dateien werden in das Verzeichnis *dosemu-0.98.4* und Unterverzeichnisse davon entpackt.

Lesen Sie jetzt die Dokumentation. Die Distribution enthält eine Datei HOWTO im Verzeichnis *dosemu-0.98.4/doc*. Lesen Sie außerdem die Datei *QuickStart*. Mit Dosemu wird ein Skript namens *ViewDocs* mitgeliefert, mit dem Sie die Dokumentation bequem betrachten können.

Eine Datei namens *DANG* (Dosemu Novice's Altering Guide) enthält Hinweise zur Anpassung des Quellcodes. Diese Datei wird automatisch mit jeder Version aus dem Quellcode generiert. Außerdem beschreibt die Manpage *dos(1)* den aktuellen Zustand des Befehls *dos* Ihrer Version von Dosemu. Es gibt ein Texinfo-Dokument zu Dosemu (*dosemu.texinfo*), das deutlich hinter der aktuellen Entwicklung hinterherhinkt. Es enthält aber nützliche Informationen zur Vorbereitung einer Dosemu-Installation.

Wenn Sie Ihren Kernel neu kompilieren müssen, um Unterstützung für IPC und DOS-Dateisysteme einzubauen und einen Kernel-Patch zu installieren, dann tun Sie das jetzt.

Gehen Sie – immer noch als **root** – in das Verzeichnis *dosemu-0.98.4*, und stellen Sie sicher, daß sich dort die Datei Makefile befindet. Geben Sie folgende Befehle ein:

```
# make
# make install
```

Sie können jetzt Ihren frisch installierten Dosemu mit einem bereitgestellten, winzigen FreeDOS-Image ausprobieren:

```
# ./first-test
C:> exitemu
```

Wenn dies funktioniert, ist Ihr Dosemu wahrscheinlich korrekt erzeugt worden.

Als nächstes müssen Sie einige Konfigurationsdateien kopieren und editieren:

- Kopieren Sie die Datei *etc/dosemu.conf* nach */etc/dosemu.conf*, und ändern Sie sie, wie in der Dokumentation beschrieben. Lesen Sie dazu auf jeden Fall die Dokumentation, insbesondere die Datei *doc/README.txt*. Möglicherweise wollen Sie die Datei aber auch erst einmal in Ruhe lassen und sich später damit beschäftigen, wenn Sie etwas mehr Erfahrung mit Dosemu haben.

- Je nach Ihren Sicherheitsbedürfnissen müssen Sie eine der beiden Dateien *etc/dosemu.users.easy* oder *etc/dosemu.users.secure* nach */etc/dosemu.users* kopieren und sie Ihren Bedürfnissen entsprechend editieren.

Als nächstes müssen Sie ein DOS-Boot-Image erzeugen. Wenn Sie eine aktuelle Version des MTools-Pakets (Version 3.8 oder neuer) und eine »bootbare« DOS-Partition oder eine DOS-Boot-Diskette haben, können Sie das mit Dosemu gelieferte Programm *setup-hdimage* verwenden, wie im folgenden Beispiel gezeigt wird:

```
tigger: # ./setup-hdimage
checking your partitions, wait...
...done
I've seen the following DOS partitions (perhaps non-bootable):

     /dev/sdc1

If none of them are valid, you can continue any way using a bootable
floppy as input. Which one do you want to use as input?
Type in the full device name or ENTER to cancel

/dev/fd0

A normal MSDOS system has command.com as shell.
If you have a different one, please enter the name,
else just type ENTER



We now try to generate a bootable hdimage into /var/lib/dosemu/
hdimage.first and are calling ./dexe/mkdexe for this.

You will be prompted to edit the configuration files
(config.sys, autoexec.bat e.t.c).

Enter the name of your favorite editor, if you type just ENTER, the
editor given via the EDITOR environment variable will be used.


Starting ...
System type is IBMorOpenDos. sysfiles: ibmbio.com, ibmdos.com, command.com
1+0 records in
1+0 records out
Cannot create entry named . or ..

Skipping "config.sys", is not a directory

Skipping "autoexec.bat", is not a directory
 ... done
```

In diesem Fall haben wir eine »bootbare« OpenDOS-Diskette verwendet. Wenn alles glattgeht, sollte die Datei */var/lib/dosemu/hdimage.first* erzeugt werden und Ihr DOS-Boot-Image enthalten. Wenn Probleme aufgetreten sind, müssen Sie möglicherweise die alte Methode zum Erzeugen eines Boot-Images verwenden. Lesen Sie dazu in der Datei *doc/README-tech.txt*, Abschnitt 7.

Kontrollieren Sie als nächstes, daß Ihre Datei */etc/dosemu.conf* die Zeile

```
$_hdimage = "hdimage.first"
```

enthält. Hier kann mehr als eine Image-Datei stehen, aber *hdimage.first* sollte die erste sein.

Jetzt können Sie Dosemu starten:

```
dosemu -C
```

Dosemu sollte etwa folgende Ausgaben machen:

```
Linux DOS emulator 0.98.4.0 $Date: 1999/10/06 15:52:05 $
Last configured at Mon Mar 22 13:05:19 CET 1999 on linux
This is work in progress.
Please test against a recent version before reporting bugs and problems.
Bugs, Patches & New Code to linux-msdos@vger.rutgers.edu


Starting DOS...

[Host File System] drive D: is directory /
[dosemu EMS 4.0 driver installed]

Caldera OpenDOS 7.01
Copyright (c) 1976, 1997 Caldera, Inc.
All rights reserved.

"Welcome to dosemu 0.98!"
C:\>
```

Sie sind jetzt soweit, Ihren DOS-Emulator auszuprobieren. Lesen Sie aber auf jeden Fall die Dokumentation, um sich mit den vielen Möglichkeiten von Dosemu vertraut zu machen. Indem Sie */etc/dosemu.conf* editieren, können Sie schnell Probleme mit bestimmter DOS-Software, Terminal-Modi, Soundkarten-Unterstützung und ähnlichem beheben. Sie können Verweise auf weitere DOS-Verzeichnisse auf Festplatten hinzufügen. Wenn Sie mit der Arbeit mit Dosemu fertig sind, können Sie den Emulator mit

```
C:\> exitemu
```

beenden. Wenn Sie Dosemu in einem eigenen X-Fenster starten wollen, können Sie das Programm *xdos* ausführen. Möglicherweise müssen Sie vorher den Befehl

```
xset fp rehash
```

eingeben, um die neu installierten DOS-Fonts verfügbar zu machen.

Wenn Sie mutig sind, können Sie sogar Windows 3.x im Real-Mode ausprobieren, indem Sie es in Ihr DOS-Festplatten-Image installieren und dann

```
win /r
```

eingeben.

Windows-Emulation: Wine

Wine ist das ambitionierteste DOS/Windows-Kompatibilitäts-Paket und hat einen gewaltigen potentiellen Wert für die Linux-Gemeinde. Es wurde von WABI inspiriert, das ursprünglich von Sun Microsystems entwickelt wurde, um Microsoft Windows-Software direkt unter Solaris ausführen zu können. WABI wurde von Sun an andere System V-Portierungen auf den Intel-PC lizensiert, und eine WABI-Entwicklergruppe, die aus mehreren Unix-Herstellern besteht, leitet die weitere Entwicklung von WABI. Wir kennen keinen Linux-Hersteller, der ein Mitglied dieser Gruppe ist, aber Caldera hat zumindest WABI von SunSoft lizensiert. Die WABI-Spezifikationen sind allgemein verfügbar gemacht worden, und das Linux-Dosemu-Team hat sie für die Wine-Entwicklung verwendet. Wine wird zur Zeit für Linux, NetBSD und FreeBSD entwickelt, Corel hat den ersten kommerziellen Support angekündigt.

Um Wine zu verwenden, benötigen Sie mindestens 16 MB an RAM und eine mindestens 32 MB große Swap-Partition auf der Festplatte.

Wine besteht hauptsächlich aus einem Programmlader, der 16-Bit-Applikationen für MS-Windows lädt und ausführt, sowie einer Emulationsbibliothek, die Aufrufe von MS-Windows-Funktionen in Linux- und X-Aufrufe übersetzt. Wie in der Wine-FAQ zu lesen ist, steht Wine entweder für »WINdows Emulator« oder »Wine Is Not an Emulator« (Wine ist kein Emulator). Beide Deutungen sind richtig. Wenn Wine einmal vollständig entwickelt ist, werden die meisten Windows-Applikationen in einer Linux/X-Umgebung unter Wine laufen, und das auch noch genauso schnell wie unter Windows, vielleicht sogar noch schneller. Ein von Linux unterstützter Grafikchip sorgt für eine sehr viel bessere Performanz des X Window Systems und damit auch für eine sehr viel bessere Performanz von WABI.

Derzeit macht auch die Wine-Unterstützung für Win32-ABI (für 32-Bit-Windows 95/98- und NT-Applikationen) gute Fortschritte. Die Wine-Entwickler hoffen, irgendwann einmal sowohl 16- als auch 32-Bit-Applikationen ausführen zu können.

Wine ist unabhängig vom Dateisystem und kann auf jedem Linux- (oder Unix-) Dateisystem verwendet werden. Sie müssen das X Window System verwenden, um Wine ausführen zu können. Wine wird aus einem von Ihrem Lieblings-Window-Manager geöffneten Fenster ausgeführt:

```
wine /pfadname/winapp.exe
```

Dabei ist `pfadname` ein Pfadname, der entweder Linux- oder DOS-Konventionen gehorcht, und `winapp.exe` ein ausführbares Windows-Programm.

Wir möchten Ihnen derzeit nicht empfehlen, Wine zu verwenden, wenn Sie kein Programmierer sind, der zur weiteren Entwicklung dieses ambitionierten Pakets beitragen möchte. Wine kann derzeit noch mit Fug und Recht als im Alpha-Zustand befindlich betrachtet werden. Es implementiert zur Zeit noch nicht die vollständige Programmierschnittstelle (API) von MS-Windows. Weil wir der Meinung sind, daß Sie Wine derzeit nicht effektiv nutzen können, wenn Sie kein Programmierer mit Internetzugang sind, der zu diesem Projekt beitragen kann, werden wie hier nicht besprechen, wie Wine installiert und konfiguriert wird.

Wenn Sie sich an der Entwicklung von Wine beteiligen möchten oder einfach nach weiteren Informationen suchen, lesen Sie am besten auf der Website von Wine Headquarters nach, die Sie unter *http://www.winehq.com* finden; hier bekommen Sie auch die aktuellste Wine-Version.

KAPITEL 13

PROGRAMMIERSPRACHEN

Linux hat viel mehr zu bieten als die bloße Benutzung des Systems. Einer der Vorteile freier Software ist, daß sie an die Bedürfnisse des Benutzers angepaßt werden kann. Dies gilt für die zahlreichen freien Anwendungsprogramme, die es für Linux gibt, ebenso wie für den Linux-Kernel selbst.

Linux unterstützt eine fortschrittliche Programmierschnittstelle und Tools wie zum Beispiel den Compiler *gcc*, den Debugger *gdb* usw. Einige andere Programmiersprachen wie Perl, Tcl/Tk und LISP werden ebenfalls unterstützt. Linux eignet sich ganz hervorragend für die Entwicklung von Unix-Anwendungen, egal welche Art von Programmierung Sie betreiben. Die Programmierer, die sich mit dem inneren Aufbau des Systems befassen müssen, haben die Möglichkeit, das zu tun, weil auch der komplette Quellcode der Libraries und des Kernels zur Verfügung steht.[1]

Kapitel 10

Linux ist eine ideale Plattform für die Entwicklung von Software für das X Window System. Die X-Distribution, wie wir sie in Kapitel 10, *Das X Window System,* beschreiben, stellt eine vollständige Implementierung dar, die alles enthält, was Sie zur Entwicklung und Unterstützung von X-Anwendungen brauchen. Die Programmierung unter X ist auf andere Anwendungen übertragbar, so daß die X-spezifischen Teile Ihrer Anwendungen auf anderen Unix-Systemen ohne Probleme kompiliert werden können.

In diesem Kapitel wollen wir die Programmierumgebung von Linux erkunden und Ihnen kurz die zahlreichen Möglichkeiten vorstellen. Wenn Sie bei der Programmierung unter Unix wissen, welche Hilfsprogramme es gibt und wie sie effektiv eingesetzt werden, ist das schon die halbe Miete. Oft sind Neulingen die wichtigsten Eigenschaften dieser Tools noch nicht bekannt.

1 Die Autoren mußten wiederholt feststellen, daß auf einer Reihe von Unix-Systemen die verfügbare Dokumentation nicht ausreichend ist. Unter Linux können Sie sogar den Quellcode des Kernels selbst sowie den der Bibliotheken und System-Utilities einsehen. Der Zugang zum Quellcode ist wichtiger, als die meisten Programmierer glauben.

Weil die Programmierung mit C die Grundlage der meisten großen Projekte war (auch wenn sie heutzutage mehr und mehr durch C++ ersetzt wird) und die meisten Programmierer mit C vertraut sind – nicht nur unter Unix, sondern auch auf vielen anderen Systemen –, wollen wir als erstes die zahlreichen Werkzeuge für die C-Programmierung vorstellen. In den ersten Abschnitten dieses Kapitels gehen wir davon aus, daß Sie bereits mit C programmiert haben.

Gleichzeitig tauchen verschiedene andere Hilfsmittel – insbesondere für die Systemverwaltung – auf. Wir werden in diesem Kapitel zwei dieser Hilfsmittel besprechen: Perl und Tcl/Tk. Beides sind Skriptsprachen wie die Unix-Shells, und beide werden für problematische Arbeiten wie die Speicherverwaltung benutzt, so daß Sie sich auf Ihre eigentliche Aufgabe konzentrieren können. Dabei sind sowohl Perl als auch Tcl/Tk so ausgefeilt, daß sie mächtiger als Shell-Skripten und für zahlreiche Programmieraufgaben geeignet sind.

Viele Programmierer brennen im Moment darauf, Java auszuprobieren, die neue Sprache von Sun Microsystems. Obwohl die meisten Leute Java mit interaktiven Programmen (Applets) im World Wide Web verbinden, ist Java doch eine allgemein verwendbare Sprache mit vielen Anwendungsmöglichkeiten im Internet. In einem der Abschnitte in diesem Kapitel werden wir uns ansehen, was Java über ältere Programmiersprachen hinaus zu bieten hat, und wie Sie damit loslegen können.

Programmieren mit gcc

Die Programmiersprache C ist diejenige, die bei der Entwicklung von Unix-Software mit Abstand am häufigsten eingesetzt wird. Vielleicht liegt das daran, daß Unix selbst ursprünglich in C entwickelt wurde – C ist die »Muttersprache« von Unix. Die C-Compiler unter Unix haben schon immer die Standards für andere Sprachen und Hilfsmittel wie Linker, Debugger usw. gesetzt. Konventionen, die mit den ersten C-Compilern eingeführt wurden, haben sich in der gesamten Unix-Programmierung weitgehend unverändert erhalten. Wer den C-Compiler kennt, der kennt auch Unix selbst. Bevor wir allzusehr abheben, lassen Sie uns lieber auf die Details eingehen.

Der C-Compiler von GNU, *gcc*, ist einer der vielseitigsten und fortschrittlichsten aller verfügbaren Compiler. Anders als andere C-Compiler (zum Beispiel die mit AT&T- oder BSD-Distributionen ausgelieferten oder solche von Drittherstellern) unterstützt *gcc* alle modernen C-Standards – etwa ANSI-C – sowie viele Erweiterungen, die nur in *gcc* zu finden sind. Glücklicherweise kann *gcc* trotzdem zu älteren C-Compilern und älteren Methoden der C-Programmierung kompatibel gemacht werden. Es gibt sogar ein Werkzeug namens *protoize*, das Ihnen dabei hilft, Funktionsprototypen für C-Programme im alten Stil zu schreiben.

gcc ist gleichzeitig ein C++-Compiler. Für diejenigen unter Ihnen, die sich lieber in der undurchschaubaren objektorientierten Welt aufhalten, wird C++ mit allem

Drum und Dran unterstützt – einschließlich solcher Eigenschaften wie Methoden-Templates aus dem C++ von AT&T. Es stehen auch komplette Klassenbibliotheken für C++ (etwa die vielen Programmierern bekannte *iostream*) zur Verfügung.

Wer sich gerne mit seltenen Dingen umgibt, findet in *gcc* auch Unterstützung für Objective-C, einen objektorientierten Ableger von C, der nie sehr populär wurde. Aber das ist noch längst nicht alles, wie wir sehen werden.

Es gibt noch einen weiteren Compiler, den *egcs*. *egcs* ist keine vollständige Neuentwicklung, sondern ein Abkömmling von *gcc*. *egcs* hat im Gegensatz zu *gcc* einige fortgeschrittene Optimierungsfunktionen und zeichnet sich insbesondere dann aus, wenn es um neuere C++-Sprachmerkmale wie Templates oder Namensräume geht. Wenn Sie ernsthaft mit C++ programmieren wollen, dann sollten Sie *egcs* in Betracht ziehen. Unglücklicherweise gibt es ein Problem mit Kerneln der Version 2. 0, die sich nicht mit dem *egcs* kompilieren lassen. Neuere Kernel aus den 2.1-, 2.2- und 2.3-Reihen haben dieses Problem nicht. Manche Distributoren haben sich deswegen aber entschieden, den herkömmlichen *gcc* für die C-Kompilierung und *egcs* für die C++-Kompilierung vorzusehen. Näheres zu *egcs* erfahren Sie unter *http://egcs.cygnus.com*.

Die Free Software Foundation hat vor kurzem angekündigt, daß *egcs* ihr Default-Compiler werden und damit seinen eigenen Vorfahren *gcc* ersetzen soll. Damit wird die Teilung in *egcs* und *gcc* in der Zukunft dann wieder aufgehoben.

In diesem Abschnitt wollen wir zeigen, wie Sie mit *gcc* unter Linux Programme kompilieren und linken. Wir gehen davon aus, daß Sie mit der Programmierung in C/C++ vertraut sind, aber wir setzen nicht voraus, daß Sie bereits Erfahrungen mit der Programmierumgebung unter Unix gemacht haben. Diese Erfahrung sollen Sie hier mit uns machen.

Ein schneller Überblick

Bevor wir Ihnen auch die letzten Details des *gcc* selbst verraten, wollen wir ein einfaches Beispiel vorführen und alle Schritte zeigen, die Sie unternehmen, wenn Sie ein C-Programm auf einem Unix-System kompilieren.

Lassen Sie uns von folgendem Programmcode ausgehen – ein weiteres Exemplar des wohlbekannten »Hello, World!«-Programms:

```
#include <stdio.h>
int main() {
 (void)printf("Hello, World!\n");
 return 0; /* Just to be nice */
}
```

Um aus diesem Programm lebenden, ausführbaren Code zu machen, bedarf es mehrerer Schritte. Die meisten dieser Schritte lassen sich in einem *gcc*-Befehl zusammenfassen, aber auf die Details gehen wir erst später in diesem Kapitel ein.

Zunächst muß der *gcc*-Compiler aus diesem *Quellcode* eine *Objektdatei* erzeugen. In der Objektdatei steht im wesentlichen der Rechnercode, der diesem C-Code entspricht. Die Datei enthält Code, der den Stack für den *main()*-Aufruf einrichtet, die mysteriöse Funktion *printf()* aufruft, sowie Code, der den Wert 0 zurückliefert.

Der nächste Schritt besteht darin, die Objektdatei zu *binden* (linken), um eine ausführbare Datei zu erhalten. Es fällt nicht schwer zu erraten, daß dieser Schritt vom *Linker* erledigt wird. Die Aufgabe des Linkers besteht darin, Objektdateien mit Code aus den Libraries (Bibliotheken) zu binden und eine ausführbare Datei zu erzeugen. Der Objektcode aus unserem Beispiel stellt noch kein ausführbares Programm dar; es muß vor allen Dingen der Code für *printf()* dazugebunden werden. Außerdem gehören noch diverse Initialisierungsroutinen zu einem kompletten Programm, die ein Normalsterblicher nie zu sehen bekommt.

Wo kommt der Code für *printf()* her? Aus den Bibliotheken. Man kann nicht allzulange über den *gcc* schreiben, ohne die Libraries zu erwähnen. Eine Library ist im wesentlichen eine Sammlung von vielen Objektdateien mit einem Index. Wenn der Linker nach dem Code für *printf()* sucht, schaut er in den Indizes aller Bibliotheken nach, die er dazubinden soll. Der Linker findet die Objektdatei, in der die Funktion *printf()* enthalten ist, extrahiert diese Objektdatei (die ganze Datei, die noch viel mehr als nur die Funktion *printf()* enthalten kann) und bindet sie mit der ausführbaren Datei.

In Wirklichkeit sind die Dinge viel komplizierter. Wir haben bereits erwähnt, daß Linux zwei Arten von Bibliotheken kennt – *static* (statisch) und *shared* (etwa: gemeinsam genutzt). Was wir soeben beschrieben haben, sind statische Bibliotheken – Bibliotheken, in denen der eigentliche Code der Subroutinen mit der ausführbaren Datei gebunden wird. Der Code für Routinen wie *printf()* kann allerdings ziemlich lang sein. Weil viele Programme häufig aufgerufene Routinen aus den Libraries benutzen, ist es sinnlos, daß jede ausführbare Datei eine eigene Kopie des Library-Codes enthalten soll. Hier kommen die Shared Libraries ins Spiel.

Bei der Benutzung von Shared Libraries ist der gesamte Code für die gemeinsam genutzten Routinen in einer einzigen Bibliothek auf der Festplatte enthalten – der »Library-Image-Datei« (etwa: Library-Abbild). Wenn ein Programm mit einer Shared Library gebunden wird, bekommt die ausführbare Datei lediglich »Stub Code« (etwa: Stummel-Code) statt des eigentlichen Codes der Routinen mit. Dieser Stub-Code teilt dem Programm-Lader (program loader) mit, an welcher Stelle der Platte er zur Laufzeit den Library-Code finden kann (in der Image-Datei). Wenn unser nettes »Hello, World!«-Programm ausgeführt wird, bemerkt der Programm-Lader also, daß das Programm mit einer Shared Library gebunden wurde. Er findet dann die Image-Datei und lädt den Code für die Bibliotheksroutinen (zum Beispiel *printf()*) zusammen mit dem eigentlichen Programmcode. Der Stub-Code teilt dem Loader mit, wo er den Code für *printf()* innerhalb der Image-Datei finden kann.

Selbst dies ist noch eine stark vereinfachte Darstellung dessen, was wirklich passiert. Die Shared Libraries von Linux benutzen »Sprungtabellen« (jump tables).

Diese Tabellen machen es möglich, daß neue Bibliotheken eingebunden und ihr Inhalt verändert wird, ohne daß die ausführbaren Programme, die diese Bibliotheken benutzen, erneut gebunden werden müssen. Der Stub-Code in der ausführbaren Datei sucht sich in der Bibliothek einen weiteren Referenzpunkt – und zwar in der Sprungtabelle. Auf diese Weise können der Inhalt der Bibliothek und die zugehörige Sprungtabelle geändert werden, ohne daß der Stub-Code in der ausführbaren Datei geändert werden muß.

Sie sollten sich von diesen ziemlich abstrakten Informationen nicht verwirren lassen. Wir werden weiter unten anhand eines Beispiels aus dem richtigen Leben zeigen, wie Sie Ihre Programme kompilieren, binden und debuggen. Das ist eigentlich recht einfach – um viele Details kümmert sich der *gcc*-Compiler selbst. Trotzdem kann es nicht schaden, wenn man versteht, was hinter den Kulissen vorgeht.

Eigenschaften des Compilers gcc

gcc bietet mehr Möglichkeiten, als wir hier jemals aufzählen können. Später stellen wir einige davon vor. Gleichzeitig verweisen wir die Neugierigen auf die Manpage und die Info-Seiten zum *gcc*, wo Sie ohne Zweifel einige interessante Dinge über diesen Compiler erfahren werden. Weiter unten in diesem Abschnitt geben wir Ihnen einen kurzen Überblick über die nützlichsten Eigenschaften von *gcc* mit auf den Weg. Mit Hilfe dieser Informationen sollten Sie in der Lage sein, selbst herauszufinden, wie Sie die vielen anderen Eigenschaften des Compilers zu Ihrem Vorteil nutzen können.

Zunächst einmal unterstützt *gcc* die moderne »Standard«-C-Syntax, wie sie im wesentlichen vom ANSI-C-Standard beschrieben wird. Die wichtigste Eigenschaft dieses Standards sind die Funktionsprototypen (function prototypes). Konkret bedeutet das: Wenn Sie eine Funktion *foo()* definieren, die ein `int` zurückgibt und die beiden Argumente `a` (vom Typ `char *`) und `b` (vom Typ `double`) akzeptiert, können Sie diese Funktion folgendermaßen definieren:

```
int foo(char *a, double b) {
 /* Ihr Code ... */
}
```

Im Gegensatz dazu sieht die alte Syntax für die Definition einer Funktion ohne Funktionsprototypen so aus:

```
int foo(a, b)
char *a;
double b;
{
 /* Ihr Code ... */
}
```

[42] Auch diese Syntax wird von *gcc* unterstützt. Natürlich beschreibt ANSI-C viele andere Konventionen, aber die Funktionsprototypen fallen einem neuen Programmierer zuerst auf. Wer mit dem C-Programmierstil vertraut ist, wie er in modernen Büchern (zum Beispiel die zweite Auflage von Kernighan und Ritchies *Programmieren in C*) gepflegt wird, sollte keine Probleme haben, mit dem *gcc* zu programmieren. (Die C-Compiler, die mit einigen anderen Unix-Systemen ausgeliefert werden, unterstützen solche ANSI-Eigenschaften wie das Prototyping nicht.)

Der Compiler *gcc* kommt mit einem ziemlich beeindruckenden Optimierer (optimizer) daher. Während die meisten C-Compiler lediglich den Schalter -O kennen, um die Optimierung einzuschalten, unterstützt *gcc* etliche Stufen (level) der Optimierung. Auf der höchsten Optimierungsstufe zieht *gcc* solche Tricks aus dem Ärmel wie die gemeinsame Nutzung von Programmcode und statischen Daten. Das bedeutet: Wenn in Ihrem Programm eine feste Zeichenfolge wie `Hello, World!` auftaucht, und die ASCII-Darstellung dieser Zeichenfolge entspricht zufälligerweise einer Befehlsfolge in Ihrem Programm, dann wird *gcc* diesen Speicherplatz sowohl als Zeichenfolge als auch für den Programmcode nutzen. Wie schlau kann ein Compiler werden?

Selbstverständlich können Sie mit *gcc* auch Debugging-Informationen in die Objektdateien einbinden, so daß der Debugger (und damit der Programmierer) das Programm schrittweise abarbeiten kann. Der Compiler fügt dazu in die Objektdatei Markierungen ein, damit der Debugger im kompilierten Code bestimmte Zeilen, Variablen und Funktionen finden kann. Wenn Sie also mit einem Debugger wie *gdb* arbeiten (mit dem wir uns später in diesem Kapitel beschäftigen werden), haben Sie die Möglichkeit, das kompilierte Programm in kleinen Schritten ablaufen zu lassen und gleichzeitig den Quelltext zu verfolgen.

Einer der anderen Tricks, die der *gcc* beherrscht, ist seine Fähigkeit, Assembler-Code zu erzeugen – im wahrsten Sinne des Wortes durch das Setzen eines Schalters. Statt *gcc* Ihren Quelltext zu Maschinensprache kompilieren zu lassen, können Sie ihn anweisen, Assembler-Code zu erzeugen, der für das menschliche Auge viel einfacher zu lesen ist. Das stellt auch eine bequeme Methode dar, unter Linux die Feinheiten der Assembler-Programmierung für den Protected Mode zu erlernen – schreiben Sie C-Code, lassen Sie *gcc* daraus Assembler-Code erzeugen, und studieren Sie diesen.

Falls Sie sich wundern, woher dieser Assembler-Code kommt: *gcc* verfügt über einen eigenen Assembler (der unabhängig von *gcc* benutzt werden kann). Sie können auch Assembler-Code in Ihre C-Quellen einfügen (inline assembler), falls Sie einmal besonders heftig tricksen müssen, aber nicht alles in Assembler schreiben möchten.

gcc-Grundlagen

Sicherlich wollen Sie jetzt endlich wissen, wie Sie alle diese wunderbaren Eigenschaften nutzen können. Besonders für neue Unix- und C-Programmierer ist es wichtig zu lernen, wie sie *gcc* effektiv einsetzen. Die Arbeit mit einem Compiler, der von der Befehlszeile aus gesteuert wird, unterscheidet sich deutlich von der Arbeit mit einem Entwicklungssystem wie zum Beispiel Borland-C unter MS-DOS. Zwar ist die Syntax der beiden Sprachen ähnlich, aber die Vorgehensweise beim Kompilieren und Binden von Programmen ist völlig anders.

Wie sollten Sie also vorgehen, wenn Sie unser harmlos aussehendes »Hello, World!«-Beispiel kompilieren und linken möchten?

Als erstes muß natürlich der Quellcode eingegeben werden. Dazu benutzen Sie einfach einen Texteditor wie Emacs oder *vi*. Der angehende Programmierer sollte den Quelltext eingeben und in einer Datei, zum Beispiel mit dem Namen *hello.c*, speichern. (Wie die meisten C-Compiler ist auch *gcc* wählerisch, wenn es um die Dateinamensuffixe geht – daran kann er ablesen, ob es sich um C-Quelltext, Assembler-Code, eine Objektdatei usw. handelt.) Für Standard-C-Quelltexte sollten Sie das Suffix *.c* verwenden.

Um aus dem Quelltext das ausführbare Programm *hello* zu erzeugen, würde der Programmierer folgendes eingeben:

```
papaya$ gcc -o hello hello.c
```

Vorausgesetzt, daß keine Fehler enthalten waren, würde *gcc* mit einem einzigen Streich aus dem Quellcode eine Objektdatei erzeugen, diese mit den entsprechenden Libraries binden und dann das lauffähige Programm *hello* ausspucken – voilà! Falls Sie das als vorsichtiger Programmierer testen möchten:

```
papaya$ hello
Hello, World!
papaya$
```

Genauso freundlich, wie man das erwarten konnte.

Offensichtlich ist hinter den Kulissen eine ganze Menge passiert, als wir diesen einzelnen *gcc*-Befehl aufgerufen haben. Zunächst mußte *gcc* aus Ihrer Quelldatei *hello.c* die Objektdatei *hello.o* erzeugen. Anschließend mußte *hello.o* mit den Standard-Libraries gebunden sowie eine ausführbare Datei erzeugt werden.

gcc geht normalerweise davon aus, daß Sie nicht nur die angegebenen Quelldateien kompilieren wollen, sondern daß sie auch gebunden werden sollen (untereinander sowie mit den Standard-Libraries), um eine ausführbare Datei zu erzeugen. *gcc* kompiliert zuerst alle Quelldateien zu Objektdateien. Anschließend wird automatisch der Linker aufgerufen, um alle Objektdateien und Libraries zu einem ausführbaren Programm zusammenzufügen. (Richtig, der Linker ist ein eigenständiges Programm namens *ld*, das nicht zu *gcc* gehört – man kann allerdings sagen, daß *gcc* und *ld* gute Freunde sind.) *gcc* kennt außerdem die »Standard«-Bibliotheken, die von den meisten Programmen benutzt werden, und weist *ld* an, diese einzubinden. Natürlich gibt es mehrere Methoden, solche Voreinstellungen zu ignorieren.

Sie haben die Möglichkeit, mit einem *gcc*-Befehl mehrere Dateinamen zu übergeben, aber in großen Projekten werden Sie wahrscheinlich jeweils nur wenige Dateien kompilieren und die Objektdateien (*.o*) aufbewahren. Wenn Sie aus einer Quelldatei nur die Objektdatei erzeugen wollen, ohne das Ganze auch binden zu lassen, können Sie in *gcc* den Schalter *-c* setzen:

```
papaya$ gcc -c hello.c
```

Damit erzeugen Sie die Objektdatei *hello.o* – und sonst nichts.

Der Linker ist so voreingestellt, daß er eine ausführbare Datei ausgerechnet unter dem Namen *a.out* erzeugt. Mit dem Schalter *-o* können Sie *gcc* zwingen, die zu erzeugende Datei anders zu benennen; in diesem Fall *hello*. Es handelt sich hierbei lediglich um übriggebliebenen Müll aus frühen Unix-Versionen – nichts besonders Aufregendes.

Mehrere Quelldateien benutzen

Der nächste Schritt auf Ihrem Pfad der Erleuchtung mit *gcc* besteht darin, daß Sie die Kompilierung mit mehreren Quelldateien verstehen. Nehmen wir an, daß Ihr Programm aus den beiden Quelldateien *foo.c* und *bar.c* besteht. Natürlich würden Sie eine oder mehrere Header-Dateien benutzen (etwa *foo.h*), in denen Funktionsdeklarationen enthalten sind, die von beiden Programmen benutzt werden. Auf diese Weise kennt *foo.c* die Funktionen in *bar.c* und umgekehrt.

Geben Sie folgenden Befehl ein, um diese Quellcodedateien kompilieren und linken zu lassen (mit den Libraries natürlich) und daraus die ausführbare Datei *baz* zu erstellen:

```
papaya$ gcc -o baz foo.c bar.c
```

Dies entspricht etwa den drei Befehlen:

```
papaya$ gcc -c foo.c
papaya$ gcc -c bar.c
papaya$ gcc -o baz foo.o bar.o
```

gcc bildet also ein bequemes Frontend zum Linker und zu anderen »versteckten« Utilities, die während der Kompilierung aufgerufen werden.

Offensichtlich kann das Kompilieren eines Programms, das aus mehreren Quelldateien besteht, mit nur einem Befehl eine ganze Weile dauern. Wenn Ihr Programm zum Beispiel aus fünf oder mehr Quelldateien besteht, würde der eben gezeigte *gcc*-Befehl vor dem Linken alle Quelldateien nacheinander noch einmal kompilieren. Das wäre eine große Zeitverschwendung – insbesondere, wenn Sie nach der letzten Kompilierung nur eine Quelldatei geändert hatten. Die anderen Dateien bräuchten nicht noch einmal kompiliert zu werden, da ihre weiterhin gültigen Objektdateien noch vorhanden sind.

Die Lösung dieses Problems bieten Programme zur Projektverwaltung, wie zum Beispiel *make*, das wir im Abschnitt »Die Makefiles« später in diesem Kapitel besprechen werden.

Optimierung

Die Anweisung an *gcc*, den Code während der Kompilierung zu optimieren, ist recht einfach; benutzen Sie dazu in der Befehlszeile den Schalter *-O*:

```
papaya$ gcc -O -o fishsticks fishsticks.c
```

Etwas weiter oben haben wir erwähnt, daß *gcc* verschiedene Stufen der Optimierung kennt. Wenn Sie statt *-O* beispielsweise *-O2* angeben, werden verschiedene »teure« Optimierungen eingeschaltet, die einerseits den Kompilierungsvorgang verlangsamen können, andererseits aber Ihren Code (hoffentlich) wesentlich effektiver machen.

Sie haben bei Ihren Streifzügen durch die Linux-Welt vielleicht bemerkt, daß einige Programme mit dem Schalter *-O6* kompiliert werden (der Linux-Kernel ist ein gutes Beispiel dafür). Die aktuelle Version des *gcc* unterstützt die Optimierung auf der Stufe *-O6* nicht, so daß hier – zur Zeit – mit der Stufe *-O2* optimiert wird. Trotzdem wird gelegentlich *-O6* angegeben, um Kompatibilität zu kommenden Versionen von *gcc* herzustellen; somit ist sichergestellt, daß in Zukunft die höchste Optimierungsstufe benutzt wird.

Den Code debuggen

Der Schalter *-g* in *gcc* fügt Debugging-Code in die kompilierten Objektdateien ein. Das bedeutet, daß sowohl in die Objektdatei als auch in die entstehende ausführbare Datei zusätzliche Informationen eingefügt werden. Diese Informationen ermöglichen es, mit einem Debugger wie *gdb* (keine Bange, wir kommen später in diesem Kapitel darauf zu sprechen) das Programm schrittweise zu durchlaufen. Der Nachteil beim Einbinden von Debugging-Code ist, daß die Größe der entstehenden Objektdateien erheblich zunimmt. In der Regel ist es sinnvoll, *-g* nur zu benutzen, solange Sie Ihre Programme entwickeln und testen; bei der »endgültigen« Kompilierung sollten Sie diesen Schalter nicht setzen.

Glücklicherweise schließen sich Debugging-Code und Optimierung nicht gegenseitig aus. Sie können also ohne weiteres den Befehl

```
papaya$ gcc -O -g -o mumble mumble.c
```

aufrufen. Allerdings kann es vorkommen, daß sich das Programm nach bestimmten Optimierungen mit *-O* oder *-O2* anscheinend unberechenbar verhält, wenn es vom Debugger unter die Fittiche genommen wird. In der Regel empfiehlt es sich, entweder *-O* oder *-g* zu setzen, aber nicht beide.

Mehr Spaß mit Libraries

Bevor wir die Gefilde von *gcc* verlassen, wollen wir noch ein paar Worte zum Thema Linken und Libraries sagen. Es ist gar nicht so schwierig, eigene Bibliotheken zu erzeugen. Wenn Sie eine Reihe von Routinen geschrieben haben, die Sie häufig aufrufen, sollten Sie diese vielleicht zu einer Gruppe von Quelltextdateien zusammenfassen, aus jeder Quelldatei eine Objektdatei erzeugen und dann aus diesen Objektdateien eine Bibliothek erstellen. Anschließend brauchen Sie diese Routinen nicht mit jedem Programm, das darauf zugreift, erneut zu kompilieren.

Nehmen wir an, daß Sie einige Quelldateien haben, in denen häufig benutzte Routinen wie zum Beispiel

```
float square(float x) {
 /* Code für square()... */
}

int factorial(int x, int n) {
 /* Code für factorial()... */
}
```

usw. stehen. (Natürlich sind in den Standardbibliotheken von *gcc* solche gebräuchlichen Routinen bereits enthalten; lassen Sie sich also durch dieses Beispiel nicht verwirren.) Der Einfachheit halber wollen wir weiterhin annehmen, daß der Code für *square()* in der Datei *square.c* steht und der Code für *factorial()* in *factorial.c*.

Um eine Bibliothek zu erzeugen, die diese Routinen enthält, müssen Sie nur diese Quelldateien kompilieren:

```
papaya$ gcc -c square.c factorial.c
```

Damit erhalten Sie *square.o* und *factorial.o*. Als nächstes erzeugen Sie aus diesen Objektdateien die Bibliothek. Dabei zeigt sich, daß eine Bibliothek einfach eine Archivdatei ist, die mit dem Befehl *ar* erzeugt wird (einem engen Verwandten von *tar*). Wir wollen unsere Bibliothek *libstuff.a* nennen, und so gehen wir dabei vor:

```
papaya$ ar r libstuff.a square.o factorial.o
```

Wenn Sie eine solche Bibliothek aktualisieren möchten, sollten Sie vielleicht vorher die alte *libstuff.a* löschen. Als letzten Schritt erstellen wir einen Index zu dieser Bibliothek, damit der Linker die Routinen darin finden kann. Benutzen Sie dazu den Befehl *ranlib*, etwa so:

```
papaya$ ranlib libstuff.a
```

Dieser Befehl fügt zusätzliche Informationen in die Bibliothek selbst ein; es wird keine eigenständige Indexdatei erzeugt. Sie könnten die letzten beiden Schritte mit *ar* und *ranlib* auch kombinieren, indem Sie bei *ar* den Schalter s angeben:

```
papaya$ ar rs libstuff.a square.o factorial.o
```

Mit *libstuff.a* haben Sie jetzt eine statische Library, die Ihre Routinen enthält. Bevor Sie Programme mit dieser Bibliothek binden können, müssen Sie noch eine Header-Datei schreiben, die den Inhalt der Bibliothek beschreibt. Wir könnten zum Beispiel die Datei *libstuff.h* mit folgendem Inhalt erstellen:

```
/* libstuff.h: routines in libstuff.a */
extern float square(float);
extern int factorial(int, int);
```

In jede Quellcodedatei, die Routinen aus *libstuff.a* aufruft, sollten Sie die Zeile `#include "libstuff.h"` einfügen, wie Sie das mit den Standard-Header-Dateien auch tun würden.

Wie kompilieren wir Programme, die auf die soeben fertiggestellte Bibliothek samt Header-Datei zugreifen? Zunächst müssen wir beide an einer Stelle abspeichern, wo der Compiler sie finden kann. Viele Programmierer legen eigene Bibliotheken im Unterverzeichnis *lib* ihres Home-Verzeichnisses ab und eigene Include-Dateien unter *include*.

Wir gehen davon aus, daß dies bereits geschehen ist, und können dann das ominöse Programm *wibble.c* mit folgendem Befehl kompilieren:

```
papaya$ gcc -Iinclude -Llib -o wibble wibble.c -lstuff
```

Mit der Option *-I* weisen Sie *gcc* an, das Verzeichnis *include* in den Include-Pfad einzufügen, in dem *gcc* nach Include-Dateien sucht. Die Option *-L* funktioniert ganz ähnlich, indem sie *gcc* anweist, das Verzeichnis *lib* in den Library-Pfad einzutragen.

Das letzte Argument auf der Befehlszeile ist *-lstuff*; damit wird der Linker angewiesen, die Bibliothek *libstuff.a* einzubinden (solange sie irgendwo im Library-Pfad zu finden ist). Das *lib* am Anfang des Dateinamens wird für Bibliotheken automatisch angenommen.

Sie sollten den Schalter *-l* auf der Befehlszeile jedesmal benutzen, wenn Sie andere als die Standardbibliotheken einbinden wollen. Wenn Sie beispielsweise mathematische Routinen aus *math.h* benutzen möchten, sollten Sie am Ende der *gcc*-Befehlszeile *-lm* anhängen, womit *libm* eingebunden wird. Bedenken Sie aber, daß die Reihenfolge der *-l*-Optionen von Bedeutung ist. Ein Beispiel: Wenn Ihre Bibliothek *libstuff* Routinen aus *libm* aufruft, dann muß in der Befehlszeile *-lm* hinter *-lstuff* stehen:

```
papaya$ gcc -Iinclude -Llib -o wibble wibble.c -lstuff -lm
```

Damit zwingen Sie den Linker, *libm* nach *libstuff* zu binden; dabei können die noch nicht aufgelösten Verweise in *libstuff* bearbeitet werden.

Wo sucht *gcc* nach Bibliotheken? Per Voreinstellung werden die Bibliotheken in verschiedenen Verzeichnissen gesucht; das wichtigste davon ist */usr/lib*. Wenn Sie einen Blick auf den Inhalt von */usr/lib* werfen, werden Sie feststellen, daß dort eine ganze Reihe von Library-Dateien abgelegt sind – einige der Dateinamen enden auf *.a*, andere auf *.so.version*. Dabei verbergen sich hinter den *.a*-Dateien die statischen Bibliotheken, zum Beispiel auch unsere *libstuff.a*. Die *.so*-Dateien sind die dynamischen Bibliotheken, die sowohl den zur Laufzeit dazugelinkten Code als auch den Stub-Code enthalten, den der Laufzeit-Linker (*ld.so*) benötigt, um die dynamische Bibliothek zu finden.

Zur Laufzeit sucht das Ladeprogramm die dynamischen Bibliotheken an verschiedenen Stellen, darunter */lib*. Wenn Sie das Verzeichnis */lib* ansehen, werden Sie Dateien wie *libc.so.6* sehen. Das ist die Image-Datei, die den Code für die dynamische Bibliothek *libc* enthält (eine der Standardbibliotheken, die zu den meisten Programmen hinzugelinkt werden).

Der Linker ist so voreingestellt, daß er versucht, Shared Libraries einzubinden. Es gibt allerdings auch Situationen, in denen die statischen Bibliotheken benutzt werden sollen. Sie können mit dem Schalter *-static* von *gcc* das Einbinden von statischen Bibliotheken ausdrücklich anfordern.

Shared Libraries erzeugen

Wo Sie jetzt schon wissen, wie man statische Bibliotheken erzeugt und verwendet, ist es auch nicht mehr weiter schwer, Shared Libraries zu verwenden. Diese haben eine Reihe von Vorteilen. Sie verringern den Speicherverbrauch, wenn sie von mehr als einem Prozeß benutzt werden, aber auch die Größe der ausführbaren Datei selbst. Außerdem machen sie die Entwicklung einfacher: Wenn Sie Shared Libraries benutzen und etwas in einer Bibliothek ändern, müssen Sie nicht jedesmal Ihre Applikation selbst neu kompilieren und linken. Das ist nur notwendig, wenn Sie inkompatible Änderungen vornehmen, also beispielsweise ein Argument zu einem Aufruf oder ein Feld zu einer Struktur hinzufügen.

Bevor Sie jetzt aber anfangen, all Ihre Entwicklung auf Shared Libraries umzustellen, möchten wir Sie noch kurz vorwarnen, daß das Debuggen mit Shared Libraries etwas mühsamer ist als mit statischen Bibliotheken, weil der gewöhnlich unter Linux verwendete Debugger *gdb* seine Schwierigkeiten mit Shared Libraries hat.

Aller Code in Shared Libraries muß *positionsunabhängig* (position independent) sein. Dabei handelt es sich lediglich um eine Konvention für den Objektcode, mit der dieser in Shared Libraries verwendet werden kann. Sie können *gcc* veranlassen, positionsunabhängigen Code auszugeben, indem Sie einen der Kommandozeilenschalter *-fpic* oder *-fPIC* angeben (ersteres ist besser, es sei denn, Ihre Module sind so groß, daß die Relokationstabelle zu klein wird, in welchem Fall der

Compiler eine Fehlermeldung ausgibt und Sie *-fPIC* verwenden müssen). Nehmen wir das Beispiel aus dem letzten Abschnitt wieder auf:

```
papaya$ gcc -c -fPIC square.c factorial.c
```

Wenn das erledigt ist, ist es nur noch ein kleiner Schritt zur Shared Library:[2]

```
papaya$ gcc -shared -o libstuff.so square.o factorial.o
```

Beachten Sie den Compiler-Schalter *-shared*. Es ist keine Indizierung wie bei statischen Bibliotheken notwendig.

Die Verwendung unserer frisch kompilierten und gelinkten Shared Library ist sogar noch einfacher. Der Compiler-Befehl muß nicht einmal geändert werden:

```
papaya$ gcc -Iinclude -Llib -o wischel wischel.c -lstuff -lm
```

Sie fragen sich jetzt vielleicht, was der Linker macht, wenn es sowohl eine Shared Library *libstuff.so* als auch eine statische Bibliothek *libstuff.a* gibt. In diesem Fall nimmt der Linker immer automatisch die Shared Library. Wenn Sie trotzdem die statische Bibliothek verwenden wollen, müssen Sie das dem Compiler explizit auf der Kommandozeile mitteilen:

```
papaya$ gcc -Iinclude -Llib -o wischel wischel.c libstuff.a -lm
```

Ein weiteres nützliches Werkzeug bei der Arbeit mit Shared Libraries ist das Programm *ldd*. Es zeigt Ihnen, welche Shared Libraries ein ausführbares Programm verwendet. Ein Beispiel:

```
papaya$ ldd wischel

libstuff.so => libstuff.so (0x400af000)
libm.so.6 => /lib/libm.so.6 (0x400ba000)
libc.so.6 => /lib/libc.so.6 (0x400c3000)
```

Die drei Felder jeder Zeile geben den Namen der Bibliothek an, den vollständigen Pfad zu der Instanz der Bibliothek, die verwendet wird, und an welcher Stelle die Bibliothek in den virtuellen Adreßraum eingeblendet wird.

Wenn *ldd* für eine bestimmte Bibliothek `not found` ausgibt, haben Sie ein Problem und können das betroffene Programm nicht ausführen. Sie müssen nach dieser Bibliothek suchen. Vielleicht ist es eine Bibliothek, die mit Ihrer Distribution geliefert wird und die Sie nur nicht installiert haben, oder aber sie befindet sich schon auf Ihrer Festplatte, wird aber vom Loader (der Teil des Systems, der jede ausführbare Datei lädt) nicht gefunden.

2 In der Frühgeschichte von Linux war das Erzeugen einer Shared Library eine gewaltige und schwierige Aufgabe, vor der selbst die Profis Angst hatten. Seit der Einführung des Objektdateiformats ELF vor einigen Jahren muß man einfach nur noch den richtigen Compiler-Schalter auswählen. Wenn das kein Fortschritt ist!

Im letzteren Fall können Sie versuchen, die Bibliotheken selbst zu finden und zu kontrollieren, ob sie sich in einem nicht standardmäßig verwendeten Verzeichnis befinden. Per Voreinstellung sucht der Loader nur in */lib* und */usr/lib*. Wenn Sie Bibliotheken in einem anderen Verzeichnis liegen haben, dann legen Sie die Umgebungsvariable `LD_LIBRARY_PATH` an und weisen Sie dieser die durch Doppelpunkte getrennten Verzeichnisse zu.

Programmieren mit C++

Für den Fall, daß Sie lieber objektorientiert programmieren, bietet *gcc* die vollständige Unterstützung sowohl für C++ als auch für Objective-C. Es gibt nur wenige Dinge, die Sie bedenken müssen, wenn Sie mit dem *gcc* in C++ programmieren möchten.

Zunächst sollten die Namen der C++-Quelldateien auf *.C* oder *.cc* enden. Damit werden sie von den Dateien mit einfachem C-Code unterschieden, deren Namen auf *.c* enden.

Zweitens sollten Sie den Shell-Befehl *g++* statt *gcc* benutzen, wenn Sie C++-Code kompilieren. *g++* ruft den *gcc* mit einigen zusätzlichen Parametern auf, um etwa die C++-Standardbibliotheken einzubinden. *g++* akzeptiert dieselben Argumente und Optionen wie *gcc*.

Wenn Sie *g++* nicht aufrufen, aber C++-Klassen wie die E/A-Objekte `cout` und `cin` benutzen möchten, müssen Sie sicherstellen, daß die C++-Bibliotheken eingebunden werden. Vergewissern Sie sich auch, daß die C++-Bibliotheken und Include-Dateien tatsächlich installiert sind; einige Distributionen enthalten nur die Standard-C-Libraries. Während *gcc* Ihre C++-Programme noch problemlos kompiliert, bekommen Sie ohne die C++-Bibliotheken jedesmal Fehlermeldungen vom Linker, wenn Sie versuchen, die Standardobjekte zu benutzen.

Makefiles

Irgendwann in Ihrem Zusammenleben mit Linux werden Sie wahrscheinlich auf *make* stoßen – selbst wenn Sie gar nicht programmieren möchten. Sicherlich werden Sie einmal den Kernel ändern und neu erstellen, und dazu brauchen Sie *make*. Wenn Sie Glück haben, müssen Sie sich nicht durch die Makefiles wühlen – wir wollten uns mit diesem Buch allerdings auch an die Pechvögel wenden. In diesem Abschnitt wollen wir Ihnen deshalb so viel von der feinsinnigen *make*-Syntax vermitteln, daß ein Makefile Sie nicht mehr einschüchtern kann.

In einigen unserer Beispiele werden wir das aktuelle Makefile für den Linux-Kernel benutzen. Darin sind viele der mächtigen Erweiterungen enthalten, die zur GNU-Version von *make* gehören; das gibt uns Gelegenheit, sowohl einige dieser Erweiterungen als auch das Standard-*make* zu beschreiben. In *Managing Projects with make* von Andrew Oram und Steve Talbott finden Sie eine gute Einführung in *make*.

[55] make

Die GNU-Erweiterungen werden in der Manpage zu GNU-*make* ausführlich beschrieben.

[56] GNU make

Die meisten Benutzer betrachten *make* als ein Hilfsmittel, um aus Quelltexten Objektdateien und Bibliotheken zu erzeugen sowie Objektdateien zu ausführbaren Dateien zu machen. Wenn man es abstrakter betrachtet, ist *make* ein vielseitiges Programm, das aus gewissen Abhängigkeiten (prerequisites) bestimmte Ziele (targets) erzeugt. Das Ziel kann eine ausführbare Datei sein, ein PostScript-Dokument oder was auch immer. Die Abhängigkeiten können C-Code, eine Textdatei im TeX-Format usw. sein.

Es ist nicht schwierig, einfache Shell-Skripten zu schreiben, die *gcc*-Befehle aufrufen, um ausführbare Programme zu erzeugen. *make* dagegen kann noch mehr: Es weiß, welche Ziele neu erstellt werden müssen und welche nicht. So muß beispielsweise eine Objektdatei nur dann erneut kompiliert werden, wenn die zugrundeliegende Quelldatei geändert wurde.

Ein Beispiel: Nehmen wir an, daß ein Programm aus drei C-Quelltexten besteht. Sie könnten nach jeder Änderung in einer der Quelldateien mit dem Befehl

```
papaya$ gcc -o foo foo.c bar.c baz.c
```

alle drei Dateien erneut kompilieren, um eine neue ausführbare Datei zu erzeugen. Das wäre allerdings eine große Zeitverschwendung, da Sie ja nur eine Quelldatei geändert haben. (Dies gilt ganz besonders dann, wenn das fragliche Programm aus mehr als nur einer Handvoll von Quelldateien besteht.) Was Sie wirklich erreichen möchten, ist die Neukompilierung der einen geänderten Datei zu einer Objektdatei sowie das erneute Binden aller Objektdateien zur ausführbaren Datei. *make* kann diesen Vorgang für Sie automatisieren.

Was make macht

Grundsätzlich unterstützt *make* Sie dabei, eine Zieldatei in kleinen Schritten zu erzeugen. Wenn ein Programm aus vielen Quellcodedateien besteht, können Sie eine davon ändern und eine neue ausführbare Datei erzeugen, ohne alle Quelldateien neu kompilieren zu müssen. *make* erreicht diese Flexibilität, indem es sich merkt, welche Dateien zu Ihrem Ziel gehören.

Hier zeigen wir Ihnen ein triviales Makefile. Nennen Sie es *makefile* oder *Makefile*, und speichern Sie die Datei in dem Verzeichnis ab, in dem auch die Quellcodedateien stehen.

```
edimh: main.o edit.o
        gcc -o edimh main.o edit.o

main.o: main.c
        gcc -c main.c
```

```
edit.o: edit.c
        gcc -c edit.c
```

Dieses Makefile erzeugt aus den beiden Quelldateien *main.c* und *edit.c* ein Programm namens *edimh*. Sie können ein Makefile nicht nur für die C-Programmierung einsetzen; es können beliebige Befehle enthalten sein.

Das Makefile besteht aus drei Einträgen. Jeder davon enthält eine *Abhängigkeiten-Zeile*, aus der hervorgeht, wie eine Datei erzeugt wird. Die erste Zeile besagt also, daß *edimh* (der Name vor dem Doppelpunkt) aus den beiden Objektdateien *main.o* und *edit.o* (den Namen hinter dem Doppelpunkt) erzeugt wird. Für *make* bedeutet das, daß es die folgende *gcc*-Zeile immer dann ausführen soll, wenn eine dieser beiden Objektdateien geändert wurde. Die Zeilen, in denen Befehle stehen, müssen mit einem Tabulator beginnen (und nicht mit Leerzeichen).

Der Befehl

```
papaya$ make edimh
```

führt die *gcc*-Zeile aus, wenn derzeit keine Datei namens *edimh* vorhanden ist. Diese Zeile wird aber auch dann ausgeführt, wenn *edimh* existiert, aber eine der Objektdateien neuer ist. In diesem Fall ist *edimh* das Ziel. Die Dateien hinter dem Doppelpunkt nennt man entweder *Abhängigkeiten* oder *Vorbedingungen*.

Die nächsten beiden Einträge erfüllen denselben Zweck für die Objektdateien. Die Datei *main.o* wird erzeugt, wenn sie noch nicht existiert oder wenn die zugehörige Quelldatei *main.c* neuer ist. *edit.o* wird aus *edit.c* erzeugt.

Woher weiß *make*, ob eine Datei neu ist? Es liest den Zeitstempel, den das Dateisystem jeder Datei zuordnet. Mit dem Befehl *ls -l* können Sie sich den Zeitstempel anzeigen lassen. Da diese Zeiten auf eine Sekunde genau sind, kann *make* zuverlässig ablesen, ob Sie eine Quelldatei nach dem letzten Compiler-Lauf geändert haben oder ob Sie eine Objektdatei kompiliert haben, nachdem die letzte Version der ausführbaren Datei erzeugt wurde.

Lassen Sie uns dieses Makefile testen und beobachten, was passiert:

```
papaya$ make edimh
gcc -c main.c
gcc -c edit.c
gcc -o edimh main.o edit.o
```

Wenn wir jetzt *main.c* editieren und den Befehl noch einmal aufrufen, werden nur die notwendigen Dateien neu erzeugt, und wir sparen etwas Zeit:

```
papaya$ make edimh
gcc -c main.c
gcc -o edimh main.o edit.o
```

Es spielt keine Rolle, in welcher Reihenfolge die drei Einträge im Makefile stehen. *make* findet heraus, welche Dateien von welchen anderen Dateien abhängig sind, und führt die Befehle in der richtigen Reihenfolge aus. Es ist bequemer, den Eintrag für *edimh* an die erste Stelle zu setzen, weil das die Datei ist, die per Voreinstellung erzeugt wird. Mit anderen Worten: Wenn Sie *make* aufrufen, erhalten Sie dasselbe Ergebnis wie mit *make edimh*.

Sehen wir uns ein etwas längeres Makefile an. Versuchen Sie herauszubekommen, was darin passiert:

```
install: all
        mv edimh /usr/local
        mv readimh /usr/local

all: edimh readimh

readimh: read.o edit.o
        gcc -o readimh main.o read.o

edimh: main.o edit.o
        gcc -o edimh main.o edit.o

main.o: main.c
        gcc -c main.c

edit.o: edit.c
        gcc -c edit.c

read.o: read.c
        gcc -c read.c
```

Als erstes sehen wir das Ziel `install`. Daraus wird nie eine Datei erzeugt werden; man nennt das ein *unechtes Ziel* (phony target), weil dieser Eintrag nur existiert, damit die Befehle darunter ausgeführt werden können. Bevor `install` ausgeführt wird, muß zuerst `all` aufgerufen werden, weil `install` von `all` abhängig ist. (Erinnern Sie sich, daß die Reihenfolge der Einträge keine Rolle spielt.)

Als nächstes wendet sich *make* also dem Ziel `all` zu. Dahinter stehen keine Befehle (das ist in Ordnung so), aber `all` ist abhängig von `edimh` und `readimh`. Dabei handelt es sich um echte Dateien; es sind zwei ausführbare Programme. *make* geht also die Liste der Abhängigkeiten so lange durch, bis es zu den *.c*-Dateien kommt, die von nichts weiter abhängig sind. Anschließend wird *make* jedes einzelne Ziel gewissenhaft neu erzeugen.

Lassen Sie uns einen Testlauf starten (eventuell brauchen Sie **root**-Berechtigung, um die Dateien im Verzeichnis */usr/local* installieren zu können):

```
papaya$ make install
gcc -c main.c
gcc -c edit.c
gcc -o edimh main.o edit.o
gcc -c read.c
gcc -o readimh main.o read.o
mv edimh /usr/local
mv readimh /usr/local
```

Dieses Makefile bewältigt also einen kompletten Durchlauf zur Erzeugung und Installation aller Dateien. Es erzeugt zuerst die Dateien, die für `edimh` benötigt werden. Dann erzeugt es die Objektdatei, die zusätzlich für die Erzeugung von `readimh` gebraucht wird. Wenn diese beiden ausführbaren Dateien erstellt sind, ist das Ziel `all` erfüllt. Anschließend kann *make* mit dem Ziel `install` weitermachen, also die ausführbaren Dateien an ihren endgültigen Speicherort verschieben.

Viele Makefiles – darunter auch die, die Linux erzeugen – enthalten eine ganze Reihe unechter Ziele, mit denen Routineaufgaben erledigt werden. Das Makefile für den Linux-Kernel enthält zum Beispiel Befehle, die temporäre Dateien löschen:

```
clean: archclean
        rm -f kernel/ksyms.lst
        rm -f core `find .  -name '*.[oas]' -print`
        .
        .
        .
```

Dort finden Sie auch Befehle, um eine Liste mit Objektdateien samt den Header-Dateien, von denen sie abhängig sind, zu erzeugen. (Dies ist eine komplizierte und wichtige Aufgabe – wenn eine Header-Datei geändert wird, soll sichergestellt werden, daß die Objektdateien, die davon abhängig sind, neu kompiliert werden.)

```
depend dep:
        touch tools/version.h
        for i in init/*.c;do echo -n "init/";$(CPP) -M $$i;done > .tmpdepend
        .
        .
        .
```

Einige dieser Shell-Befehle werden ziemlich komplex; wir werden uns im Abschnitt »Mehrfachbefehle« später in diesem Kapitel noch mit den Befehlen in Makefiles befassen.

Einige Syntaxregeln

Die größten Probleme rund um die Makefiles verursacht immer die Syntax – jedenfalls für Neulinge. Also gut, wir sagen es geradeheraus: Die Syntax von *make* ist ganz einfach idiotisch. Wenn Sie Leerstellen einfügen, wo Tabulatoren stehen sollten (oder umgekehrt), geht das Ding in die Hose; die Fehlermeldungen dazu sind eher verwirrend.

Setzen Sie vor eine Befehlszeile immer einen Tabulator – keine Leerstellen. Setzen Sie niemals einen Tabulator vor irgendeine der anderen Zeilen.

Sie können an beliebiger Stelle in einer Zeile ein Doppelkreuz (#) schreiben, um einen Kommentar einzuleiten. Alles hinter dem Zeichen wird ignoriert.

Wenn Sie ein Backslash an das Ende einer Zeile setzen, wird die nächste Zeile eine Fortsetzungszeile. Das funktioniert mit besonders langen Befehlen ebenso wie für alle anderen Zeilen in Makefiles.

Lassen Sie uns einige der mächtigen Fähigkeiten von *make* betrachten, die insgesamt eine Art Programmiersprache darstellen.

Makros

Wenn Programmierer einen Dateinamen oder sonstigen String innerhalb eines Makefiles mehr als einmal benutzen, tendieren sie dazu, daraus ein Makro zu machen. Das ist einfach eine Zeichenfolge, die mit Hilfe von *make* zu einer anderen Zeichenfolge expandiert. Sie könnten zum Beispiel den Anfang unseres trivialen Makefiles so formulieren:

```
OBJECTS = main.o edit.o

edimh: $(OBJECTS)
        gcc -o edimh $(OBJECTS)
```

Wenn *make* loslegt, wird es einfach überall da `main.o edit.o` einsetzen, wo Sie `$(OBJECTS)` angegeben haben. Wenn Sie dem Projekt eine weitere Objektdatei hinzufügen möchten, brauchen Sie dies nur in der ersten Zeile der Datei anzugeben. Die Zeile mit den Abhängigkeiten und die Befehle werden dementsprechend angepaßt.

Vergessen Sie die Klammern nicht, wenn Sie `$(OBJECTS)` ansprechen. Makros sehen vielleicht ein wenig wie Shell-Variablen aus (etwa `$HOME` oder `$PATH`), aber sie sind doch anders.

Sie können ein Makro innerhalb einer anderen Makrodefinition einsetzen. Ein Beispiel:

```
ROOT = /usr/local
HEADERS = $(ROOT)/include
SOURCES = $(ROOT)/src
```

In diesem Fall wird `HEADERS` zum Verzeichnis */usr/local/include* expandiert, und `SOURCES` wird zu */usr/local/src*. Falls Sie ein Programmpaket auf Ihrem System installieren, das nicht in */usr/local* stehen soll, müssen Sie nur ein anderes Verzeichnis finden und dieses in der `ROOT`-Zeile eintragen.

Sie müssen übrigens für die Namen von Makros keine Großbuchstaben verwenden, aber diese Konvention hat sich überall durchgesetzt.

Ein Zusatz zum GNU-*make* gibt Ihnen die Möglichkeit, eine Makrodefinition zu erweitern. Benutzen Sie dazu den String := statt des Gleichheitszeichens:

```
DRIVERS        =drivers/block/block.a

ifdef CONFIG_SCSI
DRIVERS := $(DRIVERS) drivers/scsi/scsi.a
endif
```

Die erste Zeile enthält eine normale Makrodefinition, die dem Makro `DRIVERS` den Wert `drivers/block/block.a` zuweist. Die nächste Definition erweitert das Makro um die Datei `drivers/scsi/scsi.a`; diese Erweiterung findet allerdings nur dann statt, wenn auch `CONFIG_SCSI` definiert ist. Die komplette Zuweisung lautet in diesem Fall:

```
drivers/block/block.a drivers/scsi/scsi.a
```

Wie aber definieren Sie `CONFIG_SCSI`? Fügen Sie es einfach in das Makefile ein, und weisen Sie ihm einen beliebigen Wert zu:

```
CONFIG_SCSI = yes
```

Wahrscheinlich ist es aber einfacher, die Definition auf der Befehlszeile von *make* vorzunehmen – und so wird's gemacht:

```
papaya$ make CONFIG_SCSI=yes ziel
```

Eine subtile Anwendung von Makros bietet das undefinierte Makro. Wenn ein Makro nicht definiert wird, bekommt es eine leere Zeichenfolge zugewiesen (das heißt, es steht nichts an der Stelle, an der das Makro stehen sollte). Damit haben Sie aber auch die Möglichkeit, ein Makro als Umgebungsvariable zu definieren. Wenn Sie also `CONFIG_SCSI` nicht im Makefile definieren, könnten Sie folgendes in Ihre Datei *.bashrc* einfügen (wenn Sie *bash* benutzen):

```
export CONFIG_SCSI=yes
```

Für die *csh* oder *tcsh* schreiben Sie folgendes in die Datei *.cshrc*:

```
setenv CONFIG_SCSI yes
```

Damit haben Sie für alle Compiler-Läufe das Makro `CONFIG_SCSI` definiert.

Suffixregeln und Pattern-Regeln

Natürlich wollen Sie bei solchen Routineaufgaben wie der Erzeugung einer Objektdatei aus einer Quelldatei in Ihrem Makefile nicht jede Abhängigkeit einzeln definieren. Dazu besteht auch kein Grund. Die Unix-Compiler bestehen auf einer einfachen Vereinbarung (eine Datei mit der Endung *.c* wird kompiliert, um eine Datei mit der Endung *.o* zu erzeugen); *make* benutzt Suffixregeln, um alle vorkommenden Dateien zu erfassen.

Sie könnten folgende einfache Suffixregel in Ihr Makefile schreiben, um eine C-Quelldatei zu kompilieren:

```
.c.o:
        gcc -c $(CFLAGS) $<
```

Die Zeile `.c.o:` bedeutet: »Mache aus einer *.c*-Datei eine *.o*-Datei.« Das Makro `CFLAGS` besteht aus den gewünschten Compiler-Optionen – etwa *-g* zum Debuggen oder *-O* für die Optimierung. Die Zeichenfolge `$<` steht für »die Eingabedatei«. An dieser Stelle wird also der Name Ihrer *.c*-Datei eingesetzt, wenn *make* diese Anweisung ausführt.

Lassen Sie uns diese Suffixregel testen. Die Befehlszeile übergibt die beiden Optionen *-g* und *-O*:

```
papaya$ make CFLAGS='-O -g' edit.o
gcc -c -O -g edit.c
```

In Wirklichkeit brauchen Sie diese Suffixregel gar nicht in Ihr Makefile einzubauen, weil *make* bereits etwas ganz Ähnliches enthält. Es benutzt außerdem die `CFLAGS`, so daß Sie die Compiler-Optionen bestimmen können, indem Sie einfach diese Variable definieren. Das Makefile, das bei der Kompilierung des Kernels benutzt wird, enthält derzeit eine ganze Reihe von Optionen für den *gcc*:

```
CFLAGS = -Wall -Wstrict-prototypes -O2 -fomit-frame-pointer -pipe
```

Da wir uns gerade mit Compiler-Optionen beschäftigen, wollen wir eine besonders erwähnen, die man sehr häufig zu sehen bekommt – das ist die Option *-D*, mit der Symbole im Quellcode definiert werden. Es kann sein, daß Sie eine ganze Menge solcher Optionen an Ihr Makefile übergeben müssen, weil einige davon in den `#ifdef`-Zeilen recht häufig auftauchen; zum Beispiel *-DDEBUG* oder *-DBSD*. Wenn Sie diese Optionen in der Befehlszeile übergeben, sollten Sie auf jeden Fall die komplette Reihe der Optionen mit Anführungszeichen oder Apostrophen klammern; daraufhin wird Ihre Shell alle Optionen als ein einziges Argument an Ihr Makefile übergeben:

```
papaya$ make CFLAGS='-DDEBUG -DBSD' ...
```

Das *make* von GNU benutzt außerdem etwas, das man *Pattern-Regeln* (Musterregeln) nennt. Damit haben Sie weitergehende Möglichkeiten als mit den Suffixregeln. In einer Pattern-Regel ist das Prozentzeichen ein Platzhalter für »einen beliebigen String«. Mit folgender Regel können Sie also C-Quellen kompilieren:

```
%.o: %.c
        gcc -c -o $@ $(CFLAGS) $<
```

In diesem Fall steht die Ergebnisdatei an erster Stelle, und die Eingabedatei erscheint hinter dem Doppelpunkt. Eine Pattern-Regel sieht also aus wie eine normale Abhängigkeiten-Zeile, enthält aber Prozentzeichen statt der Dateinamen.

Der String `$<` ist der Platzhalter für die Eingabedatei, und das `$@` steht für die zu erzeugende Datei; hier wird also der Name der *.o*-Datei eingesetzt. Beide sind interne Makros, die *make* jedesmal definiert, wenn es eine Anweisung ausführt.

Ein anderes internes Makro ist `$*`, das den Namen der Eingabedatei ohne das Suffix erzeugt. Wenn die Eingabedatei also *edit.c* heißt, wird der String `$*.s` zu *edit.s* expandiert (eine Assembler-Codedatei).

Ein Beispiel für eine nützliche Anwendung, das mit der Pattern-Regel, aber nicht mit einer Suffixregel funktioniert: Hängen Sie die Zeichenfolge `_dbg` an den Namen der Ausgabedatei an, damit Sie später noch wissen, daß dieses Programm mit Debugging-Informationen kompiliert wurde:

```
%_dbg.o: %.c
        gcc -c -g -o $@ $(CFLAGS) $<

DEBUG_OBJECTS = main_dbg.o edit_dbg.o

edimh_dbg: $(DEBUG_OBJECTS)
        gcc -o $@ $(DEBUG_OBJECTS)
```

Jetzt können Sie alle Objektdateien einmal mit und einmal ohne Debugging-Informationen kompilieren. Weil die Dateinamen unterschiedlich sind, können Sie alle Versionen in einem Verzeichnis halten.

```
papaya$ make edimh_dbg
gcc -c -g -o main_dbg.o  main.c
gcc -c -g -o edit_dbg.o  edit.c
gcc -o edimh_dbg  main_dbg.o edit_dbg.o
```

Mehrfachbefehle

In einem Makefile können beliebige Shell-Befehle ausgeführt werden. Die Lage wird allerdings dadurch kompliziert, daß *make* jeden Befehl in einer anderen Shell ausführt. So gelangen Sie also nicht ans Ziel:

```
target:
        cd obj
        HOST_DIR=/home/e
        mv *.o $HOST_DIR
```

Weder der Befehl *cd* noch die Definition der Variable `HOST_DIR` wirken sich auf die folgenden Befehle aus. Sie müssen das Ganze zu einem einzigen Befehl zusammenfassen. Die Shell benutzt das Semikolon als Trennzeichen zwischen Befehlen; die Befehlszeile sieht dann so aus:

```
target:
        cd obj ; HOST_DIR=/home/e ; mv *.o $$HOST_DIR
```

Noch eine Änderung: Wenn Sie innerhalb des Befehls eine Shell-Variable definieren und benutzen, müssen Sie zwei Dollarzeichen voranstellen. *make* erkennt daran, daß hier eine Shell-Variable und nicht ein Makro gemeint ist.

Vielleicht ist die Datei einfacher zu lesen, wenn Sie die einzelnen Bestandteile eines Mehrfachbefehls jeweils in eine neue Zeile schreiben. Schließen Sie dann jede Zeile mit einem Backslash ab, damit *make* das Ganze als eine zusammenhängende Zeile betrachtet:

```
target:
        cd obj ; \
        HOST_DIR=/home/e ; \
        mv *.o $$HOST_DIR
```

Manche Makefiles enthalten wiederum einen *make*-Befehl; das nennt man rekursives *make*. So sieht es aus:

```
linuxsubdirs: dummy
        set -e; for i in $(SUBDIRS); do $(MAKE) -C $$i; done
```

Das Makro `$(MAKE)` ruft *make* auf. Es gibt mehrere Anwendungen für geschachtelte *makes*. Unser Beispiel zeigt eine Möglichkeit – einen Compiler-Lauf, der sich auf verschiedene Verzeichnisse erstreckt (dabei muß jedes dieser Verzeichnisse ein eigenes Makefile enthalten). Eine andere Anwendung ist die Definition von Makros in der Befehlszeile, so daß Compiler-Läufe mit unterschiedlichen Makrodefinitionen stattfinden können.

GNU-*make* bietet als Erweiterung ein weiteres mächtiges Interface mit der Befehlszeile. Sie können einen Shell-Befehl aufrufen und einem Makro das Ergebnis des Aufrufs zuweisen. Im Makefile zum Linux-Kernel wird diese Methode benutzt, aber wir wollen Ihnen hier ein einfaches Beispiel zeigen:

```
HOST_NAME = $(shell uname -n)
```

Damit weisen Sie dem Makro `HOST_NAME` den Namen Ihres Rechners im Netzwerk zu (nämlich die Ausgabe des Befehls *uname -n*).

make befolgt ein paar Konventionen, die manchmal ganz praktisch sind. So erreichen Sie zum Beispiel mit dem Klammeraffen (@) vor einem Befehl, daß *make* bei der Ausführung den Befehl selbst anzeigt:

```
@if [ -x /bin/dnsdomainname ]; then \
  echo #define LINUX_COMPILE_DOMAIN \"`dnsdomainname`\"; \
else \
```

```
        echo #define LINUX_COMPILE_DOMAIN \"`domainname`\"; \
    fi >> tools/version.h
```

Eine andere Möglichkeit besteht darin, einen Bindestrich vor einen Befehl zu setzen; damit weisen Sie *make* an, selbst dann fortzufahren, wenn der Befehl nicht ausgeführt werden konnte. Das kann zum Beispiel dann nützlich sein, wenn *make* auch nach einem fehlgeschlagenen *mv* oder *cp* weiterarbeiten soll:

```
- mv edimh /usr/local
- mv readimh /usr/local
```

Andere Makefiles einbinden

Bei großen Projekten hat man es oft mit vielen Makefiles zu tun. Das erleichtert zum Beispiel die gemeinsame Nutzung von Makrodefinitionen durch etliche Makefiles in verschiedenen Verzeichnissen. Mit der Anweisung

```
include dateiname
```

lesen Sie den Inhalt von `dateiname` ein. Auch dies wird im Makefile des Linux-Kernels benutzt. Ein Beispiel:

```
include .depend
```

Wenn Sie sich die Datei *.depend* ansehen, finden Sie dort einige Makefile-Einträge; genauer gesagt Zeilen, in denen erklärt wird, daß Objektdateien von Header-Dateien abhängen. (Es könnte übrigens sein, daß *.depend* noch nicht existiert – diese Datei wird durch einen weiteren Eintrag im Makefile erzeugt.)

Manchmal beziehen sich `include`-Zeilen auf Makros statt auf Dateinamen, etwa so:

```
include ${INC_FILE}
```

In diesem Fall muß `INC_FILE` entweder als Umgebungsvariable oder als ein Makro definiert sein. Auf diese Weise können Sie noch genauer bestimmen, welche Datei benutzt wird.

Autoconf und Automake

Das Schreiben von Makefiles für ein größeres Projekt ist normalerweise eine langweilige und langwierige Aufgabe, insbesondere, wenn die Programme auf mehreren Plattformen kompiliert werden sollen. Aus dem GNU-Projekt stammen zwei Werkzeuge namens *Autoconf* und *Automake*, die sehr schwer zu erlernen sind, aber die Erzeugung portabler Makefiles drastisch vereinfachen, wenn man sie erst einmal beherrscht. Dazu gibt es noch *libtool*, das die Erzeugung von Shared Libraries sehr viel einfacher macht. Es würde den Rahmen dieses Buches sprengen, die Benutzung dieser Programme zu beschreiben. Sie finden sie unter *ftp://ftp.gnu.org/pub/gnu*.

Shell-Programmierung

Kapitel 4

Im Abschnitt »Shells« in Kapitel 4, *Grundlegende UNIX-Befehle und -Konzepte*, haben wir diverse Shells besprochen, die es für Linux gibt; hier wollen wir auf die Shell-Programmierung eingehen. Beim Schreiben von Shell-Skripten zeigen sich die Unterschiede am deutlichsten. Die Sprachen für die Bourne-Shell und die C-Shell weisen gewisse Unterschiede auf, aber bei der normalen interaktiven Benutzung fallen diese nicht so sehr ins Auge. Viele Unterschiede machen sich sogar erst dann bemerkbar, wenn Sie versuchen, weniger bekannte Eigenschaften der Shells – wie das Ersetzen von Wörtern oder einige der versteckten Funktionen zur Expandierung von Parametern – zu benutzen.

Die deutlichsten Unterschiede zwischen Bourne- und C-Shells zeigen sich bei den Strukturen der Flußkontrolle, einschließlich der `if... then`- und `while`-Schleifen. In der Bourne-Shell hat ein `if... then` das Format:

```
if liste
then
  befehle
elif liste
then
  befehle
else
  befehle
fi
```

wobei die Liste eine Reihe von Befehlen darstellt (ganz allgemein »Pipeline« genannt), die als Bedingung für die Befehle `if` und `elif` (Kurzform von »else if«) benutzt wird. Die Bedingung gilt als erfüllt, wenn der Exit-Status der Liste gleich null ist (anders als bei Booleschen Ausdrücken in C zeigt in der Shell-Programmierung der Exit-Status null die erfolgreiche Beendigung an). Die Befehle innerhalb der Bedingungen sind einfach die Anweisungen, die ausgeführt werden sollen, wenn die entsprechende Liste wahr ist. Das `then` hinter jeder Liste muß auf einer neuen Zeile stehen, um es von der Liste selbst abzusetzen; alternativ dazu können Sie die Liste auch mit einem ; abschließen. Dasselbe gilt auch für die Befehle.

Ein Beispiel:

```
if [ "$PS1" ]; then
 PS1="\h:\w% "
fi
```

Diese Folge von Anweisungen prüft, ob es sich bei der Shell um eine Login-Shell handelt (also ob die Prompt-Variable `PS1` gesetzt ist). Wenn ja, wird der Prompt auf `\h:\w%` gesetzt, was beim Expandieren zum Rechnernamen mit aktuellem Arbeitsverzeichnis wird – etwa so:

```
loomer:/home/loomer/mdw%
```

Die Bedingung `[...]` hinter dem `if` ist ein interner *bash*-Befehl und eine abgekürzte Schreibweise für *test*. Der Befehl *test* und seine Kurzform stellen einen einfachen Mechanismus zum Testen der Werte von Shell-Variablen, zum Vergleich von Zeichenfolgen usw. dar. Statt `[...]` könnte hinter dem `if` eine beliebige andere Kombination aus Befehlen stehen; es muß nur sichergestellt sein, daß der Exit-Status des letzten Befehls den Wert der Bedingung widerspiegelt.

Unter der *tcsh* sieht eine `if... then`-Kombination so aus:

```
if (ausdruck) then
  befehle
else if (ausdruck) then
  befehle
else
  befehle
endif
```

Der Unterschied liegt darin, daß der Ausdruck hinter dem `if` ein arithmetischer oder logischer Ausdruck ist, der von der *tcsh* intern ausgewertet wird. In der *bash* dagegen bildet ein Befehl die Bedingung, deren Wahrheitsgehalt vom Exit-Status des Befehls bestimmt wird. Die Verwendung von *test* oder `[...]` unter *bash* ähnelt der Verwendung von arithmetischen Ausdrücken unter *tcsh*.

Wenn Sie allerdings unter der *tcsh* innerhalb von *Ausdruck* einen externen Befehl aufrufen möchten, müssen Sie diesen in Klammern einschließen: {*befehl*}.

Das Gegenstück zu der oben gezeigten *bash*-Befehlsfolge sieht unter *tcsh* so aus:

```
if ($?prompt) then
  set prompt="%m:%/%% "
endif
```

wobei wir die speziellen Prompt-Codes von *tcsh* benutzt haben. Sie werden bemerken, daß *tcsh* eine Syntax benutzt, die der von C ähnelt, und daß es sich bei den Ausdrücken um arithmetische und logische Terme handelt. Unter der *bash* dagegen besteht fast alles aus richtigen Befehlen, und Ausdrücke werden anhand des Exit-Status ausgewertet. Die beiden Shells haben vergleichbare Fähigkeiten, verfolgen aber verschiedene Herangehensweisen.

Ähnlich sieht es bei der `while`-Schleife aus. In der *bash* hat sie folgendes Format:

```
while liste
do
 befehle
done
```

Sie erzielen den gegenteiligen Effekt, wenn Sie `while` durch `until` ersetzen. Die Liste ist wieder eine Befehls-Pipeline, deren Exit-Status den Wert der Bedingung bestimmt (null zeigt die erfolgreiche Ausführung an, ein anderer Wert die erfolglose). Unter *tcsh* sieht diese Schleife so aus:

```
while (ausdruck)
  befehle
end
```

wobei der Ausdruck ein logischer Term ist, der innerhalb der *tcsh* ausgewertet wird.

[11] Learning bash Shell [12] Using csh and tcsh bas(1) tcsh(1)

Dies sollte ausreichen, um die wesentlichen Unterschiede von Shell-Skripten unter *bash* und *tcsh* zu verstehen. Lesen Sie auf jeden Fall die Manpages zu *bash* und *tcsh* (obwohl diese kaum als Lehrbuch geeignet sind; es sind eher Nachschlagewerke), und sehen Sie sich gegebenenfalls auch die Info-Seiten an. Es liegen auch einige Bücher und Lehrbücher zur Benutzung dieser beiden Shells vor – eigentlich können Sie jedes Buch zum Thema Shell-Programmierung benutzen und sich die Vorteile von *bash* und *tcsh* gegenüber den Standard-Shells aus den Manpages erschließen. Ebenfalls empfehlenswert sind *Learning the bash Shell* und *Using csh and tcsh*.

Perl

Perl ist möglicherweise das Beste, was sich seit Jahren für die Programmierung unter Unix ergeben hat. Allein dafür lohnt es sich, Linux anzuschaffen. Perl ist eine Sprache zur Bearbeitung von Texten und Dateien, die ursprünglich dazu gedacht war, große Textmengen einzulesen, zu verarbeiten und aus den Daten schließlich ansprechend formatierte Berichte zu erstellen. Im Laufe der Zeit hat sich Perl allerdings zu einer vielseitig verwendbaren Skriptsprache entwickelt, die sowohl Prozesse verwalten als auch mittels TCP/IP über ein Netzwerk kommunizieren kann. Perl wurde als freie Software von Larry Wall entwickelt, dem Unix-Guru, von dem auch der Newsreader *rn* und verschiedene beliebte Tools wie *patch* stammen.

Die wahre Stärke von Perl liegt darin, daß es die am häufigsten genutzten Eigenschaften solcher Sprachen wie C, *sed*, *awk* sowie einiger Shells zu einer einzigen, interpretierenden Skriptsprache zusammenfaßt. Bisher mußte man die verschiedenen Sprachen in geschickter Weise miteinander kombinieren, um komplizierte Dinge zu erledigen. Oft bedeutete das, daß man die Ausgaben von *sed*-Skripten in einer Pipe an *awk*-Skripten weiterreichte, die wiederum ihre Ergebnisse an Shell-Skripten übergaben, die schließlich eine Pipe in ein C-Programm füllten. Perl macht Schluß mit der in Unix-Kreisen weitverbreiteten Philosophie, daß man mit kleinen Tools kleine Teile eines großen Problems lösen sollte. Statt dessen erledigt Perl alles in einem Durchgang – und es bietet viele verschiedene Methoden, eine Aufgabe zu lösen. Sogar dieses Kapitel wurde von einem Künstliche-Intelligenz-Programm geschrieben, das wir in Perl entwickelt haben. (War nur ein Scherz, Larry.)

Perl bietet den einfachen Zugriff auf viele Merkmale, die man in anderen Sprachen manchmal nur schwer nutzen konnte. Ein Beispiel: Viele Skripten, die bei der Verwaltung von Unix-Systemen benutzt werden, lesen große Mengen von Text, schneiden bestimmte Felder aus jeder Zeile aus (anhand eines Musters, das in der Regel ein regulärer Ausdruck ist) und erzeugen aus diesen Daten einen Bericht. Nehmen wir an, daß Sie die Ausgaben des Unix-Befehls *last* verarbeiten wollen, der für alle Benutzer des Systems eine Übersicht über die Login-Zeiten erstellt, etwa so:

```
mdw        ttypf   loomer.vpizza.co Sun Jan 16 15:30 - 15:54  (00:23)
larry      ttyp1   muadib.oit.unc.e Sun Jan 16 15:11 - 15:12  (00:00)
mkjohnson ttyp4   mallard.vpizza.c Sun Jan 16 14:34 - 14:37  (00:03)
jem        ttyq2   mallard.vpizza.c Sun Jan 16 13:55 - 13:59  (00:03)
linus      ftp     kruuna.helsinki. Sun Jan 16 13:51 - 13:51  (00:00)
linus      ftp     kruuna.helsinki. Sun Jan 16 13:47 - 13:47  (00:00)
```

Wenn wir daraus die gesamte Login-Zeit für jeden Benutzer errechnen wollten (die in Klammern im letzten Feld steht), könnten wir dazu ein *sed*-Skript schreiben, das die Zeitangabe aus jeder Zeile extrahiert. Wir könnten dann mit einem *awk*-Skript die Daten nach Benutzern sortieren und die Zeiten für jeden Benutzer aufaddieren und könnten schließlich mit einem weiteren *awk*-Skript aus den akkumulierten Zeiten einen Bericht erstellen. Eine andere Möglichkeit wäre es, ein ziemlich komplexes C-Programm zu schreiben, das die gesamte Verarbeitung erledigt. Jeder C-Programmierer weiß, daß es ein komplexes Programm werden würde, weil C über keine allzu bequemen Funktionen zur Bearbeitung von Texten verfügt.

Eine solche Aufgabenstellung kann ohne Probleme von einem einfachen Perl-Skript bewältigt werden. Perl bietet einfachen Zugriff auf die Ein- und Ausgabe sowie die Suche mit regulären Ausdrücken, auf das Sortieren nach verschiedensten Kriterien sowie auf umfangreiche Zahlenspielereien. Perl-Programme sind in der Regel kurz und effizient und ohne technischen Hokuspokus, der Ihr Programm davon abhält, tatsächlich etwas zu tun.

[47] [46] [48] [49]

Perl unter Linux ist nicht anders als Perl unter irgendeinem anderen Unix-System. Es gibt bereits mehrere gute Bücher zum Thema, darunter *Programmieren mit Perl* von Larry Wall, Tom Christiansen und Randal L. Schwartz, *Einführung in Perl* von Randal L. Schwartz und Tom Christiansen, *Fortgeschrittene Perl-Programmierung* von Sriram Srinivasan und das *Perl-Kochbuch* von Tom Christiansen und Nathan Torkington – alle sind im O'Reilly Verlag erschienen. Wir finden Perl trotzdem so faszinierend, daß wir wenigstens eine Einführung geben wollen. Schließlich ist Perl freie Software wie Linux – die beiden passen zueinander.

Ein Programmbeispiel

Was uns an Perl ganz besonders gefällt, ist die Tatsache, daß Sie sofort mit der Problemlösung beginnen können – Sie müssen nicht erst ausführlich Datenstrukturen anlegen, Dateien oder Pipes öffnen, Speicher für Daten freimachen usw. Alle diese Aufgaben werden Ihnen freundlicherweise abgenommen.

Wir werden anhand des Beispiels der Login-Zeiten, das wir etwas weiter oben erwähnt haben, einige der grundlegenden Eigenschaften von Perl vorstellen. Dazu drucken wir zuerst das komplette Skript (mit Kommentaren) ab und erläutern dann, was darin passiert. Dieses Skript liest die Ausgabe des Befehls *last* (siehe auch das Beispiel weiter oben) und gibt für jeden Benutzer des Systems die Anzahl der Logins und die gesamte Login-Zeit aus. (Zur Vereinfachung haben wir die Zeilen durchnumeriert.)

```
1     #!/usr/local/bin/perl
2
3     while (<STDIN>) {   # solange Eingaben vorhanden sind ...
4       # Zeilen lesen und Name, Login-Zeit merken
5       if (/^(\S*)\s*.*\((.*):(.*)\)$/) {
6         # Stunden, Minuten und Logins addieren
7         $hours{$1} += $2;
8         $minutes{$1} += $3;
9         $logins{$1}++;
10      }
11    }
12
13    # Für jeden Benutzer ...
14    foreach $user (sort(keys %hours)) {
15       # aus den Minuten die Stunden errechnen
16       $hours{$user} += int($minutes{$user} / 60);
17       $minutes{$user} %= 60;
18       # Ergebnis für diesen Benutzer ausgeben
19       print "User $user, total login time ";
20       # auch Perl kennt printf
21       printf "%02d:%02d, ", $hours{$user}, $minutes{$user};
22       print "total logins $logins{$user}.\n";
23    }
```

Zeile 1 teilt dem Programm-Lader mit, daß dies ein Perl-Skript und kein Shell-Skript ist. In Zeile 3 beginnt das Programm. Hier steht der Anfang einer einfachen `while`-Schleife, wie sie C- und Shell-Programmierern vertraut sein dürfte. Der Code zwischen den Klammern in den Zeilen 4 und 11 soll so lange ausgeführt werden, wie eine bestimmte Bedingung erfüllt ist. Die Bedingung `<STDIN>` sieht allerdings merkwürdig aus. Tatsächlich ist diese Bedingung erfüllt, solange Eingaben vorhanden sind – in diesem Fall von der Standardeingabe, wie Sie vielleicht schon erraten haben.

Perl liest seine Eingaben zeilenweise (wenn Sie nichts anderes bestimmt haben). Voreingestellt ist auch, daß es von der Standardeingabe liest – auch hier gilt: solange Sie nichts anderes festlegen. Diese `while`-Schleife wird also so lange zeilenweise die Standardeingabe lesen, bis dort keine Daten mehr vorliegen.

Das furchtbare Durcheinander in Zeile 5 ist nur eine `if`-Anweisung. Wie bei den meisten Programmiersprachen wird auch hier der Code innerhalb der geschweiften Klammern (Zeilen 6 bis 9) ausgeführt, wenn der Ausdruck hinter dem `if` wahr ist. Aber was bedeutet dieser Ausdruck zwischen den Klammern? Wer sich mit den Unix-Tools *grep* und *sed* auskennt, wird dies sofort als regulären Ausdruck erkennen – eine kryptische, aber nützliche Methode, ein Muster zu definieren, nach dem in der Eingabe gesucht werden soll. Reguläre Ausdrücke werden in der Regel von Schrägstrichen begrenzt (/.../).

Dieser spezielle Ausdruck paßt auf Zeilen mit folgendem Format:

```
mdw       ttypf    loomer.vpizza.co Sun Jan 16 15:30 - 15:54  (00:23)
```

Dieser Ausdruck »merkt« sich außerdem den Benutzernamen (**`mdw`**) und die Login-Zeit aus diesem Eintrag (`00:23`). Machen Sie sich keine Gedanken über den Ausdruck selbst – die Formulierung von regulären Ausdrücken ist ein schwieriges Thema. Im Augenblick müssen Sie nur wissen, daß diese `if`-Anweisung Zeilen im oben angeführten Format findet und daß sie daraus zwecks Weiterverarbeitung den Benutzernamen und die Login-Zeit extrahiert. Der Benutzername wird der Variablen `$1` zugewiesen, die Stunden gehen in `$2` und die Minuten in `$3`. (Variablen werden in Perl mit einem `$` versehen, aber anders als in der Shell muß das `$` auch bei einer Zuweisung an die Variable benutzt werden.) Diese Zuweisung erfolgt dadurch, daß eine passende Zeile gefunden wird (alles, was im regulären Ausdruck zwischen runden Klammern steht, wird zur späteren Verarbeitung in einer der Variablen `$1` bis `$9` gespeichert).

In den Zeilen 7 bis 9 werden diese Informationen dann verarbeitet. Dies geschieht auf eine interessante Weise: unter Benutzung eines assoziativen Arrays. Während einfache Arrays mit einer angehängten Zahl indiziert werden, wird ein assoziatives Array durch einen beliebigen String indiziert. Damit stehen Ihnen viele und umfangreiche Möglichkeiten offen – Sie können einen Satz von Daten mit anderen Daten verknüpfen, die gerade erst gewonnen wurden. In unserem kurzen Programm dienen die Benutzernamen, die wir aus der Ausgabe von *last* gewonnen haben, als Indexschlüssel. Wir arbeiten mit drei assoziativen Arrays, die über den Benutzernamen indiziert sind: `hours`, in dem die vollen Stunden registriert werden, die ein Benutzer eingeloggt war, `minutes`, das die Minuten enthält, und `logins`, in dem die Anzahl der Logins gespeichert wird.

Wenn wir zum Beispiel die Variable `$hours{'mdw'}` abfragen, erhalten wir die Gesamtzahl der Stunden, die der Benutzer **mdw** eingeloggt war. Dasselbe Ergebnis erhalten wir, wenn in der Variable `$1` der Benutzername **mdw** gespeichert ist und wir `$hours{$1}` abfragen.

In den Zeilen 7 bis 9 werden die Werte in diesen Arrays erhöht, und zwar entsprechend den Daten in der aktuellen Eingabezeile. Eine Eingabezeile wie

```
jem       ttyq2    mallard.vpizza.c Sun Jan 16 13:55 - 13:59  (00:03)
```

bewirkt, daß in Zeile 7 der Wert des Arrays `hours` mit dem Index `$1` (der Benutzername, also **jem**) um die Anzahl an Stunden erhöht wird, die **jem** eingeloggt war (der Wert steht in der Variable `$2`). Perl benutzt, ebenso wie C, den Operator +=, um einen Wert zu erhöhen. In Zeile 8 wird auf ähnliche Weise der Wert von `minutes` für diesen Benutzer erhöht. Zeile 9 erhöht mit dem Operator ++ den Wert im Array `logins` um eins.

Assoziative Arrays gehören zu den mächtigsten Merkmalen von Perl. Sie können damit komplexe Datenbestände aufbauen, indem Sie die Indizes aus dem gerade durchsuchten Text gewinnen. Es ist fast unmöglich, diese Aufgabe mit einfachen Arrays zu bewältigen – wir müßten zuerst in den Eingabedaten die Anzahl der Benutzer feststellen, dann ein entsprechend großes Array anlegen und jedem Benutzer eine Position in diesem Array zuweisen (mittels einer Hash-Funktion oder einer anderen Methode der Indizierung). Ein assoziatives Array können Sie dagegen direkt unter Benutzung von Strings indizieren, und Sie brauchen sich nicht um die Größe des Arrays zu kümmern. (Natürlich stellt sich bei der Arbeit mit großen Arrays immer die Frage nach der Verarbeitungsgeschwindigkeit, aber in den meisten Fällen wird daraus kein Problem entstehen.)

Lassen Sie uns weitermachen. In Zeile 14 taucht die Perl-Anweisung `foreach` auf, die Sie vielleicht aus Shell-Skripten kennen. (Die `foreach`-Schleife ist eigentlich eine `for`-Schleife, ähnlich der in C.) In unserem Beispiel wird bei jedem Schleifendurchlauf der Variablen `$user` der nächste Wert aus der mit `sort(keys %hours)` erzeugten Liste zugewiesen. `%hours` bezeichnet einfach das ganze assoziative Array `hours`, das wir angelegt haben. Die Funktion `keys` liefert eine Liste aller Indexwerte zurück, die wir zur Indizierung des Arrays benutzt haben – in diesem Beispiel also eine Liste aller Benutzer. Die Funktion `sort` schließlich sortiert die von `keys` erzeugte Liste. Das Ergebnis des Ganzen ist, daß wir in einer Schleife die sortierte Liste aller Benutzernamen durchlaufen und den jeweiligen Namen der Variablen `$user` zuweisen.

In den Zeilen 16 und 17 wird der Fall behandelt, daß die Anzahl der Minuten 60 übersteigt – aus der Gesamtzahl der Minuten werden die vollen Stunden berechnet, und der Stunden-Wert für diesen Benutzer wird entsprechend angepaßt. Die Funktion `int` liefert den ganzzahligen Anteil einer Zahl zurück. (Ja, Perl kann auch mit Kommazahlen rechnen – deshalb müssen wir hier `int` benutzen.)

Zum Abschluß werden in den Zeilen 19 bis 22 für jeden Benutzer die gesamte Login-Zeit und die Anzahl der Logins ausgegeben. Die einfache `print`-Anweisung gibt nur ihre Argumente aus – genau wie die *awk*-Funktion gleichen Namens. Beachten Sie, daß innerhalb einer `print`-Anweisung Variablen benutzt werden können – wie in den Zeilen 19 und 22. Wenn Sie allerdings auf ausgefeilte Textformatierung Wert legen, sollten Sie die Funktion `printf` benutzen (die genau wie ihr Gegenstück in C funktioniert). In diesem Beispiel haben wir die Felder zur Ausgabe der Werte für `hours` und `minutes` zweistellig gemacht; Leerstellen sollen mit führenden Nullen gefüllt werden. Die `printf`-Anweisung in Zeile 21 erledigt das.

Wenn Sie dieses Skript in der Datei `logintime` abspeichern, können Sie es folgendermaßen aufrufen:

```
papaya$ last | logintime
User johnsonm, total login time 01:07, total logins 11.
User kibo, total login time 00:42, total logins 3.
User linus, total login time 98:50, total logins 208.
User mdw, total login time 153:03, total logins 290.
papaya$
```

Natürlich kann dieses Beispiel keinen Perl-Kursus ersetzen, aber Sie haben sicherlich eine Vorstellung davon bekommen, was Perl leisten kann. Wir empfehlen Ihnen, eines der vorhandenen hervorragenden Perl-Bücher zu lesen, wenn Sie mehr lernen möchten.

Weitere Merkmale

Mit diesem Beispiel haben wir die am häufigsten benutzten Eigenschaften von Perl in einem richtigen, lebendigen Programm vorgestellt. Es gibt noch viel mehr Möglichkeiten – sowohl bekannte als auch weniger bekannte.

Wir haben bereits erwähnt, daß Perl in der Lage ist, Berichte zu erstellen, die über die Möglichkeiten der Standardfunktionen `print` und `printf` hinausgehen. Mit der Berichte-Funktion definiert der Programmierer ein Bericht-»Format«, in dem das Aussehen der einzelnen Seiten des Berichts beschrieben wird. Wir hätten zum Beispiel folgende Format-Definition in unserem Beispiel verwenden können:

```
format STDOUT_TOP =
User           Total login time     Total logins
-------------- -------------------- -------------------

.
format STDOUT =
@<<<<<<<<<<<<< @<<<<<<<<            @####
$user,         $thetime,            $logins{$user}
.
```

Die Definition `STDOUT_TOP` beschreibt die Kopfzeile, die auf jeder Seite des Berichts erscheinen soll. `STDOUT` legt das Aussehen der einzelnen Druckzeilen fest. Jede Feldbeschreibung wird mit einem `@`-Zeichen eingeleitet; `@<<<<` erzeugt ein linksbündiges Feld, `@####` ein numerisches Feld. In der Zeile unterhalb der Felddefinitionen stehen die Namen der Variablen, die dort gedruckt werden sollen. In unserem Beispiel enthält die Variable `$thetime` die formatierte Zeitangabe.

Wenn wir einen Ausdruck in diesem Format erzeugen wollen, ersetzen wir im Skript die Zeilen 19 bis 22 durch:

```
$thetime = sprintf("%02d:%02d", $hours{$user}, $minutes{$user});
write;
```

In der ersten Zeile formatieren wir mit der Funktion `sprintf` die Zeitangabe und speichern sie in der Variablen `$thetime`. Die zweite Zeile enthält die Anweisung `write`, die Perl eine Zeile in dem vorgegebenen Format ausgeben läßt.

Mit diesem Bericht-Format sieht der Ausdruck etwa folgendermaßen aus:

```
User          Total login time    Total logins
------------- ------------------- ------------------
johnsonm      01:07                 11
kibo          00:42                  3
linus         98:50                208
mdw           153:03               290
```

Mit anderen Bericht-Formaten lassen sich andere (und attraktivere) Ergebnisse erzielen.

Perl wird mit einer großen Zahl von Modulen geliefert, die Sie einfach in Ihren Programmen verwenden können, um schnellen Zugriff auf sehr mächtige Funktionen zu haben. Ein beliebtes Online-Archiv namens CPAN (was für *Comprehensive Perl Archive Network*, also etwa »Umfassendes Perl-Archiv-Netzwerk«, steht) enthält noch mehr Module: Netzwerkmodule, mit denen Sie E-Mails verschicken und andere Netzwerkaufgaben ausführen können, Module zur strukturierten Ausgabe von Daten und zum Debuggen, Module zur Manipulation von Datums- und Zeitangaben, Module für mathematische Funktionen – wir könnten diese Liste hier noch seitenweise fortsetzen.

Wenn Sie von einem interessanten Modul hören, dann überprüfen Sie zunächst, ob dieses Modul bereits auf Ihrem System vorhanden ist. Sie können in die Verzeichnisse schauen, in denen die Module auf Ihrem System liegen (vermutlich in */usr/lib/perl5*), oder einfach versuchen, das Modul zu laden. Der Befehl

```
$ perl -MCGI -e 1
Can't locate CGI in @INC...
```

Kapitel 16

gibt Ihnen die traurige Gewißheit, daß das Modul CGI.pm (das wir in Kapitel 16, *Das World Wide Web und E-Mail,* verwenden werden, um ein Webformular auszuwerten) nicht auf Ihrem System vorhanden ist. CGI.pm ist so beliebt, daß es in der Standard-Perl-Distribution enthalten ist und Sie es von da installieren können, aber für viele Module müssen Sie sich an das CPAN wenden (und manche sind nicht einmal auf dem CPAN zu finden). CPAN wird von Jarkko Hietaniemi und Andreas König gepflegt und ist über viele Rechner auf der ganzen Welt verteilt, weil so viele Leute die Module herunterladen wollen. Der einfachste Weg zum CPAN führt über *http://www.perl.com/CPAN-local/*.

Das folgende Programm, das wir kurz halten wollten und für das wir uns deswegen nicht bemüht haben, eine sinnvolle Aufgabe zu finden, verwendet zwei Module – eines, das auf sehr raffinierte Weise Datums- und Zeitangaben manipuliert, und eines, das E-Mails verschickt. Der Nachteil solcher mächtigen Features liegt darin, daß eine große Menge Code geladen werden muß, was die Laufzeit des Programms deutlich erhöht:

```
#! /usr/local/bin/perl

# Wir demonstrieren hier Date- und Mail-Module
use Date::Manip;
use Mail::Mailer;

# Ein Beispiel für das Modul Date::Manip
if ( Date_IsWorkDay( "today", 1) )  {

    # Heute ist ein Werktag
    $date = ParseDate( "today" );

}
else {

    # Heute ist kein Werktag, also nimm den nächsten Werktag
    $date=DateCalc( "today" , "+ 1 business day" );

}

# Datum von einem kompakten String in etwas Lesbares wie "April  8" konvertieren
$printable_date = UnixDate( $date , "%B %e" );

# Ein Beispiel für das Modul Mail::Mailer
my ($to) = "derjenige\@der_die_email.empfangen_soll";
my ($from) = "skript_inhaber\@system.name";

$mail = Mail::Mailer->new;

$mail->open(
            {
                From => $from,
                To => $to,
                Subject => "Automatische Erinnerung",
            }
           );

print $mail <<"MAIL_BODY";
Wenn Sie am oder nach dem
$printable_date,
bei der Arbeit sind, bekommen Sie diese E-Mail.
MAIL_BODY

$mail->close;

# Die E-Mail wurde verschickt! (Sofern keine Fehler aufgetreten sind.)
```

Pakete sind so einfach zu verwenden, weil Perl seit der Version 5 über objektorientierte Merkmale verfügt. Das im vorigen Beispiel verwendete Modul Date ist nicht objektorientiert, wohl aber das Modul Mail. Die Variable `$mail` ist ein Mailer-Objekt, das das Verschicken von Nachrichten mittels Methoden wie `new`, `open` und `close` einfach macht.

Für eine größere Aufgabe wie das Parsen von HTML müssen Sie nur das passende CGI-Paket einbinden und einen `new`-Befehl ausführen, um das richtige Objekt zu
[46] erzeugen, und schon stehen Ihnen alle benötigten Funktionen zum Parsen von HTML zur Verfügung.

Wenn Sie Ihrem Perl-Skript eine graphische Benutzeroberfläche verpassen wollen, dann können Sie das Tk-Modul, das ursprünglich zur Verwendung mit der Sprache Tcl entwickelt wurde, oder das Gtk-Modul, das das neuere GIMP-Toolkit (GTK) verwendet, benutzen. In *Einführung in Perl/Tk* von Nancy Walsh lernen Sie, wie man das Tk-Modul verwendet. Tcl und Tk werden auch noch später in diesem Kapitel behandelt.

Ein weiteres seltsames Merkmal von Perl ist die Fähigkeit, (mehr oder weniger) direkt auf verschiedene Systemaufrufe von Unix – einschließlich der »Interprocess Communication« (IPC) – zuzugreifen. So enthält Perl zum Beispiel die Funktionen `msgctl`, `msgget`, `msgsnd` und `msgrcv` aus der IPC von System V. Perl unterstützt außerdem die Socket-Implementierung von BSD, so daß aus einem Perl-Programm heraus direkte Kommunikation via TCP/IP möglich ist. C ist also nicht mehr die einzige Sprache, wenn es um Netzwerkdämonen und -Clients geht. Ein Perl-Programm mit IPC-Fähigkeiten kann in der Tat äußerst nützlich sein – insbesondere wenn man bedenkt, daß viele Client/Server-Implementierungen genau die fortschrittlichen Textverarbeitungsfunktionen brauchen, die Perl zur Verfügung stellt. Es ist in der Regel einfacher, Protokollbefehle zu analysieren, die von einem Perl-Skript zwischen Client und Server übertragen werden, als für diesen Zweck ein komplexes C-Programm zu schreiben.

Betrachten Sie zum Beispiel den bekannten SMTP-Dämon, der das Senden und Empfangen von elektronischer Post erledigt. Das SMTP-Protokoll benutzt für die Kommunikation zwischen Client und Server interne Befehle wie `recv from` und `mail to`. Sowohl der Client als auch der Server (oder auch beide) können in Perl geschrieben werden; sie können dabei Perls Fähigkeiten zur Bearbeitung von Texten und Dateien ebenso in vollem Umfang nutzen wie die lebenswichtigen Socket-Funktionen.

Perl ist ideal für die CGI-Programmierung, also das Schreiben von kleinen Programmen, die auf einem Webserver laufen und dazu beitragen, Webseiten interaktiver zu machen.

Man hört, daß Larry Wall vorhatte, den Newsreader *rn* in Perl komplett neu zu schreiben, um zu demonstrieren, was sich im Extremfall mit Perl und IPC alles anstellen läßt.

Die Vor- und Nachteile

Eine der Eigenschaften von Perl (manche würden sagen, eines seiner »Probleme«) ist die Fähigkeit, den Code extrem kurz und knapp – bis zur Unlesbarkeit – zu formulieren. In unserem Beispiel haben wir einige der üblichen Abkürzungen benutzt. So werden Eingaben für Perl zum Beispiel in die Variable `$_` eingelesen. Da sich die meisten Operationen aber per Voreinstellung sowieso auf die Variable `$_` beziehen, muß diese in der Regel nicht ausdrücklich angeführt werden.

Perl bietet Ihnen verschiedene Wege, ein Ziel zu erreichen; je nach Betrachtungsweise kann das ein Vor- oder ein Nachteil sein. Larry Wall zeigt in *Programmieren mit Perl* ein Beispiel für ein kurzes Programm, das einfach die Standardeingabe wieder ausgibt. Die folgenden Programmzeilen sind alle gleichwertig:

```
while ($_ = <STDIN>) { print; }
while (<STDIN>) { print; }
for (;<STDIN>;) { print; }
print while $_ = <STDIN>;
print while <STDIN>;
```

Es steht dem Programmierer frei, sich für die Syntax zu entscheiden, die der jeweiligen Situation angemessen ist.

Perl ist sehr beliebt geworden – und das nicht nur, weil es so nützlich ist. Ein Hauch von Exzentrik umgibt Perl und macht es sozusagen zu einem Spielzeug für den Hacker. Perl-Programmierer überbieten sich ständig gegenseitig mit immer trickreicherem Code. Perl fordert zu interessanten Codiertricks, sauberen Hacks und sowohl äußerst guter als auch extrem schlechter Programmierung heraus. Unix-Programmierer betrachten Perl als eine Herausforderung – weil Perl noch relativ neu ist, sind noch nicht alle seine Möglichkeiten ausgereizt worden. Selbst wenn Perl Ihnen zu altbacken vorkommt, muß man ihm doch gewisse Kunstfertigkeiten zugestehen. Innerhalb der Unix-Gemeinde darf man stolz sein, wenn man sich als »Perl-Hacker« bezeichnen kann.

Programmieren mit Tcl und Tk

Die *Tool Command Language* oder Tcl (»tickel« gesprochen) ist eine einfache, interpretierte Sprache, die in einigen Aspekten Ähnlichkeiten mit der Bourne-Shell und Perl aufweist. Der größte Vorteil von Tcl liegt darin, daß es sowohl erweiterbar ist als auch in andere Anwendungen eingebunden werden kann. Tcl ist besonders beliebt in Verbindung mit der Erweiterung Tk (Toolkit), die das wohl einfachste Interface zur Programmierung mit Fenstern bietet. Außerdem hat Tcl den zusätzlichen Vorteil, daß darin geschriebene Programme ohne große Probleme sowohl unter Unix als auch unter Windows und auf dem Macintosh laufen.

Mit *Erweiterung* ist gemeint, daß Sie der Sprache Tcl eigene Befehle hinzufügen können, indem Sie einfach ein paar C-Routinen schreiben. Mit *einbinden* ist gemeint, daß Sie ein C-Programm mit den Tcl-Libraries binden können, so daß dieses Programm den vollen Zugriff auf die Sprache Tcl erhält. Obwohl die meisten Tcl-Programme in Form von Skripten entstehen und von einem vorkompilierten Tcl-Interpreter ausgeführt werden, haben Sie auch die Möglichkeit, die Interpreter-Routinen in Ihre eigene Anwendung einzubinden.

Nehmen wir beispielsweise an, daß Sie einen Debugger schreiben wollen, der ähnlich wie *gdb* von der Befehlszeile aus gesteuert wird. Der Debugger würde sich mit einem Prompt melden, und der Benutzer hätte die Möglichkeit, Befehle wie *step* und *breakpoint* einzugeben.

Solange die Syntax der Befehle für Ihren Debugger noch einfach ist, könnten Sie ohne Schwierigkeiten Ihre eigenen Routinen in C schreiben, die einen Befehl einlesen und verarbeiten. Dies wird allerdings schon wesentlich schwieriger, wenn der Benutzer auch in der Lage sein soll, Variablen, Makros, neue Funktionen usw. zu definieren.

Statt von Grund auf neue Routinen zu schreiben, könnten Sie ganz einfach einen Tcl-Interpreter in Ihren Debugger einbinden. Die Befehle, die der Benutzer eingibt, würden dann von den Interpreter-Routinen ausgewertet. Diese Routinen stehen in Form von C-Library-Funktionen zur Verfügung.

Die Sprache Tcl selbst enthält bereits viele, viele Befehle. Sie kennt Kontrollstrukturen wie `while`- und `for`-Schleifen, hat die Fähigkeit, Funktionen zu definieren, kennt Routinen zur Bearbeitung von Strings und Listen sowie arithmetischen Funktionen usw.

Zusätzlich zu diesen Tcl-eigenen Routinen müßte Ihr Debugger Befehle wie die bereits erwähnten *step* und *breakpoint* zur Verfügung stellen. Sie würden solche Befehle innerhalb Ihrer Anwendung in C schreiben und dem Tcl-Interpreter mitteilen, wie sie zu benutzen sind.

Damit kann Ihr Debugger auf den vollen Funktionsumfang von Tcl zugreifen. So könnte zum Beispiel die Konfigurationsdatei des Debuggers aus einem einfachen Tcl-Skript bestehen. Innerhalb dieses Skripts hätte der Benutzer dann die Möglichkeit, neue Funktionen und Variablen zu definieren, und könnte dabei die in Tcl enthaltenen Fähigkeiten nutzen.

Kapitel 10

Zu den vielen Erweiterungen von Tcl gehört Tk, das viele Befehle enthält, die Ihre Anwendung unter dem X Window System laufen lassen. (Wir beschreiben X in Kapitel 10, *Das X Window System*.) Es ist erstaunlich einfach, X-basierte Anwendungen als Tk-Skript zu schreiben. Die folgende Tcl/Tk-Anwendung zum Beispiel zeigt ein Textfenster an, in das ein Dateiname eingegeben werden kann. Anschließend startet ein *xterm* mit einem *vi*-Prozeß darin, um die Datei zu editieren.

```
#!/usr/local/bin/wish -f

# Label-Widget namens .l erzeugen
label .l -text "Filename:"
# Eingabe-Widget namens .e erzeugen
entry .e -relief sunken -width 30 -textvariable fname

# Beide Widgets im Fenster der Anwendung plazieren
pack .l -side left
pack .e -side left -padx 1m -pady 1m

# Nach RETURN im Eingabefenster, xterm starten
bind .e <Return> {
 exec xterm -e vi $fname
}
```

Wir werden gleich auf die Syntax des Skripts eingehen – Sie können aber jetzt schon erkennen, daß wir in weniger als 20 Zeilen Code eine nichttriviale X-Anwendung geschrieben haben. Wenn dieses Skript ausgeführt wird, sieht das Ergebnis aus wie Abbildung 13-1.

Abbildung 13-1: Von Tk erzeugtes, einfaches Fenster

Die Nützlichkeit von Tk kann man schon daran ablesen, daß sowohl die Skriptsprache Python als auch die Skriptsprache Perl entsprechende Schnittstellen zu Tk unterhalten.

Für solche Tcl-Anwendungen, die nur interne Tcl-Routinen benutzen, steht der vorkompilierte Interpreter *tclsh* zur Verfügung. Dieser Interpreter liest einfach einen Tcl-Befehl nach dem anderen ein und führt ihn aus. Für unseren Debugger würden wir ein neues Programm erstellen, das dann mit den Library-Routinen des Tcl-Interpreters gebunden wird.

[51] In ähnlicher Weise gibt es für Tk-Anwendungen, die nur die Standard-Tcl-Befehle und Tk-Widgets benutzen, den Interpreter *wish* (Window-Shell). Wie Sie sehen, wird das oben angeführte Skript von *wish* ausgeführt. Wenn Sie neue Tcl-Befehle und Tk-Widgets einführen wollten, könnten Sie ein C-Programm schreiben und mit den Tcl- und Tk-Bibliotheken binden. In diesem Abschnitt befassen wir uns mit der Erstellung von einfachen Tcl- und Tk-Skripten, die unter *tclsh* oder *wish* ausgeführt werden. Eine Schnellreferenz zu Tcl/Tk finden Sie in *Tcl/Tk in a Nutshell* von Paul Raines und Jeff Tranter.

Ein Intensivkurs in Tcl

Die Sprache Tcl ist sehr einfach zu lernen. Wenn Sie überhaupt schon mit anderen Skriptsprachen wie der Bourne- oder C-Shell vertraut sind, brauchen Sie sich vor Tcl/Tk nicht zu fürchten.

[50] Tcl/Tk

Deshalb werden wir nicht allzuviel Zeit auf die Sprache Tcl selbst verwenden. Sie ist überschaubar und kann mit Hilfe der verschiedenen Tcl-Manpages oder John Ousterhouts hervorragendem Buch *Tcl and the Tk Toolkit* erlernt werden. Dieses Buch beschreibt nicht nur, wie Tcl- und Tk-Skripten geschrieben werden, sondern auch, wie Sie die Tcl/Tk-Libraries in Ihren eigenen Anwendungen einsetzen.

Lassen Sie uns mit einem einfachen Beispiel beginnen. Das folgende Tcl-Skript zählt die Anzahl der Zeilen in einer bestimmten Datei.

```
1  #!/usr/local/bin/tclsh -f
2
3  if {$argc != 1} {
4    error "lc < filename >"
5  }
6
7  set thefile [open [lindex $argv 0] r]
8  set count 0
9
10 while {[gets $thefile line] >= 0} {
11   set count [expr $count + 1]
12 }
13
14 puts "Read $count lines."
```

Die Zeilen 3 bis 5 sollen mit einer einfachen `if`-Anweisung sicherstellen, daß das Skript mit einem Argument aufgerufen wird – nämlich dem Namen der Datei, in der die Zeilen gezählt werden sollen. Der Befehl `if` hat zwei Argumente – einen Ausdruck und einen Codeblock, der ausgeführt wird, wenn der Ausdruck wahr ist. (Wie in C gilt: null = falsch; andere Werte erfüllen die Bedingung.)

Die beiden Argumente zum `if`-Befehl stehen in Klammern. Klammern werden einfach benutzt, um eine Gruppe von Wörtern (oder Zeilen) zu einem einzelnen Argument zusammenzufassen. Obwohl diese Syntax vielleicht an C oder Perl erinnert, ist die Art und Weise, in der Tcl die Befehle auswertet, doch recht einfach. So darf sich ein Befehlsargument (in diesem Fall der Code in den Zeilen 3 bis 5, der auch den Befehl `error` enthält) nur dann über mehr als eine Zeile erstrecken, wenn die öffnende Klammer am Ende einer Zeile steht. Wenn wir diese `if`-Anweisung als

```
if {$argc != 1}
 { error "lc < filename >" }
```

geschrieben hätten, hätte Tcl folgende Fehlermeldung ausgegeben:

```
Error: wrong # args: no script following "$argc != 1" argument
wrong # args: no script following "$argc != 1" argument
   while executing
"if {$argc != 1} "
   (file "./lc.tcl" line 3)
```

Mit anderen Worten: Tcl weiß nicht, daß das zweite Argument zu `if` in der nächsten Zeile steht.

Der eigentliche `if`-Befehl in Zeile 4 ruft den Befehl `error` auf, um eine Fehlermeldung anzuzeigen und das Tcl-Skript zu beenden.

In Zeile 7 öffnen wir die Datei, deren Name als erstes Argument auf der Befehlszeile übergeben wurde, und weisen der Variablen `thefile` den resultierenden Dateizeiger zu. Der Befehl `set` wird benutzt, um einer Variablen einen Wert zuzuweisen. Das liegt daran, daß alle Tcl-Befehle mit dem Namen eines Befehls beginnen müssen; wir können die Variable `a` nicht auf `1` setzen, indem wir so etwas wie

```
a = 1
```

eingeben, weil `a` der Name einer Variablen ist und nicht der Name eines Befehls. Statt dessen schreiben wir:

```
set a 1
```

Wenn wir später auf den Wert der Variablen `a` zugreifen, werden wir `$a` schreiben.

Das erste Argument zu `set` ist der Name der Variablen, das zweite Argument ist der Wert. In diesem Fall haben wir:

```
set thefile [open [lindex $argv 0] r]
```

Eckige Klammern bezeichnen ein Subskript (untergeordnetes Skript), also Befehle, die in einen anderen Befehl eingebettet werden. Das Subskript wird ausgeführt und durch seinen Rückgabewert ersetzt.

Lassen Sie uns das Subskript

```
open [lindex $argv 0] r
```

betrachten. Dieses Skript ruft den Befehl `open` auf, um die Datei zu öffnen, deren Name als erstes Argument genannt wird. Das zweite Argument, `r`, zeigt an, daß die Datei zum Lesen geöffnet wird.

Das erste Argument zu `open` ist das Subskript:

```
lindex $argv 0
```

Der Befehl `lindex` indiziert Listen und Arrays. In diesem Fall suchen wir das nullte Element des Arrays `$argv`, das die Befehlszeilenargumente des Programms enthält, aber nicht den Befehl selbst. (Hier ist der Gebrauch von `argv` anders als in C-Programmen.) Das nullte Element von `$argv` ist also das erste Argument auf der Befehlszeile.

Lassen Sie uns annehmen, daß wir unser Skript *lc.tcl* genannt haben und es mit

```
eggplant$ lc.tcl /etc/passwd
```

aufrufen.

Innerhalb des Befehls

```
set thefile [open [lindex $argv 0] r]
```

wird deshalb das eingebettete Subskript

```
open [lindex $argv 0] r
```

durch

```
open "/etc/passwd" r
```

ersetzt, das wiederum durch den Wert des Dateizeigers ersetzt wird, der auf */etc /passwd* verweist. Als Ergebnis nimmt die Variable `thefile` den Wert des Dateizeigers an.

In Zeile 8 setzen wir den Wert der Variablen `count` auf 0 – das wird unser Zeilenzähler.

Die Zeilen 10 bis 12 enthalten eine einfache `while`-Schleife, die so lange Zeilen aus der Datei einliest, bis ein EOF (End Of File; Dateiende) auftaucht.

```
 while {[gets $thefile line] >= 0} {
   set count [expr $count + 1]
}
```

Wie Sie sehen, hat der Befehl `while` zwei Argumente: eine Bedingung und einen Anweisungsblock, der ausgeführt wird, solange die Bedingung wahr ist. Die Schleifenbedingung lautet in diesem Fall:

```
[gets $thefile line] >= 0
```

Das darin enthaltene Subskript

```
gets $thefile line
```

führt den Befehl `gets` aus. Dieser liest über den Dateizeiger `$thefile` eine einzelne Zeile und weist sie der Variablen `line` zu. `gets` gibt entweder die Anzahl der gelesenen Zeichen zurück oder -1, wenn EOF erreicht wird. Die `while`-Schleife wird also so lange Zeilen aus der Datei lesen, bis `gets` einen anderen Wert als null liefert.

Der Hauptteil der `while`-Schleife besteht aus:

```
set count [expr $count + 1]
```

womit der Wert von count erhöht wird. Erinnern Sie sich, daß Tcl-Anweisungen mit dem Namen eines Befehls eingeleitet werden müssen. Arithmetische Ausdrücke werden deshalb mit dem Befehl expr verarbeitet. Das Subskript

```
expr $count + 1
```

liefert den Wert der Variablen count plus 1 zurück. Dies ist in Tcl die übliche Methode, Variablen hochzuzählen.

In Zeile 14 schließlich finden wir:

```
puts "Read $count lines."
```

Hier wird puts benutzt, um einen String auf der Standardausgabe anzuzeigen.

Rufen wir das Skript einmal auf:

```
eggplant$ lc.tcl /etc/passwd
Read 144 lines.
```

Tk-Anwendungen schreiben

Schon mit den Tcl-Kenntnissen aus dem vorhergehenden Abschnitt sind Sie in der Lage, auch mit Tk Anwendungen zu schreiben – der Tcl-Erweiterung für das X Window System. Tk ist im wesentlichen eine Sammlung von Tcl-Befehlen, mit denen X-Widgets erzeugt und bearbeitet werden – etwa Schaltflächen (Buttons), Bildlaufleisten (Scrollbars), Menüs usw. Wir werden noch sehen, daß Tk ausgesprochen vielseitig ist und das Erzeugen von graphischen Bedienoberflächen unter X wesentlich vereinfacht.

Ein Widget ist ein Objekt, das Sie manipulieren möchten, zum Beispiel ein Rechteck. Jedes Widget benötigt Speicher und hat eine Reihe von Eigenschaften, aber Tk nimmt Ihnen all das ab. Sie legen einfach nur Ihr Widget an und sagen Tk, wie es aussehen soll.

In diesem Abschnitt werden wir dem Benutzer dabei behilflich sein, ein Oval und ein Rechteck zu zeichnen; beide sind Widgets. Aber wir brauchen auch einen Platz, auf dem wir sie zeichnen können, einen festen Hintergrund, auf dem sich das Oval und das Rechteck frei bewegen können. Deswegen legen wir vor dem Zeichnen einen solchen Raum an. Man nennt das ein *Leinwand*-Widget (canvas widget). Dieses Leinwand-Widget ist eine Art von Grafik-Widget, das viele Objekttypen wie zum Beispiel Ovale, Linien, Text usw. unterstützt. In dieser Anwendung wollen wir das Leinwand-Widget interaktiv benutzen, um aus Ovalen und Rechtecken Grafiken zu erzeugen. Nach dem Start sieht diese Anwendung etwa so aus, wie es Abbildung 13-2 zeigt.

Lassen Sie uns einen Blick auf den Quellcode unserer Anwendung *draw.tcl* werfen:

```
#!/usr/local/bin/wish -f
# Globale Variablen; für Objekte und Positionen
set oval_count 0
```

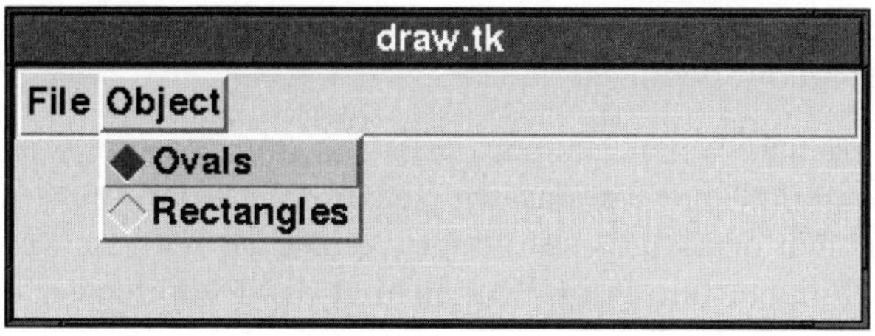

Abbildung 13-2: Fenster eines Tk-Programms

```
set rect_count 0
set orig_x 0
set orig_y 0
```

Völlig problemlos – wir initialisieren nur ein paar Variablen, die wir benutzen, um uns die erzeugten ovalen und rechteckigen Objekte mit ihrer Position zu merken.

Der nächste Abschnitt des Quellcodes sieht vielleicht eher abschreckend aus:

```
# Diese Prozedur aktiviert Ovale
proc set_oval {} {
 # Wir bekommen Zugriff auf diese globalen Variablen
 global oval_count orig_x orig_y

 # Wenn Taste-1 gedrückt wird, erzeuge ein Oval
 bind .c <ButtonPress-1> {
   set orig_x %x
   set orig_y %y
   set oval_count [expr $oval_count + 1]
   .c create oval %x %y %x %y -tags "oval$oval_count" -fill red
  }

 # Wenn wir Taste-1 ziehen, lösche und ersetze das aktuelle Oval
 bind .c <B1-Motion> {
   .c delete "oval$oval_count"
   .c create oval $orig_x $orig_y %x %y -tags "oval$oval_count" -fill red
 }
}
```

Wir definieren hier die Prozedur `set_oval` und benutzen dazu den Tcl-Befehl `proc`. Das erste Argument zu `proc` ist die Liste der Argumente, die die Prozedur mitbekommt – in diesem Fall gibt es keine Argumente. Das zweite Argument ist die eigentliche Prozedur. Diese Prozedur wird aufgerufen, wenn wir im Menü Object den Punkt Ovals wählen; wir werden dieses Menü später in diesem Abschnitt erzeugen.

`set_oval` definiert zunächst die Variablen `oval_count`, `orig_x` und `orig_y` als globale Variablen – Tcl würde sonst annehmen, daß wir diese Variablen nur innerhalb dieser Prozedur benutzen.

Der nächste Schritt besteht darin, mit dem Ereignis `ButtonPress` (Tastendruck) im Leinwand-Widget, in das wir zeichnen werden, eine Aktion zu verbinden (binding). Wir nennen dieses Widget `.c`. Die Tk-Widgets werden hierarchisch benannt. Das Widget `.` (ein Punkt) bezeichnet das Hauptfenster der Anwendung. Alle Widgets, die innerhalb dieses Fensters erzeugt werden, erhalten einen Namen, der mit einem Punkt beginnt, etwa `.c` (für canvas widget; Leinwand-Widget), `.mbar` (für menu bar; Menüleiste) usw. Natürlich steht es dem Programmierer frei, die Widget-Namen selbst zu wählen, aber sie müssen mit einem Punkt beginnen. Wir werden noch sehen, daß Widgets in anderen Widgets enthalten sein können – zum Beispiel ist ein Menü Bestandteil einer Menüleiste. Ein Widget namens

```
.mbar.file.menu
```

könnte das Menü `menu` bezeichnen, das im Menüpunkt `file` enthalten ist, der wiederum in der Menüleiste `.mbar` enthalten ist. Wir werden das weiter unten noch zeigen.

Mit dem Befehl `bind` wird ein Ereignis mit einem bestimmten Widget verknüpft.[3] Das erste Argument zu `bind` bezeichnet das Widget, in dem die Verknüpfung erzeugt werden soll; das zweite Argument ist das Ereignis, und das dritte Argument enthält den Code, der ausgeführt werden soll, wenn dieses Ereignis auftritt.

In unserem Beispiel möchten wir immer dann ein Oval zeichnen, wenn der Benutzer innerhalb des Leinwand-Widgets die linke Maustaste drückt. Der Code dieser Verknüpfung setzt die Variablen `orig_x` und `orig_y` auf `%x` bzw. `%y`. Innerhalb einer Verknüpfung bezeichnen `%x` und `%y` die x- und y-Koordinaten des betreffenden Ereignisses. In unserem Beispiel wäre das die Position, an der die Maustaste gedrückt wird. Wir wollen uns für den Fall, daß das Oval in der Größe verändert wird, diese Position merken. Außerdem wird der Wert der Variable `oval_count` erhöht.

Die Verknüpfung mit `ButtonPress-1` führt auch den Befehl

```
.c create oval %x %y %x %y -tags "oval$oval_count" -fill red
```

aus. Damit erzeugen wir ein Objekt `oval` innerhalb des Leinwand-Widgets `.c`. Die Koordinaten »oben links« und »unten rechts« des Ovals werden in `%x` und `%y` übergeben, der Position des Ereignisses `ButtonPress`. Wir malen das Oval rot aus (fill red).

Die Option `-tags` zum Befehl `create` gibt dem gerade erzeugten Objekt `oval` einen »Namen« (tag). Auf diese Weise können wir dieses spezielle Oval innerhalb des Leinwand-Widgets unter seinem Namen ansprechen. Wir sorgen dafür, daß jedes

---

3 Ein Ereignis ist einfach eine Nachricht, die der X-Server als Antwort auf eine Benutzeraktion erzeugt. Ein Beispiel: Wenn der Benutzer in einem bestimmten Fenster die Maustaste 1 (normalerweise die linke Maustaste) drückt, wird das Ereignis `ButtonPress-1` an dieses Fenster geschickt.

Oval einen eindeutigen Namen bekommt, indem wir die Variable `oval_count` benutzen, die mit jedem neu erzeugten Oval hochgezählt wird.

Wenn wir die Maus mit gedrückter linker Taste ziehen, soll die Größe des Ovals entsprechend angepaßt werden. Dazu definieren wir im Leinwand-Widget eine Verknüpfung für das Ereignis `B1-Motion`. Diese Verknüpfung führt zwei Befehle aus:

```
.c delete "oval$oval_count"
.c create oval $orig_x $orig_y %x %y -tags "oval$oval_count" -fill red
```

Der Leinwand-Befehl `delete` löscht das Objekt, das den entsprechenden Namen trägt. Wir zeichnen das Oval dann mit den ursprünglichen Oben-links-Koordinaten neu, aber mit den Unten-rechts-Koordinaten, die durch die Position des Ereignisses `B1-Motion` bestimmt werden. Mit anderen Worten: Wir ersetzen das ursprüngliche Oval-Objekt durch ein neues Oval mit anderen Koordinaten, die der Position der Maus entsprechen. Der Effekt ist, daß wir die Größe des Ovals verändern, indem wir die Maus mit gedrückter linker Taste über die Leinwand ziehen.

Analog dazu definieren wir die Funktion `set_rect`, die mit der gerade besprochenen fast identisch ist; allerdings werden auf der Leinwand `rectangle`-Objekte (Rechtecke) erzeugt.

```
# Identisch mit set_oval, aber für Rechtecke
proc set_rect {} {
 global rect_count orig_x orig_y
 bind .c <ButtonPress-1> {
   set orig_x %x
   set orig_y %y
   set rect_count [expr $rect_count + 1]
   .c create rectangle %x %y %x %y -tags "rect$rect_count" -fill blue
 }
 bind .c <B1-Motion> {
   .c delete "rect$rect_count"
   .c create rectangle $orig_x $orig_y %x %y -tags "rect$rect_count" \
     -fill blue
 }
}
```

Eine andere Methode, Rechtecke und Ovale zu zeichnen, wäre die Benutzung einer Funktionsklasse namens »draw object« (Objekt zeichnen), die eine Variable wie zum Beispiel `$objtype` benutzt, um sich den aktuellen Objekttyp zu merken. Man würde die Menüeinstellungen (weiter unten beschrieben) benutzen, um den Objekttyp auszuwählen, indem man den Wert dieser Variable setzt. In der Zeichenfunktion könnten wir einfach einen Leinwand-Befehl wie

```
.c create $objtype %x %y %x %y -tags "obj$obj_count" -fill blue
```

benutzen. Dies setzt allerdings voraus, daß alle Objekte in derselben Weise gezeichnet werden (indem an einer Stelle geklickt wird, um dann durch Ziehen der

Maus die Größe zu bestimmen). Wenn wir für jedes Objekt eine eigene Funktion benutzen, haben wir die Möglichkeit, die Schnittstelle besser an die einzelnen Objekte anzupassen – falls wir darauf Wert legen.

Jetzt sind wir soweit, daß wir die verschiedenen Widgets definieren können, aus denen unsere Anwendung besteht. Als erstes brauchen wir ein Rahmen-Widget (frame), das wir als Menübalken benutzen werden. Ein Rahmen-Widget ist nichts anderes als ein Container für andere Widgets.

```
# Rahmen-Widget für Menübalken erzeugen
frame .mbar -relief groove -bd 3
pack .mbar -side top -expand yes -fill x
```

Damit erzeugen wir das Rahmen-Widget `.mbar`. Die Option `-relief` bestimmt das Aussehen des Rahmens – wir haben uns für einen Menübalken mit einer »Nut« rund um die Außenkante entschieden. Die Option `-bd` legt die Breite der Umrahmung fest; in diesem Fall bestimmt sie die Breite der Nut.

Der Befehl `pack` ordnet die Widgets innerhalb des Hauptfensters oder innerhalb anderer Widgets an. `pack` ist einer von mehreren »Geometrie-Managern« für Tk. Damit ein Widget innerhalb der Anwendung angezeigt werden kann, muß ein Geometrie-Manager aufgerufen werden, der das Widget auf dem Bildschirm plaziert. `pack` ist Bestandteil von Tcl/Tk und ist für die meisten Anwendungen flexibel genug. Mit `pack` haben Sie die Möglichkeit, die Anordnung von Widgets relativ zueinander festzulegen, ohne daß Sie absolute Positionen angeben müssen.

In unserem Beispiel plazieren wir das Widget `.mbar` am oberen Rand des übergeordneten Widgets, nämlich . (das Hauptfenster der Anwendung). Die Option `-fill x` zeigt `pack` an, daß das Widget die ganze Breite des Fensters ausfüllen soll, in dem es enthalten ist; die Option `-expand` bewirkt, daß das Widget »wächst«, um die gesamte Breite auszufüllen. Falls Sie an den Feinheiten von `pack` interessiert sind, finden Sie in der Manpage eine sehr detaillierte Beschreibung.

Als nächstes erzeugen wir innerhalb dieses Menübalkens zwei `menubutton`-Widgets – die Menüs `File` und `Object`:

```
# Zwei Menüpunkte erzeugen
menubutton .mbar.file -text "File" -menu .mbar.file.menu
menubutton .mbar.obj -text "Object" -menu .mbar.obj.menu
pack .mbar.file .mbar.obj -side left
```

Die beiden Widgets heißen `.mbar.file` und `.mbar.obj`. Sie stammen also direkt vom Widget `.mbar` ab, nicht vom Hauptfenster. Mit `pack` plazieren wir die beiden Widgets am linken Rand des übergeordneten Menübalkens.

Die Option `-menu` zum Befehl `menubutton` bestimmt, welches `menu`-Widget angezeigt werden soll, wenn dieses Pull-down-Menü ausgewählt wird. Wir werden die Widgets `.mbar.file.menu` und `.mbar.obj.menu` weiter unten erzeugen.

```
# File-Menü mit einzigem Punkt "Quit" erzeugen
menu .mbar.file.menu
.mbar.file.menu add command -label "Quit" -command { exit }
```

Wir erzeugen zuerst das Menü `File` selbst und fügen dann einen einzigen `command`-Menüpunkt hinzu. Ein `command` funktioniert wie eine Schaltfläche – wenn man darauf klickt, wird der Code ausgeführt, den die Option `-command` bestimmt. In unserem Beispiel beendet diese Option das Tk-Skript.

```
# Object-Menü mit zwei Radiobuttons erzeugen
menu .mbar.obj.menu
.mbar.obj.menu add radiobutton -label "Ovals" -variable objtype \
 -command { set_oval }
.mbar.obj.menu add radiobutton -label "Rectangles" -variable objtype \
 -command { set_rect }
```

Mit diesem Codeabschnitt definieren wir das Menü `Objects` und fügen zwei Objekte vom Typ `radiobutton` hinzu. Radiobuttons definieren eine Reihe von Optionen, von denen zu einem beliebigen Zeitpunkt nur eine aktiviert werden kann. Wenn beispielsweise `Ovals` ausgewählt wird, leuchtet es auf, und `Rectangles` wird dunkel dargestellt.

Um die beiden Radiobuttons miteinander zu »koppeln« (so daß immer nur einer gewählt werden kann), definieren wir mit der Option `-variable` eine »unechte« Variable (dummy), in der der aktuelle Zustand der Radiobuttons gespeichert wird. Man kann die Option `-variable` auch zusammen mit `-value` benutzen und auf diese Weise der Variablen einen Wert zuweisen, wenn dieser Menüpunkt gewählt wird. Wir haben statt dessen beschlossen, eine Prozedur aufzurufen (mit der Option `-command`), wenn dieser Menüpunkt gewählt wird; damit wird auch `-value` nicht gebraucht.

Im nächsten Schritt erzeugen wir unser Leinwand-Widget (canvas) und bringen es im Fenster der Anwendung unter:

```
# Leinwand-Widget (canvas) .c erzeugen
canvas .c
pack .c -side top
```

Schließlich aktivieren wir die Option `Ovals`, indem wir den entsprechenden Menüpunkt auf künstliche Weise auswählen. Das ist genau das, was auch passiert, wenn ein Benutzer diesen Punkt mit der Maus anklickt:

```
# Ovale aktivieren durch Auswahl des ersten Punktes im Object-Menü
.mbar.obj.menu invoke 0
```

Wir haben soeben mit einigen Dutzend Codezeilen eine komplette und ziemlich komplexe X-Anwendung erstellt. Es ist leicht möglich, dieses Programm auf vielfältige Weise zu erweitern – Sie könnten neue Objekttypen hinzufügen, dem Benutzer die Möglichkeit geben, die erzeugten »Bilder« zu speichern und zu laden usw. Das Leinwand-Widget unterstützt sogar eine Option, um den Inhalt der Leinwand als PostScript-Datei zu formatieren, die Sie anschließend ausdrucken können.

Tcl und Tk in andere Anwendungen einbinden

Wir haben bereits erwähnt, daß Tcl und Tk zusammen mit anderen Sprachen wie C und Perl benutzt werden können. Es ist möglich, auch komplexe Programme als Tcl/Tk-Skript zu schreiben; das Skript wäre wahrscheinlich langsamer als ein kompiliertes Programm, weil Tcl eine interpretierte Sprache ist. Obwohl auch Perl eine Interpreter-Sprache ist, eignet es sich für einige Aufgaben, die in Tcl oder C schwieriger zu realisieren sind.

Die übliche Methode, Tcl und Tk zusammen mit einem C-Programm zu benutzen, ist das Binden der Tcl/Tk-Libraries mit dem C-Code. Tcl und Tk haben sowohl einfache statische Bibliotheken (*.a*) als auch, auf manchen Systemen, Shared Libraries (*.so*). Der Tcl-Interpreter besteht aus einer Reihe von Funktionen, die Ihr Programm aufruft.

Die Idee dahinter ist, daß Sie neue Tcl-Befehle in Form von C-Funktionen einführen und daß der Tcl-Interpreter diese Funktionen aufruft, wenn einer dieser Befehle benutzt wird. Damit das funktioniert, müssen Sie Ihr Programm so schreiben, daß der Tcl-Interpreter initialisiert wird und daß es innerhalb einer Tcl-»Hauptschleife« abläuft, die die Tcl-Befehle irgendwo liest (zum Beispiel in einer Datei), um sie dann auszuführen. Das ist in etwa dasselbe, als ob Sie Ihren eigenen *tclsh*- oder *wish*-Interpreter mit zusätzlichen, in C verfaßten Tcl/Tk-Befehlen schreiben.

Das ist vielleicht nicht für alle Anwendungen die beste Vorgehensweise. Zunächst einmal werden Sie den Aufbau mancher Programme ändern müssen; anschließend steht die Anwendung unter der Kontrolle des Tcl-Interpreters – und nicht umgekehrt. Außerdem gilt: Solange Sie nicht die Shared Libraries von Tcl und Tk benutzen, kann die ausführbare Datei durch den komplett eingebundenen Tcl/Tk-Interpreter ziemlich groß werden – weit mehr als ein Megabyte. Es kann auch sein, daß Ihre Anwendung von einem Tcl-Skript gesteuert wird; das bedeutet, daß die Anwendung alleine nicht lauffähig ist – Sie brauchen zusätzlich das Skript.

Eine andere Lösung wäre eine in C oder Perl geschriebene Anwendung, die den Interpreter *wish* als eigenen Prozeß ausführt und durch Pipes mit ihm kommuniziert. In diesem Fall würden Sie zwei Pipes brauchen; in der einen schickt das C-Programm Befehle an *wish*, in der anderen liest das C-Programm die Antworten von *wish*. Das läßt sich auch mit einer Pipe bewerkstelligen, aber die Synchronisation wird schwieriger. Ein Beispiel: Die Antworten von *wish* können asynchron eintreffen – durch solche Ereignisse wie eine gedrückte Maustaste hervorgerufen –, dadurch wird die Benutzung einer einzelnen Pipe ziemlich schwierig.[4]

4 Erinnern Sie sich, daß eine Pipe ein einfacher Datenstrom in eine Richtung ist, den ein Prozeß an einen anderen schickt. Die Shell gestattet die Benutzung einfacher Pipes zwischen Befehlen, wie etwa in: *cat foo.txt.gz | gunzip -c | more*.

Die direkteste Methode ist in diesem Fall eine C-Funktion, die folgendes erledigt (in Pseudocode):

```
Erzeuge zwei Pipes durch zweifachen Aufruf von pipe();
Starte mit fork() einen Kindprozeß;
  Im Kindprozeß:
    Schließe Lese-Kanal der einen Pipe und Schreib-Kanal der anderen;
    Kopiere stdin und stdout mit dup2() in die entsprechenden Pipes;
    Starte wish mit execlp();
  Im Elternprozeß:
    Schließe den Lese-Kanal der Write-Pipe und den Schreib-Kanal der
      Read-Pipe;
    Öffne mit fdopen() beide Pipes, um einen FILE-Deskriptor für
      fprintf() und fscanf() zu bekommen;
```

Natürlich müssen Sie einiges von der Systemprogrammierung unter Unix verstehen, um dieses Beispiel nutzen zu können, aber für die Wagemutigen haben wir es hier aufgeschrieben.

Der Elternprozeß (Ihr C-Programm) kann anschließend Tcl/Tk-Befehle in den Schreib-Kanal schreiben und die Antworten von *wish* aus dem Lese-Kanal lesen. Mit der Funktion *select* können Sie den Lese-Kanal auf eingehende Daten abfragen (pollen), falls Ihre Anwendung weiterarbeiten soll, während sie auf Daten vom *wish*-Interpreter wartet.

Auf diese Weise benutzen wir *wish* als »Server« für X-Window-System-Routinen. Ihr Programm schickt dann die Befehle zur Erzeugung von Widgets in die Write-Pipe. *wish* könnte eine Meldung an die Standardausgabe schicken, wenn von der Anwendung eine Reaktion erfolgen soll. So könnte man beispielsweise ein Button-Widget erzeugen, das den String `OK-Button gedrückt` ausgibt, wenn der Benutzer darauf klickt. Ihr Programm würde diese Meldung aus der Read-Pipe lesen und darauf reagieren. *wish* könnte andere Teile der Anwendung kontrollieren, ohne daß Ihr Programm davon weiß. Die rechenintensiven, zeitkritischen Teile der Anwendung würde man in C schreiben, und *wish* würde sich um die Benutzerschnittstelle kümmern.

Wir hoffen, daß dieser Überblick ausreicht, um Ihnen eine Vorstellung davon zu geben, wie ein C- oder Perl-Programm auf diese Weise *wish* benutzen kann. Sie sollten auch ein Buch über die Systemprogrammierung unter Unix lesen, in dem die Kommunikation zwischen Prozessen mittels Pipes besprochen wird; zum Beispiel *Advanced Programming in The Unix Environment* von Richard Stevens oder *UNIX System Programming* von David Curry.

Java

Kapitel 16

Java ist eine netzwerkfähige, objektorientierte Sprache, die von Sun Microsystems entwickelt wurde. Java hat unter Computer-Fachleuten für viel Aufregung gesorgt, weil es versucht, eine sichere Sprache zur Ausführung von Applets zu sein, die von Servern im World Wide Web heruntergeladen werden. Die Idee ist einfach: Webbrowser laden Java-Applets herunter, die dann auf dem Client-Rechner ausgeführt werden. Der beliebte Netscape-Browser (beschrieben in Kapitel 16, *Das World Wide Web und E-Mail*) unterstützt Java, und das Java Developer's Kit und andere Werkzeuge sind auf Linux portiert worden. Aber Java ist nicht nur für Applets geeignet; in jüngster Zeit ist es auch mehr und mehr als allgemeine Programmiersprache eingesetzt worden, die dem Anfänger weniger Hürden in den Weg legt und die – aufgrund der eingebauten Netzwerkbibliotheken – besonders oft zur Programmierung von Client/Server-Anwendungen verwendet wird.

Was Java verspricht, oder: Warum Java etwas für Sie sein könnte

Das klingt vielleicht alles nicht so aufregend für Sie. Es gibt schließlich viele objektorientierte Programmiersprachen, und mit Netscape-Plug-ins können Sie auch ausführbare Programme von Webservern herunterladen und auf Ihrem lokalen Rechner ausführen.

Aber Java kann mehr. Einer der interessantesten Aspekte ist die Plattformunabhängigkeit. Damit ist gemeint, daß Sie ein Java-Programm schreiben und kompilieren und dann auf so ziemlich jedem Rechner einsetzen können, sei es nun ein bescheidener 386er unter Linux, ein schneller Pentium III mit der neuesten Fehleransammlung von Microsoft oder ein IBM-Mainframe. Sun Microsystems nennt das »Write Once, Run Anywhere« (einmal schreiben, überall ausführen). Allerdings ist das wahre Leben nicht so einfach wie Entwurfsziele. Es gibt winzige, aber frustrierende Unterschiede, wegen denen ein Programm auf einer Plattform funktioniert, auf einer anderen aber nicht. Mit der neuen GUI-Bibliothek Swing in Java 2.0 ist allerdings ein großer Schritt in die richtige Richtung getan worden.

Die Fähigkeit, Code einmal zu kompilieren und dann auf einem anderen Rechner ausführen zu können, wird durch die Java Virtual Machine (JVM) möglich gemacht. Der Java-Compiler erzeugt keinen Objektcode für einen bestimmten Prozessor und ein bestimmtes Betriebssystem, wie es der *gcc* tut, sondern für die Java Virtual Machine. Dieser Rechner existiert (noch) nicht in Form von Hardware, sondern ist einfach eine Spezifikation. Diese Spezifikation besagt, welche sogenannten Opcodes der Rechner versteht und was er tun soll, wenn er auf einen solchen Opcode in der Objektdatei stößt. Das Programm wird in Binärform im sogenannten *Bytecode* verbreitet, der der Spezifikation der Java Virtual Machine gehorcht.

Alles, was Sie jetzt noch brauchen, ist ein Programm, das die Java Virtual Machine auf Ihrem Computer und Ihrem Betriebssystem implementiert. Solche Programme gibt es heutzutage für so ziemlich jede Plattform – kein Hersteller kann es sich noch leisten, keine Java Virtual Machine für seine Hardware oder sein Betriebssystem parat zu haben. Dieses Programm wird Java-Interpreter genannt, weil es die Opcodes, die für die Java Virtual Machine kompiliert worden sind, interpretiert und in Code für den nativen Rechner übersetzt.

Diese Unterscheidung, die Java zu sowohl einer kompilierten als auch einer interpretierten Sprache macht, macht es möglich, ein Java-Programm zu schreiben und zu kompilieren und dann an jemand anderen weiterzugeben. Unabhängig davon, welche Hardware und welches Betriebssystem der Empfänger hat – er wird auf jeden Fall in der Lage sein, das Programm auszuführen, sofern es für seine Plattform einen Java-Interpreter gibt.

Leider gibt es die Plattformunabhängigkeit von Java nicht umsonst. Weil der Objektcode kein Objektcode für irgendeine bereits existierende Hardware ist, muß er eine zusätzliche Verarbeitungsschicht durchlaufen, was dazu führt, daß in Java geschriebene Programme üblicherweise zehn- bis zwanzigmal langsamer sind als vergleichbare in C geschriebene Programme. Das ist zwar in manchen Fällen egal, in anderen ist es aber schlicht und einfach inakzeptabel. Es gibt sogenannte Just-In-Time-Compiler, die den Objektcode für die Java Virtual Machine zunächst in nativen Objektcode kompilieren und dann diesen Objektcode ausführen. Wenn der gleiche Objektcode dann ein zweites Mal ausgeführt wird, kann der vorkompilierte native Code ohne weitere Interpretation verwendet werden und wird daher schneller ausgeführt. Aber trotzdem wird nicht die Geschwindigkeit von C-Programmen erreicht. Sun Microsystems arbeitet an einer Technologie, die angeblich eine »mit C-Programmen vergleichbare« Ausführungsgeschwindigkeit erreichen soll, aber ob dieses Versprechen auch eingehalten werden kann, bleibt abzuwarten.

Java unterscheidet darüber hinaus zwischen Applikationen und Applets. Applikationen sind freistehende Programme, die von der Kommandozeile oder Ihrer lokalen Oberfläche ausgeführt werden und sich wie gewöhnliche Programme verhalten. Applets dagegen sind (normalerweise kleinere) Programme, die in Ihrem Webbrowser ausgeführt werden. (Um diese Programme auszuführen, muß ein Java-Interpreter im Webbrowser enthalten sein.) Wenn Sie eine Website besuchen, die ein Java-Applet enthält, dann schickt Ihnen der Webserver den Objektcode des Applets, und Ihr Browser führt diesen für Sie aus. Das kann für alles – von einfachen Animationen bis hin zu kompletten Online-Banking-Systemen – verwendet werden.[5]

Beim Lesen des letzten Absatzes haben Sie vielleicht gedacht: »Und was passiert, wenn das Applet bösartigen Code enthält, der meine Festplatte ausspioniert oder

5 Einer der Autoren erledigt alle seine Bankgeschäfte über ein Java-Applet, das seine Bank zur Verfügung stellt, wenn man einen speziellen Bereich auf dem Webserver der Bank besucht.

vielleicht sogar Dateien löscht oder zerstört?« Natürlich wäre das durchaus im Bereich des Möglichen, wenn die Entwickler von Java keine mehrstufige Gegenmaßnahme gegen solche Angriffe entworfen hätten: Alle Java-Applets laufen in einem sogenannten Sandkasten, was ihnen nur eingeschränkten Zugriff auf lokale Ressourcen ermöglicht. Beispielsweise können Java-Applets Text auf Ihrem Bildschirm ausgeben, aber keine Daten von Ihrem lokalen Dateisystem lesen oder gar darauf schreiben, wenn Sie das nicht ausdrücklich erlauben. Dieses Sandkasten-Paradigma schränkt zwar die Nützlichkeit von Applets ein, erhöht aber die Sicherheit Ihrer Daten. In neueren Java-Versionen können Sie selbst bestimmen, wieviel Sicherheit Sie benötigen, und sich so auf Kosten der Sicherheit zusätzliche Flexibilität erkaufen.

[62] Thinking in Java
[52] Exploring Java
[63] Core Java 2

Wenn Sie der Meinung sind, daß Java etwas ist, was Sie ausprobieren wollen, dann möchte ich Ihnen das Buch *Thinking in Java* von Bruce Eckel ans Herz legen. Es enthält so ziemlich alles, was Sie in der Java-Welt wissen müssen, und bringt Ihnen auch allgemeine Programmierprinzipien bei. Andere interessante Java-Bücher sind *Exploring Java* von Pat Niemeyer und Josh Peck und *Core Java* von Gary Cornell und Cay Horstmann.

Java für Linux besorgen

Glücklicherweise gibt es eine Portierung des sogenannten JDK, des Java Developer's Kit, das Sun Microsystems für Solaris und Windows bereitstellt und das als eine Referenzimplementierung für Java dient. In der Vergangenheit hat es normalerweise etwas länger gedauert, bis eine neue JDK-Version für Solaris und Windows auch unter Linux zur Verfügung stand, aber Sun Microsystems hat versprochen, eng mit den Entwicklern der Linux-Version zusammenzuarbeiten, so daß Hoffnung besteht, daß zukünftige Linux-Versionen eher zur Verfügung stehen werden.

Die »offizielle« Java-Implementierung JDK enthält einen Compiler, einen Interpreter und weitere Werkzeuge. Es gibt auch andere Kits für Linux, oft in Form von Open Source Software. Wir behandeln hier aber das JDK, weil es der Standard ist.

Noch eine Anmerkung: Die meisten Distributionen enthalten bereits das JDK für Linux, so daß es einfacher für Sie sein kann, einfach ein vorbereitetes Paket zu installieren. Allerdings wird das JDK ständig weiterentwickelt, so daß Sie möglicherweise eine neuere Version installieren wollen, als Ihre Distribution enthält.

Sie finden alles Notwendige zu Java unter Linux unter *http://www.blackdown.org*. Sie finden hier Dokumentation, Neues über Linux-Portierungen und Links auf die Webseiten, von denen Sie das Java-JDK herunterladen können.

Nach dem Entpacken und Installieren des JDK gemäß den Anweisungen stehen Ihnen mehrere neue Programme zur Verfügung. *javac* ist der Java-Compiler, *java* der Java-Interpreter und *appletviewer* ein kleines GUI-Programm, mit dem Sie Applets ohne vollständigen Webbrowser ausführen können.

Ein vollständiges Java-Beispiel

Das folgende Programm (das für Java 1.1 geschrieben wurde, aber auch mit Java 1. 2/2 funktionieren sollte) ist ein vollständiges Java-Programm, das Sie sowohl als freistehende Applikation als auch als Applet verwenden können. Es handelt sich um ein kleines Malprogramm, mit dem Sie auf einer virtuellen Leinwand herumkritzeln können. Außerdem verwendet es einige GUI-Elemente wie einen Button und ein Optionsmenü.

Der Bestandteil von Java, der GUI-Elemente wie Fenster und Menüs bereitstellt, heißt das »Abstract Window Toolkit« (AWT). Er trägt seinen Teil dazu bei, Javas Versprechen des »einmal kompilieren, überall ausführen« einzulösen. Auch wenn verschiedene Betriebssysteme wie Linux, Windows und Macintosh alle unterschiedliche Fenstersysteme haben, müssen Sie den Code für die Benutzerschnittstelle nur einmal schreiben. Das AWT bildet die plattformunabhängigen Widgets dann auf eine native GUI-Bibliothek ab. Ihre Programme nehmen daher das gewohnte Aussehen der jeweiligen Plattform an, sehen also auf unterschiedlichen Plattformen unterschiedlich aus.

Das AWT hat eine Reihe von Nachteilen, wie eben die Tatsache, daß die Programme auf den einzelnen Plattformen unterschiedlich aussehen (manche halten das allerdings für einen Vorteil, weil das Programm genau wie eine native Applikation der jeweiligen Plattform aussieht), die geringe Geschwindigkeit und die vielen Fehler. In der neuen Version Java 2 wird das AWT weitgehend durch ein neues Toolkit namens Swing ersetzt, das auf einer internen AWT-Schicht basiert und alle GUI-Elemente in Java implementiert. Swing-Projekte sehen üblicherweise sehr nett aus, sind aber noch langsamer.

Genug geredet jetzt. Hier ist der Code für das kleine Malprogramm:

```
import java.applet.*;
import java.awt.*;
import java.awt.event.*;
/** Ein Applet, das auch freistehend ausgeführt werden kann */
public class StandaloneScribble extends Applet {
  /**
   * Die Methode main(). Wenn dieses Programm als Applikation ausgeführt wird,
   * erzeugt diese Methode das benötigte Fenster, setzt das Applet ein und ruft
   * die untenstehende Methode init() auf. Beachten Sie, daß Frame per
   * Voreinstellung PanelLayout verwendet.
   */
  public static void main(String[] args) {
    Frame f = new Frame();                    // Fenster erzeugen
    Applet a = new StandaloneScribble();      // Applet-Panel erzeugen
    f.add(a, "Center");                       // Applet zum Fenster hinzufügen
    a.init();                                 // Applet initialisieren
    f.setSize(400, 400);                      // Fenstergröße festlegen
```

```
    f.show();                                 // Fenster sichtbar machen
    f.addWindowListener(new WindowAdapter() {  // Fensterschließen behandeln
      public void windowClosing(WindowEvent e) { System.exit(0); }
    });
  }
  /**
   * Die Methode init(). Wenn das Programm als Applet gestartet wird, stellt
   * der Browser Platz auf dem Bildschirm für das Applet bereit und ruft
   * diese Methode für Initialisierungszwecke auf.
   */
  public void init() {
    // Ein MouseListener-Objekt definieren, instantiieren und registrieren
    this.addMouseListener(new MouseAdapter() {
      public void mousePressed(MouseEvent e) {
        lastx = e.getX();
        lasty = e.getY();
      }
    });
    // Ein MouseMotionListener-Objekt definieren, instantiieren und registrieren
    this.addMouseMotionListener(new MouseMotionAdapter() {
      public void mouseDragged(MouseEvent e) {
        Graphics g = getGraphics();
        int x = e.getX(), y = e.getY();
        g.setColor(Color.black);
        g.drawLine(lastx, lasty, x, y);
        lastx = x; lasty = y;
      }
    });
    // Löschen-Button erzeugen
    Button b = new Button("Löschen");
    // Einen Listener definieren, instantiieren und registrieren, der auf das
    // Klicken des Buttons reagiert
    b.addActionListener(new ActionListener() {
      public void actionPerformed(ActionEvent e) {  // Leinwand säubern
        Graphics g = getGraphics();
        g.setColor(getBackground());
        g.fillRect(0, 0, getSize().width, getSize().height);
      }
    });
    // Button zum Applet hinzufügen
    this.add(b);
  }
  protected int lastx, lasty;  // Koordinaten des letzten Mausklicks
}
```

Speichern Sie diesen Code in einer Datei namens *StandaloneScribble.java*. Der Name ist wichtig, er muß der gleiche sein wie der Name der in der Datei implementierten Klasse, dazu wird *.java* angehängt. Mit dem folgenden Befehl kompilieren Sie diesen Code:

```
$tigger javac StandaloneScribble.java
```

Das kann ein Weilchen dauern. Der Java-Compiler ist nicht besonders schnell; unter anderem deswegen, weil er selbst in Java geschrieben ist. Wenn er fertig ist, finden Sie eine neue Datei *StandaloneScribble.class* sowie einige weitere Dateien, auf die wir hier nicht eingehen wollen, vor.

Sie können dieses Programm jetzt von der Kommandozeile ausführen. Geben Sie dazu einfach folgenden Befehl ein:

```
$tigger java StandaloneScribble
```

Wenn Sie das JDK korrekt installiert haben, dann sollten Sie ein Fenster mit der Leinwand zum Bekritzeln bekommen. Beachten Sie, daß dem Befehl *java* als Argument der Name der Klasse ohne die Dateinamenserweiterung *.class* übergeben wird. Das liegt daran, daß der Java-Interpreter intern die Klasse und nicht die Datei ausführt.

Sie können dieses Programm aber auch in einem Webbrowser oder im *appletviewer* aus dem JDK ausführen. Dazu brauchen Sie ein wenig HTML-Code. Der folgende Code sollte ausreichen:

```
<APPLET code="StandaloneScribble.class" width=150 height=100>
</APPLET>
```

Speichern Sie diesen Code in einer Datei, und öffnen Sie diese mit einem Webbrowser wie dem Netscape Navigator oder dem *appletviewer*, und Sie werden das Programm im Browser-Fenster sehen.

Zum Abschluß dieses Abschnitts gehen wir noch die interessantesten Zeilen des Programms durch: In den ersten drei Zeilen werden andere Java-Klassen, die aus dem JDK stammen, importiert. Das kann man etwa mit dem Einbinden von Header-Dateien in einem C-Programm vergleichen, auch wenn es in Java kein Linken gibt. Wenn das Programm ausgeführt wird, muß der Java-Interpreter in der Lage sein, die importierten Klassen zu finden. Das geschieht durch Suchen in den Verzeichnissen, die in der Umgebungsvariable `CLASSPATH` eingetragen sind, was Sie entsprechend der Dokumentation zum JDK getan haben sollten.

Die Zeilen 13 bis 21 enthalten die Methode `main()`. Wenn das Programm als freistehende Applikation gestartet wird, dann wird diese Methode vom Interpreter aufgerufen, um die Programmausführung in Gang zu bringen. In dieser Methode wird ein Fenster erzeugt, das dann für die Bildschirmausgaben verwendet wird.

Der verbleibende Code besteht hauptsächlich aus der Methode `init()`. Diese wird entweder von `main()` aufgerufen (wenn das Programm freistehend gestartet wird) oder vom Webbrowser (wenn das Programm als Applet gestartet wird). In letzterem Fall wird `main()` überhaupt nicht durchlaufen.

Java-Programme wie andere Programme ausführen

Kapitel 7

Seit der Kernel-Version 2.0 ist es möglich, Java-Programme auszuführen, ohne den Interpreter explizit aufzurufen. Dazu müssen Sie Ihren Kernel neu kompilieren (siehe dazu Kapitel 7, *Software und den Kernel aktualisieren,*) und die Unterstützung des Java-Binärformats einschalten. Wenn Sie den neuen Kernel installiert und Ihren Rechner neu gestartet haben, können Sie Ihre Klassendatei ausführbar machen und einfach von der Kommandozeile starten. Der Linux-Kernel wird den Java-Interpreter im Hintergrund für Sie starten:

```
tigger$ chmod +x StandaloneScribble.class
tigger$ ./StandaloneScribble.class
```

Nicht schlecht, nicht wahr? Die großen Firmen wie IBM und Microsoft versuchen immer noch, das hinzubekommen. Falls das bei Ihnen nicht funktioniert, liegt es wahrscheinlich daran, daß der Linux-Kernel den Java-Interpreter nicht finden kann. Überprüfen Sie die Werte der beiden Konstanten `_PATH_JAVA` und `_PATH_APPLET` in der Datei */usr/src/linux/fs/binfmt_java.c*. Wenn diese nicht den korrekten Pfad zu Ihrem Java-Interpreter und zum *appletviewer* wiedergeben, dann verschieben Sie den Interpreter und den *appletviewer* in die angegebenen Verzeichnisse oder ändern Sie *binfmt_java.c* entsprechend. In letzterem Fall müssen Sie den Kernel neu kompilieren und installieren.

Andere Programmiersprachen

Es gibt noch viele andere beliebte (und weniger beliebte) Programmiersprachen für Linux. In den meisten Fällen funktionieren sie unter Linux genau wie auf anderen Unix-Systemen, so daß es in diesem Punkt wenig Neues zu berichten gibt. Außerdem gibt es so viele Sprachen, daß wir hier nicht genauer darauf eingehen können. Wir wollen Ihnen aber zeigen, was überhaupt vorhanden ist, und wollen einige Unterschiede zwischen verschiedenen Sprachen und Compilern aufzeigen.

[60] [61]

Python hat in der letzten Zeit viel Aufmerksamkeit bekommen, weil es sich dabei um eine mächtige Mischung von verschiedenen Programmierparadigmen und -stilen handelt. Beispielsweise ist es eine der sehr wenigen interpretierten objektorientierten Programmiersprachen (Perl ist ein anderes Beispiel, allerdings noch nicht sehr lange). Python-Fans behaupten, daß diese Sprache besonders einfach zu erlernen ist. Python wurde fast vollständig von Guido van Rossum entworfen und geschrieben, der den Namen wählte, weil er den Interpreter schrieb, während er Wiederholungen der englischen Fernsehserie *Monty Python's Flying Circus* sah. Sie finden alles Wissenswerte zu Python unter *http://www.python.org* oder in den Büchern *Programming Python* von Mark Lutz und *Learning Python* von Mark Lutz und David Asher.

LISP ist eine interpretierte Sprache, die für viele Anwendungen eingesetzt wird – das reicht von künstlicher Intelligenz bis zur Statistik. Die Sprache wird hauptsächlich in der Informatik benutzt, weil sie eine saubere, logische Schnittstelle für das Arbeiten mit Algorithmen bietet. (Außerdem benutzt LISP viele Klammern, was Informatiker immer gerne sehen.) Es ist eine funktionale Sprache für alle Zwecke. Viele Programmschritte werden rekursiv statt mit linearen Schleifen programmiert. Ausdrücke sind hierarchisch, und Daten werden in Form von Listen dargestellt.

Es gibt mehrere LISP-Interpreter für Linux. Emacs LISP ist selbst schon eine ziemlich vollständige Implementierung. Elisp bietet umfangreiche Fähigkeiten zur direkten Zusammenarbeit mit Emacs – beispielsweise die Ein- und Ausgabe in Emacs-Puffern –, aber es kann auch für Anwendungen benutzt werden, die nichts mit Emacs zu tun haben.

Außerdem gibt es noch CLISP, eine Common-LISP-Implementierung von Bruno Haible von der Universität Karlsruhe und Michael Stoll von der Universität München. Darin sind ein Interpreter, ein Compiler und eine Teilmenge von CLOS enthalten (»Common LISP Object System«, eine objektorientierte Erweiterung zu LISP). Auch CLX steht zur Verfügung, ein Common-LISP-Interface zum X Window System, das unter CLISP läuft. Mit CLX können Sie X-basierte Anwendungen in LISP schreiben. Es gibt eine weitere LISP-Implementierung, das »Austin Kyoto Common LISP«, das ebenfalls zu CLX kompatibel ist.

Mit SWI-Prolog steht eine komplette Prolog-Implementierung von Jan Wielemaker von der Universität Amsterdam zur Verfügung. Prolog ist eine logikorientierte Sprache, in der Sie logische Behauptungen aufstellen und Heuristiken definieren, mit denen Sie diese Behauptungen beweisen und daraus Entscheidungen ableiten. Prolog eignet sich ausgezeichnet für Künstliche-Intelligenz-Anwendungen.

Es gibt außerdem mehrere Scheme-Interpreter, einschließlich MIT Scheme, einem kompletten Scheme-Interpreter nach dem Standard R^4. Scheme ist ein LISP-Dialekt mit einem klareren, allgemeingültigeren Programmiermodell. Dieser LISP-Dialekt eignet sich für Informatikanwendungen und zum Studium von Algorithmen.

Mindestens zwei Implementierungen von Ada sind bekannt – AdaEd, ein Ada-Interpreter, und GNAT, der »GNU Ada Translator«. GNAT ist ein richtiggehender, optimierter Ada-Compiler, der etwa in einem solchen Verhältnis zu Ada steht wie *gcc* zu C und C++.

Auf derselben Linie liegen zwei andere beliebte Sprachübersetzer für Linux – *p2c*, ein Pascal-nach-C-Übersetzer, und *f2c*, ein FORTRAN-nach-C-Übersetzer. Falls Sie befürchten sollten, daß diese beiden Übersetzer nicht so gut funktionieren wie echte Compiler, können wir Sie beruhigen. Sowohl *p2c* als auch *f2c* haben sich als stabil und nützlich selbst bei intensivem Gebrauch erwiesen.

f2c ist kompatibel zu FORTRAN-77, und es sind auch einige Tools verfügbar. *ftnchek* ist ein FORTRAN-Checker, ähnlich wie lint. Sowohl die LAPACK-Mathematik-Library als auch die Library *mpfun* (multiprecision FORTRAN) sind unter Benutzung von *f2c* nach Linux portiert worden. *toolpack* enthält eine Sammlung von Tools wie etwa ein Programm zur formatierten Ausgabe von Quellcode, ein Programm zur Anpassung der Rechengenauigkeit (precision converter) sowie ein Programm, das die Übertragbarkeit von Code prüft (portability checker).

Zu den diversen anderen Sprachen, die es für Linux gibt, gehören Interpreter für APL, Rexx, Forth, ML, Eiffel und ein Simula-nach-C-Übersetzer. Die GNU-Versionen der Tools *lex* und *yacc*, die für viele Softwarepakete verwendet werden, sind ebenfalls nach Linux portiert worden (unter dem Namen *flex* bzw. *bison*). *lex* und *yacc* sind unverzichtbar zum Erzeugen von Parsern und Übersetzern, die man in der Regel beim Schreiben von Compilern braucht.

KAPITEL 14

Werkzeuge für Programmierer

Viele beurteilen ein Computersystem nach den Werkzeugen, die es für Programmierer bereithält. Nach Meinung vieler Leute liegen Unix-Systeme mit den vielen über die Jahre entwickelten Werkzeugen in diesem Wettbewerb vorn. Anführer der Parade ist der GNU-Debugger *gdb*. Wir werden uns in diesem Kapitel mit diesem äußerst wertvollen Werkzeug und einer Reihe anderer für C-Programmierer nützlicher Werkzeuge beschäftigen.

Auch wenn Sie kein Programmierer sind, sollten Sie erwägen, das »Revision Control System« (RCS) einzusetzen. Es bietet eine der beruhigensten Schutzmöglichkeiten, die sich ein Computerbenutzer nur wünschen kann: Sicherheitskopien für jede Änderung, die Sie an einer Datei vornehmen. Wenn Sie aus Versehen eine Datei löschen oder feststellen, daß alle Änderungen der letzten Woche fehlerhaft waren und rückgängig gemacht werden sollten, kann RCS Ihnen jede beliebige Version zurückholen. Wenn Sie an einem größeren Projekt arbeiten, an dem viele Entwickler beteiligt sind oder das eine große Anzahl von Verzeichnissen hat, dann ist das »Concurrent Versioning System« (CVS) wahrscheinlich besser für Sie geeignet. Es basiert auf RCS, hat aber einige zusätzliche Features.

Debuggen mit gdb

Gehören Sie zu den Programmierern, die Verachtung empfinden angesichts der Idee, einen Debugger zu benutzen, um ein Programm schrittweise ablaufen zu lassen? Sind Sie der Meinung, daß der Programmierer selbst schuld ist, wenn er seinen eigenen Code nicht mehr versteht und deshalb Fehler macht? Überprüfen Sie Ihren Code vor dem geistigen Auge, bewaffnet mit Vergrößerungsglas und Zahnstocher? Entstehen die meisten Ihrer Fehler, weil Sie ein Zeichen ausgelassen haben, etwa weil Sie = benutzt haben statt +=?

Vielleicht sollten Sie *gdb* kennenlernen – den GNU-Debugger. Ob Sie es wissen oder nicht: *gdb* ist Ihr Freund. Der Debugger kann Fehler entdecken, die selten auftreten und schwierig zu finden sind und in deren Folge Core Dumps, Speicherprobleme und unvorhersehbares Verhalten auftreten können (sowohl im Programm als auch beim Programmierer). Manchmal können schon kleinste Fehler im Code große Verwirrung stiften; ohne die Hilfe eines Debuggers wie *gdb* ist es fast unmöglich, solche Fehler zu finden. Dies gilt besonders dann, wenn ein Programm mehr als nur ein paar hundert Zeilen lang ist. In diesem Abschnitt werden wir die nützlichsten Eigenschaften von *gdb* anhand von Beispielen besprechen.

Es gibt auch ein Buch zum Thema: *gdb – Debugging with GDB* von der Free Software Foundation.

[59] gdb

gdb ist in der Lage, Programme zur Laufzeit zu debuggen oder die Ursache eines Programmabsturzes mit Hilfe eines Core Dumps (Speicherauszug) zu ermitteln. Programme, die mit *gdb* zur Laufzeit untersucht werden, können entweder aus *gdb* heraus gestartet werden oder selbständig ablaufen – d.h., *gdb* kann sich an einen laufenden Prozeß anhängen, um ihn zu überwachen. Wir werden erst zeigen, wie Programme von Fehlern befreit werden, die aus dem *gdb* heraus gestartet werden, und dann erklären, wie Sie *gdb* an einen laufenden Prozeß anhängen und Core Dumps auswerten.

Ein Programm schrittweise ablaufen lassen

Unser erstes Beispiel ist ein Programm namens *trymh*, das Kanten in einem Schwarzweißbild findet. *trymh* benutzt eine Bilddatei als Eingabe, führt einige Berechnungen durch und gibt eine andere Bilddatei aus. Leider stürzt es bei jedem Aufruf mit dieser Meldung ab:

```
papaya$ trymh < image00.pgm > image00.pbm
Segmentation fault (core dumped)
```

Wir könnten jetzt den *gdb* benutzen, um den Core Dump zu analysieren, aber in diesem Beispiel wollen wir statt dessen zeigen, wie Sie das laufende Programm schrittweise durchgehen (trace).[1]

Bevor wir mit *gdb* das Programm *trymh* schrittweise laufen lassen, muß sichergestellt sein, daß es mit Debugging-Code kompiliert wurde (siehe den Abschnitt »Den Code debuggen« in Kapitel 12, *Programmiersprachen*). *trymh* sollte also mit dem Schalter *-g* zum *gcc* kompiliert werden.

Kapitel 13

Es ist nicht verboten, gleichzeitig mit dem Debugging-Code (*-g*) auch die Optimierung (*-O*) einzuschalten – es kann aber auch nicht empfohlen werden. Das Problem besteht darin, daß der *gcc* besser ist, als ihm guttut. Wenn Sie zum Beispiel innerhalb einer Funktion an zwei verschiedenen Stellen zwei identische Codezeilen schreiben, kann es passieren, daß *gdb* unerwarteterweise die zweite Zeile statt der ersten anspringt. Das liegt daran, daß *gcc* aus den beiden Zeilen eine einzige Zeile Rechnercode gemacht hat, die für beide Fälle benutzt wird.

1 Die Beispielprogramme in diesem Abschnitt werden Sie nirgendwo finden; ich habe sie lediglich zu Demonstrationszwecken zusammengestrickt.

Einige der Optimierungen, die *gcc* automatisch durchführt, können bei der Arbeit mit einem Debugger ziemlich verwirrend wirken. Benutzen Sie den Schalter *-O0* (also Strich-OOH-NULL), wenn Sie *alle* Optimierungen ausschalten möchten (auch die, die ohne den Schalter *-O* durchgeführt werden).

Jetzt sind wir bereit, den *gdb* zu starten und das Problem zu untersuchen:

```
papaya$ gdb trymh
GDB is free software and you are welcome to distribute copies of it
 under certain conditions; type "show copying" to see the conditions.
There is absolutely no warranty for GDB; type "show warranty" for details.
GDB 4.16 (i486-unknown-linux --target i486-linux),
Copyright 1996 Free Software Foundation, Inc.
(gdb)
```

gdb wartet jetzt auf einen Befehl. (Mit *help* erhalten Sie eine Liste der verfügbaren Befehle.) Als erstes sollten wir das Programm starten, um sein Verhalten beobachten zu können. Wenn wir allerdings sofort den Befehl *run* eingeben, wird das Programm einfach ausgeführt, bis es beendet wird oder abstürzt.

Wir müssen erst irgendwo im Programm einen *Breakpoint* (Haltepunkt) setzen. Ein Breakpoint ist einfach eine Stelle im Programm, an der *gdb* anhalten soll, damit wir seine Ausführung beeinflussen können. Der Einfachheit halber wollen wir einen Breakpoint auf die erste Zeile des eigentlichen Codes setzen, so daß das Programm anhält, wenn es gerade anfängt, den Code auszuführen. Mit dem Befehl *list* lassen Sie mehrere Codezeilen gleichzeitig anzeigen (die Anzahl können Sie einstellen):

```
(gdb) list
12        main() {
13
14          FloatImage inimage;
15          FloatImage outimage;
16          BinaryImage binimage;
17          int i,j;
18
19          inimage = (FloatImage)imLoadF(IMAGE_FLOAT,stdin);
20          outimage = laplacian_float(inimage);
21
(gdb) break 19
Breakpoint 1 at 0x289c: file trymh.c, line 19.
(gdb)
```

In Zeile 19 des Quellcodes ist jetzt ein Breakpoint gesetzt. Sie können mehrere Haltepunkte in einem Programm setzen. Diese können bedingt sein (d.h., sie werden nur berücksichtigt, wenn ein bestimmter Ausdruck wahr ist), sie können auch bedingungslos, verzögert, zeitweise deaktiviert usw. sein. Sie können Breakpoints auf eine bestimmte Codezeile setzen, auf eine bestimmte Funktion, eine Reihe von Funktionen oder auf etwas anderes. Sie haben außerdem die Möglichkeit, mit dem

Befehl *watch* einen *Watchpoint* (Beobachtungspunkt) zu setzen. Ein Watchpoint funktioniert so ähnlich wie ein Breakpoint, wird aber nur dann aktiv, wenn ein bestimmtes Ereignis eintritt – nicht unbedingt in einer bestimmten Codezeile im Programm. Wir kommen später im Kapitel noch auf Breakpoints und Watchpoints zurück.

Als nächstes benutzen wir den Befehl *run*, um das Programm zu starten. *run* akzeptiert dieselben Argumente, die Sie auch *trymh* auf der Befehlszeile mitgeben – da der Befehl zur Ausführung an */bin/sh* weitergereicht wird, sind hier auch Shell-Wildcards, Ein-/Ausgabeumleitung usw. möglich:

```
(gdb) run < image00.pgm > image00.pfm
Starting program: /amd/dusk/d/mdw/vis/src/trymh < image00.pgm > image00.pfm

Breakpoint 1, main () at trymh.c:19
19          inimage = (FloatImage)imLoadF(IMAGE_FLOAT,stdin);
(gdb)
```

Wie erwartet, wird der Breakpoint gleich in der ersten Codezeile erreicht – unsere Stunde ist gekommen.

Die beiden wichtigsten Befehle im Einzelschrittmodus sind *next* und *step*. Beide führen die nächste Codezeile im Programm aus; der Unterschied liegt darin, daß *step* auch in alle Funktionsaufrufe im Programm eintaucht, während *next* nur bis zur nächsten Codezeile *in derselben Funktion* weitergeht. Der Befehl *next* führt den Code der Funktionen, die er vorfindet, zwar stillschweigend aus, zeigt ihn aber nicht zur Überprüfung an.

imLoadF ist eine Funktion, die ein Bild aus einer Datei auf der Festplatte lädt. Wir wissen, daß diese Funktion ordnungsgemäß funktioniert (das werden Sie uns einfach glauben müssen), deshalb wollen wir sie mit dem Befehl *next* überspringen:

```
(gdb) next
20          outimage = laplacian_float(inimage);
(gdb)
```

Statt dessen wollen wir uns die verdächtige Funktion *laplacian_float* ansehen, deshalb benutzen wir den Befehl *step*:

```
(gdb) step
laplacian_float (fim=0x0) at laplacian.c:21
21          i = 20.0;
(gdb)
```

Lassen Sie uns mit dem Befehl *list* herausfinden, wo wir sind:

```
(gdb) list
16        FloatImage laplacian_float(FloatImage fim) {
17
18          FloatImage mask;
```

```
19          float i;
20
21          i = 20.0;
22          mask=(FloatImage)imNew(IMAGE_FLOAT,3,3);
23          imRef(mask,0,0) = imRef(mask,2,0) = imRef(mask,0,2) = 1.0;
24          imRef(mask,2,2) = 1.0; imRef(mask,1,0) = imRef(mask,0,1) = i/5;
25          imRef(mask,2,1) = imRef(mask,1,2) = i/5; imRef(mask,1,1) = -i;
(gdb) list
26
27          return convolveFloatWithFloat(fim,mask);
28      }
(gdb)
```

Wie Sie sehen, können Sie mit wiederholten *list*-Befehlen weitere Codezeilen anzeigen. Wir wollen nicht mehr schrittweise durch diesen Code gehen und sind auch nicht an der Funktion *imNew* in Zeile 22 interessiert; statt dessen wollen wir in Zeile 27 weitermachen. Dazu benutzen wir den Befehl *until*:

```
(gdb) until 27
laplacian_float (fim=0x0) at laplacian.c:27
27          return convolveFloatWithFloat(fim,mask);
(gdb)
```

Bevor wir in die Funktion *convolveFloatWithFloat* eintauchen, wollen wir uns noch vergewissern, daß die beiden Parameter `fim` und `mask` gültig sind. Der Befehl *print* zeigt uns den Wert einer Variablen an:

```
(gdb) print mask
$1 = (struct {...} *) 0xe838
(gdb) print fim
$2 = (struct {...} *) 0x0
(gdb)
```

`mask` sieht ganz normal aus, aber `fim`, unsere Eingabe, ist gleich null! Offensichtlich wurde statt eines Bildes ein leerer Zeiger an *laplacian_float* übergeben. Wenn Sie aufmerksam mitgelesen haben, ist Ihnen das vielleicht schon aufgefallen, als wir weiter oben die Funktion *laplacian_float* erreichten.

Statt im Programm weiterzugehen (hier ist ja bereits klar, daß etwas schiefgelaufen ist), wollen wir diese Funktion bis zu ihrem Ende ablaufen lassen. Wir benutzen dazu den Befehl *finish*:

```
(gdb) finish
Run till exit from #0  laplacian_float (fim=0x0) at laplacian.c:27
0x28c0 in main () at trymh.c:20
20        outimage = laplacian_float(inimage);
Value returned is $3 = (struct {...} *) 0x0
(gdb)
```

Hiermit sind wir zurück in *main*. Lassen Sie uns die Werte einiger Variablen untersuchen, um dem Problem auf die Spur zu kommen:

```
(gdb) list
15        FloatImage outimage;
16        BinaryImage binimage;
17        int i,j;
18
19        inimage = (FloatImage)imLoadF(IMAGE_FLOAT,stdin);
20        outimage = laplacian_float(inimage);
21
22        binimage = marr_hildreth(outimage);
23        if  (binimage == NULL) {
24          fprintf(stderr,"trymh: binimage returned NULL\n");
(gdb) print inimage
$6 = (struct {...} *) 0x0
(gdb)
```

Die Variable `inimage`, die das Eingabebild enthält, das *imLoadF* geladen hat, ist gleich null. Die Übergabe eines leeren Zeigers an die Routinen zur Bildbearbeitung hätte in diesem Fall sicherlich einen Core Dump zur Folge. Wir haben aber *imLoadF* getestet und für gut befunden – wo liegt also das Problem?

Wir stellen schließlich fest, daß unsere Library-Funktion *imLoadF* im Fehlerfall den Wert `NULL` zurückliefert – zum Beispiel bei einem falschen Format der Eingabe. Wir haben den Rückgabewert von *imLoadF* nicht abgefragt, bevor wir ihn an *laplacian_float* übergaben; deshalb gerät das Programm durcheinander, wenn `inimage` den Wert `NULL` annimmt. Wir beseitigen das Problem, indem wir einfach Code einfügen, der das Programm mit einer Fehlermeldung beendet, wenn *imLoadF* einen leeren Zeiger zurückliefert.

Verlassen Sie den *gdb* mit dem Befehl *quit*. Wenn das Programm noch nicht beendet war, wird *gdb* folgende Warnung ausgeben:

```
(gdb) quit
The program is running.  Quit anyway (and kill it)? (y or n) y
papaya$
```

Nachdem wir uns jetzt einen ersten Eindruck vom Debugger verschafft haben, wollen wir in den folgenden Abschnitten einige seiner Besonderheiten vorstellen.

Eine Core-Datei analysieren

Hassen Sie das auch, wenn ein Programm zuerst abstürzt und Sie dann noch einmal ärgert, indem es eine zehn Megabyte große Core-Datei in Ihrem Arbeitsverzeichnis zurückläßt, die wertvollen Speicherplatz belegt? Sie sollten diese Core-Datei nicht sofort löschen – sie kann noch von Nutzen sein. Eine Core-Datei enthält einfach die Kopie des Arbeitsspeichers eines Prozesses zum Zeitpunkt des Programmabbruchs. Mit *gdb* und diesem Speicherauszug können Sie den Zustand Ihres Programms analysieren (den Wert von Variablen ebenso wie feste Daten) und so die Ursache für den Programmabsturz ermitteln.

Die Core-Datei wird vom Betriebssystem auf die Festplatte geschrieben, wenn bestimmte Probleme auftauchen. Der häufigste Grund für einen Programmabsturz mit anschließendem Core Dump ist eine Speicherverletzung – d.h., daß Sie versucht haben, lesend oder schreibend auf Speicher zuzugreifen, auf den Ihr Programm keinen Zugriff hat. Wenn Sie beispielsweise versuchen, Daten an einen leeren Dateizeiger zu schreiben, kann das einen »Segmentation Fault« (Speicherbereichsfehler) hervorrufen; das heißt eigentlich nichts anderes als: »Das haben Sie versaut«. Andere Fehler, die zu Core-Dateien führen, sind die sogenannten »Bus Errors« (bei denen nicht etwa Ihr ÖPNV-Unternehmen versagt hat) und »Floating-Point Exceptions«. »Segmentation Faults« sind gängige Fehler, die auftreten, wenn Sie versuchen, lesend oder schreibend auf eine Speicherstelle zuzugreifen, die nicht zum Adreßraum Ihres Prozesses gehört. Dazu gehört auch die Adresse 0, ein häufig auftretender Fall bei nicht initialisierten Zeigern. »Bus Errors« stammen aus fehlerhaft ausgerichteten Daten und sind daher selten auf Intel-Architekturen, bei denen es keine so strengen Anforderungen an die Ausrichtung der Daten gibt wie auf anderen Architekturen wie etwa SPARC. »Floating-Point Exceptions« deuten auf ein schwerwiegendes Problem bei einer Fließkommaberechnung – wie etwa eine Wertebereichsüber- oder -unterschreitung – hin, aber der gängigste Fall ist das Teilen durch null.

Nicht alle Speicherfehler werden sofort einen Programmabsturz nach sich ziehen. Es kann zum Beispiel vorkommen, daß Sie irgendwo einen Speicherbereich überschreiben und das Programm trotzdem weiterläuft, weil es den Unterschied zwischen echten Daten und Programmcode oder Datenmüll nicht kennt. Leichte Speicherbereichsverletzungen können bewirken, daß sich das Verhalten des Programms nicht mehr vorhersagen läßt. Einer der Autoren hat einst miterlebt, wie ein Programm wahllos hin- und hersprang; ohne Benutzung des *gdb* schien es allerdings ganz normal zu funktionieren. Der einzige Hinweis auf einen Programmfehler war, daß das Programm Ergebnisse lieferte, die in etwa andeuteten, daß zwei plus zwei nicht vier ergibt. Es stellte sich schließlich heraus, daß der Fehler darin bestand, daß ein Byte zuviel in einen zugewiesenen Speicherblock geschrieben werden sollte. Dieser Ein-Byte-Fehler verursachte stundenlanges Kopfzerbrechen.

Sie können solche Speicherfehler vermeiden (selbst die besten Programmierer machen Fehler!), indem Sie das Paket Checker benutzen, das eine Reihe von Routinen für die Speicherverwaltung enthält, die die üblichen Funktionen *malloc()* und *free()* ersetzen. Wir werden Checker im Abschnitt »Checker benutzen« besprechen.

Wenn Ihr Programm tatsächlich einen Speicherfehler hervorruft, wird es abstürzen und einen Core Dump verursachen. Unter Linux heißen die Core-Dateien sinnvollerweise *core*. Die Core-Datei steht im aktuellen Arbeitsverzeichnis des laufenden Prozesses; in der Regel ist das auch das Arbeitsverzeichnis der Shell, die das Programm aufgerufen hat; aber es gibt Programme, die ihr eigenes Arbeitsverzeichnis wechseln.

Manche Shells bieten die Möglichkeit zu bestimmen, ob Core-Dateien geschrieben werden oder nicht. Unter *bash* zum Beispiel ist die Voreinstellung, daß keine Core-Dateien geschrieben werden. Mit dem Befehl

```
ulimit -c unlimited
```

(zum Beispiel in Ihrer Startdatei *.bashrc)* ermöglichen Sie Core Dumps. Sie können auch festlegen, wie groß eine Core-Datei höchstens werden darf (anders als `unlimited`), aber verkürzte Core-Dateien sind eventuell beim Debuggen von Anwendungen nicht zu gebrauchen.

Außerdem muß das Programm mit Debugging-Code kompiliert werden, damit die Core-Datei genutzt werden kann; wir haben das im vorherigen Abschnitt beschrieben. Die meisten ausführbaren Dateien auf Ihrem System enthalten wahrscheinlich keinen Debugging-Code, so daß die Core-Datei nur beschränkt brauchbar ist.

In unserem Beispiel für die Benutzung des *gdb* mit einer Core-Datei setzen wir ein anderes mythisches Programm namens *cross* ein. Ebenso wie *trymh* aus dem vorherigen Abschnitt nimmt auch *cross* eine Bilddatei als Eingabe, führt einige Berechnungen durch und gibt eine andere Bilddatei aus. Allerdings bekommen wir beim Aufruf von *cross* diesen Speicherbereichsfehler:

```
papaya$ cross < image30.pfm > image30.pbm
Segmentation fault (core dumped)
papaya$
```

Wenn Sie *gdb* aufrufen, um eine Core-Datei zu analysieren, müssen Sie nicht nur deren Namen angeben, sondern auch den Namen der zugehörigen ausführbaren Datei. Das liegt daran, daß in der Core-Datei selbst nicht alle zum Debuggen notwendigen Informationen enthalten sind:

```
papaya$ gdb cross core
GDB is free software and you are welcome to distribute copies of it
 under certain conditions; type "show copying" to see the conditions.
There is absolutely no warranty for GDB; type "show warranty" for details.
GDB 4.16, Copyright 1996 Free Software Foundation, Inc...
Core was generated by `cross'.
Program terminated with signal 11, Segmentation fault.
#0  0x2494 in crossings (image=0xc7c8) at cross.c:31
31              if ((image[i][j] >= 0) &&
(gdb)
```

gdb teilt uns mit, daß die Core-Datei mit dem Signal 11 beendet wurde. Ein *Signal* ist eine Art Nachricht, die vom Kernel, vom Benutzer oder dem Programm selbst an ein laufendes Programm geschickt wird. Signale werden meist benutzt, um ein Programm zu beenden (und möglicherweise einen Core Dump zu erzeugen). Wenn

Sie beispielsweise den Unterbrechungscode eingeben, wird ein Signal an das laufende Programm geschickt, das daraufhin wahrscheinlich abgebrochen wird.

In unserem Beispiel wurde Signal 11 vom Kernel an den laufenden Prozeß *cross* geschickt, als *cross* versuchte, einen Speicherbereich zu lesen oder zu beschreiben, auf den es keinen Zugriff hatte. Dieses Signal ließ *cross* abstürzen und den Core Dump erzeugen. *gdb* teilt uns mit, daß der illegale Speicherzugriff in Zeile 31 der Quelldatei *cross.c* auftrat.

```
(gdb) list
26          xmax = imGetWidth(image)-1;
27          ymax = imGetHeight(image)-1;
28
29          for (j=1; j<xmax; j++) {
30            for (i=1; i<ymax; i++) {
31              if ((image[i][j] >= 0) &&
32                  (image[i-1][j-1] < 0) ||
33                  (image[i-1][j] < 0) ||
34                  (image[i-1][j+1] < 0) ||
35                  (image[i][j-1] < 0) ||
(gdb)
```

Wir können hier mehrere Dinge erkennen. Zunächst einmal steht dort eine Schleife mit den beiden Schleifenzählern `i` und `j`, wahrscheinlich um Berechnungen in der Eingabedatei auszuführen. Zeile 31 bezieht sich auf Daten in `image[i][j]`, einem zweidimensionalen Array. Wenn ein Programm in dem Augenblick abstürzt, in dem es versucht, auf Daten in einem zweidimensionalen Array zuzugreifen, ist das meist ein Hinweis darauf, daß einer der Indizes seinen Gültigkeitsbereich verlassen hat. Lassen Sie uns die Indizes betrachten:

```
(gdb) print i
$1 = 1
(gdb) print j
$2 = 1194
(gdb) print xmax
$3 = 1551
(gdb) print ymax
$4 = 1194
(gdb)
```

Hier zeigt sich das Problem. Das Programm versuchte, das Element `image[1][1194]` anzusprechen, aber dieses Array reicht nur bis `image[1550][1193]` (erinnern Sie sich, daß in C die Arrays von 0 bis *max*-1 indiziert werden). Mit anderen Worten: Wir haben versucht, die 1195-te Zeile eines Bildes zu lesen, das nur 1194 Zeilen hat.

Wenn wir uns jetzt die beiden Zeilen 29 und 30 aus dem Programmcode ansehen, stoßen wir auf das Problem: Die Werte `xmax` und `ymax` sind vertauscht. Die Variable j sollte von 1 bis ymax reichen (weil sie die Anzahl der Zeilen indiziert), und i sollte von 1 bis xmax reichen. Eine Änderung in den beiden for-Schleifen in Zeile 29 und 30 behebt den Fehler.

Nehmen wir einmal an, daß Ihr Programm innerhalb einer Funktion abstürzt, die von verschiedenen Stellen im Programm aus aufgerufen wird. Sie möchten jetzt herausfinden, wo die Funktion aufgerufen wurde und was zum Absturz führte. Mit dem Befehl *backtrace* können Sie den *Call Stack* (Aufrufstapel) des Programms zum Absturzzeitpunkt anzeigen lassen. Wenn Sie wie wir sind und damit zu faul sind, um immer backtrace einzugeben, dann wird es Sie freuen, daß man auch die Abkürzung *bt* verwenden kann.

Der Call Stack ist einfach eine Liste der Funktionen, die vor der aktuellen Funktion aufgerufen wurden. Wenn das Programm beispielsweise mit *main* startet, das die Funktion *foo* aufruft, die wiederum *bamf* aufruft, sieht der Call Stack folgendermaßen aus:

```
(gdb) backtrace
#0  0x1384 in bamf () at goop.c:31
#1  0x4280 in foo () at goop.c:48
#2  0x218 in main () at goop.c:116
(gdb)
```

Jede Funktion schiebt bei ihrem Aufruf einige Daten auf den Stack – etwa Registerinhalte, Funktionsargumente, lokale Variablen usw. Jeder Funktion steht eine gewisse Menge an Speicher auf dem Stack zur Verfügung. Der Speicherpatz auf dem Stack für eine bestimmte Funktion heißt *Stack Frame*, und der Call Stack ist einfach eine chronologische Liste der Stack Frames.

Im folgenden Beispiel sehen wir uns die Core-Datei eines Animationsprogramms unter X an. Mit *backtrace* erhalten wir:

```
(gdb) backtrace
#0  0x602b4982 in _end ()
#1  0xbffff934 in _end ()
#2  0x13c6 in stream_drawimage (wgt=0x38330000, sn=4) at stream_display.c:94
#3  0x1497 in stream_refresh_all () at stream_display.c:116
#4  0x49c in control_update_all () at control_init.c:73
#5  0x224 in play_timeout (Cannot access memory at address 0x602b7676.
(gdb)
```

Hier sehen Sie die Liste der Stack Frames für diesen Prozeß. Frame 0 zeigt die Funktion, die zuletzt aufgerufen wurde, nämlich die »Funktion« *_end*. Wir können hier erkennen, daß *play_timeout* die Funktion *control_update_all* aufgerufen hat, die *stream_refresh_all* aufrief usw. Aus irgendeinem Grund ist das Programm nach *_end* gesprungen und dort abgestürzt.

Allerdings ist *_end* keine Funktion – es ist einfach eine Markierung (label), die das Ende eines Datensegments anzeigt. Wenn ein Programm zu einer Adresse wie *_end* verzweigt, die keine richtige Funktion ist, ist das ein Hinweis darauf, daß irgend etwas diesen Prozeß ins Nirgendwo geschickt und den Call Stack durcheinandergebracht hat. (In Hackerkreisen nennt man das auch einen »Sprung in den Hyperspace«.) Auch die Fehlermeldung `Cannot access memory at address 0x602b7676` zeigt an, daß etwas äußerst Ungewöhnliches passiert ist.

Wir können aber auch erkennen, daß *stream_drawimage* die letzte »richtige« Funktion war, die aufgerufen wurde, und wir können annehmen, daß hier die Ursache des Problems liegt. Um den Zustand von *stream_drawimage* zu untersuchen, müssen wir mit dem Befehl *frame* seinen Stack Frame (Nummer 2) anzeigen lassen:

```
(gdb) frame 2
#2  0x13c6 in stream_drawimage (wgt=0x38330000, sn=4) at stream_display.c:94
94          XCopyArea(mydisplay,streams[sn].frames[currentframe],XtWindow(wgt),
(gdb) list
91
92          printf("CopyArea frame %d, sn %d, wid %d\n",currentframe,sn,wgt);
93
94          XCopyArea(mydisplay,streams[sn].frames[currentframe],XtWindow(wgt),
95                   picGC,0,0,streams[sn].width,streams[sn].height,0,0);
(gdb)
```

Da wir weiter nichts über das vorliegende Programm wissen, können wir hier nichts Falsches entdecken – es sei denn, die Variable `sn` (die als Index für das Array `streams` benutzt wird) ist außerhalb ihres Gültigkeitsbereichs. Anhand der Ausgabe des Befehls *frame* können wir erkennen, daß *stream_drawimage* mit dem Wert 4 für den Parameter `sn` aufgerufen wurde. (Funktionsparameter werden in der Ausgabe von *backtrace* angezeigt und immer dann, wenn wir zu einem anderen Frame wechseln.)

Lassen Sie uns noch einen Frame zurückgehen (zu *stream_refresh_all*) und nachsehen, wie *stream_display* aufgerufen wurde. Wir benutzen dazu den Befehl *up*, der uns zum Stack Frame oberhalb des aktuellen bringt:

```
(gdb) up
#3  0x1497 in stream_refresh_all () at stream_display.c:116
116          stream_drawimage(streams[i].drawbox,i);
(gdb) list
113      void stream_refresh_all(void) {
114        int i;
115        for (i=0; i<=numstreams; i++) {
116          stream_drawimage(streams[i].drawbox,i);
117
(gdb) print i
$2 = 4
(gdb) print numstreams
$3 = 4
(gdb)
```

Wir sehen hier, daß die Indexvariable `i` von 0 bis `numstreams` läuft und daß `i` als zweiter Parameter zu *stream_drawimage* tatsächlich den Wert 4 hat. Aber auch `numstreams` hat den Wert 4. Was ist passiert?

Die `for`-Schleife in Zeile 115 sieht merkwürdig aus – hier sollte stehen:

```
for (i=0; i<numstreams; i++) {
```

Der Fehler liegt darin, daß wir den Vergleichsoperator <= benutzt haben. Das Array `streams` wird von 0 bis `numstreams-1` indiziert, nicht von 0 bis `numstreams`. Dieser kleine »Eins-daneben«-Fehler ließ das Programm in die Irre laufen.

Wie Sie sehen, ist es mit *gdb* und einem Core Dump möglich, durch das Abbild eines abgestürzten Programms zu wandern, um Fehler zu finden. Sicherlich werden Sie diese nervigen Core-Dateien nie wieder löschen, oder?

Ein laufendes Programm debuggen

gdb ist auch in der Lage, ein bereits laufendes Programm zu debuggen, indem Sie es unterbrechen, analysieren und dann den Prozeß wie vorgesehen weiterlaufen lassen. Der Vorgang ähnelt sehr dem Start eines Programms aus *gdb* heraus, und es gibt nur wenige neue Befehle.

Mit dem Befehl *attach* hängen Sie *gdb* an einen laufenden Prozeß an. Damit Sie *attach* benutzen können, müssen Sie auch Zugriff auf die entsprechende ausführbare Datei haben.

Ein Beispiel: Wenn das Programm *pgmseq* mit der Prozeß-ID 254 bereits läuft, können Sie *gdb* mit

```
papaya$ gdb pgmseq
```

einklinken. Sobald *gdb* aktiviert ist, geben Sie ein:

```
(gdb) attach 254
Attaching program `/home/loomer/mdw/pgmseq/pgmseq', pid 254
_ _select (nd=4, in=0xbffff96c, out=0xbffff94c, ex=0xbffff92c, tv=0x0)
    at _ _select.c:22
_ _select.c:22: No such file or directory.
(gdb)
```

(Die Fehlermeldung `No such file or directory` erscheint, weil *gdb* den Quellcode zu *_ _select* nicht finden kann. Das passiert bei Systemaufrufen und Library-Funktionen recht häufig und ist kein Grund zur Beunruhigung.) Sie können *gdb* auch mit diesem Befehl starten:

```
papaya$ gdb pgmseq 254
```

Sobald *gdb* sich an den laufenden Prozeß angehängt hat, wird er das Programm unterbrechen und Ihnen die Kontrolle überlassen – geben Sie jetzt *gdb*-Befehle ein. Sie können auch Breakpoints und Watchpoints setzen (mit den Befehlen *break* und *watch*), und Sie können mit *continue* das Programm bis zum nächsten Breakpoint weiterlaufen lassen.

Mit dem Befehl *detach* trennen Sie *gdb* vom laufenden Prozeß. Bei Bedarf können Sie sich mit *attach* an einen anderen Prozeß anhängen. Wenn Sie einen Fehler finden, können Sie mit *detach* den akuellen Prozeß wieder abhängen, den Quelltext korrigieren, neu kompilieren und mit dem Befehl *file* die neue ausführbare Datei in den *gdb* laden. Sie können anschließend die neue Version des Programms starten und mittels *attach* debuggen. Das passiert alles, ohne den *gdb* zu verlassen!

gdb bietet Ihnen sogar die Möglichkeit, drei Programme gleichzeitig zu debuggen: eines, das direkt unter *gdb* läuft; eines, bei dem Sie die Core-Datei analysieren; und eines, das als selbständiger Prozeß läuft. Mit dem Befehl *target* wählen Sie aus, welches Programm Sie debuggen möchten.

Daten ändern und untersuchen

Wenn Sie die Werte von Programmvariablen betrachten wollen, können Sie einen der Befehle *print*, *x* oder *ptype* benutzen. Am häufigsten wird der Befehl *print* zur Inspektion von Daten benutzt. Als Argument bekommt er einen Ausdruck aus dem Quellcode mit (meist C oder C++), und *print* gibt dann den Wert des Ausdrucks zurück. Ein Beispiel:

```
(gdb) print mydisplay
$10 = (struct _XDisplay *) 0x9c800
(gdb)
```

Damit lassen Sie den Wert der Variablen `mydisplay` und einen Hinweis auf den Typ derselben anzeigen. Weil diese Variable ein Zeiger ist, können Sie den Inhalt untersuchen, indem Sie den Zeiger dereferenzieren, wie Sie das auch in C tun würden:

```
(gdb) print *mydisplay
$11 = {ext_data = 0x0, free_funcs = 0x99c20, fd = 5, lock = 0,
  proto_major_version = 11, proto_minor_version = 0,
  vendor = 0x9dff0 "XFree86", resource_base = 41943040,
  ...
  error_vec = 0x0, cms = {defaultCCCs = 0xa3d80 "", clientCmaps = 0x991a0 "'",
    perVisualIntensityMaps = 0x0}, conn_checker = 0, im_filters = 0x0}
(gdb)
```

`mydisplay` ist eine längere Struktur, die von X-Programmen benutzt wird – wir geben die Ausgabe verkürzt wieder, damit Sie nicht die Lust am Lesen verlieren.

print ist in der Lage, den Wert praktisch jeden Ausdrucks anzuzeigen – einschließlich der Funktionsaufrufe von C (die Funktionen werden »im Vorübergehen« innerhalb des laufenden Programms ausgeführt):

```
(gdb) print getpid()
$11 = 138
(gdb)
```

Natürlich lassen sich auf diese Art nicht alle Funktionen aufrufen, sondern nur solche, die mit dem laufenden Programm gebunden wurden. Wenn Sie versuchen, eine Funktion aufzurufen, die nicht mit diesem Programm gebunden wurde, wird *gdb* melden, daß ein solches Symbol in diesem Kontext nicht existiert. Sie können *print* auch kompliziertere Ausdrücke als Argument mitgeben und Variablen einen Wert zuweisen. Mit

```
(gdb) print mydisplay->vendor = "Linux"
$19 = 0x9de70 "Linux"
(gdb)
```

weisen Sie der Variablen `vendor` aus der Struktur `mydisplay` den Wert `Linux` statt `XFree86` zu (eine nutzlose Änderung, aber doch interessant). Auf diese Weise können Sie in einem laufenden Programm interaktiv Daten ändern, um Fehler zu beheben oder neue Konstellationen zu testen.

Beachten Sie auch, daß nach jedem *print*-Befehl der angezeigte Wert einem der aktiven *gdb*-Register (convenience register) zugewiesen wird. Das sind interne Variablen in *gdb*, mit denen es sich bequem arbeiten läßt.

Wenn Sie zum Beispiel den Wert von `mydisplay` noch einmal anzeigen möchten, brauchen Sie nur die Variable `$10` anzuzeigen:

```
(gdb) print $10
$21 = (struct _XDisplay *) 0x9c800
(gdb)
```

Sie können mit dem Befehl *print* auch Ausdrücke wie etwa explizite Typumwandlungen (typecasts) benutzen – die Möglichkeiten sind fast unbegrenzt.

Mit dem Befehl *ptype* erhalten Sie detaillierte (und manchmal langatmige) Informationen über den Typ einer Variablen oder die Definition von `struct`- und `typedef`-Anweisungen. Geben Sie

```
(gdb) ptype mydisplay
type = struct _XDisplay {
    struct _XExtData *ext_data;
    struct _XFreeFuncs *free_funcs;
    int fd;
    int lock;
    int proto_major_version;
    ...
    struct _XIMFilter *im_filters;
} *
(gdb)
```

ein, um die Definition von struct _XDisplay anzuzeigen, das von der Variable mydisplay benutzt wird. Wenn Sie den Arbeitsspeicher auf einer ganz niedrigen Ebene und losgelöst von den kleinlichen Beschränkungen definierter Typen untersuchen möchten, können Sie dazu den Befehl *x* benutzen. *x* akzeptiert eine Speicheradresse als Argument. Wenn Sie *x* eine Variable mitgeben, wird es den *Wert* dieser Variable als Adresse benutzen.

x akzeptiert auch einen Zähler und eine Typdefinition als optionales Argument. Der Zähler gibt an, wie viele Objekte des definierten Typs angezeigt werden sollen. Ein Beispiel: x/100x 0x4200 zeigt 100 Bytes an Daten in hexadezimaler Darstellung ab der Adresse 0x4200 an. Mit *help x* erhalten Sie eine Beschreibung der möglichen Ausgabeformate.

Um den Wert von mydisplay->vendor anzuzeigen, können wir folgende Befehle eingeben:

```
(gdb) x mydisplay->vendor
0x9de70 <_end+35376>:   76 'L'
(gdb) x/6c mydisplay->vendor
0x9de70 <_end+35376>:   76 'L'  105 'i' 110 'n' 117 'u' 120 'x' 0 ''
(gdb) x/s mydisplay->vendor
0x9de70 <_end+35376>:    "Linux"
(gdb)
```

Das erste Feld in jeder Zeile gibt die absolute Adresse der Daten an. Das zweite Feld stellt die Adresse in Form eines Symbols (in diesem Fall _end) und eines Offsets in Bytes dar. Die restlichen Felder enthalten die eigentlichen Speicherdaten an dieser Adresse in dezimaler Schreibweise und als ASCII-Code. Wir haben bereits erwähnt, daß *x* auch andere Ausgabeformate beherrscht.

Informationen anzeigen

Der Befehl *info* zeigt Informationen über den Status des analysierten Programms an. *info* kennt eine ganze Reihe von Unterbefehlen; mit *help info* können Sie diese anzeigen lassen. Mit *info program* beispielsweise erhalten Sie Informationen zum Ablaufstatus des Programms:

```
(gdb) info program
Using the running image of child process 138.
Program stopped at 0x9e.
It stopped at breakpoint 1.
(gdb)
```

Ein weiterer nützlicher Befehl ist *info locals*, mit dem Sie die Namen und Werte aller lokalen Variablen in der aktuellen Funktion anzeigen lassen:

```
(gdb) info locals
inimage = (struct {...} *) 0x2000
```

```
outimage = (struct {...} *) 0x8000
(gdb)
```

Auf diese Weise erhalten Sie nur eine äußerst knappe Beschreibung der Variablen; die Befehle *print* und *x* liefern genauere Informationen.

Auf ähnliche Weise erhalten Sie mit *info variables* eine Liste aller bekannten Variablen im Programm. Viele der angezeigten Variablen stammen nicht aus dem eigentlichen Programm – es werden zum Beispiel auch die Namen der Variablen im Library-Code angezeigt. Die Werte dieser Variablen werden nicht angezeigt, weil diese Liste mehr oder weniger direkt aus der Symboltabelle der ausführbaren Datei gewonnen wird. *gdb* hat nur Zugriff auf die lokalen Variablen des aktuellen Stack Frames sowie globale (statische) Variablen. *info address* zeigt Informationen zum genauen Speicherort einer bestimmten Variable an:

```
(gdb) info address inimage
Symbol "inimage" is a local variable at frame offset -20.
(gdb)
```

Mit `frame offset` drückt *gdb* aus, daß *inimage* 20 Bytes vom oberen Ende des Stack Frames entfernt gespeichert ist.

Mit *info frame* erhalten Sie Informationen über den aktuellen Stack Frame:

```
(gdb) info frame
Stack level 0, frame at 0xbffffaa8:
 eip = 0x9e in main (main.c:44); saved eip 0x34
 source language c.
 Arglist at 0xbffffaa8, args: argc=1, argv=0xbffffabc
 Locals at 0xbffffaa8, Previous frame's sp is 0x0

 Saved registers:
  ebx at 0xbffffaa0, ebp at 0xbffffaa8, esi at 0xbffffaa4, eip at 0xbffffaac
(gdb)
```

Solche Informationen sind nützlich, wenn Sie mit den Befehlen *disass*, *nexti* und *stepi* auf der Assembler-Ebene debuggen möchten (lesen Sie auch den Abschnitt »Debuggen auf Assembler-Ebene«).

Andere Fähigkeiten

Wir haben kaum die Oberfläche dessen angekratzt, was *gdb* zu leisten vermag. Es ist ein erstaunliches Programm mit vielen Fähigkeiten – wir haben Ihnen nur die am häufigsten gebrauchten Befehle vorgestellt. Im folgenden Abschnitt werfen wir einen Blick auf einige weitere Eigenschaften des *gdb*, und dann sind Sie auf sich selbst gestellt.

gdb(1)
[59]
Kapitel 9

Wenn Sie mehr über *gdb* lernen möchten, sollten Sie die entsprechende Manpage und das Handbuch der Free Software Foundation lesen. Das Handbuch gibt es auch als Info-Datei. (Sie können die Info-Datei mit Emacs oder mit dem *info*-Reader lesen; im Abschnitt »Das Lernprogramm und die Online-Hilfe« in Kapitel 9, *Editoren, Textwerkzeuge, Drucken,* finden Sie Details hierzu.)

Breakpoints und Watchpoints

Wie versprochen, wollen wir noch einmal auf die Benutzung von Breakpoints und Watchpoints eingehen. Breakpoints werden mit dem Befehl *break* gesetzt, Watchpoints mit *watch*. Der einzige Unterschied zwischen den beiden besteht darin, daß die Breakpoints an einer bestimmten Stelle im Programm gesetzt werden müssen – zum Beispiel in einer bestimmten Programmzeile –, während die Watchpoints dann aktiviert werden, wenn ein bestimmter Ausdruck wahr wird; unabhängig davon, wo im Programm das passiert. Obwohl die Watchpoints ein sehr mächtiges Instrument sind, können sie auch äußerst ineffizient sein – mit jeder Änderung des Programmstatus müssen alle Watchpoints neu berechnet werden.

Wenn ein Breakpoint oder Watchpoint ausgelöst wird, hält *gdb* das Programm an und gibt die Kontrolle an Sie ab. Breakpoints und Watchpoints geben Ihnen die Möglichkeit, das Programm laufen zu lassen (mit den Befehlen *run* und *continue*) und es dabei nur an bestimmten Stellen anzuhalten. Das erspart Ihnen die Mühe, mit vielen *next*- und *step*-Befehlen »zu Fuß« durch das Programm zu gehen.

Es gibt viele Methoden, einen Breakpoint zu setzen. Sie können eine Zeilennummer angeben (wie in *break 20*) oder eine bestimmte Funktion (*break stream_unload*). Sie haben auch die Möglichkeit, eine Zeilennummer in einer anderen Quelldatei anzuführen (*break foo.c:38*). Mit *help break* erhalten Sie einen Überblick über die komplette Syntax.

Breakpoints können auch bedingt gesetzt werden – d.h., daß sie nur dann ausgelöst werden, wenn ein bestimmter Ausdruck wahr ist. Ein Beispiel:

```
break 184 if (status == 0)
```

setzt einen bedingten Breakpoint in Zeile 184 der aktuellen Quelldatei, der nur dann ausgelöst wird, wenn die Variable `status` gleich null ist. `status` muß entweder eine globale Variable oder eine lokale Variable aus dem aktuellen Stack Frame sein. Der Ausdruck kann ein beliebiger gültiger Ausdruck in der Programmiersprache sein, die *gdb* auswerten kann; das entspricht den Ausdrücken, die Sie mit dem Befehl *print* benutzen können. Bei bedingten Breakpoints können Sie mit dem Befehl *condition* die Bedingung ändern.

Mit dem Befehl *info break* erhalten Sie eine Liste aller Breakpoints und Watchpoints samt ihrem Status. Das gibt Ihnen die Möglichkeit, mit den Befehlen *clear*, *delete* und *disable* Breakpoints zu löschen oder zu deaktivieren. Ein deaktivierter Breakpoint ist nur so lange inaktiv, bis Sie ihn wieder aktivieren (mit dem Befehl *enable*) – ein gelöschter Breakpoint wird dagegen endgültig aus der Liste der

Breakpoints entfernt. Sie können auch festlegen, daß ein Breakpoint nur einmal aktiviert werden soll – d.h., daß er nach dem ersten Auslösen wieder deaktiviert oder auch gelöscht wird.

Setzen Sie einen Watchpoint mit dem Befehl *watch*, etwa so:

```
watch (numticks < 1024 && incoming != clear)
```

Die Bedingungen für Watchpoints sind dieselben wie die für Breakpoints.

Debuggen auf Assembler-Ebene

gdb ist auch in der Lage, auf der Assembler-Ebene zu debuggen, so daß Sie das Innenleben Ihres Programms genauestens analysieren können. Wenn Sie allerdings verstehen möchten, was Sie dort sehen, brauchen Sie sowohl Kenntnisse der Prozessorarchitektur und Assembler-Sprache als auch ein gewisses Verständnis davon, wie die CPU den Prozessen ihren Adreßraum zuordnet. Es kann nicht schaden, wenn Sie zum Beispiel die Regeln verstehen, nach denen Stack Frames aufgebaut und Funktionen aufgerufen, Parameter und Rückgabewerte übergeben werden usw. Jedes beliebige Buch über die Programmierung des Protected Mode der 80386/80486er CPUs klärt Sie darüber auf. Aber seien Sie vorsichtig: Die Programmierung des Protected Mode dieser CPUs ist völlig anders als die des Real Mode (der in der MS-DOS-Welt benutzt wird). Informieren Sie sich auf jeden Fall über die Programmierung des echten Protected Mode für den 386er, oder Sie riskieren die endgültige Verwirrung.

Die wichtigsten *gdb*-Befehle beim Debuggen auf Assembler-Ebene sind *nexti*, *stepi* und *disass*. *nexti* entspricht dem Befehl *next*, aber es springt zum nächsten Befehl statt zur nächsten Zeile im Quellcode; ähnlich ist *stepi* das Gegenstück zu *step*.

Mit dem Befehl *disass* können Sie einen bestimmten Programmausschnitt disassemblieren. Geben Sie direkt die Adresse des Bereichs oder den Namen der Funktion an. Wenn Sie beispielsweise die Funktion *play_timeout* disassemblieren möchten, geben Sie ein:

```
(gdb) disass play_timeout
Dump of assembler code for function play_timeout:
to 0x2ac:
0x21c <play_timeout>:           pushl  %ebp
0x21d <play_timeout+1>:         movl   %esp,%ebp
0x21f <play_timeout+3>:         call   0x494 <control_update_all>
0x224 <play_timeout+8>:         movl   0x952f4,%eax
0x229 <play_timeout+13>:        decl   %eax
0x22a <play_timeout+14>:        cmpl   %eax,0x9530c
0x230 <play_timeout+20>:        jne    0x24c <play_timeout+48>
0x232 <play_timeout+22>:        jmp    0x29c <play_timeout+128>
0x234 <play_timeout+24>:        nop
0x235 <play_timeout+25>:        nop
...
```

```
0x2a8 <play_timeout+140>:        addb   %al,(%eax)
0x2aa <play_timeout+142>:        addb   %al,(%eax)
(gdb)
```

Dies ist dasselbe wie der Befehl *disass 0x21c* (wobei `0x21c` die Anfangsadresse der Funktion *play_timeout* ist).

Sie können dem Befehl *disass* ein optionales zweites Argument mitgeben, und die Disassemblierung wird dann bis zu dieser zweiten Adresse durchgeführt. Mit *disass 0x21c 0x232* werden nur die ersten sieben Zeilen dieses Assembler-Listings angezeigt (der Befehl an der Adresse `0x232` erscheint nicht auf dem Bildschirm).

Wenn Sie die Befehle *nexti* und *stepi* häufig benutzen, ist es vielleicht einfacher, statt dessen

```
display/i $pc
```

einzugeben. Damit bewirken Sie, daß nach jedem *nexti*- oder *stepi*-Befehl die aktuelle Adresse angezeigt wird. Mit *display* bestimmen Sie, welche Variablen beobachtet oder welche Befehle nach jedem Schritt-Befehl ausgeführt werden sollen. `$pc` ist ein *gdb*-internes Register, das dem Programmzähler (program counter) der CPU entspricht, der immer die Adresse des aktuellen Befehls enthält.

Emacs und gdb

Kapitel 9

Emacs (das wir im Abschnitt »Der Editor Emacs« in Kapitel 9 beschreiben) kennt einen Debugging-Modus, der den Aufruf von *gdb* – oder eines anderen Debuggers – innerhalb der Debugging-Umgebung von Emacs gestattet. Diese sogenannte »Grand Unified Debugger«-Library ist ausgesprochen umfangreich und erlaubt das vollständige Debuggen und Editieren Ihrer Programme, ohne daß Sie Emacs verlassen müssen.

Starten Sie *gdb* unter Emacs, indem Sie den Emacs-Befehl `M-x gdb` mit dem Namen der zu »debuggenden« ausführbaren Datei als Argument eingeben. Emacs wird einen Puffer für die Interaktion mit dem *gdb* öffnen, der so ähnlich wie *gdb* alleine funktioniert. Sie können anschließend mit *core-file* eine Core-Datei laden oder *gdb* mit *attach* an einen laufenden Prozeß anhängen.

Jedesmal wenn Sie einen neuen Frame erreichen (zum Beispiel, wenn ein Breakpoint ausgelöst wird), öffnet *gdb* ein eigenes Fenster mit dem Quellcode, der zum aktuellen Frame gehört. In diesem Puffer können Sie den Quellcode editieren wie in einer normalen Emacs-Sitzung, aber die aktuelle Zeile des Programmcodes wird durch einen Pfeil hervorgehoben (=>). Auf diese Weise können Sie in einem Fenster den Quellcode verfolgen und im anderen *gdb*-Befehle ausführen.

Innerhalb des Debugging-Fensters sind verschiedene spezielle Tastenkombinationen wirksam. Diese sind allerdings ziemlich lang, so daß sie nicht unbedingt bequemer sind als der direkte Aufruf von *gdb*-Befehlen. Zu den häufig benutzten Befehlen gehören:

`C-x C-a C-s`
: Entspricht dem *gdb*-Befehl *step* und erneuert das Quellcodefenster dementsprechend.

`C-x C-a C-i`
: Entspricht dem Befehl *stepi*.

`C-x C-a C-n`
: Entspricht dem Befehl *next*.

`C-x C-a C-r`
: Entspricht dem Befehl *continue*.

`C-x C-a <`
: Entspricht dem Befehl *up*.

`C-x C-a >`
: Entspricht dem Befehl *down*.

Wenn Sie Ihre Befehle auf die traditionelle Art eingeben, können Sie mit `M-p` zu bereits ausgeführten Befehlen zurückgehen und mit `M-n` vorwärts durch die Befehle blättern. Sie können auch die Emacs-Befehle zum Suchen, zur Cursor-Bewegung usw. benutzen, um sich im Puffer umherzubewegen. Insgesamt gesehen, ist die Benutzung des *gdb* innerhalb von Emacs viel bequemer als von der Shell aus.

Außerdem können Sie den Quellcode im Quelltextpuffer von *gdb* editieren; der Hinweispfeil ist im abgespeicherten Quellcode nicht mehr enthalten.

Emacs ist extrem anpassungsfähig, und Sie könnten selbst eine ganze Reihe von Erweiterungen zu seiner *gdb*-Schnittstelle schreiben. Sie könnten unter Emacs bestimmte Tasten mit häufig benutzten *gdb*-Befehlen belegen oder das Verhalten des Quelltextfensters beeinflussen. (Es ließen sich beispielsweise alle Breakpoints irgendwie hervorheben oder Tasten zum Deaktivieren und Löschen von Breakpoints definieren.)

Werkzeuge für die Programmierung

Neben den Programmiersprachen und Compilern gibt es noch eine Fülle von Programmierwerkzeugen, u.a. Libraries, Programme zum Erstellen von Bedienoberflächen, Debugger und andere Tools, die Sie bei der Programmierung unterstützen sollen. Wir werden in diesem Abschnitt einige der interessanteren Werkzeuge besprechen, damit Sie einen Eindruck davon bekommen, was überhaupt verfügbar ist.

Debugger

Es gibt etliche interaktive Debugger für Linux. Der De-facto-Standard ist *gdb*, den wir ausführlich besprochen haben.

Neben *gdb* existieren einige andere Debugger, die *gdb* sehr ähnlich sind. *xxgdb* ist eine Version von *gdb* mit einer Schnittstelle zum X Window System, die dem Debugger *xdbx* ähnelt, den man auf anderen Unix-Systemen findet. Das Fenster des *xxgdb* ist in mehrere Bereiche unterteilt. Ein Ausschnitt stellt die normale Textschnittstelle von *gdb* dar, so daß Sie von Hand Befehle eingeben können, um das System zu bedienen. Ein anderer Ausschnitt zeigt automatisch die aktuelle Quelldatei an und hebt die aktuelle Textzeile hervor. Im Hauptfenster können Sie Breakpoints setzen und auswählen, durch den Quelltext blättern usw., während Sie Ihre Befehle direkt an den *gdb* schicken. Im *xxgdb*-Fenster erscheinen auch einige Schaltflächen, hinter denen sich häufig benutzte Befehle wie *step*, *next* usw. verbergen. Mit diesen Schaltflächen können Sie mit Maus und Tastatur innerhalb einer einfach zu bedienenden X-Oberfläche Ihr Programm debuggen.

Ein anderer, dem *xxgdb* ähnlicher Debugger ist UPS – ein X-basierter Debugger, der auf einige Unix-Plattformen portiert wurde. UPS ist wesentlich einfacher als *xxgdb* und bietet weniger Möglichkeiten, ist aber trotzdem ein guter Debugger mit einer weniger anspruchsvollen Lernkurve als *gdb*. UPS ist ausreichend für die meisten Anwendungen und einfaches Debugging.

Zwei weitere graphische Frontends für *gdb* verdienen es, hier erwähnt zu werden. DDD, der »Data Display Debugger«, hat die gleichen Features wie *xxgdb*, verfügt aber über ein sehr viel schöneres Motif-GUI. Außerdem kann er Strukturen und Klassen graphisch anzeigen, was besonders nützlich ist, wenn Sie die Datenstrukturen in einem unbekannten Programm analysieren wollen. *kdbg* stammt aus dem KDE-Projekt und bietet neben den auch in *xxgdb* vorhandenen Features eine vollständige Integration in den KDE-Desktop.

Werkzeuge für Profiling und Leistungsmessung

Es gibt mehrere Utilities, mit deren Hilfe Sie die Leistungen Ihres Programms messen und beurteilen können. Diese Werkzeuge helfen beim Aufspüren von Engpässen in Ihrem Code – Stellen, an denen die Leistung einbricht. Mit diesen Tools erhalten Sie auch einen Überblick über die Aufrufstruktur Ihres Programms und können feststellen, welche Funktionen woher und wie oft aufgerufen werden. (Alles, was Sie schon immer über Ihr Programm wissen wollten, aber nicht zu fragen wagten.)

gprof ist ein Profiling-Utility, das Ihnen ausführliche Statistiken zum Ablauf Ihres Programms liefert – beispielsweise, wie oft eine Funktion aufgerufen wird, von wo, die Laufzeit für jede einzelne Funktion usw.

Wenn Sie *gprof* auf ein Programm anwenden möchten, müssen Sie beim Kompilieren die Option *-pg* von *gcc* benutzen. Damit werden Profiling-Informationen in die Objektdatei geschrieben und Standard-Libraries in die ausführbare Datei eingebunden, die das Profiling aktiviert haben.

Nachdem Sie das Programm mit der Option *-pg* kompiliert haben, können Sie es ganz normal starten. Wenn es ohne Fehler beendet wird, finden Sie im Arbeitsverzeichnis des Programms die Datei *gmon.out* vor. Sie enthält die Profiling-Informationen für diesen Programmlauf und kann mit *gprof* benutzt werden, um die Statistiken darzustellen.

Als Beispiel wollen wir ein Programm namens *getstat* benutzen, das statistische Informationen zu einer Bilddatei erstellt. Wir kompilieren also *getstat* mit der Option *-pg* und rufen es auf:

```
papaya$ getstat image11.pgm > stats.dat
papaya$ ls -l gmon.out
-rw-------   1 mdw      mdw         54448 Feb  5 17:00 gmon.out
papaya$
```

Die Profiling-Informationen wurden tatsächlich in *gmon.out* abgelegt.

Wir rufen anschließend *gprof* mit dem Namen der ausführbaren Datei und der Datei *gmon.out* auf:

```
papaya$ gprof getstat gmon.out
```

Wenn Sie den Namen der Profiling-Datei nicht angeben, wird *gprof* nach dem Namen *gmon.out* suchen; wenn Sie auch den Namen der ausführbaren Datei nicht angeben, nimmt *gprof* an, daß *a.out* gemeint ist.

gprof gibt ziemlich ausführliche Meldungen aus; vielleicht sollten Sie die Ausgabe in eine Datei schreiben lassen oder durch einen Pager leiten. Die Ausgabe besteht aus zwei Teilen. Der erste Teil ist ein »flaches Profil« mit einem einzeiligen Eintrag zu jeder Funktion. Dieser Eintrag enthält die Zeit, die in der Funktion verbracht wurde, als Prozentwert, die absolute Zeit (in Sekunden) für die Ausführung dieser Funktion, die Anzahl der Aufrufe dieser Funktion und weitere Informationen. Ein Beispiel:

```
Each sample counts as 0.01 seconds.
  %   cumulative   self              self     total
 time   seconds   seconds    calls  ms/call  ms/call  name
 45.11     27.49    27.49       41   670.51   903.13  GetComponent
 16.25     37.40     9.91                             mcount
 10.72     43.93     6.54  1811863     0.00     0.00  Push
 10.33     50.23     6.30  1811863     0.00     0.00  Pop
  5.87     53.81     3.58       40    89.50   247.06  stackstats
  4.92     56.81     3.00  1811863     0.00     0.00  TrimNeighbors
```

Falls in der Ausgabe einige der Felder leer bleiben, war *gprof* nicht in der Lage, genauere Werte zu einer Funktion zu ermitteln. Das liegt meistens daran, daß Teile des Programmcodes nicht mit der Option *-pg* kompiliert wurden – wenn Sie beispielsweise Routinen außerhalb der Standard-Libraries aufrufen, die nicht mit *-pg* kompiliert wurden, kann *gprof* nicht allzuviel über solche Routinen in Erfahrung bringen. Anhand der obenstehenden Ausgabe läßt sich erkennen, daß *mcount* wahrscheinlich nicht für das Profiling kompiliert wurde.

Wir können auch erkennen, daß insgesamt 45,11% der Zeit in der Funktion *GetComponent* verbracht wurden – immerhin 27,49 Sekunden. Liegt das daran, daß *GetComponent* schrecklich ineffizient arbeitet, oder hat *GetComponent* viele andere langsame Funktionen aufgerufen? Die Funktionen *Push* und *Pop* sind während der Programmausführung sehr, sehr oft aufgerufen worden – haben wir damit die Schuldigen gefunden?[2]

Bei dieser Frage kann uns der zweite Teil der *gprof*-Ausgabe weiterhelfen. Er enthält einen detaillierten »Aufruf-Graphen«, aus dem Sie ablesen können, welche Funktionen andere Funktionen aufgerufen haben und wie oft sie selbst aufgerufen wurden. Ein Beispiel:

```
index % time    self  children    called     name
                                                 <spontaneous>
[1]     92.7    0.00   47.30                 start [1]
                0.01   47.29       1/1           main [2]
                0.00    0.00       1/2           on_exit [53]
                0.00    0.00       1/1           exit [172]
```

In der ersten Spalte des Aufruf-Graphen finden wir den Index – eine eindeutige Nummer, die jeder Funktion zugeordnet wird; mit Hilfe des Index können Sie andere Funktionen im Graphen finden. In unserem Beispiel wird die erste Funktion, *start*, beim Programmstart implizit aufgerufen. *start* hat einschließlich seiner Kindprozesse 92,7% der Gesamtlaufzeit in Anspruch genommen (47,3 Sekunden), aber selbst nur sehr wenig Laufzeit verbraucht. Das liegt daran, daß *start* allen anderen Funktionen im Programm, einschließlich *main*, übergeordnet ist – deshalb ist es nicht ungewöhnlich, daß *start* mit seinen Ablegern soviel Programmlaufzeit beansprucht.

Der Aufruf-Graph stellt in der Regel zu jeder Funktion die Eltern- ebenso wie die Kindfunktionen dar. In unserem Beispiel können wir erkennen, daß *start* die Funktionen *main*, *on_exit* und *exit* aufgerufen hat (unter der Zeile für *start*). Allerdings gibt es keine Elternfunktion, die normalerweiser über *start* erscheinen würde – statt dessen finden wir dort das ominöse `<spontaneous>`. Das bedeutet, daß *gprof* nicht in der Lage war, die Elternfunktion zu *start* zu ermitteln – wahrscheinlich, weil *start* nicht aus dem Programm heraus aufgerufen, sondern vom Betriebssystem angestoßen wurde.

2 Das ist in den Programmen des Autors jederzeit möglich!

Gehen wir weiter zu der Funktion, die wir im Verdacht haben: *GetComponent*. Dort sehen wir:

```
index % time    self  children    called      name
                0.67   0.23        1/41           GetFirstComponent [12]
               26.82   9.30       40/41           GetNextComponent [5]
[4]      72.6  27.49   9.54       41          GetComponent [4]
                6.54   0.00 1811863/1811863       Push [7]
                3.00   0.00 1811863/1811863       TrimNeighbors [9]
                0.00   0.00        1/1            InitStack [54]
```

Die Elternfunktionen von *GetComponent* sind *GetFirstComponent* und *GetNextComponent*, und seine Kindfunktionen sind *Push*, *TrimNeighbors* und *InitStack*. Wie wir sehen, wurde *GetComponent* 41mal aufgerufen – einmal von *GetFirstComponent* und 40mal von *GetNextComponent*. In der Ausgabe von *gprof* finden Sie Hinweise, die weitere Details zum Bericht liefern.

GetComponent selbst läuft für mehr als 27,49 Sekunden – nur 9,54 Sekunden werden gebraucht, um die Kinder von *GetComponent* auszuführen (einschließlich der vielen Aufrufe von *Push* und *TrimNeighbors*!). Es sieht also so aus, als ob *GetComponent* und eventuell seine Elternfunktion *GetNextComponent* überarbeitet werden sollten. Die häufig aufgerufene Funktion *Push* ist nicht die einzige Ursache des Problems.

gprof ist auch in der Lage, rekursive Aufrufe sowie sich immer wieder gegenseitig aufrufende Funktionen zu verfolgen und die Zeit für jeden Aufruf zu registrieren. Natürlich müssen alle Bestandteile des Programmcodes, die einem Profiling unterworfen werden sollen, mit der Option *-pg* kompiliert werden, damit *gprof* erfolgreich angewendet werden kann. Außerdem sollten Sie das Programm kennen, das Sie untersuchen möchten – *gprof* kann nur eine gewisse Menge an Informationen ermitteln. Es liegt am Programmierer, ineffizienten Code zu verbessern.

Eine abschließende Bemerkung zu *gprof*: Wenn Sie es auf ein Programm ansetzen, das nur wenige Funktionen aufruft und sehr schnell läuft, erhalten Sie eventuell keine aussagekräftigen Ergebnisse. Die Laufzeiten werden meist in recht großen Zeiteinheiten gemessen – etwa in Hundertstelsekunden –, und wenn viele Funktionen in Ihrem Programm schneller sind, kann *gprof* die Laufzeiten der einzelnen Funktionen nicht mehr unterscheiden (und rundet dann auf die nächste Hundertstelsekunde auf oder ab). Um brauchbare Profiling-Informationen zu erhalten, müssen Sie Ihr Programm vielleicht unter ungewöhnlichen Umständen laufen lassen – etwa indem Sie es mit besonders vielen Daten füttern, wie wir das in unserem Beispiel getan haben.

Falls *gprof* mehr leistet, als Sie benötigen, können Sie mit dem Programm *calls* eine Baumstruktur aller Funktionsaufrufe in Ihrem C-Quellcode erstellen. Diese Struktur können Sie entweder zu einem Index aller aufgerufenen Funktionen oder zu einer hierarchischen Darstellung der Programmstruktur weiterverarbeiten.

Die Benutzung von *calls* ist sehr einfach. Sie geben dem Programm einfach die Namen der Quelldateien mit, die es analysieren soll, und schon wird die Aufrufstruktur angezeigt. Ein Beispiel:

```
papaya$ calls scan.c
    1   level1 [scan.c]
    2           getid [scan.c]
    3                   getc
    4                   eatwhite [scan.c]
    5                           getc
    6                           ungetc
    7                   strcmp
    8           eatwhite [see line 4]
    9           balance [scan.c]
   10                   eatwhite [see line 4]
```

calls ist so voreingestellt, daß es auf jeder Ebene der Baumstruktur nur ein Vorkommen jeder aufgerufenen Funktion auflistet (wenn also *printf* innerhalb einer bestimmten Funktion fünfmal aufgerufen wird, erscheint es nur einmal). Mit dem Schalter *-a* werden alle Vorkommen aufgelistet. Es gibt weitere Optionen zu *calls*; mit *calls -h* erhalten Sie eine Zusammenfassung.

strace

strace ist ein Werkzeug, das die Systemaufrufe anzeigt, die ein laufendes Programm durchführt.[3] Das kann bei der Analyse eines Programms zur Laufzeit eine große Hilfe sein – allerdings erfordert es einige Kenntnisse der Programmierung auf der Ebene der Systemaufrufe. Wenn Sie beispielsweise die Library-Routine *printf* in einem Programm benutzen, wird *strace* nur Informationen zum darunterliegenden Systemaufruf *write* anzeigen, wenn dieser ausgeführt wird. Die Ausgaben von *strace* können ziemlich umfangreich werden – d.h., in einem Programm finden viele Systemaufrufe statt, deren sich der Programmierer vielleicht nicht bewußt ist. Trotzdem ist *strace* ein nützliches Tool, um schnell die Ursache eines Programmabsturzes oder anderer Merkwürdigkeiten zu ermitteln.

Wir benutzen noch einmal das »Hello, World!«-Programm vom Anfang des Kapitels. Wenn wir *strace* auf die ausführbare Datei ansetzen, erhalten wir:

```
papaya$ strace hello
execve("./hello", ["hello"], [/* 49 vars */]) = 0
mmap(0, 4096, PROT_READ|PROT_WRITE, MAP_PRIVATE|MAP_ANONYMOUS,\
 -1, 0) = 0x40007000
```

3 Für Debian-Benutzer kann auch das Paket *ltrace* nützlich sein. Es handelt sich dabei um eine Protokollfunktion für Bibliotheksaufrufe, die nicht nur Aufrufe von Kernel-Funktionen, sondern von allen Bibliotheksfunktionen protokolliert. Benutzer anderer Distributionen können die neueste Version des Quellcodes von *ftp://ftp.debian.org/debian/dists/unstable/main/source/utils/* herunterladen.

```
mprotect(0x40000000, 20881, PROT_READ|PROT_WRITE|PROT_EXEC) = 0
mprotect(0x8048000, 4922, PROT_READ|PROT_WRITE|PROT_EXEC) = 0
stat("/etc/ld.so.cache", {st_mode=S_IFREG|0644, st_size=18612,\
 ...}) = 0
open("/etc/ld.so.cache", O_RDONLY)      = 3
mmap(0, 18612, PROT_READ, MAP_SHARED, 3, 0) = 0x40008000
close(3)                                = 0
stat("/etc/ld.so.preload", 0xbffff52c)  = -1 ENOENT (No such\
 file or directory)
open("/usr/local/KDE/lib/libc.so.5", O_RDONLY) = -1 ENOENT (No\
 such file or directory)
open("/usr/local/qt/lib/libc.so.5", O_RDONLY) = -1 ENOENT (No\
 such file or directory)
open("/lib/libc.so.5", O_RDONLY)        = 3
read(3, "\177ELF\1\1\1\0\0\0\0\0\0\0\0\3"..., 4096) = 4096
mmap(0, 770048, PROT_NONE, MAP_PRIVATE|MAP_ANONYMOUS, -1, 0) = \
0x4000d000
mmap(0x4000d000, 538959, PROT_READ|PROT_EXEC, MAP_PRIVATE|MAP_\
FIXED, 3, 0) = 0x4000d000
mmap(0x40091000, 21564, PROT_READ|PROT_WRITE, MAP_PRIVATE|MAP_\
FIXED, 3, 0x83000) = 0x40091000
mmap(0x40097000, 204584, PROT_READ|PROT_WRITE, MAP_PRIVATE|MAP_\
FIXED|MAP_ANONYMOUS, -1, 0) = 0x40097000
close(3)                                = 0
mprotect(0x4000d000, 538959, PROT_READ|PROT_WRITE|PROT_EXEC) = 0
munmap(0x40008000, 18612)               = 0
mprotect(0x8048000, 4922, PROT_READ|PROT_EXEC) = 0
mprotect(0x4000d000, 538959, PROT_READ|PROT_EXEC) = 0
mprotect(0x40000000, 20881, PROT_READ|PROT_EXEC) = 0
personality(PER_LINUX)                  = 0
geteuid()                               = 501
getuid()                                = 501
getgid()                                = 100
getegid()                               = 100
fstat(1, {st_mode=S_IFCHR|0666, st_rdev=makedev(3, 10), ...}) = 0
mmap(0, 4096, PROT_READ|PROT_WRITE, MAP_PRIVATE|MAP_ANONYMOUS,\
 -1, 0) = 0x40008000
ioctl(1, TCGETS, {B9600 opost isig icanon echo ...}) = 0
write(1, "Hello World!\n", 13Hello World!
)       = 13
_exit(0)                                = ?
papaya$
```

Das ist wahrscheinlich viel mehr, als Sie von einem kleinen Programm erwartet hatten. Wir wollen die Ausgabe Schritt für Schritt durchgehen und dabei erklären, was passiert.

Der erste *execve*-Aufruf startet das Programm selbst. Alle *mmap-*, *mprotect-* und *munmap*-Aufrufe stammen aus der Speicherverwaltung des Kernels und sind hier nicht weiter interessant. In den drei folgenden *open*-Aufrufen sucht der Loader nach der C-Bibliothek und findet sie im dritten Anlauf. Der Header der Bibliothek wird dann eingelesen und die Bibliothek in den Speicher eingeblendet. Nach einigen weiteren Speicherverwaltungsoperationen und den Aufrufen von *getuid*, *geteuid*, *getgid* und *getegid*, die die Berechtigungen des Prozesses bestimmen, sehen Sie einen *ioctl*-Aufruf. Dieser stammt aus der Bibliotheksfunktion *tcgetattr*, die das Programm verwendet, um die Terminal-Attribute herauszubekommen, bevor es auf das Terminal schreibt. Schließlich gibt der *write*-Aufruf unsere freundliche Meldung auf das Terminal aus, und *exit* beendet das Programm.

strace schickt seine Ausgaben an die Standardfehlerausgabe. Sie haben also die Möglichkeit, diese Meldungen getrennt von den Ausgaben des Programms selbst (die meist an die Standardausgabe gehen) in eine Datei zu schreiben. Wie Sie sehen, gibt *strace* nicht nur die Namen der Systemaufrufe aus, sondern auch ihre Parameter (wenn möglich in Form von wohlbekannten Namen von Konstanten statt in Form von Zahlenwerten) und die Rückgabewerte.

make und imake

Wir haben bereits *make* vorgestellt, den Projektmanager, mit dem u.a. ganze Programmprojekte kompiliert werden. Ein Problem mit *make* ist, daß die Makefiles nicht ganz einfach zu erstellen sind. Wenn große Projekte anstehen, kann es langweilig werden, ein Makefile zu schreiben, das alle möglichen Quelldateien berücksichtigt. Selbst mit den internen Voreinstellungen von *make* bleibt häufig mehr Arbeit zu tun, als das der Fall sein sollte.

Die Benutzung von *imake*, einer Erweiterung zu *make*, die den C-Präprozessor verwendet, ist eine mögliche Lösung des Problems. *imake* erzeugt einfach Makefiles – Sie schreiben ein Imakefile, das *imake* in ein brauchbares Makefile umwandelt. *imake* wird von Programmen in der »X Window System«-Distribution benutzt, ist aber nicht nur auf X-Anwendungen beschränkt.

Wir wollen gleich an dieser Stelle darauf hinweisen, daß *imake* das Erstellen von Makefiles vereinfachen kann; insbesondere, wenn C-Programme kompiliert werden. Allerdings ist im allgemeinen *make* für diese Aufgabe viel eher geeignet als *imake*. So können Sie *make* beispielsweise zusammen mit *groff* oder TeX dazu bringen, Schriftstücke automatisch zu formatieren. In diesem Fall sind Sie auf die Flexibilität von *make* angewiesen, und *imake* ist vielleicht nicht die beste Lösung.

Wir zeigen Ihnen hier ein Beispiel für ein Imakefile, das die beiden Programme *laplacian* und *getstat* kompiliert. Am Anfang des Imakefiles stehen Optionen, die die gesamte Kompilierung betreffen (*imake* hat seine eigenen Voreinstellungen hierfür, aber die sind nicht immer hilfreich). Anschließend werden für jedes zu kompilierende Programm Variablen definiert, und mit den *imake*-Makros `AllTarget` und `NormalProgramTarget` werden Makefile-Regeln für die Kompilierung dieser Programme aufgestellt.

```
# Linker-Optionen:
LDOPTIONS = -L/usr/local/lib -L../lib
# Benutze diesen C-Compiler:
CC = gcc
# Benutze diese Flags mit gcc:
CFLAGS = -I. -I$(HOME)/include -g
# Binde mit diesen lokalen und System-Libraries:
LOCAL_LIBRARIES = -lvistuff
SYS_LIBRARIES = -lm

# Bestimme die Quelldateien in der Variablen SRCS und die entsprechenden
# Objektdateien in der Variablen LAP_OBJS:
SRCS = laplacian.c laplacian-main.c
LAP_OBJS = laplacian.o laplacian-main.o

# Stelle Regeln für laplacian auf:
AllTarget(laplacian)
NormalProgramTarget(laplacian,$(LAP_OBJS),,$(LOCAL_LIBRARIES),$(SYS_LIBRARIES))

# Dasselbe für getstat. Beachten Sie, daß SRCS für jedes Ziel neu
# definiert werden kann, aber LAP_OBJS nicht. Wir benutzen deshalb einen
# eindeutigen Namen für jedes Ziel.
SRCS = getstat.c getstat-main.c component.c
GS_OBJS = getstat.o getstat-main.o component.o

AllTarget(getstat)
NormalProgramTarget(getstat,$(GS_OBJS),,$(LOCAL_LIBRARIES),$(SYS_LIBRARIES))
```

Beachten Sie, daß wir für jedes Ziel eine andere Variable für die Objektdatei benutzen müssen, während `SRCS` immer wieder neu definiert werden kann.

Geben Sie den Befehl *xmkmf* ein, um aus dem Imakefile ein Makefile zu erstellen. *xmkmf* ruft einfach *imake* mit den für die Übersetzung geeigneten Optionen auf und benutzt dabei die Standardmakros von *imake* (wie `AllTarget` und `NormalProgramTarget`). Anschließend können Sie mit *make* das Programm kompilieren.

```
papaya$ xmkmf
mv Makefile Makefile.bak
imake -DUseInstalled -I/usr/X386/lib/X11/config
papaya$
```

imake(1)
xmkmf(1)
[57] imake

Falls Sie Ihre eigenen *imake*-Makros einsetzen möchten, können Sie *imake* von Hand mit den entsprechenden Optionen aufrufen. In den Manpages zu *imake* und *xmkmf* finden Sie weitere Informationen. Das Buch *Software Portability with imake* von Paul DuBois bietet ebenfalls eine Beschreibung dieses Systems.

Für den Fall, daß Ihnen *imake* zu kompliziert vorkommt, gibt es andere »Makefile-Generatoren« – etwa *ICmake*, das Makefiles mit Hilfe einer Makrosprache erstellt, die sehr an C erinnert.

Wenn Sie selbst Softwarepakete kompiliert haben, sind Sie sicherlich oft auf Kompilieranweisungen gestoßen, nach denen Sie ein mitgeliefertes Skript namens *configure* ausführen sollten. Dieses wird von einem Makefile-Generator namens *autoconf* erzeugt, der oft zusammen mit einem anderen Programm namens *automake* verwendet wird. *autoconf* und *automake* sind nicht einfach zu benutzen, bringen aber mehr Flexibilität als *imake*, *ICmake* und alle anderen Makefile-Generatoren. Leider würde es den Rahmen dieses Buches weit sprengen, die Verwendung von *autoconf* hier zu beschreiben. Wenn Sie das interessiert, dann laden Sie sich die Pakete aus den Archiven herunter und lesen Sie die Dokumentation.

Checker

Checker ersetzt die verschiedenen Routinen, die von C-Programmen für die Speicherverwaltung verwendet werden (wie zum Beispiel *malloc*, *realloc* und *free*). Checker hat die besseren Prozeduren zur Verwaltung des Speichers sowie Code, der unzulässige Speicherzugriffe und häufig gemachte Fehler entdeckt (wie zum Beispiel den Versuch, einen Speicherbereich mehr als einmal freizugeben). Wenn Ihr Programm kritische Speicherzugriffe durchführen möchte, wird Checker ausführliche Fehlermeldungen ausgeben und Ihnen damit helfen, Segmentierungsfehler in Ihrem Programm abzufangen, bevor sie auftreten. Checker ist außerdem in der Lage, Speicherverluste zu verhindern – beispielsweise solche Stellen im Code, an denen Speicher mit *malloc* zugewiesen und anschließend nicht mit *free* wieder freigegeben wird.

Checker ist mehr als nur ein Ersatz für *malloc* und Co. Es fügt auch Code in Ihr Programm ein, der alle Lese- und Schreibzugriffe auf den Speicher verifiziert. Es ist äußerst robust und deshalb etwas langsamer als die üblichen *malloc*-Routinen. Checker ist für den Einsatz während der Programmentwicklung und -tests gedacht – sobald alle potentiellen Speicherfehler beseitigt sind, können Sie Ihr Programm mit den Standardbibliotheken binden.

Lassen Sie uns folgendes Beispielprogramm betrachten, das Speicher zuordnet und dann verschiedene haarige Dinge damit anzustellen versucht:

```
#include <malloc.h>
int main() {
  char *thememory, ch;
```

```
    thememory=(char *)malloc(10*sizeof(char));

    ch=thememory[1];       /* Attempt to read uninitialized memory */
    thememory[12]=' ';     /* Attempt to write after the block */
    ch=thememory[-2];      /* Attempt to read before the block */
}
```

Wir kompilieren dieses Programm einfach mit der Option *-lchecker*, so daß es mit den Checker-Libraries gebunden wird. Nach dem Aufruf erhalten wir (unter anderem) folgende Fehlermeldungen:

```
From Checker:
        Memory access error
        When Reading at address 0x10033
        inside the heap
        1 bytes after the begin of the block
From Checker:
        Memory access error
        When Writing at address 0x1003e
        inside the heap
        2 bytes after the end of the block
From Checker:
        Memory access error
        When Reading at address 0x10030
        inside the heap
        2 bytes before the begin of the block
```

Zu jedem Speicherfehler gibt Checker eine Meldung aus und teilt uns mit, was passiert ist. Die vollständigen Fehlermeldungen von Checker enthalten auch Informationen darüber, wo das Programm ausgeführt wird und wo der Speicherblock vergeben wurde. Auf Wunsch können Sie noch mehr Informationen aus Checker herauskitzeln – zusammen mit einem Debugger wie *gdb* lassen sich Problemstellen dann leicht finden.[4]

Checker enthält auch einen Garbage-Collector und -Detector, die Sie aus Ihrem Programm heraus aufrufen können. Kurz gesagt: Der Garbage-Detector informiert Sie über alle Speicherverluste – Stellen, an denen eine Funktion mit *malloc* Speicher zugewiesen hat, den sie vor der Rückkehr nicht mit *free* wieder freigegeben hat. Der Garbage-Collector untersucht den Stapel und bereinigt die Folgen solcher Speicherverluste. Sie können Garbage-Collector und -Detector auch von Hand aufrufen, während Sie Ihr Programm innerhalb von *gdb* laufen lassen (weil *gdb* den direkten Aufruf von Funktionen zur Laufzeit unterstützt).

4 Wir haben die Ausgabe editiert, um überflüssige Informationen zu entfernen und das Beispiel überschaubarer zu machen.

Werkzeuge für die Erstellung von Benutzerschnittstellen

Es gibt eine Reihe von Anwendungen und Bibliotheken, die auf einfache Weise die Erstellung von Benutzerschnittstellen für Ihre Programme unter dem X Window System unterstützen. Wenn Sie sich nicht mit der Komplexität der X-Programmierschnittstelle auseinandersetzen möchten, ist eines dieser einfachen Tools zum Erstellen einer Benutzerschnittstelle vielleicht genau das, was Sie suchen. Es gibt auch Tools, die die Erstellung von textbasierten Schnittstellen für solche Programme unterstützen, die nicht unter X laufen.

Die klassische X-Programmierung wollte so allgemein wie möglich bleiben und nur ein absolutes Minimum an Beschränkungen und Voraussetzungen für das Interface vorschreiben. Diese Allgemeinheit gibt den Programmierern die Möglichkeit, ihre eigenen Schnittstellen »von Grund auf« zu entwerfen, weil die zugrundeliegenden X-Bibliotheken vorab keinerlei Voraussetzungen an das Interface stellen. Das X-Toolkit Intrinsics (Xt) stellt einige wenige Interface-Widgets (etwa einfache Schaltflächen, Laufleisten und ähnliches) zur Verfügung; außerdem ist ein generelles Interface zum Schreiben eigener Widgets vorhanden. Unglücklicherweise steht den Programmierern, die lieber einen Satz vorgefertigter Interface-Routinen benutzen würden, eventuell eine Menge Arbeit ins Haus. Eine Reihe von Xt-Widget-Sets und Bibliotheken stehen unter Linux zur Verfügung, die alle dazu beitragen, daß die Benutzerschnittstelle einfacher zu erstellen ist.

Zusätzlich gibt es von verschiedenen Quellen die kommerzielle Motif-Library und das Widget-Set in einer Einzelplatzversion zu einem günstigen Preis. Außerdem existiert die XView-Library mit Widget-Interface als eine weitere Alternative zur Erstellung von Schnittstellen mit Xt. XView und Motif sind zwei Sammlungen von X-basierten Programmbibliotheken, die in mancher Hinsicht einfacher zu programmieren sind als das X-Toolkit Intrinsics. Es gibt viele Anwendungsprogramme, die Motif und XView nutzen – etwa XVhelp (ein System, mit dem Sie eine interaktive Hypertext-Hilfefunktion für Ihr Programm erzeugen). Binärcode, der mit Motif statisch gebunden wurde, darf ohne Einschränkungen weitergegeben werden und kann so auch von Leuten benutzt werden, die kein eigenes Motif haben.

Bevor Sie jetzt aber anfangen, mit XView oder Motif zu entwickeln, noch ein paar Worte der Warnung. XView war ursprünglich ein kommerzielles Produkt von Sun Microsystems, wird jetzt aber nicht mehr weiterentwickelt. Außerdem sehen mit XView geschriebene Programme ziemlich ungewohnt aus, auch wenn manche Leute das gern mögen. Motif wird dagegen weiterhin entwickelt (wenn auch in einem ziemlich langsamen Takt), hat aber einige Probleme. Zunächst kann die Programmierung mit Motif frustrierend – weil schwierig –, fehlerträchtig und umständlich sein, denn die Programmierschnittstelle von Motif (API) wurde nicht entsprechend moderner Entwurfsprinzipien entwickelt. Außerdem sind Motif-Programme üblicherweise sehr langsam.

Es gibt aber noch andere Widget-Sets und Interface-Libraries für X:

Xaw3D
: eine angepaßte Version der Athena-Widgets, die ein dreidimensionales, Motif-ähnliches Look-and-Feel vermittelt.

Qt
: ein C++-GUI-Toolkit, das von der norwegischen Firma Troll Tech entwickelt wird.

GTK
: ein C-GUI-Toolkit, das ursprünglich für das Bildbearbeitungsprogramm GIMP entwickelt wurde

Viele Leute sind der Meinung, daß die Athena-Widgets zu schlicht aussehen. Xaw3D ist vollständig kompatibel zu den Standard-Athena-Widgets und kann sogar benutzt werden, um die Athena-Libraries auf Ihrem System zu ersetzen. Dadurch bekommen alle Programme, die Athena benutzen, ein modernes Aussehen. Xaw3D enthält zusätzlich ein paar Widgets, die in der Athena-Sammlung nicht enthalten sind; etwa ein Layout-Widget mit einer TEX-ähnlichen Schnittstelle zur Bestimmung der Position eines Kind-Widgets.

Kapitel 11

Qt ist ein exzellentes Paket zur GUI-Entwicklung in C++, das sich unter anderem durch einen genialen Mechanismus zur Verbindung von Benutzerinteraktionen mit Programmcode, schnellen Zeichencode und eine umfassende, aber gleichwohl einfach zu verwendende API auszeichnet. Qt wird von vielen als der Nachfolger von Motif als De-facto-Standard für die GUI-Programmierung angesehen, weil es die Grundlage des Desktops KDE (siehe »Das K Desktop Environment« in Kapitel 11, *Die X Arbeitsoberfläche anpassen*) bildet, der derzeit sehr viel Aufmerksamkeit erfährt.

[54]

Qt ist ein kommerzielles Produkt, aber Sie können es kostenlos verwenden, wenn Sie damit freie Software für Unix (und damit auch Linux) entwickeln. Es gibt auch eine (kommerzielle) Windows-Version von Qt, was es möglich macht, für Linux und Windows gleichzeitig zu entwickeln und das Programm im besten Fall durch einfaches Neukompilieren auf die andere Plattform zu übertragen. Stellen Sie sich das einmal vor: Sie können auf Ihrem Lieblings-Betriebssystem Linux entwickeln und trotzdem den noch sehr viel größeren Windows-Markt bedienen! Einer der Autoren, Kalle, verwendet Qt, um sowohl Freie Software (das gerade erwähnte KDE) als auch kommerzielle Software (oft Cross-Plattform-Produkte, die für Linux und Windows entwickelt werden) zu schreiben. Qt wird äußerst aktiv weiterentwickelt; nähere Informationen finden Sie in *Programming with Qt* von Kalle Dalheimer.

Für diejenigen, die C++ nicht mögen, kann *GTK* eine Alternative sein. *GTK*-Programme sind normalerweise genauso schnell wie *Qt*-Programme, aber das Toolkit selbst ist nicht so vollständig. *GTK* kann eine gute Alternative sein, wenn Sie nicht darauf angewiesen sind, Ihr Programm auch unter Windows zum Laufen zu bringen.

Viele Programmierer sind der Meinung, daß die Erzeugung von Benutzerschnittstellen, selbst mit einer vollständigen Sammlung von Widgets und C-Routinen, einigen Aufwand verursacht und ziemlich schwierig sein kann. Hier muß man Flexibilität gegen einfache Programmierung abwägen – je einfacher die Schnittstelle erzeugt werden kann, desto weniger Einfluß kann der Programmierer darauf nehmen. Viele Programmierer begnügen sich mit vorgefertigten Widgets, so daß die verlorengegangene Flexibilität keine Rolle mehr spielt.

Eines der Probleme bei der Erzeugung von Schnittstellen und der Programmierung unter X ist die Tatsache, daß es sehr schwierig ist, für die am häufigsten benutzten Elemente einer Benutzerschnittstelle ein allgemeingültiges, einfaches Programmiermodell zu finden. Ein Beispiel: Viele Programme benutzen solche Elemente wie Schaltflächen, Dialogboxen, Pull-down-Menüs usw. – aber fast jedes Programm benutzt diese Widgets in einem anderen Kontext. Indem die Tools das Erstellen von graphischen Schnittstellen vereinfachen, machen sie in der Regel auch Annahmen dazu, was Sie haben wollen. Auch dazu ein Beispiel: Es ist kein Problem zu bestimmen, daß ein Klick auf eine Schaltfläche innerhalb Ihres Programms eine bestimmte Prozedur ausführen soll. Was aber passiert, wenn Sie dieser Schaltfläche eine spezielle Aktion zuordnen wollen, die in der Programmierschnittstelle nicht vorgesehen ist? Beispielsweise könnte ein Klick auf diese Schaltfläche unterschiedliche Reaktionen hervorrufen – je nachdem, ob mit der rechten oder der linken Maustaste geklickt wird. Wenn das System zum Erzeugen der Schnittstelle ein solches Maß an Flexibilität nicht vorgesehen hat, ist es für die Programmierer kaum zu gebrauchen, die ein vielseitiges, speziell angepaßtes Interface benötigen.

Die Programmierschnittstelle Tcl/Tk, die wir im letzten Kapitel beschrieben haben, wird immer beliebter. Das liegt zum Teil daran, daß sie so einfach zu benutzen ist und ein hohes Maß an Flexibilität bietet. Weil Tcl- und Tk-Routinen sowohl von interpretierten »Skripten« als auch aus einem C-Programm heraus aufgerufen werden können, ist es nicht schwierig, die Schnittstellenfunktionen dieser Sprache und dieses Toolkits mit Funktionen im Programm zu verknüpfen. Die Arbeit mit Tcl und Tk ist insgesamt weniger anspruchsvoll, als die direkte Programmierung mit Xlib und Xt zu erlernen (zusammen mit den unzähligen Widget-Sets). Es sollte hier aber nicht unerwähnt bleiben, daß Sie bei größeren Projekten eher eine Programmiersprache wie C++ verwenden sollten, die mehr für Entwicklung in größerem Rahmen geeignet ist. Größere Projekte lassen sich aus mehreren Gründen mit Tcl schlecht hantieren: Die Verwendung einer interpretierten Programmiersprache verringert die Ausführungsgeschwindigkeit des Programms, das Design von Tcl/Tk steht einer Anwendung von Tcl/Tk bei größeren Projekten im Weg, und wichtige Features zum Schreiben fehlerarmer Programme – wie die Typüberprüfung zur Kompilier- und Link-Zeit – fehlen ganz. Das Problem der schlechten Skalierung wird durch die Verwendung von Namensräumen (einer Möglichkeit, Namenskonflikte zwischen verschiedenen Teilen eines Programms zu vermeiden) und einer objektorientierten Erweiterung namens [incr Tcl] etwas beseitigt.

TclMotif, eine Version von Tcl, die mit dem beliebten Widget-Set von Motif gebunden wurde, ist ebenfalls für Linux erhältlich. Man sagt den Motif-Widgets nach, daß sie einfach zu programmieren und angenehm zu benutzen sind. Der Vorteil von TclMotif ist, daß die ausführbare Datei frei verteilt werden darf, obwohl Motif selbst ein kommerzielles Produkt ist. Sie müssen also nicht Motif besitzen, um TclMotif zu benutzen. TclMotif gestattet es, daß Sie Programme schreiben, die über die Tcl-Schnittstelle die Widgets und Routinen von Motif benutzen. Eine statisch gebundene ausführbare Datei finden Sie auf einer Reihe von Linux-FTP-Rechnern und bei anderen Quellen. Falls Sie aus irgendeinem Grund vorhaben, TclMotif selbst neu zu kompilieren, müßten Sie dazu erst Motif besitzen.

Wafe ist eine andere Version von Tcl/Tk, die auch die Athena-Widgets sowie diverse andere Tools enthält, die die Programmierung vereinfachen. Wenn Sie bisher Xt mit den Athena-Widgets programmiert haben, aber jetzt auf Tcl und Tk umsteigen möchten, bietet Ihnen Wafe einen guten Ausgangspunkt.

Kapitel 13

Mit Tcl und Tk können Sie um ein existierendes Programm herum eine komplette X-basierte Schnittstelle mit Fenstern, Schaltflächen, Menüs, Laufleisten und anderen Dingen erzeugen. Sie können entweder von einem Tcl-Skript aus (wie im Abschnitt »Programmieren mit Tcl und Tk« in Kapitel 13, *Programmiersprachen,* beschrieben) oder aus einem C-Programm heraus auf die Schnittstelle zugreifen.

Ein anderes Werkzeug zum Erstellen von Schnittstellen, das große Ähnlichkeiten mit Tcl und Tk aufweist, ist *xtpanel*. *xtpanel* soll in erster Linie einen X-Wrapper (Hülle, Umschlag) um eine existierende textbasierte Anwendung herumlegen. Mit *xtpanel* können Sie ein Fenster mit verschiedenen Bereichen – Regionen zum Editieren von Texten, Schaltflächen, Laufleisten usw. – definieren; die Aktionen dieser Widgets verknüpfen Sie dann mit bestimmten Fähigkeiten des Programms. Man könnte beispielsweise mit *xtpanel* nach dem Vorbild von *xxgdb* eine X-basierte Schnittstelle zum Debugger *gdb* erzeugen. Sie könnten darin einen »step«-Button definieren, der nach dem Anklicken den Befehl *step* an die eigentliche *gdb*-Schnittstelle schickt. Man könnte ein Textfenster definieren, in dem der *gdb* in der üblichen Weise benutzt würde. Natürlich wäre es schwierig, mit einem wenig spezialisierten Programm wie *xtpanel* eine komplexere Aufgabe wie die Erzeugung eines Quellcodefensters zu bewerkstelligen.

Wenn Sie das Toolkit Tk, aber nicht die Programmiersprache Tcl mögen, dann wird es Sie freuen zu hören, daß man Tk auch mit anderen Programmiersprachen verwenden kann. So ist es das GUI-Toolkit der Wahl für Skriptsprachen wie Python und Perl geworden.

Wenn Sie ein nettes textbasiertes Interface zu einem Programm suchen, haben Sie mehrere Möglichkeiten. Die *getline*-Library von GNU besteht aus einer Sammlung von Routinen, die weitergehende Möglichkeiten zum Editieren der Befehlszeile und zum Anzeigen von Aufforderungen an den Benutzer enthält; auch das Wiederaufrufen bereits abgeschickter Befehle (command history) und andere Fähigkeiten, die von vielen Programmen genutzt werden, sind enthalten. So lesen zum Beispiel sowohl *bash*

Kapitel 4

als auch *gdb* die Eingaben des Benutzers mit Hilfe der *getline*-Bibliothek. *getline* bietet auch die Möglichkeiten zum Editieren der Befehlszeile mit *vi*- und Emacs-ähnlichen Befehlen, die man in *bash* und ähnlichen Programmen findet. (Wir beschreiben das Editieren der Befehlszeile unter *bash* im Abschnitt »Tips für schnelle Tipper« in Kapitel 4, *Grundlegende UNIX-Befehle und -Konzepte*.)

Eine andere Möglichkeit besteht darin, eine Sammlung von Emacs-Interface-Routinen für Ihr Programm zu schreiben. Ein Beispiel dafür ist die Schnittstelle zwischen *gdb* und Emacs, die innerhalb von Emacs mehrere Fenster öffnet, Sondertasten definiert usw. (Wir besprechen dieses Interface im Abschnitt »Emacs und gdb«.) Im *gdb*-Code mußten keinerlei Änderungen vorgenommen werden, um diese Schnittstelle zu implementieren – in der Emacs-Library-Datei *gdb.el* können Sie nachsehen, wie das bewerkstelligt wurde. Emacs erlaubt den Aufruf eines Unterprogramms innerhalb eines Textpuffers, und es kennt viele Routinen für die Analyse und Bearbeitung von Text in diesem Puffer. Ein Beispiel: Innerhalb seiner *gdb*-Schnittstelle fängt Emacs die Ausgaben eines Quellcode-Listings von *gdb* ab und übergibt das Listing an einen Befehl, der die aktuelle Codezeile in einem anderen Fenster anzeigt. Routinen in Emacs-LISP verarbeiten die Ausgabe von *gdb* und führen anschließend – abhängig von der Ausgabe – bestimmte Aktionen durch.

Der Vorteil eines Zusammenspiels zwischen Emacs und textbasierten Programmen ist, daß Emacs selbst eine ausgefeilte und anpassungsfähige Benutzerschnittstelle darstellt. Der Benutzer kann problemlos Tasten und Befehle nach seinen Wünschen neu belegen – Sie müssen diese Möglichkeiten zur Konfiguration nicht selbst schaffen. Solange die Textschnittstelle des Programms in der Lage ist, mit Emacs zusammenzuarbeiten, läßt sich das auf einfache Weise einrichten. Außerdem ziehen viele Benutzer es vor, beinahe alles innerhalb von Emacs zu tun – das Lesen von E-Mail und News ebenso wie das Kompilieren und Debuggen von Programmen. Wenn Sie Ihr Programm mit einem Emacs-Frontend versehen, erleichtern Sie diesen Leuten die Benutzung des Programms. Ihr Programm wird auch in der Lage sein, mit anderen Programmen zu kooperieren, die ebenfalls unter Emacs laufen – beispielsweise kann Text zwischen verschiedenen Emacs-Textpuffern problemlos hin- und herkopiert werden. Wenn Sie wollen, können Sie auch komplette Programme in Emacs-LISP schreiben.

Werkzeuge für die Versionskontrolle - RCS

Das »Revision Control System« (RCS; System zur Versionskontrolle) ist nach Linux portiert worden. Es handelt sich dabei um eine Sammlung von Programmen, die eine »Bibliothek« von Dateien unterhalten, in denen Versionswechsel vermerkt werden. RCS gestattet außerdem das Sperren von Quellcodedateien (wenn mehrere Leute an einem Projekt arbeiten) und merkt sich automatisch die Versionsnummern dieser Dateien. Das RCS wird meistens mit Quellcodedateien benutzt, ist aber so flexibel, daß es mit beliebigen Dateiarten verwendet werden kann, von denen mehrere Versionen gepflegt werden müssen.

Wozu braucht man eine Versionskontrolle? Für viele große Projekte ist die Versionskontrolle notwendig, um den Überblick über zahlreiche kleine, komplexe Änderungen am System zu behalten. Wenn Sie beispielsweise versuchen, ein Programm mit 1000 Quelldateien und einigen Dutzend Programmierern zu pflegen, haben Sie ohne so etwas wie RCS kaum eine Chance. Mit RCS können Sie sicherstellen, daß zu einem beliebigen Zeitpunkt nur eine Person eine bestimmte Datei ändern kann. Alle Änderungen werden, zusammen mit einem Hinweis auf die Art derselben, schriftlich festgehalten.

RCS basiert auf dem Konzept einer *RCS-Datei* – das ist eine Datei, die wie eine »Bibliothek« funktioniert, in der Quelldateien »eingecheckt« und »ausgecheckt« werden. Nehmen wir an, daß Sie die Quellcodedatei *importrtf.c* mit RCS verwalten möchten. Per Voreinstellung heißt die RCS-Datei dann *importrtf.c,v*. Die RCS-Datei enthält die Geschichte aller Versionen dieser Datei, so daß Sie die Möglichkeit haben, beliebige frühere Versionen der Datei zu extrahieren. Zu jeder Version können Sie selbst eine Notiz (log) hinzufügen.

Wenn Sie mit dem RCS eine Datei einchecken, werden die Änderungen in die RCS-Datei aufgenommen, und die Originaldatei wird (in der Voreinstellung) gelöscht. Wenn Sie auf die Originaldatei zugreifen möchten, müssen Sie sie aus der RCS-Datei auschecken. Wenn Sie gerade eine Datei bearbeiten, möchten Sie in der Regel vermeiden, daß jemand anderes gleichzeitig daran arbeitet. RCS wird die Datei deshalb sperren, wenn sie zum Editieren ausgecheckt wurde. Eine gesperrte Datei kann nur von dem Benutzer verändert werden, der sie ausgecheckt hat (dies wird mit Hilfe der Dateiberechtigungen erreicht). Sobald Sie mit Ihren Änderungen am Quellcode fertig sind, checken Sie die Datei wieder ein; anschließend kann jeder andere Mitarbeiter diese Datei wieder auschecken, um weiter daran zu arbeiten. Wenn Sie eine Datei im ungesperrten Zustand auschecken, gelten diese Einschränkungen nicht. Im allgemeinen werden Dateien dann als gesperrt ausgecheckt, wenn sie editiert werden sollen, und sie werden ungesperrt ausgecheckt, wenn sie nur gelesen werden (um den Quellcode beispielsweise beim Debuggen vor Augen zu haben).

RCS vermerkt automatisch alle früheren Änderungen in der RCS-Datei und vergibt aufsteigende Versionsnummern an jede neu eingecheckte Version. Sie haben auch die Möglichkeit, beim Einchecken einer Datei mit RCS selbst eine Versionsnummer zu vergeben. Damit können Sie einen neuen »Versionszweig« anlegen, so daß mehrfach vorhandene Projekte von verschiedenen Versionen derselben Datei abstammen können. Auf diese Weise kann Programmcode in verschiedenen Projekten benutzt werden, ohne daß die Änderungen aus einem Projekt auch in den anderen wirksam werden.

Dazu ein Beispiel: Wir gehen von der Quelldatei *importrtf.c* aus, die unser freundliches Programm enthält:

```
#include <stdio.h>
```

```
int main(void) {
  printf("Hello, world!");
}
```

Als erstes müssen wir die Datei mit dem Befehl *ci* in das RCS einchecken:

```
papaya$ ci importrtf.c
importrtf.c,v  <--  importrtf.c
enter description, terminated with single '.' or end of file:
NOTE: This is NOT the log message!
>> Hello world source code
>> .
initial revision: 1.1
done
papaya$
```

Die RCS-Datei *importrtf.c,v* wird angelegt, und *importrtf.c* wird entfernt.

Wenn Sie die Quelldatei weiter bearbeiten möchten, checken Sie sie mit dem Befehl *co* wieder aus. Mit

```
papaya$ co -l importrtf.c
importrtf.c,v  -->  importrtf.c
revision 1.1 (locked)
done
papaya$
```

checken Sie *importrtf.c* (aus *importrtf.c,v*) aus und sperren die Datei. Sie können dann die gesperrte Datei editieren und wieder einchecken. Wenn Sie eine Datei nur zum Lesen auschekken möchten (um zum Beispiel *make* aufzurufen), können Sie den Schalter *-l* hinter dem Befehl *co* weglassen und die Datei ungesperrt auschecken. Sie können eine Datei nur einchecken, wenn sie zuvor gesperrt wurde (oder wenn sie noch nie eingecheckt war, wie in unserem Beispiel).

Jetzt haben Sie Gelegenheit, den Quellcode zu ändern und die Datei anschließend wieder einzuchecken. Oft werden Sie die Datei permanent ausgecheckt lassen und *ci* nur benutzen, um die letzten Änderungen in der RCS-Datei zu vermerken und die Versionsnummer zu erhöhen. Benutzen Sie für diesen Zweck den Schalter *-l* mit *ci*, etwa so:

```
papaya$ ci -l importrtf.c
importrtf.c,v  <--  importrtf.c
new revision: 1.2; previous revision: 1.1
enter log message, terminated with single '.' or end of file:
>> Changed printf call
>> .
done
papaya$
```

Damit wird die Datei nach dem Einchecken automatisch in gesperrtem Zustand wieder ausgecheckt. Auf diese Weise können Sie Änderungen dokumentieren, wenn Sie der einzige Mitarbeiter an einem Projekt sind.

Wenn Sie RCS häufig benutzen, möchten Sie vielleicht nicht die ganzen unschönen *importrtf.c,v*-Dateien in Ihrem Verzeichnis stehen haben. Legen Sie deshalb in Ihrem Projektverzeichnis das Unterverzeichnis *RCS* an, und *ci* sowie *co* werden die RCS-Dateien dort ablegen – getrennt vom Rest der Quellcodedateien.

RCS hebt außerdem alle vorherigen Versionen Ihrer Datei auf. Wenn Sie beispielsweise eine Datei ändern, und diese Änderung führt zu einem Programmabbruch, möchten Sie vielleicht die letzte Änderung rückgängig machen und mit der vorherigen Version noch einmal beginnen. Sie können zu diesem Zweck mit *co* die Datei mit einer bestimmten Versionsnummer auschecken. Ein Beispiel:

```
papaya$ co -l1.1 importrtf.c
importrtf.c,v  -->  importrtf.c
revision 1.1 (locked)
writable importrtf.c exists; remove it? [ny](n): y
done
papaya$
```

Damit checken Sie die Version 1.1 der Datei *importrtf.c* aus. Mit dem Programm *rlog* können Sie die Versionsgeschichte einer bestimmten Datei einsehen. Sie bekommen die Notizen angezeigt, die Sie mit *ci* eingegeben haben, sowie weitere Informationen wie das Datum, den Benutzer, der die Version eingecheckt hat, usw.

Beim Auschecken wird RCS automatisch die Informationen aktualisieren, die sich hinter bestimmten »Schlüsselwörtern« verbergen. Wenn Sie beispielsweise den String

```
/* $Header$ */
```

in die Quellcodedatei schreiben, ersetzt *co* ihn durch einen ausführlichen Text mit dem Versionsdatum, der Versionsnummer usw. – etwa so:

```
/* $Header: /work/linux/hitch/programming/tools/RCS/rcs.tex
       1.2 1994/12/04 15:19:31 mdw Exp mdw $ */
```

(Wir haben die Zeile umbrochen, damit sie auf die Seite paßt; in Wirklichkeit finden Sie alle Informationen in einer Zeile vor.)

Es gibt weitere Schlüsselwörter wie `$Author$`, `$Date$` und `$Log$` (letzteres enthält die Notizen zu allen Versionen, die in der Quelldatei enthalten sind).

Viele Programmierer schreiben eine feste Zeichenfolge in jede Quellcodedatei, die nach dem Kompilieren benutzt werden kann, um diese Programmversion zu identifizieren. Sie könnten zum Beispiel folgendes in jede Quelltextdatei Ihres Programms schreiben:

```
static char rcsid[] = "\@(#)$Header$";
```

co ersetzt das Schlüsselwort `$Header$` durch einen Text, wie wir ihn etwas weiter oben gezeigt haben. Diese statische Zeichenfolge wird in der ausführbaren Datei erhalten bleiben, und mit dem Befehl *what* können Sie solche Strings anzeigen lassen. Beispielsweise könnten wir nach dem Kompilieren von *importrtf.c* zu der ausführbaren Datei *importrtf* folgenden Befehl eingeben:

```
papaya$ what importrtf
foo:
        $Header: /work/linux/hitch/programming/tools/RCS/rcs.tex
                      1.2 1994/12/04 15:19:31 mdw Exp mdw $
papaya$
```

what sucht die Zeichenfolgen heraus, die mit den Zeichen `@(#)` beginnen, und zeigt sie an. Wenn Sie ein Programm vor sich haben, das aus vielen Quelldateien und Libraries kompiliert wurde, und Sie wissen nicht mehr, wie aktuell die einzelnen Bestandteile sind, können Sie mit *what* Versionsinformationen zu allen Quelldateien anzeigen, aus denen die ausführbare Datei kompiliert wurde.

ci(1)
co(1)
rcs(1)

Zu RCS gehören einige weitere Programme, darunter auch *rcs*, das für die Verwaltung von RCS-Dateien benutzt wird. *rcs* kann zum Beispiel anderen Benutzern die Berechtigung erteilen, Quelldateien aus einer RCS-Datei auszuchecken. Sie finden weitere Informationen in den Manpages zu *ci*, *co* und *rcs*.

Werkzeuge für die Versionskontrolle - CVS

CVS, das »Concurrent Version System«, ist komplexer als RCS und daher vielleicht etwas überqualifiziert für Ein-Mann-Projekte. Aber immer wenn mehr als ein oder zwei Programmierer an einem Projekt arbeiten oder der Quellcode auf mehrere Verzeichnisse verteilt ist, ist CVS die bessere Wahl. CVS verwendet das Dateiformat von RCS zum Speichern der Änderungen, hat aber eine eigene Verwaltungsstruktur.

Per Voreinstellung arbeitet CVS auf ganzen Verzeichnisbäumen. Jeder CVS-Befehl, den Sie verwenden, betrifft also das aktuelle Verzeichnis und alle darin enthaltenen Unterverzeichnisse, wiederum alle darin enthaltenen Unterverzeichnisse und so weiter. Dieses rekursive Durchlaufen kann mit einer Kommandozeilenoption abgeschaltet werden; Sie können aber auch einfach eine einzige Datei zur Bearbeitung angeben.

CVS hat das Sandkasten-Konzept formalisiert, das in vielen Softwarefirmen verwendet wird. In diesem Konzept gibt es ein sogenanntes *Repository*, das die »offiziellen« Quellen enthält, von denen man weiß, daß sie kompilieren und funktionieren (zumindest teilweise). Kein Entwickler darf jemals Dateien direkt im Repository bearbeiten. Statt dessen checkt jeder Entwickler einen eigenen Verzeichnisbaum aus, den sogenannten *Sandkasten*. Hier kann er die Quellen nach Belieben editieren, Änderungen vornehmen, Dateien hinzufügen oder entfernen und all die Dinge tun, die Entwickler üblicherweise so tun (nein, wir meinen nicht Quake spielen und Marshmallows essen). Wenn der Entwickler sicher ist, daß die Änderungen kompilieren und funktionieren, überträgt er diese wieder in das Repository und stellt sie damit anderen Entwicklern zur Verfügung.

Wenn Sie als Entwickler einen lokalen Verzeichnisbaum ausgecheckt haben, sind alle Dateien schreibbar. Sie können in Ihrem persönlichen Arbeitsbereich alle notwendigen Änderungen vornehmen. Wenn Sie mit dem Testen fertig sind und von Ihrer Arbeit so überzeugt sind, daß Sie sie dem Rest Ihres Teams zur Verfügung stellen wollen, dann schreiben Sie alle geänderten Dateien mit einem CVS-commit-Befehl wieder in das zentrale Repository zurück. CVS überprüft dann, ob ein anderer Entwickler Änderungen vorgenommen hat, seit Sie den Verzeichnisbaum ausgecheckt haben. Wenn das der Fall ist, läßt CVS Sie nicht Ihre Änderungen einchecken, sondern bittet Sie, zunächst die Änderungen der anderen Entwickler in Ihren lokalen Verzeichnisbaum zu übernehmen. Während dieser Update-Operation verwendet CVS einen raffinierten Algorithmus, um Ihre Änderungen mit denen der anderen Entwickler zusammenzuführen. Es gibt Fälle, in denen das nicht automatisch möglich ist. In diesem Fall informiert Sie CVS darüber, daß es Konflikte gegeben hat, und fordert Sie auf, diese aufzulösen. Die betroffene Datei wird mit speziellen Zeichen versehen, so daß Sie gut erkennen können, wo ein Konflikt eingetreten ist, und sich überlegen können, welche Version verwendet werden soll. Beachten Sie, wie CVS so sicherstellt, daß es Konflikte immer nur im lokalen Baum des Entwicklers geben kann. Das Repository enthält grundsätzlich eine konsistente Version.

Ein CVS-Repository einrichten

Wenn Sie an einem größeren Projekt arbeiten, dann ist es nicht unwahrscheinlich, daß jemand anderes bereits alles Notwendige installiert und eingerichtet hat, um CVS zu verwenden. Aber wenn Sie der Administrator Ihres Projekts sind oder einfach nur mit CVS auf Ihrem lokalen Rechner herumspielen wollen, dann müssen Sie selbst ein Repository einrichten.

Weisen Sie zunächst der Umgebungsvariablen `CVSROOT` das Verzeichnis zu, in dem das CVS-Repository liegen soll. CVS kann beliebig viele Projekte in einem Repository verwalten und stellt sicher, daß diese nicht miteinander in Konflikt geraten. Sie müssen also nur einmal ein Verzeichnis auswählen, in dem alle Ihre mit CVS verwalteten Projekte untergebracht werden sollen, und müssen dieses nicht ändern, wenn Sie an einem anderen Projekt arbeiten. Anstelle der Variablen `CVSROOT` können Sie bei allen CVS-Befehlen immer auch den Kommandozeilenschalter `-d` verwenden, aber es ist mühsam, das immer von Hand einzugeben, weswegen wir hier annehmen werden, daß Sie `CVSROOT` gesetzt haben.

Wenn das Verzeichnis für das Repository einmal existiert, können Sie das Repository selbst mit dem folgenden Befehl erzeugen (wir gehen hier davon aus, daß CVS auf Ihrem Rechner installiert ist):

```
tigger$ cvs init
```

Es gibt mehrere verschiedene Möglichkeiten, einen Projektbaum im CVS-Repository anzulegen. Wenn Sie bereits einen Verzeichnisbaum haben, der noch nicht von RCS verwaltet wird, dann können Sie diesen einfach mit folgendem Befehl in das Repository importieren:

```
tigger$ cvs import verzeichnis hersteller marke
```

Dabei ist `verzeichnis` der Name des Toplevel-Verzeichnisses des Projekts, `hersteller` der Name des Autors dieses Codes (Sie können hier einen beliebigen Namen verwenden) und `marke` eine sogenannte Release-Marke (*Tag*), die ebenfalls beliebig gewählt werden kann. Ein Beispiel:

```
tigger$ cvs import dataimport acmeinc initial
... eine Menge Ausgaben ...
```

Wenn Sie ein völlig neues Projekt anfangen wollen, können Sie einfach den Verzeichnisbaum mit *mkdir*-Aufrufen aufbauen und dann diesen leeren Baum wie eben gezeigt importieren.

Wollen Sie dagegen ein Projekt importieren, das bereits von RCS verwaltet wird, wird es etwas komplizierter, weil Sie *cvs import* nicht verwenden können. In diesem Fall müssen Sie die benötigten Verzeichnisse direkt im Repository anlegen und dann alle RCS-Dateien (also die Dateien, deren Namen auf *,v* enden) in diese Verzeichnisse kopieren. Verwenden Sie hier keine *RCS*-Unterverzeichnisse!

Jedes Repository enthält eine Datei namens *CVSROOT/modules*, die die Namen der Projekte im Repository enthält. Es lohnt sich, diese Datei mitzupflegen, wenn Sie ein neues Modul hinzufügen. Sie können diese Datei auschecken, editieren und einchecken wie jede andere Datei. Um also Ihr Modul zur Liste hinzuzufügen, verwenden Sie folgende Befehlsfolge (wir werden die einzelnen Befehle in Kürze besprechen):

```
tigger$ cvs checkout CVSROOT/modules
tigger$ cd CVSROOT
tigger$ emacs modules
... oder jeder andere Editor Ihrer Wahl; wir besprechen noch, was hier einzugeben ist...
tigger$ cvs commit modules
tigger$ cd..
tigger$ cvs release -d CVSROOT
```

Wenn Sie nichts Besonderes machen wollen, dann ist das Format der Datei *modules* sehr einfach: Jede Zeile beginnt mit dem Namen des Moduls, gefolgt von einem Leer- oder Tabulatorzeichen und dem Pfad im Repository. Sie können noch viele andere Dinge mit dieser Datei machen. Näheres finden Sie in der CVS-Dokumentation, insbesondere in den Info-Seiten oder unter *http://www.loria.fr/~molli/cvs-index.html*.

Mit CVS arbeiten

In diesem Abschnitt gehen wir davon aus, daß entweder Sie oder Ihr Systemverwalter ein Modul namens `dataimport` eingerichtet haben. Sie können jetzt einen lokalen Baum dieses Moduls mit folgendem Befehl auschecken:

```
tigger$ cvs checkout dataimport
```

Wenn für das Projekt, mit dem Sie arbeiten wollen, kein Modul definiert ist, dann müssen Sie den Pfad im Repository kennen. Beispielsweise könnte folgender Befehl funktionieren:

```
tigger$ cvs checkout kunden/acmeinc/dataimport
```

Aber egal, welche Version des *checkout*-Befehls Sie verwenden, CVS wird ein Verzeichnis namens *dataimport* in Ihrem aktuellen Arbeitsverzeichnis erzeugen und alle Dateien und Verzeichnisse, die zu diesem Modul gehören, dorthinein auschekken. Alle Dateien sind schreibbar, Sie können also unmittelbar mit dem Editieren loslegen.

Nachdem Sie einige Änderungen gemacht haben, können Sie die geänderten Dateien mit einem einzigen Befehl in das Repository zurückschreiben:

```
tigger$ cvs commit
```

Natürlich können Sie auch einzelne Dateien einchecken:

```
tigger$ cvs commit importrtf.c
```

CVS fragt Sie in jedem Fall – genau wie RCS – nach einem Kommentar, der zusammen mit Ihren Änderungen abgespeichert werden soll. Aber CVS geht noch einen Schritt weiter als RCS, was Ihre Bequemlichkeit angeht. Anstelle der rudimentären Eingabeaufforderung von RCS öffnet CVS einen Bildschirmeditor. Sie können diesen Editor durch Angeben in der Umgebungsvariablen `CVSEDITOR` festlegen; wenn diese Umgebungsvariable nicht gesetzt ist, schaut CVS in `EDITOR` nach; ist auch diese nicht gesetzt, dann wird *vi* verwendet. Wenn Sie ein ganzes Projekt einchekken, verwendet CVS den eingegebenen Kommentar für jedes Verzeichnis, in dem Sie Änderungen vorgenommen haben, startet aber jedesmal einen neuen Editor, damit Sie gegebenenfalls Änderungen vornehmen können.

Wie bereits erwähnt, ist es nicht notwendig, *CVSROOT* korrekt zu setzen, wenn Sie Dateien einchecken wollen, weil CVS beim Auschecken des Baums ein Verzeichnis namens *CVS* in jedem Arbeitsverzeichnis angelegt hat. Dieses enthält alle Informationen, die CVS für seine Arbeit braucht, darunter auch, wo das Repository steht.

Während Sie an Ihren Dateien gearbeitet haben, kann es ja durchaus sein, daß ein Kollege inzwischen einige der Dateien eingecheckt hat, an denen Sie selbst auch gerade arbeiten. In diesem Fall läßt CVS Sie Ihre Dateien nicht einchecken, sondern fordert Sie auf, zunächst Ihren lokalen Baum zu aktualisieren. Dies geschieht mit folgendem Befehl:

```
tigger$ cvs update
M importrtf.c
A exportrtf.c
? importrtf
U importword.c
```

(Sie können auch hier nur eine einzelne Datei angeben.) Sie sollten sich die Ausgabe dieses Befehls sorgfältig anschauen: CVS gibt die Namen aller Dateien aus, die es untersucht, und stellt jedem Namen ein Zeichen voran. Dieses Zeichen teilt Ihnen mit, was während der Aktualisierung passiert ist. Die wichtigsten Zeichen sind in Tabelle 14-1 aufgeführt.

Tabelle 14-1: Aktionsbuchstaben für Dateien unter CVS-Kontrolle

Zeichen	Erklärung
`P`	Diese Datei ist aktualisiert worden. P wird verwendet, wenn die Datei in der Zwischenzeit zum Repository hinzugefügt oder verändert worden ist, aber Sie selbst an dieser Datei keine Änderungen vorgenommen haben.
`U`	Sie haben diese Datei in der Zwischenzeit geändert, aber niemand sonst.
`M`	Sie haben diese Datei in der Zwischenzeit geändert, und jemand anders hat eine neue Version eingecheckt. Alle Änderungen sind erfolgreich zusammengeführt worden.
`C`	Sie haben diese Datei in der Zwischenzeit geändert, und jemand anders hat eine neue Version eingecheckt. Während des Zusammenführungsversuchs sind Konflikte aufgetreten.
`?`	CVS weiß nichts über diese Datei, sie steht also nicht unter CVS-Kontrolle.

Das `C` ist das wichtigste dieser Zeichen. CVS konnte nicht alle Änderungen zusammenführen und benötigt Ihre Hilfe. Laden Sie diese Dateien in Ihren Editor, und suchen Sie nach dem String <<<<<<<. Nach diesem String steht noch einmal der Name der Datei, gefolgt von Ihrer Versionsnummer, die durch eine Zeile mit ======= abgeschlossen wird. Anschließend kommt die Version aus dem Repository, die wiederum durch eine Zeile mit >>>>>>> abgeschlossen wird. Sie müssen jetzt – eventuell in Absprache mit Ihrem Kollegen – herausfinden, welche Version besser ist oder ob es möglich ist, die beiden Versionen von Hand zusammenzuführen. Ändern Sie die Datei entsprechend, und entfernen Sie die CVS-Markierungen <<<<<<<, ======= und >>>>>>>. Speichern Sie die Datei, und versuchen Sie den *commit*-Befehl noch einmal.

Wenn Sie sich entschließen, daß Sie an einem Projekt einige Zeit nicht mehr weiterarbeiten wollen, sollten Sie überprüfen, ob Sie wirklich alle Änderungen übertragen haben. Gehen Sie dazu in das Verzeichnis oberhalb des Wurzelverzeichnisses Ihres Projekts, und geben Sie folgenden Befehl ein:

```
tigger$ cvs release dataimport
```

CVS überprüft dann, ob Sie alle Änderungen in das Repository übertragen haben, und warnt Sie, wenn nötig. Eine nützliche Option dieses Befehls ist *-d*, die den lokalen Baum löscht, wenn alle Änderungen übertragen worden sind.

CVS über das Internet

CVS ist auch dann sehr nützlich, wenn verteilte Entwicklerteams im Spiel sind,[5] weil es mehrere Möglichkeiten bereitstellt, um auf ein Repository auf einem entfernten Rechner zuzugreifen.

Wenn Sie sich in den Rechner, auf dem sich das Repository befindet, mit *rsh* einloggen können, dann können Sie auch mit CVS auf das Repository zugreifen. Um ein Modul auszuchekken, verwenden Sie folgenden Befehl:

```
cvs -d :ext:benutzer@domaene.com:/pfad/zum/repository checkout dataimport
```

Wenn Sie *rsh* aus Sicherheitsgründen nicht verwenden können oder wollen, können Sie auch die verschlüsselte Variante *ssh* benutzen. Sie teilen CVS mit, daß Sie *ssh* benutzen wollen, indem Sie die Umgebungsvariable `CVS_RSH` auf *ssh* setzen.

Authentifizierung und Zugriff auf das Repository kann auch über ein Client/Server-Protokoll geschehen. Dazu muß auf dem entfernten Rechner ein CVS-Server laufen. In der CVS-Dokumentation können Sie nachlesen, wie ein solcher eingerichtet wird. Wenn der Server läuft, können Sie sich folgendermaßen einloggen:

```
cvs -d :pserver:benutzer@domaene.com:/pfad/zum/repository login
CVS password:
```

Wie Sie sehen, fragt Sie der CVS-Server nach Ihrem CVS-Paßwort, das Ihnen vom Administrator des CVS-Servers zugewiesen worden ist. Diese Login-Prozedur ist nur einmal pro Repository notwendig; wie bei lokalen Repositories wird diese Information in Ihrem lokalen Baum gespeichert. Weil das Paßwort nur gering verschlüsselt in der Datei *.cvspass* in Ihrem Heimatverzeichnis gespeichert wird, liegt hier ein potentielles Sicherheitsrisiko vor. Die CVS-Dokumentation sagt Ihnen mehr.

Wenn Sie CVS über das Internet verwenden und große Module auschecken oder aktualisieren, dann kann es auch sinnvoll sein, die Option *-z* zu verwenden, die einen zusätzlichen numerischen Parameter erwartet und die Daten in komprimierter Form überträgt.

5 Die Verwendung von CVS ist mit der Anzahl der freien Softwareprojekte gestiegen, die über das Internet von Menschen aus verschiedenen Kontinenten entwickelt werden.

Dateien patchen

Nehmen wir an, daß Sie versuchen, ein Programm zu pflegen, das regelmäßig aktualisiert wird. Das Programm besteht aber aus vielen Quelldateien, und es ist einfach nicht machbar, mit jedem Update die kompletten Quelldateien herauszugeben. Die beste Methode, Quellen nach und nach zu aktualisieren, ist *patch*, ein Programm von Larry Wall, dem Autor von Perl.

patch ist ein Programm, mit dem Sie kontextabhängige Änderungen in einer Datei vornehmen können, um ein Update auf die nächste Version durchzuführen. Sie geben also bei Änderungen im Programm einfach eine Patch-Datei (patch = flicken) zum Quellcode heraus, die der Benutzer dann mit *patch* einspielen kann, um die neueste Programmversion zu erhalten. Linus Torvalds gibt neue Versionen des Linux-Kernels normalerweise in Form von Patch-Dateien und vollständigen Quell-Distributionen heraus.

patch ist netterweise in der Lage, Updates im richtigen Kontext durchzuführen. Wenn Sie also den Quellcode selbst geändert haben, aber trotzdem noch die Änderungen aus der Patch-Datei einspielen möchten, kann *patch* in der Regel herausfinden, an welcher Stelle der Originaldatei die Änderungen eingespielt werden müssen. Deshalb muß Ihre Version der Originalquellen nicht genau mit der Version übereinstimmen, für die die Patch-Datei erstellt wurde.

Mit dem Programm *diff*, das »Kontext-Diffs« (eine kontextsensitive Liste der Unterschiede) zwischen zwei Dateien erzeugen kann, werden die Patch-Dateien erstellt. Wir benutzen wieder den hinreichend bekannten »Hello, World!«-Quelltext als Beispiel:

```
/* hello.c version 1.0 by Norbert Ebersol */
#include <stdio.h>

int main() {
 printf("Hello, World!");
 exit(0);
}
```

Nehmen wir an, Sie wollen diesen Quelltext folgendermaßen ändern:

```
/* hello.c version 2.0 */
/* (c)1994 Norbert Ebersol */
#include <stdio.h>

int main() {
  printf("Hello, Mother Earth!\n");
  return 0;
}
```

Wenn Sie eine Patch-Datei erzeugen möchten, die die Originaldatei *hello.c* auf den aktuellen Stand bringt, geben Sie *diff* mit der Option *-c* ein:

```
papaya$ diff -c hello.c.old hello.c > hello.patch
```

Damit erzeugen Sie die Patch-Datei *hello.patch*, in der beschrieben wird, wie die Originaldatei *hello.c* (in diesem Fall unter *hello.c.old* abgelegt) in die neue Version konvertiert wird. Sie können diese Patch-Datei an alle Interessenten verteilen, die die Originalversion von »Hello, World!« haben; diese können dann mit *patch* das Update durchführen.

Die Benutzung von *patch* ist recht einfach; in den meisten Fällen rufen Sie es mit der Patch-Datei als Eingabedatei auf:[6]

```
papaya$ patch < hello.patch
Hmm...  Looks like a new-style context diff to me...
The text leading up to this was:
--------------------------
|*** hello.c.old        Sun Feb  6 15:30:52 1994
|--- hello.c    Sun Feb  6 15:32:21 1994
--------------------------
Patching file hello.c using Plan A...
Hunk #1 succeeded at 1.
done
papaya$
```

patch gibt eine Warnung aus, wenn der Patch anscheinend schon einmal eingespielt wurde. Wenn wir versuchen, diese Patch-Datei noch einmal anzuwenden, wird *patch* fragen, ob es so tun soll, als ob der Schalter *-R* gesetzt sei – mit diesem Schalter wird ein Patch *rückgängig* gemacht. Auf diese Weise lassen sich Patches wieder entfernen, die versehentlich eingespielt wurden. *patch* hebt die Originalversionen aller aktualisierten Dateien in einer Backup-Datei auf, die in der Regel *dateiname~* genannt wird (der Dateiname mit angehängter Tilde).

Oft werden Sie nicht nur eine einzelne Quelltextdatei patchen wollen, sondern einen ganzen Verzeichnisbaum mit Quellen. Bei *patch* können Sie mit einem einzigen *diff* mehrere Dateien aktualisieren. Wir gehen von den beiden Verzeichnisbäumen *hello.old* und *hello* aus, in denen der Quellcode der alten bzw. neuen Version des Programms steht. Benutzen Sie *diff* mit dem Schalter *-r*, um eine Patch-Datei für den ganzen Verzeichnisbaum zu erzeugen:

```
papaya$ diff -cr hello.old hello > hello.patch
```

Wir begeben uns jetzt auf das System, auf dem die Software aktualisiert werden soll. Wenn wir davon ausgehen, daß die Originalquelltexte im Verzeichnis *hello* stehen, können Sie das Update folgendermaßen einspielen:

```
papaya$ patch -p0 < hello.patch
```

6 Die hier gezeigte Ausgabe stammt aus der letzten von Larry Wall veröffentlichten Version, Version 2.1. Wenn Sie eine neuere Version von *patch* haben, dann bekommen Sie die gleiche Ausgabe mit dem Schalter *--verbose*.

patch(1)

Der Schalter *-p0* weist *patch* an, die Pfadnamen der Dateien beizubehalten, die aktualisiert werden sollen (*patch* weiß also, daß es im Verzeichnis *hello* nach dem Quelltext suchen muß). Wenn die Quelltextdatei, die aktualisiert werden soll, in einem anderen Verzeichnis steht als dem, das in der Patch-Datei angegeben wurde, müssen Sie eventuell den Schalter *-p* benutzen. In der Manpage zu *patch* finden Sie die Details hierzu.

Code einrücken

Falls das Einrücken von Codezeilen nicht Ihre Stärke ist und Sie sich auch nicht mit einem Editor anfreunden können, der den Code während der Eingabe einrückt, sollten Sie das Programm *indent* benutzen, um nach dem Eingeben des Programmcodes denselben wohlformatiert auszudrucken. *indent* ist ein ziemlich schlauer C-Code-Formatierer, dem Sie mit Hilfe einiger Optionen mitteilen, wie Sie Ihren Quelltext eingerückt haben möchten.

Wir beginnen mit diesem fürchterlich formatierten Quelltext:

```
double fact (double n) { if (n==1) return 1;
else return (n*fact(n-1)); }
int main () {
printf("Factorial 5 is %f.\n",fact(5));
printf("Factorial 10 is %f.\n",fact(10)); exit (0); }
```

Wenn wir *indent* auf diese Quelle ansetzen, erhalten wir das deutlich schönere:

```
#include <math.h>

double
fact (double n)
{
  if (n == 1)
    return 1;
  else
    return (n * fact (n - 1));
}
void
main ()
{
  printf ("Factorial 5 is %f.\n", fact (5));
  printf ("Factorial 10 is %f.\n", fact (10));
  exit (0);
}
```

Hier sind nicht nur die Zeilen übersichtlich eingerückt, sondern es sind außerdem Leerstellen um die Operatoren und Funktionsparameter herum eingefügt worden, um die Lesbarkeit zu erhöhen. Sie können auf vielerlei Weise bestimmen, wie die

Ausgabe von *indent* aussehen soll – für den Fall, daß Ihnen diese Art der Einrükkung nicht gefällt, bietet *indent* noch andere Möglichkeiten.

indent ist außerdem in der Lage, aus einer Quelldatei *troff*-Code zu erzeugen, den Sie dann ausdrucken oder in ein technisches Dokument einfügen können. Dieser Code wird solche Textauszeichnungen wie kursive Kommentare, fett gesetzte Schlüsselwörter usw. enthalten. Ein Befehl wie

```
papaya$ indent -troff importrtf.c | groff -mindent
```

erzeugt *troff*-Code und formatiert diesen mit *groff*.

KAPITEL 15

TCP/IP UND PPP

Sie haben sich also im wilden Linux-Land niedergelassen – Ihr System ist installiert und konfiguriert. Was nun? Irgendwann möchten Sie mit fremden Systemen kommunizieren – sowohl mit Linux als auch mit anderen –, und mit der Pferdekutsche wollen Sie sich nicht zufriedengeben.

Glücklicherweise unterstützt Linux eine Reihe von Methoden der Datenübertragung und Vernetzung. Dazu gehören die serielle Kommunikation, TCP/IP und UUCP. In diesem Kapitel und dem nächsten werden wir zeigen, wie Sie Ihr System für die Kommunikation mit dem Rest der Welt konfigurieren.

Der *Linux Network Administrator's Guide*, vom Linux Documentation Project (siehe Bibliographie) und vom O'Reilly Verlag herausgegeben, ist eine vollständige
[4] Beschreibung der Vernetzung mit TCP/IP und UUCP unter Linux. Für den Fall, daß Sie die Informationen, die wir im vorliegenden Buch bieten, in einer detailreicheren Darstellung nachlesen wollen, verweisen wir Sie auf dieses Buch (deutsche Ausgabe: *Linux – Wegweiser für Netzwerker*).

Vernetzung mit TCP/IP

Linux unterstützt eine vollständige Implementierung der Netzwerkprotokolle TCP/IP (Transmission Control Protocol/Internet Protocol). TCP/IP hat sich weltweit zur erfolgreichsten Methode der Vernetzung entwickelt. Mit Linux und einer Ethernet-Karte können Sie Ihren Rechner in ein LAN (Local Area Network) einbinden oder, wenn die notwendigen Netzverbindungen vorhanden sind, in das Internet – das weltumspannende TCP/IP-Netzwerk.

Es ist nicht schwierig, ein kleines lokales Netz von Unix-Rechnern zu verbinden. Sie brauchen lediglich einen Ethernet-Controller in jedem Rechner und die passenden Ethernet-Kabel und andere Hardware. Falls Ihre Firma oder Universität einen Anschluß an das Internet hat, können Sie Ihren Linux-Rechner problemlos in dieses Netzwerk mit einbinden.

Das TCP/IP von Linux hat Höhen und Tiefen erlebt. Schließlich ist die Implementierung eines ganzen Protokoll-Stacks von Grund auf keine Sache, die man aus Spaß an der Freude mal eben am Wochenende erledigt. Andererseits hat der Code für das Linux-TCP/IP ganz enorm von den Horden von Testern und Entwicklern profitiert, die sich mit ihm befaßt haben; im Laufe der Zeit sind auf diese Weise viele Fehler und Konfigurationsprobleme beseitigt worden.

Die aktuelle Implementierung von TCP/IP und verwandten Protokollen für Linux läuft unter dem Namen NET-4. Das hat mit der sogenannten NET-2-Version des BSD-Unix nichts zu tun; in diesem Zusammenhang bezeichnet NET-4 einfach die vierte Implementierung von TCP/IP für Linux. Vor NET-4 gab es (wenig überraschend) NET-3, NET-2 und NET-1, das ungefähr mit der Kernel-Version 0.99.pl10 ausrangiert wurde. NET-4 unterstützt fast alle Fähigkeiten, die Sie von einer TCP/IP-Implementierung für Unix erwarten dürfen, ebenso eine Reihe verschiedener Hardware für die Vernetzung.

NET-2 von Linux unterstützt auch SLIP, das Serial Line Internet Protocol, und PPP, das Point-to-Point Protocol. Mit SLIP oder PPP sowie einem Modem können Sie sich per Wählzugang in das Internet begeben. Falls Ihre Firma oder Universität den Zugang per SLIP oder PPP anbietet, können Sie sich über die Telefonleitung in den SLIP- oder PPP-Server einwählen und Ihren Rechner zu einem Bestandteil des Internet machen. Falls Ihr Rechner dagegen schon einen Ethernet-Zugang zum Internet hat, können Sie ihn als SLIP- oder PPP-Server konfigurieren.

In den folgenden Abschnitten werden wir SLIP nicht mehr erwähnen, weil heutzutage die meisten Leute PPP verwenden. Wenn Sie SLIP auf Ihrem Rechner verwenden wollen, können Sie alle notwendigen Informationen in *Linux – Wegweiser für Netzwerker* finden.

[83] Neben dem *Linux Network Administrator's Guide* enthält das NET-3-HOWTO von Linux eine mehr oder weniger vollständige Beschreibung der Konfiguration von TCP/IP und PPP unter Linux. Das Ethernet-HOWTO von Linux ist ein ähnliches Dokument, das die Konfiguration einiger Treiber für Ethernet-Karten unter Linux beschreibt.

[35] Interessant ist außerdem *TCP/IP Netzwerk Administration* von Craig Hunt. Es enthält alles über die Benutzung und Konfiguration von TCP/IP auf Unix-Rechnern. Falls Sie vorhaben, ein Netzwerk mit Linux-Rechnern aufzubauen, oder sich ernsthaft mit TCP/IP befassen wollen, sollten Sie über das Wissen verfügen, das dieses Buch zum Thema Netzwerkverwaltung darbietet.

[37] Wenn es Ihnen wirklich ernst mit der Einrichtung und dem Betrieb von Netzwerken ist, sollten Sie wahrscheinlich auch *DNS und BIND* von Cricket Liu und Paul Albitz lesen. Dieses Buch erklärt Ihnen in einem angenehm witzigen Stil alles, was man über Name-Server wissen muß.

TCP/IP-Konzepte

Damit Sie die Vielseitigkeit von TCP/IP in vollem Umfang schätzen (und nutzen) können, sollten Sie mit den zugrundeliegenden Konzepten vertraut sein. Transmis-
[33] sion Control Protocol/Internet Protocol besteht aus einer Reihe von Protokollen (unser rätselhaftes Schlagwort für dieses Kapitel), die definieren, wie Rechner einerseits über ein Netzwerk miteinander, andererseits intern mit den anderen Schichten der Protokollfamilie kommunizieren sollen. Die beste Informationsquelle zum theoretischen Hintergrund der Internetprotokolle ist der erste Band von Douglas Comers *Internetworking with TCP/IP* sowie der erste Band von W. Richard Stevens *TCP/IP Illustrated*.

TCP/IP wurde ursprünglich für das »Advanced Research Projects Agency«-Netzwerk (ARPAnet) entwickelt, das für militärische und computerwissenschaftliche Forschungszwecke eingerichtet wurde. Aus diesem Grund wird TCP/IP manchmal als »DARPA-Internetprotokoll« bezeichnet. Seit jenen Tagen sind viele andere TCP/IP-Netze entstanden (etwa das NSFNET der National Science Foundation), ebenso wie Tausende von weiteren lokalen und regionalen Netzen auf der ganzen Welt. Alle diese Netze sind zu einem einzigen Konglomerat verbunden, das man als das Internet bezeichnet.

In einem TCP/IP-Netzwerk bekommt jeder Rechner eine IP-Adresse zugewiesen, die aus einer eindeutigen, 32 Bits langen Zahl besteht. Sie müssen gewisse Kenntnisse über die IP-Adressen haben, um Ihr Netzwerk planen und die Rechneradressen vergeben zu können. Die IP-Adresse wird in der Regel als »dotted quad« geschrieben: vier Dezimalzahlen, die durch Punkte getrennt werden. Ein Beispiel: Die (hexadezimale) IP-Adresse 0x80114b14 kann auch als 128.17.75.20 geschrieben werden.

Die IP-Adresse besteht aus zwei Teilen: der Netzwerkadresse und der Rechneradresse. Die Netzwerkadresse besteht aus den höherwertigen Bits der Adresse, die Rechneradresse aus den übrigen Bits. (Im allgemeinen ist jeder *Rechner* (host) ein eigenständiges System im Netzwerk.) Die Größe dieser beiden Felder hängt vom Typ des betreffenden Netzwerks ab. Ein Beispiel: In einem Klasse-B-Netz (bei dem das erste Byte der IP-Adresse einen Wert zwischen 128 und 191 enthält) identifizieren die ersten beiden Bytes das Netzwerk und die letzten beiden Bytes den Rechner (siehe auch Abbildung Abbildung). In unserer Beispieladresse ist 128.17 die Adresse des Netzwerks, und die Rechneradresse ist 75.20. Anders ausgedrückt: Das System mit der IP-Adresse 128.17.75.20 ist der Rechner 75.20 im Netzwerk 128.17.

Der Rechnerteil der IP-Adresse kann außerdem weiter unterteilt werden, um *Adressen für Subnetze* (subnets) zu bilden. Das Einrichten von Subnetzen bedeutet, daß ein großes Netz in kleine Teilnetze aufgeteilt wird, die unabhängig voneinander verwaltet werden können. So könnte eine Organisation beispielsweise ein einzelnes Klasse-B-Netz einrichten, das zwei Bytes für die Rechneradresse freihält

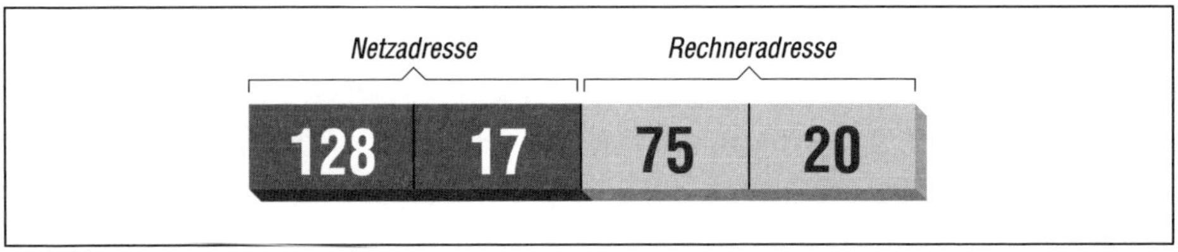

Abbildung 15-1: Eine IP-Adresse

– bis zu 65.534 Rechner in einem Netz. [1] Die Organisation könnte dann die Verantwortung für die Verwaltung des Netzwerks auf mehrere Schultern verteilen, so daß jedes Subnetz von einer anderen Abteilung verwaltet wird. Mit Subnetzen können Organisationen zum Beispiel angeben, daß das erste Byte der Rechneradresse (das heißt das dritte Byte der gesamten IP-Adresse) die Subnetzadresse und das zweite Byte die Rechneradresse innerhalb des Subnetzes ist (siehe Abbildung 15-2). In diesem Fall bezeichnet die IP-Adresse 128.17.75.20 den Rechner 20 im Subnetz 75 des Netzes 128.17.

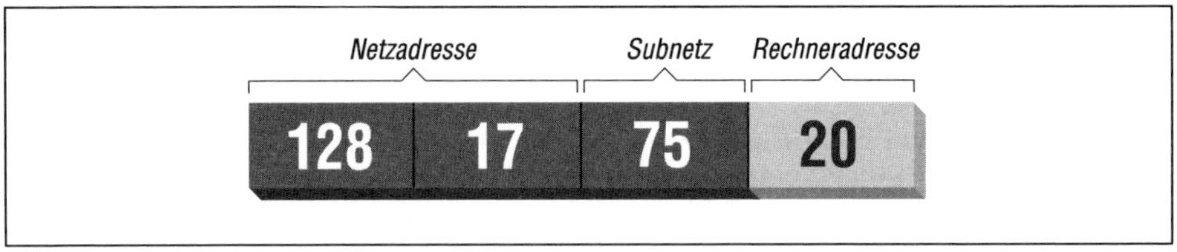

Abbildung 15-2: Eine IP-Adresse mit Subnetz

Prozesse (entweder auf demselben oder auf verschiedenen Rechnern), die per TCP/IP kommunizieren möchten, benutzen dazu in der Regel sowohl die IP-Adresse des Zielrechners als auch eine *Portadresse*. Die IP-Adresse des Zielrechners wird natürlich gebraucht, um Daten von einem Rechner aus ans Ziel zu leiten. Die Portadresse besteht aus einer 16 Bit langen Zahl, die einen bestimmten Dienst oder eine Anwendung auf dem Zielrechner bezeichnet, der/die die Daten empfangen soll. Man kann die Portnummern mit den Zimmernummern in einem großen Bürogebäude vergleichen – das Gebäude als Ganzes hat eine einzige IP-Adresse, aber verschiedene Firmen haben ihre eigenen Adressen innerhalb des Gebäudes.

Hier ein Beispiel für die Benutzung von IP-Adressen und Portnummern aus dem richtigen Leben: Das Programm *telnet* ermöglicht es dem Benutzer eines Rechners, auf einem anderen Rechner eine Login-Sitzung zu starten. Auf dem fremden Rechner läuft der *telnet*-»Dämon« *telnetd*, der an einem bestimmten Port auf eingehende Verbindungen wartet (in diesem Fall ist das die Portnummer 23). [2]

1 Warum nicht 65.536? Aus Gründen, die wir später besprechen, werden die Rechneradressen 0 und 255 nicht vergeben.

2 Auf vielen Systemen wartet *telnetd* nicht ständig am Port 23, sondern der Internet-Dienstedämon *inetd* übernimmt das für ihn. Im Augenblick wollen wir dieses Detail unter den Teppich kehren.

Der Benutzer, der *telnet* aufruft, gibt die Adresse des Zielrechners an, und das Programm *telnet* versucht, eine Verbindung zum Port 23 des fremden Rechners herzustellen. Wenn das gelingt, können *telnet* und *telnetd* miteinander kommunizieren, um dem Benutzer das Einloggen auf dem Zielrechner zu ermöglichen.

Beachten Sie, daß der *telnet*-Client auf dem lokalen Rechner eine eigene Portadresse benutzt. Diese Adresse wird mit dem Aufruf von *telnet* dynamisch an den Client vergeben. Der Grund hierfür ist, daß das fremde *telnetd* die Portnummer eines ankommenden *telnet*-Clients nicht vorab wissen muß. Wenn der Client die Verbindung aufbaut, wird unter anderem auch die eigene Portnummer an *telnetd* übertragen. Man kann sich *telnetd* als eine Firma mit allgemein bekannter Postanschrift vorstellen. Jeder Kunde, der mit dem *telnetd* eines bestimmten Rechners korrespondieren möchte, muß die IP-Adresse des Zielsystems kennen (quasi die Adresse des *telnetd*-Gebäudes). Er muß außerdem wissen, an welchem Port *telnetd* zu erreichen ist (das richtige Büro innerhalb des Gebäudes). Die Adresse und Portnummer des *telnet*-Clients dagegen stehen als »Absender« auf dem Briefumschlag.

Die TCP/IP-Familie besteht aus einer Reihe von Protokollen. Das Transmission Control Protocol (TCP) erledigt die zuverlässige, verbindungsorientierte Kommunikation zwischen zwei Prozessen, die auf verschiedenen Rechnern im Netz laufen können. Das User Datagram Protocol (UDP) weist Ähnlichkeiten mit TCP auf, bietet aber einen verbindungslosen, unzuverlässigen Dienst. Prozesse, die UDP benutzen, müssen bei Bedarf ihre eigenen Routinen für Empfangsbestätigung und Synchronisierung bereitstellen.

TCP und UDP senden und empfangen Daten in sogenannten Paketen. Jedes Paket enthält einen Informationsbrocken, der an ein anderes System gehen soll, und einen Header (etwa: Kopfzeile), in dem Zieladresse und Portnummer enthalten sind.

Das Internet Protocol (IP) ist in der Protokollhierarchie unterhalb von TCP und UDP angesiedelt; es ist für die Übertragung und das Routing (etwa: Ansteuern des Ziels) von TCP- und UDP-Paketen durch das Netz verantwortlich. Zu diesem Zweck verpackt IP jedes TCP- oder UDP-Paket in ein weiteres Paket (namens IP-Datagramm), das einen Header mit Routing- und Zielinformationen enthält. Im Header des IP-Datagramms stehen die IP-Adressen des sendenden sowie des empfangenden Rechners.

Beachten Sie, daß IP nichts über die Portadressen weiß; dafür sind TCP und UDP zuständig. Ebenso haben TCP und UDP nichts mit den IP-Adressen zu tun, mit denen sich (wie der Name andeutet) nur IP befaßt. Wie Sie sehen, ist die Brief-Metapher mit Umschlag und Absender ziemlich treffend; man kann sich jedes Paket als einen Brief in einem Umschlag vorstellen. TCP und UDP verpacken den Brief in einem Umschlag, auf dem die Portnummern (Büronummern) von Absender und Empfänger stehen.

IP fungiert als Poststelle des Bürogebäudes, das den Brief abschickt. Es empfängt den Umschlag und verpackt ihn in einem weiteren Umschlag, auf dem die IP-Adressen (die Adressen der Bürogebäude) von Absender und Empfänger stehen.

Die Post AG (die wir noch gar nicht besprochen haben) liefert den Brief im entsprechenden Bürogebäude ab. Dort wird in der Poststelle der äußere Umschlag entfernt, und der Brief wird an TCP/UDP übergeben. TCP/UDP liefert den Brief dann im richtigen Büro ab; es benutzt dazu die Portnummer (die auf dem inneren Umschlag steht). Auf jedem Umschlag steht eine Rücksendeadresse (return address), mit deren Hilfe IP und TCP/UDP auf einen Brief antworten können.

Die Rechner im Netz bekommen neben ihrer IP-Adresse oft auch einen Namen zugeteilt, um die Verwaltung der Systeme im Internet etwas humaner zu gestalten. Der Domain Name Service (DNS) besorgt die Umsetzung der Rechnernamen in IP-Adressen und umgekehrt; er ist außerdem dafür zuständig, die für die Umsetzung benutzte Datenbank im ganzen Internet zu verteilen. Die Benutzung von Rechnernamen macht es auch möglich, daß sich die IP-Adresse eines Rechners ändert (beispielsweise wenn der Rechner in ein anderes Netzwerk eingebunden wird), ohne daß man befürchten muß, daß andere Benutzer dieses System nach der Adressenänderung nicht mehr »finden«. Man muß nur den DNS-Eintrag für diesen Rechner mit der neuen IP-Adresse versehen, und alle »namentlichen« Zugriffe auf dieses System werden weiterhin erfolgreich sein.

[4] [35] [37]

DNS ist eine riesige, über die ganze Welt verteilte Datenbank. Alle Organisationen pflegen jeweils den Teil dieser Datenbank, in dem die Rechner der Organisation aufgeführt sind. Falls Sie in Ihrer Organisation für die Pflege dieser Liste zuständig sind, finden Sie in *Linux – Wegweiser für Netzwerker* oder in *TCP/IP Netzwerk Administration* Hilfestellung dazu. Sollte das noch nicht ausreichen, können Sie mit dem Titel *DNS und BIND* wirklich aus dem vollen schöpfen.

In den meisten Fällen reicht es aus, wenn Sie wissen, daß ein Dämon namens *named* auf Ihrem System laufen muß. Dieser Dämon ist Ihr Fenster zum DNS.

Wir könnten uns jetzt der Frage zuwenden, wie ein Paket von einem System (Bürogebäude) zu einem anderen gelangt. Dies ist die eigentliche Aufgabe von IP und einigen anderen Protokollen, die IP dabei unterstützen. Neben der Handhabung von IP-Datagrammen (in der Funktion einer Poststelle) erledigt IP auch das Routing von Paketen zwischen den Rechnern.

Bevor wir uns damit befassen, wie Routing funktioniert, müssen wir das Modell erklären, auf dem TCP/IP-Netzwerke beruhen. Ein Netzwerk ist einfach eine Gruppe von Rechnern, die durch ein physikalisches Medium – etwa Ethernet oder serielle Leitungen – miteinander verbunden sind. In der Terminologie von TCP/IP sagt man, daß jedes Netzwerk intern seine eigenen Methoden für das Routing und den Transport von Paketen hat.

Die Netze sind untereinander durch *Gateways* (oder *Router*) verbunden. Ein Gateway ist ein Rechner, der direkt mit zwei oder mehr Netzwerken verbunden ist. Er ist deshalb in der Lage, Informationen zwischen den Netzen auszutauschen und Pakete aus einem Netz in ein anderes zu transportieren. Ein Gateway könnte beispielsweise aus einer Workstation mit mehr als einer Ethernet-Karte bestehen. Jede

Karte gehört dabei zu einem anderen Netzwerk, und das Betriebssystem nutzt diese gemeinsamen Verbindungen so, daß der Rechner als Gateway fungieren kann.

Wir wollen das Thema an einem konkreten Beispiel erläutern und führen deshalb ein imaginäres Netzwerk ein, das aus den Rechnern **eggplant**, **papaya**, **apricot** und **zucchini** besteht. Abbildung Abbildung zeigt die Anordnung dieser Systeme im Netzwerk. Beachten Sie, daß **papaya** in ein zweites Netzwerk eingebunden ist, zu dem außerdem die Systeme **pineapple** und **pear** gehören. Diese Rechner haben folgende IP-Adressen:

Rechnername	IP-Adresse
eggplant	128.17.75.20
apricot	128.17.75.12
zucchini	128.17.75.37
papaya	128.17.75.98, 128.17.112.3
pear	128.17.112.21
pineapple	128.17.112.40, 128.17.30.1

Wie Sie sehen, hat **papaya** zwei IP-Adressen – je eine in den Subnetzen 128.17.75 und 128.17.112. Auch **pineapple** hat zwei IP-Adressen – eine in 128.17.112 und eine in 128.17.30.

IP benutzt den Netzwerkteil der IP-Adresse für das Routing der Pakete zwischen den Rechnern. Damit das funktioniert, führt jedes System im Netz eine *Routing-Tabelle* (routing table), die eine Liste mit Netzwerken und den Gateways zu diesen Netzwerken enthält. Um ein Paket zu einem bestimmten Rechner zu »routen«, liest IP den Netzwerkteil der Zieladresse. Wenn die Routing-Tabelle einen Eintrag für dieses Netz enthält, schickt IP das Paket an den entsprechenden Gateway. Im anderen Fall wird das Paket an den »Standard«-Gateway (default gateway) geschickt, der ebenfalls in der Routing-Tabelle eingetragen ist.

Die Routing-Tabellen können sowohl Einträge für bestimmte Rechner als auch für Netzwerke enthalten. Zusätzlich hat jeder Rechner in der Routing-Tabelle einen Eintrag für sich selbst.

Wir wollen uns die Routing-Tabelle von **eggplant** ansehen. Mit dem Befehl *netstat -rn* erhalten wir:

```
eggplant:$ netstat -rn
Kernel IP routing table
Destination   Gateway       Genmask         Flags   MSS  Window  irtt Iface
128.17.75.0   128.17.75.20  255.255.255.0   UN      1500 0          0 eth0
default       128.17.75.98  0.0.0.0         UGN     1500 0          0 eth0
127.0.0.1     127.0.0.1     255.0.0.0       UH      3584 0          0 lo
128.17.75.20  127.0.0.1     255.255.255.0   UH      3584 0          0 lo
```

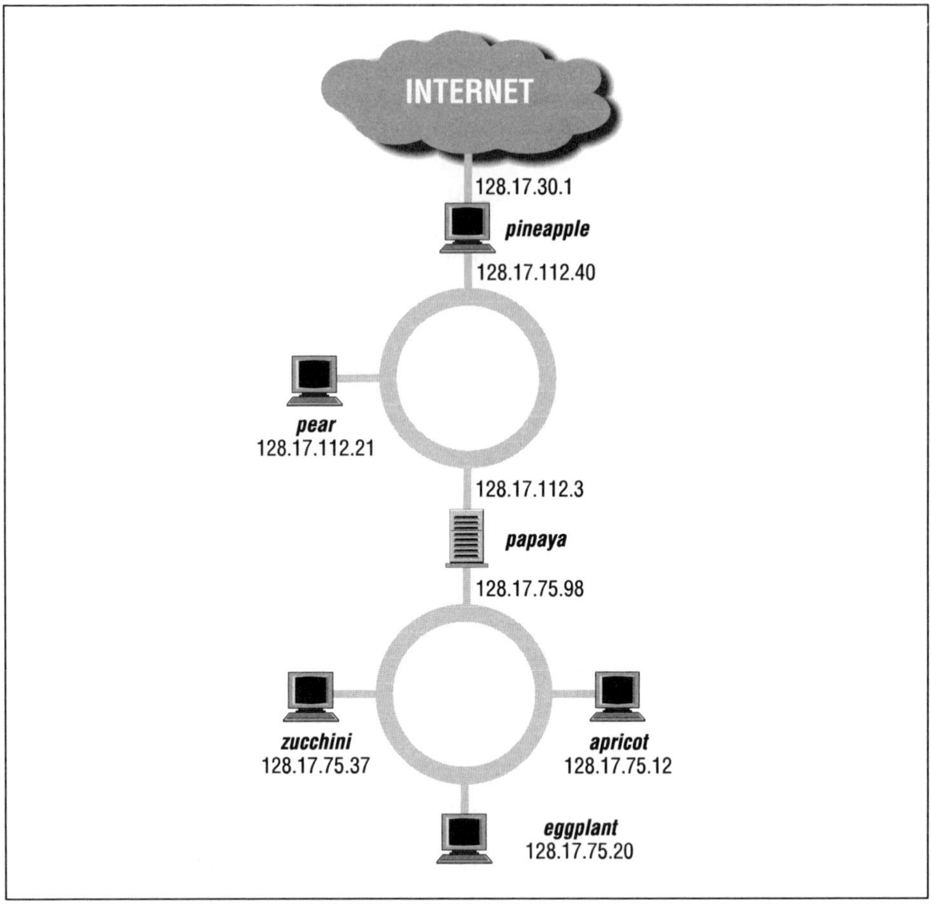

Abbildung 15-3: Ein Netzwerk mit zwei Gateways

Die erste Spalte enthält die Zielnetze (und -rechner) dieser Routing-Tabelle. Der erste Eintrag gilt dem Netzwerk 128.17.75 (bei Netzwerken ist die Rechneradresse gleich null); das ist das Netz, in dem sich **eggplant** befindet. Alle Pakete, die an dieses Netzwerk geschickt werden sollen, nehmen ihren Weg durch 128.17.75.20, was die IP-Adresse von **eggplant** ist. Allgemein gesprochen, führt die Route eines Rechners zu seinem Netzwerk immer durch ihn selbst.

Die Spalte `Flags` der Routing-Tabelle enthält Informationen über die Zieladresse dieses Eintrags; `U` steht für »aktiv« (up), `N` bedeutet, daß das Ziel ein Netzwerk ist, usw. Das `MSS`-Feld gibt an, wie viele Bytes auf einmal über die jeweilige Verbindung übertragen werden. `Window` gibt an, wie viele Frames gesendet werden dürfen, bevor eine Bestätigung eintreffen muß. `irtt` enthält statistische Werte zur Benutzung dieser Route, und `Iface` zeigt, welche Schnittstelle für diese Route benutzt wird. Auf Linux-Systemen heißen die Ethernet-Schnittstellen *eth0*, *eth1* usw. *lo* bezeichnet das Loopback-Device, das wir etwas später besprechen werden.

Der zweite Eintrag in dieser Routing-Tabelle beschreibt die Standardroute (default route), die für alle Pakete benutzt wird, deren Zielnetz oder -rechner nicht in der Tabelle enthalten ist. In diesem Beispiel führt die Standardroute durch den Rechner **papaya**, den man deshalb als das Tor zum Rest der Welt betrachten kann. Jedes System im Subnetz 128.17.75 muß **papaya** benutzen, wenn es mit anderen Rechnern im Netz kommunizieren möchte.

Der dritte Eintrag in der Tabelle gilt der Adresse 127.0.0.1 – das ist die *Loopback-Adresse*. Diese Adresse wird benutzt, wenn der Rechner eine TCP/IP-Verbindung mit sich selbst herstellen möchte. Er benutzt dafür das Loopback-Device *lo* und verhindert damit, daß Loopback-Verbindungen (durch die Schnittstelle *eth0*) das Ethernet benutzen. Auf diese Weise wird keine Netzwerkbandbreite in Anspruch genommen, wenn ein Rechner ein »Selbstgespräch« führen möchte.

Der letzte Eintrag in der Routing-Tabelle gilt der IP-Adresse 128.17.75.20; das ist die Adresse von **eggplant** selbst. Wie Sie sehen, benutzt diese Route 127.0.0.1 als Gateway. Auf diese Weise ist sichergestellt, daß **eggplant** bei jeder TCP/IP-Verbindung mit sich selbst die Loopback-Adresse als Gateway und *lo* als Schnittstelle benutzt.

Nehmen wir an, daß **eggplant** ein Paket an **zucchini** schicken möchte. Im IP-Datagramm wird als Absenderadresse 128.17.75.20 stehen und als Zieladresse 128.17.75.37. IP stellt fest, daß der Netzwerkteil der Zieladresse 128.17.75 ist, und benutzt deshalb den Eintrag für 128.17.75.0 in der Routing-Tabelle. Das Paket wird direkt an das Netzwerk geschickt, wo **zucchini** es empfangen und verarbeiten kann.

Was passiert, wenn **eggplant** Pakete an einen Rechner außerhalb des lokalen Netzwerks schicken möchte, etwa **pear**? In diesem Fall ist die Zieladresse 128.17.112.21. IP versucht, in der Routing-Tabelle eine Route zum Netzwerk 128.17.112 zu finden. Da keine solche Route eingetragen ist, wählt es die Standardroute durch **papaya** hindurch. **papaya** empfängt das Paket und sucht in seiner eigenen Routing-Tabelle nach der Zieladresse. Die Routing-Tabelle von **papaya** könnte folgendermaßen aussehen:

```
Destination   GatewayG      enmask          Flags   MSS  Window irtt Iface
128.17.75.0   128.17.75.98  255.255.255.0   UN      1500 0         0 eth0
128.17.112.0  128.17.112.3  255.255.255.0   UN      1500 0         0 eth1
default       128.17.112.40 0.0.0.0         UGN     1500 0         0 eth1
127.0.0.1     127.0.0.1     255.0.0.0       UH      3584 0         0 lo
128.17.75.98  127.0.0.1     255.255.255.0   UH      3584 0         0 lo
```

Wie Sie sehen, ist **papaya** durch seine Schnittstelle *eth0* mit dem Netzwerk 128.17.75 verbunden und durch *eth1* mit dem Netz 128.17.112. Die Standardroute führt durch **pineapple**, was für **papaya** auch der Gateway in die unendlichen Tiefen des Weltalls ist.

Sobald **papaya** ein Paket empfängt, das an **pear** adressiert ist, stellt es fest, daß die Zieladresse in 128.17.112 liegt, und lenkt das Paket in das Netzwerk, das den zweiten Eintrag in der oben gezeigten Routing-Tabelle benutzt.

Auf ähnliche Weise würde **eggplant** Pakete durch **papaya** (seinen Gateway) routen, die für Systeme außerhalb der eigenen Organisation bestimmt sind. **papaya** wiederum würde nach außen adressierte Pakete durch **pineapple** routen und so weiter. Pakete werden so lange von einem Gateway zum nächsten weitergereicht, bis sie das Zielnetz erreichen. Genau dies ist die Struktur, auf der das Internet aufbaut: eine scheinbar endlose Kette von Netzen, die durch Gateways miteinander verbunden sind.

Hardwareanforderungen

Sie können Linux-TCP/IP ohne jegliche Netzhardware benutzen – im »Loopback«-Modus können Sie mit sich selbst kommunizieren. Für einige Anwendungen und Spiele, die das »Loopback«-Device benutzen, müssen Sie diesen Modus konfigurieren.

Kapitel 1 [83]

Wenn Sie aber Linux in einem TCP/IP-Netzwerk einsetzen wollen, benötigen Sie natürlich eine Ethernet-Karte. Linux unterstützt viele Ethernet-Karten für ISA-, EISA- und PCI-Busse, außerdem Pocket- und PCMCIA-Adapter. In geben wir einen Auszug aus der Liste der unterstützten Ethernet-Karten. Lesen Sie außerdem das »Linux Ethernet HOWTO«, um alle Details kennenzulernen.

[4]

Linux unterstützt auch SLIP und PPP, mit denen Sie sich per Modem und Telefonleitung in das Internet begeben können. Sie brauchen in diesem Fall ein Modem, das zu Ihrem SLIP- oder PPP-Server kompatibel ist – viele Server verlangen zum Beispiel ein 56kbps-V.90-Modem (die meisten unterstützen auch K56flex). In diesem Buch beschreiben wir die Konfiguration von PPP, denn das verwenden die meisten Internet-Provider. Wenn Sie das ältere SLIP verwenden wollen, lesen Sie bitte in *Linux – Wegweiser für Netzwerker* und *SLIP/PPP – Praktische Anleitung zum Einwählen ins Internet* nach.

TCP/IP und Ethernet konfigurieren

In diesem Abschnitt besprechen wir, wie auf einem Linux-System eine TCP/IP-Verbindung im Ethernet konfiguriert wird. Wahrscheinlich ist ein solches System in ein lokales Netz mit Rechnern eingebunden, auf denen bereits TCP/IP läuft – in diesem Fall sind Ihr Gateway, Name-Server usw. bereits konfiguriert und lauffähig.

Der folgende Abschnitt bezieht sich in erster Linie auf Ethernet-Verbindungen. Falls Sie vorhaben, PPP zu benutzen, sollten Sie diesen Abschnitt lesen, um sich mit den Grundlagen vertraut zu machen, und dann mit den PPP-spezifischen Anweisungen im Abschnitt »Einwählverbindungen mit PPP« später in diesem Kapitel fortfahren.

Vielleicht haben Sie aber auch vor, ein ganzes LAN mit Linux-Systemen (oder einer Mischung aus Linux und anderen Systemen) einzurichten. In diesem Fall müssen Sie sich um eine Reihe weiterer Punkte kümmern, die wir hier nicht besprechen. Dazu gehören die Einrichtung eines eigenen Name-Servers sowie eines Gateways, wenn Ihr Netzwerk mit anderen Netzen verbunden werden soll. Falls Ihr Netzwerk an das Internet angeschlossen werden soll, werden Sie sich außerdem von Ihrem Internet-Provider die IP-Adressen und dazugehörige Informationen besorgen müssen.

Kurz und gut: Was wir hier beschreiben, sollte auf vielen Linux-Systemen funktionieren, die in ein bestehendes LAN eingebunden werden – aber sicherlich nicht auf allen. Für den Fall, daß Sie weitere Informationen brauchen, verweisen wir auf ein Buch zum Thema »Verwaltung von TCP/IP-Netzwerken« – beispielsweise eines von denen, die wir am Anfang des Kapitels erwähnt haben.

Wir gehen zunächst einmal davon aus, daß auf Ihrem Linux-System die notwendige TCP/IP-Software installiert ist. Dazu gehören solche wichtigen Clients wie *telnet* und *ftp*, Befehle zur Systemverwaltung wie *ifconfig* und *route* (meist in */etc* oder */sbin* zu finden) sowie Konfigurationsdateien für die Vernetzung (zum Beispiel */etc/hosts*). In den Unterlagen zur Vernetzung unter Linux, die wir bereits erwähnt haben, wird beschrieben, wie die Linux-Netzwerksoftware installiert wird – für den Fall, daß sie bei Ihnen noch nicht installiert ist.

Kapitel 7

Wir gehen außerdem davon aus, daß Ihr Kernel mit TCP/IP-Unterstützung konfiguriert und kompiliert wurde. Lesen Sie die Informationen zur Kompilierung des Kernels im Abschnitt »Einen neuen Kernel erstellen« in Kapitel 7, *Software und den Kernel aktualisieren*. Damit die Vernetzung unterstützt wird, müssen Sie im Schritt *make config*, *make menuconfig* oder *make xconfig* auf die entsprechenden Fragen mit »yes« antworten, den Kernel neu kompilieren und mit dem neuen Kernel booten.

Sobald das erledigt ist, müssen Sie noch eine Reihe von Konfigurationsdateien anpassen, die von NET-4 benutzt werden. In der Regel ist dies recht einfach; unglücklicherweise besteht aber zwischen den verschiedenen Linux-Distributionen überhaupt keine Einigkeit darüber, wo die diversen Konfigurationsdateien und Hilfsprogramme für TCP/IP stehen sollen. Häufig sind diese in */etc* zu finden, aber man hat sie auch schon in */usr/etc*, */usr/etc/inet* oder an anderen merkwürdigen Stellen entdeckt. Im schlimmsten Fall müssen Sie mit dem Befehl *find* herausfinden, wo die Dateien auf Ihrem System stehen. Beachten Sie auch, daß nicht alle Distributionen die NET-2-Konfigurationsdateien und -Programme an einer Stelle zusammenhalten – manchmal sind sie über mehrere Verzeichnisse verstreut.

Wir setzen in diesem Abschnitt auch voraus, daß Sie in Ihrem System eine Ethernet-Karte benutzen. Es sollte nicht schwierig sein, diese Anweisungen für mehr als eine Netzverbindung anzupassen (wenn Ihr Rechner als Gateway fungiert).

Wir besprechen hier außerdem die Konfiguration von Systemen, die ausschließlich als Loopback-System arbeiten (also ohne Ethernet- oder PPP-Verbindung). Auch wenn Sie keinen Netzanschluß haben, möchten Sie vielleicht das System für Loopback-TCP/IP konfigurieren, damit Sie mit den entsprechenden Programmen arbeiten können.

Ihre Netzwerkkonfiguration

Bevor Sie TCP/IP konfigurieren können, müssen Sie noch folgende Informationen zum Aufbau Ihres Netzwerks zusammentragen. In den meisten Fällen kann entweder der Netzverwalter vor Ort oder Ihr Internet-Provider diese Informationen liefern.

Ihre IP-Adresse

Das ist die eindeutige Rechneradresse in der Dotted-quad-Schreibweise, zum Beispiel 128.17.75.98. Ihr Netzverwalter wird Ihnen diese Nummer geben.

Falls Sie den Loopback-Modus konfigurieren (also kein PPP, kein Ethernet, nur TCP/IP-Verbindungen auf dem eigenen Rechner), ist die IP-Adresse 127.0.0.1.

Ihre Subnetzmaske

Das sind vier Bytes in Dotted-quad-Schreibweise, so ähnlich wie die IP-Adresse. Diese vier Bytes legen fest, welcher Teil Ihrer IP-Adresse die Subnetznummer und welcher Teil die Rechnernummer innerhalb dieses Subnetzes bezeichnet.

Die Subnetzmaske bildet ein Bitmuster, das nach einer bitweisen UND-Verknüpfung mit einer IP-Adresse in Ihrem Netzwerk anzeigt, zu welchem Subnetz diese Adresse gehört. Ein Beispiel: Wenn Ihre Subnetzmaske 255.255.255.0 und Ihre IP-Adresse 128.17.75.20 ist, so ist der Subnetzteil Ihrer Adresse 128.17.75.

Wir unterscheiden hier zwischen der »Netzwerkadresse« und der »Subnetzadresse«. Erinnern Sie sich, daß in Klasse-B-Adressen die ersten beiden Bytes (in diesem Fall 128.17) das Netzwerk bezeichnen und die letzten beiden Bytes den Rechner. Mit der Subnetzmaske 255.255.255.0 wird allerdings 128.17.75 als komplette Adresse des Subnetzes betrachtet (also Subnetz 75 im Netz 128.17), und nur die 20 zählt als Rechneradresse.

Ihre Netzverwalter haben die Subnetzmaske festgelegt und können Ihnen diese Information geben.

Dasselbe gilt für das Loopback-Device. Da die Loopback-Adresse immer 127.0.0.1 ist, ist die Netzmaske hierfür immer 255.0.0.0.

Die Adresse Ihres Subnetzes

Das ist der Subnetzteil Ihrer IP-Adresse, wie er durch die Subnetzmaske bestimmt wird. Ein Beispiel: Wenn Ihre Subnetzmaske 255.255.255.0 und Ihre IP-Adresse 128.17.75.20 ist, dann ist Ihre Subnetzadresse 128.17.75.0.

Reine Loopback-Systeme haben keine Subnetzadresse.

Ihre Broadcast-Adresse

Diese Adresse wird benutzt, wenn Sie Pakete an jeden einzelnen Rechner in Ihrem Subnetz verteilen möchten. In der Regel entspricht dies Ihrer Subnetzadresse (siehe vorangegangenen Punkt) mit dem Wert 255 als Rechneradresse.

Für die Subnetzadresse 128.17.75.0 ist die Broadcast-Adresse 128.17.75.255, für die Subnetzadresse 128.17.0.0 entsprechend 128.17.255.255.

Beachten Sie, daß manche Systeme die Subnetzadresse selbst als Broadcast-Adresse benutzen. Fragen Sie bei den Netzverwaltern nach, falls Sie sich nicht sicher sind.

Reine Loopback-Systeme haben keine Broadcast-Adresse.

Die IP-Adresse Ihres Gateways

Das ist die Adresse des Rechners, der Ihre Standardroute zum Rest der Welt darstellt. Es kann sein, daß Sie mehr als eine Gateway-Adresse haben – zum Beispiel, wenn Ihr Netzwerk mit mehreren anderen Netzen direkt verbunden ist. Trotzdem führt Ihre *Standardroute* nur durch einen dieser Gateways. (Erinnern Sie sich an das Beispiel aus dem vorherigen Abschnitt, in dem das Netzwerk 128.17.112.0 durch **papaya** mit dem Netz 128.17.75.0 verbunden ist und mit dem Rest der Welt durch **pineapple**.)

Ihre Netzverwalter können Ihnen die IP-Adressen aller Gateways in Ihrem Netzwerk mitteilen sowie die Adressen der Netze, mit denen diese Gateways verbunden sind. Später werden Sie diese Informationen zusammen mit dem Befehl *route* nutzen, um in der Routing-Tabelle die Einträge für die einzelnen Gateways zu erstellen.

Reine Loopback-Systeme haben keine Gateway-Adresse; dies gilt auch für Netzwerke ohne Verbindung nach außen.

Die IP-Adresse Ihres Name-Servers

Dies ist die Adresse des Rechners, der für Ihr System die Umsetzung von Rechnernamen in IP-Adressen vornimmt. Ihre Netzverwalter kennen diese Adresse.

Vielleicht planen Sie, Ihren eigenen Name-Server zu betreiben (indem Sie *named* konfigurieren und starten). Allerdings sollten Sie die Adresse des Name-Servers benutzen, die Ihre Netzverwalter Ihnen mitteilen, solange Sie nicht unbedingt darauf angewiesen sind, einen eigenen Name-Server einzurichten (beispielsweise weil in Ihrem lokalen Netzwerk kein anderer Name-Server vorhanden ist). Auf jeden Fall enthalten die meisten Bücher über die Konfiguration von TCP/IP auch Informationen zu *named*.

Natürlich haben reine Loopback-Systeme keine Adresse für einen Name-Server.

Die rc-Dateien für die Vernetzung

Die *rc*-Dateien sind Skripten, die zur Konfiguration einiger systemweiter Ressourcen beim Booten von *init* aufgerufen werden. Die Netzwerkparameter werden mit Hilfe der fest zum System gehörenden Systemdämonen (wie zum Beispiel *sendmail*, *crond* usw.) konfiguriert. Sie finden die *rc*-Dateien meist im Verzeichnis */etc/rc.d*.

Beachten Sie, daß es *viele* Wege gibt, die hier beschriebene Netzwerkkonfiguration zu bewerkstelligen. Jede Linux-Distribution verwendet einen etwas anderen Mechanismus zur Automatisierung dieses Prozesses. Wir beschreiben hier eine generische Methode, mit der Sie zwei *rc*-Dateien anlegen können, die die notwendigen Befehle auf Ihrem Rechner starten, damit Ihr Computer im Netzwerk »mitreden« kann. Die meisten Distributionen haben eigene Skripten, die mehr oder weniger das gleiche leisten. Wenn Sie unsicher sind, versuchen Sie zunächst, das Netzwerk so einzurichten, wie es in der Dokumentation zu Ihrer Distribution beschrieben wird, und benutzen Sie die hier beschriebenen Methoden als letzten Ausweg. (Beispielsweise verwendet die »Red Hat«-Distribution das Skript */etc/rc.d/init.d/network*, das wiederum die Netzwerkinformationen aus den Dateien in */etc/sysconfig* ausliest. Das Systemverwaltungsprogramm *control-panel*, das zu »Red Hat«-Distributionen dazugehört, konfiguriert das Netzwerk automatisch, ohne daß Sie eine einzige dieser Dateien anfassen müßten. Die SuSE-Distribution verteilt die Konfiguration dagegen über mehrere Dateien wie */sbin/init.d/network* und */sbin/init.d/route*; Sie können hier die meisten Aspekte von Netzwerken über das Programm *yast* einrichten.)

Wir beschreiben im folgenden die *rc*-Dateien, die zur Konfiguration von TCP/IP benötigt werden:

Red Hat
: Die Netzwerkkonfiguration verteilt sich über verschiedene Dateien für jeden *init*-Level, der Netzwerkfunktionalität beinhaltet. Beispielsweise steuert das Verzeichnis */etc/rc.d/rc1.d* das Booten in Runlevel 1 (Single-User), so daß hier keine Netzwerkbefehle zu finden sind, aber */etc/rc.d/rc3.d* steuert das Booten in Runlevel 3, wo Sie netzwerkspezifische Dateien finden werden.

SuSE
: Alle Startdateien für Systemdienste – einschließlich der Netzwerkfunktionalität – sind im Verzeichnis */sbin/init.d* zusammengefaßt. Sie sind ziemlich generisch und bekommen ihre eigentlichen Werte aus der systemweiten Konfigurationsdatei */etc/rc.config*. Die wichtigsten Dateien hier sind */sbin/init.d/network*, in der die Netzwerkschnittstellen gestartet und angehalten werden, */sbin/init.d/route*, in der das Routing konfiguriert wird, und */sbin/init.d/serial*, in der die seriellen Schnittstellen konfiguriert werden. Wenn Sie ISDN-Hardware haben, sind auch noch die Dateien */sbin/init.d/i4l* und */sbin/init.d/i4l_hardware* im Rennen. Beachten Sie, daß Sie normalerweise diese Dateien nicht ändern, sondern alle Änderungen in */etc/rc.config* vornehmen sollten.

Debian
: Die Netzwerkkonfiguration (Ethernet-Karten, IP-Adressen und Routing) geschieht in der Datei */etc/init.d/network*. Die grundlegenden Netzwerk-Dämonen *portmap* und *inetd* werden durch das Skript */etc/init.d/netbase*, mit dem Systemdienste gestartet und angehalten werden, initialisiert.

Slackware

Das Netzwerk wird in den Dateien *rc.inet1* und *rc.inet2* gestartet. In *rc.inet1* werden die grundlegenden Netzwerkparameter (wie IP-Adressen und Routing-Informationen) konfiguriert, *rc.inet2* startet die TCP/IP-Dämonen (*telnetd*, *ftpd* und so weiter).

init liest die Datei */etc/inittab*, um herauszufinden, welche Prozesse beim Booten gestartet werden sollen. Damit die Dateien */etc/rc.d/rc.inet1* und */etc/rc.d/rc.inet2* von *init* aufgerufen werden, könnten in Ihrer Datei */etc/inittab* etwa folgende Einträge stehen:

```
n1:34:wait:/etc/rc.d/rc.inet1
n2:34:wait:/etc/rc.d/rc.inet2
```

Kapitel 5

Wir beschreiben die Datei *inittab* im Abschnitt »init, inittab und rc-Dateien« in Kapitel 5, *TCP/IP und PPP*. Das erste Feld enthält einen eindeutigen zweistelligen Bezeichner für jeden Eintrag. Das zweite Feld führt die Runlevel auf, auf denen die Skripten aufgerufen werden; in diesem Beispiel initialisieren wir das Netzwerk bei den Runlevels 1 bis 6. Das Wort `wait` im dritten Feld weist *init* an zu warten, bis das Skript beendet ist, bevor *init* weitermacht. Das letzte Feld enthält den Namen des Skripts, das ausgeführt werden soll.

Vielleicht ist es eine gute Idee, während der Konfiguration des Netzes *rc.inet1* und *rc.inet2* von Hand aufzurufen (als **root**), um eventuelle Probleme zu beheben. Später können Sie diese Dateien dann von einer anderen *rc*-Datei oder von */etc/inittab* aus aufrufen.

Wir haben bereits erwähnt, daß *rc.inet1* die grundlegende Konfiguration der Netzschnittstelle übernimmt. Dazu gehören die IP- und Netzwerkadresse sowie die Informationen in der Routing-Tabelle Ihres Systems. Es sind zwei Programme, die diese Parameter konfigurieren: *ifconfig* und *route*; beide stehen in der Regel in */sbin*.

Mit *ifconfig* wird die Schnittstelle zum Netzwerk mit bestimmten Parametern konfiguriert – etwa mit der IP-Adresse, Subnetzmaske, Broadcast-Adresse usw. Mit *route* werden Einträge in der Routing-Tabelle erzeugt und angepaßt.

Für die meisten Konfigurationen sollte eine *rc.inet1*-Datei funktionieren, die etwa so aussieht wie die folgende. Sie werden die Datei natürlich an Ihr eigenes System anpassen müssen. Benutzen Sie nicht die IP- und Netzwerkadressen aus unserem Beispiel; es könnte sich um einen tatsächlich im Internet vorhandenen Rechner handeln.

```
#!/bin/sh
# Dies ist /etc/rc.d/rc.inet1 - konfiguriere die TCP/IP-Interfaces

# Zuerst das Loopback-Device konfigurieren

HOSTNAME=`hostname`
```

```
/sbin/ifconfig lo 127.0.0.1          # Standardnetzmaske 255.0.0.0
/sbin/route add 127.0.0.1            # Eine Route zum Loopback-Device

# Als nächstes Ethernet konfigurieren. Wenn Sie nur Loopback oder SLIP
# benutzen, kommentieren Sie die restlichen Zeilen aus.

# An Ihr System anpassen.
IPADDR="128.17.75.20"               # IHRE IP-Adresse eintragen
NETMASK="255.255.255.0"             # IHRE Subnetzmaske eintragen
NETWORK="128.17.75.0"               # IHRE Netzwerkadresse eintragen
BROADCAST="128.17.75.255"           # IHRE Broadcast-Adresse eintragen
GATEWAY="128.17.75.98"              # IHRE Standard-Gateway-Adresse eintragen

# Konfiguriere eth0 mit den o.a. Informationen
/sbin/ifconfig eth0 ${IPADDR} netmask ${NETMASK} broadcast ${BROADCAST}

# Eine Route für das eigene Netzwerk
/sbin/route add ${NETWORK}

# Eine Route zum Standard-Gateway
/sbin/route add default gw ${GATEWAY} metric 1

# Ende der Ethernet-Konfiguration
```

Wie Sie sehen, hat der Befehl *ifconfig* das Format:

`ifconfig` *`interface device optionen...`*

Zwei Beispiele:

```
ifconfig lo 127.0.0.1
```

weist der IP-Adresse 127.0.0.1 das *lo*-Device (Loopback) zu, und

```
ifconfig eth0 127.17.75.20
```

weist der Adresse 127.17.75.20 das *eth0*-Device zu (erste Ethernet-Karte).

Neben der Adresse brauchen Ethernet-Schnittstellen normalerweise auch die Subnetzmaske (mit der Option `netmask` zu setzen) und die Broadcast-Adresse (mit `broadcast` gesetzt).

Der Befehl *route*, wie wir ihn hier benutzen, hat das Format:

`route add [ -Netz | -Rechner ]` *`Ziel`* `[ gw` *`Gateway`* `] [ metric` *`Metrik`* `]` *`Optionen`*

Dabei bezeichnet das *`Ziel`* die Zieladresse für diese Route (oder hier steht das Schlüsselwort `default` für die Standardroute), der *`Gateway`* ist die IP-Adresse des Gateways für diese Route, und die *`Metrik`* gibt den Metrikwert für diese Route an (wir kommen später darauf zurück).

Mit dem Befehl *route* fügen wir Einträge in die Routing-Tabelle ein. Sie sollten eine Route für das Loopback-Device definieren (wie wir das weiter oben gezeigt haben), eine für das lokale Netzwerk und eine für den Standard-Gateway. Ein Beispiel: Falls Ihr Standard-Gateway 128.17.75.98 ist, würden Sie folgenden Befehl einfügen:

```
route add default gw 128.17.75.98
```

route kennt verschiedene Optionen. Ein *–net* oder *–host* vor dem Ziel zeigt *route* an, daß das Ziel ein Netzwerk bzw. ein bestimmter Rechner ist. (In den meisten Fällen weisen Routen auf Netzwerke hin, aber in einigen Fällen brauchen Sie vielleicht eine eigene Route zu einem unabhängigen Rechner. In diesem Fall würden Sie *–host* für den Eintrag in der Routing-Tabelle benutzen.)

Mit der Option `Metrik` vergeben wir einen *Metrikwert* für diese Route. Die Metrikwerte werden benutzt, wenn es mehr als eine Route zu einem bestimmten Ziel gibt und das System entscheiden muß, welche davon es benutzen soll. Die Routen mit niedrigen Metrikwerten erhalten Vorrang. In unserem Beispiel setzen wir den Metrikwert für unsere Standardroute auf 1 und sorgen auf diese Weise dafür, daß diese Route Vorrang vor allen anderen hat.

Wie soll das möglich sein, daß es mehr als eine Route zu einem bestimmten Ziel gibt? Zunächst einmal können Sie in *rc.inet1* mehrere *route*-Befehle für ein Ziel eintragen – beispielsweise, wenn Ihnen mehr als ein Gateway zu einem bestimmten Netzwerk zur Verfügung steht. Es kann aber auch vorkommen, daß in Ihre Routing-Tabellen dynamisch neue Einträge gemacht werden, wenn Sie *routed* starten (wir kommen später noch darauf zu sprechen). Wenn Sie *routed* aufrufen, können andere Systeme Routing-Informationen an Rechner im Netz übertragen, die dazu führen, daß auf Ihrem Rechner weitere Einträge in der Routing-Tabelle erzeugt werden. Wenn Sie den Metrikwert für Ihre Standardroute auf 1 setzen, stellen Sie damit sicher, daß kein neuer Eintrag in der Routing-Tabelle Ihrem Standard-Gateway den Vorrang nimmt.

Sie sollten die Manpages zu *ifconfig* und *route* lesen, in denen die Syntax dieser Befehle im Detail beschrieben wird. Es kann sein, daß weitere Optionen für Ihre Konfiguration relevant sind.

Lassen Sie uns weitermachen. In *rc.inet2* werden einige Dämonen gestartet, die von den TCP/IP-Programmen benutzt werden. Sie brauchen diese Dämonen nicht für die Kommunikation Ihres Rechners mit dem Netzwerk – deshalb stehen sie in einer eigenen *rc*-Datei. In der Regel sollten Sie versuchen, *rc.inet1* zu konfigurieren, und sich vergewissern, daß Ihr Rechner mit dem Netzwerk Datenpakete austauschen kann, bevor Sie mit der Konfiguration von *rc.inet2* beginnen.

Zu den Dämonen, die von *rc.inet2* gestartet werden, gehören *inetd*, *syslogd* und *routed*. Falls die Version von *rc.inet2* auf Ihrem System derzeit noch einige andere Server startet, sollten Sie diese auskommentieren, solange Sie Ihre Netzwerkkonfiguration debuggen.

Der wichtigste dieser Server ist *inetd*, der als eine Art »Vermittlungsstelle« für andere Systemdämonen dient. *inetd* wartet im Hintergrund darauf, daß an bestimmten Netzwerkports Verbindungen ankommen. Wenn eine Verbindung zustandekommt, startet *inetd* eine Kopie des passenden Dämons für diesen Port. Ein Beispiel: Wenn eine eingehende *telnet*-Verbindung zustandekommt, wird *inetd* den Dämon *in.telnetd* starten, der anschließend die *telnet*-Verbindung bedient. Das ist einfacher und effizienter, als eine Kopie von jedem einzelnen Dämon aufzurufen. Auf diese Weise werden Netzwerkdämonen nur bei Bedarf gestartet.

syslogd ist der Dämon, der die Systemaktivitäten protokolliert – er sammelt Protokollnotizen (log messages) von verschiedenen Anwendungen und legt sie in Dateien ab. Die Informationen in der Datei */etc/syslog.conf* bestimmen, welche Protokollmeldungen wo abgelegt werden.

routed ist ein Server, der die dynamischen Routing-Informationen verwaltet. Es kann passieren, daß Ihr System weitere Informationen für die Routing-Tabelle braucht, wenn es Pakete an ein anderes Netzwerk schicken möchte. *routed* verwaltet die Routing-Tabelle, ohne daß der Benutzer eingreifen muß.

Wir zeigen Ihnen hier ein Beispiel für eine *rc.inet2*, in der die Dämonen *syslogd*, *inetd* und *routed* gestartet werden:

```
#! /bin/sh
# Beispiel fuer /etc/rc.d/rc.inet2

# syslogd starten
if [ -f /usr/sbin/syslogd ]
then
      /usr/sbin/syslogd
fi

# inetd starten
if [ -f /usr/sbin/inetd ]
then
      /usr/sbin/inetd
fi

# routed starten
if [ -f /usr/sbin/routed ]
then
      /usr/sbin/routed -q
fi
```

Zu den anderen Servern, die Sie vielleicht aus *rc.inet2* heraus starten möchten, gehört *named*. *named* ist ein Name-Server – er übersetzt die (lokalen) IP-Adressen in Namen und umgekehrt. Falls es an anderer Stelle in Ihrem Netzwerk keinen Name-Server gibt, oder wenn Sie die Namen der lokalen Rechner an andere Systeme in

[37] Ihrer Domain weitergeben möchten, müssen Sie eventuell *named* starten. Die Konfiguration von *named* ist ziemlich schwierig und muß geplant werden; wir verweisen interessierte Leser auf *DNS und BIND*.

/etc/hosts

Die Datei */etc/hosts* enthält eine Liste von IP-Adressen mit den dazugehörigen Rechnernamen. Im allgemeinen finden Sie hier nur Einträge für den eigenen Rechner und vielleicht so »wichtige« Systeme wie Ihren Name-Server oder Ihren Gateway. Der lokale Name-Server wird die Zuordnung von Adressen zu den Namen anderer Rechner im Netz für Sie transparent erledigen.

Wenn Ihr Rechner beispielsweise **eggplant.veggie.com** mit der IP-Adresse 128.17.75.20 ist, sieht Ihre */etc/hosts* so aus:

```
127.0.0.1               localhost
128.17.75.20            eggplant.veggie.com eggplant
```

Wenn Sie den Rechner nur im Loopback-Modus betreiben, sollte */etc/hosts* nur eine Zeile für die Adresse 127.0.0.1 enthalten.

/etc/networks

Die Datei */etc/networks* enthält die Namen und Adressen des eigenen sowie anderer Netzwerke. Sie wird vom Befehl *route* benutzt und ermöglicht es, ein Netzwerk mit seinem Namen statt seiner Adresse zu bezeichnen.

Jedes Netzwerk, zu dem Sie mit dem Befehl *route* eine Route eintragen möchten, sollte aus Bequemlichkeitsgründen in */etc/networks* eingetragen sein, ansonsten müssen Sie die IP-Adresse des Netzwerks anstelle des Namens angeben. (*route* wird normalerweise in *rc.inet1* aufgerufen – siehe oben.)

Ein Beispiel:

```
default         0.0.0.0         # Standardroute - obligatorisch
loopnet         127.0.0.0       # Loopback-Netz - obligatorisch
veggie-net      128.17.75.0     # IHRE Netzwerkadresse eintragen
```

Jetzt können wir statt

```
route add 128.17.75.20
```

folgendes eingeben:

```
route add veggie-net
```

/etc/host.conf

Die Datei */etc/hosts* bestimmt, wie Ihr System Rechnernamen auflöst (in IP-Adressen wandelt). Sie sollte die beiden Zeilen

```
order hosts,bind
multi on
```

enthalten. Diese Zeilen weisen die mit der Aufgabe betrauten Bibliotheken an, umzuwandelnde Namen zuerst in */etc/hosts* nachzuschlagen und dann den Name-Server (falls vorhanden) zu befragen. Der Eintrag `multi` bewirkt, daß Sie zu einem bestimmten Rechnernamen in */etc/hosts* mehrere IP-Adressen angeben können.

Auf Systemen, die die neue *glibc2* verwenden (wie Red Hat, Version 5.0, und neuer, SuSE, Version 6.0, und neuer und Debian ab Version 2.0), wird */etc/nsswitch.conf* statt */etc/host.conf* verwendet. In diesem Fall sollte die Datei die Zeilen `hosts: files dns` und `networks: files dns` enthalten.

/etc/resolv.conf

Diese Datei konfiguriert den Name Resolver (etwa: Namensauflöser) und enthält zu diesem Zweck die Adresse Ihres Name-Servers (falls vorhanden) und die Domänen, die Sie per Voreinstellung durchsuchen wollen, wenn der Hostname nicht vollständig angegeben wird. Wenn bespielsweise diese Datei die Zeile

```
search vpizza.com vpasta.com
```

enthält, dann wird das System versuchen, den Hostnamen **blurb** in **blurb.vpizza.com** und **blurb.vpasta.com** (in dieser Reihenfolge) aufzulösen. Das ist bequem, denn Sie müssen so die Namen von häufig besuchten Domänen nicht vollständig angeben. Andererseits dauert ein DNS-Zugriff um so länger, je mehr Domänen Sie hier angeben.

Das System **eggplant.veggie.com** mit dem Name-Server unter der Adresse 128.17.75.55 hätte beispielsweise folgende Einträge in */etc/resolv.conf*:

```
domain      veggie.com
nameserver  128.17.75.55
```

Sie können mehr als einen Name-Server eintragen, aber jeder einzelne muß in *resolv.conf* seine eigene `nameserver`-Zeile haben.

Den Rechnernamen festlegen

Sie sollten den Rechnernamen Ihres Systems mit dem Befehl *hostname* festlegen. Dieser Befehl wird in der Regel von */etc/rc.d/rc.sysinit* (*/sbin/init.d/boot* auf SuSE-Systemen) aus aufgerufen; durchsuchen Sie die *rc*-Dateien Ihres Systems, um festzustellen, wo der *hostname*-Aufruf erfolgt. Ein Beispiel: Wenn Ihr (vollständiger) Rechnername **eggplant.veggie.com** lautet, lassen Sie in der entsprechenden *rc*-Datei den Befehl */bin/hostname eggplant.veggie.com* ausführen. Beachten Sie, daß die ausführbare Datei *hostname* auf Ihrem System in einem anderen Verzeichnis als */bin* stehen könnte.

Der erste Versuch

Sobald die verschiedenen Konfigurationsdateien für das Netz an Ihr System angepaßt sind, sollten Sie in der Lage sein, neu zu booten (mit einem TCP/IP-fähigen Kernel) und die Konfiguration zu testen.

Vielleicht sollten Sie beim ersten Booten des Systems den automatischen Aufruf von *rc.inet1* und *rc.inet2* unterdrücken und diese beiden Skripten von Hand starten, nachdem das System hochgefahren ist. Das gibt Ihnen die Chance, alle Fehlermeldungen mitzulesen, die Skripten zu ändern und es noch einmal zu versuchen. Sobald alles korrekt abläuft, können Sie die Skripten von */etc/inittab* aus aufrufen.

Eine gute Methode, die Verbindungen zum Netzwerk zu testen, ist ein *telnet* an einen anderen Rechner. Versuchen Sie zunächst, eine Verbindung zu einem Rechner im lokalen Netzwerk herzustellen; wenn das funktioniert, versuchen Sie es mit Rechnern in anderen Netzen. Mit dem ersten Schritt testen Sie die Verbindung zwischen Ihrem Rechner und dem lokalen Netzwerk; mit dem zweiten Schritt stellen Sie fest, ob Ihnen durch Ihr Gateway hindurch der Rest der Welt offensteht.

Falls Sie in der Lage sind, mit weit entfernten (remote) Rechnern zu kommunizieren, aber nicht mit Systemen im selben Subnetz, deutet das auf ein Problem entweder mit der Subnetzmaske oder mit dem Routing-Tabelleneintrag für das lokale Netz hin.

Wenn Sie versuchen, einen anderen Rechner zu erreichen, sollten Sie das zuerst mit der IP-Adresse des fremden Rechners testen. Falls das funktioniert, aber mit dem Rechnernamen keine Verbindung zustande kommt, kann das Problem entweder in der Konfiguration des Name-Servers liegen (zum Beispiel in */etc/resolv.conf* oder */etc/host.conf*), oder die Route zum Name-Server ist nicht korrekt.

Die häufigsten Ursachen für Probleme im Netzwerk sind Fehler in der Routing-Tabelle. Mit dem Befehl

```
netstat -rn
```

netstat(8)

lassen Sie sich die Routing-Tabelle anzeigen; wir haben das Format der Anzeige dieses Befehls im vorhergehenden Abschnitt beschrieben. Die Manpage zu *netstat* enthält weitere Details. Wenn Sie *netstat* ohne die Option *–n* aufrufen, erhalten Sie eine Anzeige mit den Namen der Rechner und Netze statt ihrer IP-Adressen.

route(8)

Sie können die Routing-Tabelle debuggen, indem Sie entweder die Datei *rc.inet1* editieren und neu booten, oder Sie geben den Befehl *route* von Hand ein, um Einträge hinzuzufügen oder zu löschen. In der Manpage zu *route* finden Sie eine vollständige Beschreibung der Befehlssyntax. Beachten Sie, daß allein das Editieren von *rc.inet1* mit erneutem Aufruf von *route* die alten Einträge nicht aus der Routing-Tabelle entfernt; Sie müssen entweder neu booten oder mit *route del* die Einträge von Hand löschen.

Wenn Sie überhaupt keine Verbindung zustande bekommen, liegt das Problem eventuell in der Konfiguration der Ethernet-Schnittstelle. Vergewissern Sie sich zunächst, daß die Ethernet-Karte beim Booten an der richtigen Adresse und mit dem richtigen IRQ gefunden wurde. Sie finden diese Informationen in den Boot-Meldungen des Kernels; wenn Sie *syslogd* benutzen, werden diese Meldungen auch in einer Datei wie zum Beispiel */var/log/messages* gespeichert.

Falls Ihre Ethernet-Karte nicht richtig gefunden wird, müssen Sie eventuell einige Kernel-Parameter anpassen, um das Problem zu beheben. Im Ethernet-HOWTO [83] von Linux finden Sie ausführliche Informationen zum Debuggen der Ethernet-Konfiguration. Oft braucht man zur Behebung des Problems nur am LILO-Boot-Prompt die korrekten Werte für IRQ und Portadresse anzugeben. Wenn Sie beispielsweise via LILO mit dem Befehl

```
lilo: linux ether=9,0x300,0,1,eth0
```

booten, werden für die Schnittstelle *eth0* folgende Werte eingestellt: IRQ 9, Basisadresse 0x300 und der externe Transceiver (durch die 1 im vierten Feld). Wenn Sie den internen Transceiver benutzen möchten, machen Sie im vierten Feld aus der 1 eine 0.

Denken Sie auch an die Möglichkeit, daß die Ethernet-Karte defekt oder nicht richtig mit Ihrem Rechner oder dem Netz verbunden sein kann. Defekte Ethernet-Karten und -Kabel können unendlich viele Probleme verursachen – unter anderem gelegentliche Netzausfälle, Systemabstürze usw. Wenn Sie bei Ihren Bemühungen das Ende der Fahnenstange erreicht haben, sollten Sie vielleicht Ethernet-Karte oder -Kabel austauschen, um festzustellen, ob hier die Ursache des Problems zu finden ist. [3]

Wenn Ihre Ethernet-Karte gefunden wird, aber das System trotzdem nicht mit dem Netzwerk kommunizieren kann, ist eventuell die Konfiguration der Schnittstellen mit *ifconfig* nicht in Ordnung. Vergewissern Sie sich, daß Sie für Ihren Rechner die richtige IP-Adresse, Broadcast-Adresse und Subnetzmaske eingetragen haben. Wenn Sie *ifconfig* ohne Argumente aufrufen, erhalten Sie Informationen über Ihre Ethernet-Konfiguration.

Einwählverbindungen mit PPP

Um mit einem Modem oder einem seriellen Gerät (wie etwa einem sogenannten »Nullmodem-Kabel« zwischen zwei Rechnern) über TCP/IP kommunizieren zu können (wie es bei Einwählverbindungen zu einem Internet-Provider normalerweise der Fall ist), stellt Linux eine Implementierung des Point-to-Point-Protokolls, auch liebevoll PPP genannt, bereit. PPP ist ein Protokoll, das Pakete, die über ein Netzwerk geschickt werden sollen (wie etwa TCP/IP-Pakete), in ein Format konvertiert, das einfach über ein Modem oder eine serielle Leitung übertragen werden kann. Wenn Sie einen Internetzugang über einen Internet-Provider haben, dann ist es wahrscheinlich, daß dieser auch PPP einsetzt, um Wählverbindungen einzurichten. Indem Sie PPP auf Ihrem Linux-Rechner einrichten, können Sie direkt mit Ihrem Internet-Provider kommunizieren.

---

3 Einer der Autoren hat einst drei Stunden damit verbracht herauszufinden, warum der Kernel beim Booten eine Ethernet-Karte nicht finden wollte. Es stellte sich heraus, daß die 16-Bit-Karte in einem 8-Bit-Slot steckte – mea culpa.

SLIP (Serial Line Internet Protocol) ist ein älteres Protokoll, das die gleichen grundlegenden Funktionen wie PPP hat. Ihm fehlen allerdings einige wichtige Eigenschaften wie etwa die Möglichkeit, IP-Adressen und Paketgrößen auszuhandeln. Heutzutage ist SLIP fast vollständig durch PPP ersetzt worden, aber es kann durchaus noch einige ältere Internet-Provider geben, die SLIP anstelle von PPP verwenden. Wenn dies der Fall ist, sollten Sie an anderer Stelle wie etwa *Linux – Wegweiser für Netzwerker* nachlesen.

[4]

In diesem Abschnitt werden wir die Konfiguration eines PPP-*Clients* behandeln, also eines Systems, das sich mit einem Internet-Provider (oder einem anderen PPP-Server) verbindet, um mit dem Internet zu kommunizieren. Es ist auch möglich, einen Linux-Rechner als PPP-Server einzurichten, aber das ist schon schwieriger und wird im erwähnten *Linux – Wegweiser für Netzwerker* beschrieben.

Grundlegende PPP-Konfiguration für Modems

In den USA und vielen anderen Teilen der Welt verwendet man traditionelle Einwählmodems, um digitale Daten über Telefonleitungen zu schicken. Wir werden daher zunächst die Konfiguration von Modems behandeln. Anschließend zeigen wir Ihnen, wie Sie PPP für den schnelleren und bequemeren Verbindungstyp namens Integrated Services Digital Network (ISDN) konfigurieren. ISDN-Verbindungen sind besonders in Europa verbreitet; in den USA stehen sie zwar teilweise zur Verfügung, sind aber nicht besonders bekannt.

Anforderungen

In den meisten Linux-Systemen ist schon alles enthalten, was man für PPP braucht. Insbesondere benötigen Sie einen Kernel, der PPP-Unterstützung enthält, sowie den *pppd*-Dämon und die zugehörigen Programme wie etwa das *chat*-Programm.

Die meisten Linux-Distributionen enthalten PPP-Unterstützung im vorkonfigurierten Kernel oder als Kernel-Modul, das bei Bedarf nachgeladen wird. Es kann allerdings auch notwendig sein, daß Sie selbst PPP-Unterstützung in den Kernel hineinkompilieren müssen; dies geschieht einfach durch Anwählen der PPP-Optionen während der Konfiguration des Kernels und anschließendem Neukompilieren und Installieren. Normalerweise wird PPP als separates Modul kompiliert, so daß es in diesem Fall ausreicht, nur das Modul neu zu kompilieren. Im Abschnitt »Einen neuen Kernel erstellen« in Kapitel 7, *Software und den Kernel aktualisieren,* erfahren Sie, wie Sie den Kernel und seine Module kompilieren.

Kapitel 7

Die Hilfsprogramme *pppd* und *chat* steuern die Verwendung von PPP auf Ihrem System und sind in so ziemlich jeder Linux-Distribution enthalten. Auf Red Hat-Systemen sind diese Programme in */usr/sbin* installiert und stammen aus dem RPM-Paket *ppp*.

Außerdem benötigen Sie zur Verwendung von PPP ein Modem, das sowohl mit Linux als auch mit den von Ihrem Internet-Provider verwendeten Modems kompatibel ist. Die meisten 14.4-, 28.2-, 56k- und andere Standard-Modemtypen können verwendet werden; es gibt nur wenige Modemtypen, die von Linux nicht unterstützt werden, und es wäre schon ziemlich ungewöhnlich, wenn ein Internet-Provider etwas so Esoterisches verwendet, daß Sie losgehen und etwas anderes kaufen müssen.

Vor einem Typ Modem sollten Sie sich aber in acht nehmen: den sogenannten »Winmodems«. Diese wurden ursprünglich von US Robotics hergestellt, es gibt sie aber inzwischen auch von verschiedenen anderen Herstellern. Winmodems verwenden die CPU des Rechners, um die digitalen Signale in analoge Signale zu konvertieren, die über die Telefonleitung geschickt werden können, im Gegensatz zu normalen Modems, die dafür einen speziellen Chip enthalten. Das Problem mit den Winmodems liegt darin, daß die Details zur Programmierung dieser Geräte nicht veröffentlicht werden, so daß es dafür in Linux keine Gerätetreiber gibt. (Abgesehen davon sind auch viele Leute nicht so begeistert davon, daß wertvolle CPU-Taktzyklen verschwendet werden, um Modemsignale zu generieren, wo das spezialisierte Hardware viel besser kann. Es gibt einen kleinen Vorteil dieser »Softwaremodems«: Eine Aktualisierung oder Erweiterung ihrer Funktionalität geschieht einfach durch Aktualisieren des Treibers im Betriebssystem; es muß also keine neue Hardware gekauft werden.)

Namen serieller Schnittstellen

Unter Windows 95/98 und MS-DOS heißen Modems und andere serielle Schnittstellen COM1 (erste serielle Schnittstelle), COM2 (zweite) und so weiter bis COM4. (Die meisten Systeme unterstützen bis zu vier serielle Schnittstellen, es gibt allerdings auch Multiport-Karten, mit denen man weitere Schnittstellen einrichten kann.) Unter Linux heißen die gleichen Geräte */dev/ttyS0*, */dev/ttyS1* bis */dev/ttyS3*.[4] Auf den meisten Systemen wird während der Installation ein symbolischer Link namens */dev/modem* erzeugt. Dieser Link verweist auf die serielle Schnittstelle, an der ein Modem hängt, wie die folgende Ausgabe zeigt:

```
% ls -l /dev/modem
lrwxrwxrwx   1 root     root       10 May  4 12:41 /dev/modem -> /dev/ttyS0
```

Wenn dieser Link auf Ihrem System nicht korrekt gesetzt ist (weil Sie beispielsweise wissen, daß das Modem bei Ihnen nicht an */dev/ttyS0*, sondern an */dev/ttyS2* hängt), dann können Sie das einfach beheben:

```
# ln -sf /dev/ttyS2 /dev/modem
```

PPP einrichten

Die Konfiguration von PPP besteht aus mehreren Schritten. Im ersten Schritt wird ein sogenanntes »Chat-Skript« geschrieben, das das notwendige »Handshaking« zum

4 Ältere Linux-Versionen verwendeten spezielle Gerätenamen für ausgehende Verbindungen namens */dev/cua0* bis */dev/cua3*. Diese sind ab Kernel-Version 2.2 veraltet und sollten nicht mehr verwendet werden.

Einrichten einer PPP-Verbindung zwischen Ihrem Rechner und Ihrem Internet-Provider erledigt. Während dieser Phase können verschiedene Informationen, wie beispielsweise Ihr Benutzername und Ihr Paßwort, die Ihnen Ihr Internet-Provider zugeteilt hat, ausgetauscht werden. Im zweiten Schritt wird ein Skript geschrieben, das das Modem veranlaßt, Ihren Internet-Provider anzuwählen und PPP zu starten. Schließlich muß die Datei */etc/resolv.conf* auf Ihrem System konfiguriert werden, damit das System weiß, wo es einen Domain Name Server finden kann. Wir werden die einzelnen Schritte der Reihe nach durchgehen.

Bevor Sie mit dem Einrichten anfangen, sollten Sie die folgenden Informationen parat haben:

- Die Telefonnummer, unter der Sie sich bei Ihrem Internet-Provider einwählen
- Der vom Internet-Provider zugewiesene Benutzername und das Paßwort
- Die IP-Adresse des Domain Name Servers des Internet-Providers

Ihr Internet-Provider sollte Ihnen diese Informationen bei der Eröffnung Ihres Zugangs mitgeteilt haben.

Außerdem kann es nützlich sein, folgende Daten zu haben:

- Die IP-Adresse des Servers Ihres Internet-Providers
- Die IP-Adresse Ihres Systems (sofern diese nicht dynamisch von Ihrem ISP zugewiesen wird)
- Die zu verwendende Subnetzmaske

Die letzten drei Daten können normalerweise automatisch beim Aufbau der PPP-Verbindung ausgetauscht werden, aber manchmal funktioniert das nicht so richtig. Es kann nicht schaden, diese Informationen parat zu haben, falls Sie sie benötigen.

Ein Chat-Skript schreiben

chat ist ein Programm, das während des Verbindungsaufbaus einfaches »Handshaking« zwischen einem PPP-Client und einem PPP-Server durchführen kann, um beispielsweise Benutzernamen und Paßwörter auszutauschen. Außerdem ist *chat* dafür zuständig, Ihr Modem zu veranlassen, die Telefonnummer des Internet-Providers anzuwählen und noch einige andere einfache Dinge mehr.

chat selbst wird automatisch beim Start von *pppd* aufgerufen (mehr dazu später). Alles, was Sie tun müssen, ist ein kleines Shell-Skript zu schreiben, das *chat* aufruft, um die Verhandlungen zu führen. Im folgenden Beispiel ist ein einfaches Chat-Skript zu sehen. Editieren Sie (als **root**) die Datei */etc/ppp/my-chat-script*, und schreiben Sie die folgenden Zeilen hinein:

```
#!/bin/sh
# my-chat-script: ein Programm zum Anwählen Ihres Internet-Providers
exec chat -v\
     '' ATZ\
```

```
OK ATDT5551212\
CONNECT ''\
ogin: mdw\
assword: mein-passwort
```

Stellen Sie sicher, daß die Datei *my-chat-script* ausführbar ist, indem Sie beispielsweise `chmod 755 /etc/ppp/my-chat-script` eingeben.

Beachten Sie, daß nach den Backslashes keine weiteren Leerzeichen stehen sollten; der Backslash erzwingt die Fortsetzung der Zeilen im Shell-Skript.

Die dritte Zeile dieses Skripts startet *chat* selbst; die folgenden Zeilen enthalten die Optionen. Jede Zeile enthält zwei durch Leerzeichen getrennte Felder: einen »erwarteten« String und einen »zurückzuschickenden« String. Die Idee des Ganzen ist, daß das Chat-Skript mit dem zurückzuschickenden String antwortet, wenn es den dazugehörigen erwarteten String über die Modemleitung empfängt. Beispielsweise teilt die letzte Zeile *chat* mit, mit `mein-passwort` zu antworten, wenn die Eingabeaufforderung `assword:` vom Server des Internet-Providers kommt. [5]

Die erste Zeile des Skripts teilt *chat* mit, dem Modem ein `ATZ` zu schicken, wodurch das Modem zurückgesetzt werden sollte. (Wenn als erwarteter String `''` angegeben wird, bedeutet das, daß nichts erwartet wird, bevor `ATZ` gesendet wird.) Die zweite Zeile wartet darauf, daß das Modem mit `OK` antwortet, woraufhin die Telefonnummer mit dem String `ATDT5551212` gewählt wird. (Wenn Sie über eine sehr alte Vermittlungsstelle verbunden sind, die noch Pulswahl statt Tonwahl verwendet, dann ändern Sie dies in `ATDP5551212`. Als Telefonnummer müssen Sie selbstverständlich die des Modems am anderen Ende angeben.)

Wenn das Modem mit `CONNECT` antwortet, wird ein Newline zurückgeschickt (was durch `''` dargestellt wird). Anschließend wartet *chat* auf die Eingabeaufforderung `ogin:`, bevor es den Benutzernamen sendet, und auf `assword:`, bevor es das Paßwort schickt.

Die verschiedenen zu sendenden Strings, die im vorigen Beispiel mit `AT` anfangen, sind einfache Kontrollstrings nach dem Hayes-Modemstandard. Im Handbuch zu Ihrem Modem sollten Sie alle Informationen finden, wie diese aufgebaut sind; dies ist nicht spezifisch für Linux oder irgendein anderes Betriebssystem. Ein Beispiel: Ein Komma in einer Telefonnummer steht für eine Pause, bevor die nachfolgenden Ziffern gesendet werden sollen. Es kann beispielsweise nützlich sein, `ATDT0,,, 5551212` zu verwenden, wenn eine besondere Vorwahlziffer (0 in diesem Fall) gewählt werden muß, um eine Amtsleitung zu bekommen.

Beachten Sie, daß dieses einfache *chat*-Skript sich nicht um Timeouts, Fehler oder andere Sonderfälle kümmert, die beim Einwählen beim Internet-Provider auftreten können. Lesen Sie die Manpage zu *chat*, um zu erfahren, wie Sie Ihr Skript verbes-

5 Das Weglassen des ersten Buchstabens ermöglicht es, sowohl `Password:` als auch `password:` als Aufforderung korrekt zu erkennen.

sern können, um solche Fälle zu behandeln. Beachten Sie auch, daß Sie zum Schreiben solcher Chat-Skripten schon wissen müssen, welche Eingabeaufforderungen der Server Ihres Internet-Providers verwenden wird (wir haben hier `login` und `password` angenommen). Es gibt mehrere Möglichkeiten, diese herauszufinden. Möglicherweise hat Ihnen Ihr Provider diese Informationen gegeben oder ein Handshaking-Skript für ein anderes System wie etwa Windows 95 mitgeliefert (das ein ganz ähnliches Verfahren wie *chat* verwendet). Ansonsten können Sie sich mit einem einfachen Terminal-Emulator wie *minicom* oder *seyon* »von Hand« in den Server Ihres Providers einwählen. Die Manpages dieser Befehle helfen Ihnen dabei.

pppd starten

Wir sind jetzt soweit, den *pppd*-Dämon so zu konfigurieren, daß er mit dem gerade geschriebenen Chat-Skript eine PPP-Verbindung aufbaut. Normalerweise geschieht dies, indem man ein weiteres Shell-Skript schreibt, das *pppd* mit einer Reihe von Optionen aufruft.

Das Format von *pppd* lautet:

```
pppd geraete-name baudrate optionen
```

Tabelle 15-1 nennt Ihnen die von pppd unterstützten Optionen. Sie brauchen ziemlich sicher nur einen Teil davon.

Tabelle 15-1: Gängige Optionen von pppd

Option	Wirkung
`lock`	Sperrt das serielle Gerät, um den Zugriff auf *pppd* zu begrenzen.
`crtscts`	Verwendet Hardwareflußkontrolle.
`noipdefault`	Versucht nicht, die lokale IP-Adresse aus dem Hostnamen zu ermitteln. Die IP-Adresse wird vom entfernten System zugewiesen.
`user` *benutzername*	Legt den Hostnamen oder den Benutzernamen für die PAP- oder CHAP-Identifikation fest.
`netmask` *maske*	Legt die Netzmaske für die Verbindung fest.
`defaultroute`	Fügt der Routing-Tabelle des lokalen Systems eine Default-Route hinzu, die die entfernte IP-Adresse als Gateway verwendet.
`connect` *befehl*	Verwendet den angegebenen *befehl*, um eine Verbindung aufzubauen. *pppd* nimmt an, daß dieses Skript in */etc/ppp* liegt. Wenn dies nicht der Fall ist, müssen Sie den vollständigen Pfadnamen angeben.
lokale_IP_adresse: *entfernte_IP_adresse*	Gibt die lokale und/oder die entfernte IP-Adresse an. Eine oder beide könnten 0.0.0.0 sein, was anzeigt, daß die Adresse vom entfernten System zugewiesen werden soll.
`debug`	Protokolliert Verbindungsinformationen über den syslog-Dämon.

Normalerweise wird der Befehl *pppd* von einem Shell-Skript ausgeführt. Editieren Sie die Datei */etc/ppp/ppp-on*, und fügen Sie die folgenden Zeilen hinzu:

```
#!/bin/sh
#Das ppp-on-Skript

exec /usr/sbin/pppd /dev/modem 38400 lock crtscts noipdefault \
    defaultroute 0.0.0.0:0.0.0.0 connect my-chat-script
```

Stellen Sie – wie auch schon bei *my-chat-script* weiter vorn – sicher, daß dieses Skript ausführbar ist, und passen Sie auf, daß auf die Backslashes keine Leerzeichen folgen.

Wenn dieses Skript an Ort und Stelle steht, sollte es möglich sein, sich mit folgendem Befehl mit dem Internet-Provider zu verbinden:

```
% /etc/ppp/ppp-on
```

Sie müssen dazu nicht **root** sein. Wenn Sie dieses Skript ausführen, sollten Sie Ihr Modem wählen hören, und wenn alles gutgeht, sollte PPP nach etwa einer Minute verbunden sein. Der Befehl *ifconfig* sollte dann einen Eintrag für ppp0 melden:

```
# ifconfig
lo        Link encap:Local Loopback
          inet addr:127.0.0.1  Bcast:127.255.255.255  Mask:255.0.0.0
          UP BROADCAST LOOPBACK RUNNING  MTU:3584  Metric:1

          RX packets:0 errors:0 dropped:0 overruns:0 frame:0
          TX packets:0 errors:0 dropped:0 overruns:0 carrier:0
          collisions:0

ppp0      Link encap:Point-to-Point Protocol
          inet addr:207.25.97.248  P-t-P:207.25.97.154  Mask:255.255.255.0
          UP POINTOPOINT RUNNING  MTU:1500  Metric:1
          RX packets:1862 errors:0 dropped:0 overruns:0 frame:0
          TX packets:1288 errors:0 dropped:0 overruns:0 carrier:0
          collisions:0
          Memory:73038-73c04
```

Wir können daran erkennen, daß PPP läuft, die lokale IP-Adresse 207.25.97.248 und die des entfernten Servers 207.25.97.154 ist.

Wenn Sie benachrichtigt werden wollen, daß eine PPP-Verbindung aufgebaut wurde (das Skript *ppp-on* kehrt unmittelbar zurück), dann fügen Sie */etc/ppp/ip-up* die folgende Zeile hinzu:

```
/usr/bin/wall "PPP laeuft!"
```

/etc/ppp/ip-up wird ausgeführt, sobald PPP eine IP-Verbindung aufgebaut hat. Sie können dieses Skript also dafür verwenden, den Befehl *wall* auszuführen, wenn die Verbindung korrekt aufgebaut wurde.

Das Beenden einer PPP-Sitzung kann ebenfalls mit einem einfachen Shell-Skript geschehen. Editieren Sie die Datei */etc/ppp/ppp-off* folgendermaßen:

```
#!/bin/sh
# Ein einfaches ppp-off-Skript

kill `cat /var/run/ppp0.pid`
```

Das Ausführen von */etc/ppp/ppp-off* beendet den PPP-Dämon und die Modemverbindung.

DNS konfigurieren

Für sich allein genommen, bauen *pppd* und *chat* nur eine PPP-Verbindung auf und weisen Ihnen eine IP-Adresse zu. Um auch Domänennamen verwenden zu können, müssen Sie Ihr System so konfigurieren, daß es den Domain Name Server Ihres Internet-Providers kennt. Dies geschieht durch Editieren der Datei */etc/resolv.conf*. Die Manpage von *resolver* beschreibt diese Datei detailliert. Meistens braucht man jedoch nur Zeilen in zwei Varianten: Eine gibt eine Liste von Domänen an, die durchsucht werden sollen, wenn kein Domänenname angegeben wird, die andere die Adresse eines DNS-Servers.

Eine einfache */etc/resolv.conf*-Datei könnte folgendermaßen aussehen:

```
# Beispiel für /etc/resolv.conf
search cs.nowhere.edu nowhere.edu
nameserver 207.25.97.8
nameserver 204.148.41.1
```

Die erste Zeile zeigt an, daß jedes Mal, wenn ein Domänenname (wie **orange** oder **papaya**) verwendet wird, dieser in der Liste der angegebenen Domänen gesucht werden sollte. In diesem Fall würde der Resolver zunächst einen Namen wie **papaya** zu **papaya.cs.nowhere.edu** expandieren und versuchen, ein System dieses Namens zu finden. Anschließend würde bei Bedarf **papaya.nowhere.edu** genommen und ein neuer Versuch gestartet werden.

Die Zeilen, die mit `nameserver` beginnen, geben die IP-Adresse der Domain Name Server Ihres Internet-Providers an; diese sollten Ihnen von Ihrem Provider mitgeteilt worden sein. Wenn Sie mehr als eine `nameserver`-Zeile verwenden, werden die angegebenen DNS-Server in der angegebenen Reihenfolge angesprochen, bis einer einen Treffer gefunden hat. Auf diese Art und Weise wird einer der DNS-Server als Primär-Server und der andere als Backup behandelt.

Probleme in einer PPP-Installation beheben

Die hier beschriebene PPP-Konfiguration ist ziemlich einfach und kann sicherlich nicht alle Fälle abhandeln; die besten zusätzlichen Informationsquellen sind die Manpages zu *pppd* und *chat*, außerdem das Linux-PPP-HOWTO und verwandte Dokumente.

Glücklicherweise protokollieren *chat* und *pppd* ihre Fortschritte wie auch alle Fehler. Dies geschieht über das Standard-syslog-Verfahren. Durch Editieren von */etc/syslog.conf* können Sie diese Meldungen in eine Datei umleiten. Fügen Sie dazu die folgenden Zeilen hinzu:

```
# Meldungen von chat speichern
local2.*                                          /var/log/chat-log

# Meldungen von pppd speichern
daemon.*                                          /var/log/pppd-log
```

Damit werden Fehlermeldungen von *chat* nach */var/log/chat-log* geschrieben und Fehlermeldungen von *pppd* nach */var/log/ppp*.

Beachten Sie, daß diese Protokollmeldungen private Informationen wie beispielsweise die Provider-Benutzerbank enthalten. Sie sollten das Protokollieren nur so lange einschalten, bis alles funktioniert. Entfernen Sie danach diese beiden Protokolldateien sowie die zu */etc/syslog.conf* hinzugefügten Zeilen.

chat protokolliert manche Fehler auch in */etc/ppp/connect-errors*, was nicht über den syslog-Dämon gesteuert wird. (Es sollte kein Sicherheitsrisiko sein, dieses Protokoll zu lassen, wo es ist.)

PAP und CHAP

Manche Internet-Provider werden von Ihnen verlangen, ein besonderes Authentifizierungsprotokoll wie PAP (Password Authentication Protocol) oder CHAP (Challenge Handshake Authentication Protocol) zu verwenden. Diese Protokolle beruhen darauf, daß es ein »gemeinsames Geheimnis« gibt, das sich Client und Server teilen. In den meisten Fällen handelt es sich dabei um Ihr Paßwort bei Ihrem Provider.

Wenn Ihr Internet-Provider die Verwendung von PAP oder CHAP vorschreibt, werden diese aktiviert, indem eine der Dateien */etc/ppp/pap-secrets* oder */etc/ppp/chap-secrets* geschrieben wird. Jede Datei hat vier Felder, die durch Leerzeichen oder Tabulatoren getrennt sind. Hier ein Beispiel für die Datei *pap-secrets*:

```
# Geheimnisse für die Authentifizierung mit PAP
# Client      Server     GeheimnisIP oder Domäne
mdw      *      mein-passwort
```

Das erste Feld ist normalerweise der Name Ihres Systems, wie es das entfernte System erwartet, also normalerweise Ihr Benutzername bei Ihrem Internet-Provider. Das zweite Feld gibt den Namen des Servers bei Ihrem Provider an; wenn Sie hier einen Stern eintragen, gilt die Zeile für alle Server Ihres Providers, mit denen Sie sich verbinden dürfen. Das dritte Feld ist das gemeinsame Geheimnis, das Ihnen Ihr Provider zur Verfügung gestellt hat; wie bereits gesagt, ist dies normalerweise Ihr Paßwort bei Ihrem Provider. Das vierte Feld schließlich wird hauptsächlich für PPP-Server verwendet, um die IP-Adressen zu begrenzen, auf die sich einwählende

Benutzer Zugriff haben. Diese Adressen können entweder als IP-Adressen oder als Domänennamen angegeben werden. Für die meisten PPP-Client-Konfigurationen kann dieses Feld einfach leer bleiben.

Die Datei *chap-secrets* enthält die gleichen vier Felder; allerdings müssen Sie hier etwas anderes als den * für das System des Providers eingeben; dies ist ein Geheimnis, das Ihnen Ihr Provider mitteilt, wenn Sie Ihren Zugang beantragen.

Wenn PAP oder CHAP verwendet werden, ist es nicht notwendig, daß das *chat*-Skript Handshaking-Informationen enthält, nachdem `CONNECT` empfangen wurde; *pppd* wird in diesem Fall den Rest erledigen. Sie können die Datei */etc/ppp/my-chat-script* so ändern, daß sie nur noch die folgenden Zeilen enthält:

```
#!/bin/sh
# my-chat-script: ein Programm zum Einwählen bei Ihrem Internet-Provider
exec chat -v            \
     '' ATZ             \
     OK ATDT555-1212    \
     CONNECT ''
```

Allerdings müssen Sie der *pppd*-Kommandozeile in */etc/ppp/ppp-on* noch die Option `user` hinzufügen, etwa so:

```
#!/bin/sh
# das Skript ppp-on

exec /usr/sbin/pppd /dev/modem 38400 lock crtscts noipdefault \
     user mdw defaultroute 0.0.0.0:0.0.0.0 connect my-chat-script
```

PPP über ISDN-Leitungen

Seit vielen Jahren ermöglicht ISDN schnelle und bequeme Datenverbindungen, wenn auch gewöhnlich zu einem etwas höheren Preis. ISDN ist besonders in Europa beliebt, wo der Preis und die Vermarktung mehr für ISDN sprechen als in den USA. ISDN integriert Daten- und Sprachübertragungen auf einer einzigen Leitung, baut Verbindungen sehr viel schneller auf und bringt auch einen viel besseren Durchsatz als traditionelle Modems.

ISDN-Leitungen können 64 KBits pro Sekunde übertragen, und im Gegensatz zu analogen Leitungen schaffen Sie das auch immer, weil ihre Übertragung nicht von den vielen Unwägbarkeiten der analogen Technik abhängt, wie beispielsweise das Übersprechen bei verschiedenen Störgeräuschen. Ein neues Protokoll namens ASDL (Asymmetric Digital Subscriber Line) schlägt ISDN hinsichtlich der Geschwindigkeit noch einmal, aber ISDN hat derzeit doch noch eine deutlich größere Verbreitung.

In diesem Abschnitt werden wir beschreiben, wie Sie die Einwahl zu Ihrem Internet-Provider über eine ISDN-Leitung einrichten. Wir konzentrieren uns dabei auf den am häufigsten verwendeten Verbindungstyp, synchrones PPP; nicht auf den besonderen Modus namens *Raw IP* über ISDN. Außerdem gehen wir hier nur auf interne ISDN-Steckkarten ein, die ganz anders eingerichtet werden, als es im letzten Abschnitt für Modems beschrieben wurde. Externe ISDN-Geräte, die sogenannten ISDN-Modems[6], werden auf ähnliche Weise konfiguriert, wie im vorigen Abschnitt beschrieben, weil sich diese Geräte dem Computer und dem Betriebssystem gegenüber wie ein normales Modem mit zusätzlichen Befehlen, schnellerem Verbindungsaufbau und höherem Durchsatz verhalten.

In gewisser Hinsicht ist das Einrichten von ISDN-Verbindungen viel einfacher als das von analogen Verbindungen, weil viele der Probleme analoger Leitungen (schlechte Leitungsqualität, lange Aufbauzeiten und so weiter) bei digitalen Leitungen einfach nicht auftreten können. Sobald Sie einmal die Nummer gewählt haben, ist die Verbindung in Millisekunden aufgebaut. Das kann aber auch zu Problemen führen. Weil die Verbindungen so schnell auf- und wieder abgebaut werden, kann ein falsch konfiguriertes System, das immer wieder eine Verbindung aufbaut, ein Vermögen kosten. Das gilt insbesondere für interne ISDN-Karten, weil man hier nicht einmal – wie bei Modems – etwas klicken und pfeifen hört und es auch keine Lämpchen gibt, die Sie über den Status der Verbindung informieren. Sie können den Status Ihrer ISDN-Verbindung allerdings mit einigen einfachen Programmen kontrollieren.

Das Einrichten einer PPP-Wählverbindung über ISDN geschieht in zwei Schritten:

1. Konfigurieren der ISDN-Hardware
2. Konfigurieren und Starten des PPP-Dämons und Anpassen der Routing-Tabelle, so daß die ISDN-Verbindung verwendet wird.

Diese Schritte werden in den beiden folgenden Abschnitten behandelt.

Konfigurieren der ISDN-Hardware

Als erstes müssen Sie Ihre ISDN-Hardware dem Kernel zugänglich machen. Wie bei jeder anderen Hardware brauchen Sie einen Gerätetreiber, der mit den passenden Parametern für Ihre ISDN-Karte konfiguriert werden muß.

Linux unterstützt eine große Anzahl von ISDN-Karten. Wir können hier nicht jede einzelne Karte besprechen, aber das Verfahren ist für alle mehr oder weniger das gleiche. Wenn Ihre Karte hier nicht behandelt wird, dann sollten Sie die Dokumentation zu Ihrer Karte im Verzeichnis *Documentation/isdn* des Linux-Kernels lesen.

Wir konzentrieren uns hier auf die Karten, die den *HiSax*-Treiber verwenden. Dieser Gerätetreiber arbeitet mit den meisten Karten zusammen, die den HSCX-Chipsatz von Siemens verwenden. Dazu gehören beispielsweise die USR Sportster internal TA und die bekannten Teles-, ELSA- und Fritz-Karten. Andere Karten werden ähnlich konfiguriert.

6 Dieser Ausdruck ist eigentlich ein Oxymoron, weil es keine Modulation und Demodulation gibt.

Zunächst müssen Sie ISDN-Unterstützung in den Kernel einbauen. Es ist ratsam, alles, was mit ISDN zusammenhängt, in Form von Modulen zu kompilieren, insbesondere, wenn Sie mit der Konfiguration noch herumexperimentieren. Sie benötigen die folgenden Module:

- ISDN support.
- Support for synchronous PPP.
- Ein Gerätetreibermodul für Ihre Hardware. Wenn Sie den HiSax-Treiber verwenden, müssen Sie auch angeben, welche ISDN-Karte Sie genau haben und welches ISDN-Protokoll verwendet werden soll. Dies ist ziemlich sicher EURO/DSS1, es sei denn, Sie leben in Deutschland und haben Ihre ISDN-Leitung schon seit langem – in diesem Fall kann es auch 1TR6 sein. Wenn Sie sich nicht sicher sind, dann fragen Sie Ihre Telefongesellschaft.

Kapitel 7

Kompilieren und installieren Sie die Module, wie in Kapitel 7 beschrieben. Jetzt können Sie anfangen, Ihre ISDN-Hardware zu konfigurieren. Bei manchen Distributionen wie SuSE ist das Einrichten von ISDN-Verbindungen sehr einfach. Wir behandeln hier aber, wie man alles selbst macht, falls Ihre Distribution nicht so anwenderfreundlich ist, falls die automatische Konfiguration nicht funktioniert oder Sie einfach nur wissen wollen, was hinter den Kulissen passiert.

Als nächstes müssen Sie das Gerätetreibermodul mit *modprobe* laden. Damit werden die anderen Module ebenfalls automatisch geladen. Alle Gerätetreibermodule erwarten eine Reihe von Modulparametern, das `hisax`-Modul kennt unter anderem folgende Parameter:

`id=`*`kartenid`*

Legt einen Bezeichner für die ISDN-Karte fest. Sie können hier einen beliebigen Namen verwenden, dürfen aber nicht den gleichen Namen für mehr als eine Karte im System verwenden.

`type=`*`kartentyp`*

Gibt die genaue Kartenmarke und den Kartentyp an. Beispielsweise wählt ein Wert von 16 für *`kartentyp`* die Unterstützung für das USR Sportster internal TA. Lesen Sie dazu die Dokumentation in *Documentation/isdn/README.hisax* in den Kernel-Quellen; dort finden Sie auch die vollständige Liste der Kartentypen.

`protocol=`*`protokolltyp`*

Wählt ein ISDN-Subprotokoll. Zulässige Werte sind 1 für das alte deutsche `1TR6`-Protokoll, 2 für das heute (zumindest in Europa) gängige `EDSS1`-Protokoll und 3 für semipermanente Verbindungen.

`irq=`*`irqnr`*

Gibt die zu verwendende Interrupt-Leitung an. Nicht alle Karten benötigen diese Angabe.

`io=`*adr*
: Gibt die zu verwendende I/O-Adresse an. Nicht alle Karten benötigen diese Angabe, aber manche benötigen auch zwei I/O-Adressen. In diesem Fall sind die Parameter `io0` und `io1` zu verwenden.

Ein Beispiel: Der folgende Befehl lädt den HiSax-Treiber zur Verwendung mit einer Teles 16.3-Karte, Euro-ISDN, I/O-Adresse 0x280 und IRQ-Leitung 10 (ein sehr häufiger Anwendungsfall):

```
tigger # modprobe hisax type=3 protocol=2 io=0x280 irq=10
```

In der Datei *Documentation/isdn/README.HiSax* oder der entsprechenden Datei für Ihre Karte finden Sie weitere Informationen.

Das Modul ist nicht gerade geschwätzig; wenn der Befehl *modprobe* nichts ausgibt, dann ist es ziemlich wahrscheinlich, daß alles gutgegangen ist. Außerdem könnten Sie einen Blick in Ihr Systemprotokoll in */var/log/messages* werfen. Sie sollten dann einige Zeilen sehen, die mit `HiSax:` (oder dem Namen des Treibers, den Sie verwenden) starten; als letzte dieser Zeilen sollte dort stehen:

```
HiSax: module installed
```

Wenn dieses Modul nicht geladen werden kann, können Sie die Anzahl wahrscheinlich auch in */var/log/messages* finden. Das häufigste Problem ist ein falsch angegebener IRQ oder eine falsche I/O-Adresse oder aber ein falsch gewählter Kartentyp. Wenn Sie gar nicht weiterkommen und auf dem gleichen Rechner Windows installiert haben, dann booten Sie Windows und schauen Sie nach, was dort für die IRQ- und I/O-Adresse gemeldet wird.

Sie sollten eine weitere Überprüfung vornehmen, bevor Sie zum nächsten Abschnitt übergehen, nämlich sich selbst anrufen. Das funktioniert, da Sie bei ISDN immer zwei Leitungen zur Verfügung haben. Eine Leitung wird also für den abgehenden »Anruf« und die andere für den eingehenden verwendet.

Damit Ihr ISDN-Subsystem auch meldet, was auf Ihren Telefonleitungen passiert, müssen Sie es dafür konfigurieren, mehr Meldungen als normal auszugeben. Dies geschieht mit drei Hilfsprogrammen, die Sie alle im Paket isdn4k-utils finden, das Sie auf Ihrem freundlichen Linux-FTP-Server um die Ecke finden.

Dieses Paket enthält unter anderem die drei folgenden Hilfsprogramme: *hisaxctrl* zum Konfigurieren des Gerätetreibers, *isdnctrl* zum Konfigurieren der höheren Schichten des ISDN-Subsystems und *isdnlog*, ein sehr nützliches Werkzeug, das alles protokolliert, was auf Ihren ISDN-Leitungen vor sich geht. *hisaxctrl* und *isdnctrl* können Sie ohne jede Konfiguration verwenden, aber für *isdnlog* müssen Sie eine kleine Konfigurationsdatei schreiben. Wir begnügen uns hier mit einer schnellen Lösung, aber sobald Ihre ISDN-Verbindung steht, sollten Sie *isdnlog* genauer konfigurieren, um zu sehen, wohin Ihr Geld geht. Im Moment können Sie aber eine der Beispiel-Konfigurationsdateien, die im *isdnlog*-Paket enthalten sind, nach */etc/isdn/isdn.conf* kopieren. Sie müssen dann zumindest folgende Zeilen editieren:

`COUNTRYCODE=`
: Geben Sie hier den Vorwahlcode Ihres Landes an, beispielsweise 49 für Deutschland oder 46 für Schweden und so weiter.

`AREAPREFIX=`
: Wenn in Ihrem Land den Vorwahlen ein Präfix vorangestellt wird, dann geben Sie dieses hier an. Für die meisten europäischen Länder ist das 0, in Finnland 9 und nichts in den USA, Dänemark und Norwegen.

`AREACODE=`
: Geben Sie hier Ihre Vorwahlnummer an. Wenn Sie im letzten Schritt eine Ziffer für `AREAPREFIX` angegeben haben, dann wiederholen Sie diese hier nicht. Beispielsweise hat Stockholm in Schweden die Vorwahl 08; Sie würden dann 0 bei `AREAPREFIX` und 8 bei `AREACODE` eintragen.

Wenn Sie diese Angaben gemacht haben, dann führen Sie die folgenden Befehle aus, um Ihr ISDN-System etwas geschwätziger zu machen:

```
tigger # /sbin/hisaxctrl boardid 1 4
tigger # /sbin/isdnctrl verbose 3
tigger # /sbin/isdnlog /dev/isdnctrl0 &
```

Wenn Sie einen anderen Treiber als HiSax verwenden, müssen Sie wahrscheinlich auch einen anderen Befehl verwenden. Beispielsweise gibt es für den PCBit-Treiber im Paket isdn4k-utils einen Befehl *pcbitctl*.

Jetzt können Sie sich anrufen. Sie sollten alle Ihre MSNs (Multiple Subscriber Numbers; Ihre ISDN-Telefonnummern) ausprobieren, um zu sehen, ob die Karte auch alle erkennt. Sehen Sie sich nach jedem Anruf */var/log/messages* an. Sie sollten etwa folgende Zeilen sehen:

```
Mar 16 18:34:22 tigger kernel: isdn_net: call from 4107123455,1,0 -> 123456
Mar 16 18:34:33 tigger kernel: isdn_net: Service-Indicator not 7, ignored
```

Was hier steht, ist, daß der Kernel einen Sprachanruf von der Telefonnummer 123455 im Vorwahlbereich (0)4107 an die MSN 123456 erkannt hat (die Dienstekennung ist 0).

Achten Sie darauf, wie die Nummer angegeben wird; Sie werden diese Information später noch benötigen. Die Nummer wird in manchen Telefonnetzen mit Vorwahl, in anderen ohne geschickt. Aber unabhängig davon: Herzlichen Glückwunsch, wenn Sie soweit gekommen sind. Ihre ISDN-Hardware ist jetzt korrekt konfiguriert.

Synchrones PPP einrichten

Auch das Einrichten des PPP-Dämons besteht aus mehreren Schritten. Unter Linux werden ISDN-Karten wie Netzwerkschnittstellen behandelt, die Sie mit speziellen Befehlen konfigurieren müssen. Außerdem müssen Sie den Benutzernamen und das Paßwort angeben, die Ihr Internet-Provider Ihnen zugewiesen hat. Wenn alles konfiguriert ist, starten Sie den Dämon *ipppd*, der im Hintergrund darauf lauert, daß eine Verbindung aufgebaut werden soll.

Konfigurieren wir jetzt als erstes die »Netzwerkschnittstelle«. Dazu sind eine Reihe von Befehlen notwendig, die die meisten Systemadministratoren einfach in ein Skript schreiben, dem sie einen Namen wie */sbin/pppon* geben. Hier kommt eine Beispieldatei, die Sie Ihren Bedürfnissen entsprechend anpassen können.

```
/sbin/isdnctrl addif ippp0
/sbin/isdnctrl addphone ippp0 out 0123456789
/sbin/isdnctrl dialmax ippp0 2
/sbin/isdnctrl eaz ippp0 123456
/sbin/isdnctrl huptimeout ippp0 100
/sbin/isdnctrl l2_prot ippp0 hdlc
/sbin/isdnctrl l3_prot ippp0 trans
/sbin/isdnctrl encap ippp0 syncppp
/sbin/ifconfig ippp0 1.1.1.1 pointopoint 123.45.67.89 metric 1
```

Gehen wir diese Befehle Schritt für Schritt durch:

`isdnctrl addif ippp0`
: Diese Zeile teilt dem Kernel mit, daß eine neue ISDN-Schnittstelle mit dem Namen `ippp0` verwendet werden soll. Verwenden Sie immer Namen, die mit `ippp` anfangen.

`isdnctrl addphone ippp0 out 0123456789`
: Teilt der ISDN-Schnittstelle mit, welche Telefonnummer zu verwenden ist. Hier tragen Sie die Telefonnummer ein, mit der Sie sich bei Ihrem Internet-Provider einwählen. Wenn Sie bisher einen analogen Zugang verwendet haben, dann halten Sie Rücksprache mit Ihrem Provider, da die Telefonnummer für den ISDN-Zugang eine andere sein könnte.

`isdnctrl dialmax ippp0 2`
: Gibt an, wie oft der Kernel versuchen soll, sich einzuwählen, bevor er aufgibt, wenn die Verbindung nicht aufgebaut werden konnte.

`isdnctrl eaz ippp0 123456`
: Geben Sie hier eine Ihrer eigenen MSNs an. Dies ist ein sehr wichtiger Schritt; ohne wird nicht viel funktionieren. Falls Ihr Internet-Provider Ihren Zugang über Ihre Telefonnummer verifiziert, stellen Sie sicher, daß Sie hier die MSN angeben, die Sie bei Ihrem Provider registriert haben.

`isdnctrl huptimeout ippp0 100`
: Gibt die Anzahl von Sekunden an, die keine Daten über die Leitung gehen dürfen, bevor der Kernel die Verbindung abbricht. Dieser Befehl ist optional, kann Ihnen aber viel Geld sparen, wenn Sie keinen Pauschalbetrag für Ihren Zugang bezahlen. Wenn Sie also vergessen, die Verbindung zu schließen, dann tut der Kernel das für Sie.

`isdnctrl l2_prot ippp0 hdlc`
: Gibt das zu verwendende Schicht-2-Protokoll an. Mögliche Werte sind hier `hdlc`, `x75i`, `x75ui` und `x75bui`. Die meisten Provider verwenden `hdlc`; wenn Sie sich unsicher sind, dann fragen Sie bei Ihrem Provider nach.

`isdnctrl l3_prot ippp0 trans`
: Gibt das zu verwendende Schicht-3-Protokoll an. Derzeit steht nur `trans` zur Verfügung.

`isdnctrl encap ippp0 syncppp`
: Gibt die zu verwendende Kapselung an. Hier sind eine ganze Reihe von Werten zulässig, aber wenn Sie synchrones PPP verwenden wollen (oder Ihr Provider das voraussetzt), müssen Sie hier `syncppp` angeben. Ein anderer oft verwendeter Wert ist `rawip`. Allerdings ist damit nur eine sehr schwache Authentifizierung möglich, weswegen nur wenige Provider diese Möglichkeit verwenden, auch wenn man wegen des geringeren Verwaltungsaufwands einen etwas besseren Durchsatz bekommt.

`ifconfig ippp0 1.1.1.1 pointopoint 123.45.67.89 metric 1`
: Erzeugt die neue Netzwerkschnittstelle. Wenn Ihre IP-Adresse nicht dynamisch zugewiesen wird (ist bei den meisten Einwählverbindungen der Fall), müssen Sie hier Ihre IP-Adresse anstelle von 1.1.1.1 angeben. Außerdem müssen Sie die 123.45.67.89 in die IP-Adresse Ihres Einwähl-Servers ändern.

Uff! Aber wir sind noch nicht ganz fertig. Als nächstes müssen Sie den *ipppd*-Dämon selbst konfigurieren. Dies geschieht in der Datei */etc/ppp/ioptions*. Sie können auch für jeden *ipppd*-Dämon eine eigene Konfigurationsdatei verwenden, aber das ist nur nötig, wenn Sie verschiedene ISDN-Verbindungen verwenden wollen, also mehrere Einwählzugänge haben.

ipppd(8)

Im folgenden sehen Sie eine *ioptions*-Datei, die generisch genug ist, um mit den meisten Providern zu funktionieren. Sie erreichen damit nicht den maximal möglichen Durchsatz, sollten aber eine ziemlich stabile Verbindung bekommen. Wenn Sie die Verbindung optimieren wollen, dann fragen Sie Ihren Provider nach den möglichen Einstellungen und lesen Sie die Manpage zu *ipppd*.

```
debug
/dev/ippp0
user ihrbenutzername
name ihrbenutzername
mru 1500
mtu 1500
ipcp-accept-local
ipcp-accept-remote
noipdefault
-vj -vjccomp -ac -pc -bsdcomp
defaultroute
```

Sie müssen hier nur zwei Dinge ändern: Ersetzen Sie `ihrbenutzername` in der dritten und vierten Zeile durch den Benutzernamen, den Ihr Provider Ihnen für die Einwahl zugewiesen hat. Wir werden hier nicht alle Optionen besprechen; lesen Sie die Manpage, wenn Sie mehr wissen wollen.

ISDN verwendet die gleichen Sicherheitseinstellungen wie eine analoge Einwahlverbindung. Im Abschnitt »PAP und CHAP« weiter vorn in diesem Kapitel finden Sie Hinweise, wie Sie Ihre Datei *pap-secrets* und *chap-secrets* so gestalten können, wie es von Ihrem Internet-Provider verlangt wird.

Jetzt haben wir alles Notwendige beisammen und können endlich loslegen! Starten Sie zuerst den *ipppd*-Dämon:

```
tigger # /sbin/ipppd pidfile /var/run/ipppd.ippp0.pid file /etc/ppp/ioptions &
```

Der *ipppd*-Dämon wartet jetzt auf Verbindungsanforderungen. Weil wir ihn noch nicht dafür konfiguriert haben, automatisch Verbindungen aufzubauen, müssen wir das manuell auslösen. Dies geschieht mit dem folgenden Befehl:

```
tigger # isdnctrl dial ippp0
```

Sie sollten jetzt in der Datei */var/log/messages* nachsehen. Hier sollten viele Meldungen stehen, die mit `ipppd` anfangen. Die letzten beiden dieser Meldungen sollten die Wörter `local IP address` und `remote IP address` und die jeweiligen IP-Adressen enthalten. Wenn Sie diese Meldungen sehen, haben Sie es geschafft. Weil wir in der Datei *ioptions* die Option `defaultroute` verwendet haben, hat der Kernel automatisch eine Default-Route auf unsere ISDN-Verbindung gelegt, und Sie sollten jetzt unmittelbar in der Lage sein, in die weite, weite Welt des Internets zu gelangen. Versuchen Sie als erstes, einen *ping*-Befehl auf die IP-Adresse Ihres Providers abzusetzen. Wenn Sie fertig sind und die Verbindung beenden wollen, geben Sie ein:

```
tigger # isdnctrl hangup ippp0
```

Und wenn es nun nicht funktioniert?

Wenn Sie keine Verbindung bekommen, obwohl Ihre Hardware korrekt erkannt wurde und Sie alles wie oben beschrieben eingerichtet haben, dann sollten Sie sich wieder einmal an die Datei */var/log/messages* wenden. Es ist ziemlich wahrscheinlich, daß Sie die Ursache des Problems hier finden, auch wenn dieses etwas versteckt sein kann.

Der häufigste Fehler ist ein fehlerhaftes Angeben des Paßwortes oder des Benutzernamens. Sie wissen, daß Ihr Problem in diesem Bereich liegt, wenn Sie eine Zeile wie die folgende sehen:

```
PAP authentification failed
```

oder:

```
CHAP authentification failed
```

Überprüfen Sie dann sorgfältig die Dateien *chap-secrets* oder *pap-secrets*. Möglicherweise kann auch Ihr Provider anhand seiner Protokolldateien sehen, was bei der Authentifizierung schiefgegangen ist.

Natürlich könnte es auch sein, daß Ihr Provider kein synchrones PPP unterstützt, auch wenn die meisten das heutzutage tun. Wenn dies der Fall ist, fragen Sie Ihren Provider nach den richtigen Einstellungen.

Wenn es immer noch nicht funktioniert, fragen Sie Ihren Provider. Ein guter Internet-Provider bietet eine telefonische Unterstützung und kann Ihnen helfen, eine Verbindung von Ihrem Linux-Rechner aufzubauen. Wenn Ihr Provider Ihnen sagt, daß er »nur Windows unterstützt«, dann sollten Sie schlicht und einfach den Provider wechseln. Es gibt viele Linux-freundliche Provider. Oft verwenden die Leute vom Telefon-Support selbst Linux und können Ihnen weiterhelfen, selbst wenn der Provider Linux offiziell nicht unterstützt.

Wenn Sie aus irgendwelchen Gründen bei einem nicht kooperationsbereiten Provider festhängen, dann versuchen Sie, andere Kunden dieses Providers zu finden, die Linux verwenden. Das Einrichten der Verbindung kann in Sonderfällen bedeuten, daß Sie mit den Optionen und Parametern des ISDN-Subsystems und des *ipppd*-Dämons herumspielen müssen, und wenn jemand anderes bereits herausgefunden hat, was zu tun ist, dann müssen Sie das nicht tun.

Und wie geht es weiter?

Wenn Ihre ISDN-Verbindung einmal funktioniert und Sie ins Internet kommen, dann möchten Sie sich die Sache vielleicht etwas bequemer machen oder andere Anpassungen vornehmen. Hier sind einige Vorschläge:

- Lassen Sie den *ipppd* automatisch den entfernten Rechner anwählen. Dies geschieht, indem Sie wie folgt eine Default-Route auf das *ippp0*-Gerät einrichten:

  ```
  /sbin/route add default netmask 0.0.0.0 ippp0
  ```

  Wann immer der Kernel jetzt ein IP-Paket an eine IP-Adresse schicken möchte, für die keine besondere Route konfiguriert ist, wird er den *ipppd*-Dämon auffordern, eine Verbindung aufzubauen. Verwenden Sie dieses Verfahren aber nur, wenn Sie auch die Option `huptimeout` angegeben haben, da Sie ansonsten ein Vermögen an Ihre Telefongesellschaft zahlen könnten (es sei denn, Sie bezahlen einen Pauschalpreis).

  Weil es Programme gibt, die von Zeit zu Zeit selbständig versuchen, Internetverbindungen aufzubauen (Netscape ist einer dieser Kandidaten), kann diese Einstellung gefährlich für Ihre Brieftasche sein. Kontrollieren Sie den Zustand der Verbindung in diesem Fall regelmäßig (weiter unten lesen Sie, wie das geschieht).

- Experimentieren Sie mit Werkzeugen, die Ihre ISDN-Verbindung überwachen. Das Paket *isdn4k-utils* enthält eine Reihe solcher Programme, darunter die Befehlszeilenwerkzeuge *imon* und *imontty* sowie X-basierte Programme.
- Konfigurieren Sie *isdnlog* so, daß es automatisch protokolliert, was Sie benötigen, und verwenden Sie dann *isdnrep*, um detaillierte Berichte über die Belegung Ihrer ISDN-Leitung zu bekommen. Das funktioniert nicht nur für Anrufe von oder zu Ihrem Rechner, sondern auch zu anderen ISDN-Geräten wie Telefonen oder Faxgeräten. Es gibt nur einen Vorbehalt: Ihre ISDN-Karte kann keine Telefonnummern für Verbindungen aufzeichnen, die von anderen Geräten aufgebaut worden sind. Die meisten Telefongesellschaften bieten allerdings einen Service an, der die Telefonnummer an Sie zurückschickt, wodurch das ISDN-Subsystem diese protokollieren kann. Dieser Dienst ist entweder kostenlos oder kostet einen geringen monatlichen Betrag. Fragen Sie Ihre Telefongesellschaft.
- Für die wirklich Abenteuerlustigen: Experimentieren Sie mit Multilink-PPP. Wie Sie wissen, haben Sie bei ISDN immer mindestens zwei Leitungen. Wenn Sie besonders hohen Durchsatz haben, warum dann nicht beide verwenden? Genau das macht Multilink-PPP. Dazu müssen Sie die Option `Support generic MP` bei der Kernel-Konfiguration anwählen und die Dateien *Documentation/isdn/README.syncppp* und *Documentation/isdn/syncppp.FAQ* in den Kernel-Quellen lesen. Natürlich muß auch Ihr Provider dies unterstützen.

NFS und NIS konfigurieren

Wenn Sie TCP/IP einmal eingerichtet haben, wollen Sie vielleicht auch das »Network File System« (NFS) oder das »Network Information System« (NIS) auf Ihrem Rechner verwenden. Über NFS kann Ihr System den anderen Rechnern im Netz Dateien zur Verfügung stellen. Der Dateizugriff über NFS ist völlig transparent; Sie greifen auf die Dateien so zu, als ob sie auf Ihrer lokalen Festplatte abgelegt wären. Um es aus der Sicht des Systemadministrators zu formulieren: Ein Rechner setzt das Dateisystem eines anderen Rechners in einem Verzeichnis auf, genauso wie auch lokale Verzeichnisse aufgesetzt werden können. Mit NFS können Sie auch Dateisysteme exportieren und es so anderen Systemen ermöglichen, Ihre Festplatten bei sich über das Netzwerk aufzusetzen.

NIS (früher bekannt als »Yellow Pages« (YP)) ist ein System, mit dem Ihr Rechner automatisch Informationen über Benutzer-Accounts, Gruppen, Dateisysteme und andere Informationen aus den Systemdatenbanken von Servern im Netzwerk erhalten kann. Angenommen, Sie haben eine große Ansammlung von Rechnern, die die gleichen Benutzer-Accounts und Gruppen haben sollen (diese Informationen stehen üblicherweise in */etc/passwd* und */etc/group*). Die Benutzer sollen sich auf jedem der Rechner einloggen und direkt auf ihre Dateien zugreifen können (zum Beispiel, indem ihr Home-Dateisystem via NFS von einem zentralen Server aufgesetzt wird). Die Verwaltung der Benutzer-Accounts auf vielen Rechnern ist natürlich problematisch; um einen neuen Benutzer einzurichten, müßten Sie sich auf jedem Rechner einloggen und den Benutzer-Account einrichten. Wenn Sie statt dessen NIS verwenden, befragt das System automatisch die zentral verwalteten Datenbanken im Netz nach diesen Informationen. Zusätzlich werden natürlich auch noch die lokalen Dateien gelesen. NIS+ ist ein erweiterter NIS-Dienst, der langsam mehr Anhänger gewinnt.

Wenn Ihr Linux-System mit anderen Rechnern in einem LAN zusammenarbeiten soll, ist es ziemlich wahrscheinlich, daß NFS und NIS in Ihrem LAN bereits weit verbreitet sind. In diesem Kapitel zeigen wir Ihnen, wie Sie Ihr System so einrichten können, daß es als NFS- und NIS-Client fungiert, das heißt, es kann entfernte Dateisysteme aufsetzen und sich an einer existierenden NIS-Domäne beteiligen. Es ist möglich, Ihr System auch als NFS- und NIS-Server einzurichten, aber das ist nicht ganz einfach und etwas aufwendig. Anstatt hier eine gefährlich unvollständige Beschreibung der Server-Konfiguration zu geben, verweisen wir Sie auf O'Reillys *Verwalten von Unix-Netzwerken mit NFS und NIS* von Hal Stern. Wenn Sie sich bereits mit der Konfiguration von NFS und NIS auf anderen Unix-Systemen auskennen,
[38] wird Linux nicht mehr viel Neues für Sie zu bieten haben; die Manpages und die »Linux HOWTO«-Dokumente geben Ihnen alle systemspezifischen Informationen.

NFS konfigurieren

Ihr System so einzurichten, daß es entfernte Dateisysteme via NFS aufsetzen kann, ist im Nu gemacht. Wenn Sie TCP/IP konfiguriert haben und das Nachschlagen der Rechnernamen korrekt funktioniert, können Sie einfach eine Zeile wie die folgende in Ihrer Datei */etc/fstab* einfügen:

```
# device         directory           type    options
allison:/usr     /fsys/allison/usr   NFS     defaults
```

Wie beim Aufsetzen von normalen Dateisystemen müssen Sie sicherstellen, daß das Verzeichnis zum Aufsetzen (in diesem Fall */fsys/allison/usr*) bereits existiert. Mit der obigen Zeile in */etc/fstab* kann Ihr Rechner das Verzeichnis */usr* des Rechners **allison** über das Netzwerk aufsetzen.

Bevor das Aufsetzen via NFS aber funktioniert, muß zunächst der Systemadministrator des NFS-Servers (hier **allison**) seinen Rechner so einrichten, daß er die angegebenen Verzeichnisse (hier */usr*) zu Ihrem Rechner exportiert. Auf den meisten Unix-Systemen reicht es, eine Datei wie */etc/exports* zu editieren oder einen einfachen Befehl auszuführen. Das Exportieren eines Verzeichnisses macht es für andere Systeme via NFS erreichbar. Es ist nicht notwendig, daß das exportierte Verzeichnis das Wurzelverzeichnis des Dateisystems selbst ist; Sie können zum Beispiel auch */usr* exportieren, wenn */usr* selbst kein eigenes Dateisystem ist.

Der Administrator macht beim Exportieren das Verzeichnis eventuell nur zum Lesen verfügbar. In diesem Fall können Sie nicht in das Dateisystem schreiben, wenn es auf Ihrem System eingehängt ist. Sie sollten das `options`-Feld der */etc/fstab*-Zeile (aus dem obigen Beispiel) von `defaults` auf `ro` ändern.

Ein paar Warnungen zu NFS: Zunächst kommt NFS nicht gut damit klar, wenn einer der Server der entfernten Dateisysteme heruntergefahren wird oder die Netzwerkverbindung unterbrochen wird. Wenn der NFS-Server aus irgendeinem Grund nicht erreichbar ist, wird Ihr Rechner von Zeit zu Zeit Warnungen auf die Konsole oder in die Logdateien ausgeben. Wenn Sie das stört, können Sie versuchen, die betroffenen Dateisysteme abzusetzen.

Ein anderes Detail, auf das Sie bei der Verwendung von NFS achten müssen, ist die Eigentümerschaft und Gruppenzugehörigkeit der Dateien auf dem entfernten Dateisystem. Um auf Ihre Dateien via NFS zugreifen zu können, müssen Ihre Benutzer- und Gruppen-ID gleich der auf dem NFS-Server sein. Das können Sie leicht mit dem Befehl *ls -l* überprüfen: Wenn die Benutzer-ID oder Gruppen-ID zu keinem lokalen Benutzer paßt, zeigt *ls* die IDs als Zahlen an, ansonsten wird der Benutzer- bzw. Gruppenname angezeigt.

Wenn die IDs nicht zusammenpassen, gibt es einige wenige Möglichkeiten, dieses Problem zu beheben. Zum einen können Sie einfach die Benutzer-ID Ihres Benutzer-Accounts (und die Gruppen-ID Ihrer primären Gruppe) so ändern, daß sie mit den auf dem NFS-Server vorhandenen übereinstimmen (zum Beispiel durch Editieren der lokalen Datei */etc/passwd*). Danach müssen Sie *chown* und *chgrp* auf alle Ihre lokalen Dateien anwenden. Eine andere Lösung wäre es, einen gesonderten Account mit passenden IDs anzulegen. Am besten ist es jedoch, NIS zu verwenden, um Ihre Benutzer- und Gruppendatenbanken zu verwalten. Damit legen Sie Ihre Benutzer- und Gruppen-Accounts nicht lokal an, sondern sie werden Ihnen von einem NIS-Server zur Verfügung gestellt. Dazu später mehr.

Ein anderer Vorbehalt bei der Verwendung von NFS sind die eingeschränkten Superuser-Rechte auf über NFS aufgesetzten Dateisystemen. Wenn der NFS-Server Ihnen nicht ausdrücklich **root**-Zugriff auf die aufgesetzten Dateisysteme gewährt, haben Sie nicht den gleichen allgemeinen Zugriff auf alle Dateien wie in Ihren lokalen Dateisystemen. Dies geschieht aus Sicherheitsgründen: Man öffnet dem Mißbrauch Tür und Tor, wenn man unbeschränkten **root**-Zugriff auf die exportierten Dateisysteme erlaubt, insbesondere dann, wenn NFS-Server und NFS-Client verschiedenen Leuten gehören oder von verschiedenen Leuten verwaltet werden. Aus diesem Grund werden Sie nicht die gewohnte Allmacht beim Zugriff auf entfernte Dateien haben, wenn Sie sich als **root** einloggen.

NIS konfigurieren

NIS ist ein komplexes System, da es sehr flexibel ist. NIS ist ein allgemein verwendbares Netzwerk-Datenbanksystem, mit dem Ihr Rechner transparent auf Informationen über Benutzer-Accounts, Gruppen, Dateisysteme usw. auf anderen Rechnern über das Netzwerk zugreifen kann. Eines der Ziele von NIS ist es, die Netzwerkverwaltung zu vereinfachen. Wenn beispielsweise Benutzerinformationen (wie die, die in */etc/passwd* abgelegt werden) auf einem Rechner abgelegt werden, ist es einfacher, auf vielen Rechnern dieselben Benutzer-Accounts zur Verfügung zu stellen. Im vorigen Abschnitt über NFS haben wir gezeigt, daß es sinnvoll ist, wenn die Benutzer- und Gruppen-IDs auf dem NFS-Server und -Client übereinstimmen. Mit NIS können Sie Ihre Benutzer- und Gruppen-IDs auf einem entfernten Rechner anstatt lokal festlegen.

Wenn Ihr Rechner Teil einer Installation ist, in der NIS verwendet wird, ist es gut möglich, daß Sie Ihren Rechner einfach als NIS-Client einrichten können und so Zugriff auf Benutzer-, Gruppen- und sonstige Datenbanken haben. Eventuell erspart Ihnen das das Einrichten von lokalen Benutzer-Accounts und -Gruppen: Abgesehen von den lokal definierten Benutzern wie **root**, **bin** usw., werden alle Benutzer auf dem NIS-Server angelegt. Wenn Sie die Verwendung von NIS mit dem Aufsetzen der Home-Verzeichnisse über NFS kombinieren, müssen Sie nicht einmal lokalen Plattenplatz für Ihre Benutzer vorsehen. NIS kann Ihre Arbeit als Systemadministrator deutlich verringern.

In einer NIS-Installation kann es NIS-*Server*, *-Sklaven* und *-Clients* geben. Wie Sie sich denken können, sind die Server diejenigen Rechner, auf denen die NIS-Datenbanken liegen und verwaltet werden. NIS-Sklaven sind Rechner, auf die der Server seine Datenbanken kopiert. Die Sklaven können ebenfalls anderen Systemen Informationen bereitstellen; Änderungen müssen aber auf dem Server gemacht werden. NIS-Clients sind die Rechner, die von Servern oder Sklaven Datenbankinformationen anfordern. Sklaven werden nur benutzt, um die Last des NIS-Servers etwas zu erleichtern, da ansonsten alle NIS-Anfragen von einem einzigen Rechner bedient werden müßten.

Eine vollständige Erklärung der Funktionsweise von NIS und der Installation eines NIS-Servers würde ein ganzes Buch füllen. (Und tatsächlich hat der O'Reilly Verlag ein Buch namens *Verwalten von Unix-Netzwerken mit NFS und NIS* herausgebracht.) Wenn Sie aber etwas über NIS lesen, kann das unter verschiedenen Begriffen sein. NIS hieß ursprünglich YP oder Yellow Pages. Dieser Name wurde fallengelassen, weil Yellow Pages in Großbritannien ein eingetragenes Warenzeichen ist (passenderweise für ein Telefonbuch). NIS+ ist eine erweiterte Variante von NIS, die in einigen Netzwerken verwendet wird.

Es gibt mindestens zwei NIS-Implementierungen für Linux: die »traditionelle« NIS-Implementierung und eine andere namens »NYS«, was für NIS+, YP und Switch steht. Der NIS-Client-Code der »traditionellen« Implementierung ist in der Standard-C-Bibliothek enthalten und auf den meisten Linux-Systemen installiert. (Das ist notwendig, damit Programme wie *login* auf NIS-Datenbanken genauso transparent wie auf lokale Dateien zugreifen können.) Der NYS-Client-Code ist in der Network Services Library *libnsl* enthalten. Linux-Systeme, die NYS verwenden, sollten Programme wie *login* haben, die speziell mit dieser Bibliothek gelinkt sind. Andererseits bringt die neue Standard-C-Bibliothek *glibc2* NIS+-Unterstützung gleich mit. Verschiedene Linux-Distributionen verwenden verschiedene Versionen des NIS- und NYS-Client-Codes, manche mischen die beiden auch noch. Um sicherzugehen, beschreiben wir hier, wie ein System sowohl für das traditionelle NIS als auch für NYS konfiguriert wird. Das bedeutet, daß Ihr System auf jeden Fall als NIS-Client fungieren kann, egal welche Version installiert ist.

Wir nehmen hier an, daß auf Ihrem Linux-System alle notwendigen NIS-Dämonen (wie *ypbind*), die vom traditionellen NIS verwendet werden, um sich mit dem NIS-Server zu unterhalten, installiert sind und laufen; außerdem gehen wir davon aus, daß die Konfigurationsdateien vorhanden sind. Wenn Ihr Linux-System überhaupt keine NIS-Unterstützung zu haben scheint, lesen Sie Dokumente wie das »Linux NIS HOWTO«, um das System von Anfang an einzurichten. Fast alle aktuellen Linux-Distributionen enthalten eine fertige NIS-Client-(und -Server-)Unterstützung; das einzige, was Sie dann noch tun müssen, ist das Editieren einiger weniger Konfigurationsdateien.

Das erste Schritt besteht darin, die NIS-Domäne einzustellen, in der Ihr Rechner arbeiten soll. Sie bekommen diese Information von Ihren Netzwerkadministratoren. Beachten Sie, daß der NIS-Domänenname nicht unbedingt identisch mit dem DNS-Domänennamen, der mit dem Befehl hostname eingestellt wird, sein muß. Wenn beispielsweise der volle Rechnername Ihres Rechners **loomer.vpizza.com** ist, dann ist Ihr DNS-Domänenname **vpizza.com**. Ihr NIS-Domänenname könnte jedoch ganz anders lauten, zum Beispiel **vpizzas**. Der NIS-Domänenname wird von den Administratoren des NIS-Servers ausgewählt und hat keine Verbindung zum oben erwähnten DNS-Domänennamen.

Zum Einstellen des Domänennamens wird üblicherweise beim Hochfahren des Systems der Befehl *domainname* ausgeführt. Das kann zum Beispiel aus einer der *rc*-Systemdateien wie */etc/rc.d/rc.inet1* geschehen. Natürlich sollten Sie zunächst überprüfen, ob *domainname* nicht schon in einer der existierenden *rc*-Dateien ausgeführt wird. Der Befehl hat das Format:

```
domainname Domänenname
```

also beispielsweise `domainname vpizzas`. Der Befehl selbst steht üblicherweise in */sbin/domainname* und kann auch geringfügig andere Namen wie zum Beispiel *domainname-yp* haben.

Unter NYS wird der Domänenname etwas anders gesetzt. Sie sollten die Datei */etc/yp.conf* anlegen bzw. editieren. Diese sollte zwei Zeilen haben: Die eine gibt den Namen Ihrer NIS-Domäne an, die andere den Rechnernamen des NIS-Servers. Ein Beispiel:

```
domain vpizzas
ypserver allison.vpizza.com
```

setzt den NIS-Domänennamen auf **vpizzas** und gibt an, daß **allison.vpizza.com** der zu verwendende NIS-Server ist. Wenn in dieser Datei keine `ypserver`-Zeile enthalten ist, fragt der Rechner beim Hochfahren des Systems im Netzwerk herum, welcher Rechner denn der NIS-Server ist. Ihre Netzwerkadministratoren können Ihnen den Namen des zu verwendenden NIS-Servers nennen.

Wenn diese beiden Schritte durchgeführt sind, sollte Ihr Rechner transparent auf NIS-Datenbanken zugreifen können. Sie können das ausprobieren, indem Sie eine Anfrage an die Paßwortdatenbank auf dem NIS-Server schicken. Mit dem Befehl *ypwhich* werden bestimmte NIS-Datenbanken abgefragt. Beispielsweise können Sie mit

```
ypwhich Benutzer passwd
```

nach den Informationen über *Benutzer* fragen. Wenn Sie eine Antwort erhalten, haben Sie erfolgreich die NIS-Datenbank abgefragt. (Sie können nun wiederum prüfen, ob die erhaltene Information korrekt ist, indem Sie den gleichen Befehl auf einem Rechner eingeben, von dem Sie wissen, daß die NIS-Installation korrekt ist.) Die NIS-Datenbank *passwd* ist nicht identisch mit der Datei */etc/passwd* auf Ihrem Rechner, aber das Format ist das gleiche. In den Linux-HOWTO-Dokumenten finden Sie weitere Informationen über die Problemsuche im Zusammenhang mit NIS.

KAPITEL 16

DAS WORLD WIDE WEB UND E-MAIL

Im letzten Kapitel sind Sie ins Netz gegangen. Das war vielleicht ziemlich viel Arbeit, aber das Ergebnis kann sich sehen lassen: Ihr System ist jetzt Teil einer Gemeinschaft. Wenn Sie einmal mit dem Internet verbunden sind, ist der nächste Schritt, auf all die Reichtümer zuzugreifen, die Ihnen dieses Medium bietet. Die meisten Leute sind sich einig, daß die wichtigsten Anwendungen im Internet das World Wide Web und elektronische Post (E-Mail) sind, und mit genau diesen beiden Themen werden wir uns in diesem Kapitel befassen.

Das World Wide Web

Das World Wide Web (WWW; weltweites Netz oder Gespinst; kurz: Web) ist relativ neu in der Informationshierarchie des Internet. Ziel dieses Projekts ist es, die vielen verschiedenen Dienste, die es im Internet gibt, zu einem einzigen weltweiten, multimedialen Hypertext-Raum zusammenzufassen. In diesem Abschnitt werden wir Ihnen zeigen, wie Sie sich mit Ihrem Linux-System in das WWW begeben. Wir demonstrieren auch, wie Sie Ihren eigenen WWW-Server konfigurieren und im Web Dokumente anbieten können.

Das Projekt World Wide Web wurde 1989 von Tim Berners-Lee am European Center for Particle Physics (CERN) ins Leben gerufen. Das Ziel war ursprünglich, der Gemeinde der Forscher in der Teilchenphysik den Zugriff auf vielfältige Informationen durch eine einzelne, homogene Schnittstelle zu ermöglichen.

Bevor das Web entstand, wurde jeder Typ von Informationen, der im Internet zu finden war, von einem einzigartigen Client/Server-Paar bereitgestellt. Wenn man beispielsweise per FTP Dateien übertragen wollte, benutzte man dazu den *ftp*-Client, der eine Verbindung zum *ftpd*-Dämon auf dem Server herstellte. Gopher (ein altes hierarchisches Dokumentsystem, das vor dem Erscheinen des Webs als ziemlich modern galt), Usenet-News, die *finger*-Informationen usw. erforderten alle einen besonderen Client. Die Unterschiede zwischen Betriebssystemen und

Rechnerarchitekturen vervielfältigten das Problem – eigentlich sollten solche Details vor dem Benutzer verborgen werden, der Zugriff zu den Informationen sucht.

Das Web abstrahiert die vielen Informationstypen im Internet zu einem einzigen Typ. Man benutzt nur einen Web-»Client« – etwa Netscape Navigator oder Lynx – für den Zugriff auf das Web. Im Web werden Informationen in Form von Dokumenten dargestellt (auch »Seiten« genannt), wobei jedes Dokument Verweise (Links) auf andere Dokumente enthalten kann. Die Dokumente können auf einem beliebigen Rechner im Internet gespeichert sein, der für den Webzugang konfiguriert ist. Die Präsentation von Informationen in dieser Form bezeichnet man allgemein als »Hypertext« – dies ist ein sehr wichtiges Konzept, auf dem das gesamte Web basiert.

Ein Beispiel: Das »Linux Documentation Project« (LDP) verbreitet verschiedene Dokumente, die Linux betreffen, über das Web. Die »Leitseite« (Home-Page) des LDP, die auf *http://www.linuxdoc.org* liegt, enthält Links zu einer Reihe von anderen Linux-bezogenen Seiten irgendwo auf der Welt. Abbildung 16-1 zeigt die Home-Page des LDP.

Abbildung 16-1: Die Home-Page des »Linux Documentation Project« (LDP) im WWW

Die hervorgehobenen Textstellen im Dokument sind Links. Wenn der Benutzer einen Link auswählt (zum Beispiel, indem er mit der Maus auf den Text klickt), wird das Dokument übertragen, auf das dieser Link verweist. Die Dokumente können auf praktisch jedem beliebigen System im Internet liegen; die tatsächlichen »Standorte« von Webdokumenten werden vor dem Benutzer verborgen.

Viele der Dokumente, die im Web angeboten werden, sind multimediale Hypertextseiten (siehe Abbildung 16-1). Diese Seiten können Verweise auf Grafiken, Sounddaten, MPEG-Videos, PostScript-Dokumente und einiges mehr enthalten. Diese Multimedia-Informationen werden mit dem »HyperText Transfer Protocol« (HTTP) übertragen. Das Web ist außerdem in der Lage, auf FTP- und Gopher-Dokumente, Usenet-News usw. zuzugreifen.

Wenn Sie beispielsweise via HTTP auf ein Dokument zugreifen, werden Sie wahrscheinlich eine Seite ähnlich der in Abbildung 16-1 zu sehen bekommen – mit eingebetteter Grafik, Verweisen auf andere Seiten usw. Wenn Sie per FTP auf ein Dokument zugreifen, blicken Sie vielleicht auf das Verzeichnis-Listing eines FTP-Servers (siehe Abbildung 16-2). Mit einem Klick auf einen der Verweise in diesem FTP-Dokument übertragen Sie entweder die gewählte Datei, oder Sie listen den Inhalt eines Unterverzeichnisses auf.

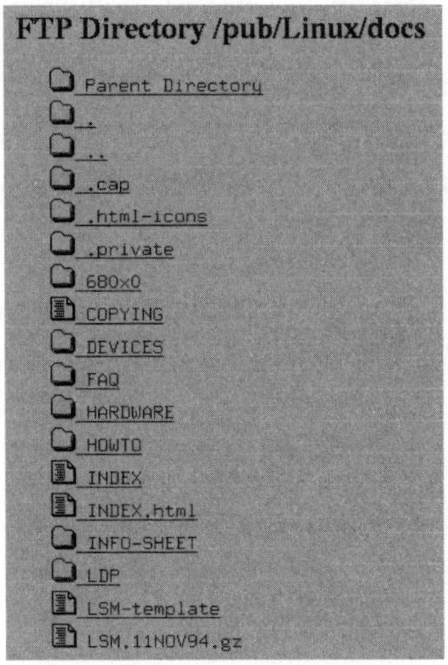

Abbildung 16-2: Ein FTP-Verzeichnis, das mit dem Webbrowser Netscape Navigator angezeigt wird

Bei diesem Grad an Abstraktion brauchen wir eine Methode, einzelne Dokumente im Web zu bezeichnen. »Universal Resource Locators« (URLs) sind die Antwort auf dieses Problem. Ein URL ist einfach ein Pfadname, der ein Webdokument eindeutig bezeichnet – dazu gehören der Rechner, auf dem das Dokument zu finden ist, der Dateiname des Dokuments sowie das Zugriffsprotokoll (FTP, HTTP usw.). Ein Beispiel: Die Home-Page des Linux Documentation Project erreichen Sie unter dem URL:

http://metalab.unc.edu/LDP/index.html

Lassen Sie uns das genauer untersuchen. Der erste Teil des URLs, *http:*, bezeichnet das Zugriffsprotokoll für das Dokument, in diesem Fall HTTP. Der zweite Teil des URLs, *//metalab.unc.edu*, identifiziert den Rechner, auf dem das Dokument gespeichert ist. Der Rest des URLs, */LDP/linux.html*, ist der logische Pfadname zu dem Dokument auf *metalab.unc.edu*. Dieser ist so ähnlich wie ein Unix-Pfadname – er bezeichnet die Datei *index.html* im Verzeichnis *LDP*. Wenn Sie also die Home-Page des LDP aufrufen wollen, starten Sie einfach Ihren Web-Client und weisen Sie ihn an, auf den URL *http://metalab.unc.edu/LDP/index.html* zuzugreifen – nichts einfacher als das!

Die Konventionen der Webserver machen die Sache sogar noch einfacher. Wenn Sie als letztes Element des Pfads ein Verzeichnis angeben, dann versteht der Server, daß Sie gern die Datei *index.html* in diesem Verzeichnis sehen möchten. Sie können also die Home-Page des LDP auch mit folgendem kürzeren URL erreichen: *http://metalab.unc.edu/LDP/* Für den Zugriff auf eine Datei per anonymem FTP können wir etwa folgenden URL benutzen: *ftp://tsx-11.mit.edu/pub/linux/docs/INFO-SHEET* Mit diesem URL holen Sie einen einführenden Text zu Linux von *tsx-11.mit.edu*. Die Benutzung dieses URLs in Ihrem Browser ist dasselbe wie die Übertragung der Datei von Hand, also unter Benutzung des *ftp*-Clients.

Der beste Weg zum Verständnis des Web ist die Erkundung desselben. Im folgenden Abschnitt besprechen wir, wie Sie mit einem Browser umgehen. Später in diesem Kapitel erklären wir, wie Sie Ihr eigenes System als Webserver konfigurieren, um dem Rest des World Wide Web Dokumente anbieten zu können.

Natürlich brauchen Sie für den Zugriff auf das Web einen Rechner mit direktem Anschluß an das Internet (per Ethernet oder SLIP). In den folgenden Abschnitten setzen wir voraus, daß Sie auf Ihrem System TCP/IP bereits konfiguriert haben und daß Sie in der Lage sind, mit Clients wie *telnet* und *ftp* zu arbeiten.

Netscape Navigator

Netscape Navigator ist einer der beliebtesten Browser. Es gibt Versionen für den Macintosh, Microsoft Windows und natürlich das X Window System auf Unix-Rechnern. Selbstverständlich gibt es eine Binärversion für Linux, die Sie auf Netscapes FTP-Archiven wie *ftp://ftp.netscape.com* finden.

Netscape Navigator existiert in zwei Varianten: Zunächst gibt es das von Netscape Communications Inc. entwickelte und vertriebene Produkt, das nur in Binärform erhältlich ist, inzwischen aber (im Gegensatz zu früher) frei verteilt werden darf.

Zum anderen gibt es Mozilla, gewissermaßen die »Open Source«-Version des Netscape Navigator. Netscape hat den Quellcode für die Allgemeinheit zur Verfügung gestellt, damit jeder sich unter einer der GPL ähnlichen Lizenz an der Weiterentwicklung versuchen kann, aber natürlich übernimmt Netscape für diese Version keinerlei Verantwortung. Wir werden in diesem Buch nur die »offizielle« Version von Netscape behandeln, aber Sie können alle Informationen zur Open Source-Version unter *http://www.mozilla.org* finden.

Außerdem gibt es noch zwei verschiedene Versionen der von Netscape vertriebenen Software. Zunächst gibt es den Navigator, den Webbrowser allein. Außerdem gibt es Netscape Communicator, eine ganze Ansammlung von Programmen, darunter den Navigator, einen E-Mail- und einen News-Client und eine Reihe weiterer, seltener benutzter Programme. Wenn Sie nur den Webbrowser verwenden wollen, dann reicht es, sich nur das Navigator-Paket zu besorgen. Wollen Sie auch die anderen Programme benutzen, holen Sie sich das vollständige Communicator-Paket. Wir gehen im folgenden davon aus, daß Sie Communicator haben, weil dieses Paket auf den meisten Linux-Distributionen schon mitgeliefert wird. Wenn Sie Navigator haben, sollte sich aber nicht viel ändern, außer daß Sie keinen E-Mail- und News-Client haben.

Wir setzen hier voraus, daß Sie ein vernetztes Linux-System unter X benutzen und daß Sie sich eine Kopie von Netscape Navigator besorgt haben. Wir haben bereits darauf hingewiesen, daß Sie TCP/IP konfiguriert haben müssen und daß Sie in der Lage sein sollten, Clients wie *telnet* und *ftp* zu benutzen.

Der Aufruf von Netscape Navigator ist einfach; geben Sie ein:

```
eggplant$ netscape url
```

Dabei ist *url* die vollständige Webadresse (oder der URL) des gewünschten Dokuments. Wenn Sie keinen URL angeben, sollte Netscape die Home-Page von Netscape anzeigen, wie in Abbildung 16-3 gezeigt, aber Sie können auch eine andere Seite bestimmen, die beim Programmstart geladen werden soll, oder einfach eine leere Seite verwenden.

Die Home-Page von Netscape ist ein guter Ausgangspunkt für eine Erkundung des World Wide Web. Sie enthält Verweise auf Informationen zu Netscape selbst sowie Demo-Dokumente, die zeigen, was das Web kann. (Im nächsten Abschnitt finden Sie ausführliche Informationen zur Navigation durch das Web.)

Während Sie Netscape Navigator benutzen, können Sie sich mit der Laufleiste am Rand des Fensters nach oben und unten durch das Dokument bewegen. Sie haben auch die Möglichkeit, mit den Tasten SPACE und DELETE seitenweise vor- und zurückzublättern; mit den Pfeiltasten scrollen Sie in kleineren Schritten durch das Dokument.

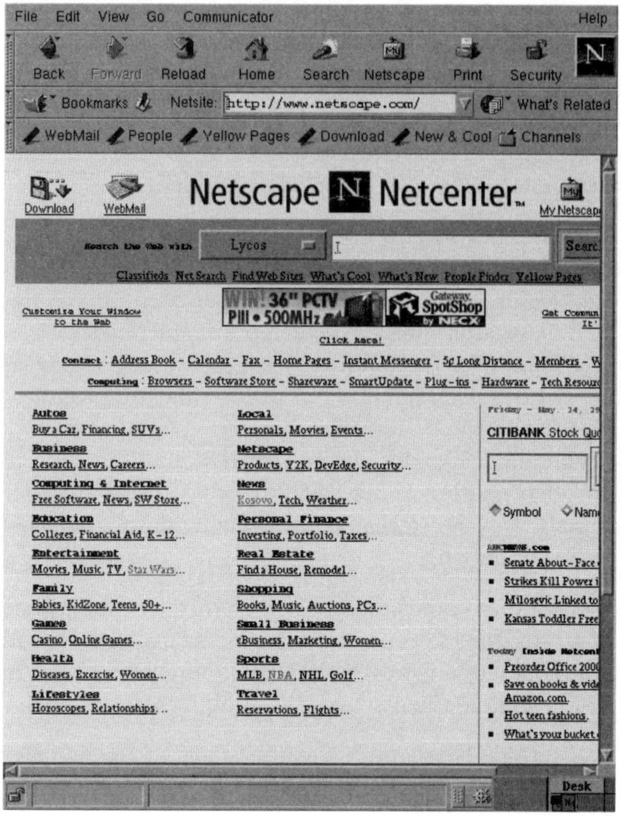

Abbildung 16-3: Die Home-Page von Netscape

Die Links werden hervorgehoben dargestellt (auf Farbmonitoren meist in blau, auf Schwarzweißmonitoren unterstrichen). Um einem Verweis zu folgen, klicken Sie einfach mit der Maus darauf. Netscape merkt sich die Links, denen Sie schon einmal gefolgt sind; danach werden diese in einer dunkleren Farbe bzw. mit einer gepunkteten Linie unterstrichen dargestellt.

Denken Sie daran, daß die Übertragung von Dokumenten im Web manchmal sehr langsam sein kann. Das hängt von der Geschwindigkeit der Verbindung zwischen Ihrem Rechner und dem Server ebenso ab wie von der Auslastung des Netzes zum Zeitpunkt des Zugriffs. Es kann passieren, daß Webserver so überlastet sind, daß sie keine weiteren Verbindungen akzeptieren; Netscape zeigt dann eine entsprechende Fehlermeldung an. Unten im Netscape-Fenster wird der Status der Übertragung angezeigt, und solange noch Daten übertragen werden, bewegt sich das Netscape-Logo oben rechts im Fenster. Mit einem Klick auf dieses Logo kommen Sie zurück zur Home-Page von Netscape.

Wenn Sie mit Netscape Navigator den Verweisen folgen, merkt sich das Programm jedes besuchte Dokument in der »Window History«, die Sie über das Menü Go erreichen. Ein Klick auf die Schaltfläche Back am unteren Rand des Netscape-Fensters bringt Sie zu bereits besuchten Dokumenten aus der Window-History zurück; mit einem Klick auf Forward bewegen Sie sich vorwärts durch die History.

Sie können häufig besuchte Webseiten (oder URLs) in der »Bookmarks-Datei« von Netscape ablegen. Jedesmal, wenn Sie ein Dokument sehen, das Sie vielleicht später noch einmal besuchen möchten, sollten Sie den Punkt Add Bookmark aus dem Menü Bookmarks wählen. Sie können sich Ihre Bookmarks durch Öffnen des Bookmarks-Menüs anzeigen lassen. Durch Auswahl eines der Einträge laden Sie das entsprechende Dokument aus dem Web herunter.

Wir haben bereits erwähnt, daß Sie neue URLs besuchen können, indem Sie Netscape mit dem URL als Argument aufrufen. Ein anderer Weg dorthin führt über den Punkt Open Page... aus dem Menü File. Geben Sie einfach den URL in das Textfenster ein, drücken Sie ENTER, und das entsprechende Dokument wird übertragen.

Wie Sie sehen, ist Netscape Navigator eine umfangreiche Anwendung mit vielen Optionen. Es gibt zahlreiche Möglichkeiten, das Verhalten von Netscape zu beeinflussen – einige Methoden der individuellen Anpassung ändern sich allerdings von einer Version zur nächsten. Glücklicherweise stellt Netscape die komplette Netscape-Dokumentation online zur Verfügung – natürlich im Web, wo sonst? Diese Dokumentation ist über Netscapes Home-Page *http://www.netscape.com* erreichbar. Neuere Versionen von Navigator enthalten die Dokumentation auch als lokale Kopie.

Netscape ist nicht der einzige Browser für Webdokumente. Das »National Center for Supercomputing Applications« (NCSA), das den ersten modernen Webbrowser, Mosaic, entwickelt hat, hat kürzlich einen modernen Nachfolger namens Vosaic herausgebracht.

Kapitel 11

Ein weiterer Browser für das X Window System, der derzeit noch nicht alle Funktionen hat, über die der Netscape Navigator verfügt, aber der schnell und einfach zu benutzen ist, ist *kfm* aus dem KDE-Projekt (siehe Das K Desktop Environment in Kapitel 16, *Das World Wide Web und E-Mail*). Mit der für Anfang 2000 angekündigten neuen Version wird *kfm* allerdings anderen Browsern in nichts mehr nachstehen. Noch ein anderer vielseitiger Browser ist Lynx. Es handelt sich um einen textbasierten Browser – bei der Benutzung gehen also Grafiken verloren. Dafür ist Lynx schnell und kommt Ihnen damit vielleicht entgegen. Lynx können Sie auch ohne das X Window System benutzen. Und schließlich gibt es für diejenigen, die am liebsten nie ihren geliebten Emacs verlassen, mit Emacs/W3 auch einen vollständigen Browser für GNU Emacs und XEmacs.

Im Web navigieren

Das Web wächst mit einer unglaublichen Geschwindigkeit. Es kann sogar sein, daß es bereits völlig anders aussieht als hier beschrieben, wenn Sie dieses Buch lesen. Seit der Einrichtung des Webs sind Hunderttausende von Webservern ans Netz gegangen.

Mit dem Anwachsen des Web auf unzählige Server in der ganzen Welt wird es immer schwieriger, die vorhandenen Informationen zu finden. Wie können Sie Informationen zu einem bestimmten Thema aufspüren, wenn Sie nicht zufälligerweise auf einen interessanten URL oder Hyperlink stoßen?

Glücklicherweise ist im Web eine Reihe von Diensten entstanden, die diese Aufgabe vereinfachen. Keiner dieser Dienste bietet eine komplette Liste aller Webserver, aber der hohe Grad der Verknüpfung innerhalb des Web trägt dazu bei, daß Sie das, was es zu finden gibt, auch wirklich finden werden.

Denken Sie immer daran, daß das Web ein dynamischer Ort ist. Wir haben uns große Mühe gegeben, nur aktuelle Informationen zu bieten, aber wenn Sie dieses Buch in Händen halten, kann es durchaus sein, daß einige dieser Links verlegt wurden oder gar nicht mehr existieren.

Ein beliebter Index von Websites ist *Yahoo!*, das Sie unter *http://www.yahoo.com* finden, aber es gibt viele solche sogenannten »Portale«, die interessante Websites aufführen.

Eine der größten Suchmaschinen ist: *http://www.altavista.com* Dort werden Millionen von Websites indiziert. Auch *http://www.dejanews.com* ist interessant; hier werden News-Artikel indiziert und können durchsucht werden.

Einen eigenen Webserver einrichten

Nachdem Sie jetzt wissen, was das Web zu bieten hat, können Sie Ihre eigene Tankstelle an der Datenautobahn eröffnen. Es ist nicht schwierig, einen eigenen Webserver zu betreiben. Zwei Dinge müssen Sie tun: den *httpd*-Dämon konfigurieren und die Dokumente schreiben, die Sie auf dem Server anbieten möchten.

httpd ist der Dämon, der auf Ihrem System die HTTP-Anfragen bedient. Jedes Dokument, das unter einem `http:`-URL angesprochen wird, wird mit Hilfe des *httpd* bereitgestellt. Genauso werden `ftp:`-URLs von *ftpd* bearbeitet, `gopher:`-URLs von *gopherd* usw. Es gibt keinen eigentlichen Webdämon; die verschiedenen URLs benutzen verschiedene Dämonen, um beim Server Informationen anzufordern.

Es gibt verschiedene HTTP-Server. Wir besprechen hier den *httpd* namens *Apache*, der einfach zu konfigurieren und sehr flexibel ist. In diesem Abschnitt befassen wir uns mit der Installation und Konfiguration der grundlegenden Aspekte dieser *httpd*-Version. Später in diesem Kapitel gehen wir darauf ein, wie Sie Ihre eigenen

Dokumente in HTML schreiben (der Formatierungssprache für Webseiten), und behandeln fortgeschrittene Aspekte der Server-Konfiguration wie zum Beispiel das Erstellen von interaktiven Formularen.

Der erste Schritt besteht natürlich darin, daß Sie sich eine ausführbare Datei eines *httpd* für Linux besorgen; eventuell ist in Ihrer Linux-Distribution bereits eine enthalten. Vergewissern Sie sich aber, daß es sich dabei wirklich um den Apache-*httpd* handelt und nicht um eine der älteren Versionen. Wenn Apache nicht in Ihrer Distribution enthalten ist, können Sie sich die Quellen von *http://www.apache.org* herunterladen und ihn selbst kompilieren. Unter dieser Adresse finden Sie auch die vollständige Dokumentation zu Apache.

[40] *Apache – Das umfassende Referenzwerk* von Ben Laurie und Peter Laurie behandelt alles, was Sie über Apache wissen müssen, darunter auch fortgeschrittene Konfigurationsmöglichkeiten.

Wohin die einzelnen Dateien einer Apache-Installation gehören, hängt von Ihrer Distribution oder dem installierten Paket ab, aber die folgende Liste gibt eine recht gängige Konfiguration wieder. Suchen Sie zunächst die einzelnen Bestandteile in Ihrem System, bevor Sie weitermachen:

/usr/sbin/httpd
: Die ausführbare Binärdatei, also der Server selbst. Auf Debian-Systemen finden Sie diese Datei statt dessen unter */usr/sbin/apache*.

/etc/httpd
: Enthält die Konfigurationsdateien für *httpd*, insbesondere *httpd.conf*. Wir werden gleich besprechen, wie diese Dateien anzupassen sind. Auf Debian-Systemen finden Sie diese Dateien in */etc/apache*.

/usr/local/httpd
: Enthält die HTML-Skripten, die an die Clients dieses Servers übermittelt werden sollen. Dieses Verzeichnis und die darunterliegenden, gewissermaßen der *Web Space*, sind für jeden im Web erreichbar und stellen damit ein schwerwiegendes Sicherheitsrisiko dar, wenn sie für irgend etwas anderes als öffentliche Daten verwendet werden.

/var/log/httpd
: Enthält Protokolldateien des Servers.

Unsere Aufgabe besteht jetzt darin, die Konfigurationsdateien im Konfigurations-Unterverzeichnis anzupassen. Sie sollten mindestens die folgenden vier Dateien in diesem Verzeichnis haben: *access.conf-dist*, *httpd.conf-dist*, *mime.types* und *srm.conf-dist*. Kopieren Sie die Dateien, deren Namen auf *-dist* enden, und passen Sie diese an Ihr eigenes System an. Ein Beispiel: Kopieren Sie *access.conf-dist* auf *access.conf*, und editieren Sie die Datei.

Die neueste Apache-Version konfiguriert sich weitestgehend selbst, aber wir zeigen Ihnen hier trotzdem, wie man den Apache manuell konfiguriert, so daß Sie sich selbst helfen können, wenn irgend etwas schiefgeht.

Unter *http://www.apache.org* finden Sie die komplette Dokumentation dazu, wie *httpd* konfiguriert wird. Hier zeigen wir Ihnen beispielhafte Konfigurationsdateien, die zu einem in der Praxis tatsächlich so existierenden *httpd* gehören.

httpd.conf

Die Datei *httpd.conf* ist die Konfigurationsdatei des eigentlichen Servers. Kopieren Sie zuerst *httpd.conf-dist* nach *httpd.conf*, und editieren Sie die Datei. Im folgenden finden Sie ein Beispiel für eine *httpd.conf*-Datei mit Kommentaren zu jedem Feld.

```
# This is the main server configuration file.
# See URL http://www.apache.org for instructions.

# Do NOT simply read the instructions in here without understanding
# what they do, if you are unsure consult the online docs. You have been
# warned.

# Originally by Rob McCool. Copyright (c) 1995-1999 The Apache Group.
# All rights reserved. See http://www.apache.org/LICENSE.txt for license.

# ServerType is either inetd, or standalone.

ServerType standalone

# If you are running from inetd, go to "ServerAdmin".

# Port: The port the standalone listens to. For ports < 1023, you will
# need httpd to be run as root initially.

Port 80

# HostnameLookups: Log the names of clients or just their IP numbers
#   e.g.   www.apache.org (on) or 204.62.129.132 (off)
# You should probably turn this off unless you are going to actually
# use the information in your logs, or with a CGI.  Leaving this on
# can slow down access to your site.
HostnameLookups on

# If you wish httpd to run as a different user or group, you must run
# httpd as root initially and it will switch.

# User/Group: The name (or #number) of the user/group to run httpd as.
#  On SCO (ODT 3) use User nouser and Group nogroup
#  On HPUX you may not be able to use shared memory as nobody, and the
```

```
#  suggested workaround is to create a user www and use that user.
User wwwrun
Group #-2

# The following directive disables keepalives and HTTP header flushes for
# Netscape 2.x and browsers which spoof it. There are known problems with
# these

BrowserMatch Mozilla/2 nokeepalive

# ServerAdmin: Your address, where problems with the server should be
# e-mailed.

ServerAdmin mdw@zucchini.veggie.org

# ServerRoot: The directory the server's config, error, and log files
# are kept in

ServerRoot /usr/local/httpd

# BindAddress: You can support virtual hosts with this option. This
# option is used to tell the server which IP address to listen to.
# It can either contain "*", an IP address, or a fully qualified
# Internet domain name. See also the VirtualHost directive.

#BindAddress *

# ErrorLog: The location of the error log file. If this does not start
# with /, ServerRoot is prepended to it.

ErrorLog /var/log/httpd.error_log

# TransferLog: The location of the transfer log file. If this does not
# start with /, ServerRoot is prepended to it.

TransferLog /var/log/httpd.access_log

# PidFile: The file the server should log its pid to
PidFile /var/run/httpd.pid

# ScoreBoardFile: File used to store internal server process information.
# Not all architectures require this.  But if yours does (you'll know
# because this file is created when you run Apache) then you *must*
# ensure that no two invocations of Apache share the same scoreboard file.
ScoreBoardFile /var/log/apache_status

# ServerName allows you to set a host name which is sent back to clients
# for your server if it's different than the one the program would get
```

```
# (i.e. use "www" instead of the host's real name).
#
# Note: You cannot just invent host names and hope they work. The name you
# define here must be a valid DNS name for your host. If you don't
# understand this, ask your network administrator.

#ServerName www.veggie.org

# CacheNegotiatedDocs: By default, Apache sends Pragma: no-cache with each
# document that was negotiated on the basis of content. This asks proxy
# servers not to cache the document. Uncommenting the following line
# disables this behavior, and proxies will be allowed to cache the
# documents.

#CacheNegotiatedDocs

# Timeout: The number of seconds before receives and sends time out

Timeout 300

# KeepAlive: Whether or not to allow persistent connections (more than
# one request per connection). Set to "Off" to deactivate.

KeepAlive On

# MaxKeepAliveRequests: The maximum number of requests to allow
# during a persistent connection. Set to 0 to allow an unlimited amount.
# We recommend you leave this number high, for maximum performance.

MaxKeepAliveRequests 100

# KeepAliveTimeout: Number of seconds to wait for the next request

KeepAliveTimeout 15

# Server-pool size regulation.  Rather than making you guess how many
# server processes you need, Apache dynamically adapts to the load it
# sees --- that is, it tries to maintain enough server processes to
# handle the current load, plus a few spare servers to handle transient
# load spikes (e.g., multiple simultaneous requests from a single
# Netscape browser).

# It does this by periodically checking how many servers are waiting
# for a request.  If there are fewer than MinSpareServers, it creates
# a new spare.  If there are more than MaxSpareServers, some of the
# spares die off.  These values are probably OK for most sites ---
```

```
MinSpareServers 5
MaxSpareServers 10

# Number of servers to start --- should be a reasonable ballpark figure.

StartServers 5


# Limit on total number of servers running, i.e., limit on the number
# of clients who can simultaneously connect --- if this limit is ever
# reached, clients will be LOCKED OUT, so it should NOT BE SET TOO LOW.
# It is intended mainly as a brake to keep a runaway server from taking
# Unix with it as it spirals down...

MaxClients 150

# MaxRequestsPerChild: the number of requests each child process is
#  allowed to process before the child dies.
#  The child will exit so as to avoid problems after prolonged use when
#  Apache (and maybe the libraries it uses) leak.  On most systems, this
#  isn't really needed, but a few (such as Solaris) do have notable leaks
#  in the libraries.

MaxRequestsPerChild 30

# Proxy Server directives. Uncomment the following line to
# enable the proxy server:

#ProxyRequests On

# To enable the cache as well, edit and uncomment the following lines:

#CacheRoot /usr/local/etc/httpd/proxy
#CacheSize 5
#CacheGcInterval 4
#CacheMaxExpire 24
#CacheLastModifiedFactor 0.1
#CacheDefaultExpire 1
#NoCache a_domain.com another_domain.edu joes.garage_sale.com

# Listen: Allows you to bind Apache to specific IP addresses and/or
# ports, in addition to the default. See also the VirtualHost command

#Listen 3000
#Listen 12.34.56.78:80

#
```

```
# Read config files from /etc/httpsd
#
ResourceConfig  /etc/httpd/srm.conf
AccessConfig    /etc/httpd/access.conf
TypesConfig     /etc/httpd/mime.types
```

Die Anweisung `ServerType` bestimmt, wie der Server betrieben werden soll – entweder als eigenständiger Dämon (wie in diesem Beispiel) oder von *inetd* aufgerufen. Aus verschiedenen Gründen empfiehlt es sich, *httpd* als eigenständigen Dämon zu starten; andernfalls müßte *inetd* für jede eingehende Verbindung einen neuen *httpd* starten.

Eine trickreiche Stelle ist die Angabe der Portnummer. Vielleicht möchten Sie *httpd* nicht als **root**, sondern unter der eigenen Benutzer-ID laufen lassen (wenn Sie keinen Root-Zugang zu dem betreffenden Rechner haben). In diesem Fall müssen Sie eine Portnummer oberhalb von 1024 benutzen. Wenn wir beispielsweise angeben:

```
Port 2112
```

können wir *httpd* als normaler Benutzer betreiben. In diesem Fall müssen die HTTP-URLs für dieses System folgendermaßen aussehen:

http://www.veggie.org:2112/...

Wenn im URL keine Portnummer angegeben wird (wie das meistens der Fall ist), gilt Port 80 als Voreinstellung.

srm.conf

srm.conf ist die »Server Resource Map«-Datei. Hier wird eine Reihe von Gegebenheiten konfiguriert, die den Server betreffen – etwa das Verzeichnis, in dem auf Ihrem System die HTML-Dokumente stehen, oder das Verzeichnis für die verschiedenen CGI-Binaries. Lassen Sie uns ein Beispiel für eine *srm.conf* Schritt für Schritt durchgehen:

```
# The directory where HTML documents will be held.
DocumentRoot /usr/local/httpd/htdocs

# Personal directory for each user where HTML documents will be held.

UserDir public_html
```

Hier bestimmen wir das Verzeichnis `DocumentRoot`, in dem die Dokumente stehen, die per HTTP angeboten werden. Diese Dokumente sind in der »HyperText Markup Language« (HTML) geschrieben. Wir besprechen diese Formatierungssprache im Abschnitt »HTML-Dokumente schreiben«.

Wenn beispielsweise jemand auf den URL *http://www.veggie.org/fruits.html* zugreift, wird tatsächlich die Datei */usr/local/httpd/htdocs/fruits.html* angesprochen.

Die Anweisung `UserDir` benennt ein Verzeichnis, das jeder Benutzer in seinem Home-Verzeichnis anlegen kann, um dort öffentlich zugängliche HTML-Dateien abzulegen. Ein Beispiel: Wenn wir den URL *http://www.veggie.org/~mdw/linux-info.html* benutzen, wird tatsächlich auf die Datei *~mdw/public_html/linux-info.html* zugegriffen.

```
# Wenn ein URL mit einem Verzeichnis, aber ohne Dateinamen eingeht, biete
# diese Datei (falls vorhanden) als Index an.
DirectoryIndex index.html

# 'Aufgepeppte' Indizes ermöglichen.
FancyIndexing on
```

Hier schalten wir die Indizierungsfähigkeiten von *httpd* ein. Dieses Beispiel bewirkt folgendes: Wenn ein Browser versucht, einen Verzeichnis-URL anzusprechen, bekommt er die Datei *index.html* aus diesem Verzeichnis zurück (falls vorhanden). Andernfalls wird httpd einen »aufgepeppten« Index erstellen, in dem Icons verschiedene Dateitypen symbolisieren. Abbildung 16-2 zeigt einen solchen Index.

Die Icons werden mit der Anweisung `AddIcon` zugeordnet, so wie hier:

```
# Auswahl der verschiedenen Icons für getürkte Indizes per Dateiname.
# Beispiel: Wir benutzen DocumentRoot/icons/movie.xbm für Dateien mit
# der Endung .mpg.
AddIcon /icons/movie.xbm .mpg
AddIcon /icons/back.xbm ..
AddIcon /icons/menu.xbm ^^DIRECTORY^^
AddIcon /icons/blank.xbm ^^BLANKICON^^
DefaultIcon /icons/unknown.xbm
```

Die Dateinamen der Icons (etwa */icons/movie.xbm*) sind per Voreinstellung relativ zu `DocumentRoot`. (Es gibt andere Möglichkeiten, die Pfadnamen zu Dokumenten und Icons anzugeben – zum Beispiel mit Hilfe von Aliasnamen. Wir besprechen das später.) Sie können außerdem mit der Anweisung `AddIconByType` einem Dokument ein Icon abhängig vom MIME-Typ des Dokuments zuordnen und mit `AddIconByEncoding` ein Icon für ein Dokument auf der Basis seiner Encodierung (also ob und wie dieses komprimiert ist) angeben. Diese Encodierungen werden im Abschnitt »Ein Exkurs: MIME-Typen« besprochen.

Außerdem können Sie ein Icon angeben, das verwendet wird, wenn keine der obigen Bedingungen zutrifft. Dies geschieht mit der Anweisung `DefaultIcon`.

Die optionalen Anweisungen `ReadmeName` und `HeaderName` geben die Namen von Dateien an, die in den Index aufgenommen werden sollen, den *httpd* erzeugt.

```
ReadmeName README
HeaderName HEADER
```

Damit bewirken Sie, daß die Datei *README.html* (falls im aktuellen Verzeichnis vorhanden) an den Index angehängt wird. Wenn es diese Datei nicht gibt, wird statt dessen *README* angehängt. Ebenso wird eine der Dateien *HEADER.html* oder *HEADER* dem von *httpd* erzeugten Index vorangestellt. Sie können diese Dateien benutzen, um den Inhalt eines bestimmten Verzeichnisses zu beschreiben, wenn ein Browser einen Index anfordert.

```
# Lokale Zugriffsdatei
AccessFileName .htaccess

# Standard-MIME-Typ für Dokumente
DefaultType text/plain
```

Die Anweisung `AccessFileName` bestimmt den Namen der Datei, die den lokalen Zugriff für jedes einzelne Verzeichnis regelt. (Wir beschreiben diesen Punkt weiter unten zusammen mit der Datei *access.conf*.) Mit der Anweisung `DefaultType` bestimmen Sie den MIME-Typ für Dokumente, die nicht in *mime.types* aufgelistet sind. Wir gehen im Abschnitt »Ein Exkurs: MIME-Typen« genauer darauf ein.

```
# Speicherort der Icons
Alias /icons/ /usr/local/html/icons/

# Speicherort der CGI-Binaries
ScriptAlias /cgi-bin/ /usr/local/httpd/cgi-bin/
```

Mit der Anweisung `Alias` vergeben Sie einen Alias-Pfadnamen für beliebige Dokumente, die in *srm.conf* stehen oder per URL angesprochen werden. Weiter oben haben wir mit der Anweisung `AddIcon` Icon-Namen vergeben, indem wir Pfadnamen wie */icons/movie.xbm* benutzt haben. Hier legen wir fest, daß der Pfadname */icons/* zu */usr/local/html/icons/* übersetzt werden soll. Die verschiedenen Icon-Dateien sollten deshalb im zuletzt genannten Verzeichnis abgelegt werden. Mit `Alias` können Sie auch andere Pfadnamen einstellen.

Die Anweisung `ScriptAlias` funktioniert ähnlich, allerdings für die aktuellen Standorte der CGI-Skripten auf dem System. In unserem Beispiel möchten wir die Skripten im Verzeichnis */usr/local/httpd/cgi-bin/* ablegen. Jedesmal, wenn ein URL benutzt wird, dessen Verzeichnisname mit */cgi-bin/* beginnt, wird dieser URL in den tatsächlichen Verzeichnisnamen übersetzt. Im Abschnitt »Ein CGI-Skript schreiben« finden Sie weitere Informationen zu CGI und Skripten.

access.conf

Die letzte Konfigurationsdatei, der Sie sich sofort zuwenden sollten, ist *access.conf* – das ist die übergeordnete Konfigurationsdatei für *httpd*-Zugriffe. Hier wird festgelegt, auf welche Dateien in welcher Weise zugegriffen werden darf. Wenn Sie diesen Punkt genauer bestimmen möchten, haben Sie auch die Möglichkeit, für jedes Verzeichnis eine lokale Zugriff-Konfigurationsdatei anzulegen. (Erinnern Sie sich, daß wir in *srm.conf* die Anweisung `AccessFileName` benutzt haben, um die lokale Zugriffsdatei für jedes Verzeichnis auf *.htaccess* zu setzen.)

Hier zeigen wir ein Beispiel für eine *access.conf*-Datei. Sie besteht aus einer Reihe von `<Directory>`-Punkten, von denen jeder die Optionen und Attribute für ein bestimmtes Verzeichnis festlegt:

```
# Optionen für das cgi-bin-Skript-Verzeichnis setzen.
<Directory /usr/local/html/cgi-bin>
Options Indexes FollowSymLinks
</Directory>
```

Hiermit bestimmen wir, daß das CGI-Skript-Verzeichnis mit den Zugriffsoptionen `Indexes` und `FollowSymLinks` versehen werden soll. Es gibt eine ganze Reihe von Zugriffsoptionen, darunter auch:

`FollowSymLinks`
: Symbolischen Links in diesem Verzeichnis soll nachgegangen werden, um die Dokumente darzustellen, auf die die Links verweisen.

`ExecCGI`
: Die Ausführung von CGI-Skripten aus diesem Verzeichnis heraus soll gestattet sein.

`Indexes`
: In diesem Verzeichnis dürfen Indizes erstellt werden.

`None`
: Alle Optionen sollen für dieses Verzeichnis abgeschaltet werden.

`All`
: Alle Optionen sollen für dieses Verzeichnis eingeschaltet werden.

Es gibt noch weitere Optionen; schlagen Sie Details in der Dokumentation zu *httpd* nach.

Als nächstes schalten wir verschiedene Optionen und andere Attribute für */usr/local/httpd/htdocs* ein, das Verzeichnis, in dem unsere HTML-Dokumente stehen:

```
<Directory /usr/local/httpd/htdocs>

Options Indexes FollowSymLinks

# Die lokale Zugriffsdatei .htaccess darf alle hier aufgelisteten
# Attribute außer Kraft setzen
AllowOverride All

# Zugriffsbeschränkungen für Dokumente in diesem Verzeichnis
```

```
<Limit GET>
order allow,deny
allow from all
</Limit>

</Directory>
```

Wir schalten hiermit die Optionen `Indexes` und `FollowSymLinks` für dieses Verzeichnis ein. Die Option `AllowOverride` macht es möglich, daß die lokale Zugriffsdatei in den einzelnen Verzeichnissen (*.htaccess*, wie in *srm.conf* definiert) die hier gesetzten Optionen überschreibt. Die Datei *.htaccess* hat dasselbe Format wie die globale Datei *access.conf*, bezieht sich aber nur auf das Verzeichnis, in dem sie steht. Auf diese Weise können wir die Attribute für ein bestimmtes Verzeichnis setzen, indem wir in diesem Verzeichnis eine Datei *.htaccess* anlegen, statt die Attribute in der globalen Datei aufzulisten.

Die lokalen Zugriffsdateien werden in erster Linie benötigt, um einzelnen Benutzern die Möglichkeit zu geben, die Zugriffsrechte für persönliche HTML-Verzeichnisse (etwa *~/public_html*) selbst zu vergeben, ohne daß der Systemverwalter die globale Zugriffsdatei ändern muß. Allerdings spielt hier die Systemsicherheit mit hinein. So könnte ein Benutzer beispielsweise die Zugriffsrechte in seinem Verzeichnis so setzen, daß beliebige Browser teure CGI-Skripten auf dem Server aufrufen können. Wenn Sie die Option `AllowOverride` ausschalten, haben die Benutzer keine Möglichkeit mehr, die Zugriffsattribute in der globalen Datei *access.conf* außer Kraft zu setzen. Sie erreichen dies mit:

```
AllowOverride None
```

was dem Ausschalten der lokalen *.htaccess*-Dateien gleichkommt.

Das Feld `<Limit GET>` wird benutzt, um Zugriffsregeln für die Browser aufzustellen, die von diesem Server Dokumente abholen möchten. In diesem Beispiel bestimmen wir `order allow,deny` – das bedeutet, daß `allow`-Regeln vor `deny`-Regeln ausgewertet werden sollen (Erlaubnisregeln vor Verbotsregeln). Wir stellen dann die Regel `allow from all` auf, die einfach besagt, daß beliebige Systeme auf die Dokumente dieses Servers zugreifen dürfen. Wenn Sie den Zugriff durch einen bestimmten Rechner oder eine bestimmte Domain verhindern möchten, sollten Sie eine Zeile wie

```
deny from .nuts.com biffnet.biffs-house.us
```

einfügen. Der erste Eintrag verhindert den Zugriff durch alle Rechner in der Domain *nuts.com*; der zweite schließt den Rechner *ftp://biffnet.biffs-house.us* aus.

httpd starten

Jetzt sind Sie soweit, daß Sie *httpd* starten können, damit Ihr System Anfragen an HTTP-URLs bedienen kann. Wir haben bereits erwähnt, daß Sie *httpd* von *inetd* aus oder als eigenständigen Server betreiben können; wir beschreiben hier *httpd* als eigenständigen Server.

Sie rufen *httpd* ganz einfach mit dem Befehl

```
httpd -f Konfigurationsdatei
```

auf. Dabei ist die `Konfigurationsdatei` der Pfadname von *httpd.conf*. Ein Beispiel:

```
/usr/sbin/httpd -f /etc/httpd/httpd.conf
```

startet *httpd* mit den Konfigurationsdateien, die in */etc/httpd* stehen.

Werfen Sie einen Blick in die Protokolldateien von *httpd* (deren Standort in *httpd.conf* steht); dort finden Sie alle Fehlermeldungen, die beim Starten des Servers oder beim Zugriff auf Dokumente erzeugt werden. Denken Sie daran, daß Sie *httpd* als **root** betreiben müssen, wenn ein Port mit der Nummer 1023 oder kleiner benutzt werden soll. Sobald der *httpd* zu Ihrer Zufriedenheit läuft, können Sie ihn beim Booten automatisch starten lassen, indem Sie die entsprechende *httpd*-Befehlszeile in eine Ihrer *rc*-Dateien einfügen (etwa */etc/rc.d/rc.local*).

Moderne Versionen von Apache enthalten auch ein Hilfsprogramm namens *apachectl*, mit dem das Starten, Anhalten und Neuladen des *httpd*-Prozesses gesteuert werden kann.

Bevor Sie auf Ihrem Webserver HTTP-Dokumente anbieten können, müssen Sie diese erstellen. Diesen Schritt beschreiben wir im nächsten Abschnitt.

HTML-Dokumente schreiben

Dokumente, die per HTTP angefordert werden, können verschiedene Formate haben. Dazu gehören Grafiken, PostScript-Dateien, Sounddaten, MPEG-Videos usw. Die Konfigurationsdatei *mime.types* beschreibt die Dokumenttypen, die *httpd* handhaben kann.

Der häufigste per HTTP übertragene Dokumententyp ist die »HyperText Markup Language«-Datei (HTML-Datei). HTML-Dokumente können Text, Links zu anderen Dokumenten, eingebettete Grafik usw. enthalten. Die Mehrzahl der Dokumente, die Sie im Web zu sehen bekommen, ist in HTML geschrieben. XML, eine mächtigere Alternative, hat in der letzten Zeit viel Beachtung gefunden, aber seine Stärke liegt mehr darin, spezialisierte Webanwendungen – wie beispielsweise in mehreren Sprachen gepflegte Dokumente oder jedermanns Lieblingsschlagwort Electronic Commerce – zu unterstützen. Für traditionelle, alleinstehende Seiten ist HTML völlig ausreichend.

HTML läßt sich erstaunlich einfach erlernen. Mit Hilfe unserer Anleitung sollten Sie in weniger als einer Stunde in der Lage sein, HTML-Dokumente zu schreiben und im Web anzubieten.

Es gibt viele Tools für die Konvertierung von anderen Formatierungssprachen (z.B. LaTeX, Microsoft RTF usw.) nach HTML und umgekehrt. Falls Sie besonders lange Dokumente in einer anderen Formatierungssprache vorliegen haben, die Sie im Netz anbieten möchten, ist die automatische Konvertierung nach HTML vielleicht einfacher; alternativ dazu könnten Sie die Dokumente im PostScript- oder DVI-Format anbieten.

Die offizielle Quelle für Informationen über HTML ist der URL: *http://www.ncsa.uiuc.edu/General/Internet/www/HTMLPrimer.html* Dort finden Sie Hinweise für frischgebackene HTML-Autoren. In diesem Abschnitt werden wir Ihnen die we-
[32] sentlichen Eigenschaften von HTML präsentieren, damit Sie sofort loslegen können.

HTML-Grundlagen

Wenn Sie bereits mit anderen Formatierungssprachen wie TeX vertraut sind, wird HTML Ihnen im Vergleich dazu relativ einfach vorkommen. So könnte ein kleines HTML-Dokument aussehen (das – unter uns gesagt – eigentlich kein korrektes HTML ist, aber alle Browser verstehen es):

```
<html>
<head>
<title>Einf&uuml;hrung in HTML</title>
</head>
<body>
<h1>HTML - Vergn&uuml;gen und Verdienst</h1>

Obwohl das Schreiben von HTML-Dokumenten noch nicht zu den g&auml;ngigen
Einnahmequellen geh&ouml;rt, verdienen doch viele
<em>Autoren</em> ihren Zweiturlaub damit.

<p> Und der Vorteil? Es ist soooo einfach...
</body>
</html>
```

Innerhalb von HTML-Dokumenten werden einzelne Elemente mit einer `<markierung>` eingeleitet und mit `</markierung>` abgeschlossen (`<tag>...</tag>`). [1]

Wie Sie sehen, fängt unser Dokument mit einem Header an, der die Zeile

```
<title>Einf&uuml;hrung in HTML</title>
```

enthält. Damit geben wir diesem Dokument einen Titel. Direkt danach steht ein `<h1>`-Element, das eine Überschrift der obersten Ebene definiert. Unter Netscape Navigator für X erscheint der Titel immer im Fenster *Document Title*, während die Überschrift im Dokument selbst steht.

1 HTML ist eigentlich eine »Document Type Definition« in der »Standard Generalized Markup Language« (SGML). SGML definiert die Regeln für die `<markierung>`...`</markierung>`-Paare.

Alle HTML-Dokumente sollten einen Titel haben, aber die Überschriften sind natürlich optional. Für HTML ist eine Überschrift einfach ein Textabschnitt, der in einer größeren und/oder fetteren Schrift gesetzt wird; sie hat keinen Einfluß auf die Struktur des Dokuments.

HTML kennt sechs Ebenen für Überschriften:

```
<h1>Überschrift der ersten Ebene</h1>
<h2>Überschrift der zweiten Ebene</h2>
...
<h6>Überschrift der sechsten Ebene</h6>
```

Im Anschluß an die Überschrift folgt der Textkörper des Dokuments. Wie Sie sehen, benutzen wir die Markierung `<em>`, um Text hervorzuheben:

```
...<em>Autoren</em> ihren Zweiturlaub damit...
```

Absätze werden mit der Markierung `<p>` eingeleitet. HTML ignoriert Leerzeilen und Einrückungen in den Dokumenten. Deshalb müssen Sie `<p>` benutzen, wenn Sie eine Leerzeile einfügen und mit einem neuen Absatz fortfahren möchten (anders als z.B. in TEX, wo eine Leerzeile einen neuen Absatz einleitet).

Das Dokument betrachten

Bevor wir tiefer in HTML eintauchen, wollen wir Ihnen zeigen, wie Sie Ihr erstes Hypertext-Kunstwerk betrachten können. Die meisten Webbrowser verfügen über eine Funktion zum Betrachten lokaler Dokumente. In Netscape beispielsweise können Sie unter dem Punkt OPEN PAGE im Menü FILE, gefolgt von Klicken auf CHOOSE FILE..., eine HTML-Datei anschauen. Andere Browser, etwa Lynx, kennen ähnliche Funktionen. Sie sollten Ihr HTML-Dokument zuerst abspeichern (z.B. in der Datei *beispiel.html*), bevor Sie es mit Ihrem Webbrowser betrachten.

Wenn wir unser Beispieldokument mit Netscape Navigator betrachten, sieht das Ergebnis aus wie Abbildung 16-4. Wie Sie sehen, erledigt Netscape die eigentliche »Textformatierung« für Sie – Sie müssen das Dokument nur erstellen und in Ihren Webbrowser laden.

Es ist nicht weiter schwierig, Ihre neuen HTML-Dokumente über das Web anzubieten. Wir gehen davon aus, daß Sie *httpd* so konfiguriert haben, wie wir das im vorhergehenden Abschnitt beschrieben haben. Legen Sie die HTML-Dateien dann im *httpd*-Verzeichnis `DocumentRoot` ab (in unserem Beispiel haben wir */usr/local/httpd/htdocs* benutzt).

Wenn Sie das Dokument als */usr/local/httpd/htdocs/beispiel.html* abgelegt und auf Ihrem System den *httpd* gestartet haben, kann anschließend jedermann auf dieses Dokument zugreifen, indem er in seinem Webbrowser den URL

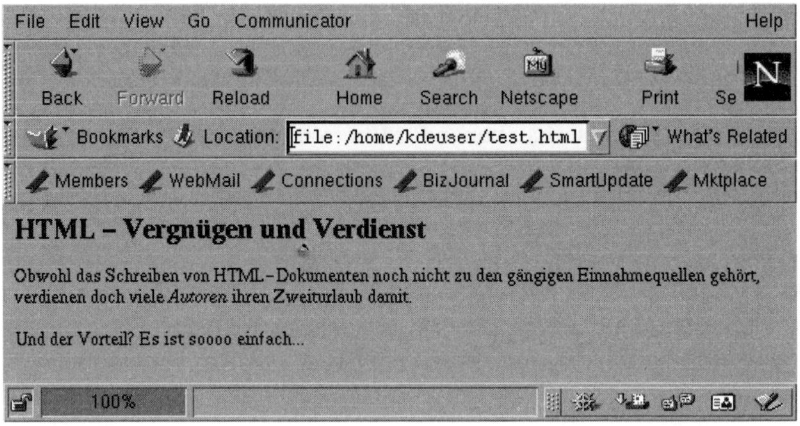

Abbildung 16-4: Beispiel-HTML-Dokument, wie es von Netscape angezeigt wird

http://www.gemuese.org/beispiel.html

aufruft. (Natürlich mit dem Namen Ihres eigenen Rechners statt *www.gemuese.org*.)

Beachten Sie, daß Sie innerhalb des `DocumentRoot`-Verzeichnisses auch Unterverzeichnisse einrichten und symbolische Links anlegen können. Alle an Ihr System adressierten HTTP-URLs greifen auf Dateinamen zu, die relativ zu `DocumentRoot` gesucht werden. Wenn wir also das Verzeichnis */usr/local/httpd/htdocs/my-docs* einrichten und *beispiel.html* dort ablegen, lautet der entsprechende URL: *http://www.gemuese.org/my-docs/beispiel.html*

Links

Damit Sie auf andere Dokumente oder andere Abschnitte desselben Dokuments verweisen können, enthalten die HTML-Quelltexte *Links* (Verknüpfungen, Verweise). Ein Beispiel:

```
<p> Weitere Informationen zu HTML finden Sie
<a href="http://www.w3.org/MarkUp/"> hier </a>.
```

Innerhalb von Netscape Navigator wird dieser Satz aussehen, wie in Abbildung 16-5 gezeigt.

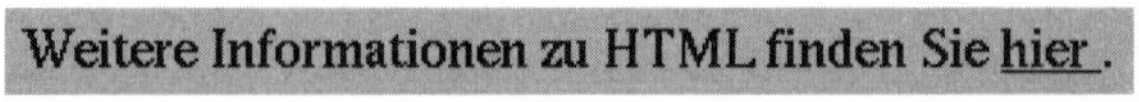

Abbildung 16-5: Anzeige eines Links in Netscape

Das Wort »hier« ist hervorgehoben, weil es ein Link ist. Nach einem Mausklick auf diesen Link wird Netscape das Dokument darstellen, auf das der URL *http://www.w3.org/MarkUp/* verweist. Das Element `<a>` bezeichnet man als *Anker* – das ist ein Link, der an eine bestimmte Textstelle gebunden ist (in diesem Fall das Wort »hier«).

Man bezeichnet das oben verwendete `<a>`-Element als *absoluten Link*, weil der URL den kompletten Rechner- und Pfadnamen enthält. Für Dokumente auf demselben Rechner sollten Sie relative Links benutzen, etwa:

```
<p> Au&szlig;erdem steht Ihnen die <a
href="gaertnern.html">Hobby-G&auml;rtner-Home Page</a> zur Verf&uuml;gung.
```

Die URLs in relativen Links werden relativ zu dem Verzeichnis verstanden, in dem das aktuelle HTML-Dokument steht. Es wird angenommen, daß der URL-Typ (z.B. *http*, *ftp* usw.) derselbe ist wie der URL-Typ des aktuellen Dokuments. Wenn der oben angeführte Text also im Dokument *http://www.gemuese.org/my-docs/beispiel.html* steht, verweist der Link auf den URL: *http://www.gemuese.org/my-docs/gaertnern.html*

Wenn der Dateiname in einem relativen Link mit einem Schrägstrich beginnt (/) wie in:

```
Klicken Sie <a href="/info/gemuese.html">here</a>, um
weitere Informationen zu erhalten.
```

dann wird der URL relativ zum Verzeichnis `DocumentRoot` aufgefaßt. In diesem Beispiel entspricht der URL also: *http://www.gemuese.org/info/gemuese.html*

Relative Links können auch auf das übergeordnete Verzeichnis verweisen:

```
<a href="../plants/plants.html">Hier</a> finden Sie noch
mehr &uuml;ber Pflanzen.
```

Die Benutzung von relativen Links ist für zusammengehörende Dokumente äußerst wichtig. Sie haben damit die Möglichkeit, die Verzeichnishierarchie Ihrer HTML-Dateien zu ändern, ohne daß dabei alle Ihre Links ungültig werden. Für den Zugriff auf unverknüpfte Dokumente auf demselben System empfiehlt sich allerdings die Benutzung von absoluten Links; in diesem Fall hängt die Position eines Dokuments nicht von der Position anderer Dokumente auf demselben System ab.

Sie können Links auch auf andere Abschnitte desselben Textes verweisen lassen. Ein Beispiel:

```
<a href="#Gentechnik">Weiter unten</a> finden Sie
Informationen &uuml;ber genetisch ver&auml;nderte Pflanzen.
```

Der Link verweist auf eine Stelle in demselben Dokument, die folgendermaßen markiert ist:

```
<a name="Gentechnik">
<h1>Gentechnisch ver&auml;ndertes Gem&uuml;se: Unsere Spezialit&auml;t</h1> </a>
```

In diesem Fall benutzt der Anker das Attribut `name` statt `href`, und der Ankertext enthält eine komplette Überschrift. Es muß nicht sein, daß Sie Überschriften als `name`-Anker benutzen, aber in der Regel ist das eine gute Idee, wenn Sie auf andere »Abschnitte« desselben Textes verweisen möchten. Wenn ein Benutzer beispielsweise den Link anwählt, der zu diesem Anker gehört, bekommt er am oberen Rand des Dokumentenfensters von Netscape Navigator folgende Abschnittsüberschrift zu sehen:

Gentechnisch verändertes Gemüse: Unsere Spezialität

Links können auch auf bestimmte Stellen in anderen Dokumenten verweisen. Ein Beispiel:

```
<a href="tomaten.html#Gentechnik">Hier</a> finden Sie
n&auml;here Informationen &uuml;ber mutierte Tomaten.
```

zeigt auf den Abschnitt im Dokument *tomaten.html*, der mit `<a name="Gentechnik">` markiert ist.

Vielleicht haben Sie schon erraten, daß Links nicht nur auf andere HTML-Dokumente verweisen können. Links können außerdem auf Bild- und Sounddateien zeigen und auf PostScript-Dateien, ebenso wie auf andere URL-Typen wie FTP-, Gopher- oder WAIS-Dienste. Kurz gesagt: Jeder gültige URL kann als Link benutzt werden. Ein Beispiel:

```
Klicken Sie <a href="ftp://ftp.gemuese.org/pub/">hier</a>,
um auf unser FTP-Archiv zuzugreifen.
```

ist ein Verweis auf den angegebenen FTP-URL.

Ein Exkurs: MIME-Typen

MIME steht für *Multipurpose Internet Mail Extensions*. Wie der Name schon andeutet, wurde MIME ursprünglich für E-Mail entwickelt. Es handelt sich dabei um einen Standard für den Transport von Dokumenten, die andere Daten außer einfachem druckbaren ASCII-Text enthalten. Nähere Informationen zu MIME-Typen finden Sie unter: *http://www.w3.org/TR/REC-html40/types.html#h-6.7* Beim Verweis auf Bilder und Sounds hängt es von den Fähigkeiten des Browsers ab, welche Bild- und Soundtypen dargestellt werden können. Wenn Sie beispielsweise auf den URL *http://www.gemuese.org/pics/artischocken.gif* zugreifen, ist es die Aufgabe des Webbrowsers, ein eigenständiges Programm aufzurufen, das dieses Bild anzeigt. Gleichzeitig muß der Server, der das Bild anbietet, in der Lage sein, auch das Format der Bilddatei an den Browser zu übermitteln. Die Datei *mime.types* im Konfigurationsverzeichnis von *httpd* wird für diesen Zweck benutzt. Diese Datei enthält Zeilen wie beispielsweise:

```
image/gif                       gif
image/jpeg                      jpeg jpg jpe
audio/basic                     au snd
application/postscript          ai eps ps
text/html                       html
text/plain                      txt
```

Das erste Feld in jeder Zeile enthält den Namen des jeweiligen MIME-Typs. Die restlichen Felder enthalten die Dateinamenssuffixe, die zu dem jeweiligen MIME-Typ passen. In diesem Beispiel werden alle Dateien, deren Name auf *.gif* endet, wie Dokumente vom Typ `image/gif` behandelt.

Wenn ein Browser (etwa Netscape Navigator) ein Dokument empfängt, bekommt er vom Server gleichzeitig Informationen über den entsprechenden MIME-Typ. Auf diesem Wege erfährt der Browser, wie er das Dokument handhaben muß. Bei `text/html`-Dokumenten wird Navigator einfach den HTML-Quelltext formatieren und im Dokumentenfenster anzeigen. Für `image/gif`-Dokumente verwendet Navigator internen Code zum Anzeigen der Grafik, für `image/png` wird ein externer Bildbetrachter wie etwa *xv* aufgerufen. Ähnlich werden Dokumente vom Typ `application/postscript` auf den meisten Unix-Systemen mit Hilfe von Ghostview angezeigt.

Der Webbrowser bestimmt, wie verschiedene MIME-Typen gehandhabt werden. Navigator enthält eine Option, um festzulegen, mit welchem Programm die Dokumente eines bestimmten Typs bearbeitet werden.

Die Datei *srm.conf* kann auch eine `DefaultType`-Anweisung enthalten, die angibt, welcher MIME-Typ verwendet werden soll, wenn alle anderen Typen nicht zutreffen. Wir verwenden:

```
DefaultType   text/plain
```

Wenn der Server nicht in der Lage ist, den Typ eines Dokuments festzustellen, wird er die Voreinstellung `text/plain` benutzen, die für nichtformatierte Textdateien gedacht ist. Netscape zeigt solche Textdateien mit einem Literal-Font im Dokumentenfenster an.

Eingebettete Grafiken

Eine der interessanten Fähigkeiten von HTML ist das Einbetten von Grafiken direkt im Dokument. Dies wird mit dem Element `<img>` bewerkstelligt:

```
<img src="pics/cat.gif"> Tristessa, the Best Cat in the Universe
```

Damit plazieren Sie das Bild, auf das der relative URL `pics/cat.gif` verweist, im Dokument, wie es Abbildung 16-6 zeigt. Sie können mit `<img>` auch absolute URLs benutzen.

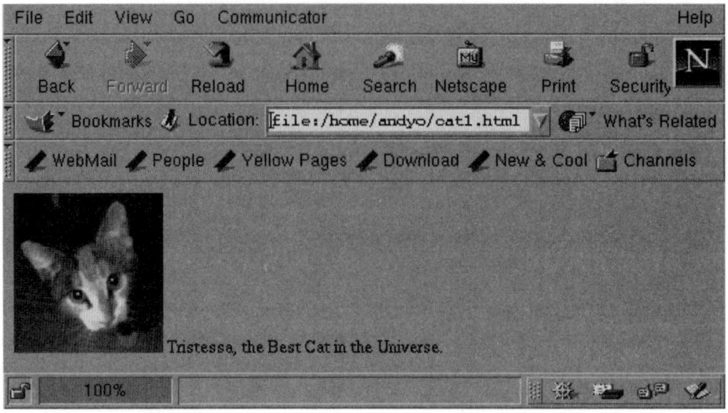

Abbildung 16-6: Eingebettete Grafik in Netscape

Theoretisch kann das Element `<img>` zum Einbetten von »beliebigen« Dokumenten in das aktuelle Dokument benutzt werden. In der Praxis wird es allerdings meistens für kleine Grafiken benutzt. Es hängt von den verschiedenen Browsern ab, welche Grafikformate dargestellt werden können. Bilder in den Formaten GIF und JPEG scheinen überall akzeptiert zu werden. Beachten Sie aber auch, daß nicht alle Browser in der Lage sind, eingebettete Grafiken darzustellen – in erster Linie gilt dies für textbasierte Browser wie Lynx.

Sie können `<img>` auch in einem Anker benutzen, etwa so:

```
<a href="cat.html">
<img src="pics/cat.gif"> Tristessa, the Best Cat in the Universe. </a>
```

Das macht optisch überhaupt keinen Unterschied, aber wenn der Anwender auf das Bild klickt, gelangt er zur Seite *cat.html* im gleichen Unterverzeichnis wie die aktuelle Seite. Um deutlich zu machen, daß es noch eine weitere Seite gibt, sollten Sie am besten sowohl das Bild als auch den Text in den Anker stellen. Das kann man durch Verschieben des `</a>`-Tags erreichen:

```
<a href="cat.html">
<img align="center" src="pics/cat.gif" alt="Foto der Katze">
Tristessa, the Best Cat in the Universe
</a>
```

Als kleine ästhetische Verschönerung (und um Ihnen zu zeigen, daß wir die Anordnung der Elemente beeinflussen können) haben wir den Text neben dem Bild zentriert, indem wir `align="center"` angegeben haben. Außerdem folgen wir hier Konventionen und geben einen `alt`-Tag an, der erklärenden Text für Leute anzeigt, die das Bild nicht sehen können – etwa blinde Leser oder Leute, die einen textbasierten Browser verwenden. Die endgültige Version unserer kleinen Seite finden Sie in Abbildung 16-7.

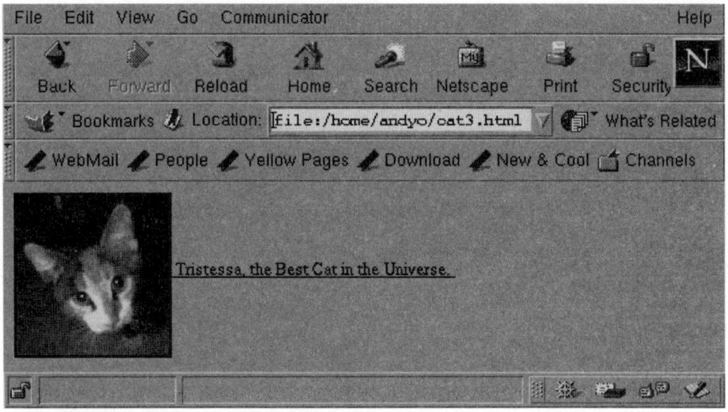

Abbildung 16-7: Bild und Link in Netscape

Weitere Eigenschaften von HTML

Offensichtlich brauchen Sie noch andere Elemente als Überschriften, Links und eingebettete Grafiken, um anspruchsvoll formatierte HTML-Dokumente zu erstellen. HTML bietet viele andere Möglichkeiten der Textformatierung.

Mit dem Element `<ol>` können Sie eine numerierte Liste anlegen, wobei jedes Listenelement mit `<li>` gekennzeichnet wird:

```
Zucchini haben folgende angenehme Eigenschaften:
<ol>
<li> Sie sind grün.
<li> Sie sind knackig.
<li> Sie schmecken großartig in Salaten.
</ol>
```

Nach der Formatierung durch Netscape Navigator wird diese Liste so aussehen, wie in Abbildung 16-8 gezeigt.

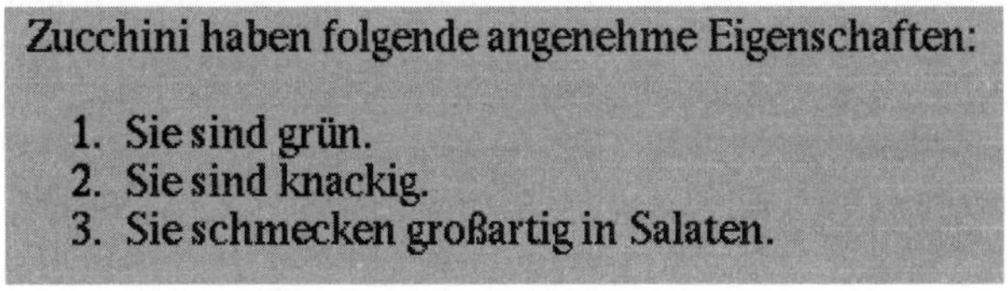

Abbildung 16-8: Darstellung einer Liste in Netscape

Eine Liste ohne Numerierung erstellen Sie mit `<ul>` statt `<ol>`. In nichtnumerierten Listen sind die einzelnen Listenelemente mit einem graphischen Zeichen statt mit fortlaufenden Zahlen markiert.

Sie können Listen auch verschachteln. Wenn nichtnumerierte Listen verschachtelt werden, erscheint in der Regel auf jeder neuen Ebene ein anderes graphisches Zeichen, wie in Abbildung 16-9 zu sehen ist. Der Quelltext zu dieser Liste sieht so aus:

```
Hier ist ein Beispiel für eine eingerückte Liste.
<ul>
<li> Der erste Punkt.
<li> Der zweite Punkt.
     <ul>
     <li> Der erste eingerückte Punkt.
     <li> Noch ein Punkt.
          <ul>
          <li> Die nächste Stufe des Einrückens.
          </ul>
     </ul>
</ul>
```

Der Text ist hier nur eingerückt, um den Quelltext übersichtlicher zu gestalten. Benutzen Sie die Art der Einrückung, die Ihnen am meisten zusagt.

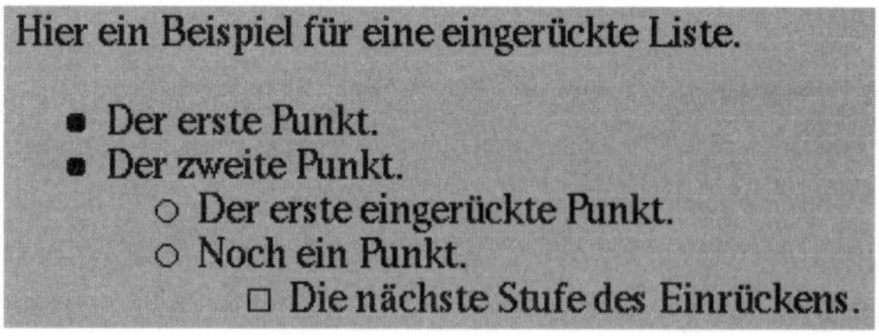

Abbildung 16-9: Verschachtelte Listen in Netscape

Es gibt verschiedene Methoden, Text hervorzuheben. Wir haben `<em>` bereits kennengelernt, mit dem Texte normalerweise kursiv dargestellt werden. Beachten Sie, daß es allein vom Browser abhängt, wie diese Formatierungen dargestellt werden. Die am häufigsten gebrauchten Markierungen für hervorgehobenen Text sind:

`<em>`
: Hervorgehobener Text, meistens kursiv dargestellt.

`<code>`
: Programmquellcode, meistens in einer Sperrschrift dargestellt.

`<samp>`
: Beispiele für Programmausgaben, meist ebenfalls in Sperrschrift.

`<kbd>`
: Benutzereingaben über die Tastatur.

`<strong>`
: Starke Hervorhebung, meistens in Fettdruck dargestellt.

Hier ein Beispiel, in dem mehrere dieser Elemente benutzt werden:

```
<p> <em>Interessant</em>, dachte sie. Der
<kbd>find</kbd>-Befehl kann f&uuml;r fast <strong>alles</strong> verwendet wer-
den!
```

Abbildung 16-10 zeigt, wie Navigator das darstellt.

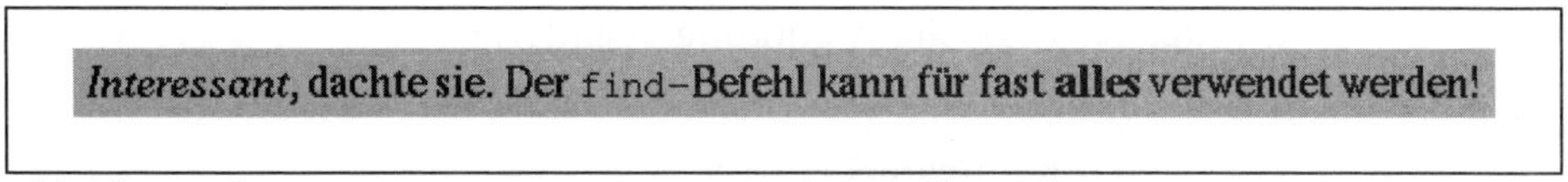

Abbildung 16-10: Fonts, wie sie von Netscape dargestellt werden

Beachten Sie, daß <code>, <samp> und <kbd> normalerweise in einer Sperrschrift (Schreibmaschinenschrift) angezeigt werden. Es ist allerdings wichtig, zwischen den verschiedenen logischen Typen der Hervorhebung in Dokumenten zu unterscheiden. So können wir nämlich den Schrifttyp ändern, mit dem <kbd>-Texte dargestellt werden (beispielsweise auf einen kursiven Schrifttyp), ohne daß gleichzeitig <code> und <samp> geändert werden müssen.

Für den Fall, daß Sie den Schrifttyp direkt bestimmen möchten, kennt HTML auch die Markierungen <b>, <i> und <tt>, um Fettdruck, kursive Schrift bzw. Literalschrift einzuschalten.

Mit dem Element <pre> haben Sie die Möglichkeit, »vorformatierten« oder »1:1«-formatierten Text in einem HTML-Dokument unterzubringen. Ein Beispiel:

```
So sieht der Quellcode von <code>hello.c</code> aus.
<pre>
#include &lt;stdio.h&gt;

void main() {
  printf("Hallo Welt!");
}
</pre>
```

Dieser Text wird so dargestellt, wie in Abbildung 16-11 gezeigt.

Beachten Sie die Verwendung von < und >, um < und > darstellen zu lassen. Sie müssen diese Codes so eingeben, weil die Zeichen < und > innerhalb von HTML-Dokumenten eine besondere Bedeutung haben; dies gilt auch innerhalb von <pre>-Elementen.

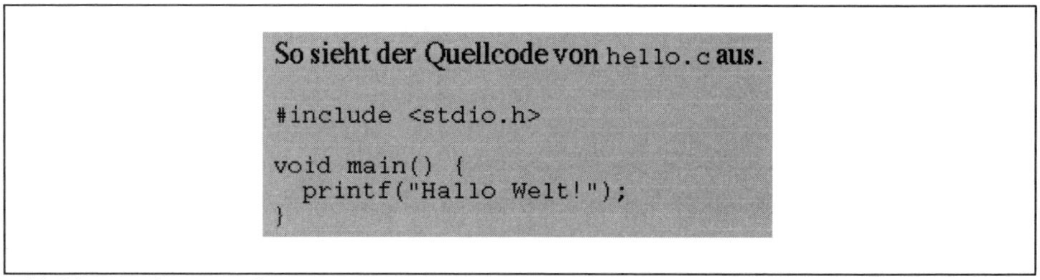

Abbildung 16-11: Vorformatierter Text in Netscape

Weitere Codes mit besonderer Bedeutung sind:

`"`
: Erzeugt das doppelte Anführungszeichen: "

`&`
: Erzeugt das Kaufmanns-Und: &

`é`
: Erzeugt das *e* mit Accent aigu: é

`ö`
: Erzeugt ein *o* mit Umlaut: ö;

In der kompletten HTML-Spezifikation unter *http://www.w3.org/TR/REC-html40/* sind alle vorhandenen Codes aufgelistet.

Sie werden in HTML-Dokumenten häufig eine waagerechte Linie sehen, die die Seite optisch gliedert. Diese Linie ziehen Sie mit dem Element `<hr>`, etwa so:

```
He, Fremder, wage es nicht, diese Linie zu &uuml;berschreiten: <p><hr>
<p> Nun gut, Fremder, aber wage es nicht, diese zu &uuml;berschreiten: <p><hr>
```

Schließlich wird am Ende von HTML-Dokumenten häufig das Element `<address>` benutzt, um den Namen und die Adresse der Person zu hinterlegen, die für diese Seite verantwortlich ist. Ein Beispiel:

```
<p><hr><p>
<address>Mr. K. Kopf, kohl@gemuese.org</address>
```

Viele Leute verknüpfen den Namen innerhalb der Adresse mit ihrer persönlichen Home-Page.

Wo Sie weitere Informationen finden

Innerhalb von Netscape Navigator können Sie den HTML-Quelltext beliebiger Webdokumente betrachten. Wählen Sie im Menü *View* den Punkt *Document Source*, während Sie das betreffende Dokument lesen. Damit erhalten Sie einen Einblick, wie diese Seite erstellt wurde. Der Browser Lynx kennt eine ähnliche Option, die Sie mit dem Backslash-Befehl (\) aktivieren.

Interaktive Formulare erstellen

Wir haben bereits erwähnt, daß Netscape und der Apache-*httpd* auch interaktive Formulare unterstützen; diese Formulare ermöglichen Eingaben von Seiten des Benutzers (in Form von Texteingabefeldern, Schaltflächen, Menüs usw.) an ein Skript, das vom Server ausgeführt wird. Ein Beispiel: Ein interaktives Formular könnte ein Textfeld enthalten, in das der Benutzername eingegeben werden soll. Wenn dieses Formular abgeschickt wird, ruft der Server ein *finger*-Skript auf und präsentiert das Ergebnis als HTML-Dokument.

Es hängt von den Fähigkeiten sowohl des Webbrowsers als auch des *httpd*-Servers ab, ob Formulare benutzt werden können. Nicht alle Browser können Formulare darstellen, die meisten heutzutage aber schon. Außerdem können nicht alle Implementierungen des *httpd* mit Formularen umgehen. Wir empfehlen den Apache-*httpd*, den wir weiter oben in diesem Kapitel besprochen haben; darin finden Sie umfangreiche Unterstützung für Formulare.

Das Paradebeispiel für ein interaktives Formular ist eines, mit dem ein Benutzer E-Mail an den Urheber des Formulars schicken kann. In diesem Abschnitt wollen wir genau dieses Beispiel benutzen, um zu zeigen, wie man Formulare erstellt und wie die Server-Skripten aussehen, die von den Formularen ausgeführt werden. Natürlich würde es bei einem Browser, der einen eigenen E-Mail-Client enthält, ausreichen, `mailto:`*`email_adresse`* in die HTML-Seite zu schreiben. Aber so ein Formular könnte auch ein Bestandteil einer größeren Applikation sein. Beispielsweise wollen Sie vielleicht nicht nur Feedback per E-Mail senden, sondern auch Waren in einer Online-Shopping-Anwendung verkaufen können.

Das HTML-Formular

Der erste Schritt auf dem Weg zu einem Formular ist die Erstellung eines HTML-Dokuments, das genau wie das Formular aussieht. In solchen HTML-Seiten sind `<form>`-Elemente enthalten, die wiederum verschiedene andere Elemente in Form von Schaltflächen, Texteingabefeldern usw. enthalten.

Hier wollen wir einen Ausschnitt dessen darstellen, was Formulare leisten können. Ein ausführliches Beispiel für die Benutzung von Formularen findet sich unter: *http://us.imdb.com/* Sie finden dort eine umfassende Datenbank mit Informationen zu mehr als 30 000 Filmen vor und können nach Titeln, Sparten, Schauspielern, Regisseuren usw. suchen.

Hier zeigen wir das HTML-Dokument für unser einfaches E-Mail-Formular:

```
<title>Ein triviales Mail-Formular</title>
<h1>Schicken Sie mir E-Mail</h1>
<p>Sie k&ouml;nnen dazu dieses Formular verwenden.

<p><hr><p>
<form method="POST" action="/cgi-bin/mailer.pl">
```

```
<input name="from"> Ihre E-Mail-Adresse<p>
<input name="subject"> Betreff<p>
<input type=hidden name="to" value="mdw@gemuese.org">
<hr>
Geben Sie hier den Text der E-Mail ein:<br>
<hr>
<textarea name="body" cols=60 rows=12></textarea><p>
<hr>
<input type=submit value="E-Mail abschicken"><p>
</form>
```

Wenn wir uns dieses Formular mit Netscape Navigator anschauen, sieht es aus wie Abbildung 16-12.

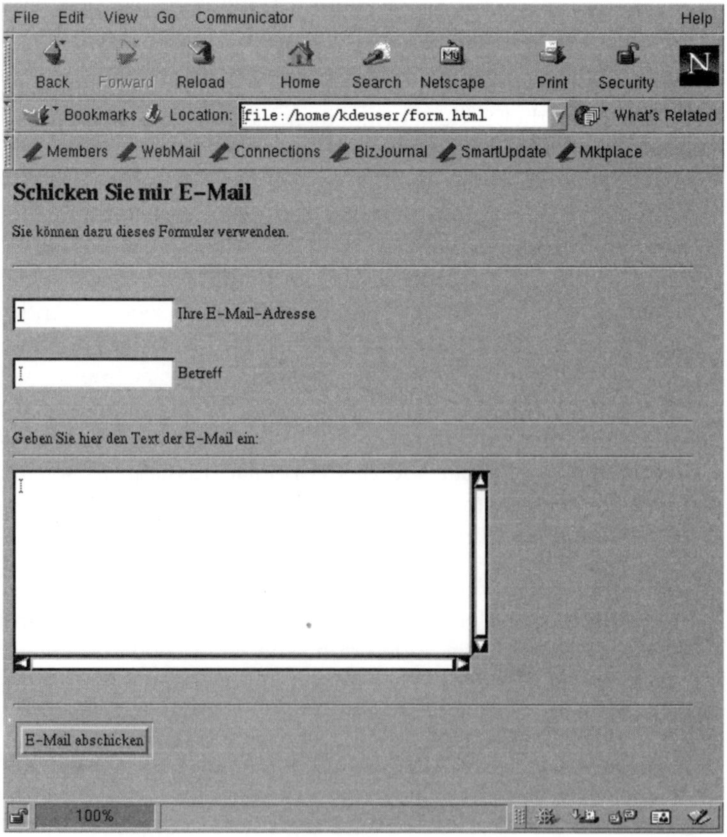

Abbildung 16-12: Formular, wie es von Netscape dargestellt wird

Wie Sie sehen, haben wir in diesem Formular einige der zusätzlichen Möglichkeiten von HTML benutzt. Lassen Sie uns die Datei Schritt für Schritt untersuchen und die Neuheiten besprechen.

In Zeile 6 steht das Element `<form>`, das das ganze Formular umschließt. Es gibt verschiedene Optionen und Attribute zu `<form>`.

Das Attribut `method` bestimmt, auf welche Weise Informationen aus dem Formular an das Server-Skript geschickt werden. Gültige Werte für die Methode sind `GET` und `POST`. Mit `GET` übergeben Sie Informationen an das Skript in Form von Befehlszeilenargumenten; mit `POST` richten Sie die Informationen an die Standardeingabe des Skripts. Diese Option wirkt sich lediglich darauf aus, wie Sie das Server-Skript schreiben. Aus verschiedenen Gründen empfehlen wir dringend, die Methode `POST` zu benutzen.

Mit dem Attribut `action` geben Sie den URL des Skripts an, das dieses Formular auf dem Server aufrufen wird. CGI-Skripten werden in der Regel in einem Verzeichnis namens *cgi-bin*, das in der `ScriptAlias`-Direktive in der Datei *srm.conf* angegeben werden muß, abgelegt.

In diesem Beispiel lassen wir das Skript

```
/cgi-bin/mailer.pl
```

ausführen, wenn das Formular abgeschickt wird. Im nächsten Abschnitt beschreiben wir, wie dieses Skript aussehen muß.

In den Zeilen 7 bis 9 benutzen wir das Element `<input>`. Dies ist das Element, das in Formularen am häufigsten auftaucht – es bezeichnet eine Möglichkeit der Eingabe, wie z.B. ein Textfeld, eine Schaltfläche oder eine Checkbox. Es gibt verschiedene Attribute zu `<input>`.

Das Attribut `name` ist eine eindeutige Zeichenfolge, die dieses Element gegenüber dem Server-Skript identifiziert. Das Attribut `type` bezeichnet den Typ des Eingabeelements. Hier sind die gültigen Werte `text`, `radio`, `checkbox`, `password`, `submit`, `reset` oder `hidden`. Wenn kein `type` angegeben wird (wie in den Zeilen 7 und 8), wird die Voreinstellung `text` benutzt. Das Attribut `value` bestimmt den Wert, der für diese Eingabe voreingestellt werden soll.

`input` kennt noch verschiedene andere Attribute; damit bestimmen Sie beispielsweise die maximale Länge der Eingabe in einem Textfeld usw.

Die Zeilen 7 und 8 definieren Eingabefelder mit den Titeln `from` und `subject`, beide vom Typ `text`. In diese Felder werden die E-Mail-Adresse des Absenders und der Betreff der Nachricht eingetragen.

In Zeile 9 definieren wir das Element `hidden` mit dem Namen `to`; damit bestimmen wir die E-Mail-Adresse, an die diese Mail geschickt werden soll. Mit diesem Trick können wir innerhalb des HTML-Formulars selbst die E-Mail-Adresse des Empfängers angeben. Anderenfalls müßten wir die Empfängeradresse innerhalb des Server-Skripts (*mailer.pl*) definieren; dann müßte jeder Benutzer, der das Mail-Formular benutzen möchte, eine eigene Kopie des Skripts haben. Auf diese Weise erreichen wir, daß alle Benutzer des Systems mit diesem Skript arbeiten können, solange sie die eigene E-Mail-Adresse im Feld to angeben. Die Gründe dafür werden wir im nächsten Abschnitt darlegen, wenn wir das Skript *mailer.pl* selbst besprechen.

In Zeile 13 benutzen wir das Element <textarea>. Dieses Element bezeichnet ein mehrzeiliges Texteingabefeld mit Laufleisten am rechten und unteren Rand. Wie bei <input> haben wir auch hier das Attribut name benutzt, um dem Element einen Namen zuzuweisen. Mit den Attributen cols und rows legen wir die Größe dieses Textbereichs fest.

Beachten Sie, daß <textarea> im Gegensatz zu <input> auch die entsprechende Endmarkierung </textarea> in derselben Zeile benutzt. Jeglicher Text, der zwischen <textarea> und </textarea> steht, wird als festgelegter Inhalt dieses Eingabefelds betrachtet.

In Zeile 15 benutzen wir ein weiteres <input>-Element, diesmal vom Typ submit. Damit definieren wir eine Schaltfläche, die nach dem Anklicken das Formular abschickt und das zugehörige Server-Skript aufruft. Das Attribut value bezeichnet den Text, der auf der Schaltfläche angezeigt wird; in diesem Beispiel "Send mail".

In Zeile 16 schließlich beenden wir das Formular mit der Endmarkierung </form>.

[32] Ein HTML-Dokument kann mehrere Formulare enthalten, aber die Formulare können nicht ineinander verschachtelt werden. Ein gutes Buch über HTML und HTML-Formulare ist *HTML: Das umfassende Referenzwerk* von Chuck Musciano und Bill Kennedy.

Ein CGI-Skript schreiben

Die Skripten, die von Formularen ausgeführt werden, benutzen das Common Gateway Interface (CGI), in dem festgelegt ist, wie Daten aus dem Formular an das Skript übergeben werden. Es ist an dieser Stelle nicht wichtig, daß Sie die Details der CGI-Spezifikation kennen; Sie sollten aber wissen, daß die Daten in Form von Name/Wert-Paaren an das Skript übergeben werden. Zur Demonstration: Wir gehen von unserem Beispielformular aus und nehmen an, daß der Benutzer die Adresse

```
bsmarks@norelco.com
```

in das <input>-Feld mit dem Namen from eingetragen hat. Der Wert bsmarks@norelco.com wird dann bei der Übergabe an das Skript mit dem Namen from verknüpft.

Wir haben bereits erwähnt, daß es von der Formularmethode abhängt, auf welche Weise diese Name/Wert-Paare an das Server-Skript übergeben werden (GET oder POST). Ganz allgemein werden die Name/Wert-Paare in folgender Form codiert:

action?name=val&name=val&...

und entweder auf der Befehlszeile (bei Formularen mit der Methode GET) oder als Standardeingabe (bei Formularen mit der Methode POST) an das Server-Skript übergeben. Außerdem müssen bestimmte Zeichen (etwa =, & usw.) mit Escape-Codes versehen werden, und verschiedene Umgebungsvariablen übergeben bestimmte Werte an das Skript.

Server-Skripten können in praktisch jeder Sprache geschrieben werden, etwa C, Perl oder sogar als Shell-Skripten. Da die Decodierung der Name/Wert-Paare in einem C-Programm ziemlich qualvoll werden kann, zeigen wir statt dessen, wie ein solches Skript in Perl geschrieben wird, dessen Fähigkeiten zur Textbearbeitung für diese Aufgabe besser geeignet sind.

Das folgende Beispiel zeigt das Perl-Skript *mailer.pl*. Stellen Sie dieses Skript in das Verzeichnis, das Sie bei der Konfigurierung des Systems für CGI-Skripten vorgesehen haben.

```
#!/usr/bin/perl

use CGI qw(:standard);

print header(), start_html( "E-Mail-Formular" ),\
h1( "E-Mail-Formular" );

my $to = parse( "to" );
my $from = parse( "from" );
my $subject = parse( "subject" );
my $body = parse( "body" );

open (MAIL,"|/usr/lib/sendmail $to") ||
  die "<p>Error: Konnte sendmail nicht ausführen.\n";

print MAIL "To: $to\n";
print MAIL "From: $from\n";
print MAIL "subject: $subject\n\n";
print MAIL "$body\n";
close MAIL;

print p( "Alles klar, folgendes wurde an <tt>$to</tt> geschickt:" );
print p( "<pre>\nTo: $to\nFrom: $from\nsubject:\
$subject\n\n$body\n</pre>" );
print end_html();
```

Kapitel 13

Falls Sie Perl-Neuling sind, schauen Sie sich die Einführung in Kapitel 13 an. Sie müssen aber kein absoluter Perl-Freak sein, um diesen Code zu verstehen.

Dieses Skript lädt zunächst das Modul *CGI.pm*, das seit Perl 5.004 in der Perl-Distribution enthalten ist und Ihnen sehr dabei helfen wird, wenn es darum geht, CGI-Skripten zu schreiben. Wir verwenden daraus zunächst die Methoden `header()`, `start_html()` und `h1()`, um den Header zu schreiben, der die wichtige Zeile

```
Content-type: text/html
```

enthält, mit der der Server informiert wird, was für einen MIME-Typ die Daten aus diesem Skript haben, und die ihn anweist, den HTML-Code zu beginnen. Mit *CGI.pm* müssen Sie sich nicht einmal über die HTML-Syntax Gedanken machen.

Nach der Ausgabe dieser ersten Zeilen verwenden wir die Routine `parse()` aus *CGI.pm*, die die an das CGI-Skript übergebenen Parameter parst. Das klingt jetzt nicht nach besonders viel, aber tatsächlich ist es reichlich schwierig, diese Parameter zu parsen, weil so viele Sonderfälle beachtet werden müssen. An `parse` müssen Sie einfach nur den Namen des Parameters übergeben und sich den Wert zurückholen.

Das Skript öffnet anschließend eine Pipe nach */usr/lib/sendmail*, das die Mail verschicken soll. (Falls Sie auf Ihrem System ein anderes Mail-Programm als *sendmail* benutzen, muß diese Stelle angepaßt werden.) Wir leiten die Nachricht dann an *sendmail*, nachdem wir einen Header vorangestellt haben, der die Felder `To:`, `From:` und `Subject:` enthält, die wir aus dem Formular gewonnen haben.

Beachten Sie, daß hier ein Sicherheitsrisiko entsteht, wenn *sendmail* wie gezeigt verwendet wird, weil Sie nicht wissen, was in der Variablen `$to` steht. Außerdem ist diese Technik nicht besonders portabel. In einem System, das tatsächlich in Betrieb ist, würden Sie vermutlich das Perl-Modul `Mail::Mailer` verwenden, um die E-Mail zu verschicken, aber weil das nichts mit CGI-Skripten zu tun hat, gehen wir darauf nicht weiter ein.

Nachdem wir die Pipe zu *sendmail* geschlossen haben, geben wir die gerade übertragene Nachricht noch auf die Standardausgabe – als Hinweis für den Benutzer, daß die Nachricht korrekt verschickt wurde. Wieder verwenden wir die Methode `p()` aus *CGI.pm*, um den HTML-Code auszugeben. Schließlich benutzen wir `end_html()`, um die HTML-Tags korrekt zu schließen.

Denken Sie immer daran, daß bei der Benutzung von HTML-Formularen auch die Systemsicherheit eine Rolle spielt. Stellen Sie sicher, daß Ihre Skripten nicht benutzt werden können, um auf Ihrem System nichtautorisierte Prozesse zu starten. Wenn Ihre Server-Skripten die CPU stark beanspruchen, sollten Sie den Zugriff vielleicht einschränken, um das System nicht zu überlasten. Ganz allgemein gesagt: Sie sollten wissen, was Sie tun, wenn Sie auf Ihrem Webserver Formulare anbieten.

Elektronische Post

Die elektronische Post (electronic mail, E-Mail) gehört zu den Dingen, die ein Computersystem unbedingt haben sollte. Sie können auf Ihrem Linux-System E-Mail lokal zwischen den Benutzern des Systems oder auch zwischen den Rechnern eines Netzwerks hin- und herschicken. Für den E-Mail-Dienst müssen Sie drei Arten von Programmen einrichten; dies sind der *Mail-User-Agent* (MUA, Mail-Programm, Mailer), der *Mail-Transport-Agent* (MTA) und das *Transportprotokoll.*

Der Mailer stellt die Benutzerschnittstelle zum Lesen von E-Mail, Schreiben von neuen Nachrichten und Abspeichern von empfangenen Mails dar. Linux enthält eine ganze Reihe von Mail-Programmen. Diese werden ständig ausgefeilter, so daß ein bestimmter Mailer eventuell auch zum Lesen von Usenet-News (News-Reader) oder als Webbrowser benutzt werden kann.

Der Mailer benutzt den MTA, um E-Mail von einem Benutzer zum anderen zu routen; egal, ob lokal oder über Systemgrenzen hinweg. Der MTA wiederum benutzt ein Transportprotokoll, in der Regel UUCP (Unix-to-Unix Copy) oder SMTP (Simple Mail Transport Protocol), als Medium für die Übertragung der Mails.

Es gibt eine Reihe möglicher Szenarien, wie E-Mail auf einem Linux-System verwendet werden kann. Abhängig von diesen Szenarien müssen Sie verschiedene Softwarepakete installieren. Einen Mailer brauchen Sie allerdings immer, egal, welche Option Sie nun wählen.

Im ersten Szenario besteht eine Einwählverbindung in das Internet über einen Internet-Provider. In diesem Szenario gibt es oft nur einen einzigen Benutzer auf dem Linux-Rechner, auch wenn das nicht so sein muß. Der Provider empfängt die für Sie bestimmte E-Mail aus dem Internet und speichert sie auf seinen Festplatten. Sie können sich die Nachrichten dann nach Belieben mit dem gängigen Protokoll POP3 (Post Office Protocol) oder dem neueren Protokoll IMAP abholen. Ausgehende E-Mail wird in diesem Szenario fast immer über das Protokoll `SMTP` (Simple Mail Transfer Protocol) verschickt, das auch sonst zum Transport von E-Mail durch das Internet benutzt wird.

Im einfachsten Fall verwenden Sie Ihren Mailer sowohl dafür, eingehende Nachrichten über POP3 oder IMAP abzuholen, als auch dafür, ausgehende Nachrichten über SMTP zu verschicken. In diesem Fall benötigen Sie nicht einmal einen MTA, weil sich der Mailer um alles kümmert. Das ist nicht besonders flexibel, aber wenn Sie nur möglichst einfach an Ihre E-Mail herankommen wollen, dann könnte das für Sie eine gute Option sein. Infragekommende Mailer für dieses Szenario sind Netscape Messenger (siehe unten) und KMail aus dem KDE-Projekt.

Wenn Sie mehr Flexibilität wollen (was immer mit mehr Konfigurations- und Verwaltungsarbeit bezahlt werden muß), können Sie einen MTA (wie den im nächsten Abschnitt beschriebenen *smail*) installieren. Sie brauchen dann noch ein Programm, das Ihre E-Mail vom POP3- oder IMAP-Server des Providers zu Ihnen transportiert. Ein solches Programm holt Ihre E-Mail ab, wenn Sie es dazu auffordern, und übergibt sie an den auf Ihrem System laufenden MTA. Dieser kümmert sich dann darum, die Nachrichten auf die Ordner der einzelnen Empfänger zu verteilen. Ein Programm, das genau dies tut, ist *fetchmail*, das wir später in diesem Kapitel besprechen werden. Ausgehende Nachrichten werden wiederum über SMTP versandt, aber wenn Sie einen MTA auf Ihrem Rechner laufen haben, können Sie auch die ausgehenden Nachrichten an diesen schicken, der sie an Ihren Provider weiterleitet, der die Nachrichten schließlich zum Empfänger befördert. Sie können Ihren MTA dann so einrichten, daß er die ausgehenden Nachrichten nur zu bestimmten Zeitpunkten abschickt, so daß Sie nicht jedesmal eine Verbindung herstellen müssen.

Das dritte Szenario betrifft Rechner, die eine permanente Verbindung zum Internet haben, weil sie entweder in einem Netzwerk eingebunden sind, in dem es ein Gateway mit einer permanenten Verbindung gibt, oder weil der Rechner eine Standleitung zu Ihrem Provider hat. In diesem Fall wollen Sie Ihre eingehenden Nachrichten vielleicht sofort empfangen, wenn sie bei Ihrem Provider eintreffen, und möchten nicht, daß sie dort zwischengespeichert werden. Dazu muß ebenfalls ein MTA eingerichtet werden. Eingehende Nachrichten werden dann an Ihren SMTP-Server (also Ihren MTA) geschickt. Dazu muß Ihr Provider aber auch seine Seite entsprechend konfigurieren.

[4] [39] Natürlich gibt es noch viel mehr Szenarien, wie Sie an Ihre E-Mail herankommen, und auch Kombinationen aus den hier vorgestellten sind denkbar. Wenn Sie einen E-Mail-Dienst für ein gesamtes Netzwerk einrichten wollen, sollten Sie auf jeden Fall *Linux – Wegweiser für Netzwerker* und *sendmail* lesen.

Sie können aus einer ganzen Reihe von Softwarepaketen auswählen, wenn Sie E-Mail auf einem Linux-Rechner einrichten. Wir können hier nicht alle denkbaren Lösungen beschreiben, behandeln aber einige Pakete, die oft verwendet werden und für ihre jeweiligen Aufgaben gut geeignet sind. Wir dokumentieren an dieser Stelle das, was wir derzeit für die beliebteste Linux-Lösung halten: den Mailer Elm (derzeit Version 2.4), den Netscape Messenger (Version 4.5), den »Mail Transport Agent« *smail* (*smail3.1.29*) und die POP3- und IMAP-Implementierung *fetchmail*. All diese Programme sind relativ einfach zu konfigurieren, haben aber alle Features, die die meisten Anwender benötigen. Außerdem können Sie mit diesen Werkzeugen die oben beschriebenen Szenarien vollständig abhandeln.

Der »Mail Transport Agent« smail

Es gibt zwei wichtige MTAs für Linux: *smail* und *sendmail*. Beide unterstützen die Mail-Protokolle SMTP und UUCP. Das *sendmail*-Paket gibt es schon eine ganze Weile. Seine Benutzung wird allgemein als schwieriger angesehen als der Einsatz von *smail*, aber *sendmail* wird in *sendmail* von Costales, Allman und Rickert ausführlichst beschrieben. Das Paket *smail* ist wohl einfacher zu konfigurieren und zu verwalten als *sendmail* und arbeitet auf Systemen mit geringem Speicherausbau

[39]

vielleicht sicherer. Auf Linux-Systemen ist *smail* sehr beliebt. Wir haben beschlossen, den beliebtesten MTA unter Linux, *smail*, vorzustellen und hier seine grundlegende Konfiguration und Benutzung zu beschreiben. Wenn Sie allerdings ein Mail-System einrichten müssen, das viele Verbindungen handhabt und große Mengen an E-Mail durchschleust, sollten Sie auf jeden Fall *sendmail* benutzen. In letzter Zeit sind auch andere MTAs wie *qmail*, *exim* und *zmailer* beliebt geworden, aber *smail* (wegen der einfachen Installation) und *sendmail* (für anspruchsvollere Situationen) sollten so ziemlich alle Anforderungen abdecken können.

[4] *smail* kann in verschiedenen Modi aufgerufen werden, indem man einen bestimmten Namen benutzt, der den speziellen Modus festlegt. Sie können *smail* beispielsweise als *rmail* aufrufen und es dabei als Ersatz für das originale *rmail* benutzen. Sie können es als Dämon starten (*smtpd*, *in.smtpd*) und andere Mail-Utilities wie *mailq* ersetzen lassen. *smail* ist kompatibel zum MTA *sendmail* und arbeitet gut mit diesem zusammen.

Der *Linux Wegweiser für Netzwerker* von Olaf Kirch enthält Informationen speziell zur Installation von *smail* auf Linux-Systemen. Außerdem finden Sie im Paket *smail3* unter dem Titel *Smail – Installation and Administration Guide* von Karr und Noll eine hervorragende Anleitung zur Installation und Pflege von *smail*. Schließlich sollten Sie auch die Manpage zu *smail* lesen, in der im Detail alle Konfigurationsdateien und Verzeichnisse beschrieben sind, die *smail* benutzt.

Das *smail*-Paket ist Bestandteil einiger Linux-Distributionen. Die meisten dieser Distributionen benutzen das Linux-Installationsskript, um auch die grundlegende Konfiguration von *smail* vorzunehmen. Ein Problem bei dieser Vorgehensweise ist, daß Sie wahrscheinlich in gewissen Abständen Ihre *smail*-Installation aktualisieren müssen; zu diesem Zweck gibt es kein bequemes Skript – es sei denn, Sie installieren gleichzeitig Ihr komplettes Linux. Ein anderes Problem liegt darin, daß in einigen der bekannteren Linux-Distributionen das eine oder andere Detail in den Hilfsprogrammen zu *smail* fehlt; das hat zur Folge, daß Sie hier einen Datei-Link ergänzen, dort eine Quelldatei editieren oder ähnliche Schritte ausführen müssen.

Kein Grund zur Panik: Auch wenn Patches eingespielt und neue Fähigkeiten hinzugefügt werden, sollten Ihre bewährten *smail*-Konfigurationsdateien in den allermeisten Fällen weiterhin ihren Dienst tun. In der Regel müssen Sie nur die ausführbaren Dateien aktualisieren, um auf dem neuesten Stand zu bleiben.

Das war die gute Nachricht. Die schlechte Nachricht ist, daß verschiedene Distributionen von *smail* die Dateien an verschiedenen Stellen installieren. Wenn Sie sich einen Satz Binärdateien aus einem FTP-Archiv besorgen und über Ihre alten Dateien installieren, kann es passieren, daß Sie schließlich eine Version von *smail* in */usr/bin* und eine andere in */sbin* installiert haben. Weil *smail* aus einer Reihe von Mail-Utilities besteht, die intensiven Gebrauch von Datei-Links machen, können solche Ungereimtheiten wirkliche Probleme in Ihrer Installation verursachen.

Wenn Sie dagegen eine Distribution von Grund auf selbst kompilieren, stellen Sie eventuell fest, daß es sich um eine Installation handelt, die nicht speziell für Linux angepaßt wurde. (Andererseits finden Sie in einem echten Unix-FTP-Archiv eher die komplette Dokumentation, die auf den von uns getesteten Linux-Archiv-Rechnern anscheinend nicht vorhanden ist.)

Was können Sie tun? Wenn Sie sich für die Distribution auf einem bestimmten FTP-Rechner entschieden haben, ist es vielleicht eine gute Idee, bei diesem Archiv zu bleiben – auch wenn Sie dann nicht unbedingt das neueste und beste Update zum frühestmöglichen Zeitpunkt bekommen. Dies gilt insbesondere dann, wenn es sich um ein Archiv mit einer Distribution im Binärformat handelt – Ihre Konfigurationsdateien bleiben erhalten. Oder Sie besorgen sich einfach die aktualisierten Dateien und benutzen dann *find* oder *whereis*, um verquere Links und doppelt vorhandene Dateien aufzuspüren. Wahrscheinlich werden Sie selbst nach einer korrekten Installation und Konfiguration von *smail* durch Ihr Linux-Skript feststellen, daß Sie nicht immer mit seiner Arbeitsweise einverstanden sind. Für solche Fälle ist es oft am besten, einfach die *smail*-Konfigurationsdateien an Ihr System anzupassen.

smail besorgen und installieren

Ein ausgezeichnetes FTP-Archiv mit einer aktualisierten Binärdistribution für Linux ist (zum Zeitpunkt des Schreibens) *ftp://metalab.unc.edu*. Das *smail*-Paket befindet sich in der Datei */pub/Linux/system/mail/mta/smail-linuxbin-3.1.29.tar.gz*. Der genaue Dateiname wird sich wahrscheinlich mit jedem Update der Quelldateien ändern, aber der Pfadname sollte gleichbleiben.

Wir sollten hier vielleicht noch hinzufügen, daß es so aussieht, als würde derzeit niemand an *smail* arbeiten. *smail* funktioniert, aber Sie sollten sich nicht auf Verbesserungen oder Fehlerbehebungen verlassen.

Sie können *smail* auch als Quellpaket bekommen und selbst kompilieren. Holen Sie sich in diesem Fall die Datei *smail-3.1.29.1.tar.gz* aus dem gleichen Verzeichnis.

Die Linux-Binärdistribution wird folgendermaßen installiert:

1. Übertragen Sie die Datei per FTP im binären Modus.
2. Verschieben Sie die Datei als */smail.tar.gz* in das Root-Verzeichnis von Linux.
3. Starten Sie *gunzip* mit dieser Datei; Sie erhalten als Ergebnis die Datei *smail.tar*.
4. Rufen Sie im Root-Verzeichnis mit dieser Datei den Befehl *tar -xvf smail.tar* auf. *smail.tar* wird in einen Verzeichnisbaum entpackt.

Kapitel 7

Im Abschnitt »Utilities zur Archivierung und Komprimierung« in Kapitel 7 erfahren Sie alles Notwendige über *gunzip* und *tar*.

Sollten Sie beim Durchstöbern eines FTP-Archivs auf eine Datei namens *smailcfg* stoßen, könnten Sie den Eindruck bekommen, daß dies ein Hilfsprogramm zur Konfiguration von smail ist. Leider falsch: Es handelt sich um ein Konfigurations-Utility für sendmail.

Die Konfiguration eines unter Linux installierten smail-Pakets

In einigen Linux-Distributionen ist das *smail*-Paket bereits enthalten und wird vom Linux-Installationsprogramm mit installiert. Auf Linux-Systemen werden die verschiedenen Teile des Pakets üblicherweise in folgenden Verzeichnissen installiert: */bin*, */usr/bin*, */usr/lib/smail* und */usr/man/man?*. Die *smail*-Konfiguration könnte in */var/lib/smail/config* stehen.

Viele der von *smail* benutzten Variablen werden aufgrund von Informationen zugewiesen, die aus der Linux-Konfiguration stammen. Falls Sie beispielsweise Linux mit TCP/IP installiert haben, wird *smail* für die Benutzung von SMTP konfiguriert. Trotzdem gibt es noch einige *smail*-Variablen, die Sie belegen müssen. Dazu gehören:

`postmaster`
: Bestimmen Sie auf Ihrem System eine Benutzer-ID als Postmaster. Meistens fungiert der Mail-Verwalter eines Systems auch als Postmaster. Für ein System in einem offenen Netz (mit Verbindungen, die über ein LAN hinausgehen) ist es fast eine moralische Verpflichtung, einen Postmaster zu bestimmen. Jeder Benutzer (egal wo) sollte die Möglichkeit haben, eine Nachricht an *postmaster@rechnername* zu schicken, um das Problem bekanntzumachen, wenn einmal ein Problem mit der E-Mail von/zu einem System auftritt. Auf kleinen Systemen kann auch Root als Postmaster fungieren, aber es ist vorteilhafter, wenn E-Mail für den Postmaster an eine normale Benutzer-ID geht. (Manche Systeme richten einen »Schein«-Account für den Postmaster ein, damit die Arbeit verteilt werden kann.)

`smart_path`
: Es ist wichtig, diese Variable zu setzen – insbesondere, wenn Sie nur ein kleines Mail-System betreiben. `smart_path` sollte den Namen des »intelligenten Rechners« enthalten, an den Ihr System alle Mail schickt, die es nicht selbst zustellen kann. In der einfachsten Konstellation wird alle E-Mail, die nicht lokal ist, an das bezeichnete `smart_path`-System geleitet. Wenn Sie eine Verbindung zu einem Internetrechner haben, sollte das Ihr intelligenter Partner sein.

`visible_name`
: Diese Variable enthält einen Namen, den *smail* für alle E-Mail, die von Ihrem System ausgeht, als Rücksendeadresse benutzt. Ein Beispiel: Wenn Ihr kompletter Rechnername **deus.x-machina.org** lautet, möchten Sie vielleicht lieber **x-machina.org** als sichtbaren Namen wählen. Ein Benutzer auf **deus** hätte dann die »From«-Adresse *benutzer@x-machina.org* statt *benutzer@deus.x-machina.org*. Dies empfiehlt sich insbesondere, wenn die Benutzer im lokalen Netzwerk auf

mehreren Rechnern eine Zugangsberechtigung haben oder wenn sich die Namen einzelner Rechner in einer Domain ändern können.

`smart_user`
: Hinter dem Smartuser steckt nicht unbedingt ein Benutzer. Sie können `smart_user` ohne Wert belassen; in diesem Fall wird E-Mail, die nicht zugestellt werden kann, an den Absender zurückgeschickt (bouncing). Wenn Sie dem Smartuser eine Benutzer-ID zuweisen, geht falsch adressierte Mail auf Ihrem System an diesen Benutzer. Häufig ist der `smart_user` identisch mit dem Postmaster, aber auf kleinen Systemen ist es wahrscheinlich am vorteilhaftesten, die E-Mail zurückzuschicken. Die Variable `smart_user` soll es ermöglichen, daß ein Benutzer nach einem Umzug oder Account-Wechsel seine E-Mail von Hand nachgeschickt bekommt; auf einem System mit wenigen Benutzern hat sie nur geringe Bedeutung.

smail(5)

Es gibt weitere Variablen, die Sie einstellen können. Die Manpage beschreibt diese im Abschnitt über die Datei *config*. Eventuell enthält Ihre Distribution das Dokument nicht in einem druckbaren Format, aber bei Bedarf sollten Sie mit einem der folgenden Befehle Ihre eigene gedruckte Ausgabe erzeugen. (Der erste Befehl erzeugt einfachen Text für einen beliebigen Drucker, der zweite setzt voraus, daß Sie *ghostscript* zur Ansteuerung eines Druckers konfiguriert haben.)

```
$ man 5 smail | col -b | lpr
$ gtroff -man /usr/man/man5/smail.5 | ghostscript | lpr
```

[4]

In manchen Distributionen gibt es ein Konfigurationsskript (suchen Sie in */usr/lib/smail/tools.linux/config*), aber eigentlich brauchen Sie nur *smail(5)* und einen guten alten ASCII-Editor, um Ihre *smail*-Konfigurationsdateien anzupassen. (Allerdings sollten Sie auch *Linux – Wegweiser für Netzwerker* und *Smail – Installation and Administration Guide* lesen.)

smail konfigurieren

Glücklicherweise sind die *smail*-Voreinstellungen für das Linux-*smail* brauchbar, und das Skript *mkconfig* automatisiert die verbleibenden Punkte der smail-Konfiguration weitgehend. Mit etwas Glück können Sie alle voreingestellten Werte übernehmen und Ihr *smail* »von der Stange« benutzen.

Halten Sie in Ihrer Distribution nach einer *README*-Datei Ausschau. Falls eine solche Datei vorhanden ist, sollten Sie diese zuerst lesen. In vielen Distributionen von *smail* für Linux steht diese *README*-Datei in */usr/lib/smail/linux.tools/README*. Sie finden darin eine Beschreibung der Version und besondere Hinweise sowie allgemeine Anweisungen für die Installation und Konfiguration der aktuellen Softwareversion. Wenn Ihre Distribution keine *README*-Datei zu *smail* enthält, müssen Sie mit den Manpages auskommen, die Ihnen auch alle benötigten Informationen liefern sollten.

Die EDITME-Datei von smail

Der erste Schritt zur Konfiguration von *smail* aus einer Linux-Distribution ist ein Wechsel in das Verzeichnis */usr/lib/smail/linux.tools* (oder wo auch immer Ihre Distribution die Konfigurationsdateien von *smail* ablegt); kopieren Sie dort die Datei *EDITME-dist* nach *EDITME*. Es gibt einige Distributionen im Netz, in denen sogar die *EDITME*-Datei fehlt. Diese Distributionen enthalten normalerweise nur die benötigten Binärdateien, aber überhaupt keine Konfigurationsdateien. Suchen Sie in diesem Fall an der Stelle, von der Sie auch das *smail*-Paket heruntergeladen haben; manchmal finden Sie dort noch ein anderes Paket, das die Konfigurationsdateien enthält. Wenn Sie gar nicht weiterkommen, laden Sie sich das Quellpaket herunter und nehmen Sie die Datei *EDITME-dist*, die Sie darin finden.

Wenn Sie einmal glücklicher Besitzer der Datei *EDITME* sind, dann editieren Sie diese Datei soweit notwendig. Einige der Werte, die Sie in *EDITME* zuweisen können, sollten besser etwas später behandelt werden, wenn Sie */usr/lib/smail/linux.tools/mkconfig* aufrufen, um die Installation von *smail* zu vervollständigen. In der Datei *EDITME* werden die Variablen im Format `variable=wert` zugewiesen. Es folgt eine Liste derjenigen Variablen in *EDITME*, die Sie sich vielleicht besonders aufmerksam ansehen sollten:

`OS_TYPE=linux`
: Die Variable `OS_TYPE` sollte schon mit `linux` belegt sein, wenn Sie ein Standard-*smail* für Linux benutzen. Prüfen Sie das, um sicherzugehen.

`HAVE=HDB_UUCP`
: Falls Sie ein anderes UUCP-Paket als das übliche Taylor UUCP installiert haben, sollten Sie die Kommentare zur Variablen `HAVE` lesen. Für das Taylor UUCP brauchen Sie diese Variable nicht zu setzen.

`UUCP_ZONE`
: Falls Sie in ein UUCP-Netzwerk eingebunden sind und sich nicht in das Internet begeben werden, lesen Sie die Kommentare zur Variablen `UUCP_ZONE`. Sie müssen eventuell `UUCP_ZONE=true` einstellen, damit die Adressen so gehandhabt werden, wie einige `UUCP`-Netzwerke das erwarten.

`DOMAINS`
: Sie müssen eventuell `DOMAINS` mit einem Domainnamen belegen, wenn Sie nicht die Standardinstallation und -konfiguration für Linux vorgenommen haben. Falls Sie allerdings ganz normal installiert haben, sollten Sie `DOMAINS` nicht in der Datei *EDITME* zuweisen, sondern notwendige Änderungen beim Aufruf von *mkconfig* vornehmen.

`SMAIL_BIN_DIR`
: Linux wird normalerweise `SMAIL_BIN_DIR` mit dem Wert */usr/bin* belegen. Diese Variable weist den Pfad zum vorrangig benutzten Mailer auf dem System. Falls Sie Ihren Haupt-Mailer an anderer Stelle untergebracht haben, müssen Sie den Wert dieser Variable ändern.

`LIB_DIR`

Normalerweise stellt Linux */usr/lib/smail* als den `LIB_DIR`-Pfad ein. `LIB_DIR` bezeichnet den Pfad für *smail*-Dateien. Wenn Sie Ihre *smail*-Dateien in einem anderen Verzeichnis als */usr/lib/smail* untergebracht haben, müssen Sie entweder `LIB_DIR` entsprechend anpassen, oder Sie stellen von dem Verzeichnis, das Sie benutzen, einen Link auf */usr/lib/smail* her.

`NEWALIASES`

Der Befehl *mkaliases* kann für das Hilfsprogramm *newaliases* benutzt werden, wenn Sie diese Variable setzen; anderenfalls müssen Sie das Programm als *mkaliases* starten. Der zuletzt genannte Fall ist auch die Voreinstellung. Wenn Sie das Programm als *newaliases* aufrufen möchten, sollte `NEWALIASES` als Argument den Pfad des Befehls *newaliases* mitbekommen.

`UUCP_SYSTEM_FILE`

Wenn Sie ein anderes UUCP-Paket benutzen als Taylor UUCP, müssen Sie eventuell für diese Variable einen anderen als den aktuellen Wert einstellen. Die typische Voreinstellung für eine BNU- oder HoneyDanBer-UUCP-Distribution ist `UUCP_SYSTEM_FILE=/usr/lib/uucp/Systems`.

`SPOOL_DIRS`

In der Voreinstellung ist `SPOOL_DIRS` mit */usr/spool/smail* belegt. Es kann allerdings sein, daß Sie mehr als ein Spool-Verzeichnis haben möchten, weil Sie aufgrund des Mail-Volumens mehr Inodes brauchen oder weil Sie das Verzeichnis wechseln wollen. Wenn Sie mehr als ein Spool-Verzeichnis benutzen möchten, geben Sie die Pfade aller Verzeichnisse, getrennt durch Doppelpunkte, an. Falls Sie eine schnelle Festplatte speziell für Spooling-Operationen benutzen möchten, müssen Sie eventuell einen anderen Pfad verwenden, damit Ihr wichtigstes Spool-Verzeichnis auf dieser Platte liegt. Wenn Ihre schnelle Festplatte als */var/spool* aufgesetzt ist, könnten Sie hier etwa folgendes eintragen:

```
SPOOL_DIRS=/var/spool/smail:/usr/spool/smail
```

`NEWS_SPOOL_DIR`

Wird normalerweise mit */usr/spool/news* belegt; hier gelten ähnliche Überlegungen wie für die Variable `SPOOL_DIRS`. Mit einer Ausnahme natürlich: Das Volumen von Net-News ist riesig, so daß Sie vielleicht wirklich weitere Spool-Verzeichnisse brauchen.

Das Programm mkconfig

Wenn Sie mit dem Inhalt Ihrer *EDITME*-Datei zufrieden sind (vielleicht haben Sie sogar festgestellt, daß Sie in *EDITME* keine besonderen Einstellungen vornehmen mußten), ist es an der Zeit, */usr/lib/smail/tools.linux/mkconfig* aufzurufen. Dieses Hilfsprogramm erzeugt eine zusätzliche Datei, die andere *smail*-Variablen außer Kraft setzt oder ergänzt; die Datei heißt */usr/lib/smail/tools.linux/config.state*. Wir werden für Sie einige der anstehenden Fragen beantworten und die resultierende

Ausgabedatei zeigen. Dies sind die Probleme, auf die Sie eine Antwort haben sollten, wenn Sie *mkconfig* aufrufen:

Weitere Rechnernamen
: *mkconfig* kennt bereits einen Rechnernamen, wenn Sie Linux aus einer der Standarddistributionen installiert oder in der Datei *EDITME* einen Namen vergeben haben. Jetzt werden Sie gefragt, ob Ihr System unter verschiedenen Namen bekannt sein soll. Das ist zum Beispiel dann sinnvoll, wenn der Rechner in mehr als ein Netzwerk eingebunden ist. Für unseren Konfigurationslauf war der Rechnername bereits mit *pond.walden.com* belegt (zusammengesetzt aus dem Wert für den Rechnernamen, *pond*, und dem Wert für den Domainnamen, *walden.com*). Wir haben diese Frage beantwortet, indem wir als weiteren Rechnernamen *pond.conserve.org* eingetragen haben, weil wir möchten, daß einige unserer E-Mail-Partner dort draußen uns unter diesem Domainnamen kennen.

Der sichtbare Name des Systems
: Sie können als sichtbaren Namen einen anderen als den tatsächlichen Rechnernamen wählen. Der Zweck dieser Option ist, daß eine einheitliche, sichtbare Adresse für sämtliche E-Mail existieren soll, die von einer Gruppe von Systemen stammt. Sie sollten das System benennen, an das alle E-Mail von außerhalb des lokalen Netzes geleitet wird. Wenn kein sichtbarer Name angegeben wird, wird dieser aus den tatsächlichen Namen für Rechner und Domain gebildet.

Der Smarthost
: Dies ist ein sehr wichtiger Punkt. Sie sollten einen *Smarthost* haben, an den sämtliche E-Mail geschickt wird, die Sie nicht zustellen können. Falls Sie diese Frage beim Aufruf von *mkconfig* nicht beantworten, sollten Sie in der Datei */usr/lib/smail/config* einen Namen nachtragen, sobald Sie in der Lage sind, einen Smarthost zu benennen. Wir haben diese Frage mit *ruby.ora.com* beantwortet, weil das unsere Verbindung zum Rest der Welt ist.

Der Smart-Transport
: Damit bestimmen Sie, welches Transportmedium benutzt werden soll; die Voreinstellung ist TCP.

Smartuser
: Eine Option für die E-Mail-Zauberer, die Adressen einrichten können, an die fehlgeleitete E-Mail geschickt werden soll. Vielleicht sollten Sie diese Variable nicht belegen, so daß E-Mail für einen Benutzer, der auf diesem System unbekannt ist, an den Absender zurückgeht.

Postmaster
: Irgend jemand sollte für die E-Mail verantwortlich sein. Falls Sie derjenige sind, der *mkconfig* aufruft, sind wahrscheinlich Sie das, und Sie sollten an dieser Stelle Ihre Benutzerkennung angeben. Wenn kein Postmaster benannt wird, geht an **postmaster** adressierte E-Mail an den Benutzer **root**. Wir haben **lark** als Benutzerkennung für den Postmaster angegeben.

Primary mailer
: *mkconfig* prüft ganz einfach, ob */bin/mail* vorhanden ist; wenn das (wie auf den meisten Linux-Systemen) der Fall ist, benutzt es bedauerlicherweise */bin/mail* als Haupt-Mailer. Sie können Ihre Konfigurationsdatei so anpassen, daß ein anderer Mailer wie Elm benutzt wird.

Die Datei, die wir als Ergebnis des interaktiven *mkconfig*-Ablaufs erhalten haben, sieht folgendermaßen aus:

```
more_hostnames=pond.walden.com:pond.conserve.org
visible_name=
smart_path=ruby.ora.com
smart_user=
postmaster=lark
```

Letzte Hinweise zur Installation von smail

Wenn die Installation von *smail* beendet ist, sollten Sie sich vergewissern, daß alle vorhandenen Befehle, die auf Ihrem System durch *smail* ersetzt werden sollen (zum Beispiel *rmail* und *sendmail*), entfernt oder umbenannt worden sind. (Das Installationsskript von *smail* hat diese Links wahrscheinlich bereits erzeugt, aber Sie müssen sich davon überzeugen; es kann sein, daß vor der Installation von *smail* bereits vorhandene Utilities nicht durch Links auf *smail* ersetzt wurden.) Erzeugen Sie die notwendigen *smail*-Links, die es für seine vielen Funktionen braucht, so daß Programme, die auf diese Utilities zugreifen, sie auch finden können:

```
# ln /usr/bin/smail /usr/bin/mailq
# ln /usr/bin/smail /usr/bin/rmail
# ln /usr/bin/smail /usr/bin/rsmtp
# ln /usr/bin/smail /usr/bin/runq
# ln /usr/bin/smail /usr/sbin/sendmail
# ln /usr/bin/smail /usr/bin/smtpd
# ln /usr/bin/smail /usr/bin/mkaliases
```

[4] Nachdem Sie diese Links erzeugt haben, können die Utilities, die diese Links benutzen, für die Arbeit im Netzwerk konfiguriert werden. Eine gute Beschreibung dieses Vorgangs finden Sie (natürlich) im *Linux – Wegweiser für Netzwerker.*

Wenn *smail* auf Ihrem System richtig konfiguriert ist, enthält die Datei */etc/services* eine Zeile wie:

```
smtp        25/tcp        mail
```

/etc/services enthält außerdem folgende Zeile:

```
SMTP   stream  tcp   nowait  root  /usr/sbin/tcpd  /usr/bin/rSMTP -bs
```

Die Konfiguration von smail zur Laufzeit

Die ausführbare *smail*-Datei ist vorkonfiguriert und muß kaum angepaßt werden. In der Regel können Sie solche Änderungen mit dem *EDITME*-Skript, dem Skript *linux.tools/config* oder direkt in der Datei */var/lib/smail/config* (*/etc/smail/config* auf Debian-Systemen) vornehmen. Im Normalfall ist keine weitergehende Konfiguration notwendig, aber es gibt noch einige andere Dateien, mit deren Hilfe *smail* seine Konfiguration zur Laufzeit ändern kann. Falls Sie jemals irgendeine dieser Dateien benutzen müssen, sollten Sie sie anhand der Anleitung »Setting Up Runtime Configuration Files« im *Smail – Installation and Administration Guide* kompilieren. Lesen Sie außerdem in *smail(5)* die Bedeutung der Variablen nach, die Sie belegen.

Sie können eine zweite Konfigurationsdatei, nämlich */private/usr/lib/smail/config*, benutzen, um das Verhalten des Mailers auf einer lokalen Workstation zu ändern. Dies ist für die Benutzung in einem LAN gedacht – für den Fall, daß das lokale System sich anders verhalten soll, als die zentrale *smail*-Konfigurationsdatei es für das Netz als Ganzes vorsieht.

Mit Hilfe der Dateien *directors*, *routers* und *transports* können Sie Attribute der entsprechenden smail-MTA-Funktionen neu definieren. Auch dies ist normalerweise nur in LANs und Netzwerken mit mehreren Verbindungen von Bedeutung.

Die Datei *methods* kann im Zusammenhang mit der Konfiguration zur Laufzeit dazu verwendet werden, um für verschiedene Systeme die Benutzung unterschiedlicher Transportprotokolle festzulegen. Für den gemischten Betrieb mit UUCP und TCP/IP ist das nicht notwendig, aber Sie können damit ungewöhnliche Konstellationen handhaben – beispielsweise die Benutzung eines SMTP-Protokolls über UUCP oder eines UUCP-Batch-Protokolls über TCP/IP. Solche Techniken können sehr nützlich sein, sind aber nicht für Mail-Neulinge geeignet.

Eine Datei namens *qualify* kann benutzt werden, um einem System mitzuteilen, zu welcher Domain E-Mail geschickt werden soll, die nur einen Rechnernamen als Adresse enthält. Diese Möglichkeit kann leicht mißbraucht werden und sollte normalerweise nicht genutzt werden. Sie können damit aber das UUCP-Mail-Routing zu einem UUCP-System erledigen, das vollständige und aktuelle UUCP-Maps unterhält (in Zusammenarbeit mit dem Mail-Verwalter jenes Systems).

Die Datei *retry* kann benutzt werden, um zu bestimmen, wie *smail* wiederholte Sendeversuche und Timeouts handhaben soll. In dieser Datei können Sie die Wartezeit zwischen Sendeversuchen, zeitliche Obergrenzen und die Anzahl der Übermittlungsversuche für jede Ziel-Domain, zu der Ihr System eine Verbindung hat, einzeln festlegen. Es würde den Rahmen dieses Buches sprengen, die Benutzung der Datei *retry* zu erläutern, aber eines Tages werden Sie diese Datei vielleicht in Anspruch nehmen müssen.

E-Mail mit fetchmail auf Ihren Computer laden

Wenn Ihr Provider Ihre E-Mail für Sie zur Abholung aufbewahrt und Sie nicht Ihren Mailer zur Abholung verwenden wollen, dann brauchen Sie ein Programm, das dies für Sie erledigt. Es gibt viele Programme, die das tun; wir behandeln hier *fetchmail*, da dieses Programm sowohl robust als auch flexibel ist und sowohl mit POP3 als auch mit IMAP klarkommt.

Sie bekommen *fetchmail* aus Ihrem Lieblings-Linux-Archiv, aber es ist durchaus möglich, daß Ihre Distribution das Paket schon enthält. Wenn Sie sich eine Quelldistribution heruntergeladen haben, dann entpacken, bauen und installieren Sie *fetchmail* entsprechend der mitgelieferten Anweisungen.

Das Verhalten von *fetchmail* kann sowohl über Kommandozeilenoptionen als auch über eine Konfigurationsdatei gesteuert werden. Es ist eine gute Idee, das Abholen Ihrer Mail zunächst durch Übergeben aller notwendigen Informationen auf der Kommandozeile auszuprobieren und dann, wenn dies funktioniert, die Konfigurationsdatei zu schreiben.

Nehmen wir beispielsweise an, daß mein Provider das Protokoll POP3 verwendet, mein Benutzername dort **hansuser** und mein Paßwort `geheim` ist. Der Hostname des Rechners, auf dem der POP3-Server läuft, sei **mail.isp.de**. Ich kann dann meine E-Mail mit dem folgenden Befehl abholen:

```
fetchmail --protocol POP3 --username hansuser mail.isp.de
```

fetchmail fragt mich dann nach meinem Paßwort und holt, wenn ich es korrekt angegeben habe, meine wartenden Nachrichten ab und übergibt diese an meinen MTA, der sich um die weitere Zustellung kümmert. Das setzt voraus, daß ein SMTP-Server auf Port 25 meines Rechners läuft, aber wenn ich meinen MTA korrekt eingerichtet habe, dann ist das auch der Fall.

Es kann sinnvoll sein, während Ihrer Experimente mit *fetchmail* die Option *--keep* zu verwenden. Das verhindert, daß *fetchmail* die Nachrichten von Ihrem POP3-Account löscht. Das wird normalerweise gemacht, weil die Nachrichten ja sicher auf Ihrem eigenen Rechner gelandet sind und weil die meisten Provider die Anzahl oder Größe der Nachrichten, die Sie dort zwischenlagern können, begrenzen. Wenn Sie dann die Nachrichten nach dem Abholen nicht löschen, kann diese Grenze schnell erreicht sein. Andererseits kann es sich beim Testen lohnen, auf Nummer Sicher zu gehen und *--keep* zu verwenden, damit Sie keine Nachrichten verlieren.

fetchmail(1)

Mit den gezeigten Optionen von *fetchmail* sollten Sie bereits in der Lage sein, Ihre E-Mail in den meisten Fällen abzuholen. Wenn Ihr Provider beispielsweise das neuere Protokoll IMAP verwendet, dann geben Sie auf der Kommandozeile einfach `IMAP` statt `POP3` an. Nur wenn Ihr Provider ungewöhnliche Einstellungen verwendet, benötigen Sie eventuell einige der weiteren Optionen, die Sie in der Manpage von *fetchmail* nachlesen können.

Wenn Sie mit dem Herunterladen der Nachrichten zufrieden sind, können Sie eine Konfigurationsdatei für *fetchmail* schreiben, damit Sie nicht jedesmal alle Optionen eingeben müssen. Diese Konfigurationsdatei heißt *.fetchmailrc* und muß in Ihrem Home-Verzeichnis liegen. Wenn Sie diese fertig editiert haben, sollten Sie die Zugriffsrechte auf den Wert 0600 setzen, damit niemand außer Ihnen diese Datei lesen kann, denn darin steht eventuell Ihr Paßwort:

```
chmod 0600 ~/.fetchmailrc
```

Die vollständige Syntax der Konfigurationsdatei steht wiederum in der Manpage von *fetchmail*, aber normalerweise benötigen Sie nur einige einfache Zeilen, die mit `poll` anfangen. Für die gleichen Daten wie im Kommandozeilenbeispiel, diesmal aber mit Angabe des Paßwortes, schreiben Sie folgende Zeile in die Konfigurationsdatei:

```
poll mail.isp.com protocol pop3 username joeuser password secret
```

Sie können *fetchmail* jetzt ohne jeden Parameter starten. Weil *fetchmail* Ihr Paßwort bereits aus der Konfigurationsdatei lesen konnte, fragt es diesmal nicht danach. Wenn Sie beim Testen wieder auf Nummer Sicher gehen wollen, hängen Sie das Wort `keep` an die `poll`-Zeile an.

Die Verwendung einer Konfigurationsdatei hat noch einen weiteren Vorteil: Sie können Nachrichten aus beliebig vielen Mailboxen abholen. Fügen Sie einfach weitere `poll`-Zeilen zu Ihrer *.fetchmailrc* hinzu, und *fetchmail* wird munter einen E-Mail-Server nach dem anderen abfragen.

Wann und wie Sie *fetchmail* starten, hängt davon ab, was für eine Internetverbindung Sie haben. Wenn Sie eine Standleitung oder eine billige Flatrate haben, können Sie *fetchmail* in angemessenen Intervallen (etwa stündlich) von *cron* aus starten. Haben Sie aber eine (teure) Wählverbindung, dann sollten Sie *fetchmail* vielleicht von Hand ausführen, und zwar immer dann, wenn Sie wirklich E-Mail lesen wollen, um so die Verbindungszeit zu reduzieren. Und wenn Sie PPP verwenden, um sich mit Ihrem Provider zu verbinden, dann haben Sie auch noch die weitere Möglichkeit, *fetchmail* aus dem Skript *ip-up* heraus aufzurufen, das aufgerufen wird, sobald eine Internetverbindung aufgebaut worden ist. Wenn Sie dann eine Webseite erkunden wollen und Ihr Computer Ihren Provider anwählt, wird automatisch auch Ihre E-Mail abgeholt.

Weitere Überlegungen zur Verwaltung von E-Mail

In diesem Abschnitt beschreiben wir Aufgaben, Dienste und einige weitere Utilities, die mit der Verwaltung Ihres E-Mail-Systems zu tun haben.

Anschluß an das Internet finden

Normalerweise sollten Sie Ihre gesamte E-Mail über ein einziges Internetsystem erhalten. Es ist möglich, komplexere Konstellationen einzurichten, aber das wird nicht gern gesehen. Dabei besteht die Möglichkeit, daß Schleifen angelegt werden – wahre schwarze Löcher an verlorengegangener Information aus dem Netz –, so daß E-Mail im Kreis herumgeschickt wird und dabei immer wieder dieselben Systeme passiert; so lange, bis ein Timeout wirksam wird, da die Anzahl der Rechner beschränkt ist, die E-Mail durchlaufen kann.

Eine Adresse registrieren lassen

Wenn Sie Ihre E-Mail direkt aus dem Internet bekommen wollen, müssen Sie einen Internet-Domainnamen für Ihren Rechner eintragen lassen. Sie können entweder den Domainnamen Ihres Verbindungsrechners benutzen oder einen völlig anderen Namen wählen. Das spielt keine Rolle, da die Datenbasis des »Domain Name System« (DNS) darauf hinweisen wird, daß E-Mail für Ihre Domain an Ihren Internet-Anschlußrechner geleitet werden soll. Wir bezeichnen diesen Verbindungsrechner als Gateway-Verbindung. (Wenn Ihr System sämtliche E-Mail nur an diese Gateway-Verbindung schickt, bezeichnet man es als *Leaf*-System – Ihr Rechner ist quasi ein Blatt am Mail-Baum.)

Der Gateway-Rechner, der Sie mit dem Internet verbindet, enthält in der Regel auch Ihren Mail-Exchanger-Record (MX-Record). Der Rechner, der den MX-Record eines anderen Systems enthält, fungiert als Mail-Zustellrechner für dieses System. Er muß für alle Rechner in Ihrer Domain die genauen Pfade für die Zustellung von E-Mail kennen, falls Sie mehr als einen Mail-Rechner eingerichtet haben. Der Gateway ist direkt mit Ihrem System verbunden, und zwar in der Regel per Ethernet oder via UUCP-Verbindung über eine Wählleitung.

Ihr eigenes Mail-System sollte so konfiguriert sein, daß die E-Mail, die weder an einen lokalen Rechner geht noch direkt an einen anderen Rechner, zu dem Sie eine Verbindung haben, an den Internet-Mail-Gateway geschickt wird, der auch Ihr »Smarthost« ist.

[35] [37]

Der *Linux – Wegweiser für Netzwerker* zeigt Ihnen, wie Sie Domainnamen registrieren lassen, MX-Records ausfüllen und die beiden Enden eines Gateway/Leaf-Systems konfigurieren. Zwei andere Titel, die bei der Verwaltung Ihres Internetanschlusses hilfreich sein können, sind *TCP/IP Netzwerk Administration* und *DNS und BIND*.

Es sollte hier noch erwähnt werden, daß das Registrieren einer Domäne nicht automatisch dazu führen muß, daß Sie Ihre E-Mail selbst handhaben müssen. Viele Internet-Provider bieten den Service an, eine Domain Ihrer Wahl zu registrieren und dann die gesamte Verwaltung der E-Mail für Sie zu übernehmen, Sie bekommen die E-Mail also immer noch in Ihre Mailbox.

Die Verwaltung des Mail-Systems

Sie sollten einen *cron*-Job einrichten, der regelmäßig die Mail-Warteschlange (mail queue; meistens */var/spool/smail*) prüft und dann versucht, noch nicht ausgelieferte E-Mail auf den Weg zu bringen. Mail kann in die Warteschlange gestellt worden sein, weil ein Zielrechner zeitweise nicht zu erreichen war, weil ein Dateisystem voll wurde oder aus einem anderen von unzählbaren Gründen. Wir besprechen *cron* im Abschnitt »Jobs ausführen mit cron« in Kapitel 8.

Kapitel 8

Auch der Mail-Verwalter sollte gelegentlich einen Blick auf die Mail-Warteschlange werfen und sich vergewissern, daß dort keine Nachrichten »hängengeblieben« sind:

```
$ mailq -v
```

Damit erhalten Sie einen Bericht über die Nachrichten in der Warteschlange sowie ein Protokoll, aus dem Sie ersehen können, ob ein länger andauerndes Mail-Problem vorliegt.

Elm installieren

Jetzt sind Sie also in der Lage, auf Ihrem System E-Mail zu empfangen – die Nachrichten sitzen im Spool-Verzeichnis und warten darauf, gelesen zu werden. Ihre letzte Aufgabe ist die Installation eines Mailers, der Sie auf bequeme Weise E-Mail lesen, schreiben und speichern läßt.

Der Mailer Elm wurde von Dave Taylor von der Elm Development Group geschrieben; er wird heute durch den Usenet Community Trust weiterentwickelt. Die Copyrights für Elm liegen bei Dave Taylor und dem Usenet Community Trust.

Elm ist nicht der ausgefeilteste Mailer, den es gibt, aber er ist robust und deckt die Bedürfnisse der meisten Benutzer ab. Er hat eine einfache Bedienoberfläche mit Menüs und einer eingebauten Hilfefunktion. Die meisten anderen zeilenorientierten Mailer für Linux unterstützen im wesentlichen dieselben Grundfunktionen und benutzen eine ähnliche Bildschirmanzeige. Wenn Sie Elm erst einmal kennengelernt haben, können Sie problemlos zu einem anderen Mailer wechseln, der Ihnen mehr zusagt. Andere beliebte textbasierte Mailer sind *pine* und *mutt*, und die Anhänger der einzelnen Mailer können in Streitigkeiten geraten, die nicht weniger heftig sind als die zwischen Emacs-Anhängern und *vi*-Fans. Außerdem gibt es inzwischen eine große Anzahl von X-basierten GUI-Mailern, die oft leichter zu konfigurieren und zu verwenden sind als die traditionellen Textmodus-Mailer wie Elm. Wir behandeln einen davon, Netscape Messenger, später in diesem Kapitel.

Wir erwähnen in unserer Besprechung einige Verzeichnisse und Dateien, die Elm benutzt. Dabei handelt es sich um die Voreinstellungen; es kann sein, daß Ihr Mail-Verwalter andere Verzeichnisse benutzt hat, und jeder Benutzer hat die Möglichkeit, eigene Dateien und Verzeichnisse zu wählen.

Die Installation vorbereiten

Bevor Sie Elm installieren, sollten Sie bereits die Verbindungen zu allen UUCP- und TCP/IP-Systemen hergestellt haben, mit denen Sie E-Mail direkt austauschen werden. Es kann passieren, daß Sie Elm erneut installieren oder einige Dateien editieren müssen, wenn sich diese Verbindungen ändern. Sie sollten darauf vorbereitet sein, daß Sie während der Installation das Konfigurationsprogramm von Elm mit wichtigen Daten – wie zum Beispiel dem Domain- und Rechnernamen, Angaben zum Routing von E-Mail usw. – versorgen müssen. Insbesondere müssen Sie folgende Informationen bereithalten:

Domainname
: Wenn Sie sich ins Internet begeben, müssen Sie einen Domainnamen registrieren lassen oder (im Normalfall) in eine bereits bestehende Domain aufgenommen werden – wahrscheinlich ist das die Domain des Systems, das Sie mit E-Mail versorgt und Ihren MX-Record enthält.

Hostname
: Der Name des Rechners, den Sie gerade konfigurieren.

Absoluter Name
: Der vollständige Rechnername inklusive der Domain.

Locking methods (Methoden der Dateisperrung)
: Elm benutzt Spool-Dateien für E-Mail-Nachrichten, und manchmal müssen diese Dateien gesperrt werden. Folgende Methoden der Dateisperrung werden von Elm unterstützt: »Dotlock«-Sperren von UUCP, *flock*-Sperren von BSD und *fcntl*-Sperren von System V. Linux kennt sowohl die Funktion *fcntl* als auch *flock*. Wenn Sie auf Ihrem System auch UUCP benutzen, brauchen Sie außerdem »Dotlock« und sollten zumindest *fcntl* aktivieren. Elm wird nach dem Aufruf von *Configure* interaktiv abfragen, welche Arten der Dateisperrung Sie unterstützen möchten.

Content-length control (Kontrolle über die Länge einer Nachricht)
: MTAs sind mittlerweile in der Lage, binäre Nachrichten zu transportieren, die in eine Mail eingebettet sind. Damit das funktioniert, darf allerdings der Inhalt einer Nachricht durch die Mailer nicht verändert werden. In der Header-Zeile `Content-Length:` wird die Länge einer Nachricht vermerkt, und Sie sollten zulassen, daß dieser Header-Eintrag benutzt wird. Damit der `Content-Length:`-Header berücksichtigt werden kann, muß allerdings sichergestellt sein, daß der Mailer keine Escape-Codes oder Füllzeichen vor einer Zeile einfügt, die mit dem String `From` beginnt.

Dot-message termination (Nachricht mit einem Punkt beenden)
: In der Voreinstellung deaktiviert Elm das Beenden von Nachrichten mit einer Punkt-Zeile (wobei eine Zeile, die nur einen `.` enthält, dem Mailer das Ende der Nachricht anzeigt). Sie brauchen die Dot-Termination nicht, wenn Sie die Content-length-Kontrolle einschalten, was Sie in dieser schönen, neuen Multimedia-Welt wohl tun werden.

Bevor Sie *Configure* starten, um Elm zu installieren, sollten Sie den *Elm Configuration Guide* lesen, damit Sie alle Antworten parat haben, um den Vorgang erfolgreich abzuschließen. Neben den Punkten, die wir gerade aufgeführt haben, gilt es noch eine Reihe weniger wichtiger Dinge zu entscheiden. Teilweise brauchen Sie dazu Kenntnisse des Linux-Dateibaums – machen Sie sich also vorab damit vertraut, damit Sie später nicht abbrechen oder neu installieren müssen. Eventuell finden Sie weitere Hilfestellung in dem Kapitel des *Linux – Wegweiser für Netzwerker*, das eine Einführung in E-Mail gibt. Dort gewinnen Sie einen breiteren Überblick
[4] über Themen rund um E-Mail, einschließlich Mail-Adressierung und -Routing sowie der Benutzung von UUCP als Routing-Agent.

Wenn Sie eine ältere Version von Elm ersetzen, kann es sein, daß Sie auch alle Alias-Dateien des Systems sowie der Benutzer ersetzen müssen. Zu diesem Zweck gibt es den Befehl *newalias*, der von jedem Benutzer aufgerufen werden sollte.

Die Installation

Besorgen Sie zuerst die neueste freigegebene Version der Elm-Quelltexte, und kopieren Sie die Quelldateien in ein Verzeichnis wie etwa */usr/local/bin/elm2.4*. Eventuell war Elm in Ihrer Distribution enthalten und ist bei der (Neu-)Installation von Linux mit kompiliert worden. Falls das der Fall ist, sollten Sie die Installation auf Vollständigkeit und Aktualität überprüfen.

Mindestens eine der bekannteren Distributionen von Linux enthält zwar das Elm-Paket, allerdings nur die ausführbare Datei ohne Beispiel-Konfigurationsdateien und Installationshinweise. Sie können die restlichen Dateien (einschließlich der Dokumentation) aus den FTP-Archiven beziehen, auf denen das ganze Paket angeboten wird; das müssen nicht unbedingt Linux-Archive sein.

Das Elm-Paket enthält ein Shell-Skript namens *Configure*, das Sie zum Installieren von Elm aufrufen. In der Datei *Instruct* finden Sie die wichtigsten Anweisungen zur Installation der aktuellen Version von Elm auf Ihrem System; wahrscheinlich sind hier aber nicht die Informationen aufgeführt, die Sie zur Hand haben sollten, wenn Sie *Configure* starten. Wir werden versuchen, Ihnen zu zeigen, was Sie auf jeden Fall wissen müssen; sollten wir etwas übersehen haben, brauchen Sie für einen neuen Versuch nur *Configure* noch einmal zu starten. Rufen Sie *Configure* in Ihrem Elm-Verzeichnis als Benutzer **root** auf:

```
# sh Configure
```

Configure installiert die Konfigurationsdateien in den angegebenen Verzeichnissen, nachdem es Ihnen einige Fragen gestellt hat.

Als nächstes sollten Sie die Elm-Dokumentation installieren:

```
# make documentation
```

Starten Sie anschließend den kompletten *make*-Vorgang, der Protokolldateien erstellt und bei *make*-Fehlern entsprechende Meldungen ausgibt:

```
# make all > MAKELOG 2>&1 &
# tail -f MAKELOG
```

Wir haben vorausgesetzt, daß Sie die *bash* benutzen; falls Sie mit *csh* oder *tcsh* arbeiten, geben Sie folgenden *make*-Befehl ein:

```
% make all >& MAKELOG &
```

Dieser Vorgang dauert eine ganze Weile. Nach erfolgreicher Beendigung sollten Sie die meisten der folgenden Befehle in */usr/bin* vorfinden: *answer*, *checkalias*, *elm*, *fastmail*, *filter*, *frm*, *listalias*, *messages*, *newalias*, *newmail*, *printmail* und *readmsg*. Außerdem sollten die entsprechenden Manpages in */usr/man/man1* und */usr/man/man8* stehen.

Installieren Sie als nächstes die Software auf Ihrem System:

```
# make install
```

Zum Zeitpunkt des Schreibens (Elm-Version 2.4) gibt es eine bekannte Sicherheitslücke bei den Befehlen *arepdaemon* und *autoreply*. Sie sollten diese Befehle aus Ihrem System löschen. Entfernen Sie ebenfalls die Manpages zu diesen Utilities, bevor Sie mit *makewhatis* Ihre *whatis*-Datenbank aktualisieren. Wenn Sie Elm 2.4 PL 24 oder eine neuere Version verwenden, sind diese Programme bereits aus der Distribution entfernt worden.

Vor dem Aufruf von Elm sollten Sie die E-Mail lesen und entfernen, die eventuell für den Benutzer **root** in der Warteschlange steht. Sie werden die Elm-Konfiguration als **root** testen und möchten bestimmt keine unerledigten Nachrichten verlieren.

Testen Sie dann Ihre Installation, indem Sie Elm starten. Achten Sie zunächst darauf, daß keine vorhandenen Nachrichten angezeigt werden (immer noch als **root**):

```
# elm -z
```

Elm sollte die Meldung `no mail` anzeigen und sich beenden. (Wenn Nachrichten für **root** in der Warteschlange stehen, wird Elm im interaktiven Modus starten und die Meldungen im Inhaltsverzeichnis anzeigen.)

Prüfen Sie als nächstes, ob die Mailboxen korrekt gehandhabt werden. (Elm legt bei der Installation ein Testverzeichnis an.)

```
# elm -f test/test.mail
```

Verlassen Sie Elm, ohne Nachrichten für die Löschung zu markieren. Elm sollte Sie fragen, was mit den Nachrichten zu geschehen hat.

Loggen Sie als nichtprivilegierter Benutzer ein, und rufen Sie *elm -z* auf. Elm sollte nur dann starten, wenn noch unbearbeitete Nachrichten im Spool-Verzeichnis stehen. Falls E-Mail auf Sie wartet und Sie Elm vorher nicht installiert hatten (es gibt das Verzeichnis *$HOME/.elm* noch nicht), sollte Elm fragen, ob es das Verzeichnis anlegen soll. Sie sollten die Datei *SYSTEM_ALIASES* editieren und mindestens einen Aliasnamen eintragen, mit dem der Postmaster des Systems bezeichnet wird; damit bewirken Sie, daß E-Mail, die an Ihren Postmaster adressiert ist, korrekt zugestellt wird. Erstellen Sie anschließend mit dem Befehl *newaliases* die Tabelle mit den Aliasnamen. Dieser Vorgang wird im *Elm Configuration Guide* für Ihre Version von Elm beschrieben.

Sobald Sie sicher sind, daß Elm korrekt installiert und konfiguriert ist, können Sie es in Ihrem gesamten LAN installieren (falls Sie Mail-Dienste auf mehr als einem Rechner anbieten). Instruktionen für den *make*-Vorgang finden Sie in der Datei *Instruct* in der Elm-Distribution.

Die Dokumentation zu Elm

Es gibt einen Satz Dokumentation zu Elm, der nützlich sein kann, wenn Sie Elm »feintunen« oder Skripten für die fortgeschrittene Handhabung von E-Mail schreiben möchten. Die Elm-Dokumentation auf Ihrem System paßt wahrscheinlich zu der Version von Elm, die Sie benutzen – ein nicht zu unterschätzender Vorteil. Die folgenden Anleitungen sind Bestandteil der Elm-Dokumentation:

Elm User's Guide
: Enthält die Geschichte von Elm, die wichtigsten Anwendungsschritte und Danksagungen an die Entwickler von Elm. Bietet zwar eine Einführung in die Benutzung, geht aber kaum auf die zugrundeliegenden Konzepte ein; ein paar der Konzepte werden im *Elm Reference Guide* und in anderen Anleitungen beschrieben. Für Elm-Versionen ab 2.4 werden Sie diese Anleitung wahrscheinlich nicht brauchen – es sei denn, um Ihre Neugierde zu befriedigen.

Elm Reference Guide
: Beschreibt Elm und die Optionen der Elm-Umgebung, fortgeschrittene Möglichkeiten und das Debugging von Elm, das Maßschneidern der Optionsdatei *elmrc* und andere Dinge. Enthält einige der Konzepte, die im *Elm User's Guide* fehlen, sowie nützliche theoretische und praktische Informationen zu verschiedenen Fähigkeiten und Utilities von Elm. Dieser Band kann bei der Konfiguration von Elm eine große Hilfe sein. Es sind einige Informationen enthalten, die nur für Mail-Verwalter von Interesse sind.

Elm Alias User's Guide
: Behandelt die Einrichtung und Pflege der Mail-Aliasnamen in Elm sowie die dazugehörigen Dateien.

Elm Filter System User's Guide
: Erklärt die Benutzung der Mail-Filtermechanismen in Elm, mit denen ein Teil der Mail-Handhabung automatisiert werden kann.

Elm Configuration Guide
: Hier werden alle verfügbaren Optionen der aktuellen Elm-Version besprochen, um Sie beim »Feintunen« der Konfiguration zu unterstützen. Sie könnten Pro-

bleme bekommen, wenn Sie sich nur auf diesen Band verlassen. Für den Fall, daß Sie vorhaben, mit einigen der eher obskuren Optionen herumzuspielen, möchten wir Ihnen empfehlen, immer nur eine Option zu ändern und anschließend die Auswirkungen zu untersuchen – führen Sie keine Änderungen im großen Stil durch. Dieser Band ist allerdings für Mail-Verwalter interessant, die ihn zusammen mit einer komplett ausgedruckten *elmrc*-Datei und der Datei *sysdefs.h* benutzen sollten.

Elm Forms Mode Guide
Beschreibt die Benutzung der Mail-Formulare von AT&T, die von Elm unterstützt werden. Diese Möglichkeit ist für die meisten Elm-Benutzer ohne Bedeutung, aber wenn Sie diese Formulare brauchen, dann brauchen Sie auch diese Anleitung.

Elm reference pages
Elm wird mit einer Online-Hilfe für alle Utilities geliefert, die Sie auf der Befehlszeile aufrufen können; Sie erreichen diese Hilfe mit dem Befehl *man*. Es gibt außerdem eine Seite mit einer Übersicht über alle Dateien, die Elm bei seiner Arbeit erstellt und benutzt. Diese Hilfen sind jederzeit von großem Nutzen, und Sie sollten häufig darauf zugreifen. Sie finden darin eine Beschreibung der Befehlszeilenoptionen für alle Befehle sowie technische Details, die vielleicht nirgendwo sonst zu finden sind. Auf einigen Rechnern liegen diese Dateien auch in druckbaren Formaten vor, wie beispielsweise PostScript, ASCII oder sonstigen; drucken Sie sich also ein Exemplar zum Nachschlagen aus.

Elm enthält darüber hinaus eine programminterne Hilfefunktion; diese ist in einer Reihe von Dateien gespeichert, die Sie zum einfacheren Nachschlagen ausdrucken können. Es handelt sich um folgende Dateien:

elm-help.0
Hilfen zu den Elm-Aktionen (internen Befehlen), die von Elms Inhaltsverzeichnis aus erreichbar sind.

elm-help.1
Hilfen zum Optionsmenü von Elm (Konfiguration durch den Benutzer).

elm-help.2
Hilfen zum Alias-Menü von Elm.

elm-help.3
Hilfen zu den Elm-Aktionen, die von Elms Nachrichtenbildschirm aus erreichbar sind.

Netscape Messenger

Netscape Navigator, der Webbrowser, den Sie zu Beginn dieses Kapitels kennengelernt haben, wird von einer Reihe weiterer Programme begleitet. Dazu gehört auch ein Mailer namens Netscape Messenger. Wenn Sie das vollständige Netscape Communicator-Paket heruntergeladen (oder von Ihrer Distribution installiert) haben, dann haben Sie Netscape Messenger schon. Wenn nicht, dann besorgen Sie sich Netscape Communicator; Messenger ist derzeit nicht einzeln erhältlich.

Viele Leute kritisieren Netscape Messenger, da das Programm langsam ist und nicht alle verlangten Features hat. Aber auf der anderen Seite ist Messenger leicht einzurichten und verfügt über einige nette Features wie hierarchische Ordner und eine enge Integration in den Webbrowser.

Wenn Sie Netscape Communicator installiert haben, können Sie den Webbrowser Netscape Navigator wie gewohnt starten und dann ein Messenger-Fenster durch Auswählen von MESSENGER aus dem COMMUNICATOR-Menü oder durch Drücken der Tastenkombination ALT-2 öffnen.

Das Messenger-Fenster (siehe Abbildung 16-13) ist defaultmäßig in drei Teile aufgeteilt. Links sehen Sie einen Baum von Ordnern (beim ersten Starten haben Sie natürlich nur die Default-Ordner), die obere Hälfte der rechten Seite enthält eine Liste der Nachrichten im gerade ausgewählten Ordner, und in der unteren Hälfte der rechten Seite sehen Sie die gerade ausgewählte Nachricht. Sie können die Platzverteilung zwischen diesen Fenstern mit den kleinen Knöpfen auf den Trennlinien ändern.

Bevor Sie Messenger zum erstenmal verwenden können, müssen Sie zunächst einiges einrichten. Wählen Sie PREFERENCES aus dem EDIT-Menü, und öffnen Sie die Konfigurationsgruppe MAIL & NEWSGROUPS, indem Sie auf den kleinen Pfeil daneben klicken. Sie müssen mindestens die Formulare IDENTITY und MAIL SERVERS ausfüllen. Klicken Sie zunächst auf IDENTITY, und geben Sie hier Ihren Namen und Ihre E-Mail-Adresse ein.

Klicken Sie jetzt auf MAIL SERVERS. Die obere Hälfte der Dialogbox enthält eine Liste der E-Mail-Server, von denen Messenger Nachrichten abholen soll. Wenn Sie nicht das Protokoll IMAP verwenden, können Sie aber leider nur einen Server verwenden, auch wenn hier eine ganze Liste zu sehen ist.

Um einen Server für eingehende Nachrichten zu konfigurieren, klicken Sie auf den ADD...-Button und füllen das daraufhin erscheinende Formular aus. Ihr Systemverwalter oder Ihr Internet-Provider kann Ihnen alle Daten geben, die Sie benötigen. Beachten Sie, daß Sie zwischen drei Server-Typen wählen können. Für POP3 und IMAP müssen Sie den Benutzernamen und das Paßwort angeben, wie sie auf dem Server Ihres Providers festgelegt sind. Dazu kommen eventuell noch protokollspezifische Parameter. Wenn Sie einen dieser beiden Server-Typen verwenden, brauchen Sie keinen MTA auf Ihrem Rechner. Messenger holt die E-Mail automatisch ab und verteilt die Nachrichten in die Ordner, ohne daß andere Programme zwischengeschaltet werden.

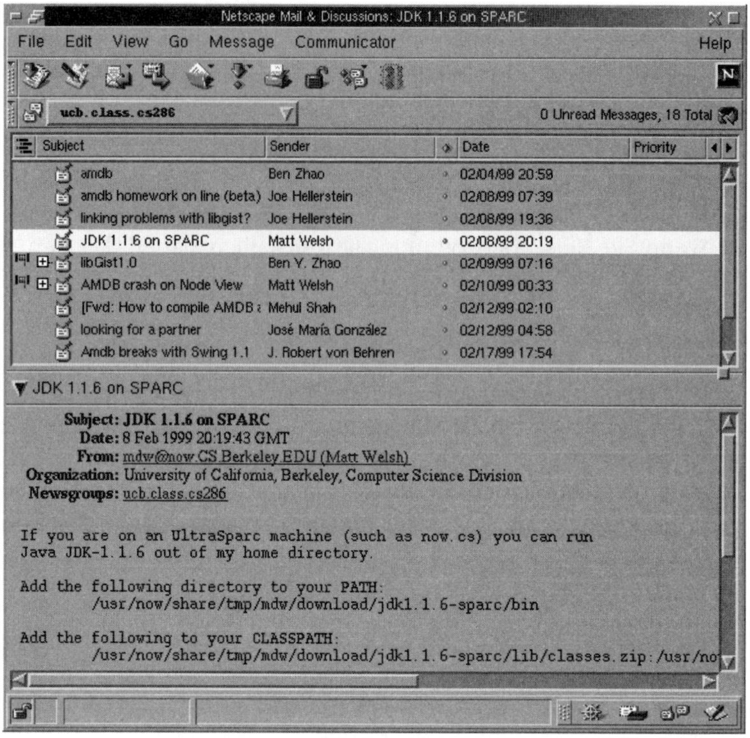

Abbildung 16-13: Netscape Messenger-Fenster

Die Option `movemail` wird dagegen verwendet, wenn Sie andere Software – wie den MTA-*smail* und das Abholprogramm *fetchmail* – eingerichtet haben, die beide weiter vorn in diesem Kapitel beschrieben wurden. In diesem Fall empfangen diese Programme Ihre Nachrichten und stecken sie in Ihren E-Mail-Ordner irgendwo im System. Oft ist das */var/spool/mail/*`benutzername`. Teilen Sie Messenger in diesem Fall mit, wo *movemail* die Nachrichten abholen soll.

Als nächstes müssen Sie den Server für ausgehende Nachrichten einrichten. Wenn Sie einen eigenen SMTP-Server eingerichtet haben, weil Sie einen MTA installiert haben, dann tragen Sie entweder `localhost` (wenn der SMTP-Dämon auf dem gleichen Rechner wie Messenger läuft) oder den Hostnamen des Rechners ein, auf dem der SMTP-Dämon läuft. Wollen Sie dagegen ausgehende Nachrichten direkt an Ihren Provider weiterreichen, dann geben Sie hier den Hostnamen des SMTP-Servers Ihres Providers ein. Je nach Provider müssen Sie hier auch noch einmal den Benutzernamen eingeben.

Wenn Sie mit der Konfiguration fertig sind, können Sie Messenger auffordern, Ihre E-Mail vom angegebenen Ort abzuholen und in Ihre Ordner zu sortieren. Dies geschieht, indem Sie entweder auf den TOOLBAR-Button GET MSG klicken oder den Menüpunkt FILE/GET NEW MESSAGES auswählen. Wenn Sie Ihre E-Mail von einem POP3- oder IMAP-Server abholen, fragt Messenger Sie nach Ihrem Paßwort und holt Ihre Nachrichten. Alle Nachrichten landen zunächst im Ordner INBOX, wo Sie sie lesen, in andere Ordner sortieren oder einfach löschen können. Das Bearbeiten von Nachrichten erfolgt ziemlich intuitiv. Sie werden die meisten Funktionen erraten können, aber wenn Sie sich unsicher sind, können Sie immer auch das HELP-Menü verwenden, das nach Auswahl eines Eintrags ein Browser-Fenster öffnet (oder ein existierendes wiederverwendet) und die Dokumentation auf Netscapes Webserver anzeigt.

Um eine Nachricht zu schreiben, drücken Sie ALT-M, klicken auf den TOOLBAR-Button NEW MSG oder wählen den Menüpunkt MESSAGE/NEW MESSAGE. Messenger öffnet dann ein Formular, in dem Sie den Empfänger, den Betreff und natürlich den Text Ihrer Nachricht eintragen können.

Wenn Sie mit dem Verfassen Ihrer Nachricht fertig sind, können Sie ALT-ENTER drücken, auf den TOOLBAR-Button SEND klicken oder SEND NOW aus dem FILE-Menü des Nachrichten-Fensters auswählen. Messenger nimmt dann direkt mit dem konfigurierten SMTP-Server Kontakt auf und versucht, Ihre Nachricht abzuschicken. Wenn Sie den SMTP-Server Ihres Providers angegeben haben, setzt das natürlich voraus, daß Sie zu diesem Zeitpunkt mit Ihrem Provider verbunden sind oder Ihren Computer oder Ihr Gateway so eingerichtet haben, daß er sich bei Bedarf einwählt.

Wenn Sie Messenger so konfiguriert haben, daß der SMTP-Server Ihres Providers verwendet wird, und Sie eine Einwählverbindung zum Internet haben, dann wollen Sie vielleicht ein anderes nützliches Feature von Messenger verwenden: Wenn Sie Ihre Nachricht durch Drücken von ALT-SHIFT-ENTER oder Auswahl von SEND LATER aus dem FILE-Menü des Nachrichten-Fensters abschicken, wird die Nachricht nicht direkt abgeschickt, sondern im Ordner UNSENT MESSAGES zwischengelagert. Sie können dort alle ausgehenden Nachrichten sammeln, bis Sie eine Internetverbindung aufgebaut haben, und dann alle auf einmal durch Anwählen von SEND UNSENT MESSAGES im FILE-Menü abschicken. Das ist dann besonders nützlich, wenn das Einwählen ins Internet für Sie teuer ist, weil Sie so viel Verbindungszeit einsparen.

Wir haben hier nur einen klitzekleinen Teil der Funktionen von Messenger besprochen; Sie sollten jetzt selbst weiterexperimentieren. Eine naheliegende Sache ist das Anlegen neuer Ordner mittels NEW SUBFOLDER aus dem FILE-Menü. Sie können dann eingehende Nachrichten von Messenger automatisch nach dem Betreff, dem Absender oder einer Reihe anderer Kriterien in verschiedene Ordner einsortieren lassen. Dies geschieht durch ein Feature namens FILTER, das Sie durch Auswählen von MESSAGE FILTERS... aus dem EDIT-Menü konfigurieren können.

ANHANG A

LINUX-INFORMATIONSQUELLEN

Dieser Anhang enthält diverse Informationen über Online-Informationsquellen zu Linux. All diese Dokumente stehen auf elektronischem Wege über das Internet oder Mailboxen, viele aber auch in gedruckter Form zur Verfügung. Auch viele Linux-Distributionen enthalten diese Dokumentationen, so daß die hier genannten Dateien nach der Installation von Linux möglicherweise schon auf Ihrem Rechner vorhanden sind. In der Bibliographie finden Sie eine Reihe von Büchern und anderem Material zu den in diesem Buch behandelten Themen.

Biblio-graphie

Die beste Quelle für freie Dokumentation zu Linux ist der Webserver des Linux Documentation Project, den Matt Welsh eingerichtet hat. Der URL lautet: *http://www.linuxdoc.org* Es gibt auf der ganzen Welt viele Spiegel-Server, die für Sie möglicherweise bequemer zu erreichen sind, da sie dichter bei Ihnen liegen oder weniger überlastet sind. Auf diesen Servern finden Sie alle Linux-Online-Dokumente, -Handbücher, -HOWTOs und Verweise auf viele andere Stellen.

Online-Dokumente

Diese Dokumente sollten auf allen Linux-FTP-Servern zur Verfügung stehen. Wenn Sie keinen direkten FTP-Zugang haben, können Sie sie auch auf jeder guten Linux-Distribution auf CD-ROM finden.

Insbesondere finden Sie im Verzeichnis */pub/Linux/docs* auf *ftp://metalab.unc.edu* die in der folgenden Liste genannten Dokumente. Viele andere Server spiegeln dieses Verzeichnis, wenn Sie aber keinen Spiegel in Ihrer Nähe finden, ist dies ein guter, letzter Ausweg. HOWTOs und Handbücher des Linux Documentation Project stehen neben anderen nützlichen Dokumenten in der Bibliographie:

Die Liste mit »Frequently Asked Questions« zu Linux

Die Liste mit »Frequently Asked Questions« (FAQ) zu Linux ist eine Liste mit häufig gestellten Fragen zu Linux (und den Antworten dazu!). Dieses Dokument soll eine allgemeine Informationsquelle zu Linux, zu häufigen Problemen und deren Lösungen und eine Liste mit anderen Informationsquellen sein. Jeder Linux-Neuling sollte dieses Dokument lesen. Es steht in einer Reihe von Formaten bereit, darunter reinem ASCII-Text, PostScript und dem Lout-Schriftsatzformat. Die Linux-FAQ wird von Robert Kiesling (*kiesling@ix.netcom.com*) gepflegt.

Die Linux-META-FAQ
: Die META-FAQ ist eine Sammlung von »Metafragen« über das Linux-System und andere Themen. Sie ist ein guter Ausgangspunkt für Internetbenutzer, die weitere Informationen über das System suchen, und wird von Michael K. Johnson (*johnsonm@redhat.com*) verwaltet.

Das Linux-INFO-SHEET
: Das Linux-INFO-SHEET ist eine technische Einführung in das Linux-System. Es gibt einen Überblick über die Merkmale des Systems und die verfügbare Software und enthält ebenfalls eine Liste mit anderen Informationsquellen zu Linux. Das Format und der Inhalt sind ähnlich der META-FAQ, auch der Autor ist derselbe.

Die Linux Software Map
: Die »Linux Software Map« (LSM) ist eine Liste mit vielen Applikationen für Linux: woher man sie bekommt, wer sie pflegt und vieles mehr. Die Liste ist bei weitem nicht vollständig; es wäre kaum möglich, eine vollständige Liste mit Linux-Software zusammenzustellen. Allerdings enthält die LSM viele der beliebtesten Softwarepakete für Linux, und wenn Sie eine bestimmte Applikation nicht finden können, dann ist die LSM ein guter Ausgangspunkt für Ihre Suche. Die LSM wird von Aaron Schrab (*Aaron.Schrab@execpc.com*) gepflegt.

Der Linux-HOWTO-Index
: Die Linux-HOWTOs sind eine Sammlung von Dokumenten, die jeweils einen bestimmten Aspekt des Linux-Systems sozusagen in Form von Kochrezepten beschreiben. Sie werden vom Linux Documentation Project gepflegt, und der aktuelle Verwalter kann über den E-Mail-Alias *linux-howto@metalab.unc.edu* erreicht werden. Der HOWTO-Index nennt die verfügbaren HOWTO-Dokumente; in der Bibliographie finden Sie eine unvollständige Liste der HOWTOs.

Andere Online-Dokumente
: Wenn Sie das Verzeichnis *docs* eines beliebigen Linux-FTP-Servers durchsehen, werden Sie viele Dokumente finden, die hier nicht genannt sind: eine Menge FAQs, interessante Appetithäppchen und andere wichtige Informationen. Diese Vielfalt kann hier nur schwer kategorisiert werden; wenn Sie in dieser Liste hier nicht das finden, was Sie suchen, dann sehen Sie einfach einen der Linux-Server durch.

Die Handbücher des »Linux Documentation Project«

Das »Linux Documentation Project« arbeitet an einer Reihe von Handbüchern und anderer Dokumentation zu Linux, darunter auch Manpages. Diese Handbücher befinden sich in unterschiedlichen Stadien der Fertigstellung, und Hilfe bei der Aktualisierung und Überarbeitung wird immer gern angenommen.

Diese Bücher stehen über anonymes FTP auf einer Reihe von Linux-Servern zur Verfügung, unter anderem auf *ftp://metalab.unc.edu* im Verzeichnis */pub/Linux/docs/LDP*. Eine Reihe von kommerziellen Distributoren verkauft gedruckte Ausgaben dieser Bücher; möglicherweise finden Sie die Handbücher aus dem LDP bereits in Ihrer Buchhandlung. Eine vollständige Liste dieser Handbücher finden Sie in der Bibliographie.

Websites mit Nachrichten und Informationen zu Linux

In der letzten Zeit sind eine Reihe von Websites mit Nachrichten zu Linux aufgetaucht. Wenn Sie Ihre tägliche Dosis Linux-Lesestoff benötigen, können Sie es unter einem der folgenden URLs versuchen:

http://lwn.net
: Enthält Artikel über verschiedene Linux-Themen.

http://www.linuxgazette.com
: Ist jetzt ein Abkömmling der Zeitschrift *Linux Journal* und enthält weniger Nachrichten als vielmehr Artikel, wie man ein Linux-System einrichtet und sich dann darin zurechtfindet. Richtet sich hauptsächlich an Anfänger und fortgeschrittene Anfänger.

http://www.linuxfocus.org
: Nennt sich selbst das »erste und (derzeit) einzige mehrsprachige Magazin über Linux«. Enthält längere Berichte und Artikel zu Linux-Themen in mehreren Sprachen.

http://linux.miningco.com
: Enthält längere Berichte und Artikel zu Linux-Themen, die oft sehr gut geschrieben sind.

http://www.freshmeat.net
: Eine sehr nützliche Liste neuer Software für Linux. Wenn Sie sich fragen, ob der Rest der Linux-Gemeinde gerade schläft oder programmiert, dann schauen Sie des öfteren auf diesen Seiten vorbei und sehen Sie dabei zu, wie die neuen Applikationen eintrudeln.

http://slashdot.org
: Enthält oft aktualisierte Schlagzeilen aus der Computerwelt im allgemeinen (aber mit Linux und freier Software als Schwerpunkt) und ist wahrscheinlich vor allem wegen seines »Bulletin Board Systems« bekannt, wo alle Leute die Meldungen und die Kommentare anderer kommentieren können. Die geringe Qualität der Beiträge (sowohl in orthographischer als auch in inhaltlicher Hinsicht) ist häufig schon ein Grund zum Schmunzeln für sich. (Das gilt allerdings nicht für die Meldungen selbst.)

http://www.chariott.com/linapps.html
: Die *Linux Applications and Utilities Page* ist eine sehr nützliche, nach Kategorien sortierte Liste von Linux-Software. Sie werden hier nicht alles finden, aber sie bietet einen guten Ausgangspunkt, wenn Sie nach einer Software für eine bestimmte Aufgabe suchen, aber keine Produktnamen kennen. Enthält sowohl freie als auch kommerzielle Software.

http://www.linux-center.org
: Und noch ein weiterer Webserver, der Ressourcen zu Linux sammelt und gut organisiert ist.

http://www.linuxberg.com
: Führt Tausende von Linux-Programmen, nach Kategorien sortiert, mit kurzen Beschreibungen und einer Wertung auf. Es ist schwieriger, hier etwas zu finden als in der *Linux Application and Utilities Page*, dafür ist diese Site aber auch viel vollständiger.

http://linas.org/linux/
: Diese Seite, *Linux Enterprise Computing*, nennt viele Ressourcen zur Verwendung von Linux in kommerziellen Umgebungen. Es lohnt sich selbst dann, sie durchzusehen, wenn Sie nicht vorhaben, Linux kommerziell einzusetzen.

http://sal.kachinatech.com
: Auf dieser Seite, *Scientific Applications on Linux*, finden Sie Listen und Beschreibungen von Linux-Applikationen für Wissenschaft und Forschung, einem Bereich, in dem Linux traditionell sehr stark ist.

http://www.debian.org, *http://www.redhat.com*, *http://www.calderasystems.com* und *http://www.suse.com*
: Webserver diverser Linux-Distributoren; Sie finden hier viele Informationen über Ihre Distribution.

Allgemeine FTP-Server

Weil die meiste Software, die auf Linux läuft, aus lange existierenden und etablierten Quellen wie der »Free Software Foundation« und der »Berkeley Software Distribution« kommt, können Sie fast alles von einigen wenigen Stellen im Internet beziehen. Wenn Ihre Distribution nicht das enthält, was Sie brauchen, dann verzweifeln Sie nicht, sondern versuchen Sie, die originalen Quellen zu bekommen.

Hier kommt eine Liste mit beliebten Adressen für die wichtigste Software, die auf Linux läuft; alle sind ziemlich überlastet. Das erste, was Sie auf so einer Site machen sollten, ist nach einer Liste mit Spiegeln suchen (andere Computersysteme, die die Software von hier regelmäßig herunterladen), die von Ihnen aus schneller zu erreichen sind. So ein Spiegel ist normalerweise leichter zu erreichen und schneller:

Der Linux-Kernel selbst
: *http://www.kernel.org*

Linux-Software allgemein
: Das Verzeichnis */pub/Linux* auf dem Server *ftp://metalab.unc.edu*

GNU-Software (Free Software Foundation)
: Der Server *ftp://ftp.gnu.org* im Verzeichnis */gnu*

X Window System
: Das Verzeichnis */pub/R6.3* auf dem Server *ftp://ftp.x.org*[1]

XFree86
: Das Verzeichnis */pub/XFree86* auf *ftp://ftp.xfree86.org*

FreeBSD
: Das Verzeichnis */pub/FreeBSD/LOCAL_PORTS* auf dem Server *ftp://ftp.freebsd.org*

Requests For Comments

Vorschläge, Standards und andere Informationen werden in der Internetgemeinde traditionell über Dokumente namens »Requests for Comments« (RFCs) weitergegeben. Alle RFCs stehen über anonymes FTP oder das Web zur Verfügung. Sie finden so ziemlich jedes für Sie interessante RFC unter *http://info.internet.isi.edu/in-notes/rfc/files/*. Weil diese Liste dermaßen umfangreich ist, ist es effizienter, einfach einen URL der Form *http://info.internet.isi.edu/in-notes/rfc/files/rfcn.txt* zu verwenden, wobei *n* die Nummer des RFCs ist.

Die Bibliographie nennt eine Reihe von RFCs, die für Linux-Netzwerkverwalter und -Anwender interessant sind.

1 Informationen über den Status des aktuellen Releases bekommen Sie aus den Dateien */pub/R6/RELNOTES.TXT* und */pub/R6/RELNOTES.PS*.

ANHANG B

DAS GNOME-PROJEKT

von
Miguel de Icaza, Instituto de Ciencias Nucleares, UNAM;
Nat Friedman, International GNOME Support;
Federico Mena, Red Hat Software;
Elliot Lee, Red Hat Software.

Was ist GNOME?

Unix konnte noch nie als besonders benutzerfreundliches Betriebssystem bezeichnet werden. Weil es ursprünglich von Programmierern für Programmierer entworfen wurde, war die Kommandozeile lange Zeit die hauptsächliche Schnittstelle. Sie ist zwar eine sehr mächtige Schnittstelle, aber auch sehr schwer zu erlernen, insbesondere für Leute, die keine Vorkenntnisse im Computerbereich mitbringen. [1]

Das Erscheinen des X Window Systems brachte dann eine Vielzahl von GUI-Toolkits hervor. Dies führte zu zwei Ergebnissen: Unix-Programmierer hatten auf einmal die Möglichkeit, einfach anzuwendende, benutzerfreundliche Schnittstellen zu schaffen. Aber der Markt wurde aufgespalten, und die Programmierer wandten sich verschiedenen Lagern zu. Diese Fragmentierung verzögerte die Entwicklung und Verbreitung einer graphischen Standard-Benutzerschnittstelle sowie mächtiger graphischer Applikationen.

Die Fragmentierung der Unix-Welt hatte auch noch andere Konsequenzen. Während Unix-Entwickler versuchten, ihren zersplitterten Markt wieder zu vereinen, begann die Unix-Technologie und das zugrundeliegende Design, das aus den siebziger Jahren stammte, zu stagnieren. Andere Betriebssysteme hielten dagegen in Bereichen mit dem technologischen Fortschritt Schritt, die Unix lange ignoriert hatte.

Die Benutzerschnittstelle ist eine wichtige Komponente heutiger Desktop-Systeme, aber ein vollständiger Desktop und seine Applikationen müssen viel mehr leisten, um all die notwendige Konsistenz und alle Features bieten zu können, die die Anwender von modernen Systemen erwarten. Auch eine Infrastruktur für Softwareentwicklung muß geschaffen werden.

---

1 Dieser Artikel erschien erstmalig in *Linux Magazine* und ist auch auf dem Webserver *http://www.linux-mag.com* nachzulesen. Die Version in diesem Buch wurde geringfügig modifiziert.

GNOME, was für »GNU Network Object Model Environment« steht, ist ein Versuch, diese Probleme anzugehen. Es besteht aus einer Reihe von Bibliotheken, Komponentenschnittstellen und Applikationen. Das GNOME-Projekt stellt Unix-artigen Systemen die Technologien zur Verfügung, die es lange Zeit nicht gab. GNOME ist aber kein Forschungsprojekt: Das GNOME-Team entwickelt und implementiert Ideen, die in der Vergangenheit auf anderen Systemen ausprobiert wurden und sich als erfolgreich herausgestellt haben. Natürlich scheut das Team auch nicht davor zurück, neue Ideen auszuprobieren, aber im Moment ist zunächst noch viel Aufholarbeit zu leisten.

Das Fenstersystem als Grundlage

Integrierte Betriebssysteme wie MacOS oder Microsoft Windows verstecken die Tatsache, daß erst viele Programme zusammen einen Desktop ausmachen. Unter Linux muß man ein wenig darüber wissen, wie diese Illusion geschaffen wird. Es gibt unter Linux und anderen Unix-artigen Betriebssystemen im wesentlichen drei verschiedene Softwarepakete, die zusammen eine GUI-Umgebung bilden.

Auf der niedrigsten Softwareebene befindet sich das X Window System selbst, das auch X11 genannt wird. X11 ist die Basissoftware, die direkt mit der Hardware interagiert. Es kümmert sich um die Interaktion mit den Eingabe- (Tastatur und Maus) und Ausgabegeräten (der Bildschirm).

Applikationen können Grafiken auf den Bildschirm zeichnen und Eingaben von der Tastatur und der Maus entgegennehmen, indem sie mit dem X Window System kommunizieren. Die einzelnen Applikationen müssen nicht wissen, wie die Hardware selbst funktioniert. Auf den meisten Unix-Varianten ist X heutzutage eine Standardkomponente.

X erledigt diese Aufgabe netzwerktransparent. Das bedeutet, daß Applikationen unter dem X Window System irgendwo im Netzwerk laufen können.

Das X Window System legt nicht fest, wie die Benutzerschnittstelle der angezeigten Applikationen aussehen muß und wie Fenster verwaltet werden sollen. Statt dessen überträgt X die Verantwortung für das Verwalten der Fenster an eine besondere Applikation, den Window Manager.

Der Window Manager steuert die Positionierung und das Aussehen der Fenster auf dem Bildschirm. Er arbeitet mit X zusammen und teilt X mit, wo und wie die Fenster gezeichnet werden sollen. Es gibt viele Window Manager, die alle auf unterschiedliche Weise konfiguriert und angepaßt werden können, aber alle haben die gleichen grundlegenden Funktionen.

So verwenden heutzutage die meisten Leute X: das zugrundeliegende Fenstersystem, ein Window Manager und einige X-Applikationen.

Die Rolle von GNOME

Die Benutzerschnittstelle von GNOME baut auf X auf und besteht grob gesagt aus:

dem GNOME-Desktop-System
: Eine Reihe von Werkzeugen, die eine Desktop-Abstraktion für die Benutzer bereitstellen, sowie verschiedene Hilfsprogramme für die tägliche Arbeit.

den Bibliotheken mit dem GNOME-Applikationsrahmen
: Diese Bibliotheken stellen sicher, daß GNOME-Applikationen konsistent aussehen und sich auch konsistent verhalten.

GNOME-Applikationen
: Als Teil des GNOME-Projekts sind eine Reihe von Applikationen geschrieben worden, die mit dem GNOME-System vertrieben werden.

Das GNOME-System kann mit jedem Window Manager zusammenarbeiten, aber die volle Desktop-Funktionalität ist nur vorhanden, wenn der Window Manager GNOME speziell unterstützt. Derzeit tun das IceWM, *fvwm2*, Enlightenment und WindowMaker.

GNOME ist ein Teil des GNU-Projekts. GNU steht für »GNU's not Unix« (ein rekursives Akronym) und wurde 1984 mit dem Ziel begonnen, ein frei verteilbares Unix-artiges Betriebssystem zu schaffen.

Neben der Bereitstellung eines anwenderfreundlichen Desktops sowie mehrerer Applikationen versucht GNOME, folgende von Unix-Programmierern schmerzlich vermißte Funktionen bereitzustellen:

- Ein Rahmengerüst zum Schreiben von konsistenten, einfach zu benutzenden GUI-Applikationen.
- Standards zur Kommunikation zwischen Applikationen
- Einen Standard zum Schreiben interoperabler, wiederverwendbarer Softwarekomponenten
- Eine Standard-Druckarchitektur und ein qualitativ hochwertiges Imaging-Modell

Bevor wir uns anschauen, wie GNOME versucht, diese Probleme zu lösen, noch ein kurzer Abriß der Geschichte des Projekts.

Eine kurze Geschichte des GNOME-Projekts

Bevor das GNOME-Projekt, wie wir es heute kennen, angefangen wurde, gab es bereits zwei andere Projekte, das »libapp«-Projekt und das »old-GNOME«-Projekt. libapp hatte das Ziel, Programmierern eine standardisierte Methode zum Speichern, Benutzen und Abfragen verschiedener Informationen über das System und die Vorlieben des Benutzers zur Verfügung zu stellen; jeder konnte diese Bibliothek verwenden. Old-GNOME dagegen versuchte, ein Standardmodell für Softwarekomponenten unter Unix zu schaffen, mit dem Programme als Komponenten in anderen Programmen verwendet werden konnten.

Kapitel 11

Als das KDE-Projekt (siehe »Das K Desktop Environment« in Kapitel 11) sich als ein ernsthafter und erfolgreicher Versuch herausstellte, eine Desktop-Umgebung für Unix zu schaffen, waren einige Leute mit der Lizenz unzufrieden. Das KDE-Team hatte sich entschlossen, sein Projekt auf dem GUI-Toolkit Qt aufzusetzen, das von einigen wenigen nicht als freie Software angesehen wurde. Die Lizenzbedingungen von Qt wurden inzwischen geändert, und Qt gilt als freie Software, aber damals waren diese Kritiker der Meinung, daß es besser wäre, ein eigenes Projekt zu starten. Dies führte zum Versuch, mit dem GNOME-Projekt eine weitere freie Desktop-Umgebung zu schaffen, die auf den alten Ideen aus Old-GNOME und libapp basierte.

Ein weiteres Ziel des GNOME-Projekts war es sicherzustellen, daß die Basisbibliotheken von jeder unter Unix verfügbaren Programmiersprache verwendet werden konnten. Jeder Programmierer sollte Zugriff auf diese Technologien haben, unabhängig von der von ihm verwendeten Programmiersprache.

Die Mitglieder des alten GNOME-Teams verfügten über Kenntnisse aus verschiedenen Bereichen der freien Software, der Grafik und dem Design von Programmiersprachen. Das ursprüngliche Team bestand aus den Programmierern, die am »GNU Image Manipulation Program« (GIMP) arbeiteten, Peter Mattis und Spencer Kimball. Richard Stallman, der Gründer des GNU-Projekts, gehörte ebenfalls dazu, genauso wie Erik Troan und Mark Ewing von Red Hat Software. Außerdem kamen wichtige Beiträge von Teilnehmern der Mailing-Listen zu freier Software und GUILE. (GUILE ist die »GNU Unique Intelligent Language for Extensions«, eine Programmiersprache, die in andere Programme eingebettet werden kann, um diese über Skripten erweiterbar zu machen. GUILE war eine der ersten Skriptsprachen, die mit GNOME verwendet werden konnte.)

Seit das Projekt gestartet wurde, sind regelmäßig Versionen des GNOME-Quellcodes veröffentlicht worden. Nach 18 Monaten Entwicklung wurde GNOME 1.0 offiziell im März 1999 freigegeben. Aktualisierungen und Fehlerbereinigungen werden weiterhin ständig vorgenommen, und derzeit befindet sich die 1.0-Reihe von GNOME bei Version 1.0.10.

GNOME 1.0 ist ein bedeutender Meilenstein in der Geschichte des Projekts, da es einen Vertrag zwischen den GNOME-Entwicklern, unabhängigen Softwareentwicklern und Anwendern darstellt. Version 1.0 stellt eine stabile Programmierschnittstelle (API) bereit, auf deren Basis neue Applikationen entwickelt werden können. Unabhängige Entwickler können all die neuen Funktionen aus den Bibliotheken verwenden und dabei immer sicher sein, daß ihre Applikationen auch in Zukunft funktionieren werden.

Der GNOME-Desktop aus Anwendersicht

GNOME stellt seinen Anwendern eine intuitive Desktop-Metapher, einen Dateimanager, eine einfache Möglichkeit, installierte Applikationen zu starten, und Unterstützung für Themen bereit, mit denen Benutzer die ästhetischen Eigenschaften ihres Desktops und ihrer Applikationen ändern können. Beispielsweise läßt das »steel«-Thema den Desktop und die Applikationen wie aus Stahl wirken, das »wooden«-Thema dagegen wie aus Holz. Verschiedene Werkzeuge – wie ein Kalender, ein Taschenrechner, ein Adreßbuch und eine kleine Tabellenkalkulation – sind ebenfalls enthalten. Mit dem GNOME-Kontrollzentrum können die Anwender das Aussehen ihrer Applikationen einfach ändern. Die meisten GNOME-Distributionen enthalten verschiedene fertig entworfene Themen für den Desktop. Viele weitere Themen sind unter *http://gtk.themes.org* zu finden, einer Website, die sich speziell mit Themen befaßt.

Der GNOME-Desktop stellt eine Reihe von mächtigen Arbeitserleichterungen bereit, die es einfach machen, mit dem Computer zu interagieren. Eine davon ist Drag-and-Drop: Eine Datei kann auf den Desktop fallengelassen werden, um eine Verknüpfung darauf zu erschaffen, eine Farbe kann aus dem Farbauswahldialog auf das Panel gezogen werden, um die Hintergrundfarbe des Panels zu ändern, und Dokumente können auf das Druckersymbol gezogen werden, um sie auszudrucken.

Ein weiteres zentrales Merkmal ist die Unterstützung des Session-Managements, mit dem GNOME sich den Zustand des Desktops merkt, wenn sich der Benutzer vom System abgemeldet hat. Wenn sich die Benutzer also anmelden, sehen sie den gleichen Desktop und die gleichen Applikationen wie beim letzten Abmelden. Außerdem können GNOME-Applikationen zusammenarbeiten, indem sie beispielsweise eine gemeinsame Zwischenablage verwenden.

Einige GNOME-Applikationen

Inzwischen stehen einige GNOME-kompatible Applikationen bereit, es kommen auch immer wieder einmal welche dazu. Die folgenden zählen zu den beliebtesten:

DIA
: Eine Applikation zum Erstellen diverser ausgefeilter Diagramme.

GIMP
: Das »GNU Image Manipulation«-Programm, mit dem alles anfing, wird in Kapitel 9, *Editoren, Textwerkzeuge, Grafiken und Drucken,* beschrieben. GIMP ist ein mächtiges Bildverarbeitungs- und Zeichenprogramm. Es kann gängige Funktionen der Bildmanipulation – wie Zeichnen, Farbkorrektur und Beschneiden – durchführen und unterstützt auch fortgeschrittenere Möglichkeiten – wie Ebenen und Selektionen – und kann über ein raffiniertes Plug-in-System erweitert

Kapitel 9

werden. Plug-ins sind separate Programme, die besondere Bildmanipulationsfunktionen oder Spezialeffekte bereitstellen.

Gnumeric
Eine Tabellenkalkulation. Gnumeric hat viele der Features, die Sie von kommerziellen Programmen erwarten würden, ist aber freie Software. Ein besonders nützliches Feature ist die Fähigkeit, Microsoft Excel-Dateien importieren zu können. Nähere Informationen finden Sie unter der URL *http://www.gnome.org/gnumeric*.

Guppi
Eine einfache Grafikanwendung. Gnumeric verwendet dieses Werkzeug, um Grafiken zu produzieren.

AbiWord
Eine vollständige Textverarbeitung, die die GNOME-Bibliotheken als Engine verwendet und in Zukunft die gesamte GNOME-Komponententechnologie ausnutzen wird. Die Anwender werden dann Tabellenblätter aus Gnumeric oder Grafiken aus dem GIMP in AbiWord-Dokumente einbetten können – oder umgekehrt.

GNOME als Entwicklungsplattform

Während GNOME Unix-basierte Betriebssysteme sicherlich anwenderfreundlicher machen kann, verbringt das GNOME-Team ebensoviel Zeit damit, auch die Programmierung angenehmer zu machen.

Aus Sicht eines Entwicklers besteht GNOME aus einer Reihe von zentralen Bibliotheken, einer Infrastruktur für Komponentenprogrammierung und einer Anzahl von wiederverwendbaren, sprachneutralen Komponenten.

Die Basisbibliotheken von GNOME

Viele der mächtigen Features funktionieren dank dieser Bibliotheken in allen GNOME-Bibliotheken gleich.

GTK+ (GIMP-Toolkit)

GTK+ ist das objektorientierte graphische Toolkit von GNOME. Es wurde ursprünglich von den GIMP-Entwicklern entworfen, um ihre Arbeit am GIMP zu erleichtern. GNOME wählte GTK+ insbesondere deswegen, weil es ein Objektsystem mit reicher Funktionalität implementiert und bereits Bindungen für eine Reihe von Programmiersprachen bereitstellt. Damit trägt GTK+ bereits zu einem großen Teil zum Ziel von GNOME bei, unabhängig von einzelnen Programmiersprachen zu sein. Weitere Informationen dazu finden Sie unter *http://www.gtk.org*.

Es wurden Richtlinien entwickelt, wie neue Sprachbindungen (sogenannte Wrapper) für die GTK+/GNOME-Bibliotheken hinzugefügt werden können. Entwickler, die sich an diese Richtlinien gehalten haben, haben Unterstützung für eine Reihe von Sprachen programmiert, darunter C++, Objective-C, TOM, Perl, Python, GUILE, ADA und andere. Weitere Bindungen befinden sich noch in der Entwicklung, was leicht verständlich ist, wenn man sich anschaut, aus wie vielen Bibliotheken GNOME besteht.

Das Objektsystem von GTK+ hat ein sehr elegantes Design und erlaubt sowohl klassische Einfachvererbung als auch das dynamische Erzeugen von neuen Methoden und Klassen. Weiter verfügt es über einen Signalmechanismus, der Signal-Handler dynamisch mit Ereignissen in der Benutzerschnittstelle (wie beispielsweise einem Mausklick) verbindet.

GTK+ wurde aber auch gewählt, weil es zum Erreichen des zweiten Projektziels beiträgt, dem Erschaffen einer intuitiven Desktop-Metapher. Dies geschieht durch die Unterstützung zweier Drag-und-Drop-Protokolle, Xdnd (X Drag und Drop) und Motif DnD. Damit können Objekte zwischen für GNOME geschriebenen Programmen (wie dem Desktop) und Programmen, die mit anderen Tools geschrieben wurden (wie Netscape), hin- und hergezogen werden. Weil GTK+ dies alles bereits selbst erledigt, bekommen die Anwendungsentwickler diese Funktionalität ohne eigenes Zutun.

Imlib

Hierbei handelt es sich um eine Bibliothek zur Bildverarbeitung, die schnelles Laden, Speichern und Anzeigen von Bildern ermöglicht. Imlib stellt fortgeschrittene Funktionen zum Cachen von Bildern und zur Farbverwaltung bereit, die selbst auf einfachen Displays oder 8-Bit-Videokarten noch effizient funktionieren. Wegen der Einschränkungen in der Farbverwaltung im X Window System müssen Entwickler, die direkt die X-Bibliotheken verwenden, sowie Icon-Designer bedenken, wie viele Farben ein bestimmtes Image wohl benötigt. Imlib enthebt Programmierer und Designer dieser Sorgen, indem es automatische Farbreduzierung und Dithering bereitstellt.

XML/DOM-Bibliotheken

Das WWW-Konsortium (die Organisation, die Standards für das World Wide Web absegnet) hat vor kurzem zwei neue Standards eingeführt: XML und DOM. Bei XML (eXtensible Mark-up Language) handelt es sich um eine Sprache, die verwendet werden kann, um andere Markup-Sprachen wie HTML zu entwickeln und zu beschreiben. Dank der vorhandenen, sauber programmierten XML-Bibliothek können GNOME-Entwickler sehr einfach portables Laden und Speichern strukturierter Daten in ihre Applikationen einbauen. DOM (Document Object Model) ist ein Modell, das beschreibt, wie Applikationen Datenbereiche in einem XML-Dokument ändern können. Das Implementieren dieser Standards als GNOME-Bibliotheken macht es Programmierern leichter, Applikationen zu schreiben, die XML und/oder DOM verwenden.

Die Canvas/Libart-Engines

Der Canvas ist eine Engine zum Erzeugen strukturierter Grafiken, mit denen Programmierer auf einfache Art interaktive graphische Anzeigen erstellen können. Dazu gehört auch unbeschränktes Scrollen und vollständige Flimmerfreiheit. Der Programmierer erzeugt einfach ein Canvas-Element (mitgeliefert werden Elemente wie Text, Image, Polygone und Gtk-Widgets) und gibt die gewünschte Position an. Der Canvas kümmert sich dann um den Rest.

Der Canvas wurde als erweiterbare, aber generische Display-Engine entwickelt. Beispielsweise verwendet die Tabellenkalkulation Gnumeric den Canvas, um das Tabellenblatt (spreadsheet) anzuzeigen, stellt aber auch eigene Erweiterungen bereit. Applikationen wie der GNOME-Kalender und der Dateimanager Midnight Commander verwenden die grundlegende Funktionalität des Canvas in ihren Anzeigen.

Libart ist eine Engine zur Manipulation und Darstellung von Vektoren, die Anti-Aliasing und Alpha-Komposition beinhaltet. Der Canvas setzt auf Libart auf und verwendet diese Bibliothek zum Darstellen der Objekte in einem RGB-Puffer. Libart macht es dem Canvas leicht, Ausgaben mit Anti-Aliasing und Alpha-Komposition zu erzeugen. Die Libart-Engine stellt eine Obermenge des Imaging-Modells von PostScript zur Erzeugung von Ausgaben sehr hoher Qualität bereit.

Das Komponenten- und Dokumentenmodell Bonobo

Bonobo ist der Name des Teilprojekts von GNOME, das zum Ziel hat, ein Komponentenmodell und einen Standard für die Interaktion zwischen den Komponenten eines komplexen Dokuments zu erschaffen.

Das Bonobo-Framework verfolgt ein ähnliches Konzept wie »Object Linking and Embedding« (OLE). Bonobo erlaubt es Programmierern, wiederverwendbare Software-Komponentenobjekte (ähnlich wie Active X-Controls) zu erzeugen. Außerdem ist Bonobo ein Dokumentenmodell, das ein System definiert, indem diese Objekte nahtlos mit gemeinsam genutzten Container-Dokumenten interagieren können (ähnlich wie »Linking and Embedding«).

Um ein Beispiel zu verwenden, das sicherlich vielen vertraut ist: In Microsoft Office kann ein Excel-Dokument in ein Word-Dokument eingebettet werden. Das Word-Dokument ist in diesem Fall ein Container-Dokument. Es enthält sowohl die Word- als auch die Excel-Daten. Wenn Sie aber auf die Excel-Daten klicken, dann können Sie mit diesen Daten arbeiten, als würden Sie sich gerade in Excel befinden, auch wenn die Excel-Daten in ein Word-Dokument eingebettet sind. Die Applikationsfunktionen von Excel als ein Bestandteil der Komponentensoftware erzeugen die Illusion, daß der Benutzer nur mit einer Applikation interagiert.

Bonobo besteht aus einer Reihe von CORBA-Schnittstellen, die zum Entwurf und zur Interaktion von Komponenten notwendig sind. Die Bonobo-Schnittstellen sind sowohl sprach- als auch Toolkit-unabhängig, und Bonobo-Dokumente können in jeder Sprache geschrieben und gelesen werden. Die Referenzimplementierung von Bonobo basiert auf dem Objektsystem von Gtk und bildet CORBA-Schnittstellen auf Gtk-Objekte ab, die vom Applikationsprogrammierer einfach angepaßt werden können.

Viele Programmierer verbinden OLE mit großer Komplexität, aber beachten Sie, daß das daran liegt, daß Microsoft OLE so entwerfen mußte, daß es gut in Windows hineinpaßt. Bonobo hat zwar über weite Strecken die gleiche Funktionalität wie OLE, ist aber ein viel einfacheres System, wenn es um das Verstehen und das Entwickeln von Software damit geht.

Common Object Request Broker Architecture (CORBA)

Unix ist immer wieder dafür gelobt worden, daß es es dem Benutzer einfach macht, eine Reihe von kleinen Filterprogrammen (wie *grep* oder *sed*) zu nehmen und diese mit Pipes zu verbinden, um eine komplexere, dem jeweiligen Bedarf angepaßte Applikation zu erzeugen. Leider lassen sich Pipes und Filter nicht sehr gut auf komplexere Applikationen (insbesondere graphische Applikationen) übertragen. GNOME ist eine Umgebung, in der Softwareobjekte miteinander auf eine standardisierte Art und Weise kommunizieren können (auch in einem Netzwerk), ohne etwas voneinander wissen zu müssen. Dies wird durch den CORBA-Unterbau von GNOME ermöglicht.

CORBA ist ein Softwaresystem, das vollständig auf offenen Standards basiert und Methoden spezifiziert, durch die Softwareobjekte miteinander interagieren. Diese Objekte kommunizieren miteinander über einen »Object Request Broker« (ORB), der den Datenverkehr durch all die verschiedenen Softwareschichten leitet. Der CORBA-Standard spezifiziert die Funktionalität, die ein ORB Client-Programmen bereitstellen muß. Die Objekte müssen nichts übereinander wissen, es kann sich bei ihnen um Programme handeln, die in verschiedenen Sprachen geschrieben sind, verschiedene Funktionen ausführen und sogar auf verschiedenen Rechnern laufen. Solange sie über den ORB kommunizieren, können alle miteinander reden.

CORBA zieht sich durch das ganze GNOME-System und stellt den Anwendungsentwicklern eine Vielzahl von Diensten bereit. Dazu gehören:

Ein allgemeiner IPC-Mechanismus (Inter-Process Communication)
: Früher war es unter Unix üblich, ein eigenes Protokoll zu entwickeln, wenn zwei Applikationen miteinander kommunizieren sollten. Man muß nicht erst erwähnen, daß das nicht gerade zur Wiederverwendbarkeit oder Interoperabilität von Software beigetragen hat. Wenn heutzutage GNOME-Applikationen miteinander kommunizieren müssen, dann können sie einfach CORBA verwenden.

Eine Möglichkeit, die interne Engine einer Applikation zu exportieren
: Viele Applikationen in GNOME exportieren ihre interne Funktionalität in die Außenwelt. Damit können andere Programme – sowohl GNOME- als auch

Nicht-GNOME-Programme – diese von einer Applikation exportierten Dienste verwenden, was diese Applikationen besonders für Skriptsprachen zugänglich macht. Fortgeschrittene Anwender können so Skripten schreiben, um häufig wiederkehrende Aufgaben zu automatisieren. In nicht allzu ferner Zukunft werden Anwender ein Python-Skript schreiben können, das ein Spreadsheet in Gnumeric manipuliert, eine benutzerdefinierte Rechtschreibprüfung durchführt oder ähnliche wiederholte Aufgaben erledigt. Das entspricht in etwa der Funktionalität, die Visual Basic in Microsoft Office bereitstellt. The Grafikapplikation Guppi, der Dateimanager und die Tabellenkalkulation Gnumeric können derzeit so mit Skripten gesteuert werden.

Ein Verfahren zum Erzeugen wiederverwendbarer und interoperabler Softwarekomponenten

Wie bereits erwähnt, baut das Bonobo-Komponenten- und Dokumentenmodell auf den von CORBA bereitgestellten Diensten auf und stellt ein Framework bereit, das sowohl Programmierern als auch Anwendern hohe Flexibilität bringt.

CORBA ist keine Software an sich, sondern enthält eine Reihe von Spezifikationen zum Entwerfen von »Object Request Brokern« (ORBs). Viele ORBs sind geschrieben worden, die die CORBA-Spezifikation erfüllen, aber alle sind unterschiedlich implementiert, und nicht jeder ORB ist für jedes Softwareprojekt geeignet. Das GNOME-Team hat lange nach einer passenden CORBA-Implementierung gesucht. Es brauchte einen ORB, der C-Sprachbindungen unterstützte und sowohl klein als auch schnell war. Schließlich wurde die Entscheidung getroffen, einen CORBA-ORB von Grund auf neu zu schreiben. Dick Porter, Elliot Lee (während seiner Arbeit für die Red Hat Labs) und Andrew Veliath schrieben einen völlig neuen und leistungsstarken CORBA-ORB namens ORBit. ORBit stellt schließlich all die Maschinerie bereit, die notwendig ist, um überall in GNOME CORBA zu verwenden. Eine Beschreibung von ORBit finden Sie unter *http://www.labs.redhat.com/orbit*.

Programmierwerkzeuge

Im Zuge der Weiterentwicklung des GNOME-Systems entstehen neue Entwicklungswerkzeuge, die Entwicklern beim Design von GUI-Applikationen helfen sollen. Besonders interessant ist dabei Glade von Damon Chaplin. Glade erleichtert das Erzeugen komplexer Benutzeroberflächen etwa so, wie der Interface Builder von NeXT dies unter NeXTStep tat.

Mittels GNOME DB, einer modifizierten CORBA-Schnittstelle zu diversen Datenbanken, kann jetzt einheitlich auf Datenbanken zugegriffen werden. Außerdem enthält GNOME DB ein Frontend für Designer. Dieses Projekt wird von Michael Lausch, der die Backend- und CORBA-Elemente schreibt, und Rodrigo Moya, der den GUI-Builder schreibt, geleitet.

Die Druckarchitektur von GNOME

Die freie Softwaregemeinde und Unix im allgemeinen haben lange Zeit auf eine standardisierte Druckarchitektur und ein qualitativ hochwertiges Imaging-Modell verzichten müssen. GNOME stellt eine ausgefeilte Druck-Engine bereit, deren Ziel es ist, zu standardisieren, wie Applikationen Druckausgaben machen.

GNOME-print (*http://www.levien.com/gnome/print-arch.html*) ist die Implementierung der Druckarchitektur von GNOME. Es besteht aus einer austauschbaren Darstellungs-Engine und einer Reihe von Standard-Widgets und -Dialogen zum Auswählen und Konfigurieren von Druckern. Außerdem ist GNOME-print für das Verwalten von Vektor-Fonts zuständig und enthält Skripten, die automatisch die bereits im System installierten Fonts finden.

Das Imaging-Modell von GNOME-print basiert auf dem Imaging-Modell von PostScript. Zu den grundlegenden Operationen gehören das Konstruieren von Vektor- und Bezier-Pfaden, das Zeichnen von Linien, das Ausfüllen von Flächen, das Abschneiden von Grafiken, die Ausgabe von Text (mit Type1-Fonts, TrueType-Ausgabe ist geplant) und das Drucken von Bildern.

Zur Zeit erzeugt GNOME-print nur PostScript-Ausgaben. Das Design des Imaging-Modells hängt aber eng mit dem der Darstellungs-Engine des Canvas zusammen, und es wird deswegen erwartet, daß diese beiden Module bald austauschbar sein werden. Insbesondere wird es möglich sein, in einen Canvas zu drucken, was nützlich ist, wenn eine qualitativ hochwertige Druckvorschau bereitgestellt werden soll. Außerdem wird man den Inhalt eines Canvas drucken können. Dies sollte das Design von Applikationen, die den Canvas verwenden, vereinfachen, weil nur sehr wenig zusätzlicher Code benötigt wird, um Druckfunktionalität zu implementieren.

Die GNOME-print-Engine wird auch dazu verwendet werden, gedruckte Seiten direkt darzustellen, ohne den zusätzlichen Schritt über PostScript zu machen. Dies ist besonders interessant, da es schnelles und qualitativ hochwertiges Drucken komplexer Seiten auf Farbtintenstrahldruckern ermöglichen wird. Komplexe Seiten sind beispielsweise solche, die Transparenz, Gradienten und andere Elemente enthalten, die im traditionellen PostScript-Imaging-Modell als schwierig gelten.

GNOME herunterladen und installieren

Getestete Quellcode-Versionen von GNOME können von *ftp://ftp.gnome.org/pub/GNOME* heruntergeladen werden.

Außerdem können Sie die allerneuesten GNOME-Entwicklungen von den anonymen CVS-Servern bekommen. Lesen Sie die dazu notwendigen Details auf den Webseiten von GNOME (*http://www.gnome.org*) nach.

Neueste Nachrichten über GNOME werden ebenfalls auf den Webseiten des GNOME-Projekts bekanntgegeben; außerdem finden Sie hier Dokumente zur Installation von GNOME und zum Entwickeln von GNOME-Applikationen. Wenn Sie Hilfe benötigen, lesen Sie zunächst die GNOME-FAQ.

Die Zukunft von GNOME

Das GNOME-System wird ständig erweitert, korrigiert und verbessert. Nach dem Vorbild anderer freier Softwareprojekte wie Linux unterhält auch das GNOME-Team zwei Entwicklungszweige. Neue Technologien werden zunächst in einem Entwicklungszweig bereitgestellt, der den Entwicklern als Experimentierfeld dient. Wenn die Technologien reifen und die Software stabiler wird, wird der Code in den stabilen Zweig übernommen, der für den ernsthafen Einsatz gedacht ist.

Die Evolution von GNOME wird nicht durch eine Person oder ein Komitee bestimmt; GNOME entwickelt sich in der Richtung weiter, die die GNOME-Programmierer wichtig oder interessant finden. Und Sie können einer dieser Programmierer sein; das GNOME-Team würde sich über Ihren Code, Ihre Patches, Ihre Meinung und Ihre Hilfe freuen.

Wie können Sie bei GNOME mithelfen?

Das GNOME-Projekt freut sich über Leute, die dazu beitragen wollen, aus GNOME eine gute Desktop-Umgebung zu machen. Alle Arten von Talent können hier zum Tragen kommen. Programmierer können Programme schreiben, existierenden Code überprüfen oder Programme aktualisieren und warten. Übersetzungsteams können sicherstellen, daß das GNOME-System aktuelle Übersetzungen für ihre jeweilige Sprache enthält. Wieder andere können GNOME-Anwendern helfen, Entwicklern proprietärer Software die Bedeutung von freier Software klarmachen, das System dokumentieren und überall herumerzählen, was GNOME eigentlich ist.

Wenn Sie gern weitere Informationen hätten, wie Sie mithelfen können, dann schicken Sie bitte eine E-Mail an *webmaster@gnome.org*.

ANHANG C

LINUX AUF DIGITAL/COMPAQ ALPHA-SYSTEMEN INSTALLIEREN

von
Barrett G. Lyon, Lar Kaufman und Richard Payne

Im Jahr 1992 führte Digital die superskalare, 64 Bit breite, RISC-basierte Alpha-Architektur ein, die sogleich mit beeindruckenden Leistungsdaten auf sich aufmerksam machte. Linux ist eine attraktive Alternative zu den offiziellen Betriebssystemen, die mit Alphas ausgeliefert werden. Die Installation unterscheidet sich allerdings von System zu System, da sich die Alpha-Systeme sehr schnell weiterentwickelt haben und über die Jahre mit einer großen Anzahl unterschiedlicher Hardware und Firmware (der im ROM befindlichen Startsoftware) ausgeliefert worden sind. Dieser Anhang ist eine Einführung in die Probleme und Aufgaben bei der Installation von Linux auf einer Alpha, aber Sie müssen trotzdem noch die Dokumentation zur Linux-Installation und Ihrer Hardware sorgfältig lesen und etwas Interesse am Experimentieren mitbringen.

Jede Besprechung von Alpha-Systemen muß zwangsläufig viele Jahre Hardwareentwicklung abdecken, von den älteren UDB-Systemen bis zu den aktuellen DS- und AS-Reihen sowie Standard-OEM-Konfigurationen. Weil es so viele verschiedene BIOS-Konfigurationen und Boot-Optionen gibt, ist es unmöglich, hier detaillierte Installationsanweisungen für jede Art von Alpha zu geben. Wir hoffen aber, daß Ihnen die hier gegebenen Informationen helfen werden zu verstehen, was Sie tun müssen, wenn Sie Linux auf einem System neu installieren wollen.

HINWEIS Wir besprechen hier keine VAX-, MIPS-, AMD- oder Intel-basierten Systeme oder Hardware, die Peripherie- oder Paket-Technologien mit Alpha-Systemen gemeinsam haben. Wir konzentrieren uns hier nur auf die Installation von Linux auf Alpha-Systemen und Komponenten, die von Compaq oder deren Lizenznehmern, wie Samsung Semiconductor USA oder Mitsubishi Semiconductor, hergestellt worden sind.

Geschichte und aktueller Stand der Alpha-Entwicklung

1992 führte die Digital Equipment Corporation, auch unter den Namen DEC oder Digital bekannt, die Alpha mit Unterstützung für sieben verschiedene Hardwareplattformen, drei Betriebssysteme, verschiedene Netzwerkprotokolle und verschiedene Compiler ein.

Die Alpha stellt das größte jemals bei Digital angegangene Entwicklungsprojekt dar, an dem mehr als 30 Entwicklungsgruppen in zehn Ländern mitgewirkt haben. Es handelt sich dabei nicht um die ersten RISC-basierten Halbleiter, die Digital produzierte, aber die ersten, die Digital offen verkauft hat. Digital Semiconductor (DS) wurde als interne Unternehmung gegründet, um Digitals Halbleiter herzustellen und an Zwischenhändler und Computerhersteller zu verkaufen.

Um der Nachfrage und der Weiterentwicklung der Halbleiterherstellungs-Technologie gerecht werden zu können, vergab Digital die Herstellung der Alpha-Halbleiter nach draußen, unter anderem an die Firmen Samsung Electronics und Mitsubishi Electric, die aktuelle und zukünftige Implementierungen der Alpha-Halbleiter herstellen. Außerdem gaben diese Absprachen den Lizenznehmern Samsung und Mitsubishi das Recht, Alpha-Halbleiter weltweit zu vermarkten und zu verkaufen, und sahen gemeinsame Entwicklungsprojekte rund um die Alpha-Halbleiter-Familie vor.

Die relativ kleine installierte Basis von Alpha-Systemen und die Tatsache, daß die meisten existierenden Systeme »Entwicklungsplattformen« sind, bei denen die Optimierung und das Herumprobieren durch riesige Archive mit Hardwaredokumentation erleichtert wird, haben die ständige Erweiterung der Alpha-Chipsätze vorangetrieben. Das macht es allerdings für die Linux-Entwickler auch schwierig, die große Anzahl verschiedener Systeme in einer Installationsprozedur zusammenzufassen.

Compaq hatte eine eigene Enterprise-Server-Architektur und ein eigenes Betriebssystem im Auge – als Alternative zu Microsoft und Intel. Am 26. Januar 1998 gaben Digital und die Compaq Computer Corporation eine 9,6 Milliarden US-Dollar schwere Fusion bekannt, im Zuge derer Digital eine hundertprozentige Tochterfirma von Compaq wurde. DS war in diesem Paket enthalten, und der Markenname Digital ging in Compaq auf.

Zusammenfassend gesagt, ist die Alpha-Architektur also ein superskalarer, offener Industriestandard, eine 64 Bit breite, RISC-basierte Architektur, die von Compaq weiterentwickelt und von Samsung, Mitsubishi und deren Tochterfirmen hergestellt wird.

Die Linux-Portierung

Die Alpha-Portierung von Linux entstand nicht über Nacht. Sie begann als eher bescheidener Patch zum Linux-Kernel. Der erste Kernel-Patch wurde mit Unterstützung und auf Kosten von Digital entwickelt. Aber selbst mit allen Patches im Kernel waren die meisten der Treiber und der Anwenderprogramme der Distributionen nicht »64-Bit-tauglich«. Der Haupt-Kernel selbst wurde ebenfalls erst mit den 2.1.x-Entwicklungs-Kerneln 64-Bit-tauglich. Als die Entwicklungsarbeit an den 2.1. x-Kerneln begann, wurde die Alpha-Portierung direkt in den Quellbaum des Linux-Kernels aufgenommen. Ab diesem Zeitpunkt wurde die Alpha-Portierung des Linux-Kernels direkt von den wichtigsten Kernel-Distributionen unterstützt.

Während der Entwicklungsarbeiten am 2.1.x-Kernel wurden der Linux-Kernel und seine Treiber 64-Bit-tauglich gemacht. Die meisten der falsch ausgerichteten Traps im Kernel wurden korrigiert, und auch die Anwendungsprogramme berücksichtigten die 64-Bit-Architektur immer mehr. Zu diesem Zeitpunkt bemerkte Red Hat Software, Inc., daß die 64-Bit-Architektur die Zukunft des Halbleitermarktes sein würde, und stellte eine vollständige Alpha-Portierung ihrer Linux-Distribution, Red Hat Linux 2.1, bereit. Andere Distributionen folgten, darunter Debian und SuSE. Die Distributionen sind in der folgenden Liste aufgeführt:

Debian
: Die Debian-Linux-Distribution ist die »offizielle« GNU/Linux-Distribution der Free Software Foundation, die GNU-Softwarelösungen bevorzugt, wenn es eine Wahlmöglichkeit gibt. Es gibt auch eine von einem Hersteller (Stampede Software) gepackte GNU/Linux-Distribution, die eine vollständige Alpha-Portierung enthält. Näheres erfahren Sie unter *http://www.debian.org* und *http://www.stampede.com*.

Red Hat
: Red Hat Software, Inc. stellt eine der größeren Linux-Distributionen zusammen. Diese unterstützt viele nützliche Features wie RPM zur Paketverwaltung und existiert auch in einer vollständigen Alpha-Portierung. Näheres finden Sie unter *http://www.redhat.com*.

SuSE
: Die SuSE-Linux-Distributionen werden mit besonderer Berücksichtigung von Internationalisierung und der Unterstützung graphischer Benutzeroberflächen entwickelt. (SuSE berücksichtigt besonders die Bedürfnisse des europäischen Marktes.) Auch SuSE verwendet RPM, um Aktualisierungen bereitzustellen, und hat eine vollständige Alpha-Portierung. Näheres finden Sie unter *http://www.suse.com*.

Ihr Alpha-System identifizieren

Es gibt viele verschiedene Alpha-Systeme, und alle haben andere Installationsmethoden. Weil für die verschiedenen CPUs und Systemarchitekturen verschiedene Linux-Kernel kompiliert werden, müssen Sie wissen, über was für eine Art von Alpha-Hardware Sie verfügen, um die korrekten Boot- und Kernel-Disketten für die verschiedenen Distributionen auszuwählen.

Bevor Sie ein Betriebssystem installieren, müssen Sie die Grafik- und Audiokomponenten des Rechners, die Größe des Hauptspeichers, die Art der CPUs, die Festplattenadapter und -größen, die bereits existierenden Betriebs- und Dateisysteme (sofern vorhanden) und angeschlossene Peripheriegeräte, insbesondere CD-ROM-Laufwerke und Diskettenlaufwerke, kennen. Bei manchen Alpha-Systemen sind Änderungen an der Konfiguration der Firmware und manchmal sogar Änderungen an der Hardware notwendig, um eine Linux-Installation vollständig durchführen zu können.

Welche Linux-Distribution Sie wählen sollten, kann zum Teil davon abhängen, welche Hardware Sie haben und welche anderen Betriebssysteme Sie darauf installiert haben. Nachdem Sie die Informationen über Ihre Hardware zusammengesammelt haben, können Sie herausfinden, welche Distribution für Ihre Zwecke am geeignetsten ist. Wenn Sie einmal ein bootbares System haben, können Sie jederzeit Quellpakete aus anderen Installationen für Ihr System kompilieren. Hier kommen einige Beispiele für Hardware-Gesichtspunkte, die die Wahl Ihrer Distribution oder die Installationsmethode beeinflussen können:

- Bei manchen Alpha-Systemen müssen Jumper eingestellt werden, um Linux zu laden und als natives, aus der Firmware bootbares Betriebssystem zu installieren.
- Wenn Ihr System kein Diskettenlaufwerk hat, sind Sie möglicherweise nicht in der Lage, die gewünschte Linux-Distribution zu installieren, weil es Firmware-Beschränkungen hinsichtlich der Unterstützung von Dateisystemen und Geräten auf Systemen geben kann, die kein Diskettenlaufwerk haben. Wir empfehlen Ihnen, ein Diskettenlaufwerk in Ihr System einzubauen oder daran anzuschließen. Wenn das Diskettenlaufwerk an Ihrem Computer kaputt geht, kostet es nicht viel Geld, dieses zu ersetzen.[1]
- Wenn sich Ihre Linux-Installation den Rechner mit einem anderen Betriebssystem teilen muß (das auf einer anderen Festplattenpartition oder einer anderen Festplatte installiert ist), dann sollten Sie wissen, daß verschiedene Versionen von Linux verschiedene Grade der Kompatibilität von Dateisystemen und Hilfsprogrammen zu anderen Betriebssystemen bereitstellen. Wenn Sie bei-

1 Selbst die extradünnen 3,5-Zoll-Diskettenlaufwerke, die in den älteren Multia- und Alphabook 1-Systemen verwendet wurden, können durch ein Standard-Laptop-Diskettenlaufwerk ersetzt werden. Auf neueren Alpha-Systemen kann der größte Teil der Hardware durch normale OEM-PC-Komponenten ersetzt oder ergänzt werden.

spielsweise auf Ihrem System sowohl Tru64 Unix (Digital Unix, auch DU) als auch die Debian-Linux-Alpha-Distribution installieren wollen, dann geraten deren Default-Dateisysteme, die Partitionierung und die Partitions-Label in Konflikt. Wenn Sie von Linux aus die BSD-artige Beschriftung (Labeling) der Partitionen installieren, dann akzeptiert DU diese Partitionen nicht als gültig. Wenn Linux mit anderen Betriebssystemen auf einem Alpha-System koexistieren soll, dann ist die sicherste Möglichkeit, die Festplatte von diesem anderen Betriebssystem aus zu partitionieren und die Partition zu definieren, auf der Linux installiert werden soll.

- Das Hilfsprogramm *fdisk* von Linux kann DOSFS-Dateisysteme nicht so markieren, daß SRM und andere Firmware-Hilfsprogramme darauf zugreifen können. Sie sollten daher MS-DOS-Disketten zur Konfigurierung Ihres Systems immer unter MS-DOS oder Windows NT formatieren (oder vorformatierte Disketten kaufen).
- Wenn Sie Linux zum erstenmal auf älteren Rechnern (insbesondere UDB/Multia) installieren, dann kann es sein, daß die Installation fehlschlägt, weil die interne Batterie des Rechners nicht geladen ist. Es gibt viele Berichte über Hauptplatinen, die mit kaputten Batterien ausgeliefert worden sind. Manche Systeme haben eine wiederaufladbare Batterie, die aber trotzdem nicht wieder aufgeladen wird, wenn die Batterie beim Einschalten des Systems nicht geladen ist. Der Monitor funktioniert dann beispielsweise nicht, und Änderungen an der Firmware, die Sie vornehmen müssen, um eine automatisch hochfahrende Installation zu bewerkstelligen, werden nicht abgespeichert.

Wenn Sie die Daten über Ihre Hardware beisammen und Ihre Linux-Distribution ausgewählt haben, müssen Sie eine Installationsmethode wählen. Alpha-Systeme weisen eine größere Bandbreite als typische PC-Systeme auf (weil sie entworfen worden sind, um einen weiteren Bereich – von einfachen Terminals bis zu Supercomputern – abzudecken). Sie sollten daher Ihre Hardware analysieren und die Boot-Methode wählen, die zusammen mit Ihrer Linux-Distribution funktioniert. Ansonsten werden Sie möglicherweise feststellen, daß Sie die Installation nicht erfolgreich abschließen können oder daß sich Linux nicht booten läßt, ohne die Installation neu vorzunehmen.

Die meisten Alpha-Installationen verwenden Milo, die einfachste und zuverlässigste Methode, um Linux zu installieren. Das Hilfsprogramm Milo ist ein Mini-Kernel, der einen Teil des maschinennahen PALcode (der Sprache, in der die Firmware von Alpha-Systemen geschrieben ist) mit dem Linux-Kernel gemeinsam hat. Milo übergibt seine Hardware-Konfigurationsdefinitionen an Linux, wenn es den Kernel startet, und Linux verwendet dann diese Definitionen, um auf das PALcode-Segment zuzugreifen, das neben dem Linux-Kernel im Speicher residiert. Es gibt auch Alternativen zu Milo, aber Sie können auf keinen Fall die Boot-Werkzeuge für Intel-Linux auf Alpha-Systemen verwenden, weil diese nicht die notwendige Firmware-Unterstützung bieten.

Wenn Sie Ihrem System zur Installation von Linux ein CD-ROM-Laufwerk hinzufügen, dann lesen Sie in Ihrer Hardwaredokumentation und der Paketdokumentation von Linux nach, ob das CD-ROM-Laufwerk nativ im BIOS erkannt wird oder ob der Milo-Lader das Laufwerk erkennt. Standard-SCSI-CD-ROM-Laufwerke werden von Milo über integrierte SCSI-Controller erkannt, desgleichen einige populäre Zusatz-Controller;[2] außerdem werden auf einigen Geräten ATAPI(EIDE)-CD-ROM-Laufwerke unterstützt, besonders solche mit einem eingebauten ATAPI-Controller. Wenn das CD-ROM-Laufwerk auf einem bestimmten System nicht als natives Laufwerk erkannt wird, können die System-Firmware oder der Milo-Lader, der den Linux-Kernel startet, möglicherweise nicht darauf zugreifen.

Auch wenn die Netzwerkinstallation von Linux (also das Speichern der Dateien auf einem Rechner und das anschließende Herunterladen über das Netzwerk auf den Rechner, auf dem Linux installiert werden soll) grundsätzlich möglich ist, haben einige Distributionen damit immer wieder Schwierigkeiten gehabt. Wir werden diese Technik hier nicht beschreiben, sondern gehen davon aus, daß Sie Linux auf einem alleinstehenden Alpha-System installieren wollen. Sie können den Rechner später dann immer noch zur Verwendung in einem Netzwerk konfigurieren.

HINWEIS Auf manchen älteren Alpha-Systemen muß man zum Konfigurieren und Einstellen des Boot-Verhaltens Jumper auf der Hauptplatine setzen, Systemdaten, die im nichtflüchtigen RAM gespeichert sind, ändern oder beides. Es kann auch sein, daß Sie Jumper-Einstellungen für die Installation und hinterher noch einmal für die Konfiguration des Systems ändern müssen.

Bei einer typischen CD-ROM-Installation von Linux gehen Sie folgendermaßen vor:

1. Sammeln Sie Informationen über die Systemhardware, um das richtige Installationsverfahren und die benötigten Dateien herauszufinden. Lesen Sie in den Handbüchern zur Hardware Ihres Systems und zur Systemverwaltung nach. Besorgen Sie sich Fehlermeldungen und Korrekturen zur Softwaredistribution, die Sie verwenden werden, um Ihr Paket zu installieren. Sammeln Sie weitere Dokumentation über die aktuelle Softwareinstallation, wenn Sie das Gefühl haben, daß die von Ihrem Lieferanten bereitgestellte Information unvollständig oder veraltet ist.

Kapitel 3

2. Ermitteln Sie die Größe Ihrer Festplatten, und entscheiden Sie sich, wie diese für Linux partitioniert werden sollen (wenn sie es nicht schon sind). Der Abschnitt »Laufwerke und Partitionen unter Linux« in Kapitel 3 enthält grundlegende Hinweise zur Verteilung von Plattenplatz und zum Partitionieren, auch wenn die Zahlen selbst für Alpha-Systeme angepaßt werden müssen. Die Installationshilfsprogramme, die Sie verwenden, werden auch die eine oder

---

2 Die aktuelle Red Hat-Distribution von Milo erkennt die NCR-810-Familie von SCSI-Controllern, die Adaptec-1740/2940/3940-Reihe von SCSI-Controllern und QLOGIC-ISP-Controller. Mit dem Befehl SHOW zeigt Milo eine Liste der unterstützten Geräte an.

andere Methode der Partitionierung von Festplatten unterstützen, können aber sicherlich nicht für alle Partitionierungsanforderungen verwendet werden.

3. Bestimmen Sie, wie Linux booten soll, wenn die Installation abgeschlossen ist. Dies kann einen Einfluß auf die Wahl der Installationsmethode haben.
4. Wählen Sie die Installationsmethode auf der Basis Ihrer Hard- und Firmware, Ihrer Partitionswünsche und dem Boot-Verhalten von Linux. Wir sind der Meinung, daß Milo für die allermeisten Installationen das beste Firmware-Hilfsprogramm zum Laden von Linux ist.
5. Erzeugen Sie die richtigen Datendisketten für Ihr System (Milo, Kernel-Image und Ramdisk-Image).
6. Konfigurieren Sie Ihre Systemhardware so, daß sie die Installation von Linux unterstützt.
7. Wenn Sie die normale Milo-Installationsprozedur verwenden, erzeugen Sie das passende Milo-Disketten-Image für Ihr System.
8. Schalten Sie den Rechner ein, wechseln Sie in die Konsole (ältere Systeme verwenden ARC, neuere AlphaBIOS oder SRM, wie weiter unten beschrieben), und laden Sie den Linux-Loader (dies geschieht normalerweise mit dem Programm LINLOAD.EXE, das dann wiederum Milo lädt). Wenn auf Ihrem System bereits Windows NT installiert ist, können Sie den OSloader von NT verwenden, um Milo zu laden. Ansonsten verwenden Sie die Firmware des Systems, um einen Bootstrap-Lader zu laden, der dann dazu verwendet wird, das System für die Installation von Linux vorzubereiten.
9. Laden Sie Milo, verwenden Sie Milo, um den Kernel zu booten, und starten Sie die Installation von der CD-ROM.
10. Führen Sie weitere eventuell notwendige Schritte zur Partitionierung und Formatierung von Festplatten aus.
11. Laden Sie zusätzliche Linux-Hilfsprogramme, Applikationen, Compiler, Programmiersprachen und Bibliotheken. Das Kompilieren einer aktuellen, stabilen Version des Linux-Kernels, die auf Ihre Systemanforderungen zugeschnitten ist, wird dringend empfohlen.
12. Wenn Sie mit Ihrer Linux-Installation zufrieden sind, richten Sie diese so ein, daß sie entweder automatisch oder aus einem Auswahlmenü eines Boot-Managers bootet. Auf manchen älteren Systemen kann dazu ebenfalls das Setzen einiger Jumper notwendig sein. Auf den meisten Systemen sind Änderungen in der Firmware-Konsole oder die Installation eines Bootstrap-Programms (möglicherweise eine Version von Milo) im nichtflüchtigen System-RAM notwendig.

Auf Systemen, die Milo nicht konfigurieren kann, ist ein anderes Verfahren notwendig; diese Alternativen hängen von Ihrer Systemkonfiguration und der Firmware ab. Wie andere Systeme auch enthält jede Alpha mindestens ein Firmware-Programm, das im System-ROM oder im Flash-ROM gespeichert ist und das eine Ausführungsumgebung für Konfigurationsprogramme darstellt. Systeme, die für Tru64

Unix oder Open VMS gedacht sind, verwenden die »System Reference Maintenance«-Konsole (SRM); Systeme, die für Windows NT gedacht sind, verwenden normalerweise die »Firmware Alpha Reference«-Konsole (ARC). Neuere Systeme haben eventuell auch ein AlphaBIOS anstelle von ARC; SRM wird normalerweise mitgeliefert, wenn das System mit DU verkauft wurde.

HINWEIS Firmware-Programme sind klein und effizient. Die ROMs von Alpha-Systemen haben normalerweise genug Platz, um mehrere davon zu speichern, außerdem noch andere wichtige Programme wie Debugging- und Diagnose-Werkzeuge (die nicht überschrieben werden sollten).

Wenn Linux einmal installiert ist, stellen manche Systeme ein sogenanntes »Flash-RAM Management Utility« (FMU) bereit, mit dem Sie ein Image von Milo in das nichtflüchtige RAM Ihres Systems »brennen« können. Ähnliche Hilfsprogramme werden möglicherweise mit einem kommerziellen Betriebssystem oder einem Entwicklerpaket mitgeliefert. Manche werden auf einem von Ihnen zu installierenden EPROM-Chip geliefert. Weil die Firmware von ARC und AlphaBIOS eine graphische Benutzeroberfläche bereitstellen, benötigen diese mehr Platz, und Sie werden deshalb keines davon auf einem Standardsystem vorfinden. AlphaBIOS ist ein Ersatz für ARC, der versucht, die Betriebssysteminstallation auf Alpha-Systemen zu vereinheitlichen und zu automatisieren und damit der Installation von Betriebssystemen auf PCs mit Intel-Architektur anzunähern.

Das Booten von Linux kann genauso automatisch gemacht werden wie das Booten von MS-DOS oder Windows. Wir empfehlen nicht, daß Sie ein FMU verwenden, solange Sie nicht Ihre Linux-Installation optimiert haben und damit zufrieden sind.

Da alle Systeme, die für die Installation von Windows NT vorbereitet sind, ein Diskettenlaufwerk enthalten, das Milo zur Installation von Linux verwenden kann, verwenden die beiden wichtigsten Installationsvarianten Milo (und ARC oder AlphaBIOS), SRM und Milo oder andere Lader-Hilfsprogramme. Wir konzentrieren uns hier auf Milo-basierte Installationsmethoden für konsistente und vorhersagbare Ergebnisse und bieten Ihnen eine Installationslösung für jede nennenswerte Alpha-Plattform an. Wenn Sie die hier gezeigte Lösung nicht mögen, können Sie in Ihrer Dokumentation andere Installationsmöglichkeiten nachlesen.

Einschränkungen der ARC-Firmware

Die meisten älteren Systeme enthalten ARC-Firmware, um die Hardwarekonfiguration einzustellen, Boot-Optionen anzugeben und andere Systemverwaltungsaufgaben zu erledigen. Diese Firmware ist normalerweise der Ausgangspunkt für die Installation von Linux. Sie hat allerdings mehrere Einschränkungen: Sie kann nur auf Dateien auf MS-DOS-, HPFS- und ISO9660-Dateisystemen zugreifen. Wenn auf Dateien auf einem MS-DOS- oder ISO9660-Dateisystem zugegriffen wird, erkennt das

System nur 8.3-Dateinamen. ARC enthält eine einfache menügesteuerte Schnittstelle zur Verwaltung Ihrer Systemhardware.

Einschränkungen der AlphaBIOS-Firmware

Neuere Systeme verwenden die AlphaBIOS-Firmware statt ARC. Diese wird immer noch weiterentwickelt. Wenn Ihr System AlphaBIOS verwendet, dann installieren Sie die neueste Version des AlphaBIOS, bevor Sie Linux installieren. AlphaBIOS kann nur auf Dateien aus MS-DOS- und ISO9660-Dateisystemen zugreifen und erkennt dabei nur 8.3-Dateinamen. AlphaBIOS enthält eine graphische Schnittstelle zur Systemkonfiguration.

Einschränkungen der SRM-Konsolen-Firmware

Die SRM-Konsole kann Daten von IDE/ATAPI-, SCSI- oder Diskettenlaufwerken laden. Sie verwendet den nativen SCSI-Platten-Controller, um zum Booten auf ein erkanntes SCSI-Gerät zuzugreifen. SRM kann auch von SCSI-Diskettenlaufwerken lesen. SRM kann auf echte MS-DOS-Dateisysteme zugreifen (aber nicht auf solche, die vom *fdisk*-Befehl von Linux erzeugt wurden), auf BSD-markierte UFS-Dateisysteme (aber nicht BSD-artige Dateisysteme, die von Linux markiert wurden) und auf ISO9660-Dateisysteme. Eine SRM-Konsole steht als Firmware für alle Systeme zur Verfügung, auf denen es kein ARC oder AlphaBIOS gibt.

Mit der SRM-Konsole können Sie das System booten, indem Sie die Kontrolle an den sekundären Boot-Loader übergeben, den die Konsole ohne weitere Fragen lädt. SRM weiß nur wenig über Festplattenpartitionen oder Dateisysteme und behandelt Platten als Block-Geräte. Sie liest aus dem ersten 512 Byte großen Sektor des Speichermediums. Dieser Sektor sollte eine Sektoradresse und einen Offset enthalten, ab dem SRM das Lesen der Größe des Datenblocks beginnen kann. SRM springt an diese Stelle und liest die Daten zusammenhängend in den Speicher. Es sollte sich bei den Daten um eine Image-Datei des sekundären Boot-Loaders handeln, der dann das System bootet.

Alpha-Systeme haben normalerweise zwei sekundäre Lader: den »rohen« Lader aus dem Linux-Kernel und das separate Hilfsprogramm *aboot*. Dieses ist flexibler als der rohe Lader, wenn Sie Linux mit der SRM-Konsole installieren müssen. Sie können aber auch die SRM-Konsole verwenden, um den Milo-Lader zu laden, und bekommen so eine konsistente Installationsprozedur. Auf manchen Rechnern, auf denen es derzeit keinen Milo gibt (wie DS20-Rechnern), ist die Verwendung der SRM und eines sekundären Boot-Loaders aber obligatorisch.

Wenn Sie SRM und *aboot* verwenden, um Linux zu booten, sollte die erste Partition der Festplatte beim Zylinder Nummer 2 anfangen. Damit bleibt am Anfang der Festplatte noch Platz, um *aboot* zu installieren. Die dritte Partition der Festplatte (Partition C) sollte die gesamte Festplatte umfassen, also von Zylinder 1 bis zum

Ende gehen. Im SRM-HOWTO stehen weitere Informationen zur Installation mit SRM und *aboot*. Sie finden es unter *http://www.alphalinux.org/faq/srm.html.*

Einschränkungen des Milo-Miniladers

Der Minilader Milo kann sich nicht selbst von der Platte booten, bevor er Linux bootet. Er muß entweder initial aus dem Flash-Speicher des Systems geladen werden oder aber von Diskette mit einem Lader des Betriebssystems (OSloader), wie etwa dem Boot-Manager für Windows NT, der für Alpha-Systeme entwickelt wurde. Linux-Distributionen stellen *linload.exe* bereit.

Wenn Milo von Diskette geladen wird, wird es initial vom ARC, AlphaBIOS oder SRM geladen, nachdem Sie *linload.exe* verwendet haben. *linload.exe* kennt MS-DOS-(FAT-)Dateisysteme, erkennt aber keine HPFS- oder VMS-Dateisysteme. Wenn Milo von *linload.exe* geladen worden ist, ist es natürlich auf MS-DOS-, ISO9660- und *ext2*-Dateisysteme beschränkt.

Milo liest per Voreinstellung *ext2*-Dateisysteme und kann Betriebssystem-Images im ISO9660- oder MS-DOS-Format mit einer Kommandozeilenoption laden. Wenn der volle Dateiname (wie *vmlinux.gz*) angegeben wird, sollte Milo auch in der Lage sein, komprimierte Kernel-Images zu laden, aber wir haben zumindest bei manchen Milo-Distributionen damit Probleme gehabt, insbesondere, wenn diese von ISO9660- oder MS-DOS-Dateisystemen geladen werden. Weitere Informationen finden Sie unter *http://www.alphalinux.org/faq/milo.html.*

Informationen über die Hardware des Systems zusammentragen

Bevor Sie eine Linux-Distribution auswählen, sollten Sie die vielen Ressourcen über Linux und Alphas im Internet ausnutzen. Eine große Anzahl von Informationen über die Alpha-Chips und die dafür vorgesehenen Plattformen stehen zum Herunterladen und Ausdrucken bereit, darunter auch großzügig bereitgestellte technische Handbücher, die über normale Marketing-Kanäle teuer (oder einfach nicht verfügbar) wären. Denken Sie auch daran, daß viel nützliche Dokumentation von einem anderen Hersteller als dem Ihrer CPU oder Ihres Systems kommen kann.

Informationsquellen

Im folgenden finden Sie eine unvollständige Liste von Internetquellen mit Informationen zu Alpha-Hardware und über die Installation von Linux auf Alpha-Systemen.

AlphaLinux-Sites

Die AlphaLinux-Organisation
Die offizielle AlphaLinux-Website finden Sie unter *http://www.alphalinux.org*.

Die Digital Alpha-OEM-Site
Diese Site enthält viele Informationen über Alpha-OEM-Produkte (darunter auch technische Informationen). Sie finden sie unter *http://www.digital.com/alphaoem/*.

Die Compaq Alpha-Linux-Website
Diese Site enthält interessante Informationen über die Verwendung von Linux auf Alpha-Hardware. Der URL lautet *http://www.unix.digital.com/linux/*.

AlphaLinux-Mailing-Listen

AXP-Liste von RedHat
Senden Sie eine E-Mail mit dem Betreff `subscribe` an *axp-list-request@redhat.com*.

Debian Alpha-Mailing-Liste
Senden Sie eine E-Mail mit dem Text `subscribe` an *debian-alpha-request@lists.debian.org*.

AlphaLinux-FTP-Sites

Die offizielle AlphaLinux-FTP-Site
Diese Site finden Sie unter *ftp://ftp.alphalinux.org*.

Die FTP-Site von Digital
Diese Site finden Sie unter *ftp://gatekeeper.dec.com*.

CPU-, Chipsatz-, Hauptplatinen- und Systemidentifizierung

Es gibt vier Klassen der Alpha-CPU: 21064, 21066, 21164 und 21264. Die Klassen 21064 und 21066 entstammen beide der ersten Generation der Alpha-Architekturen, aber der 21066 enthält auch Funktionen, die normalerweise auf Hilfs-Chipsätzen vorhanden sind, und schafft so ganz bestimmte Plattformcharakteristiken und -anforderungen. Die Klassen 21164 und 21264 repräsentieren die zweite und die dritte Generation der Alpha-Architekturen. Verschiedene Chip-Architekturen sind mit verschiedenen Systembusarten und Schnittstellen kombiniert worden, was die CPU-Typen in verschiedene Familien von Alpha-Rechnern einteilt, die sich von Arbeitsplatzrechnern bis zu Supercomputer-Clustern erstrecken.[3]

3 Wir gehen hier nicht auf eingebettete Systeme und die Verwendung von Alpha-CPUs in Anzeige-Terminals ein.

Was die Installation von Linux von einer CD-ROM-Distribution angeht, unterscheiden sich die einzelnen Architekturvarianten darin, welche Unterstützung der Linux-Kernel für die Features dieser Chips sowie für die weiteren Bestandteile des Systems und die Schnittstellen bereitstellt. Wenn Sie einen Kernel, der für Ihr System zu passen scheint, nicht booten können, versuchen Sie einen ähnlichen Kernel von einem verwandten System oder probieren Sie es mit einem generischen Kernel. Wenn auch das nicht hilft, können Sie vom AlphaLinux-FTP-Server einen früheren oder einen späteren, noch in der Entwicklung befindlichen Kernel herunterladen. Meistens sollte die Installation aber glatt verlaufen, wenn Sie die richtigen Image-Dateien zum Laden und Installieren von Linux verwendet haben.

Die Subklasse, in die Ihr System fällt, bestimmt auch, ob Sie der normalen Installationsprozedur mit dem Laden von Linux von Diskette folgen können oder ob Sie eine alternative Prozedur verwenden müssen. Selbst die routinemäßige Alpha-Linux-Installation ist bereits komplexer als eine Linux-Installation auf einem gewöhnlichen Intel-PC. Während auf Intel-PCs das auf der Hauptplatine befindliche BIOS die Schnittstelle zur Systemhardware darstellt, verlangen Alpha-Systeme, daß das System sich selbst am Schopf aus dem Sumpf zieht, indem es eine Firmware-Schnittstelle definiert und lädt, bevor das Betriebssystem geladen werden kann. Für unsere Installationszwecke müssen wir normalerweise eine Firmware-Konsole, die sich fest im System befindet, verwenden, um Milo (oder einen anderen Minilader) zu laden, der dann wiederum Linux in das System lädt.

Verschiedene Alpha-Systeme haben verschiedene Konsolensoftware:

- Wenn die Firmware zur Verwendung mit Tru64 Unix oder Open VMS konfiguriert worden ist, hat das System eine SRM-Kommandozeilenkonsole. Die einzigen Ausnahmen von dieser Regel sind Systeme, die auf der UX-Hauptplatine basieren, die eine eigene ARCS-BIOS-Firmware haben.
- Wenn die Firmware zur Verwendung mit Windows NT konfiguriert worden ist, hat das System eine menügesteuerte ARC-Konsole oder eine graphische Alpha-BIOS-Konsole.

Manche Systeme haben mehr als eine Konsolen-Schnittstelle,[4] und die meisten Systeme haben auch noch andere Methoden zum initialen Laden eines OS in der Firmware.

Die Standard-Firmware wird initial durch Zugriff auf die Systemkonsole beim Booten des Systems geladen und weist das System an, Milo von Diskette zu laden. Dann wird das Milo-Minilader-Image von der Diskette eingelesen und selbst wiederum angewiesen, den Linux-Kernel von der CD-ROM oder einer Boot-Diskette zu laden.

4 SRM-Konsolen-Firmware für Multia, AlphaStation, AlphaServer, AlphaPC164 und AXPpcisystems finden Sie unter *ftp://gatekeeper.dec.com* oder *http//ftp.digital.com/pub/DEC/Alpha/firmware*. Das SRM wird im Online-Handbuch unter *ftp://ftp.digital.com/pub/Digital/info/semiconductor/literature/srmcons.pdf* beschrieben.

Es ist zwar möglich, einen etwas älteren Red Hat Milo zusammen mit dem neuesten Red Hat Linux zu verwenden, aber Sie können kein NetBSD-Milo-Image (das auf DU-PALcode basiert) oder ein Milo-Image, das für ein anderes Alpha-System vorbereitet wurde, verwenden. Milo muß mit der System-Firmware, von der er geladen wird, sowie mit dem Linux-Kernel, den er laden soll, kompatibel sein. Beispielsweise funktioniert ein Milo, der für ARC gedacht ist, möglicherweise nicht mit SRM, selbst wenn er für das richtige System erstellt wurde. Manchmal muß die System-Firmware aktualisiert werden, bevor man sie verwenden kann, um das Milo-Image in den Speicher zu laden. Speziell die Firmware des AlphaBIOS wird regelmäßig aktualisiert, und wenn Ihr System AlphaBIOS verwendet, können Sie davon ausgehen, daß Sie dieses aktualisieren müssen, bevor Sie Linux installieren. Wenn bekannt ist, daß eine neuere Version verwendet werden muß, dann enthält möglicherweise auch Ihre CD-ROM Images aktualisierter AlphaBIOS-, ARC- oder SRM-Firmware.

Die Installation von Linux für Alpha vorbereiten

Wir können jetzt zu den oben genannten Schritten zurückkommen, mit denen man ein Linux-System zum Laufen bekommt. Sie müssen sich auch entscheiden, wie Ihre Alpha nach der Installation und Konfiguration von Linux gebootet werden soll; es gibt auf Alpha-Systemen eine Reihe von Alternativen.

Minimale Hardware

Sie können Linux auf Alphas mit nur 8 MB an RAM zum Laufen bringen, aber die meisten Installationsprogramme, wie auch das von Red Hat, verlangen mindestens 32 MB. An Festplattenplatz sollten mindestens 170 MB vorhanden sein. Für ein vollständiges X Window System und einen Desktop sowie ausreichenden Platz für Anwendungsprogramme brauchen Sie mindestens 16 MB an RAM und 500 MB an Festplattenplatz.

Viele Anwender neuerer Linux-Distributionen haben herausgefunden, daß sie zur erfolgreichen Durchführung der Installation 24 MB oder gar 32 MB benötigen. Es sollte immer noch möglich sein, ein sauber konfiguriertes Alpha-System auf nur 16 MB zum Laufen zu bringen (mit einem Kernel, der nur das enthält, was auf dem jeweiligen System notwendig ist), aber Sie brauchen eventuell mehr Speicher, um einige Distributionen zu installieren. Eine Alternative ist die Installation eines älteren, kleineren Kernels.

Die Installation benötigt so viel RAM, weil der Bootstrap-Lader, Milo und der Linux-Kernel selbst eine Zeitlang gemeinsam im Speicher liegen, nicht weil der Linux-Kernel allein so viel Speicher benötigt. Wenn Sie die Installation wegen Speichermangel nicht erfolgreich abschließen können, können Sie auch versuchen, Ihre

Linux-Distribution mit einem älteren und kleineren Milo oder mit einem Milo, der im nichtflüchtigen RAM gespeichert wurde, zu booten. Außerdem können Sie kompakte Applikationen wählen, um Speicher und Festplattenplatz zu sparen. Weitere Informationen finden Sie unter *http://www.alphalinux.org*.

Unterstützung für IDE/ATAPI-Laufwerke

Manche Alpha-Systeme, insbesondere solche, die als Netzwerk-Server gedacht sind, unterstützen keine IDE- oder ATAPI-Laufwerke.[5] Wir empfehlen eine schnelle SCSI-Festplatte als grundlegendes Systemelement, ob diese nun intern installiert oder extern angeschlossen wird. Wenn Ihr System allerdings einen freien PCI-Slot hat, können Sie auch eine von Linux unterstützte, aktuelle PCI-ATAPI/EIDE-Controller-Karte einbauen, so daß Sie auch die billigeren EIDE-Festplatten oder ein schnelles CD-ROM-Laufwerk verwenden können. Im nächsten Abschnitt finden Sie nähere Informationen zu Einschränkungen in der Firmware.

Firmware/BIOS-Unterstützung für Peripheriegeräte

Alpha-Systeme erkennen eine Reihe von Peripheriegeräten über das konfigurierbare native BIOS. Welche Geräte erkannt werden, hängt davon ab, ob das System ursprünglich dafür eingerichtet war, Windows NT, DU oder VMS auszuführen.

Milo enthält Code aus der ursprünglichen Windows NT-Firmware-Konsole für Windows NT und aus ARC. Für DU- und VMS-Systeme gibt es eine SRM-Konsole. Wenn Sie Linux von den Default-Systemgeräten installieren, sollten Sie keine Probleme haben, aber wenn Sie das System noch selbst anpassen müssen, um Ihr Medium zu unterstützen, dann wird die Installation schon komplexer. In Samsung Semiconductors *Alpha Resource Book* finden Sie mit der »Hardware Compatibility List« eine Liste der unterstützten Peripheriegeräte in aktuellen Alpha-Systemen (siehe *http://www.samsungsemi.com/Products/alpha/alpha-page1.html*).

Wenn Ihr System zur Verwendung von VMS eingerichtet war, dann installieren Sie System-Firmware für Windows NT oder DU, bevor Sie Linux installieren. Sämtliche SRM-Firmware für VMS sollte durch SRM-Firmware für DU ersetzt werden.

Aktualisierte Firmware

Ihre System-Firmware (ARC, AlphaBIOS oder SRM) sollte auf dem neuesten Stand sein. In vielen Fällen macht es auch nichts aus, wenn Sie eine ältere Version haben, aber im allgemeinen empfehlen wir, Ihre Firmware zu aktualisieren, bevor Sie Linux installieren. Beim AlphaBIOS ist eine Aktualisierung unbedingt notwendig.

---

5 Frühe Alpha-Systeme unterstützten 10 MBps SCSI-2, einige der neueren "fast and wide" 40 MBps SCSI-3. Die allerersten (Jensen) hatten einen Adaptec 1740 ISA-Bus-Controller, aber die meisten SCSI-Controller stammen aus der NCR-810-Familie, die – wenn ausgewählt – als High-Performance-Controller galten.

Folgen Sie den Anweisungen zur Aktualisierung der Firmware in Ihrer Hardwaredokumentation. Firmware-Aktualisierungen bekommen Sie von *http://ftp.digital.com/pub/DEC/Alpha/firmware/*.

Manche Leute empfehlen, die Firmware nicht zu aktualisieren, wenn Sie nicht genau wissen, ob das notwendig ist. Sie könnten also Ihre Firmware auch erst dann aktualisieren, wenn sich Linux nicht installieren läßt. Bei manchen Linux-Installationen muß die Firmware sogar auf einen älteren Stand zurückgefahren werden, damit die Installation funktioniert.

Mäuse und serielle Schnittstellen

Ein häufig berichtetes Problem bei der Installation von Linux ist die Unterstützung einer seriellen Maus im System. Manche Linux-Installationsprogramme bilden die Gerätedefinitionen während der Konfiguration des Kernels nicht korrekt auf die seriellen Schnittstellen ab. Die meisten dieser Probleme hängen mit der automatischen Erkennung einer an der ersten seriellen Schnittstelle installierten Maus zusammen. Wir empfehlen Ihnen, eine PS/2-Maus mit drei Tasten zu installieren, wenn Ihr System über eine PS/2-Schnittstelle verfügt. Schließen Sie außerdem kein Modem an die erste serielle Schnittstelle an, weil Milo ebenfalls seine Ausgaben auf die erste serielle Schnittstelle macht und dies zu merkwürdigen Resultaten führen kann.

Linux installieren

O.K., Sie haben Ihre Hardwarehandbücher zusammengestellt und eine passende Linux-Distribution ausgewählt (die Ihre Anforderungen auf der Basis Ihrer Hardware erfüllt). Sie haben wahrscheinlich wenigstens ein Hardwarehandbuch, das die Konfiguration Ihrer Hardware und die Verwendung der Firmware-Konsolen in Ihrem System beschreibt und außerdem nützliche Fehlercodes und Tips zur Problemlösung enthält. Am Ende jedes Handbuchs eines Digital-Systems und der Handbücher von Evaluationsplatinen steht eine Liste zugehöriger Dokumente, von denen einige sogar nützlich sind. Die Dokumentnummern bezeichnen die Dateien, die Sie sich aus dem »Alpha Library Archive« holen können.

Darüber hinaus gibt es Websites mit FAQ-Dateien und anderen nützlichen Informationen über bestimmte Alpha-Systeme.

Sie sollten außerdem die Installationsanweisungen und zusätzlichen Hinweise für Ihre CD-ROM-Installation und Informationen über »Bugs und Fixes« zur Distribution, die Sie installieren, bereithalten. Wenn Ihre Dokumentation unvollständig ist oder eine generische Linux-Installation statt der speziellen Linux-Alpha-Installation beschreibt, können Sie die folgenden Schritte als Richtschnur für die Installation verwenden.

Software zur Installation vorbereiten

Sehen Sie auf dem Webserver der Firma nach, von der Ihre CD-ROM-Distribution stammt, ob es dort Fehlermeldungen, Patches oder neuere Versionen der Software gibt, die Sie installieren wollen. Werfen Sie außerdem einen Blick auf die AlphaLinux-Webseiten, auf denen eine unabhängige Beurteilung von Bugfixes und Patches zu finden ist. Auf Compaqs Webseite »System and Software and Driver Updates« unter *http://ftp.digital.com/pub/DEC/Alpha/firmware/* finden Sie aktualisierte Software und Treiber für Windows NT. Wenn Ihr System AlphaBIOS verwendet, dann können Sie dort auch die neueste Version bekommen.

Auf dem AlphaLinux-FTP-Server können Sie neuere Firmware-Versionen bekommen.

Erzeugen Sie die Notfalldiskette, eine Diskette mit Blockdaten in linearem Format, die auf einem MS-DOS-System mittels RAWRITE.EXE aus einer Image-Datei erzeugt wird. Diese Diskette ist Ihr Fallschirm auf Ihrer Installationsreise. Wenn Ihre ARC- oder SRM-Firmware aktualisiert werden muß, können Sie die Dateien ebenfalls von genannter Adresse bekommen.

Erzeugen Sie als nächstes die drei Boot-Disketten, die Sie für die Linux-Installation benötigen. Um herauszufinden, welche Diskette Sie zum Booten brauchen, sehen Sie sich die Tabelle auf dem Compaq-FTP-Server unter *ftp://gatekeeper.dec.com/pub/DEC/Linux-Alpha/Kernels/systypes.txt* an.

Sie können die Disketten entweder auf einem MS-DOS-System mittels RAWRITE.EXE oder mit dem Befehl *dd* unter Unix erstellen.

Hardware zur Installation vorbereiten

Die wichtigsten Punkte dabei sind das Partitionieren und Formatieren der Festplatten und die unterstützten Grafikkarten. Wir empfehlen Ihnen, zur Konfiguration der Festplatte die grundlegenden *fdisk*-Werkzeuge zu verwenden, die zuverlässiger sind als GUI-basierte Programme.

Ihr Hardwarehandbuch kann Ihnen bei der Fehlersuche helfen, indem es beispielsweise die Signalcodes erläutert. Die UDB hat beispielsweise ein LED-Zeichen-Array zur Fehlersuche, das eine Zahl oder einen Buchstaben anzeigt, wenn in einem Firmware-Programm im nichtflüchtigen RAM (NV-RAM) oder im System-ROM beim Booten des Systems ein Fehler festgestellt wird.

Wenn Ihr System einige Zeit lang nicht gelaufen ist, stellen Sie sicher, daß auch die Lüfter funktionieren. Während der Umkonfiguration der Firmware das System zu überhitzen ist besonders unangenehm.

Das Alpha-System booten und das Laden von Milo vorbereiten

Weil wir unmöglich alle BIOS-Konfigurationen behandeln können, geben wir Ihnen Hinweise, wo Sie detaillierte Installations- und Konfigurationsanweisungen für jede Art von Firmware, die mit Milo verwendet wird, finden können.

Firmware	**Informationsquelle**
ARC-Konsole	*http://www.alphalinux.org/faq/alphabios-howto.html*
AlphaBIOS	*http://www.alphalinux.org/faq/alphabios-howto.html*
SRM	*http://www.alphalinux.org/faq/srm.html*

Milo und den Linux-Boot-Kernel laden

Nachdem Sie Ihr BIOS erfolgreich zum Laden von Milo konfiguriert haben, sehen Sie die Eingabeaufforderung von Milo. Weil Milo ein Mikro-Kernel ist, hat es viele Optionen, die Sie möglicherweise erkunden wollen, bevor Sie an das initiale Laden des Linux-Kernels gehen.

Sie sollten die folgende Eingabeaufforderung von Milo sehen:

```
MILO>
```

Milos `help`-Befehl zeigt Ihnen die Optionen von Milo:

```
MILO> help
```

Mit dem `show`-Befehl können Sie sehen, was Milo eingerichtet hat, welche Geräte es kennt und welche Dateisysteme es erkennt:

```
MILO> show
```

Wenn alles gut aussieht, können Sie mit der Installation fortfahren und Linux aus dem vorbereiteten Kernel-Image laden.

Das initiale Laden des Kernels ist ziemlich einfach – Sie können das mit einem einzigen Befehl machen:

1. Um den Linux-Kernel von der ersten Festplatte zu laden, geben Sie folgendes ein:

   ```
   MILO> boot fd0:vmlinux.gz root=/dev/fd0 load_ramdisk=1
   ```

   Beachten Sie, daß dies nur funktioniert, wenn Sie eine Image-Datei auf Diskette verwenden, die Sie aus einer Festplatten-Image-Datei erzeugt haben. Milo geht per Voreinstellung von einer *ext2*-Partition aus und hält *fd0* für das richtige Diskettenlaufwerk. Wenn Sie von einer MS-DOS-formatierten Diskette booten wollen, könnten Sie folgendes eingeben:

```
MILO> boot fd0 -t msdos -fi vmlinux.gz load_ramdisk=1
```

2. Legen Sie die RAM-Disk ein, wenn Sie dazu aufgefordert werden.
3. Führen Sie das Installations- und Konfigurationsprogramm Ihrer CD-ROM-Distribution aus.
4. Nachdem Sie die Installation abgeschlossen haben, installieren Sie Milo auf einer kleinen Festplattenpartition auf Ihrem Rechner, die Sie zur Umkonfigurierung verwenden. Wenn Milo beim Booten zur Verfügung stehen soll, muß dies eine primäre MS-DOS-Partition sein. Sie können eine solche mit dem Befehl *fdisk* von MS-DOS oder Windows NT erzeugen.

Optimierung und Überlegungen nach der Installation

Linux sollte jetzt booten und zufriedenstellend arbeiten. Wir empfehlen allerdings, noch einige Verbesserungen vorzunehmen.

Optimieren des Kernels

Wenn Sie die Installation abgeschlossen haben, sollten Sie sich als erstes einen eigenen Kernel kompilieren, da der mit Ihrer Distribution gelieferte Kernel wahrscheinlich mehr Gerätetreiber enthält, als Sie benötigen. Informationen zum Kompilieren des Kernels finden Sie auf den AlphaLinux-Websites unter *http://www.alphalinux.org* wie auch im Kernel-*HOWTO* (erhältlich von jedem Linux-Archiv-Server).

Optimieren der Performanz und der Bibliotheken

Um die Performanz von AlphaLinux zu verbessern, können Sie die Standard-Mathematikbibliotheken durch die »Compaq Portable Math Library« (CPML) ersetzen. Diese ist inhaltlich identisch mit der *libm* von Compaq Tru64 Unix und ersetzt die *libm* von AlphaLinux vollständig. Weitere Informationen zu CPML finden Sie unter: *http://www.unix.digital.com/linux/cpml.htm*

Die Adresse *http://cyclone.ncsa.uiuc.edu/ PCA/PerformanceTuning.html* bietet zahlreiche Hinweise zum Optimieren von AlphaLinux.

Binäremulation

AlphaLinux ist weitgehend binärkompatibel mit Tru64 Unix (Digital Unix oder DU); allerdings sind nicht alle Systemaufrufe implementiert worden. Um Tru64 Unix-Programme unter AlphaLinux ausführen zu können, benötigen Sie einige der dynamischen Bibliotheken von Tru64 Unix, wozu Sie eine legale Lizenz von Tru64

Unix haben müssen. Nähere Informationen, wie dies eingerichtet wird, finden Sie in der AlphaLinux-FAQ unter *http://www.alphalinux.org/faq/FAQ.html.*

AlphaLinux kann mit einem Programm namens em86 auch i386-Linux-Programme ausführen. Auch hierzu finden Sie Informationen in der AlphaLinux-FAQ. Beachten Sie, daß das Patchen des Kernels nicht mehr notwendig ist, auch wenn Sie die Unterstützung für i386-Programme in den Kernel kompilieren müssen.

Graphische Browser

Netscape hat den Netscape Communicator nicht auf AlphaLinux portiert. Aber es gibt keinen Grund zur Verzweiflung, denn mit der Binäremulation von x86 und Tru64 Unix funktionieren die nativen x86- und Tru64-Versionen unter AlphaLinux.

Auch der Browser Mozilla ist eine Alternative. Informationen dazu sowie zu anderen Browsern finden Sie unter *http://www.alphalinux.org/software.*

Es gibt noch einige weitere Optionen wie den KDE-Dateimanager aus dem K Desktop Environment (*http://www.kde.org*).

ANHANG D

LINUXPPC: LINUX AUF POWERPC-COMPUTERN INSTALLIEREN

Jason Haas, LinuxPPC Inc.

Linux/PPC ist die native Portierung des Betriebssystems Linux auf den PowerPC-Prozessor. Die Bemühungen, Linux auf den PowerPC zu portieren, wurden im Jahre 1995 durch Gary Thomas aufgenommen; der australische Entwickler begann mit der Portierung von Linux auf Power-Macintosh-Hardware. Linux läuft jetzt auf so ziemlich jeder Implementierung des PowerPC-Prozessors, darunter die 60x- und 750- sowie die weniger bekannten 840- und 860-Prozessoren.

Während die Linux-Portierung selbst Linux/PPC (mit Schrägstrich im Namen) genannt wird, heißen die beliebteste Distribution und die Firma, die diese Distribution zusammenstellt, LinuxPPC (ohne Schrägstrich). In diesem Anhang gebe ich Ihnen so viele Informationen über die allgemeine Portierung wie möglich; manche Details werden sich aber mit der nächsten Version (5.0) von LinuxPPC ändern.

Linux auf PowerPC ist in den vergangenen zwei Jahren beliebt geworden, seit Mac OS-Benutzer nach Alternativen zu ihrem Betriebssystem gesucht haben. Zum einen ist Linux ziemlich schnell. Wenn die Leute Linux installieren, sind sie immer wieder erstaunt, wie schnell ihre Macs eigentlich sein können. Linux kann einen alten PowerMac 7500 in einen ziemlich guten Rechner verwandeln und aus 604- und 750-(G3-)Prozessoren richtige Renner machen. Außerdem ist Linux ziemlich stabil. Wenn eine Linux-Applikation abstürzt, stürzt nicht gleich das gesamte Betriebssystem mit ab.

Dann ist da noch das Multitasking. Linux kann viele Programme gleichzeitig ausführen, ohne nennenswert langsamer zu werden. Wenn Sie im Mac OS auf ein Menü klicken, hält alles andere an, bis Sie die Maustaste wieder loslassen. Das Mac OS kann dann nichts anderes tun, als dieses Menü zu zeichnen. Ein Mac OS-basierter Webserver, den ich zu verwalten pflegte, wurde deswegen nachts lahmgelegt. Als die klemmende Maustaste am nächsten Morgen gelöst wurde, stürzte der Server prompt ab, als der Listserver versuchte, alle wartenden E-Mail-Nachrichten, die sich über Nacht angesammelt hatten, zu verarbeiten. Und all das nur, weil die Maustaste klemmte! (Linux kennt solche Probleme mit Maustasten nicht.)

Ein weiteres sehr gutes Beispiel für die Vorteile des Multitaskings von Linux: Photoshop kann nur einen Filter zur Zeit ausführen, und der gesamte Mac ist solange blockiert. LinuxPPC kommt mit einem Photoshop-ähnlichen Grafikprogramm namens GIMP. Im Gegensatz zu Photoshop kann dieses aber mehrere Filter gleichzeitig ausführen, und Sie können auch noch zu einer anderen Applikation wechseln, während GIMP weiterhin seine Filter ausführt. (Und Sie können dabei sogar noch die Maustaste betätigen.)

Die beliebteste Distribution für den PowerPC heißt LinuxPPC (ohne Schrägstrich), die von LinuxPPC, Inc. entwickelt und verkauft wird. Sie können LinuxPPC auf CD-ROM auf der Website *http://www.linuxppc.org* bestellen.

Eine weitere Linux-Distribution, die unter sehr fortgeschrittenen Linux-Anwendern beliebt ist, heißt Debian. Die Debian-Distribution für den PowerPC ist nicht so aufpoliert wie die von LinuxPPC, Inc. und kann auch nicht auf CD-ROM bezogen werden. Allerdings kann sie eine gute Wahl für Benutzer sein, die sich mit Debian auf anderen Plattformen auskennen. Der Webserver von Debian GNU/Linux (*http://www.debian.org/ports/powerpc/*) sollte aktuelle Informationen über den Status des Debian-Projekts enthalten. Unter *http://www.dartmouth.edu/cgibin/cgiwrap/jonh/lppc/faq.pl?file=572* finden Sie Informationen zur Installation von Debian Linux auf einem existierenden LinuxPPC. LinuxPPC, Inc. ist ein aktiver Unterstützer des Debian-Projekts und hat der Debian-Organisation Hardware gestiftet.

LinuxPPC, Inc. hat eine Demoversion von LinuxPPC entwickelt, die direkt aus dem Mac OS gebootet werden kann. Diese Version namens LinuxPPC Live ist eine 105-MB-Version von LinuxPPC, für die keinerlei Installation oder Konfiguration seitens des Benutzers notwendig ist. LinuxPPC Live können Sie von einer der auf *http://www.linuxppc.org/mirrors.shtml.* genannten Websites herunterladen.

Kompatible Hardware

LinuxPPC läuft auf jedem PCI-basierten Power Macintosh, was den iMac, den PowerMac G3 und die PowerBooks 3400 und G3 einschließt. Derzeit ist es noch etwas schwierig, Linux auf dem iMac zum Laufen zu bringen. Unter *http://www.linuxppc.org/iMac/* finden Sie spezielle Installationshinweise für LinuxPPC auf iMacs. Wir hoffen, daß die zukünftige Version LinuxPPC 5.0 bessere iMac-Unterstützung bieten wird.

Andere PowerPC-Plattformen

Als die AIM-Koalition (Apple-IBM-Motorola) den PowerPC-Prozessor entwarf, schuf sie auch zwei Referenzentwürfe für zukünftige Hardware. Der erste wurde PReP, PowerPC Reference Platform, genannt. PReP-Rechner sollten Server und hochleistungsfähige Workstations sein. Apple, Motorola und IBM bauten alle drei PReP-Rechner: den Apple Network Server 500 und 700, FirePower und PowerSTACK von Motorola und verschiedene IBM RC/6000-Rechner. Auf diesen

Rechnern lief eine Unix-Variante von IBM, AIX, und eine Version von Windows NT für den PowerPC. (Nur wenige Leute wußten, daß es eine PPC-Version von Windows NT gab. Noch weniger haben sie benutzt.)

Apple und Motorola gaben ihre PReP-Rechner auf, und IBM ersetzte den PReP-Entwurf durch den neueren CHRP-Entwurf (Common Hardware Reference Platform). Viele Apple Network Server haben zur großen Freude ihrer Besitzer mit LinuxPPC fröhliche Auferstehung gefeiert.

Die CHRP-Plattform war als Basis für billige Macintosh-Clones gedacht. Die CHRP-Platinen hatten sowohl PC- als auch Macintosh-Schnittstellen für serielle Geräte und Tastaturen und booten das Mac OS aus einem ROM-DIMM-Chip. Als Apple sein Mac OS-Lizensierungsprogramm 1996 abbrach, zerstoben auch die Hoffnungen auf billige Mac-Clones. Aber CHRP tauchte 1998 wieder auf: Der Apple iMac und die Blue & White G3s sind CHRP-basiert, desgleichen IBMs RS/6000-Workstations. IBM hat sehr großes Interesse an Linux auf PowerPCs gezeigt und bei der Portierung von Linux/PPC auf ihre neuesten RS/6000-Modelle geholfen.

Nichtunterstützte PowerMacs

Auf den PowerMacs 6100, 7100 und 8100 und den Workgroup Servern 6150, 8150 und 9150 läuft LinuxPPC nicht. Diese Rechner verwenden die NuBus-Architektur und haben daher keine PCI- oder Open Firmware-Schaltkreise, die LinuxPPC zum Booten benötigt.

Es gibt eine Variante von Linux namens MkLinux, die auf diesen frühen Rechnern läuft. MkLinux ist in Wirklichkeit ein Mach-Mikro-Kernel (der auch in Apples Mac OS X Server verwendet wird), der den Linux-Kernel im Server-Modus ausführt. Für den Anwender ist MkLinux einfach eine weitere Linux-Version, allerdings eine, die auch auf alten NuBus-PowerMacs läuft. Außerdem ist MkLinux binärkompatibel mit Linux/PPC, was bedeutet, daß Applikationen, die für Linux/PPC kompiliert wurden, auch auf MkLinux laufen und umgekehrt. MkLinux ist ein wenig langsamer als LinuxPPC, aber derzeit die einzige Möglichkeit auf den ältesten PowerMacs. Informationen über MkLinux finden Sie unter *http://www.mklinux.org*.

Auf den Reihen PowerMac/Performa 5200, 5300, 6200 und 6300 läuft überhaupt keine Linux-Version. Die einzige Ausnahme davon ist der Performa 6360, ein PCI-basierter Rechner, der LinuxPPC ausführen kann, und die Performa 61xx-Reihe (die später in PowerMac 6100 umgetauft wurde), die MkLinux ausführen kann.

Probleme mit anderer Hardware

Es gibt einige wenige Hardwarearten, die LinuxPPC nicht verwenden kann. Bei manchen, wie etwa spezialisierte SCSI-Karten, Grafikkarten und USB-Erweiterungskarten, liegt das daran, daß es keinen passenden Treiber für Linux gibt. Linux kann keine Apple GeoPort-Modems verwenden[1], die mit der Apple Performa-Reihe ausgeliefert wurden.

Die Auswahl der richtigen Kernel und Bibliotheken

LinuxPPC, Release 5.0, war die erste Version von LinuxPPC, die die Version 2.0 der GNU-C-Bibliotheken (*glibc*) verwendete. Frühere Versionen verwendeten glibc 1. 99, was bei Entwicklern einige Kopfschmerzen verursachte. Die Kernel-Unterstützung ist auf dem PowerPC ziemlich gut gewesen. Als der 2.2-Kernel erschien, war der PowerPC der erste Prozessor nach dem x86, auf den der neue Kernel portiert wurde und lief. Version 2.2.1 brachte Treiber für Ultra/Wide-SCSI-Controller und eine deutlich verbesserte Unterstützung für die PowerBook-G3-Reihe, darunter Abfrage des Trackpads und Einstellung der Display-Helligkeit.

Das Booten von LinuxPPC vorbereiten

Um LinuxPPC auf Ihrem Mac zu installieren, müssen Sie Ihre Festplatte partitionieren, das Betriebssystem installieren und Ihr System zum Booten beider Betriebssysteme konfigurieren. Jeder Schritt wird später noch genauer erläutert.

Das Booten von LinuxPPC wurde 1998 revolutioniert, als Benjamin Herrenschmidt ein Hilfsprogramm namens BootX freigab, mit dem PowerMac-Benutzer einfach zwei Betriebssysteme booten können. BootX läuft im Mac OS als Applikation und wird als Erweiterung geliefert, die beim Starten des Systems ausgeführt wird. Vorher konnte man PowerMacs nur booten, indem man die Einstellungen der Open Firmware änderte, was gelinde gesagt ziemlich schwierig war. BootX stellt auch grundlegende Video-Unterstützung für Rechner bereit, die keine Videotreiber haben.

Im BootX-System wird der Linux-Kernel auf einer Macintosh-Festplatte gespeichert. Wenn der Benutzer den Befehl zum Booten von Linux gibt, fährt BootX das Mac OS herunter. Gerade wenn der Mac neu starten will, wird das Mac OS aus dem RAM des Computers herausgeschmissen und Linux gebootet.

1 Die GeoPort-Modems sind »Softwaremodems«. Softwaremodems bestehen zu 90 Prozent aus Software, mit der der Mac ein Hardwaremodem emuliert. Die Nachteile sind mangelnde Geschwindigkeit, Stabilität und Kompatibilität. Unter Mac OS sind GeoPort-Modems sehr langsam und instabil, und unter Linux laufen sie gar nicht, weil es keine Treiber dafür gibt. Die einzige Lösung für diese Rechner ist das Entfernen des Modems, das eventuell eine Erweiterungskarte im Computer ist, und das Ersetzen durch ein externes Modem. Relativ schnelle 33.6- und 57.6-kpbs-Modems sind schon für etwa 100 bis 200 DM erhältlich.

Den Mac Linux-fähig machen

Bevor Sie sehen können, wie schnell Ihr Mac wirklich ist, müssen Sie einige Arbeiten erledigen. Sie brauchen eine Festplatte oder Wechselplatte, vorzugsweise 1 GB oder größer, die Sie neu partitionieren können. Wenn Sie nur eine Festplatte haben, benötigen Sie entweder eine externe Festplatte oder eine zusätzliche interne (wenn dafür Platz in Ihrem Rechner ist), oder Sie müssen die interne Festplatte löschen und neu partitionieren. Unglücklicherweise gibt es für den Macintosh keine Partitionierungssoftware, die die Daten erhält.

Wenn Sie eine LinuxPPC-CD-ROM haben, können Sie direkt von der CD-ROM in das Red Hat-Installationsprogramm booten. Dieses kann das Hilfsprogramm *fdisk* (ein gängigerer Name für das Partitionierungswerkzeug *pdisk* von LinuxPPC) ausführen, mit dem Sie Ihre Festplatte partitionieren können.

HINWEIS Wenn Sie keine CD-ROM, aber eine schnelle Internetanbindung haben, können Sie LinuxPPC via FTP installieren. Die Anweisungen dafür finden Sie unter *http://www.linuxppc.org/userguide/ftpinstall.shtml*. Sie brauchen dafür eine direkte Anbindung zu einer statischen IP-Adresse.

Die Festplatte partitionieren

Kapitel 3

Kapitel 2, *Die Installation von Linux vorbereiten,* beschreibt, warum man Festplatten überhaupt partitioniert und welche Konzepte dem zugrundeliegen, während Laufwerke und Partitionen unter Linux in Kapitel 3 die üblicherweise für Linux-Partitionen verwendeten Namen und Größen angibt. Lesen Sie diese Abschnitte, wenn Ihnen das Hintergrundwissen dazu noch fehlt; ich gehe hier nur auf die LinuxPPC-spezifischen Informationen ein.

Eine vollständige Installation von LinuxPPC belegt etwa 650 MB. Allerdings sollten Sie mehr Platz haben, um auch eigene Dateien und zusätzliche Software unterbringen zu können. Für eine robuste Installation empfehlen wir eine Partition mit einer Größe von mindestens einem GB. Wenn Sie Festplattenplatz übrig haben, dann verwenden Sie gern auch mehr. Es ist möglich, eine Installation auf die auf einer ZIP-Diskette verfügbaren 100 MB herunterzufahren, aber darauf paßt dann auch nicht mehr viel.

Bevor Sie eine Festplatte partitionieren, machen Sie eine vollständige Sicherheitskopie davon. Wenn Sie die Partitionierung einmal begonnen haben, sind alle Daten darauf verloren und können nicht wieder restauriert werden.

Wenn Sie nur eine Festplatte haben, dann sichern Sie die gesamte Festplatte! Nachdem Sie das getan haben, booten Sie den Computer von der mitgelieferten Mac OS-CD-ROM und verwenden Sie das Hilfsprogramm Drive Setup von Apple, um zwei HFS-Partitionen anzulegen und zu formatieren. Installieren Sie dann Mac OS auf der ersten Partition, booten Sie in das Mac OS, stellen Sie Ihre Daten wieder her, und setzen Sie den Partitionierungs- und Installationsvorgang fort.

In der folgenden Beispielinstallation verwenden wir eine 4-GB-Festplatte, die in zwei Partitionen von je 2 GB aufgeteilt worden ist. Die erste wird eine Apple-HFS-Partition, die zweite wird noch weiter partitioniert und zwei Linux-Partitionen aufnehmen.

Um eine Festplatte zu partitionieren, benötigen Sie die Mac OS-Version von *pdisk*, einem Partitionierungswerkzeug. Dieses stellt das Red Hat-Installationsprogramm unter dem Namen *fdisk* zur Verfügung, oder es kann auch von *ftp://ftp.linuxppc.org/pub/linuxppc/linuxppc-R4/RedHat/tools/pdisk.hqx* heruntergeladen werden (bitte verwenden Sie einen Spiegel, um die Last auf dem LinuxPPC-System zu reduzieren, insbesondere wenn Sie nicht in den USA sind; Sie finden die Liste der Spiegel unter *http:// www.linuxppc.org/mirrors.shtml*).

Im Gegensatz zu den meisten Mac OS-Programmen ist *pdisk* vollständig textbasiert. Außerdem macht es genau das, was Sie ihm sagen. Es wird Ihre Festplatte nicht löschen – wenn Sie das nicht befehlen. Um ein versehentliches Löschen sämtlicher Daten zu vermeiden, sind einige Sicherheitskontrollen eingebaut:

- Es werden keine Änderungen gespeichert, wenn Sie das nicht ausdrücklich befehlen.
- Wenn Sie das Programm beenden (wählen Sie QUIT aus dem FILE-Menü), werden die Änderungen nicht auf die Festplatte geschrieben. Sie müssen die Änderungen ausdrücklich mit dem Befehl *w* (write) abspeichern.

Die Befehle von *pdisk* stehen in Tabelle D-1.

Tabelle D-1: Partitionierungsbefehle von pdisk

Befehl	Zweck
e	Editiert eine Gerätetabelle. Ein »Gerät« (device) ist in diesem Fall eine Festplatte.
h	Gibt die verfügbaren Befehle aus.
l	Gibt die Partitionstabelle eines Geräts aus.
L	Gibt die Partitionstabellen aller Geräte aus.
q	Beendet das Programm.
v	Gibt die Versionsnummer und das Datum aus.

Wenn Sie *pdisk* verwenden, editieren Sie in Wirklichkeit die Partitionstabelle Ihrer Festplatte. Partitionstabelle ist ein ehrfurchtgebietender Name für eine Datei, die eine Liste aller Partitionen auf Ihrer Festplatte enthält. Die Partitionstabelle ist in einer eigenen Partition gespeichert.

Wenn Sie unter Mac OS arbeiten, sehen Sie nur eine Partition, die Sie für Ihre Festplatte halten. Die anderen vier Partitionen sind unsichtbar, und es gibt auch keinen Grund für Sie, direkt darauf zuzugreifen. (Es sei denn, Sie haben sich entschlossen, jetzt Linux zu installieren.) Die erste Partition enthält die Partitionstabelle. Die nächsten drei sind die Gerätetreiber, kleine Stückchen Software, die dem Mac mitteilen, wie er auf die Festplatte zugreifen und wo er nach der Mac OS-Partition suchen soll. Ihre Mac OS-Software und das Betriebssystem selbst liegen auf der fünften Partition, einer Apple-HFS- oder -HFS-Plus-Partition.

HINWEIS Derzeit kann LinuxPPC noch keine HFS-Extended-Festplatten (auch als HFS Plus bekannt) lesen. Es wird zwar daran gearbeitet, aber es ist noch nicht abzusehen, wann dies funktionieren wird. Sehen Sie regelmäßig auf *http://www.linuxppc.org* nach, ob es etwas Neues gibt.

Wenn Sie *pdisk* starten, sehen Sie folgenden Text-Prompt:

```
Top level command (? for help):
```

Was nun? Geben Sie `L` ein und betätigen Sie die Eingabetaste. Das System wird eine Liste aller an Ihren Computer angeschlossenen SCSI- und IDE-Geräte ausgeben, mit Festplatten, CD-ROM-Laufwerken, ZIP-Laufwerken usw.:

```
Top level command (? for help): L
pdisk: can't open file '/dev/sda'  (No such device)
pdisk: can't open file '/dev/sdb'  (No such device)
pdisk: can't open file '/dev/sdc'  (No such device)
pdisk: can't open file '/dev/sde'  (No such device)
pdisk: can't open file '/dev/sdf'  (No such device)
pdisk: can't open file '/dev/sdg'  (No such device)

Partition map (with 512 byte blocks) on '/dev/hda'
 #:                type name              length   base    ( size )
 1: Apple_partition_map Apple                 63 @ 1
 2:      Apple_Driver43*Macintosh             54 @ 64
 3:      Apple_Driver43*Macintosh             74 @ 118
 4:    Apple_Driver_ATA*Macintosh             54 @ 192
 5:    Apple_Driver_ATA*Macintosh             74 @ 246
 6:       Apple_Patches Patch Partition      512 @ 320
 7:           Apple_HFS untitled         4194304 @ 832      (  2.0G)
 8:           Apple_HFS untitled         4256944 @ 4195136 (  2.0G)
```

Wenn Sie keine SCSI-Geräte in Ihrem Rechner haben, werden Sie eine Reihe von Fehlermeldungen sehen, die vorüberrauschen und etwa so aussehen:

```
pdisk: can't open file '/dev/sda'  (No such device)
pdisk: can't open file '/dev/sdb'  (No such device)
```

Die `can't open file`-Meldungen sind *pdisks* kryptische Art zu melden, daß es unter dieser Adresse kein Gerät an Ihrem Computer gefunden hat. Anstatt ein Gerät als `CD-ROM Drive at SCSI 4` oder `ATAPI HD 1` zu bezeichnen, verwendet *pdisk* das Gerätenamenformat von Linux. Unter Linux ist alles ein Gerät – ihr Modem, Ihre Festplatte, Ihr Diskettenlaufwerk, ja sogar Ihr Hauptspeicher.

Der Name der Festplatte hängt davon ab, ob es sich um eine IDE- oder SCSI-Festplatte handelt. IDE-Festplatten werden als */dev/hdx* bezeichnet, SCSI-Festplatten als */dev/sdx*. Die Variable *x* steht dabei für einen der Buchstaben `a`, `b`, `c`, `d`, `e`, `f` oder `g`. Linux unterscheidet die Geräte über diesen Buchstaben am Ende.

Ist Ihnen aufgefallen, daß IDE-Festplatten `hd` und SCSI-Festplatten `sd` heißen? Diese Buchstaben geben nur an, an welchem Bus die Geräte angeschlossen sind. Der Buchstabe nach `hd` bzw. `sd` ist das, was wirklich interessant für Sie ist. Wenn Ihr Computer eine IDE-Festplatte hat, wird diese als */dev/hda* gemeldet werden. Außerdem werden Sie einen Fehler bei */dev/hdb* bekommen, Ihrem CD-ROM-Laufwerk. Machen Sie sich darüber aber keine Sorgen. (Vertrauen Sie mir!)

Wenn Sie SCSI-Festplatten in Ihrem Computer haben, wird *pdisk* deren Namen zunächst mit »falschen« SCSI-Namen im Format */dev/scsibus.scsi_id*, angeben, also etwa */dev/sdc1.5*. Glücklicherweise werden die Geräte auch mit ihrem richtigen Namen im Format */dev/sdletter* angegeben. Linux bezeichnet SCSI-Geräte als */dev/sdletter*; verwenden Sie also ebenfalls dieses Format, wenn Sie auf so ein Gerät zugreifen wollen.

Wenn Sie einen Ultra/Wide-SCSI-Controller von Adaptec oder Apple haben und vorhaben, Linux auf eine daran angeschlossene Festplatte zu installieren, dann bereiten Sie sich auf ein wenig Verwirrung vor. Linux behauptet eventuell, daß die Festplatte an einer anderen Stelle liegt, als *pdisk* es meldet. Das liegt daran, daß Linux die Namen der angeschlossenen Geräte beim Booten ermittelt. Die Ultra-Wide-SCSI-Controller von Adaptec und Apple werden unter dem Buchstaben A aufgeführt. Der SCSI-Controller des Macs wird auch der MESH-Chip genannt, der alphabetisch hinter »Adaptec« liegt.

Eine Festplatte an einem Adaptec-Controller wird den Namen */dev/sda* haben. Die Geräte am normalen internen SCSI-Bus folgen dann mit */dev/sdb* und */dev/sdc*. Wenn Ihr Rechner nur ein Gerät am SCSI-Controller hat, wissen Sie jetzt Bescheid. Sind daran aber noch andere Geräte angeschlossen, kann die ganze Benennungsangelegenheit noch ein wenig komplizierter werden.

Jetzt können wir partitionieren:

1. Wählen Sie die Partition, die Sie editieren wollen. Geben Sie in *pdisk* den Buchstaben `e` ein:

   ```
   Top level command (? for help): e
   Name of device: /dev/hda
   Edit /dev/hda -
   Command (? for help):
   ```

2. Löschen Sie die zweite HFS-Partition. Sie müssen die Partition löschen, um freien Platz zu schaffen, auf dem wir die Linux-Partitionen anlegen werden. Wenn Sie in die Partitionstabelle sehen, werden Sie feststellen, daß die siebte Partition die zu löschende HFS-Partition ist. Um eine Partition zu löschen, geben Sie den Buchstaben `d`, gefolgt von der Nummer der zu löschenden Partition, ein:

```
Command (? for help): d8
Command (? for help): p
```

Geben Sie wieder `p` ein, um die Partitionstabelle zu sehen. Die Apple-HFS-Partition ist zu freiem Platz geworden, den Sie dazu verwenden können, die neuen Partitionen anzulegen:

```
 7:         Apple_HFS untitled        4194304 @ 832      (  2.0G)
 8:        Apple_Free Extra           4256944 @ 4195136 (  2.0G)
```

3. Erzeugen Sie die Swap-Partition:

```
Command (? for help): c  "c" ist der Befehl zum Anlegen einer neuen Partition.
First block: 8p  "8p": Verwende den ersten Block des freien Platzes der ach-
ten                     Partition.
Length in blocks: 30m  Mache die Partition 30 MB groß. k = kb, m = mb, g = gb
Name of partition: swap  Die Partition bekommt den Namen swap.
Command (? for help):
```

Da haben wir's! Sie haben Ihre Swap-Partition erzeugt. Lassen Sie sich wieder die Partitionstabelle anzeigen, und betrachten Sie die achte und neunte Partition:

```
 8:     Apple_UNIX_SVR2 swap              61440 @ 4195136 ( 30.0M)
 9:       Apple_Free Extra             4195504 @ 4256576 (  2.0G)
```

Der freie Platz bildet nun die neunte Partition, und die neue Swap-Partition ist unter */dev/hda7* zu finden. Erzeugen Sie als nächstes die Root-Partition. Wenn Sie das geschafft haben, sind Sie mit dem Partitionieren fertig.

Wenn Sie die Root-Partition erzeugen, geben Sie nicht die Länge in Megabytes an, sondern verwenden Sie die Länge der freien Partition in Blöcken. In diesem Beispiel ist die Partition Apple_Free 4 195 504 Blöcke lang, was etwa 2 GB ergibt. Indem Sie die exakte Länge der Partition in Blöcken angeben, verwenden Sie den gesamten noch zur Verfügung stehenden Festplattenplatz und verschwenden so keinen Platz:

```
Command (? for help): c
First block: 9p
Length in blocks: 4195504
Name of partition: root
Command (? for help): p
```

```
Partition map (with 512 byte blocks) on '/dev/hda'
 #:                type name              length   base    ( size )
 1: Apple_partition_map Apple                 63 @ 1
 2:      Apple_Driver43*Macintosh             54 @ 64
 3:      Apple_Driver43*Macintosh             74 @ 118
 4:    Apple_Driver_ATA*Macintosh             54 @ 192
 5:    Apple_Driver_ATA*Macintosh             74 @ 246
 6:       Apple_Patches Patch Partition      512 @ 320
 7:           Apple_HFS untitled         4194304 @ 832     (  2.0G)
 8:     Apple_UNIX_SVR2 swap               61440 @ 4195136 ( 30.0M)
 9:     Apple_UNIX_SVR2 root             4195504 @ 4256576 (  2.0G)
```

In diesem Beispiel wird */dev/hda9* zu Ihrer Root-Partition. Schreiben Sie sich diesen Namen auf, Sie werden ihn später noch brauchen. Wenn Sie eine SCSI-Festplatte haben, wäre das */dev/sda7*. Beachten Sie auch, daß Sie keine Apple-HFS-Partition auf der Festplatte haben, wenn Sie Linux auf einer anderen als der ersten Festplatte installieren. Sie können in diesem Fall die gesamte Festplatte für Linux verwenden.

Wenn Sie mit dem Partitionieren fertig sind, geben Sie `w` ein:

```
Command (? for help): w
Writing the partition map will permanently save changes.
Save changes? (y/N): y
```

pdisk springt an dieser Stelle zur Eingabeaufforderung `Top level` zurück. Damit sind die Änderungen auf Ihrer Festplatte gespeichert. Geben Sie `q` ein, um *pdisk* zu beenden.

Einige Tips zur Partitionierung:

- Wenn Sie einen Fehler machen, können Sie immer noch zurück. Sie können *pdisk* jederzeit beenden, ohne die Änderungen abzuspeichern.
- Die Änderungen sind erst dann endgültig, wenn Sie *pdisk* mit dem Befehl *w* instruieren, die neue Partitionstabelle abzuspeichern.

BootX installieren

Mit der Software BootX ist das Booten von LinuxPPC sehr einfach. Sie besteht aus drei Dateien, die an ganz bestimmten Stellen auf Ihrer Festplatte liegen müssen. Dabei handelt es sich um:

Die Applikation BootX
: Diese heißt auf den LinuxPPC-CD-ROMs *Boot LinuxPPC*. Sie kann an einer beliebigen Stelle auf Ihrer Festplatte liegen. Sie können beliebig viele Kopien davon machen und dort ablegen, wo es bequem für Sie ist.

Die BootX-Erweiterung

Diese muß im *Erweiterungen-(Extensions-)*Ordner Ihres Macs liegen. (Dieser Ordner liegt im Systemordner.)

Die Datei vmlinux (der Linux-Kernel)

Diese Datei muß direkt im Systemordner liegen – nicht im *Erweiterungen*-Ordner.

Nachdem Sie die Datei *vmlinux* und die BootX-Erweiterung an die passenden Stellen gelegt haben, klicken Sie doppelt auf die BootX-Applikation. Stellen Sie sicher, daß die Checkboxen NO VIDEO DRIVER und USE RAM DISK angeklickt sind. Sie müssen nichts in den Feldern `Root Device` und `More Kernel Arguments` eingeben.

Stellen Sie sicher, daß die LinuxPPC-CD-ROM im CD-ROM-Laufwerk liegt, und klicken Sie auf den Linux-Button, worauf LinuxPPC in das Red Hat-Installationsprogramm booten wird.

Das Red Hat-Installationsprogramm

Das Red Hat-Installationsprogramm wird in LinuxPPC 4.0 und 5.0 verwendet, auch wenn in 5.0 neue Installationsprogramme zur Verfügung stehen werden. Das in LinuxPPC 5.0 verwendete Installationsprogramm wird anders funktionieren als die hier beschriebene Version.

Um das Installationsprogramm zu booten, klicken Sie doppelt auf die Applikation BootX. Wenn Sie die LinuxPPC 4.1- oder 5.0-CD-ROM verwenden, heißt diese Applikation möglicherweise Boot LinuxPPC.

Zunächst fragt das Installationsprogramm, ob Sie einen Farbmonitor verwenden. Drücken Sie die Leertaste, damit das Installationsprogramm im Farbmodus arbeitet, bei dem rote und grüne Buttons auf einem blauen Hintergrund verwendet werden. Drücken Sie die Leertaste oder die Eingabetaste, wenn Sie mit dem Lesen der Meldung `Welcome to Powermac/Linux` fertig sind. Auf dem nächsten Bildschirm können Sie dem Computer mitteilen, was für eine Tastatur Sie benutzen. Der Default ist eine amerikanische Tastatur. Nachdem Sie Ihren Tastaturtyp ausgewählt haben, fragt Sie das Installationsprogramm nach der Quelle für die Installationsdateien, was wahrscheinlich eine CD-ROM sein wird.

Als nächstes wählt das Installationsprogramm automatisch die Partitionen, die zu Root- und Swap-Partitionen werden. Das Formatieren aller Partitionen kann ziemlich lange dauern, ist aber zu empfehlen, wenn Sie auf einer bereits benutzten Festplatte installieren.

Anschließend wählen Sie aus, welche Pakete Sie installieren wollen. Die Default-Installation ist für die meisten Anwender in Ordnung. Wenn Sie weitere Software wie andere Server installieren oder aber Ihre Installation abspecken wollen, können Sie auf diesem Bildschirm Pakete, die hinzugefügt oder entfernt werden sollen, auswählen. Wenn das Installationsprogramm andere Pakete wie die mitgelieferten C-Compiler installieren soll, dann verwenden Sie die Cursor-Tasten, um sich durch die Liste zu bewegen, und selektieren oder entfernen Sie Dinge mit der Leertaste.

Wenn Sie die gewünschten Pakete ausgewählt haben, gehen Sie mit der Tabulatortaste auf den OK-Button und drücken die Leertaste. Das Installationsprogramm beginnt jetzt mit seiner Arbeit. Je nach Geschwindigkeit Ihres CD-ROM-Laufwerks wird dies 10 bis 45 Minuten dauern. Nachdem der Computer alle Pakete installiert hat, erscheint der Bildschirm NETWORK CONFIGURATION. Sie sollten Ihre Netzwerkschnittstelle aber nicht auf diesem Bildschirm einrichten, sondern das Programm *netcfg* verwenden, das zur Verfügung steht, wenn Sie einmal in LinuxPPC gelandet sind. Lassen Sie diesen Schritt also aus.

Wählen Sie als nächstes die Zeitzone aus, in der Sie sich befinden. Der Default ist die amerikanische Ostküste. Anschließend müssen Sie ein **root**-Paßwort für das System wählen. Schützen Sie sich und Ihr System, und wählen Sie ein gutes Paßwort, das eine Mischung aus Buchstaben und Zahlen enthält.

Geben Sie Ihr **root**-Paßwort ein, und drücken Sie die Eingabetaste. Das Paßwort wird auf dem Bildschirm nicht angezeigt, aber das System merkt es sich trotzdem. Geben Sie das Paßwort zur Bestätigung ein weiteres Mal ein, und drücken Sie wieder die Eingabetaste. Anschließend drücken Sie noch einmal die Eingabetaste, um den OK-Button zu betätigen. Sie können die nächsten beiden Bildschirme, QUIK INSTALLATION und CHANGE BOOT VARIABLES, auslassen und alle Felder auf diesen Bildschirmen frei lassen. Sie werden während dieser Installation nicht benötigt.

Das war es auch schon! Ihr Computer wird Ihnen zur Installation des Systems gratulieren und wieder in das Mac OS booten.

Nach der Installation: Einrichten der BootX-Software

Wenn Sie Ihre Festplatte einmal partitioniert haben, ist BootX sehr einfach zu konfigurieren. Geben Sie den Gerätenamen Ihrer Root-Partition ein. Wenn Sie dem Beispiel gefolgt sind, hat Ihre Root-Partition den Namen *sda7* oder *hda9*, je nachdem, um welche Art Festplatte es sich handelt.

Stellen Sie sicher, daß die Option USE RAM DISK nicht angewählt ist. Ansonsten bootet der Computer in das Installationsprogramm und nicht in Linux.

Die Option NO VIDEO DRIVER sollte angewählt sein. Diese Option stellt auf den meisten Systemen eine Grafikausgabe bereit, darunter auch auf denen, deren Grafikkarte vom Linux-Grafiktreiber nicht unterstützt wird.

LinuxPPC R4 bootet direkt in das X Window System und startet dann das K Desktop Environment (KDE). Wenn Sie das nicht wünschen, können Sie das sehr einfach abstellen. Wie bei so ziemlich allem unter Linux gibt es eine Datei, die dies kontrolliert. KDE wird in der Datei */etc/inittab* gestartet.

Verwenden Sie Ihren Lieblings-Unix-Texteditor (wie *emacs* oder *vi*), um diese Datei zu editieren. Die Zeile, auf die es ankommt, steht ganz am Ende; im folgenden Text ist es die dritte Zeile:

```
# xdm in runlevel 5 ausführen
#x:5:respawn:/usr/bin/X11/xdm -nodaemon
x:3:once:/opartition/kde/bin/kdm -nodaemon
```

Machen Sie aus der 3 eine 5. Das war es auch schon! Wenn Sie das nächste Mal LinuxPPC booten, bleibt das System auf der Konsole, statt X zu starten. Wenn Sie X manuell starten wollen, geben Sie `startx` ein.

Die Hardware zum Mitspielen überreden

Obwohl es auf PowerMacs nicht die Hardwarevielfalt – und damit auch nicht die Vielfalt von Konfigurationsproblemen – wie auf Intel-Systemen gibt, gibt es doch einige Probleme, auf die Sie unter Linux stoßen könnten.

Ein-Tasten-Mäuse

In der Welt der Drei-Tasten-Mäuse ist die Tatsache, daß jeder Mac mit einer Ein-Tasten-Maus ausgeliefert wird, etwas problematisch. Um dieses Problem zu umgehen, haben die LinuxPPC-Entwickler eine Tastatur-Emulation der anderen beiden Tasten verwendet. Auf einer ADB-Tastatur werden Option-2 und Option-3 als mittlere und rechte Maustaste verwendet. Auf iMacs und Blue G3-Tastaturen dienen die Clear/Löschen- und =-Tasten als mittlere und linke Maustasten.

Sie können aber für sowohl ADB- als auch USB-Macs preisgünstige Drei-Tasten-Mäuse und -Trackballs kaufen. LinuxPPC wird mit einem winzigen Programm namens *mousemode* geliefert, mit dem Sie LinuxPPC für Mehr-Tasten-Mäuse konfigurieren können.

PowerBook-Trackpads

Die Besitzer von Apple PowerBooks können seit der Kernel-Version 2.1.130 das Trackpad vollständig benutzen. Ein winziges Systemprogramm namens *trackpad* ermöglicht die Konfiguration der Trackpad-Funktionen unter LinuxPPC. Nur **root** kann dieses Programm ausführen.

Um Tippen, Ziehen und gesperrtes Ziehen einzuschalten, geben Sie `trackpad drag lock` ein. Um alles außer Tippen abzuschalten, verwenden Sie `trackpad tap`. Und wenn das Trackpad nur zum Bewegen der Maus dienen soll, geben Sie `trackpad notap` ein.

Grafikkartenprobleme mit LinuxPPC 4.0 und 4.1

Sie müssen LinuxPPC nur einige wenige Minuten verwenden, um zu bemerken, daß die Grafikausgabe ziemlich langsam ist, insbesondere auf neueren Apple G3-Computern. Das hat zwei Gründe: Zunächst verfügt der Teil des X Window Systems, der die Benutzeroberfläche darstellt, über keine Grafikbeschleunigung. Zweitens ist die KDE-Version, die mit R4 und 4.1 ausgeliefert wurde, sehr langsam, insbesondere verglichen mit KDE 1.1 und neueren Versionen. Sie können zwei Dinge tun, um die Lage etwas zu verbessern:

- Installieren Sie Version 2.2.4 oder neuer des Linux/PPC-Kernels. Damit sind die Grafikausgaben spürbar schneller, und für zukünftige Versionen werden weitere Verbesserungen erwartet. Die neuesten Kernel-Versionen können von *ftp://ftp.linuxppc.org/linuxppc/kernel/* heruntergeladen werden.
- Installieren Sie KDE 1.1 oder einen anderen Window-Manager.

  LinuxPPC 4.x wurde mit KDE und den Window-Managern AfterStep, *twm* und *fvwm2* ausgeliefert. In der Version 5.0 sind eine neue KDE-Version, GNOME und WindowMaker enthalten. (GNOME und WindowMaker stehen auch schon in Release 4.0 zur Verfügung.)

- Wechseln Sie zu Release 5.0, wenn Sie LinuxPPC Feb98, 4.0 oder 4.1, verwenden. Die neue Version enthält beschleunigte X-Server. Wenn Sie nicht auf R5 wechseln wollen, können Sie den Xpmac_mga-X-Server installieren. Dieser läuft auf PowerMacintoshes mit IxMicro-TwinTurbo-Karten, den meisten ATI-Grafikkarten und Matrox-MGAxx64-Karten. Anweisungen zur Installation des Xpmac_mga-Servers finden Sie unter *http://www.linuxppc.org/userguide/xpmac_mga.shtml*.

ANHANG E

Linux/m68k auf Motorola 68000-Rechnern installieren

Chris Lawrence, Linux/m68k Documentation Supremo

Linux/m68k ist die Portierung des Betriebssystems Linux auf die Motorola 680x0-Prozessoren (auch m68k genannt). Linux/m68k, das erste Projekt, das eine Portierung von Linux auf einen Nicht-Intel-Prozessor darstellt, wurde 1993 von Hamish Macdonald und Greg Harp gestartet, die den Kernel auf den Amiga portierten. Mehrere Atari-Benutzer, darunter Björn Brauel, Roman Hodek und Andreas Schwab, paßten Hamishs-Kernel-Anfänge im gleichen Jahr an die 32-Bit-ST-Serie von Atari an.

Seit 1996 ist Linux/m68k an eine Reihe anderer Systeme angepaßt worden, darunter an die Apple Macintoshs aus der Zeit vor den PowerPCs, mehrere Modelle der Einplatinen-VMEbus-Computer von Motorola und BVM Ltd., Apollo Domain-Workstations, die HP 9000-Reihe, Sun 3-Workstations und NeXT-Rechner. In jüngster Zeit hat es auch eine Portierung auf die Q40 und Q60 gegeben, zwei neue 680x0-basierte Computer, die in Europa hergestellt werden. Ein verwandtes Projekt namens Linux/APUS hat Linux/PPC (behandelt in Anhang D) auf Amigas mit PowerPC-Prozessorkarten portiert, dies ist ein Hybrid aus Linux/m68k und Linux/PPC.

Anhang D

Wie Sie aus der Liste der Rechner, auf denen Linux/m68k läuft, sehen können, war die größte Herausforderung bei der m68k-Portierung, den Kernel so flexibel zu gestalten, daß die Vielfalt der Umgebungen abgedeckt werden konnte. Viele dieser Abstraktionen – hier sind besonders Martin Schallers und Geert Uytterhoevens Framebuffer- und Konsolenabstraktionen zu nennen – sind seitdem in den Haupt-Kernel übernommen worden. Diese Abstraktionen haben dazu geführt, daß praktisch jedes Binärprogramm, das jemals für Linux/m68k geschrieben wurde – den Kernel eingeschlossen –, auf jeder m68k-Plattform ausgeführt werden kann, ohne neu kompiliert zu werden.

Linux/m68k hat seine Widerstandsfähigkeit in der rauhen Wirklichkeit bewiesen: Mehrere öffentlich zugängliche Webserver wie *http://shadow.cabi.net* und *http://amiga.nvg.org* laufen unter Linux/m68k, und einer der Entwickler verwendet einen Amiga, auf dem Linux läuft, als Web- und E-Mail-Server für sein Wohnheim.

Tausende anderer Anwender verwenden Linux für eine Vielzahl von Anwendungen – von der Softwareentwicklung über Textverarbeitung bis hin zu akademischer Forschung.

Linux stellt, zusammen mit anderen freien Unix-Clones, den m68k-Anwendern ein dynamisches, sich stetig verbesserndes Betriebssystem zur Verfügung, wie es diese Plattformen seit ihrer Glanzzeit in den späten achtziger und frühen neunziger Jahren nicht mehr gekannt haben.

HINWEIS Apples Namenswahl MkLinux für sein Microkernel-basiertes Linux für PowerPCs und andere Plattformen hat für große Verwirrung gesorgt; diese Verwirrung ist noch dadurch verstärkt worden, daß eine frühe Portierung von Linux auf m68k Macs (die heutzutage als Vaporware gilt, weil nie irgendwelcher Code freigegeben wurde) MacLinux hieß.

Der korrekte Name für Linux auf 680x0-Prozessoren ist Linux/m68k; insbesondere sollte Linux für Macintoshes vor der PowerPC-Zeit Linux/m68k für Macintosh genannt werden, um eine Verwechslung mit anderen Projekten zu vermeiden. Keine dieser Versionen basiert auf dem Microkernel oder MkLinux.

Softwareversionen

Zur Zeit ist die aktive Entwicklung der 2.0-Kernel-Reihe eingestellt; es wird sich jetzt darauf konzentriert, in naher Zukunft einen grundstabilen 2.2-Kernel zu schaffen. Die neuesten Linux/m68k-Kernel können immer von *http://sunsite.auc.dk/ftp/projects/680x0/* heruntergeladen werden. Für stabile Kernel gibt es vorkompilierte Images, außerdem stehen für alle Versionen Quellbäume und Patches (sowohl relativ zu den Vorgängerversionen als auch zu den Releases von Linus) zur Verfügung.

Wie andere Plattformen auch ist Linux/m68k dem Achterbahnkurs von *libc* genau gefolgt; dank der harten Arbeit von Andreas Schwab, unserem lokalen *gcc*- und *libc*-Guru, lagen wir nie zu weit hinten. Derzeit werden beide wichtigen Distributionen mit *glibc* 2.0 (*libc* 6) ausgeliefert, und es wird am Übergang auf *glibc* 2.1 (*libc* 6.1) für zukünftige Versionen von Linux/m68k-Distributionen gearbeitet. Allerdings unterstützt der Kernel immer noch *libc* 4- und *libc* 5-Applikationen für diejenigen Anwender, die das benötigen.

Unterstützte Hardware

Grundsätzlich werden Prozessoren der Reihen 68020, 68030, 68040 und 68060 unterstützt.

Für den 68020 ist eine separate MMU (Memory Management Unit) notwendig. Die EC-Versionen des 68030, 68040 und 68060 haben keine MMUs; Linux läuft daher nicht auf diesen.

Für den 68020 und den 68030 wird außerdem eine FPU (Floating Point Unit) empfohlen. Während wir dies schreiben, steht zwar ein FPU-Emulator auf Kernel-Ebene kurz vor der Veröffentlichung, aber 68882-FPUs sind schon für etwa 50 DM erhältlich und verbessern die Performanz vieler Applikationen. Auch Benutzer eines 68LC040 können den FPU-Emulator verwenden, allerdings weisen viele der 68LC040-Chips Fehler auf, die die FPU-Emulation instabil machen.

Die minimal benötigte Speichermenge liegt im allgemeinen zwischen 4 und 8 MB, aber je mehr RAM, desto besser ist es natürlich, und jedes kleine bißchen Mehr hilft. Amiga-Benutzer sollten noch beachten, daß Linux das Chip-RAM nur für die Grafik-, Sound- und Diskettentreiber verwenden kann. Das X Window System ist normalerweise nur mit 12-16 MB an RAM und einer beschleunigten Grafikkarte komfortabel zu verwenden, kann aber auch mit den Standard-Amiga- und Atari-Videomodi mit weniger Speicher ausgeführt werden.

Sie können zwar ein minimales Linux-System auf einer 20-30 MB großen Partition installieren, aber für ernsthaftes Arbeiten benötigen Sie über 100 MB und eine separate Swap-Partition. Ein sinnvoller Ansatz besteht darin, die größte Festplatte zu kaufen, die Sie sich leisten können, Linux darauf zu installieren und dann dabei zuzusehen, wie sich die Platte füllt. Auf den verschiedenen Plattformen werden viele SCSI- und IDE-Controller unterstützt, auch wenn diese Unterstützung nicht so vollständig ist, wie wir das gern hätten, denn es gibt nur relativ wenige Entwickler, und die Hardware ist relativ teuer (die billigste Ethernet-Karte für einen »großen« Amiga kostet über 200 DM). Alle Amiga-Modelle, die eine passende CPU haben, werden von Linux unterstützt. Clones, die nicht die speziellen Amiga-Chips enthalten (wie etwa der DraCo), werden im Moment noch nicht unterstützt, andere Clones wie der BoXeR können funktionieren oder auch nicht (uns standen noch keine Rechner zum Testen zur Verfügung).

Die meisten 32-Bit-Ataris (ST/Mega ST/TT/Falcon) werden unterstützt, auch wenn viele Leute Schwierigkeiten mit der Afterburner040-CPU-Karte hatten. Auch die Clones Medusa und Hades werden unterstützt.

Bei Macintosh-Modellen ist die Sache schon unsicherer. Apple hat in seiner m68k-Reihe oft die Hardware verändert, und nicht alle der möglichen Kombinationen werden derzeit unterstützt. Die Portierungsarbeiten werden noch zusätzlich durch Apples Weigerung erschwert, Entwicklern freier Software Dokumentation zur Verfügung zu stellen. Insbesondere die Unterstützung von PowerBooks ist sehr eingeschränkt, weil diese einen anderen ADB (Apple Desktop Bus) verwenden. Trotzdem ist von mindestens 27 Mac-Modellen bekannt, daß auf diesen die Tastatur, die Maus und das Display unterstützt werden.

VMEbus-Einplatinen-Computer verschiedener Hersteller werden unterstützt; diese Rechner werden vielfach in industriellen und Forschungsapplikationen eingesetzt. Dank Richard Hirst werden derzeit die MVME 147, 162, 166, 167, 172 und 177 von Motorola unterstützt. Außerdem hat Richard Linux/m68k auf die BVME 4000 und 6000 von BVM Ltd. und den Tadpole TP34V portiert.

Auf anderen Plattformen sieht die Unterstützung schon dürftiger aus, was vor allem daran liegt, daß nur wenige oder keine Leute an Portierungen von Linux/m68k auf diese Systeme arbeiten. Beispielsweise funktionieren derzeit nur die NeXTs mit 25 MHz.

Informationen, ob Ihre spezifische Konfiguration (einschließlich Erweiterungskarten) unterstützt wird, finden Sie in der Linux/m68k-FAQ unter *http://www.linux-m68k.org/faq/faq.html*. Mac-Benutzer können auch einen Blick auf die Macintosh-spezifischen Seiten zur Hardwareunterstützung unter *http://www.mac.linux-m68k.org* werfen.

Distributionen

Es gibt derzeit zwei größere Multiplattform-Distributionen von Linux für m68k. Sie enthalten Kerneln, die mit dem größten Teil (wenn nicht sogar mit allen) der unterstützten Hardware umgehen können:

Debian (http://www.debian.org)

Debian ist die einzige Multiplattform-Distribution, die Linux/m68k offiziell unterstützt. Debian 2.1 war die zweite Debian-Version, die offiziell Linux/m68k-Pakete und Installationswerkzeuge enthielt. Diese Distribution ist mit ihren mehr als 860 MB an komprimierten Paketdateien ziemlich sicher die größte Sammlung freier Software für 680x0-Systeme, die je produziert wurde.

Debian wird von einem weltweiten Team von Freiwilligen entwickelt, und das Debian/m68k-Team ist in vielerlei Hinsicht ein Mikrokosmos dieser Struktur, denn es umfaßt Mitglieder aus Europa und Nordamerika, die auf Amigas, Ataris, Macs und VMEbus-Systemen arbeiten.

Zwei kommerzielle Distributionen, Whiteline Linux/68k und Eagle Linux M68K, basieren auf der Version 2.0 von Debian und werden möglicherweise auf die Version 2.1 aktualisiert. Außerdem werden die offiziellen Debian-CD-ROMs von mehr als zwei Dutzend Herstellern weltweit reproduziert und zu Preisen von 10 bis 40 DM für ein CD-ROM-Paket nur mit Binärprogrammen verkauft; außerdem kann die komplette Distribution umsonst aus Debians weltweitem Netzwerk von Spiegel-Servern heruntergeladen werden.

Weitere Informationen über Debian/m68k finden Sie unter *http://www.debian.org/ports/m68k/*.

Außerdem gibt es zwei kommerzielle Distributionen aus Deutschland, die auf älteren Versionen von Debian basieren:

Whiteline (Atari)
http://www.atari-world.com/dlm/linux.htm

Eagle (Amiga)
http://www.eagle-cp.com/www/m68k.html

Red Hat (http://www.redhat.com)
Zwar unterstützt Red Hat Software Jes Sørensens m68k-Portierung ihrer Distribution nicht offiziell, aber sie ist doch als Bestandteil des Rough Cuts-Pakets auf CD-ROM von Red Hat erhältlich. Die Versionen von Red Hat für m68k folgen normalerweise den offiziellen Versionen von Red Hat Software. Im Moment ist die aktuelle m68k-Version die Version 5.1, und eine Betaversion von 5.2 steht schon zum Testen bereit und enthält Red Hats Programm *Xconfigurator*, das die Konfiguration des X Window Systems erleichtert. Wie Debian ist diese Distribution von mehreren Herstellern auf CD-ROM erhältlich und kann von Servern in den USA, Italien und Dänemark per FTP heruntergeladen werden. Die inoffizielle Red Hat-Portierung enthält ein Installationsprogramm für Amigas; Atari- und Mac-Anwender haben aber mit manuellen Installationen auch schon Erfolg gehabt. Nähere Informationen finden Sie in Ron Florys inoffizieller Red Hat-Installations-FAQ unter *http://www.feist.com/~rjflory/linux/rh/index.html.*

Die Wahl der Distribution ist im großen und ganzen eine Frage des Geschmacks, aber diejenigen, die schon auf einem System Debian verwenden, werden das auch auf anderen Systemen tun wollen; das gleiche gilt für Red Hat. Wenn Sie noch nie zuvor Linux verwendet haben, kann die Auswahl schwierig sein (und ist etwas, mit dem wir frühen Hacker nie konfrontiert worden sind). Debian ist sicherlich im Vorteil, wenn es um die Anzahl der verfügbaren Pakete geht, auch wenn die zunehmende Größe die Installation langsam mühsam macht. Die kommerziellen Distributionen aus Deutschland können interessant sein, wenn Sie Wert auf deren technischen Support legen.

Debian und Red Hat für m68k sind sehr viel billiger erhältlich als das offizielle Paket von Red Hat für Intel, so daß Sie vielleicht beide ausprobieren sollten. Auf jeden Fall gibt es für beide nichtkommerziellen Distributionen eine große Anzahl von Anwendern, die immer bereit ist, Neulingen bei ihren Fragen zu helfen.

Installation

Jede Distribution verwendet ein eigenes Installationsverfahren; außerdem unterscheidet sich das Vorgehen auf den einzelnen Plattformen. Daher ist es in diesem Anhang nicht möglich, die Installation erschöpfend zu behandeln. Einige spezielle Probleme sollten aber doch angesprochen werden.

Linux booten

Es ist zwar auf so ziemlich jedem System technisch möglich, Linux direkt zu booten, aber das Schreiben eines Boot-Loaders, der außerhalb des Betriebssystems funktioniert, ist reichlich schwierig. Derzeit können Amigas, Ataris und VME-Systeme ohne Starten des nativen Betriebssystems gebootet werden (dazu wird eine m68k-spezifische Version von LILO verwendet).

Auf anderen Plattformen und für spezialisierte Applikationen auf Amigas stehen Boot-Loader zur Verfügung, die unter dem nativen OS laufen (und damit ähnlich loadlin auf Intel-Systemen sind). Die Boot-Loader für Amigas und Ataris sind ziemlich rudimentär, auch wenn der letztere eine gewisse Unterstützung für das Einlesen von Kerneln über das Netzwerk bietet. Der Macintosh-Boot-Loader namens Penguin ist eine native MacOS-Applikation, die eine benutzerfreundlichere Schnittstelle hat und die Konfiguration einiger Einstellungen (wie etwa des Bildschirms) ermöglicht, von denen die Mac-Portierer noch nicht herausgefunden haben, wie sie unter Linux vorgenommen werden können. Andere Systeme verwenden »gehackte« Boot-Loader von anderen Betriebssystemen oder werden von den Boot-Managern in der Hardware gestartet.

Die zulässigen Boot-Optionen für Linux/m68k stehen in der Datei *kernel-options.txt* im Verzeichnis *Documentation/m68k* des Kernel-Quellbaums.

Partitionierung und Dateisysteme

Jede Plattform verwendet ein eigenes oder ein von einem anderen Betriebssystem angepaßtes Partitionierungsschema. Im allgemeinen kann aber gesagt werden, daß die Partitionierungsschemata offensichtlicher als die auf MS-DOS-Systemen sind. Amigas, Ataris und Macs unterscheiden nicht zwischen primären und logischen Partitionen und können grundsätzlich ohne auftretende Probleme mit der Plattengröße konfiguriert werden, die es auf Intel-Systemen gibt (wie beispielsweise die 1024-Zylinder-Einschränkung). Aufgrund der umfassenden Unterstützung anderer Plattenpartitionierungsschemata im Linux-Kernel können native HP/UX- und SunOS-Partitionen auf den entsprechenden Plattformen verwendet werden.

Auch wenn jedes Partitionierungsschema anders ist, versuchen doch alle unter Linux, *fdisk*-Hilfsprogramme zu verwenden, die auf dem ursprünglichen *fdisk*-Programm für DOS-basierte Plattformen basieren, so daß die Menüs mit einigen wenigen Ausnahmen die gleichen sind; beispielsweise bietet die Amiga-Version von *fdisk* zusätzlich die Möglichkeit, den »mountable«-Schalter des AmigaOS zu setzen.

Bevor Sie Linux zum erstenmal booten, kann es sinnvoll sein, ein bekannteres GUI-basiertes Partitionierungswerkzeug auf dem bereits existierenden Betriebssystem zu verwenden. Amiga-Benutzer sollten entweder *HDToolbox* oder das Werkzeug verwenden, das mit ihrem SCSI-Controller mitgeliefert wurde; Atari-Benutzer sollten einen TOS-Partitionseditor wie SCSITool verwenden, und Mac-Benutzer können Apples *HD SC Setup* oder die m68k-Version des *pdisk*-Hilfsprogramms von LinuxPPC Inc. (siehe Anhang D, *LinuxPPC: Linux auf PowerPC-Computern installieren,*) verwenden. VME-Systeme, wie auch der Q40 und Q60, verwenden das Partitionsformat von MS-DOS (wie Linux auf Intel und Alpha). Die Benutzer anderer Plattformen sollten sich in der Dokumentation des nativen Betriebssystems informieren.

Anhang D

In jüngeren Kerneln werden native Dateisysteme in hohem Maße unterstützt. Alle Amiga-Dateisystemformate (OFS und FFS) werden unterstützt, desgleichen GEMDOS von Atari (das eigentlich nur eine Variante des MS-DOS-Dateisystems ist) und HFS von Macs. Die nativen Dateisysteme der anderen Plattformen stehen im allgemeinen über die Kernel-Unterstützung für System V- und Berkeley FFS-Dateisysteme ebenfalls zur Verfügung.

Das X Window System

Die meisten Leute pflegen eine Haßliebe zur Konfiguration von X. Unter Linux/m68k sieht die Sache nicht anders aus; wegen der Fähigkeiten der Framebuffer-Geräteschnittstelle ist die Konfiguration allerdings etwas einfacher als auf anderen Plattformen.

Linux/m68k verwendet den FBDev-X-Server von XFree86, einen Standard-XFree86-Server, der zur Verwendung mit dem Framebuffer-Gerät geschrieben wurde. Damit können Videoeinstellungen von der Linux-Konsole geerbt werden, womit man sich die umfangreichen Editierarbeiten an der Datei *XF86Config* sparen kann. Möglicherweise wollen Sie die Einstellungen für die Farbtiefe ändern, aber die anderen Einstellungen können Sie normalerweise so lassen, wie sie sind.

Die Benutzer von hochauflösenden Grafikkarten möchten möglicherweise eine Auflösung auf der Konsole und eine (oder mehrere) höhere Auflösung(en) unter X verwenden. Dazu ist es notwendig, daß der jeweilige Framebuffer-Treiber die Programmierung des Grafikmodus unterstützt (also den Modus nicht vom nativen Boot-Loader des Rechners erbt oder nur einen festen Modus unterstützt). Sie können zur Datei *XF86Config* programmierbare Grafikmodi hinzufügen. Das Format der Modusinformation ist identisch mit dem auf allen anderen Architekturen; Sie können sogar mit dem Hilfsprogramm *fbset* passende Modelines generieren.

Der X-Server und die Konsole arbeiten auch dahingehend zusammen, daß Sie die Einstellungen des Framebuffers von der Konsole mit dem Programm *fbset* ändern und dann die Einstellungen in einem Format ausgeben können, das Sie direkt in Ihre *XF86Config*-Datei kopieren können, um unter X den Modus wechseln zu können.

Unglücklicherweise enthalten die *XF86Config*-Dateien der einzelnen Distributionen normalerweise externe Informationen, die für m68k-Benutzer irrelevant sind (und nur verwirren). Das Linux/m68k-Team plant, sich in naher Zukunft dieser Sache anzunehmen.

Das System erneut booten

Linux/m68k verwendet die vom PC bekannte Tastenkombination STRG-ALT-ENTF, um das System erneut zu booten. Wegen Einschränkungen in der Hardware kann Linux/m68k die rechnerspezifischen Reboot-Tasten (wie die Tastenfolge STRG-Amiga-Amiga auf Amigas) und die RESET-Schalter nicht abfangen. Sie können das System auch mit dem im Abschnitt »Das System herunterfahren« in Kapitel 5 beschriebenen Befehl `shutdown` herunterfahren.

Kapitel 5

Registrierung

Wir führen Buch über die Linux/m68k-Anwender, um einen Überblick über die Verwendung unserer Portierung zu bekommen und Leute zu finden, die Treiber für neue Hardware testen können. Wenn Sie möchten, können Sie sich auf der von Geert Uytterhoeven verwalteten Website *http://www.cs.kul- euven.ac.be/~geert/Linux/m68k/* als Linux/m68k-Anwender registrieren lassen.

Weitere Informationen

Linux/m68k-Anwender sollten die Newsgruppe *comp.os.linux.m68k* lesen, wo sie auch ihre Fragen loswerden können. Diese Gruppe wird von einer Reihe von Leuten gelesen, die gern bereit sind, Fragen zu beantworten – zumindest diejenigen Fragen, die noch nicht an anderer Stelle beantwortet worden sind. Die FAQ ist eine weitere wertvolle Ressource: *http://www.linux-m68k.org/faq/faq.html.*

Es gibt auch Mailing-Listen für Debian- und Red Hat-Anwender; unter *http://www.linux-m68k.org/mail.html* finden Sie Hinweise, wie Sie sich auf diesen Listen anmelden können.

Nähere Informationen zu Linux/m68k, darunter auch Verweise auf alle hier gegebenen Informationen und die vollständige FAQ, finden Sie auf den Linux/m68k-Seiten unter *http://www.linux-m68k.org* oder auf dem Hauptspiegel in den Vereinigten Staaten: *http://www.lordsutch.com/linux/.*

ANHANG F

LINUX AUF SUN SPARC-RECHNERN INSTALLIEREN

David S. Miller, Red Hat Software

Die SPARC-Portierung von Linux unterstützt einen großen Bereich von Systemen, von den ganz einfachen bis zu den teuersten High-End-Rechnern. Die meisten Leute, die eine Sun-Workstation oder einen Server besitzen und gern Linux ausprobieren möchten, werden feststellen, daß ihr Rechner voll unterstützt wird und ziemlich gut funktioniert. Es gibt hier und da einige kleinere Lücken, aber auch diese werden mit der Zeit geschlossen werden.

Unterstützte Hardware

Ob Linux unterstützt wird, richtet sich nicht nur nach der Serie, sondern auch nach der Teilserie. Alle Serien außer der Enterprise 10000 und den uralten sun4-Systemen werden derzeit vollständig unterstützt. »Symmetrisches Multiprocessing« (SMP) funktioniert auf allen Serien außer sun4c.

Außer den hier genannten Systemen gibt es auch noch die Clones von diversen Herstellern. Wenn diese wirklich kompatibel zu den äquivalenten Sun-Systemen sind, läuft Linux auch auf ihnen.

Sun4c-Systeme

Diese Systeme werden sowohl von den 2.0.x- als auch den 2.2.x-Kerneln unterstützt:

SPARCStation SLC
SPARCStation ELC
: Bei diesen beiden sun4c-Systemen befindet sich die Hauptplatine direkt hinter der Bildröhre im gleichen Gehäuse. Ich nenne diese Geräte deswegen gern scherzhaft »SPARCintosh«-Systeme. Die SLC-Systeme waren die erste Sun-Hardware, auf denen Linux erfolgreich lief.

SPARCStation IPX
SPARCStation IPC
: Diese Rechner befinden sich in einem kleinen, schuhkartonartigen Gehäuse und verwenden einen externen Monitor.

SPARCStation 1
SPARCStation 1+
SPARCStation 2
: Dies waren die ersten »Pizzaschachtel«-artigen Sun-Workstations. Mit ihnen wurden auch die SBUS-Slots zur Verwendung von Erweiterungskarten eingeführt.

Sun4m-Systeme

Diese Systeme werden von den 2.0.x- und von den 2.2.x-Kerneln unterstützt. Auch Multiprozessorkonfigurationen funktionieren:

SPARCServer 6xxMP
: Diese Systeme haben eine Hauptplatine mit zwei Slots für sun4m-CPU-Module und ebenfalls SBUS-Slots. Es gibt einen VME-Bus, aber Linux bietet derzeit noch keine Unterstützung für VME-Geräte.

SPARCStation LX
SPARCClassic
SPARCClassic X
: Diese Geräte ähneln sehr den IPC/IPX-sun4c-Systemen, haben aber intern eine sun4m-Architektur. Die CPUs befinden sich auf der Hauptplatine, und auch die Grafikkarten sind auf diese Art integriert.

SPARCStation 4
SPARCStation 5
SPARCStation 10
SPARCStation 20
: Die sun4m-Pizzaschachtel-Workstations. Bei den ersten beiden sitzt die CPU auf der Hauptplatine, auf den letzteren beiden Systemen gibt es zwei sun4m-CPU-Modul-Slots. SBUS-Erweiterungs-Slots sind auf allen vier vorhanden. Die SS5 verfügt noch über einen besonderen Erweiterungs-Slot für Grafikkarten wie etwa die 24-Bit-TCX-Karten.

Sun4d-Systeme

Diese Systeme werden nur von den 2.2.x-Kerneln unterstützt. Wie bei der sun4m-Reihe werden auch Multiprozessorkonfigurationen unterstützt.

SPARCServer 1000
SPARCCenter 2000
: Der einzige Unterschied zwischen diesen beiden liegt darin, daß SPARCCenter 2000 mehr Erweiterungs-Slots hat.

UltraSPARC 64-Bit-Systeme

Alle hier genannten UltraSPARC-basierten Systeme (mit der Ausnahme der Enterprise 10000) funktionieren nur mit den 2.2.x-Kerneln. Multiprozessorkonfigurationen werden voll unterstützt.

Diese Systeme verwenden zwei Klassen von I/O-Architekturen, SBUS und PCI. Die älteren Systeme verwenden SBUS, die neueren PCI:

Ultra 1
Ultra 2
Enterprise 2

Dies sind Desktop-SBUS-Systeme. Die ersten beiden können nur einen Prozessor haben, die Enterprise 2 dagegen bis zu zwei. Alle haben SBUS-Erweiterungs-Slots. Ultra 2 und Enterprise 2 haben einen UPA-Slot für hochwertige Creator/Creator3d-Grafikkarten.

Enterprise 3000, 3500, 4000, 4500, 6000, 6500 und 10000

Dies sind SBUS-Server. Die Enterprise-x000-Familie verfügt über einen paketvermittelten Hochgeschwindigkeitsbus, in den I/O- oder CPU-Speicherkarten eingesteckt werden können. Die I/O-Karten enthalten jeweils drei SBUS-Slots und einige Standardgeräte (Ethernet, SCSI und Fibrechannel). CPU-Karten enthalten zwei CPUs sowie SIMM-Slots für Speichermodule.

Die Enterprise 10000 ist etwas anders als die anderen, da hier jede Systemkarte bis zu vier Prozessoren, SBUS-I/O-Systeme und Speicher-SIMMs enthalten kann. Obwohl der Linux-Kernel Code für dieses System enthält, ist dieser völlig ungetestet, so daß wir nicht behaupten können, daß diese Hardware unterstützt wird. Systeme, die schon in der Grundausstattung zwei Millionen Mark kosten, sind schwer zum Testen zu bekommen.

Ultra 30
Ultra 60

Dies sind von Sun hergestellte UltraSPARC-Workstations. Beide werden in einem Tower-Gehäuse geliefert, haben etwa vier PCI-Erweiterungs-Slots und Standardgeräte wie Ethernet und SCSI. Außerdem haben beide einen UPA-Slot für Creator-Grafikkarten. Ultra 30 ist ein Einprozessor-Rechner, Ultra 60 kann bis zu zwei Prozessoren haben.

Als Sun diese Workstations entwickelte, produzierten sie auch eine Referenz-PCI-UltraSPARC-Hauptplatine, die OEMs kaufen und in eigenen Gehäusen und mit eigenen Festplatten, Netzteilen usw. weitervertreiben konnten. Diese Hauptplatine hatte einen IDE-Controller anstelle von SCSI.

Enterprise 250
Enterprise 450
Dies sind die PCI-Server von Sun. Sie haben mehr PCI-Slots als die UltraSPARC-Workstations und verfügen außerdem über mehrere Umgebungsmeßfühler und die Fähigkeit, ferndiagnostiziert zu werden. Enterprise 450 kann außerdem bis zu vier Prozessoren unterstützen. Beide Systeme verwenden Onboard-SCSI-Controller von NCR.

Ultra 5
Ultra 10
Dies sind die PCI-UltraSPARCs für den Desktop. Ultra 5 hat ein mehr Pizzaschachtel-artiges Gehäuse, während Ultra 10 in einem Tower-Gehäuse kommt. Ultra 5 verfügt über einen PCI-Erweiterungs-Slot, Ultra 10 über vier und außerdem einen UPA-Slot für Creator-Grafikkarten. Bei beiden Rechnern ist ein IDE-Controller vorhanden.

Ultra AXi
Ultra AXmp
Sun hat OEMs noch zwei weitere PCI-Referenzhauptplatinen bereitgestellt. Die erste ist für Workstations, die zweite für Einschub-SMP-Systeme gedacht. Bei AXi ist ein IDE-Controller vorhanden, bei AXmp ein SCSI-Controller. AXmp verfügt über diverse Meßfühler, Lüfter und die Möglichkeit zur Ferndiagnose und unterstützt bis zu vier Prozessoren.

Systembibliotheken

In der dunklen Frühzeit der SPARC-Portierung von Linux verwendeten wir eine *a. out libc4* als C-Bibliothek des Systems. Dafür gab es mehrere Gründe. Zum einen verwendeten wir *a.out*-Binärprogramme von SunOS, um das erste existierende Linux/SPARC-System zu starten, so daß wir wußten, daß *a.out* funktionieren würde. Zum anderen war dies zu dem Zeitpunkt die stabilste *libc*, die es gab. Ich hoffe, daß nicht mehr viele SPARC-Systeme (wenn überhaupt noch eines) diese C-Bibliothek noch verwenden. Alle nativen Linux-Binärprogramme, die die *libc4* verwendeten, wurden statisch gelinkt.

Als nächstes kam die ELF-basierte *libc5*. Die ersten vollständigen Distributionen verwendeten diese als Systembibliotheken. Gemeinsam genutzte ELF-Bibliotheken wurden auf SPARC-Systemen vollständig unterstützt.

Heutzutage verwenden die meisten Linux/SPARC-Systeme *glibc*/ELF, und das wird wohl auch noch eine Zeitlang so bleiben.

Unterschiede bei der Installation gegenüber Intel-Systemen

Der größte Teil der Installation auf Linux/SPARC-Systemen ist identisch zu der auf Intel-basierten Linux-Systemen. Die existierenden Unterschiede sind nur eine Folge der unterschiedlichen Hardware, unterschiedlicher Boot-Prozeduren und anderer ähnlicher Unterschiede.

Grafiken und X

Grafikkarten unterscheiden sich sehr von System zu System; es werden verschiedene X-Server auf Linux/SPARC-Systemen verwendet. Alle SBUS-basierten und mehrere der Onboard-Grafikkarten verwenden die Xsun-Reihe. Diese heißen:

Server	Zweck
XsunMono	Nur für monochrome Grafikkarten
Xsun	Für 8-Bit-Farbtiefe und einfarbige Displays
Xsun24	Nur für Grafikkarten mit 24-Bit-Farbtiefe, darunter auch Creator/Creator 3d

Im Gegensatz zu XFree86 auf Intel-Systemen verwenden diese Server aus diversen Gründen keine Konfigurationsdatei. Zum einen sind die Maus- und Tastaturtypen auf SPARC-Systemen bekannt, und zum anderen kann die Grafikkarte und die Auflösung automatisch ermittelt und konfiguriert werden, so daß es nicht notwendig ist, diese Parameter in einer Konfigurationsdatei anzugeben.

Die PCI-Systeme bringen einige Ausnahmen ins Spiel. Mehrere der Desktop-Systeme (wie Ultra 5 und Ultra 10) haben eine von ATI Mach-64 abgeleitete Grafikkarte onboard. Außerdem gibt es auch ATI Mach64-Erweiterungskarten. Diese Grafikkarten verwenden die XFree86-Server und haben daher auch eine Konfigurationsdatei.

Für diese ATI-Karten schreiben Sie die XF86Config-Datei genauso, wie Sie das auf einem Intel-System auch tun würden. Es gibt aber einige Punkte, die zu beachten sind:

- Bei mehreren PCI-UltraSPARC-Systemen gibt es die Möglichkeit, entweder eine traditionelle Sun-4- oder Sun-5-Tastatur oder eine PC-artige Tastatur mit einer PS/2-Maus zu verwenden. Wenn Sie eine Sun-Tastatur benutzen, sollte deren Konfiguration etwa so aussehen:

```
XkbKeycodes     "sun(type5)"
XkbTypes        "default"
XkbCompat       "default"
XkbSymbols      "sun/us(sun5)"
```

```
XkbGeometry     "sun"
XkbRules        "xfree86"
XkbModel        "sun"
XkbLayout       "sun/us"
```

Während Sie bei PC-artigen Tastaturen etwa folgendes verwenden sollten (gegebenenfalls jeweils mit einem anderen Tastaturlayout):

```
XkbRules    "xfree86"
XkbModel    "pc101"
XkbLayout   "us"
```

Die X-Konfigurationswerkzeuge, wie *xf86config* und *XConfigurator*, sollten diese Optionen ganz automatisch hinbekommen. Aber wenn das nicht funktioniert, dann kann Ihnen diese Beschreibung helfen.

- Die Konfiguration des Monitor-Timings kann bei Sun-Monitoren eine größere Schwierigkeit sein. In Wirklichkeit sind das Sony-Monitore mit einem Sun-Aufkleber auf dem Gehäuse. Es gibt keine vollständige Aufstellung, welches Sony-Modell sich hinter welchem Sun-Monitor verbirgt. Damit ist aber noch nicht alles verloren; mit den folgenden Faustregeln und Werkzeugen wie *XConfigurator* oder *xf86config* sollten Sie eine funktionierende X-Konfiguration erstellen können.

  Nehmen Sie einfach Ihre Monitorgröße (17 Zoll, 19 Zoll usw.), und wählen Sie den gängigsten Sony-Monitor der gleichen Größe aus.

  Wenn Sie einen Standard-SVGA-Monitor an eine PCI-Grafikkarte anschließen wollen, können Sie diesen einfach aus der Monitorliste des jeweiligen Konfigurationswerkzeugs auswählen.

  Mit einigen Einschränkungen sind auch Konfigurationen mit mehreren Monitoren möglich. Bei Mach64-Grafikkarten von ATI geht dies gar nicht, bei allen anderen ATI-Karten zusammen mit einer Karte des gleichen Typs. (Zwei Karten, die beide mit dem Xsun-Server arbeiten, können also gemeinsam verwendet werden, eine mit Xsun24 und eine mit XsunMono dagegen nicht.) Diese Einschränkungen werden in einer zukünftigen Version der X-Server aufgehoben werden.

Der Boot-Loader SILO

Auch der Boot-Loader unterscheidet sich bei SPARC-Rechnern von demjenigen auf Intel-Systemen. SPARC-Systeme verwenden einen Boot-Loader namens SILO (was für »SPARC Improved LOader« steht).

Aus der Sicht des Anwenders verhält sich SILO genau wie LILO auf Intel-Systemen. Der sichtbarste Unterschied liegt darin, daß man nicht jedesmal, wenn ein neues Kernel-Image zur Konfigurationsdatei (in diesem Fall */etc/silo.conf*) hinzugefügt wird, einen besonderen */sbin/silo*-Befehl aufrufen muß, wie es bei Intel-Systemen der Fall ist. SILO ist außerdem in der Lage, Kernel-Images auf *ext2*-, UFS- oder ISO9660-Dateisystemen dem Namen nach zu finden.

Dies funktioniert dank des OBP (Open Boot Prom, der Firmware, die auf SPARC-Systemen verwendet wird). Diese ermöglicht es dem Boot-Loader, Blöcke von Boot-Geräten wie Festplatten einzulesen. Wenn Sie SILO den Dateinamen des Kernel-Images und das Gerät, auf dem es liegt, mitteilen, dann liest es einfach Ihre *ext2*-Partition und lädt diese. (Aus anderer Sicht betrachtet, ist dies eine kleine Einschränkung. Lesen Sie dazu den Abschnitt über bootbare Geräte und Konsolen.)

Es ist möglich, SILO zum Dual-Booting mit Linux und einem anderen SPARC-Betriebssystem zu verwenden. Einige hilfreiche Hinweise, wie dies bewerkstelligt wird, finden Sie unter *http://www.sun.com/software/linux/dual_boot.html*.

Festplatten partitionieren

Wir können jetzt zu den Merkwürdigkeiten der Festplattenpartitionierung auf Linux/SPARC-Systemen kommen. Abgesehen von den folgenden Ausnahmen können Sie dies wie bei Intel-Systemen angehen:

- Die Festplattenpartition (»Slice«) c hat eine Sonderstellung: Sie muß existieren und die gesamte Festplatte umfassen. Die meisten Partitionierungsprogramme wie *fdisk* und Disk Druid kümmern sich auf SPARC-Systemen automatisch darum.

  Dies ist notwendig, weil OBP diesen Slice dazu verwendet, die Anzahl der Blöcke auf Ihrer Festplatte sowie die Position des Boot-Blocks zum Laden von SILO zu bestimmen.

- Wenn Sie eine Partition für ein anderes Dateisystem als *ext2* oder UFS anlegen, darf diese Partition nicht auf dem ersten Block beginnen, denn andere Anwendungen wie Swap-Partitionen und RAID-Slices überschreiben sonst das Festplatten-Label und machen Ihre Festplatte unbrauchbar.

  Dies ist nur auf Linux/SPARC-Systemen mit 2.0.x-basierten Kerneln ein Problem. Sun hat Vorsorge getragen, daß neue RAID- und Swap-Partitionen, die unter 2.2.x-basierten Distributionen erzeugt wurden, sich automatisch und transparent für Sie darum kümmern.

  Wenn Sie eine 2.0.x-basierte Distribution verwenden, können Sie dieses Problem am einfachsten umgehen, indem Sie die Partition bei Zylinder 1 statt bei Zylinder 0 anfangen lassen.

Installation von einer seriellen Konsole

Die meisten SPARC-Benutzer haben sich daran gewöhnt, das Betriebssystem über eine serielle Leitung als Konsole zu installieren. Auch mit Linux/SPARC ist dies möglich.

Alle Installationsmechanismen, die ich derzeit kenne, unterstützen lediglich VT100-Terminals. Wenn Sie das Installationsprogramm Ihrer Lieblingsdistribution booten, wird dieses automatisch bemerken, daß Sie von einer seriellen Konsole gebootet haben, und die notwendigen Maßnahmen für dieses Installationsverfahren ergreifen.

Das Installationsprogramm wird davon ausgehen, daß Sie die serielle Konsole auch für das laufende System verwenden wollen, wenn Sie schon den Rechner damit installieren. Mit anderen Worten: Wenn Sie über eine serielle Konsole installieren und dann einen Monitor und eine Grafikkarte zum ersten Booten einbauen, dann wird das nicht funktionieren.

Das heißt nun nicht, daß Sie nach der Installation nicht von einer Framebuffer-Konsole auf eine serielle Konsole und zurück wechseln können. Es gibt extra für diesen Zweck ein spezielles Shell-Skript namens *setconsole*. Hier einige Beispiele zur Verwendung:

setconsole ttya
: Die erste serielle Verbindung wird als Konsole benutzt.

setconsole ttyb
: Die zweite serielle Verbindung wird als Konsole benutzt.

setconsole video
: Die Grafikkarte wird als Konsole benutzt.

SPARC-spezifische Probleme nach der Installation

Auf UltraSPARC-Systemen verwenden die Anwendungsprogramme derzeit noch 32 Bit (auch wenn der Prozessor und der Kernel 64 Bit verwenden). Dies hat aber den Vorteil, daß so ziemlich alle Linux/SPARC-Anwendungen unverändert auf den verschiedenen Linux/SPARC-Systemen laufen. Wenn dieses Buch erscheint, sind möglicherweise auch schon 64-Bit-Anwendungen verfügbar. Die 32-Bit-Bibliotheken werden aber in den Distributionen verbleiben, damit Sie immer noch Ihre alten 32-Bit-Linux/SPARC-Programme ausführen können.

Als ein Nebeneffekt dieser Situation müssen Sie ein wenig aufpassen, wenn Sie Applikationen aus Quellen kompilieren wollen. Weil der Rechner (und der Kernel) 64 Bit verwendet, gibt der Befehl *uname* den Systemtyp `sparc64` statt `sparc` zurück (was bei allen Nicht-UltraSPARC-Systemen der Fall ist).

Mehrere Skripten, die zum Steuern der Kompilation von Quellpaketen verwendet werden (wie *autoconf* von GNU), verwenden diesen Identifizierungsstring, um diverse Aspekte der Kompilationsumgebung (wie die Größe der diversen Typen in der Programmiersprache C usw.) zu bestimmen. Die GNU-Werkzeuge werden das Falsche machen, denn sie sehen ein 64-Bit-SPARC-System, wo doch alle Anwendungsprogramme 32 Bit sind.

Um dieses Problem zu umgehen, gibt es auf Linux/SPARC-Systemen ein Werkzeug namens *sparc32*. Bevor Sie ein Quellpaket konfigurieren und kompilieren, starten Sie eine neue Shell mit dem Befehl *sparc32 sh*. Damit werden alle *uname*-Abfragen in dieser Subshell (und damit auch in allen aus dieser gestarteten Programmen) `sparc` zurückmelden, womit das Problem gelöst ist.

Bootbare Geräte und Konsolen

Manche Geräte werden zwar voll unterstützt, haben aber beim Booten einige Einschränkungen. Manchmal hält sich die Firmware eines Geräts nicht an die von der OBP-Firmware auf SPARC-Systemen erwarteten Konventionen. In diesem Fall kann weder Linux noch irgendein anderes Betriebssystem von diesem Gerät gebootet werden. Die eigentliche OBP-Firmware kennt keine konkreten SCSI-Controller oder Grafikkarten, sondern nur die Details Ihrer CPU und die Anordnung Ihrer Speicher-SIMMs.

Also muß jedes Gerät, mit dem OBP kommunizieren soll, eine eigene Firmware haben, die beschreibt, wie das Gerät angesteuert wird. Mit dieser Firmware wird OBP mitgeteilt, wie beispielsweise ein Block von einer Festplatte an einem bestimmten SCSI-Controller gelesen werden kann.

Die Folge daraus ist, daß ein Gerät ohne passende OpenBoot-Firmware nicht zum Booten des Betriebssystems oder als Konsole verwendet werden kann.

Das ist aber keine so große Einschränkung, wie es auf den ersten Blick scheint. Alle SPARC-Systeme haben irgendein Boot-Gerät (mit der passenden Firmware) und eine Konsole onboard.

Auf PCI-UltraSPARC-Systemen unterstützt Linux eine Reihe von PCI-Geräten selbst dann, wenn diese nicht über die passende Firmware verfügen. Sie können also eine billige Ethernet-Karte in einen der PCI-Slots stecken, und Linux wird diese problemlos verwenden. Sie können nur nicht davon booten.

ANHANG G

BOOT-OPTIONEN VON LILO

Das beliebteste Verfahren, Linux auf Intel-Plattformen zu booten, ist der LInux LOader LILO, dessen Konfiguration und Verwendung im Abschnitt »LILO benutzen« in Kapitel 5 beschrieben wird. In diesem Anhang fassen wir die Optionen zusammen, die Sie in der Datei */etc/lilo.conf* und auf der Kommandozeile von */sbin/lilo* angeben können.

Kapitel 5

Die Konfigurationsdatei beginnt mit einem Abschnitt mit globalen Optionen, die im nächsten Abschnitt beschrieben werden. Globale Optionen treffen auf jedes zu bootende Betriebssystem zu, egal welches Sie dann tatsächlich booten.

Auf den globalen Abschnitt folgt für jeden Linux-Kernel ein Abschnitt mit Optionen. Es ist zwar nicht möglich, hier alle Kernel-Optionen zu beschreiben, von denen viele hardwarespezifisch sind, aber der Abschnitt »Kernel-Optionen« weiter hinten in diesem Kapitel beschreibt zumindest die gängigsten.

Schließlich enthält die Konfigurationsdatei für jedes Nicht-Linux-Betriebssystem, das LILO booten können soll, einen Abschnitt. Jeder dieser Abschnitte wird als Image-Abschnitt bezeichnet, da jeder ein anderes Kernel-Image bootet (Image ist eine Bezeichnung für eine Binärdatei, die einen Kernel enthält). Jeder Linux-Image-Abschnitt beginnt mit einer `image=`-Zeile. Die Optionen in diesen Abschnitten werden im Abschnitt »Image-Optionen« weiter hinten in diesem Kapitel beschrieben.

Globale Optionen

Neben den hier genannten Optionen können auch die Kernel-Optionen `append`, `read-only`, `read-write`, `root` und `vga` (weiter unten im Abschnitt »Kernel-Optionen« beschrieben) als globale Optionen verwendet werden:

`backup=`*`Backup-Datei`*

Kopiert den ursprünglichen Boot-Sektor nach *`Backup-Datei`* statt nach */boot/boot.nnnn*, wobei *nnnn* eine Zahl ist, die vom Festplattentyp abhängt.

`boot=`*`Boot-Gerät`*

Legt den Namen des Geräts fest, das den Boot-Sektor enthält. Der Default ist das aktuell als Root-Dateisystem gemountete Gerät wie etwa */dev/hda2*. Wenn Sie ein Gerät wie */dev/hda* (ohne die Ziffer) angeben, dann heißt das, daß LILO im Master-Boot-Record installiert werden soll; alternativ können Sie eine bestimmte Partition wie etwa */dev/hda2* angeben.

`compact`

Diese Option faßt Lesezugriffe auf nebeneinanderliegende Sektoren zusammen, um das Booten zu beschleunigen. Die Verwendung von **compact** wird besonders dann empfohlen, wenn von Diskette gebootet wird. **compact** kann zu Konflikten mit **linear** führen.

`default=`*`Name`*

Verwendet das Image *`Name`* als Default-Boot-Image. Wenn `default` nicht angegeben wird, dann wird das erste in der Konfigurationsdatei angegebene Image verwendet.

`delay=`*`Zsek`*

Gibt an, wie viele Zehntelsekunden der Boot-Loader warten soll, bevor er das Default-Image bootet. Wenn `serial` eingeschaltet ist, wird `delay` auf mindestens 20 gesetzt. Per Voreinstellung wird gar nicht gewartet.

`disk=`*`Geraete-Name`*

Definiert Parameter für das durch *`Geraete-Name`* angegebene Gerät, falls LILO sie nicht selbst herausfinden kann. Normalerweise kann LILO die Festplatten-Parameter selbst herausfinden; diese Option wird dann nicht benötigt. Wenn `disk` angegeben wird, folgen darauf eine oder mehrere Parameterzeilen wie:

```
disk=/dev/sda
  bios = 0x80  # Die erste Platte ist normalerweise 0x80, die
               # zweite normalerweise 0x81
  sectors= ...
  heads= ...
```

Beachten Sie, daß diese Option nicht das gleiche ist wie die Option `hd`, mit der ebenfalls Geometrie-Parameter von Festplatten angegeben werden. Die Information von `disk` wird an LILO übergeben, die von `hd` an den Kernel. Hier folgt eine kurze Aufstellung der Parameter, die bei `disk` angegeben werden können. Sie werden detailliert im *LILO User's Guide* beschrieben, der mit der LILO-Distribution geliefert wird.

`bios=`*`BIOS-Geraete-Code`*

Die Nummer, unter der das BIOS auf das Gerät zugreift. Siehe das obige Beispiel.

`cylinders=`*`Zylinder`*

Die Anzahl der Zylinder auf der Festplatte.

`heads=`*`Koepfe`*

Die Anzahl der Köpfe auf der Festplatte.

`inaccessible`

Teilt LILO mit, daß das BIOS die Festplatte nicht lesen kann. Damit kann verhindert werden, daß das System nicht mehr zu booten ist, weil LILO denkt, daß das BIOS die Festplatte lesen könnte.

`partition=`*`Partitionsgeraet`*

Fängt einen neuen Abschnitt für eine Partition an. Der Abschnitt enthält eine Variable, `start=`*`Partition-Offset`*, die den ersten Sektor der Partition angibt (der erste Sektor der Platte trägt die Nummer 0):

```
partition=/dev/sda1
  start=2048
```

`sectors=`*`Sektoren`*

Die Anzahl der Sektoren pro Spur.

`disktab=`*`Disktab-Datei`*

Diese Option sollte nicht mehr verwendet werden, verwenden Sie statt dessen `disk=`.

`fix-table`

Wenn diese Option angegeben wird, kann LILO 3-D-Adressen (Adressen aus Sektor, Kopf und Zylinder) in den Partitionstabellen anpassen. Das ist manchmal notwendig, wenn eine Partition nicht an einem Spuranfang beginnt und sich ein anderes Betriebssystem wie MS-DOS auf der gleichen Festplatte befindet. Nähere Details finden Sie in der Manpage zu *lilo.conf*.

`force-backup=`*Backup-Datei*

Wie `backup`, überschreibt aber eine alte Backup-Kopie, sofern vorhanden.

`ignore-table`

Weist LILO an, kaputte Partitionstabellen zu ignorieren.

`install=`*`Boot-Sektor`*

Installiert die angegebene Datei als neuen Boot-Sektor. Wenn `install` nicht angegeben wird, dann ist der Default */boot/boot.b*.

`linear`

Erzeugt anstelle von 3-D-Adressen (Sektor, Kopf, Zylinder) lineare Sektoradressen, die nicht von der Plattengeometrie abhängig sind. Wenn LILO die Geometrie Ihrer Festplatte nicht selbst herausfinden kann, dann können Sie versuchen, mit `linear` zu arbeiten; wenn das auch nicht funktioniert, müssen Sie die Geometrie mit `disk=` angeben. Beachten Sie aber, daß `linear` manchmal nicht mit Disketten funktioniert und bei Verwendung mit `compact` zu Konflikten führen kann.

`map=`*`Abbildungsdatei`*
: Gibt die Lage der Abbildungsdatei an. Der Default ist */boot/map*.

`message=`*`Meldungsdatei`*
: Gibt eine Datei mit einer Meldung an, die vor der Boot-Meldung angezeigt werden soll. Die Meldung kann einen Seitenvorschub (STRG-L) enthalten, um den Bildschirm zu löschen. Die Abbildungsdatei muß durch erneutes Ausführen des Befehls *lilo* aktualisiert werden, wenn die Meldungsdatei verschoben und geändert wird. Die maximale Länge beträgt 65 535 Bytes.

`nowarn`
: Schaltet Warnungsmeldungen ab.

`optional`
: Gibt an, daß alle Images, die beim Erzeugen der Abbildungsdatei nicht verfügbar sind, weggelassen und nicht am Boot-Prompt als Option angeboten werden sollen. Entspricht der Image-Option `optional`, gilt aber für alle Images.

`password=`*`Passwort`*
: Gibt ein Paßwort an, das der Benutzer eingeben muß, wenn ein Image geladen werden soll. Das Paßwort wird in der Konfigurationsdatei nicht verschlüsselt. Daher sollten die Rechte dieser Datei so gesetzt sein, daß nur der Superuser sie lesen kann, wenn Paßwörter verwendet werden. Diese Option entspricht der gleichnamigen Image-Version, schützt aber alle Images mit dem gleichen Paßwort.

`prompt`
: Zeigt den Boot-Prompt automatisch an, ohne daß der Benutzer SHIFT, ALT oder SCROLL LOCK drücken muß. Wenn `prompt` ohne `timeout` verwendet wird, kann das System nicht automatisch starten.

`restricted`
: Kann zusammen mit `password` verwendet werden, um festzulegen, daß das Paßwort nur dann angegeben werden muß, wenn der Benutzer Parameter auf der Kommandozeile angeben will. Entspricht der Image-Option `restricted`, gilt aber für alle Images.

`serial=`*`Parameter`*
: Läßt den Boot-Loader auf Eingaben sowohl von der Tastatur als auch von einer seriellen Schnittstelle warten. Ein Break-Zeichen auf der seriellen Leitung entspricht dem Drücken der SHIFT-Taste auf der Konsole, um die Aufmerksamkeit des Boot-Loaders zu bekommen. Wenn der serielle Zugang nicht gesichert ist (beispielsweise, weil die Leitung mit einem Modem verbunden ist), dann sollten alle Images paßwortgesichert sein. Wenn `serial` verwendet wird, wird der Wert von `delay` automatisch auf 20 (2 Sekunden) heraufgesetzt, wenn er kleiner ist. Der Parameterstring *`parameter`* hat die folgende Syntax:

```
port[,bps[parity[bits]]]
```

Beispielsweise können Sie die serielle Schnittstelle COM1 folgendermaßen mit den Defaultparametern initialisieren:

```
serial=0,2400n8
```

Die Parameter haben folgende Bedeutung:

`port`
: Die Portnummer der seriellen Schnittstelle. Der Default ist 0, was COM1 (*/dev/ttyS0*) entspricht. Der Wert kann zwischen 0 und 3 liegen (für die vier möglichen seriellen Schnittstellen).

`bps`
: Die Baud-Rate der seriellen Schnittstelle. Zulässige Werte sind: 110, 300, 1200, 2400, 4800, 9600, 19200 und 38400. Der Default beträgt 2400 bps.

`parity`
: Die auf der seriellen Leitung verwendete Parität: `n` und `N` stehen für keine Parität, `e` und `E` stehen für gerade Parität, und `o` und `O` stehen für ungerade Parität. Der Boot-Loader ignoriert allerdings die Parity der Eingaben und entfernt das achte Bit.

`bits`
: Gibt an, ob ein Zeichen 7 oder 8 Bits enthält. Der Default ist 8, wenn keine Parität eingestellt ist, und sonst 7.

`timeout=`*`Zsek`*
: Legt einen Timeout (in Zehntelsekunden) für Tastatureingaben fest. Wenn in der angegebenen Zeit keine Taste gedrückt wurde, wird automatisch das Default-Image gebootet. `timeout` wird auch verwendet, wenn auf die Eingabe eines Paßwortes gewartet wird. Der Default ist beliebig langes Warten.

`verbose=`*`Ebene`*
: Schaltet Informationsausgaben an; höhere Werte für *`Ebene`* ergeben auch mehr Ausgaben. Wenn `-v` auch auf der Kommandozeile angegeben wird, dann wird die Ebene mit jedem `-v` um eins erhöht. Das Maximum ist 5.

Image-Optionen

Die folgenden Optionen gelten jeweils für ein bestimmtes Image.

`alias=`*`name`*
: Gibt einen alternativen Namen für ein Image an, der neben dem mit der Option `label` angegebenen Namen verwendet werden kann.

`image=`*`Pfadname`*
: Gibt die Datei oder das Gerät an, die oder das das Boot-Image eines bootbaren Linux-Kernels enthält. Jeder Image-Abschnitt, der einen bootbaren Linux-Kernel angibt, beginnt mit einer `image`-Option. Siehe auch `range`.

`label=`*`Name`*
: Gibt den Namen an, der für dieses Image am Boot-Prompt verwendet wird. Der Default ist der Dateiname der Image-Datei (ohne den Pfad).

`loader=`*`Chain-Loader`*
: Bei Nicht-Linux-Betriebssystemen wird hier der Chain-Loader angegeben, an den LILO die Kontrolle zum Booten des Betriebssystems übergeben soll. Der Default ist */boot/chain.b*. Wenn das System von einem Gerät gebootet wird, das weder die erste Festplatte noch ein Diskettenlaufwerk ist, dann muß der Chain-Loader angegeben werden.

`lock`
: Weist LILO an, die Boot-Kommandozeile zu speichern und für zukünftige Boot-Vorgänge als Default zu verwenden, bis eine neue Boot-Kommandozeile angegeben wird. `lock` ist nützlich, wenn Sie bei jedem Booten des Systems einige Optionen auf der Boot-Kommandozeile angeben müssen.

`optional`
: Gibt an, daß das Image weggelassen werden soll, wenn es während des Erzeugens der Abbildungsdatei durch den Befehl *`lilo`* nicht verfügbar ist. Das ist nützlich, um Test-Kernel anzugeben, die nicht immer vorhanden sind.

`password=`*`Passwort`*
: Gibt an, daß das Image paßwortgeschützt sein soll, und legt das Paßwort fest, das der Benutzer beim Booten angeben muß. Das Paßwort wird in der Konfigurationsdatei nicht verschlüsselt. Wenn Sie also Paßwörter verwenden, sollte nur der Superuser die Konfigurationsdatei lesen können.

`range=`*`Sektoren`*
: Wird zusammen mit der Option `image` verwendet, wenn diese ein Gerät angibt (z.B. `image=`*/dev/fd0*), um den Sektorenbereich festzulegen, der in der Abbildungsdatei aufgeführt werden soll. *`Sektoren`* können entweder als Bereich *`Anfang-Ende`* oder als *`Anfang`*`+`*`Groesse`* angegeben werden, wobei *`Anfang`* und *`Ende`* bei null beginnende Sektorennummern sind und *`Groesse`* die Anzahl der hinter *`Anfang`* zu verwendenden Sektoren angibt. Wenn nur *`Anfang`* angegeben wird, wird auch nur dieser eine Sektor abgebildet. Ein Beispiel:

```
image = /dev/fd0
  range = 1+512   # 512 Sektoren ab Sektor 1
```

`restricted`
: Gibt an, daß ein Paßwort zum Booten des Images nur dann benötigt wird, wenn Boot-Parameter auf der Kommandozeile angegeben wurden.

`table=`*Geraet*
: Gibt für Nicht-Linux-Betriebssysteme an, welches Gerät die Partitionstabelle enthält. Wenn `table` nicht angegeben wird, übergibt der Boot-Loader keine Partitionsinformationen an das zu bootende Betriebssystem. Beachten Sie, daß

/sbin/lilo erneut ausgeführt werden muß, wenn die Partitionstabelle verändert wurde. Diese Option kann nicht zusammen mit `unsafe` verwendet werden.

`unsafe`
: Kann im Image-Abschnitt für ein anderes Betriebssystem als Linux verwendet werden, um anzugeben, daß nicht auf den Boot-Sektor zugegriffen werden soll, wenn die Abbildungsdatei erzeugt wird. Wenn `unsafe` angegeben wird, werden einige Sicherheitsüberprüfungen nicht durchgeführt. Das kann nützlich sein, wenn der Befehl *lilo* verwendet werden soll, ohne eine Diskette einzulegen, wenn der Boot-Sektor sich auf einem Diskettenlaufwerk mit festem Format befindet. Diese Option kann nicht zusammen mit `table` verwendet werden.

Kernel-Optionen

Die folgenden Kernel-Optionen können sowohl in */etc/lilo.conf* als auch auf der Boot-Kommandozeile angegeben werden.

`append=`*`String`*
: Hängt die in *`String`* angegebenen Optionen an die an den Kernel übergebene Parameterzeile an. Dies wird normalerweise verwendet, um bestimmte Hardwareparameter anzugeben. Wenn Ihr System beispielsweise mehr als 64 MB an Hauptspeicher hat (also mehr, als Ihr BIOS erkennen kann), können Sie `append` verwenden:

```
append = "mem=128M"
```

`initrd=`*`Dateiname`*
: Gibt die Datei an, die nach */dev/initrd* geladen werden soll, wenn mit einer RAM-Disk gebootet wird. Lesen Sie dazu auch bei den Optionen `load_ramdisk`, `prompt_ramdisk`, `ramdisk_size` und `ramdisk_start` nach.

`literal=`*`String`*
: Wie `append`, ersetzt aber alle anderen Boot-Optionen des Kernels.

`noinitrd`
: Erhält den Inhalt von */dev/initrd*, so daß dieser nach dem Booten des Kernels gelesen werden kann.

`prompt_ramdisk=`*`n`*
: Gibt an, ob der Kernel Sie auffordern soll, eine Diskette mit dem Image für die RAM-Disk für die Installation von Linux einzulegen. Die folgenden Werte sind möglich:

0
: Nicht auffordern. Wird normalerweise verwendet, wenn der Kernel und das Image für die RAM-Disk auf eine Diskette passen.

1
: Auffordern. Dies ist der Default.

`ramdisk=`*`Groesse`*
: Veraltet, sollte nicht mit Kerneln neuer als 1.3.48 verwendet werden. Für neuere Kernel stehen die Optionen `load_ramdisk`, `prompt_ramdisk`, `ramdisk_size` und `ramdisk_start` zur Verfügung.

`ramdisk_size=`*`n`*
: Gibt die Größe in KB an, die der RAM-Disk zugewiesen werden soll. Der Default ist 4096, also 4 MB.

`ramdisk_start=`*`Position`*
: Wird für eine Linux-Installation verwendet, bei der sowohl der Kernel als auch das Image für die RAM-Disk auf der gleichen Diskette liegen. *`Position`* gibt die Position auf der Diskette (in KB) an, ab der das Image für die RAM-Disk beginnt.

`root=`*`Root-Geraet`*
: Gibt das Gerät an, das als Root-Dateisystem gemountet werden sollte. Wenn als Parameter `current` verwendet wird, dann wird als Root-Gerät das Gerät verwendet, das derzeit als Root-Dateisystem gemountet ist. Der Default ist die Einstellung im Kernel-Image.

`vga=`*`Modus`*
: Gibt den VGA-Textmodus an, der beim Booten verwendet werden soll. Der Default ist der VGA-Modus, der im Kernel-Image steht. Auf die Groß- und Kleinschreibung der Werte kommt es nicht an. Folgende Werte sind möglich:

  `ask`
  : Fragt den Benutzer nach dem Textmodus. Wenn hier die Eingabetaste gedrückt wird, wird eine Liste aller verfügbaren Modi angezeigt.

  `extended (oder ext)`
  : Wählt den 80x50-Textmodus aus.

  `normal`
  : Wählt den normalen 80x25-Textmodus aus.

  `Nummer`
  : Verwendet den Textmodus *`Nummer`*. Eine Liste aller Modi Ihrer Grafikkarte bekommen Sie durch Booten mit `vga=ask` und Betätigen der Eingabetaste.

Befehlsoptionen von lilo

Die folgende Liste nennt die Kommandozeilenoptionen von *lilo*. Es können mehrere Optionen getrennt voneinander angegeben werden:

```
% lilo -q -v
```

`-C` *`Konfigurationsdatei`*
: Gibt eine Alternative für die Default-Konfigurationsdatei an. *lilo* verwendet die Konfigurationsdatei, um zu bestimmen, welche Dateien bei der Installation von LILO abgebildet werden sollen.

`-I` *`Label`*
: Gibt den Pfad zum Kernel-Image, das *`Label`* entspricht, auf der Standardausgabe aus. Wenn kein passendes Label gefunden wird, wird eine Fehlermeldung ausgegeben. Ein Beispiel:

```
% lilo -I linux
/boot/vmlinuz-2.0.34-0.6
```

`-q`
: Gibt die derzeit abgebildeten Dateien aus. *lilo* verwaltet eine Datei (defaultmäßig */boot/map*), die den Namen und die Position des oder der zu bootenden Kernel enthält. Wenn *lilo* mit dieser Option gestartet wird, werden die Namen der Dateien in der Abbildungsdatei auf der Standardausgabe ausgegeben. Zum Beispiel:

```
% lilo -q
linux             *
test
```

Der Stern zeigt an, daß `linux` der Default ist.

`-r` *`Wurzel-Verzeichnis`*
: Gibt an, daß *lilo* als allererstes ein `chroot` in das angegebene Verzeichnis ausführen soll. Das kann verwendet werden, um eine Installation mit Hilfe einer Boot-Diskette zu reparieren. Sie können von der Diskette booten, lassen *lilo* aber die Dateien von der Festplatte verwenden. Wenn Sie beispielsweise die beiden folgenden Befehle ausführen:

```
% mount /dev/hda2 /mnt
% lilo -r /mnt
```

dann holt sich *lilo* die benötigten Dateien von der Festplatte.

`-R` *`Kommandozeile`*
: Legt die Default-Kommandozeile fest, die der Boot-Loader beim nächsten Booten verwenden soll. Dieser Befehl wird einmal ausgeführt und dann vom Boot-Loader entfernt. Diese Option wird üblicherweise in Reboot-Skripten unmittelbar vor dem Aufruf von `shutdown -r` verwendet.

`-t`
: Testmodus. Es wird weder ein neuer Boot-Sektor noch eine neue Abbildungsdatei geschrieben. Kann zusammen mit `-v` verwendet werden, um herauszufinden, was *LILO* normalerweise tun würde.

`-u` *`Geraete-Name`*
: Deinstalliert *LILO*, indem der gesicherte Boot-Sektor in */boot/boot.nnnn* nach Überprüfung des Zeitstempels restauriert wird. *`Geraete-Name`* ist der Name des Gerätes, auf dem LILO installiert ist, wie zum Beispiel */dev/hda2*.

`-U` *`Geraete-Name`*
: Wie `-u`, überprüft aber nicht den Zeitstempel.

`-v`
: Ausführliche Ausgaben.

`-V`
: Gibt die Versionsnummer von *LILO* aus.

ZMODEM-DATEIÜBERTRAGUNG

Das Protokoll Zmodem, das aus den älteren und einfacheren Protokollen Xmodem und Ymodem entstand, ist ein robustes und schnelles Protokoll für die Datenübertragung. Es benutzt 32-Bit-CRC (Cyclic Redundancy Checking), um einen fehlerfreien Datentransfer sicherzustellen. Auf Unix-Systemen stellt das Paket RZSZ das am weitesten verbreitete Tool für die Implementierung des Zmodem-Protokolls dar. Verwandte Protokolle wie Xmodem und Ymodem werden durch Befehle unterstützt, die Bestandteil des RZSZ-Pakets sind.

Das aktuelle Paket RZSZ enthält folgende Befehle:

rz
: Empfängt Dateien mit dem Batch-Protokoll (Stapelverarbeitungsprotokoll) von Zmodem. Wenn das sendende Programm innerhalb von 50 Sekunden keine Zmodem-Protokolldateien schickt, wechselt *rz* in den *rb*-Modus.

rb
: Empfängt Dateien mittels des Ymodem- oder Ymodem-G-Protokolls. *rb* ist eine andere Möglichkeit, den Befehl *rz* aufzurufen.

rx
: Empfängt eine Datei mittels des Xmodem-Protokolls.

sz
: Sendet Dateien unter Benutzung des Batch-Protokolls von Zmodem.

sb
: Sendet Dateien unter Verwendung eines der Protokolle Ymodem oder Ymodem-G. *sb* ist eine andere Möglichkeit, den Befehl *sz* aufzurufen.

sx
: Sendet eine Datei unter Verwendung des Xmodem-Protokolls.

sz beherrscht die automatische Dateiübertragung als Antwort auf eine eingehende *rz*-Anforderung, und *rz* verarbeitet übertragene Ymodem- oder Zmodem-Dateien automatisch. *sz* kann außerdem als Filter benutzt werden, um die Standardeingabe an den empfangenden Rechner zu leiten.

Die RZSZ-Tools zeigen Informationen zur Dateiübertragung an – darunter auch die voraussichtliche Übertragungszeit, das Wiederaufsetzen nach Unterbrechungen, das Erkennen von Wildcards bei der Auswahl von Dateien sowie die Benachrichtigung des Benutzers bei Übertragungsende. Da die meisten bekannten Terminal-Programme für PCs (Professional-YAM, ZCOMM, ProComm, Telix und etliche andere) das Zmodem-Protokoll unterstützen, ist es mit dem Paket RZSZ sehr einfach, Dateien zwischen Linux-Systemen und MS-DOS, Macintosh, VMS sowie anderen Betriebssystemen zu übertragen.

Interessanterweise enthalten einige Linux-Distributionen zwar die Befehle *sz* und *rz*, jedoch fehlen eventuell einige Teile des Pakets (einschließlich der Manpages). Wir nennen deshalb im nächsten Abschnitt einige FTP-Archive, aus denen Sie das komplette Paket beziehen können.

In der Mehrzahl aller Fälle werden Sie Xmodem oder Ymodem nicht brauchen, deshalb beschränken wir uns auf die Fähigkeiten von *sz* und *rz*.

RZSZ besorgen

Das Paket RZSZ gehört nicht ausdrücklich zu den Linux-Tools; deshalb kann es sein, daß Sie keine komplette Zusammenstellung des Pakets speziell für Linux finden. Wir waren allerdings in der Lage, eine Reihe von Archiven aufzuspüren, in denen das Paket für verschiedene Betriebssysteme angeboten wird, wie etwa das Unterverzeichnis mit NetBSD-Paketen namens *lrzsz* unter *ftp://ftp.cs.umn.edu.*

Die wichtigste Quelle für die aktuellsten RZSZ-Versionen ist das von Chuck Forsberg von Omen Technology, Inc. verwaltete Verzeichnis */pub/zmodem* auf *ftp.cs.pfx.edu.*

Omen Technology (*http://www.omen.com*) bietet ein gedrucktes Handbuch für das eigene RZ/SZ-Paket an (wie auch detaillierte Dokumentation für das PC-Terminal-Emulationspaket Professional-YAM), das Sie sich besorgen können, falls die Manpages nicht ausreichen. Sie können diese Pakete auf Shareware-Basis von der Webseite herunterladen (d.h., es wird erwartet, daß Sie eine kleine Gebühr entrichten). Für registrierte Benutzer steht auch technische Unterstützung zur Verfügung. Die Firma Omen Technology berichtet, daß fast alle auflaufenden technischen Probleme mit RZSZ durch das Netzwerk, Betriebssystemfehler oder Probleme mit anderen Programmen, aber nicht durch RZ/SZ selbst hervorgerufen werden.

Dateien senden und empfangen

Die übliche Methode, *sz* zu benutzen, ist das Herstellen einer Verbindung zum entfernten System mit anschließendem Einloggen. Danach rufen Sie *sz* mit den passenden Flags auf, und Zmodem wird automatisch die angeforderten Dateien auf Ihr System übertragen – die Dateinamen bleiben erhalten. (Die Zmodem-Tools sind im Umgang mit Dateinamen nicht sehr clever; falls Sie also Dateien auf ein MS-DOS-System übertragen, müssen Sie aufpassen, wenn die Dateinamen nicht in das 8.3-Schema von MS-DOS passen. Wenn Sie eine Datei namens *filename.extension* übertragen, wird sie als *filename.ext* auf Ihrem MS-DOS-Rechner eintreffen; das sollte keine Probleme bereiten. Wenn Sie allerdings versuchen, die Datei *filename.more.extension* zu übertragen, werden die meisten Zmodem-Utilities versagen; wahrscheinlich erhalten Sie eine irreführende Nachricht mit dem Inhalt, daß die Übertragung beendet wurde.)

Einer der verwirrendsten Punkte bei Zmodem-Übertragungen ist erreicht, wenn Sie entscheiden müssen, mit welchem Befehl Sie die Übertragung starten sollen. Sie müssen berücksichtigen, auf welchem System Sie den Befehl eingeben und auf welchem System die zu übertragenden Dateien stehen. Eine logische Methode für Zmodem-Übertragungen ist es, die Übertragung immer auf dem fremden Rechner zu starten – egal, ob Sie einen Upload planen (Dateien an den fremden Rechner senden) oder einen Download (Dateien vom fremden Rechner empfangen). Ein Beispiel: Nehmen wir an, daß Sie in den fremden Rechner eingeloggt sind (mit C-Kermit, ProComm usw.) und daß Sie vom fremden Rechner einige Textdateien auf Ihr eigenes System übertragen möchten. Geben Sie dazu etwa folgendes ein:

```
$ sz -a *.txt
```

sz stellt die Dateien in eine Warteschlange und schickt sie dann nacheinander an das lokale System. Die Option *–a* steht für ASCII und stellt sicher, daß die Codes für Zeilenende (CR) und Newline so interpretiert werden, wie es für das empfangende System korrekt ist.

Wenn Sie andererseits einige Dateien an den fremden Rechner senden (d.h. auf dem fremden Rechner empfangen) möchten, dann geben Sie einfach ein:

```
$ rz
```

Das Remote-System schickt dann etwa folgenden Prompt:

```
rz ready to begin transfer, type "sz file …" to your modem program
**B0100000023be50
```

rz wartet geduldig, bis Sie auf das lokale System wechseln und dort einen Zmodem-Sendebefehl eingeben; Sie können dazu *sz* selbst oder Ihre gewohnte Software benutzen. Wenn Sie beispielsweise ProComm benutzt haben, um den fremden Rechner anzurufen, müssen Sie PAGE UP (Bild nach oben) drücken und dann aus dem Pop-up-Menü den Punkt ZMODEM wählen; geben Sie anschließend die Namen der zu übertragenden Dateien in die ProComm-Eingabezeile ein.

Wenn Sie Dateien mit dem Zmodem-Protokoll von einem Macintosh-System auf ein Unix- oder Linux-System übertragen wollen, müssen Sie daran denken, daß Unix/Linux keine Dateinamen akzeptiert, die Leerstellen enthalten.

Der folgende Befehl prüft einige Textdateien und überträgt dann nur die *.txt*- und *.doc*-Dateien, die auf beiden System vorhanden und außerdem auf dem sendenden System neuer sind. Die meisten Zmodem-Pakete nehmen die Umwandlung von Unix-Newline-Zeichen in DOS-artige Zeilenende/Zeilenvorschub-Zeichen automatisch vor.

```
$ sz -Yan *.txt *.doc
```

In vielen (aber leider nicht allen) Versionen können Sie die Ausgabe eines Befehls auf dem fremden Rechner mit dem »Bindestrich«-Argument (*sz –*) in einer Pipe an *sz* schicken, und *sz* wird die Datei automatisch an Sie weitersenden. Der Dateiname für die Ausgabe wird gebildet, indem der Prozeß-ID des Prozesses, der die Standardeingabe an *sz* leitet, ein *s* vorangestellt wird; an das Ende des Dateinamens wird ein *.sz* angehängt. Wenn Sie beispielsweise die Manpage zum Befehl *sz. 1* des Remote-Systems (natürlich gibt es verschiedene Versionen der Software) ausdrucken lassen möchten, könnten Sie eingeben:

```
man sz | col -b | sz -
```

Dabei entfernt die Option `col -b` alle Formatierungen, die der Befehl *man* in die formatierte Ausgabe eingefügt hat, um Bereiche des Textes auf dem Bildschirm hervorzuheben. Das Bindestrich-Argument weist *sz* an, die Datei an Ihr lokales System zu schicken. Wenn Sie die Verbindung unterbrechen und nachsehen, werden Sie die Datei wahrscheinlich unter einem Namen wie */tmp/s7750.sz* vorfinden. (Das Verzeichnis */tmp* ist unter allen Kommunikationsprogrammen das am häufigsten benutzte Verzeichnis für den Empfang von Dateien – es sei denn, das aktuelle Verzeichnis wird benutzt.)

Zusammenfassung der Optionen zu rz und sz

Wegen des traurigen Zustands, in dem sich die RZSZ-Dokumentation in den Standard-Linux-Distributionen befindet, und weil die RZSZ-Tools keine Online-Hilfe kennen, haben wir für Sie Zusammenfassungen der wichtigen Flags erstellt, die Sie für den Einsatz des Zmodem-Protokolls bei der Dateiübertragung brauchen. Trotzdem sollten Sie sich die Manpages und eventuell weitere Dokumentation aus einem FTP-Archiv oder BBS besorgen; siehe auch den Abschnitt »RZSZ besorgen«. Wenn Sie RZSZ schon von anderen Systemen her kennen, sollten Sie darauf achten, daß die Utilities verändert worden sein könnten, um zusätzliche Features zu unterstützen oder Standard-Features abzuschalten. Lesen Sie die lokale Dokumentation.

Das Hilfsprogramm *rz* akzeptiert folgende Flags:

-+
: Hängt eine Datei an eine vorhandene Datei gleichen Namens an, statt sie zu überschreiben.

-a
: Empfängt ASCII-Text. Wandelt Dateien entsprechend den Unix-Konventionen um, indem alle Zeilenenden sowie alle Zeichen entfernt werden, die mit einem STRG-Z beginnen (dem Dateiende-Zeichen für das Betriebssystem CP/M).

-b
: Empfängt Binärdaten. Legt die Datei exakt so ab, wie sie empfangen wurde.

-D
: Speichert die Ausgabe nicht ab. Schickt alle Daten nach */dev/null*; dies ist nützlich für Tests.

-e
: Stellt allen Kontrollcodes einen Backslash voran. Zwingt das sendende Zmodem-Programm, alle vorgefundenen Kontrollcodes mit einem Backslash zu versehen, darunter auch XON, XOFF, DLE und STRG-X.

-p
: Schützt die Zieldateien. Unterbindet die Zmodem-Übertragung, wenn bereits eine Zieldatei mit demselben Namen existiert. (Beachten Sie, daß mit dieser Option eine unterbrochene Übertragung nicht mehr fortgesetzt werden kann.)

-q
: Stille Übertragung. Unterdrückt Nachrichten an die Standardausgabe.

-t *n*
: Ändert den Timeout-Wert auf *n* Zehntelsekunden.

-v
: Ausführlich. Nicht wie das übliche »verbose« bei Unix-Utilities. Dieses Flag bewirkt, daß eine Liste aller übertragenen Dateinamen an eine Logdatei angehängt wird; normalerweise ist das */tmp/rzlog*. Wenn das Flag *-v* mehr als einmal angegeben wird, erscheinen weitere Informationen ebenfalls in der Logdatei.

Kommen wir zu *sz*. Die meisten *sz*-Optionen werden einfach an das empfangende Programm weitergereicht, das dann die entsprechende Funktion ausführt. Nicht alle Programme, die Zmodem-Daten empfangen, sind in der Lage, die angeforderten Optionen zu erfüllen. Wenn *sz* aufgerufen wird, während die Umgebungsvariable `$SHELL` mit einer eingeschränkten Shell belegt ist (beispielsweise *rsh*), schränkt *sz* die Pfadnamen auf das aktuelle Verzeichnis und auf den Inhalt der Variablen

`$PUBDIR` (falls diese belegt ist) sowie die Unterverzeichnisse derselben ein; dies wird oft mit UUCP angewendet.

Die gebräuchlichsten Optionen von *sz* haben folgende Bedeutung:

-+

Anhängen. Das empfangende Zmodem-Programm soll die übertragenen Daten an eine existierende Datei anhängen.

-a

Übertragung einer Textdatei. Jedes Newline-Zeichen (Unix-Stil) wird in der übertragenen Datei in eine Zeilenende/Zeilenvorschub-Kombination (DOS-Stil) umgewandelt.

-b

Binäre Übertragung. Die Datei soll ohne irgendeine Konvertierung übertragen werden, und auch das empfangende Zmodem-Programm soll keine Konvertierung vornehmen.

-d

Pfad teilen. Dadurch wird versucht, Unterschiede in der Handhabung von Datei- und Pfadnamen zwischen verschiedenen Systemen zu kompensieren. (Allerdings ist es sicherer, Dateien vor der Übertragung umzubenennen.) Alle Punkte (.) in einem Dateinamen werden zu Trennzeichen für Verzeichnisse/Unterverzeichnisse im empfangenen Pfadnamen konvertiert. (Unter Unix werden daraus Schrägstriche (/), unter DOS Backslashes (\). Ein Beispiel: Eine Datei namens *foobar.bazbuzzy* wird als *foobar/bazbuzzy* übertragen.) Wenn der eigentliche Dateiname mehr als acht Zeichen hat, wird ein Punkt eingefügt, um Dateinamen nach dem DOS-Schema 8.3 zu erhalten. Ein Beispiel: Eine Unix-Datei namens *foo.barbazbuzzy* würde als *foo/barbazbuzzy* übertragen, aber beim Empfang durch ein Zmodem-Programm unter DOS würde die Datei als *foo\barbazbu.zzy* abgelegt werden. (Wenn der Dateiname noch länger ist, und das empfangende Programm kann diese Länge nicht verarbeiten, wird der Dateiname auf die erlaubte Länge zurechtgestutzt – wie, das hängt von der »Intelligenz« des empfangenden Zmodem-Programms unter DOS ab.)

-e

Kontrollcodes mit einem Backslash versehen.

-f

Voller Pfadname. Verzeichnisnamen werden normalerweise weggelassen; hiermit bewirken Sie, daß der komplette Pfadname im übertragenen Dateinamen enthalten ist.

-L `bytes`

Setzt die Subpaketlänge für Zmodem (in Bytes). (Dabei handelt es sich nicht um Xmodem, Ymodem oder Kermit-Pakete.) Die Voreinstellung ist 128 Bytes unter 300 Baud, 256 Bytes oberhalb von 300 Baud und 1024 Bytes bei mehr als

2400 Baud. Ein größeres Paket ermöglicht einen etwas höheren Durchsatz, aber bei kleinen Paketen geschieht die Fehlerkorrektur schneller. Bei modernen Modems mit Hardware-Fehlerkorrektur lohnt es sich nicht, mit dieser Option zu experimentieren.

-l `anzahl`
: Setzt die Paketlänge in Bytes. Der Empfänger bestätigt den korrekten Empfang nach jeweils `anzahl` Bytes, wobei `anzahl` zwischen 32 und 1024 liegen kann. Damit vermeiden Sie einen Überlauf, wenn zwischen den beiden Systemen keine XOFF-Flußkontrolle stattfindet.

-n
: Neuere Datei erhalten. Überträgt eine Datei, wenn es keine Zieldatei mit demselben Namen gibt; überschreibt die Zieldatei nur dann, wenn die Quelldatei neuer als die Zieldatei ist.

-N
: Neuere oder längere Datei erhalten. Überträgt eine Datei, wenn es keine Datei mit demselben Namen gibt; überschreibt die Zieldatei nur dann, wenn die Quelldatei neuer oder länger als die Zieldatei ist.

-p
: Zieldateien schützen. Überträgt eine Datei nicht, wenn die Zieldatei bereits existiert.

-q
: Stille Übertragung. Es werden keine Meldungen an die Standardfehlerausgabe gegeben.

-r
: Wiederaufnahme. Eine unterbrochene Dateiübertragung wird fortgesetzt. Wenn die Quelldatei länger ist als die Zieldatei, beginnt die Übertragung an der Stelle der Quelldatei, die der Länge der Zieldatei entspricht. (Einige Zmodem-Empfangsprogramme schalten automatisch in diesen Modus.)

-t `anzahl`
: Timeout. Setzt den Timeout-Wert auf `anzahl` Zehntelsekunden.

-u
: Hebt nach erfolgreicher Übertragung die Datei-Links auf. Dies stellt eine bequeme Methode dar, Dateien in einem Verzeichnis zu »sammeln«, aus dem sie übertragen werden können.

-w `bytes`
: Fenstergröße. Beschränkt das Übertragungsfenster auf die genannte Anzahl von Bytes, um Flußkontrolle zu erzwingen und die Pufferung einzuschränken.

-v

Ausführlich. Fügt die Liste der übertragenen Dateinamen an die Logdatei */tmp/szlog* an. Mehrere *-v*-Optionen bewirken, daß weitere Informationen über den Transfer an die Datei angehängt werden.

-y

Ja, überschreibe. Weist das empfangende Zmodem-Programm an, existierende Dateien mit demselben Namen zu überschreiben.

-Y

Ja, überschreibe, aber... Weist das empfangende Zmodem-Programm an, existierende Dateien mit demselben Namen zu überschreiben, aber keine Quelldateien zu übertragen, die unter demselben Pfadnamen auf dem Zielsystem existieren.

Einige Hinweise zur Benutzung von Zmodem

Sie können *sz* in einem speziellen Testmodus aufrufen:

```
$ sz -TT
```

Bei diesem Aufruf zeigt *sz* alle 256 8-Bit-Zeichencodes auf Ihrem Terminal an. Wenn Sie Probleme haben, Dateien intakt zu übertragen, können Sie mit diesem Befehl herausfinden, welche Zeichencodes von den Betriebssystemen ausgewertet werden.

Der Aufruf eines RZSZ-Hilfsprogramms durch die meisten Versionen von *cu* unter Unix wird normalerweise nicht klappen, weil die meisten *cu*-Implementierungen mit den RZSZ-Tools um die Zeichen vom Modem konkurrieren. (C-Kermit kann neuerdings anscheinend benutzt werden, aber das haben wir noch nicht ausprobiert.)

Weitere interessante Pakete

Auf den meisten Linux-Systemen sind verschiedene andere Pakete installiert, die Sie vielleicht benutzen möchten. In den entsprechenden HOWTO- und sonstigen Dokumentationsdateien finden Sie Informationen über diese Pakete.

Das Hilfsprogramm *term* ist ein Client/Server-System, mit dessen Hilfe Sie Ihre serielle Leitung »multiplexen« können – d.h., daß Sie über eine einzige Wählleitung mehrfach einloggen können. *term* gestattet außerdem, Netz-Clients (wie z.B. Telnet, FTP und Netscape Navigator) über die serielle Leitung zu betreiben. Sie können *term* sogar benutzen, um fremde X Window System-Clients auf Ihrem lokalen System darzustellen. Sie haben also beispielsweise die Möglichkeit, gleichzeitig eine X-Sitzung auf einem fremden Rechner zu starten, Dateien auf Ihr System herunterzuladen und E-Mail zu verschicken. Diese Fähigkeiten lassen sich am besten mit einem High-Speed-Modem nutzen; mit 28 800 bps (möglichst nach dem Standard V.34) läßt es sich bequem arbeiten.

Kapitel 15

term hat gewisse Ähnlichkeiten mit PPP (siehe den Abschnitt »Einwählverbindungen mit PPP« in Kapitel 15), aber *term* kann auch von einem normalen Benutzer ausgeführt werden – Sie brauchen also keine **root**-Berechtigung auf einem der Systeme oder ein spezielles Wählprogramm für PPP.

Sie müssen sich in einen Shell-Account auf einem Unix-System einwählen können, um *term* zu benutzen. Kompilieren Sie die *term*-Software sowohl auf dem Unix-System als auch auf Ihrem Linux-Rechner. Wählen Sie sich dann in das andere System ein, und rufen Sie dort *term* auf; es wird anschließend die Datenübertragung über Ihre Wählverbindung erledigen. Auf dem lokalen Rechner lassen Sie Ihr Kommunikationsprogramm im Hintergrund laufen und rufen *term* auf, um die Wählverbindung von Ihrem Linux-System aus zu kontrollieren. Die beiden *term*-Programme kommunizieren dann über die Modemleitung miteinander.

Um auf der Leitung, die von *term* kontrolliert wird, in den fremden Rechner einzuloggen, können Sie *trsh* benutzen. Damit starten Sie über die Modemleitung eine Shell auf dem Remote-System. Sie können *trsh* mehrfach aufrufen (in verschiedenen Fenstern oder auf mehreren virtuellen Konsolen) und z.B. mehrere Login-Sitzungen auf dem fremden System starten.

Sie können verschiedene Netz-Clients zusammen mit *term* benutzen (darunter Telnet, FTP, Mail-Programme usw.). Die Clients müssen für die Zusammenarbeit mit *term* kompiliert werden; viele solcher Clients stehen unter Linux zur Verfügung. Damit diese Clients funktionieren, muß das fremde System eine Verbindung zum Internet haben (oder zu einem anderen LAN) – alle Netzanfragen werden über die Modemleitung an den fremden Rechner geschickt. Auf diese Weise schaffen Sie für Ihren Rechner quasi einen Anschluß an das Netz; Sie können direkt von Ihrem Linux-System aus per *telnet* oder *ftp* jedes andere System im Internet ansprechen. Auch der WWW-Browser Netscape Navigator, der im Abschnitt »Netscape Navigator« in Kapitel 16 besprochen wurde, arbeitet mit *term* zusammen.

Kapitel 16

Zwei andere Pakete sollen noch erwähnt werden. *pcomm* ist ein Paket für die Datenkommunikation, das bewußt dem DOS-Paket ProComm nachempfunden wurde – dem beliebtesten Kommunikationspaket für DOS. *Seyon* bietet eine Reihe von umfangreichen Tools für Terminal-Emulation und Datenübertragung.

Sollten wir Ihr Lieblingsprogramm für die Dateiübertragung oder die Datenkommunikation vergessen haben, möchten wir uns dafür entschuldigen; es handelt sich hierbei um einen Bereich, in dem Linux eine geradezu peinliche Vielfalt an Tools bietet. Andererseits ist es uns in diesem Anhang gelungen, Sie von Ihren einfacheren Tools wegzubringen und Ihre Aufmerksamkeit auf die leistungsfähigeren Programme zu lenken.

LITERATURVERZEICHNIS

Handbücher aus dem Linux Documentation Project

[1] *Linux Installation and Getting Started.* Matt et. al Welsh. 1992-1994.

Ein Anwenderhandbuch für Linux und ein Prototyp für das vorliegende Buch. Das Handbuch richtet sich vor allem an Unix-Anfänger und enthält deswegen nicht so ein breites Informationsspektrum wie dieses Buch. Wenn Sie ein Unix-Neuling sind und weitere Informationen benötigen, dann ist *Linux Installation and Getting Started* ein guter Ausgangspunkt.

[2] *Linux Users' Guide.* Larry Greenfield. 1993-1994.

Eine Einführung in die wichtigsten Befehle und Programme, die Leute unter Linux verwenden. Beschränkt sich nicht auf die gängigen Unix-Hilfsprogramme und die Verwendung der Shell (auch wenn Sie in diesen Bereichen wichtige Informationen finden werden), sondern behandelt auch einen großen Teil der Tätigkeiten, die Sie unter Unix ausführen werden, wie etwa das Hantieren mit Fenstern unter dem X Window System und die Verwendung der Editoren vi und Emacs. Das Buch ist besonders hilfreich für Leute, die Unix oder X vorher noch nicht verwendet haben.

[3] *The Linux System Administrator's Guide.* Lars Wirzenius. 1995.

Dies ist ein Handbuch zur Pflege und Konfiguration eines Linux-Systems. Es gibt viele Aufgaben aus dem Bereich der Systemadministration, die Linux-spezifisch sind, wie etwa die Benutzerunterstützung, die Pflege der Dateisysteme, Backups und vieles andere mehr. Dieser Führer behandelt viele dieser Tätigkeiten.

[4] *Linux – Wegweiser für Netzwerker.* Olaf Kirch. ISBN 3-930673-18-5. 1995. O'Reilly Verlag.

Ein ausführlicher und vollständiger Führer durch die Verwendung von Netzwerken mit Linux. Behandelt auch TCP/IP, UUCP, SLIP und andere. Das Buch ist sehr gut zu lesen, es enthält eine Vielzahl von Informationen zu vielen Themen und macht viele verwirrende Aspekte der Netzwerkkonfiguration leicht verständlich. Es ist vom O'Reilly Verlag als Begleitbuch zum vorliegenden Linux-Wegweiser herausgegeben worden.

[5] *Linux Programmer's Guide*. Sven Goldt, John D. Harper, Sven van der Meer, Matt Welsh. 1995.

Eine Aufstellung von Funktionen und Programmiertechniken, die denjenigen geläufig sein sollten, die schon auf anderen gängigen Unix-Versionen programmiert haben, aber auch Linux-spezifische sind enthalten. Es gibt zwar einige Tips und Beispiele, aber dieser Führer ist hauptsächlich noch eine kurze Beschreibung dessen, was es so alles gibt. Besonders vollständig sind die Abschnitte zur Interprozeß-Kommunikation, zu *curses* und zur Portierung von anderen Unix-Systemen auf Linux.

[6] *The Linux Kernel*. David A. Rusling. 1999.

Gedanken und Konzepte, die dem Design von Linux zugrundeliegen.

Linux, Unix and Unix Shells

[7] *Linux*. Michael Kofler. ISBN 3-8273-1475-5. 1999. Addison-Wesley.

Ein gutes Einsteigerbuch mit kompletter Linux-Distribution (SuSE). Es wird ein sehr breites Themenspektrum behandelt und viele Programmpakete eines vollständigen Linux-Systems werden vorgestellt.

[8] *Linux Anwenderhandbuch und Leitfaden für die Systemverwaltung*. Sebastian Hetze, Dirk Hohndel, Martin Müller, Olaf Kirch. ISBN 3-929764-05-9. 1997. LunetIX Softfair.

Einführung, Referenzhandbuch und Kurzanleitung für die Systemverwaltung. Enthält eine umfangreiche und kompetente Darstellung der Konfiguration und Benutzung des XFree86 X Window Systems für Linux. Dieses Buch ist zum größten Teil auch als LaTeX-Source per anonymous FTP erhältlich.

[9] *Linux-Kernel-Programmierung*. Michael Beck, Harald Böhme, Mirko Dziadzka, Ulrich Kunitz, Robert Magnus, Claus Schröter, Dirk Verworner. ISBN 3-8273-1476-3. 1999. Addison-Wesley.

Die 5. aktualisierte und erweiterte Auflage beschreibt die Linux-Version 2.2.

Ein gutes Buch über die Interna des Linux-Kernels. Für alle, die sich nicht selbst durch den Source-Code fressen wollen.

[10] *Unix – Ein praktischer Einstieg. Deutsche Ausgabe der vierten Auflage*. Grace Todino, John Strang, Jerry Peek. ISBN 3-89721-125-4. 1999. O'Reilly Verlag.

Eine gute Einführung in Unix. Die meisten Informationen treffen auch auf Linux zu. Wir empfehlen Ihnen, dieses Buch zu lesen, wenn Sie ein Unix-Neuling sind und nur einen kurzen Überblick wollen. Es werden auch grundlegende Netzwerkbefehle, E-Mail und das X Window System behandelt.

[11] *Learning the bash Shell, Second Edition*. Cameron Newham, Bill Rosenblatt. ISBN 1-56592-347-2. 1998. O'Reilly & Associates.

Führt die Shell *bash* als Benutzerschnittstelle und Programmiersprache ein.

[12] *Using csh and tcsh*. Paul DuBois. ISBN 1-56592-132-1. 1995. O'Reilly & Associates.

Eine Einführung in die interaktiven Features (nicht aber programmiersprachlichen Konstrukte) der *csh* und der unter Linux gängigeren Version *tcsh*.

[13] *Linux in a Nutshell, Deutsche Ausgabe der 2. Auflage*. Ellen Siever und die Mitarbeiter von O'Reilly & Associates. ISBN 3-89721-116-5. 1999. O'Reilly Verlag.

Faßt alle Befehle und Optionen zusammen und enthält umfangreiche Beschreibungen und Beispiele, die die Befehle in ihren Zusammenhang stellen.

[14] *Volume 3M: X Window System User's Guide Motif Edition*. Valerie Quercia, Tim O'Reilly. ISBN 1-56592-015-5. 1993. O'Reilly & Associates.

Eine vollständige Einführung und Referenz in die Verwendung des X Window Systems für Benutzer, die X auf ihrem Linux-System installiert haben und wissen wollen, wie sie das meiste aus ihm herausholen können. Im Gegensatz zu einigen anderen Fenstersystemen ist ein Großteil der Mächtigkeit von X nicht auf den ersten Blick ersichtlich. Behandelt den Window-Manager *twm* und wurde für X11 Release 5 aktualisiert.

[15] *KDE Anwendung & Programmierung*. Matthias Kalle Dalheimer, Tanja Dalheimer. ISBN 3-89721-131-9. 1999. O'Reilly Verlag.

Eine Beschreibung des K Desktop Environments, von einem der KDE-Entwickler mitverfaßt. Behandelt sowohl die Installation und Konfiguration als auch die Verwendung vieler der mitgelieferten Anwendungen wie auch die Programmierung für das K Desktop Environment.

Anwendungen und Technologien

[16] *Linux Multimedia Guide*. Jeff Tranter. ISBN 1-56592-219-0. 1996. O'Reilly & Associates.

Beschreibt, wie man C-Programme zur Manipulation von Multimediageräten wie Soundkarten, CD-ROM-Laufwerken und Joysticks installiert, konfiguriert und schreibt. Nennt auch nützliche Hilfsprogramme und Bibliotheken für die Multimedia-Entwicklung.

[17] *Emacs manual: Eleventh Edition, Version 19.29*. Richard M. Stallman. 1995. Free Software Foundation.

Beschreibt den weit verbreiteten und mächtigen Editor GNU Emacs. Wurde von den Autoren der Software geschrieben und hat den gleichen Inhalt wie die umfangreiche Online-Hilfe im Info-Format.

[18] *Learning GNU Emacs, Second Edition*. Debra Cameron, Bill Rosenblatt. ISBN 1-56592-152-6. 1996. O'Reilly & Associates.

Eine sehr gute Einführung in GNU Emacs; enthält auch eine gute Einführung in die Anpassung von Emacs und die Programmierung in Emacs LISP.

[19] *Textbearbeitung mit dem vi Editor, Deutsche Ausgabe der 6. Auflage.* Linda Lamb, Arnold Robbins. ISBN 3-89721-126-2. 1999. O'Reilly Verlag.

Ein vollständiges Handbuch zum Editieren von Text mit den Standard-Features von *vi*, einem Editor, der auf so ziemlich jedem Unix-System und inzwischen auch auf einigen Nicht-Unix-Systemen zur Verfügung steht (in der Form von Elvis, Vile und anderen Clones). Behandelt den *ex*-Befehlsmodus und fortgeschrittene *vi*-Merkmale.

[20] *sed & awk, Second Edition.* Dale Dougherty, Arnold Robbins. ISBN 1-56592-225-5. 1997. O'Reilly & Associates.

Beschreibt die Verwendung von *sed* und *awk* als mächtige Editoren zum Erzeugen und Bearbeiten von Textdateien. *sed* und *awk* sind Stream-Editoren, die mehrere Dateien verarbeiten können und Ihnen im Vergleich mit einem gewöhnlichen Texteditor viele Stunden Arbeit ersparen können.

[21] *Unix Power Tools, Second Edition.* Jerry Peek, Tim O'Reilly, Mike Loukides. ISBN 1-56592-260-3. 1997. O'Reilly & Associates.

Tips, Tricks und Konzepte zu Unix-Hilfsprogrammen und Freeware. Behandelt zusätzliche Hilfsprogramme und wie Sie die schlauen Merkmale der beliebtesten Unix-Hilfsprogramme optimal ausnutzen können. Enthält eine CD-ROM mit Quellen und Binärdateien für beliebte Systeme.

[22] *The TEXbook.* Donald E. Knuth. 1986. Addison-Wesley Publishing Co..

Die erste und immer noch maßgebliche Referenz zur Formatierungssprache TEX wurde vom Autor von TEX selbst geschrieben.

[23] LATEX – *A Document Preparation System.* Leslie Lamport. ISBN 0-201-15790-X. 1994. Addison-Wesley Publishing Co..

Eine sehr lesbare Einführung in die TEX -Erweiterung LATEX , vom Entwickler von LATEX geschrieben.

[24] *Der LATEX-Begleiter.* Michel Goossens, Frank Mittelbach, Alexander Samarin. ISBN 3-89319-646-3. 1996. Addison-Wesley.

Original: *The LATEX Companion*, Addison-Wesley. Ein herausragendes Werk über LATEX , LATEX2e und die vielen Erweiterungspakete. Für alle, die die Vorteile der aktuellsten Version von LATEX nutzen wollen, ein unentbehrliches Buch.

[25] LATEX – *Band 1: Einführung.* Helmut Kopka. ISBN 3-8273-1025-3. 1997. Addison-Wesley.

Das Standardwerk zu LATEX in deutscher Sprache. Eine gut verständliche Einführung in das Basissystem und in die wichtigsten Erweiterungen.

[26] LATEX – *Band 2: Ergänzungen.* Helmut Kopka. ISBN 3-8273-1229-9. 1997. Addison-Wesley.

Die Vervollständigung des Standardwerkes zu LATEX in deutscher Sprache. Behandelt LATEX2e, Zeichensätze inklusive PostScript, Musiknotensatz, Bilder und Grafiken sowie METAFONT.

[27] *Practical SGML, Second Edition*. Eric van Herwijnen. 1994. Kluwer Academic Publishers.

Eine ausgezeichnete Einführung in die Standard Generalized Markup Language (ISO 8879-1986) zum Erzeugen strukturierter Dokumente. Es gibt mehrere schlechte Bücher zu diesem Thema, aber dieses ist gerade richtig.

[28] *The SGML Handbook*. Charles F. Goldfarb. ISBN 0-19-853737-9. 1991. Clarendon Press.

Die maßgebliche »Bibel« zur Standard Generalized Markup Language. Enthält den vollständigen Text des SGML-Standards, ISO 8879-1986, mit Anmerkungen des Autors. Charles Goldfarb ist der Vater von SGML und war der technische Leiter des Komitees, das den Standard entwikkelt hat. Das Buch ist teuer, aber kostet schon weniger als der Standard allein. Dieses Buch ist eine unersetzliche Quelle für jeden ernsthaften Entwickler von SGML-Werkzeugen oder Dokumentationssystemen.

Das Internet

[29] *The Whole Internet: The Next Generation*. Kiersten Conner, Ed Krol. ISBN 1-56592-428-2. O'Reilly & Associates.

Eine umfangreiche, Bestseller-Einführung in das Internet, hilfreich für Anfänger wie für Veteranen. Das Buch legt besonderes Gewicht auf das Finden von Informationen im World Wide Web. Es enthält Kapitel über E-Mail, News, Browsen, Sicherheit, Online-Banking und persönliche Finanzverwaltung, Spiele, das Erzeugen von Web-Seiten, esoterische und aufstrebende Technologien. Außerdem gibt es einen Katalog von nützlichen Web-Ressourcen.

[30] *Zen and the Art of the Internet: A Beginner's Guide, Fourth Edition*. Brendan P. Kehoe. ISBN 0-13-010778-6. 1995. PTR Prentice Hall.

Eine Einführung in das Internet, die sich an Anfänger richtet. Behandelt Themen von E-Mail über Usenet-News bis zur Internet-Folklore. Eine elektronische Version der ersten Auflage dieses Textes steht via anonymem FTP zur Verfügung und kann frei verteilt und ausgedruckt werden. Siehe auch »Internet-Ressourcen« weiter hinten in diesem Literaturverzeichnis.

[31] *The Matrix: Computer Networks and Conferencing Systems Worldwide*. John S. Quarterman. ISBN 0-13-565607-9. 1989. Digital Press.

Eine umfangreiche Aufstellung der verschiedenen Netzwerke auf der ganzen Welt.

[32] *HTML: Das umfassende Referenzwerk, Deutsche Ausgabe der 3. Auflage*. Chuck Musciano, Bill Kennedy. ISBN 3-89721-102-5. 1999. O'Reilly Verlag.

Ein umfangreicher Führer durch die akltuellen HTML-Merkmale zum Schreiben von Seiten für das World Wide Web, behandelt auch Browser-spezifische Erweiterungen.

Netzwerke und Kommunikation

[33] *Internetworking with TCP/IP, Volume 001: Principles, Protocols, Architecture.* Douglas R. Comer. ISBN 0-13-468505-9. 1995. Prentice-Hall International.

Ein umfangreicher Grundlagenband zum Verständnis der Internet-Protokolle und wie diese in modernen Netzwerken verwendet werden.

[34] *TCP/IP Illustrated, Volume 1: The Protocols.* W. Richard Stevens. ISBN 0-201-63346-9. 1995. Addison-Wesley.

Der erste Band einer umfangreichen Serie von drei Büchern über die im Internet verwendeten Protokolle. Macht viel Gebrauch vom Programm *tcpdump*, um zu zeigen, wie die Netzwerk-Pakete aussehen.

[35] *TCP/IP Netzwerk-Administration, Deutsche Ausgabe der 2. Auflage.* Craig Hunt. ISBN 3-89721-110-6. 1998. O'Reilly Verlag.

Ein vollständiger Führer zur Einrichtung und Pflege eines TCP/IP-Netzwerkes. Dieses Buch ist zwar nicht Linux-spezifisch, aber etwa 90% des Inhalts treffen auch auf Linux zu. Zusammen mit dem Linux-Net-3-HOWTO und *Linux – Wegweiser für Netzwerker* ist dies ein großartiges Buch zu den Konzepten und technischen Details der Administration von TCP/IP. Behandelt das Einrichten eines Netzwerkes, das Konfigurieren der Netzwerk-Applikationen, das Routen von E-Mail, das Auflösen von Adressen, Fehlersuche und Sicherheitsfragen.

[36] *Samba–Integrating Unix and Windows.* John D. Blair. 1998.

Ein umfgangreicher Führer zur Einrichtung Sambas mit vielen Beispielen und einer guten Einführung in Windows-Netzwerkprotokolle.

[37] *DNS und BIND, Deutsche Ausgabe der 3. Auflage.* Cricket Liu, Paul Albitz. ISBN 3-89721-160-2. 1999. O'Reilly Verlag.

Eine gründliche Behandlung des Internet Domain Name Systems und seiner Unix-Implementation, dem Berkeley Internet Name Daemon (BIND). Eine wichtige Quelle für Systemadministratoren, die aus diesem Buch lernen, wie man die DNS-Software auf einem Netzwerk installiert.

[38] *Verwalten von Unix-Netzwerken mit NFS und NIS.* Hal Stern. ISBN 3-930673-25-8. 1995. O'Reilly Verlag.

Original: *Managing NFS and NIS*, O'Reilly & Associates, 1992. Beschreibt die Verwaltung von NFS, dem Network File System, und NIS, dem Network Information System. Ein Buch für Systemverwalter, die diese Dienste einrichten und benutzen müssen. Es beschreibt ebenfalls die Konfiguration von PC/NFS- und Automountern.

[39] *sendmail, Second Edition.* Bryan Costales, Eric Allman. ISBN 1-56592-056-2. 1997. O'Reilly & Associates.

Ein gewaltiges und möglicherweise einschüchterndes Buch, aber wirklich eine gute und vollständige Beschreibung der Konfiguration von *sendmail.* Enthält eine Fülle von Hinweisen.

[40] *Apache – Das umfassende Referenzwerk.* Ben Laurie, Peter Laurie. ISBN 3-89721-127-0. 1999. O'Reilly Verlag.

Beschreibt die Installation und Konfiguration des Webservers Apache, einschließlich Server-Side-Extensions. Behandelt auch, wie man mit der Apache-API externe Module schreiben kann.

Programmiersprachen und -Werkzeuge

[41] *Linux – Wegweiser zur Programmierung und Entwicklung.* Matthias Kalle Dalheimer. ISBN 3-930673-77-0. 1997. O'Reilly Verlag.

Eine umfassende Übersicht über unter Linux verfügbare Entwicklungswerkzeuge. Behandelt sowohl Programmiersprachen als auch Bibliotheken und Werkzeuge wie Editoren und Debugger. Schwerpunkte liegen unter anderem in der Datenbank- und GUI-Programmierung.

[42] *Programmieren in C, zweite Auflage.* Brian Kernighan, Dennis Ritchie. ISBN 3-446-15497-3. 1990. Hanser.

Original: *The C Programming Language*, Prentice Hall 0-13-110362-8. Das klassische Nachschlagewerk zur Programmiersprache C, geschrieben von deren Schöpfern. In der zweiten Auflage für ANSI C aktualisiert.

[43] *Programmieren in der Unix-Umgebung.* Richard Stevens. ISBN 3-89319-814-8. 1997. Addison-Wesley.

Original: *Advanced Programming in the UNIX Environment*, Addison-Wesley, 1992. Ein großes Buch, das die Benutzung der Unix-Systemaufrufe im Detail vorstellt und beschreibt.

[44] *Using and Porting GNU CC for Version 2.8.* Richard M. Stallman. Free Software Foundation.

Eine Abhandlung der vielen Kommando-Optionen und Spracherweiterungen des *gcc* sowie andere Überlegungen zum Umgang mit dem GNU-C-Compiler.

[45] *Unix Shell Programming.* Stephen Kochan, Patrick Wood. ISBN 0-672-48448-X. 1990. Hayden Press.

Eine bekannte Anleitung zum Schreiben von Shell-Skripten.

[46] *Einführung in Perl, zweite Auflage.* Randal L. Schwartz, Tom Christiansen. ISBN 3-89721-105-X. 1998. O'Reilly Verlag.

Original: *Learning Perl*, 2nd edition, O'Reilly & Associates, 1997. Ein handliches Übungsbuch, das so konzipiert ist, daß Sie so schnell wie möglich nützliche Perl-Skripten schreiben. Perl bietet eine portable Alternative zur Shell-Programmierung und übertrifft die Funktionalität von *sed* und *awk*.

[47] *Programmieren mit Perl, zweite Auflage*. Larry Wall, Randal L. Schwartz. ISBN 3-930673-48-7. 1997. O'Reilly Verlag.

Original: *Programming Perl*, O'Reilly & Associates, 1996. Das maßgebliche Handbuch zu der mächtigen und portablen Programmiersprache Perl, mitgeschrieben von deren Schöpfer Larry Wall.

[48] *Fortgeschrittene Perl-Programmierung*. Sriram Srinivasan. ISBN 3-89721-107-6. 1998. O'Reilly Verlag.

Original: *Advanced Perl Programming*, O'Reilly & Associates, 1997. Behandelt viele schwierige und nur selten behandelte Themen aus dem Bereich der Perl-Programmierung wie etwa das Einbetten und Erweitern des Perl-Interpreters, Netzwerke und den Aufbau komplexer Datenstrukturen.

[49] *Perl Kochbuch*. Tom Christiansen, Nathan Torkington. ISBN 3-89721-140-8. 1999. O'Reilly Verlag.

Original: *Perl Cookbook*, O'Reilly & Associates, 1998. Enthält buchstäblich Hunderte von fertigen Perl-Schnipseln zur Instant-Verwendung.

[50] *Tcl und Tk*. John K. Ousterhout. ISBN 3-89319-793-1. 1997. Addison-Wesley.

Original: *Tcl and the Tk Toolkit*, Addison-Wesley, 0-201-63337-X. Verfaßt vom Erfinder von Tcl und Tk, beschreibt dieses Buch beide Sprachen vollständig. Der größte Teil ist der Diskussion von Tk-Kommandos und Widgets gewidmet. Es erzählt auch, wie Tcl und Tk in C-Programme eingebettet werden können.

[51] *Tcl/Tk in a Nutshell*. Paul Raines, Jeff Tranter. ISBN 1-56592-433-9. 1999. O'Reilly & Associates.

Eine Kurzreferenz zu allen Tcl- und Tk-Befehlen wie auch zu beliebten Erweiterungen.

[52] *Exploring Java, Second Edition*. Pat Niemeyer, Josh Peck. ISBN 1-56592-271-9. 1997. O'Reilly & Associates.

Ein Einführungsbuch in Java für C-Programmierer, das grundlegende Techniken der Applet-Programmierung, Netzwerk-Programmierung und freistehende Applikationen beschreibt.

[53] *Java in a Nutshell, Deutsche Ausgabe der 3. Auflage*. David Flanagan. ISBN 3-89721-190-4. Erscheint ca. 3. Quartal 2000. O'Reilly Verlag.

Original: *Java in a Nutshell*, O'Reilly & Associates, 1-56592-487-8. Ein Referenzhandbuch über die Programmiersprache Java. Enthält einige Einführungen und Beispiele.

[54] *Programming with Qt*. Matthias Kalle Dalheimer. ISBN 1-56592-588-2. 1999. O'Reilly & Associates.

Eine gründliche Einführung in das Toolkit Qt. Dieses gut lesbare Buch ist eine unverzichtbare Informationsquelle zu Themen rund um die Programmierung mit Qt, für Anfänger wie für Fortgeschrittene.

[55] *Managing Projects with make, Second Edition.* Andrew Oram, Steve Talbott. ISBN 0-937175-90-0. 1991. O'Reilly & Associates.

Beschreibt alle grundlegenden Merkmale des make-Utilities und gibt Richtlinien für Programmierer, die *make* in großen Projekten zur Handhabung der Übersetzungsvorgänge benutzen.

[56] *GNU Make, Version 3.77.* Richard M. Stallman, Roland McGrath. 1998. Free Software Foundation.

Eine Anleitung für die mächtige GNU-Version des *make*-Utilities, sowohl für einfache Anwendungen als auch über anspruchsvollere Features.

[57] *Software Portability with imake, Second Edition.* Paul DuBois. ISBN 1-56592-226-3. 1996. O'Reilly & Associates.

Beschreibt das *imake*-Utility, das mit *make* zusammenarbeitet, um Programmcode auf verschiedenen UNIX-Maschinen zu übersetzen und zu installieren.

[58] *POSIX Programmer's Guide.* Donald Lewine. ISBN 0-937175-73-0. 1991. O'Reilly & Associates.

Beschreibt die Standards X/Open und POSIX und ist eine Referenz für die POSIX.1-Programmbibliothek, die Ihnen hilft, besser portierbare Programme zu schreiben. Es ist beabsichtigt, daß Linux dem POSIX-Standard entspricht, allerdings ist diese Entsprechung nicht zertifiziert.

[59] *Debugging with GDB: The GNU Source-Level Debugger for GDC Version 4.18.* Richard M. Stallman, Cygnus Solutions. 1999. Free Software Foundation.

Erklärt die Benutzung des Debuggers *gdb*, des Standarddebuggers unter Linux und wahrscheinlich des populärsten Debuggers in der UNIX-Welt.

[60] *Einführung in Python.* Mark Lutz, David Asher. ISBN 3-89721-1-129-7. 2000. O'Reilly Verlag.

Eine sanfte Einführung in Python.

[61] *Programming Python.* Mark Lutz. ISBN 1-56592-197-6. 1996. O'Reilly & Associates.

Lehrt Sie alles, was Sie jemals über Python wissen wollten, darunter auch Textverarbeitung, das Schreiben graphischer Benutzeroberflächen und das Einbetten von Python.

[62] *Thinking in Java.* Bruce Eckel. ISBN 0-13-659723-8. 1998. Prentice-Hall PTR.

Behandelt die meisten Themen zu Java und enthält auch wertvolle Programmiertips.

[63] *Core Java 2, Volume 1: Fundamentals, Fourth Edition.* Gary Cornell, Cay S. Horstmann. ISBN 0-13-565755-5. 1999. Prentice Hall.

Eine gründliche, wenn auch etwas langatmige, Einführung in alle grundlegenden Java-Themen. Ein Teil der Java-Serie von SunSoft-Press.

System-Administration

[64] *Unix System Administration Handbook.* Evi Nemeth, Garth Snyder, Scott Seebass. ISBN 0-13-933441-6. 1995. Prentice Hall.

Das am häufigsten empfohlene Buch zu diesem Thema.

[65] *UNIX System-Administration, 2. Auflage.* Æleen Frisch. ISBN 3-930673-04-5. 1995. O'Reilly Verlag.

Original: *Essential System Administration, 2nd ed.*, O'Reilly & Associates, 1-56592-127-5. Führt Sie durch die Systemverwaltungsaufgaben in einem UNIX System.

[66] *Practical Unix and Internet Security, Second Edition.* Simson Garfinkel, Gene Spafford. ISBN 0-937175-72-2. 1996. O'Reilly & Associates.

Dies ist ein hervorragendes Buch über Systemsicherheit unter UNIX. Es hat uns einige Dinge gelehrt, die wir trotz mehrjähriger Erfahrung mit der UNIX-Systemverwaltung nicht wußten. Wie die meisten UNIX-Bücher ist es auf große Systeme ausgerichtet, aber fast der gesamte Inhalt ist ebenso für Linux relevant. Es beschreibt Netzwerksicherheit (mit UUCP, NFS, Kerberos und Firewalls) im Detail.

[67] *Volume 8: X Window System Administrator's Guide.* Linda Mui, Eric Pearce. ISBN 0-937175-83-8. 1992. O'Reilly & Associates.

Eine detaillierte Anleitung für die Systemverwaltung von X Window Systemen und X-basierten Netzwerken, für jeden, der X administrieren muß. Ist mit oder ohne CD-ROM erhältlich.

Personal Computer Hardware

[68] *PC-Hardwarebuch: Aufbau, Funktionsweise, Programmierung: ein Handbuch nicht nur für Profis.* Hans-Peter Messmer. ISBN 3-8273-1461-5. 1999. Addison-Wesley.

Sehr umfangreiche und vollständige Darstellung der PC-Hardwarekomponenten.

[69] *The Winn L. Rosch Hardware Bible.* Winn L. Rosch. ISBN 1-56686-127-6. 1994. Brady Publishing Div. Macmillan Computer Publishing.

Umfangreiches Handbuch zu PC-Komponenten und Peripheriegeräten. Dieses Buch ist nützlich für Sie, wenn Sie PCs kaufen, warten, reparieren oder aufrüsten wollen. Es orientiert sich zwar an Intel- und Clone-Rechnern, ist aber auch allgemeiner nützlich, weil es auch die Technologie, Theorie und Praxis von Computer-Architekturen behandelt. Die Informationen treffen auf alle wichtigen PC-Systeme zu und schließen auch ISA-, EISA- und Mikrokanal-Systeme (sowie die vielen zusätzlichen Busse) mit ein. Dieses Buch wird Ihnen über Prozessoren, Speicher, Modems, MIDI und vieles andere mehr erzählen, als Sie wissen müssen.

HOWTOs (Unvollständige Liste)

[70] *Installation HOWTO.* Eric Raymond.

Beschreibt, wie eine Linux-Distribution bezogen und installiert wird, ähnlich wie die Information aus des vorliegenden Buches.

[71] *The Linux Distribution HOWTO.* Eric Raymond.

Eine Liste der per Mail oder anonymous FTP erhältlichen Linux-Distributionen. Es enthält auch Informationen über andere Produkte und Dienste aus dem Linux-Bereich.

[72] *XFree86 HOWTO.* Eric Raymond.

Dieses Dokument beschreibt die Installation und Konfiguration der Software vom X Window System unter Linux. In Kapitel 10 des vorliegenden Buches können Sie mehr über das X Window System lesen.

[73] *Bootdisk HOWTO.* Tom Fawcett.

Beschreibt das Anlegen und die Verwendung von Linux-Bootdisketten. Mehrere verschiedene Methoden und Systeme werden berücksichtigt. Eine gute Informationsquelle für neue Linux-Benutzer, weil auch grundlegende Informationen über Diskettentypen und -bestandteile enthalten sind. Enthält Beispiele zur Einrichtung von Dateien und Hinweisen auf eine FAQ, dazu passender Software und anderen HOWTOs.

[74] *Linux BootPrompt HOWTO.* Hrsg. von Paul Gortmaker.

Eine Übersicht über die Argumente am Bootprompt. Erläutert das meistens verwendete Bootprogramm LILO. Enthält eine umfassende Liste der Kernel- und Geräteparameter und nennt beliebte Software- und Hardware-Möglichkeiten, ein Linux-System zu booten.

[75] *The CD Writing HOWTO.* Winfried Trümper.

Behandelt die Installation von Geräten, mit denen CD-ROMs gebrannt werden können, und wie man dieses dann macht.

[76] *UUCP HOWTO.* Guylhem Aznar.

Eine kurze Anleitung zur Installation von UUCP unter besonderer Berücksichtigung der Taylor-Version, die unter Linux der Standard ist.

[77] *Hardware Compatibility HOWTO.* Patrick Reignen.

Enthält eine ausführliche Liste der von Linux unterstützten Hardware. Obwohl die Liste weit davon entfernt ist, vollständig zu sein, gibt sie doch einen guten Überblick über das Spektrum der vom System unterstützten Geräte.

[78] *SCSI Programming HOWTO.* Heiko Eissfeldt.

Eine Einführung in die Programmierung der generischen SCSI-Schnittstelle von Linux.

[79] *PCI HOWTO.* Michael Will.

Ein umfassender Überblick über PCI-Linux-Kompatibilität. Enthält eine ausführliche Beschreibung, wann und warum man PCI verwenden sollte. Beschreibt wie PCI unter Linux z.B. in Form von Ethernet-Karten, Grafikkarten und Hauptplatinen eingesetzt werden kann. Faßt die Forschungen des Autors zur PCI-Linux-Kompatibilität mit speziellen Berichten zu Erfolgen und Problemen sowie Empfehlungen zur Hardware zusammen.

[80] *The Linux CD-ROM HOWTO.* Jeff Tranter.

Führt alle unterstützten CD-ROM Laufwerke auf und erklärt, wie sie installiert und konfiguriert werden und wie von ihnen gelesen werden kann. Beschreibt auch einige nützliche Utilities, die mit einem CD-ROM Laufwerk benutzt werden können.

[81] *Kernel HOWTO.* Brian Ward.

Behandelt das Konfigurieren, Compilieren und Patchen des Kernels. Enthält zusätzliche Informationen über verwandte Gebiete einschließlich Programmen und Modulen und warnt vor einigen häufig auftretenden Problemen. Bespricht Tips zur Kernel-Verwendung und enthält eine Liste zugehöriger HOWTOs.

[82] *NET-3 HOWTO.* Terry Dawson.

Das Linux NET-3-HOWTO beschreibt die Installation, Einrichtung und Konfiguration der »NET-3« Version der TCP/IP Software unter Linux, einschließlich PPP. Wenn Sie TCP/IP auf Ihrem Linux-System benutzen wollen, ist dieses Dokument ein Muß.

[83] *The Linux Ethernet HOWTO.* Hrsg. von Paul Gortmaker.

Eng verwandt mit dem NET-3-HOWTO beschreibt das Ethernet HOWTO die verschiedenen Ethernetkarten, die von Linux unterstützt werden, und es beschreibt, wie jede von ihnen für die Benutzung mit der Linux TCP/IP Software konfiguriert werden muß.

[84] *PPP HOWTO.* Robert Hart.

Konzentriert sich darauf, wie sich ein PC unter Linux mit einem PPP-Server verbinden kann. Behandelt die Konfiguration des Kernels und des Modems, die Einrichtung der PPP-Dateien und der Verbindung, sowie die Automatisierung von Verbindungsauf- und abbau. Enthält Tips zur Problem- und Fehlersuche sowie weitere Informationsquellen zu PPP.

[85] *DNS HOWTO.* Nicolai Langfeldt.

Konzentriert sich auf die Einrichtung eines einfachen DNS-Nameservers. Enthält Beispieldateien zur DNS-Konfiguration, Tips zur Verwaltung eines fehlerfreien Servers und Skripte zur automatischen Installation. Ebenfalls enthalten ist eine kurze Referenzliste von online verfügbarer und gedruckter Dokumentation zu DNS.

[86] *NIS HOWTO.* Thorsten Kukuk.

Vergleicht NIS und NIS+ sowie NIS und NYS. Beschreibt wie sowohl NIS als auch NYS eingerichtet werden und enthält Tips zur Installation, zu häufigen Problemen und Server-Programmen. Enthält sowohl ein hilfreiches Glossar von Themen aus dem NIS-Bereich als auch eine FAQ-Adresse vor.

[87] *Firewall HOWTO.* Mark Grennan.

Definiert Firewalls und bespricht ihre Vor- und Nachteile. Beschreibt detailliert die grundlegende Einrichtung von Firewalls auf Linux-PCs und konzentriert sich auf Proxyserver. Enthält einen kleinen Abschnitt über fortgeschrittene Firewall-Konfiguration.

[88] *ISP Hookup HOWTO*. Egil Kvaleberg.

Behandelt die grundlegende Konfiguration des Zugangs zu einem Internet Service Provider (ISP). Enthält das Surfen im Net, das Schicken und Empfangen von E-Mail, das Lesen von News und den automatisierten Verbindungsaufbau. Faßt zugehörige Informationen mit einer hilfreichen Liste von Online-Dokumentationen einschließlich anderer HOWTOs zusammen.

[89] *GCC HOWTO*. Daniel Barlow.

Beschreibt die Installation und Konfiguration des Compilers *gcc*. Behandelt Compilieren, Debuggen, Linken und das dynamische Nachladen von Programmen mit dem *gcc*.

[90] *Shadow Password HOWTO*. Michael H. Jackson.

Beschreibt die Installation, das Compilieren und die Konfiguration der Shadow Suite, ein Linux-Paßwortprogramm. Erklärt, warum Sie eine Shadow-Version der *passwd*-Datei verwenden sollten und führt andere Programme auf, die mit der Shadow Suite zusammenarbeiten müssen. Enthält eine FAQ und eine Liste der Veränderungen gegenüber dem vorherigen Release.

[91] *The Linux Printing HOWTO*. Grant Taylor.

Beschreibt, wie Druckprogramme (beispielsweise *lpr*) unter Linux eingerichtet werden. Die Konfiguration der Drucker und der Druckprogramme unter UNIX kann manchmal sehr verwirrend sein; dieses Dokument beleuchtet das Thema.

[92] *DOSEMU HOWTO*. Uwe Bonnes and David Hodges.

Führt in Dosemu mit einem Überblick über die Entwicklung und die verschiedenen Versionen ein. Erklärt, wie Dosemu compiliert und installiert wird, und geht dann auf Kompatibilitätsfragen im Zusammenhang mit Hard- und Software für X, Windows und Netware sowie Grafik und Sound ein. Enthält Abschnitte über die Identifikation und das Beheben von Problemen.

[93] *UMSDOS HOWTO*. Jacques Gelinas.

Erklärt die Verfügbarkeit, Dokumentation, Installation und den Betrieb von UMSDOS, ein Linux-Dateisystem. Enthält Erklärungen über Pseudo-Root, das Booten mit UMSDOS und DOS-Partitionen. Enthält die Gründe, wann und warum UMSDOS verwendet werden sollte und beschreibt die Unterschiede zu Ext2.

[94] *Commercial HOWTO*. Mr. Poet.

Weniger ein »HOWTO« als mehr eine Liste zu kommerzieller Software und Applikationen. Dieses HOWTO richtet sich mehr an diejenigen, die an kommerziellen Linux-Möglichkeiten interessiert sind. Enthält Möglichkeiten, Applikationen zu vermarkten, und führt aktuell erhältliche Linux-Produkte auf.

[95] *Linux Access HOWTO*. Michael De La Rue.

Konzentriert sich auf Informationen für Benutzer mit körperlichen Behinderungen oder solche, die Schwierigkeiten bei der Verwendung von Linux mit normaler Hardware haben. Enthält Vorschläge, wie Hilfen (z.B. Spracherkennungssoftware) bezogen werden können, und führt andere Quellen auf, die verwandte Informationen enthalten.

[96] *Ftape HOWTO*. Kevin Johnson.

Beschreibt die Installation und Benutzung des Floppy-Tape Treibers, der mit QIC-80 und QIC-40 kompatiblen Laufwerken arbeitet. Mit diesem Treiber können die entsprechenden Bandlaufwerke an den Diskettencontroller angeschlossen werden.

Internet Requests For Comments

[97] RFC 1597. *Address Allocation for Private Internets*. Y. Rekhter, T. J. Watson, et at.

Dieser RFC führt die IP-Netzwerknummern auf, die private Einrichtungen verwenden können, ohne sie bei der Internet Assigned Numbers Authority (IANA) registrieren lassen zu müssen. Dieses Dokument bespricht auch die Vor- und Nachteile der Verwendung dieser Nummern.

[98] RFC 1340. *Assigned Numbers*. J. Postel, J. Reynolds.

Der Assigned Numbers-RFC definiert die Bedeutung der Zahlen, die in diversen Protokollen verwendet werden, beispielsweise die Standard-Portnummern, auf denen TCP- und UDP-Server auf Anfragen warten, oder die Protokollnummern, die im IP-Datagramm-Header verwendet werden.

[99] RFC 1144. *Compressing TCP/IP Headers for Low-Speed Serial Links*. V. Jacobson.

Dieses Dokument beschreibt den Algorithmus, mit dem TCP/IP-Header in CSLIP und PPP komprimiert werden.

[100] RFC 1033. *Domain Administrators Operations Guide*. M. Lottor.

Zusammen mit RFC 1034 und RFC 1035 ist dies die definitive Quelle zu DNS, dem Domain Name System.

[101] RFC 1034. *Domain Names – Concepts and Facilities*. P.V. Mockapetris.

Gehört zu RFC 1033.

[102] RFC 1035. *Domain Names – Implementation and Specification*. P.V. Mockapetris.

Gehört zu RFC 1033.

[103] RFC 974. *Mail Routing and the Domain System*. C. Partridge.

Beschreibt das Mail-Routing im Internet. Hier erfahren Sie alles über MX-Records.

[104] RFC 977. *Network News Transfer Protocol*. B. Kantor, P. Lapsley.

Die Definition von NNTP, dem allgemein verwendeten Protokoll zur News-Übertragung im Internet.

[105] RFC 1094. *NFS: Network File System Protocol Specification*. B. Nowicki.

Die formale Spezifikation von NFS und den Mount-Protokollen (Version 2).

[106] RFC 1055. *Nonstandard for Transmission of IP Datagrams over Serial Lines: SLIP.* J.L. Romkey.

Beschreibt SLIP, das Serial Line Internet Protokoll.

[107] RFC 1057. *RPC: Remote Procedure Call Protocol Specification: Version 2.* Sun Microsystems, Inc.

Die formale Spezifikation der Codierung, die in Remote Procedure Calls verwendet wird, auf denen sowohl NFS als auch NIS basieren.

[108] RFC 1058. *Routing Information Protocol.* C.L. Hedrick.

Beschreibt RIP, mit dem dynamsiche Routing-Informationen zwischen LANs und WANs ausgetauscht werden.

[109] RFC 1535. *A Security Problem and Proposed Correction with Widely Deployed DNS Software.* E. Gavron.

Dieser RFC beschreibt ein Sicherheitsproblem mit der Default-Suchliste, die von älteren Versionen der BIND-Resolver-Bibliothek verwendet wird.

[110] RFC 1036. *Standard for the Interchange of Usenet Messages.* R. Adams, M.R. Horton.

Dieser RFC beschreibt das Format von Usenet-News-Nachrichten und wie sie über das Internet und über UUCP-Netzwerke ausgetauscht werden. Eine neuere Version dieses RFCs soll in naher Zukunft veröffentlicht werden.

[111] RFC 822. *Standard for the Format of ARPA Internet Text Messages.* D. Crokker.

Die definitive Quelle zu, nun, RFC-kompatibler E-Mail. Alle kennen sie, wenige haben sie tatsächlich gelesen.

[112] RFC 821. *Simple Mail Transfer Protocol.* J.B. Postel.

Definiert SMTP, das Mail-Transport-Protokoll über TCP/IP-Verbindungen.

INDEX

Über die Autoren

Matt Welsh ist Systemprogrammierer und Forscher im Bereich von Hochleistungscomputern, Betriebssystemdesign und Netzwerken. Nachdem er am Robotics and Vision Laboratory an der Cornell University in Ithaca, New York, tätig war, arbeitete er 1996–1997 im britischen Cambridge Computer Laboratory und an der University of Glasgow. Er ist Autor mehrerer Arbeiten zum Thema Linux, darunter das Buch *Linux Installation and Getting Started*, und mehrerer HOWTO-Dokumente. In der letzten Zeit hat er sich viel mit Linux-Supercomputing-Anwendungen beschäftigt und macht seine Erfahrungen im Rahmen der Initiative *Extreme Linux* publik. Zu seinen vielfältigen Interessen gehören experimentelle Musik, Reisen und Zen Buddhismus.

Lar Kaufman studiert Rechtswissenschaften an der Boston University und lebt in Concord, Massachusetts. Er hat viele Jahre als Dokumentationsberater gearbeitet und schreibt seit 1983 über Unix, er hat u.a. über System V, BSD, Mach, OSF/1 und Linux publiziert. Zu seinen Hobbies gehören interaktive Medien, selbstgebaute und alte Flugzeuge (er ist ausgebildeter Flugzeugmechaniker) sowie Naturgeschichte. Nachdem er zunächst ein BBS betrieben hatte, rief Lar 1987 die FidoNet-Echos (News-Gruppen) Biosphere und BiopNews ins Leben. Lar arbeitet zur Zeit an einem Projekt, das ein Medienlabor entwickelt, welches mit adaptiver Technologie eine druckerlose Nutzung durch die Rechtsbibliothek an seiner Fakultät ermöglichen soll. Das Labor wird einen Linux-Server verwenden und die Benutzerdienste unter Windows NT, Apple Macintosh und Linux anbieten.

Matthias Kalle Dalheimer lebt mit seiner Frau Tanja und seinem Sohn Jan Lennart in dem kleinen Ort Hagfors in Schweden. Er arbeitet freiberuflich als Autor, Übersetzer und Softwareentwickler. Für O'Reilly hat er z.B. *Programming with Qt*, *KDE – Anwendung & Programmierung* und *LaTeX – kurz & gut* geschrieben und schon viele O'Reilly-Bücher aus dem Englischen ins Deutsche übersetzt. Er war schon immer ein glühender Anhänger von Schweden, seinen Bewohnern und Produkten – z.B. Volvos und IKEA-Möbeln – und ist deshalb vor einigen Monaten nach Schweden übergesiedelt. Er schätzt Linux so sehr, wie er MS-Windows verabscheut. Seine Lieblingswerkzeuge sind XEmacs, egcs, Qt und LaTeX. Wenn er den Computer nicht zum Geldverdienen, sondern zur Entspannung einschaltet, programmiert er für das KDE-Projekt.

Über die Übersetzer

Matthias Kalle Dalheimer hat schon eine ganze Reihe von O'Reilly-Büchern übersetzt – unter anderem beispielsweise *Linux in a Nutshell* und *Einführung in Perl*.

Kolophon

Die Covergestaltungen unserer Bücher sind das Resultat von Leserkommentaren, eigenen Erfahrungen und Feedback aus den Vertriebskanälen. Sie ergänzen sich mit unserer besonderen Herangehensweise an technische Themen, die potentiell trockenen Inhalten Leben einhauchen möchte.

Edie Freedman hat den Einband dieses Linux-Wegweisers entworfen. Das Titelbild zeigt einen Reiter auf einem bockenden Pferd und ist nach einem Stich aus dem 19. Jahrhundert gestaltet worden, der von William Thayer in *Marvels of the New West: A Vivid Portrayal of the Stupendous Marvels in the Vast Wonderland of the Missouri River* (Wunder des Neuen Westens: Eine anschauliche Darstellung der fantastischen Gegebenheiten im weiten Wunderland des Missouri) veröffentlicht wurde (The Henry Bill Publishing Co., Norwich, CT, 1888).

Thayer zitiert einen Viehtreiber mit dieser Beschreibung eines bockenden Pferdes: Wenn ein Pferd bockt, steckt es den Kopf zwischen die Vorderbeine, macht den Rücken zum Buckel wie eine wütende Katze, springt mit allen vier Beinen gleichzeitig in die Luft und kommt dann mit einem furchtbaren Aufprall wieder auf den Boden zurück; manchmal macht das Pferd damit so lange weiter, bis es von seinen Ausflügen völlig erschöpft ist. Auch der Reiter wird dann ziemlich erschöpft sein, wenn er sich überhaupt im Sattel halten konnte; das ist allerdings gar nicht so einfach; insbesondere, wenn es sich um ein richtig durchtrieben bockiges Pferd handelt, das mit jedem Sprung auch noch eine Bewegung zur Seite vollführt. Der doppelte Sattelgurt, der normalerweise zu diesen mexikanischen Sätteln gehört, trägt dazu bei, daß der Sattel bei solchen Ausbrüchen an seinem Platz bleibt; es besteht aber auch kein Zweifel daran, daß diese Gurte ein Pferd häufig bocken lassen, das mit einem einfachen Gurt nicht bocken würde. Bei einigen Pferden läßt sich der hintere Sattelgurt niemals festziehen, ohne daß das Tier anfängt zu springen.

Das Titellayout der deutschen Ausgabe wurde von Risa Graziano mit Quark XPress 3.32 und Adobe Photoshop 2.5 gestaltet; dabei wurde der Zeichensatz ITC Garamond Condensed verwendet. Das Layout im Inneren des Buches wurde von Edie Freedman, Jennifer Niederst und Alicia Cech entworfen. Die Bilder, mit denen die Kapitel eingeleitet werden, stammen aus dem Dover Pictorial Archive und *Marvels of the New West*. Im Buch werden die Schriften Adobe ITC Garamond und Letter Gothic verwendet. Der Text wurde in SGML unter Verwendung der DocBook 2.1 DTD geschrieben. Die Abbildungen im Buch wurden von Chris Reilley, Robert Romano und Rhon Porter mit Adobe Photoshop 5 und Macromedia Freehand 8 gestaltet.